Baedeker

Allianz Reiseführer

Italien

www.baedeker.com

Verlag Karl Baedeker

TOP-REISEZIELE ★★

Gebirgslandschaften und Vulkane, weltgeschichtliche Schauplätze, malerische Städtchen, hübsche Badeorte und römische Ruinen: Italien ist reich an herrlichen Reisezielen. Hier finden Sie die Highlights.

1 ★★ Lago Maggiore
Der im Grenzgebiet liegende See ist so etwas wie die Visitenkarte Italiens. Uferlandschaft, Alpenpanorama und Klima machen Lust, mehr von Italien kennenzulernen. ▸ Seite 374

2 ★★ Comer See • Como
Villen, Gärten, Weinberge: Am Comer See versteht man es seit Jahrhunderten, exquisit zu leben. Hier fühlten sich schon Franz Liszt und Konrad Adenauer wohl.
▸ Seite 234/277

Stadt der Brücken
Wehmütig, apart und zauberhaft schön bietet sich Venedig dem Betrachter dar.

3 ✶✶ Dolomiten
Es geht aufwärts: Mächtige Bergriesen wie Ortler und Weißkugel wollen mit Rucksack, Seil und Haken erobert werden. Danach locken im Tal ein deftiges Vesper und weiche Daunen. ► Seite 294

4 ✶✶ Aquileja
Ein Traumziel für Archäologiefans: Das stille Aquileja wartet mit Ausgrabungsfunden der Extraklasse auf. Hier kann man sich in aller Ruhe der Vergangenheit widmen. ► Seite 204

5 ✶✶ Gardasee
Der Gardasee ist ein »Allroundtalent« unter den Urlaubsgebieten. Er macht Aktivurlauber wie Windsurfer, Radler und Nachtschwärmer gleichermaßen glücklich. ► Seite 328

6 ✶✶ Venedig
Wer sich auf die Lagunenstadt einlässt, den nimmt sie gefangen. Mögen auch ungeduldige Touristenmassen vor dem Markusdom Schlange stehen: Venedig hat nichts von seiner Grandezza und Eigenwilligkeit verloren. ► Seite 772

7 ✶✶ Mailand
Mondän und kühl gibt sich die »zweite Hauptstadt« Italiens. Zielstrebigkeit und Ehrgeiz bestimmen die Atmosphäre. Das hat seinen eigenen Reiz – ob es nun um Kultur, Mode oder Sport geht: Mailand spielt in der Oberliga. ► Seite 417

8 ✶✶ Verona
Durch die Opernfestspiele wurde die Stadt weltberühmt. Auch außerhalb der römischen Arena gibt es viel zu entdecken: Romantische Stadtwinkel, Skaliger-Gräber und die »Geburtshäuser« von Romeo und Julia. ► Seite 791

9 ✶✶ Ferrara
Ein gewaltiges Kastell und wunderschöne Renaissancepalazzi künden in Ferrara vom einstigen Glanz der Familie Este. Es lohnt sich, den Spuren des mächtigen Clans nachzugehen – oder nachzuradeln.
► Seite 298

10 ✶✶ Bologna
Wer nach Bologna reist, kann getrost den Regenschirm zu Hause lassen: rund 35 km Gehweg sind von romantischen Laubengängen überwölbt. Den Rest der Zeit kann man im Dom, in leckeren Feinkostgeschäften oder in den zahllosen Museen zubringen. ► Seite 238

11 ✶✶ Cinque Terre
Wie Schwalbennester kleben die Häuser in Monterosso, Vernazza, Corniglia, Manarola und Riomaggiore an der schroffen Felsküste. Die fünf weltberühmten Dörfer in traumhafter Landschaft erkundet man am besten zu Fuß mit dem Rucksack auf dem Rücken. ► Seite 268

Platz der Wunder
Piazza dei Miracoli heißt der Ort, an dem der Schiefe Turm und der Dom von Pisa stehen. Der ist auch innen durchaus sehenswert.

Feuerberg Ätna
Rund um den faszinierenden sizilianischen Riesen breitet sich eine überaus fruchtbare Landschaft aus.

DIE BESTEN BAEDEKER-TIPPS

Von allen Baedeker-Tipps in diesem Buch haben wir hier die interessantesten für Sie zusammengestellt! Erleben und genießen Sie Italien von seiner schönsten Seite.

! Önotheken (enoteche)
Önotheken sind eine Besonderheit in Italien. Dort kann man landestypisch essen und Weine der Region probieren. ▸ Seite 96

! Limoncello
Gut gekühlt mit Eiswürfeln serviert, mundet der Limoncello, der traditionelle Zitronenlikör, auch nach dem Urlaub zu Hause bestens. ▸ Seite 166

! Einmal anders essen
In Polignano betreibt das Hotel Grotta Palazzese ein bemerkenswertes Restaurant: Gespeist wird in einer Höhle. ▸ Seite 198

Speisen unterirdisch
... im Höhlenrestaurant von Polignano

! Oliven
Apulien ist **das** Olivenanbaugebiet Italiens. Hier lohnt sich ein Besuch in einer der ehemaligen Ölmühlen. ▸ Seite 203

! Bilderburg
Minne, Jagd und Turnier: Die Fresken auf Burg Runkelstein vergegenwärtigen wie kaum ein zweites Denkmal die höfische Welt des späten Mittelalters. ▸ Seite 254

! Florenz wie es war
... davon kann man sich am besten im Museum »Firenze com'era« ein Bild machen. ▸ Seite 322

! Fingerfood Genoveser Art
Entlang der Hafenfront Genuas verlaufen die Arkaden der Via Sottoripa mit »friggitorie«, die typisch ligurisches »Fingerfood« bereiten. ▸ Seite 336

! Tarotgarten
Ca. 20 km östlich von Orbetello legte die französische Künstlerin Niki de Saint-Phalle 1979 bis 1984 den »Giardino dei Tarocci« an. ▸ Seite 348

Für Wanderfreunde
Die Via Francigena, der alte Pilgerweg nach Rom, ist seit dem heiligen Jahr 2000 als Tourismusroute und Wanderweg wieder eingerichtet. ▶ **Seite 386**

Antiquitäten in Hülle und Fülle
... findet man in Lucca am dritten Wochenende jedes Monats beim Markt in der Via del Battisterio ▶ **Seite 408**

Einmal Formel 1
Nach Abschluss der Rennsaison kann man bei Mailand die Autodromopiste mit dem eigenen Wagen erproben. ▶ **Seite 433**

Klein, aber fein
... baut Mostefa Kokabi seinen Sangiovese zwischen Buriano und Vetulonia unweit Grosseto an. ▶ **Seite 455**

Forza Ferrari
Ferrari-Tradition vom Feinsten gibt es im Ristorante Cavallino gegenüber dem Werkstor. ▶ **Seite 467**

Maggio dei Monumenti
Im Mai öffnen in Neapel und Umgebung viele sonst verschlossene Klöster, Kirchen und Paläste ihre Tore. ▶ **Seite 485**

Italienisch lernen
An der Ausländeruniversität in Perugia studieren jährlich 8000 Studenten aus über 100 Ländern italienische Sprache, Wirtschaft und Kultur. ▶ **Seite 533**

Whale watching
Im Ligurischen Meer tummeln sich in den Sommermonaten Wale und Delfine. Mit etwas Glück kann man sie beobachten.
▶ **Seite 584**

Wenn in Kampanien ...
... die rote Sonne im Meer versinkt, bietet sich in Marina di Camerota die Gelegenheit, mit den Fischern aufs Meer hinauszufahren. ▶ **Seite 647**

Großartige Kaffeehäuser
Turin ist für seine Kaffeehäuser berühmt. Die wichtigsten: Baratti & Milano mit der Spezialität »Cioccolata calda con panna« und Caffè San Carlo, das Wohnzimmer Turins, in dem einst politische Debatten geführt wurden. ▶ **Seite 760**

Venedigs Festkalender
Der berühmte Karneval beginnt zwölf Tage vor Aschermittwoch. Krönender Abschluss ist ein Feuerwerk auf der Lagune von San Marco. ▶ **Seite 772**

Schachspektakel
Alle zwei Jahre im September findet auf dem Schachbrett auf der Piazza Castello in Marostica eine Schachpartie mit lebenden Figuren statt – sogar die Pferde auf dem »Brett« sind echt. ▶ **Seite 809**

Blumenmeer
»San Pellegrino in Fiore«: Jedes Jahr strömt Ende April/Anfang Mai das historische Zentrum Viterbos vor Blumen über
▶ **Seite 814**

Kulinarische Spezialität
Parmigiano Reggiano, der berühmte italienische Hartkäse, gehört zur italienischen Küche einfach dazu.
► **Seite 96**

HINTERGRUND

PRAKTISCHE INFORMATIONEN VON A bis Z

Kunstschätze

Unbestrittenes Highlight einer Tour durch die Toskana ist Florenz.

► **Seite 143**

TOUREN

REISEZIELE VON A bis Z

Strandtage
An den schroffen Küsten Kalabriens finden sich versteckte Buchten.
► **Seite 359**

Preiskategorien

► **Hotels**
Luxus: ab 190 Euro
Komfortabel: 80–190 Euro
Günstig: bis 80 Euro
Für eine Übernachtung im Doppelzimmer

► **Restaurants**
Fein & Teuer: ab 30 Euro
Erschwinglich: 15–30 Euro
Preiswert: bis 15 Euro
Für ein Hauptgericht

Rom
Die Spanische Treppe in Italiens Hauptstadt ist ein »Muss« bei einer römischen Städtetour.
► **Seite 593**

Hintergrund

LAND UND LEUTE, KUNST UND KULTUR, GESCHICHTE UND POLITIK: IN DIESEM KAPITEL FINDEN SIE VIEL WISSENSWERTES ÜBER ITALIEN – KURZ UND PRÄGNANT, SO DASS SIE SCHNELL NACHSCHLAGEN KÖNNEN.

BENVENUTI IN ITALIA!

Italien ist nicht einfach nur ein Land – Italien ist ein Lebensgefühl. Das Land und seine Bewohner stehen für eine Skala unterschiedlichster Emotionen, die von der Sehnsucht nach einem sorgenfreien Leben bis zur Freude am Chaos, vom Wissensdurst bis zu kulinarischen Gelüsten reicht.

Die Sehnsucht der Deutschen nach Italien ist uralt. Einen ersten Boom erlebte das »Land, wo die Zitronen blüh'n« im 18. und 19. Jahrhundert; davon zeugen Goethes »Italienische Reise« (1816/1817), Seumes »Spaziergang nach Syrakus« (1802) und Eichendorffs »Aus dem Leben eines Taugenichts« (1822) – die Reihe ließe sich fortsetzen. Reiste man damals noch aus Antikensehnsucht und romantischer Schwärmerei, so genießt man heute auch gerne das »Dolce far niente«, das »süße Nichtstun«. An Kultur kommt man freilich kaum vorbei: Bekanntlich führen ja alle Wege zur Kulturmetropole Rom. Bevor man dort anlangt, hat man bereits Venedig oder Ravenna, Bologna oder Mantua passiert – so dass mitunter der Weg zum Ziel wird.

Paradiesisch
Atem holen an endlosen Sandstränden

Würdige Ahnen

Für die Entwicklung des Abendlandes war die Apenninhalbinsel jahrhundertelang ausschlaggebend. Der Reigen der Kulturen beginnt mit dem Auftauchen der geheimnisvollen Etrusker, von denen feststeht, dass sie zivilisatorisch die Lehrmeister der Römer gewesen sind. Diese errichteten bis zum 2. Jh. n. Chr. ein Weltreich, aus dem unermessliche Reichtümer in das Kernland flossen. Noch heute gehört die Hinterlassenschaft jener Jahre zu den großen Sehenswürdigkeiten. Vorübergehend wurde es still zwischen Alpenbogen und Sizilien, doch die um 1350 einsetzende Renaissance geriet hier wahrlich zu einer Wiedergeburt. In den stolzen Stadtstaaten Norditaliens erblühten Baukunst, Bildhauerei und Malerei, gefördert von ebenso wohlhabenden wie gebildeten Handelsherren. Ein Mäzenatentum ohnegleichen entwickelten Städte wie Venedig, Pisa und Siena – bis heute Glanzpunkte einer Italienreise.

Blicke in die Antike
Geschichte begegnet dem Besucher in Italien hautnah an unzähligen Orten – z. B. in Santa Maria Capua Vetere.

Haute Couture
Nicht nur in Mailand, Rom oder Florenz auf den Events der internationalen Modewelt, auch im Alltag wird Wert auf Eleganz gelegt.

Bilderbuchdörfer
Vernazza in Cinque Terre ist nur einer von unzähligen idyllischen Winkeln.

Blühende Altstädte

In verwinkelten Gässchen wie hier in Volterra lässt sich ein Tag herrlich beim Einkaufsbummel oder bei einer Tasse Cappuccino vertreiben.

Kunstschätze

Römische Amphitheater, gotische Kirchen, Skulpturen von Michelangelo, Gemälde von Raffael oder Architektur von Palladio wie in Vicenza – Kunstfreunde finden in Italien Schätze von unermesslichem Wert.

Hügellandschaften

Neben den Alpen sind auch die bewaldeten Hänge und Hochtäler des Appenin ein beliebtes Reiseziel für Wanderer und Wintersportler.

Sehnsucht und Wehmut

Im späten 18. Jh. wandelte sich das Image Italiens. Waren es bislang Kunst, Kultiviertheit und Geschäftssinn, mit denen die Italiener ihre Nachbarn nördlich der Alpen zum Staunen brachten, so weckte nun das einfache Volk die Begeisterung der Reisenden. Die Kombination einer überwältigenden Vergangenheit mit naiver Natürlichkeit der Landbevölkerung traf den Nerv der Aufklärung und später der romantischen Bewegung. Begeistert zeichneten junge Künstler aus dem Norden in Rom die verschütteten Reste des Forum Romanum, zwischen denen Bauernkinder ihre Herden weideten und Mütter ihre Kinder stillten. Dieses Ideal vom unverfälschten Natur- und Kunsterlebnis bereitete den Boden für einen lebhaften Fremdenverkehr, der sich seit etwa 1850 an den oberitalienischen Seen und Küsten entfaltete und bald gegen Süden zog. Anfang der 1960er-Jahre erlebte der Italienboom einen ersten Höhepunkt: Damals verbrachten pro Jahr rund vier Millionen Deutsche ihren Urlaub in Italien. Unter der südlichen Sonne suchten sie ein neues Lebensgefühl, das von Stars wie Gina Lollobrigida und Sophia Loren repräsentiert wurde. Diese Sehnsucht ist auch hörbar in den Schlagern der Zeit: Dort tauchen vermehrt Vokabeln wie »amore«, »signorina« und »vino« auf.

Antipasti
Gaumenfreuden zu einem guten Tropfen

Auf neuen Wegen

Zu Beginn des neuen Jahrtausends zeigt sich Italien als Reiseland so vielfältig wie nie zuvor. Vom klassischen Strandurlaub bis zu Familienferien auf Bauernhöfen, von der Studienfahrt bis zum Shoppingweekend: Die Liste der Angebote scheint unerschöpflich und wird immer attraktiver. Festivals moderner und klassischer Musik schießen wie Pilze aus dem Boden, Museen überdenken neue Vermittlungsformen und die Badeorte kümmern sich zunehmend um Umweltschutz. Erfreulich ist auch, dass die nach der Euro-Umstellung in die Höhe geschnellten Preise vielerorts wieder purzeln – die Touristen blieben aus, das nahmen sich Wirte und Hoteliers zu Herzen. Es bleibt zu hoffen, dass auch die Weingüter sich diesem Trend anschließen. Denn neben der Kultur waren es von jeher Weine und kulinarische Spezialitäten, die Besucher aus weniger sonnenverwöhnten Regionen anzogen – und diese wundervolle Mischung aus Kultur, Sonne und Feinschmeckerei wird dafür sorgen, dass Italien auch zukünftig unwiderstehlich bleibt.

Fakten

Wo tummeln sich Delfine und Wale? Welche Enklaven behaupten sich auf der Apenninhalbinsel, wo sprudeln Heilquellen und welche Ziele steuern Urlauber besonders häufig an? Hier erfahren Sie mehr!

Naturraum

Geologie

Die Ursprünge Italiens

Zwei Gebirge prägen das Land: Die **Alpen**, die sich wie eine Schutzwand um die Po-Ebene (Padania) legen, und der **Apennin**, der sich gleich einem Rückgrat über zwei Drittel der Halbinsel erstreckt. Beide sind im Tertiär aufgefaltet worden, jener Periode, die vor 65 Mio. Jahren begann und vor knapp 2 Mio. Jahren endete. Die Gebirgsbildung hängt mit Bewegungen in der Erdkruste zusammen bzw. mit der **Kontinentaldrift**. Im Falle von Apennin und Alpen ist bis heute die Kollision der nach Norden driftenden Afrikanischen Platte mit der Eurasischen Landmasse ausschlaggebend: Afrika schiebt sich unter Europa. Dementsprechend sind die Alpen und der Apennin geologisch gesehen noch sehr junge Gebirge. Ihre Auffaltung erfolgte in mehreren Schüben, wobei auch tiefe Brüche in der Erdkruste entstanden, begleitet von Erdbeben und vulkanischer Tätigkeit.

◄ Eiszeit

Während der Kaltzeiten der letzten 2 Mio. Jahre – die letzte **Eiszeit** endete vor etwa 10 000 Jahren – waren die höchsten Lagen des Apennin, darunter die Abruzzen, von dicken Eispanzern bzw. Firnfeldern bedeckt. Sehr schön ist das Erbe der Eiszeit im italienischen Teil der Alpen zu sehen, wo heute noch mehr als 110 km² Gletscherfelder vorhanden sind. Von langsam fließenden Gletscherströmen ausgehobelte Trogtäler und tiefe, heute von Seen ausgefüllte Gletscherzungenbecken sowie Moränenwälle an vielen Talausgängen sind ebenso Zeugnisse der Eiszeit wie die in den Hochlagen des Apennin anzutreffenden Kare und Gletscherschliffe.

◄ Erdbeben, Vulkanismus

Die Erdkruste ist in Italien bis heute nicht zur Ruhe gekommen. Immer wieder erschüttern heftigen **Erdbeben** das Land, so auch 1976, als im Friaul über 1000 Menschen von einstürzenden Gebäudeteilen und Geröll erschlagen wurden. Beim letzten schlimmen Beben 1997 in Umbrien wurde u. a. die Kirche des hl. Franziskus in Assisi schwer beschädigt. Auch die aktiven und erloschenen Vulkane sowie postvulkanische Erscheinungen wie Thermal- und Mineralquellen, Solfataren (Schwefeldampf-Aushauchungen) und Soffionen (Borquellen) sind Folgen der Erdkrustenbewegungen. Im nördlichen Italien zählen u. a. die Colli Euganei und die Monti Berici zwischen Venedig und Verona zu den größeren Vulkangebieten. Weiter südlich brodel(te)n die Inseln im Golf von Neapel (besonders Ischia), der Vesuv und die Phlegräischen Felder, Vulcano und Stromboli und natürlich Europas größter Vulkan, der Ätna auf Sizilien.

Die Alpen

Die italienischen Alpen spannen sich als etwa 800 km langer Hochgebirgsbogen von der Küste Liguriens hinüber zum Isonzo, der Grenze zwischen Italien und Slowenien. Im **Westen** bestehen sie größtenteils

← Auch das ist Italien: Fischereitradition und lebendige Märkte.

Naturräume Orientierung

aus Granit, Gneis und Glimmerschiefer, kristallinem Gestein also, das in Form schroffer Gipfel, Pyramiden und Felshörner der abtragenden Kraft der Gletscher widerstand. **Östlich des Lago Maggiore** liegen weichere Schichten aus Kalkstein auf dem kristallinen Grundgebirge, die von Eis, Wasser und Wind schnell und weiträumig abgetragen wurden, so dass die Berge nicht so hoch und die Täler nicht so tief sind wie in den Westalpen. Einen Sonderfall bilden die **Dolomiten**. Hier wandelte sich der ursprüngliche Kalkstein durch enormen Druck und hohe Temperaturen in harten Dolomit, es entstanden kantige Gipfelfluren und tiefe Täler.

Am höchsten sind die italienischen Alpen im **Piemont**, wo sie recht schroff in Richtung Po abfallen. Am Rande des Aostatales erhebt sich das gewaltige Massiv des Monte Bianco (Mont Blanc) auf 4807 m Höhe; wenige Kilometer weiter östlich gleißt der mächtige Gletscher des 4638 m hohen Monte Rosa im Licht der Abendsonne.

Oberitalienische Tiefebene (Po-Ebene)

Der Po, mit 652 km Länge und einem Einzugsgebiet von 75 000 km² Italiens längster und bedeutendster Fluss, entspringt im südwestlichen Piemont in den **Cottischen Alpen** nahe der italienisch-französischen Grenze, mäandriert zunächst durch das südliche Piemont, fließt dann durch die Lombardei und Venetien und mündet schließlich in einem riesigen Delta in die Adria. Der **Po** ist eine Lebensader par excellence. Günstige klimatische Bedingungen und gute Böden machen die Ebene zur reichsten Ackerbauregion Italiens. In der Lombardei und in Venetien ist der Po ein ausgesprochener Dammfluss. Dies bedeutet, dass sein Wasserspiegel um einiges höher als das umliegende Land ist. Trotz Eindeichung haben sich in der Vergangenheit verheerende Überschwemmungen nicht vermeiden lassen.

Apennin

Südlich des Po steigt die Ebene allmählich an und erreicht über ein schmales Hügelland den Apennin, der sich etwa in der gleichen Zeit wie der Alpenbogen ausbildete. Am Ende des Tertiär wurde er im Norden und in der Mitte nochmals vom Meer überflutet. Danach begann sich das Gebirge erneut aufzuwerfen, wobei die Hebungsphasen sowohl regional als auch zeitlich ganz unterschiedlich waren. Diese Krustenbewegungen halten bis zur Stunde an. Den Unterbau des Gebirges bilden in erster Linie **Kalksteine** und metamorphe Gesteine wie **Dolomit**. In geologisch junger Zeit entstandener Flysch, Sandstein sowie weiche Mergel- und Tonablagerungen werden seit dem Ende der Tertiärzeit in die Gebirgsbildung miteinbezogen. Letztere nehmen viel Wasser auf und bilden dann Gleithorizonte, auf denen es immer wieder zu katastrophalen Bergrutschen kommt.
Eindrucksvoll ist der **Vegetationswechsel** mit zunehmender Höhe: Unten dominieren Hartlaubgehölze, die nach oben in Grasfluren und Heiden übergehen. Vereinzelt sieht man noch Eichen, Buchen und Kastanien – Reste einstmals ausgedehnter, seit dem Altertum jedoch rücksichtslos abgeholzter **Laubwälder**. Durch Bodenabspülung und Verkarstung sind in den Höhenlagen schroff gezackte Felsen, abweisende Felsplateaus und weite Schotterflächen entstanden.

Tyrrhenisches Vorland

Als Tyrrhenisches Vorland wird die stark zergliederte Landschaft bezeichnet, die vom Westabfall des Apennin bis zum Tyrrhenischen Meer hinunterreicht. Hier ist die Erdkruste in zahlreiche, oft gegeneinander verschobene Schollen, Horste und Gräben zerbrochen. Charakteristisch sind die abrupt abknickenden Täler und die geradezu flächenhaft auftretenden vulkanischen bzw. postvulkanischen Erscheinungen, darunter Vulkankegel, Kraterseen und Tuffdecken, die sich von den Monti Amiata bis zum Vesuv aneinanderreihen.

Apulisches Vorland

Mit seinen flachen verkarsteten und trockenen Kalktafeln prägt das Apulische Vorland das Landschaftsbild zwischen Sporn (Monte Gargano) und Absatz (Salentinische Halbinsel). Das Kalkmassiv des Promontorio del Gargano dient vorwiegend als **Weideland**, trägt aber auch einige wertvolle Hochwälder und fällt nach Südosten zu einer wildromantischen Kliffküste mit Brandungstoren und -höhlen ab. Südlich schließt die **Tavoliere**, eine fruchtbare und landwirtschaftlich intensiv genutzte Küstenebene, an.

Sizilien Die sagenumwobene **Straße von Messina** ist ein in geologisch sehr junger Zeit entstandener Grabenbruch, der den kalabrischen Teil des Tyrrhenischen Massivs von seiner Fortsetzung, den sizilianischen Monti Peloritani, trennt. Westlich der geologischen Störungszone von Taormina treten die noch jungen Sedimentgesteine der Monti Peloritani in Erscheinung. Der im 1847 m hohen Monte Soro gipfelnde Gebirgszug ähnelt stark dem norditalienischen Apennin.
Ganz anders stellt sich Sizilien im Massiv der Madorie dar, das westlich anschließt. Weitgehend kahle, weil stark verkarstete Kalkstöcke und -riegel, die im Trias und Jura entstanden, prägen die Landschaft. Im Westen Siziliens zerbricht das Gebirge schließlich in unterschiedlich hohe Berg- und Hügelzüge.
Der **Ätna**, dessen Vulkankegel wie ein riesiger Saugnapf auf einer ergiebigen Magmakammer aufsitzt, hat seit den letzten Ausbrüchen eine Gipfelhöhe von sage und schreibe 3323 m.

Sardinien Sardinien zeigt gegenüber dem geologisch sehr unruhigen italienischen Festland einen völlig anderen Charakter. Es ist Teil der sehr alten **korsisch-sardischen Masse**, deren oberste Partien heute aus dem westlichen Mittelmeer herausragen. Die einzige stärkere Beanspruchung in geologisch jüngerer Vergangenheit war die Drehung, die diese Landmasse aus dem Golfe du Lion (Rhonegraben) ins Tyrrhenische Meer vollzogen hat.
Die Insel baut sich aus einem größeren nördlichen und einem kleineren südwestlichen Block auf, dazwischen verläuft der **Campidanograben** von Oristano bis Cagliari. Den Unterbau des kleineren südwestlichen Inselteils bilden Gesteine aus dem Erdaltertum mit reichem Zink- und Bleivorkommen. Die Bergrücken aus alten Kalken, Sandsteinen und Schiefern erreichen im Iglesiente Höhen zwischen 500 und 1236 m. Der wesentlich größere nördliche Inselteil präsentiert sich als vielgestaltiges Bergland, das aus kristallinen Gesteinen und uralten vulkanischen Ablagerungen aufgebaut ist.

Landschaftsräume

Fünf Großräume
Norditalien ►
Italien lässt sich ganz grob in fünf Großräume gliedern: Norditalien, das von den Alpen über die Po-Ebene hinweg bis zum Apennin und zur Riviera reicht, besteht aus einem westlichen und einem östlichen Großraum. Im **Westen** liegen das Aostatal, Piemont, Lombardei und Ligurien. Fast zwei Drittel der Bevölkerung Norditaliens leben im »triangolo industriale«, jener stark industrialisierten Zone, deren Eckpunkte die Großstädte Turin, Mailand und Genua bilden. Zum räumlich etwa gleich großen **Osten** zählen Südtirol-Trentino, Venetien, Friaul-Julisch-Venetien und Emilia-Romagna.

Obst- und Weingärten, die Berge der Texel-Gruppe und das nach Süden sich öffnende Etschtal bestimmen das Landschaftsbild oberhalb von Meran.

Das »grüne Herz« Italiens schlägt in »Italia Centrale«, womit die Regionen Toskana, Umbrien und Latium samt der Hauptstadt Rom gemeint sind. ◄ Mittelitalien

Vierter Großraum ist Süditalien, das den unteren Schaft, die Spitze und den Absatz des italienischen Stiefels einnimmt. Man versteht darunter die Regionen Abruzzen, Molise und Apulien, Kampanien mit der Großstadt Neapel, die Touristen noch wenig bekannte Basilikata und die ziemlich abgeschiedene Region Kalabrien. ◄ Süditalien

Als »Inselitalien« (Italia insulare) bezeichnet man nicht nur die beiden sehr unterschiedlichen, großen Inseln Sizilien und Sardinien, sondern auch kleine Inselgruppen wie die Liparischen, Ägadischen und Pontinischen Inseln, Ischia, Capri, Elba sowie den Toskanischen Archipel. ◄ Inselitalien

Mezzogiorno

»Mezzogiorno« bezeichnet den angesichts schwieriger klimatischer und verkehrsgeografischer Voraussetzungen in seiner wirtschaftlichen Entwicklung gehemmten Süden des Landes einschließlich der Inseln – Großräume, die im Vergleich zu den Aktivräumen Nord- und Mittelitaliens wirtschaftlich wie sozial stark belastet sind.

Einzelne Regionen

Aostatal

Eingebettet in eine großartige Hochgebirgswelt und umkränzt von den höchsten Alpengipfeln, ist das Valle d'Aosta eine der schönsten Landschaften Norditaliens. Die schon im Altertum als Zugang zu den Alpenübergängen des Kleinen und des Großen St. Bernhard wichtige Talschaft war durch etliche **Burgen und Festungen** gesichert, an die heute noch zahlreiche Wehrbauten und Ruinen erinnern. Heute ist es eine politisch autonome Region.

Piemont Der Name Piemont spielt auf die Lage der Region zu Füßen hoher Berge an. Die Landschaft ist abwechslungsreich: Sie hat an der Po-Ebene ebenso Anteil wie am von Moränenzügen und Hügelländern geprägten Voralpenland. Diese Vielfalt spiegelt sich auch in der wirtschaftlichen Leistungskraft wider. Das Hügelland um die Hauptstadt Turin sowie um Ivrea und Biella gehört zu den bestentwickelten **Industriegebieten** Italiens. Im Schwemmland des Po spielen Landwirtschaft und Viehzucht seit vielen Jahrhunderten eine bedeutende Rolle, und in einigen Gegenden – so etwa dem Montferrato – werden vorzügliche Weine angebaut.

Lombardei Wirtschaftlich nicht minder attraktiv und aktiv ist die benachbarte Lombardei, eine hoch industrialisierten Landschaft, die sich von den Hochalpen bis in die grüne Hochebene zieht. Ihr Herz schlägt in Mailand, das wegen seiner Finanzkraft gerne als heimliche Hauptstadt bezeichnet wird. Zugleich nimmt die Landwirtschaft trotz aller Modernität nach wie vor einen hohen Stellenwert ein – ein Glück für jeden, der Weine wie den vorzüglichen »Veltliner« schätzen gelernt hat. Ein touristischer Magnet sind seit langem schon die **Berge und Alpenseen** wie der Lago Maggiore, der Comer See und der Gardasee.

Venetien Der geradezu magische Anziehungspunkt im Veneto ist natürlich **Venedig**. Dennoch ist Venetien weit mehr als nur Umland der Lagunenstadt, es begeistert durch landschaftliche wie wirtschaftliche Vielfalt. So reifen im venetischen Teil der Po-Ebene Getreide, Mais, Reis, Obst und Gemüse. Die hier angebauten Weine, darunter Bardolino und Valpolicella, werden in ganz Europa gerne getrunken. Im mondänen Wintersportort Cortina d'Ampezzo schießen derweil pfeilschnelle Skifahrer die Hänge hinab. Erholung vom Trubel der Welt findet man in den **Thermal- und Mineralquellen** der Euganeischen Hügel nahe Padua und der Monti Berici bei Vicenza.

Friaul-Julisch Venetien Schon beim ersten Blick auf die italienische Landkarte ahnt man, dass Friaul-Julisch Venetien keine typisch italienische Region sein kann: Es zieht sich von den Karnischen bzw. Julischen Kalkalpen bis hinunter an die Adria, Österreich, Slowenien und Kroatien liegen nahe. In großen Teilen des Landes spricht man neben italienisch auch friaulisch, das Stadtbild der Hafenstadt **Triest**, einst Österreichs Zugang zum Meer, prägen Wiener Kaffeehäuser. Während im Norden Berglandwirtschaft vorherrscht, ist an der Küste der Badetourismus die wirtschaftliche Triebfeder. Bekannte Seebäder wie **Grado und Lignano** machten die Region schon vor hundert Jahren zu einem äußerst reizvollen Reiseziel.

Trentino-Südtirol

Ähnlich wie das Aostatal hat auch Trentino-Südtirol einen **Sonderstatus**, der mit der langen Tradition der deutschen Sprache und Kultur in diesem Gebiet zu tun hat. Man kann dies schon optisch an der alpenländischen Bauweise der Häuser erkennen, aber auch an Details wie dem häufigen Fehlen von »coperto« und »servizio« auf der Restaurantrechnung. Das tiefe und durch seine Südlage klimatisch begünstigte Etschtal bietet hervorragende Voraussetzungen für eine ertragreiche Landwirtschaft. Im Tal gibt es Getreidefelder und Obstplantagen, auf den sonnenbeschienenen Terrassen wird Wein angebaut, in den Berglagen wird Weidewirtschaft betrieben. Die beiden eindrucksvollsten Hochgebirgsregionen sind die Dolomiten und die

Italien Regionen

Brenta-Gruppe. Die Region bietet optimale Bedingungen für Wanderer, Bergsteiger, Mountainbiker, Rad- und Skifahrer. Wer's bequemer mag, kann viele Gipfel mit der Seilbahn erklimmen. Lebhafte Industrie- bzw. Handelsstandorte sind Bozen und Trient, zwei altbekannte städtische Zentren an der stark befahrenen Brenner-Route.

Ligurien Orangenbäume, Dattelpalmen, Oliven und Magnolien, mildes Klima, blühende Gärten und steil zum Ufer hin abfallende Berge: Mit diesem Szenario hat sich Ligurien, kurz: **Riviera**, einen Spitzenplatz auf der Liste italienischer Traumziele gesichert. Genua, die alles beherrschende Hauptstadt der Region, liegt mit ihrem stark frequentierten Hafen wie in einem riesigen Amphitheater fast in der Mitte des Küstenbogens am Ligurischen Meer. Westlich erstrecken sich die Riviera di Ponente und die Riviera dei Fiori mit ihren üppig bewachsenen Buchten und Seebädern wie San Remo. Östlich schließt sich die Riviera di Levante an, ein gebirgiger Küstenabschnitt mit hohen Klippen und Bergen. Wegen der hohen Niederschläge ist die Vegetation hier noch üppiger. Besonders reizvoll und dementsprechend gut besucht sind hier die **Cinque Terre** und das mondäne Portofino.

Emilia-Romagna Die außerordentlich fruchtbare Emilia-Romagna, die vom Po bis zum Apennin und der Adria reicht, ist seit langem besiedelt: Schon die Römer legten hier die schnurgerade **Via Emilia** an, nach der die Region benannt ist. Bologna, Ravenna, Parma, Piacenza und Modena gelten als reiche Städte, in denen die ausgezeichneten Erzeugnisse der florierenden heimischen Landwirtschaft und Viehzucht zu haben sind, wie der berühmte Parmaschinken, Tomaten, Wein und Obst, aber auch hochwertige Textilien, Schuhe, Fahrzeuge und Maschinen. Seitdem Erdöl und Erdgas entdeckt wurden, hat sich in der Emilia-Romagna auch die petrochemische Industrie niedergelassen. An der Adriaküste floriert der Badetourismus derart, dass die Strände von Rimini und Milano Marittima als »Teutonengrill« bekannt sind.

Toskana Pinien und Zypressen sind die charakteristischen Pflanzen dieser Hügellandschaft, die seit vielen Jahren zu den Lieblingszielen der Deutschen gehört. Hier gedeihen berühmte Weine wie der **Chianti und Oliven**. Flüsse wie Arno und Chiana haben Täler ausgeräumt, in denen Obst- und Gemüsegärten, mitunter aber auch Industrie das Bild prägen. Den Kernraum der Toskana bildet das fruchtbare Arno-Becken mit seinen Weinbergen, Olivenhainen, Mais- und Getreidefeldern, um Lucca dominiert der Gartenbau. Eine Wonne für Auge und Geist ist die Kunstmetropole **Florenz**, gefolgt von Siena, Pisa und San Giminiano. Das karge Gebiet am Oberlauf des Ombrone passt nicht so recht in dieses Idyll und wird oft als »Wüste Italiens« bezeichnet. Die Apuanischen Alpen wurden durch die Marmorbrüche von Carrara bekannt, den südlichen Küstensaum nehmen die einst sumpfigen und als Malariabrutstätten gefürchteten Maremmen ein, die heute größtenteils trockengelegt sind.

Die als Heimat des Franz von Assisi bekannt gewordene Region Umbrien liegt im »grünen Herzen« Italiens, eingebettet zwischen Toskana, Marken, Latium und Abruzzen im welligen Vorland des zentralen Apennin. **Grünen Weiden und von Pappelreihen** bestandene Flusstäler prägen die Landschaft. Hoch über den Niederungen thronen ansehnliche Städte, viele davon noch mit mittelalterlichem Kern, so etwa Umbriens Hauptstadt Perugia sowie die alten Siedlungen Orvieto, Spoleto und Assisi. Dagegen liegt die Eisenhütten- und Stahlmetropole Terni in der Ebene.

Marken

Südlich an die Emilia-Romagna schließt die bereits zu Mittelitalien gehörende Landschaft Marken an. Sie war zu Zeiten des Heiligen Römischen Reiches **Grenznation**, worauf ihr Name bis heute anspielt. Die Region reicht von der Adriaküste mit der bedeutenden Hafenstadt Ancona bis hinauf zum Apennin, der hier im 2476 m hohen Monte Vetore gipfelt. Das Land ist zumeist recht trocken, nur in den Tälern wird Landwirtschaft betrieben. Während im Landesinnern Wein-, Obst-, Gemüse- und Getreideanbau sowie Viehzucht eine lange Tradition haben, sind in der flachen Küstenebene moderne Industriebetriebe angesiedelt. Innerhalb der letzten Jahre hat sich der Fremdenverkehr an den flachen Küstenstränden in ungeahntem Maße ausgebreitet, bunkerartige Hotels scheinen über Nacht aus dem Boden zu sprießen. Zum Ausgleich bietet sich **Urbino**, eine Idealstadt der Renaissance, an.

Eine von Zypressen gesäumte Straße in den Hügeln der Toskana

Das Molise ist – touristisch gesehen – ganz zu Unrecht eine noch weit gehend unbekannte Region.

Latium Zwischen dem Tyrrhenischen Meer und dem Mittleren Apennin breitet sich das Latium aus, historischer Kernraum der römischen und etruskischen Kultur. Ihren kulturellen, wirtschaftlichen und gesellschaftlichen Dreh- und Angelpunkt bildet Rom, das in der Antike über den an der Tibermündung gelegenen Hafen Ostia mit dem Meer verbunden war. Landeinwärts wechseln fruchtbares **Vulkanhügelland** und spärlich bewachsene Kalkhöhen ab. Die breiten Flusstäler werden gartenbaulich intensiv genutzt. Von Seen erfüllte Krater erloschener Vulkane, Obsthaine und Weingärten umrahmen die römische Campagna. Größere Feuchtgebiete wie beispielsweise die Pontinischen Sümpfe sind in den letzten Jahrzehnten trockengelegt worden und bieten heute Platz für Siedlungen, Industrieanlagen und Autobahnen.

Abruzzen Als raue, karge und recht siedlungsarme Gebirgslandschaft im Mittleren Apennin präsentiert sich die Region Abruzzen. Im Umland von **Gran Sasso** und Maiella verwandelt sie sich sogar in ein wildes Hochgebirge, das in weiten Teilen als Nationalpark ausgewiesen ist. Die tiefen, vor Wind und Wetter geschützten Täler sind ausgesprochen fruchtbar. Hier gedeihen **Weinreben, Oliven, Mandeln** und vielerlei Obstsorten. Industrielle Zentren sind die Eisen- und Stahlmetropole L'Aquila sowie die an der Adriaküste gelegene Stadt Pescara, die zusammen mit Chieti einen wirtschaftsstarken Korridor bildet.

Molise Südlich der Abruzzen schließt die Landschaft Molise an. Ihre höchst reizvolle Bergwelt mit **wildromantischen Tälern** und tiefen Wäldern, in denen angeblich noch Wölfe leben, reicht vom stark verkarsteten Kalkgebirge des Appennino Neapolitano bis zur Adriaküste hinunter. Wichtigster Wirtschaftszweig ist die Landwirtschaft, die in erster Linie Getreide, Obst und Wein kultiviert. Hauptort der Region ist Campobasso, das etwa halbwegs zwischen der Adria und dem Tyrrhenischen Meer im Neapolitanischen Apennin liegt.

Kampanien

Wirtschaftliches Zentrum Süditaliens ist die alte Kulturlandschaft Kampanien, die sich vom Tyrrhenischen Meer bis an den Neapolitanischen Apennin erstreckt. Kerngebiet ist die weithin ebene, jedoch von vulkanischer Aktivität geprägte **antike Campania**, die den Golf von Neapel umfängt. In den Küstenebenen und Flusstälern wird eine außerordentlich ertragreiche Landwirtschaft mit Getreide, Weintrauben, Oliven, Gemüse und Tabak betrieben.
Landschaftlich sehr reizvoll präsentiert sich die Küstenregion zu Füßen des Vesuvs, die im Süden von der malerischen Felshalbinsel Sorrent und der als Bastion ins Meer hinausgeschobenen Ferieninsel Capri begrenzt wird. Westliche Vorposten sind die Vulkaninseln Procida und Ischia. Die alte Hafenstadt **Neapel** ist heute das pulsierende Herz des Mezzogiorno und einer der größten Industriestandorte Italiens mit Raffinerien, Stahlwerken, Werften sowie Autozuliefer-, Textil- und Lebensmittelindustrie.

Apulien

Die Region Apulien zieht sich vom Ostabfall des Apennin hinunter bis zum Golf von Tarent und nimmt damit Sporn und Absatz des Stiefels ein. Die Region prägen das **Gargano-Massiv**, die fruchtbare Küstenebene der Tavoliere, die unsäglich karge Murge mit ihren wilden Schluchten und die Salentinische Halbinsel. Auf größeren künstlich bewässerten Flächen werden Oliven, Mandeln, Weintrauben, Getreide und Tabak angebaut. Wirtschaftliche Zentren sind die Hafenstädte Bari, Brindisi und Tarent.

Basilikata (Lukanien)

Die Verdickung des Stiefelfußes, die vom Gebirgsstrang des Lukanischen Apennin durchzogen ist, wird von der alten Landschaft Basilikata eingenommen. Mitten im Gebirge liegt ihre Hauptstadt **Potenza**. Die landschaftlich außerordentlich abwechslungsreiche Region wird unter erfahrenen Touristen als Geheimtipp gehandelt. Noch wenig erschlossene Bergzüge mit wildromantischen Tälern, zauberhaften Wein- und Olivenhainen und fruchtbaren Niederungen, in denen »Milch und Honig fließen«, bieten alles, was Reisende suchen.

Kalabrien

Die Spitze des italienischen Stiefels zwischen Ionischem und Tyrrhenischem Meer nimmt das gebirgige Kalabrien ein. Am schönsten präsentieren sich der Küstensaum am Golf von Policastro, das aussichtsreiche Silagebirge und der vergleichsweise waldreiche Aspromonte, der die äußerste Stiefelspitze bildet. Ausgedehnte Weingärten, Olivenhaine und Zitruskulturen in begünstigten Lagen sowie Viehweiden in den Bergen prägen das Landschaftsbild. Trotz seines landschaftlichen Reizes gehört Kalabrien seit vielen Jahren zu den Problemregionen Italiens – nirgendwo sonst hat die **Bevölkerungsabwanderung** so nachhaltige Spuren hinterlassen.

Sizilien Die rund 25 700 km² große, nahezu dreieckige Insel bildet quasi den Fußball vor der Spitze des italienischen Stiefels und ist von dieser durch die 3 km breite und erst in geologisch jüngster Zeit eingebrochene **Straße von Messina** getrennt. Nicht viel mehr als 100 km trennen die Insel vom afrikanischen Kontinent. Im Norden ragt ein Gebirgsstrang auf, der nach Süden und Südwesten in ein teils anmutiges, teils aber auch abweisendes Berg- und Hügelland übergeht. Den Osten der Insel beherrscht der Ätna.

Die landschaftlich sehr abwechslungsreiche Nordostküste ist seit vielen Jahrzehnten Ziel von Touristen. Fruchtbare Küstenabschnitte sind auf ganz Sizilien von Weinbau und Zitruskulturen geprägt, Getreide wird überall, wo es möglich ist, angebaut. Keine Rolle mehr spielt der Abbau von Schwefel, Kali und Salz, stattdessen hat die Förderung von Erdöl und Erdgas im Osten und Südosten der Insel stark an Bedeutung gewonnen.

Sardinien Nur wenig kleiner als Sizilien, nämlich knapp 24 100 km², ist das im Tyrrhenischen Meer gelegene Sardinien. Höchste Erhebung der gebirgigen, waldarmen Insel ist das **Gennargentu-Massiv**, den Südwesten prägt die breite Ebene des Campidano, durch die man in das erzreiche Bergland von Iglesiente gelangt. Landeinwärts stößt man vielerorts auf lagunenreiche und feuchte Ebenen, große Weideflächen, aber auch Korkeichenwälder, Getreidefelder, Weingärten sowie Bewässerungskulturen.

Peschici liegt auf einem Felsen oberhalb des Meeres an der Nordküste des Gargano, dem wohl malerischsten Stück der Adria.

Der größte Teil der Bevölkerung lebt in wenigen Städten, in denen Holzverarbeitung, Schiffbau, Metall, Textil- und Nahrungsmittelindustrie konzentriert sind. Bis heute ist der **Bergbau** von Bedeutung, ebenso die Gewinnung von Blei, Zink, Kupfer, Antimon und Bauxit. Das mit Abstand bedeutendste Fremdenverkehrsgebiet Sardiniens ist die landschaftlich reizvolle Costa Smeralda im Norden der Insel.

Pflanzen und Tiere

Flora

◄ Alpen und Alpenvorland

In den Alpen und ihrem südlichen Vorland trifft man auf die klassische Stockwerksgliederung der Flora. Entlang der Oberitalienischen Seen und in den Talbuchten der großen Gebirgsflüsse wird die Vegetation dann ausgesprochen mediterran, es gedeihen Steineichen, Oliven, Säulenzypressen, Lorbeer, Oleander, Rosmarin und natürlich Weinstöcke. In besonders geschützten Lagen blühen sogar – wie man seit Goethe weiß – **Zitronen**. In mittleren Berglagen wachsen Esskastanien, deren Früchte früher in Notzeiten als Mehlersatz dienten und deren Blattwerk als Stallstreu verwendet wurden. Bis etwa 1000 m gedeihen Eichen und Buchen, darüber setzen Nadelhölzer ein, vor allem Weiß- und Rottannen, Lärchen, Kiefern und Arven bzw. Zirbelkiefern. In den Hochlagen findet man Matten und Schuttvegetation, die sich den extremen klimatischen Verhältnissen angepasst hat.

◄ Apennin

Im Gegensatz zu den Alpen, wo Zirbelkiefern die Waldgrenze markieren, sind es in den Hochlagen des Apennin zumeist **Buchen**, die auf überwiegend kalkhaltigem Untergrund stocken. Südlich der Abruzzen ist es allerdings dermaßen trocken, dass Buchen erst ab einer Höhe von 800 m anzutreffen sind. Darunter gedeihen lediglich einige robuste Eichenarten und allerhand Gestrüpp. Auf zwei Gebirgs-»Inseln«, nämlich im kalabrischen Silagebirge und im Pollinomassiv, findet man oberhalb der Buchen noch größere Schwarzkieferbestände, die hier wohl schon in der Eiszeit bestanden haben.

◄ Inselitalien

Auch auf den italienischen Inseln gibt es noch etwas Wald. Eine Charakterpflanze ist hier die **Korkeiche**, die vor allem auf Sardinien und auch im Norden Siziliens kultiviert wird.

◄ Po-Ebene

In der Po-Ebene sind nur noch an wenigen Standorten Reste der ursprünglichen Vegetation zu finden. Die bekannteste Charakterpflanze dieser Region, in der heute alle Getreidesorten und sogar Reis angebaut werden, ist die **Weißpappel**, die einst zur Zellulosegewinnung kultiviert wurde.

◄ Sumpfniederungen

In feuchten Niederungen bzw. Sumpfniederungen fallen Eukalyptuspflanzungen ins Auge, die in den 1930er- und 1940er-Jahren angelegt wurden, um breite Landstriche zu entwässern und damit auch die seinerzeit in Italien noch weit verbreitete Malaria einzudämmen.

◄ Flachküsten

An flachen Küstenabschnitten, so etwa bei Ravenna und an der nördlichen Adria, gibt es heute noch ausgedehnte **Pinienbestände**, die mittlerweile vehement gegen andersartige Bodennutzungen verteidigt werden. Schirm- und Strandkiefern werden als Schattenspender und als Rohstoff-Lieferanten für die Möbelindustrie geschätzt.

Macchie ► In weiten Gebieten Italiens breitet sich heute eine Sekundärvegetation aus, die gemeinhin als Macchie bezeichnet wird. Es handelt sich um ausgesprochen robuste, meist kleinwüchsige, dicklaubige bis dornige und tiefwurzlige Wildgehölze und -kräuter, deren bekannteste Vertreter Mastix- und Lorbeerbüsche, Thymian, Pfefferminze und Ginster sind. Je karger die Lebensbedingungen, desto kleinwüchsiger wird die Macchie, die stellenweise nur noch kniehoch oder gar zur Felsheide degradiert ist.

Kulturpflanzen ► Zur Pflanzenwelt Italiens zählen natürlich auch lieblichere Gewächse wie Mandelbäume, Haselnuss-, Zitronen- und Orangenpflanzungen, Olivenhaine, Feigenbäume und Pistazien. Auch Weinstöcke gehören dazu und wogende Korn-, Reis- und Maisfelder in der Oberitalienischen Tiefebene sowie Gemüse- und Blumenkulturen, die überall dort anzutreffen sind, wo Bodenqualität und Lokalklima stimmen. Selbst **Dattelpalmen** werden seit einiger Zeit kultiviert. Wichtige Holzlieferanten sind Zeder, Pinie, Weißpappel und Eukalyptus.

Fauna Wildtiere findet man in Italien nur selten, sie sind durch den Menschen fast vollständig ausgerottet oder aber in geschützte Rückzugsräume abgedrängt worden. Allenfalls in abgelegenen Bergregionen der Alpen – und auch da nur mit Glück – kann man noch **Adler, Steinböcke, Gämsen und Murmeltiere** beobachten. In den tieferen

In dem milden Klima der Riviera gedeihen Palmen und Kakteen.

Lagen gehören zum Alltagsbild der warmen Felsstandorte Eidechsen und Schlangen, die von der Dezimierung ihrer natürlichen Feinde profitierten.

◄ Zugvögel

Die lang gestreckte italienische Halbinsel ist eine Hauptroute für Zugvögel, die von Nord- und Mitteleuropa in ihre afrikanischen Winterquartiere und zurück ziehen. Es ist beschämend, dass in Norditalien immer noch in großem Stil Jagd auf **Singvögel** gemacht wird. Spürbare Eindrücke hinterlassen die mancherorts in Myriaden auftretenden Stechmücken. Ansonsten sieht man in Nord- und Mittelitalien vielerlei Schmetterlinge und kann v. a. an warmen Sommerabenden die Zikaden hören. In entlegenen, warmen Gebieten muss man zudem mit giftigen Spinnen und Skorpionen rechnen.

◄ Insekte

Durch Verschmutzung und Überfischung sind die einstmals reichen Fischbestände in den küstennahen Gewässern stark dezimiert. Dennoch gehören Muscheln, Seeschnecken, Seeigel, Langusten, Krebse, Tintenfische, Meeraale, Makrelen, Seezungen, Schollen, Brassen und Barben zu den recht häufig anzutreffenden Meeresbewohnern. **Delfine** und Wale, die früher öfters im Tyrrhenischen Meer anzutreffen waren, gibt es dort kaum mehr, dafür findet man sie jetzt vermehrt im Ligurischen Meer. Die Süßwasserseen und Flüsse sind Lebensraum von Aalen, Forellen, Barschen und Schleien.

◄ Fische

Naturschutz

Rund 30 400 km² Italiens stehen unter Naturschutz. Die wichtigsten Gebiete, die längst zu den klassischen Ausflugszentren Italiens gehören, werden im Kapitel »Reiseziele« erwähnt. Neben den **Nationalparks** gibt es noch andere Schutzeinrichtungen wie Regionalparks (Parco regionale), Naturparks (Parco naturale), geschützte Reviere (Riserva naturale) und Sumpfland (Zone umide).

Trotz dieser Einrichtungen hat Italien – wie die übrigen Industrieländer Europas auch – große Umweltprobleme. Wie sehr die Industrialisierung die Natur aus dem Gleichgewicht gebracht hat, zeigt die Bedrohung Venedigs oder Ravennas (► Baedeker Special S. 780). Im Norden Italiens sorgen Verkehr und hohe Industriedichte mit ihren Abgasen für enorme Smog-, Ozon- und Feinstaubbelastung. Allerdings tut sich viel im Umweltschutz: Mailand, das bis vor kurzem keine Kläranlage besaß, lässt gleich vier Anlagen bauen, die meisten Innenstädte sind für den Autoverkehr gesperrt.

Klima

Klimazonen

◄ Oberitalien

Ganz Oberitalien liegt in der subtropisch-gemäßigten Übergangszone, wobei in der Po-Ebene dank ihrer Abschirmung durch Alpen und Apennin sogar eine gewisse Kontinentalität mit heißen Sommern und kalten Wintern zu verzeichnen ist. Hier muss man das ganze Jahr über mit Regen rechnen. Schneien kann es von Dezember bis Februar. In Mailand und Bozen kann die Temperatur bis –14 °C und tiefer fallen. Dagegen sind in den beiden Städten sommerliche Höchstwerte von mehr als 33 °C keine Seltenheit.

Italien Klimastationen

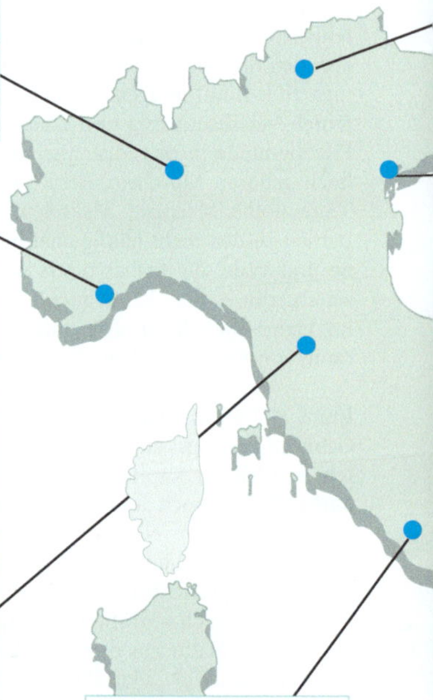

► Mailand

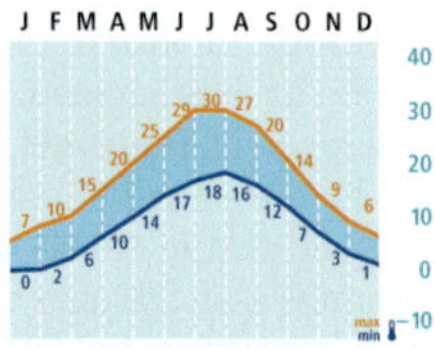

	J	F	M	A	M	J	J	A	S	O	N	D
T/Mon	7	5	7	9	10	7	5	5	6	8	8	7
Std/Tag	2	3	5	6	7	8	9	8	8	4	2	2

► San Remo

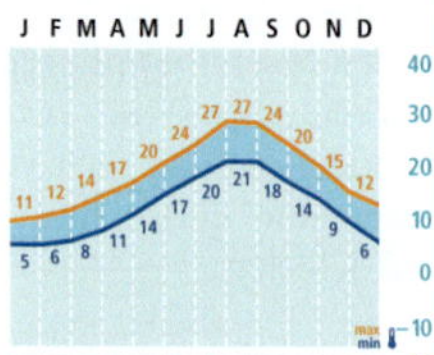

	J	F	M	A	M	J	J	A	S	O	N	D
T/Mon	7	7	8	8	7	5	3	6	6	8	8	6
Std/Tag	3	4	4	5	8	9	10	8	6	4	2	3
in °C	13	12	13	14	16	21	23	23	22	19	15	14

► Florenz

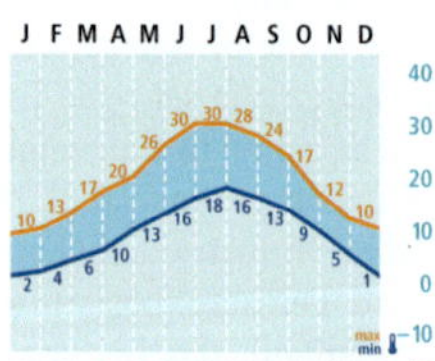

	J	F	M	A	M	J	J	A	S	O	N	D
T/Mon	9	7	8	8	9	6	3	4	6	9	11	9
Std/Tag	3	5	8	7	10	10	11	10	7	6	3	3

► Rom

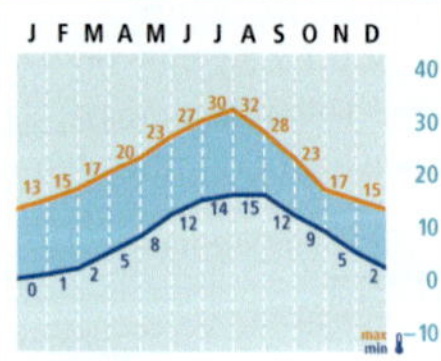

	J	F	M	A	M	J	J	A	S	O	N	D
T/Mon	8	9	8	8	7	4	2	2	5	8	10	10
Std/Tag	4	5	5	7	9	10	11	10	8	4	4	4
in °C	14	13	13	14	17	21	23	24	23	20	18	15

— Tageshöchsttemperatur — nächtliche Tiefsttemperatur
Regentage · Sonnenstunden / Tag · Wassertemperatur in °C

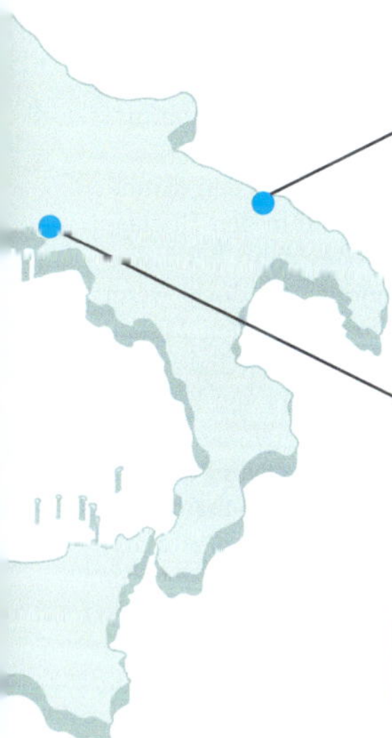

Bozen

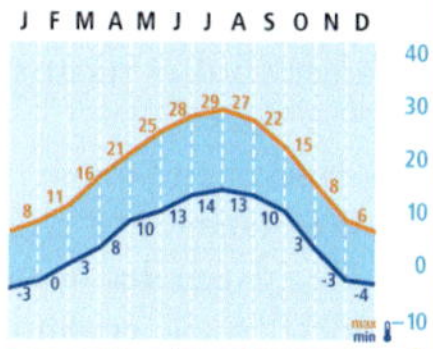

	J	F	M	A	M	J	J	A	S	O	N	D
T/Mon	4	3,7	5,4	7,3	10	9,2	8,9	8,6	6,1	5,8	5,7	3,9
Std/Tag	3	4	5	5	6	7	8	7	6	5	3	3
in °C												

Venedig

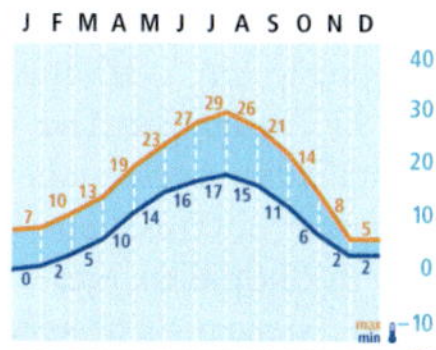

	J	F	M	A	M	J	J	A	S	O	N	D
T/Mon	7	6	7	8	8	9	6	7	5	6	8	6
Std/Tag	6	6	7	8	9	10	11	10	8	7	6	5
in °C	9	8	10	13	17	21	23	24	21	18	14	11

Bari

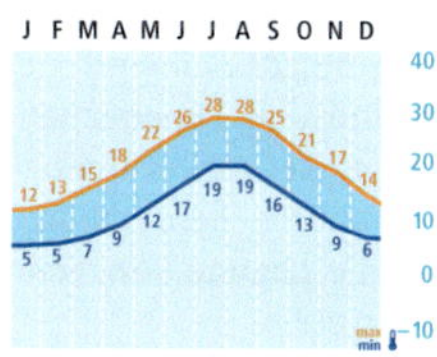

	J	F	M	A	M	J	J	A	S	O	N	D
T/Mon	7	8	7	7	5	5	3	4	5	6	7	8
Std/Tag	4	4	5	7	9	10	11	10	8	6	4	4
in °C	13	12	13	14	17	21	23	24	22	19	16	14

Neapel

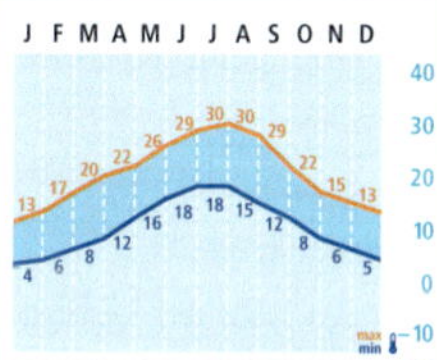

	J	F	M	A	M	J	J	A	S	O	N	D
T/Mon	10	10	10	9	6	4	2	4	6	8	11	11
Std/Tag	4	4	5	6	8	9	10	10	8	6	[illegible]	[illegible]
in °C	14	13	14	15	18	21	24	25	23	21	18	16

Adria/Riviera ▸ An den Küsten der Toskana, Liguriens, Venetiens, der Marken und der Emilia-Romagna herrscht in der Regel ein subtropisches Klima. Die Sommer sind praktisch regenlos, oft herrscht monatelange Trockenheit. Allerdings sinken die winterlichen Tiefstwerte an der Küste nur selten unter den Gefrierpunkt, und am Wasser wird es nicht so unerträglich heiß wie im Landesinnern.

Mittelitalien ▸ Ausgesprochen mediterranes Klima mit heißen, trockenen Sommern sowie feuchten, milden Wintern herrscht in Mittelitalien. Mit winterlichen Frösten ist an der Küste kaum, in den Hochlagen des Apennin jedoch öfter zu rechnen. Wie bereits an anderer Stelle erwähnt, erhält die Westküste am Tyrrhenischen Meer wesentlich mehr Niederschläge als die Adriaküste. Der Hochsommer ist vor allem in den Städten Mittelitaliens ausgesprochen unangenehm.

Süditalien, Inselitalien ▸ Heiße Sommer und überraschend kühle Winter sind charakteristisch für das Klima in Süditalien und auf den Inseln. Die sommerlichen Höchstwerte übersteigen nicht selten die 40 °C-Marke. Allerdings ist es meist eine eher trockene Hitze.

Luftströmungen Die großräumige Verteilung von Hoch- und Tiefdruckgebieten sowie ihre unterschiedliche Intensität lassen in Italien das ganze Jahr über Windsysteme entstehen, die bereits in der Antike gefürchtet oder hoffnungsfroh erwartet wurden.

Bora ▸ Die Bora ist ein böiger Fallwind, der von Nordosten bzw. Osten aus den Ostalpen und den Dinarischen Gebirgen kommt und über die Adria hinwegfegt. Besonders unangenehm macht er sich an der italienischen Adriaküste bemerkbar, denn er drückt beispielsweise Meerwasser in die Lagune von Venedig und sorgt auf dem Markusplatz für »Land unter«.

Tramontana ▸ Die Tramontana verfrachtet Kaltluft aus dem Norden in den Mittelmeerraum. Sie löst jedoch auf der Alpensüdseite und in den Hochlagen des Apennin Föhneffekte aus, d. h., hier ist es dann besonders trocken und klar. Problematisch wird die Tramontana jedoch, wenn sie sich mit dem durch das französische Rhonetal fegenden Mistral und/oder mit der östlichen Bora vereint. Dann bleibt lediglich die amphitheaterartig von Hochgebirgen umrahmte Riviera von Kaltlufteinbrüchen verschont.

Scirocco ▸ Ganz anders ist der Scirocco. Dieser schwül-warme Südwind entsteht zunächst als trocken-heiße Luftströmung über der Sahara und nimmt auf seinem Weg nach Norden über dem Mittelmeer sehr viel Feuchtigkeit auf, die er im Stau der Gebirge (Apennin, Alpen) wieder abgibt. So erklären sich beispielsweise die hohen Jahresniederschlagsmengen an der Riviera di Levante, in den lombardischen Südalpen und in den venezianischen Alpen. Sand und Staub aus der Wüste wird nicht selten in den Alpen abgeregnet oder gar über die Alpen noch weiter nach Norden verfrachtet.

Libeccio ▸ Aus südwestlichen Richtungen bringt der Libeccio schauerartige Regenfälle mit. In Norditalien ist dieser Wind auch unter der Bezeichnung »Mezzogiorno« bekannt.

Bevölkerung · Politik · Wirtschaft

Einwohner und Verteilung

Zwischen 1861 und heute ist die Bevölkerung Italiens von 26,3 auf über 57,5 Millionen Einwohner angewachsen, trotz der sieben bis acht Millionen vornehmlich süditalienischen Auswanderer, die im 19. und 20. Jh. das Land in Richtung West- und Mitteleuropa und in die Neue Welt verließen. In jüngster Zeit wurde das klassische Auswanderungsland selbst Ziel von Flüchtlingen aus den Ostblockstaaten und der Dritten Welt. Der Migrantenanteil wird mit 4,3% beziffert. Rund 191 Einwohner leben im Schnitt auf einem Quadratkilometer, die regionalen Unterschiede sind erheblich. Die höchste Bevölkerungsdichte findet man in den Ballungsräumen um **Rom** und am Golf von Neapel sowie im industrialisierten Norden um Turin, Genua und Mailand. Dünn besiedelt sind die Bergregionen im Landesinneren: Umbrien, die Basilikata, Teile Kalabriens und Sardiniens.

Sprach- bzw. Bevölkerungsgruppen

Neben den Italienern im engeren Sinne leben in Italien etwa 5% Menschen, die anderen Volksgruppen angehören. Man findet sie vorzugsweise in den Randgebieten des Landes oder auf Inseln; neben dem Italienischen sprechen sie die Sprache des benachbarten Landes oder Dialekte. Die größte Gruppe bilden mit 1,5 Millionen die Sarden, bei denen außer dem festländischen Italienisch das **Sardische** gebräuchlich ist, eine romanische Sprache, die sich eng ans Lateinische anschließt und bislang über keine Schriftsprache verfügt. Auf der Insel kann man darüber hinaus **Katalanisch** hören, besonders in und um die Stadt Alghero (katalanisch L'Alguer). Eine weitere Minderheit sind die Rätoromanen (750 000 Personen), zu denen Friauler und Ladiner zählen; das **Friaulische**, eine rätoromanische Mundart, wird in der Region Friaul-Julisch Venetien gesprochen. Besondere Aufmerksamkeit haben jahrelang die rund 300 000 Deutschsprachigen, besonders in Südtirol, auf sich gezogen, wo **Deutsch** offiziell als Amtssprache anerkannt ist. Ferner hört man dort Ladiner ihre Mundart sprechen. In drei Alpentälern Piemonts leben seit 1330 Franko-provenzalisch sprechende Waldenser. Im Aostatal ist laut Gesetz die **französische Sprache** der italienischen gleichgestellt. In Triest, nahe der italienisch-slowenischen Grenze, leben mehr als 50 000 **Slowenen**. Daneben gibt es in Italien noch albanische (Kalabrien und Sizilien) und griechische Minderheiten (Apulien).

Religion

Die Italiener sind zum größten Teil römisch-katholisch, seit 1984 ist die katholische Religion nicht mehr Staatsreligion.

Bildungswesen

Wie in Deutschland war man auch in Italien von den Ergebnissen der **PISA-Erhebungen** 2000 und 2003 schockiert. Die italienischen Schüler schnitten sogar noch etwas schlechter ab als die deutschen. In den vier Kompetenzbereichen belegte Italien 2003 im Lesen Platz 25, in Mathematik ebenfalls Platz 25, in Naturwissenschaften Platz

Zahlen und Fakten Italien

Lage

- 7°–19° östlicher Länge
- 26°–47° nördlicher Breite
- weiteste Nord-Süd-Achse: 1500 km (vom Brenner bis zur Stiefelspitze bei Reggio di Calabria)

Fläche

- 301 323 km² (Deutschland 357 022 km²)
- Festland: 250 000 km²
- Sizilien: 25 426 km² und Sardinien: 23 813 km²
- Inselgruppen und kleinere Inseln: Toskanischer Archipel mit Elba, Pontinische Inseln, Ischia, Procida, Capri, Liparische und Ägadische Inseln, Pantelleria, Pelagische Inseln, Tremiti-Inseln.
- 20 Regionen (darunter 5 autonome Regionen)
- Selbstständige Republiken: San Marino (61 km²) Vatikan (0,44 km²)

Bevölkerung

- etwa 57,5 Mio.
- Bevölkerungsdichte: 192 Einw./km²
- Größte Städte: Rom 2,6 Mio., Neapel 1,3 Mio., Mailand 1,3 Mio.

Religion

- ganz überwiegend katholisch
- Moslems: über 1 Mio
- Buddhisten: 120 000
- Protestanten: 50 000
- Juden: 40 000

Wirtschaft

- Bruttoinlandsprodukt: 1258,3 Milliarden Euro (2004)
- Bruttosozialprodukt: 22 619 Euro je Einwohner
- Arbeitslosenquote: 8,3% (2004)
- Industrie: 29%, Dienstleistungen: 68%, Landwirtschaft: 3%
- Haupthandelspartner: Deutschland, Frankreich, USA und Großbritannien

Wappen

- Der fünfstrahlige Stern symbolisiert Nation und Republik. Das Spruchband trägt den offiziellen Staatsnamen »Repubblica Italiana«. Das Zahnrad symbolisiert die Arbeit, der Ölbaumzweig steht für die südlichen, das Eichenlaub für die nördlichen Gebiete.

Zahlen und Fakten Regionen (Karte S. 25)

Abruzzen
- Hauptstadt: L'Aquila
- Fläche: 10 798 km^2
- Bevölkerung: 1,28 Mio. (119 Einw./km^2)

Aostatal
- Hauptstadt: Aosta
- Fläche: 3264 km^2
- Bevölkerung: 120 600 (37 Einw./km^2)

Apulien
- Hauptstadt: Bari
- Fläche: 19 362 km^2
- Bevölkerung: 4,08 Mio. (211 Einw./km^2)

Basilikata
- Hauptstadt: Potenza
- Fläche: 9992 km^2
- Bevölkerung: 604 800 (61 Einw./km^2)

Emilia-Romagna
- Hauptstadt: Bologna
- Fläche: 22 123 km^2
- Bevölkerung: 4,00 Mio. (181 Einw./km^2)

Friaul-Julisch Venetien
- Hauptstadt: Triest
- Fläche: 7855 km^2
- Bevölkerung: 1,18 Mio. (151 Einw./km^2)

Kalabrien
- Hauptstadt: Catanzaro
- Fläche: 15 080 km^2
- Bevölkerung: 2,04 Mio. (135 Einw./km^2)

Kampanien
- Hauptstadt: Neapel
- Fläche: 13 595 km^2
- Bevölkerung: 5,78 Mio. (425 Einw./km^2)

Latium
- Hauptstadt: Rom
- Fläche: 17 207 km^2
- Bevölkerung: 5,3 Mio. (308 Einw./km^2)

Ligurien
- Hauptstadt: Genua
- Fläche: 5420 km^2
- Bevölkerung: 1,62 Mio. (299 Einw./km^2)

Lombardei
- Hauptstadt: Mailand
- Fläche: 23 862 km^2
- Bevölkerung: 9,12 Mio. (382 Einw./km^2)

Marken
- Hauptstadt: Ancona
- Fläche: 9694 km^2
- Bevölkerung: 1,47 Mio. (152 Einw./km^2)

Molise
- Hauptstadt: Campobasso
- Fläche: 4438 km^2
- Bevölkerung: 327 200 (74 Einw./km^2)

Piemont
- Hauptstadt: Turin
- Fläche: 25 399 km^2
- Bevölkerung: 4,29 Mio. (169 Einw./km^2)

Sardinien
- Hauptstadt: Cagliari
- Fläche: 24 090 km^2
- Bevölkerung: 1,65 Mio. (68 Einw./km^2)

Sizilien
- Hauptstadt: Palermo
- Fläche: 25 707 km^2
- Bevölkerung: 5,07 Mio. (197 Einw./km^2)

Toskana
- Hauptstadt: Florenz
- Fläche: 22 993 km^2
- Bevölkerung: 3,54 Mio. (154 Einw./km^2)

Trentino-Südtirol
- Hauptstadt: Trient/Bozen
- Fläche: 13 607 km^2
- Bevölkerung: 943 100 (69 Einw./km^2)

Umbrien
- Hauptstadt: Perugia
- Fläche: 8456 km^2
- Bevölkerung: 840 500 (99 Einw./km^2)

Venetien
- Hauptstadt: Venedig
- Fläche: 18 390 km^2
- Bevölkerung: 4,54 Mio. (247 Einw./km^2)

22 und in Problemlösungen Platz 26 von insgesamt 29 Plätzen. Um Schüler und Studenten zukünftig besser auf das Berufsleben vorzubereiten, sind für das Bildungs- und Erziehungswesen zahlreiche Reformen geplant. Insbesondere Fremdsprachen, neue Technologien und neue Medien sollen künftig verstärkt gefördert werden, an Hochschulen wird die Studienzeit auf 3 Jahre reduziert mit der Möglichkeit zu einer weiteren Spezialisierung von zwei Jahren. Die klassischen Schulzyklen will die Regierung Berlusconi beibehalten. So gliedert sich die italienische Schule auch weiterhin in Vorschuleinrichtungen für Drei- bis Fünfjährige, Grundschule, Mittelschule und Oberstufe.

In Italien gibt es über 50 **Hochschulen**, Kunstakademien und Konservatorien, Ingenieurschulen sowie Ausländer-Universitäten. Parma und Bologna sind die ältesten Universitäten Europas, Modena, Perugia, Padua, Neapel, Pavia, Siena und Rom die traditionsreichsten. Die Analphabetenrate beträgt bei Männern 1,4%, bei Frauen 2,4%.

Staat und Verwaltung

Staats- und Regierungsform

Italien ist seit dem Volksentscheid vom 2. 6. 1946 und der am 1. 1. 1948 in Kraft getretenen Verfassung eine **parlamentarische Demokratie**.

Regierung ►

Staatsoberhaupt ist der Staatspräsident (seit 2006 Giorgio Napolitano). Er wird von beiden Kammern des Parlaments und je drei Vertretern der Regionen für sieben Jahre gewählt. In erster Linie übt er repräsentative Funktionen aus, jedoch fallen ihm bei der Auflösung des Parlaments und bei der Regierungsbildung besondere Rechte zu. Er ernennt den Ministerpräsidenten, derzeit Romano Prodi, und auf dessen Vorschlag die Minister. Das Parlament, die Legislative, besteht aus zwei Kammern: dem Abgeordnetenhaus (Camera dei Deputati) und dem Senat (Senato della Repubblica). Die 630 Abgeordneten und die 325 Mitglieder des Senats (davon 10 auf Lebenszeit) werden für fünf Jahre gewählt. Parlament und Senat sind gleichberechtigt. Der Verfassungsgerichtshof (Corte Costituzionale) wacht als unabhängiges Organ über die Einhaltung der Verfassung.

Nationalflagge

Die Nationalflagge wurde im Jahre 1946, nach der Proklamation der Republik, offiziell eingeführt. In der Form – drei senkrechte Streifen – geht sie auf die **französische Trikolore** zurück. Als Napoleon I. 1796 einen Feldzug gegen Savoyen gewann, kam es zur Gründung der Cisalpinen Republik, welche die Lombardei, die heutige Provinz Novara und einen großen Teil der Emilia umfasste. Die Lombardische Nationalgarde trug damals Uniformen mit den Farben Grün und Rot. Bei der Erhebung zur Nationalgarde bekam die Miliz eine grün-weiß-rot gestreifte Standarte.

Nationalhymne ►

Die Nationalhymne **»Fratelli d'Italia«** (»Brüder Italiens«), schrieb der Dichter und Kämpfer für die italienische Einheit Goffredo Mameli (1827–1849) im Jahr 1847.

Verwaltungsgliederung

Die Republik Italien gliedert sich in 20 Regionen und 95 Provinzen. Fünf Regionen – Sardinien, Sizilien, Trentino-Südtirol, Friaul-Julisch Venetien und das Aostatal – genießen **Autonomiestatus**. Es sind überwiegend Gebiete, in denen neben Italienern Angehörige anderer Volksgruppen leben und die zweisprachig sind (Südtirol, Aostatal) oder wo neben dem Italienischen ein eigenes Idiom gesprochen wird (Friaul-Julisch Venetien, Sardinien). Die Regionen verfügen über ein auf fünf Jahre gewähltes Parlament, aus dem die Regionalregierung hervorgeht, die den Ministerpräsidenten ernennt. Allerdings ist die Stellung der Regionen – mit Ausnahme derjenigen mit einem Sonderstatus – nicht mit den deutschen Bundesländern vergleichbar. Da ihnen Steuerhoheit und finanzielle Autonomie fehlen, ist ihre legislative Macht stark eingeschränkt. Kompetenzen haben die Regionen in den Bereichen Museen, Bibliotheken, Berufsausbildung, Messen und Märkte, Raumplanung, Fremdenverkehr, Handwerk und Landwirtschaft sowie im Gesundheitswesen.

Parteienlandschaft

Die italienische Parteienlandschaft befindet sich seit den frühen 90er-Jahren im Wandel: Mit Ende des Kalten Krieges und dem Mauerfall zersplitterte die traditionsreiche Italienische Kommunistische Partei (PCI) in zahlreiche kleine Parteien, darunter die Democratici di sinistra. Ein zweiter tiefer Einschnitt waren die Korruptionsermittlungen des Staatsanwälte-Pools »mani pulite«, die den langjährigen Regierungsparteien Democrazia Cristiana (DC) und der Sozialistischen Partei (PSI, Partito Socialista Italiano) Bestechung und Stimmenkauf nachweisen konnte. Die DC spaltete sich nach diesem Skandal in kleinere Parteien, der PSI löste sich auf. Gleichzeitig erstarkten nationalistische Parteien wie die Alleanza Nazionale (AN) und Silvio Berlusconis Partei **Forza Italia** (FN). 2006 gewann das Mitte-Links-Bündnis Ulivo mit Romano Prodi an der Spitze die Wahlen.

Internationale Mitgliedschaften

Italien ist Mitglied der Vereinten Nationen, zählt zu den Gründungsmitgliedern der **Europäischen Union** und gehört zur Europäischen Wirtschafts- und Währungsunion (EWWU). Ferner gehört das Land dem Europarat an, der Organisation für Wirtschaftliche Zusammenarbeit und Entwicklung (OECD) und der Nordatlantischen Allianz (NATO).

? WUSSTEN SIE SCHON ...?

- Bis vor kurzem war das Land größter Weinerzeuger Europas, erst 2003 rutschte es auf Platz drei hinter Spanien und Frankreich zurück. Die Bedeutung sizilianischer Weine ist jedoch deutlich gestiegen.

Wirtschaft

Italien erlebte bereits im hohen Mittelalter eine wirtschaftliche Blüte, als verschiedene Stadtstaaten wie Venedig und Genua die Vormachtstellung im Mittelmeerraum errangen. Mit den weltweiten Entdeckungs- und Eroberungsfahrten geriet das Land jedoch in eine Randlage, die durch seine politische Zerrissenheit noch verstärkt wurde. Auch nach der politischen Einigung im 19. Jh. fand es erst verspätet Anschluss an die wirtschaftliche Entwicklung der mittel- und westeuropäischen Länder. Nach dem Zweiten Weltkrieg wandelte sich das Agrarland zu einer der führenden Industrienationen.

Nord-Süd-Gefälle ► An den enormen Unterschieden zwischen Nord- und Süditalien hat sich seit Gründung der Republik nicht viel geändert. Die innenpolitischen Spannungen stellen seit Jahren immer wieder die **staatliche Einheit Italiens** in Frage (► Baedeker Special S. 364). Während der Norden des Landes den Anschluss an West- und Mitteleuropa hält, hängt das Land südlich von Rom in der Entwicklung weit zurück. Dies wird an der **Arbeitslosigkeit** deutlich, die im Durchschnitt seit 1999 von 11,4% auf 8,3% sank. Tatsächlich betrug sie im März 2005 im Norden nur 3,2%, im Süden dagegen rund 15%. Betroffen sind insbesondere Jugendliche und Frauen.

Landwirtschaft, Bodenschätze

Wie in den übrigen westeuropäischen Ländern hat auch in Italien die Bedeutung der Landwirtschaft rapide abgenommen. Angebaut werden vorwiegend **Weizen**, ferner Mais, Reis, Gerste, Zuckerrüben, Gemüse, darunter Tomaten, Kernobst, Tabak und Oliven. Im Norden wird intensiv Schweine- und Rinderzucht betrieben, die Fleischproduktion reicht allerdings für den Eigenbedarf nicht aus – ebensowenig der Fischfang. Wein baut man in ganz Italien an.

Italien ist ein rohstoffarmes Land. Erwähnenswert sind lediglich einige kleine Erdgas- und Erdölvorkommen, Methanfunde, Steinsalz, Blei und Zink. Darüber hinaus spielen geringe Kohlevorkommen auf Sardinien, Schwefel auf Sizilien und die bekannten Marmorbrüche um Carrara eine Rolle.

Industrie

Bis vor kurzem war die italienische Industrie durch die starke Beteiligung des Staates gekennzeichnet, derzeit bestimmen Reprivatisierungen verstaatlichter Unternehmen die Wirtschaft. Neben den Großunternehmen im Norden arbeiten Italiener vorwiegend in Kleinunternehmen der Holz-, Möbel-, Textil- und Nahrungsmittelbranche. **Traditionelles Handwerk** wie die Seidenspinnerei konnte sich vielerorts halten. Im Süden initiiert der Staat seit den 70er-Jahren Großunternehmen wie das große Stahlwerk in Tarent. Einige dieser Industrieansiedlungen sind inzwischen allerdings moderne Ruinen.

Fremdenverkehr

Der größte Anteil mit ca. 68% des BIP wird im Dienstleistungssektor (Handel, Verwaltung, Verkehr, öffentliche und private Dienste sowie Fremdenverkehr) erwirtschaftet. Der Fremdenverkehr spielt dabei eine besondere Rolle. 2004 wurden knapp 40 Millionen Gäste gezählt, darunter traditionell zahlreiche Deutsche. Die **wichtigsten touristischen Ziele** sind seit Jahrzehnten die obere Adria mit Venedig sowie Rom und Südtirol, den Mezzogiorno entdecken Reisende eher zögerlich, während andere Regionen lange Zeit vor Besuchern überquollen. Seit 2003 sinken die Touristenzahlen allerdings stetig. Ein Grund dafür sind die mit der Euroumstellung sprunghaft angestiegenen

Sonnenschirme in Reih und Glied: Die Küsten gehören zu den beliebtesten Reisezielen Italiens.

Preise. Auch die zum Teil desaströsen Folgen des Tourismus für die Umwelt rücken in den letzten Jahren immer mehr ins öffentliche Bewusstsein. So offenbarten Zellproben bei Delfinen das Ausmaß der Mittelmeerverschmutzung an der ligurischen Küste. An Gegenmaßnahmen mangelt es nicht: Im Fall der Delfine wurden hunderttausend Quadratkilometer zwischen Toulon, Sardinien und Elba zur Wal- und Delfinschutzzone erklärt.

Verkehr

Trotz vieler Unzulänglichkeiten im täglichen Verkehr gilt das Auto immer noch als bequemstes Verkehrsmittel, um Italien zu erkunden. Gemessen an der Zahl der Straßen- oder Schienenkilometer liegt das Land im europäischen Vergleich im Mittelfeld: Die Straßenlänge beträgt 480 000 km (Deutschland: 230 800 km, Frankreich 894 000 km). Die meisten **Autostradas** sind gebührenpflichtig, das hohe Verkehrsaufkommen – 606 von 1000 Italienern haben ein Fahrzeug – macht das Fahren bisweilen eher zur Qual als zum Vergnügen.

◄ Eisenbahn

Die italienischen Staatsbahn Ferrovie dello Stato und einige Privatbahnen bieten mit einem Streckennetz von rund 32 500 km eine gute Alternative – wenn auch Streiks von Zeit zu Zeit die Verbindungen lahmlegen.

◄ Flugverkehr

Der Flugverkehr wurde lange Zeit durch die halbstaatliche Luftfahrtgesellschaft **Alitalia** und einige private Gesellschaften durchgeführt, in den letzten Jahren gewannen die Privaten, insbesondere Billigflieger, immer mehr Gewicht. Insgesamt gibt es über 25 internationale Flughäfen, die bedeutendsten sind Rom-Fiumicino sowie Mailand-Malpensa und -Linate, gefolgt von Neapel und Venedig.

◄ Schifffahrt

Die Seeschifffahrt hat in Italien eine alte Tradition. Die wichtigsten, für den Handel zentralen Seehäfen sind Genua, Triest, Venedig und Tarent. Die Binnenschifffahrt ist dagegen nahezu bedeutungslos.

Geschichte

Woher bekam Italien seinen Namen? Mit welcher berühmten Fälschung trumpfte die Kurie im 8. Jh. auf? Und wann wurde das zersplitterte Land zum »Königreich Italien«?

Vorgeschichte

130 000 v. Chr	»Steinklingenindustrie« der Neandertaler
ab 30 000 v. Chr	Erste künstlerische Zeugnisse des Homo sapiens
2. Jtd. v. Chr.	Über die Alpen rücken in mehreren Einwanderungswellen indogermanische Völker auf die Apenninhalbinsel vor.

Das Uluzien des Neandertalers

Bereits in der Frühgeschichte des Menschen war das heutige Italien ein Kulturzentrum: Während sich der Homo sapiens allmählich Europa untertan machte, schuf sein »Vetter«, der vor allem in Südeuropa und im Nahen Osten verbreitete **Neandertaler**, in Südfrankreich und Italien hoch entwickelte »Werkzeugindustrien«. Die »Steinklingenindustrie« (Uluzien) auf der Apenninhalbinsel, deren wichtigste Zeugnisse bei Saccopastore und Monte Circeo in Mittelitalien sowie beim süditalienischen Cavallo entdeckt wurden, ging vor 33 000 Jahren zu Ende. Mit dem Uluzien verschwand der ebenbürtige Rivale des Menschen aus Italien.

Jungsteinzeit

Frühe künstlerische Werke des **Homo sapiens**, 20 000 bis 30 000 alte eiszeitliche Felsbilder, findet man in über 20 Höhlen. Schöne Beispiele sind die Addaura-Grotte bei Mondello auf Sizilien mit in den Fels eingeritzten Tier- und Menschendarstellungen sowie die Grotta del Genovese auf der Insel Lévanzo, die beide einer jungsteinzeitlichen Kultur des 6. Jahrtausends v. Chr. angehören.

Zeit der Einwanderungen

In den folgenden Jahrtausenden gelangten zahlreiche Völker auf die Apenninhalbinsel. Die ältesten menschlichen Spuren aus der Zeit um 4000 v. Chr. wurden in den Alpen gefunden und stammen vermutlich von dem prähistorischen Stamm der Camunen.
Die historische Bedeutsamkeit Italiens begann mit dem Zusammenstoß **hoch kultivierter Völker**, die über das Meer vordrangen, um an den Küsten zu siedeln, und den primitiven, Italiker genannten, indogermanischen Stämmen, zu denen Latiner, Volsker, Sabiner, Samniten und Umbrer zählen. Sie wanderten in mehreren Zügen ab dem 2. Jahrtausend v. Chr. von Norden her ein – zuletzt kamen die Kelten im 5./4. Jh. v. Chr., die das aufsteigende Rom in Bedrängnis brachten.

Der Name **Italia** geht wahrscheinlich auf einen süditalischen Stamm zurück, der sich nach seinem heiligen Tier, dem »vitulus« (Jungstier), vituli nannte. Die gräzisierte Bezeichnung »Itali« wurde dann von anderen Bewohnern der italienischen Halbinsel übernommen.

← Auf Pompejis von Säulen umringten Forum spielte sich das öffentliche Leben der antiken Stadt zu Füßen des Vesuv ab. Heute ist die Ausgrabungsstätte eine unerschöpfliche Forschungsquelle.

Antike

9.–5. Jh. v. Chr.	Hochkultur der Etrusker
8. Jh. v. Chr.	Griechen beginnen mit der Kolonisierung Unteritaliens.
7./6. Jh. v. Chr.	Roms Aufstieg zum Weltreich beginnt.
100 n. Chr.	Größte Ausdehnung des Römischen Weltreiches
313 n. Chr.	Toleranzedikt von Mailand: Christianisierung Europas
476	Untergang des Römischen Weltreiches

Etrusker und Griechen

Die erste Hochkultur auf der Apenninhalbinsel errichteten im 9. Jh. v. Chr. die Etrusker, deren Herkunft bis heute nicht geklärt ist. Der Einfluss dieser begabten Handwerker und erfolgreichen Kaufleute reichte über ihr eigentliches Siedlungsgebiet im heutigen Latium und der Toskana bis zur Po-Ebene und nach Kampanien. Ihre Städte, darunter das heutige Bologna und das heutige Mailand, entwickelten sich zu mächtigen Stadtstaaten, die sich um 600 v. Chr. nach dem Vorbild der ionischen Polis zum **Zwölfstädtebund** zusammenschlossen. Seit dem Ende des 6. Jh.s wurde die Herrschaft der Etrusker zunehmend von Griechen bedroht, die seit dem 8. Jh. Sizilien und Süditalien kolonisierten. In zwei Seeschlachten Ende des 5. Jh.s vernichtete die griechische Kolonialmacht die etruskische Flotte und beendete damit deren Seeherrschaft.

Römer

Parallel zur griechischen Kolonisation in Unteritalien vollzog sich der **Aufstieg Roms**. In der späteren römischen Geschichtsschreibung heißt es, die Stadt sei 753 v. Chr. gegründet worden, doch war sie wohl eher um die Wende vom 7. zum 6. Jh. durch den Zusammenschluss einiger Siedlungen zu einer Stadtgemeinde unter etruskischer Herrschaft entstanden. Im Jahr 509 v. Chr. vertrieben die Stadtbewohner ihren König Tarquinius Superbus und errichteten eine Adelsherrschaft, aus der sich dann die Römische Republik entwickelte. Nach und nach eroberten die Römer Landstrich um Landstrich und stülpten den italischen Völkern schrittweise ihre militärisch-rechtlich-politische, zuletzt auch weitgehend ihre sprachliche Kultur über. In der ersten Hälfte des 3. Jh.s v. Chr. wurde Unteritalien eingenommen, in den drei Punischen Kriegen (mit Unterbrechungen 264–146 v. Chr.) gegen Karthago errang Rom die Vormachtstellung im westlichen Mittelmeer und die ersten außeritalischen Provinzen Sardinien, Korsika, Sizilien und die Südküste Spaniens. Im 2. und 1. Jh. v. Chr. erweiterte Rom sein Reich nach Osten, Griechenland und Kleinasien wurden erobert.

Während der Kaiserzeit, die mit **Augustus** (30 v. Chr. bis 14 n. Chr.) ihren Anfang nahm, erreichte das Römische Reich seine größte Ausdehnung: Trajan (98–117 n. Chr.) herrschte schließlich über ein Gebiet, das sich von den Britischen Inseln, Spanien und Nordafrika im Westen bis zum Persischen Golf im Osten erstreckte. Historische Bedeutung für die Christenheit hatte das von Kaiser **Konstantin** (306–337) erlassene Toleranzedikt von Mailand (313 n. Chr.), das den bis dahin immer wieder Verfolgungen ausgesetzten Christen freie Religionsausübung erlaubte und die Christianisierung Europas einleitete. Wenig später, im Jahr 330, verlegte dieser Herrscher den Regierungssitz in das alte Byzantion, das offiziell in Nova Roma (Neues Rom), inoffiziell in Konstantinopel (Stadt Konstantins) umbenannt wurde. Mit dem Tod von Theodosius I. dem Großen (379–395) zerfiel das Römische Reich in ein **Oströmisches Reich** mit der Hauptstadt Konstantinopel und ein **Weströmisches Reich** mit der Hauptstadt Rom. Das Oströmische Reich entwickelte sich eigenständig weiter und blieb als Byzantinisches Reich bis 1453 bestehen.

Fremde Völker in Italien

Im Verlauf der **Völkerwanderung** seit dem Beginn des 3. und vor allem vom 5. bis zum 9. Jh. fielen immer öfter fremde Völker über die Alpen in Italien ein. Das Weströmische Reich war bald nicht mehr in der Lage, sich gegen die Eindringlinge zu wehren. 410 wurde Rom von den Westgoten geplündert, 455 von den Vandalen. Dass die Hunnen die Hauptstadt des Reiches drei Jahre zuvor (452) – im Gegensatz zu Mailand – verschont hatten, war nicht auf die militärische Macht des sich seit 404 in den Sümpfen Ravennas verkriechenden weströmischen Kaisers zurückzuführen, sondern auf die moralische Autorität des Papstes von Rom, der Attilas Truppen zum Umkehren veranlassen konnte. 476 schließlich setzte der Germanenfürst Odoaker den letzten weströmischen Kaiser, Romulus Augustulus, ab und rief sich selbst zum König von Italien aus – damit war das **Ende des Römischen Weltreiches** und der Einheit Italiens besiegelt. Bis ins 19. Jh. musste Italien fortan – mit kurzen Unterbrechungen – als Spielball fremder Mächte herhalten. Schon 493 wurde Odoaker im Auftrag Ostroms vom Ostgotenkönig Theoderich (der »Dietrich von Bern« der deutschen Heldensage) besiegt, der bis 526 das Ostgotenreich in Italien regierte und neben Ravenna außerdem Verona und Pavia zu Residenzstädten ausbauen ließ. Bis Mitte des 6. Jh.s stand fast das gesamte Römische Reich unter der Herrschaft lateinisch-germanischer Könige.

? WUSSTEN SIE SCHON ...?

- Griechischen Autoren zufolge waren die Etrusker ein zur Fettleibigkeit neigendes Volk, das gerne und viel aß. Die Frauen sollen sehr schön, kunstfertig und im Ansehen den Männern nahezu gleichgestellt gewesen sein.

569 brachen die wohl aus Südschweden stammenden **Langobarden** in Italien ein. Die »Langbärte«, »an denen kein Schermesser kam«, so Paulus Diaconus, ein Chronist des 8. Jh.s, eroberten große Teile Italiens und wählten Pavia zur Hauptstadt. Kerngebiet des Königreiches, von dem die Lombardei ihren Namen hat, waren Venetien, die Po-Ebene und die Toskana. Über 200 Jahre lang repräsentierten die

»Barbaren aus dem Norden« eine selbstständige und beachtenswerte politische Macht. Langobardische Herrschaftsgebiete bestanden auch in Spoleto und Benevent. Diese beiden, vom König in Oberitalien unabhängigen Herzogtümer konnten sich schließlich länger halten als das Königreich ihrer Verwandten im Norden Italiens.

Mittelalter

754–1250	»Fränkisch-Deutsche Epoche«
1250	Tod Friedrichs II., Ende des italienisch-deutschen Gesamtreiches
1250–1870	Kleinstaaterei in Italien
11.–15. Jh.	Stadtrepubliken, Herrscherdynastien in Ober- und Mittelitalien. Süditalien unter Fremdherrschaft.

Eine Finte des Papstes

Hauptgegner der Langobarden wurde trotz deren Übertritt vom Arianismus zum Katholizismus das Papsttum, das die Einschnürung Roms durch deren sich ausdehnende Herrschaftsgebiete fürchtete. In diesem Zusammenhang entstand **eine der berühmtesten Fälschungen** der europäischen Geschichte: Zwischen 750 und 760 stellten päpstliche Schriftgelehrte Urkunden einer nie stattgefundenen Schenkung Kaisers Konstantins an Papst Silvester I. her, die beweisen sollten, dass der Papst und seine Nachfolger die rechtmäßigen Herrscher über die Stadt Rom samt Weströmischem Reich seien. Unter Berufung auf diese Dokumente, die 1440 als Fälschung entlarvt wurden, rief der Papst 754 den Frankenkönig Pippin zu Hilfe. In verschiedenen Feldzügen zwang Pippin die eigentlich befreundeten Langobarden zu Gebietsabtretungen an den Papst, die als so genannte **Pippinsche Schenkung** in die Geschichte eingingen und den territorialen Grundstein für den Kirchenstaat legten. Dieser Staat bot in der verwirrend wechselvollen Fülle von Staatsgebilden auf italienischem Boden seitdem eine Art ruhenden Pol, den er, von kurzen Unterbrechungen abgesehen, über tausend Jahre lang einnahm.

Römisch-Deutsches Kaisertum

Endgültig zerschlagen wurde das Langobardenreich von Pippins Sohn **Karl dem Großen**, der sich 774 in Pavia die Eiserne Krone der Langobarden aufs Haupt setzte und sich so zum Rex Francorum et Langobardorum, König der Franken und Langobarden, kürte. Im Jahr 800 krönte ihn der Papst zum römischen Kaiser: Damit war das Weströmische Kaisertum wiederhergestellt, das seinen ideellen Mittelpunkt zwar in Rom, seine reale Machtbasis jedoch nördlich der Alpen haben sollte. Die Eroberung des Langobardenreiches bildete die Basis für die politisch-historische Dreiteilung der italienischen Halbinsel: Oberitalien sollte mit kurzer Unterbrechung bis Mitte des 13. Jh.s als »Reichsitalien« unter Lehnsherrschaft der nachfolgenden

deutschen Kaiser stehen; in Mittelitalien bildete sich der Kirchenstaat heraus; Unteritalien geriet nacheinander unter arabische, normannische, französische, spanische und habsburgische Herrschaft und nahm so eine von den übrigen Gebieten getrennte Entwicklung.
Nach dem Tode Karls III. (des »Dicken«; 879–887) begann die fränkische Herrschaft in Italien zu bröckeln. In den folgenden 80 Jahren versank Italien in Anarchie und Auseinandersetzungen fränkischer und einheimischer Adliger um die langobardische Königskrone. Als die Situation immer verworrener wurde, rief der Papst erneut den deutschen König zu Hilfe. In zwei Feldzügen (951, 962) bereitete Otto I. dem oberitalienischen Königtum ein Ende und wurde dafür in Rom zum Kaiser gekrönt. Durch die Übertragung der römischen Kaiserwürde auf die deutschen Könige gehörte das Königreich Italien nun formal zum **Römisch-Deutschen Reich**. Allerings mussten die Kaiser ihren Anspruch ebenso wie die Kaiserkrönung in Rom selbst immer wieder mit Militäraktionen durchsetzen, denn das Verhältnis zwischen Papst und Kaiser erwies sich bald schon als recht schwierig. Mit zunehmender Autorität befreite sich der Bischof von Rom vom kaiserlichen Einfluss, stieg das **Papsttum** zur Territorialmacht in Italien auf.

Stadtrepubliken in Ober- und Mittelitalien

Während des Kampfes zwischen Kaiser und Papst bildete sich ab dem 11. Jh. in Ober- und Mittelitalien eine neue Macht heraus: die der Stadtrepubliken. Durch Handel und Gewerbe sowie durch die profitablen Kreuzzüge wirtschaftlich erstarkt, entstand aus Kaufleuten, Gewerbetreibenden und Handwerkern u. a. in Mailand, Pisa, Venedig, Genua und Florenz eine neue Bevölkerungsschicht, das **Bürgertum**, dessen Stellung und Unabhängigkeit im Lauf der Zeit wuchs. Im Versuch, sie auf die Seite der kaiserlichen bzw. päpstlichen Partei zu ziehen, wurden ihnen nach und nach wichtige Zugeständnisse gemacht und weltliche Rechte wie Zölle, Gerichte, Markt-, Hafen-, Münzrechte überlassen. Viele Städte entwickelten sich in ihrem Kampf gegen den feudalen Grundherrn – in der Regel einen Bischof – zu **autonomen Stadtrepubliken**, in denen teilweise in Anlehnung an die römisch-antike Tradition Konsuln, später der Podestà, gewählt wurden, die die politische Führung der städtischen Republik, der Commune, übernahmen.

◀ Guelfen und Ghibellinen

Mit steigender Macht – fast zwei Jahrzehnte lang ließ sich kein deutscher König mehr in Italien blicken – versuchten die Stadtrepubliken auch das Umland unter ihre Herrschaft zu bekommen, was zu heftigen Auseinandersetzungen mit den Nachbarkommunen führte. In dieser Zeit bestieg mit dem Staufer **Friedrich I. Barbarossa** (1151–1190) ein Mann den Thron, der seine kaiserliche Autorität und das römische Imperium wiederherstellen wollte. Es gelang ihm zwar, die Kaiserkrönung durch den Papst (1155) zu erreichen, doch die kaiserliche Autorität in den Kommunen konnte er auch auf fünf weiteren Italienfeldzügen nicht wiederherstellen. Die Folgen für die Kommunen waren dennoch gewaltig: Zunächst hatten sich die Kommunen

? WUSSTEN SIE SCHON ...?

- Der Sage nach schläft Barbarossa seit über 800 Jahren tief unter dem Kyffhäusergebirge in Thüringen. Es heißt, er werde eines Tages zurückkehren und in Europa Einheit und Frieden stiften.

in papsttreue Guelfen und kaisertreue Ghibellinen gespalten: Mächtige Städte wie Mailand erlaubten sich eine antikaiserliche Politik, kleinere Städte wie Como, Pavia oder Cremona versprachen sich von einer kaiserfreundlichen Haltung Unterstützung im Kampf gegen zu machthungrige Nachbarkommunen. Als Barbarossa 1162 Mailand eroberte und dem Erdboden gleichmachte, wuchs der Widerstand. Vom Papst unterstützt, formierten sich 1167 die bisher uneinigen Städte in der ersten Lombardischen Liga gegen die Staufer und fügten dem kaiserlichen Heer in der **Schlacht von Legnano 1176** eine vernichtende Niederlage zu. Im Frieden von Konstanz 1183 musste der Kaiser den Städten alle bislang ausgeübten Rechte innerhalb der Stadtmauern garantieren.

Im Jahr 1194 fiel der Stauferdynastie durch Erbe das **Normannenreich** in Süditalien zu: Der deutsche Einfluss auf der Apenninhalbinsel erreichte damit seinen absoluten Höhepunkt, der Kirchenstaat war von kaiserlichen Gebieten umschlossen, der Konflikt spitzte sich zu. Doch auch jetzt blieb den Staufern eine weitere Niederlage nicht erspart, als sich die oberitalienischen Städte in einer zweiten Liga gegen **Friedrich II.** (1212–1250; ► Berühmte Persönlichkeiten) zusammenschlossen. Mit diesem Kaiser starb auch der Anspruch des deutschen Kaiserhauses auf ein italienisch-deutsches Gesamtreich.

Fremdherrschaft in Süditalien

Anders als in Nord- und Mittelitalien bildeten sich im südlichen Teil der italienischen Halbinsel keine selbstständigen und selbstbewussten Städte heraus. Hier hatten nach Friedrich II. nur fremde Mächte das Sagen. Der vom Papst herbeigerufene Franzose **Karl von Anjou**, der mit der Hinrichtung des Staufererben Konradin in Neapel (1268) den staufischen Einfluss in Italien ein für alle Mal beendete, regierte über Süditalien genauso diktatorisch wie Pedro III. von Aragón, der 1282 die Herrschaft über Sizilien übernahm. Unteritalien blieb weiter französisch und wurde 1443 dem aragonesischen Sizilien einverleibt.

Dynastien- und Staatenbildung

Im Gegensatz zu Süditalien erlebten Ober- und Mittelitalien ab dem 13. Jh. einen **enormen wirtschaftlichen Aufschwung**, aber innerhalb der Städte und zwischen ihnen tobten Kämpfe zwischen rivalisierenden Familien, was vielerorts zur Auflösung der Stadtrepubliken und zur Bildung von »Signorien« führte. Die Signorie war ursprünglich die von Kaiser oder Papst verliehene, zeitlich befristete Herrschaft einer mächtigen Familie. Die Inhaber dieser Gewaltherrschaft auf Zeit nutzten jedoch ihr Amt, um ihre Macht auszudehnen, wobei sie sich aller Mittel von geschickter Diplomatie bis zu heimtückischem Mord bedienten. So entstanden gegen Ende des 13. und im Laufe des 14. Jh.s große Dynastien, die durch Unterwerfung von Nachbargemeinden echte Flächenstaaten schufen. Auch einige alte Fürstenhäuser wie das Haus Savoyen in Piemont erweiterten ihre Herrschaft erfolgreich. Zu den bekanntesten Dynastienamen gehören die **Este** in Ferrara, die **Medici** in Florenz, die **Visconti und Sforza** in Mailand. Am gefürchtetsten waren die Visconti, die sich ab 1311 ein riesiges Reich eroberten – 1395 kaufte sich Gian Galeazzo Visconti sogar einen Herzogstitel. Neben den Signorien bestanden die republikanischen Stadtstaaten weiter, darunter Venedig und Genua. Zwischen diesen beiden miteinander konkurrierenden Seerepubliken entbrannte 1378 ein Krieg, den die Dogenrepublik 1381 für sich entscheiden konnte. Bis zum Aufstieg der Osmanen im 15. Jh. blieb Venedig, das nach 1400 auch auf dem Festland ein umfangreiches Territorium eroberte, beherrschende Seemacht im Mittelmeer. Die Machtkämpfe des 15. Jh.s endeten 1454 mit dem **Frieden von Lodi**, der für die nächsten 40 Jahre ein Gleichgewicht zwischen den größten Mächten in Italien herstellte, zwischen dem Herzogtum Mailand (Visconti), der Republik Venedig, Florenz, dem Kirchenstaat, dem Haus Savoyen und den Königreichen Neapel und Sizilien.

Neuzeit

Frühe Neuzeit

15. Jh.	Italien ist Zentrum der Renaissance und des Humanismus.
1494–1796	Frankreich und Habsburg streiten um Italien.
1796–1814	Napoleonische Herrschaft

Kulturelle und wirtschaftliche Vorherrschaft

Im 15. Jh. präsentierte sich Italien in kultureller und wirtschaftlicher Hinsicht als Mittelpunkt Europas. Die Apenninhalbinsel war das Zentrum des **Humanismus** und der **Renaissance**, Genua und Venedig hatten die Führungsrolle im Handel, Florenz im Bankenwesen und Bologna in der Wissenschaft übernommen. Allerdings währte die Blütezeit nur kurz, denn mit der Entdeckung Amerikas verlagerten sich die Handelsströme vom Mittelmeer in den Atlantischen Ozean.

Französisch-habsburgischer Konflikt

Nach einer 40-jährigen Friedensperiode interessierten sich Ende des 15. Jh.s wieder ausländische Mächte für die italienische Halbinsel. Als 1494 der **französische König Karl VIII.** versuchte, sich das Königreich Neapel einzuverleiben, rief dies das **habsburgische Spanien** auf den Plan. Das Reich unter Kaiser Maximilian I., Schweizer Eidgenossen sowie inneritalienische Staaten beteiligten sich auf der Seite Habsburgs in Form von Allianzen, Kriegszügen und Vermählungen am Ringen um die Vorherrschaft. 1515, nach der Schlacht von Marignano, die Frankreich für sich entschied, war Italien in einen französischen Herrschaftsbereich im Norden und einen spanischen im Süden geteilt, der Kirchenstaat und andere italienische Staaten Mittelitaliens konnten allerdings ihre Selbstständigkeit bewahren. Mit dem Herrschaftsantritt von Kaiser Karl V. (1519–1556) verschärfte sich der Konflikt zwischen Frankreich und Habsburg. Im Frieden von Cambrai sicherten sich die Habsburger Neapel-Sizilien und Mailand. Bis zum Ende des 17. Jh.s blieb Spanien trotz mehrfacher Angriffe Frankreichs vorherrschende Macht. Einen bleibenden Erfolg konnten auch die Eidgenossen verbuchen: Zum Dank für ihre Unterstützung des Papstes erhielten die Schweizer Bellinzona, Locarno und Lugano. Der **Spanische Erbfolgekrieg** (1701–1714), der nach dem Aussterben der spanischen Linie der Habsburger ausbrach, beendete die Vorherrschaft der Spanier in Italien. Besitzungen wie Mailand, Sardinien, Neapel und Sizilien wurden nun zwischen den österreichischen Habsburgern und den spanischen Bourbonen aufgeteilt, wobei Wien den nördlichen Teil erhielt und Madrid den südlichen. Österreich teilte sich mit Frankreich auch die Besitzungen der einst mächtigen, mit Ausnahme von Savoyen aber mittlerweile ausgestorbenen Dynastien. 1768 schließlich kaufte Paris der Stadtrepublik Genua die Insel **Korsika** ab. Das norditalienische Haus Savoyen-Piemont erhielt 1713 den Königstitel von Sizilien, musste die Insel aber 1720 im Tausch gegen Sardinien an die Habsburger abtreten.

Napoleonische Zeit

1796 drang **Napoleon Bonaparte** mit seinen Truppen in Italien ein, vertrieb die Österreicher und ließ Republiken gründen, deren bedeutendste, die Republik Cisalpina, die Lombardei, das Veltlin, die Stadtstaaten Bologna, Ferrara, Modena und Reggio mit Mailand umfasste. 1801/1802 wurde auf seine Veranlassung hin von den Vertretern der größeren Städte Norditaliens feierlich die **italienische Republik** ausgerufen. Diese wandelte Napoleon 1805 in das »Königreich Italien« um, wobei er selbst den Titel »König von Italien« annahm. Das Land erhielt eine eigene Verfassung und Präfekturen, die als Verwaltungsgebiete noch heute existieren. Bis 1813/1814 konnte der französische Kaiser seine Herrschaft auf ganz Italien ausdehnen, nur Sizilien und Sardinien, wohin sich die Bourbonen und die Mitglieder des Hauses Savoyen zurückgezogen hatten, blieben von seinem Zugriff verschont. Zwischen 1813 und 1815 brach die napoleonische Ordnung dann schneller zusammen, als ihre Errichtung gedauert hatte. Alle neuen Staaten wurden wieder aufgelöst.

Vom 19. ins 21. Jahrhundert

1861	Ausrufung des Königreichs Italien, Hauptstadt wird Turin.
1870–1912	Aufstieg Italiens zur Groß- und Kolonialmacht
1922–1943	Faschismus in Italien: Diktatur Mussolinis
1943	Italien wechselt auf die Seite der Aliierten.
ab 1946	Parlamentarische Republik

Restauration und Risorgimento

Nach dem Sturz Napoleons beschloss der **Wiener Kongress** 1814/1815, Italien erneut aufzusplittern. Der Kirchenstaat und die größeren Monarchien Italiens wurden wiederhergestellt, das Königreich Sardinien erhielt Nizza und das Gebiet der alten Republik Genua, das übrige Oberitalien gelangte an die österreichischen Habsburger. Die Restauration der alten Feudalordnung brachte jedoch der nationalen Einigungsbewegung immer größeren Zulauf. Mailand entwickelte sich zum intellektuellen Zentrum des **Risorgimento** (»Auferstehung«, »Erhebung«), der Einigungsbewegung um Giuseppe Garibaldi (1807–1882; ► Berühmte Persönlichkeiten); das politisch-militärische Zentrum wurde Turin. In mehreren Anläufen gelang es den freiheitlich gesinnten Italienern, die Österreicher 1859–1861 aus Oberitalien zu vertreiben. Als Dank für die französische Unterstützung 1859, durch die Piemont-Sardinien den österreichischen Habsburgern die Lombardei abringen konnte, erhielt Paris die überwiegend französischsprachigen Gebiete Savoyen im Nordwesten und Nizza im Südwesten des piemontesischen Königtums.
Am 14. März 1861 nahm **Vittorio Emanuele II.** von Piemont auf Beschluss des neu gewählten ersten italienischen Parlaments den Titel »König von Italien« an; Turin löste Florenz als Hauptstadt ab. Mit der Eingliederung des Kirchenstaates 1870 konnte die über 1000 Jahre unterbrochene Verbindung mit Süditalien wiederhergestellt werden, Rom wurde italienische Hauptstadt. Das Papsttum erhielt erst mit den Lateranverträgen von 1929 wieder einen eigenen Kirchenstaat, den Vatikan.

Aufstieg zur Großmacht

Nach 1870 entstand Italien neu als **konstitutionelles Königreich** unter liberaler Führung, die die innere Einigung, Industrialisierung und Aufrüstung forcierte – allerdings nur im Norden. Der agrarische Süden blieb unterentwickelt, das bis heute existente Nord-Süd-Gefälle resultiert aus dieser Zeit. Mit dem Amtsantritt König Umbertos I. (1878–1900) betrieb das Land eine aktive Großmachtpolitik und beteiligte sich an der kolonialen Aufteilung Afrikas. Als Reaktion auf die französische Besetzung von Tunis 1881 schloss sich Rom dem zum Dreibund erweiterten Bündnis zwischen dem Deutschen Reich und Österreich-Ungarn an. 1889 eroberte Italien Teile Somalias und 1893 Eritrea; ein Krieg gegen Abessinien, das heutige Äthiopien, endete 1896 mit einer Niederlage. 1911/1912 konnten sich die Italiener nach geheimen Absprachen mit Frankreich und Russland und nach einer Offensive gegen das in Agonie liegende Osmanische Reich Tripolis, die Cyrenaica, Rhodos und den Dodekanes einverleiben.

Erster Weltkrieg

Im Ersten Weltkrieg (1914–1918) blieb Italien zunächst neutral. Nachdem ihm England und Frankreich in einem Geheimvertrag territoriale Ansprüche zugesichert hatten, trat Rom auf Seiten der Entente in den Krieg ein. Im Mai 1915 erklärte es Österreich-Ungarn und im August 1916 auch Deutschland den Krieg. In den 12 äußerst verlustreichen **Isonzo-Schlachten** versuchten die Italiener, die öster reichische Alpenfront zu stürmen. Im Frieden von Saint-Germain (1919) konnte Italien, das sich als Siegermacht fühlte, allerdings nur einen Teil seiner territorialen Forderungen durchsetzen: Es erhielt Südtirol, das Trentino, Julisch-Venetien, Triest und Istrien (außer Fiume) sowie mehrere dalmatinische Inseln, von der Verteilung der Völkerbundsmandate über die deutschen Kolonien blieb das Land ausgeschlossen.

Faschismus Nach dem Ersten Weltkrieg bereiteten enorme wirtschaftliche und soziale Probleme sowie die Enttäuschung über den nach Meinung vieler Italiener »verstümmelten Sieg« die Voraussetzungen für den Aufstieg des Faschismus. Mit dem »Marsch auf Rom« 1922 und der anschließenden Berufung **Benito Mussolinis** durch König Viktor Emanuel III. (1900–1946) zum Ministerpräsidenten kam die faschistische Bewegung an die Macht. Die Monarchie blieb formal bestehen, die Opposition jedoch wurde gänzlich zerschlagen. Um alle Kräfte zusammenzufassen, errichtete das Regime einen Ständestaat, der durch den Lateranvertrag gefestigt wurde, der dem Papst die Souveränität über den Vatikan zuerkannte und den Katholizismus zur **Staatsreligion** erhob. Nach außen verfolgte Rom eine aggressive Politik, die in der proklamierten Absicht gipfelte, das **Imperium Romanum** wiederherzustellen und das Mittelmeer erneut zum italienischen »Mare Nostrum« zu machen. Schon 1923/1924 annektierte Italien Korfu und Fiume, 1936 eroberte es Abessinien. Mit Hitler schuf Mussolini die **»Achse Berlin-Rom«**, die durch den Beitritt Italiens zum Antikominternpakt und den Austritt aus dem Völkerbund gefestigt wurde. Im Spanischen Bürgerkrieg 1936–1939 verhalfen die italienischen Faschisten zusammen mit deutschen Truppen General Franco zum Sieg. Nach der Besetzung Albaniens 1939 schloss Rom den »Stahlpakt« mit Deutschland.

Zweiter Weltkrieg Erst 1940, als sich die rasche Niederlage Frankreichs abzeichnete, trat Italien auf der Seite Deutschlands in den Zweiten Weltkrieg ein. Ziel Mussolinis war es, in Griechenland und Nordafrika Gebiete zu gewinnen. Doch die militärischen Niederlagen italienischer Truppen auf diesen Kriegsschauplätzen machten deutsche Unterstützung erforderlich, was dazu führte, dass Italien mehr und mehr von der Gunst Berlins abhängig wurde und infolgedessen die **antifaschistische Opposition** zunehmend an Boden gewann. Nach der Landung der Alliierten auf Sizilien wurde Mussolini gemeinsam vom Großen Faschistischen Rat und vom König gestürzt und verhaftet. Im Juli 1943 schloss die neue Regierung mit den Alliierten einen Waffenstillstand, kurz darauf erfolgte die Kriegserklärung an Deutschland. Der mittlerweile von einem SS-Sonderkommando befreite »Duce« zog sich in das deutsch besetzte Oberitalien zurück und gründete im September in Salò am Gardasee die **Repubblica Sociale Italiana**; im April 1945 wurde er auf der Flucht bei Tremezzo am Comer See von Partisanen erschossen.

Italien seit 1945

1946 wurden per Volksabstimmungen die durch ihre Verknüpfung mit dem Faschismus diskreditierte Monarchie abgeschafft und Italien in eine **parlamentarische Republik** umgewandelt; die neue Verfassung trat 1948 in Kraft. Im Pariser Friedensvertrag von 1947 musste auf alle kolonialen Besitzungen verzichtet werden. Mit Hilfe des Marshall-Planes gelang der Wiederaufbau der Wirtschaft, ja Italien entwickelte sich zu einem erfolgreichen Industriestaat. Von dem Wirtschaftsaufschwung ist jedoch seither nur der nördliche Landesteil betroffen, weshalb sich die historische Spaltung Italiens in den reichen Norden und den weiterhin unterentwickelten Süden verschärft hat. Zwischen 1950 und 1970 wanderten aus dem Süden über zwei Millionen Gastarbeiter in den industrialisierten Norden bzw. ins Ausland ab.

Innenpolitisch machte Italien durch rasch **wechselnden Kabinette** von sich reden. Seit Ausrufung der Republik 1946 hat das Land 61 Regierungen erlebt. 1992/93 lösten groß angelegte Ermittlungen in einer Bestechungsaffäre in Mailand eine sprichwörtliche Lawine aus. Die »mani pulite« (saubere Hände), eine Säuberungskampagne Mailänder Richter, führte zur Zerschlagung des seit fast fünfzig Jahren bestehenden Parteiensystems. Bis zu ihrer Auflösung 1994 war die christdemokratische Partei an allen Regierungen führend beteiligt, die zweitstärkste Kraft im Land bildeten die Kommunisten. Nach einer 5-jährigen Regierungszeit des Mitte-Links-Bündnisses Ulivo kam 2001 die von Medien-Unternehmer **Silvio Berlusconi** angeführte Rechtsallianz Casa delle Libertà an die Macht. Nach seinem Regierungsantritt stand der Multimilionär Berlusconi im Kreuzfeuer der Kritik: Medienmanipulation und gesetzeswidrige Erlasse wurden ihm zur Last gelegt. 2006 siegte mit knappem Vorsprung erneut das Mitte-Links-Bündnis unter Romano Prodi.

Einig ist man sich im Vatikan: Dort wurde am 19. April 2005 schon im ersten Wahlgang mit Joseph Alois Ratzinger ein deutscher Kardinal zum Papst gewählt. Der neue Vertreter Christi auf Erden, **Papst Benedikt XVI.**, ist über 80 Jahre alt, wird aber vermutlich noch so manchen Wechsel der weltlichen Regierung miterleben.

»Habemus Papam!« In Windeseile verbreitete sich die Nachricht um die Welt.

Kunst und Kultur

Welche Rolle spielten die Bettelorden für die gotische Architektur? Wann begann die Renaissance in Italien? Was versteht man unter einem »ungekämmten Bohemien«?

Kunstgeschichte

Vor- und Frühgeschichte

Die Geschichte »italienischer« Kunst beginnt im Neolithikum, als die vermutlich iberische Glockenbecherkultur nach Sizilien und Sardinien gelangte. In der Bronzezeit entstanden z. B. in Ascoli Piceno unter mykenisch-kretischem Einfluss erste Gebäudesiedlungen. Die Kultur der Pfahlbausiedlungen (Terramaren) drang aus Illyrien vor, und um 1000 v. Chr. entwickelte sich die **Villanova-Kultur**, benannt nach dem wohl wichtigsten früheisenzeitlichen Gräberfeld in der Nähe des bolognesischen Gutes Villanova.

Römische Kunst

Eine der bekanntesten Bronzen aus der Antike: die Kapitolinische Wölfin

Wie schon in der Frühgeschichte, entwickelte sich auch der antike römische Kulturraum nicht autonom, sondern lag bereits in seinen Anfängen im Überlappungsraum zweier bedeutender Kulturen – der etruskischen und griechischen. Die **Etrusker** organisierten sich zwischen dem 8. und 5. Jh. v. Chr. in einer Föderation von 12 Städten: Arretium (Arezzo), Velathri (Volterra), Curtuns (Cortona), Perusia (Perugia), Clusium (Chiusi), Rusellae (Roselle), Vatluna (Vetulonia), Volsinii (Orvieto), Vulci, Tarquinii (Tarquinia), Caere (Cerveteri) und Veji (Veio). Über den mediterranen Ursprung dieses Volksstammes herrscht jedoch schon seit der Antike Unklarheit, ihre Sprache ist kaum zu dechiffrieren, ihre Kunst steht vage zwischen italischer Primitiv- und griechischer Hochkultur. Wirklich fassbar sind nur drei Kernphänomene: Tempel, Nekropolen und Skulpturen.

Tempel

Etruskische Tempel wie der archäologisch gesicherte **Iupiter-Tempel** auf dem Kapitol in Rom wurden im Unterschied zu griechischen Tempeln nicht wie ein Monument in die umgebende Natur gesetzt, sondern mit raumplanerischem Gefühl in die Landschaft installiert. Sie ruhten auf Podien, orientierte sich axial auf einen Vorplatz und verfügten über tief fluchtende Vorhallen. Dieser räumliche Akzent erhärtete sich in den folgenden Jahrhunderten zu einem Markenzeichen römischer Baukunst.

Nekropolen

Ende des 8. Jh.s v. Chr. entwickelte sich der Typus des **Kammergrabes**, das als getreues Nachbild eines aristokratischen Hauses über mehrere Räume verfügt oder sogar mit großen Plätzen für Tanz und Spiel versehen ist. Erst im Laufe des 4. Jh.s weicht es dem großräumigen, reich bemalten Bestattungssaal, für den die Tomba dei Rilievi in Cerveteri ein gutes Beispiel ist.

← Prunkvoll gestaltet und lichtdurchflutet: Treppenhaus im Palazzo Reale in Neapel

Plastik Trotz starkem griechischem Einfluss erreichte die etruskische Kultur auch auf dem Gebiet der Plastik zumindest partiell Eigenständigkeit. Einprägsames Beispiel für ihren archaischen Charakter ist die Kapitolinische Wölfin im Konservatorenpalast in Rom. Sie repräsentiert – bezeichnend für die primitive, vorklassische Zeit – die Ausdruckskraft des Typus, nicht des Einzelwesens.

Im 2. Jh. v. Chr. verlor sich die Originalität etruskischer Kunst im Sog der **römischen Mischkultur**. Beispielhaft hierfür ist der »Arringatore« aus dem Museo Archeologico in Florenz: Inschrift und typushafte Starre sind etruskisch, Habitus und Kleidung jedoch römisch.

Griechischer Kulturraum

Tempel ►

Italien, erstmals von Polybios (201–120 v. Chr.) als »Megale Hellas« (Großgriechenland) bezeichnet, war in erster Linie an den südlichen Küsten griechisch beeinflusst. Neben Münzen und Votivreliefs bilden Tempelbauten einen wesentlichen Bestandteil des überlieferten großgriechischen Kulturguts. Vorbild der ab ca. 500 v. Chr. verstärkt auftretenden **kolonialen Tempelarchitektur** war der Zeustempel in Olympia, ein Bau gigantischen Ausmaßes und von präzis errechneter Proportionierung. Der sog. Poseidon-Tempel in Paestum, der Hera-Tempel in Selinunt, der Concordia-Tempel und der sog. Juno-Lacinia-Tempel in Agrigent sind als direkte Ableitungen zu verstehen.

Die massive Kolonialisierung italienischer Küstenregionen ging an dem peripher gelegenen Rom nicht spurlos vorüber. 493 v. Chr. wurde am Fuß des Aventin ein von den griechischen Künstlern Damophilos und Gorgasos konzipierter Tempel errichtet. In den Vatikanischen Museen befindet sich der **Sarkophag des Cornelius Scipio Barbatus**, in dessen strenger Ornamentik das Griechische mit lehrbuchhafter Deutlichkeit zu Tage tritt: Dem Fries eines griechischen Tempels vergleichbar reihen sich geriffelte, »geschlitzte« Platten (Triglyphen) an unbearbeitete Platten (Metopen). Im 3. Jh. v. Chr. wird der hellenische Einfluss akut, denn Rom stößt im Rahmen der ersten außeritalischen Konflikte tief in den griechischen Kulturraum vor. Sizilien wird 227 v. Chr. als Provinz annektiert, am Ende des zweiten Punischen Krieges reicht Roms Macht von Spanien bis Makedonien.

Wohnkultur Der verstärkte griechische Einfluss manifestiert sich einprägsam im Wandel der Wohnkultur. Noch im 4. Jh. v. Chr. war das römische Haus nichts weiter als ein funktionaler Wohnraum; im 3. Jh. v. Chr. wurde es zum **durchgestylten Lebensraum**. Eingang, Bedientenzimmer, Schlafgemach, Wohnzimmer, Speisezimmer und Vorratskammer bildeten die funktionalen Einheiten des alten Gebäudetypus, und sie reihten sich konzentrisch um das Atrium, das als Rauchabzug und Wasserspeicher eine rein praktische Bedeutung hatte. In der Art eines Hinterhofes war dem Gesamtkomplex zumeist noch ein schmaler Gemüsegarten angeschlossen. Gerade dieses bescheidene Gemüseareal weitet sich im 3. Jh. v. Chr. unter griechischem Einfluss zu einem Peristyl, einem von Säulenhallen umgebenen Hofgelände mit Sommerfrische und Garten.

Basilika

Auf ein hellenistisches Konzept geht auch die Basilika zurück. Die im Grundriss erhaltene Basilika von Pompeji (120 v. Chr.) lässt das wesentliche Merkmal dieses Bautyps leicht erkennen: ein geschlossener, zu einer schmalen Seite hin geöffneter Richtungsbau, dessen Halle sich in ein Mittelschiff (Aula) und zwei Seitenschiffe gliedert. Vom griechischen Vorbild der Königshalle (Basileus = König) unterscheidet sich die römische Basilika eigentlich nur in ihrer funktionalen Bestimmung als **Börse, Handelszentrum und Gerichtsgebäude**.

Römische Besonderheiten

In Anbetracht der engen Verwobenheit römischer Kultur mit dem hellenistischen Umraum ist es schwer, typisch Römisches auszumachen. In der Plastik bleibt die **griechische Idealskulptur** über Jahrhunderte verbindlich. Sofern man die Stücke nicht aus griechischen Produktionsstätten bezog, beschränkte man sich darauf, fragmentierte griechische Plastiken neu zu kombinieren, zu modifizieren oder umzudeuten. Wirkliche Originalität findet sich nur im plastischen **Porträt**, das in republikanischer Zeit mehr realistische, in kaiserlicher Zeit eher idealisierende Züge erhält. Im Großen und Ganzen erweist sich die römische Kultur jedoch als synthetisierte Mischkultur. Punktuell schält sich über die Jahrhunderte in Malerei und Baukunst gleichwohl manche Eigenheit heraus.

Wölbetechnik

Eine technische Neuerung der römischen Baukunst war das **Opus caementicum**, eine dem heutigen Beton verwandte Mischung aus Bruchsteinen, Steinsplittern und Mörtel. Neue Fundamentierungs- und Verschalungstechniken hielten Einzug, der Bogen- und Gewölbebau wurden revolutioniert. Gegen das Kraggewölbe, das sich aus parallel gefugten Steinen zusammensetzte, setzte sich mehr und mehr das »echte« Gewölbe durch, eine Konstruktion keilförmig zugehauener Steine. Wohl prominentestes Indiz dieses technischen Fortschritts ist das 48 m hohe Kreuzgewölbe der Maxentiusbasilika (307–313 n.Chr.) auf dem Forum Romanum in Rom.

Totenmahlszene vom Grab des Tauchers im Museum in Paestum, eines der wenigen erhaltenen Beispiele griechischer Malerei

Inszenierung des Raums Eine Eigenheit römischer Baukunst ist auch der ausgeprägte Sinn für den räumlichen Effekt. Das Bestreben, den städtischen Raum nicht mit Gebäuden zu verstellen, sondern im Sinne eines räumlichen Gesamtwerks zu gliedern, dokumentiert sich in den **römischen Kaiserforen**. Ihre politische Funktion als Bühnen imperialer Imagepflege wird im römischen Trajans-Forum schlagend deutlich. Seine strenge axiale Ausrichtung macht ihn zum idealen Rahmen für propagandistische Akzente: Die 2500 Figuren auf der Trajanssäule berichten vom Sieg gegen die Daker, und ein Podiumtempel streicht die Göttlichkeit des »optimus princeps« heraus.

Die Vorliebe für monumentale Rauminszenierungen findet sich ebenso im Bautyp des **Amphitheaters**. Ähnlich einer monumentalen Raumplastik steht das Kolosseum in Rom zwischen den Erhebungen des Esquilin und Caelius. Ein beeindruckendes Raumprogramm entfaltet auch die **Palast- und Bäderarchitektur**. So reihen sich in den Caracalla-Thermen Schwimmbad, Kaltbad, Warmlufthalle und Heißwasserbad längs der Hauptachse eines in sich symmetrischen Komplexes, der von der Wandelhalle bis zur Bibliothek reichte. Raumfluchten entstehen, die den Blick des Badegastes förmlich ansaugten. Nicht anders verhält es sich mit Hadrians Pantheon in Rom, einem Kuppelbau mit idealen Maßen, die sich erst von innen im räumlichen Erleben erschließen.

Wandmalerei ▸ Eine römische Eigenleistung ist die Wandmalerei, andere Zeugnisse wie Mumienporträts, Hinterglas- und Tafelbilder sind nur in wenigen Resten erhalten. Surreal verschachtelte Scheinarchitekturen wie in der pompejanischen Casa di Pinario Ceriale und **illusionistische Landschaftsausblicke** wie die arkadische Gartenlandschaft im Museo Nazionale Romano zeugen von der römischen Vorliebe für die Sensation des Räumlichen. Entwicklungen zur dekorativen Flächenhaftigkeit hatten es schwer.

Spätantike Die römische Spätantike ist zwar eine Zeit des politischen Verfalls, doch sicher nicht des kulturellen Niedergangs. In den Jahrhunderten nach Diokletian werden in Baukunst, Malerei und Plastik folgenreiche Leistungen vollbracht. Die internationale Kultur des Hellenismus verliert an Kraft, die römische Kunst gewinnt an Originalität. Als ein wichtiger Katalysator dieser Wende erweist sich im 4. Jh. die **christliche Gedankenwelt**. Die äußeren Aspekte des spätantiken Wandels sind vielfältig: Bischöfe werden zu Bauherren, christliche Kirchen treten an die Stelle der Tempel, neue topografische Schwerpunkte, z. B. in Ravenna, werden gesetzt, und die byzantinische Kultur beginnt, auf das Mutterland zurückzuwirken.

Ein kunstgeschichtliches Fanal dieses Wandels ist der **Triumphbogen des Konstantin** an der Via di San Gregorio in Rom. Konstantins militärische Erfolgsgeschichte wird in einer bis dato nicht gekannten Schlichtheit aufgerollt. Die Ausarbeitung der Figuren ist grob, an die Stelle des Klassisch-Individuellen tritt der schablonierte Typus. Diese Tendenz zur Abstraktion, die bereits in der severischen Sarkophagkunst ansatzweise durchbricht, verstärkt sich im 4. Jh. zu einem Trend der Versinnlichung und Vergeistigung. Der Wechsel von der Natur- zur Ausdrucksform macht sich auch in den Bildwerken der Zeit bemerkbar, sei es in den Wandmosaiken zu Christi Kindheitsgeschichte von Santa Maria Maggiore in Rom, in der gleichfalls mosaizierend gearbeiteten Erlösungssymbolik im Mausoleum der Galla Placidia in Ravenna oder in den Buchmalereien, wie etwa den Miniaturen zur »Äneis« des Vergil.

Spätantike Basilika

In der Architektur emanzipiert sich die Basilika zu einem signifikanten Typus spätantiken Bauens. In San Giovanni in Laterano in Rom sind die Charakteristika trotz barocker Renovierung gut zu erkennen: ein zwischen Längsschiff und Apsis geschobenes Querschiff und ein aufgestocktes Mittelschiff, das die Seitenschiffe überragt. Damit ist der **Prototyp des abendländischen Kirchenbaus** geboren. Auch der Zentralbau, der sowohl im Pantheon wie auch in den Badehallen der Thermen seine Wurzeln hat, gewinnt an Gewicht. Seine Domäne ist die Bestattungs- und Taufhausarchitektur. Beispielhaft hierfür: die Mausoleen der Kaiserin Helena und der Constantina, beide im zweiten Viertel des 4. Jh.s in Rom erbaut.

Romanik

Europäische Vielfalt

Angesichts lombardischer, toskanischer, römischer, venezianischer und sizilianischer Sonderstile ist es hilfreich, sich die europäische Romanik als ein Konzert **verschiedenster Regionalstile** vorzustellen,

Mosaiken in S. Vitale, Ravenna

DIE KUNST DER STEINE

Der Ruhm des Römischen Reiches war bereits am Verblassen, als Ravenna, Reichshauptstadt und Vorposten von Byzanz, zu leuchten begann. Und das sowohl im übertragenen als auch im wörtlichen Sinn: Besuchen Sie eine der frühchristlichen Kirchen in der Stadt und sehen Sie selbst!

Das Leuchten hat einen Grund, und der heißt Mosaikkunst. Farbreichtum und Leuchtkraft verdanken die Mosaiken zuallererst dem Material: **Glas**. Im geschmolzenen Zustand werden ihm Metalloxyde beigegeben, die für eine breite Farbskala sorgen. Die Farbsättigung reichte von beinahe glasklar bis zu einem undurchsichtigen Dunkel. Mit einem Hammer wurde der scheibenförmige »Glaskuchen« in kleine Würfel (Tesserae) geschlagen. Für Gold- und Silbertesserae wurden **Metallfolien** auf eine Glasscheibe aufgetragen und mit Glas überfangen. Aber auch andere Materialien kamen zum Einsatz: So wurden z. B. Schleier und Kopfputz der Jungfrauen in Sant'Apollinare Nuovo durch große, raue Marmortesserae erzielt, die Wirkung von Perlen erhielt man, indem man große **Perlmuttstücke** verwendete – zu sehen beim Schmuck und an den Gewändern der Justinian- und Theodoramosaiken in San Vitale. Möglicherweise sind ursprünglich auch Halbedelsteine verwendet worden, die man jedoch später durch Glassteine ersetzte. Wollte man die Leuchtkraft steigern, wurden die Tesserae schräg versetzt, so dass sie das Licht besser reflektieren.

Antiker Naturalismus trifft auf byzantinische Formelhaftigkeit

Kunst im Tagwerk

Vor Beginn der Arbeiten musste die Wand gründlich vorbereitet werden. Zuerst wurde die Mauer mit einer Teer- oder Harzmischung gegen Feuchtigkeit isoliert. Auf diese Schicht warf man erst eine grobe, dann eine feinere **Mörtelschicht**. Das Mörtelbett konnte nur als Tagwerk aufgetragen werden, denn der Kalk sollte noch weich und feucht sein, damit sich die Tesserae tief in den Mörtel drücken ließen. Die Steinsetzer arbeiten nach **Vorzeichnungen** auf der Mörtelschicht, wichen jedoch auch oft von diesen ab. Der Grund dieser Programmänderung ist jedoch nicht mehr genau auszumachen.

Detail aus dem Mosaikenzyklus von Sant'Apollinare in Ravenna

Tauben, die Vögel des Friedens, finden Speise und Trank: Detail aus den Mosaiken im Mausoleum der Gallia Placidia.

Nachhilfe aus Rom

Woher hatten die ravennatischen Handwerker das Knowhow für diese neue Kunst? Stilistische Vergleiche mit römischen Mosaiken legen zwei Möglichkeiten nahe. Entweder es waren **Handwerker aus Rom**, die in Ravenna die Mosaikkunst einführten, oder die einheimischen Meister gingen bei ihren römischen Kollegen eine Zeit lang in die Schule. Mit den **Mosaikkünstlern aus Byzanz** konnten sie sich allerdings noch lange nicht messen. Der technische Vorsprung der Byzantiner beruhte nicht nur auf einer größeren Materialkenntnis und ausgereifteren handwerklichen Techniken, die sich durch die langjährige Erfahrung mit dem Verlegen von Mosaiken herausgebildet hatten, sondern auch auf einer anderen, arbeitsteiligen Werkstattorganisation.
In jeder Arbeitsgruppe gab es **Spezialisten**, die für bestimmte Details zuständig waren. So zum Beispiel für die feineren Partien wie Köpfe und Gesichter, die mit besonders kleinen Tesserae ausgeführt wurden.

Spezialisten aus Byzanz

Die Handwerker in Ravenna brachten es bald zu großer Meisterschaft. Heute vermitteln ihre Werke einen hervorragenden Überblick über die Mosaikkunst des 6.Jh.s, die sowohl von spätantik-frühchristlichen wie auch byzantinischen Einflüssen geprägt ist. So folgen die Mosaiken im Mausoleum der Galla Placidia und im Baptisterium der Orthodoxen noch einer lebendigeren, von der **Antike** durchdrungenen Formauffassung. Die Figuren sind plastisch durchgestaltet und bewegt, die Landschaften erhalten durch die Andeutung von Perspektive räumliche Tiefe.
Eine erste Hinwendung zum **Stil von Byzanz** kann man in den frühen Szenen in Sant'Apollinare Nuovo erkennen. Der gesamte Grund ist goldunterlegt, auf eine dreidimensionale Darstellung wird konsequent verzichtet. Die Figuren wirken ernst und würdevoll, ihre Gesichter sind ohne Individualität, ihre Gebärden kontrolliert und formelhaft.
Seine klarste Ausprägung erhält dieser Stil dann in den Kirchen San Vitale und Sant'Apollinare in Classe: Hier hat die byzantinische Transzendenz über den Naturalismus der Antike gesiegt.

Eine uralte Technik, von hoch spezialisierten Handwerkern über Jahrhunderte weiterentwickelt

welche die Grundthemen je verschieden variieren: Erweiterung der Basilika um einen Chorbereich, Wölbungen statt flacher Decke, Verbrämung des Eingangsbereichs mit einer Schaufassade und zuletzt die kompositionelle Gliederung des Raumes durch den Stützenwechsel von Säulen und Pfeilern, durch Betonung der Gewölbejoche und durch regelmäßig geschichtetes Mauerwerk.

Lombardischer Einflussbereich

Als Musterbeispiel der lombardischen Romanik, die den Stil am »reinsten« verkörpert, gilt **Sant'Ambrogio in Mailand**. Um 1100 ersetzte man die flache Decke des frühmittelalterlichen Vorgängerbaus im Mittelschiff durch eine Folge von vier Jochen, denen in jedem Seitenschiff jeweils zwei Joche angeschlossen sind. So entsteht ein Stützenwechsel dadurch, dass zwischen den zwei massigen Pfeilern eines Mittelschiffjoches noch ein kleiner Pfeiler für die zwei Joche im Seitenschiff platziert ist. Typisch Romanisches aus der 1. Hälfte des 12. Jh.s bietet auch **San Michele in Pavia**, nämlich eine überhöhte Schaufassade, auf die sich alles Dekor konzentriert: Unterhalb des Giebels läuft eine Zwerggalerie, die Fassade selbst ist vom Boden bis zum Giebel mit durchgängigen Wandpfeilern versehen. Lupenrein romanisch ist der Kleeblattgrundriss von San Fedele in Como, der entsteht, wenn sowohl das Hauptschiff wie die Seitenschiffe mit einem runden Chorabschluss versehen sind.

Innenraum der Rotonda im Duomo Vecchio von Brescia

In Anbetracht dieser Blüte lombardischer Baukunst erstaunt es nicht, dass der Schwerpunkt der Bildnerei sich in der Bauplastik findet. Da ist zunächst die nach ihrem Ursprungsort benannte »Corrente (Strömung) comasca« gegen Ende des 11. Jh.s, deren dekorative, abstrahierende Arbeitsweise am Portal von San Michele in Pavia studiert werden kann. Für den zweiten, ungleich lebendigeren Stil steht **Meister Wiligelmus**, der 1099 die Fassadenreliefs am Dom zu Modena signierte. Er erreicht fast schon das Niveau des Benedetto Antelami (ca. 1150–1220), der seines Realismus wegen mitunter auch der frühen Gotik zugerechnet wird. Beispiele für seine Kunst sind die »Kreuzabnahme Christi« im Dom von Parma und die Prophetenstatuen im Dom von Fidenza.

Toskana

In der Toskana ist die Präsenz der Antike so stark, dass man die Romanik hier auch als **Proto-Renaissance** bezeichnet. San Miniato al

Monte in Florenz, erbaut im 12./13. Jh., hat zwar einen romanischen Stützenwechsel, doch die Fassade, deren weiß-grüne Marmorinkrustierung und geometrisches Dekor an einen Reliquienschrein erinnert, ist wie die Frontansicht des 1063 begonnenen Doms von Pisa durch und durch antik inspiriert. Auch die toskanische Plastik steht in der Tradition der Antike. Gleichsam eine Hommage an die antike Sarkophagplastik ist das Taufbecken von San Frediano in Lucca mit Szenen aus der Mosesgeschichte.

Venedig

Die Romanik Venedigs präsentiert sich im byzantinischem Gewand. Der unter dem Dogen Domenico Contarini (1042–1072) begonnene **Markusdom** ist eine direkte Ableitung der 1453 zerstörten Apostelkirche in Konstantinopel. Auch diese erhob sich über dem Grundriss eines griechischen Kreuzes zu einem Gebilde von fünf Kuppeln, deren mächtigste über der Vierung ruhte, während die vier Nebenkuppeln die Arme des Kreuzes bedeckten.

Süditalien und Sizilien

Ein irritierendes Lokalkolorit zeigt die Romanik in Sizilien, das bis 827 byzantinisch, bis 1072 arabisch, dann normannisch und schließlich staufisch war. Die **Cappella Palatina**, die Roger II. 1131 in Palermo errichtete, ist dem Grundriss nach eine abendländische dreischiffige Basilika mit spitzbogigen Arkaden, dem Dekor nach islamisch und im Bildprogramm der Mosaiken byzantinisch. Eine ähnliche Bewandtnis hat es mit der Architektur des Doms von Monreale (1174–1189), der über einen romanischen Staffelchor, byzantinische Arkaden, eine normannische doppeltürmige Fassade und maurisch inspirierte, vielfarbige Spitzbogenkurvaturen am Außenbau verfügt.

Rom

In Rom wurde die Romanik schlichtweg ignoriert. Dass die Antike bestimmend blieb, belegen die zur romanischen Zeit unter Paschalis II. (1099–1118) restaurierte **Kirche San Clemente** sowie die neu erbauten Kirchen **Santa Maria in Trastevere** und **Santa Maria in Cosmedin**. Sensationelles leistete zunächst nur die römische Wandmalerei, die wie im übrigen Italien einen durchgängig byzantinischen Charakter hatte. Um 1100 entstanden die Wandmalereien der Unterkirche von San Clemente und wenige Jahrzehnte später, zeitgleich mit den Arbeiten in Santa Maria in Trastevere, die Apsismosaiken, in denen Frühchristliches und Byzantinisches sich gleichermaßen ausprägen.

Cosmaten

Um die Mitte des 12. Jh.s erhielt das römische Baudekor neue Impulse von Seiten der Cosmaten, einer bis in das 14. Jh. hinein tätigen Künstlerfamilie mit einer Vorliebe für den Rufnamen Cosmas. Ihren Erfolg verdankten sie dem zündenden Gedanken, Marmorblöcke und Säulen in feine Scheiben zu schneiden und als **Fußbodenbelag** neu zusammenzusetzen. Eine Meisterleistung dieser »Salamitechnik« sind die Chorschranken und der Ambo in San Clemente sowie der Ambo in San Lorenzo fuori le mura.

Meisterhafte Steinmetzkunst an den Seiten der Domportale in Orvieto

Gotik

Weit mehr als die Romanik war die Gotik eine internationale Strömung, die, ausgehend von der französischen Abteikirche St. Denis, in der ersten Hälfte des 13. Jh.s auch Oberitalien ergriff. Ihre Wahrzeichen: Auflösung des noch zu romanischer Zeit kompakten Mauerwerks in ein Filigran von Pfeilern, Diensten und Rippen, die Durchbrechung der Wände mit Lanzett- oder Spitzbogenfenstern und die Dominanz des **Kreuzrippengewölbes**.

Süditalien ▶ Trotz der Internationalität des neuen Stils stößt man in Italien auf regionale Differenzen. Besonders der Süden nimmt eine Sonderstellung ein. Unter Friedrich II. (1194–1250), der als König von Sizilien und in seiner Eigenschaft als Kaiser seine Herrschaft in der Tradition des Römischen Imperiums begriff, brach sich ein **Klassizismus** Bahn, den manche schon als erste Morgenröte der Renaissanceepoche deuten. So weiß man z. B. von einem klassisch gehaltenen Triumphtor, das Friedrich II. für das Castello delle Torri in Capua errichten ließ, von dem aber leider nur ein Jupiterkopf erhalten ist (Museo Provinciale Campano, Capua). Ebenfalls antikisch ist der Kopf eines Fauns im Schlussstein der sog. Sala del trono in Friedrichs oktogonal angelegtem Jagdschloss Castel del Monte von ca. 1240. In der Sala del trono finden sich vereinzelt gotische Zitate, deren zunächst rätselhafte Herkunft sich klärt, wenn man den Blick auf die nördliche Hälfte Italiens wendet.

Norditalien: Architektur

Den entscheidenden Anstoß zur gotischen Wende im Norden Italiens gab die Architektur der Bettelorden. Frühes Indiz ist die **Oberkirche San Francesco in Assisi** (1228–1253), die bereits die zentralen Merkmale der Gotik aufweist: Rippengewölbe, Zergliederung der Wand durch Dienstbündel und großzügige Ausleuchtung mit Tageslicht. Ei-

ne direkte Mitwirkung französischer Meister ist denkbar. Stichhaltig nachgewiesen ist sie für Santa Maria Novella in Florenz (1246 bis ca. 1320), deren quadratischer Chor, vortretendes Querhaus und dreischiffig basilikales Langhaus im Grundriss dem Vorbild burgundischer Zisterzienserkirchen folgen.
Zu Beginn des 14. Jh.s, treten an die Stelle der Ordensarchitektur die Dome. Die Fassade des 1290 begonnenen Doms von Orvieto ist ebenso dem Straßburger Münster verwandt wie der Kathedrale von Rouen, der Dom von Siena entstand unter dokumentarisch verbürgter Mitarbeit französischer und deutscher Architekten. Man sieht: Die Gotik in Italien war wirklich international. Selbst der Aufschwung der **kommunalen Palastarchitektur**, verkörpert u. a. durch den Palazzo Vecchio in Florenz, ist nur eine Facette im gesamteuropäischen Trend zur spätmittelalterlichen Stadtkultur. Vergleichsbeispiele für die gotischen Kommunalpaläste Italiens sind die Rathäuser in Thorn, Brügge oder Münster.

Malerei

Internationale Standards bestimmen zusehends auch die italienische Malerei. Die Eroberung Konstantinopels im 4. Kreuzzug 1204 begünstigt allerdings zuvor noch eine letzte byzantinische Welle, die das italienische Duecento maßgeblich prägte. Byzantinische Stilmerkmale, »Maniera greca« genannt, erreichten ihren Höhepunkt in den Werken des Florentiners **Cimabue** (1240–1302) und des Sienesen **Duccio** (1255–1319), dessen »Maestà« im Museo dell'Opera in Siena schon in die Zukunft weist. Überwunden wird die byzantinische Tradition jedoch erst von Giotto (1266–1337): Die Figuren werden physiognomisch unterscheidbar, sie ordnen sich zu größeren Handlungszusammenhängen, ein perspektivisches Raumverständnis ist zu ahnen, der Rahmen erscheint als der Rand einer Guckkastenbühne. Zu erkennen ist dies u. a. in der Arenakapelle in Padua. In **Simone Martinis** 1315 entstandener »Maestà«, die sich heute im Palazzo Pubblico in Siena befindet, gehen die Maniera greca des Duccio, der Illusionismus Giottos und französisches Formgefühl eine neue Stilsynthese ein, die man als **»internationalen Stil«** bezeichnet.

Plastik

Durch das Werk **Nicola Pisanos** (ca. 1225–ca. 1280) erfolgte der Anschluss an die internationale Gotik bald auch im Bereich der Plastik. Dass er von den aktuellen Tendenzen in Architektur, Plastik und Malerei reiche Kenntnis hatte, belegt die stilistische Vielfalt seiner für die Kanzel des Baptisteriums zu Pisa gefertigten Reliefbilder: Die Verkündigung erinnert in ihrer plastischen Wucht an die Gotik Frankreichs, die Anbetung der Heiligen Drei Könige hat hingegen die klassische Perfektion spätantiker Reliefs. Forscher glauben daher, dass Nicola vor seiner ersten Erwähnung in Pisa 1258 im Bannkreis des süditalienischen Klassizismus seine Ausbildung erhielt. Sein Schüler **Arnolfo di Cambio** (ca. 1240 bis ca. 1310) hat wahrscheinlich entsprechende Anregungen erhalten. Anders lässt sich sein nach Art eines römischen Senatorenporträts gestalteter Monarchenkopf im Museo

Capitolino, Rom, schwer erklären. Wie sein Lehrer gab auch er sich international. In seinem Ziborium für Santa Cecilia in Trastevere findet sich Cosmatisches, Gotisches, Klassisches und Byzantinisches. Gleiches ist von Nicolas Sohn Giovanni (ca. 1250–1320) zu berichten, der zwischen 1297 und 1301 die Kanzel in Sant'Andrea in Pistoia und um 1305 eine »Maria mit dem Kind« für die Scrovegni-Kapelle in Padua schuf.

Renaissance und Manierismus

Vom Handwerker zum Künstler

Spricht man von Renaissance als der Wiedergeburt der Antike, so heißt das nicht, dass diese in mittelalterlicher Zeit vergessen war. Platons »Timaios« etwa war immer bekannt, und bereits das 12. Jh. hatte Aristoteles wiederentdeckt. Jedoch – für das Mittelalter war die Antike nur ein Steinbruch für einzelne Ideen und Zitate gewesen, nun, in der Renaissance, begann man sie zu restaurieren. Der **Humanismus** gestand jedem Menschen einen individuellen Wissens- und Wirkungskosmos zu. Handwerker sahen sich nun als Künstler, die kraft ihrer »virtù«, ihrer Tüchtigkeit, individuelle Werke schufen. Tatsächlich erreicht die Kunst ein Niveau perspektivischer, naturwissenschaftlicher, malerischer, kompositorischer und inhaltlicher Berechnung, das den Begriff des Handwerks bei weitem übersteigt.

Florenz

Es gibt nicht eine, sondern viele **Renaissancen**, die je nach Stadt und Landstrich ein anderes Gepräge haben. Was Qualität und Geist betrifft steht Florenz an erster Stelle. Kultur und Staat gingen Hand in Hand. Coluccio Salutati (1331–1406), ein glühender Verehrer Ciceros, Leonardo Bruni (1369–1444), Übersetzer der »Politik« des Aristoteles, und Poggio Braccioloni (1380–1459), ein progressiver Wirtschaftswissenschaftler, waren Staatskanzler und Denker zugleich.

Malerei

Die Modernisierung der Künste setzt mit der Malerei **Masaccios** (1401 bis ca. 1428) ein. Sein Dreifaltigkeitsbild in Santa Maria Novella zeigt einen perspektivischen Tiefenraum, der die Körper der Figuren in sich schließt. Bis dahin gab es Figuren nur als Flächen in flächiger Umgebung. Zur Anwendung kommt die Errungenschaft des Raumsystems auch in Andrea del Castagnos (1423–1457) Fresko »Dreifaltigkeit mit Hieronymus« in SS Annunziata. Hieronymus und die zwei Marien schließen sich zu einem perspektivisch durchkalkulierten Ring zusammen. Tatsächlich ist das **perspektivische Raumsystem** ein Hauptproblem der frühen Florentiner Malerei. Die Maler nutzten zeittypische Themen wie die thronende Mutter Gottes im Kreis von Heiligen, die sog. Sacra Conversazione, um die Errungenschaften perspektivischer Darstellung von Mal zu Mal aufs Neue durchzuspielen. Selbst im beengten Rahmen des Reliefs zeigt sich ein Interesse an räumlichen Strukturen. So ist jede Tafel an **Lorenzo Ghibertis** (1388–1475) berühmter Paradiestür des Florentiner Baptisteriums gewissermaßen ein perspektivisches Experiment.

In den folgenden Jahrzehnten bringen Künstler wie Domenico Ghirlandaio (1449–1494) die Kunst der Raumkomposition zur Vollendung (Santa Maria Novella, »Leben Johannes' des Täufers«), und am Ende wurden die Figuren von Jacopo da Pontormo (1494–1557) derart kunstvoll in den perspektivisch erschlossenen Tiefenraum hineinverspannt, dass selbst eine Grablegung zum Ballett gerät (Santa Felicità, Cappella Capponi). Eine solche Artistik erschien bereits den Zeitgenossen als »manierato«, und so nennt die Kunstgeschichte diese Mega-Renaissance einfach **Manierismus**.

Plastik

Manieristische Tendenzen zeigt auch die Plastik. In Kontrast zur David-Statue Donatellos (1386–1466), die bei aller Idealisierung einen natürlichen, lässigen Charakter hat, erweist sich Giambolognas (1529–1608) »Raub der Sabinerinnen« als ein steingewordener Artistenakt.

Architektur

Eine ähnliche Entwicklung nimmt die Baukunst. Am Anfang steht **Filippo Brunelleschis** (1377–1446) Fassade für das Ospedale degli Innocenti und sein Innenraumkonzept für San Lorenzo – zwei Bauwerke voll klassischer Würde, die für die frühe Renaissance so typisch ist. Auch Leon Battista Alberti (1404–1472), der zweite Stararchitekt des 15. Jh.s, gestaltete die Fassade des Palazzo Rucellai noch streng nach der Vorschrift des antiken Architekten Vitruv, dessen zehnbändiges Werk für den Menschen als das Maß aller Baukunst wirbt. **Giorgio Vasari** (1511–1574) hingegen, Kunstintendant unter Cosimo I. de Medici, zielt eindeutig auf den Schockeffekt, wenn er den Hof der 1560 begonnenen Uffizien als regelrechte Häuserschlucht konzipiert, deren endlose Kolonnaden-Folge das Auge mehr überanstrengt als beruhigt. Schock, Verfremdung und Dissonanz treten an die Stelle von Ruhe, Natürlichkeit und Harmonie.

Bild einer idealen Renaissancestadt (unbekannter Maler)

Venedig Ende des 14. Jh.s erfolgt Venedigs Durchbruch als Handelsstaat und Festlandsmacht. Die Zeit nach den militärpolitischen Erfolgen gegen Genua war auch die Zeit kulturellen Glanzes, denn die Geschicke der Republik unterstanden der Lenkung einer oligarchischen Regierung mit hohem Repräsentations- und Dokumentationsbedarf. So erlebte die Kunst einen epochalen Entwicklungsschub. Gotik und byzantinische Traditionen waren bald überwunden.

Malerei Galionsgestalt des Wandels ist **Giovanni Bellini** (1430–1516), der für seine Heimatstadt die Ölmalerei entdeckte und die revolutionäre Fähigkeit besaß, Figuren in ihrer körperlichen Erscheinung einem einheitlichen Raumsystem einzuordnen, was u. a. seine Sacra Conversazione in San Zaccaria beweist.

Die folgende Generation konnte sich ganz auf die **Farbe** konzentrieren. Giorgiones (1477/1478–1510) »Tempesta« öffnet einen tiefen landschaftlichen Raum, in dem allein der farbliche Effekt regiert. Sein zeitweiliger Mitarbeiter Tizian (ca. 1473–1576) war nicht weniger von der neuen Farbigkeit fasziniert, doch war er auch bemüht, die Raumkunst Bellinis zu perfektionieren. In seinem berühmten Pesaro-Altar in Santa Maria Gloriosa dei Frari bilden Gesten, Haltungen, Falten und selbst die Fahnenstangen eine perfekte räumliche Ordnung, die in ihrer Kompliziertheit die Kompositionen Bellinis weit übertrifft. In der angestrengten Virtuosität kündigt sich bereits der Manierismus an. Dessen unbestrittener Hauptmeister ist allerdings **Jacopo Robusti il Tintoretto** (1518–1594). In seinem Gemälde »Der Hl. Markus befreit einen Sklaven« von 1548 wird die Konstruktion zum Selbstzweck. Mit den Werken Paolo Veroneses (1528 bis 1588) verhält es sich kaum anders. Seine .figurenreiche »Apotheose Venedigs« im Palazzo Ducale prunkt mit einem ganzen Heer komplex verschachtelter Komparsen, von denen jeder verschiedenen Kompositionsebenen gleichzeitig zugehört.

Palladios »La Rotonda« bei Vicenza

Die Zeit des **Manierismus** auf das Manierierte zu reduzieren, wäre zu einfach. Andrea Palladio (1508–1580), Venedigs Stadtbaumeister der zweiten Hälfte des 16. Jh.s, folgte auch weiterhin der antiken Dreiheit von Maß, Zahl und Gesetz. Schon früh publizierte er »Le Antichita de Roma«, eine Art Baedeker für den frühneuzeitlichen Touristen. Seine tiefe Bewunderung für die Antike belegt der zwischen 1577 und 1592 entstandene Kuppelbau der Kirche Il Redentore, eine Hommage an das Pantheon, einfach gegliedert und wie Santa Maria Maggiore mit tempelartiger Fassade.

Rom

Mit dem Wechsel des päpstlichen Stuhls nach Avignon 1304 sank das Kulturleben Roms für mehr als ein Jahrhundert auf provinzielles Niveau. Erst nach dem Konstanzer Konzil unter Papst Nikolaus V. begann man, den Rückstand zu Florenz und Venedig aufzuholen. Unter Papst Alexander VI. (1492–1503), Julius II. (1503–1513) und Leo X. (1513–1521) gewann die Stadt stetig an kultureller Bedeutung, erlitt dann jedoch 1527 mit der Verwüstung durch die Söldner Karls V., dem sog. **Sacco di Roma**, einen schweren Rückschlag.

◄ Architektur

Aufgrund dieses zeitlichen Verzugs ist die Architektur der frühen Renaissance in Rom unterrepräsentiert. Der Palazzo della Cancelleria des Kardinals Riario kann trotz seiner relativ späten Entstehungszeit noch der frühen Renaissance zugerechnet werden, da hier Albertis Konzept einer Baukunst des Maßes und der Harmonie musterhaft zur Geltung kommt. Wie der bereits erwähnte Palazzo Rucellai in Florenz bietet auch die Fassade der Cancelleria mit ihrer durchgängigen Rustizierung und rhythmischen Pilastergliederung einen Anblick **geometrischer Klarheit**. In den folgenden Jahrzehnten erfahren Geschossgliederung und plastisches Dekor eine stärkere Betonung. Der monumentale, in der Art eines römischen Theaters gestaltete Innenhof des Palazzo Farnese, an dem **Michelangelo** maßgeblich beteiligt war, präsentiert jede Fenstersituation als eine plastisch geschlossene Einheit. Eine totale plastische Durchgestaltung des gesamten Baukörpers verwirklichte schließlich Baldassare Peruzzi (1481–1536) mit seinem manieristischen Palazzo Massimo alle Colonne. Die Straßenfassade ist konvex geschwungen und erhält dadurch eine Richtungsbetonung, deren Temperament Alberti als ein Purist der ersten Stunde niemals gutgeheißen hätte.

Malerei

Einen Florenz und Venedig vergleichbaren Lokalstil hat die römische Malerei der Hochrenaissance nicht zu bieten. Ihre prominentesten Vertreter wurden aus führenden kulturellen Zentren »importiert«.
Raffael (1483–1520), ein Glanzlicht römischer Malkunst, hatte sein Debüt zunächst in Perugia gegeben. In seiner frühen »Vermählung der Jungfrau Maria« (Mailand, Brera) ist er noch ganz dem religiösen Sentimentalismus seines dortigen Lehrers Perugino verpflichtet. Auch hat er noch Schwierigkeiten, menschliche Figuren überzeugend in ihre räumliche Umgebung einzubinden. In den folgenden Jahren, die er in Florenz verbrachte, konzentrierte er sich verstarkt auf per-

spektivische Probleme, es entstand eine Vielzahl von Madonnenbildern. 1508 erhielt Raffael von Julius II. den Auftrag zur Ausgestaltung der päpstlichen Gemächer des Vatikans, der so genannten **Stanzen**. Das berühmte Fresko der **»Schule von Athen«** in der Stanza della Segnatura zeigt, dass der Maler seine raumplanerischen Schwächen überwunden hat. Der perspektivische Sog entfaltet sich in einem tiefenräumlich konstruierten Figurenring, in dem jede Richtung der klassischen Philosophie mit einem ihrer Denker vertreten ist. Allerdings verliert sich Raffael niemals in selbstzweckhaften Raumeffekten, in seiner Kunst findet der Geist der Renaissance seine reinste Form – für manche ein Grund, den Beginn des Manierismus mit Raffaels Tod anzusetzen.

Michelangelo (1475–1564), seit 1535 Oberster Baumeister, Bildhauer und Maler des Apostolischen Palastes, kam gleichfalls aus Florenz, wo er bei Ghirlandaio und Donatello ausgebildet worden war. Mit der Freskierung der Sixtinischen Kapelle vollbrachte er eine Glanzleistung neuzeitlicher Visualisierungstechnik: Auf einem Gerüst, das Meter für Meter vom Eingang zum Altar geschoben wurde, malte er innerhalb von vier Jahren (1508–1512) die Schöpfungsgeschichte, die sich zwar in Einzelbilder gliedert, dennoch aber ein überzeugendes illusionsräumliches Ganzes bildet. Wie die später entstandene **»Auferstehung«** ist die **»Genesis«** ein technisches Meisterwerk, das bis zur Erfindung von Film und Großleinwand für Jahrhunderte unübertroffen blieb.

Michelangelos unvollendete Pietà »Rondanini«

Durch und durch Techniker war auch der dritte Import: **Leonardo da Vinci** (1452–1519; ► Berühmte Persönlichkeiten), Schüler Andrea del Verrocchios, war in Florenz und Mailand tätig gewesen, bevor er sich 1513 für drei Jahre nach Rom begab. Von Michelangelo unterscheidet ihn der naturwissenschaftliche Ernst seines technischen Interesses. Die Malerei – so Leonardo – ist eine »Enkelin der Natur«, und letztlich dient sie der Visualisierung naturwissenschaftlicher Tatbestände. Das Muskelspiel des »Hl. Hieronymus« in der Vatikanischen Pinakothek hat in der Tat die Präzision eines anatomischen Präparats.

Auch kleinere Kunstzentren wie Mantua, Siena und Ferrara haben »große« Kunstgeschichte geschrieben.

In Mantua herrschte seit Beginn des 14. Jh.s das Geschlecht der Gonzaga, das mit mäzenatischem Ehrgeiz 1460 selbst den schwierigen Mantegna verpflichtete. **Andrea Mantegna** (1431–1506) war der Vertreter eines Stils von ausgeprägter Präzision und Schärfe, wie man ihn in Florenz, Venedig oder Rom nicht findet. Neben dem manieristischen Palazzo del Tè, den Federigo II. Gonzaga nach Plänen Giulio Romanos (1499–1546) auf einer Insel errichtete, bilden Mantegnas Fresken für die Camera degli Sposi des Palazzo Ducale ein eigenes Kapitel italienischer Kunstgeschichte.

In der »Schule von Athen« versammelte Raffael alle großen Philosophen der Antike. Auch sich selbst hat er darin verewigt (unten, Zweiter rechts außen).

Ein ausgeprägter Lokalstil entwickelte sich im 15. Jh. auch in Ferrara, dem Sitz der Este, die bereits mit der Gründung der Universität 1391 kulturell-machtpolitisches Engagement bewiesen hatten. Die sog. Schule von Ferrara mit **Francesca Cossa**, Cosimo Tura und Ercole Roberti erinnert zwar ein wenig an Mantegna, ist aber mit ihrem Sinn für das flächige Dekor letztlich doch eine Schule für sich.

Barock und Rokoko

Wie die Renaissance war auch der italienische Barock alles andere als homogen. Ortsvarianten gab es in der Lombardei, in Rom, Venedig und Neapel. Nirgendwo aber formt sich der frühe Barock deutlicher aus als in **Rom,** und nirgendwo manifestieren sich Spätbarock und Rokoko exemplarischer als in **Venedig** – zwei Orte, auf die sich der folgende Überblick beschränkt.

Rom
◄ Malerei

Für das Rom des beginnenden 17. Jh.s sind in der Malerei zwei konkurrierende Strömungen zu verzeichnen: Zentralfigur der progressiven Richtung war Michelangelo Merisi (1573–1610), nach seinem Geburtsort auch **Caravaggio** genannt. 1590 nach Rom gelangt, provozierte er das Publikum mit seiner »Berufung des hl. Matthäus« für die Cappella Contarelli und der brutal realistischen »Bekehrung des hl. Paulus« für Santa Maria del Popolo. Das für die Renaissance wichtigste Ordnungsprinzip des Raumsystems ersetzt Caravaggio durch ein raffiniertes Beleuchtungssystem. Perspektive interessiert ihn nur wenig, flächig ist die Ordnung der Figuren, Plastizität entsteht allein durch **Hell-Dunkel-Kontraste**. Durch begabte Nachfol ger wie die Künstler Bartolomeo Manfredi (1580–1620) und Orazio Gentileschi (1563–1639) wurde der »Caravaggismus« bald in ganz Italien zur progressivsten Stiltendenz.

Die eher traditionell orientierte Kunst der Brüder **Agostino** (1557 bis 1602) und **Annibale Carracci** (1560–1609) aus Bologna wie auch ihres Vetters Lodovico Carracci (1555–1619) blieb dagegen den idealistischen Konzepten der Renaissance verpflichtet. Einen repräsentativen Eindruck vermitteln Annibale Carraccis Fresken im Palazzo Farnese (1597–1604). Hier erweist sich der Carracci-Stil als ein Amalgam aus Michelangelo und Raffael, und die Komposition ist noch in erster Linie eine räumliche Ordnung, deren Dynamik allerdings die Vitalität eines Michelangelo um vieles überbietet. Nachfolger hatten auch die Carracci: Guido Reni (1575–1642), Francesco Albani (1578–1660), Carlo Cignani (1628–1719).

Bereits in der ersten Hälfte des 16. Jh.s überschneiden sich Caravaggismus und Akademismus. Die Deckenmalerei erhält dadurch neue Impulse. Die Figuren in **Pietro da Cortonas** (1596–1669) Deckenfresko im Gran Salone des Palazzo Barberini sind sowohl in ein Beleuchtungssystem als auch in ein Raumsystem hineingespannt. So ergibt sich eine totale Illusion, die virtuelle Wirklichkeit einer aufgerissenen Decke, die in den Himmel ragt.

Architektur ►

Auch die Architektur erfährt eine Steigerung ihrer Ausdrucksmittel. In Vignola (1507–1573) und Giacomo della Portas (1540–1602) Frontansicht der Jesuitenkirche **»Il Gesu«**, dem ersten Prototyp der barocken Sakralfassade (1568-1575), wird die im Manierismus pointierte Plastizität weit übertroffen. Das Dekor verdichtet sich zur Mitte hin, die Fassade erscheint als ein von Voluten eingefasstes Ornament. Konventionell ist nur der Grundriss. Dieser wird erst von **Gian Lorenzo Bernini** (1598–1680) und **Francesco Borromini** (1599

»Neptun bietet Venedig die Meeresschätze an« (Tiepolo)

bis 1667) revolutioniert. Den Anblick von Berninis Sant'Andrea al Quirinale (1658–1670) und Borrominis San Carlo alle Quattro Fontane (1665–1667) bestimmen konkave und konvexe Wandeinheiten, die wellenartig ineinandergreifen. Die Renaissance kannte die architektonische Schönheit nur als eine Harmonie in der Ruhe, der Barock entdeckte dann jedoch die Ästhetik des Bewegten.

Venedig
◄ Malerei

Dem römischen Barock hatte Venedig in der Malerei nichts Gleichwertiges entgegenzusetzen. Erst zu Beginn des 18. Jh.s übernimmt die Lagunenstadt wieder eine Führungsrolle. Sebastiano Ricci (1659 bis 1734) und Giovanni Antonio Pellegrini (1675–1741) bleiben zwar in Thema und Komposition den Traditionen treu, doch ist ihre Malweise ungleich lockerer als die ihrer Vorgänger. Das Arrangement von Licht- und Farbeffekten wird wichtiger als die strengen Ordnungsprinzipien der Renaissancezeit. Dieser Stil der emanzipierten Farbigkeit, den die Kunstgeschichte als **Rokoko** bezeichnet, perfektioniert sich allerdings erst bei **Tiepolo** (1696–1770), seit 1756 Präsident der Akademie von Venedig. Sein in der Galleria dell'Accademia aufbewahrter Entwurf für das leider durch eine Fliegerbombe zerstörte Deckenbild in der Chiesa degli Scalzi ist eher virtuos aus dem Handgelenk arrangiert als mit geometrischer Sorgfalt konstruiert. Auf eine vergleichbare Distanz zum Gestaltungskanon der Renaissance gehen »Vedutisten« wie **Antonio Canaletto** (1697–1768), in dessen Bildern Farbgefühl statt Formstrenge herrscht.

◄ Architektur

In der Baukunst sind die Auflösungserscheinungen nicht weniger augenfällig. Spielerisch löst **Giorgio Massari** (1687–1766) das Mittelstück von Palladios Erlöserkirche (Il Redentore) aus seinem architektonischen Zusammenhang und präsentiert es isoliert als Prunkfassade seiner Chiesa dei Gesuati. Wie im Werk des Francesco de Sanctis (1693–1731), der zur gleichen Zeit (1723–1726) in Rom die Spanische Treppe schuf, weicht auch bei Massari die palladianische Strenge dem dekorativen Knalleffekt.

Klassizismus und 19. Jahrhundert

Ende des 18. Jh.s manifestieren sich zusehens Werte bürgerlichen Ursprungs in der Kunst. Einfachheit und Klarheit ersetzen die komplizierten Ordnungssysteme von Barock und Rokoko. Der Maler Pietro Benvenuti (1769–1844) arrangiert die Figuren mit reliefmäßiger Schlichtheit, in **Canovas** (1757–1822) Plastiken artikuliert sich die »edle Einfalt« bzw. »stille Größe« der griechischen Klassik, und die zwischen 1776 und 1778 entstandene Mailänder Scala des Giuseppe Piermarini (1734–1808) ist im Stil des palladianischen Purismus gehalten.

Krise der Kunst

Für die italienische Kunst ist die bürgerliche Epoche jedoch auch ein **Zeitalter der Krise**. In Europa sieht sich der Künstler allgemein dem Konkurrenzdruck neuer massenmedialer Techniken wie Stahlstich,

Lithografie, Holzstich und zunehmend auch der Fotografie ausgesetzt, Medien, die ausschließlich außerhalb Italiens entwickelt werden. Darüber hinaus verliert die italienische Kunstlandschaft gegenüber Paris, Berlin, München und London rapide an Gewicht. Der gesamteuropäische Historismus gebärdet sich in Italien als ein Nostalgismus. Symptomatisch sind in den Sechzigerjahren die Mailänder **»Scapigliati«** (»scapigliato« = ungekämmter Boheme), deren Wortführer Tranquillo Cremona (1837–1878) sich darauf konzentrierte, die Kunst eines Leonardo oder Correggio impressionistisch zu variieren. »Ungekämmte« Kunst findet man im Turiner Stadtmuseum und in der Mailänder Galleria d'Arte Moderna. In Mailand sind mit der Cassa di Risparmio von Giuseppe Balzaretti und der Banca Commerciale von Luca Beltrami auch zwei hervorragende Werke der Bankhausarchitektur vertreten.

20. Jahrhundert

Futurismus

Malerei und Plastik ►

Bereits vor dem Ersten Weltkrieg spitzte sich die Krise der Schönen Künste zu. In der Entwicklung zukunftsweisender Stile wie Kubismus und Expressionismus blieb das Ausland bestimmend, und der Film drängt die Malerei endgültig aus der Domäne der Historie. Die Konkurrenz zu den »laufenden Bildern« erwies sich jedoch auch als fruchtbar. Einen ersten Weg in die Moderne beschrieb der Futurismus. Ausgehend vom Kubismus Braques und Picassos, die schon 1909 Gegenstände filmschnittartig aufgesplittert hatten, forderten **Giacomo Balla** (1871–1958), Carlo Carrà (1881–1966), **Umberto Boccioni** (1882–1916), Gino Severini (1883–1966) und Luigi Russolo (1885–1945) um 1910 einen neuen, filmgemäßen »Dynamismus« des starren Tafelbildes. Tatsächlich vermitteln futuristische Bilder und Plastiken den Eindruck rasender Geschwindigkeit, in der das Gegenständliche zu explodieren scheint. Dahinter verbarg sich jedoch eine mitunter nihilistisch überzogene **Fortschrittsideologie**, die nahtlos in Mussolinis pompöse Visionen eines neuen Italiens übergeht. Nicht umsonst wird der Futurismus in den 20er-Jahren zur faschistischen Staatskunst geadelt.

Pittura metafisica ►

Die zweite wichtige Stilrichtung, die Pittura metafisica, zog sich in surreale Bereiche zurück. Ihre Hauptvertreter **Giorgio de Chirico** (1888–1978; ► Berühmte Persönlichkeiten), **Giorgio Morandi** (1890 bis 1964) und der Ex-Futurist Carrà konstruierten mit geometrischer Präzision geheimnisvoll anmutende Ansichten von leeren Plätzen und Interieurs, deren »Schweigen« merkwürdig beklommen macht.

Concept-Art ►

Obwohl die abstrakte Malerei Giuseppe Santomasos (1907–1990), Emlio Vedovas (1919–1995) und Afro Basaldellas (1912–1976) auf der Biennale 1948 neues Terrain erschloss, blieb die Krise in der Kunst akut. Zu dieser Zeit bezeichnete **Lucio Fontana** (1899–1968) in seinem »Manifesto bianco« die Kunst als technisches Handwerk an einem kritischen Wendepunkt. Seine geschlitzte Leinwand ist ein radikaler Schlussstrich und vor allem als Idee, als »Concetto«, inter-

essant. Den Trend von der Handwerks- zur Ideenkunst (Concept-Art) illustriert des Weiteren das Werk von **Piero Manzoni** (1934 bis 1963), der zum Beleg seiner produktiven Vielseitigkeit seine Exkremente in Dosen verschweißte.
Anfang der 1960er-Jahre propagierten die Anhänger der **Arte Povera**, u. a. Mario Merz (1925–2003), Einfachheit und Nachdenklichkeit in der Kunst, für die sie mit schlichten Materialien eintraten. Dagegen gehörte u. a. Renato Guttoso (1912–1987) dem kritischen Realismus an. Die **Transavanguardia** in den 1980er-Jahren mit Sandro Chia (geb. 1946), Enzo Cucchi (geb. 1950) und Francesco Clemente (geb. 1952) kehrte zur gegenständlichen Ausdrucksmalerei zurück und rückte grellfarbig und ereignishaft das Abgründige, Pikante und Kuriose ins Blickfeld.

Architektur

In den ersten Jahrzehnten des 20. Jh.s folgte auf das Stilgemisch des Historismus der Funktionalismus, demzufolge die Erscheinungsform eines Bauwerks von seiner Funktion abzuleiten sei. Neben den praktisch-nützlichen Aspekten spielte auch sach- und materialgerechte Formgebung eine wichtige Rolle. Es wurde weiterhin mit neuen Materialien experimentiert. Im Gegensatz dazu vertrat die faschistische Staatsbaukunst in Italien einen Neoklassizismus römisch-imperialer Prägung. Beispiele dafür sind Terragnis Parteihaus des Fascio in Como (1934), Paganos Bocconi-Universität in Mailand (1938) und Foschinis Sankt Peter und Paul in Rom (1939). Dagegen wurde der Rationalismus, dessen wichtiger Vertreter Mario Ridolfi war, durch das Mussolini-Regime unterdrückt.
Erst nach dem Zweiten Weltkrieg kam dann die **moderne Architektur** zum Zug. Der Venezianer **Carlo Scarpa** (1906–1978) befasste sich vielfach mit der kritischen Restaurierung vorhandener Gebäude, herausragendes Beispiel ist die Umgestaltung des Kastells der della Scala zum Museo Castelvecchio in Verona. Der aus Sondrio gebürtige **Pier Luigi Nervi** (1891–1979) war einer der bedeutendsten Konstrukteure in Stahlbeton, vor allem beim Hallenbau. Er schuf in Mailand das Pirelli-Hochhaus (1955–1958), den runden Palazzetto dello Sport in Rom (1957) sowie die Audienzhalle für den Papst im Vatikanstaat (1970).
Aldo Rossi (1931–1979), ein Repräsentant der internationalen Architektur der Gegenwart, war ein großer Bautheoretiker. Von ihm stammen die Pläne u. a. für den Wohnblock Gallaratese in Mailand (1969 bis 1973), den Neubau des Theaters Carlo Felice in Genua (1983 bis 1989), das Centro Torri in Parma (1985–1988) und das Feriendorf von Castellaneta Mare bei Tarent (1993). Der durch das Centre Pompidou in Paris berühmt gewordene **Renzo Piano** (geb. 1937) gestaltete in seiner Heimatstadt Genua den Hafen neu (1988–1994), sorgte für ein neues Fußballstadion in Bari (1990) und gab der Hauptstadt Rom ein gewaltiges Auditorium (2002). In San Giovanni Rotondo auf der Gargano Halbinsel errichtete er die größte Kirche der Christenheit (2004).

Berühmte Persönlichkeiten

Von einer Dame in päpstlichen Würden, einem hoch kultivierten Verführer, einem rasanten Automobilhersteller und anderen Frauen und Männern, die Geschichte machten.

Lucrezia Borgia (1480–1519)

Statthalterin

Lucrezia Borgia ging als eine der schillerndsten und geheimnisvollsten Frauengestalten Italiens in die Geschichte ein. Die Tochter des Kardinals Rodrigo Borgia, ab 1492 **Papst Alexander VI.**, und der Römerin Vanozza Catanei hielt bereits mit 19 Jahren als Statthalterin des Papstes – ihres Vaters – Einzug in die machtstrategisch bedeutende Festung Spoleto. Es war das erste Mal, dass diese Aufgabe von einer Frau wahrgenommen wurde. Ihre Statthalterschaft dauerte allerdings nur einige wenige Wochen, dann kehrte sie auf Anweisung ihres Vaters nach Rom zurück. Bis in die Neuzeit hielt sich hartnäckig das von Verleumdungen und späteren Moralvorstellungen geprägte Bild Lucrezias als einer intriganten, sitten- und gewissenlosen Frau. Vor allem ihre drei Eheschließungen wurden dabei immer wieder als Zeugnis ihrer mangelnden Tugendhaftigkeit angeführt, doch gerade sie waren ein politisches Instrument von Vater und Bruder, um dynastische Verbindungen zu knüpfen.

Giacomo Casanova (1725–1798)

Abenteurer und Frauenheld

Sein Ruf als Meister der Liebeskunst und der frivol-kultivierten Lebensart hat den Venezianer Giacomo Casanova, selbstgeadelter Chevalier de Seingalt, zu einer Legende werden lassen. Auf seinen Reisen in wechselnden Diensten durch ganz Europa traf er berühmte Zeitgenossen aus Politik und Literatur und verliebte sich immer wieder leidenschaftlich. 1755 wegen Atheismus in den gefürchteten Bleikammern des venezianischen Dogenpalastes eingekerkert, gelang ihm ein Jahr später eine spektakuläre Flucht. Sein abenteuerliches Leben endete in einer Stellung als Bibliothekar beim Grafen Waldstein in Dux (Böhmen). Dort schrieb er seine berühmten Memoiren **»Histoire de ma vie«**, eines der bedeutendsten kulturhistorischen Dokumente jener Zeit. Mitte des 19. Jh.s wurde der Abenteurer in Komödien und einer Oper von Lortzing selber Gegenstand der Literatur; später griffen Hofmannsthal und Schnitzler das Thema des illustren Frauenhelden auf, der bis heute als Personifikation des Verführers gilt.

Giorgio de Chirico (1888–1978)

Maler

Giorgio de Chirico wurde am 10. 7. 1888 in Volos, der Hauptstadt von Thessalien (Griechenland), als Sohn italienischer Eltern geboren. 1906–1909 studierte er an der Kunstakademie in München, dort beschäftigte er sich mit der Malerei von Arnold Böcklin und Max Klinger und las Schopenhauer und Nietzsche. Nach dem Zweiten Weltkrieg ließ er sich in Rom nieder, wo er am 20. 11. 1978 starb.

← *Enzo Ferrari konstruierte Legenden in Rot.*

Zusammen mit Carlo Carrà gilt de Chirico als Begründer der **Pittura metafisica**, einer Richtung der modernen italienischen Malerei, in denen alltägliche Gegenstände und Stadtlandschaften durch ungewöhnliche Verbindungen mit Dingen wie Gliederpuppen fremd, rätselhaft und gespenstisch erscheinen. Der Leerraum seiner farblich verhaltenen Bilder ist erfüllt von einer unerklärlichen metaphysischen Gegenwärtigkeit. Ab 1919/20 gab der Maler die Pittura metafisica zu Gunsten einer akademischen Malweise auf. Durch sein Frühwerk wurde de Chirico zu einem Wegbereiter der Surrealisten, insbesondere durch Bilder wie »Die Vergeltung der Wahrsagerin« (1913), »Geheimnis und Melancholie einer Straße« (1914) und »Der große Metaphysiker« (1917).

Dante Alighieri (1265–1321)

Dichter und Politiker

Dante kam als Sohn einer angesehenen Patrizierfamilie in Florenz zur Welt. 1265 herrschten in ganz Norditalien Kämpfe zwischen rivalisierenden Adelsfamilien, die als Parteigänger des Kaisers Ghibellinen und als Anhänger des Papsten Guelfen genannt wurden. Dantes Familie gehörte zur Ghibellinenpartei, die mehrfach ins Exil musste. Seine Schulbildung erhielt der er bei Florentiner Franziskanern und Dominikanern, anschließend studierte er in Bologna Rechtswissenschaft. Bereits 1295 gehörte er in Florenz zum Rat des Capitano del Popolo, zwei Jahre später zu dem des Podestà. Im selben Jahr brachen erneut blutige Kämpfe aus, die Ghibellinen wurden der Verschwörung beschuldigt und ihre Anführer aus der Stadt verbannt. Dante wurde auf Lebenszeit verbannt, ein Urteil, das fünf Jahre später in Abwesenheit in die Todesstrafe umgewandelt wurde. Er lebte fortan in Verona, Treviso und Ravenna, wo er am 14. 9. 1321 starb.

Während seiner Exiljahre schrieb Dante seine wichtigsten staatsphilosophischen und literarischen Werke, darunter die lateinisch verfassten Abhandlungen »Monarchia« und »De vulgari elequentia« sowie die im toskanischen Dialekt gehaltene **»Divina Commedia«** (»Göttliche Komödie«). Das aus 100 Gesängen in Versform komponierte allegorisch-lehrhafte Gedicht hat die wichtigsten geistigen Auseinandersetzungen des Mittelalters über Theologie und Philosophie, Kirche und Staat sowie die politisch-soziale Situation Italiens zum Thema. In der »Göttlichen Komödie« schildert er den Weg des Menschen durch Hölle (inferno), Fegefeuer (purgatorio) und Paradies (paradiso).

Enzo Ferrari (1898–1988)

Rennfahrer und Konstrukteur

Enzo Ferrari, genannt **»il Commendatore«**, gehört zu den Männern, welche der italienischen Automobilindustrie zu weltweitem Renommee verholfen haben. Seinen größten Erfolg als Rennfahrer errang er 1920 als Zweiter der berühmten »Targa Florio« auf Sizilien, danach verlegte er sich zunehmend auf die Konstruktion von Rennwagen.

Seit 1943 baute er in Maranello bei Modena **Sport- und Rennwagen**, die bis heute begehrte und entsprechend teure Einzelstücke oder Kleinserienprodukte geblieben sind. Vor allem im Rennsport sind die roten Boliden mit dem springenden Ross im Wappen zu legendären Fahrmaschinen geworden. Zu den berühmtesten Fahrern gehörten Alberto Ascari, Mike Hawthorn, Phil Hill, Niki Lauda und derzeit Michael Schumacher. Mit Typen wie dem Dino (benannt nach Enzo Ferraris früh verstorbenem Sohn) hat das Werk auch die Alltagstauglichkeit seiner Produkte bewiesen. Seit 1969 gehört das Unternehmen zum Turiner Fiat-Konzern.

Friedrich II. von Hohenstaufen (1194–1250)

König und Kaiser

Mitten auf dem Marktplatz von Jesi, einer Kleinstadt in Mittelitalien, soll Friedrich II., Enkel von Friedrich I. Barbarossa und Sohn des **Stauferkaisers Heinrich VI.**, zur Welt gekommen sein: Weil Zweifel an der Schwangerschaft der 40-jährigen normannischen Thronerbin Konstanze laut geworden waren, machte diese, wie eine Legende berichtet, die Geburt öffentlich.

Bereits 1196 wurde Friedrich zum Römisch-Deutschen König gewählt und 1198, nach dem Tode seines Vaters, zum **König von Sizilien** gekrönt. Als auch seine Mutter starb, geriet er unter die Vormundschaft von Papst Innozenz III. Mit dessen Einverständnis machte er sich 1212 nach Deutschland auf, wo er im selben Jahr in Mainz und nochmals 1215 in Aachen zum König gekrönt wurde, 1220 folgte die Kaiserkrönung in Rom. Trotz seiner deutschen Herkunft betrachtete Friedrich Italien als seine Heimat. In seinem Erbreich Sizilien schuf er den ersten modernen, absolut regierten Beamten- und Militärstaat. Er förderte die Künste und Wissenschaften, er ließ die Toleranzgesetze von Melfi, unterschrieb aber gleichzeitig Ketzergesetze und führte die Folter in den Gerichtsgebrauch ein. Meist residierte er in Apulien, wo er eine Reihe von Kastellen erbauen ließ.

1215 hatte Friedrich in Aachen ein Kreuzzugsgelübde abgelegt, das zum Anlass eines bis zu seinem Lebensende nie wirklich beendeten Streits mit dem Papsttum werden sollte. Nachdem er den **5. Kreuzzug** wiederholt aufgeschoben hatte, setzte er 1228/1229 mit einer Streitmacht ins Heilige Land über. Es gelang ihm, einen Vertrag mit Sultan Al-Kamil auszuhandeln, der den Christen für zehn Jahre die Herrschaft über Jerusalem zusprach. Der Papst jedoch wertete Friedrichs Kreuzzug als Verrat an der christlichen Sache, weil »kein Blut geflossen war« und verhängte 1245 den Kirchenbann über den Stauferherrscher. Fünf Jahre später starb Friedrich in Castelfiorentino. Einer sizilischen Legende nach ritt der Kaiser hoch zu Ross in den Vulkan Ätna, aus dem er eines Tages wieder hervortreten wird, um die Welt zu retten.

Galileo Galilei (1564–1642)

Astronom

Galileo Galilei, am 15. 2. 1564 als Sohn eines Architekten geboren, erhielt im Alter von 25 Jahren an der Universität Pisa eine Lektorenstelle für das Fach Mathematik. Hier soll er auch erste Experimente zum freien Fall und zur Pendelbewegung durchgeführt haben. Von 1592 bis 1610 wirkte er als Professor in Padua, wo er 1609 ein leistungsstarkes Fernrohr konstruierte, mit dem er den Sternenhimmel erforschte. Als überzeugter Anhänger des von Kopernikus begründeten **heliozentrischen Weltbildes** geriet er in Konflikt mit der katholischen Kirche, was ihm 1633 einen **Inquisitionsprozess** eintrug; obgleich er seinen Überzeugungen abschwor, wurde Galilei zu unbefristetem Hausarrest verurteilt, die er mit kurzer Unterbrechung in seinem Landhaus bei Florenz verbrachte. Der Legende nach soll Galilei beim Verlassen des Gerichtssaals gemurmelt haben: »Und sie (die Erde) bewegt sich doch.«Er starb am 8. 1. 1642.

Giuseppe Garibaldi (1807–1882)

»Held des Risorgimento«

Der Held des italienischen Risorgimento kam am 4. 7. 1807 in Nizza zur Welt, das damals zu Ligurien gehörte. Fünfzehnjährig wurde er Schiffsjunge, später Kapitän. 1833 schloss er sich **Giuseppe Mazzini** und seiner Bewegung »Giovane Italia« (»Junges Italien«) an, mit der er für ein geeintes, republikanisches und demokratisches Italiens kämpfen wollte. Mazzinis Aufstand schlug allerdings fehl, und Garibaldi musste fliehen. Bis 1848 hielt er sich meist in Südamerika auf. Zurück in Italien, wurde er Abgeordneter von Genua, nahm 1848 und 1849 als Anführer einer Legion von Freiwilligen an den Kämpfen gegen Österreich in Oberitalien teil und leitete zuletzt die Verteidigung der im Februar 1849 ausgerufenen **Römischen Republik**, deren Auflösung er allerdings nicht aufhalten konnte. Erneut auf der Flucht, gab Garibaldi nicht auf, sondern landete im Mai 1860 mit Freiwilligen, dem berühmten »Zug der Tausend«, auf Sizilien, eroberte die Insel, das unteritalienische Festland und am 7. September Neapel. Seine Macht übergab er **Vittorio Emanuele**, der am 14. März 1861 vom neu gewählten Parlament den Titel »König von Italien« annahm. 1862 und 1867 scheiterten Garibaldis Versuche, den Kirchenstaat in das Königreich einzugliedern. Seine letzten Lebensjahre verbrachte er auf der kleinen Insel Caprera nördlich von Sardinien. Hier schrieb er seine »Memorie« und vier Romane.

Peggy Guggenheim (1898–1979)

»Ich habe immer getan, was ich wollte und kümmerte mich nie darum, was jemand dachte. Women's lib? Ich war eine befreite Frau, lange bevor es den Namen gab.« – Tatsache ist, dass Peggy Guggenheim genauso stürmisch lebte wie sie sammelte

und dass ihre **legendäre Kunstgalerie** sie nicht nur zu einer der bedeutendsten Persönlichkeiten ihrer Zeit machte, sondern heute zu den Hauptsehenswürdigkeiten der Stadt Venedig gehört.
Dabei kam sie erst Ende der Dreißigerjahre zur modernen Kunst. Zuvor hatte die in New York geborene, aus einer neureichen jüdischen Familie stammende Peggy Guggenheim eine unglückliche Kindheit erlebt. 1912 war ihr Vater mit der Titanic untergegangen und zwar – wie sich später herausstellte – finanziell einigermaßen ruiniert. Zu Beginn der Zwanzigerjahre, Peggy hatte bereits einen überaus eigenwilligen Lebensstil entwickelt, schloss sich das **»Enfant terrible des Großkapitals«** der Pariser Boheme an und heiratete den Maler und Schriftsteller Laurence Vail, was sie aber nicht hinderte, engere Beziehungen mit vielen Künstlern wie Marcel Duchamp, Samuel Beckett und Max Ernst einzugehen. 1938 eröffnete sie in London mit einer Cocteau-Ausstellung ihre erste Galerie »Guggenheim Jeune«. Dort wollte sie mit der Unterstützung des Schriftstellers und Kunsthistorikers Herbert Read auch ein Museum ähnlich dem New Yorker MOMA gründen, was jedoch am Ausbruch des Zweiten Weltkrieges scheiterte. Mit der Devise **»Kaut täglich ein Bild«** legte Guggenheim in den letzten Wochen vor dem Einmarsch der Deutschen in Paris den Grundstein ihrer Sammlung. Zurück in New York gründete sie die legendäre Galerie **»Art of this century«**, in der amerikanische Künstler erstmalig den Werken europäischer zeitgenössischer Kollegen begegneten. Peggy Guggenheim war es auch, die den Maler Jackson Pollock entdeckte. 1947 zog sie nach Venedig, wo sie den Palazzo Venier dei Leoni am Canal Grande kaufte, der bis heute ihre Sammlung beherbergt.

Leonardo da Vinci (1452–1519)

Genie

Die italienische Renaissance hat zahlreiche vielseitige Persönlichkeiten hervorgebracht, doch nur das Genie Leonardo da Vincis vereinigte Fähigkeiten als Maler, Bildhauer, Baumeister, Naturforscher, Ingenieur und »Eventmanager«. Bereits 1472 wurde der begabte Schüler Verrocchios, in die Malergilde von Florenz aufgenommen. Von 1482 bis 1498 wirkte er am Hofe des Herzogs Lodovico Sforza in Mailand, wo er die »Madonna in der Felsengrotte« und das **»Das Abendmahl«** schuf. Die nächsten Jahre führten ihn zurück nach Florenz, dann wieder nach Mailand und schließlich nach Rom. Trotz seines Genies immer auf der Suche nach Aufträgen, folgte er 1517 einer Einladung von König Franz I. nach Frankreich, wo er 1519 starb. Seine Werke aus den letzten zwanzig Lebensjahren sind fast alle verloren gegangen oder nur als Kopien erhalten. Sein wohl berühmtestes Gemälde, die **»Mona Lisa«**, befindet sich im Louvre, Paris, ebenso »Die hl. Anna Selbdritt«. Das lebensgroße Bronze-Reiterdenkmal des Mailänder Herzogs Francesco Sforza kam nur als Modell zustande, vollendet wurde es erst nach 517 Jahren Ende 1999, für umgerechnet fast 5,5 Mio. Euro.

Leonardo war als Festungsbaumeister tätig, widmete sich wissenschaftlichen Aufgaben, schrieb einen Aufsatz über die Anatomie des menschlichen Körpers und illustrierte ihn mit Zeichnungen, führte Flugexperimente durch, beobachtete den Vogelflug, untersuchte die Strömungsgesetze in Luft und Wasser, betrieb botanische und geologische Studien. Seine Zeichnungen, naturwissenschaftlichen Untersuchungen und technischen Entwürfe bezeugen die **Universalität** dieses genialen Menschen.

Andrea Palladio (1508–1580)

Architekt

Zwischen dem 16. und 19. Jh. ließ sich Venedigs Klerus und Adel über 3000 Villen errichten. Bester Architekt seiner Zeit war Andrea Palladio, der Bauten wie **S. Giorgio Maggiore** in Venedig, das Teatro

Olimpico und die Villa Rotonda in Vicenza schuf – Werke, die in ganz Europa und für rund 300 Jahre stilprägend waren. Palladio kam als Andrea di Piero am 30. November 1508 in Padua als Sohn eines Müllers zur Welt und lernte Steinmetz. Sein Aufstieg begann 1538 durch die Förderung des Vicentiner Humanisten Giangiorgio Trissino, der ihn ermutigte, Mathematik, Musik und lateinische Literatur zu studieren und ihm den Beinamen Palladio gab – in Anspielung auf die Göttin der Weisheit. Trissino nahm ihn 1545 mit nach Rom, wo Palladio zwei Jahre lang intensiv die antiken Ruinen und vor allem den römischen Architekten Vitruv studierte. Kurz darauf gewann er in Vicenza den Wettbewerb zur Umgestaltung des **Palazzo della Ragione**, der sog. Basilica, mit dem genialen Einfall, den Bau in beiden Geschossen mit Arkadenreihen zu umgeben – ein Motiv, das ihn berühmt machte.

Auf Bramante, Raffael, Michelangelo, Sanmicheli und Sansovino aufbauend, übernahm Palladio nicht nur Bauelemente der römischen Architektur, sondern auch die antiken, an den menschlichen Proportionen ausgerichteten Maßverhältnisse, die in der Gotik aufgehoben worden waren. Stilprägend wirkte vor allem seine Architekturlehre, die er in den »Quattro Libri dell'Architettura« 1570 veröffentlichte. Durch sie wurde der **Palladianismus** über England nach Deutschland, die Niederlande und Russland bis nach Nordamerika verbreitet. So erfüllte sich, was Palladio, der 1580 in Vicenza starb, einst formulierte: »So kann ich hoffen, lange in großem Ruhm zu leben und in der Erinnerung derer, die nach mir kommen, geehrt zu werden.«

Galla Placidia (um 390 bis 450)

Kaisertochter und Kaiserin

Das Leben der Galla Placidia, Tochter des weströmischen Kaisers Theodosius I., ist geprägt von den dramatischen Ereignissen der ersten Hälfte des 5. Jh.s, als innerer Zerfall und Völkerwanderung das Römische Weltreich bedrohten. Placidia lebte am Hof in Ravenna bei ihrem Bruder, dem weströmischen Kaiser Honorius, als sie im Jahr

410 – knapp zwanzigjährig – während eines Romaufenthalts von Westgoten gekidnappt wurde. Die Entführer verheirateten sie 414 in Narbonne mit ihrem Herrscher Athaulf, ein Sohn kam 415 in Barcelona zur Welt, blieb jedoch nicht am Leben. Athaulf selbst wurde im selben Jahr ermordet, Placidia kehrte nach Italien zurück, wo sie zum zweiten Mal verheiratet wurde, diesmal mit Constantius III., dem römischen Oberbefehlshaber – der Legende nach eine sehr glückliche Beziehung. Als Placidia 421 erneut Witwe wurde, zog sie vorübergehend nach Konstantinopel, um dann anstelle ihres kleinen Sohnes Valentinian III. als **Kaiserin des Westreiches** nach Ravenna zurückzukehren. Angesichts des drohenden Zerfalls des Reiches baute sie nun auf die Verbindung mit der Kirche. Die schönsten Überbleibsel ihrer tiefen Religiosität sind in Ravenna erhalten, wo sie sich ganz besonders dem Bau und der Ausschmückung von Kirchen widmete. Am 27. November 450 starb sie in Rom.

Giuseppe Verdi (1813–1901)

Komponist

Guiseppe Verdi war nicht nur der bedeutendste Opernkomponist des 19. Jh.s, er war auch einer der wohlhabensten Musiker der Geschichte. Nach seinem Tod hinterließ er ein Millionenvermögen, das zum größten Teil eine Einrichtung für ältere Musiker finanzierte.
Der Musiker kam am 10. Oktober 1813 in Le Roncole bei Busseto (Parma) zur Welt. Als er sieben Jahre alt war, ließ ihm ein Gönner Musikunterricht geben, später heiratete Verdi die Tochter dieses Mannes. Schon früh wurde er Leiter des örtlichen Orchesters. Mit 26 Jahren fiel er bei einem Gastdirigat von Haydns »Schöpfung« in der Scala auf und erhielt daraufhin den Auftrag, eine Oper zu schreiben. Mit der Uraufführung des **»Rigoletto«** 1851 in Venedig begann eine Reihe von sich ständig steigernden Bühnenerfolgen. Weltruhm erlangte er 1853 mit dem »Troubadour« und »La Traviata«, mehr noch 1871 mit »Aida«. Indem er mit seiner Musik die Charaktere der dargestellten Personen in ihrer Tiefe erfasste und ausdrückte, gelang ihm eine Erneuerung der italienischen Oper.
Verdi war Sympathisant des **Risorgimento**, der nationalen Einigungsbewegung; frühe Werke wie »Nabucco« stehen unmittelbar damit in Zusammenhang. Die Vertreter dieser Bewegung versteckten ihre politische Parole zur Einigung Italiens hinter seinem Namen: **V**ittorio **E**manuele **R**é **d'I**talia. 1861 erhielt Verdi sogar einen Sitz im ersten Parlament des neuen Königreichs. Den Dichter von »I promessi sposi«, Alessandro Manzoni, bewunderte und verehrte er als Patriot. Ihm ist das Verdi-Requiem gewidmet, dessen Autograph im Scalamuseum in Mailand ausgestellt ist.
Privat verbrachte der als etwas verschlossen geschilderte Verdi die meiste Zeit auf seinem Landgut bei Busseto. Seine erste Frau und seine zwei Kinder starben. Seine zweite Ehe blieb kinderlos. Am Ende seines Lebens wohnte er in Mailand in einer Suite des Grand Hotel de Milan, wo er am 27. Januar 1901 starb.

USCO
dei
RBI
ANTINOR
FATTORIA DI SANTA CRISTI
CHIANTI CLASSICO
1964
FIRENZE
IMBOTTIGLIATO
CANTINE DI BROLIO
BROLIO

Praktische Informationen

WO FINDET MAN DIE SCHÖNSTEN STRÄNDE?
WAS SOLLTE MAN ÜBER WEIN WISSEN?
UND WAS VERBIRGT SICH HINTER
DEM BEGRIFF »AGRITURISMO«?
HIER FINDEN SIE PRAKTISCHE
INFORMATIONEN FÜR EINEN
UNBESCHWERTEN URLAUB.

Anreise · Reiseplanung

Mit dem Auto Zwischen Juni und September, vor allem aber an den ersten Tagen im August (= Beginn der italienischen Ferien) muss mit **zähflüssigem Verkehr** auf den Autobahnen nach Süden gerechnet werden. Aktuelle Auskünfte über Autoverkehr, günstige Reisezeiten, Beschreibungen der Alpenpässe (inkl. Öffnungszeiten), Baustellen sowie günstige Routen erteilt der **ADAC**.

Über Österreich ▸ Die **Hauptroute** aus dem Nord- und Südosten Deutschlands verläuft über Innsbruck, den ganzjährig geöffneten Brenner, Bozen und Verona in Richtung Süden. Eine schöne Alternative ist die Fahrt über Landeck, Reschenpass, Meran und Bozen. Die östlichste Route führt über Klagenfurt, Villach, Tarvisio, Udine nach Venedig.

Über die Schweiz ▸ Die Anreise aus dem **Nord- und Südwesten** Deutschlands führt über Zürich, St. Gotthard oder S. Bernardino, Bellinzona, Chiasso, Como nach Mailand. Eine Alternative dazu ist die Strecke über Bern, Martigny, Montblanc-Tunnel oder Großer St. Bernhard nach Aosta und Turin. Je nach Zeit gibt es weitere, landschaftlich sehr reizvolle, jedoch längere Strecken u. a. über den Lukmanier- oder Maloja-Pass.

Autobahngebühren ▸ Die Benutzung der Autobahnen ist in Österreich, der Schweiz und in Italien meist **gebührenpflichtig**. Auf der Strecke Innsbruck–Brenner muss man außerdem Mautgebühren für die Brennerautobahn bezahlen. Weitere Hinweise ►Straßenverkehr.

Mit der Bahn Von allen wichtigen Städten Deutschlands, Österreichs und der Schweiz gibt es **Direktverbindungen** nach Mailand, Venedig, Rom oder Neapel.

Mit Bahn und Auto ▸ Darüber hinaus verkehren von einigen deutschen Städten wie Düsseldorf, Hamburg, Hildesheim, Köln, Stuttgart oder München **Autoreisezüge** u. a. nach Bari, Bozen, Florenz, Livorno, Neapel, Rimini und Verona.

Mit dem Flugzeug Von allen größeren internationalen Flughäfen in Deutschland, Österreich und der Schweiz gibt es **Direktflüge** sowie Pauschalarrangements einschließlich Charterflüge nach Italien. Informationen (und Auskünfte über aktuelle Vergünstigungen) erhält man bei den Flugbüros. Alitalia, ihre Inlandstochter ATI und weitere **private Fluggesellschaften** verkehren darüber hinaus zwischen zahlreichen italienischen Städten.

Die wichtigsten internationalen Flughäfen neben Mailand-Malpensa und Rom-Fiumicino sind Mailand-Linate, Rom-Ciampino, Bergamo, Verona, Genua, Pisa, Florenz, Turin, Venedig, Neapel, Bari und Palermo.

Mit der Fähre Italien verfügt über ein großes Netz von Fährlinien zu den vielen Inseln, zum restlichen Europa und nach Nordafrika. Vor allem in der Hauptreisezeit sollte man **rechtzeitig buchen** (Auskunft: bei ENIT oder im Internet unter www. enit-italia.de).

WICHTIGE ADRESSEN ANREISE

MIT DER BAHN

In Deutschland
Tel. 0 800/1 50 70 90
Fahrplanauskünfte
Tel. 1 18 61 (gebührenpflichtig)
www.bahn.de

DB Auto Zug GmbH
Tel. 0 18 05/24 12 24
www.dbautozug.de

Trenitalia
in Deutschland
(nur Personenbeförderung)
Tel. 0 60 31/73 76 30
Fax 0 60 31/72 50 81
www.trenitalia.com

MIT DEM BUS

Deutsche Touring
Am Römerhof 17
60486 Frankfurt/Main
Tel. 0 69/79 03 30
www.deutsche-touring.com
www.touring.de

MIT DEM FLUGZEUG

Alitalia
Tel. 01 80 / 5 07 47 47
www.alitalia.com

AirOne
Tel. 199 20 70 80 (in Italien)
www.flyairone.it

Lufthansa
Tel. 01 80/3 80 38 03
www.lufthansa.com

Easyjet
Tel. 09 00 11 00 159
www.easyjet.com

TUIfly
Tel. 0 18 05/75 75 10
www.tuifly.com

LTU
Tel. 02 11/9 41 83 33
www.ltu.de

Austrian Airlines
Tel. 01 80/3 00 05 20
www.aua.com

Swiss
Tel. 01 80/3 00 03 37
www.swiss.com

Tyrolean Airways
Tel. 05 12/2 22 20
www.tyroleanairways.com

FLUGHÄFEN

Mailand-Malpensa
46 km nordwestlich von Mailand
Expresszüge und Busse in die Innenstadt
www.sea-aeroportimilano.it

Mailand-Linate
10 km außerhalb
Busse in die Innenstadt
www.sea-aeroportimilano.it

Roma-Fiumicino Leonardo da Vinci
35 km südwestlich von Rom
Züge nach Roma Tiburtina, Tuscolana und Ostiense sowie zur Stazione Termini
www.adr.it

Roma-Ciampino
südwestlich von Rom
Autobusse ins Stadtzentrum
www.adr.it

Pisa G. Galileo (PSA)
2,5 km zur Stadt
Stadtbus APT Linie 3 zum Hauptbahnhof und zum Zentrum
www.pisa-airport.com

▶ **Venezia Marco Polo (VCE)**
12 km zur Stadt
Wassertaxi zur Piazza San Marco, Bus ACTV Linie 5 zur Piazzale Roma; www.veniceairport.it

▶ **Napoli Capodichino (NAP)**
6 km zur Stadt
Alibus und ANM-Bus ins Zentrum
www.gesac.it

▶ **Bari Palese (BRI)**
11 km zur Stadt
Bus AMTAB 16 zur Piazza Moro, Bus TEMPESTA zum Hauptbahnhof; www.seap-puglia.it

Reisedokumente

Ausweis Für Bürger aus den Ländern der EU und der Schweiz reicht ein **gültiger Personalausweis**. Kinder unter 16 Jahren müssen einen Kinderausweis besitzen oder im Elternpass eingetragen sein.

Verlust ▶ Wenn die Papiere gestohlen wurden, helfen deutsche Vertretungen im Ausland. Erste Anlaufstelle ist jedoch die Polizei, denn ohne eine Kopie der **Diebstahlsmeldung** geht gar nichts. Die Botschafts- oder Konsulatsadresse erhält man vom Auswärtigen Amt (www.auswaertiges-amt.de). Ersatzpapiere bekommt man viel leichter, wenn man die **Kopien** der jeweiligen Dokumente vorweisen oder diese von einem elektronischen Postfach abrufen kann.

Fahrzeugpapiere ▶ Mitzuführen sind der Führerschein, der Kraftfahrzeugschein und die Internationale Grüne Versicherungskarte. Kraftfahrzeuge ohne Euro-Kennzeichen müssen das ovale Nationalitätskennzeichen tragen.

Krankenversicherung Auch im EU-Ausland müssen die gesetzlichen Krankenkassen die Kosten für ärztliche Leistungen erstatten. Voraussetzung ist, dass dem behandelnden Arzt die **Krankenversicherungskarte** vorgelegt wird. Sie ersetzt seit 1.1.2005 den Auslandskrankenschein; ist man nicht im Besitz einer solchen Karte, muss eine Ersatzbescheinigung ausgestellt werden. Auch mit dieser Karte sind in vielen Fällen ein Teil der Behandlungskosten bzw. Ausgaben für spezielle Medikamente selbst zu zahlen. Gegen Vorlagen der Quittungen übernimmt die Krankenkasse im Heimatland dann ggf. die Erstattung der Kosten.

Private Reisekrankenversicherung ▶ Da die Kosten für ärztliche Behandlung und Medikamente in der Regel teilweise vom Patienten zu tragen sind und die Kosten für einen evtl. Rücktransport von den Krankenkassen grundsätzlich nicht übernommen werden, empfiehlt sich der Abschluss einer zusätzlichen Reisekrankenversicherung.

Haustiere Zur Einreise von Hunden und Katzen muss ein **EU-Heimtierpass** mitgeführt werden, der eine gültige Tollwutimpfung bescheinigt. Zusätzlich ist eine **Identitätskennung** des Tieres durch Tätowierung oder Mikrochip erforderlich. Auch **Maulkorb und Leine** sind mitzuführen. Die meisten Agriturismi, aber auch einige Hotels und Pensionen akzeptieren die kleinen (!) Haustiere ihrer Gäste. Auf entsprechende Symbole in den offiziellen Unterkunftsverzeichnissen achten!

Zollbestimmungen

EU

Innerhalb der Europäischen Union ist der Warenverkehr für private Zwecke weitgehend zollfrei. Zur Abgrenzung zwischen privater und gewerblicher Verwendung gelten folgende Höchstmengen: 800 Zigaretten, 400 Zigarillos, 200 Zigarren, 1 kg Rauchtabak; 10 l Spirituosen, 20 l Zwischenerzeugnisse, 90 l Wein (davon max. 60 l Schaumwein) und 110 l Bier. Bei einer Kontrolle ist glaubhaft zu machen, dass die Waren tatsächlich nur für den **privaten Verbrauch** bestimmt sind. Zollfrei sind Reiseandenken bis zu einem Gesamtwert von ca. 80 Euro; ferner für Personen über 15 Jahre 500 g Kaffee oder 200 g Pulverkaffee und 100 g Tee oder 40 g Teeauszüge, 50 g Parfüm und 0,25 l Toilettenwasser sowie für Personen über 17 Jahre 1 l Spirituosen über 22% oder 2 l Spirituosen unter 22% oder 2 l Schaumwein und 2 l Wein sowie 200 Zigaretten oder 50 Zigarren oder 250 g Tabak.

Einreise aus Nicht-EU-Ländern

Für Reisende aus Nicht-EU-Ländern (u. a. Schweizer Staatsburger) liegen die **Freigrenzen** für Personen über 17 Jahren bei 200 Zigaretten oder 100 Zigarillos oder 50 Zigarren oder 250 g Rauchtabak, ferner bei 2 l Wein und 2 l Schaumwein oder 1 l Spirituosen mit mehr als 22 Vol.-% Alkoholgehalt oder 2 l Spirituosen mit weniger als 22 Vol.-% Alkoholgehalt, 500 g Kaffee oder 200 g Kaffeeauszüge, 100 g Tee oder 40 g Tee-Extrakt, 50 g Parfüm oder 0,25 l Eau de Toilette. Zollfrei sind ferner Geschenkartikel bis zu einem Wert von ca. 170 Euro.

Wiedereinreise in die Schweiz

Abgabenfrei für Personen ab 17 Jahren sind 200 Zigaretten oder 50 Zigarren oder 250 g Rauchtabak, an alkoholischen Getränken 2 l mit bis zu 15 Vol.-% Alkoholgehalt und 1 l mit mehr als 15 Vol.-% Alkoholgehalt als Höchstmenge; ferner Geschenke im Wert bis 100 CHF bzw. 50 CHF für Personen unter 17 Jahren. Nähere Auskünfte erteilt die **Eidgenössische Oberzolldirektion**, Monbijoustraße 40, 3000 Bern, Tel. 0 31/3 22 61 11.

Auskunft

AUSKUNFT ZU HAUSE

► **Staatliches Italienisches Fremdenverkehrsamt ENIT**
Zentrale: Kaiserstraße 65
60329 Frankfurt/Main
Tel. 0 69/23 74 34
Fax 0 69/23 28 94
www.enit-italia.de

Lenbachplatz 2, 80336 München
Tel. 0 89/53 13 17
Fax 53 45 27
enit-muenchen@t-online.de

Friedrichstraße 187, 10117 Berlin
Tel. 0 30/24 78 398
Fax 24 78 399
enit-berlin@t-online.de

ENIT in Österreich
Kärntner Ring 4, 1010 Wien
Tel. 01/5 05 16 30 12
Fax 01/5 05 02 48
www.enit.at

ENIT in der Schweiz
Uraniastraße 32, 8001 Zürich
Tel. 0 43/4 66 40 40
Fax 0 43/4 66 40 41
www.enit.ch

EINZELNE REGIONEN

Abruzzo
www.regione.abruzzo.it
Viale Bovio 425, 65124 Pescara
Tel. 0 85 76 71, Fax 08 57 67 20 67

Apulien
►Puglia

Alto Adige (Südtirol)
www.suedtirol.info
Pfarrplatz 11, 39100 Bolzano
Tel. 04 71 99 99 99
Fax 04 71 99 98 00

Basilicata
www.basilicatanet.it
Via Anzio 44, 85100 Potenza
Tel. 09 71 66 82 17
Fax 09 71 66 81 33

Calabria
www.regione.calabria.it
Via Massara 2, 88100 Catanzaro
Tel. 09 61 85 11, Fax 09 61 72 68 30

Campania
www.regione.campania.it
Via Santa Lucia 81, 80132 Napoli
Tel. 08 17 96 11 11
Fax 08 17 96 20 27

Emilia-Romagna
www.emiliaromagna.it
Viale Aldo Moro 52, 40127 Bologna
Tel. 05 16 39 52 22

Friuli-Venezia Giulia
www.regione.fvg.it
Viale Miramare 19, 34125 Trieste
Tel. 04 03 77 57 47, Fax
04 03 77 57 96

Latium
www.regione.lazio.it
V. Rosa Raimondi Garibaldi 7
00145 Roma
Tel. 0 65 16 81, Fax 06 51 68 40 59

Liguria
www.inliguria.liguriainrete.it
Via Fieschi 15, 16121 Genova
Tel. 01 05 48 51, Fax 01 05 70 27 32

Lombardia
www.regione.lombardia.it
Via Filzi 22, 20124 Milano
Tel. 0 26 76 51, Fax 02 67 65 62 92

Marche
www.regione.marche.it
Via Gentile da Fabriano 9
60125 Ancona
Tel. 0 71 80 61
Call Center Turismo Regionale:
8 00 22 21 11

Molise
www.regione.molise.it
Via Mazzini 94
86100 Campobasso
Tel. 08 74 42 91

Piemonte
www.regione.piemonte.it
Piazza Castello 165, 10122 Torino
Tel. 01 14 32 49 03 bis
01 14 32 49 05
Fax 01 14 32 36 83

Puglia
www.pugliaturismo.com
Piazza Moro 32/A, 70121 Bari
Tel. 08 05 24 23 61
Fax 08 05 24 23 29

Sardegna
www.regione.sardegna.it
Via Trieste 105, 09124 Cagliari
Tel. 0 70 60 61
Fax 07 06 06 72 55

Sicilia
www.regione.sicilia.it
Via delle Croci 8, 90139 Palermo
Tel. 09 17 07 17 36
Fax 09 16 09 06 76

Toskana
www.regione.toscana.it
Via di Novoli 26, 50127 Firenze
Tel. 8 00 86 00 70,
Fax 05 54 38 51 50

Toskana-Versilia
www.versilia.turismo.toscana.it
Piazza Mazzini 22, 55049 Viareggio
Tel. 0 58 44 88 81
Fax 0 58 44 74 06

Trentino
www.trentino.to
Via Solteri 38, 38100 Trento
Tel. 04 61 42 15 49
Fax 04 61 42 09 11

Umbria
www.regione.umbria.it
Corso Vannucci 96, 06100 Perugia
Tel. 8 00 53 03 32

Valle d'Aosta
www.regione.vda.it/turismo
Piazza Navarone 3, 11100 Aosta
Tel. 01 65 27 27 25
Fax 0 16 54 01 34

Veneto
www.turismo.regione.veneto.it
Palazzo Balbi
Dorsoduro 3901
30123 Venezia
Tel. 04 12 79 28 28 bis -28 30
Fax 04 12 79 28 70

BOTSCHAFTEN

Deutsche Botschaft
Via San Martino della Battaglia 4
00185 Roma, Tel. 06 49 21 31
www.rom.diplo.de
Generalkonsulate in Mailand
und Neapel

Österreichische Botschaft
Via Pergolesi 3, 00198 Roma
Tel. 0 68 44 01 40
www.austria.it
Generalkonsulate in Mailand
und Triest

Schweizer Botschaft
Via Barnaba Oriani 61
00197 Roma
Tel. 0 68 08 95 71
www.eda.admin.ch/roma
Generalkonsulate in Genua,
Mailand und Neapel

IM INTERNET

www.enit-italia.de
Hervorragende Seite der ENIT mit allgemeinen Informationen

www.welten.de
Aktuelle Kulturinfos, Tipps fürs Studium und Urlaub, tolle Links.

www.italiamici.de
Reisetipps und Forum.

www.museionline.it
Informationen zu Museen und Ausstellungen

www.italianita.de
Breit angelegtes Italien Portal.

www.prodottitipici.com
Touristische und kulinarische Notizen zu Italien

Badeurlaub

Strände Italien ist auch wegen seiner Badestrände ein beliebtes Urlaubsziel. Die meisten sind jedoch **nicht frei zugänglich**, sondern von privaten Badeanstalten oder Hotels (Bagni oder Stabilimenti balneari) belegt, die für die verschiedenen Dienstleistungen (Umkleidekabinen, Liegestühle, Sonnenschirme etc.) Gebühren erheben, dafür aber für einen sauberen Strand sorgen.

i Infos zur Wasserqualität

- ADAC, Tel. 01 80/5 23 22 21; www.adac.de
- Stiftung Umwelterziehung: www.feeitalia.org
- Umweltbericht italienischer Strände: www.legambiente.org

Die **Badesaison** reicht von Juni bis Oktober, in der nördlichen Adria und im Golf von Genua bis Ende September.

Thermalquellen Bereits die Etrusker wussten die vielen Heilquellen der Apenninhalbinsel therapeutisch zu nutzen. Bis heute sind **Kuraufenthalte** in Italien beliebt. Auskunft über die vielen Thermalorte bzw. die Indikationen der Heilquellen erteilen die ENIT und die örtlichen Fremdenverkehrsbüros.

Ausgewählte Baderegionen und Inseln

Adriaküste Die feinsandigen Badestrände der Adriaküste von Triest bis Cattolica zählen zu den beliebtesten italienischen Badezielen. Besonders bekannt sind Lignano Sabbiadoro mit dem 8 km langen »Goldstrand«, die »Strände der Dogen« im 100 km langen Küstenbogen im Veneto mit den Badeorten Bibione, Caorle, Eraclea, Jesolo und dem Lido von Venedig. Zahlreiche Seebäder reihen sich an der Adriaküste der Emilia Romagna, auch Riviera Adriatica genannt, aneinander: Cesenatico, Igea Marina, Rimini, Riccione, Cattolica und viele mehr.

Italienische Riviera Das Angebot an Badestränden an der Italienischen Riviera, d. h. in der Küstenregion Liguriens, reicht von landschaftlich reizvollen Felsenküsten mit kleinen Badebuchten im Osten bis hin zu langen Sandstränden im Westen.

Toskanische Mittelmeerküste Die toskanische Mittelmeerküste verfügt ebenfalls über eine große Anzahl an feinsandigen, flach abfallenden, kilometerlangen Badestränden. Einer der berühmtesten Badeorte ist Marina di Massa.

Elba Den wohl breitesten Sandstrand Elbas findet man im Seebad Marina di Campo im südwestlichen Inselteil; der Kiesstrand Le Ghiaie erstreckt sich in Portoferraio im Norden der Insel. Die Strände Giglios sind zu 80% felsig, unterbrochen von kleinen malerischen Buchten. Capraias einziger Strand liegt in der Cala della Mortola im Nordosten der Insel und ist nur vom Wasser aus erreichbar.

Sardinien besitzt vielerorts herrliche Sandstrände. Die bekanntesten Küstenabschnitte sind die Casta Smeralda im Nordosten der Insel mit vielen Buchten, die teilweise nur vom Wasser aus zugänglich sind, die Costa Rei im Südosten mit einem schönen, fast 10 km langen Sandstrand, die Costa del Sud südwestlich von Cagliari und die noch wenig bekannte Costa Verde an der Westküste Sardiniens. **Sardinien**

Schöne felsenreiche Strände befinden sich an der Nordküste der Insel bei Scopello und dem angrenzenden Naturpark Zingaro sowie zwischen Cefalù und Tíndari (Sandstrand). An der Südküste zwischen Sciacca und Eraclea Minoa sowie östlich von Marinella di Selinunte bis zur Mündung des Bélice-Flusses erstrecken sich weitere Sandstrände. An der Ostküste sind das Naturschutzgebiet Vendicari südlich von Marina di Noto sowie der feine Kieselstrand von Mazzarò in der Nähe von Taormina und schließlich der Abschnitt zwischen Taormina und Aci Castello zu empfehlen. **Sizilien**

Sehr beliebt als Badeziel ist der Gargano in Apulien mit kleinen Sand- und Kiesbuchten und einigen langen Sandstränden wie bei Vieste und Rodi Garganico. Sehr schön sind außerdem die Küste zwischen Torre Canne und Brindisi sowie die Salento-Küste mit teils dünengeschützten Sandstränden wie bei Torre Chianca oberhalb von Casino dei Turchi (Nähe Otranto), fjordähnliche Künsteneinschnitte bei Porto Badisco und Aquaviva (südlich von Otranto), die Dünenbucht Baia Verde südlich von Gallipoli sowie die Felsküste mit kleinen Sandbuchten nördlich von Gallipoli. **Apulien**

Im Süden Kalabriens liegen am Tyrrhenischen Meer weiße Sandstrände. **Kalabrien**

Auch die oberitalienischen Seen werden gern von Wassersportlern aufgesucht, u. a. der Lago Maggiore, der Luganer See, der Comer See, der Iseosee und der Gardasee. **Seen**
Auch Mittelitalien verfügt über Badeseen mit schönen Stränden. In der Region Umbrien liegt der Trasimenische See (Lago Trasimeno), ein relativ flaches Gewässer, das sich im Sommer schnell aufwärmt. Der Bolsena-See (Lago di Bolsena, bei Orvieto) ist ebenfalls ein lohnendes Ziel.

Elektrizität

Das Stromnetz führt in der Regel 220 Volt. Im Allgemeinen ist wegen der verschiedenen Steckdosenbauarten ein **Adapter** (reduzione) nötig. Europanorm-Gerätestecker sind meist nur dann verwendbar, wenn sie dünne Kontaktstifte besitzen.

Essen und Trinken

Restaurants

Neben Restaurants (ristorante) gibt es **Trattorien** (trattoria), **Osterien** (osteria) und die als **»tavola calda«** (warme Küche) bezeichneten Lokale. In den Städten findet man auch Pizzerien und Selbstbedienungsrestaurants.

In italienischen Restaurants ist es unüblich, sich seinen Tisch selbst auszusuchen. Man wartet, bis der Kellner den Platz anweist. Zu dem normalen Preis für ein Gericht werden teilweise noch Bedienung (servizio) und das Gedeck (coperto) zusätzlich berechnet.

Meist gibt es **Mittagessen** (pranzo) von 12.30 bis 14.30 Uhr, **abends** (cena) geht es frühestens um 19.00 Uhr los. In den Städten ist die Küche lange geöffnet, in kleineren Orten kann es schwierig werden, wenn man erst nach 21.00 Uhr kommt.

! *Baedeker* TIPP

Önotheken (enoteche)

Eine Besonderheit in Italien sind die so genannten Önotheken (enoteche), Probierstuben, in denen man landestypisch essen und die Weine der Region probieren (und kaufen) kann.

Mahlzeiten

Auf Grund ihrer **Vielseitigkeit** genießt die italienische Küche einen außerordentlich guten Ruf. In puncto Essgewohnheiten gibt es ein paar Unterschiede gegenüber Deutschland.

Das italienische **Frühstück** (colazione) beschränkt sich häufig auf einen Cappuccino (Espresso mit aufgeschäumter Milch), einen Espresso oder Caffè (starker Espresso) mit Gebäck. Die Hotels bieten jedoch meist ein Frühstücksbuffet mit größerer Auswahl an.

Das **Mittagessen** (pranzo) besteht meist aus einem antipasto (Vorspeise), primo (Pasta, Reis oder Suppe), secondo (Fleisch oder Fisch) mit Gemüse (contorno) oder Salat. Danach kann man zwischen Käse (formaggio), dolce (Nachtisch) oder frutta (Obst) wählen. Der Espresso schließt das Mittagessen ab. Manche bestellen ihn als »corretto« (mit Grappa, Cognac amaro oder Sambuco »korrigiert«).

Das **Abendessen** (cena), bei dem sich die Speisenfolge des Mittagessens wiederholt, wird selten vor 19.30 Uhr serviert.

Cucina italiana

Geschichte

Laut dem Larousse Gastronomique, der Bibel der französischen Küche, ist »die italienische Küche für alle Länder des westlichen Europas der **wahre Ursprung aller Kochkunst**«. Ihre Begründer waren die Römer, die sich nicht nur die Fülle der im eigenen Land wachsenden Zutaten zu Nutze machten, sondern viele – u. a. kulinarische – Einfälle aus allen möglichen anderen Ländern verarbeiteten. Auch heute ist die kulinarische Palette Italiens sehr groß. Das liegt zu einem großen Teil daran, dass es »die« italienische Küche gar nicht gibt. Vielmehr ist die Cucina italiana eine **Küche der Regionen** und Symbol für die vielfältigen regionalen Traditionen. Deren Besonderheiten haben viel mit den charakteristischen Produkten der wechselnden Landschaften zu tun, denn die dort lebenden Menschen sind mit ihrem Speisezettel vom selbst Erzeugten abhängig.

Aostatal

Die Küche im Aostatal ist eher **rustikal**, die Gerichte werden oft mit einer guten Suppe eingeleitet. Dabei kann es sich um eine einfache Brotsuppe mit Käse handeln oder um eine deftige Wirsing-Käse-Suppe, zuppa di Valpelline, benannt nach dem kleinen Ort im Aostatal. Geräucherter Speck und Käse, selbst gebackenes Brot sowie Butter und Sahne spielen eine wichtige Rolle. Fisch aus den Flüssen, Forellen, Schleie aus klaren Gebirgsbächen oder Seen werden auf einfache Weise zubereitet.

Piemont

Im benachbarten Piemont wird Fleisch eher gesotten als gebraten, so auch bollito misto (gemischtes gekochtes Fleisch). Dazu gibt es eine grüne Sauce oder Senffrüchte. Beliebt ist die bagna caoda (heißes Bad), eine pikante Sauce aus fein gehackten Sardellen, Knoblauch, Olivenöl, Milch und Rahm, die man zu Salaten oder Gemüsen isst. Die Piemonter Küche kann auch als eine **typische Herbstküche** bezeichnet werden, denn die Hauptingredienzen sind z. B. weiße Trüffel, Disteln, Pilze und Wild jeglicher Art, die gerne mit starken Rotweinen serviert werden.

Südtirol, Trentino

Die Küche Südtirols und des Trentinos hat zwei verschiedene Wurzeln, eine italovenezianische und eine österreichisch-tirolische. Es ist eine **unkomplizierte Küche** mit meist nur wenigen Gängen. Fast alle Fleischarten werden geräuchert, z. B. Schwein, Rind, Kalb, Gans, Pferd und Esel. Dazu serviert man ein Butterbrot oder Beilagen wie Sauerkraut und Kartoffeln. Genauso wichtig sind den Südtirolern allerdings die Suppen, Fleischsuppe, Mehlsuppe, Krautsuppe, Milchsuppe, Suppe aus sauren Kutteln oder die bekannte Suppe mit canéderli (Speckknödel). Südtirol und das Trentino besitzen einen ausgedehnten Obstanbau. Vor allem Äpfel, Birnen, Pflaumen, Aprikosen und Trauben gedeihen hervorragend in dieser Region.

Venetien

Im Gegensatz zu den rauhen Bergküchen findet man im angrenzenden Venetien eine **verfeinerte, fantasiereiche Küche**. Bei den Fischgerichten ist auch byzantinischer Einfluss zu erkennen: So wird beispielsweise Fisch mit Korinthen, Pinienkernen und Gewürzen gekocht. Aber die Hauptkomponenten der venetischen Küche sind Reis (Venetien ist eines der Hauptanbaugebiete) und dicke Bohnen. Vor allem Reis findet man in verschiedenen Variationen, z. B. als Reissuppe, die Frühlingssuppe genannt wird, zubereitet mit Tomaten, Stangensellerie, Kopfsalat, Spargelköpfen, Hopfensprossen, Kürbis, Kartoffeln, Spinat, Wirsing und Zucchini. So ist auch das berühmte risi e bisi (Reis mit frischen Erbsen) aus der venetischen Küche nicht wegzudenken. Venetien ist außerdem die Heimat des Pandoro.

In Italien sind die wichtigsten Olivenanbaugebiete Apulien, Kalabrien, Sizilien, Kampanien, Latium, Toskana und Umbrien.

KALT GEPRESST IST HALB GEWONNEN

Kaum ein anderes Nahrungsmittel hat in den letzten Jahren so an Popularität gewonnen wie das Olivenöl. Worin liegt sein Geheimnis?

Olivenöl ist eines der reinsten Nahrungsmittel auf unserem Tisch: Kaltgepresst enthält es keine Lösungsmittel und übertrifft alle anderen Lebensmittel wegen seiner 100%igen Verdaulichkeit, denn es ist reich an ungesättigten Fettsäuren. Diese kann der menschliche Körper nicht selber synthetisieren, sie müssen von außen zugeführt werden. Im Gegensatz zu fast allen tierischen Fetten hält Olivenöl auch hoch Kochtemperaturen aus. Jedoch behält es nur roh verwertet seine Vitamine und Nährstoffe. Fast das gesamte Olivenöl des Gardaseeraums ist »extra vergine«, d. h. das qualitativ hochwertigste Olivenöl mit maximal 1% Säure. Es ist besonders aromatisch und vitaminreich (Vitamine A, D und E); die Aufnahme anderer (fettlöslicher) Vitamine wird durch das Öl erleichtert. Es beugt Herz- und Kreislauferkrankungen vor, indem es das Cholesterin reduziert. Der hohe Vitamin-E-Anteil bremst die Zellalterungsprozesse: Die Bewohner der Bergdörfer des Gardasees haben die höchste Lebenserwartung Italiens, an Herzinfarkt ist dort angeblich seit 100 Jahren niemand mehr erkrankt.

Von den Olivenbäumen

Der Olivenbaum ist asiatischen Ursprungs und gehört zu den ältesten Kulturpflanzen. Dokumente des Anbaus in Italien gehen bis ins 9. Jh. zurück. Die Ansprüche der Bäume sind gering: Ihnen genügt ein magerer, **kalkhaltiger Boden** und jährliche Niederschläge von 200 mm. Ein Olivenbaum kann 300 bis 400 Jahre alt werden, trägt aber erst nach 25 bis 30 Jahren Früchte.

Oliven gedeihen zwischen dem 30. und 50. Breitengrad der Nord- und Südhalbkugel in mildem, gemäßigtem Klima – in Italien sind die wichtigsten Anbaugebiete Ligurien und die Toskana. Der Gardasee mit seinem angenehmen Klima und der günstigen Bodenbeschaffenheit stellt die nördlichste Region für Olivenanbau dar. Vor allem am Monte Baldo am Ostufer sind die Hänge mit Olivenhainen bedeckt. Frost ist einer der größten Feinde des Olivenbaums.

Mitte November geht die **Ernte** los: Die Leitern zum Pflücken gleichen hohen Masten, die an zwei Seiten mit Sprossen bestückt sind und mit einem Seil an einem Ast des Olivenbaums befestigt werden. Der Pflücker hält

Schwarz glänzend und steinhart werden die Oliven nach der Ernte zur Ölpresse gebracht, um ihnen nun den wertvollen Saft zu entlocken.

sich mit einer Hand an den Zweigen des Baums fest, mit der anderen durchstreift er diese mit einem Kamm. Der Pflücker besitzt am Gürtel einen Behälter, in dem er die Oliven sammelt. Die herabfallenden Oliven werden mit Netzen aufgefangen. Noch heute wird auf diese traditionelle Weise geerntet, weswegen man bemüht ist, aus praktischen Gründen die Bäume klein zu halten und dafür lieber mehr Bäume pflanzt.

Wie gewinnt man Olivenöl?

Die geernteten Oliven werden zur Ölpresse gebracht, wo sie auf Holzböden ausgebreitet und täglich gewendet werden müssen, damit sie gleichmäßig trocknen. Für den **Pressvorgang** wanderte die getrocknete Olive früher in eine erste Presse, die aus zwei großen Mahlsteinen bestand. Diese wurden von Arbeitern und von Maultieren bewegt. Heute bedient man sich dafür teilweise der hydraulischen Technik, d. h. die Mahlsteine werden per Wasserkraft in Bewegung gesetzt. Ein solches in Betrieb befindliche Mühlrad ist z. B. in Limone noch zu besichtigen. Größtenteils erfolgt dieser erste Pressvorgang heute aber elektrisch. Welchen Zweck erfüllt nun dieser Arbeitsvorgang? Die Oliven besitzen Schale, Kern und Mark mit ölhaltigen Körperchen, den Oleosomen. Eine Olive besteht nur aus 20% Öl, der Rest sind Wasser (40%) und Fruchtfleisch (40%). Nach dem ersten Zerkleinerungsvorgang erhält man einen Brei, in dem alle oben genannten Bestandteile noch enthalten sind (der Kern wird zersplittert und hilft mit, das Mark zu zermahlen).

Im nächsten Arbeitsgang wird der Brei geknetet. Durch Schaufelräder werden die Membranen der Ölkörperchen zum Platzen gebracht, der Inhalt wird frei und macht den Brei langsam ölig. Nun muss das Öl noch von den restlichen Bestandteilen getrennt werden. Hierzu wird eine Druckpresse verwendet: Der Brei wird auf Matten aufgetragen, die gestapelt und mit 350 bar zusammengedrückt werden. Das in diesem Arbeitsgang gewonnene Öl ist allerdings noch nicht ganz rein, es enthält immer noch einige Wasseranteile sowie winzige Teile Fruchtfleisch, die es trüben. In der Zentrifuge sammelt sich, durch enorm schnelles Schleudern, das leichtere Öl im Zentrum, das schwerere Wasser bleibt außen. Es wird dabei unter Luftabschluss gearbeitet. Man erhält ein reines Produkt, was nur noch durch Baumwollfilter laufen muss und dann servierfertig ist. Besonders gute Qualität erlangt das Öl, wenn es noch einige Monate in Fässern gelagert und erst dann, vollständig klar, abgefüllt und verkauft wird.

Friaul-Julisch Venetien

Friaul-Julisch Venetien gehört nicht zu den reichen Regionen des Landes. Im Gegensatz zu Venetien ist die Küche **sehr einfach, robust** und von intensivem Geschmack. Hauptgericht ist die Polenta. Sie wird auf dem Ofen oder auf offenem Feuer zubereitet, bis sie fest ist wie Pudding. Dazu werden Salamischeiben, Schweinefleisch, bestimmte Vogelarten oder sogar Fisch serviert. Von hervorragender Qualität sind in Julisch Venetien auch die Gerichte aus Schweinefleisch. Berühmt und besonders delikat ist der Schinken aus San Daniele. In Friaul werden auch die Teile verwendet, die als nicht so fein gelten, wie Schwarte, Schweinefüße oder Schweinerüssel. Eine typische Meeresküche findet man in Triest.

Lombardei

Die lombardische Küche ist zu **vielseitig**, um als Einheit beschrieben zu werden. In den Alpenländern dieser Region wird deftig gekocht, und die Küche ähnelt den bereits beschriebenen Bergküchen. So wird hier ebenfalls mit Butter anstelle von Öl gekocht oder gebraten. Auch spielt Polenta in den höheren Lagen eine wichtige Rolle. Während Mailand mit seinen zahlreichen Gourmetrestaurants eine vielseitige Küche praktiziert, pflegen die übrigen Provinzen ganz unterschiedliche Traditionen. Bekannt ist die Region für eine sehr hohe Fleischqualität. Überall wird Kalb-, Rind- und Schweinefleisch meist langsam gegart. Beim Käse sind v. a. der Grana padano (ein Rivale des Parmigiano), Stracchino, Taleggio, Robiola und Bitto zu erwähnen. Spezialitäten der Poebene bis zum Delta sind frittierte oder in Tomatensauce geköchelte Frösche, Aale oder Katzenwelse (rane, anguille und pesci gatto).

! *Baedeker* TIPP

Tortiglioni al'amatriciana

ca. 350 g Pasta (Tortiglioni), 200 g frischer (nicht geräucherter) Bauchspeck, 2 Dosen Tomatenstückchen, 1 Zehe Knoblauch, 1/2 Schalotte, Olivenöl, ca. 1/8 l Rotwein, geriebener Pecorino (ital. Schafskäse)

Knoblauch und fein geschnittene Schalotte in Öl andünsten; Bauchspeck in Würfel schneiden und zugeben, leicht anbraten lassen; mit dem Rotwein löschen. Tomaten hineingeben und noch ca. eine kleine Tasse Wasser hinzufügen, insgesamt ca. 20 Min. köcheln lassen und mit Salz und Pfeffer abschmecken. Mit den gekochten Pasta vermischen und mit geriebenem Pecorino servieren. Guten Appetit!

Emilia-Romagna

Die angrenzende Emilia-Romagna gilt als das **kulinarische Zentrum** Italiens. Zu den berühmtesten Produkten gehören Aceto balsamico, Parmigiano und der Prosciutto di Parma. Überhaupt spielen Schweinefleisch und -wurst die Hauptrolle. Weitere bekannte Produkte sind Mortadella und Zampone (gefüllter Schweinefuß). Auch die Eierteigwaren genießen einen besonders guten Ruf, vor allen Dingen Tortellini und Ravioli, gefüllt mit magerem Fleisch, mit Ricotta und Kräutern, mit Kürbis (zucca), mit Hühnerinnereien, mit Wild, mit Schweinefleisch, mit Rosinen und Käse. Dazu gibt es Soßen, die meist fett sind, z. B. aus Sahne, Butter, Käse oder Brühe und Ragout. In Küstennähe wird viel Fisch gegessen, u. a. Fischsuppe (brodetto) und Aale (anguille) von Comacchio.

Frisch aus der Adria auf den Tisch: Meeresfrüchte

Die weitaus bessere **Fischküche** ist allerdings in **Ligurien** zu Hause. Darüber hinaus gibt es alles, was in Obstgärten, auf den Feldern und Hängen wächst, wie Kräuter, Nüsse, Pilze. Vor allem Basilikum und das gute Olivenöl genießen eine besondere Bedeutung. Diese Zutaten braucht man unbedingt, um den berühmten pesto genovese herzustellen. Hinzu kommen noch Pinienkerne und Käse, serviert wird das Ganze mit trenette (lange, dünne, flache Nudeln), die man unter diesem Namen nur in Ligurien kennt. Die Verwendung von pesto ist vielseitig, so wird er sogar dem minestrone (Suppe) zugefügt.

Toskana

Die toskanische Küche ist einfach und besteht vor allem aus den Erzeugnissen der **heimischen Landwirtschaft**. Die Hauptrollen spielen Rindfleisch, Gemüse, Olivenöl, Kräuter und Wein. Das Essen wird so **unverfälscht** wie möglich zubereitet, Fleisch wie bei Bistecca fiorentina (von weißen Chianina-Rindern) ohne Sauce serviert, nur mit Olivenöl bestrichen und mit Salz und Pfeffer gewürzt. Auch Schweinefleisch (maiale) genießt große Beliebtheit. Nicht zu vergessen die kleinen weißen Bohnen (fagioli), die in Suppen, Hauptgerichten oder als selbständige Gemüsegerichte serviert werden. Zum Nachtisch empfiehlt sich Panforte, eine Art Pfefferkuchen, oder das Mandelgebäck Cantucci, das vorzüglich zu einem Glas Vin Santo passt.

Umbrien

Im nahen Umbrien ist die Küche einfach und äußerst schmackhaft. Sie ist **stark saisonal** beeinflusst. Die wichtigsten Zutaten kommen direkt aus der Umgebung und sind deshalb frisch und von hervorragender Qualität – man denke nur etwa an das **umbrische Olivenöl**, das zu den besten Italiens gehört, oder die Trüffeln. Das Schwein spielt in der umbrischen Küche ebenfalls eine zentrale Rolle, wie man an den zahllosen Delikatessen aus Schweinefleisch erkennen kann. Hauptstadt der umbrischen Küche ist Norcia, eine kleine Stadt in den Bergen, wo die besten Schweinemetzger herkamen. Auch heute werden in dieser Gegend die Schweine noch frei gehalten und mit Eicheln gefüttert.

Marken

Das Nachbarland Marken hat eine reiche und **vielfältige Küche**, nicht zuletzt wegen seiner Lage, zwischen Meer und Hügeln. Berühmt und von hoher Qualität ist der brodetto di Ancona, eine Art Suppe mit mindestens dreizehn verschiedenen Fischsorten. Außerdem gilt das Kochmotto: **füllen**, füllen, füllen – sei es nun Fisch, Huhn, Taube oder die beliebte porchetta (Spanferkel). Ausgesprochen delikat schmecken vincisgrassi, ein Nudelauflauf mit Fleischsauce, der nur in den Marken zu finden ist. Der Nudelteig wird mit Dessertwein verfeinert und die Fleischsauce mit Zimt gewürzt.

Abruzzen und Molise

In der Küche in Abruzzen und Molise regiert der **Peperoncino**, die scharfe Paprikaschote. Viele Gerichte sind rot eingefärbt. Man spricht von einer diabolischen, aber fröhlichen Küche, d. h.; man benutzt viel Feuer, Feuer im Kamin, Feuer im Essen und sogar in den Getränken. Der Grund für so viel Feuer ist in der Kälte zu suchen. Es gibt lange Winter mit viel Schnee. Eine besondere Raffinesse sind die maccheroni alla chitarra. Die maccheroni – hier Bandnudeln – werden mit einer Soße aus Tomaten, geräuchertem Bauchspeck, Kräutern und etwas pecorino (Schafskäse), oder auch mit einem Ragout aus Schaf- oder Hammelfleisch serviert. Da die **Schafzucht** in dieser Region eine wichtige Rolle spielt, gibt es hier auch viele gute Käsesorten.

Zubereitung des echten Mozzarella

Latium

Die Küche Latiums ist besonders auf Rom konzentriert. Wenn es auch eigentlich keine typische römische Küche gibt, so haben die Römer es doch verstanden, **traditionelle Gerichte** zu bewahren. Die Küche ist einfach und unkompliziert. Besonders zu empfehlen ist das abbacchio alla romana (Milchlamm mit Knoblauchsauce), das die römische Bevölkerung bereits im Mittelalter schätzte. Man isst gerne Innereien, Fisch ist fast unbekannt in der römischen Küche, außer den ciriole (kleine Aale aus dem Tiber) oder Tintenfische. Dafür findet man hervorragendes Gemüse, darunter Artischocken, Brokkoli, Erbsen sowie **dicke Bohnen (fave)**, die in Rom mehr als in jeder anderen Region gegessen werden.

Kampanien

Ihre Nachbarn in Kampanien hingegen lieben das Leben im Freien. Die Küche ist, wie die Kampanier selbst, offen und ohne Geheimnis. Alle wissen, wie die Dinge zubereitet werden. »Nationalgericht« ist die **Pizza** in vielen Varianten und immer knusprig. Die Zahl der Gerichte und Nudelsorten ist fast unüberschaubar. So gibt es fusilli alla napolitana (Nudeln mit Tomatensauce), spaghetti alle vongole (Spaghetti mit Muscheln), penne alla puttanesca (Nudeln mit Oliven und Kapern), vermicelli col pomodoro (Nudeln mit Tomatensauce) und vieles mehr. Niemals fehlen Gemüse und Käse. Fisch wird ebenfalls groß geschrieben.

Apulien

Auch in Apulien sind **Fisch und Meeresfrüchte** ein kulinarischer Hochgenuss, so beispielsweise cozze ripiene (gefüllte Muscheln), orata alla pugliese (überbackene Goldbrasse) oder apulische Fischsuppe. Austern und große Miesmuscheln kommen aus Taranto. Die apulische Küche ist eine ländliche Küche. Das eigentliche Markenzeichen sind die getrockneten Tomaten, die in jedem Haushalt hergestellt werden. Überhaupt wird Gemüse gerne getrocknet und dann in Öl eingelegt. Geeignete Gemüsesorten sind Auberginen, Paprika, Pilze,

Tomaten, Zwiebeln und natürlich Oliven. Das apulische Olivenöl ist hoch geschätzt und äußerst geschmackvoll. Auf jeder Speisekarte in der Region findet man **orecchiette**, Nudeln, die wie kleine Öhrchen geformt sind und mit einer Sauce aus Rübensprossen oder Brokkoliröschen serviert werden.

Basilikata

Im Nachbarland Basilikata geht es etwas spartanischer zu. Dies ist eine raue Region, in der man den Duft von **vielen Kräutern** kennt. Das Schwein spielt eine zentrale Rolle, vor allem die Herstellung von Würsten, die zuweilen einen starken und pikanten Geschmack haben. Der Verbrauch von peperoncino ist enorm. Secondi piatti (Hauptgänge) bestehen hauptsächlich aus Gemüse, die meist im Ofen zubereitet werden, z. B. Auberginen mit Oliven, Sardellen, Kapern und Tomaten oder aber piatto d'erba mit Zwiebeln, Auberginen, Paprika, Tomaten, Petersilie, Basilikum und Knoblauch. Die Basilikata ist wie viele andere Regionen mit sehr guten **Käsesorten** gesegnet, u. a. mit scamorza, caciocavallo, provolone und ricotta.

Kalabrien

In Kalabrien ist die Küche auch **eher ärmlich**. Die Gerichte werden einfach zubereitet, am Grill, am Spieß oder im Ofen. Schwein bildet auch hier die Grundlage der kalabrischen Küche; Schweinefleisch wird zu delikaten Wurstarten wie Salami oder Leberwürsten verarbeitet. Dank der Lage am Meer kommen allerdings häufiger Fischgerichte und Schalentiere auf den Tisch. Ebenfalls bodenständig und ohne Schnörkel ist die Gemüsezubereitung. Auberginen, Tomaten und Paprika werden gegrillt oder gekocht und nur mit einem guten Olivenöl, extra vergine, verfeinert. Auch hier wird viel scharfer Paprika verwendet. Die **Süßspeisen** gehören mit zum Besten, was die kalabrische Küche zu bieten hat.

? WUSSTEN SIE SCHON ...?

- Die Pizza Margherita wurde 1889 in Neapel zu Ehren der ersten italienischen Königin in den Nationalfarben aus grünem Basilikum, weißem Mozzarella und roten Tomaten kreiert.

Sizilien

Die sizilianische Küche könnte man fast als **barock** beschreiben, alles wird reichhaltig, bunt und luxuriös serviert, selbst Nudelgerichte. Pasta ist die Königin der Speisen. Man muss mindestens einmal die **berühmten 'ncasciata** (Nudelspezialität aus Ragusa) probiert haben, um die Passion der Sizilianer für die Pasta zu begreifen. Ebenfalls empfehlenswert sind pasta con le sarde (Nudeln mit Sardinen), pasta alla norma (Nudeln mit Auberginen) oder cannelloni alla siciliana (gefüllte Nudelröllchen). Genauso populär ist das arabische Überbleibsel cùscusu (Couscous). Die sizilianische Variante dieses Gerichtes ist mit Fisch und Meeresfrüchten angereichert und wird vor allem in der Nähe von Trapani sowie den nahe gelegenen Inseln angeboten. Süßspeisen haben einen hohen Stellenwert in Sizilien; sie basieren hauptsächlich auf Marzipan, Mandeln und kandierten Früchten. Schon bunt und phantasievoll sehen sie aus – eben ein bisschen barock.

Sardinien Sardinien ist eine kleine Welt für sich, in der alles wächst, blüht und gedeiht; Fisch und Wild, Gemüse und Wein, rotes Fleisch, weißes Ziegenfleisch, Käse, und alles nur von bester Qualität. Jedes Dorf hat seine eigenen Traditionen, auch bezüglich der Zutaten. Die Insel ist außerordentlich reich an Rohprodukten. Eine absolute Gaumenfreude für Schweinefleischliebhaber ist das berühmte **porceddu**, ein junges Spanferkel auf einem Holzspieß aus Duftholz gegrillt, was dem Fleisch einen besonderen Geschmack verleiht. Ebenso zu empfehlen ist der Fisch, von Goldbrassen (orate) über Streifenbrassen (mormore) bis zu Flussaalen, oder die köstlichen Langusten. Sardinien besitzt auch eine riesige Auswahl an **hervorragenden Käsesorten**. Der bekannteste ist der pecorino (Schafskäse), den es in verschiedenen Reifegraden gibt, von weich bis ganz hart. Ein Markenzeichen der Insel ist das so genannte Notenpapier (carta da musica), ein hauchdünnes Fladenbrot, das die Hirten bei ihren Wanderungen mitnahmen.

Getränke Standardgetränke zu allen Mahlzeiten sind **Wein** (vino) und **Mineralwasser** (acqua minerale; gasata mit Kohlensäure). Überall gibt es auch Bier (birra), in der Regel sowohl das leichte italienische als auch ausländisches (birra estera), neben deutschem sehr oft auch dänisches oder holländisches. Gängige Erfrischungsgetränke sind Orangeade (aranciata), Limonade (limonata) und diverse Fruchtsäfte (succo di ...). Der Tischwein (vino da pasto oder da tavola) wird offen serviert – entweder in einer Karaffe zu 1 Liter (un litro), 0,5 Liter (un mezzo litro), 0,25 Liter (un quarto litro) oder im Glas (un bicchiere). Die älteren Jahrgänge und Wein hoher Qualität werden wie üblich in der verschlossenen Flasche aufgetragen.

Einiges über italienische Weine

Sprache des Weinetiketts Die **Vielzahl der Weinsorten** in Italien erschwert die Orientierung. Nur selten vermag der in der Pizzeria oder Trattoria offen ausgeschenkte Wein gehobenes Trinkvergnügen zu vermitteln. Weniger romantisch, dafür eine Nummer sicherer ist der Griff zur etikettierten Flasche. Die aufmerksame Lektüre des Etiketts lohnt sich, denn das italienische Gesetz klassifiziert Weine in verschiedene Kategorien und schreibt bei einigen von ihnen **strenge Kontrollen** vor.

i Qualitätsstufen Wein

- Vini da tavola (VDT): einfach, Rosso oder Bianco ohne Herkunfts-, Sorten- oder Jahrgangsangabe
- IGT: mit Herkunfts- oder Rebsortenbezeichnung
- DOC: mit kontrollierter Herkunftsbezeichnung
- DOCG: mit kontrollierter und garantierter Herkunftsbezeichnung
- VSQ: Schaumwein ohne Ursprungsbezeichnung
- VSQPRD: Schaumwein mit kontrollierter Ursprungsbezeichnung

WEINANBAUREGIONEN

PIEMONT, AOSTATAL, LIGURIEN

- **Barolo, Barbaresco**
  Traubensorte Nebbiolo
  mächtige und elegante Rotweine, tannin- und alkoholreich

- **Barbera d'Asti, Barbera d'Alba**
  Traubensorte Barbera
  intensives Rubinrot, hohe Säure, kaum Tannin, süffig

- **Asti und Moscato d'Asti**
  Traubensorte Moscato
  süß, ausgeprägte Muskateller-frucht

- **Gattinara und Ghemme**
  Traubensorte Nebbiolo
  kraftvolle, kernige Rotweine

- **Gavi**
  Traubensorte Cortese
  fruchtiger, voller, trockener Weißwein mit kräftiger Säure

- **Dolcetto**
  Traubensorte Dolcetto
  purpurfarbener, fruchtiger, nicht allzu schwerer Rotwein

- **Valle d'Aosta**
  26 Weinarten, u. a. Donnaz/Donnas, Fumin, Nus Pinot Grigio/Pinot Gris oder Nus Malvoisie, Petite Arvine,Torrette

- **Cinque Terre**
  Bosco-Trauben
  Im Idealfall ist er strohgelb-grün, trocken, frisch und zartduftig

LOMBARDEI

- **Franciacorta**
  verschiedene, auch franz. Traubensorten
  verschiedene Weiß- und Rotweine, Schaumweine (Spumante)

- **Oltrepò Pavese**
  verschiedene, auch franz. Traubensorten
  Beachtlich: einige Blauburgunder/Pinot Nero und Schaumweine

- **Veltliner/Valtellina**
  Traubensorte Nebbiolo
  fruchtig-kerniger Rotwein

SÜDTIROL, TRENTINO

- **St. Magdalener**
  Traubensorte Vernatsch
  leichter, heller, süffiger Rotwein

- **Lagrein**
  Traubensorte Lagrein
  intensiv rubinfarbener, kerniger, interessanter roter Lagerwein mit typisch bitterem Abgang

- **Südtiroler**
  verschiedene, auch franz. Traubensorten
  Rot- und Weißweine, letztere oft von überraschender Güte

- **Teroldego Rotaliano**
  Teroldego
  kraftvoller, ausgewogener Rotwein

- **Trento**
  Traubensorte Chardonnay, Blauburgunder, Weißburgunder
  erstklassige Schaumweine mit traditioneller Flaschengärung

VENETO

- **Valpolicella und Bardolino**
  Traubensorten Corvina, Rondinella, Molinara
  mittelschwere, angenehme Rotweine

- **Amarone**
  Traubensorten wie Valpolicella
  kräftiger, voller, alkoholreicher trockener Rotwein

- **Soave**
  Traubensorten Garganega und Trebbiano
  beliebter leichter Weißwein

- **Recioto**
  wie Amarone, aber mit Restsüße (Dessertwein)

- **Prosecco di Valdobbiadone e Conegliano**
  Traubensorte Prosecco
  aromatischer, leichter weißer Schaumwein

FRIAUL-JULISCH VENETIEN

- **Collio, Colli Orientali, Isonzo, Grave**
  verschiedene, auch franz. Traubensorten
  körperreiche Weiß- und oftmals etwas kantige Rotweine

EMILIA-ROMAGNA

- **Lambrusco di Sorbara, L. Grasparossa, L. Salamino und L. Reggiano**
  Traubensorte Lambrusco
  hell- bis dunkelrote, fruchtige Perlweine

- **Sangiovese di Romagna**
  Traubensorte Sangiovese
  kerniger, meist mit hartem Tannin ausgestatteter Rotwein

TOSKANA

- **Chianti Classico**
  Traubensorte vorwiegend Sangiovese
  eleganter fruchtiger Rotwein mit ausgeprägter Säure

- **Chianti, Chianti Rufina, C. Colli Fiorentini, C. Colli Senesi**
  Traubensorte vorw. Sangiovese
  uneinheitlich, manchmal kräftig und lagerfähig, manchmal leicht und unkompliziert

- **Brunello di Montalcino**
  Traubensorte Sangiovese
  dunkler, starker, stolzer, lagerfähiger und teurer Rotwein

- **Vino Nobile di Montepulciano**
  Traubensorte vorw. Sangiovese
  dunkler, kräftiger, voller Rotwein

- **Carmignano**
  Traubensorte Sangiovese und Cabernet
  geschmeidiger, lagerfähiger Rotwein

- **Vernaccia di San Gimignano**
  Traubensorte Vernaccia
  feiner, duftiger Weißwein

UMBRIEN, LATIUM

- **Orvieto**
  Traubensorte vorwiegend Trebbiano
  hell- bis goldgelber, trockener bis lieblicher Weißwein

- **Torgiano**
  stilvolle Rot- und Weißweine, bekanntester Erzeuger: Lungarotti

- **Frascati**
  Traubensorte Malvasia und Trebbiano
  meist trockener, spritziger Weißwein; seltener lieblich

- **Est! Est!! Est!!! di Montefiascone**
  Trebbiano- und Malvasia-Reben
  Meist trockner, leicht fruchtiger Weißwein

MARKEN, ABRUZZEN

▶ **Verdicchio dei Castelli de Jesi und V. di Matelica**
Traubensorte Verdicchio
vollmundige, fruchtige, geschmeidige Weißweine mit feiner Säure

▶ **Rosso Conero**
Traubensorte Montepulciano
dunkler, kräftiger, voller Rotwein

▶ **Montepulciano d'Abruzzo**
Traubensorte Montepulciano
dunkler, wuchtiger, meist einfacher Rotwein

KAMPANIEN, APULIEN, KALABRIEN, BASILIKATA

▶ **Greco di Tufo, Fiano di Avellino**
hervorragende Weißweine

▶ **Taurasi**
Traubensorte Aglianico
kräftiger, ausgewogener Rotwein

▶ **Vesuvio/Lacryma Christi del Vesuvio**
Vesuvio steht für einfache Weiß-, Rot- und Roséweine, Lacryma Christi del Vesuvio dagegen für vier Varianten, u. a. Schaumwein

▶ **Aleatico di Puglia**
Aleatico-Trauben
weicher, karminroter Wein

▶ **Locorotondo**
Verdeca- und Bianco-d'Alessano Trauben
gehört zu den besten Weißweinen Apuliens

▶ **Salice Salentino, Copertino, Brindisi**
Traubensorte Negroamaro
warme, alkoholreiche, weiche Rotweine mit guter Säure

▶ **Moscato di Trani**
Moscato-Reale-Trauben
Rarer, voller, goldener Dessertwein

▶ **Cirò (Gaglioppo)**
dunkler, starker Rotwein von manchmal beeindruckender Größe

▶ **Savuto**
Gaglioppo, Greco nero und andere Trauben, Rotweine in unterschiedlichen Stilen

▶ **Aglianico del Vulture**
Traubensorte Aglianico
großer, nobel strukturierter, lagerfähiger Rotwein

SARDINIEN

▶ **Alghero**
Lange Liste von Weinen einschließlich Spumante und Liquoroso

▶ **Vermentino di Gallura**
Traubensorte Vermentino
kräftiger, duftreicher Weißwein

▶ **Cannonau di Sardegna**
Traubensorte Cannonau
kraftvoller, warmer Rotwein

▶ **Vernaccia di Oristano**
Vernaccia-Reben
Sardischer Prachtwein, u. a. als Superiore (3 Jahre im Fass) und als Riserva (4 Jahre)

! *Baedeker* TIPP

Besser mit ...

Für Weinfreunde ist das im Hallwag-Verlag erschienene Buch »Italiens Weine« ein unverzichtbarer Ratgeber. Die Autoren, Burton Anderson und Andreas März, stellen über 2900 Weine und Produzenten vor, übersichtlich gegliedert nach Regionen.

SIZILIEN

► **Marsala**
diverse weiße und rote Traubensorten
verschiedene Sorten Dessert- und Aperitifweine

► **Alcamo oder Bianco Alcamo**
Catarratto-Bianco-Trauben
trockener Weißwein

► **Cerasuolo di Vittoria**
Calabrese- und Frappato-Trauben
kirschroter Wein

► **Malvasia delle Lipari**
ein ganz besonderer Süßwein

► **Moscato di Pantelleria**
der meistgerühmte Moscato Siziliens aus der abgelegensten DOC-Zone

Feiertage, Feste und Events

Festspiele In den Sommermonaten finden in fast allen größeren Städten und an den oberitalienischen Seen Veranstaltungsreihen mit klassischen Konzerten, Opernaufführungen, Rock- oder Pop-Konzerten, Jazz-Festivals, Ballett- oder Theateraufführungen etc. statt. Über die aktuellen Veranstaltungen informieren die Tagespresse und die jeweiligen Auskunftsstellen (►Auskunft).

FEIERTAGE UND FESTE

GESETZLICHE FEIERTAGE

► **Landesweit**
1. Januar (Neujahr: Capodanno)
6. Januar (Hl. Drei Könige: Epifania)
Ostermontag (Pasqua, Lunedi dell'angelo)
25. April (Tag der Befreiung 1945: Festa della liberazione)
1. Mai (Tag der Arbeit: Festa del primo maggio)
15. August (Mariä Himmelfahrt: Assunzione/Ferragosto)
1. November (Allerheiligen: Ognissanti)
8. Dezember (Mariä Empfängnis: Immacolata Concezione)
25. und 26. Dezember (Weihnachten: Natale)
1. Sonntag nach dem 2. Juni: Festa Nazionale della Repubblica (Nationalfeier der Republik)
1. Sonntag im November: Festa dell'Unità Nazionale (Tag der nationalen Einheit)

► **Patronatsfeste**
In vielen Orten Italiens werden die Tage des oder der Schutzheiligen feierlich begangen. Über Veranstaltungen informieren die örtlichen Fremdenverkehrsämter.
25. April: San Marco (Venedig)
24. Juni: San Giovanni (Florenz, Genua und Turin)
29. Juni: San Pietro (Rom)
4. Oktober: San Petronio (Bologna)
7. Dezember: Sant'Ambrogio (Mailand)

JANUAR

► Dolomiten
Dreikönigsfeuer am 6. Januar in vielen Bergorten der Dolomiten.

FEBRUAR

► San Remo
Schlagerfestival

► Viele Städte
feiern Karneval, u. a. Viareggio mit Umzügen, Ivrea mit einer Apfelsinenschlacht, Offida (bei Fermo in den Marken) mit dem Zug der brennenden Reisigbündel, Acireale (Sizilien) mit einem Umzug prachtvoller Wagen und natürlich Venedig. In Verona findet am letzten Freitag vor Aschermittwoch der Bacanal del gnoco oder Venerdì gnocolar statt.

MÄRZ

► Mailand–San Remo
International bedeutendes Radrennen.

► In vielen Städten
gibt es während der »Settimana Santa« (Karwoche) Passionsspiele und Prozessionen. In Rom spricht der Papst den Segen »Urbi et Orbi«.

APRIL

► San Marino
Ceremonia d'investitura dei Capitani Reggenti: Die feierliche Amtseinführung der so genannten Regenten wird seit 1244 zweimal jährlich, jeweils am 1. April und am 1. Oktober, begangen.

► Rom
Festa della primavera, die Spanische Treppe wird ein Meer aus Azaleen. Am 21. April Fest zum Gründungstag Roms.

► Bozen
Festa tradizionale dei fiori – Blumenmarkt von Ende April bis Anfang Mai.

► Ponti
Festa di polentone am letzten Aprilsonntag. Bei dem Volksfest wird ein riesiges Omelett verteilt.

MAI

► Assisi
Calendimaggio – dreitägiges, farbenprächtiges Volksfest am ersten Maiwochenende mit Festumzug, Theateraufführungen, Konzerten, Wettspielen.

► Camogli
Sagra del pesce – öffentliches Gelage um eine riesige Bratpfanne mit Fisch am 2. Maisonntag.

► Gubbio
Corsa dei ceri am 15. Mai. Ein viel besuchtes Volksfest, benannt nach dem sog. Kerzenlauf zur Kirche des Stadtheiligen Ubaldus.

► Brescia–Rom
Mille Miglia Mitte Mai – berühmtes Oldtimerrennen.

► Sassari
Cavalcata Sarda mit Ritterspielen und Umzügen.

► Syrakus
Klassische Dramen und Kommodien im antiken griechischen Theater.

► Gubbio
Palio della balestra am letzten Maisonntag: Armbrustschießen mit historischen Waffen auf der Piazza della Signoria sowie Umzug in historischen Kostümen.

JUNI

▸ **Florenz**
Calcio storico in costume: Fußballspiel in historischen Kostümen auf der Piazza della Signoria.

▸ **Pesaro**
Mostra internazionale del nuovo cinema Mitte Juni – Festival des unabhängigen Films.

▸ **Pisa**
Gioco del ponte am letzten Sonntag im Juni – historisches Spiel auf der Brücke über den Arno.

▸ **Ischia**
In Buonopane wird am 24. Juni der 'Ndrezzata aufgeführt, ein Schwerttanz.

▸ **Nola**
I Gigli am letzten Junisonntag – traditioneller Umzug alter Handwerksgilden.

JUNI BIS SEPTEMBER

▸ **Venedig**
Biennale d'Arte di Venezia – eine der wichtigsten internationalen Ausstellungen für zeitgenössische Kunst, die alle zwei Jahre und zwar nur in Jahren mit ungeraden Zahlen stattfindet.

JULI

▸ **Matera**
Madonna della Bruna am 1. Sonntag; nach der Prozession reißen die Teilnehmer den barocken Festwagen aus Pappmaché in Stücke, die Glück bringen.

▸ **Sardinien**
Ardia in Sedilo – am 6. und 7. Juli findet ein abenteuerliches Wettreiten um die Landkirche S. Antine statt.

▸ **Venedig**
Festa del Redentore. Zur Erinnerung an das Ende der Pest im Jahr 1576 findet am 3. Julisonntag ein Schiffskorso von San Marco bis zur Erlöserkirche auf der Insel Giudecca statt.

▸ **Salò**
Carnevale del Sole – sommerlicher Fasching am Gardasee am letzten Julisamstag.

JULI BIS AUGUST

▸ **Segesta**
Klassische Dramen im griechischen Theater in Jahren mit geraden Zahlen.

▸ **Siena**
Palio delle Contrade – weltberühmter Umzug in historischen Kostümen und Pferdewettrennen um das Stadtbanner, den Palio, auf der Piazza del Campo, am 2. Juli und 16. August.

▸ **Verona**
Sommerfestspiele in der römischen Arena.

AUGUST

▸ **Aosta**
Fiera di Sant'Orso am 1. Sonntag – ein traditioneller Handwerkermarkt.

▸ **Ascoli Piceno**
Giostra della Quintana am 1. Sonntag – Umzug in historischen Kostümen und Lanzenwettspiel zu Pferde.

▸ **Ventimiglia**
Festa di sestieri – am zweiten Augustwochende treten die Stadtviertel zu Wettkämpfen gegeneinander an.

▸ **Viele Städte**
feiern am 14./15. August Maria Himmelfahrt und den Höhepunkt der italienischen Feriensaison, den Ferragosto. So findet in Curtatone die Fiera di Grazie statt, ein Wettbewerb der Madonnari, der Straßenmaler; in Piazza Armerina am 14. August der Palio dei Normanni, ein Reiterwettkampf; in Alassio die Festa di muretto e palio, ein Wettkampf der Stadtviertel.

▸ **San Daniele del Friuli**
Sagra di prosciutto, größtes Schinkenfest am letzten Augustwochenende.

ENDE AUGUST/SEPTEMBER

▸ **Venedig**
Mostra Internationale del Cinema, Filmfestspiele.

SEPTEMBER

▸ **Viterbo**
Santa Rosa am 3. September – eines der aufregendsten Feste in Latium zu Ehren der hl. Rosa.

▸ **Venedig**
Regatta storica am ersten Sonntag – eine farbenprächtige Gondel-Regatta auf dem Canal Grande.

▸ **Foligno**
Quintana am 2. und 3. Wochenende – Eröffnung der Feierlichkeiten am Vorabend des Reiterwettkampfes durch einen Fackelzug; Höhepunkt des Festes ist ein Turnier, bei dem die Reiter Ringe aufspießen müssen.

▸ **Asti**
Palio d'Asti – Umzug und Pferderennen in historischen Kostümen am 3. Sonntag

SEPTEMBER BIS OKTOBER

▸ **In vielen Orten**
finden Weinfeste statt, Festa dell'uva – u. a. in Meran mit Weinausstellungen und Trachtenumzügen; in Marino fließt am 1. Sonntag im Oktober der Weißwein der Colli Albani sogar aus dem Brunnen auf der Piazza Matteotti.

OKTOBER

▸ **Alba**
Palio degli asini e giostra delle cento torri am ersten Sonntag – Parodie auf den Palio im Nachbarort Asti.

▸ **Aosta**
La Bataille des Reines am vorletzten Sonntag im Oktober – allerdings nicht die schönsten Königinnen, sondern die schönsten Kühe treten hier gegeneinander an.

NOVEMBER BIS DEZEMBER

▸ **In vielen Städten**
finden Krippenspiele, in Bozen der Mercatino di Natale, Christkindlmarkt, statt.

▸ **Mailand**
Der 7. Dezember, der Tag des Schutzheiligen Ambrosius, wird mit Prozessionen, Messen und Märkten gefeiert. An diesem Tag wird auch die Opernsaison an der Scala eröffnet (die bis einschließlich Juli geht). Am 7. Dezember beginnt außerdem der große Trödelmarkt auf der Piazza Sant'Ambrogio.

▸ **Rom**
»Urbi et Orbi«: Segen des Papstes in zahlreichen Sprachen am 25. Dezember.

Geld

Euro Seit 2002 ist der Euro in Italien wie in Deutschland, Österreich und anderen Ländern der Europäischen Union das **offizielle Zahlungsmittel**. 1 CHF = 0,65 €, 1 € = 1,53 CHF. Bürger aus EU-Mitgliedsländern dürfen Euro in beliebiger Höhe ein- und ausführen.

Banken ▶ Die Banken sind meist Mo. bis Fr. 8.30–13.00 Uhr geöffnet; nachmittags variieren die **Öffnungszeiten** (ca. 14.300–16.30 Uhr). An Tagen vor Feiertagen (prefestivi) schließen die Banken um 11.20 Uhr.

Geldautomaten, Bankkarten ▶ An Geldautomaten kann man mit Kredit-, Bank- und Postbank-Karten mit der persönlichen Geheimnummer problemlos rund um die Uhr Geld abheben. Mit der **Bankkarte** erhält man maximal 500 Euro pro Tag und Konto, mit der Postbank SparCard pro Kalendermonat maximal 1500 Euro. Kreditkarten unterliegen höheren Grenzen.

Kreditkarten ▶ Banken, Hotels, Restaurants, Autovermieter und Einzelhandelsgeschäfte akzeptieren in der Regel die internationalen Kreditkarten.

Verlust ▶ Bei Verlust von Kredit- oder Bankkarten kann man seit dem 1. Juli 2005 den **Sperr-Notruf** unter der **Tel. 00 49/116 116** erreichen. Er gilt auch für Handys und weitere sperrbare Medien.

Gesundheit

Medizinische Versorgung Vielerorts steht die **Guardia Medica** für die medizinische Versorgung zur Verfügung. Ärztlichen Notdienst bzw. Erste Hilfe (Pronto soccorso) leisten außer Krankenhäusern (Ospedali) u. a. das Weiße Kreuz (Croce Bianca), das Grüne Kreuz (Croce Verde) und das Rote Kreuz (Croce Rossa Italiana), deren Adressen auf den ersten Seiten des Telefonbuchs (Avantielenco) zu finden sind. **Zahnärzte** stehen im Telefonbuch unter dem Stichwort »Medici dentisti«.

Apotheken Apotheken (farmacie) haben in der Regel Mo. bis Fr. 9.00–12.30 Uhr und 16.00–19.30 Uhr geöffnet. Sie schließen wechselweise mittwochs oder samstags. Ein **Verzeichnis** mit den nachts und feiertags geöffneten Apotheken (Farmacie di turno) hängt in den Schaufenstern oder an den Türen aller Apotheken aus.

Knigge

Trinkgeld Im Allgemeinen wird ein Trinkgeld bei denselben Gelegenheiten und in ähnlicher Höhe gegeben wie von zu Hause gewohnt. In Restaurants und Cafés gibt man – zum Dank für gute Bedienung – etwa 5–10% des Rechnungsbetrags. Wer mit Scheck- oder Kreditkarte zahlt, sollte den entsprechenden Betrag in bar zurücklassen. In Cafés und Bars lässt man einfach das Geld auf dem Tellerchen liegen. Auch Taxifahrer (0,50–1,00 €), Fremdenführer (1–2 €), Toilettenfrauen und der Zimmerservice freuen sich über ein Trinkgeld.

Rauchverbot

Seit Januar 2005 darf in allen öffentlichen Gebäuden, also auch Restaurants und Cafés, nicht mehr geraucht werden. Nur in Lokalen, die eine ummauerte, mit automatischen Türen verschlossene und gut belüftete Raucherzone einrichten, ist das Rauchen erlaubt.

Permesso, scusi

Auch wer nur wenig italienisch beherrscht, sollte sich zwei Ausdrücke, die man überall hört und gebrauchen kann, einprägen: permesso und scusi. Diese Entschuldigungsformeln helfen einem z. B., wenn man irgendwo hindurchgehen oder jemanden überholen will.

Bella Figura

Bella Figura, der schöne äußerliche Schein, ist für die meisten Italiener und Italienerinnen ein innerliches Bedürfnis. Auch wenn es sich bloß um den Gang zum Postamt oder einen Markteinkauf handelt – wer auf die Straße tritt, macht sich gern fein. Umso verständnisloser oder amüsierter schaut man auf Touristen herab, die mit Badeschlappen in Kathedralen tappen, in Shorts Gemäldegalerien besichtigen oder gar mit nacktem Oberkörper durch die Altstadt wandeln.

Literaturempfehlungen

Sachbücher

K. Rother, F. Tichy: Italien. Geographie, Geschichte, Wirtschaft, Politik. Wissenschaftliche Buchgesellschaft, 2000.
H. Bengtson: Römische Geschichte. C. H. Beck, 2001. Der bekannte Althistoriker schafft den Spagat zwischen notwendiger Kürze und unabdingbarer Vollständigkeit.
W. Braunfels: Dumont Geschichte der Kunst Italiens. Dumont, 2005.
J. Burckhardt: Die Kultur der Renaissance in Italien. Nikol, 2004.
P. O. Chotjewitz: Rom – Spaziergänge auf der Antike. Rotbuch Verlag, 1999. Der Autor führt die Leser an jeden Ort in der Stadt, der eine unmittelbare Berührung mit der Antike verspricht.
Osteria d'Italia. Italiens schönste Gasthäuser. Hallwag. Über 1700 kulinarische Adressen in ganz Italien – jährlich aktualisiert.

Belletristik

G. Boccaccio: Das Dekameron. Insel Taschenbuch, 1999. Die Novellensammlung, entstanden ab 1348 nach der großen Pestepedemie von Florenz, gilt als Ursprung italienischer Prosa.
C. Collodi: Pinocchio. Sauerländer, 2005. Die bekannte Kinderbuchfigur aus dem 19. Jh. erfreut sich heute noch großer Beliebtheit.
D. W. Cross: Die Päpstin. Aufbau Verlag, 1998. Der Roman um die legendäre Frau auf dem Stuhle Petri ist glänzend recherchiert und fesselt von der ersten bis zur letzten Seite.

N. Filasto: Die Nacht der schwarzen Rosen. Aufbau Verlag, 2000. Spannender Krimi, eingebettet in farbige Beschreibungen von Landschaften und Interieurs.
J.W. von Goethe: Italienische Reise 1786–1788. Goldmann, 2004. Der Klassiker unter den Reisebschreibungen.
G. Tomasi di Lampedusa: Der Leopard. Artemis & Winkler, 1999.
D. Leon: Mehrere in Venedig spielende Krimis mit Commissario Brunetti in der Hauptrolle. Diogenes Verlag.
Daphne du Maurier: Wenn die Gondeln Trauer tragen. Scherz, 2001.
Umberto Eco: Baudolino. Carl Hanser Verlag, 2001. Roman um den fiktiven Bauernsohn Baudolino aus dem Piemont, der um 1155 als Kind von Kaiser Freidrich Barbarossa aufgelesen wird und in den folgenden 50 Jahren überall dabei ist, wo Geschichte gemacht wird.

Italien im Film

Zimmer mit Aussicht. Schöne, stimmungsvolle Umsetzung von Fosters Romanvorlage. Übrigens gab es den »Baedeker« schon damals: Wenn die junge Lucy Honeychurch durch Florenz schlendert, hat sie immer den roten Reiseführer bei sich.
Camorra. Der Mafiafilm von Lina Wertmüller spielt in Neapel und Umgebung.
Fahrraddiebe Klassiker des Neuen Realismus vin Vittorio de Sica.
Don Camillo und Peppone. Mehrere witzige Filme über das spannungsvolle Verhältnis zwischen einem katholischen Pfarrer (dargestellt von Fernandel) und einem kommunistischen Bürgermeister (Gino Cervi) in einem italienischen Dorf.
Fellinis Roma. Fellini, der lange Zeit in Rom lebte, hat ein filmisches, sehr ausdrucksstarkes Porträt der italienisches Hauptstadt gezeigt.

Notrufe

- **Allgemeiner Notruf**
  Tel. 113
- **Polizei**
  (carabinieri, soccorso pubblico)
  Tel. 112
- **Feuerwehr**
  (vigili fuoco)
  Tel. 115
- **Ärztlicher Notruf**
  Tel. 118
- **ADAC-Notruf**
  Tel. 02 66 15 91
- **Pannenhilfe des ACI**
  (soccorso stradale)
  Tel. 80 31 16 und 800 116 800
  (von ausländischen Handys aus)
- **ACE-Notrufzentrale Stuttgart**
  Tel. 00 49/18 02/34 35 36
- **Deutsche Rettungsflugwacht Stuttgart**
  Tel. 00 49/711/70 10 70

Öffnungszeiten

Viele Kirchen bleiben in der Zeit zwischen 12.00 und 16.00/17.00 Uhr geschlossen. ◀ Kirchen

Die Öffnungszeiten der Museen, insbesondere der kleinen, sind **abhängig von der Saison** und ändern sich häufig. Detaillierte Angaben zu den großen Einrichtungen finden sich im Kapitel »Reiseziele«. Wer ganz sicher gehen will, sollte vor Ort bei **Touristeninformation** nachfragen. Im Allgemeinen sind die Museen außer montags zwischen 9.00 und 13.00 Uhr geöffnet, einige nach einer Mittagspause außerdem von 15.00/16.00 bis 19.00 Uhr. Letzter Einlass ist in vielen Fällen eine halbe Stunde vor dem Schließen. ◀ Museen

Archäologische Sehenswürdigkeiten sind meist Di. bis So. von 9.00 Uhr bis eine Stunde vor Sonnenuntergang zugänglich. ◀ Ausgrabungen

Post · Telekommunikation

Postämter

In den italienischen Postämtern kann man nicht telefonieren, sie sind nur für den Post- und Paketdienst zuständig. Geöffnet sind sie Mo. bis Fr. 8.30–13.30, Sa. 8.30–12.00 Uhr.

Briefmarken (francobolli) kann man außer in Postämtern auch in Tabakgeschäften (zu erkennen an einem Schild mit einem »T« über dem Eingang) kaufen. Ein Brief bis 20 g sowie eine Postkarte ins europäische Ausland kosten 0,62 Euro. ◀ Briefmarken

Telefonieren

Die öffentlichen Fernsprecher akzeptieren (fast) nur noch Telefonkarten (scheda oder carta telefonica), die in Bars, Tabak- und Zeitungsläden erhältlich sind. Die **ehemaligen Ortsvorwahlen einschließlich der Null sind Bestandteil der italienischen Rufnummern**. So muss auch bei Ortsgesprächen sowie bei Anrufen aus dem Ausland die Null mitgewählt werden. Davon ausgenommen sind Notfall-, Service- und Handy-Nummern (sie beginnen nicht mit einer Null).
Servicenummern – mit der Vorwahl 800 – sind kostenlos.

Die Benutzung von Mobiltelefonen (telefonini, cellulari) im D1- und im D2-Netz ist möglich, mit einem Dual-Band-Handy auch im ◀ Mobil telefonieren

VORWAHLEN

▶ **aus Italien ...**
... nach Deutschland 00 49
... in die Schweiz 00 41
... nach Österreich 00 43
(danach jeweils die Ortsvorwahl ohne die »0«)

▶ **nach Italien ...**
... 00 39 (danach jeweils die ehemalige Ortsvorwahl mit der »0«)

▶ **Telefonauskunft**
Inland Tel. 412
Ausland Tel. 176

E-Plus-Netz. Zuweilen lohnt sich ein Preisvergleich und die manuelle Netzwahl, um die Roaminggebühren gering zu halten. Unter www.tariftip.de lässt sich der günstigste Anbieter für D1, D2, E-plus oder O2 ermitteln.

Preise und Vergünstigungen

Eintritt Besucher aus der EU, die unter 18 Jahre alt bzw. Rentner sind, erhalten zu vielen Sehenswürdigkeiten freien Eintritt. Für 18–25-Jährige lohnt sich oftmals die Frage nach Jugendrabatt.

WAS KOSTET WIE VIEL?

3-Gang-Menü ab 25 €	**Einfache Mahlzeit** ab 8 €	**Doppelzimmer** ab 60 €	**Tasse Kaffee** 1–2 €	**Benzin 1 l Super** ca. 1,40 €

Reisezeit

Frühling Die **schönste Reisezeit** ist der Frühling. Zwar hat man noch recht häufig mit Niederschlägen zu rechnen, dafür aber blüht von März bis Juni nicht nur die Macchie, es grünt auch auf den trockensten Böden Süditaliens. Die Luft duftet dann nach Myrte, Thymian, Rosmarin und vielen anderen Kräutern.

Sommer In den Sommermonaten kann es im Landesinnern, in den Städten, vor allem aber in Süditalien bisweilen **unerträglich heiß** werden. Dann herrscht Hochsaison an den Oberitalienischen Seen, an den Badestränden der Adria und der Riviera sowie in den höheren Lagen der Alpen und des Apennin. Während des sog. Ferragosto (Mitte August) sind zahlreiche Museen und viele andere touristisch interessante Einrichtungen in den Großstädten geschlossen.

Spätsommer/ Frühherbst Eine ausgesprochen schöne Reisezeit sind auch Spätsommer und Frühherbst. Von Ende August bis Anfang Oktober kann man noch mit längeren **Schönwetter-Perioden** rechnen. Allerdings ist dann die Blütenpracht meist verdorrt und die Landschaft zeigt sich eher in beige-bräunlichen Farbtönen.

Etwa ab der zweiten Oktoberhälfte wird es in ganz Italien recht **ungemütlich**. Vor allem im Gebirgsstau können bisweilen lang anhaltende, sintflutartige Regenfälle niedergehen, die ansonsten dünne Rinnsale zu reißenden Flüssen werden lassen und gelegentlich auch katastrophale Erdrutsche verursachen können. **Spätherbst**

In den Wintermonaten herrscht zumeist melancholisch-gedrückte Stimmung. In der Po-Ebene wabern dann zähe Nebelfelder, und in den Hochlagen der Berge fällt viel Schnee. Hochsaison herrscht lediglich in den **Wintersportorten** der Alpen. **Winter**

►S. 33 **Klima**

Shopping

Einkaufsbummel in Italien, vor allem in Norditalien, macht besonders Spaß. Auf Märkten, in Boutiquen, Haushaltswarenläden, Designergeschäften und in Delikatessenläden ist das Angebot riesig. Weit verbreitet ist auch der Einkauf direkt bei der Fabrik (Punto vendita diretto), wo man manches **Schnäppchen** machen kann, u. a. Diesel-Jeans (bei Marostica), Brillengestelle (Cadore), Haushaltsgeräte von Alessi (Crusinallo, bei Omegna), Kaschmirpullover von Lanificio Luigi Colombo (Romagnano Sesia, bei Varallo), Krawatten, Blusen, Tücher aus Seide von Ratti (Guanzate, bei Como). Wegweiser zu diesen Verkaufsstellen gibt es in allen größeren Buchläden. **Bummeln**

? WUSSTEN SIE SCHON ...?

- Beim Kauf ist die quittierte Rechnung (ricevuta fiscale) zu verlangen und aufzubewahren, denn diese muss bei einer Kontrolle durch die Steuerfahndung vorgewiesen werden.

Jede Region hat typische kunsthandwerkliche Erzeugnisse. **Südtirol** bietet die Grödner Holzschnitzarbeiten sowie Trachtenmoden, -schmuck und -puppen angeboten. Im Piemont gibt es ebenfalls Holzschnitzereien, aber auch Gold- und Silberarbeiten, Textilien aus Kaschmir oder Brokat, Spitzen- und Häkelwaren. In **Ligurien** sind Damaste und Klöppelspitzen sowie Gegenstände aus Olivenholz oder Schiefer erhältlich. Die **Lombardei** ist für Schuhe, Möbel, Seidenwaren, Porzellan und Keramik bekannt, Cremona für seinen Geigenbau. **Friaul-Julisch Venetien** bietet Schnitzarbeiten, Kunstschmiedeerzeugnisse, Webarbeiten und in Spilimbergo Mosaiken an. **Venetien** ist berühmt für Glas- und Kristallwaren, Silber- und Goldschmiedearbeiten sowie Masken; berühmt sind auch die Spitzen aus Burano sowie Keramik aus Bassano. Aus der **Toskana** kommen Alabastergegenstände, Holzarbeiten und farbige Keramik- bzw. Terrakottaartikel, Goldschmiedearbeiten, Leder- und Strohwaren. In den **Kunsthandwerk**

Die besten Märkte

- Kleidung: El Balon (Turin), Fiera di Sanigallia (Mailnad), La Montagnola (Bologna), Mercato di San Lorenzo (Florenz), Kleidermarkt beim Canale Grande (Triest)
- Trödel- und Antiquitätenmärkte: Moncalieri (bei Turin), Mailand, Montagnana (bei Padua), Arezzo, Lucca, Modena, Ravenna, Sarzana, Taggia, Turin
- Mode- und Designartikel: Mailand (Via Montenapoleone und Via Spiga), Rom (Via Condotti und Via del Corso), Florenz (Ponte Vecchio), Neapel (Via Toledo)

Marken werden Gegenstände aus Stroh und Weidenruten, Keramik, Teppiche sowie Musikinstrumente hergestellt. **Umbrien** ist bekannt für seine Glasmalereien, Majoliken sowie Spitzen. Berühmt ist auch die Majolika aus Faenza, im Angebot finden sich u. a. Reproduktionen der antiken Mosaiken aus Ravenna.
Der **Süden** ganz allgemein ist bekannt für Eisen- und Kupferschmiedearbeiten, Korallenschmuck (v. a. Sardinien und Kampanien), Porzellan und Kleinmöbel sowie für Keramik und Terrakotten, Stoffe, Stickereien und Teppiche.

Krippenfiguren

Eine Besonderheit Neapels sind die Krippenfiguren sowie die Figuren aus dem öffentlichen Leben. Auf Sizilien gibt es die berühmten Marionetten. In den Abruzzen, in Molise, Kalabrien und Apulien findet man auch geklöppelte Spitzen und Gesticktes. Im nördlichen Latium, an der Amalfitanischen Küste, in Apulien und Kalabrien ist das Angebot an Keramik und Majoliken sehr groß. Sorrent ist berühmt für seine Intarsienkunst.

kulinarische Mitbringsel

Beliebt sind auch kulinarische Mitbringsel. In den zahllosen **Delikatessenläden** ist das Angebot schier unendlich, z. B. Süßigkeiten wie Panettone, kandierte Früchte, Mandelgebäck, die Köstlichkeiten aus piemontesischen Haselnüssen oder ausgefallene Nudelsorten. In den **Weinanbaugebieten** warten die größeren Ortschaften mit Enotheken auf, Weinhandlungen, die Weine und Spirituosen, z. B. Grappa, anbieten. Der berühmte Limoncello (Zitronenlikör), feinstes Olivenöl, getrocknete Steinpilze, Balsamessig oder allerlei Wurstwaren schmecken auch bestens zu Hause, z. B. Coppa, der aromatische, luftgetrocknete Schweinenacken, oder der noch kostbarere Culatello, das Kernstück des Schinkens, oder der berühmte Parma- oder San-Daniele-Schinken, Speck aus Südtirol, Parmesankäse etc. Im Oktober und November locken die **Trüffelmärkte** im Piemont, in Umbrien oder in den Marken Gourmets an.

Sprache

Die Betonung liegt bei den meisten mehrsilbigen Wörtern auf der vorletzten Silbe; liegt sie auf der letzten Silbe, ist die Verwendung eines Akzents (Gravis, z. B. città) üblich. Wird auf der drittletzten Silbe betont, kann zur Verdeutlichung ein Akzent gesetzt werden; in diesem Reiseführer wird dies bei der ersten Nennung eines Ortsnamens so gehandhabt.

Betonung

Kleiner Sprachführer Italienisch

Zahlen

zero	0	diciannove	19
uno	1	venti	20
due	2	ventuno	21
tre	3	trenta	30
quattro	4	quaranta	40
cinque	5	cinquanta	50
sei	6	sessanta	60
sette	7	settanta	70
otto	8	ottanta	80
nove	9	novanta	90
dieci	10	cento	100
undici	11	centouno	101
dodici	12	mille	1000
tredici	13	duemille	2000
quattordici	14	diecimila	10 000
quindici	15		
sedici	16	un quarto	1/4
diciassette	17	un mezzo	1/2
diciotto	18		

Auf einen Blick

Sì/No	Ja/Nein
Per favore/Grazie	Bitte/Danke
Non c'è di che	Gern geschehen
Scusi!/Scusa!	Entschuldigen Sie!
Come dice?	Wie bitte?
Non La/ti capisco	Ich verstehe Sie/dich nicht
Parlo solo un po' di ...	Ich spreche nur wenig ...
Mi può aiutare, per favore?	Können Sie mir bitte helfen?
Vorrei ...	Ich möchte ...
(Non) mi piace	Das gefällt mir (nicht)

Ha ...?	Haben Sie ...?
Quanto costa?	Wie viel kostet?
Che ore sono?/Che ora è?	Wie viel Uhr ist es?
Come sta?/Come stai?	Wie geht es Ihnen/dir?
Bene, grazie. E Lei/tu?	Danke. Und Ihnen/dir?

Unterwegs

a sinistra/a destra/diritto	nach links/nach rechts/geradeaus
vicino/lontano	nah/fern
Quanti chilometri sono?	Wie weit (in Kilometern) ist das?
Vorrei noleggiare ...	Ich möchte ... mieten
... una macchina	... ein Auto
... una bicicletta	... ein Fahrrad
... una barca	... ein Boot
Scusi, dov'è ...?	Bitte, wo ist ...?
la stazione centrale	der Hauptbahnhof
la metro(politana)	die U-Bahn
l'aeroporto	der Flughafen
all'albergo	zum Hotel
Ho un guasto.	Ich habe eine Panne.
Mi potrebbe mandare un carro-attrezzi?	Würden Sie mir einen Abschleppwagen schicken?
Scusi, c'è un'officina qui?	Gibt es hier eine Werkstatt?
Dov'è la prossima stazione di servizio?	Wo ist die nächste Tankstelle?
benzina normale	Normalbenzin
super/gasolio	Super/Diesel
deviazione	Umleitung
senso unico	Einbahnstraße
sbarrato	gesperrt
rallentare	langsam fahren
tutti direzioni	alle Richtungen
tenere la destra	rechts fahren
zona di silenzio	Hupverbot
zona tutelata inizio	Beginn der Parkverbotszone
Aiuto!	Hilfe!
Attenzione!	Achtung!
Chiami subito ...	Rufen Sie schnell ...
... un'autoambulanza	... einen Krankenwagen
... la polizia	... die Polizei

Ausgehen

Scusi, mi potrebbe indicare ...?	Wo gibt es ...?
... un buon ristorante?	... ein gutes Restaurant?
... un locale tipico?	... ein typisches Restaurant?

C'è una gelateria qui vicino?	Gibt es hier eine Eisdiele?
Può riservarci per stasera un tavolo per quattro persone?	Kann ich für heute Abend einen Tisch für vier Personen reservieren?
Alla Sua salute!	Auf Ihr Wohl!
Il conto, per favore.	Bezahlen, bitte.
Andava bene?	Hat es geschmeckt?
Il mangiare era eccellente.	Das Essen war ausgezeichnet.
Ha un programma delle manifestazioni?	Haben Sie einen Veranstaltungskalender?

Einkaufen

Dov'è si può trovare ...?	Wo finde ich ...?
... una farmacia	... eine Apotheke
... un panificio	... eine Bäckerei
... un negozio di articoli fotografici	... ein Fotogeschäft
... un grande magazzino	... ein Kaufhaus
... un negozio di generi alimentari	... ein Lebensmittelgeschäft
... il mercato	... den Markt
... il supermercato	... den Supermarkt
... il tabaccaio	... den Tabakladen
... il giornalaio	... den Zeitungshändler

Übernachten

Scusi, potrebbe consigliarmi ...?	Können Sie mir ... empfehlen?
... un albergo	... ein Hotel
... una pensione	... eine Pension
Ho prenotato una camera.	Ich habe ein Zimmer reserviert.
È libera ...?	Haben Sie noch ...?
... una singola	... ein Einzelzimmer
... una doppia	... ein Zweibettzimmer
... con doccia/bagno	... mit Dusche/Bad
... per una notte	... für eine Nacht
... per una settimana	... für eine Woche
... con vista sul mare	... mit Blick aufs Meer
Quanto costa la camera ...?	Was kostet das Zimmer ...?
... con la prima colazione?	... mit Frühstück?
... a mezza pensione?	... mit Halbpension?

Arzt und Apotheke

Mi può consigliare un buon medico?	Können Sie mir einen guten Arzt empfehlen?

Mi può dare una medicina per ...	Geben Sie mir bitte ein Medikament gegen ...
Soffro di diarrea.	Ich habe Durchfall.
Ho mal di pancia.	Ich habe Bauchschmerzen.
... mal di testa	... Kopfschmerzen
... mal di gola	... Halsschmerzen
... mal di denti	... Zahnschmerzen
... influenza	... Grippe
... tosse	... Husten
... la febbre	... Fieber.
... scottatura solare	... Sonnenbrand
... costipazione	... Verstopfung

Speisekarte

prima colazione	**Frühstück**
caffè, espresso	kleiner Kaffee ohne Milch
caffè macchiato	kleiner Kaffee mit wenig Milch
caffe latte	Kaffee mit Milch
cappuccino	Kaffee mit aufgeschäumter Milch
tè al latte/al limone	Tee mit Milch/Zitrone
cioccolata	Schokolade
frittata	Omelett/Pfannkuchen
pane/panino	Brot/Brötchen
pane tostato	Toast
burro	Butter
salame	Wurst
prosciutto	Schinken
miele	Honig
marmellata	Marmelade
iogurt	Joghurt

antipasti	**Vorspeisen**
affettato misto	gemischter Aufschnitt
anguilla affumicata	Räucheraal
melone e prosciutto	Melone mit Schinken
vitello tonnato	kalter Kalbsbraten mit Tunfischsauce

primi piatti	**Nudel- und Reisgerichte, Suppen**
pasta	Nudeln
fettuccine/tagliatelle	Bandnudeln
gnocchi	kleine Kartoffelklößchen
polenta (alla valdostana)	Maisbrei (mit Käse)
vermicelli	Fadennudeln

minestrone	dicke Gemüsesuppe
pastina in brodo	Fleischbrühe mit feinen Nudeln
zuppa di pesce	Fischsuppe

Carni e Pesce	**Fleisch und Fisch**
agnello	Lamm
ai ferri/alla griglia	vom Grill
aragosta	Languste
brasato	Braten
coniglio	Kaninchen
cozze/vongole	Miesmuscheln/Venusmuscheln
fegato	Leber
fritto di pesce	gebackene Fische
gambero, granchio	Garnelen
maiale	Schweinefleisch
manzo/bue	Rind-/Ochsenfleisch
pesce spada	Schwertfisch
platessa	Scholle
pollo	Huhn
rognoni	Nieren
salmone	Lachs
scampi fritti	gebackene Langustinen
sogliola	Seezunge
tonno	Tunfisch
trota	Forelle
vitello	Kalbfleisch

Verdura	**Gemüse**
asparagi	Spargel
carciofi	Artischocken
carote	Karotten
cavolfiore	Blumenkohl
cavolo	Kohl
cicoria belga	Chicorée
cipolle	Zwiebeln
fagioli	weiße Bohnen
fagiolini	grüne Bohnen
finocchi	Fenchel
funghi	Pilze
insalata mista/verde	gemischter/grüner Salat
lenticchie	Linsen
melanzane	Auberginen
patate	Kartoffeln
patatine fritte	Pommes frites
peperoni	Paprika
pomodori	Tomaten

spinaci	Spinat
zucca	Kürbis

Formaggi	**Käse**
parmigiano	Parmesan
pecorino	Schafskäse
ricotta	quarkähnlicher Frischkäse

Dolci e frutta	**Nachspeisen und Obst**
cassata	Eisschnitte mit kandierten Früchten
coppa assortita	gemischter Eisbecher
coppa con panna	Eisbecher mit Sahne
tirami su	Löffelbiskuit mit Mascarponecreme
zabaione	Eierschaumcreme
zuppa inglese	likörgetränktes Biskuit mit Vanillecreme

Bevande	**Getränke**
acqua minerale	Mineralwasser
aranciata	Orangeade
bibita	Erfrischungsgetränk
bicchiere	Glas
birra scura/chiara	dunkles/helles Bier
birra alla spina	Bier vom Fass
birra senza alcool	alkoholfreies Bier
bottiglia	Flasche
con ghiaccio	mit Eis
digestivo	Digestif
gassata/con gas	mit Kohlensäure
liscia/senza gas	ohne Kohlensäure
secco	trocken
spumante	Sekt
succo	Fruchtsaft
vino bianco/rosato/rosso	Weiß-/Rosé-/Rotwein
vino della casa	Hauswein

Übernachten

Hotelkategorien

Die Hotels in Italien sind amtlich in **fünf Kategorien** eingeteilt, vom Luxushotel mit fünf Sternen bis zur einfachen Unterkunft mit einem Stern. Zudem findet man auch kleinere, nicht klassifizierte Betriebe, die durchaus akzeptabel sind. Manche kleinere Hotels haben keine eigene Garage, kümmern sich aber in der Regel darum, wo man sicher parken kann. Meist muss man für einen Stellplatz auf dem Hotelgelände extra bezahlen.

Hotelverzeichnisse erhält man von den ENIT-Vertretungen sowie von den regionalen und örtlichen Fremdenverkehrsämtern. Neben Hotels, Pensionen, Ferienwohnungen und Ferienhäusern gibt es auch Unterkünfte auf dem Land.

i Preiskategorien

- Luxus: ab 190 Euro
- Komfortabel: 80–190 Euro
- Günstig: bis 80 Euro
  für ein Doppelzimmer pro Nacht
  ohne Frühstück
- Hotels und Pensionen ▶ Reiseziele von A bis Z

Bed & Breakfast

Eine **empfehlenswerte Alternative** zum Hotelaufenthalt bietet Bed & Breakfast Italia, in Italien der Marktführer in der Vermittlung von Privatunterkünften. Das Angebot reicht von Zimmern mit Badmitbenutzung (2 Corone) bis zu Unterkünften in namhaften historischen Gebäuden mit eigenem Bad etc. (4 Corone).

Preiskategorien

Die Hotelpreise variieren je nach **Jahreszeit**, auch sind sie in den Großstädten generell höher. Für Einzelzimmer zahlt man 20–25% weniger als für ein Doppelzimmer.

Jugendherbergen

Die italienischen Jugendherbergen (Alberghi per la gioventù) sind dem Internationalen Jugendherbergsverband angeschlossen. Für die Übernachtung benötigt man einen **internationalen Jugendherbergsausweis**, der u.a. beim Deutschen Jugendherbergswerk in Detmold erhältlich ist. Die Preise schwanken abhängig von Lage und Ortsgröße; in der Regel liegen sie zwischen ca. 8 und 15 € pro Person und Tag. Eine **Voranmeldung** ist vor allem in der Saison ratsam. Ein Verzeichnis mit Adressen der italienischen Jugendherbergen kann man beim Deutschen Jugendherbergswerk anfordern.

Agriturismo · Ferien auf dem Land

Agriturismo lässt sich am besten mit »Ferien auf dem Land« übersetzen. Die Auswahl der Unterkünfte reicht von Zeltplätzen und Zimmern auf einem Bauernhof bis zu gut ausgestatteten Appartements in Villen oder Weingütern in ländlicher Umgebung. Dazu gibt es oft ein umfangreiches **Freizeitangebot** mit u.a. Tennis, Angeln, Fahrradverleih, Reiten, Waldwanderungen oder Weinproben. Einige Betriebe haben ländliche Restaurants oder bieten eigene Erzeugnisse wie Olivenöl, Naturhonig, Marmelade, Fleisch, Wurst, Käse, Wein, Grappa an. Informationen erhält man bei den Fremdenverkehrsämtern vor Ort und über den Interessenverband Agriturist in Rom, der jährlich einen Führer herausgibt.

Camping und Caravaning

Camping In Italien gibt es über 2000 Campingplätze, die je nach Komfort in unterschiedliche Kategorien (1 Stern bis 4 Sterne) klassifiziert sind. Insbesondere in der Hochsaison (von Mitte Juli bis Mitte September) empfiehlt sich eine **rechtzeitige Anmeldung**. Campingplatzverzeichnisse werden von der ENIT (► Auskunft) sowie vom italienischen Camping-Verband (s. u.) herausgegeben. Eine große Auswahl an geprüften Campingplätzen bietet der jährlich neu erscheinende ADAC Camping-Führer (Band 1: Südeuropa).

Caravaning, wildes Zelten Mit einem Wohnmobil oder Wohnwagen darf man generell eine Nacht auf einem Park- oder Rastplatz bzw. am Straßenrand stehen, sofern dies nicht durch regionale Hinweise verboten ist. Aus **Sicherheitsgründen** sollte jedoch ein offizieller Campingplatz aufgesucht werden. Wildes Zelten in freier Natur ist nicht erlaubt.

WICHTIGE ADRESSEN

AGROTOURISMUS

► **Agriturist**
Corso Vittorio Emanuele 101
00186 Roma
Tel. (06) 6 85 23 42
www.agriturist.it

► **Weitere Informationen**
www.terranostra.it
www.turismoverde.it
www.bauernhofurlaub.com

BED & BREAKFAST

► **B & B Italia**
Corso Vittorio Emanuele II 282
00186 Roma
Tel. (06) 6 87 86 18
www.bbitalia.it
www.bbsicilia.com
www.italiabb.com

CAMPING

► **Federazione Italiana del Campeggio e del Caravaning**
Via Vittorio Emanuele 11
50041 Calenzano (Firenze)
Tel. (0 55) 88 23 91
www.federcampeggio.it und
www.camping.it

JUGENDHERBERGEN

► **Deutsches Jugendherbergswerk (DJH)**
Bismarckstraße 8, 32756 Detmold
Tel. (0 52 31) 74 01 49
www.djh.de

► **Associazione Italiana Alberghi per la Gioventù**
Via Cavour 44, 00184 Roma
Tel. (06) 4 87 11 52, Fax 4 88 04 92
www.ostellionline.com

Im Winter warten auf die Skifans kilometerlange Abfahrten wie hier im Gebiet Via Lattea bei Sestriere im Piemont.

Urlaub aktiv

Sportbegeistertes Italien

Die Italiener sind eine sportbegeisterte, vor allem ballverliebte Nation. Überall gibt es Sportstätten, u. a. Fußball-, Volleyball- und Eislaufstadien, Tennis- und Golfplätze sowie Reit- und Rennbahnen. An den Küsten werden vielerlei Wassersportarten angeboten. In den letzten Jahren vergrößerte sich auch das Netz an Wander- und Radsportwegen erheblich. Im Buchhandel und bei der ENIT (► Auskunft) gibt es eine breite Palette mit **Ratgebern**. Golfer, Radfahrer, Wanderer, Tauchsportbegeisterte, Skifahrer etc. können sich natürlich auch an diverse Spezialreiseveranstalter wenden.

Radfahren

Für Radfahrer gibt es ein **breites Spektrum**, von geruhsamen Radtouren in der Ebene bis zu Bergtouren.
Informationen und Literaturtipps erteilen u. a. der Allgemeine Deutsche Fahrrad-Club (ADFC, Postfach 10 77 47, 28077 Bremen, Tel. 04 21/34 62 90), der Touring Club Italiano, der die Broschüre »Lombardia in bicicletta. Itinerari turistici« herausgibt (Touring Club Italiano, Corso Italia 10, 20122 Milano, Tel. 02/8 52 63 04) sowie die regionalen und örtlichen Fremdenverkehrsämter.

Wandern

Das Wandern ist in Italien nicht sehr verbreitet. Ideale Wanderreviere sind die Alpen, die Dolomiten, die Cinque Terre und der Apennin. Der **Club Alpino Italiano** (CAI, Via E. Petrella 19, 20124 Milano, Tel.

Auch an der Südküste Sardiniens finden Surfer paradiesische Reviere vor.

0 22 05 72 32 21) hat in Oberitalien, speziell in Südtirol und Trentino und am Gardasee, eine Reihe von Wanderwegen markiert. Informationen erhält man bei den örtlichen Fremdenverkehrsstellen sowie bei der ENIT.

Das Mekka der **Freeclimber** ist **Arco** am Nordende des Gardasees, wo jedes Jahr die internationalen Meisterschaften ausgetragen werden.

Reiten

Reiten ist vor allem im Rahmen der **Agriturismo-Angebote** möglich. Sehr viele der hier gemeldeten Betriebe bieten Reitausflüge an, stellen Pferde für Ausritte zur Verfügung oder weisen auf Reiterhöfe in der näheren Umgebung hin (►Übernachten, Agriturismo).

Golf

Vor allem in **Oberitalien**, an den Seen und in Südtirol gibt es zahlreiche Golfclubs, die in der Federazione Italiana Golf (FIG) zusammengeschlossen sind. Genauere Hinweise erteilen die ENIT sowie die örtlichen Fremdenverkehrsbüros.

Wassersport

Die **oberitalienischen Seen** sind ideale Segel- und Surfreviere; der Norden des Gardasees gilt als eines der besten Surfgebiete Europas. An allen Seen, aber auch an den Küsten der Adria und an der Riviera gibt es viele Segel- und Surfschulen. Außerdem kann man Boote mieten, muss dafür aber einen Segelschein vorlegen.

Auch **Kanu- und Kajakfahren** erfreuen sich zunehmender Beliebtheit. Wer eine längere Tour unternehmen möchte, kann von Mailand aus über den Naviglio Pavese, den Ticino und den Po bis zur Adria fahren. Genauere Auskünfte erhält man bei regionalen Fremdenverkehrsämtern und bei der ENIT.

Auch das **Tauchen** ist in einigen Regionen Italiens sehr beliebt.

Angeln

Zum Angeln im Meer braucht man keine Genehmigung. In Flüssen und Seen benötigt man jedoch einen **Berechtigungsschein**. Diesen erhält man gegen Gebühr bei der zuständigen Verwaltung (in den Verkehrsbüros erfragen) sowie bei der Federazione Italiana Pesca Sportiva.

Skipisten aller Schwierigkeitsgrade, mehreren tausend Kilometern gespurter Loipen, Rodel- und Eisbahnen gibt es in den Westalpen, vor

i Schneetelefon

- Schneeberichte für Italien erteilt der ADAC: Tel. 01 80/523 22 21.
- Im Falk Verlag erscheint regelmäßig der Große Falk Skiatlas Alpen.

allem im Aostatal (hier auch Sommerskigebiete), in den Dolomiten, in Südtirol, wo auf der Marmolada auch Sommerski angeboten wird, und im Trentino (Madonna di Campiglio). Auch im Veneto (Cortina d'Ampezzo), in der Lombardei (u. a. in Aprica, Bormio und Livigno), im Piemont sowie im Apennin (westlich von Bologna, bei Ancona sowie nördlich und südlich von Pescara, außerdem auch in Kalabrien) gibt es gute Wintersportangebote.

Verkehr

Autobahn

Fast alle Autobahnen (autostrada) in Italien sind gebührenpflichtig (pedaggio). Die Autobahngebühr kann entweder bar, mit Kreditkarte oder mit der Viacard bezahlt werden. Man erhält sie in Italien bei den Automobilclubs, bei ACI Büros an den Grenzübergängen, bei Autobahneinfahrten, in Tabakwarengeschäften sowie an Tankstellen.

Tankstellen

Die Einfuhr und der Transport von Benzin in Kanistern sind verboten. Es gibt bleifreies Benzin (95 Oktan, benzina senza piombo oder benzina verde), Superbenzin (97 Oktan) und Dieselkraftstoff (gasolio). Die Tankstellen sind in der Regel 7.00–12.00 und 14.00–20.00 Uhr geöffnet. An den Autobahnen gibt es meist einen 24-Stunden-Service. An den Wochenenden, vermehrt auch über die Mittagspause und nachts, kann bei vielen Tankstellen nur an automatischen Tanksäulen getankt werden.

Einige Verkehrsvorschriften

Die Promillegrenze liegt bei 0,5. Außerhalb geschlossener Ortschaften muss man tagsüber mit Abblendlicht fahren, und bei Regen sind auf der Autobahn maximal 110 km/h anstatt 130 km/h erlaubt! Ansonsten gelten folgende Tempolimits: Pkws, Motorräder und Wohnmobile bis 3,5 t: innerorts 50 km/h, außerorts 90 km/h, auf Schnellstraßen (2 Fahrstreifen in jeder Richtung) 110 km/h, auf Autobahnen (Autostrada) 130 km/h; Pkws und Wohnmobile über 3,5 t: außerorts 80 km/h, auf Schnellstraßen 80 km/h und auf Autobahnen 100 km/h. Wer zu schnell fährt und erwischt wird, muss mit hohen Geldstrafen rechnen. **Pannenwesten** sind in Italien Pflicht!

Weitere Vorschriften

Privates Abschleppen auf Autobahnen ist verboten. Im Falle einer Panne werden ausländische Auto- oder Motorradreisende vom Pannendienst des italienischen Automobilclubs zur nächsten Werkstatt abgeschleppt. Auf Motorrädern über 50 ccm³ besteht Helmpflicht. Bei Totalschaden ist der Zoll zu verständigen, da sonst u. U. für das Schadensfahrzeug Einfuhrzoll bezahlt werden muss.

Autodiebstahl

Wichtigste Regel beim Abstellen des Fahrzeugs: Nichts, aber auch gar nichts im Auto liegen lassen, schon gar keine Wertsachen, Handschuhfach leeren und offen lassen, Autoradio, wenn möglich, herausnehmen. Wer kann, sollte das Fahrzeug über Nacht auf einem **abgeschlossenen Parkplatz** oder in einer Garage parken. Ist das Unglück dennoch passiert, den Schaden in jedem Fall der Polizei melden. Das ist unbedingt erforderlich für die Schadensmeldung bei der Versicherung!

Parken Viele Stadtzentren sind **verkehrsberuhigt** und Parkplätze Mangelware. Parkverbotsschilder (Zona tutelata INIZIO = Beginn der Parkverbotszone) sollte man unbedingt beachten. Weiße Bordsteinkanten bzw. Parkflächen bedeuten: keine Beschränkung, hier kann kostenlos geparkt werden; gelbe Bordsteinkanten bzw. Parkflächen: nur für Berechtigte (z. B. Behinderte); blaue Bordsteinkanten bzw. Parkflächen: Parken gegen Gebühr (Tickets am Automaten bzw. Parkscheine »gratta e sosta«, »rubble und parke«, im nächsten Tabacchi).

WICHTIGE ADRESSEN

MIETWAGEN

▸ **Avis**
Tel. 018 05/55 77 55
www.avis.de

▸ **Budget**
Tel. 018 05/24 43 88
www.budget.de

▸ **Europcar**
Tel. 01 80/580 00
www.europcar.de

▸ **Hertz**
Tel. 018 05/33 35 35
www.hertz.de

▸ **Sixt**
Tel. 01 80/525 25 25
www.e-sixt.de

AUTOMOBILCLUBS

▸ **ADAC-Notrufzentrale München**
Telefon aus Italien:
Tel. 00 49/89/22 22 22
(rund um die Uhr besetzt; Beratung nach Unfällen)
Tel. 00 49/89/76 76 76
(Rückholdienst und Telefonarzt)

▸ **Allgemeiner Deutscher Automobilclub ADAC**
Ganzjährige deutschsprachige Notrufstation des ADAC
Via Comune Antico 43
I-20125 Milano
Tel. 02 66 15 91

▸ **Automobile Club d'Italia (ACI)**
(Auslandspartner des ADAC)
Hauptverwaltung
Via Marsala 8
I-00185 Roma
Tel. 06 499 81

▸ **Touring-Club Italiano (TCI)**
Hauptverwaltung
Corso Italia 10
I-20100 Milano
Tel. 02 8 52 61
ACI und TCI haben in allen größeren Städten und an den großen Grenzübergängen Geschäftsstellen.

▸ **Autoclub Europa (ACE)**
Notruf:
Tel. 00 49 / 18 02 / 34 35 36
Fax 00 49 / 18 02 / 34 35 37

Mietwagen

Um in Italien ein Auto mieten zu können, muss man mindestens 21 Jahre alt sein, eine Kreditkarte und seit einem Jahr einen **nationalen Führerschein** besitzen. Bei den internationalen Autovermietern, die in allen größeren Städten Niederlassungen haben, kann man bereits von Deutschland aus buchen – das kommt in der Regel billiger. Die örtlichen Autovermieter stehen im Telefonbuch unter »Noleggio«. Interessante Angebote haben auch sog. **Car-Broker**, www.holidayautos.de, www.sunnycars.de; www.drivefti.de.

Taxis

Die Taxis sind häufig mit keinem Taxameter ausgestattet, um Missverständnisse auszuschließen, empfiehlt es sich, bei längeren Fahrten den Preis vor Antritt auszuhandeln.

Bus

Fast alle Orte lassen sich mit Linienbussen erreichen; aktuelle Fahrpläne (orari) gibt es in Tageszeitungen, Tabacchi und in Kisoken, wo es meist auch die Fahrkarten gibt, sowie im Internet: www.italybus.it, www.orariautobus.it.

Bahnverkehr

Der größte Teil des italienischen Streckennetzes wird von den italienischen Staatsbahnen, den Ferrovie dello Stato (FS), unterhalten; ergänzend verkehren einige Privatbahnen (Fahrpläne im Kursbuch der FS).
Es gibt verschiedene Zugarten: Regionale (Bummelzug), Interregionale (Schnellzug) und Espresso (Eilzug). Für Intercity, Eurocity, Eurostar und Pendolino, einen Hochgeschwindigkeitszug der Luxusklasse, benötigt man Platzkarten; außerdem muss ein Zuschlag (supplemento) gezahlt werden.

◂ Fahrkarten

Es gibt einfache (andata) und Rückfahrkarten (andata e ritorno) für erste (prima) und zweite (seconda) Klasse (classe).
Internationale und nationale Fahrkarten sind ab dem Ausstellungsdatum zwei Monate lang gültig, wobei der Reisende die Zugfahrt beliebig oft unterbrechen kann. Für die in Italien gelösten Fahrkarten gilt: Bei Entfernungen bis zu 50 km gilt das Ticket einen Tag, bei größeren Entfernungen drei Tage. Rückfahrkarten werden in Italien nur für Entfernungen bis zu 250 km ausgestellt. Die Fahrscheine müssen am Reisetag mittels Automaten, die auf den Bahnsteigen stehen, entwertet werden.

◂ Ermäßigungen

Besondere Ermäßigungen gelten für Gruppenreisen, Senioren über 60 Jahre, Jugendliche unter 26 Jahre und Familien.

Zeit

In Italien gilt die Mitteleuropäische Zeit (MEZ). Für die Sommermonate (ab Ende März bis Ende Oktober) wurde die Mitteleuropäische Sommerzeit (MESZ = MEZ + 1 Std.) eingeführt.

Touren

ITALIEN HAT LANDSCHAFTLICH, KÜNSTLERISCH UND GASTRONOMISCH SO VIEL ZU BIETEN, DASS SELBST LANDESKENNER IMMER WIEDER NEUES ENTDECKEN. DAMIT DIES NICHT NUR DEM ZUFALL ÜBERLASSEN WIRD, FINDEN SIE HIER REIZVOLLE TOUREN ZU WELTBERÜHMTEN UND VERSTECKTEN SEHENSWÜRDIGKEITEN.

TOUREN DURCH ITALIEN

Nicht alle Wege führen nach Rom – Italien hat auch fernab der großen Touristenzentren viel zu bieten. Die folgenden Routenvorschläge führen Sie von Norden nach Süden durch das Land. Sie schließen die wichtigsten Sehenswürdigkeiten ein, berühren aber auch stillere Regionen. Die Zeitangaben beziehen sich auf die Mindestfahrtzeit. Aber natürlich gewinnt die Reise, je mehr Zeit man sich lässt.

TOUR 1 **Abseits gewohnter Pfade**
Die Strecke von der Grenze bis Mailand legt man oft ohne Zwischenstopp zurück. Auf dieser Tour ist das anders. Hier gilt dem ersten Stück Italiens die volle Aufmerksamkeit. ▸ **Seite 138**

TOUR 2 **Vergoldete Städte**
Natur, Kunst, Strandleben – das sind die starken Reize Italiens. Die Tour von Tolmezzo nach Rimini verbindet alle drei zu einer unvergesslichen Reise. ▸ **Seite 140**

TOUR 3 **Entlang der Via Aurelia**
Dort, wo einst Römer die Via Aurelia anlegten, braust man heute von La Spezia nach Rom durch eine bestechend schöne Landschaft.
▸ **Seite 141**

Einsame Straßen und idyllische Dörfer warten darauf, entdeckt zu werden.

Wehmut und Nostalgie
Dogenpaläste, Gondeln, Markusdom und Seufzerbrücke – die »Königin der Meere« ist ein Muss für jeden Italienbesucher.

Harmonisch
Auch bei Nacht ist das mittelalterliche Zentrum von Massa Marittima schön anzusehen.

TOUR 4 **Tour dell'Arte**
Die Kunstschätze der Toskana von Pisa über Florenz bis Siena verbindet diese reizvolle Tour. ► **Seite 143**

TOUR 5 **Über den Apennin**
Die Reise über den Umbrisch Märkischen Apennin von Rimini bis Viterbo ist kein klassisches Touristenprogramm, lohnt sich aber gerade deshalb ungemein. ► **Seite 144**

TOUR 6 **Die Sonnenseite Italiens**
Gut besucht, weil bezaubernd schön: Die Strecke von Rom nach Neapel. ▶ **Seite 146**

TOUR 7 **An der Ostküste**
Das Castel del Monte Friedrichs II. steht im Zentrum dieser landschaftlich besonders reizvollen Tour von Térmoli nach Capo di S. Maira di Léuca. ▶ **Seite 147**

TOUR 8 **Auf in den Süden**
Zwischen Neapel und der Schuhspitze Reggio di Calabria erwarten den Reisenden intensive landschaftliche, aber auch kulturelle Einblicke. ▶ **Seite 148**

Freunde des Barock
... sehen Lecce als Gesamtkunstwerk voll ungehemmter Gestaltungsfreude.

Malerisch
Hübsche Orte und endlose Strände locken Sonnenhungrige an die latinische Küste.

Unterwegs in Italien

Land der tausend Möglichkeiten

Wandern durch die Cinque Terre, Baden am Strand von Ischia, Kunst genießen in Florenz, Rom, und und und: Italien macht seinen Urlaubern die Wahl des Reiseziels wahrlich nicht leicht. Rund 8600 km Küste konkurrieren mit traumhaften Gebirgstouren, in Museen und Kirchen dokumentieren weltberühmte Gemälde, Skulpturen und Mosaiken den Glanz der Vergangenheit, malerische Innenstädte mit kleinen Geschäften laden zum Bummeln ein, während regionale Spezialitäten und Weine die Sinne verführen.

Keine Frage: Wer dieses Land bereist, sollte viel Zeit mitbringen oder entscheidungsfreudig sein: Träumt man von **Sonne, Strand und durchtanzten Nächten** oder von wilder, **unverfälschter Natur**? Soll es auf Entdeckungstour durch kleine Ortschaften gehen oder lieber in die großen Kunstmetropolen? Oder darf es ein bisschen was von allem sein?

Mit Auto, Bus und Bahn

Bereits die Wahl des Verkehrsmittels hat für das Erleben weit reichende Folgen. Am meisten sieht natürlich, wer mit dem Auto unterwegs ist. Selbst das verschlafenste Bergdörfchen lässt sich auf vier Rädern problemos ansteuern. Versteckte kleine Orte erreicht man in der Regel auch mit **öffentlichen Verkehrsmitteln** – doch oft kommt man zur Nacht nicht mehr weg: Während Autofahrer bereits wieder auf der Piste sind, müssen sich die öffentlich Reisenden bisweilen mit den Unterkunftsmöglichkeiten vor Ort arrangieren – was nicht selten in unvergesslichen Erlebnissen mündet.

◄ Mit dem Rad und zu Fuß

Intensiver noch lernt man Land und Leute kennen, wenn man aufs Rad umsteigt oder zu Fuß unterwegs ist. Von den Alpen bis zur Südspitze bietet Italien eine Fülle »aussichtsreicher« Wanderwege, darunter die Grande Traversata delle Alpi, kurz GTA, eine geradezu legendäre Route, die in 70 Stationen von der Schweizer Grenze bis zum Mittelmeer führt. Für Radfahrer und Mountainbiker werden in den letzten Jahren zusehens Routen ausgewiesen.

Gut beraten ist in jedem Fall, wer dort, wo es möglich ist, auf Fähren, Boote und Seilbahnen umsteigt. Bei Städtereisen in große Metropolen wie Neapel empfiehlt es sich, das Auto auf einem bewachten Parkplatz in einer Vorstadt abzustellen und die Metropole mit dem öffentlichen Nahverkehr und zu Fuß zu erkunden.

Guten Appetit!

Neben landschaftlichen Schönheiten und kulturellen Schätzen lockt Italien mit einer reichen Palette regionaler Spezialitäten und Weine. Kaum ein Ort, der nicht mit Olivenöl, ein paar ausgezeichneten Weingütern oder saftigem Schinken aufwarten könnte. Selbst so schlichte Gerichte wie Spaghetti Pomodoro oder Pizza Margerita können durch die sonnengereiften, süßen Tomaten zum Hochgenuss werden. Probieren sollte man im Piemont die »Bagna Caôda« eine heiße Sardellensoße mit viel Knoblauch, in Ligurien »Pansotti«, Spinat-Ravioli mit einer würzigen Nusssoße. In Mittelitalien gehören **Pilze und Trüffeln** zu den beliebtesten Delikatessen, in Rom sollte man sich ein typisches Gericht wie »Coda alla vaccinara«, Ochsenschwanz mit Kräutern, gönnen, zum Nachtisch gibt's in Süditalien allerhand süßes Gebäck, darunter auch **sahnegefüllte Canneloni**. Eis schmeckt dank des großzügigen Einsatzes von Mascarpone in ganz Italien verführerisch lecker, Cappuccino und Espresso befriedigen selbst an der Autobahnraststätte noch hohe Ansprüche.

Genießen auf Italienisch

Entscheidungsfreude verlangt auch die Wahl der Unterkunft. Wer kurzfristig reist, ist mit Hotels und Bed-and-Breakfast gut beraten. Plant man die Reise von langer Hand, so lohnt es sich, Ferienhausangebote zu studieren. So manches **romantische Castello** wie auch andere ungewöhnliche Unterkünfte sind dort zu erschwinglichen Preisen zu finden. Ein intensives Erlebnis insbesondere für Familien mit kleinen Kindern versprechen Ferien auf dem Bauernhof. Wer die eigenen vier Wände auch im Urlaub nicht missen möchte, findet für Caravan und Zelt jede Menge Campingplätze – von lauschig-still bis lebhaft-partyfreudig.

Tour 1 Abseits gewohnter Pfade

Start B 10

Länge der Tour: ca. 290 km **Tourdauer:** 3 Tage

Wer nach Süden will, gibt im Norden Italiens Gas, um schnell sein Ziel zu erreichen. Es lohnt sich allerdings, ganz bewusst die Veränderungen der Landschaft genießen, zum Beispiel mit dieser Tour:

Der Reschen-Stausee mit dem Kirchturm des überfluteten Dorfes Graun ist die erste Station hinter dem ❶ **Reschenpass**, die den Reisenden begrüßt. Fern leuchtet das Ortler-Massiv, dann geht es hinunter in die uralte Kulturlandschaft des ❷ ✶ **Vinschgaus** mit dem Kloster Marienberg, Burgeis, Mals, Glurns, Schluderns und der Churburg – allesamt besuchenswerte Orte und Stätten. In Spondinig nimmt man die SS 38 über das 2758 m hohe ❸ ✶✶ **Stilfserjoch**, die kühne Straße über den dritthöchsten Alpenpass nach Bormio, das schon zur Lombardei gehört. Die Route folgt nun für ca. 100 km dem ❹ ✶ **Veltin**, dem Tal der Adda, das durch eine herrliche Berglandschaft südlich des Bernina-Massives führt und für seine Rotweine bekannt ist. Alte Orte lohnen hier einen Stopp, so etwa Grosio,

tlin
ienidyll in Grün und ß: Das Veltlin ist ein adies für Winter- rtler und Wanderer.

Comer See
Gepflegtes Entspannen

Mailand
Eines der modernsten Opernhäuser der Welt: die Scala.

Tirano und vor allem Sondrio, von dem aus man einen Ausflug ins Valmalenco machen kann. Bevor man den ❺ ✶✶ **Comer See** erreicht, wechselt man hinüber nach Sorico und nimmt die SS 340d entlang dem Westufer, wo sich in mediterran anmutendem Ambiente alte Kurorte und berühmte Villen aneinanderreihen. Eine hübsche Unterbrechung bietet die Fahrt mit der Fähre nach ❻ ✶✶ **Bellagio**. Dann geht es weiter in das herrlich gelegene ❼ ✶✶ **Como** mit seiner hübschen Altstadt. Den Rest der Strecke nach ❽ ✶✶ **Mailand** legt man am besten über die Autobahn zurück.

Tour 2 Vergoldete Städte

Start C 16

Länge der Tour: ca. 670 km **Tourdauer:** 5–7 Tage

Erst Natur, dann Kultur und abschließend Urlaub am Strand! Wer das mag, der wird diese Tour in vollen Zügen genießen. Sie führt von Udine durch das geschichtsträchtige Triest nach Venedig und Ravenna und endet quasi direkt an der Strandbar.

Padua
Ein Juwel im Schatten Venedigs: Padua begeistert mit Architektur und Kunst.

Venedig
Eine der schönsten Städte der Welt – zu Recht.

Ravenna
Goldglänzende Mosaiken entführen ins byzantinische Zeitalter.

Rimini
Nach dem Kunstgenuss: Sonne, Sand und Meer

❶ ★ **Udine**, die »venezianischste« aller Städte des Friaul, ist idealer Ausgangspunkt für eine Erkundungstour durch Italiens Nordosten. Die Route führt zunächst durch Cividale und die Festungsstadt Palmanova nach ❷ ★ **Triest**, eine Stadt, deren osteuropäischer Charme viele Literaten des frühen 20.Jahrhunderts in seinen Bann schlug.
Ganz anders ist die Atmosphäre im nahe gelegenen ❸ ★★ **Aquileja** mit seinen berühmten Ausgrabungen. Von hier aus nimmt man über ❹ ★ **Grado**, Pordenone, Ordezo und ❺ ★ **Treviso** quasi »Anlauf« auf die Lagunenstadt ❻ ★★ **Venedig**, für deren Besichtigung man sich Zeit nehmen sollte.
Nach einem Besuch in ❼ ★★ **Padua** und einem Ausflug in die Colle Euganei mit ihren bekannten Kurorten durchquert man das Mündungsdelta des Po in Richtung ❽ ★★ **Ferrara** mit seinem hervorragend erhaltenem Stadtbild aus Mittelalter und Renaissance. Von hier aus kann man das ebenfalls historisch wohlerhaltene ❾ ★★ **Bologna** ansteuern oder man fährt gleich ans Meer zum Fischerstädtchen ❿ ★ **Comacchio** an der hier viele Kilometer langen Badeküste.
Kunstfreunde sollten die sich Abtei S. Maria di Pomposa anschauen, bevor es an der Küste und durch Pinienwälder nach ⓫ ★★ **Ravenna** mit seinen einzigartigen byzantinischen Kunstwerken geht. Nach der Besichtigung der Stadt hat man sich erholsame Tage am Strand von ⓬ ★ **Rimini** wahrlich verdient.

Tour 3 Entlang der Via Aurelia

Start G 9

Länge der Tour: ca. 520 km **Tourdauer:** 5 Tage

Im Jahr 241 v. Chr. gab der römische Censor Aurelius Cotta die Via Aurelia, zu deutsch Aurelische Straße, in Auftrag. Sie verlief anfangs von Rom bis Cosa bei Orbetello, dann bis Pisa, und wurde in neuerer Zeit bis Südfrankreich weitergeführt. Obgleich sie an manchen Stellen autobahnartig ausgebaut ist, gehört die Strecke zu den schönsten Routen Italiens.

Von ❶ **La Spezia** am Südende der Riviera fährt man am besten über Lerici und Montemarcello nach Ameglia und über den Magra in die toskanische ★★ **Versalia**, den weiten Küstenbogen vor den Alpi Apuane. Außer den bekannten Badeorten locken hier ❷ ★ **Carrara** und Massa mit ihren Marmorsteinbrüchen. Nach einem Abstecher in ❸ ★ **Lucca** steht ❹ ★★ **Pisa** auf dem Programm, dessen Campo dei Miracoli immer einen Besuch wert ist.
Bei ❺ **Livorno** erreicht das toskanische Hügelland die Küste. Vorbei an hübschen Buchten gelangt man an die »Etruskische Riviera«, einen sandigen, von Pinienwäldern begleiteten Küstenbogen, der von Cecina bis Populonia reicht. Der Weg führt über Montescudaio und

Livorno
überrascht mit einem pittoresken Kaufmannsviertel und einer arkadengesäumten Einkaufsstraße.

Carrara
Ein weißer Traum: Der Marmor aus Carrara zählt zu den hochwertigsten der Welt. Künstler wussten das von jeher zu schätzen.

Rom
Berninis berühmte Kolonadenarchitektur säumt den Platz vor dem Petersdom.

Castagneto Carducci kurvenreich nach Suvereto und Piombino. Am ✶ **Golfo di Baratti** lässt sich herrlich entspannen. Nach einem Abstecher nach 6 ✶✶ **Massa Marittima** steuert man kurz vor 7 **Grosseto** die bedeutende etruskische Nekropole Vetulonia an.
Weiter geht es nach Süden vorbei am ✶ **Regionalpark Maremmen** zum Monte Argentario. Im Latium erreicht man zunächst das mittelalterliche Städtchen Tarquinia, in dessen Nähe etruskische Nekropolen mit wunderbaren Wandmalereien ausgegraben wurden. Hinter 8 **Civitavecchia** ist das Landstädtchen Cerveteri einen Besuch wert. Auf der SS 1 fährt man dann nach 9 ✶✶ **Rom** hinein.

Tour 4 Tour dell'Arte

Start H 10

Länge der Tour: ca. 200 km **Tourdauer:** 2–3 Tage

Im 13. und 14. Jh. blühten in der Toskana Malerei und Bildhauerei. Die folgende Tour reiht die berühmtesten Kunststätten der Region wie Perlen einer Kette aneinander. Dass man dabei auch an ein paar reizvollen Weinstädtchen vorbei kommt, versteht sich.

Von ❶ ✶✶ **Pisa** geht es nordöstlich über S. Giuliano Terme nach ❷ ✶✶ **Lucca** mit seiner schönen, von einem Wall umgebenen Altstadt; bei Borgonuovo ist die Villa Torrigiani interessant, zu der eine

Pistoia
Obgleich hier die Pistole erfunden wurde, ist Pistoia ein äußerst friedlich-beschaulicher Ort.

Florenz
Intensive Kunsteindrücke verarbeitet man am besten auf dem Lande inmitten grüner Rebstöcke.

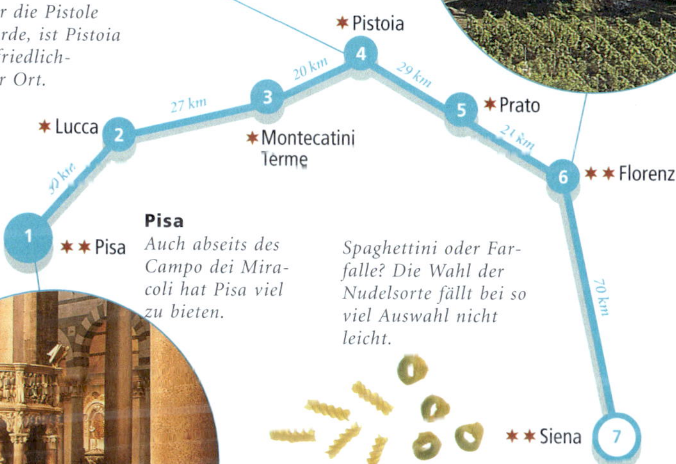

Pisa
Auch abseits des Campo dei Miracoli hat Pisa viel zu bieten.

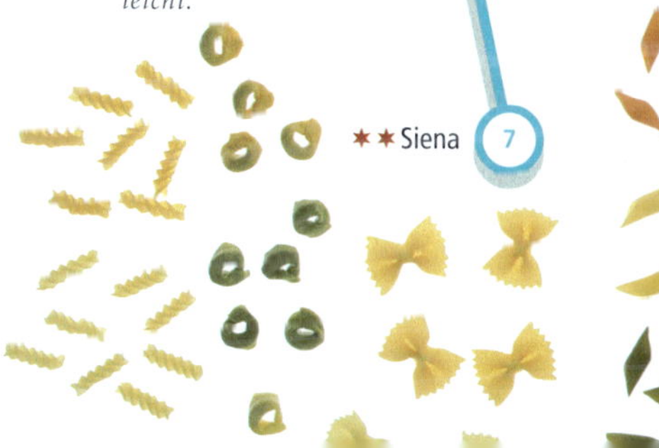

Spaghettini oder Farfalle? Die Wahl der Nudelsorte fällt bei so viel Auswahl nicht leicht.

Allee mit rund 700 Zypressen führt. Als Abwechslung zur großen Kunstgeschichte bietet sich ein Abstecher in den Pinocchiopark bei Collodi an.
Ein ganz anderer Geist weht in dem berühmten Kurort 3 * **Montecatini Terme**, wo sich eine Zahnradbahnfahrt nach Mantecatini Alto anbietet. 4 * **Pistoia** und 5 * **Prato**, zwei wohlhabende, touristisch noch relativ stille Orte im Ombrone-Tal, warten mit hochkarätigen Kunstschätzen auf.
Über Sesto Fiorentino fährt man dann nach 6 ** **Florenz**, wo man am besten mehrere Tage Station macht. Danach lockt eine Fahrt durch das Chianti Classico – über Greve, Radda, Gaiole und Castelnuovo Berardenga nach 7 ** **Siena**. Diese letzte Strecke ist unter »Reiseziele von A bis Z« beim Stichwort »Florenz« beschrieben.

Tour 5 Über den Apennin

Start G 15

Länge der Tour: ca. 320 km **Tourdauer:** 3–4 Tage

Die Überquerung des Umbrisch-Märkischen Apennin gehört zu den ungewöhnlichen und wenig frequentierten Reiserouten, kann aber mit außergewöhnlichen landschaftlichen und kulturellen Attraktionen aufwarten.

Von 1 * **Rimini** fährt man an den bekannten Ferienorten Riccione und Cattolica vorbei und dann von Gabicce auf der kurvenreichen, sehr reizvollen Küstenstraße zur Rossinistadt 2 **Pesaro**. Weiter geht es durch das Foglia-Tal hinauf zur Renaissancestadt 3 ** **Urbino** und nach Fossombrone. Von dort fährt man wieder vier Kilometer zurück und biegt in Calmazzo auf die römische Via Flaminia durch die enge Schlucht * **Gola del Furlo** ab. Über Acqualagna erreicht man Cagli. Vor Cantiano überquert man eine Brücke aus dem 1. Jh. n. Chr. und passiert dann die Gola di Burano; dahinter führt die Straße durch die Gola delle Fucicchie zum Valico di Scheggia, wo sie nochmals zum Colle di Gubbio ansteigt, um dann in Serpentinen hinunter nach Gubbio abzufallen. Jenseits der Ebene geht es hinauf ins Umbrische Hügelland und dann ins Tiber-Tal; vom Bergkamm gegenüber grüßt bereits 4 ** **Perugia**.
Das vielleicht schönste Ziel dieser Route ist 5 ** **Assisi**, samt der Wallfahrtskirche S. Maria degli Angeli, an der SS 75. Dann folgen das mittelalterliche 6 * **Spello** und das wirtschaftlich bedeutende Foligno. Jenseits des Valle Umbra gilt es die beiden befestigten Städtchen * **Bevagna** und * **Montefalco** zu entdecken. Nun geht es weiter nach Trevi mit seinen reichen Kunstschätzen, weiter südlich folgen der Tempietto und die * **Fonti del Clitunno**. Durch sein Festival und die großartigen Bauwerke wurde 6 * **Spoleto** bekannt, wo man den Monteluco besteigen sollte.

erugia
'ier spricht man Ita-enisch mit deutschem, ıglischem, französi-:hem und spanischem kzent, denn hier be-ndet sich die große uslünderuniversität.

Urbino
Federico da Montefeltro, Kriegsheld und Humanist, ließ den Palast von Urbino bauen.

Assisi
Die drei Knoten im Gürtel der Franziskaner stehen für Armut, Ehelosigkeit und Gehorsam.

Die SS 3 führt nun über den Valico della Somma nach 7 **Terni**; ein beliebtes Ausflugsziel sind hier die ✶ **Cascate delle Marmore**. Bis zum hochgelegenen Narni folgt man noch der SS 3, dann geht es weiter über Amelia nach ✶ **Bomarzo** mit dem Orsini-Schloss und dem berühmten Parco dei Monstri. Kurz vor 8 ✶ **Viterbo** lohnt noch ein Besuch in Bagnaia mit der Villa Lante und in der Wallfahrtskirche Madonna della Quercia.

Tour 6 Die Sonnenseite Italiens

Start M 14

Länge der Tour: ca. 310 km **Dauer:** 3 Tage

Die folgende Route gehört zu den attraktivsten Strecken durch Italien. Leider sind die Stationen im Sommer auch dementsprechend gut frequentiert. Davon sollte man sich aber nicht die Laune verderben lassen.

1 ✶✶ Rom
88 km
2 ✶ Ninfa
31 km
3 ✶ Fossanova
32 km
4 S. Felice Circeo
48 km
5 ✶ Gaeta
78 km
6 Caserta
34 km
7 ✶✶ Neapel

Albaner Berge
Der Nemi-See in den Albaner Bergen füllt einen ehemaligen Vulkankrater

Fossanova
Die Abazzia di Fossanova ist die erste Klostergründung der Zisterzienser in Italien.

Golf von Neapel
Ein Dorado für Segler und Fischliebhaber

Von 1 ✱✱ **Rom** fährt man nach Frascati zu den ✱ **Albaner Bergen** mit ihren Vulkanseen; je nach Zeitplan sollte man sich dabei auch ✱ **Tusculum** oder Rocca di Papa anschauen. Von Velletri geht es dann hinüber in die Monti Lepini, an deren Südwesthang eine Reihe interessanter Orte liegen. Cori, die Ruinenstadt 2 ✱ **Ninfa**, Norma und Sermoneta mit seiner Borgia-Burg.
Über Sezze und das reizvolle Priverno erreicht man die bedeutende Zisterzienserabtei 3 ✱ **Fossanova**. Von hier führt der Weg schnurgerade über die Pontinische Ebene nach Sabaudia, das 1993/1994 im Zug der Trockenlegung der Sümpfe erbaut wurde; ihm vorgelagert ist ein kilometerlanger, schöner Sandstrand.
Vom reizvollen 4 **S. Felice Circeo** unterhalb des Monte Circeo reichen die Strände über Terracina mit bedeutenden antiken Resten und Sperlonga, dem hübschesten Ort an der latinischen Küste, bis nach 5 ✱ **Gaeta**. Hinter Minturno geht es nach Kampanien; in S. Maria Capua Vetere lohnen die römischen Ruinen einen Blick, im benachbarten 6 **Caserta** das Bourbonen-Schloss La Reggia. Auf der A 1 gelangt man schließlich nach 7 ✱✱ **Neapel**.

Tour 7 An der Ostküste

Start L 19

Länge der Tour: ca. 450 km **Tourdauer:** 5 Tage

Zum Castel del Monte, der rätselvollen Festung Friedrichs II., und weit hinaus bis zum Capo S. Maria di Léuca führt die Route entlang der Apulischen Küste durch eine abwechslungsreiche Landschaft.

Die Tour beginnt in 1 **Térmoli** und führt über Serracapriola nach 2 ✱ **Lucera** im Tavoliere mit seiner riesigen Festung. Neben einem Ausflug zur bedeutenden romanischen Kathedrale von 3 ✱ **Troia** lohnt die Provinzhauptstadt Foggia einen Besuch. Wer Zeit hat, sollte sich die 200–250 km lange Rundfahrt um den ✱ **Gargano** nicht entgehen lassen, wobei außer der Küste auch die Wallfahrtsorte Monte Sant'Angelo und S. Giovanni Rotondo sowie das waldreiche Innere sehenswert sind. Anschließend sind von Manfredonia an knapp 60 öde Kilometer entlang der Küste nach Barletta mit Dom und Stauferkastell zurückzulegen.
Eine echte Perle ist 4 ✱✱ **Trani**, dessen Kathedrale als Hauptwerk der apulischen Romanik gilt. Weiter geht es nach Andria und zum wohl berühmtesten Bauwerk Apuliens, dem ✱✱ **Castel del Monte** Friedrichs II. Über Ruvo di Puglia und ✱ **Bitonto** erreicht man die Provinzhauptstandt 5 ✱ **Bari** mit der romanischen Kirche S. Nicola, in der die Reste des hl. Nikolaus verehrt werden.
Bis Monopoli geht es weiter die Küste entlang, die nun attraktive felsige Abschnitte aufweist, dann weiter ins Landesinnere durch die Zona dei Trulli, das Land der eigenartigen Steinhäuser, mit den Orten

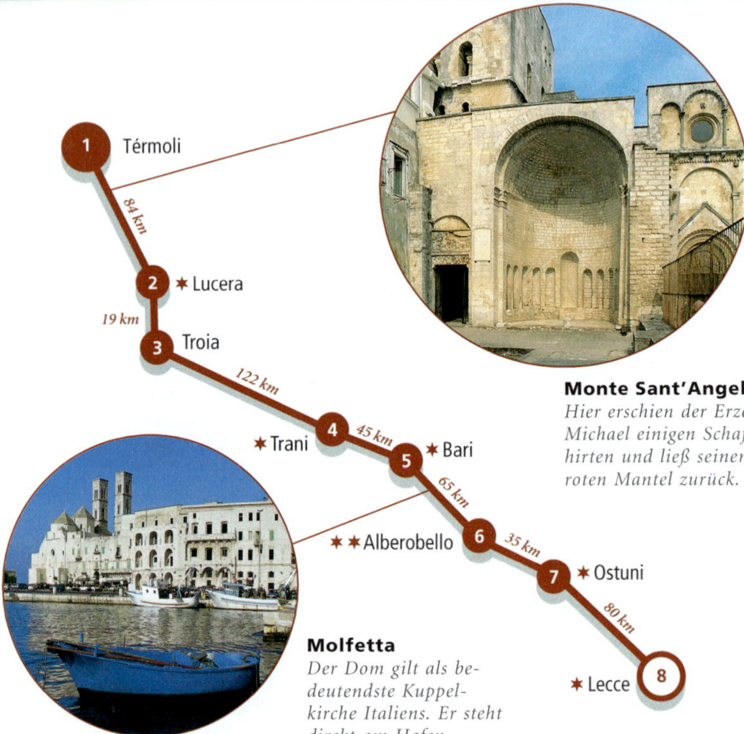

Monte Sant'Angelo
Hier erschien der Erzengel Michael einigen Schafhirten und ließ seinen roten Mantel zurück.

Molfetta
Der Dom gilt als bedeutendste Kuppelkirche Italiens. Er steht direkt am Hafen.

❻ ✶ ✶ **Alberobello**, ✶ **Locorotondo** und ✶ **Martina Franca**. Über das malerisch »orientalische« ❼ ✶ **Ostuni** und Brindisi erreicht man die großartige Barockstadt ❽ ✶ ✶ **Lecce**. Die Tour endet mit der Fahrt entlang der schönen Felsenküste bis zum südlichsten Punkt, dem Capo S. Maria di Léuca.

Tour 8 Auf in den Süden

Start Q 21

Länge der Tour: ca. 460 km **Dauer:** 5 Tage

Der Küstenabschnitt bei Sorrent wie auch die Inseln Capri und Ischia sind für ihre Schönheit bekannt. Doch auch die anschließende Strecke durch Kalabrien bis zum Ende des Festlandes ist sehenswert, wie diese Tour beweist.

Ausgangspunkt der Fahrt ist ➊ ✶ ✶ **Maratea** am Golfo di Policastro, von wo aus man schnell zu den attraktiven Badeorten Praia a Mare

und ❷**Scalea** gelangt. Wer mag, kann von dort einen Ausflug zum ✶ **Monte Pollino** unternehmen, wobei man von Mormanno über ❸**Castrovillari** und Lungro nach Belvedere Marittimo an die Küste zurückkehrt. Hier lohnen Guardia Piemontese und ❹**Páola** einen Stopp, bevor man über den Passo Crocetta ins Tal des Crati und zur sehenswerten Provinzhauptstadt ❺**Cosenza** fährt.
Für die Weiterfahrt wählt man am besten die A 3, auf der man die Ebene von S. Eufemia durchquert. Von Pizzo führt ein Abstecher nach Vibo Valentia und dann an der Küste entlang nach ❻✶ **Tropea**, dem beliebten, stimmungsvollen Badeort. Nun geht es über Mileto zum ✶ **Aspromonte** hinauf und dann wieder hinunter nach Reggio di Calabria.

Bei Scalea
Die Lao-Schlucht ist ein Naturschutzgebiet. Von der Brücke aus kann man in die Tiefe hinabsteigen.

Tropea
Hier ist die Küste zwar felsig – wer sich ein bisschen umschaut, findet aber auch kleine, feine Sandsträndchen.

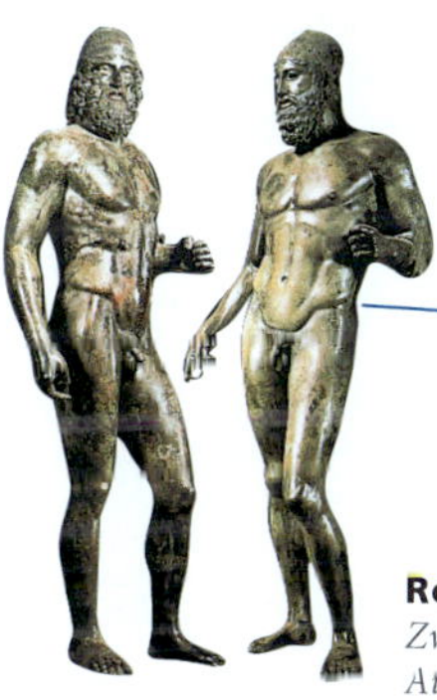

Reggio di Calabria
Zwei Herren, die für Aufsehen sorgen: Die »Krieger von Riace« sind Reggios Hauptattraktion.

Reiseziele von A bis Z

STRAND, NATUR, KULTUR UND HINREISSENDE SPEZIALITÄTEN – WAS AUCH IMMER MAN SICH FÜR DEN URLAUB ERTRÄUMEN MAG: ITALIEN IST EIN LAND, IN DEM WÜNSCHE WAHR WERDEN.

★ Abruzzen · Abruzzo

L/M 16–18

Region: Abruzzen • Abruzzo
Fläche: 10 794 km²
Einwohnerzahl: 1 250 000

Provinzen: L'Aquila, Chieti, Pescara, Teramo

Strandurlaub oder lieber Bergwandern? Wem diese Entscheidung schwer fällt, der sollte in die Abruzzen reisen. Von den Badestränden der Adria über fruchtbares grünes Hügelland bis zur alpinen Szenerie des Gran Sasso d'Italia – innerhalb von nur 45 Autominuten kann man die ganze Bandbreite genießen. Natürlich gibt es auch hier eine ganze Reihe kulturell bedeutender Stätten.

Landschaften

Als Abruzzen bezeichnet man sowohl den höchsten Teil des Apennin als auch die Region Abruzzo, die sich von der Wasserscheide des Zentralapennin bis zur Adriaküste erstreckt. Sie grenzt an Marken, Latium und Molise.

Den Kern der Region bilden drei Gebirgsketten, zu denen auch die Gruppe des **Gran Sasso d'Italia** (Corno Grande, 2912 m) und der Montagna della Maiella (Monte Amaro, 2793 m) zählen, die höchsten Gipfel der Halbinsel. Eingebettet zwischen diesen Gebirgszügen liegt das zentrale Bergland mit dem Aternotal, den Hochmulden von L'Aquila und Sulmona sowie dem weiten, fruchtbaren Becken von Fucine. Die Sommer sind hier heiß, die Winter sehr kalt mit viel Schnee. Der größte Teil des Landes ist waldarm, teilweise verkarstet und wenig fruchtbar. Ackerbau kann nur in den Tälern und Senken betrieben werden, die Bergregionen werden traditionell als (Schaf-) Weiden genutzt.

Etwa ein Drittel der Gesamtfläche ist als **National- oder Regionalpark** geschützt, darunter der Parco Nazionale d'Abruzzo. Touristen trifft man allenfalls im Sommer an der Adria und im Winter in den Bergen.

Die Küste der Region Abruzzen

Badeorte an der Adria

Die Adriaküste ist zweigeteilt: Von Martinsicuro bis Francavilla sind die Strände lang, flach und feinsandig, dann wird es felsig und kurviger, kleine Buchten mit Kiesstrand und mediterraner Vegetation dominieren.

Von Norden kommend, erreicht man zuerst das mittelalterliche **Tortoreto Alto**. Landeinwärts geht es weiter ins alte **Giulianova**, das mit einem um 1470 entstandenen Renaissance-Zentralbau, dem Dom S. Flaviano, beeindruckt (um 1470). Malerei gibt es in **Francavilla al Mare** zu entdecken, wo Werke des Malers F. P. Michetti (1851 bis 1929), eines Freundes D'Annunzios, ausgestellt sind. Eine herrliche Monstranz, 1413 von Nicola di Guardiagrele geschaffen, wird in der Kirche S. Maria Maggiore aufbewahrt. Eine Tour durch die Region

Der Lago die Barrea mit dem gleichnamigen Ort liegt am Rand des Parco Nazionale d'Abruzzo, des ältesten Nationalparks in Italien.

sollte die Burgruinen und die Kathedrale in **Ortona** und das großartige Kloster S. Giovanni in **Venere** (gegründet im 8. Jh., Bauten aus dem 12./13. Jh.) bei Fossacesia Marina einschließen. Im alten Ortskern von **Vasto** sind das Kastell aus dem 15./18. Jh. und der Palazzo D'Avalos aus dem 18. Jh. einen Besuch wert.

Pescara

Mit seinen langen weißen Sandstränden zählt Pescara zu den großen Badeorten der Adria. Im Zweiten Weltkrieg großenteils zerstört und danach planlos wiederaufgebaut, verfügt die Stadt über nur wenige Sehenswürdigkeiten. Eine davon ist das Geburtshaus des umstrittenen Exzentrikers **Gabriele D'Annunzio** (1863–1938) – Dichter, Dandy, Kriegsheld und Anhänger Mussolinis – am Corso Manthonè, das ein Museum birgt. Interessant ist auch das Museum für Fischkunde (Museo Ittico, Via Paolucci) nahe dem Porto Canale.

? WUSSTEN SIE SCHON ...?

- Auf der Weltkarte des Jazz ist Pescara eine Hauptstadt. Das jährlich im Juli stattfindende Jazzfestival ist so bedeutend, dass Duke Ellington und Ella Fitzgerald, befragt nach den wichtigsten Städten Italiens, »Rom, Venedig und Pescara« geantwortet haben sollen.

Der Norden der Region Abruzzen

Teramo

Die Provinzhauptstadt Teramo (51 500 Einw.) hat als römisches »Interamnia« eine lange Geschichte, sichtbar ist davon leider nur wenig. Besuchen sollte man den romanisch-gotischen Dom S. Bernardo mit

ABRUZZEN ERLEBEN

AUSKUNFT

Abruzzo Promozione Turismo
Corso Vittorio Emanuele II
65122 Pescara, Tel. 0 85 42 90 01
www.abruzzoturismo.it

www.inside-abruzzo.com

ESSEN

► Erschwinglich

Corona di Ferro
Corso Roma 28, Lanciano
Tel. 08 72 71 30 29
www.coronadiferro.it; So. abends und Mo. geschl. Vornehmes Restaurant in einem Palazzo aus dem 19. Jh., bekannt für hervorragende Fischgerichte.

La Lumaca
Via delle Caserme 51, Pescara
Tel. 08 54 51 08 80; Di. geschl.
Kreative Küche nach traditionellen abruzzischen Rezepten in einem historischen Lokal gegenüber dem Museo delle Genti d'Abruzzo.

Osteria dei Miracoli
Corso Manthonè 57, Pescara
Tel. 08 56 69 86; Di. geschl.
Bodenständige, auch von Einheimischen geschätzte Adresse in der Altstadt. So einfach das Ambiente, so köstlich ist die Küche. Gartenterrasse.

Taverna De Li Caldora
Piazza Umberto I 13, Pacentro
Tel. 0 86 44 11 39; Di. geschl.
In einem Wohnhaus aus dem 16. Jh. im alten Ortsteil befindet sich dieses Lokal, das eine raffinierte Bauernküche und eine herrliche Panorama-Terrasse zu bieten hat.

► Preiswert

Carmine
Contrada Re Martello 1
Loreto Aprutino
Tel. 08 58 20 85 53
Charmantes Lokal etwas außerhalb des Ortes in Richtung Penne. Hervorragende Fischgerichte und hochkarätige Weine.

Duomo
Via Stazio 9, Teramo
Tel. 08 61 24 17 74
Elegantes Restaurant nur wenige Schritte vom Dom, bekannt für schmackhafte regionale Küche und zivile Preise.

Baedeker-Empfehlung

Plistia
Via Principe di Napoli 28
Pescasseroli, Tel. 08 63 91 07 32
Signora Laura serviert mit leichter Hand abruzzesische Bergküche. Probieren Sie die hausgemachten Pappardelle mit Steinpilzen oder die mit Ricotta und wildem Spinat gefüllten Ravioli in Salbeibutter.

ÜBERNACHTEN

► Luxus

Castello Chiola
Via degli Aquino 12
65014 Loreto Aprutino
Tel. 08 58 29 06 90, Fax 08 58 29 06 77
www.castellochiolahotel.com
Romantisches Hotel in einer Burganlage aus dem Mittelalter hoch über dem Städtchen, sehr elegante Zimmer und Suiten mit allem Komfort. Restaurant und Schwimmbad im Haus.

► Komfortabel

Esplanade
Piazza 1 Maggio 46, 65122 Pescara
Tel. 0 85 29 21 41, Fax 08 54 21 75 40
www.esplanade.net

Elegantes Ambiente und großzügige Räume in Jugendstilpalazzo nahe beim Meer. Vom Restaurant bietet sich ein herrlicher Blick.

Hotel Sporting
Via A. De Gasperi 41, 64100 Teramo
Tel. 08 61 41 47 23, Fax 08 61 21 02 85
www.hotelsporting.teramo.it
Modernes Haus in einem Park unweit des historischen Zentrums, hübsche Zimmer mit zeitgemäßem Komfort, gutes Restaurant, Sauna im Haus.

Harry's
Via Valignani 219, 66100 Chieti
Tel. 08 71 32 15 55, Fax 08 71 32 17 81
www.hotelharris.com
Ruhig am Stadtrand gelegenes Hotel, das über schöne Zimmer mit Balkon oder Terrasse verfügt.

Excelsior
Viale della Rimembranza 19
66034 Lanciano
Tel. 08 72 71 30 13, Fax 08 72 71 29 07
www.hotelexcelsiorlanciano.it
Großzügig geschnittenes und stilvolles Hotel mitten in der Stadt, im Restaurant werden neben internationalen Klassikern auch viele regionale Fischgerichte serviert.

► Günstig

Archi del Sole
Largo Porta di Berardo 9
67033 Pescocostanzo
Tel. & Fax 08 64 64 00 07
www.archidelsole.it
Kleines, nettes Hotel im Stadtzentrum nur zwei Schritte von der Piazza del Municipio entfernt.

Bellariva
Via Riveria 213, 65122 Pescara
Tel. & Fax 08 54 71 26 41
www.hotelbellariva.it
Dieses kleine, freundliche Hotel direkt am Meer ist nur ein Kilometer von der lebhaften Innenstadt entfernt. Die Zimmer sind einfach, aber liebevoll eingerichtet.

Il Vecchio Pescatore
Via Virgilio 175
67030 Villetta Barrea
Tel. 0 86 48 92 74
Fax 0 86 48 92 55
www.ilvecchiopescatore.net
Ungewzungene familiäre Atmosphäre herrscht in dem kleinen Gasthof an der Hauptstraße des Ortes, im Restaurant wird bodenständige Küche serviert.

einem Portal des Meisters Deodatus von 1332, einem silbernen Altarvorsatz von Nicola da Guardiagrele aus den Jahren 1433–1448 und einem herrliches Polyptychon, das Iacobello da Fiore um 1420 schuf. Neben dem Dom befindet sich der Bischofspalast aus dem 15. Jh., wenige Schritte weiter sieht man Reste eines römischen Theaters. Teile eines riesigen **römischen Amphitheaters** finden sich auch in der linken Domflanke.

Civitella del Tronto ✶

◄ Gola del Salinello

Civitella del Tronto, 16 km nördlich von Teramo, wird von einer der größten Festungsanlagen Italiens überragt, die im 16./17. Jh. von den spanischen Königen Neapels errichtet wurde. Bei Ripe liegen die Grotta S. Angelo und die Gola del Salinello, eine der beeindruckendsten Schluchten der Abruzzen.

Fensterrose der Basilika S. Maria Assunta in Atri

★ **Atri**

10 km von der Küste entfernt liegt inmitten einer bizarren **Erosionslandschaft** das auf römischen Ruinen erbaute, atmosphärereiche Städtchen Atri (11 000 Einw.). Großartig ist hier die Kathedrale S. Maria Assunta, erbaut ab 1268, mit ihrer flächigen Rechteck-Fassade, die für die Region typisch ist. Das Innere birgt einen große Renaissance-Freskenzyklus von Andrea de Litio, entstanden ca. 1480, und ein Taufbecken des Comasken Paolo de Garviis von 1503. Die Krypta wurde in eine römische Zisterne gebaut.

Loreto Aprutino

Von Pescara lohnt sich der Ausflug nach Loreto Aprutino und Penne (25/32 km), zwei hübschen mittelalterlichen Orten mit herrlichem Blick zum Gran Sasso. In der **Zisterzienserkirche** Santa Maria in Piano bei Loreto befindet sich ein Fresko des »Jüngsten Gerichts« aus dem 14. Jh. In Penne kann man – wie es der Ortsname ahnen lässt – gut speisen, so etwa im über 100 Jahre alten Restaurant Tatobbe. Östlich von Loreto stehen zwei bedeutende romanische Kirchen: Santa Maria del Lago bei Moscufo und Santa Maria Maggiore bei Pianella, beide mit herrlichen Kanzeln ausgestattet.

★★ **Über den Passo delle Capannelle nach L'Aquila**

Die SS 80 führt von der Küste im Tal des Vomano in die grandiose Bergszenerie der Monti della Laga und des Gran Sasso d'Italia. Etwa 9 km hinter Montorio al Vomano zweigt die Serpentinenstraße nach Pietracamela (1005 m) ab, das herrlich unter Corno Piccolo und Corno Grande liegt. Weiter führt sie zum Wintersportort Prati di Tivo, Ausgangspunkt für die Besteigung des Gran Sasso. Nun windet sich die SS 80 zwischen steilen Bergwänden an Senarica vorbei, das von Mitte des 14. Jh.s bis 1701 freie Republik war. Später lohnt der

Abstecher rechts hinauf zum einsam in rauer Landschaft gelegenen Lago di Campotosto. Durch dramatisch wirkende Landschaft fährt man vom Passo delle Capannelle (1299 m) entweder am Südhang des Gran Sasso entlang nach Assergi, das aus dem nackten Stein zu wachsen scheint, oder den Pass hinunter, wo bei S. Vittorino die Ruinen der bedeutenden **sabinisch-römischen Stadt Amiternum**, Geburtsort des Geschichtsschreibers Sallust (86–34 v. Chr.), liegen. Unter der Kirche S. Michele (12. Jh.) befinden sich frühchristliche Katakomben.

! *Baedeker* TIPP

Paradies für Reiter

Der Campo Imperatore – der Name verweist auf die Lager Kaiser Friedrichs II. – war früher als Schafweide bekannt. Heute ist die für Italien einzigartige, riesige Hochebene ein beliebtes Ski-, Kletter- und Wandergebiet. Vor allem aber ist sie für den Reitsport attraktiv, der in S. Stefano di Sessanio sein Zentrum hat.

L'Aquila

►dort

✶ Gran Sasso d'Italia

Atemberaubende alpine Bilder vermittelt das Kalkmassiv des Gran Sasso d'Italia (»Großer Fels von Italien«), mit 2912 m **das höchste Gebirge der Apenninenhalbinsel**. Es ist gut erschlossen und ein beliebtes Ausflugsziel und Wintersportgebiet, was gelegentlich auf Kosten der Natur geht. Von L'Aquila führt eine Straße nach Fonte Cerreto, von wo eine Seilbahn zum Campo Imperatore startet. Die Bergstation in 2130 m Höhe erreicht man auch durch das weite, baumlose Hochtal des Albergo Campo Imperatore. Von dort steigt man in 45 Minuten zum Rifugio Duca degli Abruzzi auf dem Portella-Grat (2381 m) auf und in weiteren 3–3 ½ Std. zum nächsten Gipfel, dem Corno Grande (2912 m). Von hier aus sieht man über ganz Mittelitalien: im Osten zur Adria, im Westen zu den Sabiner Bergen und an klaren Tagen bis zum Tyrrhenischen Meer. Sehr lohnend ist auch ein Ausflug von L'Aquila nach Osten über Barisciano, S. Stefano di Sessanio und Calascio nach Castel del Monte (1310 m).

✶ Bominaco

Zwei überragende Beispiele **abruzzesischer Romanik** entdeckt man in Bominaco, 30 km südöstlich von L'Aquila. Die kleine Kirche S. Pellegrino von 1263 ist vollständig mit Fresken ausgemalt, die in kräftiger Bildsprache Szenen und Figuren aus der Bibel, Heiligenlegenden und Tierkreiszeichen zeigen. Die Abteikirche S. Maria Assunta (Mitte bis Ende 12. Jh.) wartet mit herrlichen Steinmetzarbeiten auf.

Der Osten der Region Abruzzen

Chieti

In der Antike war das heutige Chieti (55 000 Einw.) eine äußerst lebendige Stadt mit dem Namen Teate. Vom einstigen Glanz zeugen drei **Tempel**, im 1. Jh. n. Chr. entstanden, sowie das hervorragende

★ Archäologisches Museum ► Museo Nazionale di Antichità, in dem Funde aus vorgeschichtlicher und römischer Zeit ausgestellt sind, u. a. der »Sitzende Herkules« aus **Alba Fucens** und der »Krieger von Capestrano« aus dem 6. Jh. v. Chr. An der Via delle Terme Romane am Ostrand des Stadthügels liegen eine in den Felsen gehauene römische Zisternenanlage und Reste der Thermen. Ganz neu ist der riesige Museumskomplex am oberen Ende der Via Vernia, in dem auf äußerst unterhaltsame Weise die Kulturen der Civitella erklärt werden. Sehenswert sind auch die gotische Kathedrale S. Giustino, an der zuletzt 1920–1936 gebaut wurde, der mittelalterliche Kampanile und das Rathaus von 1517.

Bucchianico ► In Bucchianico (ca. 10 km südlich) wird vom Sonntag vor dem 23. Mai bis zum 26. Mai zur Erinnerung an die erfolgreiche Verteidigung gegen Chieti die prächtige »Sagra dei Banderesi« gefeiert.

Lanciano Das 10 km hinter der Küste gelegene Lanciano (28 000 Einw.) besitzt sehenswerte Kirchenbauten, so die Kathedrale S. Maria del Ponte, die auf einer Brücke aus der Zeit Diokletians errichtet wurde. In der Nähe liegt die Bettelordenskirche S. Francesco mit schöner Barockausstattung und einer **Blutreliquie**. Im Stil der burgundischen Zisterzienser ist die gotische Kirche S. Maria Maggiore erbaut (13. Jh., im 16. Jh. erweitert). Neben dem Hauptportal von 1317 ist das Prozessionskreuz Nicola da Guardiagreles von 1422 beachtenswert.

Guardiagrele Das 25 km von Lanciano am Fuß der Maiella gelegene Guardiagrele hat eine lange Tradition im Eisen- und Goldschmiedehandwerk. Die Kirche S. Maria Maggiore hütet ein Kreuz von Nicola da Guardiagrele sowie ein Christophorus-Fresko aus dem Jahr 1473. Vom Ort aus kann man in 5 Std. die Maielletta (1995 m) besteigen.

★ **S. Maria d'Arabona** 1208 wurde nahe Manoppello Scalo die **erste Zisterzienserkirche** der Abruzzen, S. Maria d'Arabona, erbaut. Noch heute begeistert sie durch die schönen Fresken im Altarraum und in der Cappella di S. Rocco. Etwas weiter bei Serramonacesca findet sich idyllisch gelegen ein zweites, beeindruckendes Gotteshaus: die romanische Kirche S. Liberatore a Maiella, erbaut ab 1007.

★ **Maiella** Ebenso hoch wie der Gran Sasso, doch von ganz anderem Charakter ist der mächtige Bergrücken der Montagna della Maiella (Monte Amaro, 2793 m). In die Hänge des nur wenig bewaldeten Kalkmassivs sind **wilde Schluchten** eingeschnitten, so der Orfento beim hübschen Schwefelbad Caramanico Terme und der Mandrelle bei Fara S. Martino, das für seine Pastafabriken bekannt ist. Gute Routen auf den Monte Amaro gehen von Caramanico Terme (4 Std.), von Campo di Giove (7 Std.) und von Fara S. Martino (2 Std.) aus.

★ **S. Clemente a Casauria** Im Jahr 871 gründete Kaiser Ludwig II. die Abtei San Clemente a Casauria bei Torre de' Passeri. Die romanisch-gotische Kirche, das bedeutendste Bauwerk seiner Art in den Abruzzen, erhielt im 12. Jh.

nach zisterziensischen Prinzipien ihre heutige Gestalt. Besondere Beachtung verdienen das Bronzeportal von 1109, die freistehende, reich skulptierte Kanzel und der Osterleuchter.

Sulmona

►dort

✶ Pacentro

✶

◄ Pescocostanzo

Das 9 km von Sulmona entfernte idyllische Pacentro, gerühmt als »Bilderbuchort« der Abruzzen, verdankt seinen Ruf der eindrucksvollen Lage unter dem Monte Amaro und seiner mächtigen Burg aus dem 14. Jh. Ungewöhnlich präsentiert sich hingegen das in 1395 m Höhe gelegene, 35 km von Sulmona entfernte Pescocostanzo: Es wurde von lombardischen Handwerkern, die sich im 15. Jh. hier ansiedelten, in Barockformen erbaut. Die Kirche S. Maria del Colle prunkt mit Kassettendecke, Orgel, Kanzel und schmiedeeisernem Gitter. Das Dorf ist ein beliebter Sommer- und Winterurlaubsort.

Der Südwesten der Region Abruzzen

✶ Von L'Aquila nach Avezzano

Ein reizvolles Erlebnis verspricht die Fahrt auf der SS 5 von L'Aquila nach Avezzano, zunächst am Monte d'Ocre bergan und später durch das einsame, karge Hochtal zwischen Monte Velino und Monte Sirente. Hinter Ovindoli geht es auf 800 m nach Celano hinunter, das

Das Castello Piccolomini trägt zum markanten Ortsbild Celanos bei.

✶ Fuciner Becken ► Avezzano ►

von einem zwischen 1392–1450 erbauten Kastell überragt wird. Celano liegt an der Piana del Fùcino, die erst 1875 aus einem **trockengelegten See** entstand. Das fruchtbare, schachbrettartig aufgeteilte Becken, wird intensiv landwirtschaftlich genutzt. Ein schweres Schicksal war den Bewohnern von Avezzano (heute 35 000 Einw.) beschieden: Der Ort wurde 1915 durch ein Erdbeben, das 30 000 Opfer forderte, zerstört und im Zweiten Weltkrieg – obwohl Zentrum des Widerstands – von den Alliierten bombardiert.

✶ **Alba Fucens**

Am Rande des Dörfchens Albe (10 km nördlich von Arezzano) liegen die Reste der 303 v. Chr. gegründeten römischen Kolonie Alba Fucens, die im 9./10. Jh. von **Sarazenen** zerstört wurde. Deutlich auszumachen sind Forum, Basilika, Läden, Markt und Thermen. Gut erhalten ist das Amphitheater aus der Zeit Kaiser Tiberius'.
Einen reizvollen Anblick bietet auch die hoch gelegene, reich geschmückte romanische Kirche S. Pietro, die im 12. Jh. unter Verwendung von Teilen eines **Apollo-Tempels** aus dem 3. Jh. v. Chr. erbaut wurde. Besonders schön sind die Kanzel und die Ikonostase, beide von Cosmaten im 13. Jh. angefertigt.

? WUSSTEN SIE SCHON ...?

- Schlangenphobiker sollten den Abruzzenort Cocullo am 1. Mai-Donnerstag tunlichst meiden. Dort wird nämlich alljährlich das »Schlangenfest« gefeiert, anlässlich dessen eine Statue des Hl. Dominikus mit den wendigen Reptilien behängt wird. Seinen Ursprung hat der Brauch in etruskischen Riten zu Ehren der Fruchtbarkeitsgöttin Angizia.

An den Ruinen des Klosters S. Maria della Vittoria vorbei – hier besiegte in der Schlacht von Tagliacozzo Karl von Anjou 1268 den letzten Staufer, Konradin – erreicht man das mittelalterliche **Tagliacozzo** (17 km westlich von Avezzano). Hier locken der Palazzo Ducale und die Kirche S. Francesco, beide im 14. Jh. erbaut. Ein wahres Juwel ist die kleine romanische Kirche, die einsam im Talschluss über Magliano de' Marsi (8 km nordwestlich von Avezzano) liegt.

✶ S. Maria in Valle Porclaneta ►

Gola di Sagittario (Sagittario-Schlucht)

Bei Anversa beginnt die wilde Schlucht des Sagittario. Durch das Sangro-Tal geht es hinunter zum Stausee **Lago di Barrea**, wo man zum Abruzzen-Nationalpark gelangt. Sitz der Parkverwaltung mit Freigehege, botanischem Garten und naturkundlichem Museum ist Opi, das man über Pescasseroli erreicht. Hier wurde 1866 der Philosoph Benedetto Croce geboren.

✶ **Abruzzen-Nationalpark**

Weniger spektakulär als Gran Sasso oder Maiella, aber nicht minder schön ist der Parco Nazionale d'Abruzzo, zu dem die Monti Marsicani und die Monti della Meta gehören. Hier leben Abruzzen-Braunbär, Abruzzen-Gemse, Apenninen-Wolf, Luchs und Steinadler. Zu den Pflanzen, die im Frühjahr eine unglaubliche Farbenpracht entfalten, gehören seltene Arten wie Türkenbund, Frauenschuh, Feuerlilie und Enzian.

★ Alba · Langhe

F 6

Region: Piemont • Piemonte
Höhe: 172 m ü. d. M.
Provinz: Cuneo
Einwohnerzahl: 29 300

Feinschmeckern ist diese Stadt sogleich ein Begriff: Alba, zwischen Turin und der Riviera am Nordrand der Langhe gelegen, darf sich als Hauptstadt der berühmten Rotweine des Piemont und seiner nicht minder berühmten Trüffeln bezeichnen.

Feinschmeckerstadt

Alba besucht man am besten im Herbst, wenn das sanfthüglige, rebenreiche Land in bunte Farben getaucht ist. Später im Jahr, von Oktober bis Dezember, wird hier der begehrte, wenn auch unansehnliche weiße **Trüffel** »tartufi« gehandelt. Der Handel floriert auch mit anderen Waren: Alba ist Sitz einer bedeutenden Textilindustrie und der Firma Ferrero – verantwortlich für Mon Cheri, Rocher & Co.

Historisches Alba

Nicht nur für Gourmets, auch für Kunstliebhaber ist Alba, die »Hunderttürmige« Stadt, eine Reise wert. Es besitzt einige der berühmten **Geschlechtertürme,** die einstmals überall in Italien den herrschenden Familie bei ihren Fehden als Zufluchtsort dienten. So in der Via Cavour, wo die Torre Astesiana und die Loggia dei Mercanti zu sehen sind. Herz der mittelalterlichen Stadt ist die Piazza del Risorgimento (bzw. Piazza Duomo) mit Dom und Rathaus, wo zwei wertvolle Altargemälde von Macrino d'Alba, 1501, und Mattia Preti, 17. Jh., gezeigt werdem. Die drei auf die Piazza zuführenden Hauptstraßen sind gespickt mit alten Palazzi, Mode- und Delikatessengeschäften. Einen Kaffee zwischendurch gibt es im stilvollen historischen »Calissano«. Die im 18. Jh. barockisierte Kirche S. Maria Maddalena beherbergt die sterblichen Reste der seligen Margherita von Savoyen, im Hof finden an Oktobersonntagen die **Trüffelmärkte** statt. Auf dem Weg zurück zum Dom liegt S. Domenico aus dem 13. / 14. Jh. mit einem besonders schönen Portal.

> **? WUSSTEN SIE SCHON ...?**
>
> - Alba und Asti überbieten sich seit Jahrhunderten in der Kunst der gegenseitigen Provokation. So feiert man in Alba am ersten Sonntag im Oktober ein groteskes Eselsrennen, die Giostra degli Asini, mit dem man den berühmten Palio von Asti zu verhöhnen sucht.

★ Fahrt durch die Langhe

Heimat von Barolo und Barbaresco

Die Langhe ist ein herrliches, mit kleinen Orten und vielen hoch aufragenden Castelli besetztes Hügelland, das sich von Alba bis zu den Seealpen erstreckt. Ihr Name leitet sich von »langa« ab, was so viel wie »Bergkamm« bedeutet. Sie ist Heimat des **Barolo** und des **Barbaresco**, die aus der Nebbiolotraube gewonnen werden und zu den feinsten Rotweinen Italiens zählen.

ALBA · LANGHE ERLEBEN

AUSKUNFT

Piazza Risorgimento 2, 12051 Alba
Tel. 0 17 33 58 33, Fax 01 73 36 38 78
www.comune.alba.cn.it
www.langheroero.it

ESSEN

► Fein & Teuer

Locanda dei Pilone
Frazione Madonna di Como 34
Tel. 01 73 36 66 09
Charmantes Gourmetrestaurant in einem renovierten Bauernhaus mitten in den Weinbergen. Genießen Sie klassische Küche aus dem Piemont und das grandiose Panorama.

► Erschwinglich

Osteria la Libera
Via Pertinace 24 a
Tel. 01 73 29 31 55; So. geschl.
In dem beliebten Restaurant im Zentrum der Stadt wird regionale Küche mit leichten französischen Einflüssen serviert.

Osteria dell'Arco
Piazza Savona 5
Tel. 01 73 36 39 74; So., Mo. geschl.
Rustikales Restaurant, das für seine traditionelle Küche geliebt wird: Schmorbraten in Barolo, Perlhuhn mit Rosmarin, Sambucano-Lamm aus dem Ofen. Riesige Käseauswahl!

ÜBERNACHTEN

► Komfortabel

I Castelli
Corso Torini 14/1
12051 Alba
Tel. 01 73 36 19 78
Fax 01 73 36 19 74
www.hotel-icastelli.com
Imposanter Hotelbau aus dem Jahre 1996 in der Nähe der Piazza del Duomo, elegante und geräumige Zimmer mit allem Komfort und moderner technischer Ausstattung, schickes Restaurant.

► Günstig

Agriturismo Villa la Meridiana-Cascina Reine
Località Altavilla 9
912051 Alba
Tel. 01 73 44 01 12
Fax 01 73 36 66 09
Auf den Höhen von Alba liegt diese schöne Jugendstilvilla, die schön eingerichtete, ruhige Zimmer, Pool und Fahrradverleih bietet.

Von Alba nach Murazzano (50 km)

Grinzane Cavour ►

Man verlässt Alba in Richtung Diano d'Alba, dessen Dolcetto eine **eigene DOC** hat. Auf der Fahrt kann man westlich Grinzane Cavour mit seinem mächtigen Schloss aus dem 13./17. Jh. sehen. Dort lebte Camillo Benso Graf Cavour ab 1832, der als Minister des Königreichs Savoyen bei der Einigung Italiens eine entscheidende Rolle spielte. In der Enoteca Regionale kann man die Weine des Piemont verkosten und sich im Wein- und Bauernmuseum weiterbilden..

Fontanafredda ►

Biegt man südlich von Gallo links ab, passiert man Fontanafredda, das bekannte Weingut. Seine rot-weiß gestreiften Gebäude – ehemals **Jagdschloss von Vittorio Emanuele II.** – liegen in einem gepflegten Reben-Amphitheater.

In Serralunga fällt zuerst die um 1340 erbaute, imposante Burg ins Auge. Man kann sie besichtigen und abschließend die Spezialität des Ortes kosten, den Barolo Chinato, ein mit Chinarinde und Gewürzen versetzter Digestif. Über Roddino – hier beginnt die Alta Langa – und das aussichtsreiche Serravalle Langhe erreicht man das wunderschön gelegene Bossolasco. Bemerkenswert sind hier die von zeitgenössischen Malern gestalteten Ladenschilder in der Hauptstraße und der Palazzo Del Carretto aus dem 17. Jh. Murazzano lohnt es sich im Sommer und Winter zu besuchen, da es mit seinem mittelalterlichen Turm vor den Bergen der **Seealpen** ein großartiges Bild abgibt.

◄ Serralunga

◄ Bossolasco

◄ Murazzano

Von Murazzano über Barolo nach Alba (55 km)

Den Blick in die Ferne schweifen lassen kann man auch im nahe gelegenen Belvedere Langhe, das seinem Namen alle Ehre macht. Weiter geht es nach Dogliani, dem Zentrum der Langa Monregalese mit eigener Dolcetto-DOC, das ein hoch gelegenes, mittelalterliches Viertel besitzt. Von hier steuert man Monforte d'Alba an, südlichster Ort des Barologebiets und Sitz einer Reihe renommierter Erzeuger. Auf

◄ Monforte d'Alba

Die sanfte Hügellandschaft der Langhe vor dem Panorama der Alpen

! Baedeker TIPP

Weißes Gold

Während des Trüffelmarkts Ende September bis Anfang November treffen sich Sammler, Händler und Käufer in einem großen Zelt, in dem nicht nur der Geruch, sondern auch die Preise atemberaubend sind. Derzeit zahlen Händler für ein Kilo weißer Trüffeln zwischen 3500 bis 4000 Euro, der Endverbraucher muss mit dem Dreifachen rechnen.

der Piazza des oberen alten Teils – einst Ort der Katharer, die 1028 auf dem Scheiterhaufen landeten – werden sommers Musikabende veranstaltet. Nordwestlich liegt das Dorf **Barolo**, das dem Wein seinen Namen gab. Im großen Schloss der Falletti sind die Enoteca Regionale del Barolo und ein Museum für die Geschichte der Weinregion untergebracht. Nächste Station ist das hoch gelegene **La Morra** mit mittelalterlichem Ortskern. Dort lohnt sich ein Besuch der Cantina Comunale im Palazzo der Grafen von Barolo. Auch ein Abstecher nach Cherasco (9 km westlich), einem 1243 als Festungsstadt gegründeten hübschen Städtchen mit einer **Burg der Visconti**, ist zu empfehlen. Wer sie mag, sollte hier Schnecken bestellen, eine Spezialität, für die Cherasco berühmt ist. Einen guten Ruf besitzen die Antiquitätenmärkte, die am 1. Sonntag im April, am 3. Sonntag im September und am 2. Sonntag im Dezember unter den stimmungsvollen Arkaden stattfinden. Den Rückweg von La Morra nach Alba nimmt man über Verduno, von wo aus man noch einmal den Blick über die Weinberge und das Tanaro-Tal genießen kann.

Cherasco ►

Verduno ►

★★ Amalfitana

O 18/19

Region: Kampanien • Campania **Provinz:** Salerno
Höhe: Meereshöhe bis 350 m ü. d. M.

Der Inbegriff des Südens – dafür steht die Amalfitana, Italiens schönste Küstenlandschaft. Aus gutem Grund wurde sie 1997 von der UNESCO zum Weltkulturerbe ernannt und lockt jedes Jahr viele Touristen an, von Jetset bis zu Massentourismus.

Die schönste Panoramastraße der Welt

Die Amalfitanische Küste reicht von der Sorrentinischen Halbinsel (►Neapel) bis Vietri sul Mare. Im engeren Sinn bezeichnet Amalfitana die ca. 40 km lange Panoramastraße entlang der Küste. 1840 in den Fels geschlagen, folgt sie kühn jeder natürlichen Windung und führt manchmal über **tiefe Schluchten**. Auch heute stellt die zwischenzeitlich asphaltierte, jedoch nicht wesentlich verbreiterte SS 163 für die Autofahrer eine besondere Herausforderung dar.

Seefahrergründungen

Im Mittelalter wurden die meisten Küstenorte von Seefahrern gegründet. Aus Platzmangel baute man senkrecht. Unübersehbar maurisch inspirierte, weiß getünchte **kubische Häuser** mit teils flachen

AMALFITANA ERLEBEN

AUSKUNFT

Corso delle Repubbliche
Marinare 27
84011 Amalfi
Tel. 0 89 87 11 07, Fax 0 89 87 26 19
www.amalfitouristoffice.it

ESSEN

▶ Fein & Teuer

La Caravella
Via Matteo Camera 12
Amalfi
Tel. 0 89 87 10 29; Di. geschl.
In dem wunderschönen Gourmetrestaurant kommen Fischliebhaber voll auf ihre Kosten, im Keller finden sich einige beachtliche Weine.

▶ Erschwinglich

Da Gemma
Via Frà Gerardo Sasso 9
Amalfi
Tel. 0 89 87 13 45
Eine feste Institution in Amalfi ist dieses Lokal, das seit 1872 von derselben Familie geführt wird. Hier gibt es vor allem Fisch, aber auch Fleischgerichte sind auf der Karte zu finden.

Mammato
Via Arsenale 6
Maiori
Tel. 0 89 85 36 83; Di. geschl.
Fast direkt am Strand werden Sie in dem großen saalartigen Restaurant mit vorzüglicher Küche und fantastischer Pizza verwöhnt.

▶ Preiswert

Saraceno D'Oro
Viale Pasitea 254
Positano
Tel. 0 89 81 20 50
Sehr beliebtes Lokal, das klassische italienische Küche und hervorragende Pizza zu angenehmen Preisen offeriert.

ÜBERNACHTEN

▶ Luxus

Santa Caterina
Via Nazionale 9
84011 Amalfi
Tel. 0 89 87 10 12, Fax 0 89 87 13 51
www.hotelsantacaterina.it
Wie ein Märchenschloss thront dieses elegante und vornehme Luxushotel auf einem Felsen an der Küste. Ein Fahrstuhl bringt die Gäste direkt an den hauseigenen Strand. Restaurant, Schwimmbad und Sauna im Haus.

▶ Komfortabel

Savoia
Via C. Colombo 73
84017 Positano
Tel. 0 89 87 50 03, Fax 0 89 81 18 44
www.savoiapositano.com
Schönes Hotel in zentraler Lage (etwa 5 Minuten zum Strand) mit gemütlichen Zimmern, die alle Balkon oder Terrasse haben.

Baedeker-Empfehlung

Villa San Michele
Via Carusiello 2, Ravello
Tel. & Fax 0 89 87 22 37
www.hotel-villasanmichele.it
Romantisch in den Klippen gelegenes Hotel, grandioser Blick auf den Golf und Capo d'Orso, einfach ideal zum Ausspannen.

San Francesco
Via Santa Tecla 54, 84010 Maiori
Tel. und Fax 0 89 87 70 70
www.hotel-sanfrancesco.it
Vollständig modernisiertes Hotel aus den 1960er-Jahren mit eigenem Strandbad. Besonders für Familien mit Kindern geeignet. Restaurant im Haus.

! *Baedeker* TIPP

Limoncello

Gut gekühlt mit Eiswürfeln serviert, mundet der Limoncello, der traditionelle Zitronenlikör, auch nach dem Urlaub zu Hause bestens. Ausgereifte Zitronen – die Säure gleicht die Süße gut aus – und 35% Alkohol tragen zur Geschmacksharmonie bei.

Kuppeldächern und bogenüberspannten Loggien kleben wie Schwalbennester an den Hängen. Es gibt wenig Straßen, dafür steile Treppengassen.

Im Laufe der Jahrhunderte wurde jeder Zentimenter der weniger steilen Hänge urbar gemacht. Ergebnis sind die unzähligen, manchmal nur handtuchgroßen Terrassenfelder, die wie Treppen zum Meer hinab- oder in den Himmel hinaufführen. Angebaut werden vor allem Zitronen, aber auch **Oliven und Wein**. Im Frühling überspannen schwarze Nylonnetze die Zitronenbäume, an denen ab April die Früchte reifen. Das Kunststoffgeflecht schützt die Früchte vor Hagel und vor zu starker Sonnenbestrahlung, im Frühjahr, wenn es durch die Sonne aufgeheizt wird, unterstützt es den Reifeprozess. Zitronen, bis zu pampelmusengroße Exemplare, werden überall zum Verkauf angeboten, roh oder in Form von Delizie al limone, kandierten Früchten oder als Limoncello.

Torri saraceni ► Zum Küstenbild gehören auch die stämmigen so genannten **Sarazenentürme**, die die gesamte Küste Süditaliens säumen. Sie dienten im 16. Jh. als Warnsystem gegen Piratenüberfälle. Heute sind viele zerstört, andere werden als Museum, Ferienwohnung oder Hotel genutzt.

Hinterland Auch das Hinterland der Amalfitana mit seinen ruhigen Bergdörfern, den üppigen Wäldern und Weiden hat seinen Reiz. Schon der Name Monti Lattari, **Milchberge**, deutet darauf hin, dass hier seit Jahrhunderten Viehzucht betrieben wird. Höchster Gipfel ist der Monte Faito mit 1278 m – von Positano aus lässt er sich in einer Tagestour erwandern.

Tourismus Im 18. und 19. Jh. war die Amalfitana das Ziel von Künstlern und Bildungsreisenden, die hier das bis heute nachwirkende romantische Idealbild von wilder, unberührter Natur und Kultur suchten und fanden. Nachdem in den 1950er-Jahren der internationale Jetset die Costa Divina, die göttliche Küste, entdeckt hatte, setzte ab etwa 1980 der **Massentourismus** ein, der die Amalfitana buchstäblich überrollte. Ganz besonders leidet Amalfi, neben Positano der berühmteste Ferienort der Amalfitana, unter den Heerscharen von Tagesausflüglern. Die Prominenz verlegte ihre Domizile ins benachbarte Positano oder zog ganz weg.

★★ Costiera Amalfitana

Ein perfekter Ausgangspunkt für eine Tour entlang der Küstenstraße ist das ehemalige Fischerstädtchen Positano (3 000 Einw.), über das **John Steinbeck** 1953 schrieb:

★ **Positano**

Ich habe das Empfinden, dass die Welt in Positano senkrecht steht. Ein unvorstellbar blaues und grünes Wasser umspült den feinen Kiesstrand in der Bucht. Treppen führen bis ans Meer, die manchmal so steil wie Leitern sind. Wenn man einen Freund besuchen will, dann läuft man nicht, man klettert oder purzelt.

Der Ort (3000 Einw.) liegt malerisch an zwei Hängen über dem Meer. Anfang der 60er-Jahre wurde es schlagartig bekannt, als Schriftsteller, Maler, Komponisten, Regisseure und Schauspieler zu Stammgästen wurden. Einen besonderen Ruf erwarb sich das inzwischen zum mondänen Badeort mutierte Städtchen, als sich hier **Modeschneider** niederließen und fantasievolle Kreationen für die Feriengarderobe entwarfen, die so genannte Fetzenmode der späten 60er-Jahre. Auch heute noch reiht sich Boutique an Boutique.

Die beeindruckendste der nun folgenden **Schluchten** ist die zwischen zwei Tunneln gelegene »Schlucht des Zorns« (Valloni di Furore), einst ein natürlicher Fischerhafen. Kurz darauf gibt es die Möglichkeit, über eine Treppe oder einen Aufzug zur Grotta dello Smeraldo zu gelangen. In der mit Meerwasser gefüllten Tropfsteinhöhle sorgen Lichteinfälle für herrliche smaragdgrün schimmernde Farbenspiele.

★ **Vallone di Furore**

★ ◄ Grotta dello Smeraldo

Von Ravello genießt man einen herrlichen Blick auf die Amalfitanische Küste.

✶ **Amalfi**

Das 6000 Einwohner zählende Amalfi ist einer der beliebtesten Ferienorte Italiens und Zentrum der Amalfitana. Der Sage nach soll es Konstantin der Große gegründet haben. Im Mittelalter war es mit Genua, Venedig und Pisa eine der großen italienischen Seerepubliken, die den Warenverkehr mit dem Orient beherrschten. Auf dem Höhepunkt seiner Macht im 11. Jh., zählte es 50 000 Einwohner. Das Seerecht von Amalfi galt bis zum 16. Jh. im gesamten Mittelmeer. An die vergangene Größe erinnert die im Wechsel mit Venedig, Pisa und Genua alle vier Jahre stattfindende Regata storica delle antiche Repubbliche Marinare, eine Ruderregatta in historischen Kostümen.

Der Dom von Amalfi

Durch den Kontakt mit den Arabern kam die Kunst der **Papierherstellung** auf die Sorrentinische Halbinsel. An den Bergquellen des Valle dei Mulini, zu dem ein schöner Wanderweg führt, entstanden die ersten Papiermühlen auf europäischem Boden. Ein Papiermuseum dokumentiert die Geschichte des antiken Handwerks. Aus der arabischen Welt stammen auch die Rezepte für die Süßigkeiten, für die Amalfi bekannt ist: glasierte Orangen- und Zitronenschalen, Mokkatrüffel und die Sfogliatelle, muschelförmige Blätterteigtaschen, gefüllt mit Quark, süßem Grieß und in Zitronenlikör eingelegten Früchten. Im 13. Jh. verlor Amalfi seine Bedeutung und geriet in Vergessenheit.

Vom alten Amalfi ist nur wenig erhalten. Der eigentliche Ortskern ist ein Labyrinth aus Kirchen, Türmen, übereinander gebauten Häusern, Sträßchen und Plätzen mit dem prächtigen Dom als Mittelpunkt, zu dem eine **beeindruckende Freitreppe** hinaufführt. Ursprünglich stammt er aus dem 9. Jh., 1203 wurde er im arabisch-normannischen Stil umgestaltet, wovon der Kampanile zeugt. Die bunte Fassade und die Spitzbogenvorhalle hingegen sind aus dem 19. Jh. Man betritt den barock ausgestatteten Dom durch eine um 1066 in Konstantinopel gegossene **Bronzetür.** Von der Vorhalle gelangt man links über die benachbarte Basilika des Kruzifixes in den Paradies-Kreuzgang, Chiostro del Paradiso, der im 13. Jh. im normannisch-arabischen Stil erbaut wurde. Aus dieser Zeit stammen auch die Gebeine des Apostels Andreas in der Domkrypta.

✶ Dom ►

Vom Hafen, der Marina Grande, fahren im Sommer Schiffe nach Neapel, Capri und Salerno. Eine außergewöhnliche Unterkunft bieten die beiden Klöster, die seit Generationen als **Hotels** genutzt werden: Cappuccini Convento und Luna Convento. In letzterem schrieb 1879 Henrik Ibsen an seiner »Nora« (sein Zimmer ist immer auf Wochen hin ausgebucht).

Atrani

Kurz hinter dem Ortsschild von Amalfi beginnt das Fischerdorf Atrani, das einst mit Amalfi und anderen Städten einem Städtebund angehörte. Besonders stimmungsvoll ist die kleine Piazza mitten im verwinkelten Ortskern. Oberhalb steht die im 10. Jh. gegründete Kirche San Salvatore, die Krönungskirche der Amalfitanischen Dogen. Sie besitzt eine 1087 in Konstantinopel gegossene **Bronzetür,** die der Pforte des Doms von Amalfi gleicht.

*** Ravello**

Im Jahr 1880 machte sich Richard Wagner von Amalfi aus auf den Weg ins Hinterland. Diese Route lohnt sich noch heute. Auf einer Straße mit vielen Windungen und Kehren durch **Zitronen- und Olivenhaine** gelangt man nach Ravello (350 m; 2300 Einw.), einem alten Städtchen in einzigartiger Lage. Es wurde zur Zeit der Normannen gegründet und zählte während seiner Blütezeit unter den Anjou im 13. Jh. etwa 36 000 Einwohner. Im Mittelpunkt des Ortes steht der romanische **Dom San Pantaleone**, der auf das Jahr 1086 zurückgeht. Der Kampanile stammt aus dem 13. Jh. Man betritt das Innere durch eine 1179 von Barisano da Trani geschaffene Bronzetür. Neben den antiken Säulen begeistern hier die mosaikgeschmückte, auf säulentragenden Löwen ruhende Kanzel, ein Werk von Niccolò da Foggia (1272), sowie der Ambo (Lesepult) von 1130, dessen Mosaiken die Geschichte von Jonas und dem Wal schildern.

* ◄ Marmorkanzel

Rechts neben dem Dom liegt die Villa Rufolo, ein Bauwerk im sizilianisch-arabischen Stil, dessen Innenhof im 11. Jh. ein Kreuzgang war und dessen schöner Garten eine wundervolle Aussichtsterrasse besitzt. Wagner, der sich damals auf der Suche nach Bühnenbildern für seinen **»Parsifal«** befand, schrieb ins Gästebuch der Villa Rufolo: »Hier ist er, Klingsors magischer Garten!« Die Stadt dankt es ihm bis heute mit dem renommierten **Wagner-Festival,** das jeden Sommer zahlreiche Musikliebhaber nach Ravello lockt.

Die oberhalb der Dompiazza gelegene, profanierte Kirche S. Giovanni del Toro wurde im 12. Jh. erbaut, in ihrem Innern sind die mosaik- und freskengeschmückte Kanzel sowie die mit Fresken aus dem 13. Jh. verzierte Krypta sehenswert. Nur ca. 10 Min. entfernt liegt die Villa Cimbrone, heute ein Hotel, die einen Kreuzgang aus dem 13. Jh. in ihre Architektur integriert. Eine Allee führt durch den schönen Garten zum Belvedere, von dem sich eine herrliche Aussicht auf die Amalfitanische Küste bietet.

** ◄ Aussicht

Maiori

Der weitgehend moderne Ort Maiori (6 000 Einw.) verdankt seine Beliebtheit einem langen, feinen **Sandstrand.** Am Ortsausgang führt die Küstenstraße nochmals steil nach oben. Den schönsten Blick hat man vom Capo d'Orso, von wo man in einiger Entfernung bereits die flache, dicht besiedelte Bucht von Salerno (►Neapel) sieht.

◄ Capo d'Orso

Vietri sul Mare

Vietri sul Mare ist End- bzw. Ausgangspunkt der Amalfitana, eine recht laute und so gesehen normale süditalienische Kleinstadt mit rund 9000 Einwohnern. Seit alters her ist sie eine Hochburg der

! Baedeker TIPP

Schöner Ausgangspunkt ...

... für die Besichtigung der Amalfitana und Salernos ist das Hotel Scapolatiello in Cava de' Tirreni (www.hotelscapolatiello.it). Im Ort wird jährlich am 7. Juli die Disfida de' Trombonieri gefeiert, ein Volksfest mit historischen Umzügen.

Keramikherstellung – die farbenprächtigen, mit phantasievollen Mustern versehenen Kacheln, Vasen, Tassen und Teller werden überall entlang der Hauptstraße angeboten. Über das Töpferhandwerk informiert das Keramikmuseum im Ortsteil Raito.

✶ Abbazia della Trinità di Cava

Von Vietri bietet sich ein Abstecher zu der etwa 7 km landeinwärts gelegenen Abbazia della Trinità di Cava an. Das Kloster wurde 1011 gegründet und später barockisiert. Sehr schön sind die von Cosmaten gefertigte Kanzel aus dem 13. Jh. und der romanische Kreuzgang in der Kirche.

Salerno ► dort

✶ Ancona

H 17

Region: Marken • Marche
Provinz: Ancona
Höhe: 16 m ü. d. M.
Einwohnerzahl: 100 000

Ancona, die Hauptstadt der Region Marken und der Provinz Ancona, wurde als Hafenort gegründet. Bis heute beruhen Wirtschaftskraft und Stadtcharakter auf dem Schiffsverkehr: Von hier bestehen Fährverbindungen nach Venedig, Kroatien, Albanien, Griechenland und der Türkei.

Traditionelle Hafenstadt

Die mittelitalienische Adria bildet von der Po-Ebene bis zum Monte Gargano eine gleichförmige Küstenlinie mit **Sandstränden** – die Szenerie ist dementsprechend von Hotels, Ferienhäusern und Industriegebieten geprägt. Eine willkommene Unterbrechung stellt der Monte Cònero dar, ein Ausläufer des Apennin, der auch den einzigen natürlichen Hafen des ganzen Gebiets bereithält.
Die Altstadt wurde während der Bombardements der Alliierten 1943/1944 zu drei Vierteln zerstört, hinzu kam 1972 ein Erdbeben, weshalb sich nur wenige Spuren des alten Ancona finden.

Ein Geschenk für den Papst

Ancona wurde um 390 v. Chr. als **Ancon Dorica** (von griechisch »ankón«, Bogen) von dorischen Griechen aus Syrakus gegründet. Seit dem 3. Jh. v. Chr. römische Kolonie, ließen Cäsar und Trajan die Stadt zum Flottenstützpunkt ausbauen. Unterhalb der Kathedrale sind noch Teile des **Amphitheaters** zu sehen.
462 wurde Ancona Sitz eines Bischofs, ab 774 unterstand es nach einer Schenkung Karls des Großen allein dem Papst. Das änderte sich

im 10. Jh., als Ancona freie Republik wurde. 1355 beendete der päpstliche Feldherr Albornoz diese Freiheit. Von 1799 bis zur Einigung Italiens 1860 stand die Stadt unter der Herrschaft Frankreichs, Österreichs und des Papstes.

Sehenswertes in Ancona

Hafen

Der äußere Hafen wurde im Nordteil bereits unter **Kaiser Trajan** ausgebaut. Ihm zu Ehren errichtete man 115 den marmornen Arco di Traiano, der heute etwas verloren in den Hafenanlagen steht. Etwas weiter ehrt ein zweiter Bogen, 1738 von Vanvitelli erbaut, Papst Clemens XII.

Im Jachthafen liegt die fünfseitige Mole Vanvitelliana (Lazaretto), die im 17. Jh. als Quarantänestation für die aus aller Welt ankommenden Seefahrer erbaut wurde und heute für kulturelle Zwecke genutzt wird. Ihr gegenüber befindet sich die Porta Pia, das Stadttor von 1789, das mit der Zitadelle (Rocca) durch Mauern verbunden war. ◄ Rocca

Die **Zitadelle**, 1532–1538 von Antonio da Sangallo d. J. für Papst Clemens VII. erbaut, ist Sitz der Regionalregierung. Westlich davon erstrecken sich über 4 km die modernen Hafenanlagen mit 25 Piers.

Wer ausruhen möchte vom anstrengenden Kulturprogramm, findet in dem Badeort Numana am Fuße des Monte Cònero ideale Bedingungen.

ANCONA ERLEBEN

AUSKUNFT

Via Thaon de Revel 4, 60100 Ancona
Tel. 0 71 35 89 91, Fax 07 13 58 99 29
www.comune.ancona.it

ESSEN

► Fein & Teuer

① ***Passetto***
Piazza IV. Novembre 1
Ancona
Tel. 07 13 32 14
Elegantes Restaurant mit schöner Terrasse, die einen herrlichen Blick aufs Meer bietet. Viele Fischgerichte und Spezialitäten aus den Marken, italienische und internationale Weine. Reservierung ratsam.

► Erschwinglich

② ***Boccon Divino***
Via Matteotti 13
Ancona
Tel. 07 15 72 69
Sehr gemütliches Restaurant in der Nähe der Piazza del Plebiscito, freundlicher und aufmerksamer Service, kleine Terrasse, leckere Fisch- und Fleischgerichte.

► Preiswert

③ ***Teatro Strabacco***
Via Oberdan 2
Ancona
Tel. 07 15 67 48
Großzügige Osteria, klassische italienische Küche und Spezialitäten. Ein Genuss sind die Spaghetti alla bottarga (Thunfischrogen).

ÜBERNACHTEN

► Luxus

① ***Grand Hotel Palace***
Lungomare Vanvitelli 24
60121 Ancona
Tel. 0 71 20 18 13
Fax 07 12 07 48 32
www.hotelancona.it
Stilvolles Hotel direkt am Hafen in einem Adelspalast aus dem 17. Jh. Gemütliche Zimmer, Konferenzeinrichtungen, Parkplatz und Garage.

► Komfortabel

② ***Jolly Hotel Miramare***
Riva di Via XXIX Settembre
60122 Ancona
Tel. 0 71 20 11 71
Fax 0 71 20 68 23
www.jollyhotels.it
Modernes, elegant eingerichtetes Hotel auf einem Hügel unweit des Stadtzentrums, hübsch ausgestattete Zimmer, teils mit Blick auf den Hafen. Gediegenes Restaurant, schöner Garten, Konferenzräume, Parkplatz am Haus.

③ ***City***
Via Matteotti 112
60121 Ancona
Tel. 07 12 07 09 49
Fax 07 12 07 03 72
www.hotelcityancona.it
Hotel mit schnörkelloser, zweckmäßiger Einrichtung. Netter Frühstücksraum mit Terrasse, Konferenzräume, Garage im Haus.

Piazza della Repubblica Die Piazza della Repubblica wird von der klassizistischen Fassade des Teatro delle Muse und der Kirche SS Sacramento von 1538 dominiert. Zwischen dem Theater und dem Palazzo Benincasa beginnt mit der Via delle Logge der in Mittelalter und Renaissance bedeutende Straßenzug parallel zum Hafen. Hier steht die Loggia dei Mercanti, ein spätgotischer Bau, dessen Fassade **Giorgio Orsini** 1451–1459 schuf. Die Figuren stellen Tugenden eines guten Kaufmanns dar. ◄ Loggia dei Mercanti

Piazza del Plebiscito

Rechter Hand erreicht man nun die ansprechende, lang gestreckte Piazza del Plebiscito (vulgo »del Papa«, wegen der Statue von Clemens XII.) mit dem Palazzo del Governo aus dem 14. / 15. Jh. Oben wird die Piazza von der barocken Kirche S. Domenico abgeschlossen, von Carlo Marchioni 1761–1783 erbaut. Sie besitzt eine Kreuzigung von **Tizian** (1558, Hauptaltar) sowie eine Verkündigung von Guercino (1662, erster Altar links).

★ S. Maria della Piazza

Vom Palazzo del Governo steigt die Via Pizzecolli nach Norden an. Linker Hand liegt die neben dem Dom interessanteste Kirche der Stadt, S. Maria della Piazza, die im 12. Jh. **auf Resten frühchristlicher Kirchen** errichtet wurde. Ihre Fassade wirkt mit den Blendarkaden und schrägen Schultern wie der Urtyp der Fassaden von Pisa und Lucca. Das mit ausdrucksvollen, teils skurrilen Reliefs geschmückte Portal ist ein Werk des lombardischen Meisters Filippo (1210–1225).

Ancona Orientierung

Essen
① Passetto
② Boccon Divino
③ Teatro Strabacco

Übernachten
① Grand Hotel Palace
② Jolly Hotel Miramare
③ City

Im Inneren sind Mosaiken, Fresken und andere Reste des frühchristlichen Baus zu sehen. Im Palazzo Bosdari an der Via Pizzecolli zeigt die Städtische Gemäldesammlung Bilder von **Tizian, Lotto und Crivelli** sowie Werke zeitgenössischer italienischer Maler.

Pinacoteca Comunale ►

Piazza S. Francesco

Interessant an der Kirche S. Francesco ist das gotische Portal mit zahlreichen Reliefs, die Giorgio Orsini 1454 schuf. Innen wartet das Gotteshaus mit einer Himmelfahrt Mariens von Lorenzo Lotto auf. Im weiteren Verlauf der Via Pizzecolli stößt man auf die säkularisierte Kirche del Gesù, 1738–1743 von Vanvitelli aus istrischem Marmor und Ziegelstein erbaut, und den Palazzo degli Anziani. Vasari zufolge ist er schon 1270 entstanden und wurde im 16. Jh. umgestaltet. Etwas nördlich steht der manieristische Palazzo Ferretti (um 1565) mit dem Archäologischen Museum der Marken, das attische Vasen, etruskische Bronzen und keltischen Schmuck zeigt.

Museo Archeologico Nazionale delle Marche ►

✶ **Duomo S. Ciriaco**

Blickfang der Stadt ist die dem hl. Cyriacus geweihte Kathedrale auf dem Monte Guasco. Sie wurde vermutlich am Platz eines Venustempels errichtet und gilt als eine der interessantesten romanischen Kirchen Italiens. Der **byzantinisch beeinflusste Kuppelbau** über griechischem Kreuz entstand vom 11.–14. Jh. und besitzt ein gotisches Portal. Die Vorhalle, deren Säulen auf Löwen ruhen, kam im 13. Jh. hinzu. Sehenswert ist der Altar im linken Querhaus von Luigi Vanvitelli (1738). In der Krypta, wo die Gebeine des **hl. Cyriacus** aufbewahrt werden, sieht man Reste eines Tempels aus dem 3. Jh. v. Chr. und einer frühchristlichen Kirche.

? WUSSTEN SIE SCHON ...?

- Das bis zu 572 m hohe Vorgebirge des Monte Cònero verdankt seinen Namen den hier wachsenden Erdbeerbäumen (griech. kòmaros), deren rote Früchte im Sommer aus dem Wald hervorleuchten.

Umgebung von Ancona

✶ **Monte Cònero**

An den steilen Küsten des Monte Cònero finden sich schöne Badebuchten, nach Westen hin breitet sich ein ansprechendes Hügelland mit Obstplantagen und Weinbergen aus, die den Rosso Cònero liefern, eine körperreichen Rotwein.

Auf der Küstenstraße erreicht man Portonovo mit seinem guten Strand und einem Wachturm von 1716. Die nächste Station entlang der Steilküste ist die Kirche S. Maria di Portonovo, erbaut 1035 bis 1048, landschaftlich wie architektonisch ein Juwel. Das napoleonische Fort in der Nähe dient heute als Hotel. Unter dem Gipfel des Monte Cònero liegt die Badia S. Pietro, errichtet um 1050, deren Konvent ebenfalls als Hotel und Restaurant genutzt wird.

Sirolo, Numana ►

Die beiden alten Städtchen Sirolo und Numana haben sich, obwohl **beliebte Badeorte**, eine sehr angenehme Atmosphäre bewahrt. In Numana zeigt ein Antiquarium Funde aus picentischer und römischer Zeit.

★ Aosta · Aoste

D 4

Region: Aostatal • Valle d'Aosta • Vallée d'Aoste
Höhe: 583 m ü. d. M.
Provinz: Aosta
Einwohnerzahl: 36 000

Aosta, nahe den Grenzen zu Frankreich und zur Schweiz, ist ein idealer Ausgangspunkt für Ausflüge zum Mont Blanc, in grandiose Alpentäler und zu mittelalterlichen Burgen. Es ist aber auch ein wichtiger Verkehrsknotenpunkt an den Zufahrtsstraßen zum Montblanc-Tunnel und zum Großen St. Bernhard.

Zweisprachiges Alpenstädtchen

Das Alpenstädtchen Aosta liegt eingerahmt von einem mächtigen Gebirgskranz im weiten Tal der Dora Baltea. Die Stadtanlage sowie einige Baudenkmäler erinnern daran, dass der Ort ein wichtiger **römischer Militärstützpunkt** und im Mittelalter ein bedeutendes religiöses Zentrum war.
Ab 1191 gehörten Stadt und Tal zu Savoyen, mit dem es zu Beginn des 19. Jh.s vorübergehend an Frankreich kam. 1861 wurde es Italien zugesprochen, allerdings widersetzte sich die französischsprachige Bevölkerung der Italienisierung. Die Region erhielt 1948 ein Autonomiestatut, seitdem sind Italienisch und Französisch gleichberechtigte Sprachen. Außerdem sind noch ein francoprovenzalischer sowie ein Walliser Dialekt vertreten.

Sehenswertes in Aosta

Römische Vergangenheit

Die römischen Bauwerke befinden sich alle in der Innenstadt, einem von einer **gut erhaltenen Stadtmauer** mit 20 Türmen umgebenen Rechteck. Ortsmittelpunkt ist die Place Chanoux mit dem 1839 erbauten Rathaus. Von hier folgt man der Fußgängerstraße zum doppelten Torbogen der Porta Pretoria, dem um 25 n. Chr entstandenen Osttor der Stadt. Seine Basis liegt etwa 2,5 m unter dem heutigen Niveau. Daneben steht ein Turm der mittelalterlichen Burg der Herren von Quart.
Ganz in der Nähe befindet sich die Ruine des **Römischen Theaters** aus dem 1. Jh. v. Chr. mit den Resten der hohen Bühnenwand. Einige Bogen des ursprünglich 20 000 Zuschauer fassenden Amphitheaters sind noch im benachbarten Klostergarten zu sehen. Der mittelalterliche Turm trägt den Namen »Tour Fromage« und dient als Ausstellungsraum.

? WUSSTEN SIE SCHON ...?

- Berühmtester Sohn Aostas ist Anselm von Canterbury, der hier 1109 geboren wurde. Der Religionsphilosoph ist ein Begründer der im Mittelalter bedeutenden Scholastik. Sein Satz »credo, ut intelligam« (ich glaube, um zu erkennen) soll 500 Jahre später Descartes zu seinem berühmten »Ich denke, also bin ich« inspiriert haben.

AOSTA ERLEBEN

AUSKUNFT

Piazza Chanoux 2, 11100 Aosta
Tel. 01 65 23 66 27
www.regione.vda.it/turismo

ESSEN

► Fein & Teuer

Vecchio Ristoro
Via Tourneuve 4
Tel. 0 16 53 32 38; So. und Mo. mittags geschl.
Stilvolles Restaurant in einer alten Wassermühle. Alfio Fascendinis Kochkunst wurde längst mit einem Michelin-Stern belohnt. Seine Terrine von Bollito misto ist genial. Ehefrau Katja hilft bei der Weinauswahl.

► Erschwinglich

Trattoria degli artisti
Via Maillet 5
Tel. 0 16 54 09 60
Urgemütliches, rustikales Restaurant in zentraler Lage. Deftige Gerichte aus der Region wie geschmortes Reh, Hackfleischbraten mit Wacholder oder Kaninchen mit Steinpilzen.

► Preiswert

La Cave
Via Challand 34
Tel. 0 16 54 41 64; So. geschl.
Schicke Enoteca mit Garten am Rand der Fußgängerzone. Von den rund 800 Weinen werden im wöchentlichen Wechsel etwa 30 ausgeschenkt. Kleine warme Gerichte und ein hervorragendes Wurst- und Käsesortiment.

ÜBERNACHTEN

► Komfortabel

Class Hotel Aosta
Corso Ivrea 146
11100 Aosta
Tel. 0 16 54 18 45
Fax 01 65 23 66 60
www.classhotel.com
Großes, modernes Hotel im östlichen Teil der Stadt, Marmor und schickes Mobiliar prägen das Interieur. Restaurant und eigene Garage.

Baedeker-Empfehlung

Europe
Piazza Narbonne 8
11100 Aosta
Tel. 01 65 23 63 63
Fax 0 16 54 05 66
Ansprechendes Hotel mitten in der Altstadt, sehr gepflegte und stilvoll eingerichtete Zimmer, eleganter Speisesaal und freundliches Personal.

► Günstig

Miage
Via Ponte Suaz 252
11020 Charvensod (bei Aosta)
Tel. 01 65 23 85 85, Fax 01 65 23 63 55
www.hotelmiage.it
Nettes, familiär geführtes Haus mit schönem Restaurant im Nachbarort von Aosta. Sehr gemütliche und zweckmäßig eingerichtete Zimmer mit Balkon.

Augustusbogen ► Geht man die Via Sant'Anselmo weiter, gelangt man zu dem großartigen Augustusbogen, der zeitgleich mit dem Osttor entstand. Das Kruzifix ist eine Kopie, das Original aus dem 15. Jh. befindet sich im Museum.

Ein lohnender Abstecher führt zur Chiesa Sant'Orso (St-Ours), die mit einem beachtenswerten Chorgestühl, Krypta und Resten ottonischer Fresken im Dachraum aufwartet. Besonders schön ist der kleine romanische Kreuzgang von 1133 mit seinen ausdrucksstarken Kapitellen, die biblische und weltliche Szenen schildern. ✶ **St-Ours**

Unter der benachbarten Kirche S. Lorenzo wurden die Grundmauern einer **frühchristlichen Kirche** aus dem 5. Jh. freigelegt. Fundstücke aus römischer Zeit kann man in der Via S. Orso im Archäologische Museum anschauen. ◂ Museo Archeologico

Die Kathedrale Santa Maria Assunta erhebt sich etwa an der Stelle, wo sich einst das **römische Forum** befand. Daran erinnert der eindrucksvolle Kryptoportikus, der 2 m unter dem heutigen Straßenniveau liegt. Die Kirche stammt aus dem 15./16. Jh., ihren klassizistischen Vorbau erhielt sie erst 1837. Zu den Hauptsehenswürdigkeiten des Domschatzes gehört das Elfenbeindiptychon des Kaisers Honorius von 406. **Kathedrale**

Von Aosta geht es in Windungen und Kehren im Vallée du Grand-St-Bernard aufwärts zum Großen Sankt Bernhard (2469 m hoch). Hier, an der zwischen Mont-Blanc-Massiv und den Walliser Alpen eingesenkten Passhöhe, verläuft die **italienisch-schweizerische Grenze**. Auf Schweizer Gebiet steht das vom hl. Bernhard von Aosta († 1086) gegründete Hospiz, das heute ein Museum birgt. **Großer Sankt Bernhard**

Sehenswertes im Aostatal

Das Aostatal, eine der kleinsten und landschaftlich schönsten Regionen Italiens, umfasst die Alpentäler der Dora Baltea und ihrer Nebenflüsse. Umschlossen wird es von den höchsten und mächtigsten Bergmassiven Europas: dem **Mont Blanc** (Monte Bianco; 4807 m), Grand Combin (4314 m), Monte Rosa (4634 m), Matterhorn (ital. Cervino; 4478 m) und dem Gran Paradiso (4061 m). Weinbau, Tourismus, Weidewirtschaft und etwas Industrie haben aus dem Aostatal eine der reichsten Regionen Italiens gemacht. Durch seinen Zugang zu den Alpenübergängen des Kleinen und des Großen St. Bernhard wurde das Tal einst in seiner gesamten Länge durch zahlreiche **Burgen und Festungswerke** gesichert, von denen rund 130 teilweise noch erstaunlich gut erhalten sind und die Wanderer mit bisweilen recht malerischen Resten begrüßen.

! *Baedeker* TIPP

Barrys Nachfahren

Barry, der sagenumwobene Bernhardiner vom Großen St. Bernhard, soll 40 Menschen das Leben gerettet haben, bevor er 1814 in Bern starb. In den Aufzeichnungen des Hospizes von Aosta kommt sein Name zwar nicht vor, die hier lebenden Mönche haben diese Hunderasse jedoch seit dem 11. Jh. gezüchtet. Bis heute gibt es eine kleine Zucht, die man besichtigen kann.

Castello Fenis im Val de Fenis

Am Fuße des Mont-Blanc-Massivs liegt 35 km östlich von Aosta der bekannte Ferien- und Wintersportort **Courmayeur**, der den nördlichen Abschluss des Aostatals bildet. Ein einmaliges Erlebnis ist die Fahrt mit mehreren Seilbahnen auf den Mont Blanc (rund 2 ½ Std.), die Talstation befindet sich in La Palud, 5 km von Courmayeur.

La Thuile, 10 km südwestlich kurz vor dem Alpenübergang Kleiner St. Bernhard (1441 m), ist Mittelpunkt eines **anspruchsvollen Skigebiets**. Im Sommer startet man hier zur Besteigung des vergletscherten Rutor (3486 m) über die Rutor-Fälle. Der Kromlech, das Halbrund aus 46 Steinen am Colle Piccolo S. Bernardo, stammt vermutlich aus der Bronzezeit.

✶ **Parco Nazionale del Gran Paradiso**

Südlich von St-Pierre erstreckt sich Italiens erster Nationalpark, in den drei Täler hineinführen: Val di Rhêmes, Val Savarenche und Val di Cogne, alle mit kleinen Ortschaften. Es sind gute Ausgangspunkte für Ausflüge, auf denen man mit etwas Glück Steinböcke sehen kann. Fährt man durch St-Pierre, so gelangt man zu dem mitten in Weinhängen gelegenen Schloss Sarre aus dem frühen 18. Jh. Etwas weiter südlich hier folgt ein zweites, das viertürmige Schloss Aymavilles, erbaut im 16./17. Jh. Beide kann man besichtigen.

Sarre ►

✶ **Castello Fenis**

Majestätisch blickt die Schneepyramide der Tersiva aus dem Val de Fénis (20 km östlich von Aosta). Hier lohnt sich ein Besuch der mächtigen Burg Fenis, die 1330 errichtet und im 15. Jh. von der Familie Challant umgebaut wurde. Ihr prächtiger Innenhof ist mit **Wandmalereien** geschmückt. Weiter geht es ins Tal Valtournenche und nach Breuil-Cervinia (2050 m), einem sommers wie winters viel besuchten Ferienort. Im Norden wird er von der gewaltigen Felspyramide des Matterhorns (Monte Cervino; 4478 m) überragt. 1 km nördlich vom Plateau Rosà liegt der Theodulpass (3322 m), von dem sich eine großartige Aussicht – auch ins Tal von Zermatt – bietet.

✶ Matterhorn ►

Saint-Vincent

Über St-Vincent, einem modernen Kurort mit **Thermalbädern** und einem Spielkasino, erhebt sich seit 1350 die Burg Ussel. Folgt man dem Weg vorbei an der Burg von Monjovet, so gelangt man nach Verrès, das am Eingang des Ayas-Tals liegt und vom Castello di Verrès, überragt wird. Von hier besteht die Möglichkeit zu einem Abstecher über Brusson nach Champoluc, Hauptort des Val d'Ayas, an dessen nördlichem Ende sich der Monte Rosa (4633 m) auftürmt. Gegenüber von Verrès thront das Castello d'Issogne auf einem Felsen. Das mit wertvollem Mobiliar eingerichtete Schloss entstand um

Verrès ►

✶ Val d'Ayas ►

✶ Issogne ►

1480 im Auftrag der Familie Challant. Fresken im Hof zeigen Szenen aus dem bäuerlichen Leben, beachtenswert ist auch der schmiedeeiserne Brunnen. Auf der linken Uferseite passiert man kurz darauf das mächtige Castello Bard aus dem 11. Jh. Es wurde 1800 von Napoleon zerstört und kurz darauf wieder aufgebaut.

Pont St-Martin ✶

Pont St-Martin verdankt seinen Namen der **römischen Brücke** aus dem 1. Jh. v. Chr., die über die Lys führt. Von hier lohnt ein Abstecher ins bezaubernde Gressoney-Tal. Dabei folgt man dem tief eingeschnittenen und wiederholt aufgestauten Flusslauf der Lys. Die Bewohner waren im 12. Jh. aus dem Schweizer Kanton Wallis eingewandert, und auch heute noch sprechen einige den deutschen Walserdialekt. Hauptferienorte sind Gressoney-St-Jean und Gressoney-La-Trinité. Letzteres ist Ausgangspunkt für interessante Hochtouren im Gebiet des Monte Rosa.

◄ Val di Gressoney

✶ ◄ Monte Rosa

Ivrea

Am Ausgang der Dora Baltea aus den Alpen liegt die Stadt Ivrea (25 000 Einw.), nahe der **Serra d'Ivrea**. Zahlreiche Burgen im und um den Ort erinnern an die einstige strategische Bedeutung des Städtchens, das seinen heutigen Ruf allerdings dem Großkonzern Olivetti verdankt, der hier seinen Firmensitz hat. Die ursprünglich romanische, im 17. und 18. Jh. umgebaute Kathedrale Santa Maria, erhebt sich am höchsten Punkt der Stadt. An der benachbarten Piazza Castello steht eine Burg vom Ende des 14. Jh.s. Einen Ausflug wert ist die schöne Umgebung der Stadt mit mehreren Seen und alten, teilweise von Burgen bekrönten Dörfern.

? WUSSTEN SIE SCHON ...?

- ... dass die Serra d'Ivrea die größte Endmoräne Europas ist? Ihre Steilhänge, Hügel, Ebenen und Seen entstanden vor ca. 1 Mio. Jahren durch Aktivität des Gletschers Balteo.

Apulien · Puglia

M–Q 20–27

Region: Apulien • Puglia
Fläche: 19 357 km²
Einwohnerzahl: 4 030 000
Provinzen: Bari, Brindisi, Foggia, Lecce, Taranto

Vom Sporn bis zum Absatz Italiens erstreckt zieht sich die Region Apulien. Großartig sind ihre Städte und viele Bauwerke, auch die Landschaft macht eine Reise nach »Puglia« zu einem Erlebnis.

Vielseitige Landschaft

Apulien (ital. Puglia) erstreckt sich vom Promontorio del Gargano, bis zur Halbinsel Salento. Den Norden nimmt die Ebene **Tavoliere di Puglia** – benannt nach den römischen Steuerlisten, den Tabulae censoriae – um Foggia ein, die in den Kalkrücken des Gargano übergeht.

APULIEN ERLEBEN

AUSKUNFT

Via A. Moro 33 A
70122 Bari
Tel. 08 05 24 23 61
Fax 08 05 24 23 29
www.regione.puglia.it
www.pugliaturismo.com

ESSEN

► Fein & Teuer

Il Poeta Contadino
Via Indipendenza 21
Alberobello
Tel. 08 04 32 19 17; Mo. geschl.
Fantasievolle und kreative Küche, die sich aber der kulinarischen Tradition der Region verpflichtet fühlt, wird in dem gemütlichen Gourmetrestaurant aufgetischt.

► Erschwinglich

Al Dragone
Via Duomo 8, Vieste
Tel. 08 84 70 12 12; Di. geschl.
In einer angenehm kühlen Grotte wurde dieses originelle Restaurant eingerichtet. Traditionelle apulische Küche, kleine Weinkarte.

L'Alhambra
Via De Nicastri 10/14
Lucera
Tel. 08 81 54 70 66; Mo. geschl.
Das vornehme Restaurant gegenüber des Doms überzeugt mit schönem Backsteingewölbe und hervorragenden Fischgerichten.

Osteria del Tempo Perso
Via Tanzarella 47, Ostuni
Tel. 08 31 30 33 20
Außer Sa./So. nur abends, Mo. geschl.
Eine Bäckerei nahe der Kathedrale wurde zu einem der beliebtesten Restaurants der Stadt, der vielfältigen bodenständigen Küche wegen.

Ristor
Via Alberto Mario 38
Ruvo di Puglia
Tel. 08 03 61 37 36
Im Ristor bei Familie Aulle lässt es sich vorzüglich schlemmen – besonders die Spezialitäten vom Holkohlengrill.

La Tana
Via Mascagni 2, Martina Franca
Tel. 08 04 80 53 20
Im Hauptgebäude des barocken Palazzo Ducale befindet sich dieses angesagte Lokal, in dem es locker-gemütlich zugeht, lokale Spezialitäten.

Pantagruele
Salita di Ripalta 1/5, Brindisi
Tel. 08 31 56 06 05
In dem reizenden, einfach eingerichtetes Lokal in der Nähe des Hafens scheint die Zeit stehen geblieben zu sein. Genießen Sie nostalgisches Ambiente, köstliche Meeresfrüchte und hervorragende Fischgerichte.

► Preiswert

Madonna della Stella
Via Madonna della Stella
Gravina in Puglia, Tel. 08 03 25 63 83
www.madonnadellastella.org
Bezauberndes Lokal in einer Grotte mit Panoramablick auf die antike Stadt. Apulische Spezialitäten, hausgemachte Pasta und knusprige Pizza.

Arco Marchese
Via Arco Marchese 1, Andria
Tel. 08 83 55 75 26
Kleines rustikales Restaurant mit Sinn für traditionelle Küche, so etwa Taglioni mit Sugo von Venusmuscheln. Hausgemachte Dolci!

Da Pompeo
Vico al Piano 14, Foggia
Tel. 08 81 72 46 40
In dem schlichten, freundlichen Lokal können Sie dem Koch bei der Arbeit zusehen, denn die Küche ist zum Gastraum hin offen. Das Preis-Leistungsverhältnis sucht in Italien seinesgleichen.

Medioevo
Via Castello 21, Monte Sant'Angelo
Tel. 08 84 56 53 56
Sorgfältig zubereitete, schmackhafte, sowie bodenständige Küche zu günstigen Preisen bietet dieses sympathische Lokal in der Altstadt von Monte Sant'Angelo.

ÜBERNACHTEN

► Luxus

Mercure Cicolella
Viale 24 Maggio 60, 71100 Foggia
Tel. 08 81 56 61 11, Fax 08 81 77 89 84
www.hotelcicolella.it
Traditionsreiches, sehr elegantes Hotel in zentraler Lage gegenüber dem Bahnhof. Prachtvoll eingerichtete Zimmer mit allem Komfort, freundliches Personal, vorzügliches Restaurant.

Patria Palace Hotel
Piazzetta Riccardi 13
73100 Lecce
Tel. 08 32 24 51 11, Fax 08 32 24 50 02
www.patriapalacelecce.com
Gediegenes Hotel der Spitzenklasse im liebevoll sanierten historischen Adelspalast aus dem 18. Jh., elegante Jugendstileinrichtung und moderner Komfort bestimmen das Interieur, prachtvolles Restaurant.

► Komfortabel

Del Seggio
Via Vieste 7, 71019 Vieste
Tel. 08 84 70 81 23, Fax 08 84 70 82 27
www.hotelseggio.com
Schönes Hotel direkt am Meer und doch mitten im historischen Teil der Stadt: Sehr ruhige Lage, eigener Strand und hervorragendes Restaurant.

Sorriso
Viale Raffaello Sanzio
(im Centro Incom)
71036 Lucera
Tel. 08 81 54 03 06, Fax 08 81 53 05 65
www.hotelsorrisolucera.it
Neben der Piazza di Vagno gelegen, moderne, geschmackvoll eingerichtete Zimmer.

Baedeker-Empfehlung

San Nicola
Via Luca De Samuele Cagnazzi 29
70022 Altamura
Tel. 08 03 10 51 99, Fax 08 03 14 47 52
www.hotelsannicola.com
Ein Palazzo aus dem 18. Jh. in Domnähe beherbergt dieses vornehme und sehr geschmackvoll mit Stilmöbeln eingerichtete Hotel. Elegantes Restaurant.

► Günstig

Trani
Corso Imbriani 137, 70059 Trani
Tel. 08 83 58 80 10, Fax 08 83 58 76 25
www.hoteltrani.it
Hotel aus den 1960er-Jahren unweit des Zentrums mit familiarer Atmosphäre, schlichten, gepflegten Zimmern und gemütlichem Restaurant.

In der Mitte verläuft die karstige, von Höhlen und Dolinen durchsetzte Kreidekalktafel der Murge, die sich im Süden als teils flaches, teils hügeliges Land in der Salentinischen Halbinsel fortsetzt.

Wirtschaft

Fast nur **Landwirtschaft** gibt es in Apulien: Weizen (insbesondere Hartweizen für die Pastaproduktion) wird im Tavoliere, Tabak um Lecce und Gemüse an der Küste angebaut. Etwa die Hälfte des italienischen Olivenöls kommt aus Apulien, andere wichtige landwirtschaftliche Erzeugnisse sind Wein- und Tafeltrauben, Mandeln und Feigen. Die Wanderweidewirtschaft – hier überwinterten einst Millionen von Schafen – beschränkt sich heute auf die wenigen bergigen Gegenden. Man hat v. a. im 20. Jh. umfangreiche wasserwirtschaftliche Maßnahmen ergriffen und damit das sehr trockene, jedoch fruchtbare Gebiet landwirtschaftlich stark aufgewertet. Das hat jedoch die Landflucht keineswegs verhindert. So stehen wenigen Großgrundbesitzern Tausende fast mittelloser Landarbeiter und Bauern gegenüber, die auf der Suche nach Arbeit ihre Dörfer und Höfe verlassen müssen. Mit riesigen Investitionen wurden einige **große Industriekomplexe** geschaffen (Petrochemie in Bari, Chemie in Manfredonia, Raffinerien bei Brindisi, Stahlwerk in Tarent), die heute ebenfalls tief in der Krise stecken, was für hohe Arbeitslosenziffern und große soziale Probleme sorgt.

Geschichte

9. Jh. v. Chr.	Griechische Kolonisation: Apulien wird Teil der Magna Graecia.
275 v. Chr.	Eroberung durch die Römer, Sieg über Pyrrhus
ab 410	Herrschaft der Ostgoten, Byzantiner und Langobarden
ab 1041	Guiscard erobert Apulien für das Normannenreich.
ab 1221	Unter Stauferherrschaft erlebt Apulien höchste Blüte.

Griechische Wurzeln

Apulien wurde durch die **griechische Kolonisation** vom 9. bis zum 8. Jh. v. Chr. Teil der Magna Graecia und blieb auch nach der Eroberung des Gebiets durch die Römer – abgeschlossen durch den Sieg über Pyrrhus 275 v. Chr. – griechisch geprägt. Zusammen mit Kalabrien wurde es zu einem wichtigen Partner im Handelsverkehr mit dem Orient. Mit dem Untergang des Römischen Reichs kam Apulien um 410 n. Chr. unter die Herrschaft der Ostgoten, um 550 der Byzantiner und ab 574 teilweise auch der Langobarden. Im 9. Jh. waren Tarent und Bari arabische Städte. Robert Guiscard eroberte Apulien ab 1041 für das Normannenreich und ließ es sich 1059 von Papst Nikolaus II. als Lehen geben. Unter Roger II. (reg. 1130 bis 1154) mit dem Königreich Neapel und Sizilien vereinigt, gelangte es unter den Staufern ab 1221 zu höchster Blüte. Kaiser Friedrich II., »Kind von Pulle« und »Staunen der Welt« genannt, residierte mit Vorliebe in Foggia und hinterließ viele beeindruckende Bauten, darunter das berühmte **Castel del Monte**.

Die Altstadt von Vieste thront auf einem Felsvorsprung über dem Meer

Addiert man die fast 800 km lange Küste Apuliens mit dem südlichen Klima, so ergibt sich ein Sommerurlaubsgebiet ersten Ranges – theoretisch. Tatsächlich sind nur wenige Teile wirklich schön, nämlich der **Gargano** und die Küste ganz im Süden zwischen Otranto und dem **Capo S. Maria di Leuca**. Einige weitere sind bei italienischen Urlaubern beliebt, beispielsweise die Gegenden zwischen S. Cataldo und Otranto und bei Tarent, können aber mit ihrer unattraktiven Infrastruktur nicht überzeugen. Abzuraten ist von dem Bereich zwischen Manfredonia und Mola di Bari. Unbedingt meiden sollte man die Strände in der Nähe von Städten. Beachtlich ist jedoch die Zahl großartiger Städte und Bauwerke in Apulien, etwa das barocke Lecce, die Trulli-Orte Alberobello und Locorotondo, Staufer-Burgen wie Castel del Monte, die herrlichen Kathedralen der apulischen Romanik und das städtische Bari. Eine Reihe der im Lande verstreuten Masserie, ehemalige Gutshöfe, wurden zu stilvollen Hotels und Restaurants umfunktioniert.

Die schönsten Plätze an der Sonne

★ Gargano · Promontorio del Gargano

Der **Monte Gargano** (Promontorio del Gargano), ragt etwa 65 km weit ins Meer hinaus und bildet so den »Sporn« des italienischen Stiefels. Mit seiner herrlichen Landschaft – malerische Felsenküste und Sandstrände am unglaublich blauen Meer, ländlich-idyllische Atmosphäre und tiefe Wälder im Inneren – und alten Fischerorten wurde er in den 1990er-Jahren zu einem der beliebtesten Feriengebiete des italienischen Südens. Negative Folgen blieben allerdings nicht aus: durch Privatvillen, Campingplätze und Hotelanlagen okkupierte Strandabschnitte, hässliche Betonburgen und überhöhte Preise.

Sporn Italiens

? WUSSTEN SIE SCHON ...?

- Der Monte Gargano gehört geologisch betrachtet nicht zu Italien, sondern zu Dalmatien. Er liegt auf der dalmatinischen Kalktafel.

Fährt man von Foggia durch die intensiv landwirtschaftlich genutzte Apulische Ebene, tauchen links die Höhen des Gargano auf. Als Erstes stößt man auf **S. Leonardo di Siponto**, einst Pilgerhospiz, Kloster und ab 1261 Deutschordensbezirk. Seine romanische Kirche besitzt ein reich skulptiertes Nordportal, das um 1180 entstand. Zur Besichtigung meldet man sich unter Tel. 0 34 76 51 90 76 an.

✶ S. Maria Maggiore di Siponto ►

Etwa 8 km weiter steht die die 1117 geweihte Kathedrale S. Maria Maggiore, ein byzantinischer Zentralbau mit schönem Löwenportal und spätantiker Unterkirche. Sie ist der Rest der einst bedeutenden Stadt Sipontum, die schon vor den Römern bestand und nach dem Erdbeben 1223 aufgegeben wurde. Am Golf von Manfredonia liegt der Badeort Lido di Siponto.

Manfredonia

Manfredonia (54 000 Einw.) wurde von **König Manfred**, dem illegitimen Sohn Friedrichs II. von Hohenstaufen, für das verlassene Sipontum 1256 gegründet. Nach der Zerstörung durch die Türken 1620 baute man es mit rasterartigem Straßennetz wieder auf. Zwischenzeitlich hat sich der Ort stark gewandelt: Wo einmal Strand war, steht heute ein riesiges Chemiewerk. Dennoch gibt es hier einige beachtenswert Bauwerke, so das mächtige **staufisch-angiovinische Kastell** aus dem 13. Jh. mit dem Museo Archeologico Nazionale del Gargano, das über eine hochwertige Sammlung daunischer Stelen verfügt, die Kirche S. Domenico und der barocke Dom S. Lorenzo. Mehrmals wöchentlich besteht eine Schiffsverbindung zu den ►Tremiti-Inseln, die nur knapp 5 Std entfernt liegen.

Monte Sant'Angelo

Ein lohnender Abstecher führt hinauf zum Monte Sant'Angelo (17 000 Einw.), dessen **Wallfahrtsstätte** San Michele Arcangelo alljährlich das Ziel Hunderttausender Pilger ist. Zunächst gelangt man zum normannisch-aragonischen Kastell an der höchsten Stelle des Orts, dann geht es hinunter zum achteckigen Kampanile von 1274, der das Michaels-Heiligtum anzeigt. Der Legende nach soll der Erzengel selbst im Jahre 493 dem hl. Laurentius, Erzbischof von Sipontum, erschienen sein und diese Felsenhöhle für seine Verehrung bestimmt haben. Von der Vorhalle führen etliche Stufen hinab zu einer Kirche, deren Bronzetüren mit biblischen Darstellungen 1076 in Niello-Technik gefertigt wurden. Im Inneren zählen ein Bischofsstuhl aus dem 12. Jh. und ein marmorner Michael von Andrea Sansovino (1507) zu den Schätzen. Wenige Schritte weiter ragt die so genannte **Tomba des Langobardenkönigs Rothari** auf, ein Kuppelbau, der um 1200 gebaut und vermutlich als Baptisterium genutzt wurde. Daneben steht die Kirche S. Maria Maggiore, 1170 begonnen, mit einem schönem Portal von 1198. Am Südrand der Stadt liegt das Viertel Junno mit seinen eigenartigen Reihenhäuschen aus dem 16./17. Jh.

★ **Foresta Umbra**

Von Monte S. Angelo erreicht man das Vorgebirge, wobei man zunächst die hügelige Hochfläche und später den Foresta Umbra (»schattigen Wald«) durchquert, den einzigen größeren Wald Apuliens mit Buchen, Eichen, Ahornen und Aleppokiefern. Er wurde 1991 zum **Nationalpark** erklärt, Wanderwege, Park- und Picknickplätze ziehen zahlreiche Ausflügler an.

Vieste

Entlang der **phantastisch schönen Küste** mit ihren bizarr geformten Kalkfelsen, vorbei an den Buchten Zagare und Pugnochiuso, erreicht man Vieste (13 800 Einw.). Die Altstadt des touristischen Zentrums des Gargano liegt malerisch auf einem Felsvorsprung. Einen Blick lohnt die Kathedrale S. Maria Oreta aus dem 11. Jh. mit ihren frühromanischen Kapitellen. Das Kastell wurde unter Friedrich II. erbaut und im 16. Jh. erweitert. Südlich der Stadt liegt der schöne Sandstrand mit dem Felsen Pizzomunno (»Spitze der Welt«). Auf der Weiterfahrt sind öfter »trabucchi« zu sehen, Holzgerüste mit Netzen an langen Auslegern, die teils als Restaurant genützt werden.

Peschici

◄ Rodi Garganico

◄ Lago di Varano

Ebenfalls hübsch über dem Meer gelegen und touristisch geprägt ist das alte Städtchen Peschici (4 000 Einw.). Von hier ab begleiten auf dem Weg nach Rodi Garganico **endlose Sandstrände** die Fahrt. In Rodi starten die Fähren zu den 22 km entfernten Tremiti-Inseln. Wer das Festland vorzieht, kann nahe dem Monte Gargano zwei Lagunen entdecken, Lago di Varano und Lago di Lesina, die früher ergiebige Fischreviere waren.

San Giovanni Rotondo

Über San Matteo in Larmis gelangt man nach San Giovanni Rotondo (23 000 Einw.), das vom höchsten Berg des Gargano, dem Monte Calvo überragt wird. Der einstige Wirkungsort **Padre Pios** zieht alljährlich Millionen Pilger an, die in großen Hotelkomplexen untergebracht werden. Am Westrand des Ortes stehen die Kirche S. Maria delle Grazie von 1956 und das Kapuzinerkloster mit dem großen Krankenhaus »Casa Sollievo di Sofferenza«. 2004 wurde hier eine gigantisch große, von Renzo Piano entworfene Kirche geweiht, ein statisches Wunder aus Kalkstein, das über 7000 Sitzplätze bietet, weitere 30 000 Gläubige fasst der Vorplatz. An der Ausstattung waren u. a. **Roy Lichtenstein** und **Robert Rauschenberg** beteiligt.

? WUSSTEN SIE SCHON ...?

- Padre Pio (1887–1968) wurde nicht nur durch seine blutenden Wundmale (Stigmata) bekannt. Er besaß angeblich auch die Gabe, an zwei Orten gleichzeitig anwesend zu sein. Sein Grab in der Basilika Santa Maria delle Grazie ist ein massenhaft besuchtes Pilgerziel. 1999 wurde Padre Pio selig gesprochen, bereits am 16. Juni 2002 fand die Heiligsprechung statt, die größte derartige Zeremonie, die es in Rom je gegeben hat.

Tremiti-Inseln · Isole Tremiti

Gut 20 km vor der Küste des Gargano liegen die autofreien Tremiti-Inseln, ein kleines Archipel mit den Inseln San Domino, San Nicola, Cretaccio und Capraia. Die zwei Letzteren sind unbewohnt, insgesamt leben ca. 300 Menschen hier. Vor allem als **Tauchrevier** beliebt, sind auf den Tremiti-Inseln von Mitte Juli bis Mitte September Hotels und Zimmer ausgebucht. San Nicola ist per Tragflächenboot von Termoli und Rodi Garganico zu erreichen sowie in der Saison per Schiff von Manfredonia aus.

Isola San Domino Die westlichste und landschaftlich reizvollste der Inseln ist die mit **Pinienwald** bestandene Isola San Domino. Von 1792 bis 1943 diente sie als Gefängnis und Verbannungsort. Über der Ostküste liegt der Hauptort San Domino. Besuchenswert sind die nur vom Meer aus zugänglichen **Grotten**, besonders die Grotta delle Viole und die Grotta del Bue Marino.

Isola San Nicola Nordöstlich liegt die kleinere Isola San Nicola mit San Nicola, dem befestigten Hauptort der Inselgruppe. Beachtenswert ist das im 15. Jh. umgestaltete Kastell. Auf der Anhöhe, die einen schönen Blick eröffnet, steht die Kirche S. Maria a Mare von 1045 und der Rest einer Abtei aus dem 9. Jh. mit Renaissanceportal und romanischem Mosaikboden.

Foggia und der Tavoliere

Foggia Landschaftlicher und wirtschaftlicher Mittelpunkt der großen Apulischen Ebene, des Tavoliere di Puglia, ist Foggia mit 156 000 Einwohnern. Die Hauptstadt der gleichnamigen Provinz, auch nach den byzantinischen Statthaltern, den Katapanen, Capitanata genannt, wurde von Kaiser Friedrich II. 1222 zum **Zentrum des Kaiserreichs** bestimmt und entsprechend ausgebaut. Karl I. von Anjou, der die Staufer besiegt und abgelöst hatte, verstarb 1285 in Foggia. Beim Erdbeben 1731 wurden fast alle mittelalterlichen Zeugnisse zerstört und im Zweiten Weltkrieg wurde die Stadt 1943 durch Bomben der Alliierten schwer getroffen. Heute bietet sie mit breiten, baumbestandenen Straßenzügen und zahlreichen Neubauten ein modernes Bild.
Zur Besichtigungstour startet man am besten auf der Piazza Cavour, an die hinter den Kolonnaden der Stadtpark anschließt. Von hier schlendert man zur Piazza **Umberto Giordano**, mit dem Denkmal des 1867 in Foggia geborenen Opernkomponisten, und zum Corso Vittorio Emanuele, der Hauptachse mit guten Geschäften. Jenseits der Kreuzung mit dem Corso Garibaldi steht der Palazzo Celentano-Rossano aus dem 18. Jh. An der Piazza Federico II geht es rechts zum Geburtshaus von Giordano und zur Piazza Nigri mit dem Palazzo Arpi, dessen Außenwand Portalteile vom Palast Friedrichs II. enthält. Das Museo Civico birgt viele Zeugnisse der Daunier, die hier schon

vor den Griechen siedelten. Südlich der Piazza Federico II ist die Kathedrale Santa Maria Icona Vetere zu finden, die im 11.–13. Jh. entstand und Anfang des 18. Jh.s barock umgestaltet wurde. Sie besitzt ein sehenswertes Portal an der Nordwand.

★ **Lucera**

Nähert man sich Lucera (34 000 Einw.), das auf einem Plateau über der Apulischen Ebene liegt, von Westen oder Norden, so hat man die **gigantische Festung** vor sich, die 1233 von Friedrich II. errichtet und unter Karl I. von Anjou erweitert wurde. Der herrliche Ausblick über den Tavoliere macht die strategische Bedeutung deutlich. Lucera war von dem Stauferkaiser als »Schlüssel Apuliens« zu einem Hauptstützpunkt gemacht und 1233–1245 mit 20 000 islamischen Sarazenen aus Sizilien besiedelt worden. Im Jahr 1300 ließ Karl II. von Anjou die rein muslimische Stadt – den »Dorn in der Flanke der Kirche« – zerstören und ihre Bewohner töten. Diese »christliche Tat« wird seit 1983 alljährlich am 14. August in historischer Aufmachung gefeiert.
Von der Piazza Matteotti führen die Via Federico II und Via Bovio zur Piazza Duomo in der Mitte der Altstadt. Die Kathedrale, von Karl II. 1300–1317 anstelle der alten Moschee erbaut, ist eines der wenigen Beispiele südfranzösischer Gotik in Süditalien. Im Inneren sieht man ein rheinisches Holzkruzifix, entstanden um 1340, die Teile des Altars stammen aus Castel Fiorentino, dem Schloss und Sterbeort Friedrichs II. In der Via De Nicastri steht das sehenswerte Museo Civico G. Fiorelli, das u. a. daunische Funde und eine schöne Venusstatue aus der römischen Kaiserzeit besitzt. Östlich der Stadt liegt am Fuß des Hügels ein römisches Amphitheater aus der Zeit des Augustus, das recht frei rekonstruiert wurde.

Trani ziert eine der schönsten Kathedralen Apuliens

Die von 1073 bis Mitte des 13. Jh.s unter toskanisch-pisanischem Einfluss erbaute romanische Kathedrale in **Troia**, ca. 20 km südwestlich von Foggia, zählt zu den bedeutendsten Apuliens. Die prächtige Fensterrose ist mit Transennen, aus Stein gehauenen Fenstergittern, gefüllt. Das grandiose **Bronzetor** im Hauptportal und die Tür im rechten Seitenportal.schuf 1119 Oderisius von Benevent. Schön ist auch die Kanzel von 1169.

Terra di Bari · Die Küste

Barletta (90 000 Einw.), 55 km nordwestlich von ▸ Bari besaß zur Zeit der Staufer und als italienischer Hauptsitz des Deutschen Ordens große Bedeutung. Heute wirkt die kleine Handels- und Industriestadt eher schläfrig. Blickfang sind das meerseits vorgelagerte, mächtige **Kastell** und der Dom. Das Kastell wurde 1282–1291 angelegt und etwa 1535 unter Karl V. von Anjou um Eckbastionen erweitert. In dem hier untergebrachten Kulturzentrum sind Bilder des aus Barletta stammenden Giuseppe di Nittis (1846–1884) zu sehen.

Zweigeteilt präsentiert sich der Dom S. Maria Maggiore: Das hohe Langhaus mit dem Kampanile ist romanisch, der vordere Teil des Langhauses und der Chor sind gotisch. Beachtenswert sind im Innern das Grabmal des Grafen Karl von Barby und Mühlingen († 1566) mit deutscher Inschrift, die Kanzel und der Altartabernakel, beide aus dem 13. Jh. Durch die Via del Duomo gelangt man nun zum Corso Garibaldi und zur Kirche San Sepolcro, einem frühgotischen Bau nach burgundischem Vorbild. Vor der Kirche ragt der über 5 m hohe **»Koloss von Barletta«** auf, die Bronzestatue eines byzantinischen Kaisers, möglicherweise Valentinians I. († 375). Sie gilt als die bedeutendste erhaltene Kolossalbronze der Antike. Die Venezianer hatten sie im 13. Jh. von Konstantinopel nach Italien gebracht und nach einem Schiffbruch am Strand zurückgelassen. 1309 wurden die Beine als Glockenmetall eingeschmolzen, 1491 nicht ganz passend ersetzt. Im Norden der Stadt hat man durch die Porta Marina Zugang zum verwaisten Hafen.

✶ **Trani**

Unbedingt anschauen sollte man sich Trani (36 000 Einw.), das 13 km südöstlich von Barletta liegt. Die Stadt verfügt über ein hübsches Stadtbild mit einer Schauseite zum Meer und **eine der schönsten Kathedralen Apuliens**. Auf einem Landvorsprung am Hafen ragt S. Nicola Pellegrino hoch übers Wasser, was durch die Außengestaltung noch betont wird. Die Basilika mit normannischen und staufischen Elementen – der Bau wird in seiner geometrisch-plastischen Klarheit mit Castel del Monte verglichen – wurde ca. 1150 bis 1250 über zwei Kirchen des 7. Jh.s errichtet. Das romanische Westportal mit Flechtwerkornamenten besaß herrliche Bronzetürflügel, 1180 von Barisanus von Trani geschaffen, die nach der Restaurierung im Inneren zu sehen sind. In den 32 Feldern sind Jesus, Maria, Apostel und Heilige dargestellt. Der angebaute, knapp 60 m hohe Kampanile entstand zwischen 1230 und 1379, in den 1950er-Jahren wurde er originalgetreu rekonstruiert.

Man betritt die Kathedrale durch die Unterkirche, die Chiesa di Santa Maria della Scala. Von hier hat man Zugang zum Hypogäum des hl. Leucio – des ersten Bischofs von Brindisi – und der um 1100 be-

! *Baedeker* TIPP

Ungewöhnlich ...

... ja einzigartig ist das Hotel Regia in Trani gelegen: unmittelbar neben der Kathedrale zum Hafen hin. Der allein stehende Palazzo aus dem 18. Jh. wurde umfassend renoviert und bietet in seinen zehn Zimmern modernsten Komfort, das Restaurant eine gute heimische Küche. Piazza Mons. Addazi 2, Trani, Tel. & Fax 08 83 58 44 44.

Friedrich II., »der die Welt in Staunen versetzte«, wurde am 26. Dezember 1194 in Iesi bei Ancona geboren und starb am 13. Dezember 1250 in Fiorentino bei Lucera.

KAISER MIT ZWEI GESICHTERN

Unzählige Bücher sind über ihn geschrieben worden, zu einem einhelligen Bild von Friedrich II. gelangten Historiker und Schriftsteller jedoch ebenso wenig wie Zeitgenossen. Viele bezeichneten ihn wegen seiner Wissbegierigkeit bewundernd als »Stupor mundi«, als Staunen der Welt, andere fürchteten die Grausamkeiten des »Verfluchten« und »Antichristen«. In einer Hinsicht waren sich Freund wie Feind einig: Friedrich II. würde die Welt verwandeln.

Ein zuverlässiges Porträt des Stauferkaisers Friedrich II. von Hohenstaufen (▸ Berühmte Persönlichkeiten) ist der Nachwelt nicht überliefert. Die Büsten, Siegel, Gemmen, Münzen und Miniaturen, die sein Abbild tragen, zeigen meist einen stilisierten Cäsarenkopf, stellen also mehr den **Typus des Herrschers** dar. Porträtecht wirken auf vielen Abbildungen nur die eng stehenden großen Augen, was einen Freund zu der Äußerung veranlasste, Friedrich habe einen »Schlangenblick«. Zeitgenössischen Zeugnissen zufolge besaß der Kaiser keine sehr impoierende äußere Erscheinung: Er war nur mittelgroß, aber kräftig, trug keinen Bart, hatte eine bräunliche Hautfarbe und im Gegensatz dazu rötlich blonde Haare. Geben die offiziellen Abbildungen wenig Aufschluss über das Aussehen von Friedrich II., eignen sich auch die Hasstiraden bzw. Lobeshymnen kaum dazu, dessen Wesen objektiv zu beschreiben. Bezeugte Handlungen und Verhaltensweisen lassen jedoch den Schluss zu, dass der Kaiser einen recht **zwiespältigen Charakter** hatte.

»Staunen der Welt«

Zeit seines Lebens interessierte den Stauferherrscher die **Wissenschaft** – schon während der Kindheit, wie dem päpstlichen Vormund in Rom stolz gemeldet wurde. Der auch von Gegnern als sehr gelehrt geschätzte und ehrfurchtsvoll »Stupor mundi« (»Staunen der Welt«) genannte vielsprachige Kaiser förderte viele Berei-

che der Naturwissenschaften und der Philosophie, vor allem sorgte er dafür, dass das **Bildungsgut des Orients** in Europa einen festen Platz fand, er selbst beobachtete, hinterfragte und beschrieb Vorgänge in der Natur (wie genau die Tierbeobachtungen in seinem Buch »Über die Kunst, mit Vögeln zu jagen« waren, konnte erst mit Hilfe der modernen Wissenschaft bestätigt werden). Inspiriert von dem arabischen Gelehrten al-Idrisi glaubte er sogar, anders als die christliche Wissenschaft, die immer noch die Welt als Scheibe betrachtete, an die Kugelgestalt der Erde.

Viele Zeitgenossen hielten den Kaiser für einen heiteren und liebenswürdigen Menschen. Tatsächlich erwies er sich als **freigiebiger Gastgeber** prächtiger Feste, auf denen hübsche Sarazenen-Mädchen mit Tänzen die Gäste bezauberten, Minnesänger und Musikanten die Herzen erfreuten. Wer sich der staufischen Gewalt bedingungslos unterwarf, genoss kaiserlichen Schutz, auch Muslime und Juden. Als Dank dafür, dass Friedrich II. ihnen ihre Religion und Gebräuche beließ, stellten ihm die Sarazenen eine Elitetruppe zur Verfügung, die ihm als **Leibwache** treu ergeben und wegen ihres Kampfesmutes und ihrer unnachgiebigen Härte gefürchtet war.

»Hammer der Welt«

Friedrich II. konnte sehr liebenswert im Umgang mit Menschen, tolerant gegenüber anderen Religionen und Kulturen, skeptisch und ungläubig gegenüber kirchlichen Dogmen und zeitbedingten Vorurteilen sein. Aber ihn kennzeichneten auch eine erschreckende Kälte und **ungestüme Grausamkeit**. Wehe denen, die sich dem Stauferkaiser widersetzten oder in denen Friedrich eine Gefahr für die gottgewollte Ordnung, für die Herrschaft seiner Person, mutmaßte! Über die Härte der Strafexpeditionen gegen abtrünnige Städte etwa bzw. über die Brutalität, die er im Falle von Ketzerei und sogar Majestätsbeleidigung walten ließ, waren selbst die Menschen des an Grausamkeiten nicht armen Mittelalters entsetzt! An die sarazenische Garde erging einmal der Befehl, nach der Einnahme einer aufständischen Stadt u.a. die männlichen Angehörigen der höheren Stände zu

Nach der Rückkehr vom Kreuzzug hielt sich Friedrich einige Zeit in Melfi auf und widmete sich dort seinem großen Gesetzeswerk, als »Konstitutionen von Melfi« bekannt geworden. Noch heute wird die Altstadt von der Stauferburg dominiert.

blenden, ihnen die Nasen abzuschneiden und sie nackt und bloß aus der Stadt zu jagen, auch sollten den Frauen zur Schande die Nasen und den Knaben die Hoden abgeschnitten werden. Keine Gnade durfte auch Friedrichs **ältester Sohn Heinrich** erwarten, der mit den Gegnern seines Vaters ein Bündnis eingegangen war: Er wurde eingekerkert. Während einer Überführung in ein anderes Kastell soll er sich mit seinem Pferd in eine Schlucht gestürzt haben.

Nachdem über Friedrich der Kirchenbann verhängt worden war (1245), bekamen auch Bischöfe den Terror zu spüren. Nicht mehr Amboss wolle er sein, sondern Hammer der Welt, verkündete der Staufer unmissverständlich und verfolgte Anhänger des Papstes gnadenlos.

»Verwandler der Welt«

Für die Zeitgenossen war Friedrich II. der »Verwandler der Welt«, »ein wundersamer Verwandler«, wie der **Engländer Mattheus Paris** in seiner Chronik nach dem Tod des Staufers hervorhob. Die Aussage wurde später zwar als eindeutige Anerkennung gewertet, doch nach mittelalterlicher Auffassung war Wandelbarkeit ohne Zutun des Teufels nicht möglich, weshalb sich hinter diesem Attribut neben großer Bewunderung auch blankes Entsetzen verbirgt.

Aber hat Friedrich II. tatsächlich zur Wandlung der Welt beigetragen? Bald nach seinem Tod zerfiel sein Reich. Doch in zweierlei Hinsicht trug seine Politik auch große Früchte. Der Staufkaiser verstand es, unter seinen Zeitgenossen den **Sinn für die Wirklichkeit** zu schärfen, Kunst und Wissenschaft nicht mehr nur nach althergebrachten Maßstäben zu beurteilen. Und er öffnete, obwohl er sich bis zuletzt als Herrscher des christlichen Mittelalters sah, mit seiner Idee des autonomen weltlichen Staates, der gegen den Herrschaftsanspruch der Kirche zu verteidigen war, die **Pforten zur Neuzeit**, wie sich wenige Jahrzehnte später in der Auseinandersetzung zwischen französischem Königtum und Papsttum zeigen sollte. Der französische König Philipp der Schöne, der sich vielfach an Friedrich II. orientierte, ging aus diesem Streit als Sieger hervor.

gonnenen Krypta des hl. Nicolaus Peregrinus († 1094) mit dem Reliquienschrein. Das eindrucksvolle Innere der Kathedrale, die als einzige in Apulien Doppelsäulen besitzt, wurde 1952–1955 in seiner romanischen Form wiederhergestellt. Im Chorraum sind Teile des herrlichen Bodenmosaiks von 1170 erhalten.
Am Palazzo di Giustizia vorbei gelangt man zu dem 1233–1249 unter Friedrich II. erbauten Kastell. Sehenswert sind auch am Hafen der gotische Palast des Kaufmanns Simone Caccetta (1451–1456) und die Allerheiligenkirche, erbaut Mitte 12. Jh., ehemals Teil eines **Templerhospizes**, mit einer seltenen offenen Vorhalle. Der Spaziergang am Hafen entlang führt am mächtigen Palazzo Palumbo-Quercia von 1755 vorbei zum Stadtgarten (Villa Comunale). Hier sind sechs Meilensteine der römischen Via Traiana zu sehen, die von Benevent über Canosa, Ruvo, Bari und Egnatia nach Brindisi führte.

Molfetta Eine eigensinnige Sehenswürdigkeit in Molfetta, 17 km südöstlich von Trani, ist der zwischen dem 12. und 13. Jh. erbaute **Duomo Vecchio** direkt beim Fischerhafen. Der außen wenig attraktive, schmucklose Bau mit seinen Glockentürmen von 1256 gilt als bedeutendste Kuppelkirche Apuliens. Innen sind sehenswert das Weihwasserbecken mit Träger, Saraceno genannt, und das Ziborium, beide aus dem 12./13. Jh. Der Corso Dante, Flaniermeile der Stadt, teilt die neueren Bezirke von der pittoresk-baufälligen, teilweise verlassenen

Direkt beim Fischerhafen in Molfetta steht der Duomo Vecchio.

Altstadt. Die wird allmählich instand gesetzt und neu besiedelt. Am Corso sind die »neue« barocke Kathedrale S. Maria Assunta sowie die Chiesa del Purgatorio aus der 1. Hälfte des 17. Jh.s einen Besuch wert.

Bari

►dort

Terra di Bari · Das Hinterland

Cannae

»Canne di Battaglia« heißt es auf den Wegweisern, die zur Ruinenstadt ca. 10 km südwestlich von Barletta führen, die als »das« Cannae gilt, wo Hannibal 216 v. Chr. die Römer besiegte. Gefunden hat man hier eine **Nekropole des 9.–11. Jh.s**, jedoch weder römische noch karthagische Waffen oder Gräber, erstaunlich bei mindestens 60 000 Toten. Wahrscheinlich lag das Schlachtfeld ca. 100 km westlich bei Castelluccio Valmaggiore im Cellone-Tal.

Canosa di Puglia

Das ruhige Canosa di Puglia (32 000 Einw.) erhebt sich 22 km südwestlich von Bari über den Ruinen der bedeutenden **Römerstadt Canusium**. Von ihr sind noch Mauerreste, ein etwas außerhalb stehendes Triumphtor und die Ruine eines Amphitheaters beim heutigen Bahnhof erhalten. Die mittelalterliche Festung wurde von den Normannen erweitert, die ab 1080 die Kathedrale S. Sabino erbauten, in der antike Säulen, ein von Elefanten getragener **Bischofssessel** aus Marmor und eine Marmorkanzel des Meisters Acceptus Beachtung verdienen. Im Südhof, vom rechten Seitenschiff zugänglich, befindet sich die Grabkapelle des Fürsten Boemund I. von Tarent († 1111), Sohn Robert Guiscards, der auch über das Kreuzfahrerfürstentum Antiochia in Syrien herrschte; der linke Flügel der Bronzetür stammt von etwa 1080, den rechten schuf Roger aus Melfi 1118.

Minervino Murge

◄ Andria

Den schönen Namen **»Balkon Apuliens«** führt das an der höchsten Stufe der Murge gelegene Minervino Murge (14 000 Einw.), das einen hinreißenden Blick über das Land bietet. Das 11 km südlich von Barletta gelegene Andria, einst Lieblingssitz Kaiser Friedrichs II., birgt in der Kathedrale die sterblichen Reste der Jolanda von Brienne († 1228 in Andria) und der Isabella von England († 1241 in Foggia), der zweiten und dritten Gattin des Staufers. Sehenswert sind der Palazzo Ducale Carafa aus dem 16./18. Jh. sowie das Portal der Kirche Sant'-Agostino, das im 14. Jh. geschaffen wurde.

✶✶ Castel del Monte

Die »Krone Apuliens« (Gregorovius) ist in der Tat das großartige Castel del Monte, das 18 km südlich von Andria weithin sichtbar auf einem Hügel thront und seit 1996 zum UNESCO-Weltkulturerbe gehört. Es wurde um 1240 – vielleicht als Jagdschloss, als Residenz oder als sicheres Refugium – für **Kaiser Friedrich II.** erbaut, wohl nach dessen eigenen Plänen; nicht dokumentiert ist, ob er sich je dort aufgehalten hat. Der mächtige frühgotische Bau aus hellem Kalkstein, des-

CASTEL DEL MONTE

★★ **Eine Burg ohne Küche, Vorratsräume und Stallungen, ohne Festungsgraben und Burgfried: Man muss kein Verschwörungstheoretiker sein, um hinter den Mauern des Castel del Monte ein Geheimnis zu wittern. Was hatte Friedrich II. im Sinn, als er die achteckige, fast vollkommen symmetrische Burg bauen ließ?**

Öffnungszeiten:
März – Sept. 9.00 – 20.00, Okt. – Febr. 9.00 – 19.00 Uhr

1 Achteckige Grundform
Dem Achteck wird in vielen Kulturen ein hoher Symbolgehalt zugesprochen. Grundlage ist die Bedeutung des Quadrats, mit dem erdverbundene Prinzipien und Kräfte wie die vier Jahreszeiten, Himmelsrichtungen und Elemente assoziiert werden. Christlichen und islamischen Quellen zufolge vervielfältigt das Achteck die Kräfte des Vierecks. Anderen Quellen zufolge ist das Achteck ein Symbol des Wissens, des kosmischen Gleichgewichts, bisweilen auch Sinnbild politisch-religiöser Macht. Ob Friedrich ein Vermächtnis dieser Art im Sinn hatte, ließ sich bis heute nicht sicher klären.

2 Ausrichtung nach Osten
Das Portal des Kastells ist nach Osten ausgerichtet. Esoterischen Quellen zufolge lässt sich zwei Mal im Jahr, zur Tag- und Nachtgleiche, das folgende Schauspiel beobachten: Der erste Sonnenstrahl fällt exakt durch das Fenster über dem Portal, durchquert den Raum und trifft im Hof auf eine Stelle, an der sich einstmals das Relief einer griechisch gekleideten Frau befand. Das Schauspiel wurde als Vermählung einer Erdgöttin mit der Sonne interpretiert.

3 Wassergewinnung
Durch eine raffinierte Konstruktion wird Regenwasser in Zisternen und »Baderäume« geleitet.

4 Falkenzucht
In den Türmen befanden sich Dienstäume und die Unterkünfte der Jagdvögel.

5 Räume
Jeweils acht trapezförmige Säle reihen sich im Erdgeschoss und im ersten Stock aneinander, jeder ist über Wendeltreppen mit den darunter- bzw. darüberliegenden Gemächern verbunden. Zwischen den Sälen liegen Turmräume, in denen sich auch Toiletten befunden haben sollen. Die großen Räume waren ursprünglich prunkvoll mit Marmor und roten Brekzien verkleidet – erhalten hat sich davon nur ein wenig Bauschmuck.

6 Gefängnis
Castel del Monte diente viele Jahre als Kerker und sah viele berühmte Gefangene, darunter die Enkel Friedrichs II., Manfreds Söhne Enrico, Federico und Anzolino. Sie gerieten 1266 im Kindesalter in die Hände Karls von Anjou, der sie einkerkern ließ. Im Unterschied zu ihrer Schwester Beatrice, die nach achtzehn Jahren aus der Gefangenschaft befreit wurde, scheinen die drei Söhne ihr ganzes Leben im Kerker verbracht zu haben, davon die Jahre 1291–1299 im Castel del Monte. Der Schriftsteller und Historiker Ferdinand Gregorovius berichtet, sie seien in den kleinen Turmzimmern angekettet gewesen.

Sitzbänke ziehen sich an den Wänden entlang. Einige Räume enthalten meterhohe Kamine.

Fassade der Kathedrale in Ruvo di Puglia

Inneren sind Kanzel, Bischofssitz sowie Chorgestühl aus dem 16. Jh. sehenswert. Etwa 6 km entfernt ist der Pulo zu finden, mit 500 m Durchmesser und 75 m Tiefe eine der größten Karst-Dolinen Apuliens.

12 km westlich von Altamura liegt malerisch über einer der im apulischen Karst zahlreichen Schluchten (ital. = gravina) das Städtchen **Gravina in Puglia** (37 000 Einw.) mit seinem nahe am Abgrund stehenden Dom von 1092, der 1482 nach einem Brand rekonstruiert wurde. Vor ihm prangt das Standbild des aus Gravina stammenden Papstes Benedikt XIII., eine beliebte Kulisse fürs Hochzeitsfoto. Anschauen sollte man sich das Grabmal der Angela Castriota Skanderbeg, Gemahlin des Grafen Orsini, in der Kirche S. Sofia. Im Stadtmuseum, dem Palazzo Pomarici Santomasi, sind die originalen Fresken aus der **Grottenkirche** S. Vito Vecchio aus dem 13. Jh. gesichert; eine weitere Grottenkirche mit Resten byzantinischer Malerei liegt in der Schlucht. Nördlich der Stadt befindet sich die Ruine eines Kastells, das Friedrich II. 1231 errichten ließ.

Matera

►Basilikata

Gioia del Colle

Eines der besterhaltenen **Stauferkastelle** Apuliens steht in Gioia del Colle, 39 km südlich von Bari. Es wurde um 1230 von Friedrich II. errichtet, die Freitreppe im Hof und die Ausstattung des Thronsaals stammen allerdings aus dem 20. Jh.

Castellaneta
Mottola
Massafra

Auch Castellaneta, 21 km südlich von Gioia del Colle, liegt an einer Schlucht. Berühmt ist es als Geburtsort des Schauspielers Rodolfo Valentino (1895–1926). In der nahen Umgebung bei Mottola und Massafra kann man mit Führern der Verkehrsvereine einige **Höhlenkirchen** mit hervorragenden byzantinischen Fresken besichtigen.

★ Zona dei Trulli

Eigenwillige Steinhäuser

Das »Gebiet der Trulli« ist ein etwa 1000 km² großer Teil der Murge, der v. a. im Valle d'Itria mit Tausenden der eigenartigen Trulli übersät ist, kleiner, oft miteinander verbundener Steinhäuser mit kegelförmigem Dach, für das Steinplatten ohne Mörtel überkragend aufeinander geschichtet werden. Geziert wird das Dach von einem »cippo« oder »pinnacolo«, einem Schlussstein, dessen vielfältige Formen immer noch nicht gedeutet werden konnten. Ihren Ursprung hat die

Bauweise im 17. Jh., als der gewitzte Graf Giangirolamo Acquaviva die Steuern, die er dem Lehnsherrn für gemauerte Häuser zu zahlen hatte, umgehen wollte. So faszinierend diese **improvisierte Architektur** wirkt, sollte man nicht vergessen, dass die Lebensbedingungen in diesen Häusern alles andere als komfortabel waren. Seit seiner touristischen Entdeckung hat sich Alberobello zu einer Art »Disneyland« entwickelt, das in keinem Reiseprogramm fehlt.

Polignano a Mare

Auf der Fahrt von ► Bari entlang der Küste (34 km) lohnt sich ein Halt in Polignano (16 000 Einw.), das auf senkrecht zum Meer abfallende Felsen gebaut ist.

Monopoli ►

Das betriebsame Monopoli (45 000 Einw.), 10 km weiter südöstlich, wartet an seinem malerischen Hafen mit einem 1522 erbauten Kastell und einer monumentalen Kathedrale von 1107 auf. Letztere birgt in der Kapelle hinter dem Chor die **wundertätige Madonna** della Madia, eine zypriotische Ikone von 1208. Vor der Stadt sind die Grotten von Castellana zu finden, eines der größten und faszinierendsten Tropfsteinhöhlen-Systeme Europas – im Sommer ist dort allerdings mit langen Wartezeiten zu rechnen.

✶ Höhlen von Castellana ►

✶✶ Alberobello

Alberobello (10 600 Einw.), die »Hauptstadt« der Trulli, gehört seit 1996 zum UNESCO-Weltkulturerbe. Vom Largo Mattelotta geht es in das Monti-Viertel mit seinen über 1000 Trulli, zu denen auch die in Trullo-Form erbaute Kirche S. Antonio und der einzige **doppelstöckige Trullo Sovrano** gehören; einige stehen Touristen als Hotels und Ferienwohnungen offen. Vom 17. bis zum Ende des 18. Jh.s wurde in Alberobello nur diese Hausform verwendet.

✶ Valle d'Itria

Das an Trulli reiche Valle d'Itria erstreckt sich zwischen Martina Franca und dem zauberhaften Locorotondo (13 400 Einw.), das seinen Namen dem kreisförmigen Grundriss verdankt (»runder Ort«) und auch als Weinort berühmt ist. Eine weiß getünchte Front ist wie eine Stadtmauer nach außen gekehrt, überragt von der mächtigen klassizistischen Kirche S. Giorgio.

Locorotondo ►

✶ Martina Franca

Wunderbar, auch im Kontrast zu den Trulli, ist der heiter-üppige **Barock und Rokoko** der verkehrsfreien Altstadt von Martina Franca (45 400 Einw.), die im 18. Jh. auf Geheiß des Herzogs Petracone V. Caracciolo neu gestaltet wurde. Er ließ sich auch den Palazzo Ducale am Rand der einst ummauerten Altstadt errichten; im Juli/August findet hier ein internationales Musikfestival statt. Durch den schönen Corso Vittorio Emanuele erreicht man die Kollegiatkirche S. Martino, errichtet 1747–1775 mit einem herrlichen Altar aus polychromem

! *Baedeker* TIPP

Einmal anders essen

In Polignano betreibt das Hotel Grotta Palazzese ein bemerkenswertes Restaurant: Gespeist wird in einer offenen Höhle, nur wenige Meter über den Wellen. Via Narciso 59, Tel. 08 04 24 07 67

Marmor; der Kampanile stammt vom gotischen Vorgängerbau aus dem 15. Jh.

Wieder am Meer: Bei **Egnazia** liegt 10 km südöstlich von Monopoli eine wichtige apulische Grabungsstätte: Die Messapier-Stadt an der Via Traiana gewann Mitte 3. Jh. v. Chr. an Bedeutung, im 5. Jh. n. Chr. war sie sogar Bischofssitz, nach der Zerstörung durch Totila gab man sie 545 allmählich auf.

7 km südl. lockt bei **Fasano** ein Safaripark mit Löwen und Giraffen.

! *Baedeker* TIPP

Glücksbringer

Alberobello ist ein großer Souvenirladen, wobei das Angebot in den einzelnen Läden recht ähnlich ist. Eine Ausnahme stellt Maria Matarrese dar. In ihrem Trullo verkauft sie nach alten Vorlagen gestickte Decken und Schals sowie die so genannten Fischietti, glücksbringende Pfeifen (Via Monte Pertica 9).

★ **Ostuni**

Am Ostrand der Zona dei Trulli und der Murge liegt 6 km vom Meer entfernt das »weiße« Ostuni (33 500 Einw.), ein malerisches Städtchen mit orientalisch wirkenden **Terrassenhäusern** und verwinkelten Gassen. Sehr schön kontrastiert das Weiß mit dem hellen Ocker unverputzten Kalksteins, so bei der spätgotischen Kathedrale mit ihrer ungewöhnlichen, reich gestalteten Fassade venezianischer Stilrichtung. An der Durchgangsstraße liegt die weite Piazza della Libertà mit dem Rathaus, einem ehem. Franziskanerkonvent aus dem 14. Jh. (Fassade 1887) und der Säule des hl. Orontius von 1771.

Ostuni erhebt sich mit ihren geweißelten Häusern auf drei Hügeln.

Brindisi

Tor nach Griechenland

Schon vor der römischen Zeit, als es Brundisium hieß, war das an der Adria gelegene Brindisi (95 300 Einw.) eine bedeutende Hafenstadt im Verkehr mit dem östlichen Mittelmeer. Im Jahr 190 v. Chr. vollendeten die Römer die von der Hauptstadt kommende **Via Appia** mit zwei hohen Marmorsäulen, die auf den Ausfahrtskanal des Hafens blickten; eine wurde beim Erdbeben 1528 fast ganz zerstört und in Lecce wieder aufgebaut. Heute ist der Hauptort der gleichnamigen Provinz eine wenig attraktive Industriestadt mit großer Erdölraffinerie, die Touristen meist nur im Transit nach bzw. von Griechenland besuchen, ohne sie wahrzunehmen – nicht ganz zu Unrecht.

Vom Hafen ins Zentrum

Der Innenhafen teilt sich in den Seno di Ponente mit großen Werften und den Seno di Levante mit dem Fährhafen; der Canale Pigonati führt hinaus zum Außenhafen, dem die Insel S. Andrea, ein Fort aus dem 15. Jh., vorgelagert ist. Von der Piazza Vittorio Emanuele – neben dem Hafenbahnhof – gelangt man zu der berühmten Säule, der **Colonna Romana**, die seit Jahren restauriert wird. Am Haus 46/48 erinnert eine Gedenktafel an den Dichter Vergil, der 19 v. Chr. in Brindisi starb. Jenseits des Seno di Ponente ragt das Mahnmal für die Gefallenen der italienischen Marine (1933) auf, ein 53 m hoher Turm in Form eines Schiffsruders. Daneben steht der Dom, ursprünglich von 1140 und nach dem Erdbeben 1743 barock erneuert; hinter seinem Altar ist ein Bodenmosaik von 1178 mit Bildern aus der Rolandsage erhalten.
Gegenüber dem Dom befinden sich die Loggia der Kreuzfahrer und die Loggia Balsamo aus dem 13. und 14. Jh. Von hier aus erreicht man durch die Via Tarantini und dann links durch die Via S. Giovanni das im 11. Jh. erbaute normannische Baptisterium S. Giovanni al Sepolcro mit seinem beachtenswertem Nordportal. Nicht weit entfernt steht die Kirche S. Benedetto, gebaut um 1100, mit schönem Reliefschmuck am byzantinischen Seitenportal; sehr romantisch ist der Kreuzgang des ehem. Klosters, der ebenfalls aus normannischer Zeit stammt. Trutziger wird es am Seno di Ponente, wo ein von Friedrich II. ab 1227 angelegtes und 1481 sowie 1530 ausgebautes Kastell über die Altstadt ragt. Nicht entgehen lassen sollte man sich die Krypta der Kirche S. Lucia mit ihren **byzantinisierenden Fresken**, die zwischen dem 12. und 14. Jh. entstanden.

★ S. Maria del Casale

Kunstfreunde sollten einen Ausflug Richtung Flughafen (3 km nordwestlich) unternehmen. Dort steht die ehemalige Klosterkirche Santa Maria del Casale, entstanden Ende des 13. Jh. / Anfang des 14. Jh., ein lombardisch-gotischer Bau, der an den ungewöhnlichen geometrischen Mustern aus verschiedenfarbigem Stein zu erkennen ist. Innen befinden sich bemerkenswerte Fresken im byzantinischen Stil.

Tarent

►dort

Lecceser Barock auf dem Höhepunkt: Santa Croce

✶ Lecce

Für Freunde des Barocks, aber nicht nur die, ist Lecce (100 000 Einw.) ein Muss. Die in der Mitte des Salento – der Landschaft, die den Absatz des italienischen Stiefels bildet – gelegene Provinzhauptstadt ist ein Gesamtkunstwerk, geschaffen Mitte des 16. bis Ende des 18. Jh.s aus dem leicht zu bearbeitenden goldgelben Lecceser Kalkstein. Ungehemmte Gestaltungsfreude brachte einen eigenen Barock-Rokoko-Stil hervor, den geradezu tumultuösen **»Lecceser Barock«**; dass er stark an den plateresken Stil Spaniens erinnert, ist der spanischen Herrschaft im Königreich Neapel zu verdanken.

Ungewöhnliche Barockstadt

Von der Porta di Napoli, einem Ehrenmal für Karl V., führt die Via Palmieri zur Piazza del Duomo mit dem überwältigenden Ensemble von Dom S. Oronzo (1658–1670), Bischofspalast (1632) und Priesterseminar (1709), in dessen Hof ein reich gezierter Brunnen steht. Vom Domplatz gelangt man vorbei an der Theatinerkirche S. Irene, zur Piazza S. Oronzo, dem Mittelpunkt der Stadt. Ihr Wahrzeichen ist die römische Säule, die einst neben ihrem Pendant in Brindisi das Ende der Via Appia markierte; gekrönt wird sie von einer venezianischen Statue des hl. Oronzo. Neben der Säule befinden sich der Palazzo del Seggio, eine Loggia von 1592, und die Kapelle S. Marco von 1543. Das freigelegte **römische Amphitheater** stammt aus dem 2. Jh. n. Chr. Wenige Schritte weiter steht am Viale 25 Luglio ein 1539–1548 unter Kaiser Karl V. angelegtes Kastell.

Porta Napoli ✶

◀ Piazza del Duomo

◀ Piazza S. Oronzo

✶ **Santa Croce**

Nördlich der Piazza Sant'Oronzo ist in der Via Umberto I das großartigste Beispiel des Lecceser Barocks zu finden, die Kirche Santa Croce; mit dem Bau wurde 1548 begonnen, die untere Fassadenhälfte und das Innere vollendete man 1582, der obere Fassadenteil war 1646 fertig.
Nördlich schließt der mächtige Palazzo del Governo an, ehemals ein Coelestinerkloster, heute Sitz der Provinzregierung.

Südstadt

Im Süden der Stadt verdienen die Kirchen S. Chiara, umgestaltet zwischen 1678 und 1691, und S. Matteo, erbaut 1700 Aufmerksamkeit – Letztere ist die einzige in Lecce im **»römischen Barockstil«**. Geht man von den Propyläen am Domplatz die Via Libertini entlang, gelangt man zur Dominikanerkirche S. Maria del Rosario und zur Porta Rudiae von 1703. An der Piazza Argento birgt das Museo Provinciale im ehemaligen Convento Argento eine beachtliche **Keramikensammlung** und Gemälde des 15.–18. Jh.s, darunter ein Polyptychon von B. Vivarini.

✶ **SS Nicolò e Cataldo**

Von der Porta di Napoli bzw. dem Obelisken Ferdinands I. gelangt man auf dem Viale S. Nicola zum sehr sehenswerten **Friedhof**. Hier steht auch die einzige mittelalterliche Kirche der Stadt, Santi Nicolò e Cataldo, die 1180 von dem Normannengrafen Tankred gestiftet und deren Fassade 1716 barock erneuert wurde; das prachtvolle romanische Portal lässt in seinen feinen Reliefbordüren orientalische Einflüsse erkennen, ebenso der hohe Kuppeltambour. Ihr Inneres ist ganz mit Fresken des 15.–17. Jh.s geschmückt. Im ersten der beiden Renaissance-Kreuzgänge des Olivetanerklosters sprudelt ein herrlicher Brunnen von 1559.

Südlicher Salento

Nardò

Nach Lecce ist das verschlafene Nardò (31 500 Einw.) die zweite Barockstadt Apuliens. Von der Piazza Diaz, auf der das Castello Acquaviva prangt, gelangt man zur schönen Piazza Salandra mit der Immacolata-Säule, dem Palazzo della Pretura (beide spätes 18. Jh) und der Kirche S. Domenico. Sie wurde 1580–1589 errichtet und nach dem Erdbeben 1743 barockisiert. Ganz in der Nähe befindet sich die **Kathedrale** aus dem 13. Jh., die ebenfalls barock umgestaltet wurde, wovon im Innern die großartigen Altäre zeugen. Das schwarze Kruzifix aus Katalonien stammt jedoch aus dem Mittelalter.

✶ **Galatina**

Galatina (29 000 Einw.), ein lebhaftes Weinstädtchen 13 km östlich von Nardò, besitzt mit der Franziskanerkirche S. Caterina d'Alessandria eine außergewöhnliche Sehenswürdigkeit. Das 1384–1391 im Stil apulischer Romanik erbaute Gotteshaus ist mit hervorragenden **Fresken der emilianischen Schule** ausgemalt, die höchst lebendig Themen aus der Apokalypse, der Genesis, dem Leben Jesu und der hl. Katharina von Alexandria zeigen.

Gallipoli

In Gallipoli (20 000 Einw.), 38 km südwestlich von Lecce, sind hässliche Neustadt und pittoreske, einladende Altstadt säuberlich voneinander getrennt: Letztere nimmt eine Felseninsel von gerade 300 m Durchmesser ein. Vor der Brücke zur Altstadt plätschert die so genannte Fontana hellenistica von 1560 mit antiken Reliefs. Jenseits der Brücke empfängt den Besucher das im 16. Jh. erbaute Kastell, von dem aus die Hauptstraße Via Antonietta De Pace durch die Stadt führt. Hier steht die Kathedrale in üppigem **Lecceser Barock** mit schönem Chorgestühl und Gemälden von G. A. Coppola.

★ Otranto

Die östlichste Stadt Italiens ist das hübsche Otranto (5100 Einw.), das schon in der Antike als **Hydrus** bzw. Hydruntum ein wichtiger Hafenort war; in die Geschichte ging das Massaker mit 800 Toten ein, das die Türken im Jahre 1480 unter den Bürgern anrichteten. Ihre Gebeine ruhen in der Cappella dei Martiri der Kathedrale S. Maria Annunziata. In der 1080 begonnenen und nach 1480 wieder aufgebauten Kirche ist auch die Hauptattraktion der Stadt zu finden, das fast vollständig erhaltene **Bodenmosaik** mit figurenreichen Monats- und Sagendarstellungen an einem großen Lebensbaum von 1163–1166; beachtenswert sind außerdem die antiken Säulen mit Kapitellen des 12. Jh.s und die fünfschiffige Krypta. Vom Kastell, das von Ferdinand I. von Aragon 1495–1498 auf staufischen Resten erbaut wurde, blickt man über die Straße von Otranto bis hinüber zu den Bergen Albaniens. Hinter der Piazza del Popolo steht die byzantinische Kreuzkuppelkirche S. Pietro aus dem 10./11. Jh., das einzige Gotteshaus Apuliens mit Fresken aus mehreren Jahrhunderten.

> **!** *Baedeker* TIPP
>
> **Oliven**
>
> Apulien ist **das** Olivenanbaugebiet Italiens. Hier lohnt sich ein Besuch in einer der ehemaligen Ölmühlen, die in den Felsen gehauen wurden, um das Öl bei warmen Temperaturen pressen zu können. So in Gallipoli im Palazzo Granafei, in Sternatia nordöstlich von Galatina, Tel. 08 36 66 60 01, und in Fasano südlich von Monopoli in der Masseria S. Angelo di Graecis.

Santa Cesarea Terme

Ab dem Capo d'Otranto ist die Küste, die nun schon zum Ionischen Meer zählt, felsig und zerrissen, Steilabbrüche wechseln mit kleinen Badebuchten ab. In manchmal atemberaubender Fahrt geht es nach Santa Cesarea Terme, einem schön über dem Meer gelegenen, leicht verblichenen Badeort. In großen, zum Meer hin offenen Felsgrotten entspringen vier 36 °C warme Schwefelquellen, die bei Hautkrankheiten und Rheumatismus helfen sollen. Etwas südlicher liegen zwei Tropfsteinhöhlen, die **Grotta Romanelli**, eine der bedeutendsten vorgeschichtlichen Siedlungsstätten Italiens, und Grotta Zinzulusa.

Capo S. Maria di Leuca

Auch weiterhin bleibt die Küste felsig. Über den Fischer- und Badeort Castro erreicht man das Capo Santa Maria di Leuca an der Südostspitze Italiens, das nach den weißen Kalkfelsen (griech. ákra leuká) benannt ist. Auf dem Kap steht die Kirche Santa Maria de Finibus Terrae (»Hl. Maria vom Ende der Erde«) mit einem Altar aus Teilen des **Minervatempels**, der hier einst lag, und einem als wundertätig verehrten Madonnenbild. Vom Leuchtturm genießt man eine herrliche Aussicht, bei klarem Wetter bis nach Albanien. Ganz in der Nähe des Kaps liegen der kleine Badeort Leuca und die Punta Ristola. Bootsfahrten führen an der großartigen, von zahlreichen Grotten durchsetzten Felsküste entlang.

★★ Aquileja · Aquileia

H 4

Region: Friaul-Julisch Venetien • Friuli-Venezia Giulia
Höhe: 5 m ü. d. M.
Provinz: Udine
Einwohnerzahl: 3 300

Kaum zu glauben, dass der kleine Ort Aquileja mit seinem nahe gelegenen Hafen Grado einst eine bedeutende Römerstadt und später ein Zentrum des frühen Christentums gewesen sein soll. Vom Glanz vergangener Tage zeugen heute die zum UNESCO-Weltkulturerbe gehörenden steinernen Zeugen: die gewaltige Basilika und das archäologische Ausgrabungsgelände.

Archäologische Schätze

Aquileja wurde 181 v. Chr. von den Römern als Posten gegen die Kelten gegründet und entwickete sich mit zeitweise über 100 000 Einwohnern rasch zur viertgrößten Stadt Italiens – nur Rom, Mailand und Capua waren größer. Vom 5. Jh. bis 1751 war sie Sitz eines der bedeutendsten geistlichen Patriarchate, verlor seit dem 13. Jh. jedoch an Bedeutung. Heute ist Aquileja die wichtigste römische Ausgrabungsstätte im Nordosten Italiens, deren Schätze noch lange nicht alle geborgen sind.

Sehenswertes in Aquileja

★★ Dom

Das wichtigste Denkmal großer Vergangenheit ist der **romanische Dom**, der durch einen Portikus mit dem Baptisterium verbunden ist. Anfang des 11. Jh.s wurde er über einem älteren Gotteshaus errichtet und Ende des 14. Jh.s gotisch umgestaltet. Beachtung verdienen die in Form eines Schiffskiels gearbeitete Holzdecke (16. Jh.), besonders aber der aus dem 4. Jh. stammende Mosaikfußboden der Vorgängerkirche. Mit seinen 760 Quadratmetern gilt er als das größte und bedeutendste frühchristliche Mosaik Europas. Dargestellt sind, eingefasst von geometrischen Mustern, menschliche Figuren, Tiere und Pflanzen. Man entdeckte ihn erst Anfang des 20. Jh.s, da er unter einem zweiten Boden versteckt war. In der **Cripta dei Scavi** (Zugang vom linken Seitenschiff) gibt es noch mehr Mosaikböden sowie Freskenreste zu sehen.

AQUILEJA ERLEBEN

AUSKUNFT

Piazza Capitolo 4, 33051 Aquileja
Tel. und Fax 04 31 91 94 91
www.aquileia.net

ESSEN

► Erschwinglich
La Colambara
Via San Zili 34
Tel. 0 43 19 15 13
Leckere Fischgerichte und eine anständige Weinkarte bietet dieses rustikale Restaurant, das etwas außerhalb des Zentrums liegt.

► Preiswert
Aquila Nera
Piazza Garibaldi 5, Aquileja
Tel. 0 43 19 1 45
In dem charmanten Restaurant im Herzen der Stadt kommt bodenständige Küche aus dem Friaul auf den Tisch (mit Zimmer).

ÜBERNACHTEN

► Luxus
Grand Hotel Astoria
Largo San Grisocogno 3
34073 Isola di Grado
Tel. 0 43 18 35 50
Fax 0 43 18 33 55
www.hotelastoria.it
Ferienhotel mit allem Komfort, exklusive Badelandschaft, Dachgartenrestaurant mit toller Fischküche und herrlichem Blick.

► Komfortabel
Patriarchi
Via G. Augusta 12
33051 Aquileja
Tel. 04 31 91 95 95
Fax 04 31 91 95 96
www.hotelpatriarchi.it
Sympatischer Familienbetrieb mitten in der Altstadt mit gemütlichen Zimmern und gutem Restaurant.

Rovine Romane

Direkt hinter dem Chor des Doms beginnt die ca. 1 km lange, zypressengesäumte **Via Sacra**, die an den Ausgrabungen der römischen Kolonie vorbei zum Flusshafen (Porto fluviale romano) führt. Hier liegt das Frühchristliche Museum (Museo Paleocristiano), etwas westlich sieht man die Reste des Forums. In der Nähe des Doms befinden sich eine römische Gräberstraße und ein rekonstruiertes Mausoleum sowie teilweise freigelegte Oratorien mit kunstvollen Mosaikfußböden. Im Museo Archeologico (Via Roma 1) sind Funde aus der Römerzeit ausgestellt, darunter Edelstein-, Bernstein- und Glasarbeiten.

✶ ◄ Museo Archeologico

Umgebung von Aquileja

Laguna di Marano

Zwischen den Mündungen des Isonzo und des Tagliamento erstreckt sich die riesige Laguna di Marano mit **kilometerlangen Stränden**, kleinen Inseln und Sandbänken. Wichtigste Städte sind die Badeorte Grado und Lignano sowie das Fischerstädtchen Marano.

Grado, einst Außenhafen von Aquileja, liegt 11 km südlich in einer Laguna. Der Ort mit der drittgrößten Fischereiflotte Italiens zählt

✶ ◄ Grado

Grado ist nicht nur Badeort.

10 000 Einwohner. Im Zentrum hat Grado sein mittelalterliches Gepräge bewahrt. Hier steht, umgeben von **Häusern im venezianischen Stil**, die 579 errichtete Kirche Sant' Eufemia mit einem wunderbaren Mosaikfußboden, der silberne Altaraufsatz ist aus dem Jahr 1372. Das nahegelegene, achteckige Baptisterium stammt aus der 2. Hälfte des 5. Jh.s, die benachbarte Kirche Santa Maria delle Grazie wartet mit besonders schönem Mosaikschmuck aus dem 5./6. Jh. auf.

✶ Arezzo

J 13

Region: Toskana • Toscana
Höhe: 296 m ü. d. M.
Provinz: Arezzo
Einwohnerzahl: 91 000

Rund 80 km südöstlich von Florenz liegt Arezzo – ein Juwel mittelalterlicher Architektur. Unter Italienern gilt die Stadt aufgrund der ortsansässigen Goldschmiedeindustrie als besonders wohlhabend. Reich ist Arezzo auch an Kunstschätzen: Piero della Francesca schuf hier in der Renaissance seinen Freskenzyklus zur »Legende vom Heiligen Kreuz«.

Ursprung in sumpfiger Umgebung

Umbrer und Etrusker siedelten ursprünglich an dem Hügel, der sich über dem damals sumpfigen Val di Chiana erhebt. 294 v. Chr. entstand hier, an der Via Cassia, die römische Militärstation Arretium. Aus Arezzo stammen Gaius Maecenas, der hochkultivierte und spendable Freund Kaiser Augustus', der zum Inbegriff des Kunstfreundes, »Mäzens«, wurde; ferner der Musiker Guido Monaco, auch Guido von Arezzo genannt (um 990–1050), ein Mönch, der das Prinzip der Notenschrift entwickelte, der Dichter Francesco Petrarca (1304–1374) sowie der Schriftsteller Pietro Aretino (1492–1556).

Sehenswertes in Arezzo

✶ **Piazza Grande**

Herz der Stadt ist die malerische Piazza Grande mit dem Palazzo delle Logge, 1573 entworfen von Giorgio Vasari. Westlich schließt der Palazzo della Fraternità dei Laici mit seiner Gotik-Renaissance-Front an (1375–1433; astronomische Uhr 1552), dann der barocke Palazzo del Tribunale und die Apsis der S. Maria della Pieve. Am ersten Wochenende im Monat findet hier ein Antiquitätenmarkt statt, am ersten Septembersonntag das Reiterspiel »Giostra del Saracino«.

ARezzo erleben

AUSKUNFT

APT
Piazza della Repubblica 28
52100 Arezzo
Tel. & Fax 0 57 52 08 39
www.apt.arezzo.it, www.arezzoweb.it

VERANSTALTUNG

Giostra del Saracino
Jedes Jahr treten am ersten Sonntag im September acht Vertreter aus den vier Stadtteilen zu einem 1593 erstmals urkundlich erwähnten, nicht ganz ungefährlichen Reiterturnier an. Mit Lanzen bewaffnet kämpfen sie gegen den hölzernen Sarazenenkönig Buratto. Wehe dem Reiter, der zu lange galoppiert – ihm droht der Morgenstern der Drehpuppe. Dem Sieger gebührt die »goldene Lanze«.

ESSEN

▶ Preiswert

② ***Antica Osteria l'Agania***
Via Mazzini 10, Arezzo
Tel. 05 75 29 53 81
www.agania.com
Beliebte Trattoria im historischen Zentrum von Arezzo mit typisch toskanischen Gerichten, wie z. B. die Brotsuppe Panzanella oder der Bohneneintopf Ribollita.

▶ Erschwinglich

① ***Buca di San Francesco***
Via San Francesco 1, Arezzo
Tel. 0 57 52 32 71
www.bucadisanfrancesco.it
Schon Charlie Chaplin und Salvador Dalí ließen sich in diesem Palazzo aus dem 14. Jahrhundert kulinarisch verwöhnen.

③ ***La Lancia d'Oro***
Piazza Grande 18/19, Arezzo
Tel. 0 57 52 10 33
In der warmen Jahreszeit ist dieses Restaurant unübertroffen, denn bei sommerlichen Temperaturen wird auch draußen, unter den Loggien von Vasari und mit Blick auf die Piazza Grande, serviert.

ÜBERNACHTEN

▶ Komfortabel

① ***Villa Burali***
Gorello di Policiano
52100 Arezzo
Tel. 05 75 97 90 45
Fax 05 75 97 92 96
Ansehnlicher Herrensitz aus dem 18. Jh., an der SS 71 außerhalb der Stadt. Absolut empfehlenswert ist das zugehörige Restaurant.

③ ***Hotel Patio***
Via Cavour 23
52100 Arezzo,
Tel. 05 75 40 19 62
Fax 0 57 52 74 18
www.hotelpatio.it
Etwas ganz Besonderes: In einem toskanischen Palazzo in der Altstadt Arezzos schlummern ferne, exotische Welten – inspiriert von den Büchern des weit gereisten Schriftstellers Bruce Chatwin. So kann man beispielsweise zwischen den Tropen, einem beeindruckenden australischen Sonnenuntergang und der Suite des chinesischen Kaisers Wu-Ti wählen.

▶ Günstig

② ***B & B Tarussio***
Via Isonzo 41
52100 Arezzo
Tel. und Fax 05 75 90 10 35
In einer Seitenstraße hinter dem Bahnhof ist das 2004 eröffnete Bed & Breakfast Tarussio eine echte Alternative zu den nicht ganz billigen Hotels in der Altstadt.

S. Maria della Pieve ✶ S. Maria della Pieve, erbaut 1140 bis ca. 1320, ist **eine der schönsten romanischen Kirchen der Toskana**. Ungewöhnlich ist die viergeschossige, pisanisch beeinflusste Fassade aus dem 13. Jh. Der Kampanile mit seinen »hundert Löchern«, den vielen Zwillingsfenstern, wurde 1332 vollendet. Berühmt sind der Hochaltar Pietro Lorenzettis von 1320–1324 und das Kopfreliquiar des Stadtheiligen Donatus.

Palazzo Pretorio Dem Palazzo delle Logge gegenüber steht am Corso Italia der Palazzo Pretorio (1322/16. Jh.), geschmückt mit den Wappen der einstigen Stadtvögte vom 15.–18. Jh. Zum selben Gebäudeblock gehört an der

Arezzo Orientierung

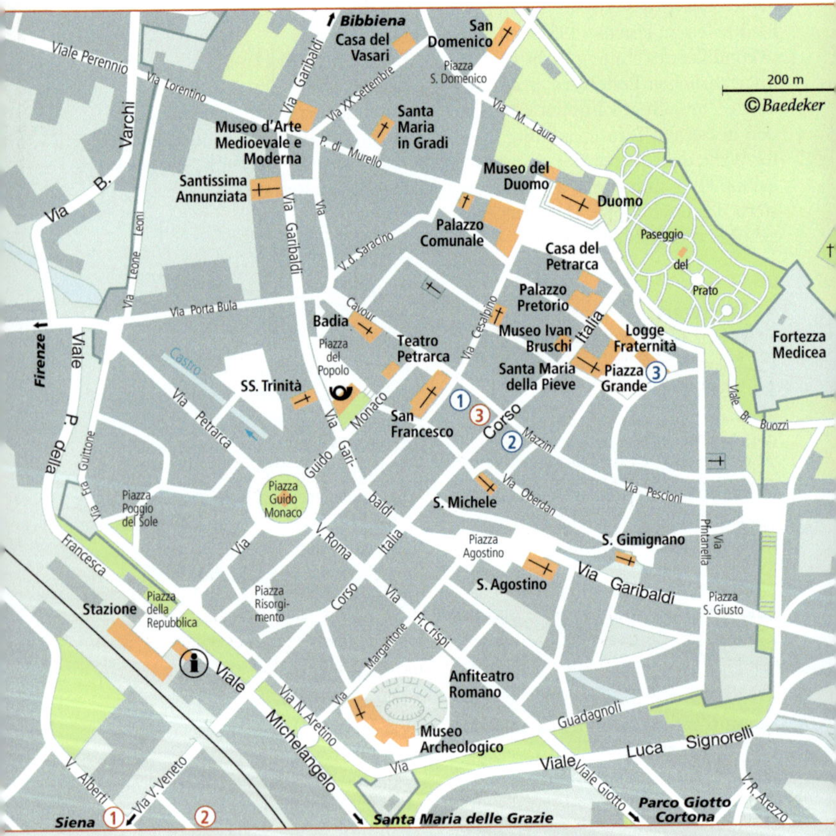

Essen

① Buca di San Francesco
② Antica Osteria l'Agania
③ La Lancia d'Oro

Übernachten

① Villa Burali
② B & B Tarussio
③ Patio

Via dell'Orto 28 das angebliche Geburtshaus von **Francesco Petrarca** (1304–1374); der Bau stammt jedoch aus dem 17. Jh. – ist aber immerhin Sitz der Accademia Petrarca.

Hohe schmale Wohnhäuser zieren den Hauptplatz in Arezzo, die Piazza Grande.

Der Bau des **Doms** zog sich von gotischer Zeit (1277/1313) über die Renaissance (1510) bis ins 20. Jh. Hervorragend sind die **Glasfenster** im südlichen Seitenschiff, die der Dominikaner Guillaume de Marcillat (1467–1529) fertigte. Weiter beachtenswert: hinter dem Hochaltar das um 1370 geschaffene Marmorgrabmal des Märtyrerbischofs Donatus, im linken Seitenschiff das Grabmal für Guido Tarlati (1330), einen weiteren Bischof, sowie neben dem Grab das Fresko »Hl. Magdalena« von Piero della Francesca (um 1460).

S. Domenico

Nördlich des Doms steht die gotische Kirche S. Domenico (1275 bis ca. 1300) mit hübschem Kampanile; außer Fresken von Aretiner Malern ist das gemalte Kruzifix bemerkenswert, ein frühes Meisterwerk von **Cimabue** (1260–1265).

Casa Vasari

Das Haus wenig westlich davon (Via XX. Settembre 55) hatte der aus Arezzo stammende Maler, Baumeister und Kunstschriftsteller **Giorgio Vasari** (1511–1574) 1540 erworben und mit Fresken geschmückt. Hier befinden sich ein Vasariarchiv und zahlreiche Gemälde von Schülern des Meisters.

Museo d'Arte Medievale e Moderna

Im Palazzo Bruni-Ciocchi, um 1450 vermutlich von Bernardo Rossellino errichtet, sind die Sammlungen des Museums für mittelalterliche und moderne Kunst untergebracht; zu sehen sind Aretiner Malerei bis Ende des 16. Jh.s, toskanische Meister des 17.–19. Jh.s sowie hervorragende Majoliken des 15.–18. Jh.s.

✱✱ S. Francesco

In der Stadtmitte steht die gotische Kirche S. Francesco (1290–1377), die dem hl. Franz von Assisi geweiht ist. Ihre jüngst restaurierten großartigen **Fresken von Piero della Francesca** entstanden 1453–1464; in der Hauptchorkapelle zeigen sie Szenen der »Legende vom Heiligen Kreuz«, wie sie in der »Legenda Aurea« von Jacopo da Voragine (um 1275) erzählt werden. Mit der Szene an der Stirnwand rechts unten – Kaiser Konstantin träumt das »In hoc signo vinces« –

schuf della Francesca das erste Nachtstück der Kunstgeschichte (die Besichtigung ist eingeschränkt; Anmeldung Tel. 05 75 90 04 04 oder www.pierodellafrancesca.it). Beachtlich auch die Fresken in Langhaus und Kapellen (15. Jh.). Gegenüber kann man im Caffè dei Costanti den Kunstgenuss nachwirken lassen.

✶ Römisches Amphitheater

Das Amphitheater im Süden der Stadt aus dem 1. Jh. n. Chr. fasste einst ca. 10 000 Zuschauer. Das Museo Archeologico Mecenate im ehemaligen Kloster San Bernardo – errichtet um 1547 in einem Teil der Tribüne – zeigt u. a. die berühmten Aretiner **»vasi corallini«**, Gefäße aus rotem glasiertem Ton, begehrter Exportartikel in der römischen Kaiserzeit.

✶✶ Assisi

J 15

Region: Umbrien • Umbria
Höhe: 403–500 m ü. d. M.
Provinz: Perugia
Einwohnerzahl: 25 200

Assisi war die Heimat und Wirkstätte des hl. Franziskus (1181/1182–1226), der nach ausschweifendem Leben seine Habe verschenkte und als Laienprediger durch Italien zog. 1209 gründete der Heilige den Franziskanerorden. Von seinem Leben berichten heute anschaulich die weltberühmten Fresken in S. Francesco.

Viel besuchte Pilgerstätte

Assisi ist nach dem Vatikan der bedeutendste religiöse Ort Italiens. Das Städtchen liegt etwa 22 km südöstlich von Perugia über dem Valle Umbra am Hang des Monte Subasio.

Der Brunnen auf der Piazza del Comune in Assisi

Umbrer gründeten 89 v. Chr. den Ort, der unter römischer Herrschaft den Namen Munizipium Asisium erhielt. Im 12. Jh. wurde Assisi freie Kommune. Rege Bautätigkeit setzte mit der Heiligsprechung des Franziskus 1228 ein, damals entstanden etwa gleichzeitig S. Francesco, der Dom und S. Chiara. Bei dem Erdbeben 1997 wurden die drei Kirchen beschädigt.

Die wunderbare, aufwändige Ausmalung von **S. Francesco** überrascht bei einer Bettelordenskirche. Über hundert Jahre hinweg arbeiteten hier zahlreiche hervor-

ASSISI ERLEBEN

AUSKUNFT

Piazza del Comune 12
06081 Assisi
Tel. 0 75 81 25 34, Fax 0 75 81 37 27
www.assisionline.it
www.paesaggi.umbria2000.it

VERANSTALTUNGEN

In Asissi feiert man vornehmlich Stationen aus dem Leben des Hl. Franziskus, es gibt aber auch eine Reihe »weltlicher« Feste: Karfreitagsprozession; Volksfest Calendimaggio am 1. Maiwochenende; Pilgerfest Perdono di Asissi; 31. Juli bis 2. August; Reiterfest Cavalcata di Satriano, 1. Septembersonntag; Fiesta di S. Francesco, 3. / 4. Oktober.

ESSEN

► Fein & Teuer

① ***San Francesco***
Via San Francesco 52, Assisi
Tel. 0 75 81 23 29
Originelles Restaurant mit unverputzten Wänden und einer großen Fensterfront, die eine herrliche Aussicht auf die Basilika des Heiligen Franziskus bietet. Klassische umbrische Küche auf hohem Niveau, ausgezeichnete Weinkarte. Reservierung ratsam.

► Erschwinglich

② ***La Locanda del Cardinale***
Piazza del Vescovado 8, Assisi
Tel. 0 75 81 52 43
Hübsches, freskengeschmücktes Restaurant in einem Patrizierhaus aus dem 16. Jh. Ausgezeichnete, abwechslungsreiche Küche, die mit lokalen Spezialitäten zu begeistern weiß.

► Preiswert

③ ***Da Erminio***
Via Montecavallo 19, Assisi
Tel. 0 75 81 25 06
Abseits vom touristischen Rummel liegt die gemütliche Trattoria nur wenige Schritte vom Duomo San Ruffino entfernt. Regionale Küche.

ÜBERNACHTEN

► Luxus

① ***Subasio***
Via Frate Elia 2
06081 Assisi
Tel. 0 75 81 22 06
Fax 0 75 81 66 91
www.hotelsubasio.com
Traditionsreiches Hotel in der Nähe der Basilica San Francesco, elegante Zimmer mit schönen Stilmöbeln, vornehmes Restaurant mit Aussichtsterrasse in Richtung San Francesco.

► Komfortabel

② ***Umbra***
Vicolo degli Archi 6
06081 Assisi
Tel. 0 75 81 22 40
Fax 0 75 81 36 53
www.hotelumbra.it
Ruhiges, stilvolles Haus. Geräumige, elegant eingerichtete Zimmer, schönes klassisches Restaurant mit prachtvoller Terrasse.

► Günstig

③ ***Sole***
Corso Mazzini 35
06081 Assisi
Tel. 0 75 81 23 73
Fax 0 75 81 37 06
www.assisihotelsole.com
Gemütliches Hotel in einem alten Stadthaus im historischen Zentrum, gemütliche Zimmer, rustikales Restaurant mit schönem Gewölbe.

ragende Künstler Italiens. Es war die Zeit des Übergangs von byzantinischer Kunst zur Renaissance, ein kultureller Umbruch, der sich an den **Fresken** schön ablesen lässt. Außer dem Gotteshaus können auch der 1476 unter Papst Sixtus IV. entstandene Kreuzgang und der Kirchenschatz (Tesoro) besichtigt werden. (Öffnungszeiten: April bis Okt. von Sonnenaufgang bis Sonnenuntergang, Nov. bis März Mo. bis Sa. 6.30/7.00–12.00, 14.00/14.30 bis Sonnenuntergang, Sonntagvorm. geschlossen, nachmittags 14.00/14.30 bis Sonnenuntergang.)

Gregorius IX. legt den Grundstein

Einen Tag nach der Heiligsprechung des Franziskus legte Papst Gregor IX. am 17. Juli 1228 auf dem Richtplatz vor der Stadt den Grundstein für die Basilica di S. Francesco; geweiht wurde sie 1253. Im 14. Jh. fügte man in der Unterkirche die Seitenkapelle und die Querarme an, 1472 bis 1474 wurde der Klosterkomplex erweitert. Die schlichte Hauptfassade in umbrischer Gotik flankiert der Kampanile (1239).

Assisi • San Francesco, Unterkirche

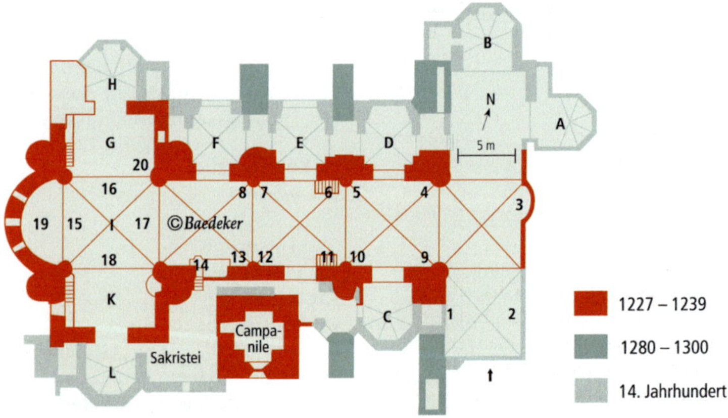

A Kapelle des Antonius Abbas
B Katharinenkapelle
C Martinskapelle
D Kapelle des hl. Ludwig von Toulouse und Stephan
E Kapelle des hl. Antonius von Padua
F Magdalenenkapelle
G Nördliches Querhaus
H Nikolauskapelle
I Vierung mit Hochaltar
K Südliches Querhaus
L Kapelle Johannes des Täufers

1 »Madonna della Salute«, Wandbild von Ceccolo di Giovanni
2 Grabmal der Familie Cerchi
3 Grabmal

4 – 13 Wandmalereien im Langhaus
4 Vorbereitung zur Kreuzigung
5 Kreuzigung
6 Kreuzabnahme
7 Beweinung
8 Emmausmahl
9 Lossagung vom Vater
10 Traum Papst Innozenz' III.
11 Vogelpredigt des Franziskus
12 Stigmatisation des Franziskus
13 Tod des Franziskus
14 Marienkrönung, Fresko von Puccio Capanna

15 – 18 Gewölbemalereien in der Vierung
15 Verherrlichung des Franziskus
16 Allegorie der Keuschheit
17 Allegorie der Armut
18 Allegorie des Gehorsams
19 Jüngstes Gericht, Apsisfresko von Cesare Semei (1623)
20 Madonna mit Engel und dem hl. Franziskus von Cimabue

Dunkle Unterkirche

Durch eine Renaissancevorhalle von 1487 mit gotischem Portal betritt man die kryptaartige, einschiffige Unterkirche mit ihrem romanischen Gewölbe. Die Langhauswände zieren um 1260 entstandene Temperamalereien des sog. Franziskusmeisters – eine eindrucksvolle Leistung früher italienischer Malerei.

Die Leidensgeschichte Christi an der rechten Langhausseite korrespondiert auf der linken Seite mit dem Leben des hl. Franziskus. In der Martinskapelle befinden sich Fresken **Simone Martinis** (ca. 1312–1315), die als Meisterwerke italienischer Malerei des 14. Jh.s gelten. Herausragend sind auch die goldgrundigen Fresken im Vierungsgewölbe (ca. 1315–1320). Sie zeigen die drei franziskanischen Tugenden Keuschheit, Gehorsam und Armut sowie eine Verherrlichung des hl. Franziskus.

Das rechte Querhaus gestalteten **Cimabue** (Porträt des Heiligen um 1280), Simone Martini und einige Maler der Giottoschule, das linke Pietro Lorenzetti mit seinen Schülern (Passion, ca. 1315–1330). Eine Treppe rechts am Langhaus führt zur Krypta mit dem Sarkophag des hl. Franziskus.

Die Fresken der Oberkirche von S. Francesco stellen das Leben des heiligen Franziskus dar.

Unerwartete Pracht entfaltet sich im hohen, einschiffigen Raum der **Oberkirche**, dessen lichte Bauweise an die Pariser Sainte Chapelle erinnert. Seine schlichte Architektur bildet einen zurückhaltenden Rahmen für die reiche Ausmalung und die Glasfenster aus deutschen und französischen Werkstätten.

Unter den Fenstern verläuft der vermutlich 1296–1300 von **Giotto di Bondone** gestaltete und als Höhepunkt der Malerei gerühmte Freskenzyklus: In 28 Bildern – bekannt ist vor allem die »Vogelpredigt« – schildert er vom 4. Joch rechts im Uhrzeigersinn angeordnet Franz von Assisis Leben. Die Malereien in der Fensterzone werden Cimabue zugeschrieben, sein Schüler Giotto schuf vermutlich in jungen Jahren die Isaakszenen. Ereignisse aus dem Alten Testament sind rechts, entsprechende Szenen aus dem Neuen Testament links zu sehen; Himmelfahrt und Pfingstwunder schmücken die Fassadenwand. Vierung, Transept und Chor malte Cimabue um 1280 aus.

Assisi Orientierung

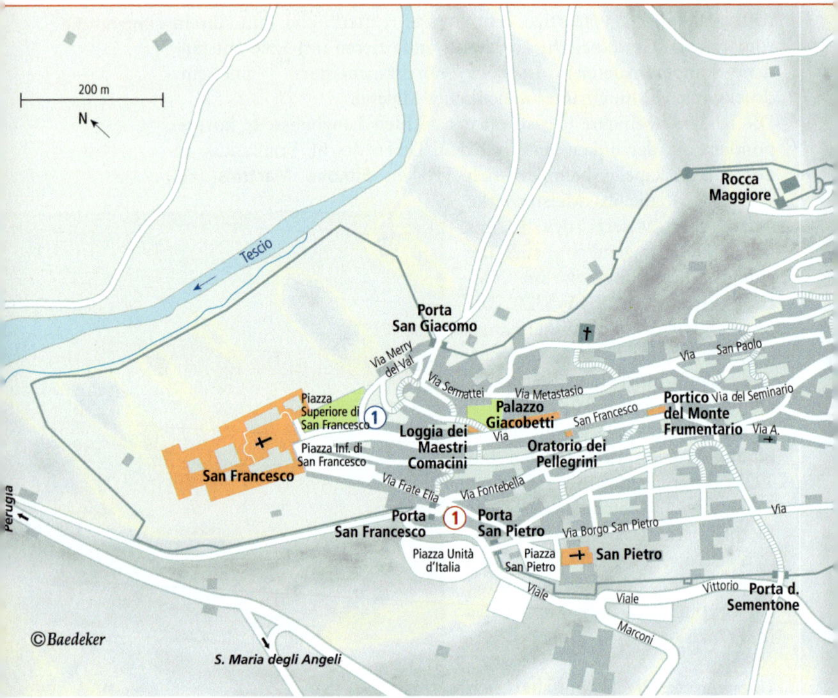

Stadtbesichtigung

Piazza del Comune

Von der Franziskuskirche führt die Via S. Francesco (Via di Seminario, Via Portica) hinauf zur Piazza del Comune im Herzen der Altstadt. Sie ist durch **mittelalterliche Häuser und barocke Palazzi** geprägt (Loggia dei Maestri Comacini, 13. Jh.; Palazzo Giacobetti, 17. Jh.; Portico del Monte Frumentario, 1267). Im Museo Civico befindet sich der Zugang zum »Foro Romano« genannten Grabungsgelände unter der Piazza del Comune.

S. Maria della Minerva

Der Palazzo del Capitano del Popolo, entstanden im 13. Jh., dominiert mit seinem Turm (1305) den Platz. Kontrastierend dazu sieht man rechts den Portikus von S. Maria della Minerva (1539, 1634 barockisiert), der einst zu einem römischen **Minervatempel** gehörte. Für Goethe, der 1786 auf seiner Reise zu den Schätzen der Antike S. Francesco »mit Abneigung links liegen ließ«, war es »das erste vollständige Denkmal der alten Zeit«. Gegenüber befindet sich der 1337 aus vier mittelalterlichen Häusern umgestaltete Palazzo dei Priori mit der städtischen Pinacoteca, die zahlreiche umbrische Renais-

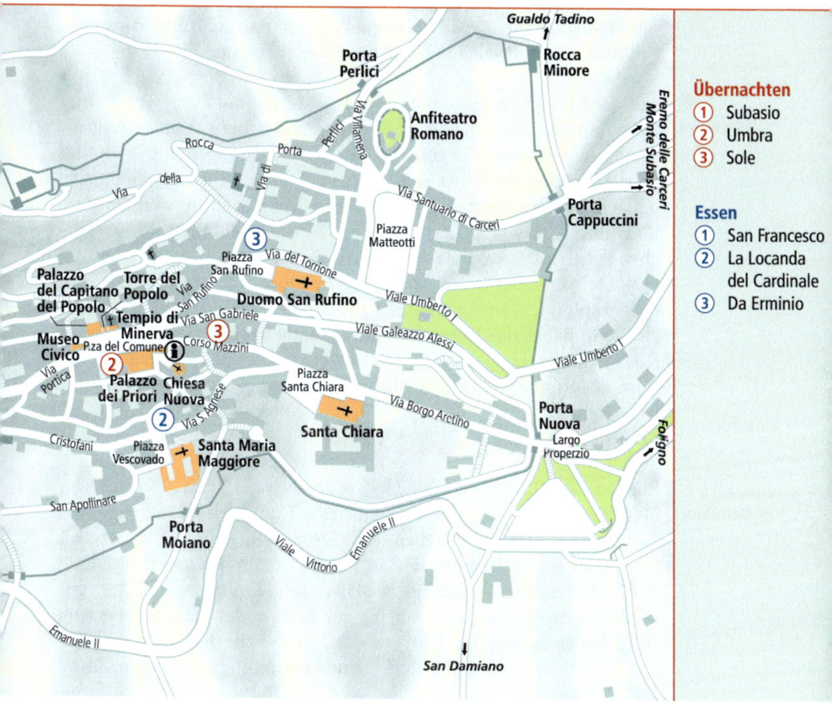

sancegemälde und abgelöste Fresken des 14. bis 16. Jhs aus der Umgebung hütet.

Südlich der Piazza del Comune liegt die Chiesa Nuova (1615), ein kleiner Zentralbau, der angeblich über dem Elternhaus des hl. Franziskus erbaut wurde. ◄ Chiesa Nuova

✶ Duomo S. Rufino

Von der Piazza del Comune führt die Via di S. Rufino zum Dom. Das imposante, 1134 begonnene und 1253 geweihte Gotteshaus beeindruckt mit seiner Fassade, einem ausgezeichneten Zeugnis **umbrischer Romanik**; hier findet sich ein ungewöhnliches Motiv: Drei männliche Figuren scheinen die schöne Fensterrose zu tragen. Der Kampanile stammt noch vom Vorgängerbau (um 1030). Im 1571 von Galeazzo Alessi umgestalteten Inneren sind das Chorgestühl (1520) und das Taufbecken zu beachten, in dem der hl. Franziskus, die hl. Klara und möglicherweise auch Friedrich II. getauft wurden.

✶ Rocca Maggiore

Durch die malerische Oberstadt geht es nun steil hinauf zur Rocca Maggiore, die mit der Rocca Minore und der Stadtmauer die Befestigung von Assisi bildete. Bauherr dieser im 12. Jh. angelegten Burg war Friedrich Barbarossa, Kaiser Friedrich II. verbrachte dort einige seiner Jugendjahre. 1198 zerstört, ließ der Kardinal und päpstliche Feldherr Albornoz ab 1367 eine neue Burg errichten.

✶ **S. Chiara**

Auf dem Rückweg sollte man einen Abstecher zur Porta Perlici machen und den Blick ins Tescio-Tal genießen. Über schmale Treppengassen erreicht man die gotische Kirche S. Chiara, geweiht jener Klara, die mit dem hl. Franz eng befreundet war und nach seinem Vorbild einen Frauenorden gründete. Die Kirche wurde wenige Jahre nach ihrem Tod 1253 begonnen und bewahrt seit 1260 ihre sterblichen Überreste. Ausgestattet mit Fresken zum Leben der Heiligen (13./14. Jh), ist das Innere stilistisch der Oberkirche von S. Francesco nachempfunden. In der Cappella del Crocefisso an der rechten Langhausseite hängt das legendäre **»Sprechende Kreuz«** aus dem Kloster S. Damiano (s. Umgebung), das einst Franziskus den Auftrag zur Reform der Kirche gab (»Gehe hin und baue mein Haus wieder auf«).

Umgebung von Assisi

Convento di S. Damiano

Ein Ort der Ruhe ist das gut 1 km südöstlich der Stadt gelegene, von Olivenhainen umgebene Frauenkloster S. Damiano, dessen erste Äbtissin die hl. Klara war. Neben der Klosterkirche sind der Kreuzgang mit Fresken von Eusebio di San Giorgio (1507), Konventsgebäude und Klostergarten zugänglich. Hier soll Franziskus 1209 vom »Sprechenden Kreuz« den Auftrag zur Reform der katholischen Kirche erhalten haben, und hier, auf der Terrasse vor dem Kloster, dichtete er 1225 – krank und blind – seinen berühmten »Sonnengesang«.

✶ **S. Maria degli Angeli**

S. Maria degli Angeli, 6 km südwestlich von Assisi gelegen, ist ein weiterer Ort der Franziskuslegende. Hier befindet sich die Sterbezelle des Heiligen und die sog. **Porziuncolakapelle**, sein Lieblingsplatz, deren prächtige Frontverzierung der Nazarener Friedrich Overbeck 1829 schuf. Um die Pilgerscharen aufzunehmen, die damals wie heute den Ort heimsuchten, errichtete Galeazzo Alessi 1569 eine monumentale Basilika. Nach dem Erdbeben von 1832 wurde das Mittelschiffsgewölbe neu eingezogen, 1928 entstand die neobarocke Vorhalle. Östlich der Sakristei befindet sich ein Garten, dessen Rosen – so die Legende – bei einer Bußübung des Heiligen ihre Dornen verloren. Daneben steht die Capella del Roseto mit Fresken zum Leben des Heiligen.

✶ **Eremo delle Carceri**

Ein angenehmer Spaziergang führt zur kleinen, abgeschiedenen Einsiedelei ca. 4 km östlich von Assisi in einer Schlucht am Monte Subasio (von der Porta Cappuccini ca. 1 ½ Std. zu Fuß). Franziskus und seine Gefährten zogen sich hier in die **Felsgrotten und Steineichenwälder** zur Meditation zurück. Beim Rundgang durch das Kloster, das in seiner heutigen Form im 15. Jh. entstand, sieht man auch das Felsenbett des Heiligen.

Vom Kloster erklimmt man den Rücken des 1290 m hohen Monte Subasio, von dem sich ein herrlicher Blick über das **Valle Umbra** bis zum Trasimenischen See bietet. Ein großes Erlebnis ist auch die Fahrt auf der nicht asphaltierten Straße über das malerisch gelegene Bergdorf Collepino nach Spello (►Foligno).

★ **Monte Subasio**

Asti

F 6

Region: Piemont • Piemonte
Provinz: Asti
Höhe: 123 m ü. d. M.
Einwohnerzahl: 73 800

Den Ort Asti verbindet man sofort mit prickelnd-süßem Schaumwein. Tatsächlich gibt es in dem von Touristen nur schwach besuchten idyllischen Städtchen aber weit bedeutendere Weine als den Spumante. Genießer werden sich hier wohl fühlen, denn auch gastronomisch besitzt Asti einen ausgezeichneten Ruf.

Barberatrauben in Fülle

Das piemontesische Asti ist der Hauptort des Monferrato, einer schönen **Hügellandschaft** zwischen Chivasso und Casale Monferrato. Neben den Langhe (►Alba) ist es das zweite wichtige Weinbaugebiet des Piemont, dominiert von der roten Barberatraube. Die Stadt, seit 932 Bischofssitz und im Mittelalter eine der mächtigsten Stadtrepubliken Oberitaliens, hat mit ihren vielen Geschlechtertürmen ihr altes Bild bewahrt.

Sehenswertes in Asti

★ **Rotonda di S. Pietro**

Am Ostende des Corso Vittorio Alfieri, der Hauptschlagader der Stadt, liegt das **romanische Baptisterium** S. Pietro (12. Jh.) mit einem Säulenkranz aus Ziegel- und Tuffstein sowie Fresken aus dem 17. Jh., nebenan die profanierte Frührenaissancekirche S. Pietro in Consavia (1467) mit Terrakottadekoration und einem Marmorrelief (14. Jh.). Vom Kreuzgang der Augustinerchorherren (1591) sind Museen für Archäologie und Paläontologie zugänglich.

Patrizierviertel

Im türmereichen Patrizierviertel westlich der Piazza Alfieri ist neben dem Rathaus die romanisch-gotische Kirche S. Secondo aus dem 13. bis 15. Jh. mit einer Krypta aus dem 7. Jh. zu finden.
Weiter auf dem Corso Alfieri stößt man auf den Palazzo di Bellino (1730) mit der Städtischen Gemäldesammlung, den Palazzo Ottolenghi gegenüber (1740) und den **Palazzo Alfieri**. Letzterer wurde um 1748 von Benedetto Alfieri er-

? WUSSTEN SIE SCHON ...?

- Das Pferderennen von Asti ist vermutlich das älteste Italiens. Erstmals erwähnt wird es 1275, als man den Palio vor den Mauern Albas austrug, um die Feinde zu verhöhnen und ihre Weinpflanzungen zu zerstören.

ASTI ERLEBEN

AUSKUNFT

Piazza Alfieri 34, 14100 Asti
Tel. 01 41 53 03 57, Fax 01 41 53 82 00
www.comune.asti.it,
www.astiturismo.it

EINKAUFEN

Schicke Hüte und ein Hutmuseum gibts im Stammgeschäft der Firma Borsalino, Corso Roma 20, Alessandria.

ESSEN

► Fein & Teuer

Gener Neuv
Lungo Tanaro 4, Asti
Tel. 01 41 55 72 70
Elegantes und für seine feine kreative Küche mit einem Stern ausgezeichnetes Feinschmeckerrestaurant.

► Erschwinglich

L'Angelo dei Beato
Via Guttuari 12, Asti
Tel. 01 41 53 16 68
Einfaches, gemütliches Lokal in zentraler Lage. Hier kommen vorzügliche piemontesische Speisen auf den Tisch.

► Preiswert

Osteria del Diavolo
Piazza San Martino 6, Asti
Tel. 0 14 13 02 21
In der geschmackvoll eingerichteten Osteria sind Wirtsleute aus Leidenschaft am Werk, die regionale Küche zu moderaten Preisen anbieten.

ÜBERNACHTEN

► Komfortabel

Aleramo
Via Emanuele Filiberto 13, 14100 Asti
Tel. 01 41 59 56 61, Fax 0 14 13 00 39
www.aleramo.it
Im Stadtzentrum gelegenes Hotel mit elegantem Touch, die gemütlichen Zimmer sind in warmen, freundlichen Farben gehalten.

Baedeker-Empfehlung

Reale
Piazza Alfieri 6, 14100 Asti
Tel. 01 41 53 02 40
Fax 0 14 13 43 57
www.hotel-reale.com
Eines der ältesten Hotels der Stadt (eröffnet am 28. Februar 1793), gediegene Atmosphäre und schöne, geschmackvoll eingerichtete Zimmer, die zum Teil sehr geräumig sind.

► Günstig

Rainero
Via Cavour 85, 14100 Asti
Tel. 01 41 35 38 66
Fax 01 41 59 49 85
www.hotelrainero.com
Modenes Haus in der Nähe des Campo del Palio, saubere, zweckmäßig eingerichtete Zimmer, schöne Sonnenterrasse.

richtet, und dort kam sein Sohn Vittorio (1749–1803) zur Welt, der ein bedeutender Dramatiker werden sollte. Seine Autobiografie gehört zu den wichtigsten Selbstzeugnissen italienischer Künstler. Im **Museo Alfierano** wird an ihn erinnert. Weiter unten steht der 16-seitige Torre Rossa (1. Jh. n. Chr.). Durch die Via Varrone und dann rechts erreicht man die romanisch-gotische Kathedrale Maria Assun-

✶ Cattedrale Maria Assunta e S. Gottardo ►

ta, einen prächtigen Backsteinbau von 1309–1354 mit charakteristischem rot-weißem Dekor; vor dem Südportal liegt eine besonders schöne Vorhalle (1470). Der Kampanile (1266) stammt noch vom Vorgängerbau.

Umgebung von Asti

★ Casale Monferrato

Wein und andere Erzeugnisse des Basso Monferrato werden in Casale Monferrato (38 500 Einw.) vermarktet, 43 km nordöstlich von Asti. Es war vom 14. Jh. bis Anfang 18. Jh. Residenz der Markgrafen und späteren Herzöge des Monferrato und ist dank seines **barock geprägten Stadtbilds** eine der kunsthistorisch interessantesten Städte des Piemont.

Am Po erhebt sich das massige Fort (15./16. Jh.). Im romanisch-gotischen Dom S. Evasio inmitten der Altstadt, einem großen fünfschiffigen Bau mit mächtiger Vorhalle (12. Jh.) sind Skulpturen lombardischer Meister, das mit Silberblech verkleidete Holzkruzifix (12. Jh.) und die romanischen Bodenmosaiken im Chorumgang sehenswert. Nördlich des Doms ist die spätgotische Kirche S. Domenico (1472)

Beim Festumzug am Tag des Palio reiten die Edelleute in die Stadt.

mit großartigem Renaissanceportal und barockem Chor (1745) interessant. Westlich des Doms verläuft die Via Mameli mit einer Reihe herrlicher Barockpaläste wie dem Palazzo Treville (1714) und dem Palazzo Gozzani (Rathaus). Im nahen Konvent S. Croce ist das Stadtmuseum untergebracht; weiter Richtung Piazza Castello ist die Synagoge von 1595/1866 zu finden, eine der interessantesten in Europa; ein Museo Israelitico ist angeschlossen.

Alessandria Im 33 km östlich gelegenen Alessandria (90 200 Einw.) sind die Zitadelle (1726), und die arkadengesäumte Piazza Garibaldi sowie das Hutmuseum der Firma Borsalino (Anmeldung beim Assessorato Culturale, Tel 01 31 20 21 11) sehenswert..

✶ Acqui Terme Ganz als wohlsituierter **Kurort der Belle Epoque** und der 50er-Jahre kommt Acqui Terme 46 km südöstlich von Asti daher. Das bis 75 °C heiße, salz- und schwefelhaltige Quellwasser wird schon seit römischer Zeit genutzt. Symbol der Stadt ist das **Brunnenhaus** (1870) im Zentrum, in dem die Quelle La Bollente dampft. Jenseits des Rathauses ist die Kirche S. Pietro interessant, die 989–1018 aus einem frühchristlichen Bau entstand. Ebenfalls aus romanischer Zeit stammt der 1067 geweihte Dom mit barocker Fassade und Portal von 1481; noch höher liegt die Burg (11. Jh.) mit dem Archäologischen Museum. Die Kuranlagen bestehen aus den Nuove Terme an der Piazza Italia und den Antiche Terme jenseits des Bormida mit einem 6500 m² großen Thermalschwimmbad; von der Brücke sind die Reste des römischen Aquädukts zu sehen.

✶ Fahrt zur Riviera Sehr schön ist die Fahrt zur Riviera auf der SS 334 über Sassello und den Passo del Giovo, am Monte Beigua vorbei nach Savona.

✶ Bari

N 23

Region: Apulien • Puglia **Provinz:** Bari
Höhe: 4 m ü. d. M. **Einwohnerzahl:** 343 000

Bari, die Hauptstadt der Region Apulien, ist ein Ort voller Gegensätze. Die malerischen, verwinkelten Gassen der Altstadt grenzen an die mondänen Geschäftspromenaden und prächtigen Jugendstil-Palazzi der Neustadt. Geschäftssinn und Weltläufigkeit leben Seite an Seite mit Armut und Kriminalität.

Alte Hafenstadt Die Hafenstadt Bari ist ein wichtiger Handelsplatz und Fährhafen zwischen Venedig, dem Balkan und dem Nahen Osten. Seit 1930 findet im September die **Levantemesse** (Fiera del Levante) statt – hinter der Mailänder Messe die wichtigste in Italien. Der Geschäftssinn und die Tüchtigkeit der Bewohner werden viel gerühmt und haben Bari den Titel »Mailand des Südens« eingebracht. An der hier wie fast überall in Süditalien recht hohen Kriminalitätsrate ändert das leider nichts.

Vom Emirat zur Handelsstadt

In den Jahren 847–871 war Bari ein **arabisches Emirat**, ab 876 hatte hier der byzantinische Statthalter (Katapan) für ganz Unteritalien seinen Sitz. 1071 wurde Bari von Normannenherzog Robert Guiscard

BARI ERLEBEN

AUSKUNFT

Piazza Aldo Moro 33, 70122 Bari
Tel. 08 05 24 23 61, Fax 08 05 24 23 29
www.pugliaturismo.com
www.comune.bari.it

ESSEN

► Fein & Teuer

① ***La Pignata***
Corso Vittorio Emanuele 173, Bari
Tel. 08 05 23 24 81
Restaurant mit edlen Holzdecken, in dem die traditionelle Küche Apuliens gepflegt wird. Viele Fischspezialitäten!

► Erschwinglich

② ***Il Nuovo Sprofondo***
Corso Vittorio Emanuele 109, Bari
Tel. 08 05 21 36 97
Rustikales Restaurant in zentraler Lage mit hübscher Terrasse, regionale Küche und fantastische Pizza.

► Preiswert

③ ***Al Sorso Preferito***
Via Vito Nicola De Nicolò, Bari
Tel. 08 05 23 57 47
Beliebtes Restaurant nahe der Strandpromenade, das eine reiche Auswahl an heimischen Gerichten bietet.

④ ***Osteria delle Travi »Il Buco«***
Largo Chyurlia 12, Bari
Tel. 33 91 57 88 48
Urgemütliches Lokal am Rande der Altstadt, hier wird ganz ursprünglich nach alten Hausrezepten gekocht.

ÜBERNACHTEN

► Luxus

① ***Palace Hotel***
Via Lombardi 13, 70122 Bari
Tel. 08 05 21 65 51, Fax 08 05 21 14 99
www.palacehotelbari.it
Geschmackvoll eingerichtete Zimmer in verschiedenen Stilrichtungen, edles Restaurant mit traumhafter Terrasse auf dem Dachgarten, Garage im Haus.

② ***Grand Hotel Leon d'Oro***
Piazza Aldo Moro 4, 70122 Bari
Tel. 08 05 23 50 40, Fax 08 05 21 15 55
www.grandhotelleondoro.it
Haus beim Bahnhof mit modern eingerichteten Zimmern. Kleines gediegenes Restaurant, eigene Garage.

► Komfortabel

③ ***Victor***
Via Nicolai 69–71, 70122 Bari
Tel. 08 05 21 66 00, Fax 08 05 21 26 01
www.victorservice.com
Neuzeitliches Hotel in der Nähe der Piazza Battisti, recht komfortable und wohnliche Zimmer, Garage im Haus.

④ ***Boston***
Via Piccini 155, 70122 Bari
Tel. 08 05 21 66 33, Fax 08 05 24 68 02
www.bostonbari.it
Zentral gelegenes, zweckmäßiges Hotel. Die Zimmer sind nicht besonders groß, aber sehr gepflegt.

San Nicola in Baris Altstadt ist ein Schlüsselwerk der apulischen Romanik.

eingenommen und war danach als Ausgangspunkt von Kreuzzügen wichtig; unter Friedrich II. erlebte die Stadt ihren Aufschwung als Handelsstadt, 1464 fiel sie an die Mailänder Sforza und 1558 an das Königreich Neapel.

Altstadt · Bari vecchia

Am besten beginnt man den Rundgang beim mächtigen **Kastell** in der Nähe des Fährhafens (Parkplätze). Der ursprünglich **byzantinisch-normannische Bau** wurde 1233–1240 von Kaiser Friedrich II. erweitert; im 16. Jh. gestalteten Isabella von Aragon und ihre Tochter Bona Sforza (s. u. S. Nicola) ihn zum Palast um, ab 1832 diente er als Gefängnis und Kaserne.

✶ San Sabino

Wenige Schritte östlich ragt die Kathedrale S. Sabino auf, die 1170–1178 nach der Zerstörung des byzantinischen Vorgängerbaus von 1060 durch die Normannen (1156) errichtet wurde; der zweite Turm stürzte 1613 ein und wurde nicht wieder aufgebaut. Der ernst wirkende Innenraum ist bis auf die Kapitelle schmucklos. Die typisch **apulischen Emporen** im Langhaus sind hier als Scheinemporen gestaltet; sonst bemerkenswert das Ziborium (1233), die Kanzel und der Bischofssessel. In der Sakristei – der angebauten »Trulla«, ursprünglich Baptisterium – befinden sich Teile einer großen Exsultet-Rolle (Osterlobpreis der katholischen Liturgie; 11. Jh.), in der Krypta im Altar von 1744 die Reliquien des hl. Sabinus.

✶✶ San Nicola

Durch die schmale Strada del Carmine/delle Crociate gelangt man zur Wallfahrtskirche San Nicola, dem Vorbild der **apulischen Romanik**. Mit dem Bau wurde 1087, nach Ankunft der Reliquien des Heiligen begonnen, die Weihe fand 1197 statt; insgesamt blieben viele Teile unvollendet und heterogen. Der Altarraum hinter der dreibogigen Ikonostase wird dominiert vom herrlichen Ziborium (12. Jh.). In der Apsis hinter dem Hauptaltar ist das grandiose Grabmal (1593) der Bona Sforza zu bewundern, der Gemahlin König Sigismunds I. von Polen und letzten Herzogin von

? WUSSTEN SIE SCHON ...?

- Der heilige Nikolaus, dessen Gebeine sich in San Nicola befinden, hat niemals die Stadt betreten. Seeleute aus Bari raubten 1087 die Reliquie im kleinasiatischen Myra und machten ihre Heimat so zu einem der wichtigsten Wallfahrtsorte Europas. Der Nikolaustag wird hier am 8. Mai gefeiert.

Bari († 1558), außerdem der kunstvoll gearbeitete Thron des Bareser Bischofs Elias aus weißem Marmor (um 1090); er ist von einem schönen Mosaik umgeben, in dessen Rand in kufischer Schrift das Wort »Allah« wiederholt wird. Die schwere Barockdecke des Mittelschiffs (1662) ist neben der Kanzel von 1659 der Rest der 1928–1930 rückgängig gemachten Barockisierung. Das Gewölbe der Krypta, in der der Schrein mit den Gebeinen des hl. Nikolaus steht, wird von 26 antiken Säulen getragen, zwei davon mit normannischen Kapitellen mit Bestien und Fratzen.

Piazza Mercantile

Die Via Palazzo di Città führt südöstlich zur atmosphärereichen Piazza Mercantile mit dem Sedile dei Nobili (1543, Loggia 1722) und der Gerechtigkeitssäule, die als Pranger diente.

Bari Orientierung

Übernachten
① Palace Hotel
② Grand Hotel Leon d'Oro
③ Viktor
④ Boston

Essen
① La Pignata
② Il Nuovo Sprofondo
③ Al Sorso Preferito
④ Osteria delle Travi »Il Buco«

✶ Neustadt

Corso Vittorio Emanuele II
Via Sparano

Am lebhaften Corso Vittorio Emanuele II, der die Neustadt von der Altstadt trennt, stehen die Präfektur und gegenüber das Teatro Piccinni. Weiter östlich führt die Via Sparano, die Hauptflanierstraße, in den Süden der Neustadt, deren Mittelpunkt die palmenbestandene **Piazza Umberto I.** ist. An der Westseite steht der Palazzo Ateneo (1889), in dem seit 1923 die Universität, die Nationalbibliothek und das Museo Archeologico Nazionale untergebracht sind.

Den Rundgang kann man auf dem weiter östlich nach Norden führenden Prachtboulevard vollenden, der von stattlichen Bauten des 19. Jh.s gesäumt ist. Das **Teatro Petruzzelli** (1898–1903), eines der bedeutendsten und größten Opernhäuser Italiens, brannte 1991 völlig aus, eine Wiedereröffnung steht in den Sternen. Darauf folgen die Banca d'Italia, die ehem. Camera di Commercio und das Theater Politeama Margherita.

✶ **Pinacoteca Provinciale**

Die Pinacoteca Provinciale am Lungomare Nazario Sauro zeigt ein breites Panorama **süditalienischer Malerei** vom Mittelalter bis ins 19. Jh. mit Schwerpunkt auf den apulischen Meistern.

Basilikata · Basilicata

O 20–23

Region: Basilikata • Basilicata
Fläche: 9992 km²
Provinz: Potenza, Matera
Einwohnerzahl: 610 000

Arm und wild – das sind die Eigenschaften, die oft mit der Basilikata in Verbindung gebracht werden. Touristisch kaum erschlossen, ist die Gegend für die meisten Besucher nichts anderes als eine Autobahnkulisse auf dem Weg nach Sizilien. Wen diese Kargheit nicht abschreckt, der kann auch hier Bezauberndes entdecken.

Trockenes Land

Die Region Basilikata, mit antikem Namen Lucania, liegt im Süden Italiens zwischen Kampanien, Apulien und Kalabrien. Am Golf von Tarent öffnet sie sich zum Ionischen, am Golf von Policastro zum Tyrrhenischen Meer. Während in den Bergen im Westen pro Jahr bis zu 2000 mm Niederschlag fallen, herrschen im Materano teils wüstenartige Bedingungen. Trotz recht fruchtbarer Böden, die den Anbau von Weizen, Mais, Wein, Oliven und Gemüse erlauben, gehört die Basilikata zu den armen Teilen Italiens; ca. 20% der arbeitenden Bevölkerung sind in der Landwirtschaft tätig.

Carlo Levi »Christus kam nur bis Eboli«

Die Probleme im ländlichen Mezzogiorno wurden 1945 durch den **Roman »Cristo si è fermato a Eboli«** (»Christus kam nur bis Eboli«) bekannt. In diesem Buch schildert **Carlo Levi** die armseligen Verhält-

BASILIKATA ERLEBEN

AUSKUNFT

Via del Galitello 89, 85100 Potenza
Tel. 09 71 50 76 11
Fax 09 71 50 76 01
www.aptbasilicatait

ESSEN

► Erschwinglich

La Tettoia
Via Due Torri 1,
Potenza
Tel. 0 97 12 41 23
Gemütliches, alteingesessenes Restaurant mit hervorragendem Speisenangebot, darunter viele typisch lukanische Gerichte.

Le Botteghe
Piazza San Pietro Barisano 22
Matera
Tel. 08 35 34 40 72
Der Wirt des schönen Lokals in der Altstadt, das für ausgezeichnete Grillspezialitäten bekannt ist, hat lange Zeit eine Metzgerei betrieben. Bei ihm kommt nur beste Ware auf den Rost.

► Preiswert

Novocento
Contrada Incoronata
Melfi
Tel. 09 72 23 74 70; Mo. geschl.
Gemütliches Restaurant der Familie Lamorte, die sich der traditionellen Küche verpflichtet fühlt. Hausgemachte Pasta und viele Wildgerichte.

Il Cantuccio
Via delle Beccherie 33
Matera
Tel. 08 35 33 20 90
Fagottini mit Käse in Steinpilzsauce, Lamm alla contadina mit Zwiebeln und Kirschtomaten – in dem kleinen Lokal in der Altstadt wird Bodenständiges zu fairen Preisen serviert.

ÜBERNACHTEN

► Komfortabel

Relais la Fattoria
Strada statale 658
Ausfahrt: Melfi Nord
85025 Melfi
Tel. 0 97 22 47 76
Fax 09 72 23 91 21
www.relaislafattoria.it
Umgeben von Olivenhainen und Weinbergen liegt dieser imposante Hotelbau, der sich zum Erholen bestens eignet. Elegantes Restaurant, Gartenterrasse und Swimmingpool.

Grande Albergo
Corso XVIII Agosto 46
85100 Potenza
Tel. & Fax 09 71 41 02 20
www.grandealbergopotenza.it
Großes, weitläufiges Hotel nahe beim historischen Zentrum, sehr bequeme und funktionell eingerichtete Zimmer, teilweise mit tollem Blick auf die Stadt, elegantes Restaurant.

► Günstig

Il Casone
Strada per Forenza, località Bosco San Giuliano Nord-Ovest
85011 Acerenza
Tel. & Fax 09 71 74 11 41
Kleines Hotel in ruhiger Aussichtslage außerhalb der Stadt, geräumige, zweckmäßig eingerichtete Zimmer, Restaurant für Hausgäste, Tennisplatz.

Il Guiscardo
Via Accademia dei Rinascenti 106
85029 Venosa
Tel. 0 97 23 23 62
Fax 0 97 23 29 16
www.hotelilguiscardo.it
Modernes Hotel mit ausgezeichnetem Restaurant und schöner Terrasse, schlicht eingerichtete Zimmer.

? WUSSTEN SIE SCHON ...?

- Carlo Levi war nicht nur Schriftsteller, er zählt auch zu den wichtigsten Malern des italienischen Realismus. Fünf Mal nahm er an der Biennale in Venedig teil – was im Ausland allerdings weit gehend unbeachtet blieb.

nisse ohne Beschönigung, doch voll Sympathie für die Bevölkerung. Levi wurde im weltoffenen Turin geboren. Die Faschisten verbannten den Autor 1935/1936 nach Aliano, ein Nest südlich von Stigliano. Dort ist er bestattet, sein Wohnhaus birgt ein Museum.

Reiseziele in der Basilikata

✶ Monte Vulture

Wahrzeichen der nordwestlichen Basilikata ist der 1362 m hohe Monte Vulture, ein ehemaliger Vulkan, dessen kegelförmiges Profil die fruchtbare Landschaft weithin beherrscht. Mit seinen zwei Gipfeln, dichten Laubwäldern und den beiden Kraterseen ist er ein beliebtes Wanderziel.

Rionero in Vulture ►

Am Ostfuß des Berges liegt das etwas heruntergekommene Rionero in Vulture (656 m, 13 500 Einw.), Zentrum eines Weinbaugebiets, das durch den **Aglianico del Vulture** bekannt ist; renommiert ist auch das regionale Olivenöl.

Melfi

Melfi (531 m, 16 400 Einw.), 15 km nördlich von Rionero, ist ein bescheidenes Städtchen mit einem trutzigen, von den Normannen errichteten und unter Friedrich II. sowie den Anjou erweiterten Kastell (12./13. Jh.). Der Ort hat politisch bewegte Zeiten erlebt: Hier rief 1089 Papst Urban II. den ersten Kreuzzug aus, Friedrich II. verkündete in Melfi 1231 das erste Gesetzeswerk seit Justinian.

Zur Besichtigung betritt man die gänzlich ummauerte Stadt am besten durch die Porta Venosina (13./15. Jh.). Von dort führt der Corso Garibaldi vorbei an der Jugendstil-Apotheke Carlucci hinauf zur Kathedrale. Von der normannischen Gründung steht noch der Kampanile aus dem Jahr 1153, der Rest entstand nach dem Erdbeben 1694 neu. Nebenan im ehemaligen Erzbischöflichen Palast (12./18. Jh.) befindet sich eine Pinakothek, im Kastell ist das Museo Nazionale Archeologico untergebracht.

✶ Venosa

Venosa (415 m, 12 400 Einw.), 26 km östlich von Melfi, ist für seine bedeutenden römischen Funde bekannt. Die alte Samniterstadt wurde 291 v. Chr. römisch (Venusia) und blüte durch ihre günstige Lage an der Via Appia rasch auf; 65 v. Chr. wurde Horaz hier geboren. Herz des Orts ist die Piazza Umberto I mit dem 1460–1470 errichteten Kastell. Von hier geht man durch die Via Vittorio Emanuele zur Kathedrale, erbaut 1470–1512 unter Verwendung antiker Teile. Außerhalb des heutigen Orts befinden sich freigelegte antike Thermen, Wohnhäuser mit Mosaiken, das Amphitheater aus der römischen Kaiserzeit sowie ein **frühchristliches Baptisterium**. Gleich daneben befindet sich die Abbazia della Trinità, eine mittelalterliche Grablege, die der Normannenherzog Robert Guiscard 1046 über einer früh-

Acerenza wurde auf einem Fels erbaut.

christlichen Basilika errichten ließ. Bemerkenswert sind die Fresken aus dem 11. Jh. Unvollendet blieb ein im frühen 12. Jh. mit Antikenresten begonnener großer Erweiterungsbau. Nahe dem heutigen Bahnhof liegen jüdische Katakomben aus dem 4./5. Jh. mit hebräischen, lateinischen und griechischen Inschriften.

Castello di Lagopesole

Ca. 20 km von Rionero in Vulture entfernt thront in strategischer Position das mächtige Kastell von Lagopesole, das die Normannen im 12. Jh. begannen und Friedrich II. ab 1242 vollendete. Im kleinen Hof befindet sich ein staufischer Wohnturm, über dessen Portal Friedrich Barbarossa und seine Frau Beatrix dargestellt sein sollen.

★ Acerenza

Das mittelalterliche Acerenza (3000 Einw.), 40 Straßenkilometer von Logopesole entfernt, ist für seine **Kathedrale** aus dem 11. Jh. berühmt; ihre Architektur verweist auf das burgundische Cluny und die apulische Romanik. Im an sich schmucklosen Inneren fällt der Umgangschor mit der reich ausgestalteten Cappella Ferrillo von 1524 ins Auge.

Potenza

Potenza (819 m; 65 800 Einw.), Universitäts- sowie Hauptstadt der Region Basilikata und ihrer westlichen Provinz, wurde durch die Erdbeben von 1857 und 1980 wie auch im Zweiten Weltkrieg schwer beschädigt. Lebhafte Hauptachse der Altstadt ist die Via Pretoria. Hier lohnt ein Blick in die im 11. Jh. erbaute romanische Kirche S. Michele. Sehenswert sind weiter das schöne Teatro Stabile (1856–1881) an der Piazza Pagano und die Kirche S. Francesco d'Assisi (1274). Im Osten der Via Pretoria liegt der 1197 begonnene Dom mit schönen Renaissanceportalen; die Fassade entstand Ende des 19. Jh.s, Reste des alten Baus sind in den Apsiden zu erkennen. Das Museo Archeologico Provinciale außerhalb birgt Funde aus dem antiken Lukanien und Teile des Apollon Lykeios-Tempels in Metapont.

Früher Symbol für die Rückständigkeit Süditaliens, heute UNESCO-Weltkulturerbe: die Sassi von Matera

✶ **Dolomiti Lucane** Südöstlich von Potenza ragen die pittoresken Felsnadeln der Dolomiti Lucane auf. Über steile Serpentinen erreicht man die sich an die Felsen klammernden Orte **Pietrapertosa** und **Castelmezzano**. Die Dolomiti Lucane sind Teil des Naturparks Gallipoli-Cognato mit seinen 4000 ha ursprünglichen Laubwalds. Jenseits des Bergkamms liegt Accettura, wo an Himmelfahrt/Pfingsten die »Baumhochzeit« gefeiert wird, ein großes Frühlingsfest mit heidnischer Symbolik.

✶✶ **Matera** Matera (401 m, 55 800 Einw.) ist durch die **»Sassi«** berühmt geworden, die seit 1993 zum UNESCO-Weltkulturerbe gehören. Sassi heißen die in den Kalktuff der tiefen Schlucht (»gravina«) eingehauen **Höhlenbehausungen**, in denen Menschen mit ihren Haustieren unter primitivsten Bedingungen lebten. Anfang der 1950er-Jahre begann man, die Bewohner dieser »nationalen Schande« in neue Häuser umzusiedeln. Seit den 1970er-Jahren werden die Sassi restauriert, heute sind sie eine Touristenattraktion – eine denkwürdige Karriere. Der Domvorplatz bietet einen weiten Blick auf das Viertel Sasso Barisano. Das Gotteshaus selbst ist ein spätes Beispiel apulischer Romanik (1230–1270), von dem aus sich ein schöner Rundgang durch die Stadt unternehmen lässt: Über die

? WUSSTEN SIE SCHON ...?

- Unter Filmemachern gilt Sassi di Matera als das »bessere Bethlehem«. Hier fand Pier Paolo Pasolini die passende Atmosphäre für sein »Evangelium nach Matthäus«. Auch die blutige Variante, Mel Gibsons »Passion Christi«, wurde hier gedreht.

Via Duomo und die Via delle Beccherie zur Piazza Vittorio Veneto; rechts hinunter durch den Sasso Barisano zur Panoramastraße. Am Rande der Schlucht geht es dann entlang zum Felsen Monte Errone mit der Kirche Madonna dell'Idris, die Fresken aus dem 14.–16. Jh. birgt. Die Via B. Buozzi führt hinauf zum ehemaligen Kloster S. Chiara, gebaut 1702, in dem das Museo Nazionale Archeologico untergebracht ist. In Matera gibt es viele kleine Kirchen, die in den Tuff gegraben oder in natürliche Höhlen gebaut sind und schöne Fresken aufweisen; sie entstanden ab dem 8. Jh. n. Chr. und sind das Werk griechisch-byzantinischer Mönche. Geführte Touren bieten an: Circolo La Scaletta, Via Duomo 1, und Nuovi Amici dei Sassi, Piazza del Sedile 20. Führungen durch den Parco delle Chiese Rupestre südöstlich von Matera bei der Lega Ambiente, Via Duomo.

? WUSSTEN SIE SCHON ...?

- ... dass Pythagoras seine letzten Jahre in Metaponto verbrachte? Der Mathematiker starb hier etwa 497/496 v. Chr im Alter von 90 Jahren.

Miglionico

Ein Abstecher ins 24 km südlich von Matera gelegene Miglionico (454 m, 4700 Einw.) lohnt wegen des mächtigen **Castello di Malconsiglio.** Es verdankt seinen Namen der Verschwörung der Barone gegen Ferdinand den Katholischen 1485. Der Bau geht auf die Normannen zurück, seine heutige Form erhielt er Anfang des 16. Jh.s.

Metaponto

An der Küste des Golfs von Tarent lag Metapontion, eine der bedeutendsten Städte Großgriechenlands. Ende des 7. Jh.s v. Chr. von achäischen Siedlern gegründet, entwickelte sie sich durch die Fruchtbarkeit des Landes rasch zum Haupthandelsort der Ionischen Küste; sie war neben Kroton (► Kalabrien) **Sitz der Pythagoreer**. Die reichen Grabungsfunde werden im 1997 eröffneten Museo Nazionale präsentiert, das Grabungsgelände liegt nordöstlich. Sein Zentrum bilden vier große Tempelanlagen, die vermutlich durch steigendes Grundwasser im 3. Jh. v. Chr. einstürzten. Zu sehen sind außerdem Agora und Theater sowie weiter nördlich die so genannten Tavole Palatine, 15 von ehemals 36 Säulen eines dorischen Tempels der Hera aus dem 6. Jh. v. Chr.

Policoro Heraclea/Siris

Policoro entstand auf der 433 v. Chr. gegründeten griechischen Kolonie Heraclea, die wiederum über der im 6. Jh. zerstörten ersten Ansiedlung Siris liegt. Diese Vorgeschichte ist im Museo Nazionale della Siritide durch Keramik, Schmuck und Waffen dokumentiert.
Südlich von Policoro erstreckt sich an der Sinni-Mündung ein **Küstenlaubwald** – angesichts des trocken-heißen Klimas ein ungewöhnliches Biotop (Riserva Naturale Bosco Pantano di Policoro).

S. Maria d'Anglona

Nicht versäumen sollte man den Abstecher von Policoro zur romanischen Kirche S. Maria d'Anglona, die ca. 14 km westlich auf einem Bergrücken liegt. Ob sie vor 1080 oder erst Anfang des 13. Jh. erbaut wurde, ist strittig, Bemerkenswert sind die originalen Fresken und die herrliche Aussicht auf die durch dramatische Erosionshänge gekennzeichnete Landschaft. Empfehlenswert ist die Weiterfahrt über Tursi (mit der schönen Kirche S. Maria Maggiore di Rabatana aus dem 11. Jh.) nach Valsinni.

✶ Monte Pollino

Die gesamte Südgrenze der Basilikata zwischen Tyrrhenischem und Ionischem Meer wird vom Kalkmassiv des Monte Pollino eingenommen, der bis auf 2248 m Höhe ansteigt. Schroffe Felsen, Höhlen und Dolinen kennzeichnen es ebenso wie große Wälder mit Buchen, Weißtannen, Ahorn und Schwarzkiefer und weite, grasbewachsene Hochflächen, in denen da und dort »timpe« genannte, vulkanische Felskegel aufragen.

Der sich über die Basilikata und Kalabrien erstreckende, rund 1965 km² große **Parco Nazionale del Pollino** wurde 1998 eingerichtet. Wahrzeichen des Gebirges ist die Panzerkiefer, benannt nach ihrer an einen römischen Brustpanzer erinnernden Rinde, die hier wahrhaft majestätische Exemplare ausbildet; es gibt sie sonst nur noch in Albanien, Dalmatien und Griechenland.

! *Baedeker* TIPP

Ein lohnender Ausflug ...

... führt von Maratea zum Lago di Pietra del Petrusillo und zum Grabungsgelände von Grumentum (www.grumentum.org). Die ehem. römische Kolonie wurde 973 n. Chr. von Sarazenen zerstört. Auf dem Rückweg sollte man in der Azienda Valsirino in Aniella (7 km von Lagonegro) einkehren, die eine hervorragende Küche mit eigenen Produkten anbietet.

Eine Rundfahrt durch die Region beginnt man am besten in Francavilla in Sinni oder Episcopia. In San Severino Lucano nimmt man, mit Blick auf die höchsten Gipfel des Pollino, die Straße nach Mezzana im Frido-Tal. Hinter Voscari geht es dann links über die herrliche Hochfläche zur Timpa del Demonio und zum Colle d'Impiso. Durch dichte Buchenwälder führt der Weg am Rifugio Gasperi vorbei zum Colle del Dragone (1606 m), dann am Südhang entlang nach Rotonda, einem hübschen Ort, in dem sich das Büro des Nationalparks befindet (Palazzo Amato, Via Mordini 20; Informationen). Über Viggianello fährt man zurück nach San Severino und Francavilla.

✶ Maratea

Die Basilikata hat am Tyrrhenischen Meer 30 km **herrlicher Felsenküste** mit klarem, türkisblauem Wasser und vielen kleinen Badebuchten vorzuweisen. Sie ist Gemeindegebiet von Maratea, dessen schöner mittelalterlicher Kern 300 m hoch liegt; in den Ortsteilen sorgen eine ganze Reihe guter Hotels und Restaurants aller Klassen dafür, dass die Gäste sich wie im Paradies fühlen. Vom Monte S. Biagio (624 m) mit seiner Wallfahrtskirche aus dem 13./18. Jh. und der 21 m hohen Erlöser-Statue hat man einen fantastischen Blick auf die Küste.

Belluno

C 14

Region: Venetien • Veneto
Höhe: 389 m ü. d. M.
Provinz: Bulleno
Einwohnerzahl: 35 300

Auf dem Weg ins touristenüberflutete Venedig liegt das idyllische Städtchen Belluno. Hier kann man unter Laubengängen wandeln und sich beim Betrachten der hübschen Palazzi in aller Ruhe auf den Besuch der Lagunenstadt vorbereiten.

Alte Brunnen, romantische Arkaden

Belluno liegt auf einem Felsvorsprung über dem Zusammenfluss von Ardo und Piave am Fuß der Dolomiti Bellunesi, des südlichsten Dolomitenausläufers. Die Altstadt mit ihren **arkadengesäumten Straßen**, alten Brunnen und Palästen aus Gotik und Renaissance ist venezianisch, da Belluno ab 1404 rund 400 Jahre lang unter dem Schutz der mächtigen Republik Venedig stand.

Arkadengeschmückt: S. Rocco

Sehenswertes in Belluno und Umgebung

Ein wahres Schmuckstück ist der **Domplatz** mit dem Gotteshaus Santa Maria Assunta. Es entstand zwischen dem 16. und 18. Jh., der Kampanile, entworfen von **Filippo Juvarra**, folgte 1742, das Baptisterium gegenüber wurde 1520 gebaut. Zu den eindrucksvollsten Palästen des Ortes zählen der mit Bogenfenstern und zwei Loggien versehene Palazzo dei Rettori von 1491, der im 16. Jh. um einen Uhrturm erweitert wurde, ferner der Palazzo dei Vescovi mit der auffallenden Torre Civica (12./13. Jh.) sowie der Palazzo del Municipio aus dem 18. Jh. Im Palazzo del Giuristi sind Werke einheimischer und venezianischer Künstler ausgestellt.

Von hier ist es nicht weit zum hübschen Marktplatz, auch **Piazza dell'Erbe** genannt, den ein Brunnen von 1410 und die 1471 gebaute Loggia dei Ghibellini schmücken. Folgt man der Via Mezzaterra und weiter der Via Brustolon Richtung Ardo, so kommt man zum Seminario Gregoriano, das 1253–1806 als Kloster diente, sowie zur einstigen Kolsterkirche S. Pietro, die im 18. Jh. barockisiert wurde.

BELLUNO ERLEBEN

AUSKUNFT

Piazza del Duomo 2, 32100 Belluno
Tel. 04 37 94 00 83, Fax 04 37 95 87 16
www.comune.belluno.it
www.infodolomiti.it

ESSEN

► Erschwinglich

Delle Alpi
Via Jacopo Tasso 15
Belluno
Tel. 04 37 94 03 02
Seit über sechzig Jahren werden die Gäste hier mit hervorragenden Fischgerichten verwöhnt, das Haus wurde kürzlich vollständig renoviert, zweckmäßige Einrichtung.

► Preiswert

Al Borgo
Via Anconetta 8
Belluno
Tel. 04 37 92 67 55
Rustikales Restaurant in einer Villa aus dem 18. Jh. Hier genießen Sie fantasievoll zubereitete venezianische Gerichte zu erstaunlich moderaten Preisen.

ÜBERNACHTEN

► Komfortabel

Delle Alpi
Via Jacopo Tasso 13
32100 Belluno
Tel. 04 37 94 05 45
Fax 04 37 94 05 65
www.dellealpi.it
Praktische Übernachtungsadresse in zentraler Stadtlage, geräumige und sehr gepflegte Zimmer mit zeitgemäßem Komfort. Freundliches Personal.

► Günstig

Nogherazza
Via Gresane 78
32024 Castion
Tel. 04 37 92 74 61, Fax 04 37 92 58 82
www.nogherazza.it
Einkehren fast wie vor hundert Jahren: Dieser kleine ländlich-rustikale Gasthof hat hübsche Zimmer mit holz verkleideten Wänden, Holzmöbeln und eine gemütliche Gaststube. Hier gibt es »Separées«, wo man sich durch einen Vorhang fremden Blicken entziehen kann.

Zentrum der Innenstadt ist die lang gestreckte **Piazza dei Martiri**, die von Laubengängen mit zahlreichen einladenden Cafés flankiert wird. Im Osten wird sie vom neoklassizistischen Theater begrenzt.

✶ Feltre

Das mittelalterliche Städtchen Feltre liegt 32 km von Belluno entfernt. Entlang der Via Mezzaterra reihen sich teils **freskengeschmückten Palazzi** aus dem 16. Jh. bis zur Piazza Maggiore, wo sich einst das römische Forum erstreckte. Im Museo Civico (Via Luzzo 23) gibt es Bilder venezianischer Meister zu sehen.

✶ Valle del Cordevole

Die in Belluno beginnende SS 203 führt mitten durch das schöne **Cordevole-Tal** und stößt südlich vom Falzarego-Pass auf die ►Dolomitenstraße. Bekanntester Ferien- und Ausgangsort für Touren im Gebiet der Civetta ist das am gleichnamigen See gelegene Alleghe.

★ Bergamo

D 9

Region: Lombardei • Lombardia
Höhe: 249–365 m ü. d. M.
Provinz: Bergamo
Einwohnerzahl: 125 000

Lust auf eine Reise ins Mittelalter? In Bergamo ist das möglich. Die Fahrt dauert fünf Minuten und führt mit der Seilbahn von der geschäftigen, industriegeprägten »Città bassa« in die auf einem Bergrücken rund 120 m oberhalb des Flusses Serio gelegene historische »Città alta«. Dort entzücken ein Labyrinth enger Gassen und zahlreiche Kunstschätze das Auge.

Von Galliern gegründet

Bergamo hatte viele Herren: Ursprünglich eine gallische Gründung, wurde es im 2. Jh. v. Chr. von den Römern übernommen. 575 machten die Langobarden die Stadt zum Herzogssitz. Vom 11. bis 13. Jh. war sie als Stadtstaat Mitglied der Lombardischen Liga, bevor sie unter die Macht der Visconti kam und 1428 an Venedig fiel. Nach einem österreichischen Intermezzo wurde Bergamo italienisch.
Bergamo ist Geburtsstadt des Opernkomponisten **Gaetano Donizetti** (1797–1848), an den jedes Frühjahr die Musikwochen erinnern, und des Harlekin, einer der Hauptfiguren der Commedia dell'Arte. Diese

Vom Stadtturm schweift der Blick über die mittelalterliche Oberstadt Bergamos

BERGAMO ERLEBEN

AUSKUNFT

Viale V. Emanuele 20, 24121 Bergamo
Tel. 0 35 21 31 85, Fax 0 35 23 01 84
www.apt.bergamo.it
www.comune.bergamo.it

VERKEHR

Die Altstadt von Bergamo ist für den Autoverkehr gesperrt. Daher empfiehlt es sich, mit der Standseilbahn (Funicolare) vom Viale Vittorio Emanuele II zum Marktplatz (Mercato delle Scarpe) zu fahren. Mit dem Pkw fährt man bis zur Porta S. Agostino am östlichen Eingang zur Oberstadt. Es gibt auch eine regelmäßige Busverbindung zwischen Unter- und Oberstadt.

ESSEN

▶ Fein & Teuer

① ***Da Vittorio***
Via Cantalupa 17, Brusaporto
Tel. 0 35 68 10 24
Kreative ausgezeichnete Küche vor den Toren der Stadt (10 km in Richtung Breschia). Übernachtungsgästen stehen 10 komfortable Zimmer zur Verfügung.

▶ Erschwinglich

② ***La Marianna***
Largo Colle Aperto 2, Bergamo
Tel. 0 35 24 79 97
Modernes Restaurant samt Terrassengarten in der Città alta, innovative Küche auf traditioneller Basis, bemerkenswerter Weinkeller.

③ ***Ol Giopì e la Margì***
Via Borgo Palazzo 27, Bergamo
Tel. 0 35 24 23 66
In der originellen Trattoria serviert das Personal in historischen Kostümen feine Spezialitäten der bergamaskischen und lombardischen Küche.

▶ Preiswert

④ ***La Colombina***
Via Borgo Canale 12, Bergamo
Tel. 0 35 26 14 02
Einfache, sehr gemütliche Trattoria, in der regionale Gerichte je nach Jahreszeit auf den Tisch kommen.

ÜBERNACHTEN

▶ Luxus

① ***Excelsior San Marco***
Piazza della Repubblica 6
24122 Bergamo
Tel. 0 35 36 61 11, Fax 0 35 22 32 01
www.hotelsanmarco.com
Traditionsreiches Hotel, elegante und stilvolle Zimmer, schickes Restaurant mit Dachgartenterrasse, Sauna, Fitnessstudio, Garage.

② ***Jolly Hotel***
Via Paleocapa 1, 24122 Bergamo
Tel. 03 52 27 18 11, Fax 03 52 27 18 12
www.jollyhotels.com
Ende 2003 eröffnetes Hotel, Marmor und hochwertige Hölzer bestimmen das sachlich-moderne Interieur.

▶ Komfortabel

③ ***San Lorenzo***
Piazzale Mascheroni 9a
24129 Bergamo
Tel. 0 35 23 73 83, Fax 0 35 23 79 58
www.hotelsanlorenzobg.it
Schon die schöne (und ruhige!) Lage an der Piazza Mascheroni spricht für das nette kleine Hotel, das sich in einem historischen Stadthaus befindet.

④ ***Arli***
Largo Porta Nuova 12, 24122 Bergamo
Tel. 0 35 22 20 14, Fax 0 35 23 97 32
www.arli.net
In zentraler Lage bietet das moderne Hotel geräumige und wohnliche Zimmer.

Form des Bühnenstücks geht auf römische und griechische Vorbilder, auf mittelalterliche Gelehrtenkomödien sowie das Volkstheater zurück und entstand in Oberitalien um 1550.

Città bassa

Mittelpunkt der geschäftigen Unterstadt ist die Piazza Matteotti mit Arkadengängen und luxuriösen Geschäften. In SS Bartolomeo e Stefano (1604–1642) befindet sich hinter dem Hochaltar ein 1516 entstandenes Tafelbild **Lorenzo Lottos**, eine »Madonna mit Kind«. Piazza Matteotti

Bei SS Bartolomeo beginnt die Via Torquato Tasso, an der sich die 1525 erbaute Kirche S. Spirito befindet. Sehenswert sind im Innern der von L. Lotto 1521 gestaltete Hochaltar, die Heiligenskulpturen im Chor und das schöne Renaissance-Retabel in der 2. Kapelle von links von Abrogio da Fossano, gen. Bergognone (1508). ◄ Santo Spirito

Über die Via Pignolo und die Via San Tomaso erreicht man die Accademia Carrara. In dem spätklassizistischen Bau befindet sich eine bedeutende Gemäldegalerie, mit Werken des 15.–18. Jh.s. Zu den Sammlungsschätzen gehören ein Porträt Giuliano de' Medicis von **Botticelli**, Pisanellos Bildnis des Lionello d'Este sowie die »Heilige Familie mit der hl. Katharina von Siena« von Lorenzo Lotto. An der Piazza Carrara beginnt die Treppengasse Vicolo della Noca, die in die Oberstadt hinaufführt. ✶ Accademia Carrara

✶ Città alta

Die von einem Mauergürtel und 16 Bastionen (1561–1590) gesicherte Altstadt Bergamos besitzt unzählige **historische Winkel, Gassen und Plätze** mit schönen alten Gebäuden. Stadtbild

Im Zentrum der Oberstadt liegt die 1440–1493 angelegte Piazza vecchia mit ihrem von acht Löwen umgebenen Brunnen (1780) und dem hohen Torre Civica, der auf einen im 12. Jh. erbauten Wehrturm zurückgeht. Wer die 230 Stufen nicht scheut, genießt von oben einen herrlichen Blick auf Stadt und Umland. ✶ Piazza Vecchia

Am Palazzo della Ragione, entstanden 1538–1554, erfreuen offene Arkaden, venezianisches Maßwerk und ein Relief des Markuslöwen das Auge. Über eine Außentreppe gelangt man ins Obergeschoss, in dessen Salone delle Capriate wertvolle **Fresken des 14., 15., und 16. Jh.s** zu sehen sind. Die Biblioteca Civica im Norden des Platzes entstand 1611 und 1690 im Stil der Hochrenaissance, ihre Fassade wurde erst 1919 vollendet. Palazzo della Ragione

Durchschreitet man die mit einem riesigen Meridian geschmückte Arkadenhalle des Palazzo, so steht man auf dem Domplatz, dem alten Kern von Bergamo, Piazza del Duomo

Doch nicht der Dom, sondern S. Maria Maggiore gibt dem Platz sein Gepräge. Die dreischiffige Kirche entstand zwischen dem 12. und 14. Jh. Beide Zugänge sind mit **Vorhallen im gotischen Stil** versehen,

Bergamo Orientierung

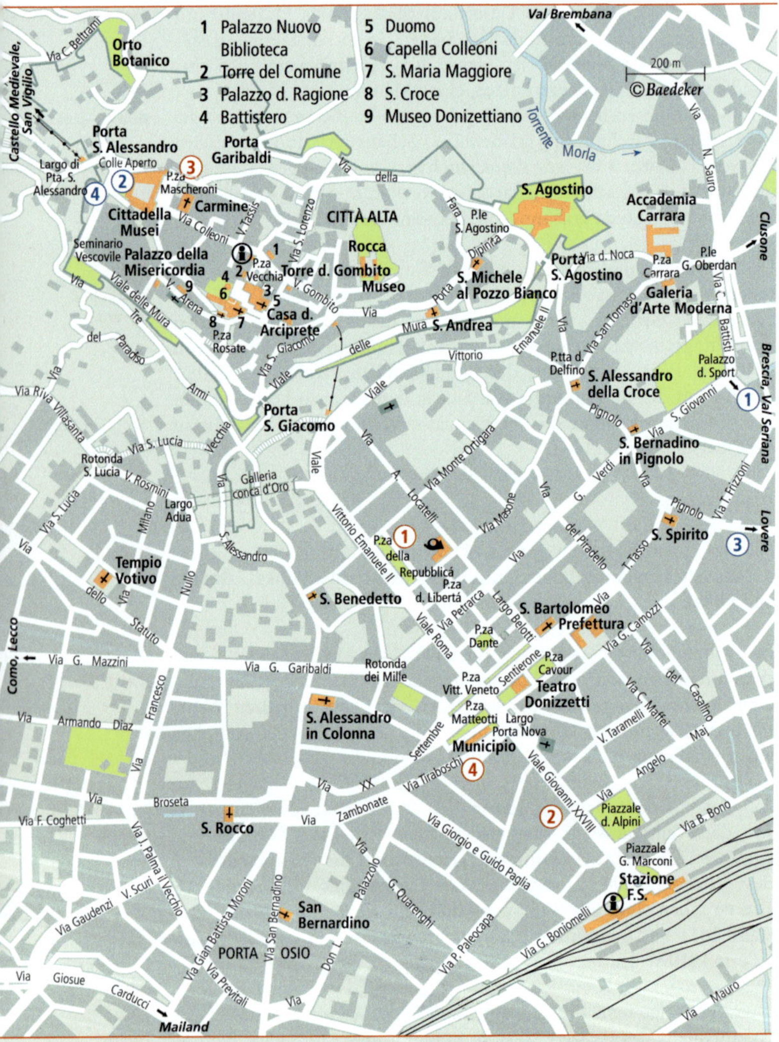

Übernachten
① Excelsior San Marco
② Jolly Hotel
③ San Lorenzo
④ Arli

Essen
① Da Vittorio
② La Marianna
③ Lo Giopì e la Margì
④ La Colombina

deren Säulen tragenden Löwen man in der Lombardei öfters begegnet. Die Innenausstattung stammt vorwiegend aus dem 16.–18. Jh.; beachtenswert sind einige Wandteppiche, das Wandgrab für Kardinal Guglielmo Longhi (G. da Campione, um 1330), das Denkmal für Gaetano Donizetti (V. Vela, 1855) sowie das Chorgestühl aus den Jahren 1522–1555. Die vorderen Brüstungsfelder sind Meisterwerke der Intarsienkunst von Lorenzo Lotto.

★ Cappella Colleoni

An die nördliche Vorhalle grenzt die Cappella Colleoni mit ihrer überreich geschmückten Renaissancefassade aus schwarz-weiß-rotem Marmor. 1472 beauftragte **Bartolomeo Colleoni**, Condottiere im Dienst von Mailand, Neapel und Venedig, Giovanni Antonio Amadeo mit dem Bau einer Familiengrabkapelle. Die Grabmäler der Colleoni im Innern sind ebenfalls von Amadeo.
Beachtenswert sind auch Tiepolos Fresken in der Kuppel aus dem Jahr 1789 sowie die »Heilige Familie« von der Hand der Schweizer Malerin Angelika Kaufmann, entstanden 1789.

Museo Donizettiano

Das kleine Donizetti-Museum (Palazzo della Misericordia, Via Arena 9) erinnert an den Komponisten.

Rocca

Über die Via Gombito erreicht man die Rocca, eine auf einem Felsplateau im 14. Jh. erbaute Festung, mit schönem Blick über Stadt und Umland.

Cittadella

Ein Durchgang unter dem 1355 errichteten Torre della Campanella verbindet die Piazza Mascheroni mit der Piazza della Cittadella. Die Zitadelle, ebenfalls 1355 erbaut, beherbergt im Innern ein archäologisches und ein kleines naturgeschichtliches Museum.

San Vigilio

Vom dem im Norden der Cittadella gelegenen Colle Aperto fährt eine zweite **Standseilbahn** (Funicolare) nach San Vigilio hinauf. Hier liegt das 894 erstmals erwähnte Castello, das bis ins 15. Jh. ausgebaut wurde. Ursprünglich verband es ein unterirdischer Gang mit der Città alta.

Umgebung von Bergamo

Bergamasco

Bergamo ist von Alpentälern, Hügellandschaften und einer kleinen Ebene im Süden umgeben. Die Flüsse Brembo und Serio haben hier zwei lange, schmale Täler gegraben: Valle Brembana und Valle Seriana, zu denen kleinere, meist unberührte Täler gehören.

◄ San Pellegrino Terme

Der bekannteste Ort der **Valle Brembana** ist zweifellos der Kurort S. Pellegrino Terme (358 m; 5500 Einw.), 24 km nördlich der Stadt, der allerdings seine besten Zeiten hinter sich zu haben scheint. Seinen Ruf verdankt er den Quellen, aus denen das angeblich beste Mineralwasser der Welt sprudelt – 225 000 Liter pro Stunde in einer gleich bleibenden Temperatur von 26 °C.

Clusone Ein Totentanzfresko erwartet Reisende in Clusone, dem 34 km von Bergamo entfernten Hauptort der Valle Seriana. Es wurde 1485 auf der Außenwand der Totenkapelle Oratorio dei Disciplini gemalt.

Minitalia ► Italien von den Alpen bis Sizilien kann man in Minitalia, einem Vergnügungspark in Capriate San Gervasio, im Miniformat besichtigen.

Lago d'Iseo ►Brescia

★★ Bologna

F/G 12

Region: Emilia-Romagna
Höhe: 55 m ü. d. M.
Provinz: Bologna
Einwohnerzahl: 384 000

»La Dotta, la Grassa, la Rossa« – die Gelehrte, die Fette, die Rote – mit diesen Namen fassen Italiener die wesentlichen Eigenschaften Bolognas zusammen: Die Bezeichnungen spielen auf die uralte Universität, die kulinarischen Leckereien und auf die kommunistische Vergangengeit der Stadt an – bis September 1999 galt Bologna als Hochburg der »Roten«.

★★ Reizvoll und lauschig Für den Schweizer Kunsthistoriker Jacob Burckhardt, der im 19. Jh. Italien bereiste, war Bologna **»die schönste Stadt Italiens, was die Straßenblicke betrifft«.** Er kannte die heutigen Vororte noch nicht, die in Bologna ebenso hässlich sind wie die der anderen italienischen Industriestädte. Hat man sich jedoch bis zum Stadtzentrum vorgekämpft, dann erwartet den Besucher ein geschlossenes mittelalterliches Stadtbild mit den berühmten Bologneser Portici, den insgesamt 37,8 km langen, tonnen- oder kreuzgratgewölbten Bogengängen, kleinen Gassen und reizvollen Plätzen, vielen Palästen und Kirchen aus Backstein, merkwürdigen schiefen Türmen und Resten der fast 8 km langen **Stadtmauer** aus dem 13. und 14. Jh. Schätze ganz anderer Art entdeckt, wer mit offenen Augen durch die Via Caprarie oder die Via delle Tofane geht: Geschäfte voller Parmaschinken, Parmesankäse und mächtiger Mortadella-Würste zeugen vom hervorragenden Ruf, den Bologna in der Feinschmeckerregion Emilia-Romagna genießt.

? WUSSTEN SIE SCHON ...?

- In der klassischen italienischen Küche spielen Spaghetti Bolognese keine Rolle. Das berühmte Bologneser »Ragù« isst man lieber zu Tagliatelle und Fettucine, weil breit geschnittene Nudelsorten die Soße besser aufnehmen.

Ursprung im 10. Jh. v. Chr. Die ältesten Zeugnisse der Stadt stammen aus dem 10. Jh. v. Chr., als das Gebiet um Bologna den nördlichen Vorposten der sog. Villanovakultur bildete. Im 6. Jh. v. Chr. gründeten Etrusker hier die Stadt Felsina. Bolognas heutiger Grundriss geht auf die Römer zurück, die

Das Rathaus von Bologna beherrscht die Piazza Maggiore.

im 2. Jh. v. Chr. an der Via Emilia einen Militärstützpunkt namens Bononia errichteten. Kurz vor 1100 wurde die berühmte Universität gegründet – zusammen mit der Pariser Sorbonne die älteste Universität Europas. Ihre juristische und medizinische Fakultät, letztere führte im 14. Jh. als erste das Studium der Anatomie des menschlichen Körpers ein, waren damals weltberühmt. Bereits 1116 war Bologna freie Stadt und Mitglied im Lombardischen Städtebund gegen die Staufer. Seinen Höhepunkt erlebte es im 13. Jh., nachdem 1249 in der Schlacht von Fossalta die **Guelfen** (Anhänger des Papstes und Befürworter der freien Stadtstaaten) die **Ghibellinen** (Anhänger des Kaisers) geschlagen hatten und Enzio gefangen nahmen, den einzigen Sohn Kaiser Friedrichs II. (er starb 23 Jahre später in Bologna). 1506 wurde die Stadt schließlich dem Kirchenstaat einverleibt, wo sie bis zur Einigung Italiens 1860 verblieb. Nach wie vor unbekannt sind die Auftraggeber eines Bombenanschlags auf den Bahnhof im August 1980, der über 80 Todesopfer forderte.

Sehenswertes in Bologna

★★ **Piazza del Nettuno**

Im Zentrum Bolognas liegen die beiden Plätze Piazza Maggiore und Piazza del Nettuno. Dort steht einer der schönsten Brunnen des 16. Jh.s, der Neptunbrunnen, ein Werk des Bildhauers **Giambologna**.

Palazzo Comunale

Das Rathaus an der Westseite der beiden Plätze besteht aus mehreren im 13. und 15. Jh. errichteten Gebäudeteilen, deren Fassade eine Terrakotta-Muttergottes von Nicolò dell'Arca ziert (1478). Im Palazzo d'Accursio, einem Teil des Komplexes mit hochherrschaftlichen Ge-

BOLOGNA ERLEBEN

AUSKUNFT

Piazza Maggiore 6, 40124 Bologna
Tel. 0 51 24 65 41, Fax 05 14 21 13 67
http://iat.comune.bologna.it

EINKAUFEN

Bei Majani in der Via Carboresi 5 sollte man den Cremino Fiat probieren, eine Schokoladenspezialität die Fiat 1911 zur Einführung des »Tipo« in Auftrag gab. Freitas und samstags findet vormittags auf der Piazza VIII Augusto ein großer Flohmarkt statt.

ESSEN

► Fein & Teuer

① ***Trattoria Battibecco***
Via Battibecco 4, Bologna
Tel. 0 51 22 32 98; Sa. mittags und So. geschl. Eleganter Gourmettempel, der mit traditionellen Gerichten wie Safran-Risotto kulinarisch begeistert.

② ***Papagallo***
Piazza della Mercanzia 3 c, Bologna
Tel. 0 51 23 12 00; So. geschl.
Restaurant mit Tradition, in dem schon viel Prominenz gespeist hat, hohes Gewölbe, regionale Küche.

► Erschwinglich

③ ***Franco Rossi***
Via Goito 3, Bologna
Tel. 0 51 23 88 18
Beste Bologneser Küche in angenehmer Atmosphäre. Neben Trüffel- und anderen Pilzspezialitäten auch viele vorzügliche Wildgerichte.

④ ***Diana***
Via dell'Indipendenza 24, Bologna
Tel. 0 51 23 13 02; Mo. geschl.
Alteingesessenes Lokal mitten im Zentrum. Hervorragende Küche mit regionalen Spezialitäten.

► Preiswert

⑤ ***Teresina***
Via Oberdan 4, Bologna
Tel. 0 51 22 89 85; So. geschl.
Die gesamte Familie arbeitet in dieser gemütlich-schlichten Trattoria im Stadtkern. Regionale Küche mit vielen leckeren Fischgerichten.

⑥ ***Da Bertino***
Via delle Lame 55, Bologna
Tel. 0 51 52 22 30; So. geschl.
Kleine, gut besuchte Trattoria mit vorzüglicher Bologneser Hausmannskost.

ÜBERNACHTEN

► Luxus

① ***Royal Hotel Carlton***
Via Montebello 8
40121 Bologna
Tel. 0 51 24 93 61, Fax 0 51 24 97 24
www.monrifhotels.it
Geschmackvoll eingerichtete Zimmer und Suiten, elegantes Restaurant mit klassischer italienischer und orientalischer Küche.

② ***Grand Hotel Baglioni***
Via dell'Indipendenza 8
40121 Bologna
Tel. 0 51 22 54 45
Fax 0 51 23 48 40
www.baglionihotels.com
Historisches Flair, prachtvoller Luxus und Komfort in einem schmucken Palazzo, vorzügliches Restaurant.

③ ***Orologio***
Via IV Novembre 10
40123 Bologna
Tel. 05 17 45 74 11, Fax 05 17 45 74 22
www.bolognarthotels.it/orologio
Stilvoll eingerichtetes Hotel mit Blick auf die Piazza Maggiore, die einmalige Lage erklärt die Preise.

► Komfortabel

④ ***Re Enzo***
Via Santa Croce 26
40122 Bologna
Tel. 0 51 52 33 22, Fax 0 51 55 40 35
www.hotelreenzo.it
Modernes Hotel im Zentrum, funktionelle, gute Ausstattung.

► Günstig

⑤ ***San Vitale***
Via San Vitale 94
40125 Bologna
Tel. 0 51 22 59 66
Fax 0 51 23 93 96
Zweckmäßiges Hotel im Herzen der Altstadt, gemütliche Zimmer, schöner Garten im Innenhof.

⑥ ***Villa Azzurra***
Viale Felsina 49, 40139 Bologna
Tel. 0 51 53 54 60
Fax 0 51 53 13 46
Ruhige und geräumige Zimmer zu günstigen Preisen, leider kein Frühstück im Haus möglich.

mächern, sind die Collezioni Comunali d'Arte untergebracht mit Werken der Malerschule von Bologna. Ein Stockwerk höher befindet sich das Museo Morandi mit dem einstigen Atelier und über 200 Gemälden, Aquarellen, Zeichnungen und Radierungen des Bologneser Malers **Giorgio Morandi** (1890–1964), der durch seine modernen Stillleben bekannt wurde.

★ ◄ Museo Morandi

Palazzo del Podestà

◄ Palazzo di Re Enzo

An der Nordseite der Piazza Maggiore steht der 1201 errichtete und 1484 im Renaissancestil erneuerte Palazzo del Podestà mit seinem wehrhaften Torre dell'Arengo. An ihn schließt der gotische Palazzo di Re Enzo an, in dem Enzio, der Sohn Kaiser Friedrichs II. und König von Sardinien, von 1249 bis zu seinem Tod 1272 gefangen saß.

San Petronio

★★ ◄ Porta Magna

Patron der Stadt ist der hl. Petronius; ihm ist die gewaltige Basilika an der Piazza Maggiore geweiht, deren Bau 1390 im gotischen Stil begonnen, jedoch erst 1650 fertig gestellt wurde. Die Fassade bietet ein kurioses Bild, denn die Marmorverkleidung endet auf halber Höhe – vermutlich wurde das Geld knapp. Ein Meisterwerk der Frührenaissance sind die Reliefs an der Porta Magna, die **Jacopo della Quercia** 1425 bis 1438 schuf. San Petronio war 1530 Schauplatz der Krönung Karls V. Zu den Kunstschätzen im Innern gehören die erste und vierte Kapelle links, die Giovanni da Modena 1410 bis 1420 ausmalte; beachtenswert sind außerdem eine Pietà von Amico Aspertini (1519) und die astrologische Uhr im linken Seitenschiff, die um die Mittagszeit mit Hilfe eines Sonnenstrahls Monat und Tag anzeigt.

★ **Museo Civico Archeologico**

◄ Archiginnasio

Einblick in die Villanovakultur, die Etruskerzeit sowie die ägyptische und römische Kunst bietet das Archäologische Museum in der Via dell'Archiginnasio.
Nach Süden schließt der Palazzo dell' Archiginnasio an, bis 1803 Sitz der Universität. Heute befinden sich dort eine Bibliothek und das Teatro Anatomico, ein Seziersaal aus dem 17./18. Jh.

Bologna Orientierung

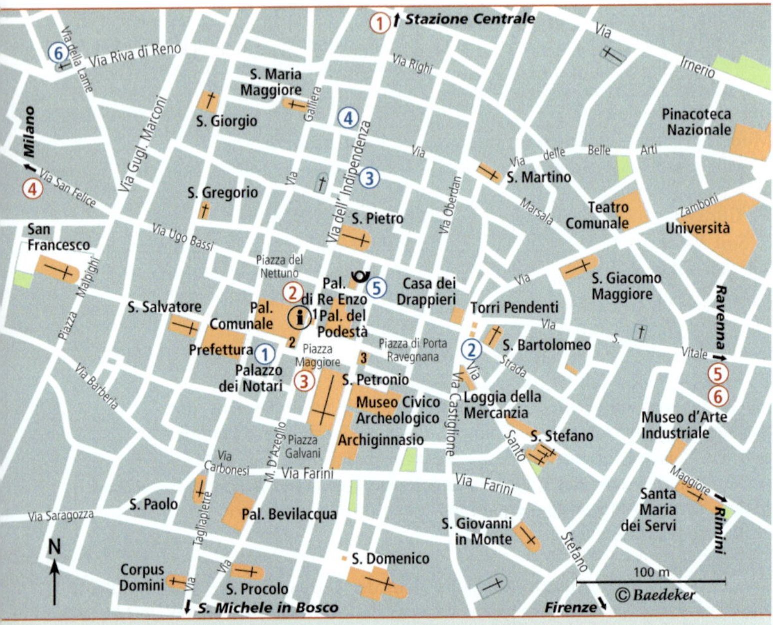

	Essen		Übernachten	
1 Fontana del Nuttuno	① Trattoria Battibecco	④ Diana	① Royal Hotel Carlton	④ Re Enzo
2 Museo Morandi	② Papagallo	⑤ Teresina	② Grand Hotel Baglioni	⑤ San Vitale
3 Palazzo dei Banchi	③ Franco Rossi	⑥ Da Bertino	③ Orologio	⑥ Villa Azzurra

★ **Piazza di Porta Ravegnana**

★ Torri pendenti ►

Von der Piazza del Nettuno führt die Via Rizzoli zur Piazza di Porta Ravegnana, auf der zwei schiefe Backsteintürme stehen. Zeitweise soll es über 200 solcher, an die Kämpfe zwischen den führenden Adelsfamilien erinnernder **Türme** in Bologna gegeben haben. Die höhere, 1109 erbaute Torre degli Asinelli ist fast 100 m hoch und hat eine Neigung von ca. 1,20 m. Die kleinere Torre Garisenda misst 48 m, ihre Neigung beträgt über 3 m.

Casa dei Drappieri ►

Das erste Haus am Platz ist die Casa dei Drappieri, das Haus der Tuchhändler. Auffallend reizvoll ist auch der gotische Palazzo della Mercanzia (1384), einst Sitz der Handelskammer, der mit Medaillons der Innungen und Statuen verziert ist.

★ **Santo Stefano**

Durch die Via Santo Stefano führt der Weg zu der gleichnamigen Piazza mit ihren **vier Kirchenbauten**. Man betritt den Komplex über die Chiesa del Crocifisso (urspr. romanisch, 1637 erneuert), an die sich die Chiesa del San Sepolcro anschließt, ein achteckiger Zentralbau aus dem 12. Jh. mit dem Grabmal des hl. Petronius. Nun gelangt man in den Pilatushof, dessen Taufbecken und Ornamentreliefs auf die Langobarden des 8. Jh. zurückgehen. Im dem anschließenden romanischen Kreuzgang, sind Gemälde und Statuen ausgestellt. Die Stirnseite des Hofes nimmt die Chiesa della Trinità aus dem 13. Jh. ein, zuletzt folgt die romanische Chiesa dei Santi Vitale e Agricola, gebaut zwischen dem 8. und 11. Jh. und somit der älteste Bau am Platz (Fassade von 1885).

Palazzo Bevilacqua

Eleganz entfaltet der Palazzo Bevilacqua in der Via d'Azeglio, der 1474–1482 im Stil der Florentiner Renaissance erbaut wurde.

✶ San Domenico

San Domenico, ein stattlicher Bau aus dem 13. Jh., beherbergt in seinem barockisierten Inneren den künstlerisch bedeutenden Sarkophag des 1221 in Bologna verstorbenen hl. Domenikus. Nicola Pisano, Arnolfo di Cambio und Fra Guglielmo schufen 1267 die Reliefs, den Deckel gestaltete Niccolò dall'Arca. Von der Hand des jungen **Michelangelo** stammen der Engel rechts, der hl. Petronius auf dem Deckel sowie der jugendliche Proculus, alle 1494 entstanden. Links vom Chor befindet sich das Wandgrab des Königs Enzio, der 1272 in Bologna starb. Das Gemälde »Die Verlobung der hl. Katharina« in der Kapelle rechts vom Chor malte Filippino Lippi 1501.

Warum Bologna auch die »Rote« genannt wird, versteht man beim Blick vom Asinelli-Turm auf die Dächer.

Galleria d'Arte Moderna Eine der wenigen sehenswerten Sammlungen moderner und zeitgenössischer Kunst in Italien liegt etwas außerhalb neben dem Messegelände an der Piazza della Costituzione.

Museo Ebraico Über Kultur, Geschichte und Brauchtum der Juden in der Emilia-Romagna informiert das jüdische Museum, das in einem Palazzo aus dem 15. Jh. in der Via Valdonica untergebracht ist.

Strada Maggiore Zahlreiche klassizistische und gotische Paläste findet man an der Strada Maggiore. Im Haus Nr. 26 lebte der Komponist Gioachino Rossini von 1825 bis 1848. Der Palazzo Davia-Bargellini (1638–1658; Nr. 44) beherbergt das Kunstgewerbemuseum (Museo d'arte industriale) und eine Galerie. Schräg gegenüber, in der Kirche Santa Maria dei Servi (1346 begonnen) befinden sich eine »Thronende Madonna« von **Cimabue** sowie schöne Wandmalereien.

San Giacomo Maggiore In San Giacomo Maggiore (1267; um 1500 erneuert) ist der Rechtsgelehrte Antonio Bentivoglio († 1435) beigesetzt, dessen Sarkophag **Jacopo della Quercia** schuf. In der Familienkapelle des Juristen sollte man sich die thronende Madonna von Francesco Francia anschauen. Im Oratorium Santa Cecilia hinter der Apsis warten schöne Fresken von Lorenzo Costa, Francesco Francia und ihren Schülern (1504 bis 1506) auf geneigte Betrachter.

Universität Schräg gegenüber dem Teatro Comunale steht der ehem. Palazzo Poggi, dessen Fassade und Deckenfresken 1569 Pellegrino Tibaldi schuf. Seit 1803 gehört das Gebäude zur Universität, deren Areal hier beginnt.

★ Pinakothek Die Pinacoteca Nazionale in der Via delle Belle Arti 56 hütet vorwiegend Bologneser Malerei des 14. bis 18. Jh.s. Schmuckstück der Sammlung ist **Raffaels »Heilige Cäcilie«**.

Umgebung von Bologna

Santuario della Madonna di San Luca Romantische Säulengänge gehören zum Bologneser Stadtbild. Ein malerischer, 1674–1739 überdachter Weg führt nahe der Porta Saragozza über Meloncello rund 3,5 km hinaus zum **Monte della Guardia**, den die Wallfahrtskirche Madonna di San Luca bekrönt. Von dort aus sieht man Adria und Apennin, bei klarem Wetter sogar die Alpen.

Imola Imola, 35 km südöstlich von Bologna (64 000 Einw.), ist durch seine Formel-1-Rennen weltbekannt. Im **Autodromo Dino e Enzo Ferrari** kann man auch außerhalb der Saison Proberennen sehen. Wer es mehr mit der Kultur hält, besichtigt die zwischen dem 11. und 15. Jh. erbaute Burg Sforzesca, heute ein Waffen- und Keramikmuseum.

Mittelpunkt der auf eine etruskische Siedlung zurückgehenden Kleinstadt Faenza (54 000 Einw., 55 km südöstlich von Bologna) ist die Piazza del Popolo mit den von Laubengängen gesäumten Palazzi del Podestà (12. Jh.) und del Municipio (13.–15. Jh.). Der benachbarte Dom wurde im 15. Jh. nach Plänen des Florentiner Architekten Giuliano da Maiano im Stil der Frührenaissance erbaut.

★ Faenza

Von Faenza lohnt ein Abstecher in das mittelalterliche Städtchen Brisighella, das von der Rocca der Fürsten Manfredi (15. Jh.) überragt wird. Die gesamte Gegend liegt auf einer riesigen **Gipsader**, deren tiefe Schächte man besichtigen kann. Spezialität sind Schinken, Coppa und Pancetta von der »Mora romagnola«, einer Schweinerasse, die nur bei viel Auslauf gedeiht und entsprechend gutes Fleisch liefert.

? WUSSTEN SIE SCHON ...?

- ... dass die Stadt Faenza im Mittelalter nach den dort hergestellten Fayencen benannt wurde? Die glasierten Tonwaren gibt es immer noch auf der Piazza Nenni und in zahlreichen Geschäften zu kaufen. Über die Kulturgeschichte des irdenen Geschirrs informiert das Museum in der Viale Baccarini 19.

Bormio

C 10

Region: Lombardei • Lombardia
Höhe: 1225 m ü. d. M.
Provinz: Sondrio
Einwohnerzahl: 4 200

Ein faszinierender Blick auf die Ortler-Gruppe, ein riesiger Nationalpark, Thermalquellen, Pisten und reizvolle Wanderwege: Bormio hat seinen Besuchern einiges zu bieten.

Bormio liegt im nordwestlichen Zipfel der Lombardei im Veltlin (ital. Valtellina) am Fuße des **Cresta di Reit** (3075 m), des westlichsten Gipfels der Ortler-Gruppe. Die Römer schätzten die Region einst wegen ihrer Thermalquellen, den Bagni di Bormio, die 3 km nördlich der heutigen Stadt an der Straße zum Stilfser Joch liegen. Heute zieht der Ort vornehmlich Skifahrer und Wanderer an.

Wandern und Skifahren

1935 wurde der Parco Nazionale dello Stelvio gegründet, mit 135 000 ha der größte italienische Nationalpark. Er erstreckt sich von Ponte di Legno bis ins Schweizer Inntal und umschließt rund 50 Seen und 100 Gletscher.

★★ Parco Nazionale dello Stelvio

Lohnende Ausflüge führen von Bormio in das obere Livigno-Tal oder in den Ferienort S. Caterina Valfurva (1738 m). Sehenswert ist der **Ghiacciaio dei Forni**, der größte Gletscher Italiens. Eine atemberaubende Panoramasicht ermöglicht die 1826 fertig gestellte Stilfser-Joch-Straße, die zuweilen bis zu 15% ansteigt und den Blick auf den berühmten Passo dello Stelvio, das Stilfser Joch, freigibt. Hier verläuft die Grenze zwischen Lombardei und Trentino-Südtirol.

★★ ◄ Stilfser-Joch-Straße

BORMIO ERLEBEN

AUSKUNFT

Via Roma 131/B
23032 Bormio, Tel. 03 42 90 33 00
Fax 03 4290 46 96; www.bormio.it

ESSEN

► Erschwinglich

Al Filò
Via Dante 6, Bormio
Tel. 03 42 90 17 32
Holzvertäfelte Wände und schöne Gewölbedecken sorgen für gemütliches Ambiente. In der Küche wird nach alten Rezepten aus der Gegend gekocht: geschmorte Schweinshaxe mit Polenta, Gämseschinken mit Steinpilzsalat, Brotgnocchi mit Brennnesseln.

► Preiswert

Baita de Mario
Località Ciuk, Bormio
Tel. 03 42 90 14 24
www.baitademario.com
Zum Nachbarort Ciuk gehört dieser gemütliche Berggasthof, der direkt an der Skipiste liegt und für bodenständige Küche bester Qualität bekannt ist.

ÜBERNACHTEN

► Komfortabel

Palace Hotel
Via Milano 54
23032 Bormio
Tel. 03 42 90 31 31
Fax 03 42 90 33 66
www.palacebormio.it
Weitläufige Hotelanlage in einem kleinen Park, komfortable Zimmer, schickes Restaurant, gemütliche Stube, Sportanlagen.

Baedeker-Empfehlung

► Komfortabel

Baita dei Pini
Via Don Peccedi 26
2032 Bormio
Tel. 03 42 90 43 46
Fax 03 42 90 47 00
www.baitadeipini.com
Kleines, familiär geführtes Hotel in einem urgemütlichen Chalet mit Wohlfühlatmosphäre, hübsch eingerichtete Zimmer.

✶ Veltlin · Valtellina

Entstanden in der Eiszeit

Das Veltlin (ital. Valtellina) ist mit seinen gut 100 km Länge das längste in der Eiszeit entstandene Tal. Es zieht sich von Bormio bis zum ►Comer See und ist heute wie einst eine der wichtigsten Verkehrsadern im Innern der Alpen. Das Landschaftsbild ist faszinierend. Während sich in dem breiten Tal die Adda ihren Weg gebahnt hat, steigen im Norden die Gipfel der Bernina-Gruppe mit Höhen bis zu 4050 m an. In tieferen Regionen gedeihen Obst und Wein, was man schon zu Römerzeiten zu schätzen wusste. Heute wird hier die viel gerühmte Nebbiolotraube angebaut. Die Valtellina lebt vor allem vom Fremdenverkehr. Im Sommer locken die vielen **Wandermöglichkeiten**, im Winter schneereiche **Skiorte** wie Bormio, Livigno, das Valfurva-Tal und das Malenco-Tal bei Sondrio und Aprica.

Frühgeschichtliche Felsgravierungen der Camunen (s. S. 253) haben sich in **Grosio** auf dem Rupe Magna erhalten, der sich unterhalb der Ruine der Viscontiburg (1350) befindet. Nahe der Schweizer Grenze liegt das alte Städtchen Tirano, dessen 1505 erbaute Wallfahrtskirche einstmals ein wichtiges religiöses Zentrum war. Von Tirano führt die spektakuläre Rhätische Bahn, (Ferrovia Retica) nach St. Moritz. Kunstgeschichtlich bedeutendster Ort des Veltlin ist Teglio mit seinen Palazzi und Sakralbauten, so etwa dem Renaissancepalast Besta aus dem 16. Jh. mit Wandmalereien und jungsteinzeitlichen Stelen.

! **Baedeker TIPP**

Straße mit Aussicht

Zwischen Teglio und Sondrio verläuft eine landschaftlich außerordentlich reizvolle Nebenstraße, die Strada Panoramica dei Castelli. Sie führt an Obstplantagen und Weingärten vorbei und gibt wunderschöne Blicke ins Adda-Tal frei.

✶ ◄ Teglio

Sondrio

Überhaupt nicht touristisch wirkt die lebhafte Provinzhauptstadt Sondrio (307 m; 22 200 Einw.), obwohl sie ein beliebter Ausgangspunkt für Bergwanderer, Jäger und Angler ist. Hier öffnet sich das **wildromantische Malenco-Tal** (Valmalenco), das hoch gelegene Castello Masegra stammt aus dem 14. Jh.; in der hübschen Altstadt sollte man dem **Museo Valtellinese** di Storia e Arte einen Besuch abstatten.

Wer dem Berg- oder Wintersport frönen will oder gerne dem kräftigen Roten aus der Region zuspricht, der ist in Bormio im Veltlin bestens aufgehoben.

★ Bozen · Bolzano

B/C 12

Region: Trentino-Südtirol • Trentino-Alto Adige
Höhe: 262 m ü. d. M.
Provinz: Bolzanzo
Einwohnerzahl: 98 000

Im September 1991 wurde das bislang touristisch eher unbedeutende Bozen mit einem Schlag weltberühmt. Damals entdeckte ein Ehepaar im nahe gelegenen Ötztal die 5320 Jahre alte Leiche eines Mannes, der seither unter dem Namen »Ötzi« für Schlagzeilen sorgt – und Bozens Fremdenverkehr in Schwung brachte.

Egal aus welcher Richtung man sich Bozen nähert, in den Außenvierteln bestimmen Fabrikgebäude und dichter Verkehr den Eindruck. Im Herzen der Stadt ändert sich das Bild: Hier spiegelt sich in den stattlichen Barock- und Renaissancehäusern die jahrhundertelange Zugehörigkeit zu Österreich wider. Das Angebot in den hübschen Läden ist jedoch alles andere als alpenländisch, denn Bozen boomt: Vor kurzem nahmen eine **Freie Universität** und eine Fachhochschule für Design ihren Betrieb auf, vom Flugplatz im Süden der Stadt fliegen täglich Maschinen nach Rom und Frankfurt, nur wenige Meter entfernt entstand eine neue Messe. Am Verdiplatz wurde im September 1999 vom renommierten Architekten **Marco Zanuso** ein neues Theater gebaut und weitere Neubauten, ein Konzertsaal und ein neues Museum für Moderne Kunst, sollen folgen.

Geschichte von Bozen und Südtirol

Seit die Römer einst die ladinische Urbevölkerung verdrängten, hat Südtirol viele Besitzer gesehen. Im 6./7. Jh. besiedelten Bayern das Land, an den Rändern (Dolomiten, Vinschgau) lebten Rätoromanen. 740 wurde Südtirol Teil des Fränkischen Reichs, 1363 kam es an die Habsburger, wo es – mit kurzer Unterbrechung zur napoleonischen Zeit – bis 1918 blieb.

Der Volksaufstand ►

1806 fiel Tirol an die mit Napoleon verbündeten Bayern. Gegen die »gottlosen Franzosenfreunde« regte sich bald Widerstand, der sich in einem von Wien unterstützen Volksaufstand entlud. Zu den Anführern gehörte **Andreas Hofer** (1767 bis 1810). Dreimal schlugen die Tiroler die Franzosen vernichtend, aber der Krieg wurde woanders entschieden. Nach Niederlagen in Böhmen musste der österreichische Kaiser mit Napoleon und den Bayern im Oktober 1809 Frieden schließen und auf Tirol verzichten. In der vierten und letzten Schlacht, diesmal ohne österreichische Unterstützung, verloren die Aufständischen. Hofer floh, wurde aber auf der Pfandleralm im Passeier-Tal entdeckt und am 20. Februar 1810

? WUSSTEN SIE SCHON ...?

- Dass Walther von der Bozener Vogelweide stammt, ist reine Spekulation. Im Mittelalter gab es viele Vogelweiden, auf denen man Falken ausbildete.

BOZEN ERLEBEN

AUSKUNFT

Waltherplatz 8
39100 Bozen
Tel. 04 71 97 06 60
Fax 04 71 30 70 01
www.bolzano-bozen.it

ESSEN

► Erschwinglich

Walther's
Piazza Walther 6, Bozen
Tel. 04 71 32 40 22
Schickes, modernes Restaurant am Waltherplatz. Vorzügliche Küche, die klassische Rezepte fantasievoll neu interpretiert.

Kaiserkron
Piazza della Mostra 1, Bozen
Tel. 04 71 97 07 70; So. geschl.
Mit typisch Südtiroler Gerichten werden Sie in dem gediegen-vornehmen Restaurant an hübsch eingedeckten Tischen verwöhnt.

► Preiswert

Batzenhäusl
Andreas-Hofer-Straße 30, Bozen
Tel. 04 71 05 09 50
Historisches Lokal im Herzen der Stadt, seit 1404 werden hier Gäste bewirtet. In geselliger Runde kommen deftige Schmankerl wie Haxe oder Rippchen mit Sauerkraut und Knödeln, aber auch Klassiker der italienischen Küche auf den Tisch.

ÜBERNACHTEN

► Luxus

Park Hotel Laurin
Via Laurin 4
39100 Bozen
Tel. 04 71 31 10 00
Fax 04 71 31 11 48
www.laurin.it
Sagenhaft schönes Jugendstil-Hotel in einem kleinen Park, moderner Komfort, geschmackvoll eingerichtete Zimmer, edles Restaurant mit Stuck und Kronleuchtern, Schwimmbad.

► Komfortabel

Magdalenerhof
Via Rencio 48
39100 Bozen
Tel. 04 71 97 82 67
Fax 04 71 98 10 76
www.magdalenerhof.it
Hübsches Hotel im Südtiroler Stil, ruhige Lage am Stadtrand, komfortable Zimmer, rustikales Restaurant und gemütliche Stube, beheiztes Freibad.

Figl
Piazza del Grano
39100 Bozen
Tel. 04 71 97 84 12
Fax 04 71 97 84 13
www.figl.net
Familiäres Hotel mit modernem Komfort in historischem Gemäuer.

in Mantua erschossen. Das Gebiet um Bozen und Trient fiel an das napoleonische Königreich Italien, 1813 eroberten es die Österreicher zurück.

Nach dem Ersten Weltkrieg erhielt Italien nicht nur das Trentino (im italienischen Terre irredente = unerlöste Gebiete genannt), sondern auch die deutschsprachigen Gebiete nördlich der Salurner Klause ◄ Italienisierung

DER MANN AUS DEM EIS

Am 19. September 1991 entdeckte ein Nürnberger Ehepaar in den Ötztaler Alpen in 3210 m Höhe einen noch halb im Eis liegenden Toten. Da er Schädelverletzungen und Brandmale am Rücken aufwies, war er zunächst ein Fall für Gerichtsmedizin und Staatsanwaltschaft, die auf der Feststellung der Todesursache und der Ausstellung von ordentlichen Totenpapieren bestand. Aber schon kurz darauf stellte sich heraus, dass es sich bei dem Mann aus dem Eis um einen Sensationsfund handelte. Denn der zum Zeitpunkt seines Todes 46 Jahre alte, etwa 1,60 m große, 55 kg schwere Mann war schon vor rund 5320 Jahren ums Leben gekommen.

Zwar ist der Mann vom Similaun, wegen seines Fundortes Ötzi genannt, durch Austrocknung stark geschrumpft, der größte Teil seiner Organe aber ist sehr gut erhalten. Wissenschaftlich interessant ist, dass Ötzi mitten aus dem Leben gerissen wurde. Mit ihm kamen seine erstaunlich gut erhaltene **Kleidung und Ausrüstung** zu Tage, die ein anschauliches Bild vom Alltag der Menschen zu Beginn der Bronzezeit liefern.

Wie er lebte

Ötzi lebte in einer wichtigen Umbruchszeit, als sich die Menschen von Jägern und Sammlern zu sesshaften Ackerbauern und Viehzüchtern entwickelten. Daher ist es nicht verwunderlich, dass die Untersuchung des einzigen geborgenen Fingernagels (!) ergab, dass der Mann aus dem Eis Monate vor seinem Tod unter besonders hohem physischen Stress gestanden hat. Überhaupt war Ötzi nicht bei guter Gesundheit, als er vermutlich im Spätherbst in die Berge aufbrach. An etlichen Gelenken und der Wirbelsäule litt er an starken Abnutzungserscheinungen. Vermutlich hatte er Schmerzen – um diese zu lindern, brachten ihm Heilkundige zahlreiche **Tätowierungen** bei. Seine Zähne waren stark abgeschliffen, Hauptgrund

Bekleidet mit Mütze, Fellmantel, Grasmantel, Beinkleidung, Gürtel, Lendenschurz und einem Paar Schuhe brach »Ötzi« zu seiner letzten Reise auf.

war vermutlich der Verzehr von Getreide, das durch das Mahlen auf Steinmühlen mit Sand verunreinigt war, sein Gebiss war allerdings völlig kariesfrei. Mehrere Rippen waren gebrochen, einige davon zum Todeszeitpunkt bereits ausgeheilt, andere noch nicht. Sein Nasenbein war ebenfalls vor längerer Zeit gebrochen. Ötzis Magen war leer. In seinem Dickdarm fanden sich Überreste einer Mahlzeit aus Fleisch, Weizenkleie und Zwetschgen, die 8–10 Std. vor seinem Tod stattgefunden haben muss. Er schluckte Holzkohle, da er wegen einer Darminfektion – ausgelöst von Peitschenwürmchen – an chronischem Durchfall litt.

Kleidung und Ausrüstung

Seiner Kleidung und Ausrüstung nach zu urteilen, war er bergerfahren. Ötzi trug einen Lendenschurz, lederne Beinkleider, die denen der nordamerikanischen Indianer ähneln, ein aus verschiedenfarbigen Fellstreifen genähtes Gewand, sorgsam geschnürte Lederschuhe, die mit trockenem Gras ausgestopft waren, und eine **Fellmütze**. Ein aus Gras geflochtener ärmelloser Mantel schützte ihn vor Nässe. Schuhe und Mütze sind aus Braunbären-, die übrige Kleidung aus Ziegenleder, mit aus Gräsern gezwirbelten Garnen genäht. Auch hatte er alles bei sich, was man für einen längeren Aufenthalt in der Wildnis benötigt. Kostbarster Besitz ist das ca. 60 cm lange **Kupferbeil,** dessen Klinge in den rechtwinklig gewachsenen Ast eines Eibenstammes eingesetzt und mit Baumharz und Lederriemen am Schaft befestigt ist – übrigens das einzige vollständig erhaltene vorgeschichtliche Beil. Auch sein kleiner **Feuersteindolch** ist mit Baumharz und Lederriemen in einem Holzgriff befestigt und steckt in einer aus Gräsern geflochtenen Scheide. Außerdem trug er ein bislang unbekanntes Gerät bei sich: einen in einen Holzgriff eingesetzten Hirschgeweihdorn. Vielleicht diente er als Retuschiergerät zur Feinbearbeitung der Silexgeräte, vielleicht konnte man mit ihm auch Feuer machen. Der Mann führte zwei zylinderförmige Gefäße aus Birkenrinde mit sich. In einem transportierte er Glut, die er mit frischen Spitzahornblättern gegen die Rindenwand ab-

Das Kupferbeil, das der Mann bei sich trug, ist das einzige vollständig erhaltene vorgeschichtliche Beil, das bisher gefunden wurde.

schirmte. In einem Fellköcher hatte er 14 Pfeile, von denen jedoch nur zwei schussbereit waren, bei den übrigen handelte es sich um rohe Pfeilschäfte. Auch sein Bogen war erst halb fertig geschnitzt. Dieser Umstand und das Fehlen von Nahrungsvorräten gab Anlass zu vielerlei Spekulationen.

Wie er starb

Die Umstände, die zu seinem Tod führten, bleiben wohl ungeklärt. Eine mögliche Erklärung lautet: Ötzi war im Spätsommer in die Berge aufgebrochen, der Übergang vom Schnals- ins Ötztal ist seit alters her bekannt. Vielleicht war er überfallen worden, hatte sich die Rippen gebrochen und seinen Bogen verloren. Er hatte bereits begonnen, neue Waffen anzufertigen. Am **Hauslabjoch** wurde er von einem Wetterumsturz überrascht und wollte ausruhen. In einer windgeschützten Felsrinne deponierte er seine Ausrüstung und legte sich auf die linke Körperseite, die rechte schmerzte zu sehr. Vor Erschöpfung schlief er ein und erfror, um über 5000 Jahre später als Sensation »wieder zum Leben erweckt zu werden«.

Leben nach dem Tod

Nachdem der Mann aus dem Eis eine unvergleichliche Karriere erlebte und die Rechte an seinem Fund geklärt waren – zeitweise stritten sich Österreicher, Italiener und das Finderehepaar um den Fund –, hat Ötzi nun seine wohl letzte Ruhestätte im eigens für ihn ausgerüsteten Südtiroler **Archäologiemuseum in Bozen** gefunden. Auf vier Stockwerken wird hier die Geschichte Südtirols von der Alt- und Mittelsteinzeit bis zur Karolingerzeit auf ungemein anschauliche und spannende Art präsentiert. Publikumsmagnet ist jedoch Ötzi, der in einer Kältekammer bei Gletscherbedingungen von –6 °C und einer Luftfeuchtigkeit von 98% ruht. Zu besichtigen ist er durch eine 40 x 40 cm große Panzerglasscheibe. Kurz vor der Jahrtausendwende ging Ötzi auch noch als **Filmheld »Akum«** in die Geschichte ein in dem Spielfilm »Der Ötztal-Mann und seine Welt. Das Jahr bevor er schlief«. Regie und Drehbuch stammen von dem mehrfach preisgekrönten Dokumentarfilmer Kurt Mündl, der die jungsteinzeitliche Welt wieder auferstehen lässt.

Die Regierung leitete eine massive **Italienisierung** ein. Lebten 1910 rund 7000 Italiener in Südtirol, so waren es 1939 bereits 81 000, 1981 gar 123 000. Zu Beginn des Zweiten Weltkriegs wurden die Südtiroler erneut zum Faustpfand, als Hitler und Mussolini das berüchtigte Optionsabkommen vereinbarten. Den Südtirolern blieb die Wahl, ob sie in ihnen zugeteilte Gebiete im Deutschen Reich auswandern oder als italienische Staatsangehörige in Südtirol bleiben wollten. Rund 75 000 Menschen (86%) kehrten damals ihrer Heimat den Rücken. 1946 wurde der Bevölkerung Zweisprachigkeit und eine gewisse Selbstverwaltung zugesagt. 1969 gestand Italien dann weitgehende Selbstbestimmung zu. Doch erst 1992 trat das sog. Autonomiepaket in Kraft. Heute leben etwa 68% deutschstämmige Tiroler (280 000), 28% Italiener (129 000) und 4% Ladiner (17 000) in Südtirol, Letztere v. a. im Grödnertal.

Walther von der Vogelweide, der berühmte Minnesänger, in Bozen

Sehenswertes in Bozen

Waltherplatz

Mittelpunkt der Stadt ist der Waltherplatz, benannt nach dem möglicherweise auf dem Vogelweider Hof bei bei Lajen geborenen Minnesänger **Walther von der Vogelweide** (1170–1230) Hier befindet sich die vom 13. bis 15. Jh. erbaute gotische Pfarrkirche mit ihrem mehrfarbigen Dach und dem 62 m hohen Turm aus dem frühen 16. Jh.

★★ Johannes-kapelle

Rund 100 m westlich folgt die um 1270 erbaute Dominikanerkirche, deren Zierde die prächtigen Fresken der Johanneskapelle sind. Giottoschüler schufen sie 1340. Zu sehen sind Szenen aus dem Marienleben, Heiligenlegenden sowie ein **»Triumph des Todes«**. Die Fresken im Kreuzgang malte um 1490 Friedrich Pacher.

Vom Obstmarkt zum Stadtmuseum

Nahe dem Dominikanerplatz mündet die Goethestraße in den farbenprächtigen Obstmarkt. Von dort gelangt man in die Franziskanergasse mit der gleichnamigen, Anfang des 14. Jh.s erbauten Kirche. Dort verdienen der Schnitzaltar von Hans Klocker (1500) sowie der mit Fresken aus der Giottoschule verzierte Kreuzgang aus dem 14. Jh. Beachtung.

Vom Rathausplatz zur Museumsstraße

Weiter geht es durch die Dr.-Joseph-Streitergasse und die Bindergasse zum Rathausplatz, der von alten Häusern mit schönen stuckdekorierten Fassaden im Rokokostil umgeben ist. Hier beginnt die Laubengasse, die lebendige Fußgängerzone Bozens mit Bürgerhäusern aus dem 17. Jh. Sie mündet in die Museumsstraße, an deren Ende das Stadtmuseum mit einer umfangreichen Sammlung zur Kunst- und Kulturgeschichte Südtirols den Besucher erwartet.

★★ Archäologisches Museum ►

Eine ganz besondere Attraktion ist das Archäologische Museum, der neue Aufenthaltsort des Gletschermannes **»Ötzi«**. Darüber hinaus wird hier die Geschichte Südtirols von der Altsteinzeit bis zum frühen Mittelalter auf höchst anschauliche Art und Weise geschildert. Das Museum ist Dienstag bis Sonntag, 10.00–17.00 Uhr, Donnerstag bis 19.00 Uhr geöffnet, Informationen erhält man auch unter www.archaeologiemuseum.it.

Nuovo Bolzano

Die vom Sarntal herabströmende Talfer markiert den Schnittpunkt zwischen dem **mittelalterlichen Bozen**, in dem vornehmlich Deutsch gesprochen wird, und dem zwischen den Weltkriegen im sog. rationalistischen Stil erbauten **Nuovo Bolzano**, in das sich kaum ein Tourist verirrt.

★ **Schloss Runkelstein**

Am Rande von Bozen erhebt sich über der Talfer das im 13./14. Jh. erbaute Schloss Runkelstein. Die Säle von Palas und Sommerhaus sind über und über mit hochkarätigen Fresken aus dem 14./15. Jh. bemalt.

Im nahe gelegenen Kurort **Gries** steht ein Benediktinerkloster, dessen ältester Teil auf eine Burg von 1200 zurückgeht. Die 1769–1771 erbaute Klosterkirche ist im Gewölbe mit Fresken von der Hand des Tirolers Martin Knoller geschmückt. Einen Besuch ist auch die Grieser Pfarrkirche aus dem frühen 15. Jh. wert. Ihre Hauptsehenswürdigkeit ist der 1475 von Michael Pacher gefertigte **Schnitzaltar** mit einer Marienkrönung in der Erasmuskapelle.

! *Baedeker* TIPP

Bilderburg

Minne, Jagd und Turnier: Die Fresken auf Burg Runkelstein vergegenwärtigen wie kaum ein zweites Denkmal die höfische Welt des späten Mittelalters.

Umgebung von Bozen

★ **Kloster Neustift**

Kloster Neustift, ein Augustiner-Chorherrenstift (Abbazia di Novacella) 3 km von Brixen, wurde 1124 gegründet. Zu den ältesten Bauten gehört die Michaelskapelle, ein zinnengekrönter Rundbau aus romanischer Zeit. Die Deckenfresken der benachbarten, um 1730 barockisierten Klosterkirche schuf Matthias Günther.

Brixen Bressanone

Brixen (562 m ü. d. M.; 18 000 Einw.), die älteste und drittgrößte Stadt Südtirols, liegt am Fuße der 2486 m hohen Plose. Fast tausend Jahre lang war die Stadt **Bischofssitz** – eine Tatsache, die bis heute das Stadtbild prägt. Nahe dem recht spät errichteten Dom von 1745 liegt ein um 1200 gebauter romanischer Kreuzgang, dessen Gewölbe 1390–1510 mit prächtigen Fresken ausgemalt wurden. In der ehemals fürstbischöflichen Hofburg (Palazzo vescovile) südwestlich

★ ★ Hofburg ►

Der Kalterer See liegt geschützt und ist daher der wärmste See der Alpen.

des Doms bestricht der Renaissanceinnenhof mit Terrakottafiguren, geschaffen um 1600 von dem Schongauer Meister Hans Reichle. Eine berühmte **Krippensammlung** sowie mittelalterliche Sakralkunst birgt das Diözesanmuseum, das seine Schätze in der Burg präsentiert.

Bruneck
Brunico

Bruneck (835 m; 12 500 Einw.), 27 km nordöstlich von Brixen, gehört mit seiner von Häusern aus dem 15. und 16. Jh. flankierten Stadtgasse zu den schönsten Orten Tirols. Im Volkskundemuseum mit angeschlossenem Freigelande (Museo Etnografico, im 2 km nordöstlich gelegenen Dietenheim/Teodone) erfährt man viel über die Region und ihre bäuerliche Vergangenheit.

Fährt man von dort auf der SS 49 weiter, bietet sich eine Täler-Tour an. Sie beginnt im Pragser Tal, das im **Naturpark Fanes-Sennes-Prags** liegt. In Innichen geht das Pustertal in das schöne Sextner Tal (Valle di Sesto) über, das von den eindrucksvollen Dreischuster-Spitzen (3145 m), der Rotwand (2939 m), den Drei Zinnen (2998 m) und den bis zu 3000 m hohen Wänden der Sextner Sonnenuhr überragt wird.

★ ◄ Sextner Tal

Südtiroler Weinstraße

Die Südtiroler Weinstraße (Strada del Vino) beginnt südlich von Bozen und zieht sich durch Obst- und Weingärten sowie hübsche Weinorte bis nach Salurn (Salorno). Zu den bekanntesten Orten gehören die burgenreiche Gemeinde Eppan (Appiano) und Kaltern (Caldaro) mit seinem Südtiroler Weinmuseum und dem Kalterer See, dem wärmsten Badesee des Alpenraums.

Brescia

D 10

Region: Lombardei • Lombardia
Höhe: 149 m ü. d. M.
Provinz: Brescia
Einwohnerzahl: 191 000

Obgleich Brescia in einer touristisch attraktiven Region liegt, steuern Italienurlauber lieber die nahe gelegenen Orte Verona, Bergamo, Cremona oder Mantua an. Das hat vermutlich mit Brescias Industrieparks zu tun, die sich wie ein breiter Gürtel um die Stadt schlingen. Einen Besuch ist Brescia aber allemal wert.

Eine Wanderung durch die Geschichte

Wer Brescia für eine kalte Industriestadt hält, wird beim Anblick des historischen Stadtkerns staunen. Hier entdeckt man zahlreiche gut erhaltene Kulturdenkmäler, die nahezu lückenlos von rund 2000 Jahre Geschichte Zeugnis ablegen. Auf künstlerischem Gebiet gewann Brescia Ansehen durch die Maler Alessandro Bonvicino, gen. Il Mo-

Brescia Orientierung

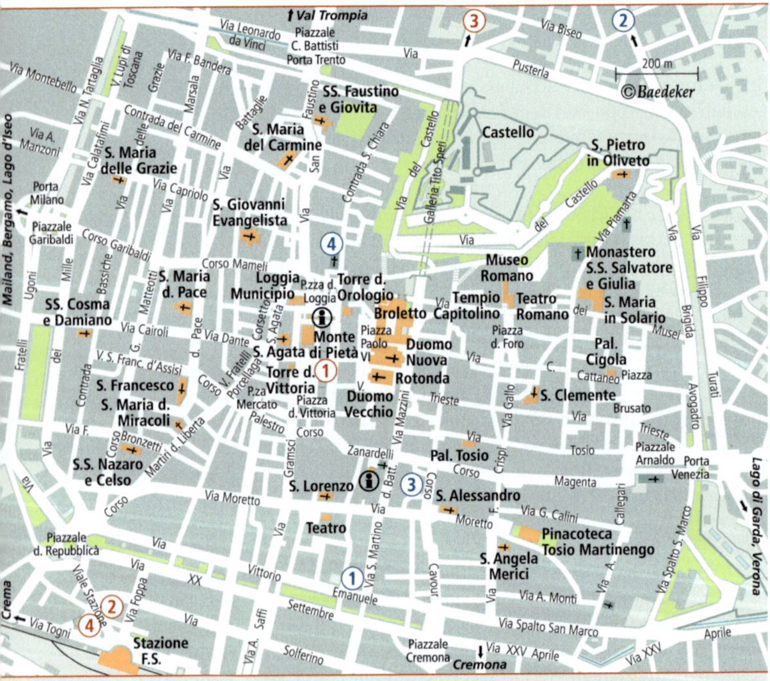

Übernachten
① Vittoria
② Jolly Hotel Igea
③ Park Hotel Ca' Nöa
④ Cristallo

Essen
① La Sosta
② Trattoria Rigeletto
③ La Grotta
④ Osteria al Bianchi

BRESCIA ERLEBEN

AUSKUNFT

Corso Zanardelli 34, 25121 Brescia
Tel. 03 04 34 18, Fax 03 03 75 64 50
www.bresciaholiday.com

ESSEN

► Fein & Teuer

① *La Sosta*
Via San Martino della Battaglia 20, Brescia
Tel. 0 30 29 56 03; So. abends und Mo. geschl. In einem schönen Gebäude aus dem 17. Jh. finden Sie dieses erstklassige Restaurant, das für seine moderne kreative Küche weit über die Stadtmauern hinaus bekannt ist.

► Erschwinglich

② *Trattoria Rigoletto*
Via Fontane 54/b, Brescia
Tel. 03 02 00 41 40; Mo. geschl.
In der einfachen, aber sehr gemütlichen Trattoria wird hervorragend gekocht, besonders die vorzüglichen Fischgerichte sind zu empfehlen.

► Preiswert

③ *La Grotta*
Vicolo del Prezzemolo 10, Brescia
Tel. 03 04 40 68; Mi. geschl.
Reizendes, alteingesessenes Lokal im Zentrum der Stadt mit Terrasse im Innenhof. Hier werden die Speisen nach alten lokalen Rezepten zubereitet: Stockfisch a la bresciana, Kaninchen alla cacciatora, Ziegenkitz mit Polenta.

④ *Osteria al Bianchi*
Via Gasparo da Salò 32, Brescia
Tel. 0 30 29 23 28; Di. abends und Mi. geschl. Nahe bei der Piazza della Loggia bewirtet Franco Masserdotti seit über 30 Jahren seine Gäste mit deftigen Gerichten wie Gnocci aus Edelkastanienmehl, gekochten Nieren oder Eselragout in Barolo.

ÜBERNACHTEN

► Luxus

① *Vittoria*
Via delle X Giornate 20
25121 Brescia
Tel. 0 30 28 00 61
Fax 0 30 28 00 65
www.hotelvittoria.com
Prachtvolles Hotel aus dem Jahre 1933, gediegenes Ambiente und stilvoll eingerichtete Zimmer mit modernem Komfort, eleganter Speisesaal.

► Komfortabel

② *Jolly Hotel Igea*
Viale Stazione 15
25122 Brescia
Tel. 03 04 42 21
Fax 03 04 42 24
www.jollyhotels.it
Modernes, durchgestyltes Hotel gegenüber dem Bahnhof. Hübsche komfortable Zimmer mit originellem Design, elegantes Restaurant.

③ *Park Hotel Ca' Nöa*
Via Triumplina 66
25123 Brescia
Tel. 0 30 39 87 62
Fax 0 30 39 87 64
www.hotelcanoa.it
Großzügiges Hotel in ruhiger Lage im Norden der Stadt, sehr geschmackvolle Inneneinrichtung, stilvolle und wohnliche Zimmer, Schwimmbad und Fitnessstudio.

► Günstig

④ *Cristallo*
Viale Stazione 12/A
25122 Brescia
Tel. 03 03 77 24 68
Fax 03 03 77 26 03
www.hotelcristallobrescia.com
Hotel nahe dem Bahnhof, praktisch eingerichtete Zimmer.

retto (1498–1554), und Girolamo Romani, gen. **Il Romanino** (um 1485 bis nach 1559), die beide hier tätig waren und zu den bedeutendsten Malern der Hochrenaissance zählen.

Sehenswertes in Brescia

✶ **Piazza del Foro**

✶ Tempio Capitolino ►

Unterhalb des mittelalterlichen Castello, nahe der Piazza del Foro, liegt das **bedeutendste archäologische Feld Norditaliens**: das antike Forum Brescias. Das augenfälligste Stück ist der (teils rekonstruierte) Tempio Capitolino, den Vespasian 73 n. Chr. erbauen ließ. An die Tempelanlage schließt sich das zum Teil noch unter dem Palazzo Gambara gelegene Teatro Romano an, das einst 15 000 Plätze umfasst haben soll.

Museo Romano ►

In den Ruinen des Kapitolstempels hat das Museo Romano seine Stätte. Hauptsehenswürdigkeit ist die geflügelte Siegesgöttin, heute das Wahrzeichen von Brescia (ca. 70 n. Chr.).

Monastero di San Salvatore e Santa Giulia

Im Klosterkomplex San Salvatore e Santa Giulia, ursprünglich eine Gründung des Langobardenkönigs Desiderius (8. Jh.), befindet sich das Museo della città, in dem die Geschichte Brescias von der Bronzezeit bis heute dokumentiert wird. Zu den Museumsschätzen gehört das Kreuz des Desiderius (8./9. Jh.). Die Malereien im Mittelschiff der Kirche San Salvatore und die Kapitelle der Marmorsäulen stammen aus dem 9. Jh.

✶ **Duomo Vecchio**

Gleich zwei Dome entdeckt man an der Piazza Paolo VI. Neben dem gewaltigen Duomo Nuovo scheint der alte Dom fast zu verschwinden. Und doch ist der **Rotonda** genannte, romanische Rundbau das eigentliche Schmuckstück des Platzes. Im 11. Jh. wurden seine Mauern über den Resten einer frühchristlichen Basilika hochgezogen. Auch die Fußbodenmosaiken sowie die Cripta di San Filastrio mit Säulenkapitellen aus dem 6. und 9. Jh. gehen auf Vorgängerbauten zurück. Die Gemälde im Chor schufen Moretto und Romanino.

? WUSSTEN SIE SCHON ...?

- Der bedeutendste Rundbau der christlichen Welt war die Grabeskirche in Jerusalem, die Kaiser Konstantin im 4. Jh. am Ort der Auferstehung Christi erbauen ließ. Architekten und Kirchenleute bezogen die Form oft ganz bewusst in ihre Baupläne ein.

Duomo Nuovo

Beherrschender Bau an der Piazza ist der Duomo Nuovo aus weißem Marmor. 1604 begonnen, zogen sich die Arbeiten bis ins 19. Jh. hinein. Die **Kuppel**, 1825 von L. Cagnola entworfen, ist mit 80 m Höhe nach dem Petersdom in Rom und S. Maria del Fiore in Florenz die drittgrößte ihrer Art in Italien.

✶ **Piazza della Loggia**

Ganz nach venezianischem Vorbild ist die Piazza della Loggia gestaltet, entstanden als Ensemble Ende des 15. Jh.s, als Brescia zur Republik Venedig gehörte. Die künstlerischen Einflüsse sind deutlich an

den Arkadengängen und dem Uhrturm (Torre dell'Orologio; 1595) erkennbar. Auffälligstes Gebäude am Platz ist die Loggia, der etwas wuchtige Palazzo del Comune, dessen Obergeschoss u. a. von den berühmten venezianischen Baumeistern **Jacopo Sansovino und Andrea Palladio** entworfen wurde.
Weiter findet man an der Piazza den Monte di Pietà, das einstige Leihhaus sowie die Kirche S. Giovanni Evangelista, in der Gemälde von Romanino und Moretto zu sehen sind.

Piazza della Vittoria

Einen Musterplatz ganz im faschistischen Stil hatte Mussolinis führender Architekt und Städteplaner Marcello Piacentini im Sinn, als er die Piazza della Vittoria Anfang der 1930er-Jahre umgestaltete. So wurde aus dem mittelalterlichen Schmuckstück der Schandfleck der Stadt.

Castello Colle Cidneo

Nach Cidno, dem mythischen Gott der Ligurer, ist der Cidneo-Hügel benannt. Die Visconti errichteten dort im 15. Jh. eine Festung, die heute ein Waffenmuseum sowie das Museo del Risorgimento, das »Freiheitskampf-Museum«, beherbergt.

Umgebung von Brescia

✶ Lago d'Iseo

Der Iseosee, italienisch Sebino genannt, ist mit 25 km Länge, bis zu 2,5 km Breite und 251 m Tiefe einer der größten Seen Italiens. Eine Fahrt entlang seines schroffen Westufers beschert **atemberaubende Ausblicke**. Lieblich präsentiert sich dagegen das Ostufer mit seinen Fischerhäfen, romanischen Kirchen und von Oleander und Palmen gesäumten Promenaden. Hier locken v. a. Iseo und Sarnico Besucher an. Im See liegt die dicht bewaldete Insel Monte Isola, deren Hauptort Peschiera Maràglio heißt. Einen wunderbaren Ausblick genießt man von der Wallfahrtskapelle Madonna della Ceriola (16. Jh.).

✶ Valcamonica

Frühgeschichtliche Funde der Extraklasse erwarten die Besucher im Valcamonica: (auch Val Camonica genannt). Vor etwa 8000 Jahren hämmerten und ritzten die hier ansässigen **Camunen** Tausende von Felszeichnungen in das glatte Gestein. Die Sgraffiti legen ein beredtes Zeugnis von der Lebensweise dieses Volkes ab. Der berühmteste Fundort »Naquane« in Capo di Ponte ist der **Parco Nazionale delle Incisioni Rupestri**, der zum UNESCO-Weltkulturerbe erklärt wurde (geöffnet: tgl. außer Mo. 9.00–16.45, im Juli, Aug. bis 19.45 Uhr; diese Zeiten gelten auch für das archäologische Museum in Cemmo).

In der Nähe von Brescia, zwischen Valcamonica und Franciacorta wird heute ein Großteil der italienischen Schaumweine in klassischer Flaschengährung erzeugt. Bei Edolo beginnt der hoch gelegene Teil des Valcamonica, an

? WUSSTEN SIE SCHON ...?

- Paracelsus, geistiger Vater der heutigen Heilpraktiker, schätzte bereits im 16. Jh. die Heilkraft der Boari Terme-Quellen. Sein Besuch machte den Kurort schlagartig berühmt.

dessen Ende Ponte di Legno liegt, ein bekannter Skiort (1260 m) zwischen der Ortler- und der Adamello-Gruppe. **Boario Terme**, 15 km nordöstlich von Lovere, ist für seine schwefel- und kalkhaltigen Quellen bekannt. Im Parco di Luine sind einige Felsgravierungen zu sehen. Wer mehr über die Urheber dieser Zeichnungen erfahren möchte, der findet in der Region einige archäologische Museen, darunter das Museo Camuno in Breno.

★★ Capri · Isola di Capri

O 18

Region: Kampanien • Campania
Provinz: Napoli
Fläche: 10,5 km²
Höhe: Meereshöhe bis 589 m ü. d. M.
Einwohnerzahl: 13 000

Über 60 Jahre sind vergangen, seit Rudi Schurickes »Capri-Fischer-Song« zum ersten Mal im Radio erklang, und immer noch denkt man beim Stichwort »Capri« sofort an die rote, im Meer versinkende Sonne. Zu Recht, denn der Blick über die Insel aufs Meer hinaus ist atemberaubend. Fischer sieht man dort allerdings nicht mehr viele – sie verdienen heute ihr Geld durchs Vermieten ihrer Boote.

2000 Jahre Badetourismus

Schon im Altertum war Caprae, nahe Sorrent im Golf von Neapel gelegen, ein beliebter Aufenthaltsort der Kaiser Augustus und Tiberius. Im 19. Jh. kamen reisefreudige Engländer, dann zahlreiche Maler und Schriftsteller und nach dem Krieg die Deutschen, angelockt durch den 1943 komponierten Capri-Fischer-Schlager.
Capris Schönheit ist Legende. Die 6 km lange und maximal 2,5 km breite Insel steigt mit ihren schroffen Kalksteinwänden bis zu 589 m hoch aus dem Meer auf. Charakteristisch für das Küstenbild sind die bizarren Felsbildungen, die rauen Klippen und vor allem die zahlreichen Höhlen und Grotten, unter ihnen die berühmte **Grotta Azzurra**, die Blaue Grotte. Oben auf dem Plateau der Insel ist Capri grün und lieblich, Orangen- und Zitronenhaine, Obstgärten und eine artenreiche Mittelmeervegetation prägen das Landschaftsbild. Zwei Gemeinden, Capri und Anacapri, teilen sich die Insel: Das Städtchen **Capri** ist der touristische Mittelpunkt mit Hotels, Restaurants und Läden, **Anacapri** dagegen hat eher den Charakter eines Dorfes.

? WUSSTEN SIE SCHON ...?

- ... dass der 1913 auf Capri gestorbene Maler Karl Wilhelm Diefenbach ein Pionier der alternativen Lebensweise war? Bereits um 1900 kämpfte er für vegetarische Ernährung, Freikörperkultur und Gemeinbesitz.

Capri Orientierung

Übernachten
1. Grand Hotel Quisana
2. Casa Morgano
3. Il Girasole
4. Villa Sarah

Essen
1. La Cantinella
2. Add'ò Riccio
3. La Rondinella
4. Buca di Bacco da Serafina

★ **Inselrundfahrt**

Einen ersten Eindruck von der Insel und ihren zahlreichen Grotten verschafft man sich am leichtesten bei einer Motorboot-Rundfahrt, auf der man die Grotta Bianca und die Grotta Meravigliosa, die Grotta Verde und die Grotta Rossa ansteuern sollte. Zur Blauen Grotte gibt es spezielle Bootsfahrten.

Stadt Capri und Umgebung

Marina Grande

Das Tor zur Insel ist der Hafen, die **Marina Grande**, wo die Linienschiffe anlegen. Von hier gelangt man am schnellsten mit der Standseilbahn (5 Min.), mit dem Taxi oder dem Kleinbus auf der aussichtsreichen Serpentinenstraße hinauf nach Capri.

★ **Piazza Umberto I.**

Gleich bei der Endstation der Seilbahn liegt die Piazza Umberto I., die von Einheimischen liebevoll Piazzetta (Plätzchen) genannt wird und **der** zentrale Treffpunkt Capris ist. Von hier führen ein paar Stufen zur kuppelbekrönten Pfarrkirche Santo Stefano (1685–1725) und zum Palazzo Cerio hinauf, dessen älteste Bauteile aus dem 14. Jh. stammen. In den von der Piazzetta ausgehenden Straßen und Gassen, insbesondere in der Via V. Emanuele, der Via Camerelle, der Via Le Botteghe und der Via Tragara findet man zahlreiche Restaurants, Souvenirläden, Delikatessengeschäfte und Modeboutiquen.

Giardini di Augusto, Via Krupp

Über die Via V. Emanuele, die Via F. Serena und weiter die Via Matteotti kommt man zu den Giardini di Augusto, einer Parkanlage mit herrlichem Meerblick. Unterhalb des Parks schlängelt sich die Via

CAPRI ERLEBEN

AUSKUNFT

Piazza Umberto I 19
80073 Capri
Tel. 08 18 37 04 24
Fax 08 18 37 09 18
www.capritourism.com

ANREISE

Mehrmals täglich fahren Fähren und Tragflügelboote vom italienischen Festland nach Capri, u. a. von Neapel, Sorrent, Positano und Amalfi. Auch zur benachbarten Insel ►Ischia gibt es eine Schiffsverbindung.

VERANSTALTUNGEN

In der ersten Septemberwoche feiert man auf Capri die Settembrata anacaprese mit einer großen, bunten Wagenparade, danach messen sich die vier Stadtteile Anacapris im Wettkampf um die begehrte goldene Weintraube.

ESSEN

► Fein & Teuer

① ***La Cantinella***
Viale Matteotti 8
Capri
Tel. 08 18 37 06 16; Di. geschl.
Auf den Klippen gelegen, bietet das edle Restaurant sensationelle Küche und atemberaubende Aussicht, allerdings auch zu bemerkenswert stolzen Preisen.

► Erschwinglich

② ***Add'ò Riccio***
Via Gradola 4
Anacapri
Tel. 08 18 37 13 80; März – Okt.
Fisch und Krustentiere werden hier meisterhaft zubereitet, ungezwungenes Ambiente, toller Meerblick, sehr freundliches Personal.

► Preiswert

③ ***La Rondinella***
Via Orlandi 245, Anacapri
Tel. 08 18 37 12 23
Rustikales Lokal mit netter Gartenterrasse; capresische Küche, viele Fischspezialitäten, abends auch Pizza und andere einfache Gerichte.

④ ***Buca di Bacco da Serafina***
Via Longano 35, Capri
Tel. 08 18 37 07 23
Freundliches, nettes Restaurant in der Nähe der berühmten Piazza Umberto I, klassische kampanische Küche und traditionelle Pizza zum Sattessen, schneller Service.

ÜBERNACHTEN

► Luxus

① ***Grand Hotel Quisisana***
Via Camerelle 2
80073 Capri
Tel. 08 18 37 07 88
Fax 08 18 37 60 80
www.quisi.com
Ein Traum von einem Hotel stellt dieses mondäne Anwesen dar, das seine Gäste seit 1845 mit allem erdenklichen Komfort und Luxus verwöhnt. Elegantes Restaurant, exklusiver Spa-Bereich mit zwei Schwimmbädern, Sauna und vielen Wellnessangeboten. Ein Haus mit bester Tradition.

② ***Casa Morgano***
Via Tragara 6
80073 Capri
Tel. 08 18 37 01 58
Fax 08 18 37 06 81
www.casamorgano.com
Romantisches, bilderbuchartiges Luxushotel an der schönsten Panoramastraße Capris, geschmackvolle Zim-

mer, alle mit eigener Terrasse und grandioser Aussicht. Kein Restaurant im Haus, aber dafür ein herrlicher Swimmingpool, Tennisplatz und ein wunderschöner Garten. Hier kann man für einige Tage perfekt entspannen und Sonne tanken.

► **Komfortabel**

③ ***Il Girasole***
Via Linciano 47
80071 Anacapri
Tel. 08 18 37 23 51
Fax 08 18 37 38 80
www.ilgirasole.com
Ruhige Hotelanlage im Grünen mit Blick aufs Meer, schöner Garten mit Terrasse und Swimmingpool, einfache Zimmer.

④ ***Villa Sarah***
Via Tiberio 3 a
80073 Capri
Tel. 08 18 37 78 17
Fax 08 18 37 72 15
www.villasarah.it
Nettes, kleines Hotel in einem früheren Privathaus, familiäre Atmosphäre, ganz individuell eingerichtete Zimmer.

Krupp den steilen Felsabhang hinab. Der deutsche Industrielle **Alfred Krupp** ermöglichte seiner Wahlheimat 1902 den Bau dieser Straße, die Capri mit dem Hafen Marina Piccola verbindet.

Certosa di San Giacomo

Oberhalb der steilen Südküste liegt das 1371 gegründete ehemalige Kartäuserkloster Certosa di San Giacomo, in dem sich heute das dem deutschen Maler **Karl Wilhelm Diefenbach** gewidmete Museo Diefenbach befindet. Einen Besuch verdienen die Klosterkirche mit ihrem gotischen Portal und die beiden Kreuzgänge, die man über das Belvedere erreicht.

✶ Belvedere di Tragara, I Faraglioni

Vom noblen Traditionshotel Quisisana in der Via Camerelle erreicht man in etwa 15 Minuten den Belvedere di Tragara. Von hier aus genießt man einen unvergleichlichen Blick auf die zerklüftete Südküste und die markanten Felsklippen, bekannt als I Faraglioni, die dort aus dem Wasser ragen.

✶ Arco Naturale, Grotta Matermània

Vom Belvedere führt ein schöner Fußweg zum berühmten Felsentor Arco Naturale an der Ostküste der Insel. Vom dort geht es eine steile Treppe hinab zur Grotta Matermània, einem antiken Quell- oder Wasserheiligtum. Über eine weitere Treppe gelangt man zur Punta di Massullo, auf deren spitzen Felssporn die rot getünchte Villa des exzentrischen Dichters **Curzio Malaparte** steht. Ihrer eigenwilligen Form wegen erhielt das Gebäude, in dem heute Tagungen abgehalten werden, den Spitznamen »Bügeleisen«.

✶ Villa Jovis

Unbedingt besuchen sollte man das Ausgrabungsgelände der Villa von **Kaiser Tiberius**, nach dem römischen Gott Jupiter Villa Jovis genannt. Der um einen rechteckigen Innenhof angelegte Palastkomplex

Im Hafen Marina Grande legen die Fährschiffe auf Capri an.

ist auch im Zustand der Ruine noch sehr beeindruckend. Zu der kaiserlichen Villa, die sich Tiberius in beherrschender Lage oberhalb der Steilküste erbauen ließ, gehörten neben den Repräsentations- und Wohnräumen auch große Zisternen, Thermen und ein Terrassenpark. Beim Eingang zum Palastbereich wird auf den so genannten »Salto di Tiberio« hingewiesen, einen zum Meer abfallenden Felsen, von dem angeblich die zum Tode Verurteilten gestoßen wurden. In der Nähe erkennt man die Reste eines antiken Leuchtturms.

Nach Anacapri

Scala Fenicia Capodimonte

Auf einer Hochebene im Westen Capris liegt Anacapri, das erst seit 1874 mit dem Hauptort durch eine Straße verbunden ist. In früheren Zeiten war das Städtchen nur über einen steilen Fußweg bzw. über eine von Marina Grande heraufkommende antike Treppe, die so genannte Scala Fenicia (über 500 Stufen) zu erreichen. Die Stufen enden im Ortsteil Capodimonte, ganz in der Nähe der Cappella di Sant'Antonio und des 1535 zerstörten Castello di Barbarossa.

✶ Villa San Michele

Am Hang des Capodimonte liegt weithin sichtbar die Hauptsehenswürdigkeit von Anacapri, die 1896-1910 erbaute, weiß getünchte Villa des schwedischen Arzts und Schriftstellers **Axel Munthe** (1857 bis 1949). Die Haupträume der Villa S. Michele mit zahlreichen Sammlungsstücken und persönlichen Gegenständen des einstigen Besitzers stehen als Museum offen, ein Teil des Anwesens wird vom schwedischen Staat als Gästehaus genutzt.

✶ Anacapri

Das ruhige Anacapri empfiehlt sich als Domizil für Reisende, die länger auf der Insel bleiben wollen. Im Ort sollte man die barocke

Pfarrkirche Santa Sofia besuchen, vor allem aber die 1719 geweihte Kirche San Michele Arcangelo, deren farbenprächtiger **Majolikafußboden** aus dem Jahr 1761 die Vertreibung Adams und Evas zeigt.

Belvedere di Migliara

Etwa 30 Gehminuten von Anacapri entfernt liegt der Aussichtspunkt Belvedere di Migliara, in dessen Nähe man auch einen Turm aus dem 16. Jh., den Torre della Guardia, entdecken kann.

Monte Solaro

Durch die Lüfte geht's im Sessellift von Anacapri, Piazza Vittoria, hinauf zum Gipfel des 589 m hohen **Monte Solaro**, zu Fuß dauert der Aufstieg etwa eine Stunde. An klaren Tagen bietet sich vom höchsten Berg der Insel eine großartige Aussicht bis hinüber zu den Abruzzen. Ein anderer herrlicher Spaziergang führt von Anacapri zur äußersten Nordwestspitze der Insel, wo die Ruinen eines weiteren Palastes aus der römischen Kaiserzeit erhalten blieben – die Villa Damecuta. Von hier kann man zur bekanntesten Sehenswürdigkeit der Insel absteigen: zur Grotta Azzura.

◄ Villa Damecuta

✶✶ Grotta Azzura

Die Blaue Grotte, eine etwa 54 m lange, 15 m breite und maximal 30 m hohe Karsthöhle, wurde 1826 von einem capresischen Fischer und dem Schriftsteller August Kopisch entdeckt. Man erreicht sie über Land oder mit Motorbooten, die in Marina Grande und Marina Piccola starten. Vor der Höhle steigt man in kleine Ruderboote um – allerdings nur bei ruhiger See, da die Höhlenöffnung nur knapp einen Meter aus dem Wasser herausragt. Wenn möglich, sollte man den Besuch auf den späten Vormittag legen, wenn die Sonne direkt in die Grotte scheint und sie in ein intensives, **blaues Licht** taucht: allen Klischees zum Trotz eine Atmosphäre voller Zauber.

Caserta

N 18

Region: Kampanien • Campania
Höhe: 68 m ü. d. M.
Provinz: Caserta
Einwohnerzahl: 74 000

Ohne den mächtigen Palazzo Reale wäre Caserta heute vielleicht ein kleines unbedeutendes Dorf. Als Karl III. Mitte des 18. Jh.s den monumentalen Palast erbauen ließ, wuchs auch die Ortschaft. Den Rang eines zweiten Versailles, den sich der Bourbonenkönig erträumt hatte, erklomm Caserta allerdings nicht.

Sehenswertes in Caserta

✶ La Reggia

Das mächtige Schloss mit seinen 1200 Räumen und den 1790 Fenstern gab Karl III. 1752 bei Luigi Vanvitelli in Auftrag, der das Bauwerk in einer Rekordzeit von 22 Jahren bauen ließ. Das Innere bietet mit seiner gut erhaltenen Einrichtung ein anschauliches Bild vom **Le-**

Wasserspiele im Schlosspark La Reggia

ben der bourbonischen Dynastie, die 1734 bis 1860 zeitweise über Neapel und Sizilien herrschte. Besonders beachtenswert sind die Freitreppe vom Vestibül hinauf in den ersten Stock, die Cappella Palatina und die Königsgemächer, darunter der Thronsaal, geschmückt mit Medaillons und Bildern der Könige von Neapel.
Im Schloss befindet sich zudem die Dauerausstellung Terrae Motus, die an das Erdbeben von 1980 erinnert und zu der u. a. Beuys, Warhol, Cragg, Richard Long, Cy Twombly, Pistoletto, Mimma Paladino, Mario Schifano und Nino Longobardi Werke beigesteuert haben.

Hinter dem Schloss erstreckt sich der von Vanvitelli entworfene, 120 ha große **barocke Schlosspark** mit prächtigen Springbrunnen, statuengeschmückten Wasserbecken, Pavillons und künstlichen Ruinen. Den englischen Garten kann man erwandern oder mit dem Bus durchqueren. Am schönsten sind der 78 m hohe Große Wasserfall und die nahe gelegene Terrasse, die einen malerischen Blick freigibt.

Umgebung von Caserta

✶ **Caserta Vecchia**

Eine Überraschung bietet das 10 km nördlich von einer Ruine überragte Caserta Vecchia. Das von Langobarden im 8. Jh. gegründete Bergstädtchen war nämlich eine Zeit lang Sitz eines Bischofs. Daran erinnert der 1153 geweihte Duomo S. Michele in romanisch-sizilischem Stil, sein 32 m hoher Glockenturm folgte im 13. Jh.

✶ **Sant'Angelo in Formis**

Sant'Angelo in Formis liegt ebenfalls 10 km von Caserta entfernt am Fuße des 604 m hohen Monte Tifata. Hauptsehenswürdigkeit ist die romanische Basilika Sant'Angelo in Formis, die im 11. Jh. oberhalb des Ortes an der Stelle eines Dianatempels erbaut wurde. Ihr Inneres zieren Fresken im byzantinischen Stil aus dem 11. Jh.

Santa Maria Capua Vetere

Von Caserta lohnt eine Fahrt ins 7 km westlich gelegene Santa Maria Capua Vetere. Ursprünglich etruskisch, entwickelte sich der Ort unter römischer Herrschaft zu einer bedeutenden Stadt. Daran erinnert

✶ Anfiteatro ►

das unter Hadrian im 2. Jh. n. Chr. errichtete Amphitheater, das 50 000 Zuschauer fassen konnte und bis zum Bau des Kolosseums in Rom das größte Theater Italiens war. Richtung Capua sind noch Reste eines dreibogigen Triumphtors für Kaiser Hadrian erhalten.

Mitreo ►

Rund 500 m südlich des Amphitheaters (für eine Besichtigung meldet man sich im Amphitheater an) befindet sich in einem unterirdi-

CASERTA ERLEBEN

AUSKUNFT

Palazzo Reale
81100 Caserta
Tel. 08 23 32 22 33
Fax 08 23 32 63 00
www.casertaturismo.it

ESSEN

► Fein & Teuer

Le Colonne
Via Nazionale Appia 16, Caserta
www.lecolonnemarziale.it
Tel. 08 23 46 74 94; Di. geschl.
Vornehmes Restaurant mit elegantem Marmor-Interieur, raffiniert zubereitete regionale Küche und sündhaft leckere Dolci.

► Preiswert

Via Roma Restaurant
Via Roma 21, Caserta
Tel. 08 23 44 36 29; So. abends geschl.
Relativ neues Restaurant mit moderner, ganz hell gehaltener Einrichtung, großes Vorspeisenbuffet mit leckeren Antipasti, viele Fisch- und Fleischgerichte.

Antica Locanda
Piazza della Seta 8/10, località San Leucio
Tel. 08 23 30 54 44; Mo. geschl.
Kleines, behagliches Lokal am Fuße von San Leucio, traditionelle Gerichte.

ÜBERNACHTEN

► Komfortabel

Jolly Hotel
Via Vittorio Veneto 13
81100 Caserta
Tel. 08 23 32 52 22
Fax 08 23 35 45 22
www.jollyhotels.it
Großes modernes Hotel in Bahnhofsnähe mit Restaurant und Bar.

► Günstig

Amadeus
Via Verdi 72
81100 Caserta
Tel. 08 23 35 26 63
Fax 08 23 32 91 95
Das kleine, gemütliche Haus mitten im Zentrum bietet wohnliche Zimmer.

schen Gewölbe das erst 1924 entdeckte Mithräum (2. Jh. n. Chr.; Via Mordi). Hier wurde im 3. und 4. Jh. n. Chr. der persische Lichtgott Mithras verehrt. Die schlecht erhaltenen Malereien an der Stirnseite des Hauptraums zeigen Szenen des Mysterienkults.
Auf dem Weg zum Dom kann man dem Museo Archeologico dell'Antica Capua (Corso Garibaldi) einen Besuch abstatten, in dem die komplizierte Stadtgeschichte anschaulich erklärt wird.

Capua

Nachdem das antike Capua (das heutige Santa Maria Capua Vetere) im 9. Jh. zerstört worden war, bauten die Langobarden den Ort 5 km nordwestlich am Volturno neu auf. Aus dieser Zeit stammt der Dom im Zentrum, der seither mehrmals neu aufgebaut wurde. Aus langobardischer Zeit ist der Glockenturm erhalten, die Säulen im Atrium sind noch älter: Sie standen einst im alten Capua.

Benevent Die Provinzhauptstadt Benevento (53 km östlich von Caserta) war in der Antike die Haupstadt der Samniter und wurde erst nach dem **Sieg über Pyrrhus** (275 v. Chr.) römisch. Im frühen Mittelalter war sie Sitz mächtiger langobardischer Herzöge, anschließend gehörte die Stadt bis 1860 zum **Kirchenstaat**.

? WUSSTEN SIE SCHON ...?

- ... dass sich in Santa Maria Capua Vetere in antiker Zeit eine berühmte Gladiatorenschule befand? Hier initiierte Spartakus 73 v. Chr. den großen Sklavenaufstand.

Trotz starker Zerstörungen, zuletzt 1943, haben sich einige sehenswerte Baudenkmäler erhalten. So der im 11. Jh. erbaute Dom, der im Zweiten Weltkrieg völlig zerstört und in den 1950er-Jahren wiederaufgebaut wurde, die Ruinen eines römischen Theaters aus dem 2. Jh. n. Chr., das einst 20 000 Zuschauer fasste, und der Ponte Leproso, im Kern die alte Römerbrücke der Via Appia, die von Rom über Capua, Benevent und Tarent nach Brindisi führte. Aus römischer ✶ Zeit stammt auch der Arco di Traiano, der 114 n. Chr. aus griechischem Marmor zu Ehren Trajans errichtet wurde.

Arco di Traiano ►

Die Kirche Santa Sofia, ein Rundbau aus langobardischer Zeit, birgt Fresken aus dem 9. Jh. und einen arabisch-normannischen Kreuzgang aus dem 12. Jh. Im benachbarten Benediktinerkloster erfährt man in der archäologischen Sammlung einiges über die Stadtgründer, die Samniter.

✶✶ Cinque Terre

G 9

Region: Ligurien • Liguria **Provinz:** La Spezia
Einwohnerzahl: 5000

Es gibt wohl keine Gegend in Italien, die mehr dem Idealbild vom einfachen Leben entspricht als die fünf »Cinque Terre« genannten Küstendörfer: Wie Schwalbennester schmiegen sich bunte Häuschen in zerklüftete Felsklippen, auf steil abfallenden Terrassen wachsen Wein und Oliven, kein Neubau schmerzt das Auge und die Nase atmet abgasfreie Luft.

Unverfälschte Natur Die fünf weltberühmten Fischerdörfer Monterosso al Mare, Vernazza, Corniglia, Manarola und Riomaggiore begeistern durch ihre unverfälschte Schönheit – und das trotz ständig steigender Be-sucherzahlen. Zu verdanken ist dies dem strengen Landschaftsschutz und der UNESCO, die die gesamte Region zum **Weltkulturerbe** erklärt hat.

Man erkundet die Cinque Terre am besten zu Fuß, mit Bahn oder Linienschiff, das die fünf Orte von Levanto, Portovenere, La Spezia und Lerici aus ansteuert – allerdings nur bei ruhiger See zwischen Ostern und Herbst.

CINQUE TERRE ERLEBEN

AUSKUNFT

Viale Mazzini 47, 19121 La Spezia
Tel. 01 87 77 09 00, Fax 01 87 77 09 08
www.aptcinqueterre.sp.it
www.cinqueterre.it

VERANSTALTUNG

Am 20. Juli feiert Varnazza das große Patronatsfest.

ESSEN

► Erschwinglich

Miky
Via Fegina 104
Monterosso al Mare
Tel. 01 87 81 76 08; Di. geschl.
Schickes, modernes Restaurant mit netter Terrasse am Meer, bekannt für vorzügliche Fischgerichte und traditionelle Pizza, an der man sich richtig satt essen kann.

Locanda Marina Piccola
Via lo Scalo 16
Manarola
Tel. 01 87 92 01 03; Di. geschl.
Idyllischer geht es nicht: Im Marina Piccola können Sie direkt am Strand und am schönsten bei Sonnenuntergang die kulinarische Vielfalt der Cinque Terre erleben – am besten Fisch und Wein aus der Region (mit Zimmer).

Ripa del Sole
Via De Gasperi 282
Riomaggiore
Tel. 01 87 92 01 43
Gemütliches Restaurant im oberen Teil der Stadt bei der Kirche San Giovanni Battista. Maritim angehaucht ist hier nicht nur das Interieur, sondern auch die Küche. Besonders empfehlenswert sind die Spaghettini mit Sardellen und die gefüllten Miesmuscheln: einfach hinreißend!

► Preiswert

A Cantina de Mananan
Via Fieschi 117
Corniglia
Tel. 01 87 82 11 66; Di. geschl.
In der Osteria kommt Bodenständiges auf den Tisch: Kaninchen mit Thymian und Oliven, Tagliolini mit Pesto oder Fisch vom Grill.

ÜBERNACHTEN

Baedeker-Empfehlung

► Komfortabel

Cinque Terre
Via IV Novembre 21
19016 Monterosso al Mare
Tel. 01 87 81 75 43
Fax 01 87 81 83 80
www.hotelcinqueterre.com
Familär geführtes Hotel mit eigenem Strand und Bootsverleih, wohnliche Zimmer mit gutem Komfort, Restaurant und Bar, schöner schattiger Garten.

► Günstig

Ca' d'Andrean
Via Discovolo 101
19010 Manarola
Tel. 01 87 92 00 40
Fax 01 87 92 04 52
Mitten in der Fußgängerzone liegt dieses Haus, zweckmäßig ausgestattete Zimmer, hübscher Garten.

Due Gemelli
Via Litoranea 1, Località Campi Est
Riomaggiore
Tel. 01 87 92 06 78, Fax 01 87 92 01 11
www.duegemelli.it
Einfaches Hotel in Aussichtslage am Meer, geräumige Zimmer, teils mit Balkon, klassische ligurische Küche.

Vernazza mit ihren Überresten der einstigen genuesischen Befestigung gilt als die schönste Stadt an der italienischen Riviera.

Wanderwege Ein Netz von Wanderwegen vorbei an den historischen Trockenmauern (fasce) bietet atemberaubende Ausblicke und wird entsprechend gut frequentiert. Zwei Wege bieten sich besonders an: »ganz unten« der Wanderweg schlechthin, der Sentiero Azzurro (CAI-Nr. 2, blau-weiße Markierung), 12 km von Monterosso bis Riomaggiore, Gehzeit ca. 5 ½ Std., teils anstrengend; »ganz oben«, dem Bergkamm folgend, die gute Kondition erfordernde Alta Via delle Cinque Terre (CAI-Nr. 1, rot-weiße Markierung); ca. 40 km von Levanto bis Portovenere, Gehzeit ca. 10 Std., Übernachtung unterwegs möglich. Genaue Karten und Wegbeschreibungen sind vor Ort erhältlich.

? WUSSTEN SIE SCHON ...?

- Die Italiener waren nicht nur Pioniere der Autobahngebühr, sie verlangen in der Region Cinque Terre erstmals auch einen Obulus für die Beschreitung von Wanderwegen – das Geld kommt der Streckenpflege zu Gute.

Strada dei Santuari Zu jedem der fünf Orte gehört eine **Wallfahrtskirche**, die über die Strada dei Santuari miteinander verbunden sind – Weg und Kirchen bieteten herrliche Ausblicke, insbesondere der Ausflug zur Madonna di Soviore (13./14. Jh.) über Vernazza lohnt sich.

Aus den Rebsorten Albarola, Bosco und Vermentino werden zwei Weine hergestellt: der trockene, hellgelb-grünliche, frisch schmeckende **Cinque Terre DOC** und der **Sciacchetrà DOC**, ein natursüßer Wein, der nach dem Passitoverfahren gewonnen wird: Ganze Trauben werden wochenlang aufgehängt, wodurch sich der Wassergehalt verringert, und dann erst abgepresst. Kosten kann man die Weine in Manarola-Groppo, wo die Genossenschaft Coop. Agr. delle Cinque Terre ihren Sitz hat.

Vor **Monterosso al Mare** erstreckt sich ein großer Sandstrand. Der hübsche Hauptplatz des Ortes wird von der im 14. Jh. erbauten Loggia del Podestà und einem ehemals genuesischen Wachturm, der heute zur Pfarrkirche S. Giovanni Battista gehört, dominiert. Im Kapuzinerkloster S. Francesco sind Gemälde von A. van Dyck und L. Cambiaso zu sehen.

! *Baedeker* TIPP

Adoptieren Sie einen Weinberg!

Die Trockenmauern, die die Oliven- und Weinterrassen um Cinque Terre abstützen, müssen laufend ausgebessert werden. Die Vereinigung »Slow Food« bietet zusammen mit dem Nationalpark die Möglichkeit, einen Weinberg zu »adoptieren«, d. h. ihn selbst zu bestellen oder für seine Pflege zu bezahlen. Informationen: Parco Nazionale delle Cinque terre, I-19017 Riomaggiore, www.parconazionale5terre.it

Vernazza

In Vernazza, vermutlich dem hübschesten Ort der Cinque Terre, öffnet sich am Hafen eine kleine Piazza mit bunten Häusern und der romanischen Kirche S. Maria di Antiochia aus dem Jahr 1318; Teile der ehemaligen genuesischen Befestigung sind noch erhalten.

Corniglia

Corniglia liegt rund hundert Meter über dem Meer und ist über eine große Treppe mit dem Bahnhof und einem großen Strand verbunden; oben im Ort bietet sich vom Ende der Hauptgasse ein herrlicher Blick. Besuchen sollte man die Kirche S. Pietro, ein bedeutendes Beispiel der **ligurischen Gotik** aus dem Jahr 1334, mit Streifenfassade und Fensterrose aus Carraramarmor.

Manarola

Manarola ist in eine Flussmündung gebaut, daher geht es hier sehr beengt zu. Am oberen Ortsrand steht die gotische Kirche Natività di Maria Vergine, deren Fassade eine schöne Rose aus Carraramarmor ziert. Als Kampanile dient ihr ein Wachturm aus dem 16. Jh.

Riomaggiore

Riomaggiore lässt sich von La Spezia aus leicht erreichen und lockt besonders an Wochenenden scharenweise Besucher an. Dem Reiz des Ortes erlag bereits der impressionistische Maler **Telemaco Signorini**, der sich ab 1860 oft hier aufhielt. Besuchen sollte man die 1340–1343 von lombardischen Baumeistern errichtete Pfarrkirche S. Giovanni Battista mit ihrer reich verzierten Kanzel von 1530 und einem schönen Renaissanceportal, auf dessen Tryptichon Maria mit Rochus und Sebastian zu sehen ist.. Über dem Ort kann man Reste einer Burg aus dem 15./16. Jh. erkennen.

Città di Castello

J 14

Region: Umbrien • Umbria
Höhe: 288 m ü. d. M.
Provinz: Perugia
Einwohnerzahl: 38 200

Tourismus spielt in Città di Castello so gut wie keine Rolle. Stattdessen blühen in dem lebendigen Städtchen mit seinem mittelalterlichen Kern Handel und Industrie. Und doch hat der Ort an Kunstschätzen einiges zu bieten.

Sehenswertes in Città di Castello und Umgebung

Palazzo Vitelli Burri-Museum

Im 16. Jh. regierte die vornehme Familie **Vitelli** die Stadt. Der größte ihrer insgesamt vier Palazzi steht an der Piazza Garibaldi. Das 1540 errichtete Gebäude mit großem Park und kleinem Lustschloss entwarf der Florentiner Architekt Giorgio Vasari. Im benachbarten Palazzo Albizzini, erbaut im 15. Jh., sind Werke des 1995 verstorbenen einheimischen Künstlers **Alberto Burri**, eines der wichtigsten Vertreter der Arte Povera, zu sehen.

S. Franceso

An der Piazza Raffaello Sanzio steht die gotische, später dann barockisierte Kirche S. Francesco mit der um 1560 von Vasari gestalteten Vitelli-Kapelle. Das Raffaelbild »Verlöbnis Mariens« im vierten Altar links ist eine Kopie; das Original ist in der Mailänder Brera zu sehen.

*** Piazza Matteotti**

Mittelpunkt der Altstadt ist die Piazza Matteotti, die vom Palazzo del Podestà mit seiner mächtigen Barockfassade von 1686 beherrscht wird. In der nahe gelegenen Via Mazzini ist die bekannte Leinenweberei Tela Umbra zu Hause. Durch den schmalen Corso Cavour geht es zur **Piazza Gabriotti** mit Bischofspalast und Torre Civica.

Piazza Matteotti in Città del Castello

Der Dom SS Florido e Amanzio, im 11. Jh. erbaut und 1466–1529 im Renaissancestil fast vollständig erneuert, besitzt einen ungewöhnlichen **runden Kampanile**, der den Glockentürmen Ravennas nachempfunden ist. Innen sollte man sich die »Verklärung Christi« des Florentiner Manieristen Rosso Fiorentino (1529) und das intarsierte Chorgestühl (1540) anschauen.

Ein besonderes Erlebnis verspricht ein Besuch der Städtischen Pinakothek im **Palazzo Vitelli alla Canno-**

niera mit ihrer hochkarätigen Sammlung umbrischer Malerei. Als Glanzstücke gelten die Peststandarte für SS Trinità von Raffael und das »Martyrium des hl. Sebastian« von **Luca Signorelli**. Die Hofseite des 1521 bis 1532 von A. da Sangallo d. J. errichteten Baus schmücken Sgrafitti von Vasari.

★ **Collezione Burri**

Die nüchternen Bauten der ehemaligen Tabak-Trockenhallen am Viale V. E. Orlando bieten ein ungewöhnliches, geradezu kongeniales Ambiente für weitere Werke von Alberto Burri (s. o. Burri-Museum).

◄ Garavelle

Im nahen Garavelle (2 km) kommen Kinder auf ihre Kosten: Das Centro Tradizioni Popolari demonstriert die vorindustrielle Arbeitswelt, nebenan lockt die Modelleisenbahnschau des Grafen Capelletti.

CITTÀ DI CASTELLO ERLEBEN

AUSKUNFT

Piazza Matteotti
06012 Città di Castello
Tel. 07 58 55 49 22, Fax 07 58 55 21 00
www.cdcnet.net

ESSEN

► Fein & Teuer

Il Postale di Marco e Barbara
Via De Cesare 8, Città di Castello
Tel. 07 58 52 13 56
Modernes Restaurant in ehemaliger Garage, ungezwungenes Ambiente, fantasievolle Gourmetküche.

► Erschwinglich

Boccon Divino
Piazza del Garigliano 3a
Città di Castello
Tel. 07 58 52 31 52
An einem der ältesten Plätze der Stadt liegt diese heimelige Osteria, genießen Sie hausgemachtes Brot und leckere Antipasti, als Hauptgericht Spinat-Käse-Rouladen oder Schweinefilet mit Kürbisblüten.

► Preiswert

Il Cacciatore
Via della Braccina 10, Città di Castello
Tel. 07 58 52 08 82, Di. geschl.
Urgemütliche Osteria am Torre del Vescovo, die immer gut besucht ist. Deftige, bodenständige Gerichte.

ÜBERNACHTEN

► Komfortabel

Tiferno
Piazza Raffaello Sanzio 13
06012 Città di Castello
Tel. 07 58 55 03 31
Fax 07 58 52 11 96
www.hoteltiferno.it
Genießen Sie historisches Flair und eine stilvolle Einrichtung mit vielen Antiquitäten in einem der ältesten Hotels Umbriens, die hübsch eingerichteten, sehr geräumigen Zimmer sind allerdings ganz modern gehalten. Großer, eleganter Speisesaal.

► Günstig

Le Mura
Via Borgo Farinario 24/26
06012 Città di Castello
Tel. 07 58 52 10 70
Fax 07 58 52 13 50
www.hotellemura.it
Ansprechendes Hotel in der ehemaligen Tabakfabrik an der antiken Stadtmauer, hübsches Restaurant, relativ einfach eingerichtete Zimmer.

★★ Comer See · Lago di Como

C/D 8

Region: Lombardei • Lombardia **Provinz:** Como, Lecco
Wasserspiegel: 198 m ü. d. M.

Ein »Y« im Kopfstand oder ein weit ausschreitendes Strichmännchen? Die Form des Comer Sees, auch Lario genannt, inspiriert die Fantasie. Das Auge erfreut sich am herrlichen Alpenpanorama und von Jasmin, Oleander, Zypressen und Feigenbäumen gesäumten Seeufern.

Seeidyll Der Comer See gehört mit seinen 50 km Länge zu den großen oberitalienischen Seen, deren idyllische Lage schon in der Antike besungen wurde. An den von den Römern zu Terrassen geformten Berghängen gedeihen Wein und Oliven, das Klima ist angenehm mild. Besonders schön ist der von sanften Bergen umrahmte Abschnitt zwischen Menaggio und Cernobbio sowie die Halbinsel Bellagio; Surfer kommen im Norden auf ihre Kosten. Stiller wird es am Lago di Lecco, der von der steil abfallenden **Grigne** überragt wird.

★★ Rundfahrt um den Comer See

Ausgangsort der folgenden Rundfahrt ist ►Como. Die Straße entlang des Westufers verläuft auf der Trasse der antiken Römerstraße, die über Chiavenna zum Splügenpass führt.

Cernobbio Cernobbio, ein nah an Como grenzender nobler Ferienort, verdankt seinen Ruf der 1568 erbauten **Villa d'Este**, die in einem prachtvollen Garten gelegen ist und heute ein berühmtes Hotel beherbergt. Über ein kurvenreiches Sträßchen gelangt man auf den Monte Bisbino hinauf (1325 m), auf dem eine Wallfahrtskirche steht.

Intelvi-Tal ► Von Argegno aus geht es weiter zum **Intelvi-Tal**, das zwischen dem Luganer und Comer See liegt. Vom 7. bis zum 18. Jh. war es Heimat der Maestri intelvesi, auch Maestri comacini genannt, die als Baumeister, Steinmetze und Freskenmaler von Bau zu Bau zogen.

Zwischen Lenno und Cadenabbia befinden sich einige der **Villen**, für die der Comer See berühmt ist, so die im 16. Jh. erbaute Villa del Balbianello und die direkt am See gelegene Villa Carlotta, die eine berühmte Skulpturensammlung birgt. Hinter dem Gebäude öffnen sich idyllische Terrassengärten mit Blick auf das gegenüberliegende Grigne-Massiv. In der Villa Margherita-Ricordi im nahen Cadenabbia komponierte Verdi um 1853 »La Traviata«.

? WUSSTEN SIE SCHON ...?

- Konrad Adenauer empfand den Comer See als zweite Heimat. In der Villa La Collina in Cadenabbia verbrachte er von 1957 bis 1966 seinen Urlaub. Hier lernte er auch Boccia-Spielen, neben dem Pepita-Hut eines seiner Markenzeichen.

Zwischen dem Wasser und den Bergen finden die Dörfer kaum Platz am Comer See.

Menaggio besticht durch seinen alten Ortskern und blumengeschmückte Uferpromenaden. Von hier an wird die Landschaft zunehmend schroffer. Das nahe gelegene Dongo wurde bekannt durch **Benito Mussolini**, der hier am 27. April 1945 mit seiner Geliebten Clara Petacci gefangen genommen wurde.

Gravedona

Im Mittelalter war Gravedona zeitweise eine unabhängige Stadtrepublik. An diese Zeit erinnert die auf den Grundmauern eines frühchristlichen Baptisteriums erbaute romanische Kirche Santa Maria del Tiglio. Anschauen sollte man sich auch San Vincenzo direkt am See sowie den Palazzo Gallio, erbaut 1583 von P. Tibaldi.

Abstecher nach Chiavenna

★ ★

◄ Passo dello Spluga

Vom Nordosten des Sees lohnt ein Abstecher zum rund 20 km entfernten Chiavenna, das von hohen, etwas düsteren Bergen eingerahmt wird. Sehenswert ist hier die Collegiata di San Lorenzo, u. a. mit einem romanischen Taufstein von 1156. Von Chiavenna sind es noch 30 km bis zum Passo dello Spluga (Splügenpassstraße), der zu den eindrucksvollsten Alpenpässen gehört.

Ostufer

◄ Colico

★

◄ Abbazia di Piona

Ausgangspunkt für eine Fahrt entlang der alten Uferstraße im Osten ist Colico, das zwischen der Mündung der Adda und dem Monte Legnone liegt. Knapp 6 km südlich zweigt in Olgiasca ein kleines Sträßchen zum ehemaligen **Zisterzienserkloster** Abbazia di Piona ab. In der Klosterkirche finden sich kostbare Freskenreste, nahe dabei ein kunstvoll verzierter Kreuzgang von 1257.

Bellano

Von Bellano, dessen Altstadt sich steil den Berg hinaufzieht, gelangt man zum Orrido, einem wildromantischen **Wasserfall** in der Klamm der Pioverana. Von hier ist es nicht weit nach Varenna, einem Ferienort, der von der Kirche San Giorgio (13. und 17./18. Jh.) über ragt wird. Vom kleinen Hafen aus gibt es regelmäßig Fährverbindungen nach Bellagio und Menaggio. Einen Besuch ist die Villa Monastero (16. Jh.) samt prächtigem Park wert.

Lecco Auf der Weiterfahrt bestimmen nun Industrieanlagen das Bild. Mandello Lario ist Stammsitz der legendären **Motorradwerke Moto Guzzi**. Die Provinzhauptstadt Lecco, in deren Umgebung der See Lago di Lecco heißt, wurde, zumindest literarisch, durch die Beschreibungen in Alessandro Manzonis berühmtem Roman »I promessi sposi«, »Die Verlobten«, unsterblich. Im Museo Manzoni in der Via Guanella 1 erinnert eine Ausstellung an den berühmten Schriftsteller (1785–1873), der hier seine Jugend verbrachte.

COMER SEE ERLEBEN

AUSKUNFT

Piazza Cavour 17, 22100 Como
Tel. 03 13 30 01 11, Fax 0 31 26 11 52
www.lagodicomo.com

ESSEN

► Fein & Teuer

Mistral
Via Roma 1, Bellagio
Tel. 0 31 95 64 35; nur abends
Exklusives Restaurant, das für innovative Kreationen wie Krabben-Tartar mit Avocadocreme-Eis und Kokoscreme einen Michelin-Stern erhielt. Reservierung ratsam.

► Erschwinglich

Pesa Vegia
Piazza Verdi 7, Bellano
Tel. 03 41 81 03 06; Mo. geschl.
In dem entzückenden Restaurant direkt an der Seepromenade herrscht eine ungezwungene Atmosphäre, die gut zu der ausgefallenen und fantasievollen Küche passt.

Trattoria Vecchia Pescarenico
Via Pescatori 8, Lecco
Tel. 03 41 36 83 30; Mo. geschl.
Liebhaber sorgfältig zubereiteter Fischgerichte werden sich in dieser Trattoria rundum wohl fühlen.

ÜBERNACHTEN

► Luxus

Villa d'Este
Via Regina 40, 22012 Cernobbio
Tel. 0 31 34 81, Fax 0 31 34 88 44
www.villadeste.it
In einem verwunschenen Park am See liegt dieses schöne Hotel, das zu den besten Italiens gehört. Exklusiver Luxus, erstklassiges Restaurant, zwei Schwimmbäder, Wellness, Sauna, Tennis.

► Komfortabel

Royal Victoria
Piazza San Giorgio 2, 23829 Varenna
Tel. 03 41 81 51 11, Fax 03 41 83 07 22
www.royalvictoria.com
Traditionsreiches Haus, schöne Terrasse mit Schwimmbad direkt am See, ansprechende Zimmer, teils mit Seeblick, vorzügliches Restaurant.

► Günstig

Alberi
Lungo Lario Isonzo 4
23900 Lecco
Tel. 03 41 35 09 92, Fax 03 41 35 08 95
www.hotelalberi.lecco.it
Modernes Hotel, schöne und geräumige Zimmer, teils mit Aussicht.

Schöner als der Ort ist Leccos Umgebung. Sowohl das Valsassina als auch das große hohe Kalksteinmassiv der Grigne sind beliebte Ausflugsziele für Bergwanderer und Wintersportler. Im Südwesten Leccos folgen die Seen Lago di Annone, di Pusiano, di Alserio sowie der Lago del Segrino. Letzterer liegt bereits in der Vallassina, dem hügeligen Hinterland von Bellagio.

✶✶ Bellagio

Der Ferienort Bellagio (4000 Einw.), »Perle des Lario« genannt, nimmt die Spitze der schmalen Halbinsel zwischen dem Lago di Como und dem Lago di Lecco ein. Die Römer gaben der Siedlung den treffenden Namen Bilacus (bi = zwei, lacus = See). Im 19. Jh. entdeckten wohlhabende Sommerfrischler das kleine Fischernest, das sich zu einem **noblen Ferienort** entwickelte, sein mittelalterliches Ortsbild jedoch beibehielt.

? WUSSTEN SIE SCHON ...?

- In der Villa Melzi in Bellagio verbrachten Franz Liszt und die verheiratete Gräfin d'Agoult romantische Monate. Am 25. Dezember 1837 kam hier ihr Töchterchen Cosima zur Welt, die spätere Frau Richard Wagners.

✶ Como

D 8

Region: Lombardei • Lombardia
Höhe: 202 m ü. d. M.
Provinz: Como
Einwohnerzahl: 83 700

Como ist im besten Sinne des Wortes »gut betucht«, gründet sich doch der Reichtum der Bewohner auf eine florierende Stoffindustrie. Seinen architektonischen Niederschlag findet dies in prächtigen Villenvierteln, die Como den Glanz einer eleganten und vornehmen Stadt verleihen.

Aufstieg zur Tuchmetropole

Die Geschichte Comos begann lange vor der Ankunft der Römer als keltische Siedlung. Im Mittelalter bot das Städtchen trotzig dem mächtigen Mailand die Stirn, fiel aber 1335 unter dessen Herrschaft. Der große Aufschwung kam zu Beginn des 18. Jh.s dank der **Textil- und Seidenindustrie**, der »pura seta di Como«, die bis heute einen guten Ruf hat – wenn auch der Großteil der Garne inzwischen aus Asien bezogen wird. Berühmte Söhne Comos sind der römische Historiker Plinius d. Ä. (23/24–79 n. Chr.), sein Neffe, der Jurist Plinius d. J. (61/62 bis um 111) sowie der Physiker Alessandro Volta (1745–1827), der Erfinder der Batterie.

Sehenswertes in Como

Città murata

Nähert man sich Como übers Wasser, von Norden oder auf der Uferstraße, so offenbart sich seine wundervolle Lage. Kommt man hingegen von Chiasso, Mailand oder aus dem Süden, so erinnert ein

Gürtel hässlicher Industrie- und Wohnanlagen daran, dass die Stadt ein bedeutendes Wirtschaftszentrum ist. Die wichtigsten Sehenswürdigkeiten liegen innerhalb der Città murata, der weitgehend ummauerten Altstadt. Sie ist zum großen Teil Fußgängerzone und weist mit ihrer seewärts gerichteten, rechtwinkligen Anlage auf ihre Vergangenheit als römische Stadt hin.

Domplatz Städtischer Mittelpunkt ist der wegen häufiger Überschwemmungen etwas höher gelegte Domplatz mit Dom, Broletto und Torre Comunale. Der Stadtturm und das ehemalige Rathaus mit seiner offenen Arkadenhalle stammen im Kern aus dem frühen 13. Jh.

Dom ► Begonnen 1396, wurde der mächtige Dom erst in der Renaissance vollendet, die Vierungskuppel folgte 1744 nach Plänen von F. Juvarra. Als Gesamtentwurf ist der Dom ein Meisterwerk der einheimischen Steinmetz- und Bildhauerschule, der **Maestri comacini**, die seit dem 11. Jh. für ein Jahrtausend die Kirchenbaukunst von Oberitalien aus bis weit in die Länder nördlich der Alpen entscheidend bestimmt haben. Für die Bauplastik war im 15. und 16. Jh. die Familie **Rodari**

COMO ERLEBEN

AUSKUNFT

Piazza Cavour 17
22100 Como
Tel. 03 13 30 01 11
Fax 0 31 26 11 52
www.comune.como.it

ESSEN

► Fein & Teuer

Navedano
Via Pannilani, Como
Tel. 0 31 30 80 80
Stilvolles Restaurant, geschmückt mit aufwändigen Blumenarrangements. Die Küche verwöhnt mit klassischen Gaumenfreuden, der Keller mit erlesenen Tropfen.

► Preiswert

Osteria Rusticana
Via Carso 69, Como
Tel. 0 31 30 65 90
So. und Mo. – Do. abends geschl.
Nach alten lokalen Rezepten wird in diesem gemütlichen, etwas außerhalb gelegenen Restaurant gekocht.

ÜBERNACHTEN

► Luxus

Grand Hotel di Como
Via per Cernobbio
22100 Como
Tel. 0 31 51 61
Fax 0 31 51 66 00
www.grandhoteldicomo.com
Ebenso modernes wie elegantes Hotel in einem Park am Seeufer zwischen Como und Cernobbio gelegen, attraktive Zimmer, erstklassige Gastronomie, Fitnessstudio und Garage.

► Komfortabel

Le Due Corti
Piazza Vittoria 12/13
22100 Como
Tel. 0 31 32 81 11
Fax 0 31 32 88 00
Hotel in einer alten Poststation, dessen historisches Flair mit modernem Design kombiniert ist. Zimmer mit Stilmöbeln und Natursteinwänden, vorzügliches Restaurant.

Ein Meisterwerk der Bildhauerschule: die Fassade von S. Maria Maggiore

verantwortlich; vor allem das nördliche Seitenportal, die Porta della Rana, sowie das Südportal mit den beiden Sitzfiguren Plinius des Älteren und des Jüngeren tragen ihre Handschrift. Die Ausstattung stammt vorwiegend aus dem 17. Jh.

Nur ein paar Schritte weiter liegt die im 12. Jh. auf den Mauern eines karolingischen Vorgängerbaus errichtete Kirche **San Fedele**. Hier erwarten ein schmuckes Nordportal sowie Freskenreste aus dem 12. und 13. Jh. die Besucher.

An der Piazza Cavour befand sich bis zur Aufschüttung des Sees 1871 der Handelshafen Comos. Folgt man der hier beginnenden **Uferpromenade**, gelangt man zum klassizistischen Voltatempel, einem kleinen naturwissenschaftlichen Museum. In diesem Viertel reiht sich eine prachtvolle Villa an die andere, darunter die Villa dell' Olmo (1787). Über den Ursprung dieser großbürgerlichen Pracht, die Seiderherstellung, erfährt man einiges im Museo della Seta in der Via Valeggio 3. Von der Porta Nuova (12. Jh.) ist es nicht weit zur 1095 geweihten Kirche S. Abbondio, einer der bedeutendsten Sakralbauten der **lombardischen Frühromanik**. Besonders schön sind die Fresken in der Apsis, die um 1350 ein Sieneser Meister schuf. Schöne Ausblicke genießt man vom Villenvorort Brunate.

◄ Sant'Abbondio

Cortona

J 13

Region: Toskana • Toscana
Höhe: 500–650 m ü. d. M.
Provinz: Arezzo
Einwohnerzahl: 22 000

Besucht man Cortona im Sommer, so könnte man glauben, die Stadt besitze eine Universität – so viele junge Gesichter sieht man dort. Es sind vor allem die Sprach- und Kunstkurse, die jüngeres Volk in die Stadt bringen und für studentische Atmosphäre sorgen.

Das hübsche mittelalterliche Städtchen hatte seine Blütezeit als freie Kommune im 12./13. Jh., bevor es 1411 an Florenz kam. Um 1450 wurde hier der Renaissancemaler **Luca Signorelli** († 1523) geboren, 1596 der Maler und Architekt **Pietro da Cortona**.

Sehenswertes in Cortona

Palazzo Comunale

Mittelpunkt der von sich steil am Berg hinaufziehenden Altstadt ist die Piazza della Repubblica. Hier steht der 1240 gebaute und mehrfach umgestaltete Palazzo Comunale mit seiner großen Freitreppe. Wenige Schritte weiter öffnet sich die Piazza Signorelli mit dem Palazzo Casali, dessen Fassade viele Wappen Florentiner Stadtvögte zieren. Hier hat die 1726 gestiftete Accademia Etrusca ihren Sitz. Prunkstück des zugehörigen Museums ist ein fast 58 kg schwerer bronzener Radleuchter aus dem 5. Jh. v. Chr.

✶ Museo dell'Accademia Etrusca ►

Domplatz

Am aussichtsreichen Domplatz ragt der aus einem romanischen Vorgängerbau 1456–1502 von Giuliano da Sangallo in Renaissanceformen errichtete Dom auf. Im ehemaligen Baptisterium gegenüber, birgt das Diözesanmuseum **hervorragende Bilder** von Fra Angelico, Luca Signorelli und Pietro Lorenzetti sowie einen römischen Sarkophag aus dem 2. Jh. n. Chr. Östlich des Doms erhebt sich die Porta Colonia, von der sich ein eindrucksvoller Blick auf die lange, im untersten Teil etruskische Stadtmauer bietet.

✶ Museo Diocesano ►

Stadtmauer ►

S. Francesco

Die Kirche **S. Francesco** im Ostteil der Stadt, nach Assisi die älteste Franziskanerkirche überhaupt, wurde 1245 gotisch erbaut und im 16. Jh. umgestaltet. Beachtenswert ist der Reliquienschrein am Hochaltar, eine wertvolle byzantinische Elfenbeinarbeit aus dem 10. Jh.

CORTONA ERLEBEN

AUSKUNFT

Via Nazionale 42, 52044 Cortona
Tel. 05 75 63 03 52, Fax 05 75 63 06 56
www.cortonaweb.net

VERANSTALTUNGEN

Das Fest am 14./15. August lässt nur Vegetarier kalt, denn die Steaks bei der Sagra della Bistecca stammen von den berühmten Chianina-Rindern.

ESSEN

► Preiswert

Trattoria La Grotta
Piazza Baldelli 3, Cortona
Tel. 05 75 63 02 71; Di. geschl.
Im Sommer sind die schönsten Plätze dieser Trattoria draußen auf der winzigen Piazza Baldelli. Besonders lecker: Pappardelle mit Wildschweinsoße.

ÜBERNACHTEN

► Luxus

Relais Il Falconiere
Località S. Martino 370
52044 Cortona, Tel. 05 75 61 26 79
Fax 05 75 61 29 27; www.ilfalconiere.it
Wer Sinn für Nostalgie hat, ist in diesem stilvollen alten Landhaus richtig. Besonders schön sind die beiden Zimmer in der ehemaligen Kapelle San Girolamo. Sieben Zimmer im Neubau.

► Günstig

Athens
Via Sant'Antonio 12, 52044 Cortona
Tel. 05 75 63 05 08, Fax 05 75 60 44 57
Geöffnet von März bis Oktober.
Preiswertes Hotel in schöner Lage in der oberen Altstadt. Die Zimmer sind einfach, aber geräumig.

Hoch über der Stadt thront die 1556 von Cosimo I. errichtete Medicifestung, etwas unterhalb erkennt man das Santuario di S. Margherita, eine 1856–1897 in romanisch-gotischem Stil erbaute **Wallfahrtskirche**. Die Reliquien der Heiligen (1247–1297) ruhen in einem von Pietro da Cortona 1646 entworfenen Schrein auf dem Hochaltar.

Santuario di S. Margherita

Die außerhalb der Stadtmauer gelegene Piazza Garibaldi ist ein beliebter Treffpunkt. Nahe dabei steht die Kirche S. Domenico, erbaut im 15. Jh. und einst Teil eines Dominikanerklosters. Von der Piazza Garibaldi führt der Weg hinab zur Kirche Madonna del Calcinaio, einem Kreuzkuppelbau von Francesco di Giorgio Martini (1485–1513). Er wurde zu Ehren eines wundertätigen Marienbildes errichtet, das sich in einer Kalkgrube (calcinaio) der Gerberzunft befand und heute den Hochaltar schmückt.

Piazza Garibaldi

★ ◄ S. Domenico

★ ◄ Madonna del Calcinaio

★ Cremona

E 10

Region: Lombardei • Lombardia
Provinz: Cremona
Höhe: 45 m ü. d. M.
Einwohnerzahl: 72 000

Schon beim Klang des Wortes »Cremona« glaubt man Geigenspiel zu vernehmen. Seit die Patrizierfamilie Amati im 16. Jh. die Geigenbauwerkstatt eröffnete, ist das Saiteninstrument nicht mehr fortzudenken. Doch trotz all der Stradivaris und Guarneris, die hier gefertigt wurden, blieb Cremona eine Stadt, die vor allem von der Landwirtschaft lebt.

Im Mittelalter zeigte sich Cremona recht kämpferisch, als es auf der Seite Friedrich Barbarossas gegen Mailand stritt. Doch schon 1441 kam die Stadt ganz friedlich durch die Heirat der 17-jährigen Fürstentochter Bianca Maria Visconti mit dem 23 Jahre älteren Francesco Sforza unter die Fittiche des starken Nachbars. Bei dieser Hochzeit soll erstmals der **Torrone** gereicht worden sein, jene süße Nugatspezialität, die es seither in zahlreichen Geschäften zu kaufen gibt.
Die große kulturelle Vergangenheit der Stadt Claudio Monteverdis klingt auch heute noch im Musikleben ein wenig nach. Außerdem hat Cremona – und das ist weniger bekannt als das musikalische Erbe – einige architektonische Besonderheiten zu bieten, die einen Besuch unbedingt lohnen. Vor allem das Centro storico an der Piazza del Comune ist ein hervorragendes Dokument der frühen Kommunalzeit bis hin zur Renaissanceblüte

Musik, Architektur und Nugat

? WUSSTEN SIE SCHON ...?

- Aus Cremona stammt eine der wichtigsten Malerinnen des 16. Jh.s: Die hochbegabte Sofonisba Anguissola (1535–1625) machte sich schon früh in der Männerdomäne einen Namen. Ihre Karriere führte sie nach Madrid, Palermo und Genua.

Sehenswertes in Cremona

★★ **Piazza del Comune**

Mittelpunkt der malerischen Altstadt ist die Piazza del Comune, die vom Baptisterium, dem Dom, dem Rathaus, der Loggia dei Militi sowie dem Torazzo umgeben ist und ein wunderbares Flair besitzt.

★ **Torrazzo**

Wahrzeichen Cremonas ist der mit 111 m höchste **Glockenturm** Italiens. Er entstand Mitte des 13. Jh.s. Auf seiner Westseite prangt eine große Renaissanceuhr, die einst auch astronomische Auskünfte gab. Man kann auf den Torrazzo hinaufsteigen und hat von oben einen hervorragenden Blick über Stadt und Umgebung.

★ **Dom**

Über den eleganten Portico della Bertazzola ist der Torrazzo mit dem Dom verbunden. Man begann seinen Bau 1107 in lombardisch-romanischem Stil und stellt ihn 1332 im Stil der Gotik fertig. Die rhythmisch schön gegliederte, mit hellem Marmor verkleidete Fassade zieren Figuren, Säulen und eine Fensterrose aus dem 13. Jh. Etwas Besonderes sind die minarettähnlichen Schmucktürme auf der Rückseite des Gebäudes. Das Innere ist mit Fresken lombardischer Künstler des 16. Jh.s und Wandteppichen des 17. Jh.s geschmückt.

Baptisterium ►

Neben dem Dom befindet sich das 1167 erbaute Baptisterium mit achteckigem Grundriss. Das Taufbecken schuf Lorenzo Totti in der ersten Hälfte des 16. Jh.

Der Dom von Cremona ragt aus dem Häusermeer empor.

CREMONA ERLEBEN

AUSKUNFT

Piazza del Comune 5
26100 Cremona
Tel. 0 37 22 17 22, Fax 03 72 53 40 59
www.aptcremona.it

ESSEN

► Erschwinglich

Martinelli
Via degli Oscasali 3, Cremona
Tel. 0 37 23 03 50; Mi. und So. abends geschl. Weitläufiges, elegantes Restaurant in einem Gebäude aus dem 18. Jh., lokale Speisen und Fischgerichte in hervorragender Qualität.

La Susta
Via Sicardo 9, Cremona
Tel. 03 72 45 66 56; So. abends u. Mo. geschl. Spezialitäten aus Cremona; exzellent sind die Gnocchi Vecchia Cremona, zubereitet nach mittelalterlichem Rezept.

► Preiswert

Hosteria 700
Piazza Gallina 1, Cremona
Tel. 03 72 3 61 75; Di. geschl.
Reizendes Lokal an der Piazza Gallina mit schönen alten Fresken, das Bodenständiges zu vernünftigen Preisen anbietet. Probieren Sie unbedingt die Schweinshaxe mit Risotto oder die Kürbistortelli in brauner Butter.

ÜBERNACHTEN

► Komfortabel

Delle Arti
Via Bonomelli 8, 26100 Cremona
Tel. 0 37 22 31 31
Fax 0 37 22 16 54
www.dellearti.com
Neues Hotel, nur wenige Schritte vom Dom entfernt, elegantes Design, moderne Kunst und gut ausgestattete Zimmer.

► Günstig

Ibis
Via Mantova, 26100 Cremona
Tel. 03 72 45 22 22
Fax 03 72 45 27 00
www.accorhotels.com
Zeitgemäßes Haus unweit des Zentrums, gepflegte und zweckmäßig eingerichtete Zimmer.

Loggia dei Militi, Palazzo Comunale

Die beiden Stadtpaläste im Westen der Piazza sind ein gutes Beispiel für **gotische Profanarchitektur**. Die etwas kleinere Loggia dei Militi (1229) war einst der Sitz der Stadtmiliz. Daneben steht ein ebenfalls aus Backstein erbautes Stadthaus, das 1246 im Übergang von der Romanik zur Gotik entstand.
In der **Sala dei Violini** sind bekannte Geigen ausgestellt, darunter die kleine »il Cremonese«, die Antonio Stradivari 1715 schuf, »l'Hammerle« (1658) von Nicolò Amati und eine Violine von Giuseppe Antonio Guarneri (1734), die in den 1970er-Jahren von Pinchas Zukerman gespielt wurde.

Museo Civico

Über den belebten Corso Campi kommt man zum Palazzo Affaitati, in dem das Museo Civico und das Stradivari Museum untergebracht sind. Beachtung verdienen auch der Palazzo del Popolo am Corso

✶ Sant'Agata ► Garibaldi, erbaut 1256, sowie die Kirche Sant'Agata (15. Jh.), die im Innern eines der wichtigsten Gemälde der lombardischen Romanik birgt: die über 1000 Jahre alte ikonenartige Tavola di S. Agata.

Die Kirche S. Sigismondo (1463) ist reich mit Fresken Cremoneser Maler (16. Jh.) geschmückt.

Umgebung von Cremona

Busseto Das hübsche Städtchen Busseto (7000 Einw.), 25 km südlich, verdankt seine Bekanntheit Giuseppe Verdi, dem bedeutendsten Opernkomponisten des Landes (► Berühmte Persönlichkeiten). Er kam am 10. 10. 1813 im Dorf Roncole zur Welt, wo man seine Casa Natale, das schlichte Geburtshaus, besichtigen kann.

Mittelpunkt von Busseto ist die Piazza Giuseppe Verdi. Gegenüber der Franziskanerkirche Santa Maria degli Angeli (1470) steht die Villa Pallavicino (16. Jh.), Sitz des Museo Civico, das an den Komponisten erinnert. In der in einem schönen Park gelegenen Villa di Sant'Agata (ca. 5 km nördlich) verbrachte Verdi seine zweite Lebenshälfte. Ein Teil des Gebäudes ist als Museum zugänglich.

? WUSSTEN SIE SCHON ...?

- Das Dörfchen Roncole hat neben Guiseppe Verdi noch einen zweiten berühmten Sohn. 1908 wurde hier Giovanni Guareschi, geistiger Vater von »Don Camillo und Peppone«, geboren.

Villa di Sant'Agata ►

Cuneo

G 5

Region: Piemont • Piemonte
Höhe: 534 m ü. d. M.
Provinz: Cuneo
Einwohnerzahl: 55 400

Cuneo ist eine ebenso kämpferische wie umkämpfte Stadt. Die strategisch bedeutende Lage am westlichsten Zipfel des Piemont bewirkte, dass die Stadt allein zwischen dem 16. und 18. Jh. sieben Mal angegriffen und wieder aufgebaut wurde. Im zweiten Weltkrieg war Cuneo Zentrum des italienischen Widerstands.

Sehenswertes in Cuneo und Umgebung

Piazza Galimberti Mittelpunkt der Stadt ist die riesige, arkadengesäumte Piazza D. Galimberti, benannt nach dem von den Faschisten erschossenen Widerstandskämpfer Tancredi »Duccio« Galimberti.

Via Roma ► An der mittelalterlich-barocken Via Roma fällt die 1662 erbaute Kathedrale mit ihrer neoklassizistischen Fassade und der von G. Toselli 1835 ausgemalten Kuppel auf. Folgt man der Straße weiter, gelangt man zum Rathaus, ehemals Jesuitenkonvent (1631), hinter dem die 1703–1743 errichtete Kirche S. Ambrogio aufragt. Die Via Roma en-

Die Arkaden in Cuneo laden zum Bummeln ein.

det an der Spitze eines keilförmigen Hochplateaus, dem die Stadt ihren Namen (Cúneo = it. Keil) verdankt. Von hier öffnet sich ein schöner Ausblick auf den Zusammenfluss von Gesso und Stura.

Piazza Virginio
◄ S. Francesco

Nahe dem Rathaus liegt die Piazza Virginio mit der im 14. Jh. erbauten Loggia dei Mercanti und der spätromanischen Kirche S. Francesco; ihr gotischer Glockenturm stammt von 1399, die Fassade mit dem schönen **Marmorportal** von 1481. Wenige Schritte weiter steht die schmucke Barockkirche S. Croce, entworfen von A. Bertola und 1709–1715 erbaut von F. Gallo.

Mondovì

Mondovì (22 200 Einw.), 29 km östlich von Cuneo, teilt sich in eine lebhafte, barock geprägte Unterstadt und eine trutzige Oberstadt, die ab 1559 von Savoyen zur Festung ausgebaut wurde. Eine Zahnradbahn fährt hinauf zur Piazza Maggiore mit der Chiesa dalla Missione von 1664–1679 und Häusern des 15. Jh.s.; der Dom S. Donato entstand 1743–1763 nach Entwürfen von F. Gallo. Hinter dem Gotteshaus bietet der Torre dei Bressani eine weite Sicht über die Alpen.

★
◄ Santuario di Vicoforte

Wer etwas für kirchlichen Pomp übrig hat, kommt im etwas außerhalb gelegenen Santuario di Vicoforte auf seine Kosten. Alessandro Vitozzi und Francesco Gallo erbauten die riesige, prunkvolle **Wallfahrtskirche** 1596–1733, deren ovale Kuppel mit 37 x 25 m zu den größten derartigen Bauten Europas zählt. Nicht minder beeindruckend ist ihre illusionistische Ausmalung von Mattia Bortoloni

(Himmelfahrt Mariens). Carlo Emanuele I. von Savoyen, Urheber des Baus, ruht in der ersten Kapelle links, gegenüber steht eine Tomba für Margherita von Savoyen-Gonzaga, Vizekönigin von Portugal.

Limone Piemonte
Colle di Tenda ►

Das auf gut 1000 m Höhe gelegene Limone, 27 km südlich von Cuneo, ist ein schneesicherer Wintersportort mit etwa 100 km Pisten. Von hier aus ist es ein Katzensprung zum Tenda-Tunnel, der auf französischem Gebiet über die Tende und Saorge zur ►Riviera führt.

✶ **Val Máira Val Varáita**

Nahe Cuneo führen vier grüne Täler Richtung Frankreich in die Cottischen Alpen, darunter das Val Máira und das Val Varáita. Die Täler verengen sich rasch zu Schluchten mit kühn gelegenen uralten Dörfern; die Besiedlung von der Provence aus ist auch heute noch in

CUNEO ERLEBEN

AUSKUNFT

Via V. Amedeo II. 13
12100 Cuneo
Tel. 01 71 69 02 17
Fax 01 71 60 27 73
www.cuneoholiday.com

ESSEN

► Fein & Teuer

Delle Antiche Contrade
Via Savigliano 12, Cuneo
Tel. 01 71 69 04 29; So. geschl.
Zum Hotel Palazzo Lovera gehört dieser elegante Gourmettempel mit seinem antiken Mobiliar. Wohl verdient ist der Michelin-Stern, mit dem der französische Küchenchef für seine kreative Arbeit ausgezeichnet wurde.

► Erschwinglich

San Michele
Contrada Mondovì 2, Cuneo
Tel. 01 71 68 19 62; Mo. geschl.
Auf zwei eleganten Etagen werden Sie in dem alten Palazzo mit vorzüglicher piemontesischer Küche verwöhnt.

► Preiswert

Osteria della Chiocciola
Via Fossano 1, Cuneo
Tel. 0 17 16 62 77; So. geschl.
Sehr beliebtes und traditionsreiches Restaurant im Herzen der Altstadt. Im Erdgeschoss befindet sich eine gemütliche Weinstube, im ersten Stock der schöne Speiseraum. Besonders lecker ist der Schmorbraten alla piemontese und die Taube in Marsala. Hervorragende Weinauswahl.

ÜBERNACHTEN

► Komfortabel

Principe
Piazza Galimberti 5, 12100 Cuneo
Tel. 01 71 69 33 55
Fax 0 17 16 75 62
www.hotel-principe.it
Traditonsreiches Haus in zentraler Lage, das mit einer eleganten Einrichtung und zeitgemäßem Komfort zu überzeugen weiß.

► Günstig

Royal Superga
Via Pascal 3, 12100 Cuneo
Tel. 01 71 69 32 23
Fax 01 71 69 91 01
www.hotelroyalsuperga.com
Stilvolles Hotel in einem historischen Gebäudekomplex, hübsche Zimmer, reichhaltiges Frühstücksbuffett. Hervorragendes Preis-Leistungsverhältnis!

Kultur und Sprache zu spüren. Am Eingang des Maira-Tals, bei Villar S. Costanzo, sind Erdpyramiden mit Gneisdeckeln (»ciciu«) zu sehen. Elva, auf ca. 1600 m zwischen diesen Tälern gelegen, gehört zu den ärmsten Gemeinden Italiens, besitzt jedoch mit der Kirche S. Maria Assunta ein bedeutendes Bauwerk (Anmeldung im Rathaus), dessen Wände der Flame Hans Clemer um 1500 ausmalte. Die Fresken im Gewölbe stammen aus dem 15. Jh. Von Elva führt der Weg hinab nach Sampeyre, dem sommers und winters gut besuchten Hauptort des Val Varáita. 10 km talaufwärts teilt sich bei Casteldelfino das Tal; nördlich erreicht man die steile Passstraße über den Colle dell'Agnello (nur im Sommer befahrbar), den herrlichen Übergang ins französische Queyras.

? WUSSTEN SIE SCHON ...?

- Cuneo ist bekannt für seine köstlichen, mit Rum gefüllten Schokokugeln, die »cuneesi«. Man bekommt die Leckerei unter anderem in der nostalgisch ausgestatteten Pasticceria Arione an der Piazza Galimberti.

✶ Saluzzo

Ein unerwartetes Kleinod am Westrand des Piemont ist Saluzzo (15 800 Einw.), 32 km nördlich von Cuneo. Vor dem Massiv des Monviso, dessen herrliche Pyramide in ganz Südwestpiemont zu sehen ist, bilden die Türme der mittelalterlichen Stadt ein schönes Bild. Im spätgotischen Dom **S. Maria Assunta** (1491–1501) schuf Hans Clemer um 1500 das Polyptychon der Sakramentskapelle. Das aufgemalte gotische Maßwerk ist eine Zutat aus dem 19. Jh. Weiter geht es durch die **Porta S. Maria** ins Gassengewirr der alten Oberstadt und hinauf zum **Castello** aus dem 13./15. Jh.; an der Salita di Castello mit ihren Adelspalästen steht auch der **Palazzo Comunale** von 1462 mit der Torre Civica. Von der Piazza Castello führt die Via Griselda zu einer Aussichtsterrasse.
Beim Abstieg sollte man beim Palazzo Comunale links gehen und sich die Kirche S. Giovanni ansehen, die ab 1330 im gotischen Stil erbaut und ab 1480 verlängert wurde; dazu musste man die angrenzende Via Tapparelli überbauen. Hinter dem Hauptaltar liegt die schöne Grabkapelle Lodovico II. († 1504). In der **Casa Cavassa**, einem herrlichen Renaissancepalast aus dem 15. Jh. ist ein Museum untergebracht, in dem man viele Werke H. Clemers findet.

◄ Umgebung von Saluzzo

Unbedingt besuchen sollte man die Burg der Markgrafen von Saluzzo in Manta (3 km südlich), ein hervorragendes Dokument des höfischen Lebens im 14./15. Jh., und die Zisterzienserabtei in Staffarda, die zu den bedeutendsten im Piemont gehörte. Die 1135 gegründete Klosteranlage besitzt eine romanisch-gotische Basilika, die burgundische Einflüsse aufweist.

Oberes Po-Tal

Der Po entspringt als Gletscherbach an der Nordostflanke des Monviso. Von Saluzzo führt die SS 662 ins obere Po-Tal, das hinter Paesana alpin wird. Crissolo (1333 m) ist Stützpunkt für die Besteigung des piemontesischen Wahrzeichens Monviso, die vom Piano del Re ausgeht.

★★ Dolomiten · Dolomiti

B/C 13–15

Region: Trentino-Südtirol (Trentino-Alto Adige) und Venetien (Veneto)

Provinz: Bolzano, Trento und Belluno
Höhe: bis 3342 m ü. d. M.

Sagenhaft und sagenreich gehören die Dolomiten mit ihren wildzerklüfteten Felsen zu den meistbeschriebenen und -abgebildeten Gebirgslandschaften überhaupt. Bekannte Bergsteiger wie Luis Trenker oder Reinhold Messner erwählten sie zur Heimat. Kein Wunder also, dass die Dolomiten zu einem Dorado für Bergsteiger avanciert sind.

Westliche und Östliche Dolomiten

Aufgrund ihres unterschiedlichen geologischen Aufbaus unterscheidet man zwischen den Westlichen und Östlichen Dolomiten. Gemeinsam ist beiden ihr Fundament aus Glimmerschiefer und Quarzphyllit. Im Westen folgt darauf Schlerndolomit, im Osten der auch fürs Auge erkennbare quergebänderte Hauptdolomit. Die Westlichen Dolomiten mit Geisler- und Langkofelgruppe, Schlern, Rosengarten, Latemar, Marmolada, Palagruppe und Seiser Alm sind weithin bekannt. Täler wie das Grödner- und Eggental gleichen schmalen Einschnitten, über denen sich ausgedehnte, mit Almen und Wäldern bewachsene Hochplateaus ausbreiten. Aus diesen ragen die scharf abgegrenzten **Bergstöcke mit teils nadelscharfen Spitzen** empor. Im Osten findet man eher Gebirgskämme wie die Drei Zinnen in den Sextener Dolomiten, die Tofane oder die Cinque Torri bei Cortina. Ganz im Osten schließen die Lienzer Dolomiten an, die geografisch jedoch bereits zu den Gailtaler Alpen gerechnet werden. Höchster Dolomitengipfel ist die 3342 m hohe Marmolada.

? WUSSTEN SIE SCHON ...?

- Die Dolomiten wurden erst Ende des 18. Jh. »entdeckt«, und zwar von dem französischen Geologen Dieudonné Dolomieu, der als Erster ihren Aufbau untersuchte und den bis zu 3000 m hohen Gebirgsstöcken ihren Namen gab.

Kühe, Hotels und Pisten

Die ursprüngliche ladinische Bevölkerung wurde schon früh von Bayern und Italienern in die inneren Dolomitentäler wie Grödner- und Gadertal verdrängt. Die neuen Bewohner lebten von der Land- und Viehwirtschaft. Im 20. Jh. kam eine wichtige Einnahmequelle hinzu: der Fremdenverkehr.

Madonna di Campiglio ist ein bekannter Ferienort und geeignet als Ausgangspunkt für den Besuch der Brenta-Dolomiten. Schlern, Sella-, Geisler- und Puezgruppe erreicht man von ►Bozen aus am besten; von Cortina d'Ampezzo aus kann man zur Sesto-, Cristallo-, Marmarole-, Fanes-, Kreuzkofel- und Vraiesgruppe aufbrechen. Weithin bekannt und beliebt sind Corvara, San Martino di Castrozza

DOLOMITEN ERLEBEN

AUSKUNFT

Piazza V. Emmanuele II, 2
32100 Belluno
Tel. 04 37 94 03 00, Fax 04 37 94 03 50
www.dolomiti.it

ESSEN

► Fein & Teuer

El Toulà
Via Ronco 123
Cortina d'Ampezzo
Tel. 04 36 33 39
Eine lokale Institution ist dieses elegante Restaurant in einem ehemaligen Heuschober, das für seine hervorragende Küche berühmt ist.

► Erschwinglich

Baita Fraina
Via Fraina 1, Località Fraina
Cortina d'Ampezzo
Tel. 04 36 36 34; www.baitafraina.it
Wer dem mondänen Treiben in Cortina entfliehen möchte, ist auf dieser abgelegenen Hütte richtig. Genießen Sie in der gemütlichen Stube oder auf der Terrasse bodenständige Kost und den Bergblick (mit Zimmern).

► Preiswert

Andes
Piazza J. B. Massar 3, Vigo di Fassa
Tel. 04 62 76 45 75
www.hotelandes.com
Das nette Hotelrestaurant befindet sich in der Nähe der Seilbahn zum Rosengarten und bietet schmackhafte Klassiker zu fairen Preisen.

ÜBERNACHTEN

► Luxus

De la Poste
Piazza Roma 14
32043 Cortina d'Ampezzo
Tel. 04 36 42 71
Fax 04 36 86 84 35
www.delaposte.it
Wunderschönes, vornehmes Hotel, seit 1870 im Familienbesitz. Geschmackvolle Einrichtung, edle Stoffe und wertvolle Stilmöbel sorgen für ein gediegenes Ambiente. Urgemütliches, komplett holzvertäfeltes Restaurant.

► Komfortabel

Compatsch
Compatsch 62
39040 Seiser Alm
Tel. 04 71 72 79 19, Fax 04 71 72 78 20
www.seiseralm.com
Kleines Berghotel in traumhafter Lager, relativ einfache Ausstattung und schlichte Zimmer. Restaurant nur für Hausgäste, Sauna im Haus.

► Günstig

Panorama
Via Pretzenberg 13
39056 Welschnofen
Tel. 04 71 61 32 32, Fax 04 71 61 34 80
www.panorama-plank.com
Ruhesuchende werden dieses nette Hotel mit seiner familiären Atmosphäre zu schätzen wissen. Einfache und gut gepflegte Zimmer mit moderner Einrichtung, teils mit schöner Aussicht.

und St. Ulrich in Gröden. Hinter der Bezeichnung **Dolomiti Superski** verbergen sich 12 Skizentren im gesamten Gebiet, zusammen über 1180 km bestens gepflegte, mit einheitlichem Skipass befahrbare Pisten.

★★ Große Dolomitenstraße

Die rund 110 km lange, berühmteste und meistbefahrene Panoramastraße durch die Dolomiten war ein Geschenk der Bewohner zum fünfzigjährigen Regierungsjubiläum ihres Kaisers Franz Joseph. Allerdings verzögerte sich die Fertigstellung und der Fahrweg wurde erst 1909 zum 60. Geburtstag des Monarchen eingeweiht. Er führt von ►Bozen über drei Pässe nach Cortina d'Ampezzo.

Eggental Valle d'Ega

Die Strecke beginnt in Kardaun (Cardano), nahe ► Bozen, an der Mündung des Eggentals, und folgt der vom Karneider Bach durchströmten Schlucht (Gola della Valle d'Ega) aufwärts. Links blickt von steilem Fels die im 13. Jh. errichtete Burg **Karneid** auf das gleichnamige Dorf herab. Später weitet sich das Tal. Bei Birchabruck (Ponte Nova, 877 m) öffnet sich der Blick auf das Latemar-Massiv (2794 m) und den **Rosengarten** (Catinaccio, 2981 m). Hinter Birchabruck führt die Dolomitenstraße aufwärts nach **Welschnofen** (1182 m), einem Ort, der ganz vom Rosengarten überragt wird. Zu den beiden bekanntesten Zielen, der Frommer Alm (1730 m) und der Kölner Hütte (2337 m), gelangt man auch mit Bergbahnen.

? WUSSTEN SIE SCHON ...?

- Der Sage nach verzauberte Zwergenkönig Laurin seinen Rosengarten mit den Worten »weder der helle Tag noch die tiefe Nacht sollen dich je wiedersehen« in eine Steinwüste. Er vergaß die Dämmerung, zu der man ein rosiges Leuchten erkennen kann.

★ Karersee

Einen besonders romantischen Anblick bietet der in einem Naturschutzgebiet, ca. 6 km weiter gelegene Karersees (Lago di Carezza), in dem sich die **wilden Felstürme** des südlich aufragenden, 2794 m hohen Latemar und des Rosengartens spiegeln. Von hier zieht die Dolomitenstraße über Matten weiter bergab zum Karerpass (Passo di Costalunga, 1753 m) an der deutsch-ladinischen Sprachgrenze.

Vigo di Fassa

Jenseits der Passhöhe folgt Vigo di Fassa (1382 m), ein beliebter Ferienort am Hang über dem Fassatal und Talstation einer Seilschwebebahn zum Rosengarten-Massiv. In der gotischen Pfarrkirche im Ortsteil San Giovanni erzählt ein Freskenzyklus aus dem 15. Jh. das Leben des Schutzpatrons; über das Leben der Ureinwohner erfährt man einiges im Ladinischen Museum (Majon Fashegn).

★★ Marmolada

Ein viel besuchter Tourenstützpunkt und Wintersportort ist das moderne Canazei im oberen Fassatales (1750 Einw.). Von hier fährt man weiter zur Marmolada, mit 3342 m das höchste Gebirgsmassiv der Dolomiten, das mit einem Gletscher und zahlreichen **anspruchsvollen Skipisten** lockt. Von Malga Ciapela, einer kleinen Hotelsiedlung, führen Schwebebahnen hinauf zum Rifugio Punta di Rocca (3265 m), der einen zauberhaften Blick auf die Dolomiten freigibt.

Wie aus dem Bilderbuch: die Almen in Südtirol

★ **Abstecher ins Grödnertal**

Nun besteht die Möglichkeit zu einem Abstecher ins Grödnertal (Val Gardena), das über das Sellajoch (Passo di Sella) mit der Dolomitenstraße verbunden ist. Das ladinisch Gherdenia genannte Tal zieht sich von Waidbruck rund 25 km bis zum Talende bei Wolkenstein, um dann zum Grödner und Sellajoch aufzusteigen. Auf Touristen warten hier ein breites Wander- und Wintersportangebot sowie zahllose Holzschnitzarbeiten, denn die **Schnitzkunst** besitzt hier eine lange Tradition. Da sich das Ladinische hier erhalten konnte, spricht die Bevölkerung drei Sprachen. Wolkenstein (Selva) liegt am Fuße der Sella-Gruppe. Die den Taleingang bei Waidbruck bewachende Trostburg ist eng mit dem **ritterlichen Sänger Oswald von Wolkenstein** (1377–1445) verbunden, einer der schillerndsten literarischen Persönlichkeiten Südtirols.

St. Ulrich (Ortisei) ist Hauptort des Grödnertals. Hier kam im Jahr 1892 **Luis Trenker** zur Welt, der sich als Schauspieler, Regisseur, Architekt, Schriftsteller und natürlich als Bergsteiger mit der Bergwelt auseinandersetzte. Sein viel besuchtes Grab befindet sich gegenüber der St.-Anna-Kirche. Von St. Ulrich führt eine Kabinenbahn zur Seiseralm (Alpi di Siusi) hinauf, einer Hochfläche mit Hotels, Pensionen, Hütten und Skiliften.

★ ◄ Seiseralm

! *Baedeker* TIPP

Herrgott aus Holz

Wer in Gröden eine Holzfigur kaufen möchte, sollte zuvor im ladinischen Heimatmuseum oder im Kongresshaus in St. Ulrich vorbeischauen, wo man Qualität erkennen lernt.

Cortina d'Ampezzo am Fuß der Dolomiten

Hinter Canazei beginnt die Auffahrt zum 2239 m hohe **Pordoijoch** (Passo Pordoi). Über den höchsten Pass der Dolomitenstraße verläuft die Grenze zu Venetien. Hier bietet sich ein prachtvoller Ausblick: im Norden die Sella-Gruppe, im Osten die Ampezzaner Dolomiten mit der Tofana. Vom Pordoijoch führt eine Schwebebahn auf den 2950 m hohen Sasso Pordoi. Das weithin sichtbare runde Ehrenmal (Ossario; 1959) gedenkt der in den Weltkriegen gefallenen Soldaten.

Arabba

Die Dolomitenstraße zieht zunächst kurvenreich bergab und erreicht den am Fuße der Sellagruppe gelegenen, vor allem zum Wintersport besuchten Ort Arabba (1602 m). Von hier an folgt die Straße dem Buchensteintal (Livinallongo) und erreicht den gleichnamigen Hauptort, der vom **Col di Lana** (2462 m) überragt wird, dem Blutberg des Ersten Weltkriegs. Sein Gipfel war 1916 nach über einjähriger Belagerung von italienischen Truppen mitsamt den ihn besetzt haltenden Österreichern in die Luft gesprengt worden.

Hinter Buchenstein erklimmt die Straße in zahlreichen Serpentinen den **Falzaregopass**, wobei man die Einmündung der SS 203 passiert, die durch das Carodevoletal nach ►Belluno führt.

Der 2117 m hohe Falzaregopass wird im Westen vom Hexenstein (Sasso di Stria; 2477 m), im Osten von den bizarren **Fünf Türmen** (Cinque Torri; 2362 m) sowie im Süden vom Nuvolau (2575 m) überragt. Gut 5 km hinter der Passhöhe zweigt ein Weg zum Rifugio Cinque Torri (2131 m) ab, Stützpunkt zum Klettern in der gleichnamigen Felsgruppe. Rund 7 km hinter der Höhe des Falzarego-Passes zweigt ein Militärfahrweg zum Rifugio Cantore (2545 m) ab, dem Ausgangspunkt für die Ersteigung der 3244 m hohen Tofana.

? WUSSTEN SIE SCHON ...?

- ... dass der Ritterdichter Oswald von Wolkenstein im Alter von 10 Jahren sein Elternhaus im Grödnertal verließ und als Knappe durch Preußen, Rumänien, Türkei, Ungarn, Böhmen, Spanien, ja, möglicherweise sogar bis Persien zog?

Cortina d'Ampezzo

★★ Tondi di Faloria ►

Über Pocol erreicht man Cortina d'Ampezzo, das sich selbst zur Hauptstadt der Dolomiten erkoren hat. Hier fanden 1956 die Olympischen Winterspiele statt. Seither ist Cortina zwar etwas in die Jahre gekommen, trotzdem schwillt der 8000 Einwohner zählende Ort sommers wie winters auf bis zu 30 000 Menschen an. Das liegt an den **legendären Gipfeln** der Umgebung: Cristallo (bis 3221 m), Tondi di Faloria (2327 m), Sorapis (3205 m), Antelao (3263 m) und Tofana di Mezzo (3244 m), auf die teilweise Bergbahnen hinaufführen. Die Sehenswürdigkeiten sind schneller aufgezählt. Es sind zwei: die Pfarrkirche aus dem 18. Jh. mit Barockaltären, Fresken von Franz Anton Zeiller und gemalten Stuckaturen sowie die Casa de ra Regoles mit ihrer modernen Kunstgalerie und angeschlossenen Fossilien- und Volkskundesammlungen.

Ein Abstecher führt von Cortina über den Tre-Croci-Pass (1809 m) zum Misurina-See (Lago di Misurina) in 1735 m Höhe, der von den Drei Zinnen (Tre Cime di Lavaredo; 2998 m) überragt wird. Hier besteht die Möglichkeit, über Bruneck und Brixen nach Bozen, dem Ausgangsort dieser Tour, zurückzufahren (rund 125 km).

◄ Streckenvorschlag

Pieve di Cadore

Das über dem lang gestreckten, gleichnamigen **Stausee** gelegene Pieve di Cadore (4000 Einw.) ist der Geburtsort des Malers Tizian (1490–1576). Sein Geburtshaus befindet sich in der Via Arsenale. In der Pfarrkirche Santa Maria Nascente hängen einige seiner Gemälde, darunter eine Madonna mit Heiligen. Über die Brillenindustrie, wirtschaftlicher Schwerpunkt im Cadore-Tal, informiert ein kleines Brillenmuseum (Museo dell'Occhiale).

★ Elba · Isola d'Elba

K 10

Region: Toskana • Toscana
Fläche: 223 km²
Einwohnerzahl: 28 000
Provinz: Livorno
Höhe: bis 1018 m ü. d. M.

Abgesehen von Napoleon Buonaparte, der Elba so schnell wie möglich wieder verlassen wollte, fühlt sich wohl jeder auf dieser Insel wohl. Toskana-Liebhaber finden hier ein wunderbar mildes Klima und üppige mediterrane Vegetation, auf Sporttaucher wartet eine nahezu unversehrte Unterwasserwelt und die gut ausgebauten Häfen locken Segler an.

Ausführlich beschrieben im Baedeker Allianz Reiseführer »Elba«

Die größte Insel des Toskanischen Archipels, Elba, liegt 10 km südwestlich des Festlandshafens Piombino im Ligurischen Meer. Einst war sie für ihr **hochwertiges Erzvorkommen** berühmt, ein Schatz, den bereits die Etrusker zu nutzen verstanden. Nachdem die Hochöfen von Portoferraio im Zweiten Weltkrieg schwer bombardiert wurden, stellte man die Eisenhüttenindustrie ein. Auch Thunfischfang, Obst- und Weinbau spielen heute keine Rolle mehr. Seit rund drei Jahrzehnten leben die Bewohner vom Fremdenverkehr.

Unter vielen Flaggen

Die Geschichte Elbas ist eine Geschichte vieler Herren: Im 11. Jh. gehörte es den Pisanern, fiel 1284 an Genua, später an Lucca und 1736 an Spanien. 1814 überließ man die Insel dem entthronten **Napoleon**;

ELBA ERLEBEN

AUSKUNFT

Calata Italia 26
Portoferraio
Tel. 05 65 91 46 71
Fax 05 65 91 63 50
www.aptelba.it

ANREISE

Die meisten Urlauber wählen für die Anreise die Fährverbindung zwischen Piombino und Portoferraio. Die Autofähren der Gesellschaften Toremar und Moby Lines benötigen etwa eine Stunde und verkehren zwischen 6.00 und 22.30 Uhr. Außerdem bestehen Verbindungen von Piombino nach Cavo und Porto Azzuro, Zusätzlich verkehren Tragflächenboote nach Portoferraio und Cavo. In der Hauptsaison sollte man unbedingt reservieren:

Moby Lines Europe GmbH
Wilhelmstraße 36–38
D-65183 Wiesbaden
Tel. (06 11) 1 40 20, Fax 1 40 22 44
www.mobylines.de
Buchen dieser und anderer Linien auch im Reisebüro möglich

ESSSEN

► Preiswert

Lo Zodiaco
Via del Mare 21
Procchio
Tel. 05 65 90 76 30
Einfaches Lokal in Meeresnähe, gute Hausmannskost.

► Erschwinglich

Emanuele
Località Enfola, Portoferraio
Tel. 05 65 93 90 03; Ostern – Nov.
Fischvergnügen pur! Serviert werden die gegrillten Fische und Meerestiere im Freien mit Blick auf das Meer.

Übernachten

► Luxus

Hermitage
Via Biodola
Portoferraio–Biodola
Tel. 05 65 97 48 11
Fax 05 65 96 99 84
www.elba4star.it
Harmonisch in die Landschaft eingebettete Ferienhäuschen zwischen Strand und Felsen.

► Komfortabel

Belmare
Banchina IV. Novembre 21
Porto Azzurro
Tel. 0 56 59 50 12
Fax 05 65 92 10 77
www.elba-hotelbelmare.it
Ferienhotel an der Strandpromenade von Porto Azzuro, Zimmer teils mit Meerblick. Mountainbike-Touren.

► Günstig

Residence Da Pilade
Loc. Mola, Capoliveri
Tel. 05 65 96 86 35
Fax 05 65 96 89 26
www.hoteldapilade.it.
Familiäres Apartment-Hotel. Üppiges Frühstücksbüfett.

er verweilte hier vom 3. Mai 1814 bis zum 26. Februar 1815. Der Wiener Kongress sprach die Insel wieder dem Großherzogtum Toskana zu, 1860 kam sie zum Königreich Italien.

Elba Orientierung

★ Portoferraio

Portoferraio (lat. Eisenhafen; 11 500 Einw.), die Hauptstadt der Insel Elba und des gesamten Toskanischen Archipels, liegt auf einer Landzunge an einem **Naturhafen**. Während der Sommermonate herrscht in den Altstadtlokalen an der Via Garibaldi, um die Piazza della Repubblica, die Piazza Cavour und am Darsena-Hafen reger Betrieb.

Altstadt

Cosimo I de Medici ließ 1548 von den Architekten Bellucci und Camerini die wehrhaften Festungsanlagen Forte Stella und Forte Falcone errichten – Musterwerke militärischer Renaissancearchitektur. Man betritt die Altstadt durch die Porta a Mare und steigt auf zur Piazza della Repubblica. In der nahe gelegenen Via Napoleone steht die kleine Chiesa della Misericordia, in der neben einem Tino da Camaino zugeschriebenen Madonnenbild aus dem 13./14. Jh. auch ein Bronzeabguss der **Totenmaske Napoleons** zu sehen ist. Das gegenüber gelegene ehemalige Franziskanerkonvent aus dem 16. Jh. beherbergt die Pinacoteca Foresiana, die einzige Gemäldegalerie Elbas mit zahlreichen Stadtansichten und Landschaften der Insel.
Von hier geht es zur Piazza Napoleone, dem höchsten Punkt der Altstadt. Hier steht die Villa dei Mulini, ursprünglich ein Gerichts- und Gefängnisgebäude, das 1814 für Napoleon zu einer Stadtresidenz

Sandstrand von Cavoli

ausgebaut wurde. Ein Besuch lohnt schon wegen der schönen Aussicht; eines der wenigen Originalstücke ist das prunkvolle Himmelbett Napoleons.

Etwa 6 km südwestlich von Portoferraio, am Abhang des bewaldeten Monte San Martino, liegt die **eleganțe Sommerresidenz** Villa Napoleone. Acht schön eingerichtete Zimmer stehen im ersten Stock zur Besichtigung offen, darunter der ägyptische Saal, dessen Wandgemälde die napoleonischen Siege im Reich der Pharaonen verherrlichen. Unterhalb der Villa steht der 1852 von Fürst Anatolio Demidoff, einem Verwandten der Familie Bonaparte, im neoklassizistischen Stil errichtete Demidoff-Palast.

Fahrt über die Insel Elba

Procchio Marciana Marina

Über die **einladende Badebucht** von Procchio, die mit einem der schönsten Strände der Insel aufwartet, gelangt man wetslich zum Hafenstädtchen Marciana Marina (2000 Einw.), dessen Hafen von einem markanten Sarazenenturm aus dem 12. Jh. beherrscht wird.

*** Marciana Alta**

Auf kurven- und steigungsreicher Strecke erreicht man 4 km landeinwärts inmitten schöner Kastanienwälder Elbas Zentrum für Weinproduktion. Das kleine Dorf Marciana Alta (374 m; 2300 Einw.) bezaubert durch seine verwinkelten Gässchen und die Überreste einer alten pisanischen Festung, die um 1450 von der Familie Appiani ausgebaut wurde. Weiter zurück in die Geschichte geht es im Archäologischen Museum in der Via del Pretorio, wo etruskische und römische Ausgrabungsfunde zu sehen sind. Danach bietet sich ein Spaziergang hinauf zur 672 m hoch gelegenen Wallfahrtskapelle Madonna del Monte aus dem 16. Jh. an.

? WUSSTEN SIE SCHON ...?

- Auch rund 180 Jahre nach dem Tod Napoleons sorgt man auf Elba für das Seelenheil des ehemaligen Imperators. In der Chiesa della Misericordia wird jährlich am 5. Mai, dem Todestag Bounapartes, Seelenmesse gelesen.

Monte Capanne

Höchste Erhebung der Insel ist der 1018 m aufragende Monte Capanne, zu dem eine Kabinenbahn von Marciana aus pendelt. Der Aufstieg zu Fuß dauert von Poggio etwa 3 Stunden. Oben angekommen bietet sich ein großartiges Panorama des gesamten Archipels.

Weiterfahrt

Über die Bergdörfer Poggio, Sant'Illario und San Piero in Campo (letzteres mit einer sehenswerten romanischen Kirche mit Fresken aus dem 14./15. Jh.) führt die Fahrt zu dem viel besuchten Ferienort Marina di Campo (4100 Einw.). Sein **2 km langer Sandstrand** zieht Surfer, Taucher und Sonnenanbeter ebenso an wie Nachtschwärmer, die in Bars und Restaurants auf ihre Kosten kommen. Von der Schönheit der Unterwasserwelt kann man sich ohne Taucherbrille im außerhalb gelegenen Aquarium M 2 begeistern lassen.

◄ Marina di Campo

✶ **Capoliveri**

Noch mehr Strände erwarten die Urlauber am Golf von Lacona und dem Golfo Stella. Von hier aus lohnt ein Abstecher in das hübsche Bergdorf Capoliveri (167 m; 2700 Einw.), das einst für seine Eisenerz- und Mineralvorkommen berühmt war. Heute besticht es durch **romantische Gässchen** und einladende Bars und Geschäfte.

✶ **Porto Azzurro**

Einige Kilometer nordöstlich erstreckt sich malerisch an einer langen Bucht das im 17. Jh. von Spaniern befestigte Fischerstädtchen Porto Azzurro mit seinem berühmten **azurblauen Hafen** und dem um 1603 gebauten sternförmigen Fort Longone – heute ein Gefängnis.

Rio Marina

Nächster Halt ist der ehemalige Erzverladehafen Rio Marina (3000 Einw.). Bereits die rostroten Häuserfassaden an der platanengesäumten Hauptstraße zeugen vom hohen Eisenoxydgehalt der nahen Bergwerke. Mineralienfreunde können sich im Rathaus über Fundstätten und aufgelassene Erzgruben informieren.

✶ **Volterraio**

Bevor man wieder in Portoferraio eintrifft, erblickt man schon von weitem die mittelalterliche Felsenburg Volterraio, die wie ein Adlerhorst auf einem hohen Bergkegel thront. Errichtet wurde die einsame Fluchtburg von den Pisanern um 1284, das äußere Bollwerk entstand im 17. Jh. Eine enge kurvenreiche Straße führt hinauf, dann geht es ca. 30 Min. zu Fuß weiter (festes Schuhwerk nötig) – ein Marsch, der mit einer fantastischen Aussicht belohnt wird.

Toskanischer Archipel · Arcipelago Toscano

Parco Nazionale dell'Arcipelago Toscano

Der Toskanische Archipel besteht aus sieben Hauptinseln und mehreren kleinen Inselchen, die zwischen der Küste und der Insel Korsika liegen. Zum Schutz von Flora und Fauna wurde bereits 1990 ein Teil des Archipels zum **Nationalpark** erklärt, der 1998 erheblich erweitert wurde.

Inseln

Auf den schönen Inseln befanden sich lange Zeit Gefängnisse. Inzwischen sind die Strafanstalten von Capraia und Pianosa geschlossen, die Buchten bevölkern vor allem Taucher und Schnorchler. Einzig Gorgona ist noch Gefängnisinsel und darf nur mit Genehmigung besucht werden. Das Gleiche gilt für die streng naturgeschützte Insel Montecristo.

? WUSSTEN SIE SCHON ...?

- Montecristo wurde durch Alexandre Dumas' Roman »Der Graf von Monte Cristo« weltberühmt. Dumas macht die kleine Insel zum Hort eines gewaltigen Schatzes, der es dem jahrelang unschuldig eingekerkerten Seemann Edmont Dantes ermöglicht, als reicher Graf an seinen Feinden grausam Rache zu üben.

Die **schroffe Felseninsel Giglio**, insbesondere die drei Inseldörfer Porto, Castello und Campese im Norden, steht bei italienischen Badeurlaubern hoch im Kurs. Mehrmals täglich wird sie von Porto S. Stefano aus angelaufen. Ankunftshafen ist Giglio Porto. Castello, Hauptort und Verwaltungssitz der Insel, thront mit seinen in die Befestigungsmauer gehauenen Häusern trutzig auf einer Anhöhe. Malerisch gibt sich das Fischerdörfchen Campese mit der gefälligen Baia del Campese, die vom 1705 errichteten Torre de Campese begrenzt wird. In Campese erstreckt sich der längste und im Sommer entsprechend überfüllte Strand der Insel. Die Südküste Giglios birgt dagegen noch eine ursprüngliche Naturlandschaft. An der Ostküste drängen sich die alten Bauten von Giglio Porto fächerförmig auf einem schmalen Küstenstreifen. Der wuchtige Torrre del Porto stammt aus dem Jahr 1596.

** Ferrara

F 13

Region: Emilia-Romagna
Provinz: Ferrara
Höhe: 10 m ü. d. M.
Einwohnerzahl: 133 000

Ferrara wäre heute vermutlich ein unbedeutendes Nest – hätte es nicht die Familie Este gegeben, ein hoch gebildetes, prunksüchtiges und selbstsüchtiges Adelsgeschlecht, das in der Renaissance die Stadt aufs Prächtigste ausbauen ließ, mitunter auf Kosten der Bevölkerung. Die Zeit hat das Blatt gewendet: Die Este sind ausgestorben und die Bürger erobern auf Fahrrädern die Innenstadt.

Reizvolle Renaissancestadt

In Mittelalter und Renaissance war Ferrara gleichbedeutend mit Mailand, Florenz und Venedig, und aus dieser Zeit hat sich glücklicherweise das Stadtdbild erhalten. Eine fast 9 km lange Mauer umgibt das nahezu autofreie Zentrum, dessen Mittelpunkt eine mächtige **Wasserburg** einnimmt. Im Süden liegt das Gassen- und Häusergewirr des mittelalterlichen Ferrara, im Norden folgt die Renaissancestadt mit geraden, rechtwinklig angelegten Straßen, die von Palästen gesäumt werden. Seit 1995 ist Ferrara UNESCO-Weltkulturerbe.

Geschichte

Ferrara lag ursprünglich am Po, der jedoch nach einer verheerenden Überschwemmung 1152 seinen Lauf änderte. Die Stadt kam 1264 unter die Herrschaft Obizzo II. d'Este, dessen Nachkommen die folgenden 300 Jahre ihr Schicksal bestimmten. Sie bauten Ferrara zur **Wirtschaftsmacht und zum Kultur- und Kunstzentrum** auf. Große

Ferrara Orientierung

Übernachten
1. Duchessa Isabella
2. Principessa Leonora
3. Ripagrande
4. Europa
5. De Prati

Essen
1. Il Don Giovanni
2. Max
3. Borgonatto
4. Antica Trattoria Volano
5. Osteria al Brindisi

Dichter und Künstler verkehrten am ferraresischen Hof, u. a. die Dichter Ariost (1474–1533) und Torquato Tasso (1544–1595). Ende des 15. Jh.s ließ Ercole I die Stadt nach Plänen des Renaissance-Architekten Biagio Rossetti (um 1447–1516) fast um das Doppelte vergrößern. Hundert Jahre später endete der dynastische Glanz, als der letzte Regent kinderlos starb und Ferrara an den Kirchenstaat fiel.

FERRARA ERLEBEN

AUSKUNFT

Castello Estense
44100 Ferrara
Tel. 05 32 20 93 70, Fax 05 32 21 22 66
www.ferraraturismo.it
www.provincia.fe.it

ESSEN

► Fein & Teuer

① ***Il Don Giovanni***
Corso Ercole I D'Este, Ferrara
Tel. 05 32 24 33 63; Mo. geschl.
Modernes, elegantes Gourmetrestaurant in der ehemaligen Börse. Mit seinen ausgefallenen Kreationen hat sich der Küchenchef bereits einen Michelin-Stern erkocht.

► Erschwinglich

② ***Max***
Piazza Repubblica 16, Ferrara
Tel. 05 32 20 93 09; Mo. geschl.
Relativ junges Restaurant im historischen Stadtkern, das für vorzügliche Fischgerichte und ein reichhaltiges Käseangebot bekannt ist.

③ ***Borgomatto***
Via Concia 2, Ferrara
Tel. 05 32 24 05 54
Etwas versteckt in einer kleinen Gasse im Zentrum liegt diese charmante Trattoria, die hervorragende regionale Küche mit moderner Note zu bieten hat.

► Preiswert

④ ***Antica Trattoria Volano***
Via Volano 20, Ferrara
Tel. 05 32 76 14 21; Fr. geschl.
Seit mehr als dreißig Jahren führt Signora Maria Teresa Cenacchi diese reizende, herrlich altmodische Trattoria am Rand der Altstadt beim Flussufer. Hier können Sie die unverfälschte Küche Ferraras kosten.

⑤ ***Osteria al Brindisi***
Via Adelardi 11, Ferrara
Tel. 05 32 05 32 20 91 42
In der angeblich ältesten Osteria der Welt locken eine reiche Auswahl an italienischen Weinen und lokale Köstlichkeiten wie Pampepato.

ÜBERNACHTEN

► Luxus

① ***Duchessa Isabella***
Via Palestro 70
44100 Ferrara
Tel. 05 32 20 21 21
Fax 05 32 20 26 38
www.duchessaisabella.it
Hotel in einem Palast des 15. Jh. Antiquitäten, Gemälde und edle Stoffe geben dem luxuriösen Haus einzigartiges Flair, prächtiger Speisesaal.

Baedeker-Empfehlung

② ***Principessa Leonora***
Via Mascheraio 39
44100 Ferrara
Tel. 05 32 20 60 20
Fax 05 32 24 27 07
www.principessaleonora.it
Ein Wohnhaus aus dem 16. Jh. beherbergt dieses entzückende Hotel, das mit wunderschönen Stilmöbeln und Antiquitäten eingerichtet ist. Restaurant im Haus.

► Komfortabel

③ ***Ripagrande***
Via Ripagrande 21
44100 Ferrara
Tel. 05 32 76 52 50, Fax 05 32 76 43 77
www.ripagrandehotel.it
Moderner Komfort in einem Renaissancepalast an der mittelalterlichen Prachtstraße. Ohne Restaurant.

④ ***Europa***
Corso della Giovecca 49
44100 Ferrara
Tel. 05 32 20 54 56
Fax 05 32 21 21 20
www.hoteleuropaferrara.com
Palazzo mit teils originalen Fresken, geräumige Zimmer zur Straße mit antiker Möblierung und kleinere, etwas günstigere Zimmer zum Hof.

► **Günstig**

⑤ ***De Prati***
Via Padiglioni 5
44100 Ferrara
Tel. 05 32 24 19 05
Fax 05 32 24 19 66
www.hoteldeprati.com
Reizendes Hotel in einer Seitenstraße der Fußgängerzone, das mit viel moderner Kunst dekoriert ist. Wohnliche Zimmer.

Das hatte schwere Folgen. In den nächsten 20 Jahren wanderte ein Drittel der Ferraresi ab, die Stadt versank in der Bedeutungslosigkeit – nicht zuletzt deshalb blieb sie so, wie sie war.

★★ Città vecchia

★ **San Giorgio**

Der Dom San Giorgio entstand zwischen dem 12. und 14. Jh. Ältester Bauteil ist die dreiteilige Fassade aus weißem und rosa Marmor, deren unterer Bereich noch im lombardisch-romanischen Stil gearbeitet ist, während die oberen Zonen bereits gotische Elemente aufweisen. Den Kampanile entwarf im 15. Jh. der berühmte Architekt **Leon Battista Alberti**. Die Arkadenreihe an der rechten Kirchenseite, Loggia dei Merciai genannt, stammt aus derselben Zeit.
Im Innern erwartet den Besucher ein barockisierter, mit Gemälden der Ferrareser Schule geschmückter Kirchenraum. Das Jüngste Gericht in der Apsis schuf 1580 Fillippo Lippi.

★ ◄ Dommuseum

Gemälde von Cosmè Tura, feinste Gobelins aus dem 16. Jh. sowie ein Madonnengemälde von Jacopo della Quercia hütet das Dommuseum, das sich über der Vorhalle der Kathedrale befindet.

Palazzo Comunale

Im Palazzo Comunale gegenüber, 1243 erbaut, residierten die Este, bevor sie ins benachbarte Castello zogen. Die beiden Bronzestatuen am Eingang stellen Niccolò III. d'Este und seinen Sohn Borso dar.

★ **Castello Estense**

Mit dem Bau des Castello Estense begann man 1385, die Arbeiten an dem von Wassergräben eingefassten Backsteinbau mit vier starken Ecktürmen zogen sich allerdings rund 200 Jahre hin, u. a. weil die Este in der Zwischenzeit die Festung in einen Renaissancepalast umwandeln wollten. Einige Räume können besichtigt werden, darunter drei Säle mit Fresken von Camillo Filippi aus dem 16. Jh.
Beim Kastell liegt die Piazza **Savonarola** mit einem Denkmal des 1452 in Ferrara geborenen Reformators, der seine Zeitgenossen durch Bußpredigten aufzurütteln suchte und 1498 in Florenz auf dem Scheiterhaufen endete.

Unverwechselbar: das Westwerk des Doms in Ferrara

★ **Città rinascimentale**

Der von schönen **Renaissancepalästen** gesäumte Corso Ercole d'Este führt in die Renaissancestadt. Durch die sog. Addizione Erculea (die unter Ercole veranlasste Stadterweiterung) wurde Ferrara – gemäß einer These des Historikers Jacob Burckhardt – die erste moderne Stadt Europas; auf den Wink der Fürsten entstanden große, regelmäßig angelegte Quartiere, in denen systematisch Beamtenschaft und Industrie angesiedelt wurden; reiche Flüchtlinge aus ganz Italien, zumal Florentiner, sahen sich geradezu genötigt, hier ihre Paläste zu bauen. Drei dieser Palazzi findet man an der Kreuzung Corso Rosetti/Corso di Porta Mare, u. a. den um 1500 erbauten Palazzo Sacrati mit schönem Portal.

★ **Palazzo dei Diamanti**

Hier steht auch der im 16. Jh. erbaute Palazzo dei Diamanti mit seinen über 12 300 diamantartigen Marmorquadern. Im Haus ist eine Pinakothek untergebracht, die einen umfassenden Überblick über die Malerei in Ferrara, Venedig und in der Emilia zwischen dem 13. und 18. Jh. erlaubt. Zu ihren Hauptwerken zählen u. a. zwei Rundbilder von Cosmè Tura und der Marientod von **Carpaccio**.

Palazzo Massari

In dem Ende des 16. Jh.s erbauten Palazzo Massari ist das Boldoni-Museum mit Bildern Giovanni Boldonis (1842–1931) und anderer Ferrarer Künstler sowie die Civica Galleria d'Arte Moderna untergebracht.

Haus des Ariost ▶

Nordwestlich von hier erreicht man in der Via Ariosto 65 das Haus des Dichters Ariost (Casa dell' Ariosto), heute ein Kulturzentrum.

★ ◄ Palazzo Schifanoia

Der Palazzo Schifanoia mit seinem doppelgeschossigen Marmorportal entstand 1385 als **Lustschloss** (gegen die Langeweile = ital. schifanoia; Via Scandiana 23). Heute ist er Sitz des Museo Civico. Zu den schönsten Werken im Haus gehört ein leider unvollständiger Freskenzyklus mit Alltagsszenen im Salone dei Mesi, ein Hauptwerk der Malschule von Ferrara.

Der nahe gelegene **Palazzo di Ludovico il Moro**, auch Palazzo Costabili genannt, wurde Ende des 15. Jh.s für den Herzog von Mailand und Ehemann der Beatrice d'Este gebaut, der aufgrund seiner dunklen Hautfarbe »der Mohr« genannt wurde. Heute ist in seinem Palast das Archäologische Museum (Via 20. Settembre 124) untergebracht. Ausgestellt werden Funde aus der griechisch-etruskischen Stadt Spina bei Comacchio im Po Delta und griechische Vasen aus Attika.

> ! *Baedeker* TIPP
>
> **Schöner Wohnen**
>
> Eine lebendige Vorstellung von der Wohnkultur der Renaissance vermittelt ein Besuch der Palazzina di Marfisa d'Este. Der einstige Wohnsitz der Este-Tochter mit seinen historischen Möbeln und einem zauberhaft ausgemalten Wintergarten ist heute Museum.

Umgebung von Ferrara

★ Delta del Po

Im Po-Delta strömen alle Arme des Flusses samt seiner Nebenflüsse aus dem Apennin zusammen. Es ist das größte Feuchtgebiet Italiens und steht zu großen Teilen unter Naturschutz (Parco Nazionale del Delta del Po). In dieser Gegend erstreckte sich einst der riesige **Bosco della Mesola**, der das ganze Delta bedeckte und von dem heute noch ein streng geschützter Rest erhalten ist.

Das örtliche Umweltstudienzentrum befindet sich im mächtigen Castello delle Robinie, das im 16. Jh. als Jagdschloss für die Este gebaut wurde. Ausflugsschiffe ins Delta starten u. a. in den Dörfern Goro, Gorino und Porto Tolle.

★★ Abbazia S. Maria di Pomposa

Nachdem Benediktinermönche das sumpfige Umland urbar gemacht hatten, gründeten sie im 7. Jh. das **Kloster Santa Maria di Pomposa**. Es spielte im Mittelalter im Kultur- und Geistesleben eine wichtige Rolle, u. a. erfand hier im 11. Jh. der Mönch Guido von Arezzo die heute noch gebräuchliche Notenschrift. Besonders schön ist die frühromanische Klosterkirche S. Maria, ein Backsteinbau, dessen Inneres ein teilweise erhaltenes Fußbodenmosaik aus dem 11. Jh. sowie herrliche Fresken aus dem 14. Jh. zieren.

★ Comacchio

Comacchio (21 500 Einw.), ein malerisches Fischerstädtchen an einer Lagune rund 55 km südöstlich von Ferrara, ist der Hauptort der heute zum großen Teil trockengelegten Sumpflandschaft Valli di Comacchio. Wie Venedig und Chioggia wurde der Ort auf Inseln erbaut. Hauptsehenswürdigkeit ist die sog. Trepponti, eine Brücke über vier sich kreuzende Kanalarme (1634). Kulinarische Spezialität sind Aale (anguille), die in den Valli, den Seen, Lagunen und Flussarmen gezüchtet und mit den Lavorieri genannten Netzen gefangen werden.

Sette Lidi di Comacchio ►

Ganz in der Nähe liegen die Lidi di Comacchio, sieben großflächige Badeorte, die durch einen mit vielen Pinien besetzten Strandstreifen miteinander verbunden sind.

✶✶ Florenz · Firenze

H 12

Region: Toskana • Toscana
Höhe: 49–70 m ü. d. M.
Provinz: Florenz • Firenze
Einwohnerzahl: 386 000

Gibt es eine zweite Stadt, in der »Dolce far niente« und Kunstgenuss eine so wunderbare Liaison eingehen wie in Florenz, wo Reichtum und Macht, Geist und schöpferische Fantasie eine Fülle von Kunstschätzen hervorgebracht haben? Kein Wunder, dass man pro Jahr über 6 Mio. Übernachtungen von Besuchern zählt, die mit hohen Erwartungen an- und meist zufrieden abreisen.

Geschichte

8. Jh. v. Chr.	Etrusker siedeln in der Region.
59 v. Chr.	Die Römer gründen »Florentia«.
12. Jh.	Florenz wird autonome Stadt.
1434	Mit Cosimo d. Ä kommt die Familie Medici an die Macht. Ihm folgt 1469 sein Enkel Lorenzo »il Magnifico«.
1494	Die Medici werden vertrieben. Savonarola errichtet einen theokratischen Staat.
1531	Alessandro de Medici wird Herzog von Florenz.
1737	Die Stadt geht als Reichslehen an das Haus Lothringen.
1865–1871	Florenz ist Hauptstadt des neuen Königreichs Italien.
1944	Deutsche Soldaten sprengen die Arnobrücken.
1993	Bei einem Bombenanschlag auf die Uffizien sterben sechs Menschen, viele Kunstwerke werden beschädigt.

Ausführlich beschrieben im Baedeker Allianz Reiseführer »Florenz«

Bereits Anfang des 13. Jh.s stand die Stadt in Mittelitalien wirtschaftlich an der Spitze. Ihr Einfluss wuchs, als 1434 die reiche Kaufmannsfamilie **Medici** an die Macht kam, deren bedeutendste Mitglieder Cosimo d. Ä. (reg. 1434–1464) und Lorenzo »il Magnifico« (der Prächtige, reg. 1469–1492) die Republik zu einem **Zentrum für Wirtschaft, Kunst und Wissenschaft** ausbauten. 1494 wurden sie von der freiheitsliebenden Bevölkerung, die die Machtlust der Medici fürchtete, vertrieben. Ihr prominentester Gegner, der Bußprediger **Girolamo Savonarola**, endete jedoch schon 1498 auf dem Scheiterhaufen.

»La Bella«, wie die Toskaner Florenz nennen, liegt malerisch zu beiden Seiten des Arno.

1512 kehrten die Medici triumphierend zurück um 15 Jahre später erneut das Weite zu suchen. Nach der Einnahme der Stadt durch Kaiser Karl V. 1531, bestätigte sich der lange gehegte Verdacht: Alessandro de' Medici (1537 ermordet) ließ sich als erblicher Herzog einsetzen. Sein Nachfolger **Cosimo I** wurde 1569 gar Großherzog der Toskana. Die Zeit der Republik war endgültig vorbei. Nach dem Aussterben der Medici kam das Land 1737 als erbliches Reichslehen an das Haus Lothringen, das mit kurzer Unterbrechung bis 1860 herrschte. Nun schloss sich die Toskana dem neuen Italien an und erlebte als Hauptstadt des Königreichs 1865–1871 einen bedeutenden Aufschwung.

◄ Florenz nach 1945

Abgesehen von den Ende 1944 durch das deutsche Militär gesprengten Arnobrücken, von denen die schönste, der Ponte Vecchio, glücklicherweise erhalten blieb (die anderen wurden z. T. im alten Stil wieder aufgebaut), überstand die Stadt den Zweiten Weltkrieg fast unversehrt. Das Hochwasser im November 1966 verursachte jedoch sehr schwere Schäden und kostete zahlreiche Menschen das Leben. Am 27. Mai 1993 zog ein Bombenanschlag, bei dem fünf Menschen getötet wurden, die Uffizien in Mitleidenschaft, über 200 Gemälde und Skulpturen wurden beschädigt, einige sogar zerstört.

Literatur

Auf literarischem Gebiet verbindet man mit Florenz vor allem den Namen **Dante Alighieris** (1265–1321), des Schöpfers der »Göttlichen Komödie«, ferner **Giovanni Boccaccio** (1313–1375), dessen Erzählungen im »Decamerone« vorbildlich für den italienischen Prosastil wurden. **Francesco Petrarca** (1304–1374) schließlich war ein Wegbereiter des Humanismus und schuf mit seinen Sonetten an die unerreichbare, geliebte Laura eine eigene literarische Tradition.

Bildende Kunst Seit dem Ende des 13. Jh.s führte Florenz die Entwicklung der bildenden Künste an. Wegbereiter der **Renaissancearchitektur** wurde Filippo Brunelleschi (1377–1446) der durch sein Studium der antiken Baukunst die Zentralperspektive wiederentdeckte; ihm folgte der Kunsttheoretiker und Architekt Leon Battista Alberti (1404–1472).

Bildhauerei ► Unter den **Bildhauern** machten Lorenzo Ghiberti (1378–1455) und Lucca della Robbia (1400–1482) von sich reden. Der innovativste Geist des Jahrhunderts aber war Donatello (1386–1466), dessen Spektrum von der kühlen Renaissanceästhetik bis zu einem ergreifenden Expressionismus reicht.

Unter den **Malern** ragt Giotto (1266–1337), Vater der neuen Malerei, heraus, der am Dom seine Tätigkeit begann. Wegweisend für die perspektivische Renaissancemalerei wurde Masaccio (1401–1428). Die religiöse Richtung vertritt Fra Angelico (1387–1455), Schöpfer lieblicher Madonnen, der auch auf Fra Filippo Lippi (1406–1469) Einfluss hatte. Den Höhepunkt der Florentiner Frührenaissance bezeichnen Sandro Botticelli (1444–1510), Fra Filippos Sohn Filippino Lippi (um 1459–1504) und Domenico Ghirlandaio (1449–1494).

Florenz prägte auch die drei großen Meister der Hochrenaissance: Leonardo da Vinci und Michelangelo erhielten in Florenz ihre Ausbildung, Raffael befreite sich hier von der Befangenheit seiner Lehrjahre.

? WUSSTEN SIE SCHON ...?

- ... dass der Maler-Mönch Filippo Lippi ein ausschweifendes, bisweilen kriminelles und durchgängig unkeusches Leben führte? Immerhin: Seiner Liebesaffäre mit einer Nonne verdankt die Welt einen weiteren hochtalentierten Maler: Filippino Lippi.

Highlights Florenz

Dom, Campanile und Baptisterium
Das weltberühmte Ensemble aus farbigem Marmor ist das Wahrzeichen von Florenz. seit 1982 Weltkulturerbe der UNESCO.
► Seite 310

Piazza della Signoria
Der Platz vor dem Palazzo Vecchio ist der geschichtsträchtigste Ort der Stadt. Heute trinkt man dort entspannt Cappuccino.
► Seite 311

Uffizien
Ein Tag genügt kaum, um diesen Musentempel zu ergründen. Am besten, man stellt sich vorab eine »Reiseroute« durch die Räume zusammen.
► Seite 314

Ponte Vecchio und Altstadt
Florenz bietet prachtvolle Einkaufsstraßen, die längste Tradition aber haben die Goldschmiede auf dem Ponte Vecchio.
► Seite 314

Palazzo Pitti und Boboligärten
Gleich mehrere Museen unter einem Dach und vor der Tür die größte Grünanlage der Arnometropole: Der ehemalige Palast der Medici ist eine Wohltat für Geist und Sinne.
► Seite 316

Galleria dell'Accademia
Sie wollen Michelangelos David im Original sehen? Hier steht er!
► Seite 322

Florenz *Orientierung*

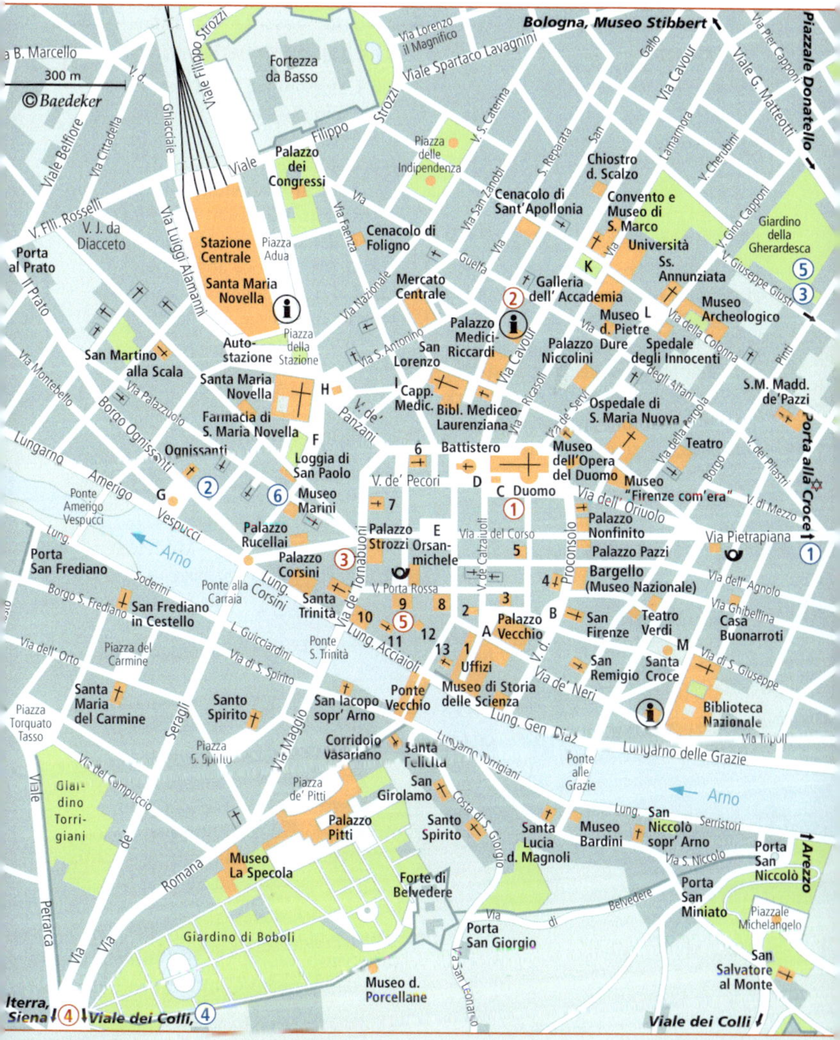

Piazza della Signoria
Piazza San Firenze
Piazza del Duomo
Piazza San Giovanni
Piazza della Repubblica
Piazza Santa Maria Novella
Piazza Ognissanti

H Piazza dell' Unità Italiana
I Piazza Madonna degli Aldobrandini
K Piazza San Marco
L Piazza della Santissima Annunziata
M Piazza Santa Croce

1 Loggia dei Lanzi
2 Palazzo Fenzi
3 Palazzo Uguccione
4 Badia Fiorentina
5 Casa di Dante
6 Santa Maria Maggiore
7 San Gaetano
8 Mercato Nuovo
9 Palazzo Davanzati
10 Palazzo Spini-Ferroni
11 Santi Apostoli
12 Palazzo di Parte Guelfa
13 Santo Stefano

sen

) Il Cibreo
) Sostanza
③ Zá Zá
④ Pizzeria Antica Porta
⑤ Trattoria Mario
⑥ Il Latini

Übernachten

① Brunelleschi
② Il Guelfo Bianco
③ Beacci Tornabuoni
④ Villa Mangiacane
⑤ Alessandra

FLORENZ ERLEBEN

AUSKUNFT

Via Manzoni 16, Florenz
Tel. 05 52 33 20, Fax 05 52 34 62 86
Via Cavour 1, Florenz
Tel. 0 55 29 08 32, Fax 05 52 76 03 83
www.firenzeturismo.it

MIT DEM AUTO IN DIE STADT

Das Zentrum ist verkehrsberuhigt, Hotelgäste dürfen zur Gepäckabgabe vorfahren, das Auto stellt man am besten auf einem bewachten Parkplatz ab. Rabatte für Hotelgäste sind möglich. Zentral, aber teuer ist die Parkgarage am Hauptbahnhof. Tipp: Parkhaus Parterre oberhalb der Piazza della Libertà, ca. 15 € pro Tag, Sa. kostenloser Shuttlebus ins Zentrum.

Mächtige Pfeiler tragen den Ponte Vecchio, die älteste Brücke in Florenz, die den Arno an seiner schmalsten Stelle überspannt.

STADTBUSSE

verkehren regelmäßig im gesamten Stadtgebiet. Tickets am Bahnhof, in Bars und an Kiosken, aber nicht im Bus! Empfehlenswert: Touristenkarte für 1, 2, 3 Tage bzw. 1 Woche. Fahrpläne beim APT-Büro.

VERANSTALTUNGSTIPPS

Am Ostersonntag feiert man den »Scioppio del Carro«, bei dem am Altar des Doms eine Rakete in Taubenform entzündet wird.
Der »Calcio in Costume« ist ein Ballspiel in historischen Kostümen, das in der Regel am 24. Juni auf der Piazza Santa Croce abgehalten wird. Alle Veranstaltungen des laufenden Monats finden Sie im Stadtmagazin »Firenze Spettacolo«.

EINKAUFEN

Florenz ist ein Mekka für Mode, Lederwaren, Stoffe, Delikatessen und Schmuck, aber auch sündhaft teuer. Haupteinkaufsstraße ist die Via Calzaiuoli. Das Herz der Modewelt schlägt in der Via Tornabuoni samt angrenzender Gassen. Schuhe findet man im Borgo San Lorenzo oder in der Via Cerretani, Schmuck auf dem Ponte Vecchio, Antiquitäten im Borgo Ognissanti, in der Via Maggio und in der Via Fossi. Schöne Märkte sind der Mercato San Lorenzo, Via dell'Ariento, und der Mercato Centrale.

ESSEN

► Fein & teuer

① ***Il Cibreo***
Via Andrea Verocchio 80, Florenz
Tel. 05 52 34 11 00; So., Mo. geschl.
Im Feinschmeckerlokal unweit vom Markt Sant'Ambrogio muss vorab reserviert werden.

► Erschwinglich

② ***Sostanza***
Via del Porcellana 25, Florenz
Tel. 0 55 21 26 91
Traditionsreiches Florentiner Gasthaus, wo schon Chagall und Steinbeck aßen; Tipp: Bisteca alla fiorentina.

③ ***Zà Zà***
Piazza del Mercato Centrale 26, Florenz, Tel. 0 55 21 54 11
Gutbesuchtes Lokal mit fantasievoller Florentiner Küche. Unbedingt reservieren!

⑥ ***Il Latini***
Via dei Palchetti 6, Florenz
Tel. 0 55 21 09 16; Mo. geschl.
Von der Decke baumeln die Schinkenkeulen und auf den Tellern liegt die berühmte Bistecca fiorentina, ein 2–3 cm dickes Lendenstück, das nur mit Olivenöl gewürzt wird. Aber es gibt auch leichtere Gerichte.

► Preiswert

⑤ ***Trattoria Mario***
Via Rosina 2/R, Florenz
Tel. 0 55 21 85 50
Dieser typische Familienbetrieb ist sehr beliebt – bei vollem Restaurant wartet man auf dem Gehweg, bis der Patrone zu Tisch bittet.

④ ***Pizzeria Antica Porta***
Via Senese 23/R, Florenz
Tel. 0 55 22 05 27
Unter Florentinern ist schon lange bekannt, dass man hier hervorragende Pizzen bekommt.

ÜBERNACHTEN

► Luxus

④ ***Villa Mangiacane***
San Casciano, Via Faltignano 4
50026 Firenze
Tel. 05 58 29 01 23, Fax 05 58 29 03 58
www.villamangiacane.it
Komplett renovierte Renaissancevilla auf einem Hügel inmitten von Olivenhainen und Weinbergen. Von der Loggia aus genießt man einen unvergesslichen Blick auf die 12 km entfernte Arnostadt.

① ***Brunelleschi***
Piazza Sant'Elisabetta 3
50122 Firenze
Tel. 05 52 73 70, Fax 05 521 96 53
www.hotelbrunelleschi.it
Byzantinischer Turm im Herzen von Florenz. Ein Privatmuseum informiert über Turmgeschichte und Namensgeber. Herrliche Dachterrasse.

► Komfortabel

Baedeker-Empfehlung

② ***Il Guelfo Bianco***
Via Cavour 29, 50125 Firenze
Tel. 0 55 28 83 30, Fax 0 55 29 52 03
www.ilguelfobianco.it
Renoviertes Patrizierhaus aus dem 18. Jh. mit hübschen Gästezimmern im florentinischen Stil.

⑤ ***Hotel Alessandra***
Borgo SS Apostolo 17, 50123 Firenze
Tel. 0 55 28 34 38, Fax 0 55 21 06 19
www.hotelalessandra.com
Ruhiges Hotel in einer stillen Seitenstraße zwischen Ponte Vecchio und Santa Trinità. Helle und freundliche Zimmer, einige ohne Bad.

③ ***Beacci Tornabuoni***
Via de Tornabuoni 3, 50100 Firenze
Tel. 0 55 21 26 45, Fax 0 55 28 35 94
www.bthotel.it
Zentral gelegene Pension in der renommierten Einkaufsmeile Frühstück auf der Dachterrasse.

Vom Duomo zum Palazzo Pitti

Touristische Hauptachse

Die touristische **Hauptachse** von Florenz führt vom Domplatz durch die Via dei Calzaiuoli zur Piazza della Signoria, von dort geht es weiter über den Ponte Vecchio zum Palazzo Pitti und den Boboli-Gärten. Dom, Kampanile und Baptisterium sind beherrschende, ja überwältigende Elemente im historischen Florenz, das seit 1982 auf der UNESCO-Liste des Weltkulturerbes steht.

✶✶ Duomo S. Maria del Fiore

Der Dom, der seinen Namen der Wappenblume von Florenz – der Lilie – verdankt, ist ein mächtiger, gotischer Bau, 1296 von Arnolfo di Cambio begonnen, ab 1357 von Francesco Talenti weitergeführt und 1436 geweiht. Die Fassade wurde erst 1875–1887 ausgeführt. Die große achtseitige, **doppelschalige Kuppel**, die zwischen 1420 und 1434 entstand, ist das kühne Meisterwerk von Filippo Brunelleschi. Sie ist 91 m hoch, einschließlich der 1461 vollendeten Laterne sogar 114,4 m. Das Fresko des Jüngsten Gerichts (1572–1579) stammt von Giorgio Vasari. Es lohnt sich, die Laterne zu besteigen, denn von dort bietet sich ein herrliches Panorama. Eine Treppe hinter dem Domeingang führt zu den seit 1965 freigelegten Resten der Kathedrale S. Reparata hinunter, der Vorgängerkirche aus dem 4./5. Jh. (Öffnungszeiten: Mo. bis Mi. und Fr. 10.00–17.00 Uhr, Do. und Sa. 10.00–15.30 Uhr, So. 13.30–16.45 Uhr.)

✶✶ Kampanile

Der 82 m hohe Kampanile, 1334 unter Giotto begonnen und 1359 vollendet, gehört mit seiner mehrfarbigen Marmorverkleidung zu den schönsten Glockentürmen Italiens. Die Skulpturen (Originale im Museo dell'Opera del Duomo) stammen von Donatello und seinem Gehilfen Rosso (1420) sowie von Andrea Pisano und Luca della Robbia (1437). Wer die Domlaterne nicht bestiegen hat, sollte hier die Gelegenheit nutzen. (Öffnungszeiten: täglich 8.30–19.30 Uhr.)

Dommuseum ▸

Gegenüber dem Chor befand sich im 15. Jh. die Dombauhütte, heute werden dort im Dommuseum (Museo dell'Opera del Duomo) Kunstwerke aus dem Dom und dem Baptisterium gezeigt, so auch die **Pietà von Michelangelo**, eine der berühmtesten Skulpturen der abendländischen Kunst.

✶✶ Battistero di S. Giovanni

Das achteckige, außen wie innen mit Marmor verkleidete Baptisterium, dessen Form an frühchristliche Taufkapellen anknüpft, wurde 1059 begonnen. Berühmt ist es für seine drei reliefgeschmückten Bronzetüren: die südliche schuf Andrea Pisano 1330–1336, die nördliche und östliche Haupttür sind Werke Lorenzo Ghibertis aus den Jahren 1403–1424 und 1425–1452. Die dem Dom zugewandte Ostpforte Ghibertis befand Michelangelo für würdig, das Paradies zu schmücken, sie wird daher **Porta del Paradiso** genannt. Innen sind großartige Mosaiken Cimabues, Giottos und weiterer florentinischer Künstler des 13. Jh.s zu sehen. (Öffnungszeiten: Mo. bis Sa. 12.00 bis 19.00 Uhr, So. 8.30–14.00 Uhr.)

Gegenüber dem Baptisterium steht die schöne spätgotische Loggia del Bigallo, erbaut 1353–1358 im Auftrag der Gesellschaft der Barmherzigen Brüder, die ausgesetzte Kinder vorübergehend aufnahm. Hier beginnt die **Via dei Calzaiuoli** (Straße der Strumpfwirker), die Flaniermeile mit ihren Cafés, traditionsreichen Geschäften und edlen Boutiquen. Auch die **Piazza della Repubblica** ist mit ihren zahlreichen Cafés ein beliebter Treffpunkt. Berühmt sind das Giubbe Rosse – benannt nach den Kellnern in roten Westen, seit der Jahrhundertwende Künstlertreff –, das nicht viel jüngere Paszkowski und das Gilli, das schon 1733 gegründet wurde.

Loggia del Bigallo

Dom, Kampanile und Baptisterium im Zentrum

Am Weg zur Piazza della Signoria fällt ein unkonventionelles Gebäude ins Auge, das Orsanmichele (Orto di S. Michele = Garten des hl. Michael) genannt wird. Man errichtete es 1284–1291 als Getreidespeicher, gestaltete es aber später zur Kirche um. Seine Außenseiten sind mit den Schutzheiligen der auftraggebenden Zünfte geschmückt, darunter hochkarätige Werke der Frührenaissance von Donatello, Ghiberti und Verrocchio; die Originale sind in dem als Museum eingerichteten zweischiffigen Inneren zu sehen.

★ Orsanmichele

Seit dem 14. Jh. ist die Piazza della Signoria das politische Zentrum der Stadt. Besucher aus aller Welt genießen heute auf den gemütlichen Caféterrassen, etwa des traditionsreichen und teuren Rivoire, die noble Atmosphäre auf dem einstigen Forum der Republik. Der Palazzo Vecchio und die Loggia dei Lanzi beherrschen den Platz, das Reiterstandbild von Giambologna (1594–1598) zeigt **Cosimo I de' Medici**. Der ausgefallene Neptunbrunnen ist ein Werk Bartolomeo Ammanatis (1563–1575). Die Piazza della Signoria ist der Ort, an dem **Savonarola** verbrannt wurde. Eine Steinplatte bezeichnet die Hinrichtungsstätte.

★★ Piazza della Signoria

◄ Fontana del Nettuno

Das Selbstbewusstsein der florentinischen Stadtrepublik verkörpert der Palazzo Vecchio, 1299–1314 als Palazzo dei Priori für die Kommunalregierung erbaut und im 16. Jh. erweitert. Von 1540 bis 1565 residierte hier Cosimo I. Als er in den Palazzo Pitti umzog, erhielt das Gebäude den Namen »Alter Palast«. Zwischen 1865 und 1871 war er Sitz der italienischen Regierung, heute dient er als Rathaus.

★★ Palazzo Vecchio

PIAZZA DELLA SIGNORIA

★★ Der beeindruckende Platz, auf dem früher die Volksversammlungen stattfanden, wird vom wuchtigen Turm des Palazzo Vecchio beherrscht. Man genießt das Leben auf der Piazza am besten von einem der feinen Straßencafés gegenüber dem Palazzo.

1 Palazzo Vecchio
Der Palazzo dei Priori entstand in den Jahren 1299 bis 1314; umbenannt in Palazzo Vecchio wurde er, nachdem die Residenz der Medici den Namen Palazzo Pitti erhielt. Heute ist der Palazzo eine wahre Schatzkammer. Unter seinen Räumen sticht der große Ratssaal der Fünfhundert als Werk von Cronaca (1495) hervor.

2 Turm
Bis heute Sitz der Stadtverwaltung

3 Loggia dei Lanzi
In der offenen dreijochigen Halle sind berühmte Skulpturen aufgestellt wie »Perseus mit dem Haupt der Medusa« von Benvenuto Cellini. Unter der rechten Arkade ist die Marmorgruppe »Raub der Sabinerinnen« von Giambologna zu sehen.

4 Neptun-Brunnen
Wegen des marmornen Riesen, dem Meeresgott Neptun, wird dieser Brunnen auch »Il Biancone« (der große Weiße) genannt.

Nicht weit vom Brunnen erinnert heute eine in den Boden eingelassene Bronzetafel an die Verbrennung des Dominikanermönchs Savonarola 1498 auf der Piazza della Signoria.

Ferdinand I. an, dass nur noch **Goldschmiede** auf der Brücke ansässig sein dürfen – eine Bestimmung, die bis heute eingehalten wird. Auf der Brücke ehrt eine Büste aus dem Jahr 1900 Benvenuto Cellini, den berühmtesten Florentiner Goldschmied.

★★ Santo Spirito

Auf der anderen Seite des Arno streift man am besten durch das **Handwerkerviertel S. Frediano**, das mit seiner kleinstädtischen Atmosphäre bezaubert. Im Zentrum liegt die hübsche Piazza S. Spirito mit der gleichnamigen Basilika, einem 1434 von Brunelleschi begonnenen Meisterwerk der Frührenaissance. Beachtenswert sind die Sakristei von Sangallo, ein Holzkruzifix, das Michelangelo Buonarroti 1494 als 18-Jähriger fertigte, und zwei Kreuzgänge aus dem 16. Jh.

★ Brancaccikapelle

An der Piazza del Carmine befindet sich die ehemalige Klosterkirche S. Maria del Carmine, 1268–1476 erbaut und 1771 fast völlig erneuert. Berühmt ist sie durch die **Fresken** in der Brancaccikapelle,

Galleria degli Uffizi Orientierung

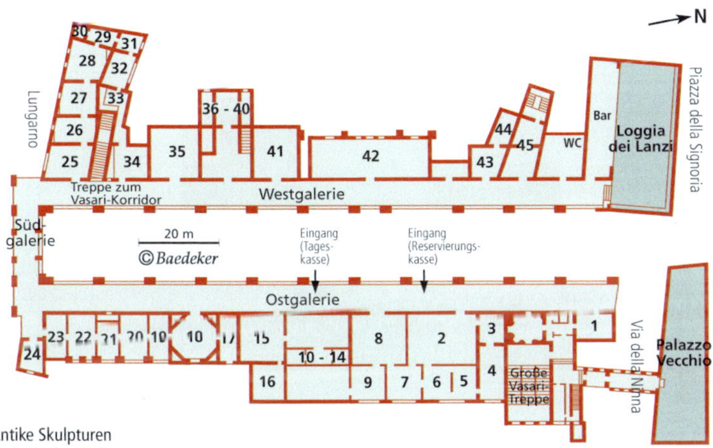

1 Antike Skulpturen
2 Toskanische Maler des 13. Jh.s: Cimabue, Giotto u. a.
3 Sienesische Maler des 14. Jh.s
4 Florentinische Maler des 14. Jh.s
–6 Gotische Malerei
7 Toskanische Maler (Frührenaissance)
8 Filippo Lippi
9 Botticelli, Pollaiolo
–14 Botticelli, van der Goes
15 Perugino, da Vinci u. a.
16 Landkarten
17 Saal des Hermaphroditen
18 Tribuna: Griechische Plastiken Gemälde von Vasari, Bronzino, Pontormo
19 Perugino, Signorelli
20 Dürer, Cranach
21 Bellini, Giorgione, Carpaccio u. a.
22 Holbein, David, Altdorfer, Memling
22 Correggio, Mantegna
23 Miniaturen des 15.–18. Jh.s
24 Michelangelo
25 Fra Bartolomeo
26 Sarto, Raffael
27 Pontormo, Rosso Fiorentino
28 Tizian
29 Parmigianino, Dossi
30 Künstler des 16. Jh.s aus der Emilia
31 Veronese
32 Tintoretto, Bassano,
33 Vasari, Bronzino
34 Lotto, Moroni
35 Barocci und die toskanische Gegenreformation
36–40 Archäologische Säle
41 Rubens, van Dyck
42 Saal der Niobe
43 Caravaggio
44 Niederländische Malerei des 17. Jh.s
45 Werke des 18. Jh.s

die Masaccio und Masolino dort 1424–1428 schufen; Themen sind der Sündenfall und die Vertreibung aus dem Paradies sowie Szenen aus dem Leben des Apostels Petrus. Die Fresken an den unteren Längswänden wurden 1483–1485 von Filippino Lippi fertig gestellt.

✶ **Palazzo Pitti**

✶ ✶ Galleria Palatina ▶

Die Machtgier der Medici-Herzöge führt der gewaltige Palazzo Pitti vor Augen, der am Hang des Boboli-Hügels steht. Der Bau wurde 1457 für den reichen Kaufmann Luca Pitti begonnen und 1558–1570 von den Medici vergrößert. Ab 1565 residierte hier Cosimo de' Medici, 1864–1871 beherbergte er die italienischen Könige. In der linken Hälfte des ersten Stockwerks befindet sich heute die berühmte **Galleria Pitti** (Galleria Palatina), deren Werke ab 1620 von den Medici zusammengetragen wurden. In ihren **prächtig ausgestalteten Sälen** ist eine unglaubliche Zahl an Meisterwerken von Raffael, Rubens, Andrea del Sarto, Tizian und anderen versammelt. Zehn ehemals königliche Gemächer aus dem 18. / 19. Jh. kann man im rechten Flügel bewundern. (Öffnungszeiten: Di. bis So. 8.15–18.50 Uhr).

Palazzo Pitti Orientierung

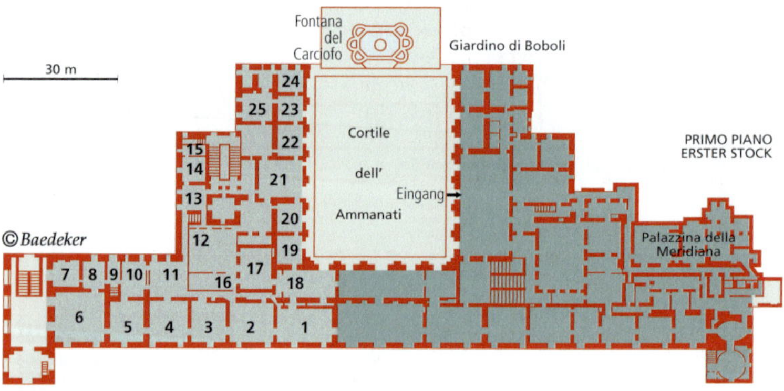

1 Sala di Venere
Tizian, Tintoretto
2 Sala di Apollo
Van Dyck, Rubens, Reni, del Sarto
Tizian, Tintoretto
3 Sala di Marte
Tintoretto, Reni, Tizian, Rubens, Murillo, Veronese
4 Sala di Giove
Raffael, Bordone, Rubens, del Sarto, Perugino, Guercino
5 Sala di Saturno
Raffael, Perugino, Ghirlandaio
6 Sala dell'Iliade
Velázquez, Raffael
7 Sala della Stufa
Fresken von Roselli, P. da Cortona
8 Sala dell'Educazione di Giove
Caravaggio, Allori
9 Bagno di Napoleone
10 Sala di Ulisse
Raffael, Reni, Lippi
11 Sala di Prometeo
Signorelli, Lippi, Botticelli, Reni
12 Corridoio d. Colonne
13 Sala della Giustizia
Veronese, Tizian
14 Sala di Flora
Canova, Bronzino
15 Sala dei Putti
Jordaens, Rubens
16 Galleria Poccetti
Pontormo, Rubens, Ribera, Dughet
17 Sala della Musica
18 Sala Castagnoli
19 Sala delle Allegorie
20 Sala delle Belle Arti
21 Salone d'Ercole
22 Sala dell'Aurora
23 Sala di Berenice
24 Sala di Psiche
25 Sala della Fama

Das Erdgeschoss teilen sich das **Museo degli Argenti** mit seinen wunderschönen Silber- und Goldschmiedearbeiten aus dem Besitz der Medici und das **Museo delle Carrozze**, in dem man Kutschen des Herzogs von Modena und König Ferdinands von Neapel bestaunen kann. Einblick in die florentinische Malerei des 19. und 20. Jh. gibt die **Galleria d'Arte Moderna**; von dort hat man Zugang zur Collezione Contini Bonacossi in der Palazzina della Meridiana mit Gemälden von Cimabue bis Goya. Hier befindet sich auch eine ebenso interessante wie kostbare Kostümsammlung.

In der Galleria Palatina reiht sich Meisterwerk an Meisterwerk.

Boboli-Garten

Hinter dem Palazzo Pitti erstreckt sich am Hang der idyllische Boboli-Garten, der von Nicolò Pericoli und Bernardo Buontalenti etwa 1550–1588 mit **Brunnen, Grotten und Wasserspielen** ausgestattet wurde. Von seinen schattigen Terrassen – am angenehmsten am »Kaffeehaus« von 1776 – genießt man eine schöne Aussicht über die Stadt. Oberhalb des Parks thront das Forte del Belvedere, das Ferdinando I, Sohn von Cosimo I., 1590–1595 von Bernardo Buontalenti erbauen ließ – als Fluchtmöglichkeit vor den Florentiner Bürgern.

◄ Forte del Belvedere

Vom Duomo nach S. Miniato al Monte

Palazzo dei Pazzi

An der Via del Proconsolo, die an der Ostseite des Domplatzes beginnt, steht der Palazzo dei Pazzi, erbaut 1462–1472 von **Brunelleschi** und Benedetto da Maiano. Jacopo de' Pazzi wurde 1478 nach seiner Verschwörung gegen die Medici hingerichtet.

** **Museo Nazionale del Bargello**

Etwas weiter stößt man auf das erste kommunale Regierungsgebäude der Stadt, den 1250 erbauten Palazzo del Bargello; er war zeitweise Gericht und Gefängnis, später auch Sitz des Polizeihauptmanns (Bargello = »Büttel«); seit 1859 birgt er ein Museum für Skulptur und Kunstgewerbe mit einer hervorragenden Sammlung Florentiner **Renaissanceplastik**. Der Innenhof bietet mit Säulenhallen, Freitreppe und Wappen das Bild eines mittelalterlichen Hofs (Öffnungszeiten: Di. bis So. 8.15–13.50 Uhr, geschlossen 1., 3. und 5. Sonntag und am 2. und 4. Montag im Monat).

! *Baedeker* TIPP

Öffnungszeiten ...

... ändern sich in Italien häufig und unvermutet. Es empfiehlt sich, in der Touristinformation vor Ort die Zeiten zu überprüfen, bevor man loszieht

! Baedeker TIPP

Das beste Eis der Stadt ...

... gibt es nach Meinung der Florentiner in der Eisdiele Vivoli an der Via Isola delle Stinche 7r, gleich bei der Casa Buonarroti.

Gegenüber dem Bargello ist die **Badia Fiorentina** eine Visite wert, eine 978 gegründete Benediktinerabtei mit zierlichem, spitzem Kampanile. Sehr hübsch ist ihr **Kreuzgang**, nach den einst vorhandenen Orangenbäumen Ciostri degli Aranci genannt, mit Fresken zum Leben des hl. Benedikt (um 1440). In der nahe gelegenen Via Ghibellina befindet sich ein Haus (Nr. 70), das **Michelangelo** für seinen Neffen Leonardo di Buonarroti erwarb. Dessen Sohn richtete hier schon 1620 eine Erinnerungsstätte für Michelangelo ein. Beachtung verdienen die Reliefs »Kentaurenschlacht« und »Madonna mit Kind«, zwei wichtige Frühwerke des Künstlers.

✶ **S. Croce**

Anstatt zu Michelangelo kann man vom Bargello auch zur grandiosen Piazza S. Croce mit der gleichnamigen Kirche (Hl. Kreuz) gehen. Das Gotteshaus wurde 1295 für die Franziskaner begonnen, doch erst 1442 vollendet, Fassade und Kampanile stammen aus dem 19. Jh. In dem majestätisch weiten Inneren sind rund 250 Grab- bzw. **Denkmäler berühmter Italiener** zu sehen, darunter Dante und Michelangelo, Machiavelli und Galilei, Rossini und Cherubini. Besonders schön sind die Reste eines einst ringsum laufenden Freskenschmucks, der in den beiden Kapellen rechts des Hauptaltars von Giotto um 1320 gestaltet wurde. Aus dem Leben des Hl. Franz erzählen die szenischen Reliefs der Marmorkanzel von Benedetto da Maiano, entstanden 1472–1476.

✶ **Pazzi-Kapelle Kreuzgänge**

Kirchenmuseum ►

Biblioteca Nazionale Centrale ►

An der Ostseite des Ersten Kreuzgangs befindet sich die Cappella de' Pazzi, 1430–1446 von Brunelleschi als eines der frühesten Werke der Renaissance erbaut; die Terrakottamedaillons stammen von Luca della Robbia. An der Fassade links sieht man Hochwassermarken (4. Nov. 1966: 4,90 m!). Im anschließenden Refektorium ist das Kirchenmuseum, Museo dell' Opera di Santa Croce eingerichtet; herausragend hier ein Gekreuzigter von Cimabue. Der Zweite Kreuzgang, erbaut um 1452, ist eine der schönsten Schöpfungen der Frührenaissance. Direkt an das Gotteshaus schließt die Nationale Zentralbibliothek an, die bedeutendste Bibliothek Italiens; sie verfügt über mehr als vier Mio. Titel, darunter die älteste bekannte Abschrift von Dantes **»Göttlicher Komödie«**, wertvolle Inkunabeln, Musikwerke, Atlanten und Karten.

Museo della Fondazione Horne

Über das **alltägliche Leben** im 14., 15. und 16. Jh. informiert das Museo della Fondazione Horne an der Via dei Benci, das auf eine Schenkung des englischen Kunstkritikers Herbert Percy Horne zurückgeht. Es zeigt Gemälde, Zeichnungen, Skulpturen und Möbel sowie Schmuck- und Gebrauchsgegenstände der Renaissance.

Durch die Via del Monte alle Croci führt ein Weg hinauf zur Klosterkirche S. Miniato al Monte mit ihrer weithin sichtbaren inkrustierten **Marmorfassade**, eines der schönsten Beispiele für die toskanische Romanik, erbaut ca. 1050–1207. Innen warten zwei herrliche Renaissancewerke: das Marmorziborium mit Terrakottakassetten von Luca della Robbia (1448) und die Grabkapelle des Kardinals von Portugal, entstanden 1461–1466. Die Apsis schmückt ein Mosaik von 1297, die Fresken in der Krypta schuf T. Gaddi 1341.

★★ **S. Miniato al Monte**

Ein beliebter Aussichtspunkt ist der etwas weiter unten gelegene Piazzale Michelangelo, eine malerische Terrasse mit Kopien von Statuen des Meisters.

★ ◄ Piazzale Michelangelo

Der Westteil der Altstadt

Wenige Schritte von der Piazza della Signoria entfernt steht der Neue Markt, eine 1547–1551 erbaute offene Halle, in der Kunsthandwerk und allerhand Tinnef verkauft wird. Einen Blick in die Vergangenheit erlaubt der Palazzo Davanzati, der ganz im Stil des 14. Jh. gestaltet ist und vom Leben der wohlhabenden Klasse erzählt (Museo della Casa Fiorentina Antica).

Mercato Nuovo

◄ Palazzo Davanzati

Prunkvolle **Luxusmeile** der Stadt ist die Via dei Tornabuoni mit ihren stattlichen Palästen, eleganten Läden und Cafés. Sie führt zur ursprünglich gotischen Kirche S. Trinita, die im 13.–15. Jh. umgestaltet wurde und 1593 eine spätmanieristische Fassade erhielt. Einzigartig sind Domenico Ghirlandaios Fresken im rechten Querschiff (1483–1486), der hier – eingebunden in Szenen aus dem Leben des hl. Franz – Florenz und seine Oberschicht porträtierte. Etwas weiter am Arno steht der mittelalterliche Palazzo Spini-Ferroni, erbaut ab 1289. Seit 1995 sind hier **Tausende eleganter Schuhe** zu bewundern, Kreationen des Edelschusters Salvatore Ferragamo.

Via dei Tornabuoni

★ ◄ Santa Trinita

◄ Palazzo Spini-Ferroni

Nahe der Via dei Tornabuoni sind **drei Museen** interessant: Im Palazzo Corsini, erbaut im 17. Jh., ist eine bedeutende private Kunstsammlung mit Gemälden des 15.–17. Jh.s untergebracht.
In der Via della Vigna Nuova birgt der Palazzo Rucellai im Erdgeschoss ein sehenswertes Fotografiemuseum. Das Gebäude selbst ist ein Schmuckstück – es zählt zu den schönsten Häusern der Stadt.
Mit moderner Kunst wartet die Kirche S. Pancrazio auf: Dort findet man viele Arbeiten des Künstlers **Marino Marini** (1901–1980).

Palazzo Corsini

◄ Palazzo Rucellai

◄ Marini-Museum

Zurück zur Via dei Tornabuoni: Hier verdient der Palazzo Strozzi Aufmerksamkeit, der als der schönste und größte Florentiner Renaissancepalast gilt. Errichtet wurde er 1489–1538 von B. da Maiano und S. Pollaiolo gen. Cronaca. Deatails wie der elegante Hof, die kunstvoll geschmiedeten Ecklaternen, Fackelhalter und Pferderinge bestechen das Auge. Im Palast finden regelmäßig große Kunstausstellungen statt.

★ **Palazzo Strozzi**

Santa Maria Novella ist die Ordenskirche der Dominikaner.

✶ **S. Maria Novella**

Die Dominikanerkirche S. Maria Novella steht an einem weitläufigen Platz. 1246 bis 1300 in romanisch-gotischem Stil erbaut und im 15. Jh. erneuert, hütet dieses Gotteshaus großartige Fresken, darunter Ausmalungen im Chor, entstanden 1486–1490, die als Hauptwerk **Domenico Ghirlandaios** gelten: Sie sind eine Huldigung an Florenz und seine Oberschicht, getarnt als Szenen aus dem Leben Marias und Johannes' des Täufers. Weltruhm erlangte das »Dreifaltigkeitsfresko« von Masaccio im linken Seitenschiff, in dem der Künstler die **Zentralperspektive** in die Malerei wiedereinführte. Links neben der Kirche liegt das Museo di S. Maria Novella mit seinem stimmungsvollen, von Paolo Uccello um 1430 in grünen Farbtönen ausgemalten Chiostro Verde und der Capella degli Spagnoli mit ihren großartigen Fresken von Bonaiuto, entstanden 1376–1369.

Der Nordteil der Altstadt

Hauptbahnhof

Durchaus einen Blick wert ist die Stazione Centrale di S. Maria Novella, der 1933–1935 im Bauhausstil erbaute Hauptbahnhof. Von hier ist es ein Katzensprung zur schönen gusseisernen Markthalle, erbaut 1870 von Giuseppe Mengoni, wo der Gaumen jubiliert – so etwa beim Genuss der Florentiner Kuttelspezialitäten Lampredotto und Trippa alla fiorentina.

✶ Mercato Centrale ▶

✶ **S. Lorenzo**

S. Lorenzo ist die älteste Kirchengründung in Florenz, 393 durch den hl. Ambrosius geweiht, im 11. Jh. romanisch erneuert. Der heutige Komplex ist jedoch ein architektonisches Renaissancekunstwerk von höchstem Rang. Die Kirche wurde ab 1419 von **Brunelleschi** im Auftrag der Medici begonnen und 1460 von Manetti beendet. Das Innere in Form einer flach gedeckten frühchristlichen Säulenbasilika ist mit Werken von Rosso Fiorentino, Meucci, Donatello, Bronzino, Filippo Lippi u. a. prächtig ausgestattet. Vom linken Querschiff betritt man die 1420–1426 von Brunelleschi erbaute Alte Sakristei (Sagrestia Vecchia), ein in seinen Proportionen genau konzipiertes, Epoche machendes Frühwerk der Renaissancearchitektur; der wunderbare plastische Schmuck stammt von Donatello. Links an die Kirche anstoßend befindet sich ein stimmungsvoller Kreuzgang (1475) mit doppelter Säulenhalle.

★ ◂ Sagrestia Vecchia

Biblioteca Medicea-Laurenziana

Vom Kreuzgang führt eine Treppe zur Biblioteca Medicea-Laurenziana, 1524 nach Plänen von Michelangelo begonnen und 1571 eingeweiht. Die Sammlung war 1444 von Cosimo d. Ä. gestiftet worden und umfasst heute eine große Zahl wertvoller Handschriften.

★ **Cappelle Medicee**

Die Medicikapellen sind Teil von S. Lorenzo, jedoch separates Museum. Man betritt sie über die Piazza Madonna degli Aldobrandini. Die mächtige, 59 m hohe Kuppel, die das Außenbild von S. Lorenzo bestimmt, gehört nicht zur Kirche, sondern ist die unglaublich pompöse Fürstenkapelle (Cappella dei Principi), die Grablege der Medici. Der um 1605 begonnene Bau mit seinen Pietra-dura-Mosaiken wurde erst im 19. Jh. beendet. Auch die Neue Sakristei (Sagrestia Nuova) ist eine Grabkapelle der Medici, 1520–1534 von Michelangelo erbaut, der auch die Grabmäler für Giuliano und Lorenzo de' Medici schuf.

★ ◂ Sagrestia Nuova

Palazzo Medici-Riccardi

Nordöstlich gegenüber S. Lorenzo ragt der mächtige Palazzo Medici-Riccardi auf, der 1444–1464 für Cosimo d. Ä. erbaut und nach 1665 von den Riccardi erweitert wurde. Hier verwendete man die **Rustika** (Mauerwerk aus grob behauenen Quadern), die bis dato öffentlichen Gebäuden vorbehalten war, zum ersten Mal an einem Privathaus, Symbol für die Machtposition Cosimos. Bis 1540, als Cosimo I in den Palazzo Vecchio umzog, war er **Residenz der Medicifürsten**. Vom schönen Hof mit einem Orpheus von Baccio Bandinelli führt eine Treppe zur Hauskapelle mit bedeutenden Fresken von Benozzo Gozzoli.

★ **Piazza S. Marco, Museo S. Marco**

Vom Palazzo Medici-Riccardi geht es nun durch die Via C. Cavour zu Kirche und Kloster S. Marco. Die Gebäude wurden ab 1200 von den Silvestrinern erbaut und ab 1437 von Michelozzo für die Dominikaner tief greifend umgestaltet; die Barockisierung erfolgte ab 1678. Das Kloster, jetzt Museo di S. Marco, ist ein großartiges Beispiel spätmittelalterlicher Frömmigkeit und zudem mit herrlichen Tafelbildern und Fresken von Fra Angelico (um 1400–1455) ausgestattet, darunter der berühmten **»Verkündigung«**. Nach der Besichtigung laden hier die vielen Bars und Cafés an der Piazza zu einem Päuschen ein.

In unmittelbarer Nähe liegt die **Galleria dell'Accademia**, die als Studiensammlung die Uffizien und die Galleria Pitti ergänzt. Hier steht das Original des berühmten **»David«** (»Il Gigante«), den der junge Michelangelo 1501–1504 aus einem Riesenmarmorblock schuf.

Von der Piazza S. Marco führt die Via Cesare Battisti zur Kirche Santissima Annunziata, einer spätmittelalterlichen Kirche, die 1444–1481 von Michelozzo völlig neu gestaltet wurde. Im Vorhof finden sich Fresken von Rosso Fiorentino, Pontormo sowie Andrea del Sarto, die zu den hervorragendsten Schöpfungen der florentinischen Renaissance gehören. Im barocken Inneren ist gleich links in einem Renaissancetempelchen ein **Gnadenbild** zu sehen; das Gesicht der Jungfrau wurde laut Legende von einem Engel gemalt. Traditionell bringen Brautpaare den Brautstrauß hierher. In der Chor-Rotunde befindet sich. ein hl. Rochus von Veit Stoß, der Kreuzgang birgt die »Madonna del Sacco«, ein Hauptwerk von Andrea del Sarto von 1525.

Spedale degli Innocenti

Das Spedale degli Innocenti (Findelhaus) fällt durch seine epochemachende **Säulenvorhalle** ins Auge. Begonnen wurde es 1419 von Brunelleschi; die farbigen Medaillons von Wickelkindern in den Säulenzwickeln schuf Andrea della Robbia um 1463. Links des Portikus ist noch die »Rota« zu sehen, der Zylinder, in dem man bis 1875 unerwünschte Kinder ablegen konnte. Heute sind hier das städtische Waisenhaus und ein Büro der UNICEF untergebracht.

✶ **Museo Archeologico Centrale dell'Etruria**

Auf der anderen Seite der Via della Colonna ist im Palazzo della Crocetta (1620) das bedeutendste archäologische Museum Norditaliens untergebracht, das eine hervorragende **etruskische Sammlung** enthält, aber auch griechisch-römische und ägyptische Funde; besonders kostbar ist die Kleinodiensammlung der Medici.

Umgebung von Florenz

✶ **Fiesole**

Fiesole, ein hübsches Städtchen 8 km nordöstlich von Florenz, geht auf eine **Etruskersiedlung** zurück, deren gewaltige Mauern teilweise erhalten sind. An der belebten Piazza steht der romanische Dom; dahinter erstreckt sich das Grabungsgelände des römischen Faesulae mit einem Theater, Resten eines etruskischen und eines römischen Tempels sowie einem archäologischen Museum. Beim Bischofspalast an der Piazza führt ein steiler Weg hinauf zu den Kirchen S. Alessandro und S. Francesco; von der

! *Baedeker* TIPP

Florenz, wie es war ...

... davon kann man sich am besten im Museum »Firenze com'era« ein Bild machen. Im alten Konvent der Oblaten an der Piazza Santa Maria Novella sind Zeichnungen, Drucke und Fotos zur Entwicklung der Stadt ausgestellt.

Terrasse hat man eine sehr schöne Aussicht über Florenz. Im etwas außerhalb gelegenen S. Domenico di Fiesole ist in der gleichnamigen Kirche von 1406–1435 ein Triptychon von Fra Angelico zu sehen.

Certosa di Galluzzo

Einen Zwischenstopp ist das festungsartige Kartäuserkloster in Galluzzo wert. Der 1342 gegründete schöne Komplex birgt einige hervorragende Kunstwerke, so etwa Fresken von Pontormo, ein Francesco di Sangallo zugeschriebenes Grabmal des Kardinals Agnolo Acciaiuoli und eine »Madonna mit Kind« von Lucas Cranach.

✶✶ Das Land des Chianti Classico

Nach dem Kunstgenuss in Florenz tut es gut, in einer **idyllischen Landschaft** durchzuatmen. Dazu ist das Gebiet des Chianti Classico mit seinen von Olivenbäumen, Zypressen, Wald und Weinbergen bestandenen Hügeln geradezu ideal. Es breitet sich zwischen dem Tal des Arno und dem des Ombrone aus; seine Westgrenze markiert die Via Cassia. 1716 wurde im »Bando«-Erlass Cosimos III. der Kern um Radda, Gaiole und Castellina geschützt, 1932 kamen die weiteren Teile hinzu, die heute das Gebiet des Chianti Classico DOC / DOCG ausmachen. Hier die wichtigsten Weinorte und Sehenswürdigkeiten entlang der Strada Chiantigiana (SS 222, 429 und 484):

Wer kennt ihn nicht, den berühmten Chianti Classico?
Unter anderem an den Hängen bei Radda wachsen seine Trauben.

Von Impruneta nach Castellina

Abseits der SS 222 liegt das für seine Terrakotten berühmte Impruneta. Kurz vor Greve häufen sich die Castelli, alle Sitz **bedeutender Weingüter**: Vicchiomaggio und Verrazzano aus dem 13. Jh., Uzzano mit seinen herrlichen Gärten. Greve ist das Zentrum des Chianti; in S. Croce, erbaut Mitte des 19. Jh.s, kann man ein Triptychon von Bicci di Lorenzo aus dem 15. Jh. und eine Madonna des »Meisters von Greve« aus der Zeit um 1300 bewundern. Einen Besuch wert ist die Enoteca del Gallo Nero.

Ein schöner Abstecher führt nach Westen über Montefioralle zur herrlich gelegenen, 1069 gegründeten **Badia a Passignano**, in der sich ein »Abendmahl« von Domenico und Davide Ghirlandaio (1477) befindet; in der nahen Umgebung hat Antinori ein Weingut. Beim verträumten, befestigten **Panzano** ist die mit Gemälden der Florentiner Schule reich ausgestattete Pieve di S. Leolino sehenswert. Danach laden die schönen Geschäfte zum Bummeln ein. Wer von hier aus Radda ansteuern will, dem sei das Sträßchen über Volpaia empfohlen – **Castello di Volpaia** zählt zu den besten Erzeugern.

! *Baedeker* TIPP

Weineinkauf

Zum Besuch von Weingütern sind August (Ferien) und September/Mitte Oktober (Lese) ungünstig. Allerdings werden gerade im frühen Herbst viele Weinfeste veranstaltet; das bedeutendste ist die Rassegna del Chianti Classico in Greve Mitte September. Informationen bekommt man beim Movimento del Turismo del Vino unter www.chianticlassico.com.

Von Castellina nach Castelnuovo Berardenga

Castellina in Chianti, ein mittelalterlicher Grenzort zwischen Florenz und Siena, besitzt eine Burg und gute Enoteche; in der Kirche ist ein Fresko des »Meisters von Signa« zu sehen, am Ortseingang ein etruskischer Grabtumulus aus dem 7. Jh. v. Chr.

Radda ►

Das von einer **mittelalterlichen Mauer** umgebene, hoch gelegene Radda in Chianti war ab 1415 Sitz der Chiantiliga. Im Franziskanerkloster S. Maria al Prato (11./17. Jh.) richtet man derzeit ein Kulturzentrum mit Kunst- und Weinmuseum ein, so soll u. a. das Consorzio del Marchio Storico Chianti Classico hierher verlegt werden.

Abseits der Straße nach Gaiole liegt einsam die **Badia a Coltibuono**, im 8. Jh. gegründet. 1095–1810 gehörte das Land den **Vallombrosanern**, seit 1846 ist es Weingut, zu dem heute ein gutes Restaurant gehört. Das malerisch gelegene Gaiole ist gleich von einer ganzen Reihe renommierter Weingüter umgeben. Westlich des Orts steht die Kirche S. Maria di Spaltenna aus dem 12. Jh.

Castello di Brolio ►

Vorbei am Castello di Meleto, erreicht man das imposante Castello di Brolio, das so etwas wie das Herz des Chianti Classico darstellt: Der **»eiserne Baron«** Bettino Ricasoli, ab 1861 zweiter Ministerpräsident des geeinten Italiens, entwickelte 1841 die Formel für den Verschnitt aus Sangiovese und Canaiolo, dazu für einfachere Weine Malvasia. Vorbei an San Gusmé und dem berühmten Weingut Felsina erreicht man **Castelnuovo Berardenga** mit den Resten der Sieneser Burg von 1366.

Foligno

X 15

Region: Umbrien • Umbria
Höhe: 234 m ü. d. M.

Provinz: Perugia
Einwohnerzahl: 53 000

Für den Tourismus spielt die Industriestadt Foligno so gut wie keine Rolle. Einen Bogen müssen Reisende deshalb noch lange nicht darum schlagen. Ein Zwischenstopp lohnt sich vor allem für Modeinteressierte: In der Innenstadt gibt es viele schöne Boutiquen.

Wiege der Druckkunst

Foligno, ca. 35 km südöstlich von Perugia am Eintritt des Topino ins weite Valle Umbra gelegen, wurde als Eisenbahnknotenpunkt und Standort der Flugzeugindustrie im Zweiten Weltkrieg schwer beschädigt. Auch das Erdbeben 1997 hat den Ort in Mitleidenschaft gezogen. In Italien ist die Stadt als Wiege der Druckkunst bekannt; hier erschien im Jahre 1472 Dantes »Göttliche Komödie« als erstes Werk in italienischer Sprache.

Die Fassade des Doms S. Feliciano in Foligno hat dem Erdbeben von 1997 getrotzt.

Sehenswertes in Foligno

Zentrum der Altstadt, die mit ihrer rechtwinkligen Anlage noch den Grundriss des römischen Fulginium erkennen lässt, ist die Piazza della Repubblica. Über dem Grab des hl. Feliciano wurde hier bis 1133 der **Dom S. Feliciano** errichtet, der heute allerlei Stilrichtungen vereinigt: Die Fassade am linken Querarm repräsentiert am ehesten noch die ursprüngliche Gestaltung, die Hauptfassade hingegen wurde 1903/1904 entstellend restauriert. Das Innere erhielt 1772–1819 durch **Giuseppe Piermarini** eine klassizistische Prägung, der Baldachin über dem Hauptaltar ist dem barocken Bronzebaldachin von Bernini in Sankt Peter in Rom nachempfunden; im rechten Querschiff befindet sich eine schöne Kopie der berühmten »Madonna von Foligno« von Raffael. Die Nordwestseite des Platzes nimmt der 1389–1407 für die Familie Trinci erbaute Palazzo ein. Der gewaltige Bau beherbergt inzwischen die **Pinacoteca Comunale** mit Werken aus Foligno und Umbrien sowie das Museo Archelogico; sehenswert sind auch die Fresken in der Kapelle und in den Sälen aus dem

FOLIGNO ERLEBEN

AUSKUNFT

Porta Romana 126
06034 Foligno
Tel. 07 42 35 44 59, Fax 07 42 34 05 45
www.comune.foligno.pg.it

VERANSTALTUNGEN

Im September findet die Giostra di Quintana statt, das größte Reiterfest in Umbrien.
Ende Juni feiert man den Mercato delle Gaitestatt, ein einwöchiges historisches Fest.

ESSEN

► Erschwinglich
Hostaria Sparafucile
Largo Carducci, Foligno
Tel. 07 42 34 26 02
Schlichtes Restaurant am Domplatz mit feinsten umbrischen Spezialitäten. Täglich wechselndes Speisenangebot.

► Preiswert
Il Baco Felice
Via Garibaldi 73, Foligno
Tel. 07 42 34 10 19
Schnecken mit wildem Fenchel oder Küchlein von roten Kartoffeln: In dieser Trattoria wird die ursprüngliche Küche der Region gepflegt, die Speisekarte ändert sich je nach Saison. Tolle Weinkarte und Käseauswahl.

ÜBERNACHTEN

► Komfortabel
Poledrini
Viale Mezzetti 3
06030 Foligno
Tel. 07 42 34 10 41
Fax 07 42 35 29 73
www.folignohotel.com
Angenehmes Mittelklassehotel beim Bahnhof, Zimmer teilweise mit historischen Möbeln, Restaurant im Haus.

► Günstig
Le Mura
Via Bolletta 27
06030 Foligno
Tel. 07 42 35 73 44
Fax 07 42 35 33 27
www.lemura.net
Bei der romanischen Kirche von S. Giacomo liegt dieses nette Hotel, das sehr gemütliche Zimmer und ein hübsches Restaurant zu bieten hat.

Palazzo Comunale, Palazzo Orfini ►

15. Jh. Gegenüber dominiert der wuchtige Palazzo Comunale, dessen Turm 1997 einstürzte. Im benachbarten eleganten Palazzo Orfini mit seinem schönen Renaissanceportal entstand wohl die erste gedruckte Ausgabe der **»Göttlichen Komödie«**.

Oratorio della Nunziatella

An der Via Garibaldi liegt das Oratorio della Nunziatella, wo sich eine um 1507 entstandene »Taufe Christi« von der Hand Peruginos befindet. Vom Palazzo Trinci gelangt man durch die Via A. Gramsci zur Piazza S. Domenico mit zwei weiteren schönen Kirchen: S. Domenico, bis 1251 errichtet, birgt Fresken aus dem 14. und 15. Jh.; S. Maria Infraportas, die älteste Kirche in Foligno (11. Jh.), besitzt einen zierlichen Portikus, eigenartige »Kleeblattfenster« in der Fassade und Fresken heimischer Maler.

Umgebung von Foligno

Wie Assisi und andere Orte am Hang des **Monte Subasio** und aus demselben hellen, rötlich gefärbten Gestein erbaut, macht **Spello** (8000 Einw.), 5 km nordwestlich von Foligno, einen besonders idyllischen Eindruck. Vom römischen Hispellum sind noch Teile der Mauern und einige Tore erhalten, so im Süden die mächtige Porta Consolare. Auf der steilen Via S. Angelo erreicht man die Kirche S. Maria Maggiore mit der Cappella Baglioni, die 1501 von dem Peruginer Maler **Pinturicchio** mit hervorragenden Fresken ausgestattet wurde – sein Selbstporträt ist in der »Verkündigung« rechts von Maria zu sehen. Der prächtige Majolikafußboden aus Deruta stammt aus dem Jahr 1566. In der Sakramentskapelle und im Presbyterium kann man weitere Fresken von Pinturicchio entdecken, die Pfeiler am Chor wurden von seinem Lehrer Perugino bemalt. Im Palazzo Pubblico an der Piazza della Repubblica ist eine Gesetzestafel von Konstantin dem Großen, ausgegeben um 330, zu sehen. Wer die Rocca erklimmt, kann nach Assisi hinüberschauen. Einsam in Steineichenwäldern versteckt, liegt östlich das um 1000 gegründete **Benediktinerkloster** Sassovivo mit einem schönen Kreuzgang von 1229.

◄ Abbazia di Sassovivo

? WUSSTEN SIE SCHON ...?

- Steile Straßen machen erfinderisch: In Spello befinden sich in der Mitte der stark ansteigenden Gassen Stufen für Fußgänger und an den Rändern Fahrstreifen für Autos. Mit der Unterstützung eines Reifenherstellers wurden einige dieser Streifen mit einem Gummibelag versehen – ästhetisch betrachtet eine mehr als fragwürdige Idee.

✶ **Bevagna**

Ganz von mittelalterlichen Mauern umgeben ist das Städtchen Bevagna (4700 Einw.) 9 km südwestlich von Foligno. Als besonders reizvoll erweist sich die Piazza Filippo Silvestri mit der gleichnamigen romanischen Kirche und der Kirche S. Michele. 7 km südlich von Bevagna liegt das ebenfalls ummauerte Montefalco (5500 Einw.), das zu Recht »ringhiera dell'Umbria«, der Balkon Umbriens, genannt wird. Bei Weinfreunden ist der hübsche alte Ort für den **Rosso di Montefalco** auf Sangiovese- oder Sagrantinobasis bekannt, Kunstfreunde kommen wegen der 1340 erbauten Franziskanerkirche S. Francesco hierher. Den Chor dieses heute als Museum zugänglichen Gotteshauses schmückt ein bedeutender Freskenzyklus zum Leben des hl. Franziskus, den Benozzo Gozzoli Mitte des 15. Jh. schuf. Von Gozzoli stammt auch die Ausmalung der ersten Kapelle rechts, Perugino gestaltete die Nische in der Westwand beim Eingang.

✶ ◄ Montefalco

Trevi

Das hübsche, 11 km südlich von Foligno gelegene Trevi (7600 Einw.) ist für sein Olivenöl bekannt. Auch die mittelalterliche Oberstadt und die Piazza Mazzini mit dem im 13. Jh. erbauten Palazzo Comunale, dessen Erdgeschoss eine offene Arkadenhalle bildet, sind einen Besuch wert. Die Via S. Francesco führt zum Kloster S. Francesco, erbaut 1288, mit Städtischem Museum und Pinakothek. Glanzstück der Sammlung ist die »Krönung Mariens« von Lo Spagna von 1522.

! Baedeker TIPP

Oliven

Rund 200 000 Olivenbäume sollen um Trevi wachsen. Im ehemaligen Franziskanerkloster S. Francesco, Lago Don Bosco, in Trevi wurde nun ein Olivenöl-Museum eröffnet, das über Geschichte und Herstellung des »grünen Goldes« informiert (Tel. 07 42 78 11 50).

In der Kirche sind ein Kruzifix aus dem 14. Jh. und die Orgel von 1509 einen Blick wert. Den höchsten Punkt der Stadt, einst Ort des Tempels der Diana Trivia, nimmt die Kathedrale S. Emiliano ein, begonnen im 12. Jh. und danach mehrfach umgebaut. Sie birgt einen herrlichen Renaissancealtar, den Rocco da Vicenza 1522 schuf. Gegenüber dem Dom gibt es im Trevi Flash Art Museum zeitgenössische italienische Kunst zu sehen. Sehr schön ist der 10-minütige Spaziergang von der Piazza Garibaldi zum Kloster S. Martino, das mit Fresken von Tiberio d'Assisi, Lo Spagna und Mezzastris ausgestattet ist. Unterhalb der Stadt lohnt die Kirche Madonna della Lacrime wegen einer »Anbetung der Könige« von Perugino einen Besuch.

★ Fonte di Clitunno

Aus antiken Bauteilen wurde vermutlich im 6.–8. Jh. die christliche Kapelle erbaut, die als Tempietto del Clitunno bezeichnet wird. Sie steht über dem Clitunno (Clitumnus), dessen Quelle 2 km südlich liegt: ein wunderbarer, kristallklarer See, der in der Antike und in der Romantik zahlreiche Poeten zu begeisterten Elogen veranlasste und heute noch sehr attraktiv ist.

★★ Gardasee · Lago di Garda · Lago di Benaco

D/E 11

Regionen: Lombardei, Venetien, Trentino-Südtirol

Wasserspiegel: 65 m ü. d. M.

Provinzen: Brescia, Verona, Trient

Einwohnerzahl: 53 000

Die Venezianer nannten die Gegend »magnifica patria«, »herrliche Heimat«, für Goethe war sie ein »köstliches Schauspiel«: Die Rede ist vom Gardasee, dem Lago di Garda oder Benaco, der jährlich rund 5 Mio. Menschen – darunter 60 Prozent Deutsche – an seine Ufer lockt, darunter viele Wassersportler, denn die Gegend zwischen Riva und Torbole ist ein ideales Surf- und Segelrevier.

Wo die Zitronen blühn

Gewaltige Gletscher hobelten während der Eiszeit das 52 km lange, zwischen 2,4 und 17 km breite und bis zu 346 m tiefe Bett des Sees aus. Gespeist wird er von den im Norden entspringenden Flüssen Sarca, Ponale und Campione, die ihn im Süden als Mincio wieder verlassen. Die fünf Inseln im Gardasee sind in Privatbesitz und nicht zugänglich.

Den besonderen Reiz verdankt der Gardasee seiner **Lage am Rande der Alpen**. Der sehr schmale Nordteil erstreckt sich wie ein Fjord zwischen den steilen Felsen des Monte-Baldo-Massivs und der Bresciener Alpen. Im Süden weitet er sich zu einem kleinen Meer und reicht weit in die Po-Ebene hinein. In dem milden Klima gedeihen mediterran-subtropische Pflanzen, die flacheren Seeufer sind mit Feigen, Weinkulturen und den nördlichsten Olivenbäumen Italiens bewachsen; vereinzelt erinnern **Zitronenbäume** daran, dass die Südfrüchte hier einst in großem Stil angebaut wurden. Dazwischen gedeihen verschwenderisch Oleander, Mimosen, Akazien, Hibiskus, Bougainvilleen sowie Palmen.
Die Villen- und Gartenkultur der übrigen oberitalienischen Seen ist am Gardasee nicht so stark ausgeprägt. Seine Unberührtheit begeisterte u. a. Goethe – allerdings hat sich seit dessen Italien-Reise 1786 einiges verändert.

Vom Pfahlbau zum Fürstensitz

Die ältesten Siedlungsspuren sind Überreste prähistorischer Pfahlbauten zwischen Desenzano und Lonato sowie am Ledrosee und Höhlenzeichnungen an den Hängen des Monte Baldo. Systematisch kultivierten dann die Römer ab dem 2. Jh. v. Chr. die Gegend. Als 1405 Venedig den Gardasee und Verona eroberte und seinem Festlandsbesitz einverleibte, hatte der See schon viele wechselnde Herrscher erlebt, darunter 1260–1387 die Skaliger aus Verona, und 1387 bis 1405 die Mailänder Visconti. Die Herrschaft der Venezianer dauerte bis 1797, als Napoleon die Lombardei und Venetien eroberte. Von nun an teilte der Gardasee das Schicksal Oberitaliens.

? WUSSTEN SIE SCHON ...?

- Als die Visconti den Venetiern 1437 den Gardasee streitig machen wollten, ließ die Seerepublik eine aus 34 Schiffen bestehende Kriegsflotte den Nago-Pass hinaufschleppen. Oben angekommen wurden die Schiffe auf Baumstämmen ans Seeufer gerollt und zu Wasser gelassen..

Erst 1929 bzw. 1931 begann man damit, **Uferstraßen** zu bauen bzw. durch die Felsen zu sprengen. Heute erschließen die viel befahrene Gardesana Occidentale (Westuferstraße) und Gardesana Orientale (Ostuferstraße) den See. In den Sommermonaten muss man häufig mit kilometerlangen Staus rechnen.

Sehenswerte Orte am Gardasee

Riva

Riva, das vom Monte Brione und der ruinösen Stammburg der Grafen von Arco überragt wird, liegt windgeschützt in einer Bucht am Nordende des Gardasees. Trotz zahlreicher Umbauten und Erweiterungen hat sich das 13 000 Einwohner zählende Städtchen seinen mittelalterlichen Stadtkern mit arkadengeschmückten Gassen und Plätzen erhalten. Mittelpunkt ist die Piazza III. Novembre mit der Torre Apponale aus dem 13. Jh., dem Palazzo Pretorio von 1370, und

GARDASEE ERLEBEN

AUSKUNFT

IAT Garda
Lungolago Regina Adelaide 13
37016 Garda
Tel. 04 56 27 03 84, Fax 04 57 25 67 20
www.info-garda.it

IAT Riva del Garda
Giardini di Porta Orientale 8
38066 Riva del Garda
Tel. 04 64 55 44 44, Fax 04 64 52 03 08
www.gardatrentinonline.it

IAT Sirmione
Viale Marconi 2, 25019 Sirmione
Tel. 0 30 91 61 14, Fax 0 30 91 62 22
www.sirmione.eu

www.gardasee.eu
www.gardaseeitalien.de
www.gardasurf.info
www.gardaweb.com
www.lagodigarda.it

ESSEN

► Fein & Teuer

Al Volt
Via Fiume 73, Riva del Garda
Tel. 04 64 55 25 70; Mo. geschl.
Elegantes Restaurant, das sehr souverän von Maurizio Poli und seiner Frau Silvana geführt wird. Spezialität des Hauses sind Lammkoteletts mit Thymian.

► Erschwinglich

Il Giardino delle Esperidi
Via Memeli 1, Bardolino
Tel. 04 56 21 04 77; Di. geschl.
Das hübsche Restaurant mit traditioneller Küche. Schön sitzt man auf der Terrasse. Beachtliche Weinkarte.

► Preiswert

Cantina Santa Guistina
Salita S. Guistina 8, Salò
Tel. 03 65 52 03 20; nur abends
Mario di Feltre bereitet liebevoll die Piatti in seiner Cantina zu. Ob Wurst-, Käse-, Fisch- oder Gemüseteller, alles wird sorgsam ausgewählt, Weine teils von kleineren Winzern.

ÜBERNACHTEN

► Luxus

Grand Hotel
Via Zardanelli 84
25083 Gardone Riviera
Tel. 0 36 52 02 61
Fax 0 36 52 26 95
www.grangardone.it
Modernisiertes Hotel mit langer Terrasse am Seeufer, das den Charme der Belle Époque ausstrahlt. Restaurant, Bar und Schwimmbad im Haus.

► Komfortabel

Baedeker-Empfehlung

Park Hotel Querceto
Via Panoramica 113
37018 Malcesine
Tel. 04 57 40 03 44, Fax 04 57 40 08 48
www.parkhotelquerceto.com
Das kleine Hotel liegt ruhig am höchsten Punkt der »Panoramica«. Dementsprechend spektakulär ist die Aussicht. Die Zimmer sind im rustikalen Arte-Povera-Stil eingerichtet.

► Günstig

Piccolo Hotel
Via A. Manzoni 14
37011 Bardolino
Tel. und Fax 04 57 21 02 30
Gleich neben der romanischen Severokirche liegt dieses Familienhotel. Reservierung empfehlenswert.

Segler kommen vor Malcesine an der Riviera degli Ulivi auf ihre Kosten.

dem im 15. Jh. erbauten Palazzo Municipale. Hauptsehenswürdigkeit ist die im 12. Jh. von den Skaligern erbaute **Wasserburg** (Rocca), die heute u. a. das Museo Civico beherbergt mit Sammlungen zur Gegend und ihrer Geschichte. Auch sind einige Bilder des im nahen Arco geborenen Giovanni Segantini (1858–1899) ausgestellt. Einen Besuch lohnt die Barockkirche Inviolata, erbaut 1603. Von hier sind es noch etwa 3 km bis zum Varone-Wasserfall (Cascata Varone), der knapp 100 m tief durch einen **begehbaren Felsentrichter** fällt.

? WUSSTEN SIE SCHON ...?

- Goethe war von der Schönheit der Skaligerburg bei Malcesine so fasziniert, dass er sie zeichnete. Den Einheimischen erschien das verdächtig, sie vermuteten in dem Fremden einen österreichischen Spion. Der Dichter entging nur knapp einer Verhaftung.

Torbole

Der sonnige Nachbarort Torbole ist Europas Surfmetropole, was auch sein Ortsbild prägt. Von dieser Zukunft ahnte Goethe noch nichts, als er 1786 hier weilte. Ein hübscher Ausflug führt zu den Marmitte dei Giganti (marmitte = Gletschermühlen). An den Straßen nach Nago und Arco gibt es Aushöhlungen aus der Eiszeit zu sehen, die **»Töpfe der Riesen«** genannt werden.

★ Malcesine

Nach ein paar Kilometern steil abfallender Uferstraße beginnt die »Riviera degli Ulivi«, die Olivenriviera, mit dem malerischem Ferienort Malcesine (3500 Einw.). Die zinnenbewehrte Skaligerburg aus dem 13./14. Jh., die einen steil zum See hin abfallenden Felssporn krönt, beherbergt im Innern ein kleines Museum mit archäologischen Funden sowie eine kleine Ausstellung zu Flora und Fauna des

Monte Baldo. In der ehemaligen Pulverkammer sind Goethes Zeichnungen ausgestellt. Bei etwas Zeit empfiehlt sich ein Abstecher auf den 2218 m hohen Monte Baldo, der für seine seltenen Pflanzen berühmt ist. Man erreicht ihn am bequemsten mit der Seilbahn von Malcesine aus. Eine Skaligerburg gibt es auch über **Torri del Benaco**. Sie entstand 1383 zum Schutz des Hafens; die Chiesa della Trinità schmücken Fresken aus dem 14. Jh.

✶ Monte Baldo ►

✶ **Punta S. Vigilio**

Die von einem teuren Hotel belegte, Garda vorgelagerte Landzunge Punta S. Vigilio gilt als eine der schönsten Uferstellen am Gardasee.

Garda

Wahrzeichen des beliebten Ferienorts Garda ist die Rocca di Garda, auf der vermutlich der **Ostgotenkönig Theoderich** im 5. Jh. ein Kastell errichten ließ. Im mittelalterlichen Ortskern steht der Palazzo dei Capitani aus dem 13./14. Jh. Sehenswert ist die Pfarrkirche Santa Maria Maggiore, erbaut im 16. Jh., mit Gemälden von Palma Giovane und einem kleinen Kreuzgang aus dem 14. Jh.
An der Straße nach Costermano liegt einer der größten deutschen Soldatenfriedhöfe Italiens. Von hier lohnt die Weiterfahrt zur hoch gelegenen Wallfahrtskirche Madonna della Corona.

Bardolino

Bardolino ist das Zentrum des gleichnamigen Weinanbaugebiets. Die **Strada del Vino** führt zu zahlreichen Winzern und Anbaugenossenschaften. Der Ort besitzt auch zwei kunsthistorisch bedeutsame Kirchen: die Basilika S. Severo aus dem 12. Jh. und die Kirche San Zeno aus dem 9. Jh. Im Museo dell'Olio im 3 km entfernt gelegenen Cisano erfährt man alles über die Olivenverarbeitung.

✶✶ **Sirmione**

Sirmione (ca. 5600 Einw.) gehört zu den beliebtesten Ferienorten am Gardasee. Der malerische autofreie Ortskern (Borgo) liegt auf der äußersten Spitze der Halbinsel und ist an den Wochenenden und v. a. im Juli und August meist überlaufen. Sein Eingang wird von einer um 1250 erbauten Skaligerburg bewacht, die als die **schönste Wasserburg Italiens** gilt und an die mächtigeren Burgen in Verona, Mantua und Ferrara erinnert.
Die 69 °C warme Boiolaquelle war bereits im Altertum bekannt. Ihre heilende Wirkung machte Sirmione zu einem der wichtigsten Kurorte Norditaliens. Die Nordspitze der Halbinsel wird von den Grotte di Catullo eingenommen, die allerdings mit dem römischen Dichter nichts zu tun haben. Es handelt sich vielmehr um Reste eines kaiserlichen Palastes oder einer Thermenanlage, die zwischen 30 v. Chr. und 68 n. Chr. erbaut wurde. Auf dem Weg zum **Ausgrabungsgelände** lohnt die kleine Kirche S. Pietro in Mavino mit Fresken-

! *Baedeker* TIPP

Vergnügen für alle

Freizeitparks sind Geschmackssache. Darum gibt es bei Peschiera gleich zwei: den einfallsreichen Vergnügungspark »Gardaland« und den schönen Naturpark »Sigurta«.

resten aus dem 12. bis 16. Jh. einen Besuch. Aus den Weinbergen südlich und östlich von Sirmione wird der Bianco di Custoza gewonnen, ein heller, trockener und weichfruchtig schmeckender Weißwein.

Die skurrile Residenz des Dichters Gabriele d'Annunzio birgt manche antike Kostbarkeit.

Das lebendige Städtchen **Desenzano** (22 000 Einw.) ist zwar die größte Stadt am See, jedoch lange nicht so vom Fremdenverkehr geprägt wie die Nachbarorte. Der moderne große Hafen ist u. a. Ausgangsort und Ziel der großen Fähren. Besonders hübsch ist der alte Hafen, über dem die Ruine eines Kastells aus dem 14./15. Jh. thront. Die Pfarrkirche S. Maria Maddalena schmückt ein »Abendmahl«, das **Tiepolo** um 1760 schuf. An die römischen Stadtgründer erinnert die Villa Romana (Via degli Scavi) aus dem 1. bis 4. Jh. n. Chr. mit zum Teil sehr gut erhaltenen Bodenmosaiken.
In der Gegend südlich des Gardasees fanden 1859 die entscheidenden Siege der italienischen Einigungsbewegung (Risorgimento) über die Heere Österreich-Ungarns statt, daran erinnern Museen und Totenhäuser in S. Martino della Battaglia und in **Solferino**. Angesichts der großen Zahl Schwerverwundeter gründete der Schweizer Henri Dunant eine Hilfsorganisation, aus der später das Internationale Rote Kreuz entstand.

Valtenesi

Nördlich von Desenzano beginnt der fruchtbare, hügelreiche Valtenesi, in dem viel Weinbau betrieben wird. Zu den bekanntesten Tropfen gehören **Chiaretto und Groppello**. Festungsanlagen oder deren Überreste in Padenghe, Moniga und Manerba zeugen von einer umkämpften Vergangenheit. Im nahen Salò (10 000 Einw.) residierten einst die venezianischen Statthalter, daran erinnern der gewaltige Dom S. Maria Annunziata, erbaut 1502, sowie einige Palazzi.

◄ Salò

Gardone Riviera

Gleich hinter Salò beginnt die **Bresciáner Riviera**, wo noble Hotelpaläste wie das 1880 gegründete Grandhotel Gardones Ruf bestätigen, der eleganteste Ferienort des Gardasees zu sein. Der hübsche Ortskern liegt oberhalb der Uferstraße. Hier befindet sich der Vittoriale degli Italiani, der letzte Wohnsitz des umstrittenen Dichters und Mussolinianhängers **Gabriele d'Annunzio** (1863–1938). Idyllisch gibt sich der Giardino Botanico Hruska gleich hinter der Schiffsanlegestelle mit vielen subtropischen, tropischen und alpinen Pflanzenarten. Seit den 1980er-Jahren gehört er dem Österreicher André Heller.

Toscolano-Maderno Im Ortsteil Maderno steht nahe dem Hafen die Kirche Sant'Andrea von 1140 mit einem reich skulptierten Stufenportal. Die benachbarte Kirche San Ercolano aus dem 18. Jh. birgt Altarbilder von **Veronese** und Palma di Giovane. Fährt man Richtung Gargnano weiter, passiert man die Villa Bettoni mit ihrer großzügigen Gartenanlage.

Bogliaco ►

Gargnano ► Franz von Asissi gründete im 13. Jh. in Gargnano eine Kirche. Aus dieser Zeit stammt der Kreuzgang des ihm geweihten Gotteshauses, dessen Arkaden auf reich skulpturierten Kapitellen ruhen. Dargestellt sind Blätter und Früchte einst heimischer Zitrusgewächse. Nördlich des Hafens stößt man auf den Palazzo Feltrinelli aus dem 19. Jh., ehemals Sitz von Mussolinis **»Republik von Salò«**.

Tremosine Tignale ► Ein lohnender Abstecher führt ins weite Hinterland zu den Hochflächen Tremosine und Tignale. Die Gegend ist ein schönes Wandergebiet mit teils Schwindel erregenden Ausblicken auf den See. Besuchenswert sind u. a. die barockisierte Wallfahrtskapelle Madonna di Monte Castello aus dem 13./14. Jh. sowie das Dorf Pieve.

Limone Bleibt man im Tal, so erreicht man das unterhalb von Steilfelsen gelegene Limone (1000 Einw.). Der Ortsname spielt auf die einst überall zu findenden **Limonaie** an, Zitronengewächshäuser, die hier wie in Gargnano und Tignale rekultiviert werden. Nun ist es nicht mehr weit bis nach Riva, dem Ausgangspunkt dieser Rundfahrt.

Lago di Ledro Wen am Gardasee die Lust auf weitere Gewässer befällt, der wird an dem bei Surf- und Wanderfreunden beliebten, 10 km nordwestlich vom Gardasee entfernten Ledrosee seine Freude finden. Im nahen Molina lohnt das Museo delle Palafitte mit Überresten einer **bronzezeitlichen Pfahlbausiedlung** einen Besuch. Auch der Idrosee ist aufgrund seiner Wassersport- und Ausflugsmöglichkeiten ein beliebtes Urlaubsziel. Von hier kommt außerdem ein würziger Rotwein, der exzellent zum Bagoss passt, einem Käse aus dem Bergort Bagolino.

Lago d'Idro ►

✶ Genua · Genova

G 7

Region: Ligurien • Liguria **Provinz:** Genova
Höhe: 0–300 m ü. d. M. **Einwohnerzahl:** 676 000

Wo heute riesige Containerschiffe ihre Waren verladen, erlernte einst Christoph Columbus das Segeln. Genua gibt sich auf den ersten Blick als eher unwirtliche Wirtschaftsmetropole zu erkennen. Dieser Eindruck ändert sich, je weiter man zum Zentrum vorrückt, wo das Herz der Stadt lebhaft schlägt.

Die stolze Stadt Genua – »la Superba«, die Stolze, wie die Hauptstadt der Region Ligurien seit Petrarca genannt wird – gibt sich spröde; sie versteckt sich hinter kilometerlangen, hässlichen Vororten, der Autoreisende ist

Genua, die durch Handel reich gewordene Stadt, gilt als Italiens Tor zur Welt.

froh, sie auf der Autobahn passieren zu können. Doch es wäre schade, sich abschrecken zu lassen, kann Genua doch mit einer lebendigen Atmosphäre, einem entdeckenswerten »centro storico« und vielen Sehenswürdigkeiten aufwarten. Die einzigartige Lage am Meer und an den steil ansteigenden Hängen des **Ligurischen Apennin** gibt ihr ein besonderes Gepräge; eine Reihe von Zahnradbahnen und Aufzügen verbindet die ca. 1,5 km² große Altstadt mit neueren Stadtteilen und vermittelt großartige Panoramen. Genua ist Sitz einer Universität und unternimmt im kulturellen Bereich große Anstrengungen; Oper und Theater, Musikhochschule und Kunstakademie sind wichtige Institutionen; internationalen Ruf genießen der Violinwettbewerb Paganini und das Ballettfestival in Nervi.

218 v. Chr	Genua wird als Hauptstadt der Ligurer erstmals erwähnt.
10. Jh.	Die Stadt wird selbständige Republik.
14./15. Jh.	Ausländische Befehlshaber, »capitani«, herrschen über Genua.
1528	Unter Andrea Doria wird Genua wieder unabhängig.
1684	Ludwig XIV. lässt Genua beschießen.
1746	Die Österreicher besetzen die Stadt.
1805	Die Ligurische Republik fällt an Napoleon.
1815	Genua wird Teil des Königreichs Sardinien-Piemont.
1860	Genua gehört zum neuen Italien.

Wirtschaft

Die Stadt, die sich rund 35 km entlang der Küste erstreckt, ist der größte Hafen Italiens und nach Marseille der bedeutendste am Mittelmeer. Die Wirtschaftskraft Genuas basiert im Wesentlichen auf dem großen **Container- und Erdölumschlagplatz** sowie den Fähr- und Kreuzfahrtschiffen, die hier anlegen. Die Stadt ist auch der Ausgangspunkt der Erdölpipelines in die Schweiz und nach Ingolstadt. Neben petrochemischer Industrie, Werften und Maschinenbauunternehmen befindet sich hier eine bedeutende Papier- und Textilproduktion.

Eine streitbare Stadt

Die alte **Hauptstadt der Ligurer**, erstmals 218 v. Chr. erwähnt, bildete im 10. Jh. eine selbstständige Republik, die nach fast zweihundert Jahren Krieg 1284 in der Seeschlacht von Meloria die Pisaner, ihre gefährlichsten Konkurrenten, überwand. Im 14. Jh. kämpften die Genuesen mit Venedig um den Handel im Orient und wurden 1381 bei Chioggia entscheidend geschlagen. Im Inneren litt Genua unter den Fehden zwischen den reichen Adelsfamilien und begab sich daher unter die Oberhoheit ausländischer Fürsten. Erst 1528 stellte **Andrea Doria** (1466–1560) die Unabhängigkeit wieder her. Doch die Macht Genuas schwand: 1684 beschoss die Flotte Ludwigs XIV. die Stadt, 1746 war sie monatelang durch die Österreicher besetzt. 1805 wurde die »Ligurische Republik« Teil des napoleonischen Reiches, 1815 kam sie an das Königreich Sardinien-Piemont. 1860 ging Genua schließlich in Italien auf. Im Zweiten Weltkrieg wurde es ein Zentrum des Widerstands.

> **!** *Baedeker* TIPP
>
> **Fingerfood Genoveser Art**
>
> Es müssen nicht immer Hamburger sein: Entlang der Hafenfront verlaufen die Arkaden der Via Sottoripa mit »friggitorie«, die typisch ligurisches »Fingerfood« wie Farinata bereiten: salzige Pfannkuchen aus Kichererbsenmehl.

Berühmte Genuesen ►

Berühmte Genuesen waren der Freiheitskämpfer Giuseppe Mazzini (1805–1872), Christoph Kolumbus (Cristoforo Colombo, 1451 bis 1506) sowie der Geigenvirtuose Niccolò Paganini (1782–1840).

Kunst

Genua ist für seine zahlreichen **prächtigen Adelspaläste** berühmt, die ein Bild vom großartigen Lebensstil des 16. und 17. Jh.s vermitteln. Den besonderen Typ des Genueser Palastes, dessen Eigenart in der großzügigen Verteilung der Massen und der geschickten Ausnutzung des ansteigenden Baugrundes besteht, schufen der Perugianer Baumeister Galeazzo Alessi (1512–1572) und seine Nachfolger. Die internationalen Handelsbeziehungen zogen ausländische Künstler an, so auch Rubens und van Dyck. Unter den heimischen Malern ragen Luca Cambiaso (1527–1585), Bernardo Strozzi (1581–1644) und Alessandro Magnasco (1667–1749) heraus.

Von der Piazza Acquaverde zur Piazza de Ferrari

Piazza

S. Giovanni di Prè ►

Die Piazza Acquaverde vor dem Hauptbahnhof von 1854 empfängt mit einem eindrucksvollen **Kolumbusdenkmal** (1846–1862). Hier geht man rechts hinunter zur Kirche S. Giovanni di Prè, die der

Genua Orientierung

Essen

1. La Bitta mella Pergola
2. Ippogrifo
3. Le Perlage
4. Rina
5. Pintori
6. Antica Osteria di Vico Palla

Übernachten

1. Starhotel President
2. Bristol Palace
3. City Hotel
4. Moderno Verdi
5. Agnello d'Oro
6. Valle Sauli

GENUA ERLEBEN

AUSKUNFT

Via Roma 11, 16121 Genua
Tel. 0 10 57 67 91
Fax 0 10 58 17 08
www.apt.genova.it

EINKAUFEN

Den Mercato Orientale, einen der schönsten Lebensmittelmärkte Italiens, findet man in der Via XX. Settembre, die mit Via XXV Aprile und Via Roma eine der Haupteinkaufsstraßen ist. Überdacht shoppen kann man in der Galleria Mazzini.

ESSEN

► Fein & Teuer

① ***La Bitta nella Pergola***
Via Casaregis 52/r, Genua
Tel. 0 10 58 85 43; So., Mo. geschl.
Für ausgefallene Fischgerichte ist dieses elegante Gourmetrestaurant berühmt, das seit Jahrzehnten von einer neapolitanischen Familie geführt wird.

② ***Ippogrifo***
Via Gestro 9/r, Genua
Tel. 0 10 59 27 64; Do. geschl.
Liebhaber ligurischer Küche sollten dem holzvertäfelten Restaurant unbedingt einen Besuch abstatten.

► Erschwinglich

③ ***Le Perlage***
Via Mascherpa 4/r, Genua
Tel. 0 10 58 85 51; So. geschl.
Elegantes Restaurant mit Holverkleidung und edler Wandbespannung, bekannt für vorzügliche Fischgerichte.

④ ***Rina***
Via Mura delle Grazie 3/r, Genua
Tel. 01 02 46 64 75; Mo. geschl.
Seit 1946 pilgern Freunde genuesischer Küche in diese hübsche Trattoria, die sich in einem herrlichen Gebäude aus dem 15. Jh. befindet.

► Preiswert

⑤ ***Pintori***
Via San Bernardo 68/r, Genua
Tel. 01 02 75 75 07; So., Mo. geschl.
Vorzügliche sardische und ligurische Gerichte und eine reichhaltige Weinkarte sprechen für diese rustikale Trattoria in einem antiken Palazzo.

⑥ ***Antica Osteria di Vico Palla***
Vico Palla 15/r, Genua
Tel. 01 02 46 65 75; Mo. geschl.
Stockfisch in allen Variationen, Minestrone genovese und viele andere Spezialitäten schmecken in dieser Osteria in der Nähe des alten Hafens.

ÜBERNACHTEN

► Luxus

① ***Starhotel President***
Corte Lambruschini 4
16129 Genua
Tel. 0 10 57 27
Fax 01 05 53 18 20
www.starhotels.it
Modernes Hotel gegenüber der Piazza Verdi, ansprechende Zimmer mit hervorragender Ausstattung, elegantes Restaurant.

Baedeker-Empfehlung

② ***Bristol Palace***
Via XX Settembre 35
16121 Genua
Tel. 0 10 59 25 41
Fax 0 10 56 17 56
www.hotelbristolpalace.com
Traditionsreiches Hotel, das sich den Charme vergangener Zeiten bewahrt hat. Viele Antiquitäten und edle Stilmöbel sorgen für Atmosphäre.

► **Komfortabel**

③ ***City Hotel***
Via San Sebastiano 6
16123 Genua
Tel. 0 10 55 45
Fax 0 10 58 63 01
www.bestwestern.it
Klassisch-elegantes Hotel, geradlinig eingerichtete Zimmer, sehr geschmackvoll gestaltetes Restaurant.

④ ***Moderno Verdi***
Piazza Verdi 5
16121 Genua
Tel. 0 10 5 53 21 04
Fax 0 10 58 15 62
www.modernoverdi.it
Gepflegtes Hotel in einem Palazzo beim Bahnhof, ansprechende Zimmer mit Stilmöbeln, nettes Restaurant.

► **Günstig**

⑤ ***Agnello d'Oro***
Via Monachette 6
16121 Genua
Tel. 01 02 46 20 84
Fax 01 02 46 23 27
www.hotelagnellodoro.it
Schlichtes Hotel in einem Gebäude aus dem 18. Jh. nahe dem Bahnhof. Einfache und saubere Zimmer.

⑥ ***Viale Sauli***
Viale Sauli 5, 16121 Genua
Tel. 0 10 56 13 97
Fax 0 10 59 00 92
www.hotelsauli.it
Modernes Hotel in einem Bürokomplex, nüchtern eingerichtete, saubere Zimmer mit zeitgemäßem Komfort.

Templerorden zusammen mit der Kommende 1180 für Kreuzfahrer und Pilger erbaute. Der Turm zeigt typische Genueser Formen, im Inneren sind Gemälde ligurischer Meister des 16.–18. Jh.s zu sehen.

Via di Prè

Die schmale Via di Prè ist Teil des bis zur Piazza Cavour führenden »carugio lungo«. Mit ihren appetitlichen Lebensmittelläden, den Krimskramsgeschäften sowie Händlern von geschmuggelten Zigaretten gibt sie eine lebendige Vorstellung vom Charakter der Altstadt. An der Gartenseite des Palazzo Reale vorbei gelangt man zur Porta dei Vacca von 1160, Teil der gegen Friedrich Barbarossa errichteten Stadtmauer.

Piazza Fossatello

Weiter geht es durch die Via del Campo zur Piazza Fossatello mit Palazzi des 14.–17. Jh.s in die Einkaufsstraße Via Fossatello; links abseits liegt die **Kathedrale S. Siro**, 1607–1619 erbaut; im Inneren sind der Hauptaltar von Pierre Puget (1670) und die Gewölbefresken von G. B. Carlone und P. Brozzi (um 1660) der Betrachtung wert.

★ **Galleria Nazionale**

Etwas weiter südlich befindet sich der großartig ausgestattete Palazzo Spinola, erbaut ca. 1580–1590; hier ist die Nationalgalerie mit einer Reihe hervorragender Kunstwerke untergebracht, etwa »Ecce homo« von A. da Messina und »Dame mit Kind« von A. van Dyck. Man gelangt dann auf die lebhafte Piazza Banchi mit der Loggia dei Mercanti und der über einem Ladengeschoss errichteten Kirche S. Pietro in Banchi, deren Bau 1584 begonnen wurde.

Piazza Caricamento
Palazzo S. Giorgio ►

Wenige Schritte westlich liegt die Piazza Caricamento, der ehemalige »Ladeplatz«, der zum neu gestalteten Hafenbereich überleitet. Beherrscht wird er vom Palazzo S. Giorgio, der bis ins Jahr 1260 zurückgeht und 1408–1797 Sitz der Banco di S. Giorgio war. Die mächtige Staatsbank verwaltete Steuereinnahmen und Gewinne aus den Kolonien und finanzierte die Kriege der spanischen Habsburger. Die Außenfresken schuf L. Tavarone 1606 bis 1608.

Via degli Orefici Via Soziglia

Der Straßenzug zur Piazza Fontane Marose bietet wichtige Adressen für Schleckermäuler: Caffè und Confetteria Romanengo, beide mit **wunderbarer historischer Einrichtung**, und die 1828 von einer Schweizer Familie gegründete Pasticceria Klainguti. Links der Via Soziglia steht die Kirche S. Maria delle Vigne; vom Bau des 11. Jh.s ist noch der Turm erhalten, die drei Schiffe wurden in der Gegenreformation ab 1646 völlig umgebaut.

✶ **Piazza S. Matteo**

Zurück geht es zur Via Soziglia und über die Piazza Campetto, vorbei am Palazzo Imperiale von 1558 und durch den Vico S. Matteo zur gleichnamigen Piazza, deren gotische Bauten aus dem 13.–15. Jh. als »Privatviertel« der **Familie Doria** ein besonders schönes Ensemble bilden; die schwarzweiße Marmorverkleidung war den ersten Familien vorbehalten. In der Krypta der Familienkapelle S. Matteo von 1278 ist Andrea Doria beigesetzt. Nördlich schließt ein schöner frühgotischer Kreuzgang aus dem frühen 14. Jh. an.

Von der Piazza De Ferrari durch die südliche Altstadt

Piazza De Ferrari

Teatro Carlo Felice ►

✶ Kunstakademie ►

Genuas Zentrum ist die zwischen Altstadt und moderner Stadt gelegene Piazza De Ferrari, die mit ihren historistischen Palästen der Finanzwelt den wirtschaftlichen und städtebaulichen Aufbruch Genuas im 20. Jh. verkörpert. Überragt wird der Platz vom postmodernen Bühnenturm des Teatro Carlo Felice (Teatro Comunale dell'Opera di Genova); das Opernhaus, das im Zweiten Weltkrieg ausbrannte, wurde 1987–1991 von Aldo Rossi unter Beibehaltung alter Substanz errichtet. Vor der Oper sieht man ein Reiterstandbild Giuseppe Garibaldis von 1893, rechts neben der Oper steht der 1826–1829 von Carlo Barabino errichtete Palast der Accademia Ligustica di Belle Arti (Kunstakademie) mit **sehenswerter Pinakothek**; ausgestellt sind vorwiegend Bilder Genueser und ligurischer Maler.

Santi Ambrogio e Andrea

✶ Palazzo Ducale ►

Den oberen Abschluss der Via S. Lorenzo bildet die 1589 erbaute Jesuitenkirche SS Ambrogio e Andrea (auch Chiesa del Gesus), zu deren prächtiger Ausstattung Gemälde von **Rubens** (»Beschneidung Christi«, 1607, »Der hl. Ignatius heilt eine Besessene«, 1618) und Guido Reni (»Mariä Himmelfahrt«, 1616) zählen. Gegenüber befindet sich der beeindruckende Dogenpalast, der ins 13. Jh. zurückreicht; die heutige Anlage geht im Wesentlichen auf den Ausbau

1591–1602 zurück; das Gebäude dient als Kommunikationszentrum mit Cafés und Restaurants, Ausstellungs- und Tagungsräumen sowie Läden.

Beeindruckend: San Lorenzo

Die Via S. Lorenzo führt Richtung Hafen an der **Kathedrale S. Lorenzo** entlang, deren Seitenportal noch von der romanischen Säulenbasilika stammt, die ca. 1100–1160 errichtet wurde. Nach einem Brand erneuerte man sie 1307–1312 im gotischen Stil, 1552 bzw. 1557 erhielt sie von Galeazzo Alessi den südlichen Turm und die Vierungskuppel. Die beeindruckende Fassade ist durch die französische Kathedralgotik ebenso geprägt wie durch die ligurische Streifeninkrustation. Das Standbild des Heiligen mit Sonnenuhr wird »arrotino« (Scherenschleifer) genannt. Im Tympanon des Hauptportals Christus in der Mandorla und das Martyrium des hl. Lorenz.
Im reich ausgestatteten Inneren ist besonders die große Cappella S. Giovanni Battista im linken Seitenschiff genauere Betrachtung wert. Entstanden 1450–1565, ist sie das bedeutendste Werk der Frührenaissance in Genua. Hier wird seit 1098 die Asche Johannes des Täufers aufbewahrt. Der Domschatz rühmt sich einer orientalischen Schale aus grünem Glas (Sacro catino) des 9. Jh.s, die auf dem ersten Kreuzzug 1101 in Caesarea erbeutet wurde und der Legende nach als **Heiliger Gral** gilt.

Via Canneto il Curto

Von der Via S. Lorenzo geht nahe dem Hafen links die sehr schmale Via Canneto il Curto ab, die Fortsetzung des »carugio lungo«, auch sie eine sehr atmosphärereiche »genuesische« Gasse. Weiter im Süden ragt aus der engen Bebauung der Torre Embriaci auf, der als einziger Geschlechterturm erhalten blieb. Nebenan befindet sich die romanisch-gotische Kirche S. Maria di Castello, in deren Hauptportal ein römischer Fries integriert ist, auch innen gibt es viele römische Spolien. Von der Sakristei ist ein dreistöckiger Kreuzgang zugänglich.

★ ◄ Skulpturenmuseum

Der mittelalterliche Klosterkomplex S. Agostino mit mächtigem Backsteinturm und zwei Kreuzgängen, seit 1798 profaniert, wurde nach dem Zweiten Weltkrieg als Kommunikationszentrum und Museo di Scultura e Architettura Ligure eingerichtet. Es zeigt **Genueser Bildhauerkunst**; Prunkstücke sind Teile des Grabmals für Margarete von Brabant, 1313 von G. Pisano geschaffen, und das Grabmal des Dogen Simone Boccanegra aus dem 16. Jh.

Porta Soprana
Casa di Colombo

Durch die Via di Ravecca erreicht man die gotische Porta Soprana, das südöstliche Stadttor und Gegenstück zur Porta dei Vacca; davor die **Casa di Colombo**, in dem Kolumbus seine Kindheit verbracht haben soll. Dominiert wird die Piazza Dante von zwei Hochhäusern M. Piacentinis aus den Jahren 1937–1941; von der Terrasse des höheren hat man einen herrlichen Blick über die Stadt.

Zwischen Piazza Corvetto und Stazione Principe

**** Museo Chiossone**

Vom Teatro Carlo Felice gelangt man durch die Galleria Mazzini zur Piazza Corvetto. Am Standbild für G. Mazzini vorbei steigt man zum Park Villetta di Negro und zum Museo d'Arte Orientale E. Chiossone (Museum für ostasiatische Kunst) hinauf, das eine einzigartige Sammlung von Werken aus Japan, China und Thailand vom 3. Jh. v. Chr. bis zum Ende des 19. Jh.s besitzt, u. a. **Farbholzschnitte** von Hokusai.

**** Via Garibaldi**

An der Piazza delle Fontane Marose – hier bemerkenswert der Palazzo Doria-Spinola dei Marmi von 1450 – beginnt der Straßenzug Via Garibaldi–Via Cairoli–Via Balbi, der im 16./17. Jh. angelegt wurde und eine ganze Reihe großer Sehenswürdigkeiten vereinigt.
In der schmalen, von Galeazzo Alessi entworfenen Via Garibaldi reihen sich Paläste aneinander, die sich die reichsten Genueser Familien (außer den Doria) erbauen ließen; heute werden sie häufig von Banken genutzt. Der Palazzo Doria Tursi (Nr. 9), der bedeutendste und größte, ist heute Rathaus; er wurde 1565–1575 für Niccolò Grimaldi errichtet, den Bankier Philipps II. Hier werden die **Guarneri-Violine** von Niccolò Paganini und die Urne mit der Asche von Christoph Kolumbus aufbewahrt. Schräg gegenüber steht der Palazzo Rosso (Nr. 18), ein Prachtbau der Familie Brignole-Sale von 1671 mit hervorragenden Bildwerken van Dycks, Pisanellos, Veroneses, Tizians, Tintorettos, Dürers u. a. Am Ende der Via Garibaldi (Nr. 11) folgt der barocke, 1714 erbaute Palazzo Bianco.

Largo della Zecca

Über die Via Cairoli erreicht man den Largo della Zecca. Ein kleiner Abstecher in die Via Lomellini führt zum Geburtshaus von Giuseppe Mazzini (1805–1872), dem Gründer des »Jungen Italien«, heute **Museo del Risorgimento** mit Erinnerungsstücken an den italienischen Freiheitskämpfer. An den Largo della Zecca schließt sich die Piazza della Nunziata an. Hier verbirgt sich hinter der klassizistischen Säulenfront von 1843 die unglaublich prachtvolle Kirche Santissima Annunziata; der Bau von 1522 wurde bis 1646 von der Familie Lomellini mit allem Aufwand ausgestaltet: Die Ausmalung stellt ein veritables Museum Genueser Meister des 17. Jh.s dar.

* Santissima Annunziata ►

*** Via Balbi**

Westlich der Kirche beginnt die Via Balbi, die sich die reiche Familie Balbi zu Beginn des 17. Jh.s von Bartolomeo Bianco anlegen und mit mehreren Palästen ausstatten ließ. Nr. 1 ist der Palazzo Durazzo-Pallavicini, um 1620 erbaut, mit Rokokoeingangshalle und schöner Treppe von 1780. Ebenfalls 1620 entstand der Palazzo Balbi-Senarega mit Universitätsinstituten; Die Nr. 5, der Palazzo dell'Università, wurde 1634–1650 als Jesuitenkolleg erbaut und besitzt die großartigste **Hof- und Gartenanlage** Genuas; in der Aula Bronzen von Giovanni da Bologna aus dem Jahr 1579. Gegenüber der Palazzo Reale steht ein mächtiger, ab 1643 erbauter und mehrmals erweiterter Palast, der von 1822 bis 1824 Residenz des Königshauses Savoyen-Piemont war. Er enthält eine Galerie mit Gemälden u. a. von Veronese, van Dyck, D. Piola, Tintoretto.

Weitere Sehenswürdigkeiten in Genua

Hafen

Der Hafen von Genua bildet mit 40 000 Beschäftigten den größten Wirtschaftsfaktor der Stadt. Jährlich werden rund 40 Mio. t Güter umgeschlagen. Vor der Altstadt liegt der Binnenhafen Porto Vecchio, dessen Speicher- und Umschlageinrichtungen immer mehr durch »zeitgemäße« Strukturen wie Jachthafen, Hotels, Freizeitanlagen ersetzt werden; sein Westteil ist Passagier- und Kreuzfahrtschiffen vorbehalten. Im Südwesteck des Porto Vecchio steht die **»Lanterna«** von 1543, das Wahrzeichen der Stadt (Besichtigung nur nach Voranmeldung). Die ca. einstündige Hafenrundfahrt startet beim Aquarium.

◄ Molo Vecchio

Die östlichen Teile des Porto Vecchio wurden für die Kolumbusfeiern 1992 zu Freizeiteinrichtungen sowie Ausstellungs- und Kongressgebäuden umgestaltet. Nördlich des Molo Vecchio, der mit der Altstadt durch eine Fußgängerzone am Palazzo S. Giorgio verbunden ist, liegt das größte Aquarium Europas.

✶ ◄ Acquario di Genova

»Herausragend« ist der **Grande Bigo**, eine 60 m hohe Konstruktion nach Art eines Schiffsladebaums, der einen Panoramaaufzug trägt. In den Magazzini del Cotone wurde ein Seefahrtsmuseum eingerichtet.

Die Piazza De Ferrari findet ihre adäquate Fortsetzung in der **Via XX. Settembre**, der repräsentativen Schlagader des modernen Genua mit grandiosen Bauten aus Historismus und Jugendstil – gehobene Geschäfte, Kinos, Cafés und Buchhandlungen in den Kolonnaden, weiter östlich große Hotels und Kaufhäuser. Beim 1899 fertig gestellten Ponte Monumentale erhebt sich über neogotischen Arkaden die um 1200 erbaute Kirche S. Stefano mit romanischer Apsis.

In der Via XX Settembre muss es nicht teuer sein.

Westlich des Hauptbahnhofs Principe steht der mächtige **Palazzo Doria-Pamphili** (oder Palazzo del Principe), den sich 1522–1529 der Admiral und Staatsmann Andrea Doria errichten ließ. Sein Areal reichte vom Privathafen bis weit den Berg hinauf. Die Straßenfront zeigt ein großes Portal mit dem Wappen der Doria. Ausgemalt wurde der Palast von Perin del Vaga, einem Schüler Raffaels. Garten und Admiralsappartements sind zugänglich.

S. Maria di Carignano

Von S. Agostino gelangt man durch die Via E. Ravasco und über den Viadukt zur weithin sichtbaren **Renaissancekirche** S. Maria Assunta di Carignano, 1552 nach Galeazzo Alessis Entwurf begonnen und um 1600 vollendet. Der zentralsymmetrische Bau (von vier geplanten Türmen wurden nur zwei errichtet) folgt den Ideen Bramantes und Michelangelos beim Bau der Peterskirche in Rom.

Über die Via Assarotti führt der Weg hinauf zur Piazza Manin, wo die Höhenstraße **Circonvallazione a Monte** beginnt. Dort befinden sich die Villa Gruber mit Sammlungen zur präkolumbischen Archäologie, die Spianata del Castelletto mit einem Aufzug zur Piazza Portello und das neoromanische Castello De Albertis mit einem Völkerkundemuseum.

! *Baedeker* TIPP

Den schönsten Blick auf Genua ...

... hat, wer vom Largo Zecca mit der Seilbahn auf den über 300 m hohen Rigi hinauffährt. Innerhalb des Festungsgürtels verläuft ein Straßenzug, der spektakuläre Ausblicke gewährt.

Cimitero di Staglieno

Im Bisagno-Tal, 3 km nördlich von Genua, liegt der um 1840 von Giovanni Battista Resasco angelegte »Cimitero di Staglieno«, einer der berühmtesten Friedhöfe Italiens mit imposanten Grabmälern bedeutender Genuesen. Im Boschetto dei Mille (Hain der Tausend) liegt das Grab von **Giuseppe Mazzini**.

✶ Madonna della Guardia

Einen Ausflug zur Madonna della Guardia, der bekanntesten Wallfahrtskirche Liguriens, sollte man nicht auslassen. An Marienfesttagen kommen Scharen von Pilgern hierher. Hauptfesttag ist der 29. August, der Tag, an dem Maria 1490 einem Bauern aus Livellato erschien. Der heutige Bau stammt aus den Jahren 1868–1869.

Grosseto

K 12

Region: Toskana • Toscana
Provinz: Grosseto
Höhe: 10 m ü. d. M.
Einwohnerzahl: 70 000

Grosseto, in der Schwemmlandebene des Ombrone gelegen, besitzt eine kleine, aber sehenswerte Altstadt innerhalb von Festungsanlagen, weshalb es »Lucca der Maremma« genannt wird. Der von Pinienwäldern eingefasste Sandstrand bei Marina di Grosseto ist nur 15 Autominuten entfernt – das bringt viel Betrieb im Sommer.

Auf feuchtem Grund

Zu Zeiten der Etrusker und Römer war die Ombroneebene noch ein See, an dessen Trockenlegung man sich schon damals versuchte. Das Jahr 1138 markiert den Beginn der Stadtentwicklung, als Papst Innozenz II. den Bischofssitz von Rusellae nach Grosseto verlegte, einer kleinen Burg an der **Via Aurelia**. 1336 unterwarf sich die Stadt Siena,

GROSSETO ERLEBEN

AUSKUNFT

Viale Monterosa 206, Grosseto
Tel. 05 64 46 26 11
Fax 05 64 45 46 06
www.provincia.grosseto.it

VERANSTALTUNG

Internationales Jazz-Festival im Juli

ESSEN

► Erschwinglich

La Buca di San Lorenzo
Viale Manetti 1, Grosseto
Tel. 0 56 42 51 42; Mo. geschl.
Luciano Nonninis Feinschmeckerlokal in der mittelalterlichen Festungsmauer bietet kreative Regionalküche.

ÜBERNACHTEN

► Komfortabel

Maremma
Via F. Paolucci de Calboli 11
58100 Grosseto
Tel. 0 56 42 22 93, Fax 0 56 42 20 51
www.hotelmaremma.it
Mitten in der Fußgängerzone liegt dieses klassische Hotel mit eigenem Parkplatz. Die meisten Zimmer haben eine Klimaanlage.

1559 fiel sie an die Medici. Diese wagten es erneut, die malariaverseuchten Sümpfe trockenzulegen, was allerdings nur vorübergehend gelang; erst ab Mitte des 18. Jh.s und vor allem nach 1930 stieg die Stadt zu einem landwirtschaftlich-industriellen Zentrum auf.

Sehenswertes in Grosseto

Mediceische Festungsanlagen

Das historische Zentrum ist von einem Mauersechseck mit Bastionen umgeben, das 1564 unter Großherzog Cosimo I begonnen und 1593 unter Ferdinando I vollendet wurde. Im Nordosten liegt die Fortezza Medicea mit einem sienesischen Turm aus dem 14. Jh.

◄ Duomo S. Lorenzo

Hauptplatz ist die Piazza Dante – von den Einwohnern »Cisternone« genannt, da unter ihr ein großer Wasserbehälter liegt –, deren Bild vom 1294–1302 erbauten Dom mit seiner **rotbraun-weißen Inkrustation** bestimmt wird. Das Südportal besitzt einen Architrav vom Anfang des 14. Jh.s, die Tympanongruppe und die Nischenfiguren stammen von 1897. Im linken Querschiff enthält der prächtige Altar von 1474 eine »Himmelfahrt Mariä« von Matteo di Giovanni. Rechts schließt an den Dom der Palazzo della Provincia an, eine perfekte Nachahmung des Sieneser Stils vom Anfang des 20. Jh.s.

*** Museo Archeologico e d'Arte della Maremma**

Sehr sehenswert ist das Museo Archeologico e d'Arte della Maremma, das Funde aus prähistorischer, etruskischer und römischer Zeit, insbesondere aus Vetulonia und Roselle, sowie eine Sammlung sakraler Kunst zeigt, darunter die »Madonna delle Ciliege« (Kirschenmadonna), ein Meisterwerk von Sassetta geschaffen um 1450. Ein kostbares gemaltes Kruzifix, das Duccio di Buoninsegna zugeschrieben wird, ist in der Kirche S. Francesco zu sehen.

Umgebung von Grosseto

★ **Rusellae**

Ca. 6 km nordöstlich von Grosseto liegen die Schwefelquellen Bagno Roselle. Weitere 4 km entfernt sind die eindrucksvollen Ruinen der bedeutenden etruskischen Stadt Rusellae zu sehen, einer der zwölf Städte des Etruskischen Bundes. Sie bestand noch über die Zerstörung durch die Sarazenen im Jahr 935 hinaus bis 1138, als der Bischofssitz nach Grosseto verlegt wurde. Erhalten blieben Reste der mächtigen Stadtmauern sowie etruskische und römische Siedlungsteile, u. a. ein **Amphitheater** aus augusteischer Zeit. Das kleine Dorf Vetulonia, das sich ca. 24 km nordwestlich von Grosseto befindet und zu Castiglione della Pescaia gehört, markiert den Platz einer zweiten etruskischen Stadt: »Vetluna«, Mitglied des Zwölf-Städte-Bundes. Außer Resten der 5 km langen Stadtmauer sind Nekropolen aus dem 7. Jh. v. Chr. zu finden. Einige Fundstücke sind hier in einem Antiquarium, der größte Teil allerdings in den Archäologischen Museen in Grosseto und Florenz ausgestellt.

★ Vetulonia ►

Costa Grossetana

Der zu Grosseto zählende Küstenstrich Costa Grossetana (► Massa Marittima, Umgebung), reicht von Punta Ala bis zur toskanischen Grenze jenseits des Monte Argentario. Punta Ala auf der gleichnamigen Halbinsel hat sich als exklusiver Ferienort mit **Jachthafen** und Golfplatz etabliert; die Betonarchitektur ist allerdings nicht jedermanns Geschmack. Castiglione della Pescaia hingegen hat sich mit Burg, Stadtmauer und kleinem Hafen eine schöne mittelalterliche Atmosphäre bewahrt. Von der Ombrone-Mündung erstrecken sich südlich bis Talamone die Monti dell' Uccellina, die mit dichter Macchia, Steineichen und Erdbeerbäumen bewachsen sind; 1975 wurde das Gebiet zum Parco Regionale della Maremma erklärt. Von Albarese aus lassen sich schöne Wanderungen unternehmen.

★ Parco Regionale della Maremma ►

★ **Monte Argentario**

Die gebirgige Fast-Insel Monte Argentario, rund 35 km südlich von Grosseto, ist durch drei schmale Landzungen mit der Küste verbunden. Jachthäfen und versteckt gelegene Villen machen deutlich, wer den Ort als Refugium erwählt hat. Susanna Agnelli, die Enkelin des Fiat-Gründers und Bürgermeisterin, sorgte dafür, dass keine Bettenburgen entstanden und man unter sich blieb. Die westliche Nehrung ist ein **riesiger Sandstrand**, die Wasserqualität ist aber so schlecht, dass man hier nicht baden kann.

Auf der mittleren Landzunge liegt Orbetello, dessen Geschichte in etruskische Zeiten zurückreicht; geprägt ist das Stadtbild von der »spanischen Episode« im 16. und 17. Jh. Der Dom aus dem 14. Jh. wartet mit einem vorromanischen Marmorrelief auf.

? WUSSTEN SIE SCHON ...?

- Porto Ercole war die letzte Station im Leben des weltberühmten Malers Caravaggio. Der aufbrausende, leidenschaftliche Maler hatte 1606 in Rom einen Mann erschlagen. Er war auf dem Weg zurück nach Rom, als er 1610 an Malaria erkrankte und 36-jährig starb. Sein Grab befindet sich in der Kirche Sant'Erasmo.

Die dicht gedrängten Häuser der alten Etruskerstadt Pitigliano scheinen aus dem Felsen zu wachsen.

Die östliche Landzunge (Feniglia) ist **Naturreservat**. Porto S. Stefano, ein hübscher Fischerort mit Fähre zur Insel Giglio, hat sich zum Urlaubsort gemausert. Eine herrliche Route führt auf der z. T. nicht asphaltierten Panoramastraße rund um die Insel nach Porto Ercole mit seinen Festungsanlagen.

Zwischen Grosseto und Lago di Bolsena

Auf einem Bergrücken führt die SS 322 hinauf nach Scansano, einem 500 m hoch gelegenen Ferienort mit guter Hotellerie, Restaurants und einem ausgezeichneten Rotwein, dem aus Sangiovese gekelterten Morellino. Weiter geht es nach Saturnia, einem **kleinen Thermalbad** mit Resten aus etruskisch-römischer und Sieneser Zeit. In den Cascate del Molino kann man sein Bad unter freiem Himmel nehmen. Sovana, 15 km westlich, ist ein romantisches mittelalterliches Städtchen, überragt von einer Burg der Aldobrandeschi und mit schönen Palazzi auf der Piazza del Pretorio. Die Kirche S. Maria Maggiore mit ihrem schönen Ziborium aus dem 8./9. Jh. sowie der Dom mit einem Marmorportal aus Teilen des 9. Jh.s sind es wert, hier Halt zu machen. Westlich des Orts liegt das spektakulärste der etruskischen Gräber der Umgebung, die **Tomba Ildebrandana** aus dem späten 3. Jh. v. Chr. Sie ist nach dem in Sovana geborenen Mönch Hildebrand, dem späteren Papst Gregor VII., benannt, dem Gegner Heinrichs IV.

Scansano

◄ Saturnia

Sorano, 10 km östlich gelegen, ist ein weiteres Juwel des Mittelalters mit einer mächtigen Orsinifestung von 1552, zu der ein steiler Weg hinauf führt. Wer sich darüber hinaus für regionale handwerklicher Produkte interessiert, ist hier goldrichtig.

Sorano

Eindrucksvoll auf einem steil aufragenden Tuffsteinplateau liegt das alte Pitigliano. Seine dicht gedrängten Häuser scheinen aus dem Fels zu wachsen, in den zu etruskischen Zeiten Grabhöhlen geschlagen

✶ Pitigliano

> **! Baedeker TIPP**
>
> **Tarotgarten**
>
> Ca. 20 km östlich von Orbetello (von der Küstenstraße Richtung Pescia Fiorentina) legte die französische Künstlerin Niki de Saint-Phalle 1979 bis 1984 den »Giardino dei Tarocci« an, ein eigenwilliges, farben- und lebensfrohes Fantasieland aus riesigen Betonskulpturen, die den Symbolen der Tarotkarten nachgebildet sind.

wurden; heute reift in den Kellern der bekannte Bianco di Pitigliano. Entlang eines **mächtigen Aquädukts** von 1545 erreicht man die Piazza della Repubblica mit dem Palazzo Orsini, der im 15. und 16. Jh. von Sangallo ausgebaut wurde. Heute beherbergt er das Museo Diocesano (u. a. Gemälde von Zuccarelli), das Museo Civico Archeologico und das Museo della Civiltà Giubbonata (Volkskunde). Die Via Zuccarelli durchquert das **Ghetto**, das nach der Vertreibung der Juden aus dem Kirchenstaat 1569 entstand; die Synagoge am Südrand der Stadt stammt von 1589.

★ Gubbio

J 15

Region: Umbrien • Umbria
Provinz: Perugia
Höhe: 478–529 m ü. d. M.
Einwohnerzahl: 31 100

Gubbio gehört zum Pflichprogramm jeder Umbrienreise. Und das zu Recht, denn die Stadt hat jede Menge zu bieten: Mittelalterliche Architektur für den Kunstsinnigen, Keramikwerkstätten für den Sammler, weiße Trüffeln für den Schlemmer und zur Weihnachtszeit einen beleuchteten Monte Ingino, der den festlich gestimmten Reisenden schon von weitem grüßt.

Eine Bilderbuchstadt

Am Rand eines fruchtbaren Beckens steigt 40 km nördlich von Perugia das von einem mittelalterlichen Mauergürtel umgebene Gubbio steil am Monte Ingino an. In seinen schmalen, zum Teil **überwölbten Gassen** ist häufig noch die sog. Totentür zu sehen, durch die angeblich die Toten hinausgetragen wurden.

Sehenswertes in Gubbio

Piazza Quaranta Martiri

Der Stadtrundgang beginnt auf der Piazza Quaranta Martiri, deren Name der von den deutschen Truppen 1944 in einer Racheaktion hingerichteten Einwohner Gubbios gedenkt. Hier steht die 1255 begonnene Klosterkirche S. Francesco mit einem oktogonalen Kampanile des 15. Jh.s, im 1724–1754 barockisierten Inneren sind Szenen aus dem Marienleben, geschaffen um 1410 von Ottaviano Nelli, zu sehen. Die rechte Apsis enthält Reste des Hauses der Spadalonga, in dem der Legende nach der **hl. Franziskus** mit einer Kutte eingekleidet wurde, nachdem er sich von seinem Vater losgesagt hatte. Die Ostseite des Platzes wird von der Loggia der Tiratori eingenommen.

GUBBIO ERLEBEN

AUSKUNFT

Piazza Oderisi 6, 06024 Gubbio
Tel. 07 59 22 06 93
Fax 07 59 27 34 09
www.comune.gubbio.pg.it

VERANSTALTUNGEN

Der Corsa dei Ceri, der Kerzenlauf am 15. Mai, ist das populärste Volksfest Umbriens. Gut besucht ist auch das Armbrustschießen am letzten Maisonntag und der Palio dei Quartieri am 14. August.
Weiße Trüffeln werden bei der »Mostramercato del tartufo e dei prodotti locali« Ende Oktober/Anfang November verkauft.

ESSEN

► Fein & Teuer

① ***Taverna del Lupo***
Via Ansidei 21, Gubbio
Tel. 07 59 27 43 68; Mo. geschl.
Stilvolles Restaurant in einem Palazzo aus dem 14. Jh. Die Küche ist ebenso ansprechend wie das Ambiente.

► Erschwinglich

② ***Grotta dell'Angelo***
Via Gioia 47, Gubbio
Tel. 07 59 27 34 38
Rustikales Restaurant in zentraler Lage, vorzügliche regionale Küche, schöne Gartenterrasse.

► Preiswert

③ ***Fabiani***
Piazza 40 Martiri 26 A/B, Gubbio
Tel. 07 59 27 46 39; Di. geschl.
Elegantes Lokal im Palazzo Fabiani, bodenständige umbrische Küche, schöne Terrasse, von der aus sich das Markttreiben beobachten lässt.

ÜBERNACHTEN

► Luxus

① ***Park Hotel ai Cappuccini***
Via Tifernate
06024 Gubbio
Tel. 0 75 92 34
Fax 07 59 22 03 23
www.parkhotelaicappuccini.it
Moderner Komfort hinter alten Klostermauern, wunderschöne Zimmer mit Stilmöbeln, prachtvolles Restaurant. Tennis, Wellnessangebote.

► Komfortabel

② ***Relais Ducale***
Via Galeotti 19
06024 Gubbio
Tel. 07 59 22 01 57
Fax 07 59 22 01 59
www.relaisducale.com
Hotel in drei alten Adelspalästen. Schöne Zimmer mit herrlicher Aussicht, prachtvoller Garten.

③ ***Bosone Palace***
Via XX Settembre
06024 Gubbio
Tel. 07 59 22 06 88
Fax 07 59 22 05 52
www.mencarelligroup.com
Charmantes Hotel im Palazzo Raffaelli, schöne Zimmer mit Blick auf die Stadt. Frühstück in einem freskengeschmückten Saal.

Mittelpunkt der Stadt ist die Terrasse der von Unterbauten gestützten **Piazza Grande**, angelegt von dem Eugubiner Baumeister Gattapone. Der imposante, mit einem Glockentürmchen bekrönte Palazzo

Gubbio Orientierung

Übernachten
1. Park Hotel ai Cappuccini
2. Relais Ducale
3. Bosone Palace

Essen
1. Taverna del Lupo
2. Grotta dell' Angelo
3. Fabiani

dei Consoli, erbaut 1332–1337, ist wie der gegenüberliegende Palazzo Pretorio von 1349 sehr wahrscheinlich ebenfalls ein Werk Gattapones. Im Palazzo dei Consoli ist das Museo Civico untergebracht, das die **Eugubinischen Tafeln**, sieben Bronzeplatten des 3.–1. Jh.s v. Chr. hütet. In umbrischer Sprache, jedoch in etruskischen und lateinischen Buchstaben berichten die Inschriften über das politische und religiöse Leben der Umbrer.

Palazzo Ducale Oberhalb der Piazza Grande steht der Palazzo Ducale, 1471–1474 für Federico da Montefeltro, Herzog von Urbino und Stadtherr in Gubbio, nach dem Vorbild des Palastes in Urbino errichtet. Von der

Gartenterrasse hat man einen herrlichen Blick auf die Stadt. Dicht an den steilen Hang baute man 1229 den **Dom SS Giacomo e Mariano**, dessen Fassade mit Skulpturen des Vorgängerbaus geschmückt ist; die Altarbilder in dem von Schwibbögen dominierten Inneren stammen aus dem 16. Jh. Im Kanonikerhaus ist ein kleines Dommuseum untergebracht.

Von der Piazza Grande führt die **Via dei Consoli** in die verwinkelte nordwestliche Altstadt. Am Largo Bargello mit dem Lieblingsbrunnen der Eugubinen, der Fontana dei Matti, steht der schlichte gotische Palazzo del Bargello von 1302, einst Sitz der Polizei und Gefängnis. Entlang der hübschen Via 20. Settembre gelangt man zur anderen Seite der Stadt. Hier birgt die um 1280 erbaute Kirche **S. Maria Nuova** Fresken des umbrischen Malers Ottaviano Nelli, darunter eine »Madonna del Belvedere« von 1413, eines der schönsten Beispiele des internationalen Stils in Umbrien.

Im Palazzo dei Consoli ist das Museo Civico untergebracht.

Römische Bauten

Ikuvium, eine der bedeutendsten Gründungen der **Umbrer**, wurde 89 v. Chr. römisches Munizipium. Von den zahlreichen römischen Bauwerken haben sich das einst rund 6000 Zuschauer fassende Theater, in dem sommers Aufführungen zu sehen sind, und ein kleines Mausoleum erhalten.

S. Ubaldo

Im Kloster, 827 m hoch am Hang des Monte Ingino 2 km vom Dom entfernt gelegen und zu Fuß oder per Seilbahn von der Porta Romana zu erreichen, werden die »Ceri« und der gläserne Sarkophag des hl. Ubaldo aufbewahrt. Vom Kloster sind es noch 20 Minuten bis zum Gipfel mit schöner Aussicht.

Monte Cucco

Östlich von Gubbio ragt der 1566 m hohe **Monte Cucco** auf, der höchste Gipfel des umbrisch-märkischen Apennins und ein beliebtes Revier für Wanderer, Höhlenforscher und Paraglider. Seine Besteigung von Pian di Monte aus dauert knapp 2 Stunden und führt in 1390 m Höhe am Eingang der **Grotta di Monte Cucco** vorbei, einer der größten Karsthöhlen Italiens. Wer ihre dunklen Tiefen erkunden möchte, sollte sich dazu einer Führung des Centro di Speleologia in Costacciaro anschließen – dort bekommt man auch Karten und Infos.

★ Herkulaneum · Ercolano

O 18

Region: Kampanien • Campania
Höhe: 44 m ü. d. M.
Provinz: Napoli
Einwohnerzahl: 61 000

Im Jahr 1719 wurde beim Ausheben eines Brunnens eine sensationelle Entdeckung gemacht: Unter meterhohen Gesteinsmassen fand man ein verschwenderisch ausgestattetes Theater, Teil des 79 n. Chr. versunkenen und in Vergessenheit geratenen Herkulaneum – nebst Pompei die bedeutendste Ruinenstadt Italiens.

Versunkene Stadt

Das bis heute erst zu einem Drittel freigelegte Herkulaneum liegt 11 km von Neapel entfernt, mitten in und unter der nach dem antiken Ort benannten Stadt Ercolano (ehemals Resina). Die wohl von Griechen als Herakleion gegründete, später von Oskern, Etruskern und Samniten bewohnte Stadt Herkulaneum kam 89 v. Chr. in römischen Besitz. Aufgrund ihrer Lage ließen sich wohlhabende Römer hier Sommersitze erbauen. Bereits 63 n. Chr. wurde Herkulaneum durch ein **Erdbeben** schwer zerstört. Die Renovierungsarbeiten waren teilweise noch im Gange, als die etwa 5000 Einwohner zählende Stadt beim Ausbruch des Vesuvs im August 79 n. Chr. verschüttet wurde. Seit 1927 wird Herkulaneum systematisch ausgegraben bzw. ausgemeißelt. Die hierbei zutage getretenen Funde, darunter verkohlte, aber noch lesbare Papyrusrollen einer **Bibliothek**, gehören zu den kostbarsten Schätzen des Archäologischen Nationalmuseums Neapel.

★★ Scavi d'Ercolano (Grabungsstätte)

Öffnungszeiten: tgl. 9.00 bis 1 Std. vor Sonnenuntergang

Gleich hinter dem Eingang bietet sich der beste Blick über die Ruinenstadt. Sie wird von drei Hauptstraßen, Cardo III., IV , V. genannt, durchzogen, die von zwei Querstraßen, dem Decumanus maximus und Decumanus inferiore, gekreuzt werden. Im Folgenden nun die Beschreibung der wichtigsten Häuser:

Casa dell'Albergo

Die so genannte Casa dell'Albergo am Cardo III. war vermutlich ein Patrizierhaus, das zum Zeitpunkt des Vesuvausbruchs in ein **Mehrfamilienhaus** umgebaut wurde.

★ Casa dell'Atrio a Mosaico ►

Im südlichen Abschnitt des Cardo IV befindet sich ein geräumiges Haus, dessen Atrium von einem schwarz-weißen Mosaikfußboden geschmückt ist.

★ Casa a Graticcio ►

Auf der gegenüberliegenden Seite befindet sich die Casa a Graticcio, ein **Fachwerkhaus**, dessen Wände aus Flechtwerk (graticcio), Zweigen und Lehm bestehen.

Casa del Tramezzo di Legno ►

Das Nachbarhaus ist eines der besterhaltenen Wohnhäuser; sein Atrium konnte mit einer Holzwand vom Speise- und Empfangsraum getrennt werden – daher der Name »Haus mit der hölzernen Scheidewand«. In den Schlafräumen sind Bettstellen und eine hölzerne

Herkulaneum Ercolano Orientierung

Truhe erhalten. Die Fresken- und Mosaikenreste stammen aus der Mitte des 1. Jh.s n. Chr. Die benachbarte Casa Sannitica stammt noch aus vorrömischer Zeit (2. Jh. v. Chr.). In der Mitte besitzt sie ein großes Atrium.

✶ ◄ Casa Sannitica

Auf der gegenübergelegenen Straßenseite liegen die um 10 v. Chr. erbauten Thermen mit einer größeren Männer- und einer besser erhaltenen Frauenabteilung. Die noch gut erkennbaren Baderäume sind mit schönen **Mosaikböden** und **Wandbemalungen** ausgeschmückt. Das Haus gegenüber den Thermen, an der Ecke Decumanus Inferiore und Cardo III., ist als Fundort einer Büste des Kaisers Galba bekannt.

✶ **Thermen**

Mitten in und unter Ercolano liegt die Ruinenstadt Herkulaneum.

★ **Sacello degli Augustali**

Am Nordende des Cardo III. befindet sich rechts das Heiligtum der Augustalier. Der auf quadratischem Grundriss errichtete Tempel war Herkules gewidmet, dem Schutzherrn der Stadt, in späterer Zeit diente er dem Kaiserkult. Durch eine Deckenöffnung erhielt er Licht, einige Wandfresken haben sich erhalten.

Casa del Mobilio Carbonizzato ▶

Zurück auf dem Cardo IV. folgen auf die Casa Sannitica die Casa del Mobilio Carbonizzato, benannt nach den verkohlten Möbeln, ferner das Haus des Neptun und der Anfitrite (Casa del Mosaico di Nettuno e Anfitrite), zu dem ein **Lebensmittelladen** gehörte. Erhalten sind u. a. Weinamphoren und Holzregale. Im Hof an einem Brunnen das Namen gebende Mosaik von Neptun und Amphytrite.

Casa del Bicentenario

Am Decumanus Maximus liegt die Casa del Bicentenario mit Mosaiken und Fresken sowie einem Kruzifix, vermutlich eines der ältesten Zeugnisse des Christentums. Der Name dieses Hauses geht darauf zurück, dass es 1938 – rund 200 Jahre nach dem Beginn der Grabungen – freigelegt wurde.

Cardo V.

★ Casa dei Cervi ▶

Am Cardo V. liegen (linker Hand) das Pistrinum, eine **Bäckerei** mit Ofen, Mühle und Amphoren sowie dem dazugehörenden Laden und weiter südlich auf der anderen Straßenseite die Casa dei Cervi, eines der schönsten Häuser Herkulaneums, von dessen Terrasse man den Blick aufs Meer genießen konnte und das mit Fresken und Kunstwerken ausgestattet war. Das Original der Namen gebenden Skulpturengruppe mit von Hunden gehetzten Hirschen (cervi) befindet sich heute im Nationalmuseum in Neapel.

Am Ende des Cardo V. erreicht man die Casa di Gemma, die in rötlich-braunen Farben schön ausgemalt ist, sowie die mit ihr verbundene Casa del Rilievo di Telefo, das Haus mit dem Telephos-Relief, eines der prunkvollsten Herrenhäuser der Stadt; in dem säulenumschlossenen Atrium befindet sich ein Marmorbecken. An dieses schließen sich südöstlich die Terme suburbana an, die unterirdischen Thermen.

✶ ◄ Casa di Rilievo di Telefo

Im Osten der Stadt liegt der umfangreiche Komplex der Palaestra, wo Sportfeste veranstaltet wurden.

✶ ◄ Palaestra

Sowohl die Villa dei Papiri als auch das **Theater** liegen außerhalb der Ruinenstadt. Beide Bauten sind derzeit nicht zugänglich.

◄ Villa dei Papiri

✶ Ischia · Isola d'Ischia

O 17

Region: Kampanien • Campania
Provinz: Neapel
Fläche: 46 km²
Höhe: Meereshöhe bis 788 m ü. d. M.
Einwohnerzahl: ca. 50 000

Oleander, Olivenhaine und heiße Quellen: Ischia ist ein Paradies für Erholungssuchende. Vorbei an duftenden Gewürzsträuchern, Weinbergen und Obstgärten kann man genussvoll und ohne Anstrengung die Insel erkunden, die natürlichen Thermalanlagen locken mit idyllischen Badelandschaften, die heimische Gastronomie mit leckerer mediterraner Küche.

Die grüne Insel

Isola Verde, grüne Insel, wird Ischia gerne genannt. In der Tat ist die größte Insel im Golf von Neapel ein kleines Kaleidoskop mediterraner Vegetation. Die Hauptattraktion sind die zahlreichen heißen Quellen, die daran erinnern, dass die Insel geologisch betrachtet eine Fortsetzung der Vulkanlandschaft bei Neapel darstellt.

ISCHIA ERLEBEN

AUSKUNFT

Via Sogliuzzo 72I
80077 Ischia
Tel. 08 15 07 42 11, Fax 08 15 07 42 30
www.infoischiaprocida.it

ANREISE

Mehrmals täglich verkehren Fähren vom italienischen Festland, u. a. von Neapel und von Pozzuoli (auch Tragflügelboote) nach Ischia Porto bzw. Casamicciola Terme.

INSELVERKEHR

Zwei Buslinien fahren in regelmäßigen Abständen um die Insel: Die Linie CD, Circolare Destra, umrundet Ischia im Uhrzeigersinn, die CS, Circolare Sinistra, in entgegengesetzter Richtung. Alle größeren Ortschaften werden angefahren. Der zentrale Busbahnhof befindet sich in Ischia Porto, Piazza Trieste.

ESSEN

► Fein & Teuer

Il Melograno
Via Giovanni Mazzella 110
Spaggia di Citara
Tel. 0 81 99 84 50; Mo. geschl.
Mitten in einem Olivenhain finden Sie dieses edle Gourmetrestaurant, das für seine kreative Küche mit einem Michelin-Stern bedacht wurde.

Umberto a Mare
Via Soccorso 2, Forio
Tel. 08 19 9 71 71; Apr. – Okt.
Seit 1936 pilgern Freunde vorzüglicher Fischgerichte in dieses einmalig schön gelegene Restaurant.

► Erschwinglich

Damiano
Via Variante Esterna SS 270, Ischia
Tel. 0 81 98 30 32; Apr. – Sept.
Im eleganten Landhausstil gehaltenes Restaurant mit schönem Meerblick, das für seine traditionelle Küche geschätzt wird und für die meisterhafte Zubereitung von »Coniglio di fosso« berühmt ist.

► Preiswert

Scarabeo
Via Salette 10, Località Ciraccio
Procida, Tel. 08 18 96 99 18; im Winter nur Sa., So.
Einfaches gemütliches Lokal, bodenständige Küche, die sich nach dem täglichen Angebot auf dem Fischmarkt richtet. Im Sommer speisen Sie im Garten unter Zitronenbäumen.

ÜBERNACHTEN

► Luxus

Grand Hotel Punta Molino Terme
Lungomare Cristoforo Colombo 23
80077 Ischia
Tel. 0 81 99 15 44, Fax 0 81 99 15 62
www.puntamolino.it
In einem Pinienpark gelegenes Luxushotel in der Bucht Punta Molino, exklusive Einrichtung mit allem erdenklichen Komfort, hochkarätige Gastronomie, eigenes Thermalbad, Freibad, Sauna, Fitnessoase und vielfältige Wellnessangebote.

► Komfortabel

Casa Celestino
Via Chiaia di Rose 20
80070 Sant'Angelo
Tel. & Fax 0 81 99 92 13
www.hotelcelestino.it
Schönes Hotel am Meer, ganz im mediterranen Stil gehalten, ansprechende Zimmer, teils mit grandioser Aussicht. Gemütliches Restaurant mit prachtvoller Terrasse.

► Günstig

Agriturismo Il Vitigno
Via Bocca 31, 80075 Forio
Tel. 0 81 99 83 07, Fax 0 81 99 83 07
www.ilvitigno.com
Mitten im Grünen zwischen Weinbergen und Olivenhainen steht dieser schöne Bauernhof, der ruhige und gemütliche Zimmer, bodenständige Küche und ein kleines Thermalschwimmbad zu bieten hat.

Inselrundfahrt

Ischia Porto und Ischia Ponte

Ausgangspunkt der Inselrundfahrt und Hauptort von Ischia ist die am Nordostufer gelegene Stadt Ischia. Sie teilt sich in Ischia Ponte und Ischia Porto. Das modernere und sehr lebendige Ischia Porto besitzt den größten Hafen der Insel – ein ehemaliger Kratersee, der

Ischia Orientierung

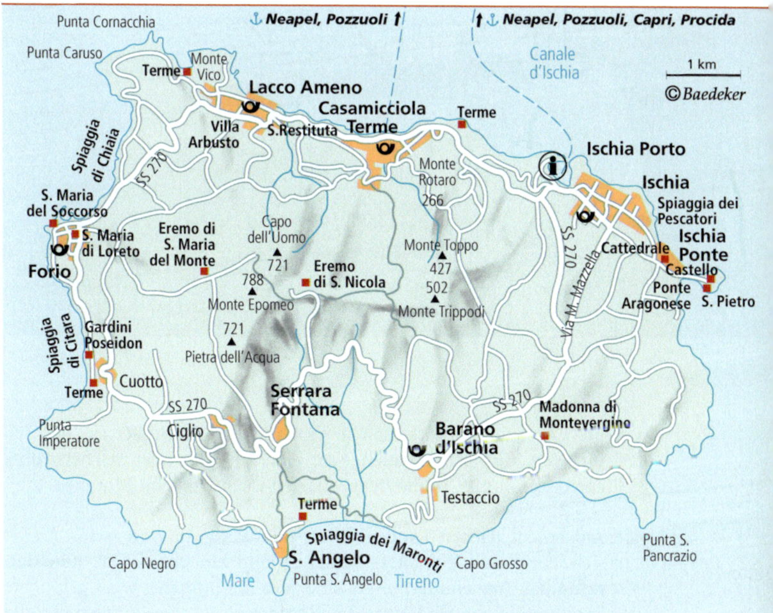

1854 zum Meer geöffnet wurde. Südöstlich von Ischia Porto ragt auf einem Felsen das **Castello d'Ischia**, das Wahrzeichen der Insel, aus dem Meer. Das Kastell, im 15. und 16. Jh. Sitz der aragonesischen Statthalter, befindet sich heute in Privatbesitz, kann aber besichtigt werden. Man erreicht es über den mehr als 200 m langen Steindamm, der die Felseninsel mit Ischia Ponte, dem älteren Ortsteil, verbindet.

Casamicciola Terme

Rund 4 km westlich von Ischia Porto erstreckt sich am Hang des Epomeo zwischen Gärten und Weinbergen Casamicciola Terme, der traditionsreichste Kurort auf der Insel mit mehreren heißen Quellen und gepflegten Thermalanlagen. Besonders anziehend ist der in üppiges Grün gebettete, terrassenförmig am Hang angelegte **Thermalpark** Castiglione mit aussichtsreichem Café-Restaurant und eigenem Strandabschnitt. Herrliche Ausblicke genießt man bei einem Spaziergang auf der Via Borbonica, einer von den Bourbonen angelegten Straße am Hang des Monte Epomeo.

Lacco Ameno

Ganz im Nordwesten liegt das Seebad Lacco Ameno, dessen Wahrzeichen, der pilzförmige Felsen **»Il Fungo«**, am Hafen aus dem Wasser ragt. Das Museo Archeologico di Pithecusae in der hübsch gelegenen Villa Arbusto zeigt Funde aus der ehemaligen griechischen Kolo-

Das Wahrzeichen der Insel: Castello d'Ischia

nie Pithecusa, darunter den so genannten Nestorbecher aus der Zeit um 730 v. Chr. Schön baden – entweder im Meer oder in Thermalbecken – kann man in der benachbarten Bucht von San Montano.

Forio Auf einem flachen Landsporn an der Westküste von Ischia breitet sich Forio aus, ein altes Städtchen und ein ehemaliges **Künstlerrefugium.** Anziehungspunkte sind hier die hübsche, weiß getünchte Seefahrerkirche Madonna del Soccorso und der zinnenbekrönte Wehrturm namens Il Torrione, der 1480 zum Schutz gegen Pirateneinfälle erbaut worden war. Weiter südlich von Forio erstreckt sich der berühmte Strand von Citara mit den **Gärten des Poseidon**, einer besonders schönen und ausgedehnten Thermalanlage.

✶ Sant'Angelo Das »Schmuckstück« an der überwiegend steilen Südküste von Ischia ist das kleine, auf einer Landzunge zusammengedrängte Sant'Angelo, das sich mit seinen pastellfarbenen Häusern und der kleinen Hafenbucht mit den bunten Booten die Ausstrahlung eines ischitanischen Fischerdorfs bewahrt hat.

Zwischen Sant'Angelo und Barano d'Ischia erstreckt sich mit knapp 3 km der längste und meistbesuchte Strand von Ischia, **Spiaggia dei Maronti**, den man auch mit dem Boot ansteuern kann. An manchen Stellen werden der Sand und das Meerwasser durch heiße Dämpfe, so genannte **Fumarolen,** stark erhitzt.

? WUSSTEN SIE SCHON ...?

- Tradition hat in Casamicciola die Keramikherstellung. In der 400 Jahre alten Majolikafabrik der Brüder Mennella gibt es Töpfe, Vasen und Geschirr in riesiger Auswahl.

✶ Monte Epomeo Das idyllisch gelegene Bergdorf Fontana ist der beste Ausgangspunkt für einen Aufstieg zum 789 m hohen Monte Epomeo, da seine Hänge nach Süden verhältnismäßig flach zum Meer abfallen. Es handelt sich um einen im 14. Jh. erloschenen Vulkan, zu dem man von Fontana in etwa einer Stunde aufsteigt. Auf dem Gipfel kann man sich im Terrassencafé für den Abstieg stärken; Übernachtungsmöglichkeiten gibt es in der einstigen **Einsiedelei San Nicola**. Die Aussicht von hier oben ist unvergleichlich – ganz Ischia liegt dem Wanderer zu Füßen.

Procida · Isola di Procida

Ruhiges Ferienparadies

Die zwischen Ischia und dem italienischen Festland gelegene, nur 4 km lange und 2 km breite Insel Procida ist neben Ischia und Capri die dritte und kleinste Insel im Golf von Neapel. Sie ist ebenfalls vulkanischen Ursprungs, besitzt jedoch weder die Naturschönheiten Capris noch die Thermalquellen Ischias und ist vermutlich deshalb auch nicht besonders touristisch erschlossen.

★ Procida (Ort)

An der Nordostseite der Insel liegt das Städtchen Procida mit einem modernen Hafen, Sancio Cattolico, und dem alten Fischerhafen Corricella. Mit seinen **pastellfarbenen Würfelhäusern** und zauberhaften Ausblicken aufs Meer bietet es ein sehr malerisches Bild, daher drehte Massimo Troisi hier den größten Teil seines Films »Il postino«, der von Pablo Nerudas Exil auf Capri in den 50er-Jahren handelt.

Oberhalb von Corricella, auf einem steil abfallenden Felsen, thront die mittelalterliche, von Wehranlagen geschützte Oberstadt Terra Murata. Von dort führt eine lange Straße zur Bucht von **Chiaiolella**, wo es einen Hafen und einen Strand gibt.

> ! *Baedeker* TIPP
>
> **Karfreitag in Terra Murata**
>
> In der Kirche S. Michele Arcangelo startet jährlich am Karfreitag ein Mysterienspiel: Dabei trägt eine Laienbruderschaft bleischwere Heiligenfiguren über die Hügel.

Kalabrien · Calabria

R–U 21–24

Region: Kalabrien • Calabria
Fläche: 15 080 km²
Einwohnerzahl: 2 070 000

Provinzen: Catanzaro, Cosenza, Crotone, Reggio di Calabria, Vibo Valentia

Kalabrien, die Schuhspitze des italienischen Stiefels, stellt man sich gerne als mediterranes Land mit heißen Sommern und karger Vegetation vor. Umso erstaunter ist man, wenn man im Hinterland dichte Buchen- und Kiefernwälder entdeckt, die an nordeuropäische Landschaften erinnern. Einige Regionen sind sogar Skigebiete.

Bergiges Land

In seiner ganzen Länge wird das Land vom Kalabrischen Apennin durchzogen, der an der Grenze zur Basilicata im Monte Pollino 2248 m Höhe erreicht. Südlich treten aus Granit und Gneisen aufge-

KALABRIEN ERLEBEN

AUSKUNFT

Via Torino 148, 88900 Crotone
Tel. 0 96 22 31 85, Fax 0 96 22 67 00
www.turismo.regione.calabria.it

VERANSTALTUNGEN

In Roccella Jonica findet im Juli/August ein renommiertes Jazzfestival statt.

ESSEN

► Erschwinglich

Alla Pescatora
Lungomare Colombo 32
Scilla
Tel. 09 65 74 41 47; Mi. geschl.
Seit über 20 Jahren verwöhnt der Inhaber und Koch Michele Donato seine Gäste mit vorzüglichen Fischgerichten.

La Sosta da Marcello
Via Corrado Alvaro
Crotone
Tel. 0 96 2 38 31; So. geschl.
Gediegenes Restaurant mit gepflegter Tischkultur, der Inhaber persönlich berät Sie bei der Auswahl der Speisen und Weine.

Pimm's
Largo Migliarese 2
Tropea
Tel. 09 63 66 61 05; Mo. geschl.
Dieses Restaurant scheint geradezu über dem Meer zu schweben. Klar, dass hier Fischgerichte das Speisenangebot dominieren.

► Preiswert

Locanda di Mare
Via Stromboli 20
Amantea
Tel. 09 82 42 82 62; Mo. geschl.
Frischen Fisch in bester Qualität können Sie in dieser urgemütlichen Trattoria genießen, der Vater des Kochs ist Fischer und sorgt für erstklassige Ware.

L'Arco Vecchio
Piazza Archi di Ciaccio 21
87100 Cosenza
Tel. 0 98 47 25 64; Mo. geschl.
Sehr beliebtes Restaurant in der Altstadt, bodenständige kalabrische Hausmannskost.

Zio Serafino
Contrada Salice
Corigliano Calabro
Tel. 09 83 85 13 13
Großes, modernes Restaurant mit mehreren Speisesälen, hervorragende Fischgerichte zu günstigen Preisen.

Baedeker-Empfehlung

Da Salvatore
Salita I del Rosario
Catanzaro
Tel. 09 61 72 43 18; Mo. geschl.
Gemütliche Trattoria in der Altstadt, die traditionelle kalabrische Gerichte anbietet wie A Tiana di Capretto (Fleisch vom Zicklein mit Kartoffeln, Artischocken, Erbsen und gewürztem Brot im Tontopf gegart).

ÜBERNACHTEN

► Komfortabel

Holiday Inn Cosenza
Via Pane Bianco
87100 Cosenza
Tel. 0 98 43 11 09, Fax 0 98 43 12 37
www.holiday-inn.it
Supermodernes Hotel mit allem Komfort, schöne Zimmer mit hervorragender Ausstattung, ansprechendes Restaurant. Garage im Haus.

501 Hotel
Via Madonnella
89900 Vibo Valentia
Tel. 0 96 34 39 51
Fax 0 96 34 34 00
www.501hotel.it
Hotel mit Blick auf den Golf von Sant'Eufemia, frisch renoviert, Zimmer mit modernem Komfort.

La Tonnara
Via Tonnara 13
Amantea
Tel. 09 82 42 42 72
Fax 0 98 24 23 90
www.latonnara.it
Nettes Hotel nur wenige Schritte vom Strand entfernt, schöne und geräumige Zimmer, fast alle mit Meerblick, gutes Restaurant, Pool und eigener Badestrand.

Helios
Via per Capocolonna Sud
88900 Crotone
Tel. 09 62 90 12 91, Fax 0 96 22 79 97
www.helioshotels.it
Modern eingerichtetes Hotel etwas außerhalb der Stadt, schöne und ruhige Lage am Meer, ideal für Badeurlauber. Bequeme Zimmer mit Blick aufs Meer, Restaurant im Haus.

► Günstig
Due Mari
Via Cavour 46
88056 Tiriolo
Tel. 09 61 99 10 64, Fax 09 61 99 09 84
www.duemari.com
Hotel mit zeitgemäßem Komfort und familiärem Ambiente. Im Restaurant werden kalabrische Speisen und Pizza serviert.

baute Massive eines alten Rumpfgebirges zutage: zunächst La Sila und ganz im Süden Aspromonte. Sie sind durch breite, ehedem sumpfige Täler getrennt. Entlang der Westküste verläuft die Kalabrische Küstenkette (Catena Costiera oder Paolana), die zum Meer hin steil abfällt. Die ca. 3 km breite Straße von Messina trennt Kalabrien von ►Sizilien.

Wirtschaft des »mezzogiorno«

Kalabrien gehört zu den wirtschaftlich am wenigsten entwickelten Gebieten Italiens; hier wird nachvollziehbar, warum man in Norditalien vom »mezzogiorno« wie vom »terzo mondo« spricht. Die meisten Menschen leben von der **Landwirtschaft**; in den fruchtbaren Niederungen und Küstenstreifen wachsen Weizen, Oliven- und Zitrusbäume, Wein und Feigen, in den höheren Lagen ist nur Weidewirtschaft möglich. Entlang der Westküste hat der Fischfang Tradition. An Bodenschätzen haben die Steinsalzlager bei Lungro, die Schwefelvorkommen bei Strongoli und die Erdölförderung vor Crotone eine gewisse Bedeutung. Mehrere Stauseen in der Sila liefern Strom, und in Gioia Tauro entstand einer der größten Containerhäfen des Mittelmeers.

Enklave griechischer Kultur

Mitte des 8. Jh.s v. Chr. kolonisierten **griechische Achäer** das Gebiet, in dem damals die Bruttier lebten. Die so genannte Magna Graecia wurde rasch reich und trat mit dem Mutterland in Kriege. Im Zweiten Punischen Krieg wurde Kalabrien von den Römern besetzt. Nach

? WUSSTEN SIE SCHON …?

- 532 v. Chr. gründete Pythagoras in Kroton (Crotone) eine Philosophenschule. Bis heute gibt es im äußersten Süden Kalabriens Griechisch sprechende Gemeinden.

dem Untergang des Ostgotischen Reichs gehörte das Gebiet bis zur Mitte des 11. Jh.s zu Byzanz, wodurch das **griechische Erbe** mit christlichem Vorzeichen erneuert wurde. In dieser Zeit entstanden **zahlreiche Klöster** basilianischer, d. h. griechischer Mönche und Nonnen, die auch in Wirtschaft und Kultur Großes leisteten; der Humanismus eines Petrarca hat hier seine Wurzeln. Die Kirche unterstand bis Ende des 15. Jh.s dem Patriarchen in Konstantinopel.
In den folgenden Jahrhunderten teilte Kalabrien das Schicksal der anderen süditalienischen Provinzen: Es wurde ab 1060 von Normannen, 1265–1442 von den Anjou, dann bis 1503 vom Hause Aragon regiert. Anschließend gehörte es bis 1734 zum spanischen Königreich Neapel, das mit Napoleonischem Zwischenspiel (1806–1815) bis 1860 bestand. Garibaldi landete am 19. 8. 1860 in Melito an der Südspitze Kalabriens und marschierte gegen Rom. Ende des 19./Anfang des 20. Jh.s wanderte über eine halbe Million Menschen aus – etwa ein Drittel der Bevölkerung –, v. a. in die USA.

8. Jh. v. Chr.	Griechische Achäer besiedeln Kalabrien.
3. Jh. v. Chr.	Römer nehmen den Süden Italiens ein.
6. Jh. n. Chr.	Kalabrien kommt zu Byzanz.
11.–15. Jh.	Verschiedene Herrscher: Normannen, Anjou, Aragon
1503–1734	Teil des spanischen Königreichs Neapel
19. 8. 1860	Garibaldi landet in Melito.

Touristen in Kalabrien Mit seiner langen Küste ist Kalabrien eigentlich für einen Badeurlaub prädestiniert. Die felsige, an kleinen Buchten reiche Westküste weist denn auch einige beliebte Ferienorte auf, etwa Praia a Mare, Scalea, Tropea und Scilla. Die Ostküste am Ionischen Meer, die über Hunderte von Kilometern aus breitem, »wildem« Sandstrand besteht, enttäuscht hingegen weithin. Es gibt dort nur sehr wenige Orte am Meer, und kaum einer – am ehesten noch Crotone – bietet das Ambiente für einen angenehmen Aufenthalt. Die **Strand- und Hotelsiedlungen**, meist mit dem viel versprechenden Namenszusatz Marina oder Lido, sind unattraktiv. Im Folgenden werden die Reiseziele der West- und Ostküste von Norden nach Süden beschrieben, Sehenswertes im Binnenland jeweils angeschlossen.

Entlang der Westküste

Praia a Mare Mit pittoresker Felsenküste und grauem Sandstrand ist Praia a Mare ein beliebter Badeort. Im hoch gelegenen **Santuario della Madonna della Grotta** kann man steinzeitliche Siedlungsreste entdecken.

Scalea ist ein hübscher mittelalterlicher Ort, der, wie im Namen angedeutet, »treppenförmig« über dem Strand ansteigt. Ganz oben steht die Chiesa dello Spedale mit Resten byzantinischer Fresken – u. a. Darstellungen des hl. Nikolaus. Mit einem Boot erreicht man die herrlichen Buchten am nördlich gelegenen Capo Scalea.
Dort beginnt die tief eingeschnittene **Lao-Schlucht**. Über Papasidero, dessen Name »Pappas Isidoros« den byzantinischen Ursprung verrät, erreicht man Mormanno in 840 m Höhe; in der Kirche S. Maria del Colle sind u. a. eine Madonna mit dem Jesuskind aus dem 14. Jh. und das barocke Chorgestühl zu bewundern. Von Mormanno bieten sich zwei schöne Routen über den Monte Pollino (► Basilikata) nordöstlich ins Sinni-Tal an: über den hübsch gelegenen Ort Rotonda oder – bei der Kreuzung Porte della Valle rechts hinauf – zum Capo del Dragone und durch die windgezausten Matten unterhalb des Pollino mit herrlichem Blick auf Tyrrhenisches und Ionisches Meer nach San Severino.

Die tiefe Schlucht des Lao

Lungro

Der ca. 56 km nordöstlich von Belvedere Marittimo liegende Ort Lungro (3 200 Einw.) ist Zentrum der **albanischen Minderheit** in Kalabrien, der »Arbëreshë« griechisch-orthodoxen Glaubens, und Sitz eines Bischofs (Eparca). In der Kathedrale sieht man noch byzantinische Fresken aus der alten Kirche aus dem Jahr 1547.

* ◄ Altomonte

Altomonte, ein hoch gelegener mittelalterlicher Ort 11 km südlich von Lungro, verfügt über eine der bedeutendsten angiovinisch-gotischen Kirchen Kalabriens, **S. Maria della Consolazione**, erbaut 1336–1380. Im angeschlossenen ehemaligen Dominikanerkonvent von 1635 zeigt das Museo Civico einen Kirchenschatz, u. a. ein Simone Martini zugeschriebenes Triptychon namens »Hl. Ladislaus«.

Castrovillari

Am Fuß des Pollino, 30 km nordöstlich von Lungro, liegt das rege Castrovillari (23 300 Einw.). Der Corso Cavour führt zur Altstadt mit der aragonesischen Burg von 1490. Östlich vor der Stadt steht die hoch gelegene Kirche S. Maria del Castello, begründet 1090, 1363 und 1769 umgebaut; von hier hat man einen guten Blick auf den Pollino im Norden und den Cozzo del Pellegrino im Südwesten.

Guardia Piemontese

Durch die **Porta del Sangue** betritt man das ummauerte Guardia Piemontese, 22 km südlich von Belvedere Marittima gelegen. Die Porta erinnert an das Massaker, das der spätere Papst Pius V. 1561

In den 1950er-Jahren in einem kalabrischen Dorf: Menschen und Tiere, alle lebten unter einem Dach zusammen.

DAS FASS DES SÜDENS

Die »terroni« wohnen südlich von Florenz. Sie leben in jenem Teil Italiens, der eigentlich schon zu Afrika gehört: Wo die Menschen dunkelhäutig sind, angeblich faul in der Sonne liegen oder der Korruption frönen und wo die Mafia den Staat in Schach hält.

Solche oder ähnliche Einschätzungen bekommt man in Norditalien nicht selten zu hören – meist von Anhängern der **Lega Nord**. Die rechts gerichtete Partei propagiert seit einigen Jahren die Schaffung von Padanien, einem von der römischen Zentralgewalt unabhängigen Nordstaat mit eigener Polizei, eigenem Bildungssystem und sogar eigenen Olympischen Spielen. Mit Rom und dem Süden will man nichts zu schaffen haben. »Roma ladrona«, »diebisches Rom«, tönen die Legisten und weigern sich, ihre Steuern an die Hauptstadt zu zahlen. Die separatistischen Parolen der Lega Nord verärgern die Süditaliener, die Bewohner des so genannten »mezzogiorno«, des Südens.

Die Regionen Kampanien, Apulien, Kalabrien und Sizilien sind, gefolgt von den vier anderen kleineren Regionen Sardinien, Abruzzen, Molise und Basilikata, die wirtschaftlich, sozial und kulturell unterentwickeltsten ganz Italiens. Egal, welche Standards man auch anlegt: Das **Qualitätsniveau** in Sachen Bildungs-, Gesundheits- und Sozialwesen nimmt von Nord- nach Süditalien drastisch ab. Während in den nordöstlichen Regionen Italiens die Arbeitslosigkeit gegen Null tendiert, finden im Süden vor allem Frauen und Jugendliche keine Arbeit.

Hintergründe

Die Probleme des Mezzogiorno wurden schon von den Gründungsvätern des italienischen Einheitsstaates in den 1860er- und 1870er-Jahren diskutiert – ohne Erfolg. Obwohl die feudalen Strukturen in der Landwirtschaft als Hauptgrund für die Rückständigkeit des Südens gesehen wurden, ließen **praktische Schritte** wie eine Landreform fast ein Jahrhundert auf sich warten. Ende des 19./Anfang des 20. Jh.s sah man dann die Hauptursache in der fehlenden Industrialisierung. Damals kam es zur Gründung des mittlerweile stillgelegten Stahlwerks in Bagnoli bei Neapel. Erst mit dem Ende des Zweiten Weltkriegs wurde die **Südfrage** wieder diskutiert. Mit Hilfe gigantischer Investitionsprojekte versuchte der Staat eine selbsttragende Entwicklung auszulösen. Zwischen 1950 und 1990 flossen

rund **280 Billionen Lire** in den Süden, u. a. für riesige Stahlbetriebe und Raffinerien, von denen heute viele als Industrieruinen südliche Küsten verschandeln. Hunderte von Liremilliarden versickerten in Mafia-Kanälen. Darüber hinaus bewirkten bürokratische Ineffizienz und eine eher geringe Investitionsneigung von Unternehmern, dass nennenswerte Programme nie realisiert werden konnten.

Neue Hoffnungen

Die Separationsforderungen der Lega Nord und der ständige Protest norditalienischer Bürger gegen das Versickern von Steuergeldern im Süden haben bewirkt, dass spätestens seit 1996 die damaligen Mitte-Links-Regierungen versuchten, neue Wege in der Südfrage zu suchen. Dabei wurde besonders Wert darauf gelegt, nicht nur riesige Geldsummen in den Mezzogiorno zu pumpen. Stattdessen werden mehr **lokale Gegebenheiten** einbezogen, u. a. bei aufwändigen Wasserversorgungsprojekten, der Verbesserung des Transportwesens, der Telekommunikationsnetze und bei Fremdenverkehrsprojekten.

Mit einigem Erfolg. So lassen sich im heutigen Süditalien bereits einige Oasen entlang der Adriaküste ausmachen. Auch die EU tut das Ihrige dazu, damit diese Zonen immer größer werden.

Für die Zukunft wird entscheidend sein, ob der Mezzogiorno von der **organisierten Kriminalität** befreit werden kann, die als einer der Hauptgründe für die gesellschaftliche Lethargie gilt. Bislang wurden zwar viele Erfolge im Kampf gegen Cosa Nostra, gegen Clans und Bosse verzeichnet, dennoch scheinen die staatlichen Behörden mit den schnellen Entwicklungen mafioser Geschäftspraktiken nicht mitzukommen. So konnte die Mafia ihre Geschäftsbereiche sogar auf den Norden Italiens ausweiten. Die Schmähungen der Lega Nord gegen das süditalienische Übel haben ihren Sinn verloren, hat sich doch mittlerweile die organisierte Kriminalität längst im gelobten Padanien niedergelassen.

Darüber hinaus hängt viel davon ab, ob man in der weiteren Entwicklung die **Bürokratisierung** verhindert, ob die alten Einstellungen überwunden werden können, sowohl in Sachen Geldverteilung als auch im Hinblick auf die »Versorgungsmentalität« bei den Empfangern; über all dies wird die Entwicklung der nächsten Jahrzehnte Auskunft geben. Nach wie vor stoßen in Süditalien Realitäten aufeinander, die man sich krasser nicht vorstellen kann. Immer noch bedeutet eine Reise von Mailand nach Palermo und umgekehrt eine Reise in ein anderes Land, in ein fremdes Italien.

unter den Waldensern anrichtete, die im 13. Jh. aus dem Piemont hierher geflohen waren. Heute noch sind hier okzitanische Redewendungen und alte Traditionen lebendig, die in einem interessanten kleinen Museum dokumentiert sind.

Paola

In der 14 km südlich von Guardia Piemontese an den Hang gebauten Stadt Paola (17 000 Einw.) mit ihrem breiten Sandstrand wurde 1416 der **hl. Franz von Paula** als Francesco d'Alessio geboren († 1507), der den Bettelorden der Paulaner (Minimen) stiftete und in Süditalien sehr verehrt wird. Sein Festtag ist der 4. Mai. Durch die Porta S. Francesco mit der Büste des Heiligen tritt man auf die Piazza del Popolo mit der Kirche Madonna di Montevergine und einem Brunnen aus dem 18. Jh. Oberhalb der Stadt liegt der große Klosterkomplex, der im 15. Jh. erbaut und im 17./18. Jh. erweitert wurde. In der Basilika werden im rechten Schiff Reliquien des Heiligen aufbewahrt, der Altar enthält das Bildnis S. Francesco d'Assisi von Dirck Hendricksz. Steuert man von hier Cosenza an, lohnt sich die Fahrt über den Passo Crocetta der schönen Aussicht willen.

Cosenza

Im fruchtbaren Tal des Crati liegt Cosenza (86 600 Einw.), eine wirtschaftlich bedeutende Provinzhauptstadt sowie Sitz eines Erzbischofs und einer modernen Universität. Vom Ponte Martire führt der Corso Telesio zwischen mittelalterlichen Palazzi hinauf zum Duomo, der 1222 in Anwesenheit von Friedrich II. geweihten frühgotischen Kathedrale. Im Querschiff links befindet sich das **Grabmal der Isabella von Aragon**, der 1271 in Cosenza verstorbenen Gattin Philipps III. von Frankreich; der spätantike Sarkophag mit der Jagd des Meleagros (4. Jh.) am Ende des rechten Schiffs soll die Reste von Heinrich VII., Sohn Friedrichs II., enthalten, der 1242 im Dom beigesetzt wurde. Nach der Besichtigung sollte man im 1803 gegründeten Caffè Renzelli mit seiner Jugendstileinrichtung ein Päuschen einlegen. Der Erzbischofspalast hütet ein herrliches Kreuzreliquiar, das Friedrich II. dem Dom schenkte. Vom Stadtpark aus gelangt man hinauf zum normannisch-angiovinischen Kastell, dessen Mauern den Erdbeben von 1638, 1783 und 1905 nicht standhielten.

? WUSSTEN SIE SCHON ...?

- In Cosenza starb im Jahre 410 n. Chr. der Westgotenkönig Alarich, der mit seiner Beute aus der Plünderung Roms im Bett des Busento beigesetzt wurde. Den deutschen Dichter und Italienreisenden Graf August von Platens inspirierte dies zur Ballade »Das Grab im Busento«, die durch die Übersetzung von G. Carducci auch in Italien bekannt ist.

✶ Sila-Gebirge

Von Cosenza aus sollte man einen Ausflug in das Sila-Gebirge (La Sila) im Herzen Kalabriens unternehmen. Es wird von Sila Grande, Sila Piccola und Sila Greca gebildet, Letztere benannt nach den Albanern, die sich hier seit dem 15. Jh. niederließen und dem griechisch-orthodoxen Glauben angehören. Im Westen bricht die Sila zum

Crati-Tal steil, zum Golf von Tarent allmählich ab. Zwei Gebiete, die zusammen den **Parco Nazionale della Calabria** bilden, wurden 1968 unter Naturschutz gestellt: im Norden die Region um den Monte Pettinascura und im Süden die Gegend um den Monte Gariglione.
Wie der Name signalisiert – Sila ist von lat. »silva« für »Wald« abgeleitet –, handelt es sich um ein sehr altes Waldgebiet. Sein Wahrzeichen ist die Kiefer, daneben dominieren Buchenwälder, die sich im Herbst rot färben; außerdem findet man hier reiche Bestände an Kastanien, Zerreichen, Schwarzerlen und Weißtannen. In der Sila leben **Apenninenwolf**, Bonelli-Adler, Uhu und Schwarzspecht. Seit 1927 wurden Staudämme mit Kraftwerken errichtet, die u. a. den Lago Arvo und den Lago Ampollino bilden. Im Winter liegt hier viel Schnee, manchmal frieren die Seen zu.

Routen durch die Sila

Eine »kleine Runde« (ca. 120 km) von Cosenza aus verläuft auf der SS 107 und der SS 648 – vorbei an der Riserva Giganti della Sila mit über 50 m hohen Kiefern bei Camigliatello Silano. Weiter geht es über die Montagne della Porcina zum Lago Arvo, hier ein kurzes Stück westlich, dann hinauf zum Monte Botte Donato und wieder zurück zur SS 648.
Sehr schön ist auch die Durchquerung der Sila. In Camigliatello Silano nimmt man die SS 177 am Lago di Cecita entlang, dann die SS 282 in das Becken von Fossiata, ebenfalls mit **riesigen Kiefern** bestanden. Von hier kann man über Bocchigliero zur Küste oder über Cropalati nach Rossano fahren.

◄ Mit der Bahn

Man kann das grüne, bzw. im Winter das weiße Kalabrien auch mit dem Zug erkunden: Von Cosenza führen die Schmalspurgleise der Ferrovie della Calabria nach S. Giovanni in Fiore und Catanzaro, zwischen Camigliatello und S. Giovanni werden auch Sonderfahrten mit Dampfloks angeboten.

Amantea

Wer der Küste weiter nach Süden folgt, findet um Amantea herum viele schöne Sandstrände. 15 kmweiter südlich kann man nach Nocera Terinese hinauffahren, das durch die »vattienti«, das blutige Ritual der Geißler am Ostersamstag, bekannt ist.

◄ Nocera Terinese

Lamezia Terme

Die Gemeinde Lamezia Terme (71 000 Einw.) entstand durch den Zusammenschluss von Nicastro, Sambiase und S. Eufemia di Lamezia. In Nicastro findet man eine bemerkenswerte Kathedrale von 1640 und mit interessantem Kirchenschatz. Bei Sambiase sprudeln die 39,1° C warmen Terme Caronte, die schon seit römischer Zeit bekannt sind. Die Ebene von S. Eufemia, früher ein sumpfiges Malariagebiet, erfreut das Auge durch Gemüse- und Obstgärten.

◄ Ebene von S. Eufemia

Pizzo

In Pizzo fand das napoleonische Königreich Neapel sein Ende: Joachim Murat, Schwager Napoleons, landete von Korsika kommend am 7. Oktober 1815 hier, wurde verhaftet, verurteilt und am 13. Oktober im aragonesischen Kastell erschossen. Im Zentrum des verwin-

? WUSSTEN SIE SCHON ...?

- In Pizzo wurde angeblich die Eissorte »Tartufo« erfunden. Ein guter Grund, um auf der Piazza della Republica etwas länger zu verweilen.

kelten Fischerorts, der für Thunfischfang und -verarbeitung bekannt ist, öffnet sich die belebte Piazza della Repubblica zum Meer. Sehenswert ist die Kirche S. Giorgio mit ihrer Fassade von 1632 und reicher Innenausstattung.

Vibo Valentia In der fruchtbaren Hochebene liegt Vibo Valentia (35 200 Einw.) an der Stelle der bedeutenden **griechischen Kolonie Hipponion**. Beim Friedhof sind Teile der Stadtmauer aus dem 6./5. Jh. v. Chr. sowie am Belvedere Reste eines dorischen Tempels erhalten. Im barocken Dom S. Leoluca, erbaut 1680–1723, ist das um 1539 geschaffene Marmortriptychon von Antonello Gagini im linken Querschiff bemerkenswert. Das ehemalige Dominikanerkonvent nebenan (1455) beherbergt das interessante Museo d'Arte Sacra mit Werken von Gagini, Fanzago und Koberger. Die Flaniermeile des Viale Regina Margherita führt am Stadtgarten entlang zum mittelalterlichen Viertel, über dem das **normannisch-staufisch-angiovinische Kastell** thront; hier zeigt das Museo Archeologico Funde aus Hipponion und dem römischen Valentia bis ins Mittelalter.

✶ Tropea Tropea ist sicher der hübscheste Ort der ganzen Westküste (7200 Einw.) und mit seinen Sandstränden am türkisblauen Meer entsprechend frequentiert. Vom Ende des Corso Vittorio Emanuele blickt man auf die Klippe mit der Kirche S. Maria dell'Isola. Vor dem Sedile

Tropea, der hübscheste Ort der Westküste mit seinem Wahrzeichen Santa Maria dell'Isola

dei Nobili, in dem sich heute die Touristeninformation befindet, führt die Via Roma zur normannischen Kathedrale, die im 11./12. Jh. entstand und mehrfach rekonstruiert wurde; innen besonders zu beachten ist das schwarze Kruzifix aus dem 16. Jh., die Madonna del Popolo von Fra Agnolo da Montorsoli (1555) und die byzantinisierende Madonna della Romania (um 1330).

★ ◄ Capo Vaticano

Das felsige Vorgebirge des Capo Vaticano südlich von Tropea, der schönste Küstenstrich Kalabriens, verfügt über viele Badeplätze, Hotels, Feriensiedlungen und Campingplätze.

Palmi

Nach dem Erdbeben von 1783 wurde Palmi (19 600 Einw.) neu aufgebaut, doch schon das nächste große Beben 1908 ließ nur wenig von den hübschen klassizistischen Häusern übrig. Anschauen sollte man sich das **Museo di Etnografia e Folclore** in der Via F. Battaglia, das zu den bedeutendsten in Süditalien gehört; im selben Gebäude erinnert das Museo Francesco Cilea an den berühmten Opernkomponisten. Auch die Pinacoteca mit Werken von Monet, Corot und Modigliani ist einen Besuch wert. Eine Sehenswürdigkeit ganz anderer Art sind die **Büßerprozession** des S. Rocco am 16. August und die Prozession mit der »Varia«, einer 15 m hohen »Kinderpyramide«, am letzten Augustsonntag, die allerdings nicht jedes Jahr stattfindet.

! *Baedeker* TIPP

'Nduja

Tropea ist bekannt für seine roten Zwiebeln, das nahe Spilinga hingegen ist Heimat der »'Nduja«, einer scharfen Wurst bzw. festen Paste aus Schweineinnereien, Speck und viel Peperoni.

Bagnara Calabra

Bagnara (11 300 Einw.) ist für die Schwertfischjagd bekannt, die von Mai bis August von Booten mit langen Bugauslegern und hohen Ausguckmasten aus unternommen wird. Recht schön in einer Sandbucht gelegen, ist der mühsam anzufahrende Ort leider nicht attraktiv.

◄ Scilla

Ganz anders Scilla (6000 Einw.), das an der Meerenge von Messina an der Stelle liegt, wo Homer die **Scylla,** ein alles verschlingendes Seeungeheuer, lokalisierte. Ein malerisches Kastell aus dem 13. Jh. trennt die Marina Grande mit dem Sandstrand vom pittoresken Fischerviertel Chianalea, dessen Häuser bis ans Wasser reichen.

★ **Aspromonte**

Als altes kristallines Massiv zeigt der Aspromonte sanfte Formen mit weiten, terrassenartigen Hochflächen und uralten, **undurchdringlichen Buchen- und Tannenwäldern**. Touristisches Zentrum ist Gambarie, das auch zum Wintersport besucht wird – ein Sessellift gleitet auf den Monte Scirocco. Von Gambarie bietet sich eine schöne Fahrt im Gallico-Tal über die Bergdörfer S. Stefano und S. Alessio nach Reggio an. Eine mühsam zu befahrende Straße führt über den hohen Berg Montalto mit seiner Christusstatue. Von hier aus geht es an der Wallfahrtskirche Polsi vorbei nach S. Luca, dem Geburtsort des Schriftstellers Corrado Alvaro, und zur Küste.

Entlang der Ostküste

Rocca Imperiale **Castello di Roseto**

Südlich der breiten, landwirtschaftlich intensiv genutzten Küstenebene der Basilikata tritt das Hügelland ans Meer, dahinter ragt das Kalkmassiv des Monte Pollino (► Basilikata) auf. Das hoch gelegene Rocca Imperiale wird von einem mächtigen Kastell Friedrichs II. dominiert; 15 km weiter südlich steht ein anderes Bollwerk Friedrichs, das Castello di Roseto .

Sibari

In der Mündungsebene des Crati gründeten um 730–720 v. Chr. die griechischen Achäer ihre erste Kolonie am Ionischen Meer, die Stadt Sybaris, die rasch für **Reichtum und Luxus** berühmt wurde; 510 v. Chr. wurde sie von Kroton zerstört, 194 v. Chr. machten die Römer sie zur Kolonie Copia. Ein Grabungsgelände erstreckt sich nahe dem Meer und den Laghi di Sibari, wo sich auch eine Feriensiedlung mit Jachthafen befindet.

Corigliano Calabro ►

Ein schöner Abstecher führt ca. 10 km weiter südlich nach Corigliano Calabro (36 800 Einw.) hinauf, dessen Schloss aus dem 12. Jh. im 19. Jh. umgestaltet wurde. 14 km östlich von hier ist eine der bedeutendsten Kirchen Kalabriens zu finden, S. Maria del Pàtire. Sie blieb von dem Kloster übrig, das um 1100 von Bartolomeo von Simeri gegründet wurde und als byzantinisches **»Ravenna des Südens«** galt. Der normannisch geprägte Bau besitzt ein angevinisches Portal und einen schönen Mosaikfußboden aus dem 12. Jh.

✶ S. Maria del Patire ►

✶ **Rossano**

Ebenfalls am Nordhang der Sila Greca liegt Rossano (34 500 Einw.), zu byzantinischer Zeit wichtiges geistliches Zentrum Kalabriens. Unterhalb der hübschen Piazza Steri mit dem Uhrturm ist die barocke Kathedrale zu finden, die, nach dem Erdbeben 1838 rekonstruiert, noch byzantinische Reste aufweist, darunter ein Fresko der **Madonna Achiropita** (»nicht von Menschenhand gemacht« aus dem 9. Jh. und ein Bodenmosaik aus dem 12. Jh. Das Museo Diocesano nebenan bewahrt den Codex Purpureus Rossanensis auf, eine herrliche, im 5./6. Jh. entstandene griechische Handschrift des Matthäus- und Markus-Evangeliums. Am südöstlichen Stadtrand steht oberhalb des Löwenbrunnens die Kirche S. Marco, eine byzantinische Viersäulen-Kreuzkuppelkirche (9./10. Jh.).

San Giovanni in Fiore

Von Rossano aus kann man eine Durchquerung der Sila in Angriff nehmen. Etwas südlicher liegt in vegetationsarmem Gelände S. Giovanni in Fiore (18 800 Einw.), das Zentrum der Sila. Hier gründete Joachim von Fiore 1189 das **Kloster Florense**; seine Ordensregel, die schärfer gefasst war als die der Zisterzienser, breitete sich rasch in Kalabrien aus. Er ist in der Krypta des Archicenobio, der 1185 begründeten und vielfach veränderten Klosterkirche, bestattet. Der Ort ist auch bekannt für die Frauentracht und den traditionellen Goldschmuck. Das Museo Demologico bei der Klosterkirche ist sehenswert.

Wer in Rossano am Abhang wohnt, sollte sich nicht zu weit aus dem Fenster lehnen.

Crotone

Einziger bedeutender Industrieort und einziger Hafen der Ostküste ist Crotone (49 500 Einw.). Der Stolz des schlichten Städtchens – signalisiert durch das »KR« der alten Autokennzeichen – ist die Vergangenheit als griechische Kolonie Kroton, die um 710 v. Chr. von Achäern gegründet wurde. Der im 11. Jh. erbaute und mehrfach umgestaltete Dom birgt im Innern eine byzantinisierende Madonna di Capo Colonna aus dem 15. Jh. und ein Taufbecken aus dem 14. Jh. Durch die wenig attraktive Altstadt gelangt man zum mächtigen Kastell, errichtet 1541 unter Pedro von Toledo, König von Neapel, am Platz einer älteren Burg. Im Museo Archeologico in der Via Risorgimento werden vorgeschichtliche und antike Funde aus der Magna Graecia gezeigt, z. B. ein wundervolles Golddiadem aus der **Kultstätte der Hera Lacinia**. Bei diesem Heiligtum des 6. vorchristlichen Jh.s, das sich am Cap Colonna 11 km südlich von Crotone befindet, befindet sich die einzige aufrecht stehende griechische Säule in ganz Kalabrien; zu sehen sind außerdem Teile der römischen Umfassungsmauer, griech. »Temenos«. Der östlichste Vorsprung Kalabriens, Capo Rizzuto, besitzt eine schöne Felsenküste mit herrlichen Stränden und vielen Campingplätzen, Feriensiedlungen und Hotels. Über das ummauerte Isola di Capo Rizzuto erreicht man das gleichnamige Kap mit Leuchtturm und weiter westlich Le Castella mit seiner malerisch vor der Küste liegenden aragonesischen Burg aus dem 16. Jh.

✶

◄ Capo Colonna

◄ Capo Rizzuto

! *Baedeker* TIPP

Wein

Wer an der Küste bleibt, kann in Cirò den Wein der gleichnamigen DOC kosten – so im Laden des Weinguts Librandi an der SS 106.

Marchesato Das Marchesato, hügeliges, waldloses Hinterland von Crotone, gehört zu den trockensten Gebieten Kalabriens und ist seit je die Kornkammer des Landes. Die **großen Latifundien** mit ihren teils befestigten Gutshöfen (»Masserie«) gehen bis in die Zeit der Normannen zurück. Starke Eindrücke vermittelt die 31 km lange Fahrt nach Santa Severina (2500 Einw.), hoch über dem Neto-Tal gelegen. Im normannisch-staufisch-angiovinischen Kastell ist das Museo Archeologico untergebracht. Am Hauptplatz gegenüber steht die 1247–1295 erbaute, später barockisierte Kathedrale mit dem byzantinischen Baptisterium aus dem 8./9. Jh. Am Ortseingang ist S. Filomena bemerkenswert, eine spätbyzantinische Kirche (11. Jh.) mit zwei übereinander liegenden Kapellen.

Santa Severina ▶

Catanzaro Dem weiten Golf von Squillace mit seinen Kiesstränden folgend, erreicht man Catanzaro, die Hauptstadt Kalabriens (97 000 Einw.), die in einiger Entfernung vom Meer auf einem steil abfallenden Plateau liegt. Westlich des Corso Mazzini, der Hauptachse der Altstadt, steht die Kirche S. Domenico, erbaut Ende des 15. Jh.s und später barockisiert. Zu ihrer wertvollen Ausstattung zählen ein Altarbild der **Madonna del Rosario**, 1615 von D. Hendricksz geschaffen, und die Marmorstatue Madonna della Purità von F. Cassano aus derselben Zeit. Im nahe gelegenen Museo Provinciale kann man archäologische Funde und Gemälde, u. a. von Salvator Rosa, anschauen.

S. Maria della Roccella ▶ Am Südrand von Catanzaro Marina steht die Ruine der mächtigen Basilika Roccelletta del Vescovo di Squillace. Der normannische Backsteinbau von Anfang des 12. Jh.s zeigt byzantinische und arabische Einflüsse. Er ist Teil des **archäologischen Parks Skylletion**, der seit 1965 auf dem Gelände der griechischen Stadt eingerichtet wird.

✶ **Tiriolo** In dem für seine Trachten, Stickereien und Spitzen bekannten, etwa 17 km westlich von Catanzaro liegenden Tiriolo ist das Antiquarium Comunale im Rathaus einen Besuch wert. Danach steigt man zu Fuß ein steiles Sträßchen zum Monte Tiriolo mit den Resten eines Kastells hinauf, um das unglaubliche Panorama vom Ionischen bis zum Tyrrhenischen Meer und die Liparischen Inseln zu genießen.

✶ Stilo ▶ Von Monasterace Marina, 48 km südlich von Catanzaro Marina, aus erreicht man das 400 m hoch gelegene **Stilo**, zu byzantinischer Zeit das religiöse Zentrum Südkalabriens. Davon zeugt die über dem Ort gelegene, einzigartige **Cattolica** (das »Katholikon« eines Klosters), eine winzige Viersäulen-Kreuzkuppelkirche aus dem 9. Jh. Eine der antiken Säulen trägt die griechische Inschrift »Gott ist der Herr, der uns erschienen ist«. Berühmter Sohn Stilos ist der Philosoph Tommaso Campanella (1568–1639), bekannt als Verfasser der utopischen Schrift »Der Sonnenstaat« (Città del Sole).

Locri Locri (12 800 Einw.) ist der »Nachfolger« der ca. 4 km südlich gelegenen Stadt Lokroi Epizephyrioi. Ende des 8. Jh.s v. Chr. von Griechen aus der Lokris gegründet, verfasste Zaleukos hier um 660 v. Chr. das

Cattolica von Stilo war einst das religiöse Zentrum Kalabriens.

erste Gesetzbuch Europas. Den Zugang zum Grabungsgelände bildet das Antiquarium – ein Großteil der Funde wird allerdings im Nationalmuseum in Reggio di Calabria gezeigt. Nahe der Küstenstraße sind die Fundamente eines ionischen Tempels aus dem 5. Jh. v. Chr. zu sehen, im Norden der Grabung entdeckt man Reste der Stadtmauer und ein Theater, etwas außerhalb **griechische Nekropolen**.

★ **Gerace**

Ein Juwel ist das mittelalterliche, 12 km westlich von Locri gelegene Gerace. Seine 1045 und nochmals in Anwesenheit Friedrichs II. 1222 geweihte Kathedrale, die größte und wohl bedeutendste in Kalabrien, zeugt noch von der großen Zeit unter den Normannen. Man betritt sie von der Piazza Tribona aus durch die im 8. Jh. erbaute Krypta mit antiken Säulen und kleinem Museum. Der schmucklose basilikale Innenraum weist ebenfalls antike Säulen und Kapitelle auf, die z. T. aus Lokroi stammen; im rechten Querschiff sind die Grabmäler Caracciolo und Palizzi bemerkenswert. Einen Blick sollte man auch der nahen gotischen Kirche S. Francesco d'Assisi, mit ihrem normannisch-arabischem Portal und prächtigem Altar von 1644, gönnen.

Melito di Porto Salvo

Ganz im Süden Kalabriens liegt Melito di Porto Salvo (11 000 Einw.), das Verwaltungs- und Handelszentrum der Gegend. Er schrieb Geschichte, als Garibaldi 1860 und 1862 hier anlegte, woran ein Denkmal am Strand Rumbolo gemahnt. Umgeben ist der Ort von **Bergamotte-Plantagen**; die Schale dieser Zitrusfrucht enthält ein ätherisches Öl, das in Parfümindustrie, Pharmazie und Gastronomie begehrt ist. 5 km westlich am Meer erstrecken sich die Anlagen der Saline Joniche, die nie in Betrieb genommen wurden.

! Baedeker TIPP

Zum Speisen und Nächtigen

Das »Casina dei Mille« in Annà bei Melito Porto Salvo war einst unter dem Namen »Casa Ramirez« Garibaldis Quartier. Das Hotel lockt bis heute mit guter kalabrischer Küche. Das schönste Zimmer ist Nr. 7 mit Veranda und Ausblick.

Der Süden Kalabriens ist Rückzugsgebiet der Griechisch sprechenden »Ur-Bevölkerung« mit den Gemeinden Pentedattilo, S. Lorenzo, Condofuri, Roghudi und Bova, deren alte Siedlungen teilweise verlassen sind. Ein besonders pittoreskes Beispiel ist Pentedattilo, das an wie fünf Finger wirkenden Felsen klebt – daher der Name.

Reggio di Calabria

Reggio di Calabria (179 000 Einw.) markiert die Spitze des italienischen Stiefels, der durch die Meerenge von Messina von Sizilien getrennt ist. In **hervorragender strategischer Lage** als griechische Kolonie Rhegion 743 v. Chr. gegründet, ist von alten Zeiten fast nichts mehr vorhanden; 1783 und noch einmal 1908 durch Erdbeben zerstört, präsentiert sich Reggio heute als chaotische und wenig attraktive Provinzstadt. Im Zentrum erheben sich hinter dem Dom die beiden mächtigen Rundtürme des Castello Aragonese aus dem 15. Jh.

✶✶ »Krieger von Riace« ►

Die große Attraktion sind die **»Krieger von Riace«**, zwei 1,99 m große griechische Bronzestatuen, die 1972 bei Riace im Meer gefunden wurden und heute im Nationalmuseum, Piazza de Nava 26, zu sehen sind. Ihre genaue Herkunft ist nicht bekannt, geschaffen wurden sie vermutlich um 460–440 v. Chr. Trotz der Größe der Figuren ist die Bronze nur etwa 6 bis 9 Millimeter dick. Beeindruckend sind die Statuen durch die unglaubliche handwerkliche und künstlerisch-anatomische Perfektion wie auch durch ihren harmonischen, ebenso würdigen wie erotischen Ausdruck.

✶✶ Lago Maggiore · Verbano

C/D 6/7

Regionen: Lombardei (Lombardia) und Piemont (Piemonte)

Provinzen: Varese und Novara

Wasserspiegel: 194 m ü. d. M.

Der Lago Maggiore, auch Verbano genannt, ist wahrlich vielseitig: Geografisch gehört er im Westen zum Piemont, im Osten zur Lombardei und im nördlichsten Zipfel zum Schweizer Kanton Tessin. In Seenähe verzaubert eine subtropische Pflanzen- und Blütenpracht, im hügeligen Hinterland weicht sie subalpiner und alpiner Flora. Beste Voraussetzungen also für einen abwechslungsreichen Urlaub.

Der 65 km lange Lago Maggiore entstand wie die anderen norditalienischen Seen während der Eiszeiten. Die nördlichen Ufer sind von hohen, meist bewaldeten Hügeln umschlossen, im Süden flachen die

Ufer zur lombardischen Ebene hin ab. Landschaftlich wie klimatisch begünstigt ist das Westufer. Hier haben sich die bekannten Fremdenverkehrs- und Kurorte entwickelt und hier ziehen sich die großartigsten **Villen und Gärten** die Hügel hinauf. Das vom Tourismus noch nicht so vereinnahmte Ostufer, von manchen etwas mitleidig »das arme Ufer« genannt, wirkt ursprünglicher.

Sehenswerte Orte am Lago Maggiore

Cannobio

Der malerische alte Ort Cannobio (5200 Einw.) liegt ca. 5 km hinter der Schweizer Grenze am Westufer des Lago Maggiore. Die Wallfahrtskirche S. Pietà am Ende der Uferpromenade wurde 1571 nach Plänen Pellegrino Tibaldis erbaut, das Altarbild malte 1536 Gaudenzio Ferrari. Der burgartige **Palazzo della Ragione** neben der barocken Pfarrkirche S. Vittore stammt aus dem Jahr 1291. Im Hinterland hat sich der Cannobino eine Orrido di Sant'Anna genannte, spektakuläre Schlucht in den Felsen gegraben.

◄ Orrido di Sant'Anna

Verbania

Verbania, die größte Stadt am Lago Maggiore (32 000 Einw.), besteht aus zwei Ortsteilen: Im geschäftigeren Intra spielen Industrie und Handel die Hauptrolle und hier befindet sich auch der Hafen für die Autofähre nach Laveno. Pallanza hingegen ist ein schön am Fuße des Monte Rosso gelegener, villen- und gartenreicher Ferienort. Getrennt werden sie durch die Landzunge **Punta della Castagnola** mit dem ausgedehnten Park der Villa Taranto. Rund 1 km außerhalb des alten Stadtkerns steht die um 1527 nach Plänen Giovanni Berettas im Stile Bramantes erbaute Kirche Madonna di Campagna.

★ ◄ Villa Taranto

★ **Lago di Orta**

Ein schöner Abstecher führt zum Lago di Orta, der vom 1491 m hohen Monte Mottarone überragt wird. Sein Hauptort ist Orta S. Giulio (1200 Einw.) mit seinem prachtvollen, 1582 erbauten Palazzo della Comunità. Von der Uferpromenade aus blickt man auf die Isola S. Giulio, auf der der hl. Julius im 4. Jh. eine Kirche gründete. Ein schöner **Kapellenweg** mit zwanzig fresken und terrakottengeschmückten Häuschen führt auf den Sacro Monte und zu dem 1583 erbauten Franziskanerkloster hinauf. Die ältesten Kapellen entstanden 1591, die jüngsten 1788.

Baveno

Der Kur- und Ferienort Baveno (4500 Einw.) am Fuße des Monte Camoscio ist wegen seiner Steinbrüche bekannt, deren rosenfarbener Granit seit Jahrhunderten als Baumaterial genutzt wird. Die romanische Pfarrkirche birgt zwei Defendente Ferrari zugeschriebene Bilder. Beachtenswert ist auch das Renaissancebaptisterium auf achteckigem Grundriss.

★★ **Isole Borromee**

Absolute Hauptattraktion der Region sind die vier zauberhaften Borromäischen Inseln, **»Perlen des Lago Maggiore«**, die man von allen umliegenden Ufergemeinden aus per Schiff erreichen kann. Die Isola

LAGO MAGGIORE ERLEBEN

AUSKUNFT

Piazza Marconi 16, 28838 Stresa
Tel. 0 32 33 01 50, Fax 0 32 33 25 61
www.lagomaggiore.net
www.distrettolaghi.it

ESSEN

► Fein & Teuer

Lo Scalo
Piazza Vittorio Emanuele 32
Cannobio
Tel. 0 32 37 14 80
Eleganter und exklusiver Schlemmertempel an der Piazza Vittorio Emanuele, berühmt für seine moderne kreative Küche. Wenn das Wetter mitspielt, sitzt man besonders hübsch auf der Terrasse, von der aus der See zu sehen ist.

Taverna del Pittore
Piazza del Popolo 39
Arona
Tel. 03 22 24 33 66; Mo. geschl.
In einem Gebäude aus dem 17. Jh. befindet sich dieses gediegene Restaurant, das seine Gäste mit ausgefallenen Kreationen begeistert. Bezaubernde Veranda, die sich bis zum See erstreckt und einen schönen Blick auf die Burg von Angera bietet.

► Erschwinglich

Piemontese
Via Mazzini 25
Stresa
Tel. 0 32 33 02 35; Mo. geschl.
Wie der Name unschwer vermuten lässt, werden in dem vornehmen Restaurant im Zentrum vor allem traditionelle Gerichte aus dem Piemont serviert.

Osteria dell'Angolo
Piazza Garibaldi 35, Pallanza
Tel. 03 23 55 63 62; Mo. geschl.
In der charmanten Osteria geht es erfrischend ungezwungen zu, die Speisekarte richtet sich nach dem Marktangebot.

ÜBERNACHTEN

Baedeker-Empfehlung

► Luxus

Simplon
Corso Garibaldi 52, 28831 Baveno
Tel. 03 23 92 41 12
Fax 03 23 91 65 07
www.hotelsimplon.com
Mitten in einem großen Park am Seeufer liegt dieses prachtvolle und elegante Hotel. Geschmackvolle Zimmer und Suiten, vornehmes Restaurant, großzügiges Freibad.

► Komfortabel

Pironi
Via Marconi 35
28822 Cannobio
Tel. 0 32 37 06 24
Fax 0 32 37 21 84
www.pironihotel.it
Stilvolles Hotel in einem ehemaligen Kloster aus dem 15. Jh., Fresken und antike Möbel bestimmen das feine Interieur.

► Günstig

La Fontana
Strada statale del Sempione 1
28838 Stresa
Tel. 0 32 33 27 07
Fax 0 32 33 27 08
www.lafontanahotel.com
Eine schmucke Villa, die von einem kleinen schattigen Park umgeben ist, beherbergt dieses liebenswerte, familiengeführte Hotel.

Isola dei Pescatori, eine der zahlreichen Inselchen im Lago Maggiore

Bella und Isola Madre gehören der Familie Borromeo, deren Vorfahren den Lago Maggiore im 15. Jh. als Lehen erhalten hatten. Ab 1630 wurden sie zu einer in Europa einmalig gebliebenen **Kunstlandschaft** umgewandelt. Im Mittelpunkt steht die viel gepriesene Isola Bella, ein Meisterwerk italienischer Gartenbaukunst. Der prächtige Barockgarten nimmt fast die ganze Insel ein, der prachtvoll ausgestattete Palast ist ein Museum. Weniger stilvoll geht es auf der alten Fischerinsel Isola dei Pescatori zu, die heute vor allem vom Fremdenverkehr geprägt wird.
Die größte Borromäische Insel, die Isola Madre, erhielt ihr heutiges Aussehen im 18. und 19. Jh., als man sie im Stil eines englischen Gartens umgestaltete. Im Palazzo Borromeo aus dem 16. Jh. ist eine Puppen- und Keramiksammlung untergebracht. Die kleinste der vier Inseln, die Isola S. Giovanni, ist in Privatbesitz.

✶ **Stresa**

Stresa (5000 Einw.), am Eingang des Borromäischen Golfes, war im 19. Jh. eine der vornehmsten Kurstädte Italiens, zu deren illustren Gästen der europäische Hochadel und berühmte Künstler wie Stendhal, Dickens, Hemingway oder Richard Wagner gehörten. Am südlichen Ortsausgang liegt in einem herrlichen botanischen Garten mit einem angeschlossenen kleinen Zoo die Villa Pallavicino, erbaut im 19. Jh. Der 1491 hohe Monte Mottarone gehört zu den beeindruckendsten Aussichtspunkten des Seengebiets. Man erreicht den Gipfel mautpflichtig mit dem Auto, mit der Schwebebahn oder in rund 4 Stunden zu Fuß. Auf halber Strecke passiert man Gignese mit seinem originellen Schirmmuseum (Museo dell'obrello e del parasole). In der 768 m hoch gelegenen Villensiedlung Alpino wachsen im **Giardino Alpino** über 2000 verschiedene Alpenpflanzen.

✶ ◂ Monte Mottarone

Arona Über Belgirate und Lesa erreicht man kurz vor Arona die auf einem Hügel thronende, angeblich größte Statue Europas. Der Colosso di **San Carlone** erinnert an den hier geborenen hl. Carlo Borromeo (1538–1584), der als Mailänder Erzbischof die Reformation bekämpfte. Arona selbst ist ein Handels- und Industriestädtchen (16 000 Einw.) mit einem interessanten Museo Civico (Piazza de Filippi), dessen älteste Funde von 1200 v. Chr. von seiner langen Siedlungsgeschichte zeugen.

Die erste Burg auf dem Felsen oberhalb der Stadt geht auf das 10. Jh. zurück. Die Kirche Santa Maria im unteren Stadtteil ist wegen Gaudenzio Ferraris Flügelaltar von 1511 und einer »Himmelfahrt Mariä« von Morazzone (um 1617) besuchenswert. Die Kirche S. Marta an der Piazza del Popolo wird Pellegrino Tibaldi zugeschrieben.

Sesto Calende und Golasecca ► Weit zurück reicht die Geschichte des Industrieortes Sesto Calende und des kleineren Golasecca, das bereits im 12. Jh. v. Chr. besiedelt war und nach dem diese **früheisenzeitliche Kultur** benannt ist.

Angera Das kleine Städtchen Angera (5500 Einw.) liegt am Ostufer des Lago Maggiore auf einer Halbinsel, nur 2 km vom gegenüber gelegenen Arona entfernt. Bereits die Langobarden hatten hier im 8. Jh. eine erste Festung errichtet. Der heutige Bau geht auf die Visconti im 14. Jh. zurück. Im Innern befindet sich ein Puppenmuseum (Museo delle Bambole); in der schönen Sala della Giustizia (Justizsaal) feiern Wandfresken aus dem 14. Jh. die Visconti; die Sala delle Cerimonie ist mit Ende des 15. Jh.s entstandenen Fresken aus dem Mailänder Palazzo Borromeo ausgeschmückt.

Reno, S. Caterina del Sasso Über Ispra, Sitz des europäischen Kernforschungszentrums EURATOM, gelangt man nach Reno. Hier lohnt der Besuch der Wallfahrtskirche S. Caterina del Sasso, die in den Felsen des Steilufers gebaut wurde. Man erreicht sie nur zu Fuß oder vom See her. Im 13. Jh. lebte hier ein **Einsiedler**. Bei seiner Grotte entstand zunächst die Kapelle der hl. Katharina, im 14. und 15. Jh. kamen die Kirche und das Dominikanerkloster hinzu.

! *Baedeker* TIPP

Markt in Luino

Seit 1541 findet in Luino jeden Mittwoch ein weit über die Stadt- und sogar Landesgrenzen hinaus bekannter Markt statt, der die Uferpromenade und Teile der hübschen Altstadt belebt.

Luino, das in einer großen Bucht an der Mündung der Tresa liegt, ist das wirtschaftliche Zentrum des Ostufers (15 000 Einw.). Obwohl der Ort als Heimat des Renaissancemalers **Bernardino Luini** (1490–1532) gilt, gibt es nur eine einzige ihm zugeschriebene »Anbetung der Könige« in der kleinen Kirche S. Pietro in Campagna zu sehen. Im Hinterland liegen höchst reizvolle Ausflugsziele, darunter Agra, ein Ferienort über dem Eingang ins reizvolle Val Veddasca, und der Monte Lema.

Lago Trasimeno · Trasimenischer See

J 14

Region: Umbrien • Umbria **Provinz:** Perugia
Wasserspiegel: 258 m ü. d. M.

Rund 20 km westlich von Perugia liegt in einer sanften Hügellandschaft der Lago Trasimeno umgeben von Stränden und Campingplätzen. Segeln, Surfen und Angeln, Wandern und Radfahren stehen hoch im Kurs, die Restaurant-Speisekarten der umliegenden Dörfer verzeichnen leckere Fischgerichte. Leider lässt die Wasserqualität zu wünschen übrig – das Baden ist kein reines Vergnügen.

★ Castiglione del Lago

Über dem Westufer thront auf einer Landzunge das befestigte Castiglione del Lago (13 700 Einw.), dessen Erscheinung auf die von 1550 bis 1643 herrschenden Della Corgna zurückgeht. Der 1563 erbaute Palazzo dieser Familie mit seinen **prächtig ausgemalten Räumen** befindet sich an der Piazza Gramsci, wo er besichtigt werden kann. Ein Wehrgang verbindet das Gebäude mit dem um 1250 von Friedrich II. errichteten Castello del Leone, das mit seinem 39 m hohen Bergfried zu den größten Wehranlagen Europas zählt.

Die Rocca von Castiglione glänzt im Silberlicht der Olivenbäume.

Tuoro Der Trasimenische See bei Tuoro war Schauplatz der ebenso berühmten wie grausamen Schlacht **Hannibals** gegen die Römer. Zwei Jahre lang war der Karthagische Feldherr über Spanien und dann über die Alpen auf Rom zumarschiert. Durch seine legendäre Schlachtstrategie – er griff das gegnerische Heer von drei Seiten an – verloren 217 v. Chr. rund 15 000 Römer das Leben. Im ländlichen Tuoro (3600 Einw.) informiert das Centro di Documentazione sulla

LAGO TRASIMENO ERLEBEN

AUSKUNFT

Piazza Mazzini 10
06061 Castiglione del Lago
Tel. 07 59 65 24 84, Fax 07 59 65 27 63
www.lagotrasimeno.net
www.paesaggi.umbria2000.it

ESSEN

► Erschwinglich

L'Acquario
Via Vittorio Emanuele II. 69
Castiglione del Lago
Tel. 07 59 65 24 32; Mi. geschl.
Einfach eingerichtetes Restaurant in Zentrum der Altstadt, in der Küche wird Traditionelles zubereitet, in erster Linie Fisch.

Lillo Tatini
Piazza Umberto I 13, Panicale
Tel. 0 75 83 77 71
Regionale Spezialitäten wie Karpfenfilet mit Fenchel oder Wildschweinfrikadellen mit eingelegten Cannara-Zwiebeln schmecken in diesem netten Restaurant besonders gut.

► Preiswert

Rosso di Sera
Via Fratelli Papini 79
San Feliciano, Tel. 07 58 47 62 77
Di. geschl., nur abends. Lammkotelett in Pistazienkruste, Kaninchen mit Wurst und Pilzen gefüllt oder frittierte Barschfilets – in der schönen Osteria lässt es sich gut Schlemmen, vor allem abends auf der Terrasse mit Seeblick.

ÜBERNACHTEN

► Komfortabel

Relais la Fattoria
Via Rigone 1, 06060 Castel Rigone
Tel. 0 75 84 53 22
Fax 0 75 84 51 97
www.relaislafattoria.com
Sehr geschmackvoll eingerichtetes Hotel in einer Villa aus dem 17. Jh., schöne Stoffe und edle Möbel sorgen für gediegenes Ambiente auf den Zimmern. Restaurant und Swimmingpool runden das Angebot ab.

Bella Maggione
Viale Cavalieri di Malta 22
06063 Magione
Tel. & Fax 07 58 47 30 88
www.bellamagione.it
Sechs Zimmer stehen in der vornehmen Villa für Gäste zur Verfügung, hochwertige Innenausstattung, wunderschöne Zimmer, Bibliothek, ruhiger Garten mit Swimmingpool.

► Günstig

Trasimeno
Via Roma 16/a
06065 Passignano sul Trasimeno
Tel. 0 75 82 93 55
Fax 0 75 82 92 67
www.hoteltrasimeno.it
Nicht weit von der Seepromenade entfernt, liegt dieses kleine Hotel, das einfache, sehr gepflegte Zimmer anzubieten hat.

Battaglia del Trasimeno über die Schlacht; ein Lehrpfad erschließt u.a. die Stätten, an denen die Gefallenen vermutlich verbrannt wurden. Am Seeufer sind im Campo del Sole große moderne Skulpturen verschiedener Künstler aufgestellt.

! *Baedeker* TIPP

Schwein gehabt?

Franco Zazzarini macht angeblich die beste Porchetta weit und breit. In seinem fahrenden Verkaufsstand verkauft er auf Märkten der ganzen Region das im Holzofen gegrillte Fleisch (Franco Zazzarini, Via della beata Angelina 4, Montegabbione, Ortsteil Montegiove).

Das hübsche **Passignano sul Trasimeno** (4900 Einw.), am Nordufer auf einem kleinen Vorgebirge gelegen, ist der bedeutendste Ferien- und Hafenort am See. Von Strandpromenade und Uferstraße führen verwinkelte Gassen hinauf zu den Ruinen der Burg. Als Sitz einer Fliegerschule und einer Flugzeugwerft wurde der Ort im Zweiten Weltkrieg durch Bomben schwer beschädigt. Einen Blick wert sind die Kirchen S. Cristoforo am Friedhof, errichtet im 10./11. Jh., und die 1582–1586 erbaute Madonna dell'Olivo am westlichen Ortsrand.

Östlich von Passignano sollte man zum 350 m über dem See liegenden Castel Rigone hinauffahren und den großartigen **Blick über den Trasimeno** genießen. Erhalten sind hier das im 13. Jh. erbaute Castello, das Hospiz aus dem 15. Jh. und die Renaissancekirche Madonna dei Miracoli von 1494 mit Gemälden G. B. Caporalis und D. Alfanis. ★ **Castel Rigone**

Auf einem Felsvorsprung unmittelbar am See liegt Monte del Lago mit der beherrschenden Villa Palombaro, die Pietro Mascagni und Giacomo Puccini als Gäste sah. Der bayerische **König Ludwig I.** soll sich ab 1823 hier mit seinem Schwarm, der umbrischen Marchesa Luisa Fiorenzi, getroffen haben. In der Kirche S. Andrea sollte man sich das große Kreuzigungsfresko aus dem 15. Jh. anschauen. Die Ruinen südlich des Orts sind Reste der imposanten Burg Zocco. **Monte del Lago**

Das 6 km östlich gelegene Industriestädtchen Magione wird von der um 1420 erbauten Johanniterburg überragt, die im Besitz der Malteser ist. In der Pfarrkirche S. Giovanni Battista befinden sich ausgefallene Fresken des futuristischen Malers G. Dottori von 1947. Ein Fischereimuseum findet man im nahe gelegenen Badeort S. Feliciano.. ◄ Magione ◄ S. Feliciano

Im kleinen Panicarola gründete der legendäre Sportwagen- und Traktorenbauer **Ferruccio Lamborghini**, nachdem er sich aus dem Geschäft zurückgezogen hatte, sein Weingut La Fiorita; später kam eine gehobene Ferienwohnanlage hinzu. Von hier aus lohnt ein Ausflug 7 km weiter südlich nach Panicale, einem der schönsten Städtchen Umbriens; auf birnenförmigem Grundriss bilden die mittelalterlichen Ziegelhäuser einen geschlossenen Borgo. Sehenswert sind die Kirche S. Michele mit einer »Geburt Christi« von G. B. Caporali (1519), der Palazzo del Podestà sowie das großartige Fresko mit dem Martyrium des Heiligen Sebastian in der Kirche S. Sebastiano. **Panicarola** ★ ◄ Panicale

✶ Inseln Von Castiglione, Tuoro, Passignano und S. Feliciano sind zwei Inseln im See zu erreichen, die dritte, die Isola Minore, ist als Vogelschutzgebiet nicht zugänglich. Die an Feiertagen und Sommerwochenenden sehr frequentierte Isola Maggiore wartet mit idyllischer Szenerie auf, im alten Fischerdorf gibt es ein beliebtes Restaurant und die Kirche S. Salvatore hütet ein Polyptychon von Sano di Pietro (1480). Auf dem höchsten Punkt der Insel steht das gotische Kirchlein S. Michele Arcangelo mit Fresken des 14.–16. Jh.s, im Süden das zerfallende Castello Guglielmi, auch Villa Isabella, das sich der Marchese Guglielmi 1885 aus einem Franziskanerkloster umbauen ließ; die Marchesa eröffnete 1904 eine Spitzenmanufaktur. Heute noch sind die **»irischen Spitzen«** das typische kunsthandwerkliche Produkt der Insel. Die größte Insel, Isola Polvese, lädt mit ihrer bukolischen Landschaft, den Resten einer Burg und eines Olivetanerklosters zu Spaziergängen ein.

✶ Città della Pieve Über dem Valdichiana thront Città della Pieve (6 500 Einw.), wo um 1448 Pietro Vannucci genannt Perugino geboren wurde, einer der bedeutendsten italienischen Maler des 15. Jh.s. Einige seiner Werke sind hier zu bewundern, so die »Anbetung der Könige« von 1504 in der Kirche S. Maria dei Bianchi, die »Taufe Christi« von 1510 im Dom und eine Madonna mit Heiligen von 1514 im Chor. Das angebliche Geburtshaus des Malers steht auf der Piazza Plebiscito, wo um den 15. August der Palio dei Terzieri, ein Wettkampf in historischen Kostümen, ausgetragen wird.

✶ L'Aquila

L 16

Region: Abruzzen • Abruzzo
Höhe: 615–721 m ü. d. M.
Provinz: L'Aquila
Einwohnerzahl: 67 500

Ein Bollwerk gegen den Kirchenstaat hatte Konrad IV. im Sinn, als er 1254 L'Aquila gründete – doch die Bewohner hielten zum Papst, weshalb Konrads Halbbruder Manfred die Stadt fünf Jahre später zerstören ließ. Neu angelegt unter Karl von Anjou blühen heute nicht nur der Katholizismus, sondern auch Industrie und Handel.

Sehenswertes in L'Aquila

Duomo Hauptachse und Flaniermeile der Stadt ist der arkadengesäumte Corso Federico II./Vittorio Emanuele mit dem Domplatz in der Mitte. Hier liegt das alte Caffè Nurzia, dessen Torrone al cioccolato berühmt ist. Der Dom S. Massimo, im 13. Jh. erbaut und mehrfach durch Erdbeben zerstört, birgt einen mittelalterlichen Sarkophag und das großartige Renaissance-Grabmal des Kardinals Amico Agnifili von 1480. Die benachbarte Barockkirche S. Maria del Suffragio

L'AQUILA ERLEBEN

AUSKUNFT

Piazza S. Maria di Paganica 5
67100 L'Aquila
Tel. 08 62 41 08 08, Fax 0 86 26 54 42
www.comune.laquila.it
www.abruzzoturismo.it

ESSEN

► Erschwinglich

La Grotta di Aligi
Viale Rendina 2, L'Aquila
Tel. 0 86 26 52 60; So. geschl.
In dem traditionsreichen und elegant eingerichteten Restaurant werden vorzügliche regionale Spezialitäten serviert.

► Preiswert

L' Antico Borgo
Piazza San Vito 1, L'Aquila
Tel. 0 86 22 20 05
Gemütliches Lokal in einem aufwändig restaurierten Gebäude aus dem 15. Jh., in der Küche werden vorzügliche Menus nach Laune des Chefs zusammengestellt.

La Conca alla Vecchia Posta
Via Caldora 12, L'Aquila
Tel. 08 62 40 52 11; So. abend und Mo. geschl. Gleich bei der Basilika Santa Maria di Collemaggio liegt diese klassische beliebte Trattoria.

ÜBERNACHTEN

Baedeker-Empfehlung

► Komfortabel

San Michele
Via dei Giardini 6
67100 L'Aquila
Tel. 08 62 42 02 60
Fax 0 86 22 70 60
www.stmichelehotel.it
Modernes Haus nur wenige Gehminuten von der Piazza del Duomo, wohnliche und gut ausgestattete Zimmer, schöner Frühstücksraum. Tolles Preis-Leistungsverhältnis!

► Günstig

Duca degli Abruzzo
Viale Giovanni XXIII 10
67100 L'Aquila
Tel. 0 86 22 83 41
Fax 0 86 26 15 88
www.ducadegliabruzzi.com
Ordentliches Hotel mit einfachen Zimmern. Vom Restaurant, in dem sehr gute regionale Küche serviert wird, bietet sich ein schöner Blick auf die Stadt.

wurde im 18. Jh. von L. Bucci erbaut. Die kleine Kirche S. Giuseppe hütet das Grabmal der Familie Camponeschi, dessen Gestaltung Gualterio d'Alemagna zugeschrieben wird.

Piazza del Palazzo

◄ S. Maria Paganica

Spaziert man den Corso gen Norden, entdeckt man links die Piazza del Palazzo mit dem Palazzo der Margarete von Parma (1573). Es folgt die 1308 erbaute Kirche S. Maria Paganica mit ihrem schönen Hauptportal. Im Parco del Castello bietet sich ein herrlicher Blick auf Aterno-Tal, **Gran Sasso** und das 1530–1549 von den Spaniern er-

Die Basilika S. Maria di Collemaggio ziert besonders ihre schöne Fassade.

Museo Nazionale d'Abruzzo ▶

baute imposante Kastell. Hier ist das Nationalmuseum der Abruzzen untergebracht, das hervorragende mittelalterliche und neuzeitliche Malerei und Skulptur, Kunstgewerbe, paläontologische und archäologische Funde zeigt.

San Bernardino

Etwas unterhalb des Kastells steht S. Bernardino, einer der beiden »großen« Sakralbauten L'Aquilas, an dem von 1454 bis ins 18. Jh. gebaut wurde; die Renaissance-Fassade entstand 1527, das zurückhaltende Innere um 1730. Grandios sind die bemalte und vergoldete Holzdecke und die Orgel, beide von Mosca di Pescocostanzo. Im rechten Seitenschiff öffnet sich die Kapelle mit dem Mausoleum des **Bernardino di Siena**, eines bedeutenden Wanderpredigers, der 1444 in L'Aquila starb.

Santa Maria di Collemaggio

Wahrzeichen der Stadt ist die herrliche Fassade der Basilika S. Maria di Collemaggio. Der Bau wurde 1287 von Bruder Pietro da Morone begonnen, der 1294 hier zum Papst Cölestin V. gekrönt wurde (▶ Molise, Isernia). Das nach den Stadtfarben rot-weiße Muster der Fassade wird auf den Einfluss der Sarazenen zurückgeführt; Rosettenfenster und Portale sind wunderbar filigran gestaltet. Im schlichten, eindrucksvollen Inneren ist das **Renaissance-Grabmal** des Papstes von 1517 sehenswert; erhalten sind außerdem Fresken aus dem 15. und 16. Jh.

Fontana delle 99 Cannelle ▶

Nahe dem Bahnhof und der Porta Rivera befindet sich eine außergewöhnliche, wenn auch mathematisch verwirrende Anlage: der 1272 entstandene »Brunnen der 99 Röhren« der aus 93 (!) unterschiedlichen Masken Wasser sprudeln lässt. Die Männer- und Frauenköpfe sollen darauf hinweisen, dass L'Aquila aus 99 (!) Burgen entstand, tatsächlich waren es jedoch 86 befestigte Dörfer.

Latium · Lazio

L–N 13–17

Region: Latium • Lazio
Fläche: 17 208 km²
Einwohnerzahl: 521 700
Provinzen: Roma, Frosinone, Latina, Rieti, Viterbo

Latium mit der Ewigen Stadt Rom in der Mitte ist geografisch wie historisch das Herz Italiens. Abseits der Metropole wird es zwar stiller, keinesfalls jedoch weniger vielfältig: Vulkanische Seen, Berge und Hügel gehen in Felder und Weingärten und schließlich in die Küste über. Die Region lebt von Landwirschaft und Fischfang – und seit ein paar Jahrzehnten von der Industrie.

Vom Dianaheiligtum zum Kirchenstaat

In Latium lebten im frühen Altertum Etrusker, im Mündungsgebiet des Tibers Latiner, deren 30 Republiken in einem Städtebund mit der Hauptstadt Alba Longa vereinigt waren. Dem Bündnis schloss sich im 6./5. Jh. v. Chr. auch das erstarkende Rom an, das nach Verlegung des Bundesheiligtums in den Diana-Tempel auf dem Aventin de facto zum neuen **Bundeshaupt** wurde. Trotz des heftigen Widerstands der latinischen Städte im Latinerkrieg 340–338 v. Chr. war die römische Herrschaft über Latium am Ausgang des 3. Jh.s besiegelt. Vom 15. Jh. bis zur Einigung Italiens gehörte Latium zum Kirchenstaat.

Das Reiseziel in Latium ist natürlich ► Rom, aber man sollte einen Besuch der Ewigen Stadt wenn möglich auch mit einer **Landpartie** verbinden – vorausgesetzt, man verhält sich antizyklisch und bleibt am Wochenende den Ausflugszielen der Römer fern. Wer sich aufs Land begibt, für den hält die Region einer ganze Palette romantischer Landschaften bereit; reich ist Latium auch an Kunstschätzen und stimmungsvollen Städten, etruskischen Nekropolen, römischen Ruinen, Klöstern, Renaissance-Villen und Parks.

Etruskische Keramik im Museum in Cerveteri

Nördliches Latium · Die Küste

Strände

Die Küste zwischen der toskanischen Grenze und Ostia besitzt zwar weite Strände, ist jedoch wenig bebaut, mit wenigen, leider uninteressanten Ausnahmen gibt es dort keine touristische Infrastruktur. Die Badeorte Roms, Fregene und Lido di Ostia, meidet man besser, sowohl wegen des Trubels als auch wegen der schlechten Wasserqualität.

Vulci

Ganz in der Nähe von Montalto di Castro liegen die Reste der etruskischen Stadt Vulci; in der Umgebung befanden sich einst zahllose

LATIUM ERLEBEN

AUSKUNFT

Via R. R. Garibaldi 7, 00145 Roma, Tel. 0 65 16 81; www.turislazio.it
www.aptprovroma.it
www.romaturismo.it
www.aptrieti.it, www.aptfrosinone.it
www.aptlatinaturismo.it
www.tuscia informa.it

ESSEN

► Fein & Teuer

Gli Archi
Via Ottaviano 17, Sperlonga
Tel. 07 71 54 83 00. Vorzügliche Fischgerichte, im Sommer sitzt man auf dem kleinen Platz vor dem Lokal.

► Erschwinglich

Antica Locanda Le Ginestre
Piazza Santa Maria 5, Cerveteri
Tel. 0 69 94 06 72; Mo. geschl.
Hübsches Schlemmerlokal in der Fußgängerzone, auf der Karte dominieren traditionelle Gerichte.

Mediterraneo
Via Bausan 42, Gaeta
Tel. 07 71 46 12 12; Di. geschl.
Mit Blick auf den Hafen können Sie in dieser Osteria frischen Fisch und traditionelle Gerichte genießen.

Eèa
Corso Umberto I, Ponza
Tel. 0 77 18 01 00
Schlichtes Restaurant im Zentrum mit grandioser Küche: Probieren Sie die Schwertfischrouladen oder die gefüllten Tintenfische alla ponzese.

Il Piscarello
Via del Piscarello 2, Palestrina
Tel. 0 69 57 43 26; Mo. geschl.
Gepflegtes Restaurant im Grünen, traditionelle Küche mit vielen Fisch- und Pilzgerichten.

► Preiswert

Arcadia
Via Mazzini 6, Tarquinia
Tel. 07 66 85 55 01; Mo. geschl.
Restaurant mit besonders schönem Deckengewölbe, das junge Betreiber-Ehepaar hat sich auf Fischgerichte spezialisiert.

La Pietra
Corso Cavour 75, Bolsena
Tel. 07 61 79 87 30
In der gemütlichen Trattoria berät Sie Inhaber Bruno Parrino bei der Wahl der Speisen (viele Fischgerichte), die seine Frau sorgfältig zubereitet.

Biscetti
Via Gen. A. Gandin 11/A
Bagnaia
Tel. 07 61 28 82 52; Do. geschl.
Traditionsreiches Restaurant, das für unverfälschte regionale Küche und zivile Preise bekannt ist.

Baedeker-Empfehlung

Zarazà
Via Regina Margherita 45, Frascati
Tel. 0 69 42 20 53
So. abends und Mo. geschl.
Reizendes Lokal am Belvedere mit herrlichem Blick auf die Stadt, vorzügliche Grillspezialitäten und regionale Klassiker.

La Rosetta
Via Duomo 39, Alatari
Tel. 07 75 43 45 68; Di. geschl.
Etwas unterhalb der »Akropolis« befindet sich das La Rosetta, das seit rund 50 Jahren für bodenständige Kost und sorgfältige Zubereitung bekannt ist.

ÜBERNACHTEN

► Luxus

De la Ville
Viale della Repubblica 4
00053 Civitavecchia
Tel. 07 66 58 05 07, Fax 0 76 62 92 82
www.roseshotels.it
Prachtvoller Palazzo aus dem 19. Jh. an der Strandpromenade. Sehr geräumige Zimmer mit allem modernen Komfort, elegantes Restaurant.

Grand Hotel Villa Irlanda
Lungomare Caboto 6
04024 Gaeta
Tel. 07 71 71 25 81
Fax 07 71 71 21 72
www.villairlanda.com
Wunderschöne Hotelanlage in Strandnähe, die aus mehreren Villen besteht. Ansprechende Zimmer, Garten mit Pool, originelles Restaurant in einer ehemaligen Kapelle.

Palazzo della Fonte
Via dei Villini 7
03015 Fiuggi Fonte
Tel. 07 75 50 81, Fax 07 75 50 67 52
www.palazzodellafonte.com
Außergewöhnliches Luxushotel, das seit 1912 Gäste aus aller Welt mit hochherrschaftlichem Komfort verwöhnt, prachtvolle Zimmer und herrliche Marmorbäder, exquisites Restaurant, eigene Kurabteilung, Tennis, Sauna.

► Komfortabel

Park Hotel Villa Potenziani
Via Colle San Mauro
02100 Rieti
Tel. 07 46 20 27 65, Fax 07 75 25 79 21
www.villapotenziani.it
Exklusive Villa aus dem 18. Jh., umgeben von einem großen Park mit Swimmingpool, Zimmer mit persönlicher Note, elegantes Restaurant mit Kamin.

Baedeker-Empfehlung

Grande Albergo Miramare
Via Appia 44
04023 Formia
Tel. 07 71 32 00 47
Fax 07 71 32 00 50
www.grandealbergomiramare.it
Zauberhaftes Hotel in einer altehrwürdigen Villa mit direktem Zugang zum Meer, Zimmer im venezianischen Stil, klassischer Speisesaal mit herrlicher Aussicht.

► Günstig

Locanda di Mirandolina
Via del Pozzo Bianco 40/42
01017 Tuscania
Tel. 07 61 43 65 95
Fax 07 61 43 65 95
www.mirandolina.it
Efeu und Jasmin bedecken die Fassade dieses kleinen Hotels garni, das acht schöne Zimmer mit ganz individuellem Charakter zu bieten hat.

Cacciani
Via Diaz 15
00044 Frascati
Tel. 0 69 40 19 91
Fax 0 69 42 04 40
www.cacciani.it
Zentral gelegenes Hotel, das Restaurant ist berühmt für seine Fischküche und eine umfangreiche Weinkarte mit seltenen Etiketten.

Stella
Piazzale della Liberazione 3
00036 Palestrina
Tel. 0 69 53 81 72, Fax 0 69 57 33 60
www.hotelstella.it
Kleines gepflegtes Haus, das seit 40 Jahren von der gleichen Familie geführt wird, zweckmäßige, saubere Zimmer.

Gräber, die inzwischen allerdings größtenteils verfallen sind. Mehr über die Geschichte der Region erfährt man im kleinen Museo Nazionale bei der Ponte dell'Abbadia.

✶ **Tuscania**

Auch Tuscania, 28 km nordöstlich von Montalto, war bereits in etruskischen Zeiten bedeutend, 1653 war es sogar Bischofssitz; von der 5 km langen mittelalterlichen Mauer sind noch beträchtliche Teile erhalten. Einen Besuch lohnen v. a. die großartigen, teils vorromanischen Kirchen südlich vor der Stadt. S. Maria Maggiore, die kleinere, tiefer liegende, entstand 1050–1206, ihr reich gestaltetes Mittelportal stammt von einem Vorgängerbau aus dem 6. Jh. In der **Säulenbasilika** mit offenem Dachstuhl fesseln besonders die Kapitelle, ein Tauchbecken aus dem 8. Jh. und der ebenso alte Ambo das Auge; beherrschend ist jedoch das grandiose, byzantinisch beeinflusste Weltgerichtsfresko aus dem 14. Jh. Über S. Maria Maggiore ragt die im 11./12. Jh. von lombardischen Meistern erbaute Kirche S. Pietro auf, Teil der Bischofsburg, von der Reste erhalten sind. Die Fassade der Kirche mit einer eleganten, von Reliefs flankierten Fensterrose, schufen Cosmaten-Künstler. Im Inneren begeistern das cosmateske Bodenmosaik, die Fresken des 12. Jh. und die neunschiffige Krypta mit Teilen römischer Mauern. Sehenswert ist die mit Gemälden von Raffael-Schülern ausgestattete Renaissance-Kirche S. Maria del Riposo nördlich der Stadt. Im Kloster nebenan ist ein kleines archäologisches Museum eingerichtet.

! *Baedeker* TIPP

Für Wanderfreunde

Die Via Francigena, der alte Pilgerweg nach Rom, ist seit dem heiligen Jahr 2000 als Tourismusroute und Wanderweg wieder eingerichtet. Er führt im Latium von Acquapendente nach Rom (Informationen: www.francigena.com).

Tarquinia

✶ ✶ Museo Nazionale Tarquiniense ►

Das kleine, 6 km vom Meer gelegene Tarquinia (14 000 Einw.) ist eine beeindruckende mittelalterliche Stadt mit vielen Geschlechtertürmen. Weltberühmt ist sie für die **Wandmalereien** aus dem 6.–2. Jh. v. Chr. in der etruskischen Nekropole auf dem Monterozzi-Hügel – eine der größten und am besten erhaltenen in Italien. In höchster künstlerischer Qualität und unter deutlicher Anlehnung an die griechische Kunst werden ausgelassene Gelage, Tanz und Spiel, Episoden der griechischen Mythologie, Abschieds- und Jagdszenen, wilde Tiere und Dämonen dargestellt. Die reichen Grabbeigaben – soweit sie nicht in den Museen Italiens und der Welt verstreut sind – und Funde aus der Etruskerstadt werden im Palazzo Vitelleschi gezeigt, einem Renaissancepalast mit Arkadenhof an der Piazza Cavour. Im 1656 erbauten und im 19. Jh. restaurierten Dom befinden sich schöne Fresken von Antonio da Viterbo aus dem Jahr 1509. Im nahen Castello ist die mittelalterliche Kirche S. Maria di Castello sehenswert, Fassade und Bodenmosaik sind Cosmatenarbeiten. Besonders malerisch ist das Viertel nördlich der Hauptachse des Corso Vittorio Emanuele, der zum Palazzo dei Priori führt.

Die Tomba dei Leopardi in Tarquinia ist mit höchst eindrucksvollen Malereien ausgestattet.

Auch die Landstadt Cerveteri, ca. 40 km nordwestlich vor Rom gelegen, gehört zu den großen etruskischen Attraktionen. Cisra, von den Römern Caere genannt, war im 8.–4. Jh. v. Chr. eine der bedeutendsten Städte des Mittelmeerraums; nordöstlich der Stadt sind noch Reste von Mauern und Toren erhalten. Von den drei Nekropolen in der Umgebung ist die **Necropoli di Banditaccia** aus dem 7.–1. Jh. v. Chr. am bedeutendsten: Zu Seiten einer rund 2 km langen »Hauptstraße« liegen zahlreiche Grabbauten, u. a. Erdhügel bis 30 m Durchmesser und aus dem Tuff gehauene Grabkammern, die man am besten mit Taschenlampe erkundet. Grabbeigaben sind in der Rocca in Cerveteri ausgestellt, die im 12. Jh. z.T. auf etruskischen Mauern errichtet wurde.

★ Cerveteri

◄ Museo Nazionale Cerite

Die moderne Kirche S. Maria gegenüber besitzt übrigens einen romanischen Bau aus dem 12. Jh. als Querhaus.

Vom Lago di Bolsena zum Lago di Bracciano

★ Lago di Bolsena

Der in die sanfte Hügellandschaft der Monti Volsini eingebettete Lago di Bolsena ist vulkanischen Ursprungs und sehr fischreich. Eine moderne Abwasser-Ringleitung und ein biologisches Klärwerk sorgen für sauberes Wasser. Die Ufer sind weitgehend unbebaut, ein bescheidener Tourismus beschränkt sich auf die Sommermonate.

Bolsena

Das kleine Städtchen Bolsena (4000 Einw.) war einst Ort wundersamer Dinge. Hier soll sich im 13. Jh. ein Blutwunder ereignet haben. Zudem verfügt die Stadt mit der heiligen Cristina über eine eigene

? WUSSTEN SIE SCHON ...?

- Bei einer Messe 1263 in Bolsena ereignete sich ein Wunder: Blut tropfte aus dem Kelch auf Corporale und Altarplatte. Das Tuch wurde zu Urban IV. nach Orivieto gebracht, der daraufhin das Fronleichnamsfest einführte. In der Kirche Santa Cristina sind Teile des Altars mit den Blutflecken ausgestellt.

Märtyrerin. An der zentralen Piazza Matteotti liegt der Komplex der 1078 geweihten Kirche Santa Cristina mit älteren und jüngeren Teilen; die Frührenaissancefassade mit Terrakottareliefs der Robbia-Schule entstand 1492–1494. Auf dem Altar ein Polyptychon von Sano di Pietro, die Kapelle rechts des Altarraums ist mit hervorragenden Fresken aus dem 15. Jh. geschmückt. Von hier gelangt man in die Katakomben mit dem Grab und dem Altar der **Santa Cristina** sowie einem Terrakotta-Altar von G. della Robbia.

Links der gotischen Kirche S. Francesco steht das 1548 erbaute Tor zum alten Borgo; durch hübsche Gassen steigt man hinauf zur Burg der Monaldeschi, die zwischen dem 13. und 15. Jh. erbaut wurde und heute das Museo Territoriale del Lago di Bolsena birgt. Von der Piazza Matteotti führt der Viale Colesanti zum Seeufer mit Jachthafen und Strand. Von hier gehen Bootsrundfahrten und Fahrten zu den Inseln aus.

Montefiascone

Montefiascone (12 000 Einw.) wurde durch den Weißwein »Est Est Est« bekannt. An höchster Stelle liegt die Rocca mit Stadtgarten, unterhalb der Dom S. Margherita, erbaut ab 1519 von Michele Sanmicheli und Carlo Fontana, der ab 1647 für die mächtige Kuppel verantwortlich zeichnete. Die ungewöhnliche Kirche S. Flaviano, erbaut im 11./12. Jh., besteht aus Ober- und Unterkirche; Letztere verfügt über schöne **umbrisch-toskanische Fresken** des 14.–16. Jh.s.

✶ **Bomarzo**

Öffnungszeiten: tgl. 8.00 bis 1 Std. vor Sonnenuntergang www.bomarzo.net

Malerisch auf hohem Felsen thront über dem Tiber-Tal Bomarzo, 19 km nordöstlich von Viterbo, mit dem Schloss der Fürsten Orsini. Am Hang liegt der berühmte **Parco dei Mostri**, der Park der Ungeheuer, auch Sacro Bosco, heiliger Wald gebannt, mit zahlreichen phantastischen Skulpturen – Ungeheuern, allegorischen Figuren und Fabelwesen –, angelegt von Fürst Pier Francesco Orsini zwischen 1552 und 1580 nach nicht sicher geklärten Ideen; wesentliche Vorlagen waren aber wohl das damals berühmte Versepos »Orlando furioso« von Ariost und die ebenso bekannten Dichtungen Petrarcas.

Über dem sehenswerten, 5 km östlich von Viterbo gelegenen Städtchen Bagnaia liegt die **Villa Lante**, eine der großartigsten Villen der Spätrenaissance, 1568–1578 von Vignola für Kardinal Gambara erbaut und ab 1656 im Besitz der herzoglichen Familie Lante. Der in Terrassen angelegte Park ist für seine Wasserspiele berühmt.

Madonna della Quercia

La Quercia ist zwar nur ein Vorort von Viterbo, jedoch einer mit religiöser Bedeutung: Hier steht die große 1470–1525 erbaute Renaissance-Wallfahrtskirche Madonna della Quercia mit sehr schönen

Terrakotta-Reliefs von Andrea della Robbia über den Portalen, einem Marmortabernakel von Andrea Bregno, einem wundertätigen Madonnenbild von Monetto, aufwändig intarsiertem Chorgestühl von 1514 und einer prunkvollen Decke, entworfen von A. da Sangallo d. J.

Viterbo

►dort

★ Lago di Vico, Villa Farnese

Am einsam gelegenen Naturreservat Lago di Vico vorbei erreicht man Caprarola (4 900 Einw.) mit der grandiosen fünfseitigen Villa Farnese, 1559–1573 von Barozzi da Vignola für den **Kardinal Alessandro Farnese** – Enkel des Papstes Paul III. – erbaut. Über eine elegante Scala Regia ist das verschwenderisch ausgestattete Piano Nobile zugänglich, dessen manieristische Fresken von F. und T. Zuccari sowie G. Bertoia die Macht der Farnese feiern oder christliche oder mythologische Motive darstellen.

Kampf der Giganten im Parco dei Mostri in Bomarzo

Am Weg nach Civita Castellana liegen die Reste von **Falerii Novi**, das 241 v. Chr. von den **Faliskern** gegründet und im 8. Jh. aufgegeben wurde. Eindrucksvoll ist der gut erhaltene, rund 2 km lange Mauerring mit neun Toren und 50 Türmen. Bei der Porta di Giove steht die Kirche S. Maria, der Rest eines mittelalterlichen Zisterzienserklosters, das Ende der 1980er-Jahre wieder »vervollständigt« wurde.

Eindrucksvoll auf einem steil abfallenden Tuffplateau liegt das alte Städtchen **Civita Castellana** (15 400 Einw.). Am Dom S. Maria (13. Jh., später barockisiert) sind die schöne Vorhalle mit Mosaiken von 1210 und im Innern der Cosmaten-Fußboden aus dem 13. Jh. bemerkenswert; in der Krypta haben sich antike Säulen erhalten. Den Ort beherrscht eine Burg, die 1494–1500 für Alexander VI. und seinen Nachfolger Julius II. errichtet wurde (Museum mit Funden aus Falerii Veteres). Der markante Berg über dem Tiber-Tal ist der **Monte Soratte**, der heilige Berg Soracte der Römer.

Lago di Bracciano

Der von den Monti Sabatini umrahmte Lago di Bracciano ist ein beliebtes Ausflugsziel für die Bewohner Roms, das nur etwa 20 km südöstlich liegt. Idyllische Dörfer säumen die Ufer des fischreichen Gewässers, das wie der Lago di Bolsena vulkanischen Ursprungs ist. Benannt wurde der See nach dem hoch gelegenen Städtchen Bracciano (11 000 Einw.) mit dem luxuriös ausgestatteten Castello Orsini-Odescalchi, das von 1470 bis 1485 erbaut wurde.

✶ Nordöstliches Latium

Durch bergige Landschaft

✶ Abbazia di Farfa ►

Im Nordosten reicht Latium weit in den Apennin hinein. Vom Tiber-Tal aus gelangt man zunächst in die Sabiner Berge (Monti Sabini), jenseits von Rieti und dem Velino-Becken in die Monti Reatini und zuletzt zum Gran-Sasso-Massiv (►Abruzzen). In der zauberhaften Hügellandschaft der Bassa Sabina, ca. 20 km nordöstlich der Autobahnausfahrt Roma Nord (A 1), liegt das **Benediktinerkloster** von Farfa, das im 6. Jh. gegründet wurde und im Mittelalter zu den reichsten und kulturell bedeutendsten Klöstern Europas zählte. Der heutige Komplex stammt aus dem 15./17. Jh., der Kampanile aus dem 11. Jh.; mit einem Führer kann man die prächtig ausgestaltete, 1492–1496 entstandene Renaissance-Kirche, die beiden Kreuzgänge, die karolingische Krypta und die wertvolle Bibliothek besichtigen. Im Dorf fallen die kleinen, gleich hohen Häuser auf, die das Kloster ab dem 15. Jh. zu Messezeiten an Händler vermietete.

Rieti

Im fruchtbaren, von Bergen umgebenen Becken des Velino (Conca Reatina), rund 80 km nordöstlich von Rom, liegt die recht angenehme Provinzhauptstadt Rieti (43 000 Einw.), welche die geografische Mitte der italienischen Halbinsel markiert. An der Südseite der zentralen Piazza Battisti steht der Palazzo del Governo mit seiner Loggia von 1596; daneben ein Park mit hübschem Blick auf Stadt und Umgebung. Westlich schließt der ursprünglich romanische, im 18. Jh. barockisierte Dom mit dem mächtigen, mittelalterlichen Glockenturm und einer Renaissance-Vorhalle an. Unter den beachtlichen Kunstwerken im Inneren fällt eine Statue der hl. Barbara auf, 1657 vermutlich nach einem Entwurf **Berninis** entstanden. Ältester Bauteil

Farfa war eines der mächtigsten Klöster Europas.

ist die Krypta von 1157 mit antiken Säulen und Fresken aus dem 14. Jh. Im Baptisterium ist das Museo Diocesano untergebracht. Hinter dem Dom liegen der Bischofspalast und der mächtige Arco del Vescovado, auf Wunsch von Papst Bonifaz VIII. 1298 erbaut.

★ **Franziskanerklöster**

An den Berghängen rund um das Velino-Becken liegen auf halber Höhe die vier Franziskanerklöster Fonte Colombo, S. Francesco (Greccio), S. Giacomo (Poggio Bustone) und La Foresta, die – zumindest der Überlieferung nach – von Franz von Assisi gegründet wurden. Wegen ihrer Bedeutung für die Franziskus-Legende, vor allem aber wegen der herrlichen Landschaft lohnen sie einen Ausflug

Terminillo

Der Monte Terminillo, mit 2216 m der höchste Berg der Monti Reatini, ist als Sommerfrische und Wintersportregion sehr geschätzt. Der gleichnamige, 21 km nordöstlich von Rieti gelegene Ort entstand in den 1930er-Jahren. Schwebebahn und diverse Lifte erschließen die Hänge an Terminilletto und Terminilluccio.

★ **Gole del Velino**

◄ Leonessa, Amatrice

Von Rieti führt die Straße durch eine schöne, kaum besiedelte Landschaft nach Ascoli Piceno (► Marken) und weiter zur Adria. Hinter Antrodoco verläuft sie für ca. 14 km in der tief eingeschnittenen, beeindruckenden Schlucht des Velino. Ein Abstecher führt nach Leonessa, das über ein mittelalterliches, recht »unitalienisches« Ortsbild verfügt. Letzter bedeutender Ort im Nordosten ist Amatrice, berühmt durch die **»Spaghetti all'Amatriciana«** und Geburtsort des Renaissance-Malers Cola dell'Amatrice. Über Accumoli fährt man durch die wunderbar sanfte, einsame Berglandschaft hinauf zur Forca Canapine am Monte Vettore (► Spoleto), dem Pass zwischen Umbrien und den Marken.

Südliches Latium · Die Küste

Anzio

Die latinische Küste zwischen Ostia und dem Monte Circeo ist durch endlose, schöne Sandstrände gekennzeichnet, touristische Infrastruktur ist jedoch nur im Bereich von Anzio vorhanden, und auch da nicht üppig. Anzio (33 500 Einw.) ist ein Ort mit Fischer- und Fährhafen für die Ponza-Inseln. Im antiken Antium wurden die Kaiser Nero und Caligula geboren; aus Neros Villa an der Küste am westlichen Ortsrand stammt der berühmte Apoll von Belvedere, der sich in den Vatikanischen Museen befindet. Der heutige Hafen wurde 1698 von Papst Innozenz XII. angelegt, westlich der Mole liegt der versandete Hafen Neros. Zwei Soldatenfriedhöfe erinnern an die heftigen Kämpfe bei der Landung der Alliierten am 22. Januar 1944 an der Küste von Anzio: Nördlich liegt der größte US-amerikanische Soldatenfriedhof in Italien, der britische nördlich von Nettuno. Etwa 15 km von Anzio entfernt steht der **Torre Astura**, der Rest einer Burg, in der 1268 Konradin von Schwaben nach der Schlacht bei Tagliacozzo vergeblich Schutz suchte.

Sabaudia Die Pontinische Ebene, zwischen Anzio und dem Monte Circeo, war einst ein malariaverseuchtes Sumpfland. Mehrere Trockenlegungsversuche wurden seit der Antike unternommen, aber erst die Kampagne 1926–1935 war erfolgreich. Hinter der Küstenlinie entstand zwischen dem 5. August 1933 und dem 15. April 1934 die Stadt Sabaudia (14 300 Einw.), die eigenartig an die metaphysischen Städte de Chiricos erinnert. Am 46 m hohen Turm des Palazzo del Comune verkündet die Inschrift: »... Benito Mussolini, Oberhaupt des Staates, wollte, dass dieses Land aus der tausendjährigen Lethargie Tod bringender Unfruchtbarkeit erlöst würde ...«. Die Küste ist gesäumt von Ferienhäusern, nur da und dort gibt es einen schmalen Durchlass zum **herrlichen Sandstrand**. Weiter südlich überquert die Küstenstraße den Emissario Romano, den römischen Entwässerungskanal des Lago di Sabaudia.

★ Monte Circeo ► Der ins Meer vorspringende, hohe Kalksteinrücken des Monte Circeo ist der Rest einer Scholle des Apennin, die durch Anschwemmungen mit dem Festland verbunden wurde. Zusammen mit dem anschließenden Küstenstreifen und einem Bereich nördlich von Sabaudia wurde das Gebiet 1934 als Nationalpark ausgewiesen. An den Strandseen Lago di Sabaudia, di Caprolace, dei Monaci und di Fogliano sind mit etwas Geduld seltene Vogelarten als Stand- oder Zugvögel zu beobachten.

? WUSSTEN SIE SCHON ...?

- Die von Homer genannte Zauberin Circe, die Odysseus' Gefährten einst in Schweine verwandelte, soll in den Grotten des Monte Circeo ihr düsteres Werk getrieben haben. In der Gegend fand man allerhand Knochen, allerdings nicht von Schweinen, sondern Schädelfragmente, die so alt sind wie der Neandertaler.

San Felice Circeo (7700 Einw.) mit seinem hübschen mittelalterlichen Kern liegt 2,5 km unterhalb der Cittadella Vecchia, einer Akropolis mit Polygonalmauerwerk aus dem 4. Jh. v. Chr. Eine Straße führt zum 448 m hohen Semaforo, von wo aus sich der ca. einstündige Aufstieg zum Gipfel des Monte Circeo lohnt. Von San Felice Circeo erstreckt sich Sandstrand bis nach Terracina (37 000 Einwohner), begleitet von geschlossener Bebauung mit Ferienhäusern, Restaurants, Diskos usw.

Terracina ► Der Ort war schon in römischer Zeit ein wichtiger Hafen, dessen Reste vor allem in der alten Oberstadt gegenwärtig sind. So besitzt die zentrale Piazza del Municipio in der Oberstadt noch das Pflaster des **römischen Forums**. Über dem Haupttempel wurde im 11. / 12. Jh. der Dom S. Cesareo erbaut (Kampanile 13. Jh.), Freitreppe und die Säulen der Vorhalle sind antik. Im stark barockisierten Inneren beachte man die Bodenmosaiken aus dem 12./13. Jh., Kanzel und Osterleuchter, beide von 1241, allesamt prachtvolle Cosmatenarbeiten. Vor dem Dom steht die Torre Frumentaria, in der das Archäologische Museum lokale Funde zeigt. Am östlichen Stadtrand ragt der Taglio di Pisco Montano auf, in den im 1. Jh. n. Chr. die **Via Appia** eingeschnitten wurde.

★ ◄ Tempel des Jupiter Anxur

Von der Piazza del Municipio führt die Strada Panoramica hinauf zum Monte S. Angelo, von dem sich an klaren Tagen eine Sicht bis zum Vesuv bietet. Auf einem Felsvorsprung wurde hier im 1. Jh. v. Chr. ein riesiger **Tempel** zu Ehren des Jupiter Anxur (des »Bartlosen«) errichtet, von dem noch Reste zu sehen sind.

★ Sperlonga

Sperlonga, 19 km südöstlich von Terracina gelegen, gilt wohl zu Recht als der hübscheste Ort der latinischen Küste; im Sommer ist er als Badeort sehr frequentiert. Etwas außerhalb an der Straße nach Gaeta wurde 1957 eine Villenanlage ausgegraben, die dem Kaiser Tiberius (reg. 14–37 n. Chr.) gehört haben soll. Stolz des örtlichen Archäologischen Museums sind die rekonstruierten Marmorgruppen mit Szenen aus dem Leben des Odysseus, die vermutlich im 1. Jh. n. Chr. als Kopien von griechischen Bronzeplastiken entstanden.

★ ◄ Gaeta

Eine weitere Perle an der Küste Latiums ist das 16 km südöstlich von Sperlonga entfernte Hafenstädtchen Gaeta. 1861, in der Endphase des italienischen Unabhängigkeitskampfs, bot die Festung dem neapolitanischen Hof für drei Monate eine letzte Zuflucht. Über der Straße zur Altstadt ragt die neogotische Kirche S. Francesco von 1848/1849 auf. In der pittoresken Altstadt ist der **romanische Dom**, entstanden 917–1106 sehenswert, dessen Kampanile von 1279 durch den arabisch-normannischen Schmuck recht eigenwillig wirkt. Am Eingang beachte man die beiden romanischen Reliefs mit der Darstellung von Jonas im Bauch des Walfischs, im Innern den Osterleuchter mit 48 Reliefs zum Leben Jesu und des hl. Erasmus. Über der Altstadt thront ein riesiges Kastell, das ins 8. Jh. zurückreicht. Auf dem Monte Orlando befindet sich das großartige Grabmal des Lucius Munatius Plancus († nach 22 v. Chr.), eines bedeutenden Generals unter Caesar. Lohnend ist auch der Spaziergang zum Santua-

Sperlonga, der kleine Fischerort auf einem Felsen über dem Meer

? WUSSTEN SIE SCHON ...?

- ... dass Fra Diavolo, bekannt geworden durch Aubers gleichnamige Oper und deren filmische Adaption mit Stan Laurel und Oliver Hardy, ein entlaufener Mönch war, der gegen die Napoleonische Herrschaft kämpfte? 1771 wurde er unter dem Namen Michele Pezza in Itri bei Formia geboren.

rio della Montagna Spaccata an der Südwestspitze des Bergs. Es steht auf einem Felsen, der sich nach der Legende beim Tode Christi spaltete. Von der Wallfahrtskirche führt eine Treppe zur schönen Grotta del Turco am Meer. Fährt man weiter in Richtung **Formia**, so entdeckt man an der Meerseite der unattraktiv bebauten Stadt Reste einer Villa, die dem römischen Schriftsteller und Staatsmann **Cicero** gehört haben soll. Cicero wurde im Jahre 43 v. Chr. bei Formia ermordet; sein angebliches, 24 m hohes Grabmal steht in der Nähe an der SS 7 Richtung Fondi.

Minturno Im mittelalterlichen, ca. 12 km östlich von Formia gelegenen Minturno ist die im 11. Jh. begonnene und im 17. Jh. umgebaute Kathedrale S. Pietro sehenswert. Die Kanzel mit Teilen von 1260 und der Osterleuchter von 1264 sind schöne Cosmatenwerke. In der Ebene wurde das antike Minturnae ausgegraben, das auf eine Gründung der Aurunker zurückgeht.

Fondi Teile antiker und mittelalterlicher Stadtmauern sind in Fondi, 19 km nordwestlich von Gaeta gelegen, zu sehen. Am Corso Appio Claudio, der die Trasse der Via Appia markiert, stehen die Kirche S. Maria Assunta mit einem Frührenaissance-Portal und der gotische Dom S. Pietro aus dem 12. Jh. Sehenswert ist der im 15. Jh. erbaute Palazzo Caetani gegenüber dem Kastell mit kleinem Archäologiemuseum.

★ Ponza-Inseln · Isole Ponziane

»Politische« Inselgruppe Etwa 40 km vor der Küste des südlichen Latium liegen die Ponza-Inseln vulkanischen Ursprungs. Bewohnt sind die beiden, ca. 20 km voneinander entfernt liegenden Hauptinseln Ponza und Ventotene, weiter gehören zu dem Archipel die Inseln Palmarola, Zannone, Gavi und La Botte sowie Santo Stefano.

Seit römischer Zeit dienten die Inseln als Verbannungsort für politische Gefangene. 1768–1771 versuchte Ferdinand IV. in einer Art Resozialisierungsmaßnahme Kriminelle und Prostituierte auf Ponza anzusiedeln, das Experiment schlug aber fehl. Santo Stefano war dann von 1795 bis 1965 **Gefängnisinsel**; ihren Höhepunkt in dieser Rolle hatte sie unter den Faschisten von 1928 bis 1943, ironischerweise war Mussolini selbst 1943 für elf Tage auf Ponza interniert. Buchtenreiche, teils dramatische Felsküsten mit glasklarem Wasser und terrassierte Hänge – ehemalige Weinbauflächen, auf denen sich Mittelmeervegetation breit gemacht hat – bestimmen die Landschaft. Die einstigen Erwerbszweige, Fischfang und Weinbau, sind praktisch aufgegeben, der Tourismus stellt die einzige Einnahmequelle dar.

An der Hafenpromenade von Ponza kann man herrlich flanieren.

Schiffsverbindungen

Ponza ist per Fähre von Anzio, S. Felice Circeo, Terracina, Formia und Neapel aus zu erreichen, per Tragflächenboot von Formia und Fiumicino aus. Ventotene ist natürlich mit Ponza verbunden, darüber hinaus mit Formia und Neapel. Zannone ist als Teil des Circeo-Nationalparks im Rahmen geführter Ausflüge von S. Felice Circeo aus zu erreichen.

★ Ponza

Die Insel Ponza (3300 Einw.) bietet mit ihren Terrassen und den bunten Würfelhäusern das Idealbild einer Mittelmeerinsel und ist in der Hauptreisezeit dementsprechend frequentiert. In der Bucht am Fuß des Berges liegt der quirlige Hafenort Ponza. An der Westküste, erreichbar durch einen **römischen Tunnel**, ist die Chiaia di Luna zu finden, der schöne Hauptstrand der Insel. Auch laden einsame kleine Buchten, die teils nur per Boot zu erreichen sind, zum Bade.

Ventotene

Gegenüber Ponza ist die Insel Ventotene (600 Einw.), die an ihrem höchsten Punkt gerade 139 m erreicht, relativ flach. An der Nordostspitze des 1750 m langen und 800 m breiten Eilands liegt der hübsche Hafenort Ventotene, in dem es auch zur Hochsaison noch recht ruhig zugeht.

Frascati und die Albaner Berge

Frascati

Man sollte sich vom Ausflug in die Albaner Berge nicht zu viel versprechen; verstopfte Straßen und viele Busladungen von Touristen machen der Idylle alter Zeiten schwer zu schaffen. Ihr hoch frequentiertes Ziel ist Frascati, das etwa 20 km südöstlich von Rom gelegen und durch seinen **Weißwein** berühmt ist; hoch gehegten Erwartungen wird der Ort jedoch nicht gerecht. Als bedeutendstes der so genannten Castelli Romani, war Frascati seit der Renaissance eine beliebte Sommerfrische der Römer. Entsprechend häufen sich in der Gegend Adelspaläste, die im 16./17. Jh. im Stil des Manierismus bzw. des Barock entstanden. Verkehrsmittelpunkt sind die Piazza Roma und die anschließende Piazza Marconi. Südlich davon liegt der Park der Villa Torlonia, die im Zweiten Weltkrieg zwar zerstört wurde, das Wassertheater von Carlo Maderna blieb jedoch in Grundzügen erhalten.

✶ Villa Aldobrandini ►

Die Villa Aldobrandini, 1598–1604 als Landschloss für den Kardinal **Pietro Aldobrandini** errichtet und mit hervorragenden Fresken ausgemalt, liegt inmitten eines Parks mit Aussichtsterrasse, Grotten und einem Wassertheater von Giovanni Fontana. Die Besichtigung bucht man über IAT an der Piazza Roma.

Auch die Altstadt mit dem hübschem Brunnen an der Piazza S. Pietro und der gleichnamigen Kathedrale, erbaut Ende 16. Jh. bis 1700, sollte man sich anschauen. Im Inneren des frühbarocken Zentralbaus sind eine Domenichino zugeschriebene Madonna und ein Holzkruzifix des 12. Jh.s sehenswert.

Villen bei Frascati

Erwähnt seien hier einige Villen, die nicht zu besichtigen sind: Südöstlich von Frascati die Villa Rufinella, erbaut für Kardinal Rufini nach einem Entwurf von Luigi Vanvitelli. 1 km östlich die Villa Falconieri, erbaut 1545–1548 von Alessandro Ruffini und erweitert durch Francesco Borromini (Löwentor). Der Zypressenteich diente Arnold Böcklin, der gerne italienische Landschaften malte, als Vorlage. Weiter geht es zur Villa Mondragone, 2 km östlich, erbaut 1573–1575 für Kardinal Marcus Sitticus. Im Jahr 1852 sanktionierte Papst Gregor III. dort den Gregorianischen Kalender, der nach ihm benannt ist.

An das Ufer des vulkanischen Nemi-Sees schmiegt sich Genzano.

★ **Tusculum**

Von Frascati führt eine Straße hinauf zum 5 km südöstlich gelegenen römischen Tusculum, Geburtsort von **Cato d. Ä.** und Lieblingsaufenthalt Ciceros. Im frühen Mittelalter war es Sitz einer Grafenfamilie, die eine Reihe meist übel beleumundeter Päpste stellte; 1191 wurde Tusculum, das sich auf die Seite des Kaisers geschlagen hatte, unter Papst Coelestin III. zerstört. Von der antiken Stadt sind einige bedeutende Reste erhalten, vom mittelalterlichen Ort nur wenige. In 15 Min. geht man hinauf zum Croce di Tuscolo.

Grottaferrata

In Grottaferrata (16 300 Einw.) ist das burgartig befestigte Kloster sehenswert, das im Jahr 1004 von Basilianer-Mönchen, dem hl. Nilus und Bartholomäus (► Kalabrien, Rossano), gegründet wurde und noch heute von **griechisch-orthodoxen Mönchen** römischer Observanz geführt wird. Der Kampanile stammt aus dem 13. Jh.; die 1024 geweihte, mehrfach umgestaltete Basilika S. Maria ist mit einem byzantinischen Portal des 11. Jh.s, Cosmaten-Mosaiken, Taufbrunnen, Mosaiken des 13. Jh.s und einer Decke von 1577 reich ausgestattet. Die Kapelle des hl. Nilus wurde von Domenichino 1610 ausgemalt, das Altarbild stammt von seinem Lehrer Annibale Carracci.

Rocca di Papa

Ein hübsches latinisches Städtchen und höchstgelegener Ort der Albaner Berge ist Rocca di Papa (620–720 m) 8 km südlich von Frascati. Es liegt am Rand eines ehemaligen Vulkankraters, des so genannten Campo di Annibale. Zu Fuß oder auf der Straße gelangt man zum Gipfel des Monte Cavo, den ein Antennenwald ziert; im Altertum stand hier ein **Jupitertempel,** das Bundesheiligtum der Latiner.

Marino

Marino, 8 km südöstlich von Frascati, liegt schön am nördlichen Außenhang des Vulkankraters, der vom Albaner See (Lago Albano) gefüllt wird. Seinen Abfluss bildet ein 1350 m langer, angeblich von den Römern 398 v. Chr. angelegter Stollen, Emissario genannt.

◄ Castel Gandolfo

Hoch über dem See thront Castel Gandolfo (6 800 Einw.), die **Sommerresidenz des Papstes**. Im Ortszentrum befinden sich an der Piazza del Plebiscito die Pfarrkirche S. Tommaso, 1661 als Zentralbau von Bernini konzipiert, ein Brunnen vom selben Meister und der 1629 von Carlo Maderna erbaute päpstliche Palast.

Albano Laziale

In Albano Laziale (31 400 Einw.) hatte **Pompejus** eine Villa; ab 460 war es Sitz eines Bischofs und später wegen seiner schönen Umgebung beliebte Sommerfrische der Römer. Der barocke Dom geht auf die Zeiten Konstantins zurück, die S. Maria della Rotonda auf das Nymphäum der Villa Domitians. In der Via Saffi 86 hat sich eine unterirdische Schwimmhalle (Cisternone) erhalten, die für die Legionäre des Kaisers Septimius Severus angelegt wurde. Etwas weiter findet man zwischen dem Kloster S. Paolo und dem Kapuzinerkloster Reste eines **Amphitheaters** aus dem 3. Jh. n. Chr. Am Stadtrand Richtung Genzano steht ein würfelförmiges Grabmal aus der späten Republik, fälschlich »Grab der Horatier und Curiatier« genannt.

Ariccia Im benachbarten Ariccia ist die Piazza della Repubblica sehenswert, der Palazzo Chigi und die Kirche S. Maria dell'Assunzione wurden von G. L. Bernini umgestaltet bzw. erbaut. Der große **Viadukt** stammt aus dem 19. Jahrhundert.

Genzano ► Über Genzano, das für die prächtige Festa dell'Infiorata am Sonntag nach Fronleichnam bekannt ist, erreicht man den schönen Nemi-See (Lago di Nemi), ein von 200 m hoch ansteigenden Tuffhängen umgebenes **Vulkanmaar**. Das Wasser des Sees ist durch die intensive Landwirtschaft (v. a. Erdbeeren und Blumen) belastet. Im Ort Nemi sind im Museo delle Navi Romane Modelle der beiden 70 m langen Prunkschiffe des Kaisers Caligula zu sehen, die 1928 aus dem See geborgen und 1944 von deutschen Soldaten auf dem Rückzug zerstört wurden.

Velletri ► Weiter geht die Fahrt zum Weinstädtchen Velletri (43 400 Einw.), das an der Piazza Cairoli mit seinem 50 m hohe Torre del Trivio von 1353 den Besucher begrüßt. Über die lokalen archäologischen Funde informiert das Städtische Museum im Palazzo Comunale. Die Kathedrale am Südrand des Orts wurde 1659–1662 aus alter Substanz neu errichtet; das Museo Capitolare nebenan besitzt wertvolle sakrale Kunst, u. a. eine 1427 geschaffene »Maria mit Kind und Engeln« von Gentile da Fabriano und ein Reliquienkreuz aus dem 11./12. Jh.

Monti Lepini

Segni Die Monti Lepini schließen sich südöstlich an die Albaner Berge an; nordöstlich fallen sie zum Sacco-Tal ab, südwestlich zur Pontinischen Ebene. An ihrem Nordhang liegt das um 1500 v. Chr. gegründete Städtchen Segni (8300 Einw.). Der sehr mittelalterlich wirkende Ort ist von einer noch fast vollständig erhaltenen, ca. 2 km langen und im 6./5. Jh. entstandenen Stadtmauer aus riesigen Steinblöcken, so genanntem **»Zyklopenmauerwerk«**, umgeben. Am höchsten Punkt der Stadt sind noch Reste der antiken Akropolis und eines Tempels zu erkennen. Über der mittleren Cella des Tempels steht die romanische Kirche S. Pietro, deren Inneres Fresken des 13.–16. Jh.s schmücken.

Cori Das hoch gelegene, hübsche Städtchen Cori (10 200 Einw.) wurde der Legende nach von dem Trojaner und Zeus-Sohn Dardanos gegründet. Vom antiken Cora sind da und dort Reste der aus riesigen Steinblöcken gefügten Stadtmauern (5. Jh. v. Chr.) zu bestaunen. In der mittelalterlichen Oberstadt ist S. Oliva interessant, die aus zwei Kirchen entstand; der mittelalterliche Teil steht vermutlich am Platz eines Janus-Tempels, erkennbar an den antiken Säulen und Pilastern, der jüngere Teil aus dem 15./16. Jh. ist mit originellen Fresken geschmückt. Oberhalb von S. Oliva, neben der modernen Kirche S. Pietro, steht die Vorhalle des sog. **Herkules-Tempels** aus dem 1. Jh. v. Chr. Steigt man den Fußweg hinab, so erreicht man nach etwa 30 Minuten die Reste eines Castor-und-Pollux-Tempels.

Die Kirche der Abbazia di Fossanova ist schlicht gehalten.

Einen ungewöhnlichen Anblick bietet die mittelalterliche Stadt **Ninfa**, rund 11 km südöstlich von Norma, die im 17. Jh. wegen Malaria aufgegeben wurde. Die Ruinen, darunter eine Burg, ein Kloster und zwei Kirchen, sind von üppiger Vegetation mit Bächen und Teichen umsäumt. Eine Besichtigung ist nur von April bis Oktober am ersten Samstag und Sonntag des Monats möglich, aber auch von außen ist das unter Naturschutz stehende Ensemble zauberhaft.
Nicht weit entfernt liegen die Ruinen der alten **Volskerstadt Norba**. Innerhalb der 2,5 km langen Zyklopenmauer aus vorrömischer Zeit entstand ab dem 4. Jh. v. Chr. eine regelmäßige Stadtanlage nach dem System des Hippodamos. Zu erkennen sind Reste von Tempeln, Wohnhäusern und Straßen.

Sermoneta

Vorbei an der im 8. Jh. gegründeten **Abbazia di Valvisciolo** mit hübschem Kreuzgang gelangt man zum mittelalterlichen Städtchen Sermoneta (6500 Einw.), das im Sommer ein beachtliches Musikfestival veranstaltet. Es wird überragt von einer Burg, die ab 1297 den Fürsten Caetani gehörte und 1500–1504 von Papst Alexander VI. Borgia für seine Tochter Lucrezia okkupiert wurde. Im Innern finden sich sehenswerte Fresken und Gemälde des 14./15. Jh.s. Die Kathedrale aus dem 13. Jh. birgt eine schöne »Madonna mit Engeln«, die Benozzo Gozzoli zugeschrieben wird. Reizvolle Eindrücke verspricht das Städtchen Priverno (13 200 Einw.), das südöstlich von Sermoneta auf einem Hügel über dem Amaseno-Tal liegt. An der zentralen Piazza steht die erst Ende des 18. Jh.s erbaute Kathedrale, deren Portikus jedoch von einem Vorgängerbau aus dem 13. Jh. stammt; im Innern verdient das Tafelbild »Madonna d'Agosto« Beachtung.

◀ Priverno

Abbazia di Fossanova

Ihr erstes Kloster in Italien errichteten die Zisterzienser ab 1135 in Fossanova zwischen den Monti Lepini und der sumpfigen Pontinischen Ebene 6 km südlich von Priverno. Ausmaße und Pracht der Anlage zeigen – gemessen an der strengen Ordensregel und der Forderung nach Einfachheit –, dass sie nicht zu den Frühwerken des rasch reich gewordenen Ordens gehört. Die beeindruckende Kirche entstand 1173–1208. In einem Nebengebäude starb am 9. März 1274 Thomas von Aquin auf dem Weg zu einem Konzil in Lyon.

? WUSSTEN SIE SCHON ...?

- Thomas von Aquin, einer der bedeutendsten Philosophen und Theologen des Mittelalters, war Zeit seines Lebens außerordentlich dick. Als er mit 49 Jahren in Fossanova starb, schafften es die Mönche kaum, seinen schweren Leib die Treppe hinabzutragen.

Südöstliches Latium

✶ **Palestrina**

✶ Nil-Mosaik ▶

Castel San Pietro Romano ▶

In mehrfacher Hinsicht berühmt ist das in mythische Zeit zurückreichende, ca. 40 km östlich von Rom gelegene Städtchen Palestrina. Hier wurde der Komponist Giovanni Pierluigi da Palestrina geboren (1525–1594), der Meister der Kirchenmusik des 16. Jh. Die größte Kostbarkeit des Ortes ist das grandiose, rund 6 x 6 m messende Nil-Mosaik, das um 80 v. Chr. entstand und die Orakelgrotte im **Fortuna-Tempel** schmückte. Im 7. Jh. v. Chr. als eine der ältesten Städte Italiens gegründet, leistete sich das reiche Praeneste ca. 130–100 v. Chr. den gewaltigen Tempel der Fortuna Primigenia, der fast die gesamte Fläche der heutigen Altstadt einnahm, eine der größten Kultstätten Italiens. Tempel und antike Stadt gingen in den Kämpfen der Langobarden unter. Erst die Zerstörungen durch alliierte Bomben im Zweiten Weltkrieg brachten seine Grundmauern wieder zum Vorschein, bis 1955 wurden sie ganz freigelegt. Das Bauwerk stieg in vier Terrassen den Hang hinauf; auf der zweiten Terrasse liegen Reste der in den Hang gebauten sog. Orakelgrotte, auf der obersten nimmt seit 1640 der Palazzo Barberini (Archäologisches Museum mit dem Nil-Mosaik) die Stelle des halbrunden Heiligtums ein. **Thomas Mann**, der Palestrina 1895–1897 mit seinem Bruder Heinrich besuchte, begann hier seinen ersten Roman »Die Buddenbrooks«; und Heinrich Mann wählte das Städtchen als Hintergrund für seinen Roman »Die kleine Stadt«. Vom hoch gelegenen Dorf Castel San Pietro Romano, das auf den Resten der antiken Akropolis von Palestrina entstand, hat man eine wunderbare Aussicht auf Latium.

Fresko in der Klosterkirche S. Benedetto (s. S. 403)

Olevano Romano

Das recht urtümlich wirkende Dorf Olevano Romano, das ca. 20 km nordöstlich von Palestrina am steilen Hang klebt, spielte in der Kunstgeschichte eine große Rolle: Im 19. Jh. hielten sich hier an die 200 Künstler auf, vor allem **deutsche Maler der Romantik**. An der Straße nach Bellegra liegt der Eichenwald Serpentara, der seit 1873 mit der Casa Baldi im Besitz des deutschen Staats ist.

✶ Subiaco

Am Fuß der Monti Simbruini, ca. 35 km östlich von Palestrina, liegt das Städtchen Subiaco mit der Rocca Abbaziale aus dem 11. Jh. Das antike Sublaqueum entstand aus einer Villenanlage des **Kaisers Nero**. Der mittelalterliche Ort – genauer die beiden Klöster, die der hl. Benedikt von Nursia und seine Zwillingsschwester Scholastika als Keimzelle des Benediktinerordens gründeten – ist Ziel vieler Pilger.

◂ Kloster S. Scolastica

Etwa 2 km von Subiaco entfernt liegt das große Kloster S. Scolastica, um 510 vom hl. Benedikt gegründet. 1053 wurde ein zweites (Kampanile), um 1235 ein drittes Kloster hinzugefügt, von dem noch ein romanischer Kreuzgang mit Cosmaten-Mosaiken erhalten ist. Die heutigen Bauten stammen aus dem 16.–18. Jh. und wurden nach dem Zweiten Weltkrieg wieder aufgebaut. Die 975 begründete Klosterkirche S. Scolastica wurde 1769–1776 völlig erneuert. 1464 fanden die deutschen Mönche **Arnold Pannartz und Konrad Schweinheim** hier Aufnahme und druckten die wohl ältesten Bücher Italiens.

✶ Kloster S. Benedetto

Das etwa 1,5 km weiter östlich gelegene Kloster S. Benedetto (Sacro Speco) entstand im 12.–14. Jh. über der **Grotte**, in der der hl. Benedikt bis zu seiner Übersiedlung nach Monte Cassino 529 als Einsiedler lebte. Die Oberkirche ist mit Fresken des 14. Jh.s aus sienesischer und umbrischer Schule geschmückt, die Unterkirche mit Fresken des römischen Malers Magister Conxolus aus dem 13. Jh. In der an die Oberkirche anstoßenden Gregor-Kapelle gibt es eine Darstellung des hl. Franziskus von Assisi (ohne Stigmata und Heiligenschein), das der Legende nach bei seinem Besuch des Klosters 1223 angefertigt worden sein soll. In der Grotte des hl. Benedikt ist ein Standbild des Heiligen von Antonio Raggi, einem Schüler Berninis, zu sehen.

Vallepietra

Die Monti Simbruini sind seit 1983 als regionaler Naturpark geschützt. Ein hübscher Ausflug führt über Jenne (550 Einw.) in das Simbrivio-Tal nach Vallepietra (400 Einw.). Von hier kann man zum 1340 m hoch gelegenen Santuario della SS Trinità weiterfahren (zu Fuß ca. 1½ Std.), das an eine 300 m hohe Felswand gebaut ist; die dortige Kirche schmücken Fresken des 12. Jh.s. In 2½ –3 Std. erreicht man den Gipfel des Monte Autore.

◂ Monte Autore

✶ Anagni

Anagni (18 000 Einw.), auf einem Hügel der Monti Ernici oberhalb des Sacco-Tals gelegen, war – wie Viterbo – im 1088–1303 **Residenz mehrerer Päpste**; einige wichtige Ereignisse im Konflikt zwischen weltlicher und päpstlicher Macht spielten sich hier ab, so etwa die Exkommunikation von Friedrich Barbarossa und Friedrich II. Am höchsten Punkt der Stadt erhebt sich der überwiegend lombardisch-romanische Dom S. Maria, erbaut 1073–1104 und im 13. Jh. verändert. Im Innern entzückt vor allem der aus Steinen einer römischen Villa zusammengesetzte **Cosmaten-Fußboden** von 1226. Der römische Meister Vassalletto schuf 1263 Osterleuchter, Ziborium und Bischofsstuhl. Der großartige Freskenzyklus in der Krypta gilt als bedeutendes Zeugnis der römischen Malerei des 13. Jh.s. Lohnend ist der Gang von der Kathedrale durch die Via Vittorio Emanuele. Wenige Schritte westlich steht der **Palast Bonifaz' VIII.**, in dem dieser der Legende nach 1303 mit einer Ohrfeige (ital. schiaffo) gedemütigt wurde.

? WUSSTEN SIE SCHON ...?

- Ob Papst Bonifaz VIII. im Streit um die Vorherrschaft der Kirche tatsächlich eine Ohrfeige kassierte, ist nicht gesichert. Belegt ist aber, dass Philipp der Schöne den Papst in Anagni festnehmen ließ. Bonifaz wurde zwar schon bald von den Bewohnern des Ortes befreit, starb aber zwei Monate später als gedemütigter und gebrochener Mann.

Fiuggi, 17 km nordöstlich von Anagni in ausgedehnten Eichen- und Kastanienwäldern gelegen, ist einer der beliebtesten **Kurorte** Italiens. Mit seinem Mineralwasser werden Stoffwechsel-, Nieren- und Harnwegsprobleme behandelt. Von hier geht es weiter nach Alatri, 15 km südöstlich von Fiuggi, das über eine lange, wohl im 4. Jh. v. Chr. errichtete Stadtmauer aus **Zyklopenmauerwerk** verfügt – eine der großartigsten antiken Stadtbefestigungen Italiens. Vollständig erhalten ist eine Mauer aus dem 2. Jh. v. Chr. Ihren Platz nimmt heute der im 11. und 16. Jh. errichtete Dom ein. Von den vier Toren beeindruckt besonders die südwestliche Porta Maggiore mit riesigem Architrav. Im Palazzo Gottifredo aus dem 13. Jh. ist das Stadtmuseum untergebracht.

Alatri ►

Ferentino ►

Auch das hübsche alte, 14 km südwestlich von Alatri gelegene Städtchen Ferentino hat eine fast vollständig erhaltene Stadtmauer, begonnen von den Hernikern im 5. Jh. v. Chr. Ihre **verschiedenen Bauphasen** – vorrömisches Zyklopenmauerwerk, römische Hausteine und mittelalterliche Bruchsteine – erkennt man gut an der Porta Sanguinaria im Süden. Sehenswert sind auch die Zisterzienserkirche S. Maria Maggiore, erbaut um 1150 in der Nähe der Porta Sanguinaria und der romanische Dom aus dem 11. Jh. Drinnen beachte man den Cosmaten-Fußboden, den Osterleuchter und das Ziborium.

✶ Abbazia di Casamari

Die Abtei von Casamari (16 km nordöstlich von Frosinone), von 1140 bis 1271 von den Zisterziensern erbaut, ist nach Fossanova das hervorragendste Werk der **zisterziensisch-französischen Gotik** in Italien. Nur das Altarziborium stammt aus dem Jahr 1711.

Aquino

Bekannt ist Aquino, etwa 50 km südöstlich von Frosinone entfernt, durch den Theologen und Philosophen **Thomas von Aquin**, welcher der Grafenfamilie d'Aquino entstammte und um 1225 auf der Burg Roccasecca, 10 km nördlich, geboren wurde († 1274). An der Via Latina liegen die Reste der römischen Siedlung Aquinum, der Heimat des Satirendichters **Juvenal** (um 60–140 n. Chr.). Sehenswert ist die romanische Kirche S. Maria della Libera, 1125 am nördlichen Ortsrand erbaut, die am Platz eines Herkules-Tempels steht. Der Unterbau des Glockenturms und die Fragmente eines Frieses zu Seiten des Hauptportals stammen von dem römischen Tempel.

Montecassino

Der Name Montecassino (32 800 Einw.) ist bekannt durch das Kloster, das **Benedikt von Nursia** 529 gründete und das als Wiege des abendländischen Mönchstums gilt. Ende des Zweiten Weltkriegs war das Bergmassiv Eckpunkt der deutschen »Gustav-Linie«; die Stadt wurde in den Kämpfen völlig zerstört und weiter südlich neu aufgebaut. Etwa 3 km nördlich von Cassino entfernt liegt ein deutscher **Soldatenfriedhof**, auf dem 20 051 Gefallene beigesetzt sind.
Vom Westrand der Stadt führen Serpentinen hinauf zum Kloster. Am Weg liegen das Grabungsgelände des antiken Casinum und die Ruine der 949–986 errichteten Rocca Ianula. Vor dem Kloster zweigt die Zufahrt zum polnischen Soldatenfriedhof ab, zudem sind hier vorrömische Polygonalmauern aus dem 4.–3. Jh. v. Chr. zu sehen.

✶ Abbazia di Montecassino

In über 500 m Höhe liegt der mächtige Klosterkomplex, der Abbazia di Montecassino, der am 15. Februar 1944 von den Alliierten durch einen Luftangriff fast ganz zerstört wurde. Von 1950 bis 1957 baute man das Kloster in den Renaissance- und Barock-Formen des 16.–18. Jh.s wieder auf. Vom ursprünglichen Bau sind die Krypta mit Mosaiken der **Beuroner Kunstschule** und die Gräber des hl. Benedikt und der hl. Scholastika erhalten geblieben; die Bronzetüren des Mittelportals stammen aus dem 11. Jh., das prunkvolle Innere der Kirche entspricht dem Bild von 1727.

Livorno

H 10

Region: Toskana • Toscana
Höhe: 3 m ü. d. M.
Provinz: Livorno
Einwohnerzahl: 165 500

Livorno, wichtigste Hafenstadt der Toskana, wurde im 2. Weltkrieg 1943 so stark zerstört, dass es für Urlauber nur wenig Reiz besitzt. Für Reisende zu den italienischen Inseln lohnt es sich aber, in der von einem großen Graben umschlossenen Stadt einen Zwischenstopp einzulegen und an der Strandpromenade mit ihren Jugendstilvillen entlangzuschlendern.

Vom Freihafen zur Industriestadt

Das schon 934 erwähnte Livorno war lange Zeit Hafen von Pisa, bevor es 1405 von Genua übernommen und 1421 an Florenz verkauft wurde. Am 28. März 1577 wurde der Grundstein für die Erweiterungen unter Francesco I. de Medici gelegt; beauftragt war damit der

LIVORNO ERLEBEN

AUSKUNFT

Piazza Cavour 6, Livorno
Tel. 05 86 89 81 11, Fax 05 86 89 61 73
www.comune.livorno.it
www.livorno.turismo.toscana.it
www.costadeglietruschi.it

FÄHREN

Vom Porto Mediceo pendeln Fährschiffe nach Elba und zu den Inseln des Arcipelago Toscano (Isola di Gorgona, Isola di Capraia), am angrenzenden Porto Mercantile legen die Fähren nach Sardinien und Korsika ab.

ESSEN

► Erschwinglich

① ***Il Sottomarino***
Via Terrazzini 48, Livorno
Tel. 0 58 61 88 70 25
Sympathische Trattoria, in der sich alles um Meerestiere dreht. Ein Muss: die berühmte Livorneser Fischsuppe Cacciucco.

② ***La Perla***
Via della Meloria 9
San Vincenzo, Riviera degli Etruschi
Tel. 05 65 70 21 13
Strandrestaurant mit raffinierter, fantasiereicher Fischküche. Unser Tipp: »Tonno rosso alle erbe e riso basmati con pesto di sedano e mandorle«.

ÜBERNACHTEN

► Komfortabel

① ***Gran Duca***
Piazza Micheli 16–18
57123 Livorno
Tel. 05 86 89 10 24
Fax 05 86 89 11 53
www.granduca.it
Gegenüber vom Hafen in optimaler Lage liegt dieses gut ausgestattete Hotel. Idealer Ausgangspunkt für Inselbesuche.

② ***Villa Tramonto***
Riviera degli Etruschi
Via Sirena 16
57027 San Vincenzo
Tel. 05 65 70 18 58
Fax 05 65 70 69 00
www.hotelvillatramonto.com
Die einmalig schöne Lage direkt am Meer und mit hauseigenem Strand machen dieses kleine Familienhotel zu einer empfehlenswerten Adresse für Badeurlauber. Alle Zimmer wurden erst jüngst renoviert. Liegestühle und Sonnenschirme sind im Zimmerpreis inbegriffen. Einziger kleiner Minuspunkt: Das Frühstück ist echt italienisch, sprich etwas dürftig.

Hofarchitekt **Bernardo Buontalenti**. 1625 wurde die Stadt Freihafen, was nicht nur den Handel förderte, sondern auch Flüchtlinge aus vielen Ländern anzog. Nach der italienischen Einigung wurde Livorno zur Industriestadt mit den Schwerpunkten Werften, Stahl und Glas. Der Reichtum, den die Unternehmen erwirtschafteten, lässt sich noch heute an den großbürgerlichen Villensiedlungen ermessen. Das moderne, nach dem Zweiten Weltkrieg wiederaufgebaute Livorno kann mit diesem Einfallsreichtum nicht mithalten.

Sehenswertes in Livorno

Porto Mediceo

Der alte Hafen westlich der Altstadt wird nach seinen Gründern Porto Mediceo genannt. Auf der Piazza Micheli steht ein Denkmal für **Großherzog Ferdinand I.**, geschaffen 1587–1609 von Giovanni Bandini, das wegen der Bronzefiguren am Sockel (Pietro Tacca, 1624) auch »Denkmal der vier Mohren« heißt. Den nördlichen Abschluss des Hafens bildet die 1521–1534 von A. da Sangallo entworfene Fortezza Vecchia, die von der runden »Mastio di Matilde« aus dem 11. Jh. überragt wird. Ab 1629 entstand das **Kaufmannsviertel** »Venezia Nuova« am Nordrand der Altstadt, heute eines der beliebtesten Stadtviertel. Die Bottini dell'Olio, ein 1705 erbautes Lagerhaus für Öl, sollen einmal das Archäologische Museum aufnehmen. In der Kirche S. Caterina, erbaut 1720, ist in der Apsis eine Marienkrönung von Giorgio Vasari zu sehen.

◄ Venezia Nuova

Quer durch das Altstadtfünfeck verläuft die arkadengesäumte Haupt- und Einkaufsstraße Via Grande. Die modern geprägte Piazza Grande wird im Süden begrenzt vom originalgetreu wieder aufgebauten Dom, zu dem Buontalenti und Pieroni die Pläne lieferten; die De-

◄ Via Grande

Livorno Orientierung

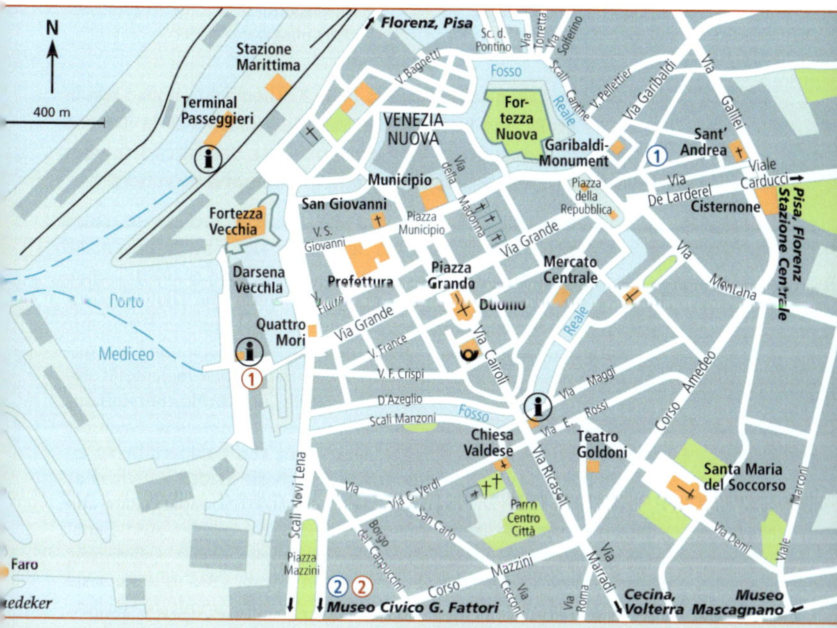

Essen
① Il Sottomarino
② La Perla

Übernachten
① Gran Duca
② Villa Tramonto

ckengemälde schufen Ligozzi, Passignano und Empoli. Im Osten stößt die Via Grande auf die gigantische Piazza della Repubblica mit Standbildern Ferdinands III. und Leopolds II., der letzten toskanischen Großherzöge.

Viale Italia

Am Südrand der Hafenanlagen beginnt der ab 1835 angelegte Viale Italia, der am Meer entlang nach S. Jacopo und Ardenza führt. Auf der Terrazza Mascagni liegt das Acquario Comunale. Hotels, Badeanstalten, Parks und pittoreske Villen im typischen italienischen Jugendstil säumen die Straße auf etliche Kilometer bis Antignano. Für Opernfreunde wichtig ist die in einem Park gelegene Villa Maria, die das **Museo Mascagnano** birgt: Pietro Mascagni wurde 1863 in Livorno geboren. Auch die Dokumentation zur Stadtgeschichte ist interessant. Das Museo Civico Giovanni Fattori ist in der sehenswerten Villa Mimbelli untergebracht, die nach dem in Livorno geborenen Impressionisten (1825–1908) benannt wurde und Werke der Malergruppe »Macchiaioli« hütet.

Museen ►

★ Lucca

H 11

Region: Toskana • Toscana
Provinz: Lucca
Höhe: 17 m ü. d. M.
Einwohnerzahl: 85 500

Man wird in Italien selten eine so hohe Kirchendichte finden wie in Lucca: 99 große und kleine Gotteshäuser befinden sich in der von Wällen umgebenen Stadt. Wen wundert es da, das Lucca Sitz eines Erzbischofs ist und bei Wahlen traditionell konservativ votiert?

Bedeutend wie Florenz

Die Siedlung geht vermutlich auf die Etrusker zurück, die einen Sumpf zwischen den Armen des Serchia als »luk« bezeichneten. Ab 177 v. Chr. römische Kolonie, gehörte sie dann den Ostgoten, Langobarden und Franken, war Hauptstadt der Markgrafschaft Tuscien, später im Besitz der Skaliger und von Florenz. Dank der Protektion der Kaiser entwickelte sich Lucca schließlich zur bedeutendsten toskanischen Stadt vor Florenz und Pisa; wirtschaftlich bedeutend waren **Seide- und Brokatherstellung**, Handel und Bankwesen. Nach der Herrschaft von Söldnerführern erkaufte sich die Stadt 1369 von Karl IV. für 100 000 Goldgulden die Freiheit und blieb bis zum Einfall der Franzosen 1799 selbständig. Napoleon gab 1805 die Republik Lucca zusammen mit Massa-Carrara als Fürstentum seiner Schwester Elisa Bacciocchi, 1817 kam es

! *Baedeker* TIPP

Antiquitäten in Hülle und Fülle ...

... findet man am dritten Wochenende jedes Monats in der Via del Battisterio beim Antiquitätenmarkt. Initiator der Veranstaltung war Bruno Vangelisti, der die Ausstattung für den Film »Krieg und Frieden« besorgte.

als Herzogtum an das Haus Bourbon-Parma, 1847 an die Toskana. Aus Lucca stammen der Bildhauer Matteo Civitali (1436–1501) sowie die Komponisten Luigi Boccherini (1783–1805), Alfredo Catalani (1854–1893, »La Valli«) und **Giacomo Puccini** (1858–1924).

Sehenswertes in Lucca

★ Stadtmauern

Symbol des Luccheser Bürgerstolzes und ein romantischer Spazierweg sind die 1504–1645 angelegten, 4,2 km langen Wälle um die Altstadt, die diese öfter vor Hochwasser bewahrten. Um 1830 wurden sie zum Park umgestaltet. Von hier hat man reizvolle Blicke auf Lucca und die Silhouette des Apennin; ganz im Westen kann man im Antico Caffè delle Mura eine Pause einlegen.

Piazza Napoleone

Mittelpunkt des städtischen Lebens ist die Piazza Napoleone, angelegt 1806 unter **Elisa Bacciocchi**, Schwester Napoleons und Fürstin

Lucca Orientierung

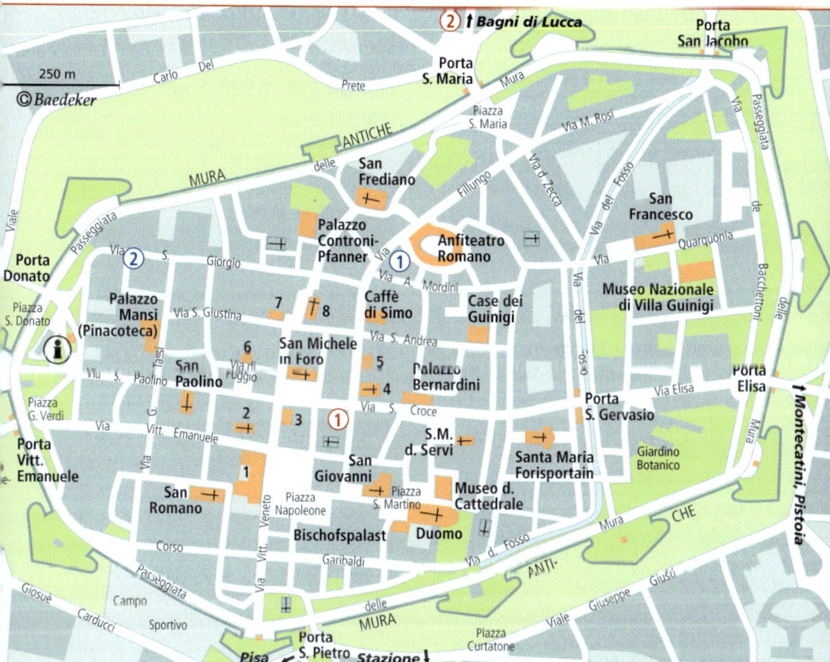

lazzo della Provincia
nt' Alessandro

3 Palazzo Pretorio
4 San Cristoforo

Essen
① Antica Locanda dell' Angelo
② Da Giulio in Pelleria

Übernachten
① La Luna
② San Marco

SS Giovanni e Reparata ► von Lucca. An der Westseite steht der Palazzo della Provincia, der 1578 begonnene alte Herzogspalast. Von hier führt die Via Duomo zur Piazza S. Martino. Dabei passiert man die Kirche SS Giovanni e Reparata aus dem 12. Jh., die um 1620 umgestaltet wurde. Vom ro-

LUCCA ERLEBEN

AUSKUNFT

Piazza Guidiccioni 2, Lucca
Tel. 05 83 49 14 05, Fax 05 83 49 07 66
www.lucca.turismo.toscana.it
Weitere Büros an der Piazzale Verdi und an der Porta Elisa.

EINKAUFEN

Die Spezialität von Lucca sind Familienbetriebe, die bereits seit Generationen existieren. Die meisten finden Sie in der Via Fillungo.

Vineria Marsili Costantin
Piazza San Michele, Lucca
Spirituosen- und Delikatessenladen mit verführerischer Auswahl.

Pasticceria Taddeucci
Piazza San Michele 34, Lucca
Wunderbar altmodische, 1881 gegründete Pasticceria.

Carli
Via Fillungo 95, Lucca
Ein kleines Paradies für den, der alten Schmuck und feines Tafelsilber liebt.

Caffè Casali
Piazza San Michele, Lucca
Hier gibt es die echten Toscani-Zigarren, die in Lucca hergestellt werden – von Hand natürlich.

Cerri
Via Fillungo 178, Lucca
Lucca hat eine lange Tradition in der Stoffherstellung. Sich in gutes Tuch zu kleiden gehört hier – ähnlich wie in Florenz – zum guten Ton.

ESSEN

► Erschwinglich

① *Antica Locanda dell'Angelo*
Via Pescheria 21, Lucca
Tel. 0 58 34 77 11
www.locandadellangelo.it
Seit 1414 wird hier gekocht und gegessen. Familienbetrieb, in dem die Mamma klassische Gerichte zaubert.

► Preiswert

② *Da Giulio in Pelleria*
Via delle Conce 45, Lucca
Tel. 0 58 35 59 48
Gut besuchte Trattoria mit vergnügtem Personal, wo man in die Geheimnisse der Luccheser Küche eingeweiht wird.

ÜBERNACHTEN

► Komfortabel

① *La Luna*
Via Fillungo, Corte Compagni 12
55100 Lucca
Tel. 05 83 49 36 34, Fax 05 83 49 00 21
www.hotellaluna.com
Zentraler geht es nicht, denn das angenehme Hotel liegt mitten in Lucca, nur einen Steinwurf von der Piazza Anfiteatro entfernt.

② *San Marco*
Via San Marco 368
55100 Lucca, Tel. 05 83 49 50 10
www.hotelsanmarcolucca.com
Das nahe der Stadtmauer gelegene San Marco war einst eine Fabrikhalle, später eine Kirche und dann ein Kino. Heute ist es ein voll klimatisiertes, ruhig gelegenes Hotel mit Garten!

Der Aufstieg lohnt: Blick von der Torre Guinigi über Lucca

manischen Bau sind noch das Portal mit Madonnenrelief von 1187 und Säulen im Inneren erhalten. Sehenswert ist das Baptisterium aus dem 14. Jh., das wie die Kirche am Platz eines frühchristlichen Vorgängers erbaut wurde.

★ Duomo S. Martino

Die Piazza S. Martino wird dominiert von der prächtigen Fassade des Doms, ein Werk von Guidetto da Como aus dem Jahr 1204. Der 69 m hohe Kampanile wurde um 1200 aus Ziegeln und Travertin erbaut, westlich schließt der Bischofspalast an. Der Dom, der auf einen Bau des 6. Jh.s zurückgeht, wurde ab 1061 errichtet, das Langhaus ab 1372 gotisch umgestaltet. Die Portale hinter den drei asymmetrischen Bögen sind mit hervorragenden romanischen Reliefs geschmückt: Das linke Portal schuf Nicola Pisano, die beiden anderen Pforten sowie die Felder dazwischen gestaltete u. a. Guido Bigarelli. Gleich rechts vom Hauptportal steht die bedeutende Gruppe »Hl. Martin zu Pferd mit Bettler«, die ein unbekannter lombardischer Meister um 1240 schuf; eine Kopie ist außen über der Vorhalle zu sehen. Weitere Werke stammen u. a. von Jacopo della Quercia, Ghirlandaio, Tintoretto und Fra Bartolomeo. Im linken Seitenschiff steht ein Tempietto, eine 1482–1484 von Matteo Civitali entworfene achteckige Kapelle mit dem »Volto Santo«, einem syrischen Kruzifix aus dem 11./12. Jh. Im linken Querhaus ist das **Grabmal der Ilaria del Carretto** zu sehen; Jacopo della Quercia hat die 19-jährige Frau des Luccheser Despoten Paolo Guinigi, die 1405 im Kindbett starb, ungewöhnlich realistisch und lebendig abgebildet.

★ S. Michele in Foro

Von der Piazza Napoleone führt die belebte Via Vittorio Veneto zur Piazza S. Michele, dem alten **römischen Forum**. Hier ragt die Kirche S. Michele in Foro auf, an der von 1070 bis 1383 gebaut wurde und die im 14./15. Jh. der Bürgerschaft als Versammlungsort diente. Die »zu groß geratene« Fassade – eine geplante Vergrößerung des Langhauses unterblieb –, vermutlich von Guidetto da Como, ist noch prächtiger geschmückt als die des Doms; den Giebel krönt eine Statue des Erzengels Michael, flankiert von zwei Engeln. Im Innern sind Werke von A. della Robbia, Filippino Lippi und ein großes Tafelkruzifix, entstanden um 1230, zu finden.

Puccini-Haus ► Am Corte S. Lorenzo steht das Geburtshaus von **Giacomo Puccini**, das als kleines Museum eingerichtet wurde.

Palazzo Mansi ► Einblick in den **adligen Lebensstil** früherer Zeiten gewährt der Palazzo Mansi mit seiner luxuriösen barocken Ausstattung – u. a. flämische Arazzi des 17. Jh.s. Die hier untergebrachte Pinacoteca Nazionale zeigt Bilder von Veronese, Tintoretto, Borgognone, Guido Reni und Malern der toskanischen Schule wie Pontormo, Beccafumi, Bronzino und Andrea del Sarto.

S. Salvatore Von S. Michele führt die Via Calderia zur Chiesa della Misericordia aus dem 11./12. Jh.; der Architrav von 1180 am rechten Seitenportal zeigt das Nikolauswunder. Weiter geht es über die Piazza S. Salvatore und entlang der Via degli Asili – gleich am Beginn steht das Geburtshaus von Alfredo Catalani – zum Palazzo Pfanner-Controni, einem prächtigen Renaissancebau von 1667 mit großartigem Innenhof, schönem Garten und einem Museum für **höfische Kleidung** des 18. und 19. Jh.s.

★ S. Frediano Ein Juwel Luccas ist die Kirche S. Frediano dank ihrer **ungewöhnlichen Fassade**, die ein beeindruckendes, um 1230 entstandenes Mosaik des thronenden Christus mit den Aposteln zeigt, das Berlinghiero Berlinghieri zugeschrieben wird. Der erste Bau wurde hier im 6. Jh. von dem irischen Mönch Frigidianus, dem späteren Bischof von Lucca errichtet. Die heutige Kirche stammt von 1112–1147; um 1200 wurde der Altar nach Westen verlegt, damit der Eingang nicht an dem inzwischen entstandenen zweiten Mauerring lag. Im Innenraum mit seinem sehr hohen, offenen Dachstuhl sind ein romanischer Taufbrunnen von ca. 1150 und ein Marmorpolyptychon von Jacopo della Quercia (»Madonna mit Kind und Heiligen«, 1422) in der Cappella Trenta beachtenswert.

Via Fillungo In der Hauptgeschäftsstraße Luccas beherbergen mittelalterliche Gebäude elegante Geschäfte mit schönen alten Fassaden, v. a. aus dem Jugendstil. An ihrem Südende steht die romanische Kirche S. Cristoforo, erbaut im 11./12. Jh. von der Tuchhändlerzunft; rechts des Hauptportals kann man eiserne Maßstäbe sehen, mit denen die Breite der Stoffbahnen festgelegt wurde. Eine besondere Sehenswürdigkeit ist das Caffè di Simo, das illustre Gäste bewirtete, so Puccini, Quasimodo und Ungaretti. An der Ecke Via Buio befindet sich das Haus, in dem Luigi **Boccherini**, der berühmte Cellovirtuose und Komponist, zur Welt kam.

Die Häuser an der Piazza del Mercato erinnern an das römische Theater.

Piazza del Mercato

Im Norden liegt die Piazza del Mercato, die ehemalige Arena des **römischen Amphitheaters**, auf deren Grundmauern die Häuser des Platzes stehen. Zwei Bogenreihen von je 54 Arkaden sind an der nordöstlichen Seite noch sichtbar. Nahe dabei liegen die Kirche S. Pietro Somaldi, eine Basilika vom Ende des 12. Jh.s, und die ab 1228, also nur zwei Jahre nach dem Tod des hl. Franziskus, errichtete Kirche **S. Francesco**. Etwas südlich steht die Villa Guinigi, die für den Despoten Paolo Guinigi 1418–1420 erbaute Sommerresidenz. Sie beherbergt das Nationalmuseum mit Skulpturen aus etruskischer und römischer Zeit, mittelalterlichen Plastiken und Gemälden italienischer Meister. Besonders hervorzuheben sind die Tafelkreuze von Berlinghieri (um 1220) und Deodato Orlandi (1288) sowie Werke von **Fra Bartolomeo** aus dem 16. Jh. Südlich des Amphitheaters fällt in der Via Guinigi ein 44 m hoher Turm auf, auf dessen Plattform Steineichen wachsen. Er gehört zu den Stadtpalästen (Case) der Guinigi. Aus dieser Adelsfamilie stammte **Paolo Guinigi**, dessen Herrschaft 1400–1430 die Jahrhunderte republikanisch-oligarchischer Selbstverwaltung unterbrach.

★ ◄ Museo Nazionale di Villa Guinigi

◄ Torre Guinigi

S. Maria Forisportam

Der Beiname »vor dem Tor«, den die Kirche S. Maria Forisportam trägt, erinnert daran, dass sie beim Bau im 13. Jh. außerhalb der Stadtmauern lag. Ihre pisanisch romanische Fassade blieb unvollendet. Im Innern findet man einen als Taufbecken dienenden frühchristlicher Sarkophag und Altarbilder von Guercino. Am Ende der Via Santa Croce ist die Porta S. Gervasio mit zwei mächtigen Rundtürmen erhalten, die im 13. Jh. Teil der zweiten Stadtmauer war.

Umgebung von Lucca

Bagni di Lucca

Die salzhaltigen **Schwefelthermen** (38°–51°C) von Bagni di Lucca, ca. 25 km nördlich von Lucca, waren bereits im 10. Jh. bekannt. Im 19. Jh. strömten Aristokratie und Geistesgrößen wie **Heinrich Heine** hierher, inzwischen hat der Charme aber Patina angesetzt. Hauptort ist Villa, ehemals Landsitz der Herzöge von Lucca. Im Ortsteil Bagni Caldi sind die bedeutendsten Kureinrichtungen angesiedelt; in einer Höhle entspringt die »Doccione« genannte 54 °C warme Quelle

✶ Villen Im Nordosten bzw. Osten von Lucca sind drei prunkvolle Adelssitze zu finden: bei Marlèma, 7 km nordöstlich, die Villa Reale aus dem 18. Jh., in der Elisa Bacciocchi wohnte; in Segromino in Monte die Villa Mansi, erbaut um 1750, sowie die Villa Torrigiani bei Borgonuovo aus dem 17. Jh.

In der Nähe des Dorfes **Collodi**, ca. 16 km östlich von Lucca, bezaubert der herrliche Terrassengarten der »Villa der hundert Fenster«. Das Anwesen entstand ab 1652 im Auftrag des Markgrafen Garzoni.

? WUSSTEN SIE SCHON ...?

- Im Dorf Collodi wuchs Carlo Lorenzini (1826–1890) auf, der 1878 unter dem Pseudonym Carlo Collodi die »Geschichte einer Gliederpuppe« verfasste, besser bekannt unter dem Titel »Pinocchio«.

✶ Luganer See · Lago di Lugano · Lago Ceresio

D 7–C 8

Region: Lombardei • Lombardia **Provinz:** Como, Varese
Wasserspiegel: 271 m ü. d. M.

Zum größten Teil liegt der Luganer See im Schweizer Tessin, lediglich der Seearm zwischen Ponte Tresa und Porto Ceresio sowie die Enklave von Campione d'Italia gehören zur Lombardei. Doch gerade dieses kleine Stück See lässt die Herzen von Glücksspielern, Wintersportlern und Kunstfreunden höher schlagen.

Tiefgrüner See Der Luganer See, von den Einheimischen auch Lago Ceresio (keltisch keresios = Horn) genannt, ist von waldreichen Bergrücken umgeben. Fjordartig greifen seine Arme in die Hügel und Berge vor und bilden zusammen mit den Buchten und halbinselförmigen Landzungen **abwechslungsreiche Landschaftsbilder**. Für seine Entstehung sorgten einst zwei Gletscher, der Tessin-Gletscher und der Adda-Gletscher. Die tiefgrüne, meist trübe Farbe des Wassers hängt mit dem Algenreichtum des Sees zusammen.

Sehenswerte Orte am Luganer See

Campione d'Italia Die nur 4 km große, 2300 Einwohner zählende italienische Enklave Campione d'Italia liegt im Tessin im Zollanschlussgebiet. Das **»Las Vegas Italiens«** verdankt seinen Ruf dem am Ufer gelegenen Spielkasino sowie zahlreichen Nachtklubs. Sein Status geht auf das Jahr 777 zurück, als das Gebiet an das Mailänder Kloster S. Ambrogio gelangte. Im Mittelalter waren die Maestri Campionesi berühmt, die als Baumeister, Bildhauer und Maler in der ganzen Lombardei wirkten. Weniger bekannt ist die Wallfahrtskirche S. Maria dei Ghirli (13.–17. Jh.) mit ihren **hervorragenden Wandmalereien**.

Lanzo d'Intelvi

◄ Porlezza

Lanzo d'Intelvi, inmitten von Wäldern gelegen, ist im Winter ein beliebtes Skigebiet. Bergig ist es auch beim 15 km von Lugano entfernte Porlezza (3800 Einw.), dem Hauptort des italienischen Arms. Von hier lassen sich schöne Ausflüge ins Hinterland unternehmen.

Varese

Die Provinzhauptstadt Varese (84 000 Einw.) liegt auf Hügeln am Südrand der Alpen, nahe dem Lago di Varese, überragt vom 1032 m hohen Monte Campo dei Fiori. Obwohl dies eine der am dichtesten besiedelten und am stärksten industrialisierten Provinzen Italiens ist, hat sie sich einige Ecken allerschönster Landschaft bewahren können. Die Stadt selber – ein Zentrum der **Schuhfabrikation** – besticht nicht durch Schönheit, hat aber einen hübschen Stadtkern. Besuchenswert sind u. a. die Basilika S. Vittore, 1580–1615 von Pellegrino Tibaldi erbaut, das unmittelbar dahinter stehende Battistero di S. Giovanni Battista (12. Jh.) sowie der etwas östlich gelegene Palazzo Estense aus dem 18. Jh. mit seiner schönen Gartenanlage.

✶ Sacro Monte

Die bedeutendste Sehenswürdigkeit der Region ist der 8 km nordwestlich von Varese gelegene Sacro Monte, einer der wichtigsten Wallfahrtsberge in Norditalien. Zur Zeit der Gegenreformation wurde er als symbolische Abwehr gegen das Luthertum mit Kirchen und Kapellen bebaut. Die vierzehn Kapellen entstanden ab 1604 und sind mit **überlebensgroßen Terrakottafiguren und Wandmalereien** geschmückt. Nach der Wallfahrtskirche erreicht man den Gipfel, von dem man einen schönen Ausblick über die Seen hat. Auf halber Strecke zwischen Varese und Porto Ceresio lohnt in Bisuschio der Besuch der Villa Cicogna-Mozzoni, die im 16. Jh. erbaut und mit schönen Fresken ausgemalt wurde.

Vom Monte S. Salvatore geht der Blick weit über den See, die Stadt Lugano sowie zu den Berner und Walliser Alpen.

LUGANER SEE ERLEBEN

AUSKUNFT

I.A.T. Varese
Via Carrobbio 2, 21100 Varese
Tel. & Fax 03 32 28 36 04
www.vareselandoftourism.it

ESSEN

► Fein & Teuer

Da Candida
Viale Marco da Campione 4
Campione d'Italia
Tel. 09 16 49 75 41
Mo. und Di. mittags geschl.
Schickes und gemütliches Gourmetrestaurant. Für seine französischen Klassiker wurde der Lothringer Küchenchef mit einem Michelin-Stern geehrt.

Teatro
Via Croce 3, Varese
Tel. 03 32 24 11 24; Di. geschl.
Ein alteingesessenes, elegantes Restaurant mit Wohlfühlatmosphäre, vorzügliche Küche.

► Preiswert

Rondanino
Via Rondanino 1
Lanzo d'Intelvi
Tel. 0 31 83 98 58
Gemütlicher Gasthof in einem kleinen Pinienwäldchen, schöner Speisesaal mit Backsteinkamin, regionale Küche (mit Zimmer).

ÜBERNACHTEN

► Luxus

Palace Grand Hotel Varese
A Colle Campigli, via L. Manara 11
21100 Varese
Tel. 03 32 32 71 00, Fax 03 32 31 28 70
www.palacevarese.it
Ein wunderschöner Park umgibt diesen imposanten Jugendstil-Palast, der viel historisches Flair und modernen Komfort zu bieten hat. Gediegener, sehr eleganter Speisesaal.

► Komfortabel

Regina
Lungolago Matteotti 11
22018 Porlezza
Tel. 0 34 46 12 28
Fax 0 34 47 20 31
Hier wohnen Sie direkt an der Seepromenade in nicht besonders großen, aber hübsch eingerichteten Zimmern, Restaurant nur für Hausgäste, schöne Terrasse.

► Günstig

Milano
Via Martino Novi 26
22024 Lanzo d'Intelvi
Tel. 0 31 84 01 19, Fax 0 31 84 12 00
Seit Generationen wird dieses kleine Hotel, das von einem schattigen Garten umgeben ist, von der gleichen Familie geführt, gut ausgestatte Zimmer, gemütliches Restaurant.

★ Castiglione Olona

Seine große Zeit erlebte Castiglione Olona, 10 km südlich von Varese, Anfang des 15. Jh.s, als Kardinal Branda Castiglioni (1350–1443) sich den Ort zu einem kulturellen Zentrum ausbauen und dafür bedeutende Künstler aus der Toskana, vor allem aus Florenz, kommen ließ. Bereits 1513 wurde die Residenz durch die Mailänder Sforza zerstört und ist heute ein verfallenes Bergdorf. Beachtung verdient die **Chiesa di Villa** im Ortszentrum, erbaut 1441 und mit Terrakottafiguren und Malereien aus dem 15. Jh. geschmückt. In der gotischen Kollegiatskirche oberhalb des Ortes haben sich im Chor Fresken mit Szenen aus dem Marienleben von Giottoschüler Masolino da Panicale erhalten. Zum Gebäudekomplex gehört auch das Battistero mit einem im 1435 vollendeten Freskenzyklus von Masolino.

! *Baedeker* TIPP

Moderne Kunst

In Varese hat der Kunstsammler Giuseppe Panza eine hochkarätige Sammlung moderner Kunst zusammengetragen. Man findet das Museum in der Villa Menafoglio Litta Panza im Ortsteil Biumo.

Castelseprio

Etwas außerhalb von Castelseprio, 4 km südlich von Castiglione, befinden sich die Reste einer einst bedeutenden Stadt, die erst im 20. Jh. freigelegt wurde. Unter den Langobarden war sie Hauptort einer Provinz, die von Mailand bis zum Lago Maggiore reichte, die jedoch 1287 bei einem Angriff der Mailänder Visconti vollkommen zerstört wurde. Die Hauptsehenswürdigkeit befindet sich in dem kleinen, etwas abseits gelegenen Kirchlein S. Maria Foris Portas aus dem 7. Jh. Es birgt einen **Freskenzyklus** aus der Zeit vor 1000, der vermutlich von einem byzantinischen Wanderkünstler stammt.

★ ◄ S. Maria Foris Portas

★★ Mailand · Milano

D/E 8

Region: Lombardei • Lombardia
Provinz: Milano
Höhe: 122 m ü. d. M.
Einwohnerzahl: 1 310 000

Wenn es um Mode oder Kosmetik geht, wird Mailand in einem Zug mit New York, Rom und Paris genannt. Im Schnittpunkt der wichtigsten Verkehrsadern gelegen, ist das kosmopolitische Industrie-, Handels- und Messezentrum im Norden die zweite – wenn nicht gar die eigentliche Hauptstadt Italiens.

Kühle Noblesse

Mailand ist keine Stadt, in die man sich auf den ersten Blick verliebt. Kenner vergleichen die Metropole mit einer Auster, die Fremden nur ihre spröde und abweisende Hülle hinhält, die Perlen dagegen versteckt hält. Das Stadtbild ist überwiegend modern, endlose Straßenzüge mit eleganten Geschäften prägen das Bild, im Zentrum um den Domplatz findet man jedoch auch enge kleinere Gassen. An den Stadträndern entstanden ausufernde Außenbezirke, darunter »Milano 2« und das gediegene »Milano 3«.

Weit über Italiens Grenzen hinaus ist Mailand als Medienstadt bekannt – hier erscheinen die große Tageszeitung »Corriere della Sera« und die wichtige Sportzeitung »Gazzetta dello Sport«. Die wichtigsten Verlage haben in Mailand ihren Sitz, ebenso die großen Designhäuser. Durch die **Scala** und das Piccolo Teatro hat die Metropole unter Opern- und Theaterkennern einen internationalen Ruf erlangt.

Auch Fußballfreunden ist sie ein Begriff, da gleich zwei Mailänder Clubs in der Ersten Liga spielen: Milan (AC Milan) und Inter (FC Internazionale Milano).

Geschichte

6. Jh. v. Chr.	Etrusker gründen die erste Siedlung.
222 v. Chr.	Römer erobern den Ort und nennen ihn Mediolanum.
12. Jh. n. Chr.	Mailand stellt sich an der Spitze des Städtebundes gegen Kaiser Barbarossa.
1277–1515	Unter den Visconti und den Sforza wird Mailand zu einer führenden Renaissancestadt.
ab 1515	Wechselnde Herrscher: Herzogtum Frankreich, Habsburg, spanische Habsburger ...
1859	Die Lombardei fällt an Vittorio Emanuele II.

Mailand geht auf eine Ansiedlung von Etruskern im 6. Jh. v. Chr. zurück und wurde 222 von den Römern erobert. Als Mediolanum wurde es zum Hauptort der römischen Provinz Cisalpina, 286 n. Chr. Hauptstadt des Weströmischen Reichs und **Kaiserresidenz**. Die Konsolidierung des Christentums als Staatsreligion nahm hier ihren Ausgang. Im 12. Jh. stellte sich die selbstbewusste Kommune als Hauptstadt des Lombardischen Städtebunds gegen Kaiser Friedrich Barbarossa, weshalb sie 1162 von dem Staufer erobert und zerstört wurde. Eine wichtige Phase begann mit der Herrschaft der Visconti im Jahr 1277, die 1450 durch die Sforza abgelöst wurden. Ausgezeichnete Künstler – darunter Leonardo da Vinci (1452–1521) und Donato Bramante (1444–1514) – wurden in die Stadt geholt, zahlreiche neue Bauten entstanden. Dann wechselte die Macht ein ums andere Mal, spanische Habsburger (nach 1530), Österreicher (1714–1796 und nochmals 1814–1859) und Franzosen (1796–1814) regierten in Mailand. Unter den Österreichern wurde Mailand zum intellektuellen Zentrum des **Risorgimento,** der Einigungsbewegung. Nach 1945 entwickelte sich Mailand zur wirtschaftlichen Metropole Norditaliens.

Stadtmitte

✶✶ Duomo

Mailands Herz schlägt auf der Piazza del Duomo. Hier steht der Dom S. Maria Nascente, nach St. Peter in Rom der zweitgrößte Kirchenraum Italiens, in dem rund 40 000 Menschen Platz haben. Seine Baugeschichte zog sich über Jahrhunderte hin: Baubeginn im gotischen Stil war 1386, geweiht wurde das Gotteshaus 1572. Der untere Teil der **fünfteiligen Fassade** wurde nach früheren Entwürfen von Pellegrini im 17. Jh. aufgebaut, während die oberen Teile und die Dekoration im Wesentlichen im 19. und 20. Jh. im neogotischen Stil erfolgte. Die Bronzeportale am Eingang sind neueren Datums; interessant ist vor allem das Hauptportal, das erst um 1900 von Lodovico Poliaghi mit neogotischen und Jugendstilelementen eingefügt wurde.

Der Innenraum ist immens: Die riesigen Fenster entstanden größtenteils Mitte des 19. Jh.s, einige Verglasungen aus dem 15. Jh. sind jedoch noch erhalten und im nördlichen Querschiff gut zu sehen. Die Chorfenster wurden 1402 gearbeitet, das **Maßwerk** stammt von Nicolas de Bonaventure. Im ältesten Ostteil findet man zwei gotische Portale aus den ersten Baujahren: in der Nordsakristei das Christusportal von 1389 und in der Südsakristei das Marienportal aus dem Jahr 1391. Die Ausstattung des Doms geht im Wesentlichen auf das 16. Jh. und damit auf **Pellegrino Tibaldi** zurück. Er entwarf auch die Cripta di S. Carlo unter dem Chor, in der die Gebeine von Carlo Borromeo verwahrt werden. Unter dem Chor ist außerdem der Domschatz mit einem spätromanischen Prozessionskreuz aus Chiaravalle zu sehen. In den Seitenschiffen sind einige Grabmale bekannter Persönlichkeiten zu finden, so im südlichen Querschiff das Wandgrabmal des Gian Giacomo Medici von Leone Leoni, geschaffen 1563. Im nördlichen Querschiff ist der siebenarmige Trivulziokandelaber sehenswert, ein Bronzemeisterwerk der Romanik aus Lothringen oder dem Niederrhein-Maas-Gebiet aus dem 13. Jahrhundert. Neben dem Hauptportal führen Treppen zu den **Ausgrabungen** unter der Piazza mit Resten der Vorgängerkirche Basilica S. Tecla aus dem 5. Jh. und des Baptisteriums S. Giovanni alle Fonti.

◂ Battistero Paleocristiano

Nicht versäumen sollte man den Aufstieg auf die Terrazzi, die Dachterrasse des Doms. Den anstrengenden Aufstieg braucht man nicht zu fürchten: Der Dom verfügt über einen Fahrstuhl.

✶✶ ◂ Terrazzi

Highlights Mailand

Dom S. Maria Nascente

Über 500 Jahre wurde am Wahrzeichen Mailands gebaut. Das Ergebnis kann sich sehen lassen: Der Dom ist einer der schönsten Kirchenbauten der Welt.

▸ Seite 420

Galleria Vittorio Emanuele II

Zugegeben: Die »Galleria« ist nicht die günstigste Adresse – dafür ist es eine der mondänsten Flaniermeilen der Welt.

▸ Seite 422

Castell Sforzesco

Michelangelos berühmte »Pieta Rondanini« und viele weitere Meisterwerke der Kunst hüten die Städtischen Sammlungen.

▸ Seite 429

Pinacoteca di Brera

Raffael, Mantegna, Tintoretto: Die Pinacoteca di Brera ist für Kunstfreunde ein absolutes Muss. Seit kurzem kann man dort auch zeitgenössische Kunst sehen.

▸ Seite 429

S. Maria delle Grazie

Leonardo da Vincis »Abendmahl« zählt zu Highlights der Kunstgeschichte. Dementsprechend groß ist der Andrang.

▸ Seite 429

S. Ambrogio

Der heilige Ambrosius selbst stiftete die Kirche im 4. Jh., die ältesten Teile des heutige Baus stammen aus dem 12. Jh.

▸ Seite 430

S. Lorenzo Maggiore

Wandmalereien und Mosaiken aus dem 4. Jh., korinthische Säulen und ein kuppelbekrönter Hauptraum: In S. Lorenzo wird Architekturgeschichte greifbar.

▸ Seite 431

DOM S. MARIA NASCENTE

★★ **Wäre es nach dem Willen Gian Galeazzo Viscontis gegangen, so wäre der Mailänder Dom in einem Rutsch gebaut worden. Der ehrgeizige Fürst ließ die Arbeitszeiten verdoppeln, zwang seine Maurer zu Nachtschichten und stellte Trödelei unter Strafe. Vergebens: Die Bauarbeiten wurden erst im 20. Jahrhundert abgeschlossen.**

Öffnungszeiten:
tgl. 9.30–12.30, 15.00–18.00 Uhr

1 Zweitgrößte Kirche Italiens
148 m lang, 89 m breit und innen bis zu 68 m hoch: Nach dem Petersdom in Rom ist dies der größte Kirchenraum Italiens. Mittel- und Seitenschiffe werden von gewaltigen Säulen flankiert.

2 Himmlisches Volk aus Stein
Rund 3400 Figuren thronen auf den Spitzen des Doms. Sie werden von der 4 m hohen »Madonnina« überflügelt, deren Glanz weithin strahlt.

3 Die ersten Bauschritte
Um 1415 waren Chor, Teile der Querhäuser und die ersten beiden Joche des Langhauses errichtet.

4 Kostbare Glasfenster
Die ältesten Glasfenster des Doms leuchten in der nördlichen Sakristei. Auch im nördlichen Querschiff findet man alte kunstvolle Glasfenster.

5 Trivulzio-Kandelaber
Der siebenarmige Bronzeleucher im nördlichen Seitenschiff soll aus dem 13. Jh. stammen – eine Datierung, die manche Wissenschaftler anzweifeln.

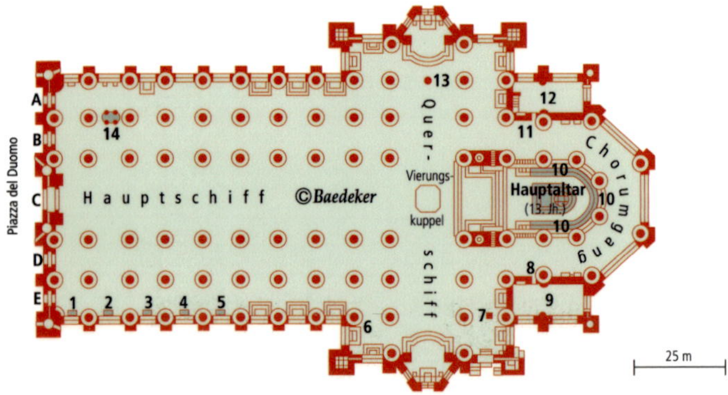

Themen der Bronzeportale (19./20. Jh.)

A Edikt von Mailand
B Aus dem Leben des hl. Ambrosius
C Aus dem Marienleben
D Aus der Geschichte der Stadt Mailand
E Aus der Geschichte des Mailänder Domes

Details im Innern des Domes

1 Sarkophag des Erzbischofs Ariberto da Intimiano († 1045)
2 Sarkophag der Erzbischöfe Ottone Visconti († 1295) und Giovanni Visconti († 1354)
3 Verzeichnis der Mailänder Erzbischöfe
4 Sarkophag des Kaufherrn Marco Carelli (14. Jh.)
5 Grab des Gian Andrea Vimercati († 1548)
6 Grabmonument für Gian Giacomo Medici († 1555; von Leone Leoni, 1560–1563)
7 Hl. Bartholomäus (von Marco d'Agrate, 1562)
8 Portal der Südsakristei (Sockelreliefs von Hans von Fernach u. a. rhein. Meistern, 1393)
9 Südsakristei (Domschatz)
10 Holzgeschnitztes Chorgestühl (1572–1620)
11 Portal der Nordsakristei (von Giacomo da Campione und Gehilfen, 14. Jh.)
12 Nordsakristei (Reste aus der ersten Dombauphase)
13 Trivulzio-Bronzeleuchter (Anfang 13. Jh.)
14 Taufstein (von Pellegrini, 16. Jh.; unter Verwendung eines Porphyrbeckens aus römischen Thermen)

Ein beliebter Treffpunkt: Galleria Vittorio Emanuele II

Nahe der Piazza Mercanti steht die von Bramante in der 2. Hälfte des 15. Jh.s errichtete Kirche **S. Maria presso S. Satiro.** Ihre illusionistische Architekturmalerei im Innern gaukelt die Existenz eines Chores vor. Beeindruckend ist die schlichte, über einem griechischen Kreuz angelegte Cappella della Pietà, die frühere Kirche S. Satiro aus dem 9. Jh. mit einer Pietà von Agostino de Fondutis von 1482.

Im 1603–1609 erbauten Palazzo dell'Ambrosiana an der Piazza Pio XI. befindet sich die **Pinacoteca Ambrosiana** mit Gemälden von Caravaggio, Tizian, Botticelli, Raffael sowie dem »Porträt eines Musikers«, des einzigen Tafelbilds, das **Leonardo da Vinci** in Mailand gemalt hat. Angeschlossen ist die Ambrosianische Bibliothek, eine der ersten öffentlichen Bibliotheken Europas.

! *Baedeker* TIPP

Die Scala, das Herz der Stadt

Die Spielzeit in der Scala beginnt traditionell am 7. Dezember und endet im Juli. Wer keine der begehrten Karten bekommt, kann sich mit einem Besuch im Theatermuseum trösten. Opernatmosphäre herrscht auch im Caffè dell'Opera und im Literatencafé Cova, beide an der Via A. Manzoni.

Mailand Orientierung

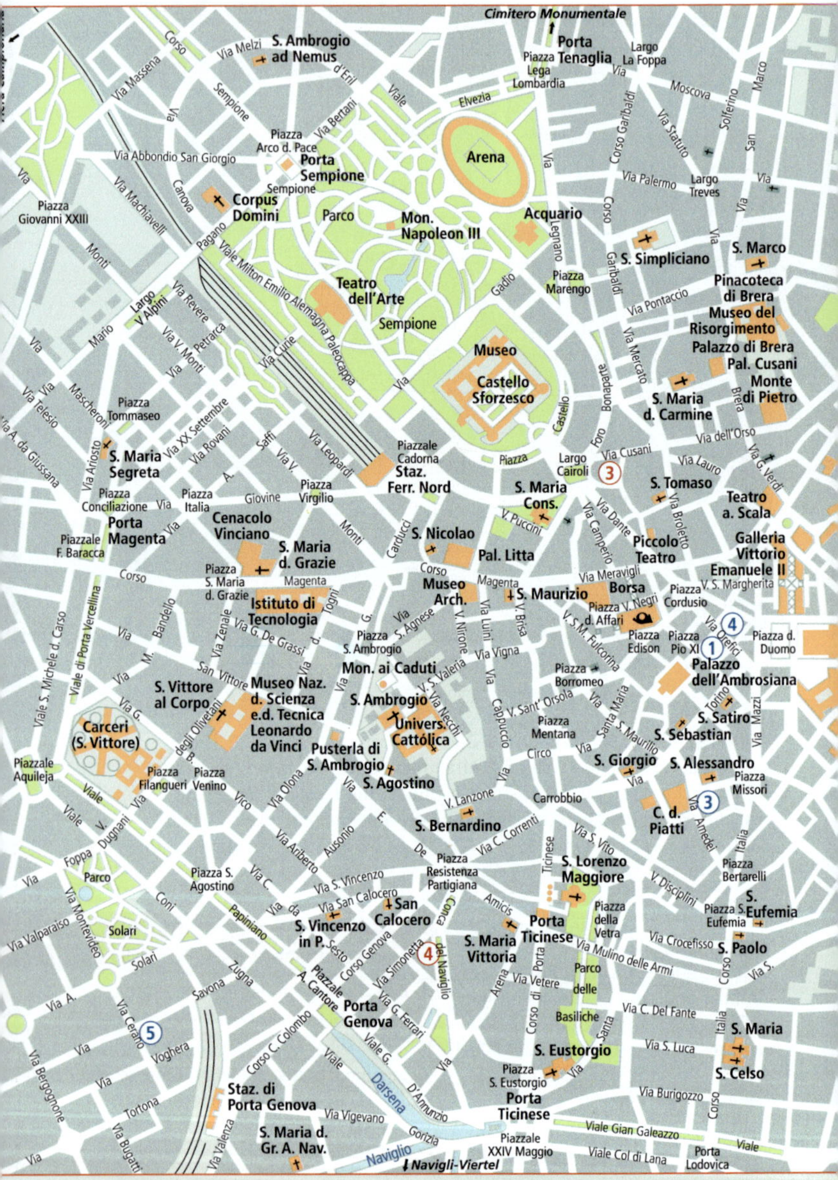

Übernachten

① The Westin Palace
② De la Ville
③ Rovello
④ Mercure Milano
⑤ Mediterraneo
⑥ Aspromonte
⑦ Flora

Essen

① Cracco-Peck
② Savini
③ Alla Collina Pistoiese
④ Al Mercante
⑤ Aurora
⑥ La Cantina di Manuela

MAILAND ERLEBEN

AUSKUNFT

Via Marconi 1, 20123 Mailand
Tel. 02 72 52 43 01
Fax 02 72 52 43 50
www.milanoinfotourist.it
www.milano24ore.de

NAHVERKEHR

Mit den U-Bahnlinien M1, M2 und M3 bewegt man sich rasch durch Mailand. In der Innenstadt fahren die Tram Nr. 30 und die Busse 96 und 97.

PARKEN

An vielen Endstationen der U-Bahn findet man bewachte Parkplätze, als Alternative empfiehlt es sich ein Hotel mit Garage zu buchen.

EINKAUFEN

Via Montenapoleone, Via della Spiga und Via Andrea bilden das berühmte »goldene Dreieck«, in dem die großen Modeschöpfer ihre Kreationen anbieten.
Hochwertige Messer und Raucher-Accessoires bekommt man bei G. Lorenzi in der Via Montenapoleone 9. Günstige Boutiquen und Fachgeschäfte sind im Brera-Viertel und bei der Porta Ticinese angesiedelt. Stark reduzierte Designermode bekommt man in den Stock Houses, u. a. bei Libero, Via Dante 14 und Via Solferino 11, bei Il Salvagente, Via Fratelli Bronzetti 16.
Buchliebhaber werden in der Galeria bei Rizzoli und Feltrinelli fündig.

ESSEN

► Fein & Teuer

① ***Cracco-Peck***
Via Victor Hugo 4, Mailand
Tel. 02 87 67 74; So. geschl.
Eines der Spitzenlokale Mailands, genießen Sie klassische Eleganz und eine sagenhafte Küche, die von Restaurantkritikern in den höchsten Tönen gelobt wird.

② ***Savini***
Galeria Vittorio Emanuelle II
Mailand
Tel. 02 72 00 34 33
Das traditionsreiche Restaurant in der Mailänder Galerie versprüht gediegenen Luxus: purpurroter Samt, Kronleuchter und große Spiegel.

► Erschwinglich

③ ***Alla Collina Pistoiese***
Via Amedei 1, Mailand
Tel. 0 28 77 2 48; Fr. geschl.
Alteingesessenes Restaurant, das seit 1938 von der gleichen Familie geführt wird. Klassische italienische Küche und vieler Mailänder Spezialitäten.

④ ***Al Mercante***
Piazza Mercanti 17
Tel. 0 28 05 21 98
In dem hübschen Lokal an der malerischen Piazza Mercanti ist immer viel los. Vorzügliches Essen und ein grandioses Vorspeisen-Büffett.

► Preiswert

⑤ ***Aurora***
Via Savona 23, Mailand
Tel. 0 28 32 31 44; Mo. geschl.
Die stetig wachsende Zahl an Stammgästen spricht für diese reizende Trattoria, in der typische Gerichte aus dem Piemont aufgetragen werden.

⑥ ***La Cantina di Manuela***
Via Poerio 3, Mailand
Tel. 02 76 31 88 92; So. geschl.
Beliebtes Lokal in der Nähe der Piazza Risorgemento, vorzügliches Speisenangebot, hervorragende Weinkarte und sehr günstige Preise.

ÜBERNACHTEN

► Luxus

① ***The Westin Palace***
Piazza della Repubblica 20
20124 Mailand
Tel. 0 26 33 61
Fax 02 63 36 63 37
www.westin.com
Luxushotel in einem modernen Hochhaus, prächtig gestaltete Zimmer und Suiten voller luxuriöser Details, elegantes Restaurant.

② ***De la Ville***
Via Hoepli 6
20121 Mailand
Tel. 0 28 79 13 11, Fax 02 86 66 09
www.dellavillemilano.com
Wunderschönes Hotel in zentraler Lage, das mit eleganter und stilvoller Ausstattung begeistert. Gediegener Speisesaal, Spa-Bereich.

► Komfortabel

③ ***Rovello***
Via Rovello 18, 20121 Mailand
Tel. 02 86 46 46 54, Fax 02 72 02 36 56
www.hotel-rovello.it
Im Zentrum nahe der Kirche Santa Maria delle Grazie finden Sie dieses nette Hotel, das gepflegte Zimmer mit gutem Komfort bietet.

④ ***Mercure Milano***
Via Conca Del Naviglio 20
20123 Mailand
Tel. 02 58 10 41 41, Fax 02 89 40 10 12
www.mercure.com
Modernes Hotel mit allem Komfort, zentral gelegen und dennoch ruhig.

Baedeker-Empfehlung

⑤ ***Mediterraneo***
Via Muratori 14
20135 Mailand
Tel. 02 55 00 71
Fax 02 55 00 72 17
www.unahotels.it
Ansprechendes Hotel mit schicker Innenausstattung, hübsche Zimmer, elegantes Restaurant mit vorzüglicher mediterraner Küche.

► Günstig

⑥ ***Aspromonte***
Piazza Aspromonte 12/14
20131 Mailand
Tel. 02 2 36 11 19
Fax 0 22 36 76 21
www.hotelaspromonte.it
Kleines Hotel in der Nähe der Piazza Loreto, die Zimmer sind nicht gerade riesig, aber sehr gepflegt und hübsch eingerichtet.

⑦ ***Flora***
Via N. Torriani 23
20124 Mailand
Tel. 02 66 98 35 94
Fax 02 26 68 09 11
Nahe beim Bahnhof gelegen, bietet dieses Haus ordentliche Zimmer mit zweckmäßiger Ausstattung.

◄ Piccolo Teatro

Einige Sträßchen weiter ist im Palazzo Carmagnola an der Ecke Via Dante/Via Rovello das Piccolo Teatro untergebracht, das 1947 von Giorgio Strehler, Nina Vinchi und Paolo Grassi als erstes italienisches **Teatro pubblico** gegründet wurde und sehr bald zu der kleinen Gruppe der bedeutendsten europäischen Theater gehörte. 1998 wurde nach jahrzehntelangem Gerangel ein größerer Neubau eingeweiht, das Nuovo Piccolo Teatro am Largo Paolo Grassi 2.

Mailand *Pinacoteca di Brera*

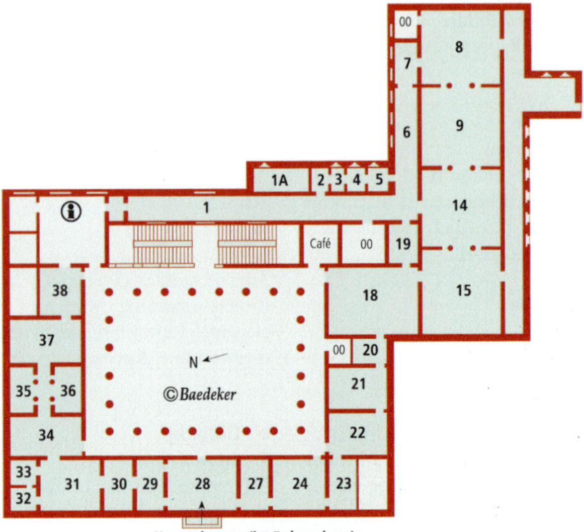

Haupteingang (im Erdgeschoss)

1 Jesi-Schenkung: Malerei und Skulpturen des 20. Jh.s (Boccioni, Carrà, De Pisis, Marino Marini, Modigliani, Morandi, Medardo Rosso)

1A Mocchirolo-Kapelle, 14. Jh.

2,3,4 Italienische Malerei, 13.–16. Jh. (Giovanni da Milano, Andrea di Bartolo, Gentile da Fabriano, Stefano da Verona)

5,6 Venezianische Malerei, 15. und 16. Jh. (Bellini, Carpaccio, Cima, Liberale, Mantegna)

7 Venezianische Porträts, 16. Jh. (Lotto, Tizian, Paris Bordon, Moroni)

8 Venezianische Malerei, 15. Jh. (Giovanni und Gentile Bellini, Cima da Conegliano, Vivarini, Montagna)

9 Venezianische Malerei, 16. Jh. (Tizian, Veronese, Tintoretto, Jacopo Bassano)

14 Venezianische Malerei, 16. Jh. (Bonifacio Veronese, Savoldo, Moroni)

15 Lombardische Malerei und Fresken, 15.–16. Jh. (Foppa, Bramantino, Marco d'Oggiono, Gaudenzio Ferrari)

18 Lombardische Malerei, 16. Jh. (A. Melone, Lomazzo, i Campi)

19 Bilder religiösen Inhalts und lombardische Porträts, 15. und 16. Jh. (Bergognone, Cesare da Sesto, Luini, Solario)

20 Malerei aus den Nachbarlandschaften Ferrara und Emilia Romana, 15. Jh. (Del Cossa, Tura, Costa)

21 Polyptychen aus den Marken, 15. Jh. (Niccolò, Alunno, Girolamo di Giovanni, Carlo und Vittore Crivelli)

22,23 Malerei aus den Nachbarlandschaften Ferrara und Emilia Romana, 15. und 16. Jh. (De Roberti, Garofalo, Ortolano, Dossi, Corregio)

24 Piero della Francesca, Raffaell, Bramante

27 Malerei Zentral-Italiens, 15. und 16. Jh. (Genga, Bronzino, Signorelli)

28 Malerei Zentral-Italiens, 17. Jh. (Carracci, Reni, Guercino, Barocci)

29 Caravaggio und von ihm geprägte Maler

30 Lombardische Malerei, 17. Jh. (Procaccini, Cerano, Morazzone, Cairo)

31 Niederländische und italienische Malerei, 17. Jh. (Rubens, Van Dyck, Jordaens, Pietro da Cortona, Strozzi)

32,33 Niederländische Malerei, 16. und 17. Jh. (Jan de Beer, Rembrandt, Bruegel d. Ä. Santvoort)

34 Bilder religiösen Inhalts, 18. Jh. (Tiepolo, Subleyras, Batoni)

35 Venezianische Malerei, 18. Jh. (Piazzetta, Canaletto, Guardi, Bellotto)

36 Italienische Genre-Bilder und Porträts, 18. Jh. (Crespi, Ceruti, Fra Galgario)

37,38 Italienische Malerei, 19. Jh. (Appiani, Hayez, Fattori, Pellizza da Volpedo)

Das grandiose Castello Sforzesco war im 14. und 15. Jh. Residenz der Visconti und Sforza und diente ab dem 15. Jh. als Festung. Heute sind hier das Skulpturenmuseum, die Pinacoteca und eine archäologische Sammlung untergebracht. Zu den Hauptwerken gehören das Reiterstandbild des Bernabò Visconti von Bonino da Campione aus dem 14. Jh. (Erdgeschoss), der 1161 von Anselmo da Campione geschaffene Fries der Porta Romana (Saal 6) mit Reliefdarstellungen. Die Sala delle Asse ist von Leonardo da Vinci mit einer Art Baumkrone ausgemalt worden, in der Sala degli Scarlioni steht die Pietà Rondanini, das letzte, unvollendete Werk **Michelangelos** von 1564.

**** Castello Sforzesco**

Eine der ältesten Kirchen Mailands ist S. Simpliciano, ein Gotteshaus, das vermutlich ab 1140 auf den Mauern einer frühchristlichen Basilika errichtet wurde und ein schönes Stufenportal mit Figurenschmuck besitzt. Über dem linken Portal sind die drei Märtyrer Martirio, Sisinio und Alessandro dargestellt, die in der Kirche begraben sind. Im Chor finden sich Fresken aus dem 16. Jh.

S. Simpliciano

Lebendig geht es im Brera-Viertel zu. Im Palazzo di Brera, einem ehemaligen Jesuitenpalast des 17. Jh.s, sind neben der **Pinacoteca di Brera** auch die Kunstakademie und ein Observatorium untergebracht. Im Arkadenhof steht eine Napoleonstatue von Antonio Canova von 1809. Die Gemäldesammlung ist neben den Uffizien in Florenz die bedeutendste Italiens (geöffnet: Di. bis So. 8.30–17.15 Uhr). Zu den Hauptwerken gehören Andrea Mantegnas »Cristo morto«, Bellinis »La Predica di S. Marco« und »La Pietà«, Tintorettos »Un Miracolo di S. Marco«, Raffaels »Sposalizio della Vergine«, Piero della Francescas »Madonna e Santi«, Bramantes »Cristo flagellato« und Caravaggios »Cena in Emmaus«. In jüngerer Zeit wurde die Sammlung zudem um Werke zeitgenössischer Künstler erweitert.

*** Palazzo di Brera**

** ◄ Pinacoteca di Brera

Wissenswertes über die Geschichte Mailands erfährt man im Museo del Risorgimento in der Via Borgonuovo 23, wo in Form von Dokumenten und Bildmaterialien die Entwicklung des Risorgimento aufgezeichnet ist. Danach lohnt sich ein Spaziergang in den Giardini Pubblici, einer hübschen englischen Parkanlage. Hier befinden sich ein Planetarium, das Museo di Storia Naturale mit einer geologischen, mineralogischen und zoologischen Abteilung sowie das Museo del Cinema mit Exponaten zur Geschichte des Films.
Die 1790 erbaute klassizistische **Villa Reale** beherbergt die Galleria d'Arte Moderna mit Gemälden des 19. und 20. Jh.s sowie eine Sammlung mit Skulpturen von Marino Marini.

Museo del Risorgimento

* ◄ Giardini Pubblici

◄ Civica Galleria d'Arte Moderna

Westliche Innenstadt

Eine Tour durch den Westen beginnt man am besten mit der Besichtigung der Dominikanerklosterkirche am Corso Magenta, die 1469 unter Guiniforte Solari fertig gestellt wurde. Schon 1492 jedoch

**** S. Maria delle Grazie**

? WUSSTEN SIE SCHON ...?

- Im Refektorium von S. Maria delle Grazie waren während der Napoleonischen Besatzung Pferde untergebracht – kunsthistorisch betrachtet der wertvollste Stall aller Zeiten.

gestaltete **Bramante** die Chorpartie und die mächtige Kuppel neu, Spitzbögen und Kreuzgewölbe im Längsschiff sind noch Elemente der Spätgotik; in dem als Zentralbau angelegten östlichen Teil kündigt sich dagegen bereits die Frührenaissance an. Am Ende des linken Seitenschiffs gelangt man in die Kapelle mit dem Bildnis der Maria delle Grazie. Der Kreuzgang entstand ebenfalls nach Plänen von Bramante.

Im Refektorium, das man durch einen gesonderten Eingang links der Kirche betritt, ist mit dem »Abendmahl« von Leonardo da Vinci eines der berühmtesten Gemälde der Welt zu sehen (Besichtigung nur nach Anmeldung; Tel. 199 199 100, aus dem Ausland 00 39/ 02 89 42 11 46). Leonardo da Vinci arbeitete von 1495 bis 1498 an dem »Cenacolo«, das die Nordwand des Refektoriums einnimmt. Dargestellt ist die Abendmahlszene in dem Moment, als Christus den Jüngern verkündet, einer von ihnen werde sein Verräter sein. Berühmt ist das Bildwerk vor allem wegen der eindrucksvollen Komposition und der fast schon **psychologisierten Darstellung** der Jünger. Insgesamt sieben Restaurierungen wurden an diesem Gemälde vorgenommen. Bei den jüngsten Restaurierungsarbeiten – sie dauerten über zwanzig Jahre und kamen Mitte 1999 zu ihrem Ende – wurde die ursprüngliche Lichtführung wieder deutlich: Im Bild scheint das Licht durch die Fenster an der Westseite des Refektoriums einzufallen. Die »Kreuzigung« an der Südwand gegenüber stammt von Giovanni Donato da Montorfano aus dem Jahr 1495.

✶✶ Cenacolo Vinciano, »Abendmahl« ►

✶ **Leonardo-da-Vinci-Museum**

Im Museo Nazionale della Scienza e della Tecnica Leonardo da Vinci in der Via S. Vittore 21 sind architektonische und **technische Modelle** zu sehen, die nach Entwürfen von Leonardo da Vinci (1452–1519) gebaut wurden. Ein Großteil des Museums ist der technischen Entwicklung von der Zeit Leonardo da Vincis bis ins 20. Jh. gewidmet.

✶✶ **S. Ambrogio**

Die Kirche Sant'Ambrogio geht auf eine Stiftung des hl. Ambrosius, Bischof von Mailand, im Jahr 386 zurück. Der heutige Bau ist aus dem 12. und 14. Jh. Ende des 15. Jh.s entwarf **Donato Bramante** zwei Kreuzgänge sowie den Arkadengang an der nördlichen Kirchenwand, den Portico della Canonica. Die Fassade wird von zwei Glockentürmen flankiert, rechts dem vorromanischen Campanile dei Monaci aus dem 9. Jh. und links dem romanischen Campanile dei Canonici aus dem 12. Jh. Aus dieser Zeit stammt auch das Hauptportal, dessen Tür allerdings erst im 18. Jh. vollendet wurde; sie zeigt die Geschichte von David und Saul.

Der dreischiffige Innenraum ist der älteste Teil der Anlage. Beachtenswert sind der schöne Kapitellschmuck, der von römischen Porphyrsäulen getragene Altarbaldachin des Ziboriums und die Verkleidung des Hochaltars, ein Hauptwerk der karolingischen Kunst des 9. Jh. Die ursprüngliche Marmorkanzel wurde im 12. Jh. zerstört und wieder zusammengesetzt; darunter steht der Sarkophag für Flavius Stilicho aus frühchristlicher Zeit. Unter dem Chor befindet sich die **Krypta** mit den Gebeinen der hll. Ambrosius, Gervasius und Protasius. Durch die letzte Kapelle im rechten Seitenschiff kommt man zur Grabkapelle S. Vittore in Ciel d'Oro, deren Mosaiken auf das Jahr 470 datiert werden. Vom linken Seitenschiff aus hat man Zugang zum Portico della Canonica von Bramante. Hier geht es weiter ins Museo di S. Ambrogio mit Exponaten zur Geschichte der Kirche.

Am Corso Magenta 15 ist in dem früheren Benediktinerinnenkloster Monastero Maggiore ein kleines archäologisches Museum, **Museo Archeologico**, untergebracht, in dem Ausgrabungsfunde der etruskischen, römischen und griechischen Kultur ausgestellt werden.

S. Lorenzo Maggiore durch korinthische Säulen gesehen

Südliche Innenstadt

Wie S. Ambrogio und S. Simpliciano geht auch **S. Lorenzo Maggiore** auf einen Vorgängerbau aus dem 4. Jh. zurück, der im 12. und 16. Jh. erneuert wurde. Der achteckige Grundriss, der auf die byzantinischen Kirchenbauten des 6. Jh.s entscheidenden Einfluss hatte, blieb jedoch erhalten. Die Reihe von 16 korinthischen Säulen auf dem Kirchenvorplatz stammt aus der römischen Kaiserzeit und gehörte einst zu einem **Tempel.** Der auf das Rund unter der Kuppel konzentrierte Innenraum wird durch den Umgang mit doppelgeschossigen apsisähnlichen Erweiterungen vergrößert. Die südliche Apsis öffnet sich zum Baptisterium, bestehend aus dem Vorraum und der Cappella di S. Aquilino, die Mosaiken und Wandmalereien stammen aus dem 4. Jh.

★ **Porta Ticinese, S. Eustorgio**

Südlich von S. Lorenzo Maggiore überspannt die Porta Ticinese, Teil der mittelalterlichen Stadtmauer, den Corso. Etwas südlich steht die romanische Kirche S. Eustorgio – auch sie geht auf einen Vorgängerbau aus dem 4. Jh. zurück. Der mit 75 m höchste **Glockenturm** von Mailand wurde um 1300 ergänzt, die Seitenkapellen im 15. Jh. Die Cappella Portinari hinter dem Altarraum schuf Bartolomeo Michelozzo 1468 als Grabkapelle. Die Fresken sind von dem Brescianer Maler Vincenzo Foppa, das überdimensionale Marmorgrab in der Raummitte stammt von Giovanni Balduccio aus dem 14. Jh.

✶ Navigli-Viertel

Etwas südwestlich von S. Eustorgio, jenseits der »neuen« Porta Ticinese, liegt das Navigli-Viertel, das für seine vielen kleinen Restaurants, Musikkneipen und reges nächtliches Leben bekannt ist. In der **Darsena**, dem einstigen Binnenhafen, kommen die Kanäle Naviglio Grande und Naviglio Pavese zusammen, die beiden einzigen verbliebenen eines einst weit verzweigten Kanalnetzes. Über den Naviglio Pavese, der bei Pavia in den Ticino mündet und über diesen zum Po führt, war Mailand mit dem Mittelmeer verbunden.

Außerhalb des Zentrums

Stazione Centrale

Der 1912–1931 von Ulisse Stacchini erbaute Hauptbahnhof von Mailand ist einer der größten Kopfbahnhöfe Europas, er bietet sogar Raum für das Wachsfigurenmuseum, das Museo delle Cere. Gegenüber ragt das 32-stöckige Pirelli-Hochhaus in die Höhe, das 1955–1960 u. a. nach Plänen Gio Pontis errichtet wurde. Lohnend ist ein Gang über den in der 2. Hälfte des 19. Jh.s angelegten Cimitero Monumentale, mit den Gräbern der Familien Campari, Toscanini und Motta. **A. Manzoni** ist in der Friedhofskapelle begraben.

✶ Cimitero Monumentale ►

Wer das Grab von **Giuseppe Verdi** sucht, wird in der Casa di Riposo per Musicisti Giuseppe Verdi an der Piazza Buonarroti 29 im Westen Mailands fündig –, hier ist er neben seiner Frau Giuseppina Strepponi beigesetzt. Verdi verfügte 1899, dass die Tantiemen aus Aufführungen seiner Opern nach seinem Tod in ein Heim für mittellose alte Musiker fließen sollten.

Casa di Riposo per Musicisti Giuseppe Verdi ►

✶ Chiaravalle Milanese

Weit zurück in die Vergangenheit führt ein Besuch der 1135 von **Bernhard von Clairvaux** gegründeten Abtei Chiaravalle Milanese an der Kreuzung Via Sant'Arialdo/Via S. Bernardo. Sie gilt als ein typisches Beispiel der von den Zisterziensern nach Norditalien gebrachten französischen Gotik. Charakteristisch für diese Klosterbauten ist allergrößte Einfachheit und Schmucklosigkeit, lediglich der kunstvoll gearbeitete Vierungsturm – vermutlich war Francesco Pecorari, der Architekt des Cremoneser Torrazzo, tätig – macht eine Ausnahme. Die Innenausstattung stammt hauptsächlich aus dem 17. Jh.

Umgebung von Mailand

Monza

Die Industriestadt Monza (120 000 Einw.) liegt etwa 15 km nordöstlich von Mailand am Lambro entfernt. Von ihrer einstigen Bedeutung – Monza war unter den Langobarden Krönungsstadt – ahnt man heute nur noch wenig. Die Hauptsehenswürdigkeit ist der Dom S. Giovanni Battista, erbaut 1260–1396 mit seiner grünweißen Marmorfassade, dessen Tympanon die Langobardenkönigin Theodelinde zeigt. Der Kampanile entstand erst Ende des 16. Jh.s nach Plänen von Pellegrino Tibaldi. Im Innern sollte man sich die Cappella di Teodelinda links vom Chor anschauen, welche die **Eiserne Krone der Langobarden** (Corona ferrea) hütet. Das Schmuckstück zierte u. a. die Häupter Berengar I., Friedrich Barbarossas, Karl V. und Napoleons. Ihr Name geht auf den schmalen Eisenreif auf der Innenseite der Krone zurück – der Überlieferung nach einer der Kreuzesnägel. Man nimmt an, dass sie in der 2. Hälfte des 9. Jh.s angefertigt wurde. Die Kapellenwände schmücken spätgotische Fresken der Brüder Zavatteri mit Darstellungen der seligen Theodelinde. An der Piazza Roma in unmittelbarer Nähe des Doms erinnert der im späten 13. Jh. erbaute **Arengario**, das alte Rathaus, an die Zeit, als Monza selbstständige Kommune war. Heute ist hier das Archäologische Museum eingerichtet. Einen Besuch wert ist die Villa Reale, ein klassizistisches Schlösschen, das sich Ferdinand von Österreich 1777–1780 errichten ließ. Giuseppe Piermarini entwarf die Dreiflügelanlage, die heute leider nur noch zur Zeit von Wechselausstellungen besichtigt werden kann.

1922 wurde im Park der Villa das **Autodromo**, die berühmte Autorennbahn von Monza, gebaut. Jedes Jahr wird hier der Große Preis von Italien, die Formel-1-Weltmeisterschaft, ausgetragen.

! *Baedeker* TIPP

Einmal Formel 1

An rennfreien Wochenenden und nach Abschluss der Rennsaison im Oktober kann man die Piste des Autodromo mit dem eigenen Wagen erproben, Info unter www.monzanet.it, im Menü unter Veranstaltungen: Circolazione turistica.

Lodi

Das hübsche mittelalterliche Städtchen Lodi, 30 km südöstlich von Mailand gelegen, wurde 1158 nach der Zerstörung von Lodi Vecchio (s. unten) mit Unterstützung von Friedrich Barbarossa gegründet. Zentrum ist die von Arkaden umgebene Piazza della Vittoria mit dem Dom S. Bassiano, erbaut 1160–1284. Etwas westlich steht die Kirche S. Maria Incoronata von 1488, deren Innenraum deutlich Einflüsse der Architektur **Bramantes** zeigt. Die Malereien im Innenraum stammen großenteils aus dem 16. Jh. Im ehemaligen Kloster S. Filippo am Corso Umberto 63 ist heute das Museo Civico mit einigen archäologischen Stücken aus Lodi Vecchio untergebracht. In der Gemäldegalerie sind v. a. Werke von einheimischen Künstlern zu sehen.

★ ◄ S. Maria Incoronata

★ **Lodi Vecchio**

6 km westlich von Lodi liegt das 1152 von Mailand zerstörte Lodi Vecchio, das einst die zweitbedeutendste Stadt der Lombardei war. Die Kirche S. Bassiano außerhalb des heutigen Ortes wurde erst 1320–1323 im gotischen Stil umfassend verändert. Die als Lodigiano bezeichnete Ebene erstreckt sich um Lodi herum vom östlichen Ufer der Adda bis zum Lambro und wird bestimmt durch charakteristische Pappelreihen, Wasserkanäle und **Cascine**, die großen Gutshöfe, die weit verstreut in der Gegend stehen. Viele der Cascine lassen sich heute nicht mehr bewirtschaften und sind vom Verfall bedroht.

◄ Il Lodigiano

DIE UNERHÖRTE LEICHTIGKEIT DES DESIGNS

Nicht jeder gibt gleich über 50 Euro für einen Wasserkessel aus. Und doch wurde der 1985 von dem amerikanischen Stardesigner Micheal Graves entworfene Alessi-Kessel mit seiner Vogelflöte bereits im ersten Jahr seiner Produktion über 100 000-mal verkauft. Besonders häufig, so versichert man bei Alessi, nach Deutschland.

Das Gleiche gilt für Bialettis berühmte Mokka-Express-Maschine, für die gestylten Olivettiprodukte, für die schicken Möbel von Sawaya & Moroni, für die eleganten Lampen von Artemide und für viele andere **Produkte all'italiana**, bei deren Namensnennung nicht nur Italienfans glänzende Augen bekommen.

Italien steht für Design. Da kann sich Frankreich mit seinem designernden Allround-Talent Philippe Starck noch so sehr anstrengen: Die Halbinsel ist nach wie vor die **Ästhetiknation »numero uno«**, wo alle Bereiche des Designs repräsentiert sind: von Produktdesign über Mode und Grafik bis hin zur Bühnenausstattung. Italiener können damit leben, dass einige ihrer Krankenhäuser und Universitäten heruntergekommen sind, dass ihre Autobahnen Löcher aufweisen, doch wenn sie sich einrichten und anziehen, wenn sie Autos und Mopeds kaufen, dann muss das Design stimmen.

Disegno industriale

Das so genannte disegno industriale, wie man das moderne Design in Italien nennt, hat sich seit den 1950er-Jahren zu einem der **erfolgreichsten Exportartikel** des Landes entwickelt. Es entstand in Mailand, genauer in der Architekturfakultät der Universität. Dort nämlich rief der Baumeister Luigi Caccia Dominioni 1949 zusammen mit Kollegen die Gruppe »L'Azucena« ins Leben: eine Art Werkstatt, die es sich zum Ziel gesetzt hatte, Möbel und andere Gebrauchsgegenstände des Alltags nicht nur brauchbar und in bester Qualität, sondern auch zukunftsweisend schön zu gestalten. Aus einer geschickten Mischung von Elementen des Barock und des Bauhaus kamen Vergangenheit und Gegenwart zusammen. Es entstand das **»Made in Italy«**.

Der Begriff **»Konsumästhetik«** wurde öfter und öfter in den Mund genommen, geschickte Unternehmen nutzten den Trend nach immer schöneren

Alberto Alessi: Sein Name steht für Design. Das Unternehmen wurde 1921 in Omegna, einer kleinen Ortschaft am Ortasee, gegründet. Und die meisten Produkte, allesamt Haushaltsgegenstände, die von den bekanntesten zeitgenössischen Architekten und Designern entworfen wurden, sind bereits heute zeitlose Klassiker.

Gebrauchsgegenständen aus, um sich mit ästhetischen Produkten einen Namen zu machen. So zum Beispiel Olivetti. Heute stehen Schreib- und Büromaschinen sowie Computer des Unternehmens aus dem norditalienischen Ivrea in den wichtigsten **Designmuseen** der Welt, darunter die 1969 von Ettore Sottsass entworfene Valentine-Schreibmaschine.

Auch viele andere Firmen beschäftigten bekannte Designer und überließen ihnen wichtige Produktentscheidungen. Bei Fiat war Giugiaro für die Entwürfe der Automodelle »Panda« und »Uno« verantwortlich. Und sogar an den Nudeln des emilianischen Pasta-Giganten Barilla legten Designer Hand an. Das mit der Nudel wurde allerdings ein Fiasko: Die gestylten Teigwaren banden Nudelsaucen längst nicht so gut, wie man es sich erhofft hatte.

Modewelten

Selbst der italienische Modesektor, zweitgrößter Exportposten der italienischen Außenhandelsbilanz, wird heute zum Industriedesign gezählt – abgesehen von jenen immer seltener werdenden Kollektionen der »Haute Couture«, die in Rom nach wie vor **»Alta Moda«** genannt werden. »Stilisti« wie Giorgio Armani und Donatella Versace, wie Roms Modekönig Valentino und Moschino verdienen heute ihr Geld vor allem mit industriell gefertigtem Modedesign, primär mit Brillen, Taschen und anderen Accessoires.

Im Unterschied zur französischen Modeszene agieren in Italien hauptsächlich italienische Stylisten. **Gucci** ist eine Ausnahme. Nachdem die Florentiner Marke immer weniger umsetzte, entschied man sich, den US-Amerikaner Tom Ford an den Arno zu rufen. Er krempelte Gucci total um. Heute präsentiert sich die Traditionsmarke cool, frech und sehr international. Vom Stil des alten Namens ist nicht mehr viel geblieben. Das gleiche gilt auch für Prada, obwohl nur Italiener über die hauseigenen Trends entscheiden.

Italien verfügt gleich über drei unterschiedliche Modewelten. Da ist **Mailand** mit seinen Frühjahrs- und Winterkollektionen. Diese Modenschauen gehören mit denen von Paris zu den wichtigsten weltweit. Dann gibt es die »Alta Moda« in **Rom**: seit Jahren totgesagt, aber immer noch lebendig. Modenschauen werden auf der Piazza Navona und, noch schöner, auf der Spanischen Treppe organisiert. Ganz anders als die »Alta Moda« ist »Pitti-Uomo« in **Florenz**, Italiens Männermodewoche: laut Natalia Aspesi, Kulturjournalistin der Tageszeitung la Repubblica, »ein Kind des neuen Trends zum immer eitleren Mann«.

★ Mantua · Mantova

E 11

Region: Lombardei • Lombardia
Höhe: 20 m ü. d. M.
Provinz: Mantova
Einwohnerzahl: 53 000

Es ist der Familie Gonzaga zu verdanken, dass Mantua mit seinem gewaltigen Fürstenpalast heute in aller Welt bekannt ist. Neben großer Kunst für Augen und Geist gibt es hier auch für den Magen Erfreuliches zu entdecken, schließlich sind Mantua und Umgebung für ausgezeichneten Parmaschinken bekannt.

Stadt der Gonzaga

Bis ins 12. Jh. war die Stadt eine Insel, erst nachdem der Mincio reguliert wurde, entwickelte sich Mantua auf einer Landzunge weiter, die heute von drei Seen umgeben ist. Die zahlreichen Kulturschätze Mantuas entstanden vorwiegend ab 1328, während der über 300-jährigen Herrschaft der **Gonzaga**. Großen Wohlstand brachte auch die erste und lange Zeit berühmteste italienische Pferdezucht ein, die über mehrere Generationen betrieben wurde. Bedeutende Architekten wie Leon Battista Alberti – Wegbereiter eines neuen Architekturstils in der Lombardei – und später der Raffaelschüler Giulio Romano wurden nach Mantua geholt, als Hofmaler waren Antonio Pisanello, Andrea Mantegna und Peter Paul Rubens tätig, als Musiker arbeitete Claudio Monteverdi am Hof der Gonzaga. In Pietole, dem einstigen Andes, wurde vermutlich im Jahr 70 v. Chr. der Dichter **Vergil** geboren. Ihm zu Ehren wurde der Landstrich Virgilio genannt. 1707 übernahmen die österreichischen Habsburger die Macht, bei denen Mantua bis 1866 verblieb. Giuseppe Verdi hat übrigens den Schauplatz seiner Oper »Rigoletto« nach Mantua verlegt.

Über das Wasser hinweg präsentiert sich Mantua am eindrucksvollsten.

Mantua Orientierung

Übernachten
① San Lorenzo
② Rechigi
③ Bianchi Stazione

Essen
① Aquila Nigra
② L'Ochina Bianca
③ Fragoletta

Sehenswertes in Mantua

★★ **Rotonda di S. Lorenzo**

An der schönen Piazza delle Erbe steht die zweigeschossige Rotonda di S. Lorenzo. Die Basis des im 11. Jh. errichteten Gebäudes liegt etwa 1,5 m tiefer als der heutige Platz, denn das Niveau des Bodens hat sich mit den Jahrhunderten allmählich erhöht. Älteste Bauteile sind zwei Säulen aus römischer Zeit; vom Ursprung sind noch Würfelkapitelle und einige **Freskenstücke** erhalten; rechts in der Apsis ist eine Darstellung des Martyriums des hl. Lorenz zu sehen.

★ **Palazzo della Ragione**

★ ◄ Torre dell' Orologio

★★ ◄ S. Andrea

Der Palazzo della Ragione im Norden der Piazza entstand 1250 als Rathaus. Die Pläne für die benachbarte Torre dell'Orologio lieferte 1473 Luca Fancelli, der damalige Hofarchitekt der Gonzaga, der Mathematiker, Mechaniker und Astrologe Bartolomeo Manfredi konstruierte die astronomische Uhr. Ein weit verbreitetes Symbol ist die Madonna auf dem Mond: Sie steht für den Sieg des Christentums. Gegenüber erhebt sich ein **Initialwerk der Renaissance**: die ab 1472 nach Entwürfen von Leon Battista Alberti erbaute Kirche S. Andrea.

Der neue Stil zeigt sich u. a. an der Fassade, die Bezüge zur Antike aufweist: einen Portikus mit hohem Rundbogen, Pilastern und Giebel, der formal antike Tempelfront und Triumphbogen vereint. Im Innern wird das Fassadenmotiv auf jeder Seite des Kirchenschiffs zweimal wiederholt, der hohe Rundbogen birgt nun die Seitenkapellen. Neuartig ist der Einheitsraum mit Querschiff, Vierung und Chor. Der »Triumphbogen« setzt sich im Innern als kassettiertes Tonnengewölbe mit 18 m Spannweite fort. Die Einheitlichkeit des Raumes, die Verbindung von Lang- und Zentralbau, nimmt bereits

MANTUA ERLEBEN

AUSKUNFT

Piazza Andrea Mantegna 6
46100 Mantua
Tel. 03 76 32 82 53, Fax 03 76 36 32 92
www.turismo.mantova.it

ESSEN

► Fein & Teuer

① ***Aquila Nigra***
Vicolo Bonacolsi 4, Mantua
Tel. 03 76 32 71 80; So., Mo. geschl
In einer kleinen, mittelalterlichen Gasse mitten in der Altstadt liegt das elegante Gourmetrestaurant, das für seine Wandfresken, eine fantasievolle Küche und eine großartige Weinkarte bekannt ist. Reservierung ratsam.

► Preiswert

② ***L'Ochina Bianca***
Via Finzi 2, Mantua
Tel. 03 76 32 37 00; Mo. geschl.
In dem geradlinig und modern eingerichteten Restaurant an der Piazza San Giovanni geht es immer recht lebhaft zu. Kleines, vorzügliches Speisenangebot, lokale Spezialitäten.

③ ***Fragoletta***
Piazza Arche 5/a, Mantua
Tel. 03 76 32 33 00; Mo. geschl.
Einfaches, gemütliches Lokal, geboten wird klassische mantuanische Küche und eine wahrlich beeindruckende Auswahl an Käse.

ÜBERNACHTEN

► Luxus

① ***San Lorenzo***
Piazza Concordia 14, 46100 Mantua
Tel. 03 76 22 05 00
Fax 03 76 32 71 94
www.hotelsanlorenzo.it
Sehr attraktives Hotel in einem historischen Palast in beneidenswerter Lage: Piazza delle Erbe und Palazzo Ducale sind gleich um die Ecke.

② ***Rechigi***
Via Calvi 30, 46100 Mantua
Tel. 03 76 32 07 81
Fax 03 76 22 02 91
www.rechigi.com
Modernes, schick eingerichtetes Hotel im historischen Zentrum. Freunde zeitgenössischer Kunst werden von den vielen Bildern und Skulpturen, die übers ganze Haus verteilt sind, begeistert sein.

► Günstig

③ ***Bianchi Stazione***
Piazza Don Leoni 24, 46100 Mantua
Tel. 03 76 32 64 65
Fax 03 76 32 15 04
www.hotelbianchi.mantova.com
Einfaches, gepflegtes Haus gegenüber dem Bahnhof, zum Zentrum sind es nur 10 Gehminuten. Viele Zimmer gehen auf den ruhigen Innenhof hinaus.

Gedanken des Barock vorweg. Die **Kuppel** folgte erst zwischen 1733 und 1756 nach Plänen von Filippo Juvarra. In der ersten Seitenkapelle links befindet sich das Grab von Andrea Mantegna, der 1506 in Mantua starb.

Palazzo dell'Accademia Virgiliana

Einen nahezu unveränderten Raum aus dem Jahr 1767 birgt der Palazzo dell'Accademia Virgiliana an der Via Accademia 47. Es handelt sich um das Teatro Scientifico, das nach Plänen von Antonio Galli Bibiena erbaut wurde und zu dessen Einweihung der junge **Mozart** ein Konzert gab. Von der Piazza delle Erbe führt ein Durchgang zur Piazza Broletto, wo sich eine Darstellung des Vergil aus dem 13. Jh. befindet. Die Torre Civica an der Ecke des kleinen Platzes stammt noch aus dem Mittelalter. An die kämpferischen Auseinandersetzungen zwischen **Ghibellinen und Guelfen** erinnert die Torre della Gabbia an der Ecke zur Via Cavour erinnert – die verfeindeten Adelsfamilien errichteten damals zu ihrem Schutz Wehrtürme. Der Name Gabbia (= Käfig) bezieht sich auf an eine grässliche Hinrichtungsmethode: Der Verurteilte wurde in einen am Turm angebrachten Käfig gesteckt, wo er langsam verdurstete.

◄ Torre della Gabbia

** **Piazza Sordello**

Ältester Platz in Mantua ist die lang gestreckte Piazza Sordello, die über Jahrhunderte das Zentrum Mantuas war. Sie wird von schönen, mit Schwalbenschwanzzinnen versehenen Palazzi aus dem 13. und 14. Jh. sowie dem Bischofspalast aus dem 18. Jh. gesäumt. Hier erhebt sich der Duomo di S. Pietro, in dessen Bau sich romanische, spätgotische und barocke Stilelemente mischen. Baubeginn war um 1131, die barocke Fassade entstand im 18. Jh. Anschauen sollte man sich die Sakramentskapelle, ein überkuppeltes Achteck von 1784, sowie die Incoronatakapelle, deren Entwurf vermutlich Leon Battista Alberti lieferte.

* ◄ Duomo di S. Pietro

** **Palazzo Ducale**

Der Palazzo Ducale ist das Prunkstück der Stadt, neben Vatikanstadt Italiens größte Schlossanlage und einstmals eine der reichsten Residenzen Europas. Durch ein kleines Tor an der Piazza Sordello betritt man den Palast, der aus acht zwischen dem 13. und dem 17. Jh. entstandenen Großbauten mit mehr als **500 Sälen und Zimmern** (zusammen 34 000 m²) sowie insgesamt 15 Gärten und Innenhöfen besteht. Nur ein kleiner Teil der Anlage steht zur Besichtigung offen. Geöffnet ist Di. bis So. 8.45–19.15 Uhr.
Zu den Höhepunkten gehört die Sala dello Stemma, in der ein Gemälde von Domenico Morone hängt, auf dem die Vertreibung der Bonacolsi durch die Gonzaga 1328 zu sehen ist – und nebenbei auch der Dom mit seiner noch mittelalterlichen Fassade. In der Sala del Pisanello legte man 1969 Reste von Wandmalereien von **Antonio Pisanello** aus dem Jahr 1440 frei mit Szenen zur Artussage, weitere Rötelzeichnungen von Pisanello sind in der Sala delle Sinopie (sinopia = Rötel) zu sehen. Von der Sala dei Fiumi aus hat man einen schönen Blick auf den Giardino Pensile aus dem 16. Jh. Wertvolle Gemäl-

Mantua *Palazzo Ducale*

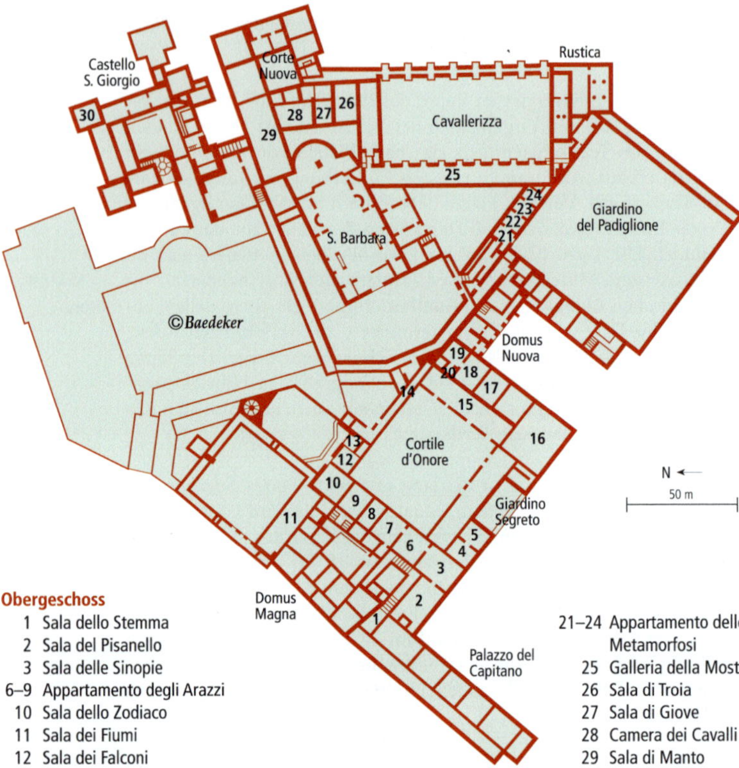

Obergeschoss

1 Sala dello Stemma
2 Sala del Pisanello
3 Sala delle Sinopie
6–9 Appartamento degli Arazzi
10 Sala dello Zodiaco
11 Sala dei Fiumi
12 Sala dei Falconi
13 Sala dei Mori
14 Corridoio dei Mori
15 Sala degli Specchi
16 Sala degli Arcieri
17 Sala del Labirinto
18 Sala del Crogiuolo
19 Sala di Psiche
20 Sala dei Quattro Elementi
21–24 Appartamento delle Metamorfosi
25 Galleria della Mostra
26 Sala di Troia
27 Sala di Giove
28 Camera dei Cavalli
29 Sala di Manto
30 Camera degli Sposi

Räume im Erdgeschoss:
unter 4–9 Appartamento di Isabell

de aus dem 17. Jh. warten in der Sala degli Arcieri (Saal der Bogenschützen), u. a. die Darstellung der Familie Gonzaga in Anbetung der Hl. Dreieinigkeit von Peter **Paul Rubens**. In der Cavallerizza waren einst die berühmten Pferde, in der Galleria della Mostra die Gemäldesammlung der Gonzaga untergebracht. Eine der Hauptsehenswürdigkeiten befindet sich im **Castello S. Giorgio**: die Camera degli Sposi, die Andrea Mantegna 1465–1474 ausmalte. An den Wänden sind die Familienmitglieder der Gonzaga zu sehen: Ludovico mit seiner Ehefrau Barbara von Brandenburg, die Kinder und der Hofstaat sowie Ludovico im Gespräch mit seinem Sohn Francesco.

Camera degli Sposi ►

★ Palazzo d'Arco

Einen Einblick in die Wohnkultur des Mantuaner Adels erhält man beim Besuch des Palazzo d'Arco an der gleichnamigen Piazza. Das in der zweiten Hälfte des 18. Jh.s nach Plänen Antonio Colonnas erbaute Gebäude ist mit mit **originalen Einrichtungsgegenständen** aus dem 15. bis 18. Jh. ausgestattet.

★★ Palazzo del Tè

Der Palazzo del Tè gilt als Hauptwerk von Giulio Romano, dem Lieblingsarchitekten Federicos II. Der kunstliebende Herzog ließ sich den Sommerpalast 1525–1535 auf der Insel Tè bauen, die man bis zur Trockenlegung des Sees im 18. Jh. nur über eine Brücke betreten konnte. Auf der Insel war keine übliche Fürstenvilla entstanden, sondern ein weitläufiges **Gartenschloss** mit Teichen, Gärten und Pferdeställen, das später Vorbild für Schlösser wie Versailles, Nymphenburg oder Schönbrunn wurde. Die prachtvolle Ausgestaltung nahmen größtenteils Schüler Giulio Romanos vor. In allen Techniken, in Architektur, Malerei, Plastik und in den Stuckarbeiten, sind Elemente der römischen Antike verarbeitet, die dann übersteigert und verfremdet wurden. Zu den Hauptsehenswürdigkeiten gehören die Sala di Psiche und die Sala dei Giganti.

Umgebung von Mantua

★ Curtatone

In Curtatone, wenige Kilometer westlich von Mantua, lohnt der Besuch der **Wallfahrtskirche** S. Maria delle Grazie, im 15. Jh. von Bartolino da Novara entworfen. Im Innenraum ist die Ausstattung sehenswert, die in vielerlei Form das Überleben bei Unglücksfällen oder bei ungerechten Todesurteilen thematisiert. Auf allen liest man die Kürzel P. G. R. für »Per Grazia Ricevuta« (»für die empfangene Gnade«). Jedes Jahr am 15. August zu Mariä Himmelfahrt findet hier ein internationaler Wettbewerb der sog. Madonnari statt, Pflastermaler, die sich auf religiöse Motive spezialisiert haben.

★ Sabbioneta

Die kleine Stadt Sabbioneta, 35 km südwestlich von Mantua, wurde im 16. Jh. von **Vespasiano Gonzaga** (1531–1591), Heerführer im Dienste der Spanier, als ideale Residenzstadt angelegt. Man kann sie im Rahmen einer Führung besichtigen, so etwa den Palazzo Ducale, das Teatro Olimpico – eines der ersten überdachten Theater in Europa – und die Chiesa dell'Incoronata. Die Synagoge erinnert an die einst große jüdische Gemeinde. Von Mantua aus kann man mit dem Schiff über Mincio und Po bis nach Boretto und von dort aus weiter mit dem Bus nach Sabbioneta gelangen.

★ S. Benedetto Po

San Benedetto Po im gleichnamigen Ort 20 km von Mantua entfernt, war einst ein bedeutendes **Kloster**, das auf eine Gründung von Tedaldo di Canossa im Jahr 1007 zurückgeht. Erste Bauten aus dem 11. Jh. wurden im 16. Jh. durch Giulio Romano erweitert. Sehenswert ist der Marmorsarkophag der Markgräfin Matilda di Canossa, die Mantua im 11. Jh. als Hauptstadt ihrer Territorien auserkoren hatte.

Marken · Marche

H–K 14–17

Region: Marken • Marche
Fläche: 9694 km²

Provinzen: Ancona, Ascoli Piceno, Macerata, Pesaro, Urbino

Keine Region Italiens ist kulturell so aktiv wie die Marken: Allein 234 Museen gibt es hier, dazu unzählige Festivals, unter denen das Rossinifestival in Pesaro das bekannteste ist. Außerdem kann man hier noch traditionsreiches Handwerk entdecken, so etwa Keramik in Urbino, Schuhe und Leder in Fermo oder Musikinstrumente in Castelfidardo.

Küste und Strände

Die mittelitalienische Landschaft und politische Region Marken – ihre Hauptstadt ist ►Ancona – bildet einen etwa 180 km langen und bis 70 km breiten Streifen entlang dem Adriatischen Meer. Sie ist ein weitgehend fruchtbares, von vielen parallel verlaufenden Flüssen durchzogenes Hügelland, das im Inneren noch von der Landwirtschaft geprägt wird. Die lange Küstenlinie der Marken ist mit ihren endlosen Sandstränden besonders seit den 60er-Jahren ein Ferienziel ersten Ranges. Allerdings kann die ununterbrochene Abfolge der Hotels, Ferienhäuser, Vergnügungsstätten und entsprechender Infrastruktur, zusammen mit hässlichen Industriearealen, nicht begeistern. Einzige Ausnahme bildet der **Monte Cònero** bei Ancona, dessen Strände zu den schönsten in Italien gehören.

In der geschichtsträchtigen Region konnten sich nie mächtige Städte etablieren, weshalb die Zahl großer Sehenswürdigkeiten – Ausnahmen sind Urbino und Ascoli Piceno – gering ist. Die Attraktivität besteht eher in der Vielzahl kleiner, lebhafter und sehr atmosphärereicher Orte, in denen sich Urbanität und »Provinzialismus«, Tradition und Modernität glücklich verbinden wie in Fano, Fermo, Jesi, Fabriano oder Macerata. Im Folgenden werden die Reiseziele in den Marken von Norden nach Süden beschrieben.

Pesaro

Badeort

Der beliebte Badeort Pesaro (87 700 Einw.) wurde durch den Komponisten Gioacchino Rossini bekannt, der hier zur Welt kam und den das gut besuchte Opera Festival im August ehrt. Bereits im 14. Jh. war der Ort im Besitz der Adelsfamilien Malatesta, Sforza und Della Rovere; Letztere, die Herzöge von Urbino, residierten in Pesaro und machten es zu einem Zentrum der Kunst und der Majolikaproduktion.

Spaziergang durch Pesaro

Mittelpunkt der Stadt ist die Piazza del Popolo mit dem **Palazzo Ducale**, der 1450 von den Sforza begonnen und im 16. Jh. von den Della Rovere vollendet wurde. Weiter stehen hier der Palazzo della Paggeria aus dem 16. Jh., ein neoklassizistisches Postgebäude und das

MARKEN ERLEBEN

AUSKUNFT

Via Gentile da Fabriano 9
60125 Ancona
Tel. 07 18 06 21 65, Fax 07 18 06 21 17
www.turismo.marche.it
www.diemarken.com

ESSEN

▶ Fein & Teuer

La Madonnina del Pescatore
Lungomare Itali 11
Senigallia-Marzocca
Tel. 0 71 69 82 67
Moreno Cedroni ist ohne Zweifel einer der begabtesten Jungköche an der gesamten Adria und sein schickes Restaurant eines der besten der Region mit einer exzellenten Fischküche.

▶ Erschwinglich

Taverna del Pescatore
Via Borgata 23
Casteldimezzo-Pesaro
Tel. 07 21 20 82 16
Das schöne Restaurant, bekannt für erlesene Fischspezialitäten, liegt in dem Dorf Casteldimezzo an der Panoramastraße von Pesaro nach Gabicce.

Ca' Andreana
Via Gadana 119, Urbino Gadana
Tel. 07 22 32 78 45
www.caandreana.com
Etwas außerhalb von Urbino liegt dieses vorzügliche Restaurant, das seine Gäste mit lokalen Spezialitäten verwöhnt.

Al Teatro
Via Teatro 3, Ascoli Piceno
Tel. 07 36 25 35 49
Normalerweise sind Restaurants keine Pizzerien, doch hier liegt der Fall anders: Sowohl die Menüs als auch die Pizzen schmecken einfach fantastisch.

▶ Preiswert

L'Enoteca Bar a Vino
Piazza del Popolo 39
Fermo
Tel. 07 34 22 80 67
Charmantes Lokal im französischem Bistro-Stil an der wunderbaren Piazza del Popolo. Peppe Rossi kredenzt ausgefallene Wurst- und Käsesorten und erstklassige Weine aus der Gegend.

Vecchia Fattoria
Via Manzoni 19
Loreto
Tel. 0 71 97 89 76; Mo. geschl.
Eleganter Landgasthof, der für feine regionale Küche bekannt ist. Tolles Preis-Leistungsverhältnis.

ÜBERNACHTEN

▶ Luxus

San Domenico
Piazza Rinascimento 3
61029 Urbino
Tel. 07 22 26 26, Fax 07 22 27 27
www.viphotels.it
Mitten im Zentrum befindet sich dieses überaus stilvolle Hotel garni, das in einem Kloster aus dem fünfzehnten Jahrhundert untergebracht ist. Vornehm eingerichtete und geräumige Zimmer.

Federico II
Via Ancona 100
60035 Jesi
Tel. 07 31 21 10 79, Fax 0 73 15 72 21
www.hotelfederico2.it
Imposanter Hotelkomplex im Grünen mit allem erdenklichen Komfort, wunderschöne Zimmer mit toller Ausstattung, ausgezeichnetes Spezialitätenrestaurant, Schwimmbad, Sauna, Fitnesscenter und viele Wellnessangebote.

► **Komfortabel**

Royal
Piazza Piccolomini 3, Fermo
Tel. 07 34 64 22 44, Fax 07 34 64 22 54
www.royalre.it
Direkt in Fermo gibt es wenige Hotels. Dieses moderne Haus liegt etwas außerhalb am Strand von Lido di Fermo; schicke Designermöbel und sehr guter Komfort sorgen für einen angenehmen Aufenthalt.

Agriturismo Villa Cicchi
Via Salaria Superiore 137
Ascoli Piceno
Tel. 07 36 25 22 72, Fax 0 73 24 72 81
www.villacicchi.it
In einer bezaubernden Hügellandschaft liegt diese charakteristische Villa aus dem 17. Jh. Komfortable und charmante Zimmer. Gegessen wird im Sommer auf einer Aussichtsterrasse. Produkte aus eigenem Bio-Anbau.

► **Günstig**

Pellegrino e Pace
Piazza della Madonna 51
60025 Loreto
Tel. 0 71 97 71 06, Fax 0 71 97 82 52
www.pellegrinoepace.it
Am schönsten Platz des Ortes liegt dieses nette Hotel, das einfache und zweckmäßige Zimmer anbietet, im großen Speisesaal wird regionale Küche serviert.

Bice
Viale Leopardi 105
60019 Senigallia
Tel. und Fax 07 16 52 21
www.albergobice.it
Eine echte Alternative zu den Strandhotels ist das am Beginn der Fußgängerzone liegende Hotel, das nach einer Renovierung im neuen Glanz strahlt. Gemütliche Zimmer, nettes Restaurant.

Rathaus von 1954. Das Geburtshaus von **Gioacchino Rossini** befindet sich an der zum Meer führenden Via Rossini. Wenige Schritte sind es zum romanisch-gotischen Dom, errichtet im 9. und im 13./14. Jh. am Platz frühchristlicher Kirchen, die 554 bzw. 848 zerstört wurden; Ausgrabungen haben einen 600 m² großen frühchristlichen Mosaikfußboden aus dem 6. Jh. und darunter einen zweiten aus dem 4. oder 5. Jh. ans Licht gebracht. Am Meer, an der mit der »Sfera Grande« von A. Pomodoro verzierten Piazza della Libertà, überrascht die überreich dekorierte Jugendstilvilla Ruggeri. Im Palazzo Toschi-Mosca westlich des Doms haben die Städtischen Museen ihren Sitz; Hauptwerk der Gemäldesammlung ist die »Pala di Pesaro«, ein riesiges Altarbild von **Giovanni Bellini**, entstanden um 1475. Einen Überblick über die italienische Majolika gibt die hervorragende Keramiksammlung.

Nahe dem Dom steht die 1474 bis 1487 für Costanzo Sforza errichtete Burg. Von der Piazza del Popolo

! *Baedeker* TIPP

Auf den Spuren der Picener

Wer waren sie, woher kamen sie, und wohin verschwanden sie? Die Picener, die im 9. Jh. v. Chr. in den Marken gelebt haben sollen, geben Rätsel auf. Antworten findet man in den zahlreichen örtlichen Museen, v. a. aber in Ancona, Jesi und Fermo.

geht es weiter durch die Via Branca, wo am Postgebäude noch die schöne Fassade der Kirche San Domenico von 1395 erhalten ist. Weiter westlich sind das Conservatorio Rossini und das Museo Archeologico Oliveriano zu finden. Letzteres zeigt Stelen aus der Picener-Nekropole von Novilara, die im 8.–5. Jh. v. Chr. entstanden.

Gabicce Mare

Von Pesaro führt eine kurven- und aussichtsreiche Küstenstraße nach Gabicce (28 km), dem nördlichsten, nur durch den Fluss Tavollo von Cattolica getrennten Badeort der Marken. Dabei passiert man nach 6 km die gewaltige **Villa Imperiale**, die über der Straße thront. Sie wurde ab 1486 für Alessandro Sforza errichtet und bis 1530 erweitert; an der Ausgestaltung waren Dossi, Bronzino und Perin del Vaga beteiligt. Schloss und Gärten sind nur im Sommer zugänglich.

★ ◀ Gradara

6 km weiter erreicht man Gradara, ein mittelalterliches Bilderbuchstädtchen mit ab dem 13. Jh. errichteter Stadtmauer und Burg. Hier siedelte **Dante** die berühmte Liebestragödie zwischen Francesca und Paolo an, die vom Gatten Francescas, Giovanni Malatesta, überrascht und im Jahr 1284 eigenhändig getötet wurden.

Gabbice Monte ragt in die Adria, an deren Küste sich die Badenden tummeln.

Fano, 12 km südöstlich, ist ein bedeutender Fischerhafen und beliebter Sommerferienort mit breitem Strand. Die Altstadt ist noch von einem Mauerring mit der Rocca Malatestiana und der Bastion Sangallo umgeben. Hinter der Porta Maggiore empfängt der dreitorige, gut erhaltene Ehrenbogen des Augustus, der **Arco di Augusto**, aus dem 9. Jh. n. Chr. die Besucher; wenige Schritte weiter gelangt man zur Kirche S. Michele mit ihrem verziertem Renaissanceportal von 1512 und zu den 1495 als Waisenhaus erbauten Logge di S. Michele. Von hier führt die Via Arco d'Augusto Richtung Meer; auf dem Weg passiert man den Dom S. Fortunato aus dem 11. Jh., dessen Cappella Nolfi von Domenichino 1612 freskiert wurde.

◀ Palazzo Malatesta

Ortsmittelpunkt ist die Piazza XX Settembre mit dem wuchtigen Palazzo della Ragione, der 1845 als Theater eingerichtet wurde, und der hübschen Fontana della Fortuna von 1593. Hier befindet sich auch der Palazzo Malatesta, in dessen schönem Hof im Sommer Musik und Theater gespielt wird. In seinem Innern sind Städtische Museen für Archäologie und Numismatik sowie die Pinakothek untergebracht, die Werke von Giovanni Santi, Guido Reni, Guercino hütet.

Werke von **Perugino** sind in der Kirche S. Maria Nuova zu sehen, so eine »Madonna mit Kind und Heiligen«, eine Pietà, Szenen aus dem Marienleben sowie eine »Verkündigung«.

✶✶ Urbino

Zentrum des Humanismus

Urbino liegt auf zwei Anhöhen inmitten einer anmutigen Hügellandschaft. Der Ort ist wie kaum eine andere Stadt mit dem Namen eines Mannes verbunden: Ab 1213 regierte hier die Adelsfamilie Montefeltro, die im 15. Jh. den Herzogstitel erhielt. **Herzog Federico di Montefeltro** (1444–1482) machte Urbino zur Idealstadt der Renaissance und zu einem Zentrum des Humanismus in Italien. In dieser Form ist das aus Backstein erbaute Urbino fast unverändert erhalten geblieben und seit 1998 UNESCO-Weltkulturerbe. Im 15. Jh. wirkten hier u. a. die Maler Paolo Uccello, Piero della Francesca, Melozzo da Forlì und Giovanni Santi, Vater des berühmten Raffael, der 1483 hier geboren wurde. Raffaels Freund Baldesar Castiglione verfasste am Hofe Federicos mit dem »Buch vom Hofmann« (»Il Libro del Cortegiano«) ein Standardwerk der Renaissanceliteratur, in dem der Autor das Ideal des humanistisch gebildeten »uomo universale« entwirft. Das heutige Leben in Urbino, das immer noch »weitab vom Schuss« liegt, ist von der 1506 gegründeten **Universität** und weiteren Bildungsstätten geprägt, die die 15 000 Einwohner der Stadt um einige Tausend vermehren (eingeschrieben sind 20 000 Studenten).

✶✶ Palazzo Ducale

Das beherrschende Bauwerk in der ganz von Mauern umgebenen Stadt ist der für Herzog Federico – der als Söldnerführer sehr reich wurde und als Potentat außergewöhnlich menschenfreundlich war – erbaute Palast, einer der großen Profanbauten der Renaissance in Italien. Erster Architekt des um mehrere Höfe gruppierten Komplexes war 1468–1472 der aus Dalmatien stammende Luciano Laurana; insgesamt zogen sich die Arbeiten über 70 Jahre hin. Höhepunkte sind der **Treppenaufgang**, der Ehrenhof, der Thronsaal und das Arbeitszimmer des Herzogs (»studiolo«) mit einer herrlichen intarsierten Holztäfelung, einem Wunderwerk der Perspektive und des Trompe-l'Œil. In der Residenz ist die Nationalgalerie der Provinz Marken untergebracht, die Spitzenwerke der Renaissancemalerei zeigt wie die Predella von Paolo Uccello mit dem »Hostienwunder«, Joos van Gents »Apostelkommunikation«, die »Geißelung Christi« und die »Madonna di Senigallia« von Piero della Francesca sowie das berühmte Frauenbildnis »Die Stumme« von **Raffael**.

✶✶ Galleria Nazionale delle Marche ▶

Duomo

An den Palazzo Ducale schließt der Dom an. Der etwa gleichzeitig mit dem Palazzo begonnene Bau wurde 1604 mit der Kuppel fertig gestellt, bei einem Erdbeben 1789 schwer beschädigt und 1789–1801 im Stil des Klassizismus neu aufgebaut. Das Innere schmücken v. a. Gemälde des 17./18. Jh.s, darunter Werke des in Urbino ansässigen Barockmalers **Federico Barocci** (um 1535–1612). Vom rechten Quer-

✶ Loreto

Wallfahrt zur hl. Hütte

Das Städtchen Loreto (11 000 Einw.), 22 km südlich von Ancona, ist seit dem 14. Jh. nach Rom und Assisi der bedeutendste Wallfahrtsort Italiens. Einer Legende des 15. Jh.s zufolge haben Engel das Geburtshaus Mariens von Nazareth über verschiedene Stationen nach Loreto getragen und im Jahr 1294 in einem Lorbeerhain (lat. lauretium) abgesetzt. Über dem Haus wurde dann eine Basilika errichtet. 1586 erhielt der Ort durch Papst Sixtus V. Stadtrecht und -mauern. 1920 ernannte Papst Benedikt XV. die **Madonna von Loreto** zur Schutzpatronin der Flieger. An den Marienfeiertagen und am Tag der Ankunft des Hauses in Loreto am 9. Dezember ist der Strom der Pilger besonders groß.

Der Barockbrunnen wird von den zweigeschossigen Arkaden der Wallfahrtskirche umrahmt.

Die **Wallfahrtskirche Santuario della Santa Casa** wurde ab 1468 über einem Vorgängerbau errichtet, zuletzt folgte 1754 der Kampanile von L. Vanvitelli. Beteiligt waren bedeutende Renaissancebaumeister wie Bramante, Francesco di Giorgio Martini, Andrea Sansovino und Giuliano da Sangallo, der 1498–1500 die Kuppel entwarf; eigenwillig ist die festungsartige Ostpartie von Baccio Pontelli. An der Fassade sind die drei um 1600 entstandenen Bronzeportale beachtenswert, ebenso im Innern gleich beim Eingang der schöne Taufbrunnen. Besonders kostbar ausgestattet sind die Markussakristei mit dem Kuppelfresko von Melozzo da Forlì und die Johannessakristei mit Majolikaboden, Marmorbecken von Benedetto da Maiano und Fresken von dem jungen Luca Signorelli. Die Kapellen in Querhaus und Apsis wurden im 19./20. Jh. von Künstlern je eines Landes gestaltet; so schmücken die Chorkapelle Fresken des deutschen Malers Ludwig Seitz.

◄ Santa Casa

Unter der Vierungskuppel steht die Santa Casa, ein **einfacher Ziegelbau** mit einer äußerst prächtigen Marmorverkleidung, die 1509 von Bramante entworfen wurde; die Reliefs zeigen Szenen aus dem Leben Marias und die Überführung der Santa Casa nach Loreto.

Die zweigeschossigen Arkaden, die den Vorplatz mit dem Barockbrunnen von 1614 einrahmen, gehören zum Palazzo Apostolico, an dem Bramante, Antonio da Sangallo d. J. und Luigi Vanvitelli gearbeitet haben. Er beherbergt ein Museum mit **hervorragenden Spätwerken von Lorenzo Lotto**, Brüsseler Wandteppichen nach Entwürfen von Raffael und Majoliken aus Urbino.

Castelfidardo Das nahe gelegene Castelfidardo ist für seine über 130-jährige Tradition des Ziehharmonikabaus und durch die Schlacht zwischen savoyischen und päpstlichen Truppen im Jahr 1860 bekannt. Beiden »Attraktionen« sind Museen gewidmet, im Palazzo Comunale bzw. im Palazzo Mordini. Schön ist der Blick über die Marken zum Meer.

Fermo

S. Francesco Auf ihrem Hügel weithin sichtbar liegt 6 km von der Küste entfernt Fermo (35 200 Einw.), das eine überraschende Reihe erlebenswerter Stationen zu bieten hat. Nahe der zwischen dem 13. und 15. Jh. erbauten Minoritenkirche S. Francesco blieben Reste der **römischen Stadtmauer** erhalten. Im Innern birgt das Gotteshaus ein mächtiges von A. Sansovino geschaffenes Grabmahl. Steile Gassen führen hinauf zur Piazza del Popolo, vorbei an der 200 m langen römischen Zisterne und der 1233 erbauten Kirche S. Domenico.

✶ Piazza del Popolo ► Schmuckstück der Piazza del Popolo, der »guten Stube« der Stadt, ist der mittelalterliche, im 15./16. Jh. umgebaute Palazzo dei Priori, von dessen Portalloggia eine Skulptur des Papstes Sixtus V. grüßt, 1571–1577 Bischof in Fermo. Heute befindet sich hier die sehenswerte **Pinacoteca Civica**, der Palazzo degli Studi daneben war bis 1826 Sitz der Universität. Durch den Bogen gelangt man auf den Corso Cefalonia / Cavour mit vornehmen Palazzi sowie zur Kirche S. Agostino (13./18. Jh.). Südlich der Piazza del Popolo beherbergt ein Gebäude der römischen Kaiserzeit das Archäologische Museum.

✶ Domplatz ► Höhepunkt der Stadt, nicht nur topografisch, ist die Piazza Girfalco mit dem Dom, dessen eigenartig asymmetrische comaskische Fassade noch aus dem 13. Jh. stammt; der Bau selbst entstand 1781–1789. In der Vorhalle beachte man das gotische Grabmal des Giovanni Visconti, 1366 geschaffen von Bonaventura da Imola. Am Presbyterium sind Reste eines frühchristlichen Mosaiks aus dem 5. Jh. zu sehen.

✶ Ascoli Piceno

Tor zum Apennin Auf einem Plateau zwischen den tief eingeschnittenen Flussläufen Castellano und Tronto liegt 30 km von der Küste entfernt die Provinzhauptstadt Ascoli Piceno (52 800 Einw.), das Tor zum Apennin: Im Westen ragen die Monti Sibillini (► Spoleto) auf, im Süden die Abruzzen mit dem Massiv des Gran Sasso. Der Stadtname leitet sich vom antiken Asculum ab, das einst Hauptort der **Picenter** war. Die

✶✶ Piazza del Popolo ► zentral gelegene Piazza del Popolo zählt zu den schönsten Plätzen Italiens. Hier trifft man sich auf spiegelblankem, von Arkaden gesäumtem Travertin. Das Bild beherrscht der mächtige Palazzo dei Capitani del Popolo aus dem 13. Jh., dessen chaotisch-schöne Fassade von mehrfachen Bauphasen zeugt; über dem Portal von 1520 sitzt segnend die Statue des Papstes Paul III. Gleich nebenan befindet sich das Caffè Meletti, berühmt für seine Jugendstilausstattung. Im Nor-

✶ S. Francesco ► den schließt die Piazza mit der **gotischen Hallenkirche** S. Francesco

ab, erbaut 1258– 1371; an das grandiose Seitenportal im Stil der venezianischen Gotik wurde 1513 die Loggia dei Mercanti angebaut. Von der Via Trivio zugänglich, schließen zwei hübsche Kreuzgänge an die Kirche an; im Chiostro Maggiore wird Markt gehalten.

Piazza del Popolo, der »Salone« in Ascoli Piceno

Die Via Trivio/Via Cairoli führt nach Norden zum **Tronto**. Eigenartig ist die Fassade der romanischen Kirche Santi Vincenzo e Anastasio aus dem 11. Jh. (1389 erweitert) mit 64 quadratischen, einst freskierten Feldern und einem reich gestalteten Portal.
Von hier geht es hinunter zur Kirche S. Pietro in Castello, wo man den Blick über die Schleifen des Tronto genießt. Die Brücke weiter westlich ist die **Ponte di Solestà** aus der Zeit des Kaisers Augustus'. Nun geht es die Via di Solestà hinauf, dann rechts zum Palazzetto Longobardo, der im 12. Jh. im Stil der lombardischen Romanik erbaut wurde. Hier steht auch die Torre Ercolani, mit 40 m der höchste erhaltene Geschlechterturm Ascolis.

Römisches Erbe

Ganz im Westen der Stadt haben sich das römische Doppeltor Porta Gemina aus dem 1. Jh. v. Chr., Ruinen eines Theaters sowie die so genannten »Grotte«, mächtige Reste antiker Bauten, erhalten. Römische Spolien finden sich auch in der kleinen Kirche S. Gregorio (Viale della Rimembranza geradeaus), die im 13. Jh. über und mit den Resten eines römischen Tempels aus dem 1. Jh. erbaut wurde.

Palazzo Comunale, Pinacoteca Civica

Ein zweiter Stadtrundgang beginnt auf der Piazza Arringo mit dem Palazzo Comunale. Hier ist die Städtische Kunstsammlung mit Werken Carlo Crivellis, Cola dell'Amatrices, Guido Renis, Guercinos und **Tizians** untergebracht; ein zweites Museum mit sakraler Kunst befindet sich nebenan im Bischofspalast. Der ursprünglich frühromanische Dom, **Duomo S. Emidio**, wurde mehrfach umgebaut und bekam 1539 eine neue Fassade, die vermutlich Cola dell'Amatrice entwarf. In der Sakramentskapelle kann man einen Flügelaltar von Carlo Crivelli bewundern, die

! *Baedeker* TIPP

Oliven und Likör

Ascoli Piceno ist berühmt für seine großen, weichen Oliven, die man gefüllt und gebacken auf der Zunge zergehen lässt. Wer Flüssiges bevorzugt, trinkt eine »Anisetta«, einen Anislikör, der 1870 im Caffè Meletti erfunden wurde.

Krypta hütet den Sarkophag des hl. Emidius, des ersten Bischofs der Stadt. Eine wahre Augenweide ist das achteckige romanische Baptisterium aus dem 12. Jh., eine der **schönsten Taufkirchen Italiens**. Über die reiche Vergangenheit des Ortes informiert das Archäologische Museum im Palazzo Panichi, das mit römischen Skulpturen und Mosaikfußböden aufwartet. Von der Piazza Arringo verläuft der Corso Vittorio Emanuele am Stadtgarten entlang zum Ponte Maggiore; hier blickt man auf die Reste des römischen Ponte di Cecco, im Zweiten Weltkrieg von deutschen Soldaten zerstört, und das 1348 erbaute Forte Malatesta.

✶ Baptisterium ►

! *Baedeker* TIPP

Giostra della Quintana

Das prächtigste historische Spektakel der Marken hat seinen Höhepunkt am ersten Augustsonntag: Auf dem Festplatz streiten die Reiter der sechs Stadtviertel um den Pallio; zuvor bewegt sich ein kostümierter Straßenzug.

✶ **Colle S. Marco Monte Piselli**

Ein schöner Ausflug führt hinauf zum Colle San Marco und weiter zur Talstation der Kabinenbahn auf den Monte Piselli (1676 m), der an klaren Tagen eine herrliche Aussicht bis zur dalmatinischen Küste bietet. Wen es dagegen ans Wasser zieht, der sollte einen Abstecher ins 33 km östlich von Ascoli Piceno gelegene San Benedetto del Tronto einplanen, Italiens größtem **Fischereihafen**. Seine Flotte agiert fast weltweit, einer der bedeutendsten Großmärkte verteilt den Fang. Kein Wunder, dass sich hier auch ein interessantes Meeresmuseum mit Aquarien befindet. Mit einer über 2 km langen palmengesäumten Promenade entlang dem Sandstrand ist S. Benedetto del Tronto auch einer der schönsten Badeorte der Adriaküste.

✶ San Benedetto del Tronto ►

✶ Massa Marittima

J 11

Region: Toskana • Toscana
Provinz: Grosseto
Höhe: 380 m ü. d. M.
Einwohnerzahl: 10 000

Der Name täuscht: Massa Marittima ist keine Hafenstadt, sondern liegt rund 20 km von der toskanischen Küste entfernt. Anstelle der Fischerei wurde hier über viele Jahrhunderte hinweg Bergbau betrieben. Insbesondere im Frühling und Herbst ist der Ort fest in der Hand deutscher Touristen.

Sehenwertes in Massa Marittima

✶ **Città Vecchia**

Dom ►

Herz der Stadt ist die von mittelalterlichen Gebäuden umringte Piazza Garibaldi mit dem Dom S. Cerbone, der mit dem Kampanile und dem Palazzo Vescovile ein harmonisches Ensemble bildet. Er wurde 1228–1304 nach dem Vorbild des **Doms zu Pisa** erbaut. Die Reliefszenen über dem Hauptportal erzählen aus dem Leben des Kirchenpatrons. Das Innere birgt eine ganze Reihe sehenswerter Schätze, so ein 1267 entstandenes Taufbecken von Giroldo da Como mit Szenen aus dem Leben Johannes des Täufers, weiter das Altarbild »Madonna delle Grazie«, vermutlich um 1316 in der Werkstatt von Buoninsegna oder Simone Martini gemalt, sowie in der Krypta den Sarkophag des hl. Zerbonius, den Goro di Gregorio da Siena 1324 fertigte. Im Palazzo Pretorio (um 1230) ist das Museo Archeologico untergebracht. Drei Turmhäuser aus dem 13./14. Jh. bilden den benachbarten Palazzo Comunale. Die berühmte »Maestà« von **Ambrogio Lorenzetti** (um 1335) hängt im neuen Museo di Arte Sacra im ehem. Convento di S. Pietro all'Orto.

! *Baedeker* TIPP

Klein, aber fein ...

... baut Mostefa Kokabi, ehemals deutscher Professor iranischer Abstammung, seinen Sangiovese zwischen Buriano und Vetulonia unweit Grosseto an. Gemessen an Chianti-Preisen ist bei ihm der Wein noch gut erschwinglich.

Città Nuova

Die Via Moncini führt nach Osten hinauf zur Porta alle Silici aus dem 14. Jh. und auf die Piazza Matteotti; die Torre del Candeliere verband man 1337, nachdem die Stadt an Siena gefallen war, mit der Fortezza dei Senesi, die heute eine mächtige Ruine ist. Gegenüber dem Turm befindet sich im Palazzo delle Armi das **Bergbaumuseum**; ein zweites ist in einem 700 m langen Luftschutzstollen an der Via Corridoni untergebracht.

An der Piazza Garibaldi in Massa Marittima wird das Mittelalter lebendig.

Umgebung von Massa Marittima

Golfo di Baratti ✶ Eine herrliche, von Pinienwäldern gesäumte Badebucht öffnet sich am Golf von Baratti, den an Sommerwochenenden sehr bevölkerten Platz hat man außerhalb der Saison fast für sich allein. 180 m hoch über dem Meer liegt Populonia, in etruskischer Zeit Pupluna genannt, das durch Erzverhüttung reich wurde. Hier entdeckte man Anfang des 20. Jh.s unter alten Schlackenbergen eine **etruskische Nekropole**, deren Grabbeigaben großenteils im Archäologischen Museum in Florenz zu sehen sind; in Populonia werden in der Villa Gaspari einige Funde gezeigt.

✶ Populonia ►

Maremma, Riviera degli Etruschi Mit Maremma – das Wort leitet sich von lat. »maritima regio« ab, »Land am Meer« – bezeichnet man den Küstenstreifen zwischen Cecina und Civitavecchia; genauer sind damit die sumpfigen

MASSA MARITTIMA ERLEBEN

AUSKUNFT

Via Parenti 22
58024 Massa Marittima
Tel. 05 66 90 27 56, Fax 05 66 94 00 95
www.massamarittima.info

ESSEN

► Fein & Teuer

Bracali
Via di Perolla 2, Ghirlanda
Tel. 05 66 90 23 18; Mo., Di. geschl.
Etwa 2 km nordöstlich von Massa Marittima finden Sie dieses kleine, elegante Gourmetrestaurant, in dem kulinarische Meisterwerke zubereitet werden. Reservierung ist angeraten, denn das feine Lokal rühmt sich eines Michelin-Sterns.

► Erschwinglich

Taverna del Vecchio Borgo
Via Parenti 12, Massa Marittima
Tel. 05 66 90 39 50; Mo. geschl.
Nur wenige Schritte von der Piazza Garibaldi versteckt sich in einem alten Palazzo dieses stimmungsvolle Lokal, wo neben Spezialitäten aus der Maremma ausgezeichnete Wild- und Pilzgerichte serviert werden.

► Preiswert

Osteria da Tronca
Vicolo Porte 5, Massa Marittima
Tel. 05 66 90 19 91; nur abends
Gemütliche Trattoria mit typischen Gerichten und guten Weinen aus der Maremma.

ÜBERNACHTEN

► Komfortabel

Il Sole
Via della Libertà 43,
58024 Massa Marittima
Tel. 05 66 90 19 71, Fax 05 66 90 19 59
Behagliches Wohnen in einem vollständig restaurierten mittelalterlichen Gebäude, wenige Gehminuten von der Piazza Garibaldi entfernt gelegen. Hauseigene Garage.

Duca del Mare
Piazza Dante Alighieri 1/2
58024 Massa Marittima
Tel. 05 66 90 22 84, Fax 05 66 90 19 05
www.ducadelmare.it
Kleines, gepflegtes Hotel am Altstadtrand, nette Zimmer mit zeitgemäßem Komfort, Restaurant, Garten mit Swimmingpool und Sonnenterrasse.

Schwemmlandebenen gemeint, die aus Lagunen entstanden und in jahrhundertelangen Anstrengungen seit etruskischer Zeit trockengelegt wurden. Von der einstigen Armut der Tagelöhner, die, von Malaria dezimiert, die Felder der Großgrundbesitzer bestellten und als legendäre »butteri« zu Pferd die Rinderherden hüteten, ist kaum mehr etwas zu spüren. Nach der letzten großen Meliorisierung 1930–1960 und der Bodenreform in den 50er-Jahren wachsen in den fruchtbaren Ebenen Getreide, Gemüse, Obst, Sonnenblumen und Wein; die charakteristischen Langhornrinder liefern hervorragendes Fleisch. Daneben hat sich der Tourismus der endlosen flachen Sandstrände bemächtigt, die sich von Rosignano bis Populonia und von Grosseto bis Civitavecchia hinziehen; die »Etruskische Riviera«, wie ersterer Bereich genannt wird, ist im Sommer von italienischen Urlaubern überlaufen. Den Hunger nach dem Baden kann man in S. Vincenzo, genauer im »Gambero Rosso«, einem der besten Restaurants Italiens, auf feinste Art stillen.

✶ Meran · Merano

B 12

Region: Trentino-Südtirol • Trentino-Alto Adige
Höhe: 324 m ü. d. M.
Provinz: Bozen • Bolzano
Einwohnerzahl: 34 000

Zur Zeit der österreichisch-ungarischen Doppelmonarchie verkehrten in Meran die gekrönten und ungekrönten Größen Europas. Noble Belle-Époque-Paläste zieren bis heute das Stadtbild, das inzwischen eine bunte, unterhaltungsfreudige Gästeschar anlockt.

Nur der Größe nach ist Meran die zweite Stadt in Südtirol. In puncto Renommee übertrifft der zwischen Vinschgau, Etsch- und Passeiertal gelegene Ferien- und Kurort die Provinzhauptstadt Bozen bei weitem. Einen ersten Höhepunkt erlebte Meran im 14. und 15. Jh., als es Hauptstadt Tirols wurde. Aus dem anschließenden »Dornröschenschlaf« erwachte es Mitte des 19. Jh.s, als Klimagunst, eine angeblich von den Römern stammende Traubenkur, **Heilquellen** und die schöne Umgebung seinen Ruf so erfolgreich verbreiteten, dass es zu einem der ersten Kurorte Europas avancierte. In Meran 2000, zu dem vom Val di Nova eine Seilschwebebahn führt, finden Wintersportbegeisterte eine große Auswahl leichter bis mittelschwerer Pisten.

Sehenswertes in Meran

Altstadt

Die hübsche Meraner Altstadt erstreckt sich entlang dem Rennweg zwischen Theaterplatz und Vinschgauer Tor und über die Laubengasse bis zum Passeier Tor. Beachtenswert sind das Jugendstiltheater am Theaterplatz und die Pfarrkirche St. Nikolaus (14./15. Jh.), deren

MERAN ERLEBEN

AUSKUNFT

Freiheitsstr. 45
39012 Meran
Tel. 04 73 27 20 00, Fax 04 73 23 55 24
www.meran.eu

ESSEN

► Fein & Teuer

Kallmünz
Sandplatz 12, Meran
Tel. 04 73 21 29 17; Mo. geschl.
Schickes, elegantes Restaurant im Zentrum, das für regionale Küche mit mediterranem Einschlag bekannt ist. Besonders lecker schmecken die Kartoffelgnocchi mit Lammragout und Goldbrasse in der Pfanne mit Spargel und Safran-Zwiebel.

Sissi
Galileistraße 44, Meran
Tel. 04 73 23 10 62; Mo. geschl.
In einem Jugendstil-Gebäude gegenüber dem Fürstenschloss befindet sich dieses charmante Restaurant, das eine fantasievolle Küche und ausgezeichnete Weine zu bieten hat.

Auf der Kurpromenade in Meran

► Preiswert

Shaliba
Dantestr. 79
Tel. 04 73 23 92 29; Mo. geschl.
Das große Gasthaus mit Garten und Terrasse liegt am östlichen Stadtrand nahe dem botanischen Garten. Auf der Karte stehen preiswerte italienische Vorspeisen und Fischgerichte.

ÜBERNACHTEN

► Luxus

Grand Hotel Palace
Via Cavour 2, 39012 Meran
Tel. 04 73 27 10 00, Fax 04 73 27 11 00
www.palace.it
Prachtvolles Grand-Hotel alten Stils, prunkvolle Ausstattung und luxuriöser Komfort, erstklassiges Restaurant, exklusiver Spa-Bereich mit allem, was das Herz begehrt.

Fragsburg
Via Fragsburg 3
39012 Freiberg (bei Meran)
Tel. 04 73 24 40 71, Fax 04 73 24 44 93
www.fragsburg.com
Ein ehemaliges Jagdschlösschen in den Weinbergen über der Etsch gelegen, ca. 7 km südöstlich von Meran. Einmaliges Ambiente, die Adresse zum Abschalten und Genießen.

► Günstig

Isabella
Via Paeve 58, 39012 Meran
Tel. 04 73 23 47 00, Fax 04 73 21 13 60
www.hotel-isabella.com
Das familiär geführte Haus liegt in der Nähe der Pferderennbahn etwa 10 Minuten zu Fuß vom Stadtzentrum entfernt. Gemütliche Zimmer, Restaurant für Hausgäste, als Aufenthaltsraum dient eine schöne alte Bauernstube.

Glockenturm das Stadtbild beherrscht. Im Innern sind zwei schöne Kirchenfenster und die 1788 geschaffenen Tafelbilder von Martin Knoller beachtenswert; die benachbarte Barbarakapelle entstand 1423–1440. Rechts von ihr befindet sich das sog. Mammingpalais, auch Palais Desfours genannt, Merans einziger **Renaissancebau**.

Auf halber Strecke der Laubengasse steht nördlich vom modernen Rathaus die um 1480 für den Tiroler Landesfürsten, den Habsburger Sigismund, erbaute Burg. Heute befindet sich hier ein eindrucksvolles Museum spätmittelalterlicher Wohnkultur. ◄ Landesfürstliche Burg

Im Frauenmuseum, Laubengasse 68, erzählen Kleidungsstücke, Arbeitsutensilien und Dokumente vom weiblichen Leben der vergangenen 200 Jahre. Im ehem. Hotel Roter Adler, Rennweg 42, hat das Städtische Museum vorübergehend eine Bleibe gefunden. ◄ Städtisches Museum

Kurbezirk

Der Kurbezirk liegt südlich der Freiheitsstraße beiderseits der Passer. Er umfasst das Jugendstilkurhaus, in dem heute Konzerte stattfinden, und das Kurzentrum Salvar mit radonhaltigem, 30–35 °C warmem **Thermalwasserbad**, Freibad, Sauna und anderen Kureinrichtungen. Stolz der Stadt sind die schönen Promenaden. Am rechten Passer-Ufer verläuft die Kurpromenade, an die sich jenseits der Postbrücke die sonnigere und belebtere Winterpromenade anschließt. Die schattige Sommerpromenade verläuft am linken Ufer. Beide treffen am Steinernen Steg aufeinander, einer Rundbogenbrücke aus dem 16. Jh., und gehen dort in die **Gilfpromenade** über. Diese endet an der aus dem 12./13. Jh. stammenden Zenoburg, die ihrerseits Ausgangspunkt für den **Tappeinerweg** ist, einen schönen, von subtropischen Pflanzen gesäumten Spazierweg, der sich an der Flanke des Küchelberges entlangzieht und anschließend wieder das Ortszentrum erreicht. Ein weiterer Weg führt hinauf in den Stadtteil Obermais, in dem einige Schlösser und Villen stehen. Am südwestlichen Stadtrand liegt der große Pferderennplatz. Besonders originell sind die im Frühjahr und Herbst auf Haflingerpferden ausgetragenen Bauerngaloppremmen. ✶ ◄ Promenaden ◄ Pferderennbahn

! *Baedeker* TIPP

Berggemälde und Asiatica ....

... gibt es im Schloss Juval zu sehen. Der Wohnsitz von Reinhold Messner am Eingang zum Schnalstal ist von Palmsonntag bis Ende Juni und von Anfang September bis Anfang November zu besichtigen. Zu empfehlen ist danach die Einkehr beim Schlosswirt.

Umgebung von Meran

Dorf Tirol

Das hübsche, etwas überlaufene Dorf Tirol liegt 4 km nördlich von Meran auf dem Rücken des für seinen Rotwein bekannten Küchelbergs, zu dem von Meran aus eine Seilbahn und der idyllische »Tirolersteig« hinaufführen. Es wird von dem 1120–1180 erbauten **Schloss Tirol** überragt, einst Stammschloss der Tiroler Grafen. Unterhalb steht die um 1900 im historisierenden Stil erbaute Brunnenburg, in

Die Churburg thront mächtig über dem Örtchen Schuderns.

der 1958–1972 der amerikanische Dichter Ezra Pound lebte. Von Tirol gelangt man mit einer Seilbahn auf den 1361 m hohen Hochmut, an dem der 80 km lange Meraner Höhenweg vorbeiführt. Das für Pferdezucht bekannte Dorf Hafling (Avelengo) liegt in schöner Umgebung rund 11 km südöstlich von Meran in 1298 m Höhe.

Hafling ▶

✶ **Passeiertal**

Von Meran zieht sich das liebliche Passeiertal (Val Passiria) mit Saltaus, St. Martin, St. Leonhard, Walten, Moos und Pfelders gen Norden. Bei St. Leonhard steht der Gasthof Sandwirt, wo 1767 **Andreas Hofer** zur Welt kam. In einem Raum erinnert eine kleine Ausstellung an den Tiroler Nationalhelden (►Bozen).

✶ Timmelsjoch ▶

Bei St. Leonhard zweigt auch die Straße zum Jaufenpass ab (ca. 40 km), eine andere führt zum berühmten Timmelsjoch (ca. 10 km).

✶ **Vinschgau Val Venosta**

Der lang gestreckte Vinschgau zieht sich rund 80 km vom Reschensattel bis fast nach Meran. Dabei folgt er dem **Reschensee** (Lago di Resia) mit dem im Wasser stehenden Kirchturm und weiter dem Lauf der Etsch (Adige) – eine gute Alternative zur Anreise über den Brenner. In Mals (Malles) sind in der Krypta der St.-Benedikt-Kirche romanische Fresken aus dem 9. Jh. zu sehen. Schluderns (Sluderno) wird von der Churburg überragt. Vom Ort Prad (Prato) windet sich eine Straße hinauf zum Stilfser Pass (Passo dello Stelvio) und Grenzübergang in die Schweiz. Kurz vor Naturns (Naturno) zweigt eine Straße ins beliebte Schnalstal (Val di Senales) ab, dem Zugang zum Kurzras (Maso Corto), einem Ganzjahresskigebiet. Hoch über dem Schnalstal, nur noch wenige Meter von der österreichischen Grenze entfernt, wurde 1991 der berühmte **Gletschermann** entdeckt (►Baedeker Special S. 250). Das in der Mitte des Tals gelegene Karthaus (Certosa) ist der Eingang ins Wandergebiet Pfossental, das bereits zum Naturpark Texel-Gruppe gehört.

✶ ✶ Stilfser Pass ▶

Naturns

✶ St. Prokulus ▶

Naturns (15 km westlich von Meran) besitzt mit der Kirche St. Prokulus ein kunsthistorisches Kleinod. Das wohl aus dem 7. Jh. stammende Gotteshaus ist mit Fresken aus dem 8. Jh. geschmückt, die als die ältesten Wandmalereien im deutschsprachigen Raum gelten.

★ Modena

F 11

Region: Emilia-Romagna
Höhe: 34 m ü. d. M.
Provinz: Modena
Einwohnerzahl: 175 000

Modena ist in vielen deutschen Küchen durch den ausgezeichneten Aceto balsamico vertreten, der hier produziert wird. Was kulinarische Köstlichkeiten betrifft, hat die Stadt an der 2200 Jahre alten Via Emilia noch einiges mehr zu bieten. Und: bildende Künste und Architektur stehen der Kochkunst in nichts nach.

Zwei prägende Epochen

Das heutige Stadtbild Modenas wird von zwei Epochen geprägt: Im Mittelalter entstanden die **Piazza Grande** mit dem grandiosen Dom und die malerische Altstadt. 1288 gelangte die Stadt an die Familie Este aus Ferrara, die bis 1796 die Herrschaft ausübte. Im 17. Jh. erlebte Modena seine zweite Blütezeit, aus der u. a. der Stadtteil nördlich der Via Emilia und der Palazzo Ducale stammen.

Sehenswertes in Modena

Piazza Grande

Alle Straßen Modenas führen zur schönen Piazza Grande, die zum UNESCO-Weltkulturerbe gehört. Hier steht der 1194 errichtete, später stark veränderte Palazzo Comunale, aus dessen Entstehungszeit sich der Torre dell'Orologio, der Uhrturm, erhalten hat.

★ ★ ◄ Dom

Der dem Schutzpatron der Stadt geweihte und aus hellem und rosafarbenem Marmor erbaute Dom San Geminiano zählt zu den schönsten romanischen Gotteshäusern Italiens. Mit seinem Bau wurde 1099 nach Plänen des lombardischen Baumeisters Lanfranco begonnen. Der Bildhauer Wiligelmus war für die plastische Dekoration verantwortlich. Die Maestri campionesi vollendeten den Bau 1322. Die Bauplastik konzentriert sich auf die Portale, die von grimmig blickenden Löwen bewacht werden, eine Rosette von Anselmo da Campione schmückt das Hauptportal aus dem 13. Jh. Die nach dem nahe gelegenen Fischmarkt benannte **Porta della Pescheria** auf der Nordseite schildert Szenen aus Heldensagen sowie Bauern- und Handwerkstätigkeiten. Im Innern verdienen vor allem ein 1170–1220 geschaffener Lettner und eine mit Skulpturen geschmückte Kanzel aus dem 14. Jh. Beachtung. Unter dem Chor, fast ebenerdig mit dem Langhaus, liegt die gewölbte Krypta; hier befindet sich eine **»Heilige Familie« aus Terrakotta**, die Guido

! *Baedeker* TIPP

Essen wie Pavarotti

Die Leibesfülle des in Modena geborenen Star-Tenors Luciano Pavarotti ist verständlich, wenn man bedenkt, dass die Küche seiner Heimatstadt zu den besten der Po-Ebene zählt. Von hier stammen neben dem ausgezeichneten Balsamessig der prickelnde Lambrusco und der Nocino, ein süßer und dennoch scharfer Nusslikör. Gewaltig in sich hat es eine weitere Spezialität: der »Zampone«, der gefüllte Schweinsfuß.

✶ Torre Ghirlandina ► Mazzoni im 15. Jh. schuf, sowie das Grab des hl. Geminiano. Der schlanke, etwas schiefe Torre Ghirlandina, erbaut zwischen 1100 und 1319, gilt als Wahrzeichen Modenas. 191 Stufen führen nach oben, der schöne Panoramablick lässt den Aufstieg aber schnell vergessen.

Palazzo Ducale Bereits 1634 begann man nach Plänen des römischen Architekten Bartolomeo Avanzini mit dem Bau des Palazzo Ducale. Fertig gestellt wurde das Gebäude aber erst im 19. Jh. Der enorm große Fürstensitz

MODENA ERLEBEN

AUSKUNFT

Piazza Grande 17
41100 Modena
Tel. 0 59 20 66 60, Fax 0 59 20 66 59
www.comune.modena.it

ESSEN

► Fein & Teuer

Fini
Rua Frati Minori 54, Modena
Tel. 0 59 22 33 14; Mo., Di. geschl.
Legendäres Restaurant, das 1912 als Hinterstube der gleichnamigen Wurstwarenhandlung entstanden ist. Inzwischen ziert ein Michelin-Stern das elegante Lokal, in dem ohne Vorbestellung gar nichts geht.

► Erschwinglich

Stallo del Pomodoro
Largo Hannover 63, Modena
Tel. 0 59 21 46 64
Eine Enoteca mit Küche: Auf der Weinkarte finden sich rund 400 Etiketten, auf der Speisekarte viele leckere Gerichte. Besonders gut sind die Tortelli rustici modenesi.

► Preiswert

Ermes
Via Ganaceto 89, Modena
In der ursprünglichen Trattoria von Ermes und seiner Ehefrau geht es mittags immer lebhaft und fröhlich zu. Dafür sorgt die Hausfrauenküche und der gute Lambrusco.

Aldina
Via Albinelli 40, Modena
Tel. 0 59 23 61 06
Seit 25 Jahren schwingt Maria Assunta Gherardini in der Küche der familiären Trattoria gegenüber der Markthalle das Zepter. Eine Speisekarte gibt es nicht, dafür immer etwas Leckeres nach Laune der Chefin.

ÜBERNACHTEN

► Luxus

Canalgrande
Corso Canalgrande 6
41100 Modena
Tel. 0 59 21 71 60, Fax 0 59 22 16 74
www.canalgrandehotel.it
Moderner Komfort und überaus stilvolles Ambiente in einem geschichtsträchtigen Palazzo.

► Komfortabel

Raffaello
Via per Cognento 5
41100 Modena
Tel. 0 59 35 70 35, Fax 0 59 35 45 22
Großes Hotel mit moderner Ausstattung, sehr gutem Komfort und eigener Garage im Haus.

Libertà
Via Blasia 10
41100 Modena, Tel. 0 59 22 23 65
Fax 0 59 22 25 02; www.hotelliberta.it
Sehr angenehmes Hotel mit gutem Komfort an Modenas Flaniermeile.

beherbergt heute eine Militärakademie und gilt als hervorragendes Beispiel für **Profanarchitektur des 17. Jh.s**. Die nahe gelegene kleine Villa, im 17. Jh. nach dem Entwurf des Architekten Gaspare Vigarini für die Herzöge von Este erbaut, wird heute für Ausstellungen genutzt.

Der Campanile des Doms von Modena wirkt wie der Zeigefinger Gottes.

Folgt man vom Dom der Via Emilia in Richtung Nordwesten, passiert man die Kirche **San Giovanni Battista**, in der sich eine weitere Terrakottagruppe Mazzonis, die »Beweinung Christi« von 1476, befindet. Etwas weiter steht die Barockkirche **Sant'Agostino** – auch sie schmückt eine Figurengruppe aus Terrakotta, in diesem Fall ein Frühwerk von Antonio Begarelli, dem bedeutendsten Renaissancebildhauer in der Emilia.
Direkt daneben befindet sich der **Palazzo dei Musei** aus dem 18. Jh. Er beherbergt die Stadtmuseen, deren Bestände zum großen Teil auf die Este zurückgehen, so zählt die **Biblioteca Estense** mit ihrem reichen Bestand an kostbaren Handschriften zu den herausragendsten Bibliotheken Italiens. Die Galleria Estense zeigt Werke der italienischen Malerei vom 14. bis zum 18. Jh., darunter zwei berühmte Porträts von Herzog Francesco I. d'Este: das gemalte Bildnis von Velázquez und die Porträtbüste von **Gian Lorenzo Bernini**.

Umgebung von Modena

Die hübsche Stadt Carpi (18 km nördlich), Zentrum für Strickwaren, erlebte unter der Herzogsfamilie Pio 1327–1525 eine lange Blütezeit. Im Obergeschoss ihres ehemaligen Residenzschlosses an der weiten Piazza dei Martiri kann man neben einigen freskengeschmückten Renaissanceräumen auch das Museo Civico besichtigen. In einem Seitenhof erinnert eine **Gedenkstätte** an die Opfer des nahe gelegenen Konzentrationslagers, einem der sechs Orte, von denen aus über 5000 italienische Juden nach Auschwitz deportiert wurden. **Carpi**
An der nordlichen Schmalseite des Platzes erhebt sich der ab 1514 nach Entwürfen Baldassare Peruzzis erbaute Dom. Sehenswerte Fresken aus dem 13.–15. Jh. haben sich in der Chiesa della Sagra erhalten.

Aus aller Welt reisen Opernfreunde zu den Festspielen nach Verona. Sie finden unter freiem Himmel in der römischen Arena mitten in der Altstadt statt. Hier eine Szene aus »Carmen«.

MUSIK IN ITALIEN

Einmal im Jahr ruft »Big Luciano« seine Freunde nach Modena. Aus der kleinen Ortschaft in der Emilia-Romagna wird dann eine international besetzte Bühne. Tausende von Musik-Freaks kommen aus ganz Italien angereist, und das öffentlich-rechtliche Fernsehen RAI schaltet sich direkt hinzu, wenn Luciano Pavarotti mit George Michael, Andrea Bocelli und anderen Stars Duette singt und den Abend mit dem inzwischen Tradition gewordenen Song »O sole mio« ausklingen lässt.

Pavarotti ist in Italien mittlerweile vor allem wegen seiner Ausflüge in die **Popmusik** ein Begriff. Unter Opernfans werden schon seit langem ganz andere Namen gehandelt. Pavarotti ist, so schrieb einmal das musikalische Fachblatt »Amadeus«, »zur Ikone postmoderner Musikverschmelzung geworden«. Einfacher ausgedrückt: Er verkörpert einen Mix aus Klassik und U-Musik, der in Italien bereits seit Jahren »in« ist und Riesenumsätze garantiert. Die Verdi-Opern in der altrömischen Arena von Verona sind ebenso wie die Aufführungen von Puccini-Opern im römischen Fußballstadion beliebte **Massenveranstaltungen**. Seriöse Musikliebhaber gehen woanders hin.

Italien und seine klassische Musik – eine lange Geschichte mit einem, so der Komponist Luciano Berio, »traurigen Ende«. Traurig, weil sich Italiens klassische Musikszene auf die ständigen Wiederholungen von Verdi-, Puccini- und Mozart-Opern eingespielt hat. Mutige Neuinszenierungen sind sehr selten. Schlecht ist auch der Ruf der städtischen Bühnen, deren Orchestermusiker gewerkschaftlich so sehr gebunden sind, dass Aufführungen immer wieder von **Streiks** lahm gelegt werden. Das beste Beispiel dafür ist die Oper Rom. Stardirigent Giuseppe Sinopoli wollte ihr, kostenlos, als künstlerischer Direktor neuen Schwung verleihen, scheiterte aber an der chronischen Streikbereitschaft der

Musiker und an ihrer Angst, angestammte Pfründe zu verlieren. Von der glorreichen musikalischen Vergangenheit Italiens ist nicht mehr viel geblieben.

Geschichte

Vielleicht kann man sagen, dass die europäische Musikgeschichte mit dem Italiener **Guido d'Arezzo** ihren Ausgang nahm. Der Benediktinermönch erfand, angeregt durch den Gregorianischen Gesang, Ende des 10. Jh.s die Notenschrift und benannte die einzelnen Tonschritte nach den Anfangsbuchstaben der Johanneshymne. Einen weiteren wesentlichen musikalischen Schritt mit weit reichenden Folgen machte der Dichter und Organist **Francesco Landini** (1325–1397). Er war der Begründer der lyrischen Liedform, die während der Renaissance zu einem der beliebtesten musikalischen Genres überhaupt wurde. Im 16. Jh. war die musikalische Welt Italiens von der »ars perfecta« dominiert, einer in jeder Weise kunstvollen und komplizierten Musik. Ihr bedeutendster Vertreter war **Giovanni Palestrina** (1525–1594), der jede Form von Dissonanzen einem strengen melodischen Stil unterwarf, und dessen Musik die Kirchenmusik wie keine andere beeinflusste. Darüber hinaus waren Madrigale beliebt, Vokalvertonungen von Gedichten Petrarcas und anderer.

Die erste Oper

Um 1600 wurde in Florenz im Palazzo Pitti die erste Oper der Musikgeschichte uraufgeführt. Ihr Komponist: Jacopo Peri. Das Werk »Iphigenie auf Tauris« wurde ein für damalige Verhältnisse **riesiger Erfolg**. Die Vermischung von Text und Musik, von szenischer Handlung und gesungenen Rezitativen löste eine musikalische Lawine aus. Mailand, Rom und Venedig wurden zu den Musikhauptstädten Europas. Händel und Hasse, Mozart und Gluck pilgerten an diese Orte, um die Stars der barocken Musikszene zu hören und bei ihnen zu lernen: bei **Corelli**, dessen Violine von den berühmten Geigenbauern von Cremona gefertigt worden war, und **Stradella**, bei **Vivaldi** und **Scarlatti** und wie sie alle hießen. Sie belieferten Hunderte von italienischen

Verdi gilt als Inbegriff des italienischen Opernschaffens im 19. Jh., das auf reiche Ausstattung und dramatische Effekte angelegt war (hier »Nabucco«).

Opernbühnen, entweder mit ihren dramatischen »opere serie«, deren Themen sie größtenteils aus der Mythologie oder aus antiken Dramen entnahmen, oder mit den ungemein heiteren »opere buffe«, die häufig auf den Traditionen der Commedia dell'arte aufbauten.

Als dann die Einzelstimme immer stärker hervortritt, spricht man von der Geburt des **Belcanto**, des schönen Gesangs. Berühmte Interpreten »des Singens, das an die Seele rührt« waren die Kastraten aus Neapel, von denen einige, wie Farinelli (1705–1782), zu internationalen und überaus reichen Stars wurden.

Die beiden berühmtesten Opernkomponisten des 19. Jh.s waren Giuseppe Verdi und Giacomo Puccini. Ersterer liebte dramatische Opern, die auf historischen Themen beruhten, als Vorlagen dienten ihm häufig Werke Shakespeares und anderer Dichter. Puccini hingegen begründete den **»verismo«**, einen Stil, bei dem es um die überzeugende Echtheit gesungener Gefühle geht. Wenn Mimmi in »La Bohème« ihre Todesarie singt, bei der die Stimme immer leiser wird, dann wird jeder auch noch so unmusikalische Zuhörer begreifen, was es mit dem Konzept des »verismo« auf sich hat.

20. Jahrhundert

Puccini komponierte viele seiner Werke, darunter »Turandot« und »Tosca«, im frühen 20. Jh. Italiens musikalische Welt der Moderne brachte auch den Neoromantiker **Ottorino Respighi** (1879–1936) und **Luciano Berio** (geb. 1925) hervor, dessen Vokal- und Kollagetechniken zahlreiche Nachahmer fand. **Berio und Luigi Nono** (1924–1990) sind vermutlich die wichtigsten Vertreter zeitgenössischer Musik in Italien.

Schaut man sich heute die Programme italienischer Opernhäuser und Sommerfestivals an, fällt auf, dass nur selten die seit einigen Jahren vor allem in Neapel wiederausgegrabenen **Werke des Barock** aufgeführt werden. Die Cappella dei Turchini aus Neapel hat sich international einen Namen mit Neuinszenierungen von Opern des 18. Jh.s machen können, mit Werken, die damals »Hits« waren, heute aber so gut wie vergessen sind.

Südlich von Modena beginnen die Hügel und Berge des Apennin. Auf landschaftlich schönen Strecken gelangt man in die Toskana. Einen Stopp sollte man in Sassuolo einlegen (17 km südwestlich von Modena). Hier befand sich die **Sommerresidenz der Este**. Der barocke Palazzo Ducale entstand durch den Umbau einer mittelalterlichen Burg und ist mit Fresken von Jean Boulanger ausgemalt.

★ **Sassuolo**

! *Baedeker* TIPP

Forza Ferrari

Ferrari-Tradition vom Feinsten gibt es im Ristorante Cavallino gegenüber dem Werkstor; Hochburg der heimischen Fans ist das viel schlichtere Da Nello in der Via Nazionale 80. Jede Menge Ferrari-Souvenirs findet man im Warm-up, Via Dino Ferrari 41.

Ein ganz anderer Geist herrscht 18 km südlich von Modena in Maranello, dem Mekka der Ferraristi, einer weltweiten Gemeinschaft. 1900 Menschen sind damit beschäftigt, jährlich rund 3500 **Sportwagen**, geschmückt mit dem springenden Pferd, zu fertigen. In der Galleria Ferrari, Via Dino Ferrari 43, erzählt eine Ausstellung die Geschichte des Konzerns, die der Mechaniker Enzo Ferrari hier 1942 ankurbelte.

Maranello

Molise

M/N 18–21

Region: Molise
Fläche: 4438 km²

Provinzen: Campobasso, Isernia
Einwohnerzahl: 333 000

Nach dem Aostatal ist das zwischen den Abruzzen und Apulien gelegene Molise die kleinste Region Italiens. Sie ist von der Land- und Weidewirtschaft geprägt, Industrie gibt es kaum. Der Fremdenverkehr beschränkt sich auf einheimische Sommerfrischler. Die Gegend erinnert an ein »Italien vor der Erfindung des Tourismus«.

Molise ist eine der ärmsten Landschaften Italiens an der Grenze zum Mezzogiorno. In der Geschichte war es Zankapfel einer Reihe sich ablösender Fremdherrschaften, von Römern und Langobarden über Normannen zu den Staufern, über Anjou, Aragon und Spanien bis zu den Franzosen; bedeutende historisch-kulturelle Zentren konnten hier nicht entstehen. 1943 verlief durch das Sangro-Tal die »Gustav-Linie«, die Front zwischen den Alliierten und den deutschen Truppen; viele Orte wurden völlig zerstört. Ein schweres Erdbeben hat 1984 die Provinz Isernia getroffen.

Grenze zum Mezzogiorno

Reiseziele im Molise

Von Pinien gesäumte **Sandstrände** prägen den 38 km langen Abschnitt der Adriaküste, an dem einige Hotelsiedlungen für Sommerurlauber geschaffen wurden. Im Zentrum liegt Termoli mit seiner ins

Termoli und Adria-Küste

Meer vorspringenden ummauerten Altstadt. Das Kastell wurde von Friedrich II. 1247 erbaut; beachtenswert ist die um 1200 errichtete Kathedrale S. Basso mit ihrer schönen Fassade im normannisch-apulischen Stil; leider ist von der Bauplastik und den Marmorintarsien nur noch wenig vorhanden. Nördlich der Stadt ragt ein traditioneller »trabocco« ins Meer, ein hölzerner Steg mit großen Netzen an weit ausladenden Masten.

Guglionesi ▸ Im uralten Guglionesi, 15 km von Termoli in schöner Panoramaposition gelegen, ist außer der 1746 erbauten Kathedrale S. Maria Maggiore mit romanischer Krypta die archaisch wirkende romanische Kirche S. Nicola aus dem 12. Jh. interessant.

Larino ▸ Seine Vergangenheit als antikes Handels- und Verwaltungszentrum macht das Städtchen Larino (32 km südlich von Termoli) heute noch besuchenswert. Von der blühenden römischen Stadt zeugt das 14 000 Zuschauer fassende **Amphitheater**. Glanzpunkt im Zentrum der Altstadt ist die Kathedrale S. Maria Assunta e S. Pardo von 1319 im romanisch-gotischen Stil Apuliens; die großartige Fassade besitzt ein Pseudoprotyros-Portal mit einer schönen Kreuzigungsgruppe, über dem Radfenster das Lamm Gottes und die Evangelistensymbole. Gegenüber steht an der langen Piazza del Duomo der ehem. Herzogspalast mit dem Rathaus und dem besuchenswerten Ortsmuseum.

★ **Petrella Tifernina**

Die 1165 – 1211 erbaute **Kirche San Giorgio** in Petrella Tifernina, 47 km südwestlich von Termoli, gilt als das interessanteste romanische Bauwerk der Region. Am fast ungegliederten Äußeren fallen das übergroße Hauptportal und das linke Seitenportal auf, die außer geometrischen und vegetalen Ornamenten christliche Symbole und Tiermonster zeigen. Im größtenteils barockisierten Inneren mit Parallelogramm-Grundriss gibt es schöne Kapitelle und ein großes Taufbecken zu entdecken. Sehenswert ist auch die 1148 geweihte, romanische Basilika **S. Maria della Strada** bei Matrice, die im Originalzustand erhalten blieb.

? WUSSTEN SIE SCHON ...?

- Ochsen genießen in der Region Molise besondere Aufmerksamkeit. Die Orte San Marino in Pensilis und Ururi sind am 30. April bzw. am 3. Mai Schauplatz von Ochsenkarrenrennen, einem kraftvollen Wettbewerb, der in der albanisch geprägten Kultur verankert ist. Ein Ochsenfest gibt es auch in Larino. Dort ziehen die geschmückten Tiere vom 25.–27. Mai zu Ehren des hl. Pardo prächtige Festwagen zum Monterone hinauf.

Campobasso

Hauptort der Region und der östlichen Provinz ist Campobasso (50 000 Einw.). Von der Piazza G. Pepe, dem Zentrum der Neustadt, geht südwestlich der Corso Vittorrio Emanuele ab, die Flaniermeile der Stadt. In nördlicher Richtung gelangt man an Präfektur und klassizistischer Kathedrale vorbei in die Altstadt. Hinter der gotischen Pfarrkirche S. Leonardo aus dem 13. Jh. liegt an der Via A. Chiarizia der Palazzo Mazzarotta mit dem **Museo Nazionale Sannitico** mit samnitischen, römischen und langobardischen Grabungsfunden. Sehenswert ist auch die romanische

MOLISE ERLEBEN

AUSKUNFT

Via Mazzini 94, 86100 Campobasso
Tel. 08 74 42 91, Fax 08 74 42 95 23
www.regione.molise.it

ESSEN

► Fein & Teuer

Vecchia Trattoria da Tonino
Corso Vittorio Emanuele 8
Campobasso
Tel. 08 74 41 52 00
Originelles und gemütlich eingerichtetes Gourmetrestaurant an der Piazza Regina Elena im Zentrum, die kreative Küche auf Basis traditioneller Rezepte ist mit einem Michelin-Stern ausgezeichnet worden.

► Erschwinglich

San Carlo
Piazza Duomo
Termoli
Tel. 08 75 70 52 95; Di. geschl.
Nur wenig Meter vom Dom entfernt liegt dieses originell eingerichtete Lokal mit seinem schönen Deckengewölbe. Das Speisenangebot wird von Fischgerichten dominiert.

► Preiswert

Il Pagatore
Corso Conte di Torino 71
Guglionesi
Tel. 08 75 68 05 50; So. geschl.
Ursprüngliche Trattoria im Zentrum des Ortes, besonders lecker schmeckt das gebratene Lamm, die Gnocchi mit Käsefondue können süchtig machen.

Taverna Maresca
Corso Marcelli 186
Isernia
Tel. 08 65 39 76; So. geschl.
Beliebtes Lokal im Zentrum des Ortes, einfach eingerichtet, aber sehr gemütlich.

ÜBERNACHTEN

► Komfortabel

Mistral
Lungomare Cristoforo Colombo 50
86039 Termoli
Tel. 08 75 70 52 46, Fax 08 75 70 52 20
www.hotelmistral.net
Für einen Badeurlaub bietet sich dieses neue Hotel an, das direkt am Meer liegt und über einen eigenen Badestrand verfügt.

Eden
Via Colle delle Api 91
86100 Campobasso
Tel. 08 74 69 84 41, Fax 08 74 69 84 43
www.molisehotels.com
Neuzeitliches Hotel vor den Toren der Stadt mit schönem Garten, die Zimmer bieten guten Komfort.

► Günstig

Sammartino
Largo Pietro Micca 44
86061 Agnone
Tel. 0 86 57 75 77, Fax 0 86 57 82 39
Reizendes Hotel in der Altstadt, familiäres Ambiente, passable Zimmer mit Holzmöbeln.

Santoianni
Via Tremiti 3
86046 San Martino in Pensilis
Tel. und Fax 08 75 60 50 23
Kleines, gemütliches Hotel mit familiärer Atmosphäre und gutem Komfort, sehr gepflegte Zimmer.

Kirche S. Bartolomeo. Über der Stadt thront das Kastell Monforte, das Mitte des 16. Jh. erbaut wurde. Berühmt ist die »Sagra dei Misteri« an Fronleichnam, bei der lebende Bilder – in Gestalt von kostümierten Kindern – durch die Straßen getragen werden.

★ **Gambatesa** Im Osten der Region geht das Molise in das herbe Hügelland Apuliens über. Südlich über dem Stausee Lago di Occhito liegt auf einem Tuffrücken das alte Gambatesa mit einem beeindruckenden Kastell; aus der frühmittelalterlichen Burg der Herren von Gambatesa entstand ein **Renaissance-Palast**, den um 1550 der Manierist Donato Decumbertino unglaublich prachtvoll ausgemalt hat.

★ **Sepino Altilia** Nahe der Grenze zu Kampanien, etwa 25 km südlich von Campobasso, liegt am Nordhang der Monti del Matese der Ort Sepino, Nachfolger der alten samnitisch-römischen Stadt Saepinum. Das **Dorf Altilia** ist eine besondere Sehenswürdigkeit, denn es ist in die römische Stadt gebaut, deren Reste seit 1950 teilweise freigelegt wurden; an kaum einem anderen Ort sind Vergangenheit und Gegenwart so eng verbunden. Besonders interessant sind das Theater mit den umstehenden Bauernhäusern, die Porta Bovianum mit zwei Barbaren-Figuren sowie das Mausoleum des C. E. Marsus.

Agnone Im Norden der Provinz Isernia ist Agnone 23 km nordöstlich der SS 650 einen Besuch wert, das für seine Kupfer- und Goldschmiedetradition sowie die Produktion von Glocken und Süßigkeiten bekannt und im August Schauplatz eines Theater- und Musikfestivals ist. Unter den zahlreichen Kirchen in Agnone bestechen S. Antonio Abate (1118/1691–1793), S. Marco (1114/17. Jh.) am höchsten Punkt der Stadt und S. Francesco (1343/17.–18. Jh.).

Dass der Ort Pietrabbondante zwischen die Felsen gequetscht scheint, tut seinem Erscheinungsbild keinen Abbruch.

Bei Pietrabbondante (22 km südlich von Agnone) findet man die bedeutendsten samnitischen Ausgrabungen der Region, darunter ein Theater und einen Tempel aus der Zeit um 150–90 v. Chr. Das zwischen riesige Felsen geklemmte Pietrabbondante und Agnone bieten zudem ein zauberhaftes Panorama.

✶ **Pietrabbondante**

In Isernia (21 000 Einw.), der Hauptstadt der westlichen Provinz, wurde um 1210 **Pietro da Morone** geboren, später **Papst Cölestin V.**, der einzige Pontifex maximus, der zu Lebzeiten von seinem Amt zurücktrat (als über 80-jähriger Eremit fühlte er sich dem Anspruch seines Amts nicht gewachsen). Die geschichtsträchtige Stadt wurde 1805 und 1984 durch Erdbeben und 1943 durch Bomben der Alliierten schwer beschädigt. Dennoch lohnt sich der Gang von der Piazza Celestino V durch den Corso Marcelli mit der im 13. Jh. erbauten und 1885 veränderten Kirche S. Chiara, der Kathedrale von 1837 und dem Museum; Letzteres zeigt Reste der altsteinzeitlichen Siedlung des sog. Homo aeserniensis, die 1978 nahe Isernia entdeckt wurde.

Isernia

Etwa 25 km nordwestlich von Isernia liegen im Volturno-Tal die Ruinen der im Jahr 702 gegründeten und 881 von den Sarazenen zerstörten **Klosterstadt** Abbazia di S. Vincenzo. Erhalten blieb eine mit schönen Fresken des 9. Jh. geschmückte Krypta. In der neuen Kirche von 1958, die wie der ganze Komplex von Benediktinerinnen betreut wird, sind alte Teile verwendet worden.

Abbazia di S. Vincenzo al Volturno

✶ Montepulciano

J 13

Region: Toskana • Toscana
Provinz: Siena
Höhe: 605 m ü. d. M.
Einwohnerzahl: 14 000

Beim Stichwort Montepulciano denkt man sofort an den samtigen Vino Nobile. Das im Osten der Toskana gelegene Städtchen ist aber auch ein architektonisches Kleinod mit einem der besterhaltenen Stadtbilder aus Gotik und Renaissance in Mittelitalien. Ein Besuch bei den »Poliziani«, wie sich die Bewohner nennen, lohnt sich also auch für Bier- oder Wassertrinker.

Sehenswertes in Montepulciano

Von Norden kommend, betritt man die Altstadt durch die Porta al Prato aus dem 14. Jh. Der Weg ins Zentrum wird von schönen Palästen und Kirchen gesäumt. Am Beginn der Via di Gracciano, im Haus Nr. 91, steht der Palazzo Avignonesi aus dem 16. Jh., heute Sitz des berühmten gleichnamigen **Weinguts**, in dem Wein verkostet und verkauft wird.

Auf dem Corso

S. Agostino ▶ Wenige Schritte bergauf liegt die Kirche S. Agostino mit ihrer eleganten, 1427 erbauten Renaissancefassade von Michelozzo di Bartolomeo; innen befinden sich ein bemerkenswertes hölzernes Kruzifix aus dem 15. Jh. sowie Gemälde aus dem 16./17. Jh. Am Beginn der Via di Voltaia steht links der Palazzo Cervini, heute eine Bank, erbaut 1518–1534 von Antonio da Sangallo d. Ä. im Auftrag von Kardinal Marcello Cervini, dem späteren Papst Marcellus II.

Museo Civico Nach einer Visite im Antico Caffè Poliziano, das seit 1868 besteht (Via di Voltaia 27), kann man rechts zur Via Ricci hinaufgehen. Hier ist im Palazzo Neri-Orselli das **Stadtmuseum** untergebracht, das u. a. Werke von Filippo Lippi und Andrea della Robbia zeigt sowie etruskische Funde aus Chiusi und S. Casciano.

✶ Piazza Grande An der Piazza Grande erhebt sich der Dom, der 1570 von **Bartolomeo Ammanati** entworfen und 1630 von Ippolito Scalza bis auf die Fassade vollendet wurde. In seinem Inneren befindet sich die Liegefigur des Bartolomeo Aragazzi, Sekretär von Papst Martin V. Sie ist Teil des einst großartigen, 1427–1436 von Michelozzo di Bartolomeo

Montepulciano Orientierung

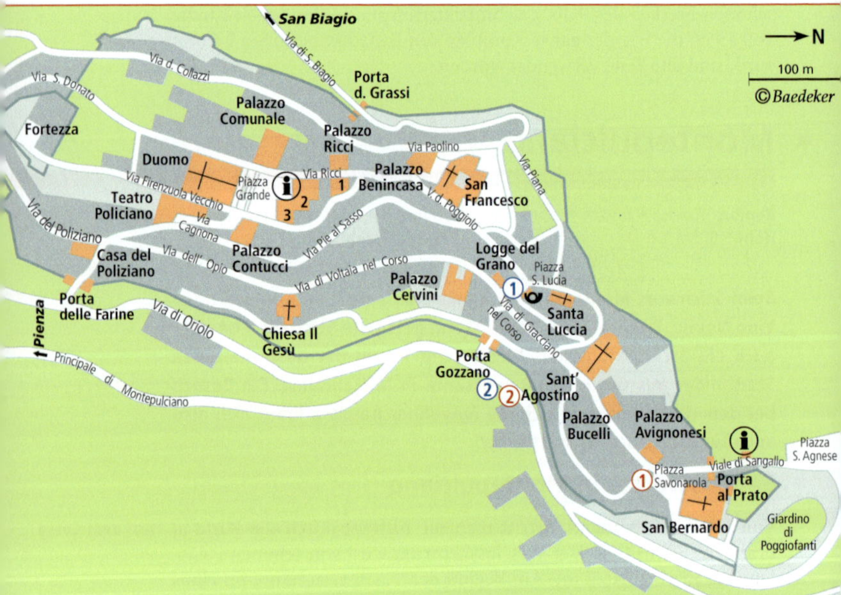

1 Museo Civico
2 Palazzo del Capitano del Popolo
3 Palazzo Tarugi

Essen
① Le Logge del Vignola
② Osteria Borgo Buio

Übernachten
① Il Borghetto
② Il Marzocco

MONTEPULCIANO ERLEBEN

AUSKUNFT

Piazza Don Minzoni 1
53045 Montepulciano
Tel. 05 78 75 73 41
www.ctnet.it/montepulciano
www.montepulciano.com

SHOPPING

Consorzio del Vino Nobile di Montepulciano
Piazza Grande 7, Montepulciano
Tel. 05 78 75 78 12 – Weine von Erzeugern aus der Gegend kann man hier probieren und z. T. auch kaufen.

VERANSTALTUNGEN

Bravio delle botte
heißt das Stadtfest von Montepulciano am 29. August, bei dem Weinfässer durch die Stadt gerollt werden.

Cantiere Internazionale d'Arte
Bei dem alljährlichen Musikfestival werden klassische und moderne Kompositionen zur Aufführung gebracht (Ende Juli/Anf. August).

ESSEN

► **Erschwinglich**

① ***Le Logge del Vignola***
Via delle Erbe 6, Montepulciano
Tel. 05 78 71 72 90
Stilvolles Restaurant in einer ehem. Bäckerei mitten in Montepulciano.

② ***Osteria Borgo Buio***
Via di Borgo Buio 10, Montepulciano
Tel. 05 78 71 74 97
In einem mittelalterlichen Kellergewölbe werden hier typisch toskanische Spezialitäten serviert.

Baedeker-Empfehlung

Frattoio Bartolomei Elena
Chianciano Terme, Strada Cavine e Valli 34
Tel. 0 57 83 03 77 – Lassen Sie sich von dem eher nüchternen Ambiente nicht abschrecken: Dora Forzioni stellt ein wunderbares Olivenöl her!

ÜBERNACHTEN

► **Komfortabel**

① ***Il Borghetto***
Borgo Buio 7, Montepulciano
Tel. 05 78 75 75 35, Fax 05 78 75 73 54
www.ilborghetto.it
Zentral gelegenes kleines Stadthotel in einem Haus aus dem 15. Jh. mit herrlichem Blick auf die Altstadt.

② ***Il Marzocco***
Piazza Savonarola 18, Montepulciano
Tel. 05 78 75 72 62, Fax 05 78 75 75 30
www.albergoilmarzocco.it
Traditionsreicher Familienbetrieb in einem Palazzo aus dem 16. Jh.

geschaffenen Grabmals, das später zerlegt wurde. Einige Teile haben an anderer Stelle der Kirche einen Platz gefunden, viele gingen verloren. Hinter dem Hauptaltar ist ein schönes Triptychon von Taddeo di Bartolo, eine »Mariä Himmelfahrt« von 1401, zu sehen.

Der wuchtige Palazzo Comunale rechts des Doms wurde 1454 nach Plänen Michelozzos erbaut. Den Palazzo Contucci, links, begann 1519 Antonio da Sangallo d. Ä., vollendet wurde er von Peruzzi; im Inneren finden sich Fresken von Andrea Pozzo, außerdem hat hier ◄ Palazzi das **Weingut Contucci** seine Keller und einen Verkaufsraum. Andere renommierte Güter wie Poliziano und Del Cerro betreiben an der Piazza ebenfalls Läden. Sehenswert ist der Keller »Cantina del Redi« der Genossenschaft Vecchia Cantina. Der A. da Sangallo zugeschriebene Palazzo Tarugi ist der schönste Renaissancepalast der Stadt.

✶ **S. Biagio**

Etwa 2 km südwestlich der Stadt erhebt sich am Ende einer langen Zypressenallee die Kirche S. Biagio, eines der bedeutendsten Bauwerke der toskanischen Spätrenaissance. Der harmonische **Zentralbau** über griechischem Kreuz wurde 1518–1545 nach Plänen von Antonio da Sangallo d. Ä. als Wallfahrtskirche aus Travertin, der im Abendlicht herrlich leuchtet, erbaut. Gegenüber der Kirche lohnt das gute Restaurant La Grotta einen Besuch.

Umgebung von Montepulciano

Chiusi

Das 21 km südöstlich von Montepulciano auf einem Tuffplateau über dem Chiana-Tal gelegene Chiusi war zu etruskischer Zeit eine der zwölf Bundesstädte; eine Blüte erlebte sie um 500 v. Chr. unter **König Porsenna**. Die Vergangenheit wird im hervorragenden Etruskischen Nationalmuseum lebendig, das auch Exkursionen zu den Etruskergräbern der Umgebung und in die Katakomben im Tuffplateau organisiert. Der benachbarte Dom aus dem 6. Jh. (im 12. Jh. umgebaut) ist eine überwiegend aus antiken Resten errichtete Basilika mit 18 römischen Säulen – das »Mosaik« ist allerdings nur gemalt und Teil der »Restaurierung« 1887–1895.

✶ Museo Nazionale Etrusco ►

In der Umgebung von Chiusi zählt man etwa 400 etruskische Gräber mit **herrlichen Wandmalereien**, von denen einige besichtigt werden können. Berühmt ist die Tomba della Scimmia, das nach einem Detail der Ausmalung benannte »Grab des Affen« aus dem 5. Jh. v. Chr. an der Straße zum Lago di Chiusi.

✶ Etruskische Gräber ►

Chianciano Terme

Seit etruskischer, auf jeden Fall seit römischer Zeit ist Chianciano (10 km südlich von Montepulciano) berühmt für seine Heilquellen. Der elegante Kurbezirk liegt 3 km südlich des »centro storico« und bietet sich für einen erholsamen Zwischenstopp an.

✶✶ Pienza ►

14 km westlich von Montepulciano liegt Pienza, dem Papst Pius II. – 1405 hier unter dem Namen Enea Silvio Piccolomini geboren – seinen Namen gab. Er plante, das damalige Corsignano als **»ideale Stadt«** neu anzulegen. Die Arbeiten unter Leitung des Florentiner Baumeisters Rossellino begannen 1459 und wurden mit dem Tod des Papstes 1464 eingestellt. Geblieben ist die Piazza Pio II., die mit den perspektivisch angeordneten Frührenaissancebauten ein harmonisches Bild bietet. Die Kathedrale **S. Maria Assunta** ist im Inneren gotisch beinflusst. Unter den Gemälden befindet sich eine »Mariä Himmelfahrt« von Lorenzo Vecchietta. Zierden sind das schöne Chorgestühl und in der Krypta das von Rossellino entworfene Taufbecken.

Neben der Kathedrale befindet sich der Palazzo Piccolomini, dessen erster Stock Möbel, Erinnerungsstücke und die Bibliothek der Familie bewahrt. Gegenüber befindet sich im Palazzo Borgia das Kirchenmuseum mit einem Pluviale Pius' II. aus dem 14. Jh. Nördlich gegenüber der Kathedrale stehen der Palazzo Comunale und der Palazzo Ammanati. Pienza, seit 1996 auf der UNESCO-Liste des Weltkulturerbes, ist übrigens ein Zentrum der Pecorinoproduktion; dem **Schafskäse** ist eine Messe am ersten Septembersonntag gewidmet.

S. Quirico d'Orcia

S. Quirico d'Orcia war einst eine wichtige Etappe für Rom-Pilger. So musste die romanische Collegiata im 13./14. Jh. erweitert werden, 1653 baute man sie im barocken Stil um. Der Kirche gegenüber befindet sich der um 1680 von Carlo Fontana für Kardinal Flavio Chigi errichtete barocke Palazzo. Empfehlenswert ist ein Abstecher nach Bagno Vignoni, 4 km südlich, dessen Piazza seit Jahrhunderten von einem großen Bassin mit 52 °C warmem **Mineralwasser** eingenommen wird. Baden kann man im Hotel Posta.

◄ Bagno Vignoni

✶ Montalcino

Wie eine kleinere Ausgabe von Montepulciano erscheint das 47 km südlich von Siena gelegene Städtchen Montalcino; sein Wein – der Brunello di Montalcino – hat jedoch einen noch besseren Ruf. In der Festung, die um 1360 errichtet wurde und 1559 letzter Rückzugsort der vor den Medici geflohenen Sienesen war, gibt eine Enoteca Gelegenheit, sich bei einem toskanischen Imbiss »weinmäßig zu informieren«. Natürlich findet sich dort auch eine ganze Reihe von Wein-

Der Piazza Pio II. von Pienza ist ein Musterbeispiel für einen Renaissanceplatz.

Die Festung von Montalcino ist in die Stadtmauer eingebunden.

handlungen. Mittelpunkt der ummauerten Stadt ist die Piazza del Popolo mit dem Palazzo Comunale; nebenan liegt das stilvolle, 1888 eröffnete Caffè Fiaschetteria mit einer guten Cantina. Stadtmuseum, Diözesan- und Archäologisches Museum sind im ehemaligen Kloster Sant'Agostino zusammengefasst.

✶ Abbazia di S. Antimo

Ein Ausflug führt 10 km südlich zu dem herrlich gelegenen Benediktinerkloster, das nach der Gründung um 800 zu einem der reichsten in der Toskana aufstieg. Die erhaltenen schlichten Bauten entstanden ab 1118. An französische Vorbilder erinnern der Chorumgang sowie die **wunderbaren Säulenkapitelle**.

Auf dem Weg hierher passiert man Weingüter mit klangvollen Namen wie Biondi-Santi, den »Erfinder« des Brunello, und die Fattoria dei Barbi mit meist gut besuchtem Restaurant und Agriturismo-Betrieb.

✶ Monte Amiata

Ca. 20 km Luftlinie südlich von S. Quirico d'Orcia ragt der höchste Berg der Toskana auf, der 1738 m hohe Monte Amiata, ein erloschener kraterloser Vulkan. Er ist ein beliebtes **Wanderrevier und Skigebiet**. Auf einer steilen Straße sind in 1650 m Höhe Hotels und Restaurants zu erreichen, von dort marschiert man zum Gipfel mit Gitterkreuz und herrlicher Aussicht.

Giardino di Daniel Spoerri ▶

Bei Seggiano, ca. 10 km nördlich vom Monte Amiata, bevölkern über 40 Skulpturen moderner Künstler das Anwesen des Künstlers Daniel Spoerri (Tel. 05 64 95 04 57).

Abbadia S. Salvatore ▶

Am Osthang des Bergs liegt das Städtchen Abbadia S. Salvatore. Die monumentale, 743 gegründete Abbazia di S. Salvatore (Abtei des Heiligen Erlösers), die der Stadt den Namen gegeben hat, ist eines der ältesten Klöster der Toskana. Die Kirche entstand im 11. Jh. und wurde Ende des 16. Jh.s innen umgestaltet, die Krypta aus dem 8. Jh. besitzt Trachytsäulen mit reich verzierten Kapitellen.

★★ Neapel · Napoli

O 18

Region: Kampanien • Campania
Höhe: 10 m ü. d. M.
Provinz: Napoli
Einwohnerzahl: 1,2 Mio. (Großraum: 4 Mio.)

Es gibt wohl keine Stadt in Italien, die bei Touristen so zwiespältige Gefühle auslöst wie Neapel. Man weiß um die herrlichen Kunstschätze, den wunderbaren Blick auf den Golf, fürchtet zugleich aber Kriminalität, Schmutz, Verkehrschaos und die Konfrontation mit der sozialen Not. All das gehört zu Neapel – einer Stadt, die sich immer anders gibt, als man es erwartet.

Neapel von oben

Unvollstellbarer Verkehr und Straßenlärm bestimmen den ersten Eindruck dieser dicht bebauten und ebenso dicht bevölkerten Stadt. Bevor man eintaucht in das »Chaos himmelhoch getürmter Häuser mit barocken Architekturen, die Schwüle und den Staub der Straßen, das sinnbetäubende Gewühl« (F. Gregorovius) empfiehlt es sich, Neapel zunächst aus gebührendem Abstand auf sich wirken zu lassen. Dazu bietet sich der **Vomero** an, auch San-Martino-Hügel genannt. Von oben erkennt man deutlich den großen Hafen mit den Fähranlegestellen, das Häusermeer, das sich bis zum doppelhöckrigen Vesuv erstreckt, die Türme und Kuppeln der über 300 Kirchen, die Wohnpaläste der Jahrhundertwende. In den ineinander geschachtelten Häusern des historischen Zentrums leben und arbeiten bis zu 80 000 Menschen pro Quadratkilometer. Es erstreckt sich zwischen dem Hauptbahnhof und dem Vomero. Im Norden liegen ältere Wohnviertel, im Osten schließt eine Industriezone an. Hinter dem Hauptbahnhof erstreckt sich Neapels modernstes Geschäfts- und Büroviertel, das in den 1990er-Jahren nach Plänen von **Kenzo Tange** und Kollegen erbaute Centro Direzionale mit seinen futuristischen Hochhäusern.

In einem zweiten Schritt erkundet man dann die lebendige, von der UNESCO zum Weltkulturerbe ernannte **Altstadt**. Das großstädtische Neapel erlebt man um die Piazza del Plebiscito herum, wo die Bourbonen ihre Baudenkmäler hinterlassen haben. Anschließend locken die Schätze der Weltruhm genießenden Museen. Bei einem längeren Aufenthalt bieten sich Tagesausflüge nach ►Pompeji, ►Herkulaneum, Pozzuoli oder ►Caserta an.

> **! *Baedeker* TIPP**
>
> **Pizza Margherita**
>
> In Neapel wurde 1889 bei Brandi, Salita Sant'Anna di Palazzo 1–2, angeblich die Pizza Margherita erfunden. Benannt ist sie nach Königin Margherita von Savoyen.

Griechische Kolonisten gründeten im 9. Jh. v. Chr. Kyme, das heutige Cuma, im 6. Jh. folgte Dikaiarchia, heute Pozzuoli, nach 500 v. Chr.

eine Neustadt (Neapolis = Neustadt). Seit der Eroberung durch die Römer 326 v. Chr. wuchsen die Siedlungen zusammen, behielten jedoch ihre Selbstständigkeit und ihren **griechischen Charakter** bis ins 2. Jh. n. Chr. Aufgrund der schönen Lage und des milden Klimas ließen sich hier viele wohlhabende Römer großzügige Villen erbauen, so etwa Vergil, Augustus, Tiberius und Nero.

Geschichte

9.–5. Jh. v. Chr.	Griechische Kolonisten gründen zuerst Cuma, dann Pozzuoli und schließlich eine »Neapolis«.
4. Jh.v. Chr.	Römer erobern die Orte, Wohlhabende verlegen ihre Sommersitze an den Golf.
1139 n. Chr	Der Normanne Roger II. verleibt Neapel dem sizilianischen Königreich ein.
1194–1799	Wechselnde Herrscher: Staufer, Anjou, Aragon, spanische Habsburger und Bourbonen
1799	Ausrufung der parthenopäischen Republik
1860	Anschluss an Italien
1992	Beginn der Antikorruptionskampagne

1139 eroberte der Normanne Roger II. das zum Herzogtum erhobene Neapel und verleibte es seinem sizilischen Königreich ein, dessen Geschichte es bis 1860 teilte. Nacheinander lösten sich nun die Staufer (1194), die Häuser Anjou (1266) und Aragon (1504), die spanischen Habsburger (1713) und die Bourbonen (1734) in der Herrschaft über Neapel ab. 1799 wurde, inspiriert von den Ideen der Französischen Revolution, in Neapel die sog. Parthenopäische Republik ausgerufen. Die napoleonische Ära unter der Herrschaft Joachim Murats dauerte aber nur bis 1815. Ende 1860 führte der sog. **Zug der Tausend** unter Garibaldi zum Anschluss an Italien.
Im November 1980 erlitt die Metropole bei einem Erdbeben schwere Schäden. In den darauf folgenden Jahren versank sie dank einer unheilvollen Allianz aus korrupten Politikern, Bauspekulanten und organisierter Kriminalität beinahe im Chaos. Ihr Wiederaufstieg begann im Zuge der großen Antikorruptionskampagne im Jahr 1992. Er hängt eng mit der Wahl **Antonio Bassolinos** zum Bürgermeister 1994 zusammen und einem veränderten Bewusstsein vieler Neapolitaner, selbst etwas gegen die Verwahrlosung zu unternehmen. Seither wurden zahlreiche Baudenkmäler restauriert, und auch die steigenden Besucherzahlen bestätigen: Neapel, laut UNESCO eine der an Kulturschätzen reichsten Städte der Welt, ist wieder eine Reise wert.

✶ Spaccanapoli · Centro storico

Vom Vomero aus erkennt man deutlich die im Volksmund Spaccanapoli (»spaltet Neapel«) genannte lange Straße, die etwa auf halber Höhe der Via Toledo beginnt. In ihrem Verlauf ändert sie mehrfach

Neapel: Millionenstadt zwischen Golf und Vesuv

ihren Namen, heißt V. Benedetto Croce, V. S. Biagio dei Librai, V. Vicaria Vecchia und durchschneidet die Altstadt in ihrer ganzen Länge. Sie entspricht dem **Decumanus inferior** des antiken Neapolis, und zusammen mit der parallel verlaufenden Via dei Tribunali ist sie eine der lebhaftesten und interessantesten Straßen Neapels.

✶ **Piazza del Gesù Nuovo**

Kurz hinter der Abzweigung von der Via Toledo weitet sich die Spaccanapoli zur Piazza del Gesù Nuovo. In ihrer Mitte ragt die Guglia dell'Immacolata in die Höhe, eine der vielen barocken **Pestsäulen** Neapels, die nach der überstandenen Epidemie aufgestellt wurden. In der Mitte des 17. Jh.s waren rund 70% der Einwohner der Seuche zum Opfer gefallen. Hier befindet sich auch die Jesuitenkirche Gesù Nuovo, die 1584 in den älteren Palazzo Sanseverino integriert wurde, von dem sie ihre Diamantquaderfassade hat. Im barock ausgestatteten Innern ist das Fresko »Vertreibung des Heliodor aus dem Tempel« von Francesco Sollimena beachtenswert.

✶ ◀ Santa Chiara

Am Platz stand einst auch das Klarissenkloster Santa Chiara, von dem nur noch Kirche, Kampanile und Kreuzgang erhalten sind. Im Innern des 1310 erbauten gotischen Gotteshauses befinden sich mehrere Grabdenkmäler für Mitglieder des Hauses Anjou, darunter direkt hinter dem Altar das von Florentiner Bildhauern 1345 geschaffene prachtvolle Grab für Robert den Weisen sowie das Grabmal seiner sehr jung verstorbenen Ehefrau Maria von Valois, das Tino di Camaino schuf. Der **freundliche Klostergarten** wurde in der Mitte des 14. Jh.s angelegt, im 18. Jh. von Vaccaro umgebaut und dabei mit bunten Majoliken aus Capodimonte ausgeschmückt.

Piazza San Domenico

Weiter östlich verbreitert sich die Spaccanapoli zur Piazza San Domenico. Überquert man den Platz rechts an der Pestsäule vorbei, so gelangt man über eine kleine Seitenstraße zur Anfang des 16. Jh.s er-

Erfolg im Kampf gegen die Bosse: Am 21. Mai 1996 geht Giovanni Brusca, einer der meistgesuchten Mafiabosse, der Polizei ins Netz.

COSA NOSTRA UND CO.

2004 gab es in Neapel 130 Mafiatote. Zwei Clans der Camorra, wie hier die Mafia genannt wird, kämpfen um die Vorherrschaft, ein Ereignis, das zum Alltag in der Millionenstadt unter dem Vesuv gehört. Vor allem die Stadtrandquartiere, aber auch die zentralen »quartieri spagnoli« sind in den Händen von Bossen, die bestimmen, wer wann und wie zu sterben hat. In manche Stadtviertel trauen sich selbst Polizisten nur in Gruppen.

Italien und die organisierte Kriminalität – das ist eine lange und traurige Geschichte. Weder dem Königreich noch dem Faschismus oder dem demokratischen Rechtsstaat gelang es bisher, dem mafiosen Wildwuchs die Wurzeln zu ziehen. Im Gegenteil, in Zeiten der **Globalisierung** florieren auch die schmutzigen Geschäfte der Bosse: Schätzungen zufolge machte die Mafia 2004/2005 doppelt so hohen Umsatz wie Fiat.

Entstehung

Im Jahr 1865 wurde die Mafia erstmals in einem Bericht an das römische Innenministerium als »Verbrecherbande« erwähnt. Experten zufolge entstand sie im 19. Jh. auf dem Land. Der »Boss« geht vermutlich auf den Landpächter zurück, der von dem in die Großstädte abwandernden Adel weitreichende Rechte erhalten hatte. Einerseits presste er den Bauern die **Zinsgelder** für die Pacht ab, andererseits gab er vor, die gleichen Bauern gegen feudale Misswirtschaft und Landraub zu schützen. Dafür hatte man sich ihnen gegenüber mit dem **Gebot des Schweigens**, der »omertà« zu verpflichten.

Dieser Schweigepflicht ist es noch heute zu verdanken, wenn mutige Anti-Mafia-Ermittler bei ihrer Arbeit nicht vorankommen. Erst der Faschismus versuchte der Mafia ernsthaft zu Leibe zu rücken. Doch gegen Ende des Zweiten Weltkriegs gelang der organisierten Kriminalität ein Comeback – ausgerechnet mit Hilfe der US-Amerikaner.

Mafia & USA

Um die Landung alliierter Streitkräfte in Sizilien vorzubereiten, kooperierten die Amerikaner mit der sizilianischen Cosa Nostra. Mittelsmann war der in den USA inhaftierte **Mafiaboss Lucky Luciano**. Der Deal glückte, im Gegenzug wurden Luciano und anderen hilfsbereiten Mafiosi nicht nur die Strafen erlassen, auf Betreiben der

USA erhielten sie auch wichtige Positionen in der sizilianischen Nachkriegspolitik und Wirtschaft. In den 1960er-Jahren wurde aus der Agrarmafia eine **städtische Mafia**. Organisierte Kriminalität und Politik teilten sich die Geschäfte – vor allem die auf dem lukrativen Bausektor. In den 70er-Jahren weitete die Mafia ihre Geschäftstätigkeit mit dem Einstieg in den internationalen Drogen- und Waffenhandel aus, seit den 80er-Jahren arbeiten die Clans mit »Kollegen« des kolumbianischen Medellin-Kartells zusammen.

Kampf gegen die Mafia

Der Kampf gegen die Cosa Nostra, wie die sizilianische Mafia genannt wird, verzeichnet viele **Opfer**. So den Carabinieri-General Carlo Alberto Dalla Chiesa. Der Präfekt von Palermo wurde wegen seines entschiedenen Vorgehens gegen die Bosse 1982 erschossen. Noch größeres Aufsehen erregte 1992 die Ermordung der beiden populären Anti-Mafia-Ermittler Giovanni Falcone und Paolo Borsellino, zum ersten Mal regte sich in der Bevölkerung **Widerstand**: Tausende von Menschen gingen auf die Straße und demonstrierten gegen die Mafia. Seit Mitte der 90er-Jahre gingen der Polizei einige der wichtigsten Bosse ins Netz, darunter 1993 Toto Riina und 1996 dessen Nachfolger Giovanni Brusca, dem der Anschlag auf Falcone zur Last gelegt wird. Es kam zu spektakulären Prozessen. Auch der siebenfache **Ministerpräsident Giulio Andreotti** hatte sich vor Gericht wegen vermuteter Kungeleien mit Bossen zu verantworten. Ganze Teile der Christdemokraten wurden als mafios überführt.

Doch während die großen alten »Mafiosi« hinter Gittern sitzen und der Staat mit der Schaffung des »pentito«, des reuigen und zur Kooperation bereiten Bosses, einige Erfolge erreichte, entsteht auf Sizilien eine ganz neue Mafia. Weitaus gefährlicher, weil nicht mehr an überkommene Riten gebunden, engagiert sie sich auch auf dem Sektor der **Müllentsorgung**. Vorsichtigen Hochrechnungen der parlamentarischen Anti-Mafia-Kommission zufolge befinden sich 70% aller süditalienischen Müllkippen in mafiosen Händen. Der Staat sieht dieser Entwicklung weitgehend hilflos zu. Als Tourist braucht man jedoch keine Angst vor der Mafia zu haben. Dazu ist der **Fremdenverkehr** ein viel zu einträglicher Wirtschaftszweig. Hier lassen sich mit Einnahmen aus dem Hotel- und Gaststättengewerbe, mit Grundstücksspekulationen und Hotelneubauten nicht nur Millionen-Gewinne machen, sondern auch bestens schmutzige Euro und Dollar waschen.

Piazza del Gesù Nuovo

bauten Grabkapelle der Familie **Sangro-Sansevero**. Im Innern befinden sich zahlreiche **barocke Skulpturen** aus der Sammlung Don Raimondo di Sangro, Fürst von Sansevero, Wissenschaftler und Alchimist, darunter Corradinis »Pudicizia« (»Anstand«), Queirolos »Disinganno« (»Verzweiflung«) und dazwischen die Liegefigur »Cristo Velato« (»Verhüllter Christus«) von Giuseppe Sammartino aus dem Jahr 1753. In der Krypta sind zwei Skelette mit versteinerten Adern ausgestellt, angeblich die Opfer von Experimenten des Alchimisten.

An der Ecke Spaccanapoli/Via Mezzocannone steht die Kirche **S. Angelo a Nilo**, benannt nach der benachbarten Statue des Nil-Gottes, die Kolonisten aus Alexandrien hier aufgestellt haben. In der Kirche befindet sich ein grandioses Renaissancegrabmal der beiden Bildhauer **Donatello und Michelozzo**, 1428 für den Kardinal Rinaldo Brancaccio geschaffen. Der schöne Palazzo del Monte di Pietà an der Ecke zum Vico S. Severino war bis Ende des 16. Jh.s städtisches Pfandleihhaus. Heute fallen einem hier die vielen Gold- und Silberschmuckläden auf.

✶ Via Gregorio Armeno

Die malerische Via Gregorio Armeno ist für Neapolitaner die **»Gasse der Krippenfiguren«**, denn hier formen Handwerker seit dem 17. Jh. aus Holz, Ton, Draht und Strohgeflecht Figürchen, die einer neapolitanischen Tradition zufolge berühmten Persönlichkeiten nachempfunden sind. Eines der schönsten Beispiele, die Presepio di Cuciniello mit 180 Hirten und vielen Tieren, ist im Museum auf dem Vomero zu sehen.An dieser Straße liegt auch der Klosterkomplex **S. Gregorio Armeno**. Das Gotteshaus von 1580 ist eine der reichsten Barockkirchen Neapels, sehenswert sind vor allem die Fresken von **Luca Giordano** an den Seitenwänden und in der Kuppel. Von dem dazugehörigen Kreuzgang aus dem 18. Jh. hat man einen schönen Blick auf den Golf. Zurück auf der Spaccanapoli folgt linker Hand der Palazzo Marigliano aus dem 16. Jh.; im Innenhof lohnt die Freitreppe mit Terrasse und gemalter Doppelsäulenloggia einen kurzen Blick.

✶ Duomo San Gennaro

Nun stößt die Spaccanapoli auf die Via del Duomo und dort auf den Dom, der dem Stadtpatron Januarius geweiht ist. Er wurde 1294 bis 1323 im französisch-gotischen Stil errichtet und zuletzt im 19. Jh. verändert. Im rechten Seitenschiff befindet sich die im 17. Jh. prachtvoll ausgestattete Cappella di San Gennaro; auf dem barocken

Hauptaltar steht die Silberbüste mit dem Schädel des hl. Januarius, der im Jahre 305 als Bischof unter Diokletian den Märtyrertod erlitt. Im Tabernakel befinden sich die beiden Glasphiolen mit seinem Blut, das sich zweimal im Jahr verflüssigt, erstmals angeblich bei der Überführung des Leichnams nach Neapel zur Zeit des Kaisers Konstantin. Der Ort des **»Blutwunders«** ist Ausgangs- und Endpunkt großer Prozessionen vor allem am ersten Maiwochenende und am 19. September. Das Grab des Heiligen befindet sich in der reich geschmückten Confessio unter dem Hochaltar.

! **Baedeker TIPP**

Ospedale delle Bambole – Puppenhospital

Wie schon sein Großvater verarztet Luigi Grassi in der Via San Biagio dei Libri 82 gebrochene Glieder und abblätternde Gesichter von antiken bis skurrilen Puppen, Heiligenstatuen, Krippen- und Theaterfiguren.

◂ S. Restituta

Direkt an den Dom schließt sich die Basilika der hl. Restituta aus dem 9. Jh. an, die älteste Kirche Neapels, die man durch das linke Seitenschiff des Doms betritt. Vom rechten Seitenschiff gelangt man in die Capella S. Giovanni in Fonte, das älteste frühchristliche Baptisterium, das von einer Kuppel mit Mosaiken des 4. und 5. Jh.s überspannt wird.

★ ◂ Baptisterium

◂ Monte della Misericordia

Auf der nahe gelegenen Piazza Cardinale Sisto Riario Sforza steht die im 17. Jh. gegründete Wohlfahrtseinrichtung Monte della Misericordia, die ein Meisterwerk **Caravaggios**, »Die Sieben Werke der Barmherzigkeit« von 1607, hütet.

In der Straße der Krippenbauer bevölkern nicht nur Heilige die Auslagen, auch Politiker oder andere Größen dienen als Vorlage.

Wolken sind es in der Altstadt von Neapel selten, die den Blick in den blauen Himmel versperren.

★ **Via Tribunali**

Castel Capuano ▶

Von hier gelangt man nun auf die ebenfalls sehr belebte Via Tribunali, eine Parallelstraße der Spaccanapoli. Ihren Abschluss bildet das Castel Capuano, einst ein **normannischer Herrschersitz**, der im 16. Jh. umgebaut wurde und seither als Gerichtsgebäude dient. Gleich gegenüber erhebt sich die 1519–1593 erbaute Kuppelkirche Santa Caterina a Formiello, etwas weiter folgt die 1484 nach Plänen Giulio da Maianos erbaute Porta Capuana, das von zwei Türmen der ehemaligen Stadtmauer flankierte Stadttor.

San Lorenzo Maggiore

★ Scavi ▶

San Paolo Maggiore ▶

Die angeblich schönste gotische Kirche Neapels, die Franziskanerkirche S. Lorenzo Maggiore, steht an der Via Tribunali an der Stelle, wo sich einst die griechische Agora und später das **römische Forum** befanden. Eindrucksvolle Überreste wie Mauern, gepflasterte Wege, sogar steinerne Verkaufsstände wurden zwei Stockwerke tief unter S. Lorenzo ausgegraben und können besichtigt werden (Scavi, Complesso Archeologico di S. Lorenzo). Im 6. Jh. n. Chr. folgte eine frühchristliche Basilika, auf deren Fundamenten ab 1234 das heutige Gotteshaus erbaut wurde. Die Pläne des Chors stammen von dem französischen Baumeister Thibaud de Saumur. Von den Grabdenkmälern im Innern fällt das mit Mosaiken bedeckte gotische Grabmal der 1323 verstorbenen Katharina von Österreich besonders auf. Im angrenzenden Franziskanerkloster verweilten im 14. Jh. zeitweise **Petrarca und Boccacio**. Gleich gegenüber befindet sich die Kirche

San Paolo Maggiore, die 1538–1627 auf der Ruine eines römischen Dioskurentempels erbaut wurde, von dem ein Säulenpaar in die Fassade eingemauert ist.

Links neben dem Treppenaufgang befindet sich der Zugang zu Napoli sotterranea, dem unterirdischen Neapel, dessen gelblichen Tuffstein bereits die Griechen und Römer einst als Baumaterial nutzten. Die Höhlen dienten als Nekropolen, später dann als Müllgruben, als Hehlerwarenversteck der Mafia und zuletzt im Krieg als Luftschutzkeller. Über eine lange Treppe gelangt man zur »Stadt unter der Stadt«, ein **Labyrinth aus Tunneln, Höhlen, Zisternen und Kanälen**, die einst die Trinkwasserversorgung Neapels sicherten. Die Führungen werden auch in deutscher Sprache angeboten (Tel. 0 81 29 69 44; Info: www.napolisotterranea.org).

★ ◄ Neapoli sotterranea

! *Baedeker* TIPP

Maggio dei Monumenti

An den Wochenenden im Mai öffnen in Neapel und Umgebung viele sonst verschlossene Klöster, Kirchen und Paläste ihre Tore.

Folgt man weiter der Via Tribunali, passiert man die Kirche Santa Maria Maggiore. Der Barockbau wurde in der 2. Hälfte des 17. Jh.s von Cosimo Fanzago auf den Grundmauern eines römischen Gebäudes und einer Vorgängerkirche aus dem 11. Jh. erbaut. Nur wenige Schritte entfernt steht die Cappella Pontano, die Giovanni Pontano 1426–1503 als Familiengrabkapelle konzipierte und mit einem sehenswerten **Majolikafußboden** ausschmücken ließ. Am Ende der Straße befindet sich die kleine gotische Kirche San Pietro a Maiella mit kostbaren Deckengemälden von Mattia Preti. Sie schildern Szenen aus dem Leben Pietro Angelarios, der 1294 als Coelestin V. den Papstthron bestieg.

Santa Maria Maggiore

Die Piazza Bellini, mit ihren Cafés und Bars ein beliebter Treffpunkt, ist Endpunkt dieses Spazierganges. Sie erinnert an den sizilianischen Komponisten Vincenzo Bellini; am Fuß seiner Statue sind Überreste der griechischen Befestigungsmauern aus dem 4. Jh. erhalten. Hier beginnt die Via S. Maria di Costantinopoli, in der sich **Antiquitäten-, Buch- und Kunstläden** aneinanderreihen, mitten drin liegt die Accademia di Belle Arti, die Kunstakademie, an die eine große Bibliothek und die Galleria di Arte Moderna angeschlossen sind.

◄ Piazza Bellini

Südliches Stadtviertel

Die Kirche Monteoliveto, auch Sant'Anna dei Lombardi genannt, liegt nicht weit von der Via Toledo entfernt an der Piazza Monteoliveto. Baubeginn war 1411, später wurde sie im Frührenaissancestil weitergeführt. Wegen ihrer vielen Renaissancekunstwerke ist sie eine Art Museum. Zu ihren Schätzen zählen die Cappella Piccolomini mit dem **Grab der Maria von Aragon**, um 1475 von Antonio Rossellino und Benedetto da Maiano geschaffen, die Cappella Terranova mit einer »Verkündigung« von Benedetto da Maiano sowie die Cappella

★ Sant'Anna del Lombardi

Neapel Orientierung

Essen
1. La Cantinella
2. Giuseppone a Mare
3. L'Europeo di Mattozzi
4. Ciro a Santa Brigida
5. Vadinchenia
6. Mimi alla Ferrovia
7. Marino
8. Taverna dell' arte

Übernachten
1. Costantinopoli 104
2. Grand Hotel Parker's
3. Chiaja Hotel de Charme
4. Hotel del Real Orto Botanico
5. Il Convento
6. Parteno
7. L'Allogio dei Vassalli

U Metropolitana

Aversa, Caserta
S. Giovanni a Carbonara
Caserta, Arienzo
Piazza Cavour
S. Maria Donnaregina
Porta Capuana
Via Carbonara
Piazza E. de Nicola
Via Venezia
Via Ferrara
VASTO
Piazza Cavour
S. Maria di Gerusalemme
Largo Donna Regina
Corso Garibaldi
Via Firenze
Corso Meridionale
V.S.M. di Costantinopoli
V. Anticaglia
Duomo
Via A. Poerio
Poli-clin.
S. Paolo Maggiore
S. Maria Maggiore
Via Tribunali
Castel Capuano
Centrale
Stazione Centrale (F.S.)
Piazza G. Garibaldi
San Lorenzo Maggiore
Croce di Lucca
Pal. Spinelli di Laurino
S. Gregorio Armeno
Via Forcella
Colletta
Pompei
S. Severo
V.S. Biagio d. Librai
Duomo
V.P.
Piazza Nolana
Via G. Ferraris
Corso Arnaldo Lucci
Pal. Filomarino
San Domenico Maggiore
Archivio di Stato
Palazzo Cuomo
Via Fuori
Palazzo Carafa di Maddaloni
Umberto I.
Corso Garibaldi
Stazione Circumvesuviana
V.B.C. Croce
Pza. Nicola Amore
Piazza Mercato
MERCATO
Santa Chiara
Università
Via Cosenz
V. Mezzocannone
Via Duomo
Corso
Pza. Masaniello
Santa Maria del Carmine
Via Amerigo Vespucci
Ercolano, Pompei
Donnalbina
Via Nuova Marina
Via Marinella
Pza. Duca degli Abruzzi
Borsa
Pzo. G. Bovio
Piazzale C. Pisacane
Capitaneria di Porto
Via A. d. Gasperi
Via Cristoforo Colombo
Via A. Depretis
Bacino del Piliero
Molo Angioino
Stazione Marittima
Porto
Beverello
Bacino Angioino
Avamporto Ammiraglio Caracciolo (Avamporto Regina Elena)
Piazzale Molo S. Vincenzo
Sardinien, Sizilien, Malta, Tunesien
Molo San Vincenzo
Golfo di Nápoli
500 m
© Baedeker
Procida, Ischia, Ponza, Cagliari

NEAPEL ERLEBEN

AUSKUNFT

Piazza dei Martiri 58, 80121 Napoli
Tel. 0 81 40 53 11, Fax 0 81 40 19 61
www.comune.napoli.it
www.napolinapoli.com

VERKEHR

Verstopfte Straßen, tollkühne Zweiradfahrer, frei interpretierbare Verkehrsregeln: Selbst routinierten Autofahrern sei davon abgeraten, sich in Neapel mit dem eigenen Fahrzeug zu bewegen. Besser geht es zu Fuß der mit den innerstädtischen Buslinien R2 und R3, die allerdings nicht immer planmäßig fahren und oft überfüllt sind. Zum Archäologischen Museum, zum Einkaufsviertel Piazza Amedeo, nach Mergellina und Pozzuoli/Solfatara kommt man mit der Metropolitana, der U-Bahn. Auf den Vomero gelangt man mit drei verschiedenen Zahnradbahnen, den Funiculare.Das Umland von Neapel erkundet man am besten mit der Ferrovia Circumvesuviana (Endbahnhof: Corso Garibaldi über Pompeij) bzw. Ferrovia Cumana e Circumflegrea (Endbahnhof: Montesanto).

EINKAUFEN

Im centro storico Neapels findet man noch zunftartig ein Handwerk repräsentierende Straßenzüge, darunter Papier- und Buchläden in der Via Dante und der Via San Biagio dei Librai, Musikinstrumente in der Via San Pietro a Maiella. Holfziguren gibt es in der Via San Gregorio Armeno. Eine gute Adresse für Designerkleidung sind die Via Chiaia, Via dei Mille, Via Calabritto und die Piazza dei Martiri.
Edle Krawatten nach Maß fertigt Maestro Marinella in der Via Riviera di Chiaia 287.

ESSEN

► Fein & Teuer

① ***La Cantinella***
Via Cuma 42, Napoli
Tel. 08 17 64 68 84, Fax 08 17 64 87 69
Elegantes Restaurant, das an einer der schönsten Strandpromenaden der Welt liegt. Neben der vorzüglichen Küche mit sagenhaften Fischgerichten ist das Lokal für eine beachtliche Auswahl an Weinen berühmt.

② ***Giuseppone a Mare***
Via Ferdinando Russo 13, Napoli
Tel. 08 15 75 60 02
In dem schicken Restaurant genießen Sie feine neapolitanische Küche und einen herrlichen Blick auf den Golf und die Stadt.

► Erschwinglich

③ ***L'Europeo di Mattozzi***
Via Marchese Campodisola 4, Napoli
Tel. 08 15 52 12 23; So. geschl.
Nahe bei der Piazza Borsa im Universitätsviertel liegt dieses gemütliche Lokal, das großen Wert auf traditionelle Gerichte legt. Hervorragend sind die Suppen und der Stockfisch alla pizzaiola.

④ ***Ciro a Santa Brigida***
Via Santa Brigida 73, Napoli
Tel. 08 15 52 40 72
Traditionelle Küche, leckere Pizza und lebhafte Atmosphäre sprechen für dieses moderne Lokal in der Altstadt.

⑤ ***Vadinchenia***
Via Pontano 21, Napoli
Tel. 0 81 66 19 58
Im eleganten Stadtteil Amedeo bewirtet Sie Saverio Petrocelli mit kulinarischen Leckereien aus den verschiedensten Regionen Italiens und hervorragenden Weinen.

⑥ ***Mimì alla Ferrovia***
Via Alfonso d'Aragona 21, Napoli
Tel. 08 15 53 85 25; So. geschl.
In der Nähe des Hauptbahnhofs liegt dieser belebte Künstlertreff, der für traditionelle Küche bekannt ist.

► Preiswert

⑦ ***Marino***
Via Santa Lucia 118/120, Napoli
Tel. 08 17 64 02 80
Seit mehr als 70 Jahren in der Hand derselben Familie, ist dieses ursprüngliche Restaurant mit Pizzeria ein Garant für vorzügliches Essen.

⑧ ***Taverna dell'arte***
Rampe San Giovanni Maggiore 1a
Napoli
Tel. 08 15 52 75 58
In der heimeligen Osteria von Alfonso Gallotti ist immer etwas los, eine Reservierung empfiehlt sich. Freuen Sie sich auf vorzügliches Essen in gemütlicher Atmosphäre.

ÜBERNACHTEN

► Luxus

① ***Costantinopoli 104***
Via S. Maria di Costantinopoli 104
Napoli, Tel. 08 15 57 10 35
Fax 08 15 57 10 51
www.costantinopoli104.it
Eine Insel der Ruhe wenige Schritte vom Archäologischen Nationalmuseum entfernt. Moderne Accessoires setzen Akzente im Liberty-Palazzo. Dachterrasse mit Solarium und winziger Pool im Garten. Ohne Restaurant.

② ***Grand Hotel Parker's***
Corso Vittorio Emanuele 135
80121 Napoli
Tel. 08 17 61 24 74, Fax 0 81 66 35 27
www.grandhotelparkers.it
Modern und elegant präsentiert sich dieses attraktive Spitzenhotel, das Zimmer mit ganz unterschiedlichen Einrichtungsstilen zu bieten hat, die Suiten erstrecken sich über zwei Etagen. Schöner Panoramablick vom Restaurant aus.

► Komfortabel

③ ***Chiaia Hotel de Charme***
Via Chiaia 216
80121 Napoli
Tel. 0 81 41 55 55, Fax 0 81 42 23 44
www.hotelchiaia.it
Ein Kleinod der neapolitanischen Architektur stellt dieses charmante Haus garni in der Nähe des Teatro San Carlo dar. Schöne Zimmer mit einem Hauch aristokratischem Flair.

④ ***Hotel del Real Orto Botanico***
Via Foria 192, Napoli
Tel. 08 17 64 00 44
Fax 08 17 64 44 83
www.hotelrealortobotanico.it
Gepflegtes Haus in der Nähe des Botanischen Gartens und der Metro Piazza Dante. Schöne Dachterrasse.

Baedeker-Empfehlung

⑤ ***Il Convento***
Via Speranzella 137/a
80132 Napoli
Tel. 0 81 40 39 77
Fax 0 81 40 03 32
www.hotelilconvento.com
Kleines, stilvolles Hotel im Spanischen Viertel, nur wenige Schritte von der belebten Via Toledo entfernt. Ansprechende Zimmer und schöne Frühstücksräume.

⑥ ***Il Parteno***
Lungomare Partenope 1
80121 Napoli
Tel. & Fax 08 12 45 20 95
www.parteno.it

Pension in einem Palazzo aus dem 19. Jh. mit supermoderner High-Tech-Ausstattung.

► **Günstig**

⑦ ***L'Allogio di Vassalli***
Via Donnalbina 56
80134 Napoli
Tel. 08 15 51 51 18
Fax 08 14 20 27 52
www.bandbnapoli.it

Zentral gelegenes Haus in einem historischen Gebäude, herzliche Atmosphäre und schöne Zimmer mit dem Flair vergangener Zeiten.

In Neapel ist das *Bed-&-Breakfast*-Fieber ausgebrochen: Großbürgerliche Wohnungen, Palazzi und ehemalige Klöster öffnen ihre Pforten (Informationen: www.bb-napoli.com und www.rentabed.it).

Tolosa mit Kanontafeln Brunelleschis und Terrakotta-Tondi aus der Werkstatt Della Robbia. Sehenswert sind auch »Beweinung Christi«, acht lebensgroße Tonfiguren von Guido Mazzoni, sowie die Holzintarsien von Giovanni da Verona in der Sakristei, deren Deckenfresken aus der Werkstatt von Giorgio Vasari stammen.

Piazza Municipio

Folgt man der Via Monteoliveto und der Via Medina, gelangt man zur lang gezogenen Piazza Municipio, die sich zwischen Hafen und dem 1819 als Regierungssitz der Bourbonen errichteten Palazzo di San Giacomo erstreckt. Hier befindet sich heute das Rathaus; benannt ist das Gebäude nach der im nördlichen Flügel eingegliederten Kirche S. Giacomo degli Spagnoli. Einst war dies die Hauptkirche der **spanischen Könige Neapels**, der Vizekönig Don Pedro de Toledo wurde 1532 hinter dem Hochaltar beigesetzt. Dort befindet sich auch das Grab eines Ritters von Hürnheim, aus dem Ries.

S. Giacomo degli Spagnoli ►

★ **Castello Nuovo**

Den Platz überragt das mächtige fünftürmige Castello Nuovo. Es wurde ab 1279 im Auftrag Karls I. von Anjou als königliche Festung errichtet, weshalb es im Volksmund auch Maschio Angioino genannt wird, im 15. Jh. ließ es Alfons I. von Aragonien entsprechend den neuen Anforderungen der Kriegsführung umbauen. Damals entstand auch das in weißem Marmor zwischen die Festungstürme gesetzte **Triumphtor**, das den Einzug Alfons' in Neapel 1443 zeigt. Im Innenhof führt eine Freitreppe in die Sala dei Baroni. Sie ist nach einer Gruppe von Baronen benannt, die sich 1486 an einer Verschwörung beteiligt hatten und in diesem Saal festgenommen wurden. Heute tagt dort Neapels Stadtrat. Gegenüber dem Haupteingang liegt der Zugang zur gotischen Cappella Santa Barbara (oder Cappella Palatina), die bis 1456 mit einem Freskenzyklus von Giotto geschmückt war. Im Castello ist das Städtische Kunstmuseum untergebracht.

★ **Piazza del Plebiscito**

Die nahe gelegene halbkreisförmige Piazza del Plebiscito entstand ab 1799 im Auftrag von Joachim Murat, dem Schwager Napoleons, während der nur wenige Jahre dauernden sog. Parthenopäischen Republik. Mit ihren klassizistischen Arkaden erinnert sie an den Petersplatz in Rom. In ihrer Mitte erhebt sich die Kirche San Francesco di Paola, die 1817–1846 nach dem Vorbild des römischen Pantheons entstand. Gegenüber prunkt der Palazzo Reale, seit 1600 Residenz der spanischen Vizekönige. Seine ursprüngliche Gestaltung entwarf Domenico Fontana, der heutige Bau entstand im 19. Jh. nach einem Brand. An der langgestreckten Front befinden sich die **Statuen** der acht wichtigsten fremden Herrscher über die Stadt. Mit der Fertigstellung der Reggia in ►Caserta verlor der Palazzo Reale jedoch seine Funktion als Residenz. Heute befinden sich hier die Biblioteca Nazionale und eine Gemäldegalerie. Beachtenswert sind das prunkvolle Treppenhaus, einige nach Vorlagen von Le Brun gefertigte Gobelins sowie eine »Heilige Familie« von Filippino Lippi. Gleich neben dem Palazzo Reale befindet sich das 1737 erbaute Teatro San Carlo, mit über 2900 Plätzen eines der **größten Opernhäuser Europas**.

★ ◄ Palazzo Reale

◄ Teatro San Carlo

Galleria Umberto I.

Gegenüber vom Theater liegt einer der Eingänge in die kreuzförmig angelegte Galleria Umberto I. mit ihren Bars und Läden. Die Glas- und Stahlkonstruktion wurde 1887 bis 1890 nach Plänen von Emanuele Rocco und nach dem Vorbild der Mailänder Galleria erbaut. Ausgezeichneten Espresso bekommt man auch im Caffè Gambrinus, in dem schon Könige, Musiker, Maler und Dichter eingekehrt sind. Hier beginnt die nach ihrem Erbauer benannte Via Toledo, eine der Hauptgeschäftsstraßen der Stadt. Vor allem in Nebenstraßen wie Via Chiaia, Piazza dei Martiri, Via Calabritto und Via dei Mille liegen die **feinsten Boutiquen und traditionsreichen Einzelhandelsgeschäfte** der Stadt. Die Via Toledo endet an der 1757 im Auftrag Karls III. nach Plänen von Luigi Vanvitelli angelegten Piazza Dante, wo sie das Centro Storico mit der Spaccanapoli berührt.

◄ Via Toledo

Castello Nuovo war einst eine königliche Festung

Weitere Sehenswürdigkeiten

Vomero Nahe der Galleria Umberto liegt eine der drei Seilbahnstationen, die auf den Vomero hinaufführen. Der auch San Martino genannte Hügel war einst Jagdrevier der Neapolitaner, heute ist es die **feine Stadt in der Stadt**, da an seinem Süd- und Osthang die Oberschicht Neapels lebt. Gekrönt wird er vom Castel Sant'Elmo, das 1343 von Robert dem Weisen angelegt und später mehrfach erweitert wurde. Nachdem es lange als Gefängnis diente, wird es nun für Ausstellungen und Veranstaltungen genutzt.

Castel Sant'Elmo ►

✶ Certosa di San Martino ►

Unmittelbar unterhalb des Kastells steht das von den Anjou 1325 gestiftete, mittlerweile profanierte Kartäuserkloster San Martino, das im 17. Jh. umgebaut wurde. Hier befindet sich heute das Museo Nazionale di San Martino mit einer berühmten Krippensammlung (Presepi), Gemälden und Zeichnungen neapolitanischer Landschaften. Beachtung verdienen die barocke, reich ausgestattete Klosterkirche, der große Kreuzgang und die Klosterterrasse, von der man einen grandiosen Blick über Golf, Stadt und zum Vesuv hat.

Ob die Ehe solange hält wie die Festung Castello d'Ovo im Hintergrund?

Von San Martino gelangt man über einen Treppenweg und dann durch das spanische Viertel in die Altstadt hinab oder man besucht die **Villa Floridiana**, deren Eingang an der Via Cimarosa, wenige Meter von der Endstation des Funiculare liegt. Im Süden des weitläufigen Parks steht die 1819 von Ferdinand IV. erbaute **klassizistische Villa**, heute Museum mit einer sehenswerten Porzellansammlung.Am Fuße des Vomero liegt das Stadtviertel **Santa Lucia**. Bis ins 19. Jh. war es ein kleines Fischerdorf, 1884 wurde dann die Küste neu aufgeschüttet und die mondäne Via Partenope mit ihren Luxushotels am Wasser entlanggebaut.

✶ Castello d'Ovo ►

Blickfang ist das auf einem seit der Antike bebauten Inselchen gelegene Castello d'Ovo. Die Festung entstand unter den Normannen, Friedrich II. bewahrte hier seinen Staatsschatz auf, sein Enkel **Konradin von Schwaben** verbrachte hier die letzten Tage vor seiner Hinrichtung. Von der Mole bietet sich ein schöner Blick auf den Vesuv und auf den westlichen Teil des Golfes. Um den Jachthafen liegen einige der bekanntesten Fischrestaurants Neapels wie La Bersagliera oder Zi'Teresa.

Villa Comunale Direkt am Golf liegt die Villa Comunale, die 1780 angelegte größte Grünanlage der Stadt. Hier befindet sich das von dem Deutschen Zoologen Anton Dohrn gegründete Meeresbiologische Institut mit

seinem besuchenswerten Acquario, das in 31 Becken einen guten Überblick über die Unterwasserwelt des Golfs von Neapel bietet.
Im Obergeschoss der Forschungsstation schmückte **Hans von Marées** 1874 einen Sitzungssaal mit einem sehenswerten Freskenzyklus aus. Nördlich der Villa Comunale, an der Riviera di Chiaia 200, liegt die Villa Pignatelli in einem schönen Garten. Sie entstand 1826 als Wohnsitz des Fürsten Diego Aragona Pignatelli Cortes und beherbergt noch heute dessen Waffensammlung und etliche Kutschen.

◄ Villa Pignatelli

Mergellina

Das Stadtviertel Mergellina liegt am Fuße des Posillipo, einem mit Villen und Parkanlagen bedeckten Bergrücken zwischen den Golfen von Neapel und Pozzuoli. Von seinem kleinen Hafen Porto Sannazzaro starten die Tragflügelboote (Aliscafi) zu den Inseln Procida, Ischia und Capri. Folgt man der Panoramastraße Via Posillipo, passiert man den auf einem Felsvorsprung gelegenen, unvollendeten Palazzo Donn' Anna aus dem 16. Jh. Das Mausoleo dei Caduti, ein riesiges Gefallenendenkmal, und die beiden Parkanlagen Posillipo und della Rimembranza (auch Parco Virgiliano genannt) gehören bereits zum ehemaligen Fischerort **Marechiaro**. Wirtschaftlichen Aufschwung erwartet man in der Nachbarbucht Bagnoli; nach der Schließung des gewaltigen Stahlwerks entstand hier die Città della Scienza, ein Wissenschaftspark mit einem interaktiven Wissenschaftsmuseum.

◄ Città della Scienza

Berühmte Museen

★★ Museo Archeologico Nazionale

Öffnungszeiten:
tgl. außer Di.
9.00–20.00 Uhr

Das weltberühmte Archäologische Nationalmuseum besitzt eine der wichtigsten Sammlungen antiker griechischer und römischer Kunst. Es befindet sich in einem 1612 ursprünglich für die Universität errichteten Komplex an der Piazza Museo; Metro-Station Cavour. Seine Exponate aus dem 8. Jh. v. Chr. bis zum 5. Jh. n. Chr. gehen im Kern aus den Sammlungen der Bourbonen und Farnese hervor, ergänzt durch die Funde von Pompeji, Herkulaneum und Cumae.
Im Erdgeschoss sind die Sammlung Farnese, römische Porträts und vor allem Marmorplastiken ausgestellt, darunter viele römische Kopien nach griechischen Originalen. Besondere Aufmerksamkeit verdient die Gruppe der **Tyrannenmörder Harmodios und Aristogeiton**, die den athenischen Tyrannen Hipparch ermordeten. Das 477 v. Chr. von Kritios und Nesiotes gefertigte »Original« war bereits eine Zweitausfertigung einer noch älteren Bronzestatue, die in Athen stand. Zu den Schätzen im Erdgeschoss zählen ferner ein speertragender Achill, entstanden um 430 v. Chr., das Relief »Orpheus und Eurydike« aus dem 5. Jh. v. Chr., eine 3,17 m hohe Kolossalstatue des Herkules sowie die Gruppe des Farnesischen Stieres, die größte aus dem Altertum erhaltene Marmorgruppe – auch sie eine Kopie.

◄ Zwischengeschoss

Im Zwischengeschoss (Mezzato) befindet sich die Sammlung antiker, meist pompejianischer Mosaiken, darunter die berühmte, aus 1,5 Mio. Mosaiksteinen bestehende »Alexanderschlacht« aus dem Haus des Fauno in Pompeji – eine vermutlich im 2. Jh. v. Chr. angefertigte

Kolossalstatue des Herkules

Kopie eines griechischen Gemäldes. Geschildert wird, wie Alexander in der Schlacht bei Issos (333 v. Chr.) mit seinen Reitern gegen den Perserkönig Darius heranstürmt.

Auf dem gleichen Stockwerk ist auch die **Sammlung erotischer Darstellungen aus Pompeji** untergebracht, für deren Besichtigung man sich beim Kauf der Eintrittskarte anmelden muss. Für Archäologen und Kunsthistoriker sind die vom Vatikan als »abscheuliche Obszönitäten« bezeichneten Objekte künstlerische Meisterwerke.

Im **Obergeschoss** befindet sich eine Bronzeskulpturensammlung, die zum größten Teil aus Herkulaneum (an der dunklen Patina zu erkennen), zum geringeren aus Pompeji (grün oxidiert) stammt. Besonders zu beachten sind der Leier spielende Apollo, ein peloponnesisches Original aus dem 5. Jh. v. Chr., gefunden in der Casa del Citarista, ein tanzender Faun aus dem gleichnamigen Haus in Pompeji sowie der sog. Narziss, wohl ein jugendlicher Dionysos, ein meisterhaftes Werk aus der Nachfolgezeit des Praxiteles. Außerdem sind Wandgemälde, Figuren, Geräte, Gefäße und Möbel aus Bronze ausgestellt. Im Untergeschoss ist die Ägyptische Sammlung zu sehen.

★★ Museo e Gallerie Nazionali di Capodimonte

Öffnungszeiten:
Di. bis Sa. 10.00–19.00
Mo. 14.00–19.00,
So. u. Fei. 9.00–14.00
jeden 1. Mo. im Monat geschl.

Das zweite berühmte Museum Neapels, das Museo e Gallerie Nazionali di Capodimonte, ist im 1738–1838 nach Plänen von Giovanni Antonio Medrano erbauten und mit schönem Mobiliar eingerichteten Bourbonenschloss Palazzo Reale di Capodimonte untergebracht. Im ersten Stock ist Druckgrafik und Malerei des 19. Jh. zu sehen, im Obergeschoss eine kostbare Porzellansammlung. Besonders eindrucksvoll ist der Salottino di porcellana, ein vollständig mit Keramik und Spiegeln im Rokokostil ausgestattetes Porzellanzimmer, das 1757 für die Ehefrau Karls III. geschaffen wurde.

Höhepunkt der Sammlungen ist die in den beiden weiteren Obergeschossen untergebrachte **Gemäldegalerie** mit Meisterwerken des 13. bis 20. Jh.s, darunter Arbeiten von Raffael, Tizian, Caravaggio, Cranach, Brueghel und Holbein.

★ Catacombe di San Gennaro

In der Via di Capodimonte 16 befinden sich weitere, zum unterirdischen Labyrinth von Neapel gehörende Katakomben. Man betritt sie über einen Treppenweg neben der Kirche Madre del Buon Consiglio; er führt zu der im 5. Jh. über der Katakombe erbauten Basilika San Gennaro extra moenia hinunter. Die Catacombe di Gennaro wurde vom 2. bis 5. Jh. genutzt, an den Wänden sind noch **Freskenfragmente** erhalten. Nicht weit entfernt befindet sich in der Via della Sanità die Catacombe di San Gaudioso, deren Zugang durch den Chor der Kirche Santa Maria Sanità führt.

★ Von Neapel nach Cuma · I Campi Flegrei

Die Landschaft der **Phlegräischen Felder** zieht sich 27 km westlich von Neapel um die Bucht von Pozzuoli. Zwar dampfen sie längst nicht mehr überall, aber immer noch erinnern Vulkankegel, Kraterseen sowie heiße Dampfquellen und brodelnde Schlammlöcher des Solfatara-Kraters oberhalb von Pozzuoli an die vulkanische Aktivität, weshalb die griechischen Bewohner sie die flammenden Felder (= Campi flegrei) nannten. Nach ihnen rückten die Römer heran und bebauten das Ufer mit Thermen und Villen, die jedoch teilweise unter Wasser gerieten, als sich die Erde der Felder senkte.

Pozzuoli

Städtisches Zentrum der Campi Flegrei ist das von den Griechen im 6. Jh. gegründete Pozzuoli (75 000 Einw.), das unter den Römern zur wichtigsten Hafenstadt am Golf wurde. Hier verbrachte übrigens Sofia Loren (geb. 1934) ihre Kindheit. Aufgrund der erheblichen **Bodenschwankungen**, eine Folge des Vulkanismus, musste die Altstadt 1970 evakuiert werden. Der aus dem Häusermeer hervorragende Dom S. Procolo wurde im 11. Jh. auf der Ruine eines römischen Tempels erbaut und später barockisiert. Das eindrucksvollste Zeugnis aus der Antike ist das 79 n. Chr. erbaute Amphitheater, **Anfiteatro Flavio**, das unmittelbar an der Hauptstraße, dem Corso Terracciano liegt. Es bot 40 000 Zuschauern Platz. Recht gut erhalten sind die unterirdischen Gewölbe, in denen die Kulissen und wilde Tiere untergebracht waren.

Im Anfiteatro Flavio in Pozzuoli

Nicht weit vom Hafen, in dessen Viertel vor allem vormittags ein bunter Obst-, Gemüse- und Fischmarkt stattfindet, liegt südlich der Via Sacchini das Macellum (auch Serapeum genannt), die Reste des berühmten **antiken Marktes** von Puteoli. Erhalten sind ein quadratischer Hof, auf den sich die ehemaligen Läden öffneten und den eine Säulenhalle umgab. Auf der einen Seite des Hofes stehen seit der Antike drei von Muscheln zerfressene Säulen, die vor Augen führen, dass sich das Gelände zeitweise rund 4 m unterhalb des Meeresspiegels befand. In den beiden Ecken rechts und links der Säulen lagen einst öffentliche Latrinen.

✶ Macellum

✶ ◄ Solfatara

Oberhalb von Pozzuoli, am östlichen Stadtrand, liegt Solfatara, der 770 m breite, flache Krater eines **halberloschenen Vulkans**. Aus seinen Ritzen steigen Dämpfe und Schwefelgase auf. Die Temperatur der Hauptfumarole beträgt 162 °C, die der kleineren um 100 °C.

Bei der Weiterfahrt auf der Via Domiziana erhebt sich rechts der 130 m hohe Monte Nuovo, der 1538 bei einem Vulkanausbruch entstanden war. Im Lago di Lucrino wurde in der Antike Austernzucht betrieben. Mauerreste erinnern an die Villen reicher Römer, die einst sein Ufer säumten. Von hier ist es nicht weit zum Lago d'Averno, den die Griechen für den **Eingang zur Unterwelt** hielten.

Baia Der kleine Küstenort Baia (4000 Einw.) an der Westseite des Golfes von Pozzuoli war in der Antike der berühmte Badekurort Baiae, daran erinnern die Überbleibsel der **römischen Thermen** (fälschlicherweise Tempio, Tempel genannt) im Parco Archeologico. Die Villen reicher Römer sind durch die Senkung des Bodens im Meer versunken. Bei einer Fahrt mit einem Glasbodenboot erkennt man auf dem Meeresgrund noch Grundmauern und Reste von Mosaikfußböden. Im trutzigen Kastell, im 16. Jh. oberhalb des Hafens erbaut, befindet sich das sehenswerte Museo Archeologico dei Campi Flegrei.

Bacoli Im nächsten Küstenort Bacoli (25 000 Einw.) lohnt die Besichtigung der am Südausgang des Ortes gelegenen **Piscina mirabilis**, der größten erhaltenen Zisterne der Antike. Aus dem 70 m langen und 30 m breiten Wasserreservoir, das 12 000 m³ fasste und dessen gewölbte Decke auf 48 starken Pfeilern ruht, wurde die römische Flotte von Miseum (dem heutigen Miseno) mit Süßwasser versorgt. Etwa 30 Fahrtminuten entfernt liegt der 167 m hohe Monte Miseno, ein aus dem Meer aufragender, auffallend gestalteten Krater. Von der Höhe bietet sich ein schöner Blick über die Golfe von Neapel und Gaeta.

Miseno ►

★ **Cuma** Nun kehrt man dem Kap den Rücken. Kurz vor Cuma passiert man den Lago di Fusaro; das Jagdschlösschen Casina del Fusaro auf einer künstlichen Insel entstand 1782 nach Plänen von Luigi Vanvitelli für Ferdinand IV. von Bourbon. Nach wenigen Kilometern erreicht man Cuma. Im 8. Jh. v. Chr. gründeten hier die Griechen Kyme, die erste Kolonie auf italienischem Festland. Seit 1926 wird hier ausgegraben. Gleich hinter dem Eingang befindet sich der Zugang zur Antro della Sibilla, der durch Vergils Schilderung bekannten **Höhle der Sibylle**.

Antro della Sibilla ►

Über das Kastell Baia blickt man am anderen Ufer auf Pozzuoli.

Aeneas soll hier an Land und sogleich zur »Riesenkluft der grausen Sibylle« gegangen sein, um Rat einzuholen: »Also kündet aus heiliger Tiefe die Weise von Cumae/Schaurigen Rätsels Geheimnis und dröhnt in dem Felsengewölbe ...«. Es handelt sich um einen 130 m langen trapezförmigen Gang, der in den Tuffstein gehauen wurde und durch Spalten Tageslicht erhält. Er endet in einem gewölbten Raum mit drei Nischen, der eigentlichen **Orakelhöhle**. Nicht zugänglich ist die Cripta Romana, ein aus der Zeit des Augustus stammender Tunnel, der unter der Akropolis hindurch zum Meer führt. Auf der Via Sacra gelangt man zur **Akropolis** hinauf, der eigentlichen griechischen Siedlung, mit Resten eines Apollotempels und eines Jupitertempels, der in frühchristlicher Zeit als Kirche diente. Vom Gipfel sieht man vom Capo Miseno bis Gaeta und zu den Ponza-Inseln.
Bereits außerhalb des Archäologischen Parks befindet sich links der Straße zum Lago del Fusaro das eingewachsene Amphitheater aus dem 1. Jh. v. Chr. Von der Straße nach Neapel aus sieht man den Arco Felice, einen 20 m hohen Torbogen aus Ziegelsteinen, der über die antike Via Domitiana führt.

★★ Von Neapel nach Salerno

Zwischen Neapel und Castellammare di Stabia erstreckt sich ein hässliches Häusermeer. Aus diesem Grunde und wegen der hohen Verkehrsdichte empfiehlt es sich, diese Strecke auf der Autobahn (A 3), wo möglich mit der S-Bahn hinter sich zu bringen.

Herkulaneum

►dort

★★ Vesuv

Der Vesuv, ital. Vesuvio, ist der einzige zeitweise noch **tätige Vulkan** auf dem europäischen Festland. Sein Alter beträgt rund 12 000 Jahre, damit ist er relativ jung. Seit seinem Ausbruch im August 79 n. Chr. besitzt er zwei Gipfel, den etwas niedrigeren Monte Somma und den eigentlichen Vesuvio mit 1281 m, dessen Krater einen Durchmesser von etwa 600 m und eine Tiefe von 216 m hat.
In der Antike galt er als erloschen, bis am 24. August des Jahres 79 n. Chr. ein gewaltiger Ausbruch erfolgte, der ►Pompeji, ►Herkulaneum, Stabiae und einige kleinere Orte vernichtete. Eine sehr eindrückliche Beschreibung der Ereignisse stammt von **Plinius d. J.** Er hielt sich zur Zeit des Ausbruchs bei seinem Onkel Plinius d. Ä. in Misenum auf, der Oberbefehlshaber der tyrrhenischen Flotte war und nach dem Ausbruch eine Rettungsaktion unternahm, allerdings in Stabiae an den frei werdenden Gasen erstickte.
In der Folgezeit zählte man bis zum Jahre 1139 fünfzehn weitere Ausbrüche, dann wuchs auf dem fast ruhenden Berg bis an den Krater heran ein dichter Buschwald. Im Jahre 1631 und zuletzt im März 1944 kam es erneut zu Ausbrüchen. Seither herrscht Ruhe. Der Vesuv ist aber nicht erloschen, ein Pfropfen in 3 km Tiefe »verstopft« den Schlot, darunter, in 5 bis 7 km Tiefe, brodelt das **Magma** weiter.

Die Besteigung des Vesuv ist heute kein Abenteuer mehr, obwohl er immer noch aktiv ist. Der letzte Ausbruch fand 1944 statt.

Die rund 600 000 Menschen in der unmittelbaren Umgebung des Vulkans leben mit der Gefahr. Im Unterschied zu früher registrieren heute jedoch seismografische Geräte alle Veränderungen, die im 1845 gegründeten Osservatorio Vesuviano ausgewertet werden. Der Aschenkegel und die jüngsten Lavaschichten sind nahezu vegetationslos; dagegen wachsen auf der fruchtbaren lavagefütterten Erde in mittlerer Höhe Eichen und Kastanien; in Lagen unter 500 m findet man Obst-, Oliven und Weinpflanzungen, u. a. kommt der Dessertwein Lacryma Christi von hier.

Ausgangspunkte für einen Besuch des Vesuvs sind Ercolano oder Torre del Greco. Eine gute Straße führt in zahlreichen Windungen aufwärts. Unterhalb des Kraters gibt es einen Parkplatz, von dem aus man den Kraterrand in einem 45-minütigen Fußmarsch erreicht (festes Schuhwerk). Der Vesuv ist heute **Nationalpark.**

? WUSSTEN SIE SCHON ...?

- Der Vesuv ist derart engmaschig mit Seismografen und Messgeräten bestückt, dass sogar die Körperwärme nächtlicher Besucher registriert wird, die zum romantischen Spaziergang über die Absperrung klettern.

Für die **Weiterfahrt** in Richtung Salerno nimmt man am einfachsten die Autobahn A 3 Neapel-Salerno, die man in Castellammare di Stabia verlässt. Alternativ bietet sich die SS 18 an, auf der man zunächst Torre del Greco (96 000 Einw.) passiert, das im Laufe der Geschichte wiederholt von Lava verschüttet oder durch Erdbeben zerstört wurde. Der Ort ist für seine Korallenverarbeitung bekannt, im Museo del Corallo sind einige Beispiele ausgestellt.

Torre del Greco ▶

Auch Torre Annunziata (60 000 Einw.) wurde mehrfach von Vesuvausbrüchen heimgesucht. Sehenswert ist die im Südosten der Stadt gelegene **römische Kaiservilla** aus dem 1. Jh. v. Chr. Die Villa Oplontis war ein prächtiger Landsitz, der vermutlich **Poppaea Sabina**

Torre Annunziata ▶

★ Villa Oplontis ▶

(30–65 n. Chr.) gehörte, der Ehefrau Neros, mit 37 Räumen, einem Atrium, Innenhöfen und Gärten sowie einem von Skulpturen umgebenen Schwimmbecken.

Castellammare di Stabia

Die als Hafen und Standort für Werften und Schwerindustrie bekannte Stadt Castellammare di Stabia (70 000 Einw.) liegt unterhalb des 1131 m hohen Monte Faito, auf den eine Seilbahn hinaufführt. Seit der Antike werden ihre **Thermalquellen** geschätzt. Erbaut wurde sie auf den Trümmern der römischen Stadt Stabiae, die 79 n. Chr. beim Vesuvausbruch zusammen mit Pompeji und Herkulaneum untergegangen war. Im Antiquario Stabiano, Via Marco Mario 2, sind zahlreiche Ausgrabungsfunde ausgestellt, die zum großen Teil aus den beiden römischen Villen Arianna und San Marco stammen. Die Scavi di Varano oberhalb von Castellammare sind zu besichtigen. Das namengebende Kastell stammt aus dem 9. Jh.
Am schnellsten und schönsten umfährt man jedoch die Stadt auf der Strada Panoramica, die am Park der Villa Quisiana vorbeiführt, ein im 14. Jh. erbautes Schloss, das im 19. Jh. zu einem Kurhotel umgebaut wurde.

★ Sorrent

Die Straße nähert sich nun dem Meer. Beim kleinen Badeort Vico Equense beginnt der weitgehend unzerstörte Küstenabschnitt, an dem kleine Badeorte liegen, die wie Sant'Angelo zu Sorrent (Sorrento) gehören. Sorrent selbst (17 000 Einw.) liegt inmitten üppiger Zitronen- und Orangengärten auf einem etwa 50 m hohen, jäh abfallenden und vom Meer unterspülten Tufffelsen. Es wurde von den Griechen gegründet und war schon in der Antike eine viel besuchte **Sommerfrische**. Auch heute sprechen schöne Villen und Hotels aus der **Belle Époque** – allesamt in blumenreichen Gärten versteckt – sowie gepflegte Uferpromenaden für die andauernde Beliebtheit des Badeorts. An der Steilküste liegen die beiden Häfen Marina Grande und Marina Piccola. Von der Villa Comunale, einem oberhalb der Marina Grande gelegenen schönen Stadtpark, hat man einen herrlichen Blick über den Golf. Ursprünglich war die Villa der Klostergarten des Franziskanerkonvents S. Francesco. Es lohnt ein Blick in die Barockkirche sowie den benachbarten, orientalisch anmutenden Kreuzgang aus dem 13. Jh.

★ ◂ Ausblick

Mittelpunkt des Ortes ist die Piazza Torquato Tasso mit der Marmorstatue des in Sorrent geborenen Dichters (1544–1595). Etwas westlich folgt der Dom SS Filippo e Giacomo, der zwar romanischen Ursprungs ist, im 20. Jh. jedoch seine heutige Fassade erhielt. Innen sind alte und neue Intarsien zu sehen, für deren Herstellung die Stadt berühmt ist. Mitten im Centro storico, an der Ecke Via Giuliani/Via Cesareo, steht die mit Fresken ausgemalte Loggia; in dem sog. Sedile Dominova tagten im 16. Jh. die adligen Stadträte. In der Via Correale 50 am Ortsrand befindet sich das Museo Correale mit einer archäologischen und einer kunsthandwerklichen Sammlung, Gemälden vom 16. bis 19. Jh. sowie Erinnerungsstücken an **Torquato Tasso**.

Halbinsel von Sorrent ✶ Die Landstraße führt von Sorrent an der Küste entlang und bietet immer wieder wunderschöne Ausblicke auf das Meer und die mit Oliven-, Wein oder Zitruskulturen bepflanzten Hügel. Hier liegen Massa Lubrense, ein viel besuchter Ferienort mit altem Stadtkern und Termini, das sich als Ausgangspunkt für einen Spaziergang an die äußerste Spitze der Peninsula Sorrentina, die Punta della Campanella, anbietet. Nur 6 km sind es von hier noch bis zur Insel Capri.

Sant'Agata sui due Golfi ► Der kleine Ort Sant'Agata Sui due Golfi liegt rund 400 m hoch auf einem Bergkamm oberhalb der beiden **Golfe von Neapel und Salerno** und ist vor allem Gourmetfreunden wegen des berühmten Restaurants Don Alfonso bekannt. Von hier kann man zur Piano di Sorrento weiterfahren, einer fruchtbaren und als Wohn- und Feriensitz beliebten Hochebene.

✶ Piano di Sorrento ►

Amalfitanische Küste ►Amalfitana

Salerno ►dort

Weitere Ziele in der Umgebung von Neapel

Nola Lohnend ist ein Besuch im 35 km östlich gelegenen Nola – in der Antike die wichtigste Stadt der Vesuvregion, deren Forum sich an der heutigen Piazza Duomo erstreckte. Ein Bronzestandbild erinnert an Kaiser Augustus, der in Nola im Jahre 14 n. Chr. verstarb.

Der Dom wurde Ende des 19. Jh.s neu erbaut. Von dem bei einem Brand zerstörten Vorgängerbau ist lediglich die Krypta erhalten, sie ruht auf den Grundmauern eines antiken Tempels. Auf einer benach-

Villen und Tempel zeugen davon, dass Sorrent und die gleichnamige Halbinsel schon zur Römerzeit ein beliebtes Ferienziel waren.

barten Piazza steht ein Denkmal für den Philosophen **Giordano Bruno**, der 1548 in Nola geboren und 1600 als Häretiker in Rom verbrannt wurde.

Avellino

Die Fahrt zum Santuario di Montevergine führt über die moderne, freundliche Provinzhauptstadt Avellino (56 000 Einw.), die am Rand der Hügellandschaft Irpinia liegt und von einem langobardischen Kastell überragt wird, in das man im 18. Jh. einen barocken Palast einbaute. Hauptsehenswürdigkeit ist das Museo Provinciale Irpino, ein archäologisch-historisches Museum, in dem Funde aus der Provinz ausgestellt sind.

? WUSSTEN SIE SCHON ...?

- In Nola soll im 5. Jh. n. Chr. der hl. Paulinus (354–431) die Kirchenglocken erfunden haben. Das wird am letzten Sonntag im Juni mit dem sog. Lilienfest gefeiert.

Montevergine

Den **Wallfahrtsort** Montevergine erreicht man von Avellino über eine kurvenreiche Straße oder, von Mercogliano aus, mit der Schwebebahn. Das Kloster geht auf den Anfang des 12. Jh.s zurück, als man es auf Fundamenten eines Kybele-Tempels erbaute, im 18. Jh. wurde es barockisiert. Verehrt wird ein **wundertätiges Marienbild** aus dem 13. Jh., das vor allem an Pfingsten und am 7./8. September zahlreiche Pilger in die Kirche führt. Oberhalb des Klosters ragt der Gipfel des Montevergine auf, von dem sich eine herrliche Aussicht auf den Golf von Neapel und Salerno sowie über die Irpinia bietet.

Caserta

►dort

Novara

E 7

Region: Piemont • Piemonte
Provinz: Novara
Höhe: 159 m ü. d. M.
Einwohnerzahl: 102 700

In Italien gilt Novara als die »lombardischste« Stadt des Piemont. Obgleich in der Antike wie im Mittelalter bedeutend, wird ihr Stadtbild heute nahezu lückenlos vom Neoklassizismus des 19. Jh.s geprägt – das Ergebnis einer gewaltigen Stadterneuerung, bei der die alten Festungsmauern durch breite Boulevards und die mittelalterlichen Gebäude durch neue Wahrzeichen ersetzt wurden.

Sehenswertes in Novara

✶ Duomo S. Maria Assunta

Der kolossale, neoklassizistische Dom wurde 1863–1869 nach Plänen von Antonelli an Stelle eines mittelalterlichen Vorgängerbaus erbaut, von dem Kampanile und Bodenmosaiken im Chor erhalten blieben. Die **Puttenreliefs** am Hauptaltar stammen von dem dänischen Bildhauer Bertel Thorvaldsen (1770–1844); Beachtung verdient eine »Mystische Vermählung der hl. Katharina«, die Gaudenzio Ferrari um 1530 schuf. Aus dem 5. Jh. stammt das frühchristliche Baptisterium gleich neben dem Dom, ein achteckiger Ziegelbau mit Fresken des 10. Jh.s.

Baptisterium ►

Broletto Nördlich des Doms befindet sich der Broletto, einst ein Komplex der Stadtregierung, mit seinem hübschen Hof. Der Eingang liegt in den Arkaden des Palazzo del Podestà, rechts schließt sich der Palazzo dei Paratici, im 12./14. Jh. Sitz der Handwerker, an; die Front bildet der Palazzo del Comune aus dem frühen 13. Jh. Im Palazzo dei Paratici sind das Städtische Museum und die Gallerie d'Arte Moderna mit Werken des 19. Jh.s untergebracht.

NOVARA ERLEBEN

AUSKUNFT

Baluardo Quintino Sella 40
28100 Novara, Tel. 03 21 39 40 59
Fax 03 21 63 10 63,
www.turismonovara.it

ESSEN

► Fein & Teuer

Tantris
Corso Risorgimento 384, Località Vignale Nord, Tel. 03 21 65 73 43
Etwa 3 km nördlich von Novara finden Sie dieses elegante Gourmetrestaurant. Da es sich herumgesprochen hat, dass die Küche hier ganz besondere Köstlichkeiten zaubert, sollten Sie reservieren.

► Erschwinglich

La Granseola
Baluardo Lamarmora 6
Tel. 03 21 62 02 14, Novara; Mo. geschl. In dem netten Lokal in einem ehem. Palazzo, nicht weit vom Zentrum, werden vor allem traditionelle Fischgerichte zubereitet.

► Preiswert

I Due Ladroni
Corso Cavallotti 15, Novara
Tel. 03 21 62 45 81
Beliebte Osteria mit breitgefächertem Speisenangebot, viele nationale Klassiker, Spezialitäten aus dem Piemont.

ÜBERNACHTEN

► Komfortabel

Italia
Via Paolo Solaroli 8/10
28100 Novara
Tel. 03 21 39 93 16, Fax 03 21 39 93 10
www.panciolihotels.it
Exklusives Ambiente in allen Ecken strahlt dieses moderne, großzügig geschnittene Hotel aus. Empfehlenswert ist auch das schicke Restaurant La Famiglia.

Croce di Malta
Via Biglieri 2/a, 28100 Novara
Tel. 0 32 13 20 32, Fax 03 21 62 34 75
Modernes Hotel garni im Zentrum Novaras, angenehmer Komfort.

Europa
Corso Cavallotti 38/a
28100 Novara
Tel. 0 32 13 58 01, Fax 03 21 62 99 33
www.spacehotels.it
Zentral gelegenes Hotel mit modernem Komfort und ansprechenden Zimmern.

◄ Piazza della Libertà

Durch die Portiken der Via Rosselli geht es weiter zur arkadengesäumten Piazza Martiri della Libertà mit dem Standbild Vittorio Emanuele II., Teatro Coccia, Palazzo del Mercato und dem imposanten Castello Sforzesco aus dem 14. Jh., das später als Sitz der Mailänder Fürsten erweitert wurde.

S. Gaudenzio

Über den Corso Italia und durch die Via G. Ferrari gelangt man zur Kirche S. Gaudenzio mit der gigantischen, 121 m hohen **Kuppel**, die Antonelli 1844–1888 über der Vierung errichtete; der Kampanile stammt von 1786, die Kirche selbst wurde ab 1577 bis Mitte des 17. Jh.s nach Plänen von Pellegrino Tibaldi erbaut und ist mit Fresken von Tanzio di Varallo (1629), einem hölzernen Kruzifix und einem Polyptychon (1516) von Gaudenzio Ferrari ausgestattet. Das Gotteshaus birgt die Urne des **hl. Gaudenzio**, des ersten Bischofs und Schutzheiligen von Novara († 413).

Umgebung von Novara

Magenta

Eine historische Schlacht wurde in Magenta, 13 km östlich von Novara ausgetragen: Hier siegten am 4. Juni 1859 Franzosen und Piemontesen über die Österreicher, die daraufhin die Lombardei räumten; in S. Martino erinnert ein Ossarium an diese Schlacht. Für Kunstfreunde interessanter ist das nahegelegene Abbiategrasso durch die Renaissancevorhalle, die der berühmte Architekt **Bramante** 1497 der gotischen Kirche S. Maria anfügte.

◄ Abbiategrasso

Lomellina

Zwischen dem Ticino und dem Po erstreckt sich die Lomellina, das zweitgrößte Reisanbaugebiet in Italien. Mit seinen jahreszeitlich wechselnden, endlosen Wasserflächen, grünen oder strohgelben, von Pappelreihen unterbrochenen Feldern, bietet sich hier eine reizvolle Landschaft. Den leider weniger idyllischen Alltag früherer Zeiten beschreibt der Film »Bitterer Reis«, 1949 mit Anna Magnani verfilmt.

◄ Vercelli

Hauptort der Lomellina ist das 23 km südwestlich von Novara gelegene Vercelli (49 200 Einw.), dessen herausragende Sehenswürdigkeit die viertürmige Kirche S. Andrea ist. Das 1219–1227 errichtete Gotteshaus war einst Teil eines Klosters und zählt zu den **ersten gotischen Bauwerken Italiens**. Im Norden der Stadt erhebt sich der majestätische Dom, der aus einer frühchristlichen Basilika in mehreren Phasen vom 16. bis 19. Jh. entstand. Hier sind einige Mitglieder des Hauses Savoyen beigesetzt. Einen Besuch wert ist die Dominikanerkirche S. Cristoforo mit ihren herrlichen, 1529–1534 entstandenen Fresken von Gaudenzio Ferrari. **Hochkarätige Malerei** erwartet Kunstliebhaber im Museo Borgogna, zur Sammlung zählen Werke von Tizian, Sodoma d. J., L. Carracci und Angelika Kauffmann.

★

◄ Vigevano

Vigevano , 27 km südöstlich von Novara und Zentrum der italienischen Schuhindustrie, besitzt einen der schönsten Plätze der **italienischen Frührenaissance**: die an drei Seiten von einheitlichen Arkaden eingefasste Piazza Ducale und die Rocca Vecchia, die durch einen

Wehrgang mit dem 1491–1494 von Ludovico il Moro ausgebauten Castello Sforzesco verbunden ist. Das Museo Civico am Corso Cavour 82 informiert u. a. über Geschichte und Kultur des Schuhs.

✶ **Santuario della Madonna d'Oropa**

Herrliche Panoramen eröffnet die Fahrt in die Berge hinauf zum Santuario della Madonna d'Oropa, der **meistbesuchten Wallfahrtsstätte des Piemont**. Im mächtigen Barockkomplex steht die frühbarocke Basilika von 1600–1606 mit dem Gnadenbild, der Schwarzen Madonna, die auf 1294 datiert wird. Links der Anlage steigt der Sacro Monte mit zwölf Kapellen von 1620–1720 an.

✶ Monte Mucrone, Monte Camino ►

Bei der Chiesa Nuova beginnen die Seilbahnen zum **Rifugio Rosazza**, Stützpunkt eines beliebten Ski- und Wandergebiets. Von hier kann man zum Lago del Mucrone und zum Monte Mucrone aufsteigen (rund 2 Std.). Vom Rifugio Rosazza fährt eine Kabinenbahn zum Monte Camino mit herrlicher Aussicht auf Monte Rosa und Matterhorn.

✶ **Panoramica Zegna**

Die 26 km lange Panoramica Zegna zwischen Rosazza und Trivero ist nach ihrem Initiator benannt, dem Textilfabrikanten **Ermenegildo Zegna**; von der Straße erschließen 25 markierte Wander-, Fahrrad- oder Langlaufwege die Landschaft. In Trivera (Via Marconi) betreibt der Nobelschneider einen Laden. Entspannung bietet der schön gelegene See von Viverone mit seinen Badeanstalten am Ostufer. Im See wurden Reste von rund 3000 Jahre alten Pfahlbaudörfern gefunden.

Lago di Viverone ►

✶ Orvieto

K 17

Region: Umbrien • Umbria

Provinz: Terni

Höhe: 325 m ü. d. M.

Einwohnerzahl: 20 800

Zwei Dinge haben Orvieto weltberühmt gemacht: Der wunderschöne, mit Marmor verkleidete Dom und der weiße »Orvieto classico«. Zwei gute Gründe für einen Besuch in dem umbrischen Städtchen.

Auf Tuff gebaut

Von welcher Seite man auch ankommt, immer bietet Orvieto, das auf einem wie eine Insel aus dem Paglia-Tal aufragenden **Tuffsteinplateau** liegt ein imposantes, unvergessliches Bild. An der höchsten Stelle erhebt sich der Dom. Die Altstadt macht einen eher kleinstädtischen, fast ärmlichen Eindruck. Der Tufffelsen wurde über Jahrhunderte für Keller, Werkstätten, Brunnen etc. durchlöchert, so dass er den Belastungen durch Verkehr und Abgase nicht mehr gewachsen ist. Seit Ende der 70er-Jahre wird unter großem Aufwand versucht, den Felsen zu sichern.

Geschichte

Die ursprünglich etruskische Siedlung entwickelte sich bis zum 3. Jh. v. Chr. zu einer bedeutenden Stadt, wovon noch viele Nekropolen in

Orvieto Orientierung

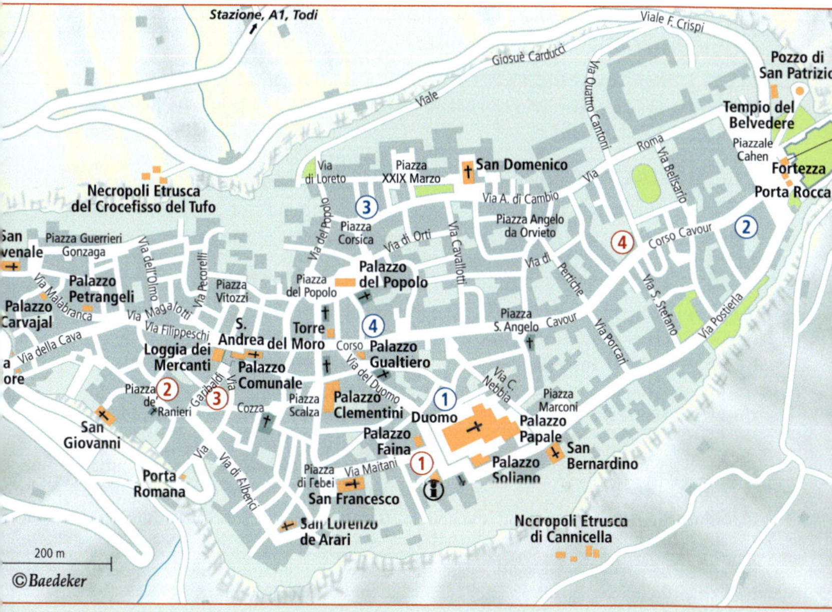

Übernachten
① Maitani
② Palazzo Piccolomini
③ Aquila Bianca
④ Corso

Essen
① Giglio d'Oro
② Osteria San Patrizio
③ La Volpe e l'Uva
④ Del Moro

der Umgebung zeugen. Ab 264 v. Chr. römisch und »urbs vetus« genannt, wurde sie zur Zeit der Völkerwanderung von Goten und Langobarden in Besitz genommen. Ab Mitte des 12. Jh.s war Orvieto ein selbstverwalteter Stadtstaat von Gnaden der **Päpste**, die zeitweise hier Hof hielten; den Kriegen zwischen den adligen Familienclans setzte Kardinal Albornoz durch den Bau der Rocca 1364 ein Ende. Nach der Herrschaft einiger Signorien gehörte die Stadt von 1449 bis 1860 zum Kirchenstaat.

Entstehung des Fronleichnamsfestes

Das bei Orvieto gelegene Bolsena war 1263 Schauplatz eines Wunders: Damals stritt man heftig über die Frage, ob sich Brot und Wein beim Abendmahl in Leib und Blut Christi verwandeln oder diese lediglich symbolisieren. In seiner Ratlosigkeit bat ein ein Prister Gott um ein Zeichen. Als er wenig später die Messe las, tropfte Blut aus der Hostie auf das Kelchtuch. Papst Urban IV. führte daraufhin das Fronleichnahmsfest ein und ließ bewusstes Tuch als Reliquie im Dom von Orvieto aufbewahren. Bei einer Prozession zu Fronleichnahm wird das Corporale durch die Straßen getragen.

ORVIETO ERLEBEN

AUSKUNFT

Piazza Duomo 24, 05018 Orvieto
Tel. 07 63 34 17 72, Fax 07 63 34 44 33
www.orvietoturismo.it

VERANSTALTUNGEN

Am Pfingstsonntag wird bei der »Festa della Palombella« zu Mittag die Ausgießung des Heiligen Geistes »nachgespielt«.
Zu Fronleichnam, einem Kirchenfest das in Bolsena seine historische Wurzel hat, trägt man das blutbefleckte Kelchtuch in einer Prozession durch die Straßen.

ESSEN

► Fein & Teuer

① ***Giglio d'Oro***
Piazza Duomo 8, Orvieto
Tel. 07 63 34 19 03; Mi. geschl.
Elegantes Restaurant mit gediegener Tischkultur und vorzüglichen Spezialitäten aus der Region. Im Sommer werden Sie direkt auf der wunderschönen Piazza Duomo bedient.

► Erschwinglich

② ***Osteria San Patrizio***
Corso Cavour 312, Orvieto
Tel. 07 63 34 12 45; So. abends, Mo. geschl. Gepflegte Osteria an der Hauptstraße nahe der Piazza Sant'Angelo, breitgefächertes Speisenangebot, auch internationale Klassiker.

► Preiswert

③ ***La Volpe e l'Uva***
Via Ripa Corsica 1/2, Orvieto
Tel. 07 63 34 16 12; Mo., Di. geschl.
Das beliebte Lokal in der Altstadt von Orvieto ist längst kein Geheimtipp mehr (abends Vorbestellung notwendig!). Doch die große Popularität hat der Qualität keinen Abbruch getan, die Preise sind moderat.

④ ***Del Moro***
Via San Leonardo 7, Orvieto
Tel. 07 63 34 27 63; Fr. geschl.
Zentral gelegenes Restaurant mit ungezwungenem Ambiente in einem Palazzo aus dem 16. Jh. In vier Speisesälen auf drei Stockwerken wird Küche nach Hausfrauenart serviert.

ÜBERNACHTEN

► Komfortabel

① ***Maitani***
Via Maitani 5
05018 Orvieto
Tel. 07 63 34 20 11, Fax 07 63 34 20 12
www.hotelmaitani.com
Traditionsreiches Hotel garni nahe der Piazza Duomo, wunderschöne Zimmer mit alten Stilmöbeln, von der Frühstücksterrasse bietet sich ein herrlicher Blick auf den Dom.

② ***Palazzo Piccolomini***
Piazza Ranieri 36, 05018 Orvieto
Tel. 07 63 34 17 43, Fax 07 63 39 10 46
Aufwändig restaurierter Palazzo aus dem 16 Jh. mit schönem Terrakotta-Fußboden, komfortable und modern eingerichtete Zimmer.

► Günstig

③ ***Aquila Bianca***
Via Garibaldi 13, 05018 Orvieto
Tel. 07 63 34 12 46, Fax 07 63 34 22 73
Im Herzen der Altstadt befindet sich dieses alteingesessene Hotel, das historisches Ambiente und geräumige Zimmer anzubieten hat.

④ ***Corso***
Corso Cavour 343, 05018 Orvieto
Tel. und Fax 07 63 34 20 20
www.hotelcorso.net
Kleines Hotel in zentraler Lage mit familiärer Atmosphäre, einfache und gepflegte Zimmer.

Sehenswertes in Orvieto

Porta Maggiore

In etruskischer Zeit betrat man die Stadt durch die in den Fels gehauene Porta Maggiore. Heute empfiehlt sich von hier ein Gang auf der Stadtbefestigung zur kleinen Kirche S. Giovanni Evangelista, begonnen 1704. Besonders malerisch zeigt sich Orvieto im westlichen Stadtteil um die Via Cava mit engen Gassen und typischen Tuffsteinhäusern. Beim Haus Nr. 26 kann man in den Pozzo della Cava von 1527 hinuntersteigen.

★ ◄ Via Cava

Die lebhafte Piazza della Repubblica wird beherrscht vom Palazzo Comunale, 1216–1219 errichtet und vom orvietanischen Baumeister Ippolito Scalza 1573–1581 umgebaut. Links von ihm steht die Kirche S. Andrea mit ihrem dick geratenen zwölfeckigen Kampanile aus dem 11. Jh.

★ ◄ Piazza della Repubblica

Weiter geht es den Corso Cavour entlang, die Einkaufs- und Flaniermeile. Im Haus Nr. 21 befindet sich das älteste Café der Stadt, das Montucci. Links ragt der **Torre del Moro** auf, schräg gegenüber liegt der lang gestreckte Palazzo Gualterio mit einem überladenen Spätrenaissanceportal von Scalza aus dem Jahr 1550.

★ ◄ Corso Cavour

★ Palazzo del Popolo

Nur einige Schritte weiter öffnet sich die Piazza del Popolo, die donnerstags und samstags als Marktplatz dient. Der wuchtigen Tuffsteinblock ist der Palazzo del Popolo, erbaut im 13. Jh. und seit 1990 Kongresshaus, mit dem typisch orvietanischen Detail des schachbrettartigen Reliefbands, das die Triforienfenster einrahmt. Die ursprünglichen Schwalbenschwanzzinnen wurden im 20. Jh. »verschönert«. Von der Piazza del Popolo lohnt ein Abstecher in die nördliche Altstadt zum Rest der 1280 erbauten Kirche **S. Domenico**. In ihrem Innern befindet sich das Grabmal des Kardinals Guillaume de Braye von **Arnolfo di Cambio** (1285) und das Holzkruzifix, das zu Thomas von Aquin sprach, als er 1263 im Konvent tätig war. Unter der Chorapsis liegt die Cappella Petrucci, eine der schönsten Raumlösungen der Renaissance (Michele Sanmicheli, 1518).

! *Baedeker* TIPP

Buon appetito

In Orvieto gibt es mehrere sehr gute Restaurants. Die Trattoria Etrusca, etwa 100 m vom Dom entfernt, ist zwar längst kein Geheimtipp mehr, trotzdem serviert hier nach wie vor gut gelauntes Personal raffinierte umbrische Küche (Via Maitani 10, Tel. 07 63 34 40 16).

Dom

Der Dom von Orvieto ist eines der schönsten Bauwerke der italienischen Gotik. Von der Grundsteinlegung im Jahr 1290 durch Papst Nikolaus IV. bis zur Fertigstellung im 17. Jh. waren zahlreiche Baumeister und Künstler beschäftigt, von denen besonders der sienesische Architekt und Bildhauer **Lorenzo Maitani** (um 1270–1330) zu erwähnen ist. Er leitete den Bau von 1308 bis 1330, fügte die Strebebögen an und entwarf die Fassade, für die ihm der Dom in Siena als

★ ★ ◄ Fassade

Der Dom Santa Maria überstrahlt die Altstadt von Orvieto.

Vorbild diente. Die vier **Marmorreliefs** von Maitani und anderen Künstlern in der untersten Zone sind Meisterwerke der hochmittelalterlichen Bauplastik, insbesondere die beiden äußeren, die von links betrachtet die Schöpfungsgeschichte, alttestamentarische Szenen, Leben Christi, Jüngstes Gericht schildern. Die Bronzetüren des Hauptportals schuf Emilio Greco 1964 bis 1970, die Evangelistensymbole über dem Gesims wurden im 14. Jh. in Orvieto oder Perugia gegossen, die Mosaiken schließlich entstanden ab 1325 nach Maitanis Entwürfen. Ein Werk von **Orcagna** ist die große Fensterrose von 1354; sie wird flankiert von Propheten und Apostelfiguren.

Der basilikale, noch sehr romanisch wirkende Innenraum nimmt die Schwarzweißbänderung auf. Künstlerisch bedeutend sind die beiden Kapellen rechts und links der Vierung. Die **Cappella Nuova** (Cappella di S. Brizio, rechts) wurde, nachdem Fra **Angelico und Gozzoli** bereits zwei Gewölbefelder ausgemalt hatten, von **Luca Signorelli** 1499–1502 ausgestaltet; Themen dieses Höhepunkts der italienischen Renaissancemalerei sind die Taten des Antichrist und das Weltende, die äußerst expressiv dargestellt werden. In der Cappella del Corporale gegenüber steht der kostbare Schrein für das blutbefleckte **Corporale von Bolsena**, ein Werk des sienesischen Goldschmieds Ogolino di Vieri von 1338. Gegenwärtig wird das Tuch in dem großen Marmortabernakel von Orcagna aus dem Jahr 1358 gezeigt. Die 1357–1364 von Ugolino di Prete Ilario geschaffenen Fresken erzählen vom Wunder und der Geschichte des Messtuchs. Vom selben Künstler sind die Chorfresken, das Glasfenster entstand 1325, das intarsierte Chorgestühl des Sienesen Giorgio Ammannati 1331–1340.

✶ Cappella del Corporale ►

✶ **Museo Faina**

Der schlichte Palazzo gegenüber dem Dom beherbergt das Museo Claudio Faina mit einer Sammlung etruskischer und griechischer Vasen sowie das Städtische Archäologische Museum, das eine »Venus von Cannicella« birgt. Im romanisch anmutenden Palazzo Soliano an der Südseite des Domplatzes ist das Dommuseum untergebracht; es zeigt schöne Goldschmiedearbeiten und ein Polyptychon von Si-

Palazzo Soliano ►

mone Martini. Moderner geht es im Erdgeschoss zu, wo sich das Museo **Emilio Greco** befindet; von Greco (1913–1995) stammt das umstrittene Hauptportal des Doms. Etwas versteckt zwischen Dom und Palazzo Soliano liegen die Papstpaläste aus der Zeit von 1262–1284, die sich seit der Restaurierung als ein zusammenhängender Bau präsentieren. Das Museo Archeologico Nazionale präsentiert Funde aus dem Stadtbereich und den etruskischen Nekropolen.

◄ Palazzi Papali

Am Ostrand des Plateaus wurde in den Resten der Festung aus dem 14. Jh. ein hübscher Park angelegt. Von der Bergstation der Seilbahn geht es hinunter zu dem 1527–1537 von Antonio da Sangallo im Auftrag von Papst Clemens VII. ausgehobenen Brunnen Pozzo di San Patrizio. In den 62 m tiefen Schacht führt eine **doppelte Wendeltreppe**, so dass die ab- und aufsteigenden Esel sich nicht behinderten. Westlich des Brunnens stehen nahe am Abhang die Reste eines etruskischen Heiligtums, das wegen seines schönen Ausblicks Tempio del Belvedere genannt wird.

★ **Pozzo di S. Patrizio**

◄ Tempio del Belvedere

Unter den etruskischen Nekropolen ist die **»Crocifisso del Tufo«** genannte, unterhalb der Stadt in der Via F. Crispi gelegene interessant. Das rechtwinklige Straßennetz und die kleinen, gewölbten Grabhäuschen aus Tuffstein – meist aus dem 6./5. Jh. v. Chr. – erinnern tatsächlich an eine Totenstadt.

Etruskische Nekropolen

Ostia

M 14

Region: Latium • Lazio **Provinz:** Roma
Höhe: 3 m ü. d. M.

Wer Ostia sagt, kann dreierlei meinen: Zum einen den 5000 Einwohner zählenden Ort Ostia Antica rund um das Kastell, das Kardinal della Rovere im 15. Jh. hier errichten ließ, zum andern den bei Italienern beliebten, kilometerlangen Sandstrand oder aber das Grabungsgelände der antiken Hafenstadt. Vor allem Letzteres ist für Reisende ein Erlebnis.

Ostia wurde 355 v. Chr. als Castrum an der Straße zu den Salinen an der Tibermündung (lat. »ostium«) gegründet. Durch die wachsende Bedeutung der römischen Flotte und des Mittelmeerhandels entwickelte sich Ostia zum wichtigen **Umschlagplatz für die Versorgung der Hauptstadt**. Während der Kaiserzeit (1./2. Jh. n. Chr.) zählte die Stadt zwischen 50 000 bis 100 000 Einwohner. Mit der Zerstörung des römischen Reichs durch die Goten versank Ostia in Bedeutungslosigkeit, der Hafen versandete, die Bewohner flüchteten vor Malaria. Im Mittelalter dienten die Bauten als Steinbruch. Seit 1909 wird das antike Ostia systematisch ausgegraben.

Der Hafen Roms

OSTIA ERLEBEN

AUSKUNFT

Via Rosa Raimondi Garibaldi 7
00145 Rom
Tel. 06 5 16 81, Fax 06 51 68 41 34
www.ostiaonline.it/turismo.htm

ESSEN

► Erschwinglich

Cipriani
Via del Forno 11, Ostia Antica
Tel. 06 56 35 29 56
Hübsches Restaurant in einem mittelalterlichen Gebäude, feine Küche.

Peppino A Mare
Lungomare Vespucci 102
Lido di Ostia
Tel. 06 56 32 02 47
Genießen Sie direkt an der Promenade vorzügliche Fischgerichte und den schönen Blick auf Meer.

ÜBERNACHTEN

► Luxus

Satellite Palace
Via delle Antille 49
00121 Lido di Ostia
Tel. 0 65 61 83, Fax 0 65 69 59 93
www.satellitepalacehotel.com
Attraktives Hotel mit eleganter Einrichtung und allem Komfort. Wunderschöne Zimmer.

► Komfortabel

Tirrenia
Lungomare Paolo Toscanelli 74
00122 Lido di Ostia
Tel. 06 56 30 41 92, Fax 06 56 32 48 50
www.hotel-tirrenia.com
Nahe am Strand gelegenes Hotel garni mit relativ einfacher Ausstattung, zweckmäßige und sehr gepflegte Zimmer, netter Frühstücksraum.

✶✶ Grabungsgelände Ostia Antica

Stimmungsvolle antike Stadt

Die alte Hafenstadt Roms, die heute durch die Aufschüttungen des Tibers etwa 4 km von der Küste entfernt liegt, ist nach ► Pompeji und ► Herkulaneum die ausgedehnteste und eindrucksvollste Grabungsstätte Italiens. Ein Gang durch das stimmungsvolle Gelände vermittelt ein anschauliches Bild vom **städtischen Leben in der Antike**. Der größte Teil der freigelegten Ruinen stammt aus dem 2. bis 4. nachchristlichen Jahrhundert. Von der dicht bewohnten Stadt sind Reste vier- oder **fünfgeschossiger Mietshäuser** (lat. »insulae«) erhalten, wie man sie auch im kaiserlichen Rom baute. Im Erdgeschoss befanden sich meist Läden und Werkstätten, während sich die Fenster der darüber liegenden Wohnungen zur Straße oder auf großzügige Innenhöfe öffneten. Am Nordende des Cardo Maximus, mit eigener Zufahrt, zeigt das sehenswerte Museo Ostiense in einem Salzhaus aus dem 15. Jh. Skulpturen, Reliefs, Fresken und Mosaiken aus Ostia.

Gräberstraßen

Hinter dem Eingang zum Grabungsgelände, noch vor der Porta Romana, liegen an der alten Via Ostiensis sowie an der Via delle Tombe ausgedehnte Reihen von Gräbern aus der Zeit der Republik. Hinter der **Porta Romana**, dem wichtigsten der drei Stadttore, beginnt der über 1 km lange Decumanus maximus, die Hauptstraße. Links der Piazzale della Vittoria, benannt nach einem Standbild der Minerva Victoria, liegen Ruinen eines Speichers aus dem ersten vorchristlichen Jahrhundert. Es folgen die Thermen des Neptun mit einem schönen Mosaik im Eingangssaal, das den Gott mit Fischen und anderen Tieren zeigt, sowie den Heizinstallationen in den Baderäumen an der Nordostecke. Von der Terrasse öffnet sich ein guter Blick über das Grabungsgelände. Nördlich steht die **Kaserne der »Vigiles«**, d. h. der Polizei und der Feuerwehr.

◄ Thermen des Neptun

Theater

Am Decumanus erreicht man nun das Theater aus der Zeit des Augustus, das unter Septimius Severus erweitert wurde und etwa 2700

Ostia antica Orientierung

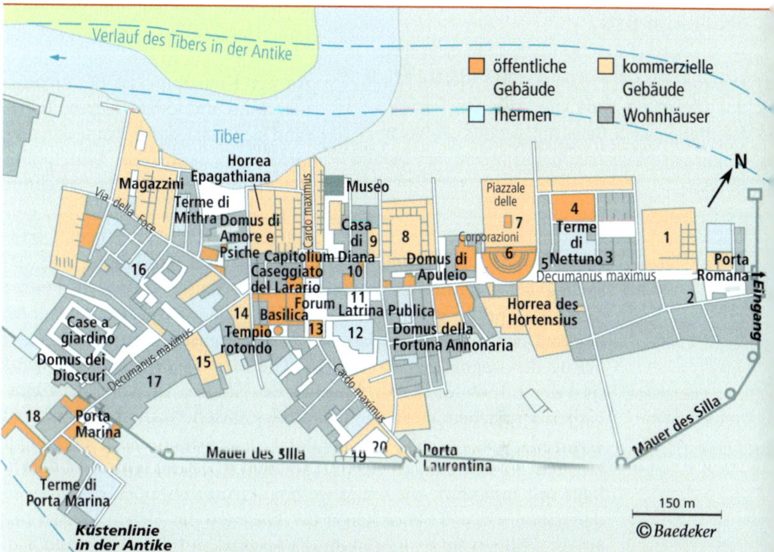

1 Magazzini Antoniniani (Lagerhaus)
2 Statue der Minerva Victoria
3 Mosaik (Hochzeit des Neptun und der Amphitrite)
4 Caserma dei Vigiles (Feuerwehrkaserne)
5 Caupona (Taverne) des Fortunatus
6 Theater
7 Tempel der Ceres
8 Grandi Horrea (Große Speicher)
9 Caseggiato dei Mulini (Häuserblock mit Mühlsteinen)
10 Caseggiato del Thermopolium (Häuserblock mit einer Garküche)
11 Statue der siegreichen Roma
12 Terme del Foro (Thermen des Forums)
13 Tempel der Roma und des Augustus
14 Macellum e botteghe dei pescivendoli (Fleisch- und Fischmarkt)
15 Schola del Traiano
16 Caseggiato del Serapide e Terme dei Sette Sapienti (Häuserblock der Serapis und Thermen der Sieben Weisen)
17 Häuserblock »della Fontana a Lucerna«
18 Mausoleum
19 Tempel der Magna Mater
20 Heiligtum des Attis

Sitzplätze bot. Von der Höhe der Sitzstufen sieht man über die Ausgrabungen, besonders auf den Piazzale delle Corporazioni mit den Säulen des Ceres-Tempels in der Mitte. Der Platz war einst das Geschäfts- und Handelszentrum von Ostia; die Säulenhallen ringsum beherbergten siebzig Kontore (lat. »scholae«) – jedes mit einem Mosaik, das meist die Art der Güter und die Destination darstellte – von Agenturen, die den Frachtverkehr mit den überseeischen Häfen vermittelten. Das gut erhaltene **Mithras-Heiligtum** (Mitreo delle Sette Cieli) neben dem Theater gehört zum Wohnhaus des Marcus Apuleius Marcellus, das nach pompejanischem Muster mit Atrium und Peristyl gebaut wurde. Weiter stehen am Decumanus auf einem Unterbau vier kleine Tempel aus dem 2. Jh. v. Chr., an die ein großer Speicher anschließt. An der Via della Casa di Diana findet man links ein gut erhaltenes Thermopolium, eine Schenke mit gemauertem Schanktisch.

Piazzale delle Corporazioni ►

Großer Speicher Thermopolium ►

! *Baedeker* TIPP

Theater in Ostia

Im Sommer ist das Theater in Ostia Schauplatz eines vielfältigen Programms mit Theater, Musik und Filmen. Bis Ende Juni findet das Festival Internazionale di Ostia Antica statt, die Veranstaltungen im Juli und August besorgt das Teatro di Roma.

Forum Kapitol

An der Kreuzung von Decumanus maximus und Cardo maximus befand sich einst das Forum, der religiöse und politische Mittelpunkt der Stadt. Hier steht das mächtige Kapitol aus dem 2. Jh. n. Chr., einziges weitgehend erhaltenes Bauwerk Ostias. Der **Ziegelbau mit einer breiten Freitreppe** war ursprünglich mit Marmor verkleidet. Unter Kaiser Trajan entstanden die Curia und ihr gegenüber die Basilica, in der das Gericht tagte. An der Südseite des Forums lag der Roma-Augustus-Tempel mit einer Statue der siegreichen Roma. Die Thermen südöstlich des Forums sind die größten der Stadt. Westlich des Kapitols ist die Horrea Epagathiana zu sehen, ein beeindruckendes Speicherhaus mit hübschem Tor und zweistöckigem Arkadenhof. In derselben Gasse gegenüber hat sich im Domus von Amor und Psyche, einem **typischen Wohnhaus mit Innenhof**, ein sehenswerter Marmorfußboden erhalten. In der nahen Via della Foce liegen die Thermen der Sieben Weisen mit einem schönen Bodenmosaik im Kuppelsaal, auf dem Jäger und Tiere dargestellt sind. Neben den Thermen kann man die Reste eines mehrstöckigen Mietshauses, des so genannten Hauses der Wagenlenker, entdecken.

Horrea Epagathiana, Domus di Amore e Psiche ►

Basilica, Schola di Traiano

Zurück zum Decumanus maximus. Hier sieht man rechter Hand zunächst die Basilica aus dem 4. Jh., die einzige christliche Kirche, die in Ostia bisher bekannt ist. Schräg gegenüber liegt die Schola di Traiano (2./3. Jh.), das Versammlungshaus der Schiffbauer, so benannt nach einer dort gefundenen Trajans-Statue. Zuvor standen hier Wohnhäuser, von denen in der südöstlichen Ecke ein Peristyl mit einem Nymphäum übrig blieb. Dahinter folgt der 108 m lange

Häuserblock »della Fontana a Lucerna« mit einer **Ladenstraße** im Erdgeschoss, gegenüber ein Häuserkomplex, der um Gärten gruppiert war und mit Mosaiken und heizbaren Baderäumen gehobenen Standard zeigte. Der Decumanus Maximus endet an der Porta Marina.

✶ Padua · Padova

E 13

Region: Venetien • Veneto
Höhe: 12 m ü. d. M.
Provinz: Padova
Einwohnerzahl: 212 000

Im Mittelalter zog die Universität Padua allerhand Prominenz an: Hier lehrten Albertus Magnus und Galileo Galilei, zu den berühmtesten Studenten zählen Kopernikus und Torquato Tasso. Heute sind es die von Giotto freskierte Capella degli Scrovegni und die Pilgerstätte Basilica di Sant'Antonio, die Gäste in die Stadt führen.

Geschichte

Laut **Homer** wurde die Stadt von dem mythischen Helden Antenor nach dem Fall seiner Heimatstadt Troja gegründet. Tatsächlich war sie eine Siedlung der Veneter. Mit Beginn der Kaiserzeit war das römische Patavium eine der reichsten Städte Italiens. Hier lebte **Titus Livius** († 7 n. Chr.), der Hofhistoriker des großen Augustus. Allerdings erinnert heute nur wenig an diese Zeit, da die Stadt 452 von den Hunnen und 601 von den Langobarden zerstört wurde. Vom 11. bis zum 13. Jh. war Padua ein freier Stadtstaat. 1222 öffnete die nach Bologna zweitälteste und bis heute hoch angesehene Universität ihre Tore. 1337 fiel die Stadtregierung an das Haus Carrara, 1405 an die Republik Venedig, bei der sie bis 1797 verblieb. Künstler schufen hier hervorragende Kunstwerke, darunter die beiden Florentiner Giotto (1267–1337) und Donatello (1382–1466). Ihr Einfluss war nachhaltig; einen weiteren Höhepunkt erlebte die Stadt durch ihren Maler **Andrea Mantegna** (1431–1506), der als Neuerer in der Darstellung der Perspektive gilt.

Sehenswertes in Padua

✶ Chiesa degli Eremitani

Die im 13. Jh. erbaute Kirche degli Eremitani wurde im Zweiten Weltkrieg stark zerstört. Betroffen waren leider auch die Fresken in der **Ovetarikapelle** von Andrea Mantegna, von denen sich nur zwei Bilder teilweise erhalten haben. Die Chorkapelle ist mit herrlichen Fresken ausgemalt, die Guariento, einem Schüler Giottos, zugeschrieben werden. Im benachbarten, ebenfalls rekonstruierten Kreuzgang befindet sich das Museo Civico, zu dem auch das Archäologische Museum und die Pinakothek gehören. Letztere zeigt venezianische und flämische Malerei des 15. bis 18. Jh.s, darunter Bilder von Giotto, Guariento, Bellini, Veronese und Tintoretto.

◀ Museo Civico Eremitani

Padua Orientierung

Essen

① Antico Brolo
② Antica Osteria L'Anfora

Übernachten

① Majestic Toscanelli
② Igea

★★ **Cappella degli Scrovegni**

Durch das Museum gelangt man in die Cappella degli Scrovegni, auch Arenakapelle genannt (Öffnungszeiten: tgl. 9.00–19.00 Uhr, Anmeldung zur Besichtigung Tel. 04 98 20 45 50 13). Sie entstand 1303–1305 auf dem Gelände des römischen Amphitheaters (Arena) als Hauskapelle eines später abgerissenen Palastes. Auftraggeber war Enrico Scrovegni. Dante hatte in seinem »Inferno« geschrieben, dass er den durch Wuchergeschäfte reich gewordenen **Reginaldo Scrovegni** in der Hölle getroffen habe, und sein Sohn Enrico Scrovegni habe diese Hauskapelle als Sühne für die Sünden seines Vaters bauen lassen. Für die Ausmalung im Innern wurde der damals als sehr »modern« geltende Giotto aus Florenz geholt. In einem einzigartigen Freskenzyklus schildert er die Lebensgeschichte Marias und Jesu in einem dramatischen, gleichwohl **wirklichkeitsnahen Stil**, für den er damals berühmt war. Besonders eindrucksvoll sind in der dritten

Reihe, wo die Leidensgeschichte dargestellt wird, der »Judaskuss« und die »Beweinung«. Die Madonnenstatue am Altar schuf Giovanni Pisano 1306.

Die beiden schönen Plätze Piazza della Frutta und Piazza dell'Erbe bilden den eigentlichen Mittelpunkt der Stadt. Hier findet täglich Paduas Obst- und Gemüsemarkt statt. Zwischen den Plätzen liegt der 1218 als Gerichtssitz erbaute Palazzo della Ragione mit zwei stämmigen Arkadenreihen und einem auffälligen **Kielbogendach**. Die Wände des Salone im ersten Stock sind mit Fresken aus dem 15. Jh. bedeckt. Im Osten schließt der Palazzo Comunale an, im Mittelalter Sitz des Bürgerrats, heute Rathaus.

✶ **Palazzo della Ragione**

PADUA ERLEBEN

AUSKUNFT

Galleria Pedrocchi, 35137 Padova
Tel. 04 98 76 79 27, Fax 0 49 65 07 94
www.turismopadova.it

PADOVA CARD

Bevor Sie das erste Museum in Padua besuchen, sollten Sie sich die Padova Card zulegen: Für nur 14 Euro können Sie mit dieser Karte gleich mehrere Sehenswürdigkeiten besichtigen. Erhältlich ist die 48 Std. gültige Karte bei der Touristinformation. Karten für die Scrovegnikapelle sollten drei Tage im Voraus gebucht oder gekauft werden:
Tel. 04 92 01 00 20.

ESSEN

► Fein & Teuer

① ***Antico Brolo***
Corso Milano 22, Padua
Tel. 0 49 66 45 55
Im ehemaligen Garten des Klosters S. Maria della Misericordia liegt dieses elegante Restaurant, das für feine romagnolische Küche bekannt ist.

► Erschwinglich

② ***L'Anfora***
Via dei Soncin 13, Padua
Tel. 0 49 65 66 29
Symphatische Osteria mit guter Mittags- und Abendküche. Gelegentlich auch Livemusik.

Caffè Pedrocchi
Via VIII. Febbraio 15, Padua
Das 1831 in klassizistischem Stil erbaute Kaffeehaus ist eine Institution in Padua.

ÜBERNACHTEN

► Luxus

① ***Majestic Toscanelli***
Via dell'Arco, 35122 Padua
Tel. 0 49 66 32 44
Fax 04 98 76 00 25
www.toscanelli.com
Mitten in der Altstadt und dennoch ruhig ist dieses alteingesessene Hotel, das über ganz unterschiedlich eingerichtete Zimmer verfügt.

► Komfortabel

② ***Igea***
Via Ospedale 87, 35121 Padua
Tel. 04 98 75 05 77
Fax 0 49 66 08 65
www.hoteligea.it
Großer Vorteil des Stadthotels: es liegt direkt beim ausgeschilderten Ospedale Civile, ist leicht zu finden und zu Fuß zu erreichen.

Piazza dei Signori

Dom ►

Baptisterium ►

An der Piazza dei Signori stand einst der Palazzo der **Familie Carrara**. Nach deren Sturz errichteten die Venezianer die Säule mit dem Markuslöwen. Die Piazza wird heute von eleganten Gebäuden aus dem 16. Jh. gesäumt. Nahe dabei erheben sich der 1582 geweihte Dom Santa Maria Assunta und das romanische Baptisterium aus dem 12./13. Jh., das von den Carrara zum Familiengrab umgewandelt wurde. Im Innern ist es mit schönen Fresken ausgemalt, die Giusto de' Menabuoi um 1375 schuf.

Universität

Östlich des Palazzo della Ragione liegt die Universität, in deren schönen Hof man Wappen berühmter Gelehrter und Studenten findet. Sehenswert, wenn auch nur selten zugänglich, ist das sog. **Teatro anatomico**, ein Vorlesungssaal für die angehenden Mediziner. Anlässlich der Renovierung der Universität 1936–1942 wurden zahlreiche Wände mit Fresken geschmückt, in einige Räumen hängen Werke zeitgenössischer Künstler, so etwa im Appartamento del Rettore Bilder von Gino Severini, Filippo De Pisis und Antonio Fasan. In den studentischen Aufenthaltsräumen kann man Fresken von Giorgio Peri und Antonio Morato entdecken.

**** Sant'Antonio**

Die von den Paduanern kurz **»Il santo«** genannte Kirche Sant'Antonio steht im Süden Paduas. Alljährlich im Juni pilgern Hunderttausende Gläubige aus aller Welt zum Grab des hl. Antonius. Der 1195 in Lissabon geborene Franziskaner und berühmte Kirchenlehrer leb-

Zu Römerzeiten wurden am Prato della Valle Wagenrennen ausgetragen, heute umstehen Statuen illustrer Paduaner den ovalen Wassergraben.

te in Padua, wo er 1231 starb. Den Bau seiner **Grabkirche** begann man schon ein Jahr nach seinem Tod 1232. Mit ihrer breiten Eingangsfront, sechs Kuppeln, minarettartigen Türmen und zierlichen Blendarkaden unter den Traufen ist sie eine fantastische Mischung aus romanischen, gotischen und byzantinischen Stilformen.
Die Kirche ist mit bemerkenswerten Kunstwerken ausgestattet: Im linken Querschiff befindet sich die Cappella dell'Arca del Santo, die Grabkapelle des Heiligen mit neun Hochreliefs aus dem 16. Jh. u. a. von J. Sansovino und T. Lombardi. Der Hochaltar ist in großen Teilen so rekonstruiert, wie **Donatello** ihn 1446–1450 geschaffen hatte, auch die Bronzeskulpturen sind von ihm. Die Cappella Luca Belludi, links vom Hochaltar, ist mit Fresken von Giusto Menabuoi geschmückt, die Fresken in der Cappella di San Felice im rechten Querschiff schuf Altichieri 1372–1377. In einem Ausbau des Chorumgangs, der Cappella del Tesoro von 1690, befinden sich kostbare Goldschmiedearbeiten und Reliquien. Im Süden stoßen vier schöne Kreuzgänge, entstanden zwischen dem 13.–16. Jh., an.

◄ Museo Antoniano

Das Museo Antoniano im Innern der Basilika birgt Werke von Tiepolo, Tizian, Mantegna und Studien Donatellos.

★★ **Reiterdenkmal des Gattamelata**

Auf dem Platz vor Sant'Antonio steht das mächtige Reiterdenkmal des Gattamelata. Donatello schuf die erste freistehende Statuengruppe dieser Art seit der Antike. Auftraggeber war der venezianische Söldnerführer Erasmo da Narni, der wegen seiner Verschlagenheit den Namen Gattamelata (»gefleckte Katze«) trug. An der Südseite der Piazza befindet sich die Scuola del Santo. Im ersten Stock sind auf 18 Fresken die **Wunder des hl. Antonius** dargestellt, drei davon schuf Tizian 1511. Im Oratorio San Giorgio von 1377 erzählen Fresken von Altichieri und Avanzo verschiedene religiöse Szenen.

◄ Scuola del Santo

Prato della Valle

Im 18 Jh. wurde an der Stelle des antiken Theaters der Prato della Valle, ein von einem Kanal umschlossener kleiner Park, angelegt, auf dessen Brüstung **87 Statuen** verdienter Paduaner stehen.

◄ S. Giustina

Die mächtige Kirche Santa Giustina ist ein Renaissancebau aus dem 16. Jh.; im Innern befindet sich eine »Marter der hl. Justina« von Paolo Veronese. In einem Korridor des alten Benediktinerklosters, der sich hinter dem rechten Querschiff befindet, trifft man auf die Grablege der Venezianer Nonne Lucrezia Cornelia Piscopia, der ersten weiblichen **»Dottoressa«** der Welt, die 1684 an der Paduaner Universität promovierte. Zwischen Sant'Antonio und Prato della Valle erstreckt sich der 1545 zum Studium der Heilpflanzen angelegte Botanische Garten Paduas, wohl der älteste seiner Art in Europa.

★ ◄ Orto Botanico

★ Colli Euganei

Südwestlich von Padua ragen aus der Po-Ebene recht unvermittelt die bis zu 600 m hohen Euganeischen Hügel empor, an deren Hängen Wein und Obst angebaut werden. Schon den Venetern bekannte

Heilquellen haben Abano Terme, Montegrotto Terme, Battaglia Terme und Galzignano Terme zu viel besuchten Kurorten mit gepflegten Kurhotels und Parkanlagen gemacht.

✶ Abbazia di Praglia ▶ 4 km westlich von Abano liegt die Abbazia di Praglia, die auf eine im 11. Jh. gegründete Benediktinerabtei zurückgeht. Die Kirche entstand 1490–1560 nach Plänen von Tullio Lombardo. Die heute hier lebenden Mönche sind auf die Restaurierung alter Handschriften und Bücher spezialisiert.

Arquà Petrarca ▶ Der 1304 in Arezzo geborene Humanist und Dichter **Francesco Petrarca** zog sich im Alter in das beschauliche Arquà Petrarca zurück. In dem hübschen Ort steht noch das Haus, in dem er 1374 starb. Sein Marmorsarkophag befindet sich vor der Kirche.

Monselice Im Süden der Euganeischen Hügel liegen die drei hübschen mittelalterlichen Städte Monselice, Este und Montagnana. In Monselice (17 000 Einw.) lohnt das mit Möbeln aus dem Mittelalter und der Renaissance eingerichtete Castello Ca' Marcello einen Besuch.

Este ▶ Este (18 000 Einw.) war neben Padua einst das bedeutendste Zentrum der Veneter. Es hat sich seinen mittelalterlichen Stadtkern und Reste des **Kastells der Familie Carrara** bewahrt. Auf dem Gelände der Burganlage liegt der Palazzo Mocenigo, Sitz des Museo Nazionale Atestino mit einer interessanten vorgeschichtlichen und römischen Sammlung.

✶ Montagnana ▶ Das nahegelegene Montagnana (9000 Einw.; etwa 15 km westlich von Este) besitzt eine der schönsten **mittelalterlichen Stadtbefestigungen** Europas: einen geschlossenen Mauerring mit 24 zinnengekrönten Türmen aus der Mitte des 14. Jh. Der im 15. Jh. erbaute gotisch-romanische Dom wird Sansovino zugeschrieben; in seinem Innern befindet sich eine »Verklärung« von Veronese.

✶ Riviera del Brenta

Brenta-Kanal Trotz viel befahrener Uferstraßen und starker Zersiedelung lohnt die Fahrt von Padua nach Venedig mit dem Auto oder mit dem Ausflugsboot auf der kanalisierten Brenta. Allein an diesem Abschnitt liegen rund 70 Villen, die sich reiche Venezianer zwischen dem 16. und 18. Jh. als Sommersitze errichten ließen.

Villa Pisani-Nazionale ▶ Am Ortsende von Stra steht in einem Park die **Villa Pisani**, auch Villa Nazionale genannt. Die fünfflügelige schlossähnliche Anlage mit über 100 schön ausgestatteten Räumen entstand bis 1756 für den Dogen Alvise Pisani und kann nur mit Führung besichtigt werden. In Dolo baute Vincenzo Scamozzi, ein Schüler Palladios, 1596 die Villa Ferretti-Angeli. Die Villa Contarini dei Leoni in Mira, dem Hauptort am Brenta-Kanal, beherbergt die Stadtbibliothek. Fresken von Michelangelo Schiavoni birgt die Villa Barchessa Valmarana. Ihr gegenüber steht die im 18. Jh. erbaute Villa Widmann mit ihren Fresken von Angeli und Zanchi. In Malcontenta baute der berühmte Architekt **Palladio** 1550–1560 die Villa Foscari, auch La Malcontenta genannt.

★ Paestum

P 19/20

Region: Kampanien • Campania **Provinz:** Salerno
Höhe: 18 m ü. d. M.

Die majestätischen Tempelruinen von Paestum sind das bedeutendste Monument griechischer Baukunst auf dem italienischen Festland. Der heutige Ort ist von der Landwirtschaft geprägt, vielfach sieht man weidende Büffel, deren Milch den beliebten Mozzarella ergibt.

Geschichte

Griechen aus Sybaris gründeten im 6. Jh. v. Chr. die nach dem Meeresgott benannte Stadt **Poseidonia**, die sich zu einem blühenden Handelszentrum entwickelte. Um 400 wurde sie von den Lucaniern, einem einheimischen Volksstamm, und schließlich 273 v. Chr. von den Römern erobert, die sie in Paestum umbenannten. Im Laufe der Kaiserzeit und im Mittelalter verlor sie wieder an Bedeutung, als sich im Umland Malaria ausbreitete und Sarazenenüberfälle im 9. Jh. die Küstenorte unsicher machten, flohen die letzten Einwohner ins höher gelegene Landesinnere. Die alte Stadt diente fortan als Steinbruch, u. a. für den Normannenherzog Robert Guiscard, der hier riesige Steinblöcke und Säulen für den Dom in Salerno herausbrechen ließ. Die Stadt geriet in Vergessenheit bis sie 1752 zufällig wieder entdeckt wurde. Man kann sich die Überraschung und spätere Begeisterung ausmalen, die aufkam, als die Arbeiter für den Bau einer Küstenstraße in dem völlig zugewachsenen Gelände auf einmal vor den Überresten einer Geisterstadt standen: den **überwältigenden Ruinen** der antiken Siedlung Paestum.

! *Baedeker* TIPP

Büffelstark

Da Büffelmozzarella schnell den Geschmack verliert und nur maximal fünf Tage in der Lake haltbar ist, wird der Weichkäse inzwischen bevorzugt aus Kuhmilch hergestellt. In und um Paestum verkaufen aber viele Läden den »echten« Mozzarella, den man unbedingt versuchen sollte.

★★ Zona Archeologica

Stadtmauer

Das Gebiet der antiken Stadt, von der bislang nur ein Teil freigelegt wurde, ist von einer 4,75 km langen, ca. 5 m starken und von vier Toren unterbrochenen Stadtmauer (Cinta muraria) umgeben, die zum Teil sehr gut erhalten ist.

Basilika

Hauptsehenswürdigkeit sind die drei griechischen Tempel dorischer Bauordnung aus gelbem Travertin. Der älteste ist die so genannte Basilika aus dem 6. Jh. v. Chr. Jüngere Forschungen ergaben, dass der Tempel **Hera** geweiht war. Seine Säulen, je neun an den Schmalseiten,

18 an den Längsseiten, verjüngen sich nach oben und sind bauchig; Kern des Tempels ist eine zweischiffige Cella mit Vorhalle, Hauptraum und einem nach außen abgeschlossenen Rückraum.

Tempio di Nettuno

Der benachbarte, fälschlich Neptun- oder auch Poseidontempel genannte Bau war ebenfalls der Göttin Hera geweiht. Er ist der jüngste und besterhaltene Tempel, ein herrliches Beispiel der **formenstrengen Baukunst** des 5. Jh.s v. Chr. Die Säulen, je sechs an den Schmal- und 14 an den Längsseiten, tragen das fast vollständige Gebälk und die Frontgiebel, im Innern ist die Cella von zwei Säulenreihen in drei Gänge geteilt.

Forum

Etwa 200 m nördlich vom so genannten Neptuntempel kommt man zum Forum, das in römischer Zeit an der Stelle der griechischen Agora angelegt wurde. Es war von einem Portikus mit spätdorischen Säulen umgeben, in dem Ladengeschäfte untergebracht waren. Um das Forum herum lagen Curia und Comitium (Versammlungsort des Magistrats und der Stadtbewohner), der 273 v. Chr. erbaute Kapitolstempel und das Sportzentrum. Das kleine Amphitheater wird heute durch die Straße halbiert. Das griechische Bouleuterion (Ratsgebäude) überbauten später die Römer.

***Paestum** Orientierung*

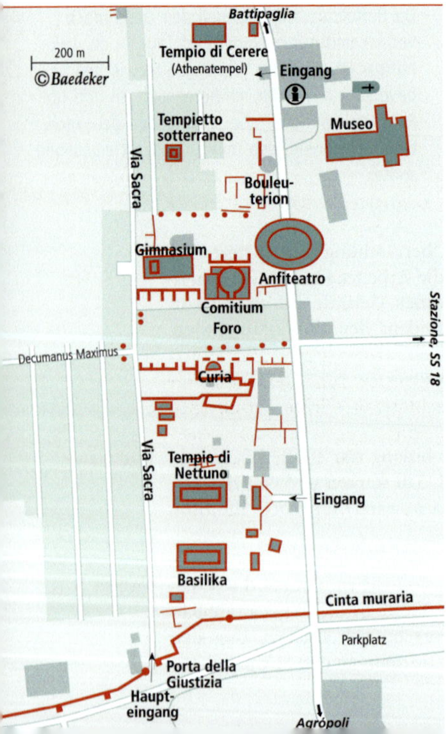

Am Tempietto sotterraneo, einem unterirdischen Heiligtum vorbei, gelangt man zum so genannten **Cerestempel, Tempio di Cerere**, der allerdings Athena geweiht war. Mit seinen je sechs Säulen an den Schmal- und 13 an den Längsseiten ist er der kleinste Tempel des Gebiets. Er entstand vermutlich Ende des 6. Jh.s v. Chr. An seinem Giebel, der ionische Einflüsse erkennen lässt, sind Spuren von Stuck und Bemalung zu erkennen. Sein Kern besteht aus einer zweiräumigen Cella.

Das **Museum** verfügt über eine bedeutende Sammlung griechisch-unteritalischer Altertümer. Unter den Exponaten befinden sich **Grabfunde** aus den griechischen und lukanischen Nekropolen aus dem 6. bis 4. Jh. v. Chr., so etwa attische und unteritalische Vasen, Statuen, Schmuck, Münzen und Waffen. Eine Besonderheit sind die bemalten Steinplatten, Wände oder Deckel der Grabkammern. Die berühmteste Darstellung stammt aus dem Grab des Tauchers (Tomba del Tuffatore) und entstand um 480 v. Chr: Sie zeigt einen Mann, der in makelloser Haltung kopfüber (vielleicht ins Reich der Toten) springt. Herausragend sind auch die Architekturfragmente der drei großen Tempel.

★ Parma

F 10

Region: Emilia-Romagna
Höhe: 52 m ü. d. M.
Provinz: Parma
Einwohnerzahl: 167 000

Ohne Zweifel versteht man es in Parma gut zu leben: Die kulinarischen Spezialitäten Parmesankäse und Parmaschinken klingen bereits im Stadtnamen an. Doch auch künstlerisch beweist die Stadt Geschmack: Parma ist ein Musikzentrum Italiens mit besonders fachkundigem und kritischem Publikum. Schattenseite: Der Glanz der Stadt ruft zunehmend auch »Touristennepper« auf den Plan.

Eleganz und Wohlstand

Parmas Stadtbild bietet eine sympathische Mischung von eindrucksvollen mittelalterlichen Bauten aus der Zeit der freien Stadtrepublik und eleganten Palästen und Parks, die an die **höfische Vergangenheit** erinnern; elegante Geschäfte demonstrieren dezent den allgemeinen Wohlstand – Parma gilt als eine der reichsten Städte des Landes –, Delikatessenläden, Cafés und Restaurants zeigen, dass sich hier viel ums Essen dreht. Der Torrente Parma, ein Nebenfluss des Po, teilt die Stadt in das historische Zentrum zwischen Domplatz und Palazzo Pilotta und in die alten Handwerkerviertel.

Geschichte

Parma ist eine ursprünglich etruskische Stadt, die von den Römern seit dem 2. Jh. v. Chr. als Station an der Via Emilia ausgebaut wurde. Im Mittelalter war sie Mitglied des Lombardischen Bundes und fiel nach wechselnden Herrschaften an den Kirchenstaat. 1545 erhob Papst Paul III. Parma zusammen mit Piacenza zum Herzogtum für seinen Sohn **Pier Luigi Farnese**. Eine Blütezeit erlebte Parma 1816 bis 1847, als die aufgeklärte und tolerante österreichische Kaisertochter **Maria Luisa**, die heute noch verehrte zweite Ehefrau Napoleons I., die Regierung übernahm. Duchessa heißt nicht nur eine Schokoladentorte, sondern auch eine mit Parmesan und Schinken gefüllte Kalbsroulade.

Parma war stets ein wichtiges kulturelles Zentrum. Hier lebten und wirkten die Hauptbegründer der Malerschule von Parma und Vorläufer des Manierismus Antonio Allegri, genannt **Correggio** (1489–1534), der große Meister des Helldunkel, und **Il Parmigianino** (1503–1540), ein bedeutender Porträtist und Radierer. Die Musiktra-

PARMA ERLEBEN

AUSKUNFT

Via Melloni 1/9, 43100 Parma
Tel. 05 21 21 88 89, Fax 05 21 23 47 35
www.comune.parma.it
www.turismo.parma.it

EINKAUFEN

Elegante Mode, Feinkostläden und Konditoreien gibt es in den Straßen Strada Garibaldi, Strada Cavour, Strada Mazzini und Strada della Rebubblica. Großer Kleidermarkt (Mi. und Sa. vorm.) auf der Piazza della Ghiaia.

ESSEN

► Fein & Teuer

① ***Parizzi***
Strada della Repubblica 71, Parma
Tel. 05 21 28 59 52
Elegantes, alteingesessenes Gourmetrestaurant in einem schönen Palazzo im Zentrum Parmas. Für seine kreative Küche auf Basis traditioneller Gerichte wurde Marco Parizzi mit einem Michelin-Stern geehrt.

► Erschwinglich

② ***La Filoma***
Via XX Marzo 15, Parma
Tel. 05 21 20 61 81
Nur wenige Schritte vom Dom entfernt befindet sich dieses berühmte Lokal, in dem typische Gerichte der Region auf den Tisch kommen.

③ ***Trattoria del Tribunale***
Vicolo Politi 5, Parma
Tel. 05 21 28 55 27; Di. geschl.
In der Altstadt liegt diese reizende Trattoria, die eine umfangreiche Speisekarte zu bieten hat.

► Preiswert

④ ***Antica Cereria***
Borgo Tanzi 5, Parma
Tel. 05 21 20 73 87
Gemütliches Lokal im historischen Zentrum, vorzügliches Essen und eine tolle Weinkarte mit gut 300 Etiketten.

ÜBERNACHTEN

► Luxus

① ***Star Hotel Du Parc***
Viale Piacenza 12/c, 43100 Parma
Tel. 05 21 29 29 29, Fax 05 21 29 28 28
www.starhotels.it
Traditionsreiches Luxushotel nur wenige Schritte von der Innenstadt entfernt, attraktive und stilvoll eingerichtete Zimmer, vornehmes Restaurant.

► Komfortabel

② ***Daniel***
Via Gramsci 16, 43100 Parma
Tel. 05 21 99 51 47, Fax 05 21 29 26 06
Bequemes Hotel mit gutem Komfort in der Nähe des Hospitals, das dazugehörige Restaurant Cocchi ist bekannt für vorzügliches Essen und einen beeindruckenden Weinkeller.

③ ***Savoy***
Via 20 Settembre 3/a, 43100 Parma
Tel. 05 21 28 11 01, Fax 05 21 28 11 03
www.savoyparma.it
De günstige Lage in der Altstadt und die hübschen Zimmer mit individueller Einrichtung sprechen für dieses Hotel.

► Günstig

④ ***Button***
Via della Salina 7
43100 Parma
Tel. 05 21 20 80 39, Fax 05 21 23 87 83
Geschmackvoll eingerichtete Zimmer bietet dieses komplett modernisierte Haus, das im Herzen von Parma in der Nähe der wichtigsten Sehenswürdigkeiten liegt.

dition beruht auf den vielen berühmten Parmensern: Verdi (► Cremona), Arturo Toscanini, Paganini sowie Carlo Bergonzi, der gefeierte Tenor. Stendhal, der sich einige Zeit hier aufhielt, machte die Stadt zum Schauplatz seines Romans »Die Kartause von Parma«.

Sehenswertes in Parma

Piazza Garibaldi

Schon seit römischer Zeit ist die weite Piazza Garibaldi Mittelpunkt der Stadt. Hier stehen der Palast des Statthalters aus dem 13. Jh. mit eindrucksvoller Fassade und der Palazzo del Comune, das Rathaus. Von der Piazza gelangt man durch die belebte Strada Cavour und die Strada al Duomo zum Domplatz, an dem das Bischöfliche Palais, der Palazzo del Vescovado, aus dem 13. Jh. liegt. An der Ostseite zieht der Dom die Blicke auf sich, eine romanische Pfeilerbasilika aus dem 12. Jh., dessen breite Fassade zusammen mit dem hohen Kampanile ein eindrucksvolles Ensemble bildet. Im Inneren sind besonders die **Kuppelfresken von Correggio** aus der Zeit zwischen 1526–1530 beachtenswert, die Mariens Himmelfahrt zeigen. Im rechten Querschiff befindet sich eine Kreuzabnahme von Benedetto Antelami von 1178. Reste eines frühchristlichen Bodenmosaiks und schöne Säulen findet man in der Krypta. Die **Taufkirche**, ein mächtiger achteckiger Bau aus rosafarbenem Veroneser Marmor, wurde 1196–1260 von Benedetto Antelami im romanisch-gotischen Stil erbaut, auch die Reliefs an der Fassade und im Innern sind von ihm. Unter der Kuppel zeigt ein Freskenzyklus Szenen aus dem Leben Christi.

* ◄ Dom

Romanischer Dom und Kampanile

Die Kirche **San Giovanni Evangelista** hinter dem Dom wurde 1510 im Renaissancestil erbaut. Die Barockfassade und der schlanke Glockenturm folgten bis 1614. Die schönen Kuppelfresken schuf Correggio 1521–1523; sie erzählen aus der Offenbarung des hl. Johannes. Die Bogenfresken der ersten, zweiten und vierten Kapelle links stammen von Parmigianino. Die benachbarte »Storica Farmacia di San Giovanni Evangelista« stammt aus dem 13. Jh., ihre **Renaissanceeinrichtung** mit den Mörsern, Töpfen und geschnitzten Regalen aus dem 16. Jh.

◄ Storica Farmacia

Palazzo della Pilotta

Vom Domplatz führen die Strada al Duomo und Pisacane zum Piazzale Marconi im Westen. Hier erhebt sich der Palazzo della Pilotta, der 1583–1622 erbaute, jedoch unvollendet gebliebene Sitz der Farnese. Benannt wurde er nach dem baskischen Ballspiel, das in seinen Innenhöfen gespielt wurde.

Parma Orientierung

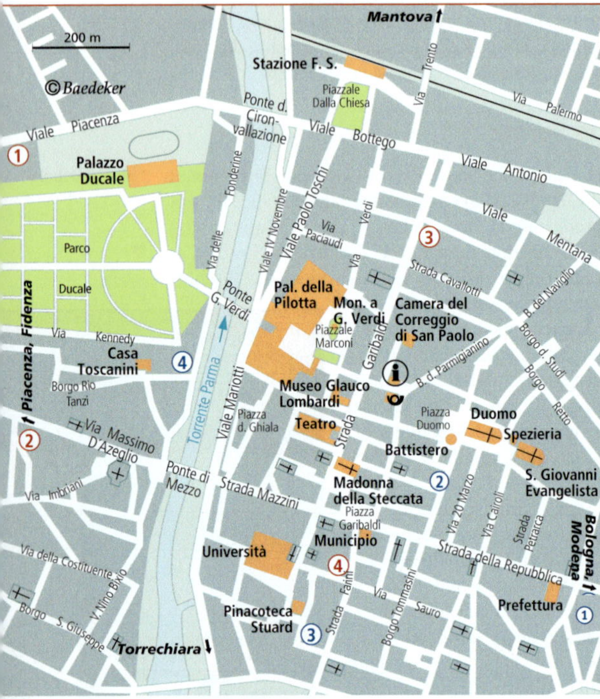

Essen
① Parizzi
② La Filoma
③ Trattoria del Tribunale
④ Antica Cereria

Übernachten
① Starhotel Du parc
② Daniel
③ Savoy
④ Button

✶ Museen ►

In dem Gebäude sind mehrere Museen, die Biblioteca Palatina und das **Teatro Farnese**, eines der schönsten Beispiele früher Bühnenkunst, untergebracht. Der Architekt Giovanni Battista Aleotti entwarf es 1620. Die Galleria Nazionale zeigt Gemälde der Emilianer, Toskaner und Venezianer Malschulen vom 14. bis 16. Jh., darunter Correggios »Madonna mit dem hl. Hieronymus« und eine Kopfstudie von Leonardo da Vinci. Das Museo Archeologico Nazionale birgt griechische, italische und etruskische Fundstücke; das Museo Bodoniano erinnert an den Schriftkünstler Giambattista Bodoni (1768–1813).

Camera del Correggio

In der Nähe befindet sich im ehemaligen Benediktinerinnenkloster die Camera del Correggio, auch di San Paolo genannt. Der Raum ist mit Fresken des jungen Correggio von 1518 und 1519 ausgemalt, darunter sind auch die berühmten **»Putti del Correggio«**.

Museo Glauco Lombardi

Einen Besuch ist auch das Museo Glauco Lombardi an der Piazza della Pace wert. Die Gemälde und Kunstgegenstände, darunter Arbeiten von Watteau, Fragonard und anderen französischen Malern, stammen größtenteils aus dem Besitz der Kaiserin Maria Luisa.

Die schöne Kuppelkirche Madonna della Steccata schräg gegenüber wurde 1521–1539 nach dem Vorbild der Peterskirche in Rom erbaut. Im Innern sind Fresken von Parmigianino sowie die Gräber der Farnese und Bourbonen zu beachten.

S. Madonna della Steccta

Durch die Strada Mazzini und über den Ponte di Mezzo geht es nun auf die andere Uferseite in den Oltretorrente bzw. Parma Vecchio genannten Teil der Stadt. Hier steht, ziemlich am Anfang der Strada Massimo d'Azeglio, die Kirche **Santissima Annunziata**, ein Barockbau von 1566 mit eigenartigem Grundriss und kühner Kuppel.

Oltretorrente Parma Vecchio

Das Geburtshaus des berühmten Dirigenten Arturo **Toscanini** (1867–1957) im Borgo Rodolfo Tanzi 13 zeigt interessante Erinnerungsstücke. Weiter nördlich erstreckt sich der große Parco Ducale. Er wurde im Auftrag der Farnese im 16. Jh. von dem Franzosen Petito angelegt und von dem Bildhauer Boudard mit Skulpturen geschmückt. Der Herzogspalast am Rand des Parks ist von 1564.

Casa Natale di Arturo Toscanini

Umgebung von Parma

Eine Burg aus dem 15. Jh. mit Festungsmauern, Ecktürmen und einem Bergfried überragt das 17 km südlich von Parma gelegene Dorf Torrechiara. Die sehenswerte Camera d'Oro (Goldsaal) ist mit bemalten Wandfliesen und Fresken geschmückt.

Torrechiara

Die Burg von Torrechiara dominiert die Landschaft bei dem gleichnamigen Ort.

Langhirano ✶✶

Prosciutto di Parma ►

9 Mio. Schinken werden jährlich in der Provinz Parma produziert, 80 % davon allein in dem Städtchen Langhirano (23 km südlich von Parma). Die rund 200 Schinkenproduzenten sind im Consorzio del Prosciutto di Parma zusammengeschlossen, der über die Qualität des mit einer geschützten Ursprungsbezeichnung versehenen **Schweineschinkens** wacht. Die Schweine entstammen kontrollierten Zuchtunternehmen. Zum Zeitpunkt der Schlachtung müssen sie mindestens neun Monate alt sein und 150 kg auf die Waage bringen. Die von Fett und Schwarte befreiten hinteren Keulen werden zunächst mit Meersalz eingerieben. Nach einer Ruhepause von zwei Monaten beginnt die eigentliche Reife. Diese Zeit hängen die Schinken in lang gestreckten Hallen und sind verschiedenen Luftzirkulationen ausgesetzt. In der letzten Phase der insgesamt 12- bis 15-monatigen Reifung wird der Schinken mit gesalzenem und gepfeffertem Schweineschmalz bestrichen. Besteht er die abschließende Überprüfung, bekommt er das **Markenzeichen des Consorzio** eingebrannt, z. B. die fünfzackige Krone der Farnese, der Herzöge von Parma, oder eine Schinkensilhouette mit SD für San Daniele. Deutschland ist mit über 400 000 Parmaschinken der Hauptabnehmer der Schweinekeulen – vor Frankreich und Amerika!

Mehrere Monate lang reifen Parmaschinken.

Brescello

In Brescello, 20 km von Parma entfernt direkt am Po erinnern ein Museum und die Bar Don Camillo daran, dass hier die liebenswerten Geschichten von **Don Camillo und Peppone** (mit Fernandel und Gino Cervi) verfilmt wurden. Der in Roncole (► Cremona) geborene Schriftsteller Giovanni Guareschi (1908–1968) berichtet in seinen satirischen Romanen von einem Priester und einem kommunistischen Bürgermeister, die einen Kleinkrieg um die Gunst des Volkes führen.

Fidenza

Fidenza, 23 km westlich von Parma, besitzt einen sehenswerten Dom, der im 11. Jh. romanisch begonnen und im gotischen Stil fertig gestellt wurde. Er beherbergt die Gebeine des hl. Donnino und ist ein beliebtes Pilgerziel. Besonders schön ist der plastische Schmuck an der Fassade, der Antelmi zugeschrieben wird.

Salsomaggiore Terme ►

Etwas weiter südwestlich, in der Landschaft der ersten Apenninhügel, liegt eines der bedeutendsten **Thermalbäder** Italiens. Nachdem hier seit dem 2. Jh. v. Chr. Salz gewonnen wurde – der Salzgehalt des Mineralwassers ist dreimal höher als das des Toten Meeres –, erkannte man im 18. Jh. die therapeutischen Eigenschaften. 1847 eröffnete die erste Kuranstalt. Auf der Gästeliste stehen Namen wie Giuseppe Verdi, der regelmäßig seine Frau Giuseppa Strepponi begleitete, d'Annunzio, Puccini, Toscanini und Caruso. Heute ist Salsomaggiore Terme (18 000 Einw.) eine überwiegend moderne, recht grüne Stadt. Architektonisches Schmuckstück sind die 1923 im orientalischen Stil erbauten Terme Berzieri. Nur 5 km östlich liegt Tabiano Bagni, die **»Stadt des Schwefels«**, deren Quellen weltweit die höchsten Anteile an Schwefelwasserstoff aufweisen.

◄ Tabiano Bagni

Reggio nell'Emilia

Die Provinzhauptstadt Reggio nell'Emilia (29 km östlich von Parma), entstanden als römischer Posten an der Via Emilia, wurde nach ihrem Erbauer Marcus Aemilius Lepidus »Regium Lepidi« genannt. Von 1409 bis 1796 regierten die Este über Reggio, das allerdings nie Residenzstadt war. Vielleicht ist dies die Erklärung, warum die Stadt trotz ihrer gemütlichen Altstadt mit eleganten Palazzi, schicken Läden, einladenden Delikatessengeschäften, Restaurants und Cafés eher im Schatten ihrer berühmteren Nachbarstädte steht. Hier kamen u. a. der Dichter **Ariost** (1474 bis 1533) und Camillo Prampolini (1859 bis 1930) zur Welt. Letzterer war Ende des 19. Jh.s ein bedeutender Anführer der Landarbeiter und gehört zu den Gründern der Gewerkschaften und Genossenschaften, der Cooperativa.

Reggio ist wie Parma und Modena für Aceto balsamico (► Modena) und Parmesan berühmt. Allerdings war Parma bei der Namensgebung dominanter, wird der Käse doch meist nur Parmesan genannt. Seit Boccaccio in seinem **»Decamerone«** um 1348 den Parmesan verherrlichte, hat sich an der Art und Weise seiner Herstellung nichts geändert. In jedem der 36 bis 40 kg schweren Laibe stecken 600 l Milch von Kühen, die nur auf den Wiesen der Parmigiano-Reggiano-Region grasen dürfen. In Holzrahmen gespannt, werden die mächtigen Rundlinge anschließend in einer Kochsalzlösung gebadet, bevor sie in sog. Magazzini rund 2 Jahre lang zum Reifen gelagert und alle 15 bis 20 Tage umgedreht werden – dann ist jeder Brocken ein Vermögen wert!

? WUSSTEN SIE SCHON ...?

- Echter Parmesan muss auf dem Stempel »Parmigiano-Reggiano«, ein Datum und eine Identifikationsnummer tragen. Ein strenges Konsortium wacht über die Einhaltung der Qualität. Käselaibe, die der Prüfung nicht standhalten oder nicht aus dem »goldenen Dreieck« zwischen Parma, Reggio und Modena kommen, dürfen nicht als Parmigiano-Reggiano verkauft werden.

◄ Piazza Prampolini

Reggios Stadtmittelpunkt ist die weite Piazza Prampolini mit dem im 13. Jh. begonnenen Dom, dem Palazzo Vescovile und dem Palazzo Comunale. Ein Arkadengang neben dem Gotteshaus führt auf die kleine Piazza San Prospero, die vom Kampanile der Renaissancekirche San Prospero überragt wird. Kunstgeschichtlich interessantester Bau ist die am breiten Corso Garibaldi gelegene **Wallfahrtskirche** Madonna della Ghiara, erbaut 1597–1619, deren Inneres mit Stuck und Fresken von Malern der Bologneser Schule ausgeschmückt ist.

★ ◄ Madonna della Ghiara

Sehenswert sind auch das **Museo Civico**, das die so genannte **»Venus von Chiozza«**, das wohl älteste plastische Menschenbild, hütet, sowie die Galleria Parmeggiani, die Prunkwaffen, Hofkleidung, Schmuck und Gemälde zeigt, wie das Bild »Segnender Christus« von El Greco.

San Polo d'Enza In der näheren Umgebung von San Polo d'Enza, etwa 20 km südwestlich von Reggio, liegen in der beeindruckenden Landschaft der sog. Calanchi die Ruinen von vier Burgen, die einst zum Besitz der einflussreichen Markgräfin **Mathilde von Tuszien** (1046–1115) gehörten. Canossa ► Die berühmteste ist Canossa, von der allerdings nur ein paar verwitterte Ruinen übrig geblieben sind. Hier bat im Winter 1077 Heinrich IV. barfuß und im Büßergewand Papst Gregor VII. um die Aufhebung des Kirchenbannes. Das Ereignis, die – wenn auch nur vorläufige – Kapitulation der weltlichen vor der geistlichen Macht, wurde als **»Gang nach Canossa«** zu einer populären Redewendung.

★ Pavia

E 8

Region: Lombardei • Lombardia
Provinz: Pavia
Höhe: 77 m ü. d. M.
Einwohnerzahl: 75 500

Umgeben von Reisfeldern liegt die alte Universitätsstadt Pavia, die sich ihr mittelalterliches Flair durch einen nahezu intakten Ortskern, zahlreiche romanische Kirchen und alte Geschlechtertürme bewahren konnte. Einst forschten hier Petrarca, Leonardo da Vinci, die Dichter Ugo Foscolo und Carlo Goldoni. Heute sorgen zahlreichen Studenten aus dem In- und Ausland für Leben.

Residenzstadt und Schlachtfeld Die Stadtentwicklung Pavias setzte unter den Römern ein – die heutigen Hauptstraßen im Zentrum gehen auf sie zurück. Unter Theoderich war Pavia Residenzstadt der Ostgoten (493–526) und anschließend bis 774 **Hauptstadt des Langobardenreichs**. Nach seinem Sieg über die Langobarden krönte sich Karl der Große 774 in Pavia zum König der Franken und Langobarden. Die Vormachtstellung der Stadt endete 1360 mit der Übernahme durch die Visconti, die Pavia mit Mailand verbanden. 1525 wurde in Pavia nochmals Geschichte geschrieben, als das kaiserliche Heer Karls V. die Franzosen unter Franz I. besiegte. Mitte des 16. Jh.s gelangte Pavia zusammen mit dem Herzogtum Mailand an die spanischen Habsburger und im 18. Jh. an die Österreicher.

Sehenswertes in Pavia

★ Castello Visconteo Im Norden der Altstadt entstand im 14. Jh. für die Mailänder Herzöge das Castello Visconteo. Der fast schmucklose Backsteinbau war eine Vierflügelanlage mit vier Ecktürmen, deren Nordflügel 1525 der

Pavia Orientierung

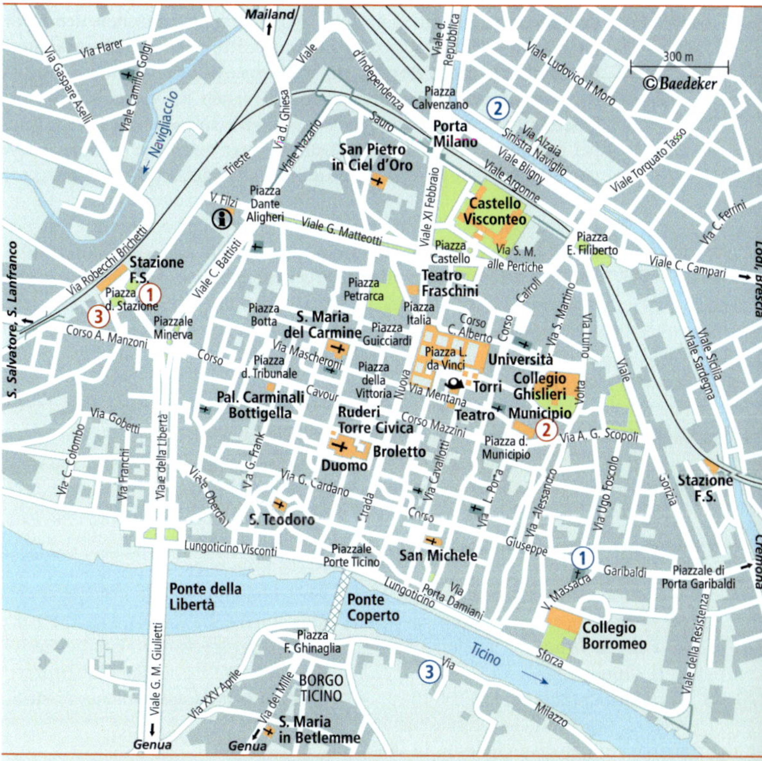

Übernachten
1. Moderno
2. Ariston
3. Excelsior

Essen
1. Il Cigno
2. Osteria del Naviglio
3. Antica Osteria del Preri

Schlacht um Pavia zum Opfer fiel. Sehenswert ist der mit Arkaden und Maßwerköffnungen recht anmutig wirkende Innenhof. An der nun offenen Nordseite stellten einst **Garten- und Parkanlagen** eine 9 km lange Verbindung zur Certosa di Pavia her. In den Räumen sind das Museo Civico und die Pinacoteca Malaspina untergebracht.

* ◄ San Pietro in Ciel d'Oro

Vom Kastell sind es nur wenige Schritte zur Klosterkirche San Pietro in Ciel d'Oro, die 1132 geweiht und im 19. Jh. wiederhergestellt wurde. Im Hochchor befindet sich das gotische **Marmorgrabmal des hl. Augustinus** (354–430), die große, 1362 von Giovanni di Balduccio geschaffene Arca di S. Agostino. Die Krypta birgt außerdem das Urnengrab des römischen Philosophen und Staatsmannes Boethius (480–524)

✶ **Piazza della Vittoria**

✶ Dom ►

Über die Piazza della Vittoria mit dem auf das 11. Jh. zurückgehenden Rathaus gelangt man zum Dom, dem Wahrzeichen der Stadt. Die Bauarbeiten begannen ab 1488 nach Plänen von **Bramante, Amadeo und Cristoforo Rocchi**. Der Unterbau der Kuppel war 1750 fertig, das Kuppeldach und die Fassade folgten im späten 19. Jh., das Querschiff 1936. Der Eindruck im Innern wird von der hohen Kuppel bestimmt, die mit einem Durchmesser von 30 m und der Höhe von 90 m zu den größten Kuppeln in Italien gehört.

✶ **Geschlechtertürme**

Die drei Geschlechtertürme bei der Universität entstanden zur Zeit der Kämpfe zwischen Gegnern und Anhängern des Kaisers bzw. Papstes. EPavia besaß über 200 solcher Türme – ein Anblick, den Bernardino Lanzani 1522 in San Teodoro mit einem Fresko festhielt.

PAVIA ERLEBEN

AUSKUNFT

Via Fabio Filzi 2
27100 Pavia
Tel. 0 38 22 21 56, Fax 0 38 23 22 21
www.turismo.provincia.pv.it
www.comune.pv.it

ESSEN

► Fein & Teuer

① ***Il Cigno***
Via Massacra 2, Tel. 03 82 30 10 93
Kleines, urgemütliches Restaurant mit Kamin und Holzvertäfelung. In der Küche geht's ganz modern und kreativ zur Sache. Reservierung ratsam.

► Erschwinglich

② ***Osteria del Naviglio***
Via Alzaia 39/B, Tel. 03 82 46 03 92
Eine unglaubliche Weinauswahl und vorzügliche klassische Küche bietet dieses Lokal, das sich als Enoteca con cucina versteht.

③ ***Antica Osteria del Previ***
Via Milazzo 65
Tel. 0 38 22 62 03
Im alten Teil der Stadt direkt am Fluss liegt diese anmutige Trattoria, in der feine lombardische Spezialitäten serviert werden.

ÜBERNACHTEN

► Komfortabel

① ***Hotel Moderno***
Viale Vittorio Emanuele 41
Tel. 03 82 30 34 01
Fax 0 38 22 52 25
www.hotelmoderno.it
Direkt beim Bahnhof gelegen, bietet dieses alteingesessene Haus zeitgemäßen Komfort, wohnliche Zimmer und ein kleines, gemütliches Restaurant.

② ***Ariston***
Via A. Scopoli 10/D
Tel. 03 82 34 43 34
Fax 0 38 22 56 67
www.aristonpavia.it
Im historischen Zentrum von Pavia hält dieses gepflegte Hotel zeitgemäß eingerichtete Zimmer zu moderaten Preisen für Sie bereit.

► Günstig

③ ***Excelsior***
Piazza Stazione 25
Tel. 0 38 22 85 96
Fax 0 38 22 60 30
www.excelsiorpavia.com
Renoviertes Haus garni in der Nähe des Bahnhofs, familiäre Atmosphäre.

★★ **San Michele**

Etwas weiter liegt San Michele, die bedeutendste Kirche Pavias. Sie geht auf eine dem Erzengel Michael geweihte Kirche aus dem 7. Jh. zurück, die Krönungskirche der Langobarden war. Das heutige Gotteshaus entstand zwischen 1117 und 1150. **Friedrich Barbarossa** ließ sich 1155 hier krönen. Die herrliche Fassade aus gelblichem Sandstein mit reichem Ornamentschmuck und figürlichen Reliefs zeigt leider unbarmherzig die Folgen der Luftverschmutzung. Schmuckstück im Innern sind die romanischen Kapitelle mit ornamentalem, mythologischem und biblischem Reliefschmuck, der am besten in der Krypta zu erkennen ist. Die spätgotische Kreuzigungsgruppe im Chorbogen aus der Mitte des 15. Jh.s wird Urbina da Surso zugeschrieben, die Fresken stammen aus dem 13. bis 19. Jh. Im Chor sind noch Reste des ursprünglichen Fußbodenmosaiks erhalten.

San Lanfranco

Etwas außerhalb ist die Kirche San Lanfranco einen Besuch wert. Der 1236 geweihte Backsteinbau enthält die Marmorarca des hl. Lanfranco († 1198). **Giovanni Antonio Amadeo**, der bereits an der Certosa di Pavia mitgearbeitet hatte, schuf sie um 1498. Von ihm stammen auch die Terracottaschmuckreste der reich verzierten Kreuzgänge.

★★ Certosa di Pavia

Vom kleinen Kreuzgang hat man einen schönen Blick auf den eleganten Vierungsturm der Certosa.

Die Certosa di Pavia, 9 km nördlich von Pavia, ist eines der bedeutendsten Kulturdenkmäler der Lombardei und – neben der Grande-Chartreuse bei Grenoble – die berühmteste Niederlassung des Kartäuserordens. Ihre Gründung geht auf **Gian Galeazzo Visconti**, Herzog von Mailand und Graf von Pavia zurück, der 1390 beschloss, eine Grablege für seine Dynastie errichten zu lassen. An dem Bau, der sich bis 1560 hinzog, waren mehrere Architekten beteiligt, darunter Giovanni und Guiniforte Solari, Baumeister des Mailänder Doms, und Giovanni Antonio Amadeo, der zuvor die Cappella Colleoni in Bergamo geschaffen hatte.
Vom Haupteingang der Klosteranlage – rechts liegt der ehemalige Palast der Herzöge von Mailand, links die einstigen Werkstätten – geht man direkt auf die Kirche Madonna delle Grazie zu. Die 1473–1499 von Amadeo, seinem Schüler Briosco sowie den Brüdern Cristoforo und Antonio Mantegazza ausgeführte

Fassade ist für ihre Inkrustationsarbeiten in mehrfarbigem Marmor, die Reliefs und Marmorfiguren berühmt. Christliches und Heidnisches, Weltliches und Geistliches werden dargestellt, dabei der Triumph des Christentums betont: ganz unten sieht man die Figuren römischer und orientalischer Herrscher, darüber wichtige Persönlichkeiten des Christentums. Den oberen Teil der Fassade schuf Cristoforo Lombardo um 1500.

! *Baedeker* TIPP

Gaumenfreuden

Ein wohlschmeckendes Souvenir ist der »Gra Car« genannte Likör der Kartause von Pavia. Ausgezeichnete Küche – im doppelten Wortsinne – wird in der Locanda vecchia Pavia, Via del Monumento 5, geboten.

Im Unterschied zur Renaissancefassade gibt sich der Innenraum noch überwiegend spätgotisch. Die Fresken der Kapellen des rechten Seitenschiffs malte Bergognone Ende des 15. Jh., von ihm sind auch die beiden Seitenflügel des Altars in der zweiten Kapelle links, den Gottvater malte Perugino. Hauptsehenswürdigkeit ist das Grabmal für Ludovico il Moro und seine im Alter von 22 Jahren gestorbene Ehefrau Beatrice d'Este, das C. Solari 1497 schuf. Im südlichen Querschiff findet man das 1492 von C. Romano gearbeitete **Grabmal von Gian Galeazzo Visconti**, dem Stifter der Klosteranlage. Sehenswert sind die beiden Kreuzgänge mit verzierten Terrakottaarkaden sowie die Klosterzellen an den Seiten des Kreuzgangs, in denen Möche ihr Leben lang wohnten.

✶✶ Grabmal für Ludovico il Moro und Beatrice d'Este ►

✶ Oltrepò Pavese

Oltrepò Pavese heißt der südlichste Zipfel der Lombardei, der sich, von Pavia aus gesehen, »jenseits des Po« wie ein Keil zwischen Piemont und Emilia-Romagna hineinschiebt. In der Nähe des Flusses noch eine weite Ebene, geht das Oltrepò Pavese nach Süden hin in eine sanfte Hügellandschaft über. **»Garten der Lombardei«** wird das Gebiet mit seinen von Kastellen gekrönten Obst- und Weinbergen auch genannt. Bekannt ist der Spumante, der die Bezeichnung Classese tragen darf, wenn er nach der klassischen Methode hergestellt ist. Pinot Nero, Bianco und Grigio, Riesling Italico, Cortese, Muskateller, Bonarda, Barbera, Rosato kommen aus dem Gebiet, durch das mehrere Weinstraßen führen. Hauptstadt ist Voghera (45 000 Einw.); im Tal der Staffora erreicht man den hübschen Kurort Salice Terme, der gleich vier Thermalquellen mit schwefelhaltigem und jodsalzhaltigem Wasser besitzt. In Ponte Nizza zweigt eine Straße zur **Abbazia San Alberto** ab. Die Klosteranlage geht auf eine Einsiedelei aus dem 11. Jh. zurück. Eine schöne Strecke führt durch das Staffora-Tal flussaufwärts nach Varzi. Hier sind noch Reste der Stadtbefestigung erhalten. Beachtenswert ist San Germano, eine hochgotische Klosterkirche, erbaut um 1300.

Salice Terme ►

Varzi ►

Lomellina ►Novara

✶ Perugia

J 14

Region: Umbrien • Umbria
Höhe: 493 m ü. d. M.
Provinz: Perugia
Einwohnerzahl: 151 000

Perugia ist – auch als Reiseziel – neben Siena die bedeutendste Stadt zwischen Florenz und Rom. Wer gutes Italienisch lernen möchte, ist hier richtig, denn in Perugia gibt es neben einer »allgemeinen« Universität auch die Università per Stranieri. Eine besondere Attraktion ist zudem das große Festival Umbria Jazz im Juli.

Etruskerstadt

Das antike Perusia war eine der zwölf Bundesstädte der Etrusker. Nach der Schlacht am Trasimenischen See 217 v. Chr. unterstützte es die Römer und wurde Munizipium; im Krieg zwischen Octavian und Marcus Antonius zerstörte es der Erste, um es als Augusta Perusia wieder aufzubauen. Im Jahr 547 machte sich der Ostgotenkönig Totila zum Herrn der Stadt, später gewann Byzanz die Oberhand. Ab dem 11. Jh. freie Kommune, dehnte Perugia seinen Einflussbereich rasch aus, so dass es im 13./14. Jh. politisch und wirtschaftlich in voller Blüte stand. Vom Ende des 12. bis fast zur Mitte des 16. Jh.s war die Stadtgeschichte von blutigen Kämpfen zwischen den Adelsfamilien untereinander sowie zwischen Stadt und Papst und wechselnden Potentaten gekennzeichnet. Erst 1539 zwang Papst Paul III. die widerspenstige Stadt im **»Salzkrieg«** in die Knie. Seit 1927 ist Perugia Provinzhauptstadt und seit 1970 Verwaltungssitz der Region Umbrien – im Stadtteil Fontivegge, an der Piazza Nuova, wurde 1988 der von Aldo Rossi entworfene Palazzo della Regione bezogen, eine kalte, glatte, an Bauklötzchen erinnernde Architektur.

> ! *Baedeker* TIPP
>
> **Italienisch lernen**
>
> An der Ausländeruniversität studieren jährlich 8000 Studenten aus über 100 Ländern italienische Sprache, Wirtschaft und Kultur. Die Mindeststudienzeit beträgt vier Wochen; die Kurse können mit einer staatlich anerkannten Prüfung abgeschlossen werden. Auskunft: Università Italiana per Stranieri, Palazzo Gallenga, Piazza Fortebraccio 4, 06100 Perugia, www.unistrapg.it

Das Zentrum der Altstadt

✶ **Piazza IV Novembre**

Das Herz Perugias ist die lebhafte, großartige Piazza IV Novembre zwischen Dom und Palazzo dei Priori, seine Hauptschlagader der südlich anschließende Corso Vannucci. Bereits in etruskischer Zeit wurde dieses Gelände zwischen zwei Hügeln aufgeschüttet. Schmuck der Piazza ist die 1254 begonnene Fontana Maggiore, für die das Wasser 5 km weit vom Monte Paciano herangeführt wurde. Die von Nicola Pisano und seinem Sohn Giovanni 1275–1278 geschaffenen **Skulpturen und Reliefs**, Meisterwerke der mittelalterlichen Plastik in Italien, zeigen am unteren Becken die Monate des Jahres mit Tier-

✶ ◄ Fontana Maggiore

kreiszeichen und bäuerlichen Arbeiten, die Sieben Freien Künste, Adam und Eva, Samson und Dalila, David und Goliath, Romulus und Remus mit der römischen Wölfin; das obere Becken ist mit Statuen von biblischen, historischen und allegorischen Gestalten geschmückt. Den Abschluss bildet die Bronzeschale des heimischen Künstlers Robeus.

PERUGIA ERLEBEN

AUSKUNFT

Piazza IV. Novembre 3
01610 Perugia
Tel. 07 55 73 64 58, Fax 07 55 73 68 28
www.perugiaonline.com

ESSEN

► Erschwinglich

① ***Antica Trattoria San Lorenzo***
Piazza Danti 19/A, Tel. 07 55 72 19 56
Zentral gelegenes Restaurant in einem alten Palazzo hinter dem Dom. In den gemütlichen Gewölbesälen werden Gerichte aus Umbrien serviert.

② ***Locanda Degli Artisti***
Via Campo Battaglia 10
Tel. 07 55 73 58 51
In dem Altstadtlokal neben der Kirche S. Ercolano gibt es viel moderne Kunst zu bestaunen und vorzügliches Essen. Sehr beliebt: Gnocchetti mit Rucola, Cappelletti mit Walnüssen.

► Preiswert

③ ***La Botte***
Via Volta della Pace 33
Tel. 07 55 72 26 79
Leckere Pizza und typisch umbrische Gerichte in einem schönen Lokal mit historischem Flair.

④ ***Dal Mi'Cocco***
Corso Garibaldi 12
Tel. 07 55 73 25 11
Nicht nur bei Studenten ist dieses originelle Lokal, das in einem alten Stall untergebracht ist, sehr beliebt.

ÜBERNACHTEN

► Luxus

① ***Brufani Palace***
Piazza Italia 12
Tel. 07 55 73 25 41, Fax 07 55 72 02 10
www.sinahotels.com
Alteingesessenes Hotel im Zentrum, schöne Dachterrasse mit bezaubernder Aussicht auf Stadt und Umgebung, prachtvolle Zimmer mit allem Komfort. Restaurant, Schwimmbad und Sauna runden das Angebot ab.

► Komfortabel

② ***La Rosetta***
Piazza Italia 19
Tel. 07 55 72 08 41, Fax 07 55 72 08 41
Von dem netten familiengeführten Hotel aus können sie Perugia bequem zu Fuß erkunden, es liegt mitten in der Altstadt.

③ ***Giò Arte e Vini***
Via Ruggero D'Andreotto 19
Tel. 07 55 73 11 00, Fax 07 55 73 11 00
www.hotelgio.it
Weinfreunde werden dieses große, moderne Haus am Rande des Zentrums lieben, es hat direkten Zugang zur größten Weinhandlung Italiens.

► Günstig

④ ***Rosalba***
Piazza del Circo 7
Tel. 07 55 72 82 85, Fax 07 55 72 06 26
www.hotelrosalba.com
Reizendes Haus in der Altstadt, einfach, aber gemütlich und gepflegt.

Piazza IV. Novembre mit dem Palazzo dei Priori und der Fontana Maggiore

Ein beliebter Platz zum Schauen, Lesen und Sich-Unterhalten sind die **Treppen** vor dem Dom S. Lorenzo neben dem Denkmal für Papst Julius III., der Perugia die Selbstverwaltung wieder zugestand. Das zwischen 1345 und 1490 entstandene Gotteshaus ist eine der in Italien seltenen Hallenkirchen. Im Innern birgt der Bau ein 1569 von Federico Barocci geschaffenes Altarblatt mit einer Kreuzigung, den angeblichen **Verlobungsring Mariens** in der die Cappella del Sant'Anello sowie ein kunstvoll intarsiertes Chorgestühl. Im kleinen, gut bestückten Dommuseum werden Skulpturen, mittelalterliche Messbücher und Gemälde umbrischer Renaissancemaler aufbewahrt. An der Westseite der Piazza steht das Erzbischöfliche Palais am Platz des 1534 abgebrannten Palazzo del Podestà.

Duomo S. Lorenzo

◄ Museo Capitolare

Der mächtige, lang gestreckte Palazzo dei Priori, 1293–1297 erbaut und im 14./15. Jh. erweitert, war Amtssitz der zehn Prioren und Versammlungsort der Zünfte. Filigrane gotische Drillingsfenster und die gebogene Ostfassade verleihen dem massiven Bau Eleganz. Die zur Piazza IV. Novembre weisende Hauptfassade ist mit den Kopien der 1274 gegossenen Bronzeplastiken eines Greifen, dem Wappentier von Perugia, und des welfischen Löwen geschmückt. Durch das Portal gelangt man in die **Sala dei Notari**, Versammlungsraum der Notare, mit einer Ende des 13. Jh. prächtig ausgemalten Holzdecke.

**** Palazzo dei Priori**

Die Galleria Nazionale dell'Umbria am Corso Vannucci ziert ein prächtiges Portal von 1346 mit Skulpturen der Stadtpatrone S. Lorenzo, Ercolano und Costanzo sowie zwei Greifen mit Kälbern in den Klauen – dem Zeichen der »Sponsoren«, der Metzgerzunft. Im dritten Obergeschoss findet man die wichtigsten Werke **umbrischer Malerei** vom 12. bis 16. Jh. sowie auswärtiger Künstler darunter Arbeiten von Duccio, Fra Angelico und Arnolfo di Cambio.

**

◄ Galleria Nazionale dell'Umbria

Perugia Orientierung

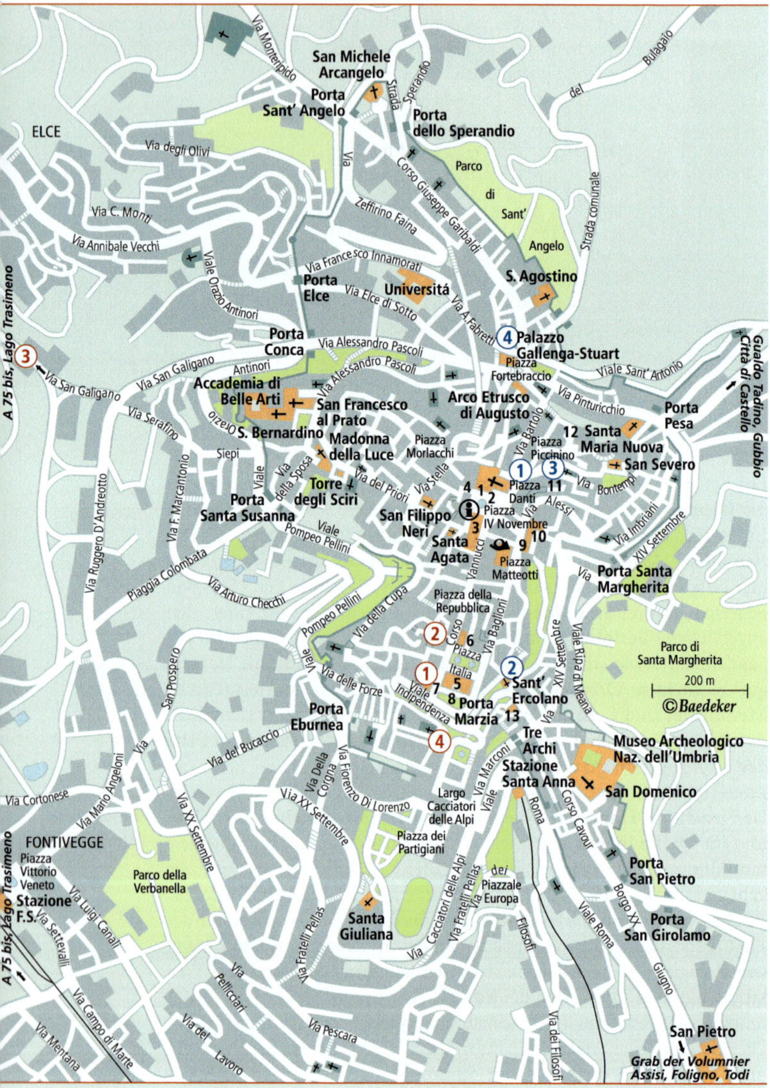

Übernachten

1. Brufani Palace
2. La Rosetta
3. Giò Arte e Vini
4. Rosalba

Essen

1. Antica Trattoria San Lorenzo
2. Locanda Degli Artisti
3. La Botte
4. Dal Mi' Cocco

1 Duomo San Lorenzo
2 Fontana Maggiore
3 Palazzo dei Priori
4 Via Maestà delle Volte
5 Palazzo della Provincia
6 Palazzo Donini
7 Hotel Brufani
8 Giardini Carducci
9 Università Vecchia
10 Palazzo del Capitano del Popolo
11 Pozzo Etrusco
12 Piazza Michelotti
13 Palazzo Penna

★ ◄ Collegio della Mercanzia

★ ◄ Collegio del Cambio

In den südlichsten Bauteilen des **Palazzo dei Priori**, vom Corso Vannucci aus zugänglich, liegen das Collegio della Mercanzia, die mit einer herrlichen Holztäfelung des 15. Jh.s ausgestattete Zunftstube der Kaufleute, und das Collegio del Cambio, die Räume der Geldwechslergilde. Deren Prunkstück ist die Sala dell'Udienzia von 1452–1457 mit schön intarsierter Ausstattung von Domenico del Tasso und der Ausmalung durch Perugino nach dem Bildprogramm eines Peruginer Humanisten.

Flaniermeile und Universität

Zur Zeit der täglichen »passeggiata« ist der Corso Vannucci, die von Stadtpalästen gesäumte, elegante Einkaufsmeile Perugias, überfüllt mit Menschen. Hier findet man das holzverkleidete, seit 1860 bestehende Caffè Sandri (Nr. 32). Im Süden mündet der Corso in die Piazza Italia, an Stelle der 1860 zerstörten Rocca Paolina angelegt und von repräsentativen Gebäuden des Historizismus umgeben. Am Südrand der Oberstadt, flankiert vom altehrwürdigen Hotel Brufani, liegen die **Giardini Carducci**, eine begrünte Terrasse mit herrlichem Ausblick über das Valle Umbra.
Parallel zum Corso Vannucci verläuft die lang gestreckte Piazza Matteotti, die auf großen, z. T. etruskischen Substruktionen ruht. Hier verdienen der Palazzo del Capitano del Popolo und die **Alte Universität** Aufmerksamkeit, beide in der zweiten Hälfte des 15. Jh. von lombardischen Baumeistern errichtet. Östlich unterhalb liegt die Markthalle von 1932, die ein Aufzug mit dem darunter liegenden Viktualienmarkt und dem Parkhaus verbindet.

Via dei Priori

Das Stadtviertel westlich der Piazza IV. Novembre ist für seine engen, **steilen Gassen und Treppen** bekannt. Rechts neben dem Erzbischöflichen Palast geht die malerische, von Stützbögen und Gewölben überspannte Via Maestà delle Volte ab. Ein Tor unter dem Turm des Palazzo dei Priori führt auf die Via dei Priori, seit etruskischen Zeiten die Ausfallstraße Richtung Toskana. Hier geht es steil hinunter zur Piazza di S. Francesco, vorbei an der Barockkirche Kirche S. Filippo Neri, unter deren Ausstattung eine »Unbefleckte Empfängnis« von Pietro da Cortona (1662) heraussticht. Passiert man weiter den 46 m hohen **Torre degli Sciri**, den einzigen erhaltenen Geschlechterturm der Stadt, und die Renaissancekirche Madonna della Luce beim Stadttor Porta S. Luca, so gelangt man zum Platz vor dem großen Komplex mit S. Bernardino, S. Francesco und der Accademia di Belle Arti, einem beliebten studentischen Treffpunkt.

◄ S. Filippo Neri

★ **Oratorio di S. Bernardino**

Ein Jahr nach der Heiligsprechung des hl. Bernhard von Siena im Jahr 1450 begann man mit dem Bau des Oratorio, dessen exquisite Fassade mit antikisierenden Reliefs und polychromer Marmorverkleidung ein Hauptwerk der Renaissance in Perugia ist – geschaffen 1457–1461 vom Florentiner Bildhauer Agostino di Duccio. Im einfachen gotischen Inneren steht ein als Altartisch verwendeter frühchristlicher **Marmorsarkophag** aus dem 4. Jh. Die mächtige Kirche

S. Francesco al Prato, im 14. Jh. »auf dem freien Feld« erbaut, ist heute eine Ruine. Geht man von hier die Via A. Pascoli hinab zur Piazza Fortebraccio, ist im Untergeschoss eines Universitätsinstituts an der Via S. Elisabetta ein Mosaik aus einem römischen Bad zu sehen, wenig später unterquert man den **mittelalterlichen Aquädukt** (1254–1276).

Römisches Mosaik ►

★ Arco Etrusco

Von der Piazza Danti hinter dem Dom führt die schmale mittelalterliche Via U. Rocchi abwärts, vorbei an der Enoteca Provinciale dell' Umbria, zum Arco Etrusco, auch Arco di Augusto genannt, einem mächtigen Tor der etruskischen Stadtmauer aus dem 2. Jh. v. Chr. Unter Augustus wurde über dem zweiten (römischen) Bogen die Inschrift »Augusta Perusia« angebracht. Gegenüber steht der prächtige Palazzo Gallenga-Stuart, seit 1926 Sitz der **Ausländeruniversität**.

★ Rocca Paolina

Unter den Arkaden des Palazzo della Provincia beginnen die Rolltreppen zu dem am Hang gelegenen Stadtteil und dem heute **unterirdischen mittelalterlichen Viertel**, das nach dem Salzkrieg 1543 auf Befehl von Papst Paul III. für den Bau der Rocca Paolina, der päpstlichen Zwingburg, zerstört bzw. zugeschüttet wurde. Die Rocca wurde 1860 geschleift, im 20. Jh. hat man die Straßen wieder freigelegt. Man verlässt das pittoreske Labyrinth am unteren Ende durch die Porta Marzia, einem etruskischen Stadttor, das beim Bau der Rocca um 4 m versetzt wurde. Der Gang in die Südoststadt führt an der 1297–1326 erbauten Kirche **S. Ercolano** vorbei, die an die etruskische Stadtmauer gebaut ist und beim Bau der Rocca ihr Obergeschoss verlor. Im Palazzo Penna gegenüber werden Werke des aus Perugia gebürtigen Futuristen G. Dottori und von **Joseph Beuys** gezeigt.

Einst floss im Aquädukt von Perugia Wasser, heute kann man hier spazieren.

Auf dem Corso Cavour gelangt man zur ehemaligen Bettelordenskirche **S. Domenico**. Die gewaltige Backsteinhallenkirche wurde 1305 begonnen, 1459 geweiht und 1621–1634 von Carlo Maderna barock umgestaltet. Im Innern verdienen das Grabmal von Papst Benedikt XI. (1304), die von Agostino di Duccio ausgestattete Rosenkranzkapelle, das Chorgestühl von 1476 sowie das riesige Chorfenster Beachtung. Im Konvent präsentiert das Museo Archeologico Nazionale dell'Umbria Objekte aus etruskischer und römischer Zeit. Zu den Glanzstücken gehören der Grenzstein von Perugia aus dem 3./2. Jh. v. Chr. mit etruskischer Inschrift und der überlebensgroße Germanicus aus Amelia (Augusteische Zeit).

★ Museo Archeologico Nazionale ►

Der Corso Cavour endet an der monumentalen Porta S. Pietro, deren großartige äußere Renaissancefassade Agostino di Duccio 1480 vollendete. Außerhalb des Torbogens, am Borgo XX Giugno, erhebt sich auf einer Anhöhe die Kirche S. Pietro mit ihrem vieleckigen, 70 m hohen Turm. Eine frühchristliche Vorgängerkirche wurde im 10. Jh. mit einer Basilika überbaut und in Renaissance und Barock grandios ausgestattet: im Mittelschiff befinden sich **antike Säulen aus Marmor und Granit**, darüber zehn großformatige Bilder »Apotheose des Benediktinerordens«, die vergoldete Kassettendecke von 1556 und das zweireihige Chorgestühl. Den mittelalterlichen botanischen Garten im Konvent hat die Landwirtschaftliche Fakultät angelegt.

✶ **S. Pietro**

Umgebung von Perugia

Eines der hervorragendsten Beispiele etruskischer Grabstätten aus hellenistischer Zeit, das Ipogeo dei Volumni, ist 8 km östlich der Altstadt, kurz vor Ponte S. Giovanni zu bewundern. In dem im 2. Jh. v. Chr. in den Tuff gehauenen Grab, das zur großen **Nekropole del Palazzone** gehört, sind Mitglieder der Adelsfamilie der Volumnier in Urnen beigesetzt. Es wurde in Form eines römischen Wohnhauses mit zentraler Vorhalle und seitlich abgehenden Kammern angelegt. Eindrucksvoll ist der Skulpturenschmuck an den Urnen.

✶ **Ipogeo dei Volumni**

Dass Umbrien als Weinregion wieder einen guten Namen hat, ist vor allem **Giorgio Lungarotti** zu verdanken, der sein Gut in Torgiano (15 km südlich von Perugia) in die Spitzenklasse geführt hat. Das freundliche, auf einem Hügel gelegene mittelalterliche Städtchen mit Burg ist Zentrum eines alten Weinbaugebiets. Nicht nur für Weinfreunde attraktiv ist der Besuch des hervorragenden Museo del Vino, das Lungarotti im Palazzo Graziani-Baglioni am zentralen Corso Vittorio Emanuele eingerichtet hat; probiert wird nebenan in der Osteria del Museo. In der Via Garibaldi 10 gibt es ein neues Museum, das Anbau und Pflege von Olivenbäumen sowie alte und neue Techniken der Ölherstellung anschaulich erklärt.

Torgiano

Das 6 km weiter südlich gelegene Deruta ist seit Jahrhunderten Inbegriff für die Keramikherstellung in Umbrien. Durch wenig attraktive Außenbezirke – skurril, was alles aus Ton gemacht wird – gelangt man in die ummauerte mittelalterliche Stadt. Im Palazzo Comunale zeigt die Pinacoteca Civica Fresken des 15./16. Jh.s aus Kirchen der Umgebung; 1999 wurde im gegenüberliegenden Franziskanerkonvent das **Museo Regionale della Ceramica** eröffnet. In der Klosterkirche sind umbrisch-sienesische Fresken des 14. bis 16. Jh.s zu sehen. Handgearbeitete Majolika, oft in traditioneller Manier bemalt, wird in vielen Läden angeboten. Ein ungewöhnliches Bild bietet die außerhalb gelegene, kleine Kirche Madonna del Bagno von 1637. Ihre Innenwände sind über und über mit **Votivtafeln** aus Majolika bedeckt, insgesamt etwa 630, alle aus dem 17. und 18. Jh.

Deruta

Piacenza

E 9

Region: Emilia-Romagna
Höhe: 61 m ü. d. M.
Provinz: Piacenza
Einwohnerzahl: 100 000

Seit über 2000 Jahren ist Piacenza ein bedeutendes Handels- und Handwerkerzentrum Norditaliens. Hier kreuzten sich in der Antike die Via Emilia und die Via Postumia. Heute ist die Innenstadt verkehrsberuhigt. Von kleinen Cafés aus genießt man beim Espresso, Eis und anderen Leckereien den Tag.

Die von einer Stadtmauer aus dem 16. Jh. umgebene, kleine Altstadt mit Palazzi aus dem 16. bis 18. Jh. lässt noch gut die Stadtanlage der Römer erkennen, die hier 219 v. Chr. einen militärischen Vorposten gründeten. Im Mittelalter war Piacenza als freie Stadt Mitglied des Lombardischen Städtebundes, fiel Anfang des 14. Jh.s an Mailand und 1521 an den Kirchenstaat. 1545 erhob der Farneser **Papst Paul III.** die Stadt zusammen mit Parma zum Herzogtum, allerdings war Piacenza im Gegensatz zu Parma nie Residenzstadt.

Sehenswertes in Piacenza

Piazza dei Cavalli

Stadtmittelpunkt ist die Piazza dei Cavalli. Die beiden barocken Reiterstandbilder der Herzöge Alessandro (reg. 1587–1592) und Ranuccio Farnese (reg. 1592–1622) schuf Francesco Mocchi 1625. Beherrscht wird der Platz vom **zinnenbekrönten Palazzo** del Comune, auch »**Il gotico**« genannt. Das klassizistische Gebäude gegenüber wurde im Jahr 1781 als Gouverneurspalast erbaut. An der Südostseite des Platzes liegt etwas zurückversetzt die gotische Backsteinkirche S. Francesco von 1278. Die Via XX Settembre führt zum Dom,

! *Baedeker* TIPP

Hungrig nach dem Dombesuch?

Gegenüber dem Dom liegt das Familienlokal Trattoria Pizzeria dell'Orologio. Bei schönem Wetter sind die Außenplätze sehr beliebt.

✶ Dom ►

der 1122 romanisch begonnen und 1233 im gotischen Stil vollendet wurde. Sehenswert sind die Kuppelfresken, großenteils Arbeiten von Guercino aus dem 17. Jh., und die Deckenbilder im Chor von Procaccini und Ludovico Carracci.

San Savino

Zwischen Dom und Bahnhof, Ecke Via Alberoni/Via Roma, steht die Kirche San Savino. Hinter der Barockfassade verbirgt sich ein romanischer Kirchenraum von 1107 mit schönen **Mosaikfußböden** in Chor und Krypta. Etwas früher, im 11. Jh., wurde die alte Bischofs-

Sant'Antonino ►

kirche Sant'Antonio an der Piazza Sant'Antonino über einem frühchristlichen Oratorium erbaut und bis ins 19. Jh. immer wieder erneuert und erweitert. Schräg gegenüber stößt die klassizistische Fassade des **Teatro Verdi** von 1803/1804 an den Platz. Anschauen sollte man sich auch die Galleria d'Arte Moderna Ricci Oddi in der Via S. Siro 13, die italienische Malerei und Plastik des 19. und 20. Jh.s präsentiert.

◄ Galleria d'Arte Moderna

Palazzo Farnese

Über den Corso Vittorio Emanuele kehrt man zurück zur Piazza dei Cavalli. Von dort gelangt man über den belebten Corso Cavour zum mächtigen Palazzo Farnese, mit dessen Bau 1558 nach Plänen des Architekten Vignola begonnen worden war, der jedoch unvollendet blieb. Heute befindet sich hier das Städtische Museum, dessen. Hauptattraktion die berühmte etruskische **Bronzeleber** aus dem 3./ 2. Jh. v. Chr. ist, an der Priesterschüler die Kunst der Eingeweideschau erlernten, um die Zukunft vorherzusagen.

◄ Museo Civico

San Sisto

Für die 1499–1511 erbaute Renaissancekirche San Sisto am Stadtrand Piacenzas malte Raffael die berühmte **»Sixtinische Madonna«**, die August III. 1754 erwarb und durch eine Kopie ersetzte. Im linken Querschiff befindet sich das 1593 entworfene, erst später ausgeführte Grabmal von Margarethe von Österreich, Gemahlin von Ottavio Farnese und Herzogin von Parma.

PIACENZA ERLEBEN

AUSKUNFT

Piazza Cavalli 7, 29100 Piacenza
Tel. 05 23 32 93 24, Fax 05 23 32 88 43
www.comune.piacenza.it

ESSEN

► Erschwinglich

San Nicola
Contrada San Nicola 11, Bobbio
Tel. 05 23 93 23 55, Mo. abends und Di. geschl. In den Räumen eines ehem. Klosters zeigt sich die Piacentiner Küche von ihrer besten Seite.

Agnello
Via Calzolai 2, Piacenza
Tel. 05 23 32 08 74
Traditionelle Gerichte mit Qualität.

► Preiswert

La Pireina
Via Borghetto 137, Piacenza
Tel. 05 23 33 85 78
Deftige bodenständige Küche.

ÜBERNACHTEN

► Luxus

Grande Albergo Roma
Via Cittadella 14
29100 Piacenza
Tel. 05 23 32 32 01
Fax 05 23 33 05 48
www.grandealbergoroma.it
Stilvolles Hotel in der Nähe der Piazza Cavalli, elegante Zimmer mit gediegenem Komfort, vornehmes Restaurant. Das Frühstück genießen Sie auf der hübschen Panoramaterrasse.

► Komfortabel

Nazionale
Via Genova 35
29100 Piacenza
Tel. 05 23 71 20 00
Fax 05 23 45 60 13
www.hotelnazionale.it
Traditionsreiches Hotel garni außerhalb der Stadtmauern mit modernen, sehr wohnlichen Zimmern.

> **! Baedeker TIPP**
>
> **Was das Herz begehrt**
>
> Weine der Region, Grana Padano, Coppa, Limoncino und ein bisschen Literatur über das Dorf findet man in der Bottega del Ducato in Vigoleno.

Wohlproportioniert präsentiert sich die Renaissancekirche Madonna di Campagna an der Piazzale della Crociata, wo Papst Urban II. zum Ersten Kreuzzug aufrief. Der **Zentralbau** entstand 1522–1528, die Kuppel mit Fresken von Pordenone von 1528–1531. Ebenfalls etwas außerhalb liegt das 1751 erbaute Collegio Alberoni an der Via Emilia 77 mit einer umfangreichen Bibliothek, einem Observatorium und einer Galerie mit Gemälden aus dem 15. bis 19. Jh., darunter ein »Ecce homo« von Antonello da Messina, sowie Wandteppichen.

Umgebung von Piacenza

Bobbio

Südlich von Piacenza hat sich die Trebbia ein schönes Tal durch den Apennin gegraben. Hauptort ist das malerische Burgdorf Bobbio (44 km von Piacenza entfernt), wo der irische Mönch **Columban** im 7. Jh. ein Kloster gründete, in dem er auch begraben liegt (†615). Sehenswert ist die elfbogige Brücke Ponte Gobbo aus dem 12. Jh.

* Castell' Arquato ►

Auch das über dem Arda-Tal gelegene Castell'Arquato (30 km südöstlich von Piacenza) ist einen Abstecher wert. Mit seinem mittelalterlichen Stadtbild gehört es zu den schönsten Städtchen in der Emilia-Romagna. Überragt wird es von der Rocca Viscontea aus dem 14. Jh. Die wichtigsten Gebäude findet man an der Piazza Matteotti: den Palazzo Pretorio von 1293 und die Kirche aus dem 12. Jh. mit ihrem zweihundert Jahre später entstandenen Kreuzgang.

** Pisa

H 10

Region: Toskana • Toscana
Höhe: 4 m ü. d. M.
Provinz: Pisa
Einwohnerzahl: 95 400

Den schiefen Turm von Pisa kennt in Europa jedes Kind – aber kaum jemand besucht auch den Ort, an dem sich diese Sehenswürdigkeit befindet. Die Touristen lassen es in der Regel bei einer Visite des Campo dei Miracoli bewenden. Dabei hat die alte Universitätsstadt allerhand Reizvolles zu bieten.

Geschichte

Vermutlich waren es Griechen, die Pisa einst gründeten, bevor die Stadt etruskisch und ab 193 v. Chr. römisch wurde. Durch seinen bedeutenden Hafen entwickelte es sich im 11. Jh. in Konkurrenz zu Genua und Venedig zu einer der ersten **See- und Handelsmächte** am Mittelmeer. Erfolgreiche Kriege gegen die Sarazenen und die Teilnahme an den Kreuzzügen brachten der Seerepublik reiche Beute und große Besitzungen im ganzen Mittelmeer. Handel und Gewerbe blühten, unter dem Schutz des Kaisers regierten sich die Bürger von Pisa selbst. Mit dem Bau des Doms ab 1063 begann eine **neue Epoche der toskanischen Kunst**. Als Bildhauer trat um 1220 Nicola Pisano, der große Wegbereiter der Renaissance, hervor; sein Sohn Giovanni (1265–1314), sein Schüler Arnolfo di Cambio († um 1302) und Giovannis Schüler Andrea Pisano (1273–1348) verknüpften die pisanische mit der florentinischen Kunst. Das Ende der Staufer leitete den Untergang der ghibellinisch gesinnten Stadt ein. Gegen Genua erlitt die pisanische Flotte 1284 bei der Insel Meloria die entscheidende Niederlage, der Hafen wurde blockiert. Pisa verlor Besitzungen und Handelsbeziehungen; innere Konflikte führten 1406 zur Besetzung durch Florenz. Der wirtschaftliche Niedergang ließ die reichen Familien auswandern und die Einwohnerzahl auf 3000 schrumpfen. Als Ende des 17. Jh.s Livorno zur ersten Hafenstadt der Toskana aufstieg, verlor Pisa seine Bedeutung endgültig. Durch Ablagerungen des Flusses im Lauf der Jahrhunderte verschob sich die Küstenlinie. Pisa liegt heute 10 km vom Meer entfernt.

? WUSSTEN SIE SCHON ...?

- Pisa ist die Geburtsstadt des genialen Mathematikers und Naturwissenschaftlers Galileo Galilei (1564–1642), von dem immer wieder behauptet wird, er habe am Schiefen Turm Fallversuche unternommen. Dabei handelt es sich aber um ein Gerücht, das Galileis Biograf Vincenzo Viviani verbreitete. Für ein solches Experiment fehlten zu Galileis Zeit die notwendigen exakten Messinstrumente.

★★ Campo dei Miracoli · Dombezirk

Campo dei Miracoli, **Feld der Wunder**, heißt zu Recht der Domplatz, der auf zwei Seiten von der im 11. Jh. ausgeweiteten Stadtmauer umschlossen wird und seit 1987 auf der UNESCO-Liste des Weltkulturerbes steht. Dom, Schiefer Turm, Baptisterium und Camposanto, alle aus strahlend weißem Marmor, bilden ein Ensemble von unvergleichlicher Schönheit und Geschlossenheit.

Der Dom, 1063–1118 nach dem Seesieg über die Sarazenen bei Palermo erbaut und nach einem Brand 1597–1604 wiederhergestellt, vereint als erster italienischer Sakralbau die Form der romanischen Basilika mit einem Querhaus und einer elliptischen Vierungskuppel. Der Entwurf von Buscheto vereint frühchristliche, byzantinische, lombardische, arabische und antike Elemente. Besonders prachtvoll ist die um 1200 fertig gestellte Fassade mit den **vier Säulengalerien** übereinander. Die Bronzetüren des Hauptportals entstanden 1595 in der Werkstatt Giambolognas; die Tür des südlichen Querschiffs, Porta di S. Ranieri genannt, schuf Bonannus um 1180. Ihre Reliefs zeigen Szenen aus dem Leben Jesu. Im fünfschiffigen Inneren, das mit seinen Säulen wie eine Moschee anmutet, flankieren antike Säulen, die als Kriegsbeute nach Pisa kamen, die Seiten des Langhauses; das ★★ **Dom**

Pisa Orientierung

Essen

1 La Mescita
2 Osteria dei Cavalieri
3 Al Ristoro dei Vecchi Macelli

Übernachten

1 Amalfitana
2 Royal Victoria
3 San Francesco

★ ◄ Kanzel

Mittelschiff hat eine reich vergoldete Renaissancekassettendecke. Die **freistehende Kanzel** gestaltete Giovanni Pisano 1302–1311. Sie wurde 1926 nicht authentisch wieder aufgebaut, bleibt aber dennoch eines der bedeutendsten gotischen Bildhauerwerke. Die Reliefs erzählen in großartig bewegten Figurenkompositionen aus dem Neuen Testament und vom Jüngsten Gericht; die Frauenfiguren an der zentralen Stütze werden als Glaube, Liebe und Hoffnung gedeutet.

Die Apsis schmückt ein Mosaik aus dem 13./14. Jh., an dem zeitweise auch Cimabue – er schuf den Kopf des Evangelisten Johannes – mitarbeitete. Das rechte Querhaus wird von der prächtigen Grabkapelle des hl. Rainer abgeschlossen, des Schutzpatrons der Stadt.

◄ Baptisterium

Das Baptisterium wurde 1152–1278 nach Plänen von Diotisalvi sowie Nicola und Giovanni Pisano errichtet; der **gotische Tambour**, der die konische Kuppel kaschiert, kam etwa ab 1360 hinzu. In den frühen, unteren Geschossen kann man Übereinstimmungen mit dem Dom erkennen. Im weiten, hohen Inneren, das über eine verblüffende Akustik verfügt, beeindrucken ein marmornes Taufbecken von Guido Bigarelli aus Como (1246) und die freistehende **Kanzel**, ein Meisterwerk der romanischen Bildhauerei, 1260 von Nicola Pisano geschaffen. Das Bildprogramm war Vorbild für die spateren Pisanokanzeln.

★★ **Campanile »Schiefer Turm«**

Östlich neben dem Dom erhebt sich der berühmte Schiefe Turm (Torre Pendente), erbaut 1173–1350 und heute Gherardo do Gherardo zugeschrieben. Seine Gestaltung nimmt die Säulengalerien der Domfassade wieder auf. Wegen des nachgiebigen **Schwemmbodens** neigte sich der Turm schon während des Bauens, sodass man die Arbeiten 1185 einstellte und beim Weiterbau ab 1275 die Turmachse zur Senkrechten hin abknickte. Die Abweichung beträgt heute etwa

Dank seines »Wunderfeldes« mit Dom und Schiefem Turm ist Pisa eine der Hauptattraktionen der Toskana.

PISA ERLEBEN

AUSKUNFT

Piazza Arcivescovado 8, 56125 Pisa
Tel. 0 50 56 04 64, Fax 0 50 92 97 64
www.pisaturismo.it

PARKEN

Pisa hat viele Einbahnstraßen und wenig Parkplätze. Am einfachsten zu finden ist der große Parkplatz beim Domplatz.

KOMBI-TICKETS

gibt es für den Besuch von Dom, Baptisterium, Camposanto und Museo dell'Opera dell'Duomo.

VERANSTALTUNGEN

Regatta di San Ranieri
Ruderregatta zwischen den vier Stadtteilen am 17. Juni.

EINKAUFEN

Reizvolle Entdeckungen verspricht der Antiquitätenmarkt, der jedes zweite Wochenende im Monat um die Piazza XX. Settembre stattfindet. Elegante Geschäfte findet man unter den Arkaden des Borgo Stretto.

ESSEN

► Fein & Teuer

③ ***Al Ristoro dei Vecchi Macelli***
Via Volturno 49, Pisa
Tel. 05 02 04 24
Das gemütliche Restaurant im ehemaligen Schlachthofviertel bietet herausragende Küche.

► Erschwinglich

① ***La Mescita***
Via Cavalca 2, Pisa
Tel. 0 50 54 42 94
In der stilvollen Trattoria am malerischen Marktplatz Vettovaglie dominieren frisches Gemüse und frische Kräuter die fantasievolle Küche.

► Preiswert

② ***Osteria dei Cavalieri***
Via San Frediano 16, Pisa
Tel. 0 50 58 08 58
Sa. mittags und So. geschl.
Geschmackvolles Lokal im Universitätsviertel. Typische Gerichte auf Pisaner Art wie Kutteln und Tagliata mit Steinpilzen.

ÜBERNACHTEN

► Komfortabel

② ***Royal Victoria***
Lungarno Pacinotti 12
56126 Pisa
Tel. 0 50 94 01 11, Fax 0 50 94 01 80
www.royalvictoria.it
Ein alter Palast direkt am Arno gelegen, mit mächtigem Treppenhaus und edlen Marmorfußböden. Das Haus besticht durch seinen altmodischen Charme, seinen persönlichen Service und den unaufdringlichen Komfort.

③ ***San Francesco***
Via Santa Maria 129
56126 Pisa
Tel. 0 50 55 54 53, Fax 0 50 55 61 45
www.hotelfrancesco.com
Sympathisches kleines Hotel in der Altstadt mit Frühstücksterrasse.

► Günstig

① ***Amalfitana***
Via Roma 44
56126 Pisa
Tel. 05 02 90 00
Fax 05 02 52 18
www.hotelamalfitana.it
Wenige Schritte vom Botanischen Garten und ca. 250 m vom Domplatz entfernt, liegt dieses familiäre Hotel. Einfach, sauber, ruhig (Zimmer nach hinten verlangen!). Gutes Preis-Leistungs-Verhältnis.

5° 30' nach Südosten; an der Nordseite ist der Turm 56,6 m, an der Südseite 54,25 m hoch. Lange Zeit war der Turm geschlossen, die jüngsten Sicherungsarbeiten waren allerdings erfolgreich. Nachdem man ihn zunächst mithilfe eines Gegengewichtes stabilisiert und ihm einen **Sicherheitsgurt** verpasst hatte, entnahm man an der Nordseite über 7 m³ Erde. Nach und nach »lehnte sich der Turm nach Norden zurück«. Ende 2001 hatte er sich um 43 cm aufgerichtet, sein heutiger Neigungswinkel entspricht etwa dem in der Mitte des 18. Jh.s. Daher darf der Schiefe Turm wieder bestiegen werden.

✶ Camposanto

Eine Überlieferung besagt, Erzbischof Ubaldo Lanfranchi habe beim Kreuzzug 1203 etliche Schiffsladungen **Erde vom Berg Golgatha** hierher bringen lassen, damit die Bürger Pisas in wirklich heiligem Boden bestattet werden konnten. Der Camposanto am Nordrand des Domplatzes wurde ab 1277 unter Giovanni di Simone im toskanisch-gotischen Stil in Form eines Kreuzgangs, 126 m lang und 52 m breit angelegt, aber erst 1463 beendet. Die weißmarmornen Umgangshallen öffnen sich auf den grünen Hof in hohen Maßwerkfenstern. Im Boden sind Grabsteine eingelassen, an den Seiten stehen »wiederverwendete« antike Sarkophage sowie Grabmäler der Zeit. Die etruskischen, römischen und mittelalterlichen Skulpturen, die Anfang des 19. Jh.s aufgestellt wurden, sind teils von hohem künstlerischem Wert.

✶ ◄ Fresken

Im 14./15. Jh. wurden die Wände von berühmten Künstlern wie **Benozzo Gozzoli und Taddeo Gaddi** freskiert. Beim Beschuss am 27. Juli 1944 durch alliierte Artillerie zerstörte herabfließendes geschmolzenes Blei vom Dach große Teile der Fresken; sie wurden abgenommen und restauriert und sind im Nordflügel ausgestellt.

✶ Museo delle Sinopie

»Sinopien« sind mit Rötelfarbe (aus Sinope in der Türkei) auf den frischen Putz aufgetragene Vorzeichnungen für ein Fresko. Im Museum an der Südseite der Piazza del Duomo sind solche Zeichnungen für die Fresken im Camposanto zu sehen, die bei der Restaurierung zum Vorschein kamen. Im ehemaligen Haus der Domkanoniker am Ostrand der Piazza del Duomo zeigt das Dommuseum großartige Kunstwerke von und aus den verschiedenen Bauten des Dombezirks. Besonders wertvoll ist der Domschatz.

✶ ◄ Museo dell' Opera del Duomo

Weitere Sehenswürdigkeiten in Pisa

Nördlich des Arno

Mittelpunkt des alten Pisa ist die Piazza dei Cavalieri mit der Kirche S. Stefano dei Cavalieri und dem gleichnamigen Palazzo, beide nach Plänen Vasaris im 16. Jh. gebaut bzw. ausgebaut. Sie gehörten dem von Cosimo I. für den Krieg gegen die Sarazenen gegründeten **Stephansorden**. Die Via S. Frediano Curtatone führt durch das pittoreske Viertel hinunter zum Arno, vorbei an der barockisierten Kirche S. Frediano und dem Renaissancepalazzo della Sapienza von 1493, heute Sitz der 1543 gegründeten Universität. Am Arno entlang geht

◄ Piazza dei Cavalieri

◄ Universität

Santa Maria della Spina strahlt weiß in der toskanischen Sonne.

Borgo Stretto ▶

es weiter zum Palazzo Agostini aus dem 16. Jh. mit dem 1794 gegründeten Caffè d'Ussero. In die Piazza Garibaldi mündet die **Flaniermeile** Pisas, der arkadengesäumte Borgo Stretto. Gleich rechts steht die Kirche S. Michele, um 990 erbaut und im 14. Jh. romanisch-gotisch umgestaltet.

Lungarno Mediceo

✶ Museo Nazionale di S. Matteo ▶

Der Lungarno Mediceo führt am rechten Ufer des Flusses zum Palazzo dei Medici aus dem 13. / 14. Jh. Östlich schließt sich das ehemalige Benediktinerkloster S. Matteo an, in dessen Konventsgebäuden das Nationalmuseum untergebracht ist. Die bedeutende Sammlung enthält Pisaner Skulpturen und Gemälde der toskanischen Schule des 12.–15. Jh.s, darunter »Croci dipinte« (Tafelkreuze) des 13. Jh.s, das 43-teilige Polyptychon von Simone Martini von 1320, die »Madonna del Latte« von Andrea und Nino Pisano und das Reliquiar des hl. Lussorio, das **Donatello** 1427 schuf.

Südlich des Arno ▶

Auf dem Ponte di Mezzo findet am letzten Junisonntag der Gioco del Ponte statt, ein Spektakel in historischen Kostümen. Über die Ponte di Mezzo gelangt man zum Palazzo Gambacorti von 1380, heute Rathaus, und den Logge di Banchi, 1603–1605 von Buontalenti als Tuchmarkt erbaut. Hier befindet sich auch die achteckige Kirche S. Sepolcro, um 1150 nach Plänen Diotisalvis errichtet. Von den Logge di Banchi führt der Corso Italia, die belebte Hauptachse der Südstadt, zur Piazza Vittorio Emanuele II.

✶ S. Maria della Spina ▶

Nahe dem Ponte di Mezzo steht am Ufer die kleine Kirche Santa Maria della Spina, die 1230 als Gebetshalle errichtet und 1323 gotisch umgestaltet wurde; im Jahr 1871 wurde sie abgetragen und am selben Platz erhöht wieder aufgebaut. Ihren Namen verdankt sie dem ehemals hier aufbewahrten **hl. Dorn** (lat. »spina«) aus der Dornenkrone Christi, den die Pisaner aus dem Heiligen Land mitbrachten.

S. Paolo a Ripa d'Arno ▶

Südlich des Arno waren die Orienthändler ansässig, die sich um 1050 ihren eigenen »Dom« St. Paul am Arno-Ufer errichteten. In der Apsis sind schöne Glasmalereien aus dem 14. Jh. zu sehen.

Umgebung von Pisa

Auf seiner Fahrt nach Rom im Jahr 44 soll der **Apostel Petrus** die S. Piero a Grado genannte, ehemals an der Küste liegende Stelle 5 km südwestlich von Pisa betreten und die »Ecclesia ad gradus«, die Kirche an den Stufen, gegründet haben. Die dreischiffige Basilika, unter der man Reste eines teilweise antiken Vorgängerbaues fand, stammt aus dem 11. Jh.; als die Westfassade im 12. Jh. einstürzte, ersetzte man sie durch eine Apsis. Die Fresken von Deodato Orlande entstanden um 1300 und zeigen unten **Papstporträts**, in der Mitte Szenen aus dem Leben Petri und oben das himmlische Jerusalem.

★ **S. Piero a Grado**

Die Küste zwischen Viareggio und Livorno nimmt der Parco Naturale di Migliarino, S. Rossore e Massaciuccoli ein, eine Sumpf-, Macchia- und Pinienlandschaft mit seltenen Tierarten. Sandstrände erstrecken sich von Marina di Pisa nach Süden.

Küste

In Calci, 13 km östlich von Pisa, ist die Kirche SS Giovanni e Ermolao im Stil der Pisaner Gotik des 12./13. Jh. einen Abstecher wert. Am Ortsrand befindet sich zudem die Certosa di Pisa, ein 1366 gegründetes **Kartäuserkloster**, dessen eindrucksvolle barocke Anlage aus dem 17./18. Jh. stammt. Beachtung verdienen besonders die beiden Kreuzgänge (15. bzw. 16. Jh.) und die barocke Kirche mit einem Kuppelfresko von S. Cassiani von 1685. Im Nordteil des Komplexes ist das Museo di Storia Naturale e del Territorio der Universität Pisa eingerichtet (Zoologie, Mineralogie, Geologie, Paläontologie).

Calci

★ ◄ Certosa di Pisa

★ Pistoia

H 11

Region: Toskana • Toscana
Höhe: 67 m ü. d. M.
Provinz: Pistoia
Einwohnerzahl: 86 500

Will man die Architektur der Toskana möglichst authentisch erleben, sollte man nicht nach Florenz oder Pisa, sondern nach Pistoia fahren. Das im fruchtbaren Ombrone-Tal gelegene, lebendige Städtchen verzaubert durch seine gut erhaltenen mittelalterlichen Bauwerke, die vor allem im Marktviertel einen unwiderstehlichen Charme besitzen.

Das römische Pistoria entstand als Handelsstadt an der Via Cassia, die im 2. Jh. v. Chr. gebaut wurde. Nach dem Tod der Markgräfin Mathilde von Canossa im Jahr 1115 proklamierte Pistoia wie alle größeren toskanischen Städte seine Unabhängigkeit und gab sich zwei Jahre später eine **liberale Verfassung**. Im 12./13. Jh. hatte die Stadt ihre große Blütezeit. In den Konflikten mit den mächtigen Nachbarn Prato, Lucca und Florenz musste Pistoia sich allerdings

Gegründet an der Via Cassia

1306 nach einjähriger Belagerung geschlagen geben. Dies war gleichzeitig das Ende des blutigen Streits zwischen den adligen Familien, der sich zu einem veritablen Krieg in der ganzen Toskana – mit einer Polarisierung zwischen Adel und Kaufleuten sowie Arbeitern, Handwerkern und verarmtem Adel – ausgeweitet hatte. Ab 1530 gehörte die Stadt zum Großherzogtum Toskana. Im Zweiten Weltkrieg wurde sie mit ihren Maschinenfabriken, die Waffen produzierten, von den Alliierten bombardiert. Heute bildet Pistoia zusammen mit Prato und Florenz eine Siedlungs- und Wirtschaftsregion mit ca. 1,5 Mio. Einwohnern. Die Stadt lebt von ihren zahlreichen **Baumschulen** sowie von ihren Textil- und Maschinenfabriken.

Sehenswertes in Pistoia

✶ **Dom**

Mittelpunkt der rechteckigen Stadtanlage – der Mauerring entstand Mitte des 14. Jh.s – ist die Piazza del Duomo, auf der schon vor 1000 Jahren Markt gehalten wurde; weder Geschäfte noch Cafés stören ihre nüchterne Würde. Der Kampanile setzt sich aus einem Festungsturm von 1200, drei pisanischen Geschossen aus dem 13. Jh. und einer Glockenstube von 1576 zusammen. Der romanische Dom Santi Zeno e Jacopo aus dem 12./13. Jh. besitzt eine Fassade im pisanisch-lucchesischen Stil; das Gewölbe in der Vorhalle ist mit Majolikakassetten von Andrea della Robbia ausgekleidet, von dem auch das Tonrelief über dem Hauptportal, eine Madonna mit Engeln, von 1505 stammt. Im Inneren findet man das **Grabmal des Kardinals Niccolò Forteguerri** († 1473) nach einem Entwurf von Andrea Verocchio. In der Cappella del Sacramento links des Chors befindet sich eine Madonna von Lorenzo di Credi von 1485, in der Cappella di S. Iacopo, vom rechten Seitenschiff aus zugänglich, steht das Prunkstück, der **Silberaltar des hl. Jakobus**, an dem von 1287 bis 1457 gearbeitet wurde. Die Reliefs aus getriebenem, teils vergoldetem Silberblech sind mit 628 Figuren bevölkert und zeigen Szenen aus dem Alten und dem Neuen Testament sowie aus dem Leben des hl. Jakobus.

! *Baedeker* TIPP

Für Bluesfans

Pistoia ist Mitte Juli das Ziel Tausender Bluesfans, denn hier findet auf dem Domplatz das wichtigste Bluesfestival Italiens statt. Nähere Informationen erhält man bei der Associazione Culturale Blues, www.pistoiablues.com.

✶ **Battistero**

An den Dom grenzt der ehemalige Bischofspalast aus dem 14. Jh., in dem das Kapitelmuseum untergebracht ist, gegenüber erhebt sich das schöne gotische Baptisterium, 1337–1361 mit **weißgrüner Marmorinkrustation**, Außenkanzel und Holzportal erbaut. Der malerische Arkadenhof des Palazzo del Podestà lädt zu einem Päuschen ein. Hallen und Fassade sind mit Wappen der von Florenz eingesetzten Stadtvögte geschmückt. Das Gebäude gegenüber ist der Palazzo del Comune, ein in mehreren Phasen 1294–1385 errichteter goti-

Palazzo del Comune ►

scher Bau, in dessen hübschem Hof das Wappen der Medici mit den Papstschlüsseln zu Ehren von Leo X. angebracht ist. Hier befindet sich das Städtische Museum.

★ **Ospedale del Ceppo**

Ein »Comic«, der Einblicke in die Tätigkeit eines Spitals gibt, ist am Ospedale del Ceppo, Piazza dello Spedale, zu sehen: Die Vorhalle des im 13. Jh. gegründeten und noch betriebenen Krankenhauses schmückt ein großer **Majolikafries**, eines der herrlichsten Werke von Giovanni della Robbia und seinen Schülern (1514–1525).

★ ◄ S. Andrea

In westlicher Richtung gelangt man zur Kirche S. Andrea, einer Säulenbasilika des 12. Jh.s im pisanischen Stil. Bemerkenswert ist der Architrav im Hauptportal von 1166, ein Werk von Gruamonte und seinem Bruder Adeodato. Die Kanzel von 1298–1301, ein Hauptwerk **Giovanni Pisanos**, entstand vor seiner Kanzel im Pisaner Dom. Der Bildhauer schuf auch das Holzkruzifix in der linken Seitenkapelle.

PISTOIA ERLEBEN

AUSKUNFT

Piazza del Duomo, 51100 Pistoia
Tel. 0 57 32 16 22, Fax 0 57 33 43 27
www.pistoia.turismo.toscana.it

PARKEN

Die Sehenswürdigkeiten liegen in Pistoia dicht beieinander, und der Altstadtkern ist verkehrsberuhigt – genügend Gründe also, das Auto stehen zu lassen. Parkmöglichkeiten gibt es u. a. entlang der südlichen Stadtmauer, vor der südöstlichen Stadtmauer und auch am Bahnhof.

VERANSTALTUNG

Giostra del Orso
Wem der Menschenandrang beim Palio in Siena oder bei der Giostra del Saraceno in Arezzo zu groß ist, dem sei Pistoias Stadtfest empfohlen. Am 25. Juli feiert die Stadt die Giostra del Orso mit einem Umzug und einem Wettkampf zu Pferd.

ESSEN

► **Erschwinglich**

San Jacopo
Via Crispi 15, Pistoia
Tel. 0 57 32 77 86; So. abends und Mo. geschl. Kleines, aber feines Restaurant direkt gegenüber vom Hotel La Patria. Immer gut besucht, deshalb unbedingt reservieren!

Lo Storno
Via del Lastrone 8, Pistoia
Tel. 0 57 32 61 93
Historische Osteria mit ursprünglicher Küche im Herzen der Stadt.

ÜBERNACHTEN

► **Komfortabel**

Leon Bianco
Via Panciatichi 2, Pistoia
Tel. 0 57 32 66 76, Fax 0 57 32 67 04
www.hotelleonbianco.it
Kleines, angenehmes und familiengeführtes Hotel.

Patria
Via Francesco Crispi 6
Pistoia
Tel. 0 57 32 51 87, Fax 05 73 36 81 68
www.patriahotel.com
Der Charme dieses Hotels ist zwar schon etwas verblasst, aber die zentrale Lage gleicht das wieder aus.

S. Francesco ► Nächste Station dieses kleinen Kirchenrundgangs ist die Piazza S. Francesco d'Assisi mit der gleichnamigen gotischen Klosterkirche. Sie wurde 1289 begonnen, 1511 geweiht und erhielt 1717 die polychrome Marmorfassade. Zeitweise nutzte man sie als Kaserne, Speicher und Lazarett, was den Fresken aus dem 14. Jh. schlecht bekam; in der Hauptchorkapelle sind noch Szenen aus dem Leben des Franz zu erkennen, die Lippo Memmi, **Pietro Lorenzetti** und Puccio Capanna schufen. Der Kapitelsaal besitzt ebenfalls Franziskus-Fresken von toskanischen Nachfolgern Giottos.

✶ Madonna dell' Umiltà ► Ein paar Straßen weiter entdeckt man die Kirche Madonna dell'Umiltà, die mit ihrem Kuppeloktogon und der breiten Vorhalle einen ungewöhnlichen Grundriss aufweist. Erbaut wurde sie ab 1495 von Ventura Vitoni; **Giorgio Vasari** fügte 1561 die Kuppel nach dem Muster des Florentiner Doms hinzu. Am Hauptaltar befindet sich ein als wundertätig verehrtes Madonnenfresko, das Giovanni di Bartolomeo Cristiani um 1370 schuf.

✶ **Marktviertel, S. Giovanni Fuorcivitas**

Von der Via degli Orafi führt die Via dei Fabbri durch das älteste Viertel der Stadt – seit jeher das Marktviertel – zur Piazza della Sala und zur reich ausgestatteten Kirche S. Giovanni Fuorcivitas, ab 1160 »vor der Stadt« in toskanisch-romanischem Stil erbaut und nicht fertig gestellt. Ihre Schätze sind ein Abendmahlrelief von Gruamonte (1160) am Architrav des Hauptportals, die Kanzel von Fra Guglielmo da Pisa (um 1270), die **Majolikagruppe** von Luca della Robbia (Verkündigung, um 1445) sowie das kostbare Weihwasserbecken, ein Frühwerk von Giovanni Pisano.

S. Antonio di Tau ► Die 1774 profanierte Kirche des Ordens S. Antonio (oder del Tau) ist ganz mit herrlichen Fresken des 14./15. Jh. ausgemalt, die Szenen aus dem Alten und Neuen Testament und dem Leben des hl. Antonius Abbas zeigen; im ehemaligen Konvent sind Werke des berühmten Bildhauers **Marino Marini** zu sehen, der 1901 in Pistoia zur Welt kam († 1980). Danach lohnt ein Besuch der gegenüberliegenden Klosterkirche S. Domenico mit Freskenresten aus dem 14. Jh. und dem 1462–1468 von B. und A. Rosselino geschaffenen Grabmal des Filippo Lazzari.

Fondazione Marini ►

Umgebung von Pistoia

✶ **Montecatini Terme**

Mag sich auch die Klientel verändert haben, so atmet der 15 km südwestlich von Pistoia gelegene Kurort Montecatini Terme (20 500 Einw.) doch noch die Grandezza des Fin de Siècle, als die Badeorte zum Treffpunkt der mondänen Gesellschaft wurden; heute wird er hauptsächlich von italienischen Kurgästen besucht. Das 19–25 °C warme, schwefel- und natriumsulfathaltige Wasser war schon im 14. Jh. berühmt. Der habsburgische Großherzog der Toskana, Peter Leopold I., ließ ab 1773 die **glanzvollen Badeetablissements** Regina, Terme Leopoldine, Tettuccio und Palazzina Regia errichten, die – trotz Umbauten in den 20er-Jahren – das besondere Flair Montecatinis ausmachen. Hauptachse des Orts zwischen der modernen Kirche Maria Assunta und dem Parco delle Terme ist der Viale Verdi, benannt nach dem berühmten Gast, der von 1882 bis 1900 hier alljährlich Kraft schöpfte. Zunächst passiert man links das Stabilimento Excelsior von 1915 (1968 erweitert), dann die klassizistischen Terme Leopoldine (1775; 1922–1926 umgebaut) und das Stabilimento Tamerici; der schönste Bau, das Stabilimento Tettuccio von 1927 liegt ganz am Ende. Am Nordosteck des Kurparks befindet sich die Talstation der museumsreifen Zahnradbahn nach **Montecatini Alto**. Der ursprüngliche Ort liegt etwa 260 m über dem Thermalbad und wartet nebst zahlreichen Cafés mit einem bezaubernden Ausblick auf.

Alte Pracht im Kurbezirk von Montecatini Terme

Vinci

Eine schöne Fahrt auf kurvenreicher Strecke (24 km) führt von Pistoia südlich über den Monte Albano nach Vinci, nach dem sich das berühmte Universalgenie Leonardo (1452–1519) benannte, auch wenn er im benachbarten Anchiano geboren wurde, sodass er eigentlich Leonardo da Anchiano heißen müsste. Mehr über den genialen Renaissancemenschen erfährt man in Vinci bei einem Besuch des in einer mittelalterlichen Burg untergebrachten Museo Leonardiano und des Museo Ideale **Leonardo da Vinci**.

★ Pompeji · Pompei

O 18/19

Region: Kampanien • Campania
Provinz: Neapel
Höhe: 16 m ü. d. M.
Einwohnerzahl: 26 000

Es gibt wenige Orte in der Welt, in denen Vergangenheit und Gegenwart einander so nahe kommen wie in Pompeji. Die antiken Läden und Wohnhäuser mit ihren kunstvollen Fresken und Mosaikböden erwecken bisweilen den Eindruck, als hätten ihre Bewohner sie eben erst verlassen. Faszination und Bestürzung über das Schicksal der Stadt sind an diesem Ort untrennbar verbunden.

Bis heute ist das Ausgrabungsgelände das großartigste Beispiel einer altrömischen Stadt und ihrer Alltagskultur – eine unerschöpfliche Forschungsquelle für Archäologen, Althistoriker und Altphilologen. 1997 wurde es zum **UNESCO-Weltkulturerbe** erklärt, was die Ruinenstadt jedoch nicht vor dem erneuten Verfall schützt: Durch jahrzehntelange Vernachlässigung, und exzessiven Tourismus mit über

2 Mio. Gästen im Jahr ist Pompeji das meistbesuchte antike Reiseziel Italiens – sowie Vandalismus befindet sich die Grabung in einem desaströsen Zustand. Von den 65 Häusern und öffentlichen Gebäuden, die 1956 noch zugänglich waren, sind heute lediglich 15 zu besichtigen, die übrigen präsentieren sich als einsturzgefährdet, baufällig, ungepflegt. Daher hat sich ein Kreis von Wissenschaftlern und Vertretern der Tourismusbranche unter dem Namen Kulturinitiative Phoenix Pompeji zusammengeschlossen, die mit Aktionen und Spenden den Erhalt der Vesuvstädte Pompeji und Herkulaneum fördern möchten. Die moderne Stadt Pompeji schließt sich im Osten an das Ausgrabungsgelände an. Ihr Santuario della Madonna del Rosario, weithin erkennbar an dem fünfstöckigen Kampanile, wurde Ende des 19. Jh.s nach einer Marienerscheinung erbaut und ist insbesondere am 8. Mai und am ersten Sonntag im Oktober ein viel besuchtes Wallfahrtsziel.

! *Baedeker* TIPP

Phoenix Pompeji e.V.

Wer sich für die Vorträge, Ausstellungen und Kongresse der Kulturinitiative interessiert oder den Verein finanziell unterstützen möchte, erhält Auskünfte unter Phoenix Pompeji e.V., Thalkirchner Str. 101, 81371 München, Tel. (0 89) 76 34 88; www.phoenix-pompeji.de.

Der Ausbruch des Vesuv

Den folgenden Tatsachenbericht verfasste der römische Schriftsteller **Plinius der Jüngere**, der das Geschehen aus einem Nachbarort verfolgte: »Mehrere Tage vorher hatte man die Erde beben gefühlt, ohne diesem Umstand besondere Beachtung zu schenken, da man in Kampanien ja daran gewöhnt war. Doch in jener Nacht bebte die Erde so heftig, dass es schien, als ob alles nicht nur erzitterte, sondern einstürzen wolle ... Seit einer Stunde war es bereits Tag, doch das Licht war immer noch unsicher und wie sterbend. Schon waren in der Umgebung Häuser eingestürzt, und da schien es uns angebracht, obgleich wir im Freien waren, aus der Stadt zu fliehen, aus Furcht, zerquetscht zu werden. Das erschrockene Volk lief uns nach ... Schon begann es Asche zu regnen, doch war sie noch nicht dicht. Ich sah mich um und erblickte hinter meinem Rücken eine dichte Rauchwolke, die sich wie ein Strom auf der Erde ausbreitete und uns auf den Fersen war ... Kaum hatten wir uns gesetzt, so war es Nacht, keine mondlose und bewölkte Nacht, sondern die Nacht eines geschlossenen Raumes ohne jedes Licht. Du hättest hören sollen, wie die Frauen schrien, die Kinder jammerten und die Männer riefen! ... Der eine beweinte sein eigenes Geschick, der andere das der Seinen. Andere flehten um den Tod aus Furcht vor demselben. Viele beteten zu den Göttern, aber andere wiederum behaupteten, dass es gar keine Götter mehr gebe und der Untergang der Welt gekommen sei ...«

Geschichte

Pompeji wurde wahrscheinlich von italischen Oskern im 7. Jh. v. Chr. gegründet. Im 5. Jh. geriet es unter griechischen Einfluss, wurde dann Ende des 5. Jh.s von den Samniten erobert, die ihrerseits im

POMPEJI ERLEBEN

AUSKUNFT

Via Sacra 1, 80045 Pompei
Tel. 08 18 50 72 55, www.pompei.it
www.pompeiisites.org

VERKEHR

Am besten erreicht man Pompeji mit öffentlichen Verkehrsmitteln, z. B. der Ferrovia Circumvesuviana Neapel – Sorrent, Bahnstation Villa dei Misteri, oder mit der Bahnlinie Neapel – Salerno, Bahnstation Pompei Scavi. Mit dem Auto erreicht man Pompeji über die A 3, Ausfahrt Pompei-Scavi.

ESSEN

► Fein & Teuer

Il Principe
Piazza Bartolo Longo 8, Pompei
Tel. 08 18 50 55 66; Mo. geschl.
Wunderschöner Schlemmertempel, in dem moderne und kreative Küche angeboten wird, zuweilen werden auch antike Rezepte ausprobiert.

► Erschwinglich

President
Piazza Schettini 12/13, Pompei
Tel. 08 18 50 72 45; Mo. geschl.
Vornehmes Restaurant bei der Wallfahrtskirche, täglich wechselnde Fischgerichte je nach Marktangebot.

► Preiswert

Dei Platani
Via Colle San Bartolomeo 4, Pompei
Tel. 08 18 63 39 73; Mi. geschl.
Die Speisekarte des traditionsreichen Lokals richtet sich ganz nach den Jahreszeiten.

ÜBERNACHTEN

► Komfortabel

Amleto
Via Bartolo Longo 10
80045 Pompei
Tel. 08 18 63 10 04
Fax 08 18 63 55 85
www.hotelamleto.it
Neues Hotel garni in der Nähe der Ausgrabungsstätte, schöner Mosaikfußboden und Wandschmuck im antiken Stil, ansprechende Zimmer, herrliche Sonnenterrasse.

► Günstig

Iside
Via Minutella 27
80045 Pompei
Tel. und Fax 08 18 59 88 63
www.hoteliside.it
In einem ruhigen Wohngebiet liegt dieses freundliche Haus garni, das gemütliche, einfache Zimmer anbietet.

3. Jh. von den Römern besiegt und abgelöst wurden. Aufgrund seiner günstigen Lage am Meer – es ist heute infolge Versandung 2 km entfernt – und am Fuße des fruchtbaren Vesuvs entwickelte sich Pompeji zu einer **blühenden Handels- und Hafenstadt** mit etwa 20 000 Einwohnern, von denen rund die Hälfte Sklaven waren. Eine erste Naturkatastrophe ereignete sich im Jahr 62 n. Chr., als Pompeji durch ein schweres Erdbeben zerstört wurde. Der Wiederaufbau war noch im Gange, als am **24. August des Jahres 79 n. Chr.** der Vesuv ausbrach und die ganze Stadt unter einer sechs Meter dicken Ascheschicht begrub. Rund 2000 Menschen kamen dabei ums Leben, den

meisten Bewohnern blieb die Zeit, mit ihrer wichtigsten Habe zu fliehen. Die Stadt musste aufgegeben werden, doch haben schon die Überlebenden viele Kostbarkeiten unter der damals noch lockeren Aschendecke ausgegraben. Für rund 1700 Jahre blieb Pompeji konserviert, bis man im 18. Jh. mit der Freilegung begann, die heute zu etwa zwei Dritteln abgeschlossen ist. Viele Gebäude sind in trümmerhaftem Zustand, die kostbarsten Funde sind im Archäologischen Nationalmuseum von Neapel ausgestellt. Seit den so genannten neueren Grabungen (Nuovi Scavi; seit 1911) werden Inneneinrichtungen und Hausrat allerdings möglichst an Ort und Stelle belassen. Trotz mancher Einschränkungen tritt das antike Leben mit seiner Wohnkultur in Luxus- und Bürgerhäusern, auf Markt und Straßen, in Bädern, Theatern und Tempel nirgendwo sonst so unmittelbar den Besuchern entgegen wie hier. **Goethe** notierte 1787 zu dieser »mumisierten Stadt«: »Es ist viel Unheil in der Welt geschehen, aber wenig, das den Nachkommen so viel Freude gemacht hätte.«

Antike Stadt

Mittelpunkt des antiken Pompeji war das **Forum,** wo die wichtigsten Gebäude lagen, daneben gab es Gasthäuser, Garküchen (Thermopolia), Thermen, Latrinen, insgesamt 30 Bordelle (Lupanaris) sowie zahlreiche Geschäfte und Handwerksbetriebe wie Bäckereien (Pistrina), Wollfärbereien, -walkereien und -webereien. Man pflasterte die Straßen mit Lavasteinen; hohe Bürgersteige und Trittsteine sollten

Die Stadt, die so groß ist wie hundert Fußballfelder, wird seit zweieinhalb Jahrhunderten wissenschaftlich ausgegraben.

Fußgängern den Übergang erleichtern, tiefe Rillen im Pflaster zeugen noch von regem Wagenverkehr. Die Straßenecken zierten Brunnen, viele Häuser waren außen mit Wandmalereien geschmückt.

! Baedeker TIPP

Überblick

Um die Stadtmauern Pompejis führt ein etwa 3,5 km langer, sechs bis acht Meter hoher Weg, von dem aus man sich interessante Einblicke von oben verschaffen kann. Gute Sicht hat man auch vom 80 m hohen Campanile des Santuario della Beata Vergine del Rosario im modernen Pompei. Ein Fahrstuhl führt zur Aussichtsterrasse hinauf (Mai – Okt. 9.00 – 13.00, 15.30 – 18.30, Nov. bis Apr. 9.00 – 13.00 Uhr).

Das **typisch römische Haus** erhob sich auf einem langrechteckigen Grundriss. Nach außen besaß es kaum Fenster, die zur Straße gelegenen Räume wurden meist als Ladengeschäfte oder Werkstätten (Tabernae) genutzt. Durch einen Flur gelangte man in das offene **Atrium mit Becken** (Impluvium) in der Mitte, in dem Regenwasser gesammelt wurde. Um den Hof gruppierten sich Schlaf- und Wohnräume (Cubiculae), gegenüber vom Eingang lag das Tablinum, ein Repräsentationsraum, in dem man Gäste empfing. Hinzu kamen in der Regel ein gartenartiger Hof, der wegen seiner Einfassung durch Säulengänge Peristylium genannt wurde und an den sich bisweilen ein zweiter Garten anschloss. Am Peristyl lagen Speise- (Triclinium) und Gesellschaftsräume (Oecus), Küche (Culina) und Keller waren unterschiedlich angeordnet. Viele Häuser hatten ein Obergeschoss mit Balkonen. Reste von Stuckdekokrationen, Wandmalereien und Mosaikfußböden zeugen vom Geschmack und Wohlstand der einstigen Bewohner.

Malerei in Pompeji

Obwohl die Blütezeit der Stadt nur ca. 160 Jahre dauerte, unterscheidet man in der pompejanischen Wandmalerei **vier Stile**:
Der erste Stil, aktuell bis ca. 80 v. Chr., kennt keine figürlichen Motive. Die Wände sind mit einer gemalten Inkrustation, einer Imitation von Marmoreinlegearbeiten geschmückt, so etwa in der Casa di Sallustio. Im zweiten Stil kommen bis etwa 10 n. Chr. perspektivisch-illusionistische Darstellungen hinzu, bekanntestes Beispiel ist die **Villa dei Misteri**. In den folgenden 40 Jahren treten im dritten Stil Landschaften und mythische Darstellungen an die Stelle architektonischer Perspektiven, wie es in der Casa di Lucretio Fronto erkennbar ist. Im vierten Stil schließlich, der beim Untergang der Stadt noch praktiziert wurde, überziehen manieristische, räumlich-illusionistische Wandmalereien mit Fabelwesen und Girlanden die Wände. Die schönsten Beispiele finden sich in der Casa di Loreius Tiburtinus.

★★ Pompei Scavi Ausgrabung

Die Stadt, die mit ihren mehr als 60 ha Fläche so groß ist wie hundert Fußballfelder, kann nur in wenigen Teilen betreten werden. Es folgen nun Beschreibungen der wichtigsten Gebäude, beginnend am Haupteingang, der einst zum Meer hinabführenden Porta Marina.

Pompeji Orientierung

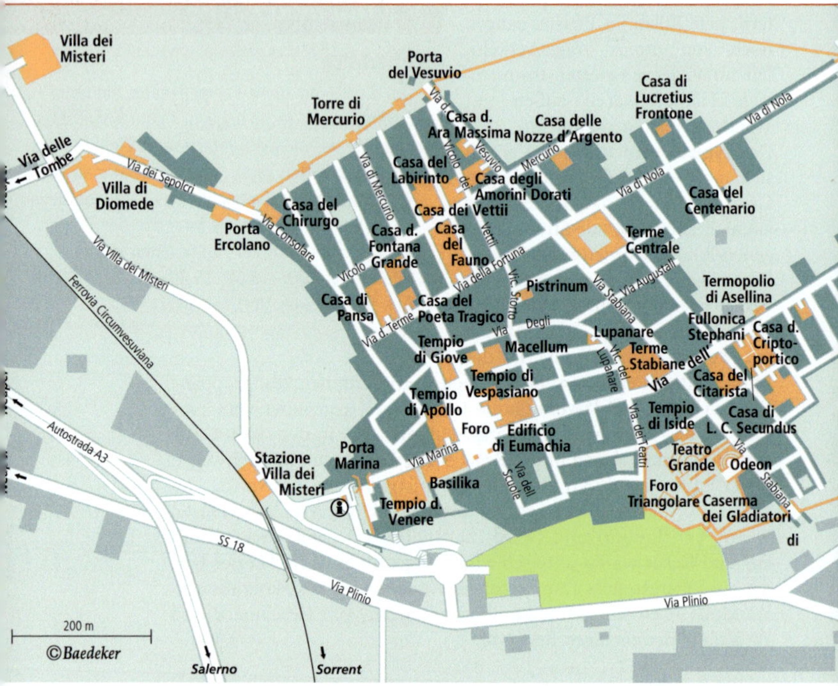

Hinter dem Stadttor befindet sich rechts das Antiquarium, das Ausgrabungsfunde von der vorsamnitischen bis zur römischen Zeit enthält; besonders ergreifend sind die **Gipsabgüsse** der beim Vesuvausbruch gestorbenen Menschen und Tiere. Ihre Körper hinterließen in der Lavaschicht Hohlräume, die man Ende des 19. Jh.s mit Gips ausgoss und dann die Figuren befreite.

✶✶ Foro ►

Vor dem Gebäude beginnt die zum Forum führende Via Marina. Kurz bevor sie auf den Platz mündet, passiert man rechter Hand das größte Gebäude Pompejis, eine Basilika aus dem 2. Jh. v. Chr, die als Börse und Gerichtshalle diente.

Das lang gestreckte Forum war einst mit Marmorplatten gedeckt und an drei Seiten von überdachten Säulenkolonnaden umgeben. Hier lag das größte Heiligtum der Stadt, der von 48 ionischen Säulen eingefasste **Apollotempel**; ein zweiter, Jupiter geweihter Tempel befand sich an der Nordseite. Er wurde zur Zeit des Vesuvausbruches gerade restauriert. Daneben standen das von Geschäften umgebene Macellum (Markthalle), der Vespasiantempel (Tempio di Vespasiano) und der Bau der Eumachia, wahrscheinlich der Sitz der Tuchhändler-Zunft. An der Südseite des Forums tagte in der Mitte von drei Sälen die Curia, Pompejis Stadtrat.

★★ Terme Stabiane

Folgt man der Via dell'Abbondanza, also der antiken Hauptgeschäftsstraße Decumanus Maior, gelangt man linker Hand zu den Stabianer Thermen, dem größten und besterhaltenen Bad von Pompeji. Man betritt zunächst die säulenumgebene Palästra, in der junge Männer Sport trieben; links war ein **Schwimmbecken** mit Umkleideraum, rechts das Männerbad eingerichtet, an das sich das durch Heizungsräume abgeteilte Frauenbad anschloss. Man heizte mit einer Hypokaustenheizung; die Hohlräume, durch die Heißluft floss, sind teilweise recht gut erkennbar. Im Männerbad befand sich ein rundes Kaltbad (Frigidarium); zum Männer- wie zum Frauenbad gehörten je ein Umkleideraum (Apodyterium) mit Nischen für die Kleiderablage, ein lauwarm beheizter Durchgangsraum (Tepidarium) und ein Schwitzbad (Caldarium). Die Gasse vor den Thermen links führt zum Lupanar, einem **Bordell**, dessen Zimmer mit erotischen Bildern ausgemalt sind.

Forum Triangulare

★

◄ Teatro Grande, Odeon

◄ Tempio d'Iside

Die Via dei Teatri endet im Theaterviertel, auf dem dreieckigen Forum Triangulare. Hier sieht man Reste eines griechischen Tempels aus dem 6. Jh. v. Chr., in der Kaserne gegenüber lebten und trainierten **Gladiatoren**. Das große, 200–150 v. Chr. erbaute Theater fasste einst 5 000 Zuschauer. Das benachbarte Odeon, auch Teatro Piccolo genannt, hat sich besser erhalten. Es handelt sich um das älteste Beispiel eines überdachten römischen Theaters mit rund 1 000 Plätzen. Hier fanden um 75 v. Chr. hauptsächlich musikalische Aufführungen und Lesungen statt. Etwas weiter nördlich steht linker Hand der kleine Tempio di Giove Meilichio, dahinter der erst 62 n. Chr. erbaute Tempio d'Iside, ein Isistempel, dessen zauberhafte Wandmalereien im Nationalmuseum Neapel zu sehen sind. Auf der Tempelmauer verewigte sich 1817 ein gewisser Henri Beyle, besser bekannt unter seinem Künstlernamen Stendhal. Über die Via Stabiana erreicht man die **Casa del Citarista**, eines der größten Häuser Pompejis, in das u. a. Walkereien, eine Bäckerei und eine Schenke eingebaut waren.

Nuovi Scavi Auf der Via dell'Abbondanza beginnen nach etwa 100 m rechts die so genannten Neuen Ausgrabungen (Nuovi Scavi), bei denen Wandmalereien und Hausrat an Ort und Stelle belassen wurden, auch konnten vielfach die oberen Stockwerke mit Balkonen und Loggien erhalten werden. Zahlreich sind die hier aufgepinselten Wahl- und Gelegenheitsinschriften, mit deren Hilfe man ein »Adressbuch« mit 550 Namen zusammenstellen konnte. Das Viertel, in dem vorwiegend Geschäftsleute lebten, stammt aus der letzten Zeit Pompejis.

Ausschnitt aus dem Wandgemälde in der Villa dei Misteri

Kunstvolle Spielereien erwarten den Besucher vor der **Casa di Lucius Ceius Secundus**, wo die Stuckarbeit an der Hausfassade Quaderwerk vortäuscht; die **Fullonica Stefani** diente als Wollfärberei; die **Casa del Criptoportico** verfügt über einen im Untergeschoss angelegten und daher witterungsunabhängigen Gang.

Das gut erhaltene und mit Wandmalereien und Mosaiken geschmückte **Haus des Menander** gehörte einem reichen Kaufmann. Seinen Namen verdankt es dem in einer Nische des prächtigen Peristyls befindlichen Bildnis des griechischen Komödiendichters Menander.

An der Via dell'Abbondanza folgt nun links das **Termopolio di Asellina**, eine Schenke, in der Getränke und Speisen verkauft wurden. In der zur Straße gelegenenen Theke waren Töpfe und Gefäße eingelassen. Die Fassade mit den vielen Aufschriften gehört zum Haus des Trebius Valens; die Casa di Marcus Loreius Tiburtinus weiter rechts, eines der größten Privathäuser Pompejis, besitzt einen beeindruckenden Garten.

Weiter östlich sowie südlich der Via dell'Abbondanza liegen die neuesten Ausgrabungen von 1951–1959, unter denen besonders die Casa del Frutteto, zu Deutsch Haus eines Gärtners, die Casa di Venera mit einem großartigen Bild der Venus sowie die Villa Giulia Felice Beachtung verdienen. Letztere war eine Stadtvilla, die in Mietwohnungen umgebaut worden war.

Palästra Gleich beim Loreius-Tiburtinus-Haus befindet sich der auf drei Seiten von Säulen umgebene **Sportplatz** der Stadt, Palästra genannt, mit Schwimmbassin in der Mitte. Daneben schließt sich das um 80 v. Chr. begonnene Amphitheater an, das 20 000 Zuschauern Platz bot. Es gehört zu den ältesten römischen Amphitheatern und hat im Gegensatz zu den später erbauten Theatern noch keine unterirdischen Vorrichtungen. Von hier ist es nicht weit zur Stadtmauer mit der Porta di Nocera, hinter der wie in allen antiken Städten die Nekropolen, Grabbauten entlang der Ausfallstraßen, angelegt wurden.

Anfiteatro ►

Necropoli ►

Im Norden des Areals findet man weitere berühmte Häuser, darunter die Casa del Centenario mit zahlreichen Tier- und Landschaftsmalereien und die Casa di Lucretius Frontone, in der Medaillons mit Erosfiguren die Wände schmücken. Die Casa delle Nozze d'Argento, das »Silberhochzeitshaus«, besitzt ein schönes Atrium und Peristyl; im Garten der Casa degli Amorini dorati hat sich alter Marmorschmuck erhalten.

★★ **Casa dei Vetti**

Eines der berühmtesten Häuser ist die Casa dei Vetti aus den letzten Jahrzehnten Pompejis. Besitzer dieses mit vielen Wandmalereien ausgeschmückten Hauses waren die Brüder und reichen Kaufmänner Vettius. Am Eingang rechts sieht man ein kleines Wandgemälde des Fruchtbarkeitsgottes Priapos mit einem eindrucksvollen Phallus; die Fresken im Triclinium rechts vom Peristyl zeigen mythologische Szenen. Der säulenumstandene Hof mit **Statuen und Wasserbecke**n ist schön bepflanzt; einen Raum an seiner Schmalseite ziert ein schwarzer Fries, auf dem Amoretten bei der Verrichtung alltäglicher Arbeiten dargestellt sind. Die Küche enthält noch das alte Kochgerät.
Die Casa del Labirinto, das Nachbarhaus, stammt noch aus samnitischer Zeit.

★ **Casa del Fauno**

Schräg gegenüber erstreckt sich die Casa del Fauno, die eine ganze Insula (= Häuserblock) einnimmt. Man betritt sie von der Via di Nola. Dort steht gleich neben dem Impluvium eine Nachbildung der hier gefundenen Statue eines **tanzenden Fauns**, die dem Haus den Namen gab; in dem Raum mit den roten Säulen entdeckte man das berühmte Mosaik der **Alexanderschlacht**; beide Kunstwerke im Archäologischen Nationalmuseum in Neapel ausgestellt.

◄ Forumsthermen

Die nahe gelegenen Forumsthermen (Terme del Foro) sind etwas kleiner und einfacher als die Stabianer Thermen, nehmen aber ebenfalls die ganze Insula ein.

Casa del Poeta tragico

Das reich ausgestattete Haus des tragischen Dichters wurde durch sein Bodenmosaik im Eingang berühmt. Es zeigt einen Kettenhund mit der Inschrift »Cave Canem« (Warnung vor dem Hunde). Es grenzt an das Haus des Pansa, ein Gebäude aus hellenistischer Zeit, das später in ein **Mehrfamilienhaus** umgebaut wurde.

◄ Casa di Pansa

Nördlich des Hauses des tragischen Dichters sieht man eine Fullonica, eine Tuchwalkerei; links daneben die Casa della Fontana Grande und die Casa della Fontana Piccola, beide mit hübschen Brunnen. Von Letzterem gelangt man durch den Vicolo di Mercurio zum Haus des Sallust, das mit schönen Malereien verziert ist.

◄ Casa di Sallustio

In der an der Via Consolare gelegenen Casa del Chirurgo fand man zahlreiche ärztliche Instrumente; offenbar praktizierte hier vor kanpp 2 000 Jahren ein Chirurg.

★ **Via dei Sepolcri**

Außerhalb der Stadtmauer, hinter der Porta Ercolano, beginnt die zypressengesäumte Via dei Sepolcri, die so genannte Gräberstraße.

Mit ihren stattlichen **Grabdenkmälern** ist sie neben der alten Via Appia (►Rom) das eindrucksvollste Beispiel für die Bestattung verdienter oder wohlhabender Mitbürger an öffentlichen Wegen. An ihrem nordwestlichen Ende steht die Villa des Diomedes, in dessen von einem Portikus eingefassten Garten ein Pavillon mit Wasserbecken steht. In einem Kellergang (Kryptoportikus) fand man die Leichen von 18 hier verstorbenen Frauen und Kindern. In der Nähe der jetzt vermauerten Gartentür lag der mutmaßliche Besitzer des Hauses, den Schlüssel in der Hand, neben ihm ein Sklave mit Geld.

✶ Villa des Diomedes ►

✶✶ **Villa dei Misteri**

Die schönsten Wandgemälde des Altertums haben sich in der Villa dei Misteri in frischem Farbenglanz erhalten. Im großen Triclinium sieht man einen 17 m langen Bilderzyklus mit fast lebensgroßen Figuren, der zwischen 70 und 50 v. Chr. wohl nach Vorbildern aus dem 3. Jh. v. Chr. entstand. Er zeigt möglicherweise die Einführung einer Dame in die Mysterien des **Dionysoskultes**.

Umgebung von Pompeji

Villa Regina

Unter den zahlreichen, 4 km von Pompeij in der Gegend von Boscoreale gelegenen antiken Villen ist die Villa Regina zu besichtigen, ein kleiner, aber gut erhaltener Landsitz. Daneben steht in der Via Settembrini 15 das eher unbekannte, aber sehenswerte Antiquarium di Boscoreale, das sich mit der Besiedelung der Vesuvregion, dem **Leben der Pompejaner** sowie der Ausgrabungsgeschichte beschäftigt.

✶ Prato

H 12

Region: Toskana • Toscana
Höhe: 61 m ü. d. M.
Provinz: Prato
Einwohnerzahl: 166 600

In Prato dreht sich alles um alte und neue Stoffe, Kleider, Boutiquen. Seit dem Mittelalter hat die Textilindustrie der Stadt einen erfreulichen Wohlstand beschert, der unter anderem im schönen Stadtzentrum Gestalt gewonnen hat. Auch nach dem 2. Weltkrieg waren es Stoffe, die Prato auf die Beine halfen – diesmal allerdings Lumpen, die man zu neuen billigen Stoffen umarbeitete.

Streben nach Unabhängigkeit

Bereits seit etruskisch-römischer Zeit besiedelt, wurde der Ort im 10. Jh. erstmals urkundlich erwähnt. Rund 100 Jahre später ließ sich die adlige **Familie Alberti** in Prato nieder, die erste Textilmanufakturen gründete. Nach dem Tod der Markgräfin Mathilde von Canossa wurde die Stadt freie Kommune, während der Stauferzeit war sie Sitz eines kaiserlichen Statthalters. Obwohl es seit dem 14. Jh. unter der Herrschaft von Florenz stand, hat Prato sich diesem nie untergeordnet, was sich 1991 in der Einrichtung einer **eigenen Provinz** äußerte.

PRATO ERLEBEN

AUSKUNFT

Piazza delle Carceri, 59100 Prato
Tel. und Fax 0 57 42 41 12
www.prato.turismo.toscana.it

ESSEN

► Fein & Teuer

Il Piraña
Via Valentini 110, Prato
Tel. 0 57 42 57 46; So. geschl.
Erstklassiges Fischrestaurant.

► Erschwinglich

Il Borbottino
Via Fra Bartolomeo 13, Prato
Tel. 0 57 42 38 10; So., Mo. geschl.
Junge, innovative toskanische Küche.

ÜBERNACHTEN

► Komfortabel

Flora
Via Cairoli 31, Prato
Tel. 0 57 43 35 21, Fax 05 74 40 02 89
www.prathotels.it
Mitten in der Altstadt liegt dieses gepflegte Hotel. Geschmackvolle Zimmerausstattung.

► Günstig

Villa Rucellai
Via di Cannetto 16–18, Prato
Tel. und Fax 05 74 46 03 92
www.villarucellai.it
Gemütliches Ferienhotel in einer Renaissancevilla.

Sehenswertes in Prato

Castello dell'Imperatore

Das wuchtige Castello dell'Imperatore, 1237–1248 unter Kaiser Friedrich II. errichtet, ist in seiner Bauweise und durch seine vorzügliche Erhaltung einzigartig in Norditalien. Beim Bau der Festung wurden zwei Türme aus dem 10. Jh. einbezogen. In ihrer unmittelbaren Nachbarschaft befindet sich die nach Plänen Giuliano da Sangallos 1484–1495 erbaute Kirche S. Maria delle Carceri, ein überkuppelter Zentralbau über griechischem Kreuz. Sie wurde eigens für das **wundertätige Madonnenfresko** am Hochaltar erbaut, das einst die Wand des Vorgängerbaus, eines Gefängnisses (Carceri = Kerker), zierte. Besonders schön sind die Evangelistenmedaillons della Robbias (um 1490) und die Glasmalereien von G. Angolanti von 1491.

✶ ◄ S. Maria delle Carceri

Palazzo Comunale

Die Via Cairoli mündet auf die Piazza del Comune, den Mittelpunkt der Stadt mit dem Standbild von Francesco di Marco Datini (1896; s. u. Palazzo Datini). Der Palazzo Comunale aus dem 13. Jh. beherbergt das sehr interessante Museo del Tessuto mit **Geräten und Stoffmustern** aus vielen Jahrhunderten und Ländern. Gegenüber steht der Palazzo Pretorio, in dem das Städtische Kunstmuseum untergebracht ist; die Sammlung umfasst Florentiner Meister des 14./15. Jh.s.

✶ ◄ Galleria Comunale

✶ **Duomo S. Stefano**

Der dem hl. Stephanus geweihte Dom wurde ab 1211 unter Guido da Como im Stil der toskanischen Romanik erbaut und 1317–1320 unter Giovanni Pisano gotisch umgestaltet. 1385–1457 ergänzte man die grünweiß inkrustierte Fassade, deren Schmuckstück eine **Außenkanzel** mit Reliefs tanzender Putti von Donatello und Michelozzo ist (Kopien, Originale im Dommuseum). Über dem Hauptportal grüßt ein Tonrelief von Andrea della Robbia, das die Madonna mit den hl. Stephanus und Laurentius darstellt. Das zweifarbig gestaltete Innere ist das erste Beispiel romanischer Innenarchitektur in Italien. Glanzstück sind die 1452–1466 entstandenen Fresken von **Filippo Lippi** und seinem Gehilfen Fra Diamante im Hauptchor, die Szenen aus dem Leben und Sterben Johannes des Täufers und des hl. Stephanus darstellen. Für den Malermönch Filippo Lippi sollte der Aufenthalt in Prato auch privat Früchte tragen. Hier verliebte er sich in die schöne Novizin Lucrezia Buti und zeugte mit ihr Filippino Lippi (1457–1504), der das Talent seines Vaters erbte; im Fresko »Gastmahl des Herodes«, das Filippo in eine elegante Renaissancevilla verlegt, hat er seine Geliebte dreimal als Salome dargestellt. Werke von Vater und Sohn sind im Palazzo Pretorio zu sehen.

! *Baedeker* TIPP

Ab (in die) Fabrik

Fabrikverkauf heißt das Zauberwort für preisbewusste Modefans. In der Textilstadt Prato ist die Outlet-Dichte besonders hoch. Hier ein paar Adressen zur Auswahl: Maglieria Artigiana, Via del Mandorla 19/21 (Kaschmir für Herren und Damen); M-WearMilior, Via Pistoiese 755 (Damenmode und Accessoires), Creazioni Smak, Piazza del Mercato Nuovo 4 (Damenmode).

Zuvor sollte man sich im Dom noch die Marmorkanzel mit Reliefs von Mino da Fiesole und Antonio Rossellino (1469–1473) sowie die Cappella del Sacro Cingolo anschauen. Hier wird der **»Gürtel Mariens«** verwahrt, den der Kaufmann Michele Dagomari 1141 aus Jerusalem mitbrachte und der zu wichtigen Feiertagen von der Außenkanzel gezeigt wird. Die Fresken von Agnolo Gaddi, entstanden 1392–1395, erzählen die Legende des Kleidungsstücks. Der kostbare Schrein des Gürtels wird im Museo dell'Opera nebenan verwahrt, dort befinden sich auch die originalen Reliefs der Außenkanzel.

✶ Museo dell' Opera del Duomo ►

✶ **Palazzo Datini**

Im spätgotischen Stadtpalast in der Via Rinaldesca wohnte einst der reiche Textilkaufmann und Bankier Francesco di Marco Datini (1330–1410). Nach seinem Tod wurde die Fassade mit Fresken mit Szenen aus seinem Leben geschmückt, von denen sich aber nur die Vorzeichnungen erhalten haben. Im Gebäude werden Tausende von Briefen, Verträgen und Geschäftsbüchern verwahrt – eine einzigartige Dokumentation des europäischen Handels- und Kreditwesens am Ausgang des Mittelalters.

S. Domenico

Im Westen der Innenstadt steht an der Piazza S. Domenico die 1283–1322 erbaute Dominikanerkirche, deren zweifarbige Fassade unvollendet blieb. Bemerkenswert sind das reich geschmückte Nordportal und das große um 1400 geschaffene Tafelkreuz im sonst barock gestalteten Inneren. Im angrenzenden Konvent lebte **Savo-**

narola, bevor er nach Florenz ging. Das Gebäude beherbergt heute ein Wandmalereimuseum, das Fresken und Vorzeichnungen (Sinopien) aus dem 13. bis 17. Jh. zeigt und Einblick in die Freskotechnik und verschiedene Restaurierungsverfahren bietet.

◄ Museo di Pittura Murale

Centro d'Arte Contemporanea

Das Museum für zeitgenössische Kunst **Luigi Pecci** liegt südöstlich der Altstadt an der Straße nach Florenz. Formal spielt das Gebäude von Italo Gamberini auf die Sheddächer der Textilfabriken an. Im Innern birgt es u. a. Arbeiten von Enzo Cucchi, Ilja Kabakov und Mario Merz.

Umgebung von Prato

✶ Medici-Villen

In den Hügeln des Monte Albano – im Weingebiet Carmignano – bauten sich die Medici zwei ihrer schönsten Landresidenzen. Bei Poggio a Caiano (9 km) steht die **Villa Medicea**, ab 1485 von Giuliano da Sangallo für Lorenzo il Magnifico erbaut und unter Medicipapst Leo X. von Andrea del Sarto, Pontormo und anderen großen Künstlern freskiert. 5 km südwestlich bei Artimino findet man die zweite, schlichtere **Villa La Ferdinanda**, ab 1587 von Bernardo Buontalenti für Ferdinand I. errichtet; sie ist heute Veranstaltungsort. Ein kleines archäologisches Museum im Erdgeschoss zeigt etruskische Funde. Artimino ist außerdem Sitz eines gleichnamigen Weinguts.

◄ Carmignano

Kunstfreunde sollten einen Abstecher nach Carmignano 5 km nördlich einplanen, wo in der Kirche S. Michele ein hervorragendes Heimsuchungsfresko **Pontormos** von 1530 zu sehen ist.

✶✶ Ravenna

G 14

Region: Emilia-Romagna **Provinz:** Ravenna
Höhe: 18 m ü. d. M. **Einwohnerzahl:** 140 000

So sauber und wohlgeordnet wie die Steinchen eines Mosaiks präsentieren sich die Gebäude und Gassen Ravennas. Die stille Würde der weltberühmten frühchristlichen Kirchen scheint sich in die antike Kaiserstadt zu ergießen, die vergessen lässt, dass der Fremdenverkehr eine Haupteinnahmequelle des Ortes ist.

Kaiserresidenz

Ravenna war zur Zeit der Umbrer und Etrusker eine Lagunenstadt wie Venedig. Aufgrund der strategisch günstigen Lage galt es als uneinnehmbar – ein Umstand, der Augustus im 1. Jh. n. Chr. dazu veranlasste, hier seinen **Kriegs- und Handelshafen** Portus Classis zu errichten, der Angelpunkt für die Beherrschung der Adria und ihrer Küste wurde. Als Kaiser Theodosius das Römische Reich unter seinen Söhnen teilte, wählte Honorius, der zum Herrscher des westlichen Reichsgebietes eingesetzt worden war, 395 Ravenna zur Haupt

RAVENNA ERLEBEN

AUSKUNFT

Via Salara 8, 48100 Ravenna
Tel. 05 44 48 26 64, Fax 05 44 48 26 70
www.turismo.ravenna.it

ESSEN

► Erschwinglich

① ***La Gardèla***
Via Ponte Marino 3, Ravenna
Tel. 05 44 21 71 47
Neben der Piazza del Popolo liegt das stets gut besuchte Restaurant.

② ***Ca' de' Vèn***
Via Corrado Ricci 24, Ravenna
Tel. 0 54 43 01 63
Sympahtisches, rustikales Restaurant in den alten Weinkellern des zentralen Palazzo Raspoli.

ÜBERNACHTEN

► Komfortabel

① ***Diana***
Via Girolamo Rossi 47
48100 Ravenna
Tel. 0 54 43 91 64, Fax 0 54 43 00 01
www.hoteldiana.ra.it
Angenehmes Mittelklassehaus in der Innenstadt.

② ***Cappello***
Via IV. Novembre 41
48100 Ravenna
Tel. 05 44 21 98 13, Fax 05 44 21 98 14
www.albergocappello.it
Kleines stilvolles Hotel garni in zentraler, aber ruhiger Lage mit wunderschönen, individuell eingerichteten Zimmern.

stadt. Damit begann die Blütezeit der Stadt. Während die Stürme der Völkerwanderung das übrige Italien verwüsteten, bauten Honorius und seine Schwester Galla Placidia, 425–450 Regentin, Ravenna zur neuen **Kaiserresidenz** aus.
Im Jahr 476 war Italien von Germanen besetzt. Ihr Heerführer Odoaker (476–493) zwang den letzten Kaiser zur Abdankung und regierte nach seiner Ernennung als König von Ravenna aus über ganz Italien. Das Oströmische Reich war noch intakt und schickte den Ostgoten **Theoderich** nach Italien. Drei Jahre lang belagerte er Odoaker, zwang ihn 493 zur Kapitulation und ermordete ihn schließlich während eines Versöhnungsmahls. Der als Geisel am byzantinischen Hof erzogene Theoderich (493–526), der sagenhafte »Dietrich von Bern« aus dem Nibelungenlied, brachte neuen Glanz nach Ravenna. 539 eroberte **Kaiser Justinian** (482–565) Italien für Ostrom zurück, Ravenna wurde Sitz eines byzantinischen Exarchen (Statthalters) und erlebte eine dritte Blütezeit. Damals fand der byzantinische Stil Eingang in die abendländische Kunst. 751 machten die Langobarden dem Exarchat und damit Ravennas Glanzzeit ein Ende. Später fiel die Stadt an Venedig und 1509 an den Kirchenstaat, bei dem Ravenna bis 1859 verblieb. Lange Zeit lebten die Bewohner von der Landwirtschaft, bis in den 50er-Jahren des 20. Jh.s riesige Erdgasfelder entdeckt wurden, was die Entwicklung eines ausgedehnten Industriegürtels um Ravenna zur Folge hatte.

Sehenswertes in Ravenna

★★ San Vitale

Von außen ist die Kirche San Vitale ein schmuckloser achteckiger Zentralbau aus Backstein, dessen Inneres einen unerwarteten, paradiesartigen Glanz entfaltet. Man begann mit ihrem Bau im Todesjahr Theoderichs 526, die Weihe fand 547 unter seinem Nachfolger Justinian statt. Acht Pfeiler trennen den Mittelraum von einem Umgang. Seine ergreifende Wirkung geht vor allem vom irisierenden Leuchten der **byzantinischen Mosaiken** im Licht der gelben Fensterscheiben aus. Links und rechts des Altars befinden sich die weltberühmten Darstellungen der neuen Herrscher Ravennas, Kaiser Justinians und seiner Gemahlin Theodora samt Gefolge; neben dem Kaiser steht der Erzbischof Maximian; oben thront Christus auf der Weltkugel, links begleitet vom hl. Vitalis, rechts vom hl. Ecclesius.

Hinter San Vitale liegt das kleine Mausoleum der **Galla Placidia**, der letzte Rest eines verschwundenen Palastbezirks. Es wurde um 440, noch zu ihren Lebzeiten, über kreuzförmigem Grundriss erbaut. Das Innere ist mit schönen Mosaiken geschmückt, die rund 100 Jahre älter sind als die von S. Vitale. Die Wände und das Gewölbe erstrahlen im **Dunkelblau der späten Kaiserzeit**. Im warmen Licht, das durch die Alabasterfenster fällt, sieht man das Kreuz, Evangelistensymbole, Apostelfiguren und über der Tür Christus als »guten Hirten«. Im Zentrum und in den beiden Querarmen befinden sich Marmorsarkophage, angeblich die der Galla Placidia und der beiden Kaiser Constantius III. († 421), ihres zweiten Gemahls, und ihres Sohnes Valentinian III. († 455). Galla Placidia liegt jedoch im Petersdom in Rom begraben, wo sie 450 starb. Das sehenswerte **Museo Nazionale**, untergebracht in den Kreuzgängen eines Klosters bei San Vitale, stellt antike und frühchristliche Kunst aus. An die Zeit des **Risorgimento** erinnert ein brandneues Museum in der nahe gelegenen Via Baccerini Alfredo 3.

Der achteckige Zentralbau von San Vitale mit Glockenturm wurde unter Kaiser Justinian erbaut.

Ravenna Orientierung

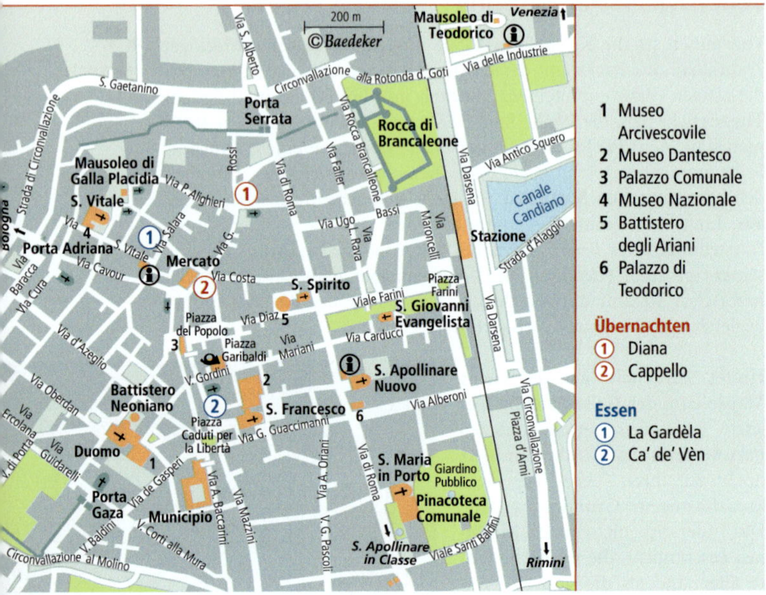

★ Piazza del Popolo

Mittelpunkt des historischen Zentrums ist die malerische Piazza del Popolo. Die Venezianer errichteten dort 1483 zwei Granitsäulen mit Stadtheiligen, dahinter erbaute man zweihundert Jahre später den Palazzo Comunale. Der Palazzo Veneziano aus dem 15. Jh. zeigt an vier der acht Kapitelle das **Monogramm Theoderichs**.

Duomo Sant'Orso ►

Einige Straßen weiter befindet sich der Dom, den man 1740 an der Stelle der von Bischof Ursus († 396) gegründeten ältesten Kirche Ravennas errichtete. Vom Originalbau sind noch der **Kirchturm** aus dem 10. Jh. und die Krypta erhalten. Die Marmorkanzel im Mittelschiff rechts ist aus Tafeln mit Tierszenen des 6. Jh.s zusammengesetzt. In der zweiten Kapelle rechts und im rechten Querschiff sieht man schöne frühchristliche Sarkophage.

★ Battistero Neoniano ►

Neben dem Dom steht das Baptisterium der Orthodoxen, ein achteckiger Backsteinbau aus dem 5. Jh. mit Marmorintarsien an den Innenwänden und **prachtvollen Mosaiken**, die wohl um 450 geschaffen wurden und zu den ältesten Ravennas gehören. Das Kuppelmosaik zeigt die Taufe Christi, der antike Flussgott ist eine Personifikation des Jordan.

Museo Archivescovile

Eine weitere Kostbarkeit des frühen Christentums befindet sich im Erzbischöflichen Museum hinter dem Dom: die Cattedra di Massimiliano. Der Bischofsstuhl, geschaffen im 6. Jh., ist eine ägyptische Schnitzarbeit aus Elfenbein, die Szenen aus dem Alten und Neuen

Testament zeigt. Kurios sind die Mosaiken in der kleinen Kapelle Sant'Andrea, die Christus u. a. als Legionär im römischen Waffenrock darstellen.

San Francesco

An der modernen Piazza dei Caduti per la Libertà erhebt sich die im 5. Jh. gegründete Klosterkirche S. Francesco mit ihrem romanischen Glockenturm. Im Innern erwarten den Besucher schöne Säulen aus griechischem Marmor, ein Hauptaltar aus dem 5. Jh. und eine Krypta aus dem 9./10. Jh., deren Mosaikboden 1,5 m unter Wasser steht.

◄ Tomba di Dante

Unmittelbar neben der Kirche steht das klassizistische Grabmal **Dante Alighieris**. Der Dichter starb 1321 in Ravenna im Exil, nachdem er 1302 aus Florenz verbannt worden war. In Ravenna verfasste er sein viel gerühmtes Hauptwerk, die »Göttliche Komödie«. Mehr über ihn erfährt man in dem kleinen Dantemuseum im Kloster San Francesco.

★ **Sant'Apollinare Nuovo**

Die im 5. Jh. erbaute **Hofkirche Theoderichs** steht an der belebten Via di Roma. Vorhalle und Apsis stammen aus dem 16. und 18. Jh. Je 12 byzantinische Marmorsäulen aus Konstantinopel unterteilen den Kirchenraum in drei Schiffe. Die Wände schmücken herrliche, in drei Streifen angeordnete Mosaiken, die bereits den byzantinisch beeinflussten Stil ankündigen (►Baedeker Special S. 62).

Ganz in der Nähe sieht man an der Ecke der Via Alberoni Reste vom sog. Palast des Theoderich aus dem 7./8. Jh.; auffallend ist die reich gegliederte Fassade mit vorspringendem Mittelbau.

Battistero degli Ariani

Das achteckige Baptisterium der Arianer entstand unter Theoderich im 6. Jh. Im Zentrum des Kuppelmosaiks steht – wie auch im Baptisterium der Orthodoxen – die Taufe Christi. Die benachbarte Kirche Santo Spirito war einst die Kathedrale der Arianer. Aus der Zeit Theoderichs ist leider nur die Kanzel erhalten.

! *Baedeker* TIPP

Mit dem Rad

Für alle, die der langen Fußmärsche in den Städten müde geworden sind, gibt es Abhilfe: Tun Sie es den Italienern gleich und steigen Sie aufs Rad! In der Touristeninformation in der Via Salara kann man Fahrräder für die Stadtbesichtigung ausleihen – kostenlos!

★★ ◄ Mausoleo di Teodorico

Das populäre, trutzige **Grabmal Theoderichs** 1 km außerhalb des Stadtzentrums ließ sich der Gotenkönig vermutlich noch zu Lebzeiten errichten. Mächtige Quader istrischen Kalksteins, die ohne Mörtel zusammengesetzt wurden, verleihen dem monumentalen Rundbau Masse. Die rund 300 t schwere Kuppel ist aus einem einzigen Kalksteinblock gehauen. Das Grabmal erinnert mehr an syrische denn an römische Vorbilder, Verzierungen wie Zangenfries zeigen hingegen deutlich germanischen Einfluss. Das untere Geschoss ist ein tonnengewölbter Raum in Form eines griechischen Kreuzes; im oberen Geschoss steht der antike Porphyrsarkophag. Theoderichs Leichnam ist allerdings verschwunden.

SANT'APOLLINARE IN CLASSE

★★ In einer politisch unruhigen Zeit – der oströmische Kaiser Justinian I. kämpfte mit den Ostgoten um Italien und baute schließlich das Imperium Romanum wieder auf – entstand in Ravenna eines der schönsten Bauwerke der Architekturgeschichte: Sant'Apollinare in Classe, eine Basilika, in deren Gestaltung sich byzantinische und abendländische Kultur vermählen.

Öffnungszeiten:
tgl. 9.00–19.00 Uhr

Als um 535 der Grundstein für die neue Kirche gelegt wurde, florierte der Handel in Ravennas Seehafen Classis. Der unermesslich reiche Bankier Julian Arfentarius finanzierte den neuen Bau, der Ravennas erstem Bischof, dem Märtyrer Apollinaris, geweiht ist.

1 Basilika
Die frühen Christen orientierten sich beim Bau ihrer Kirchen nicht an antiken Tempeln, sondern an den Markthallen der Römer, Basilika genannt. Sant'Apollinare ist eine idealtypische Basilika: ein Langhaus mit hoher Fensterzone und Apsis, flankiert von zwei niederen Seitenschiffen.

2 Vorhalle
Frühchristliche und byzantinische Kirchen besaßen häufig einen Vorbau, den so genannten Nartex. Er bildet die Schleuse zwischen Welt und Heiligtum.

3 Campanile
Der runde Campanile wurde etwa 400 Jahre nach der Basilika erbaut und ist heute ein Wahrzeichen des Bauwerks.

4 Sarkophage
In den steinernen Sarkophagen ruhen Partiarchen des 5.–10. Jh.s, darunter befinden sich auch einige der Erzbischöfe, die in der langen Mosaikreihe im Mittelschiff dargestellt sind.

5 Ringkrypta
Unter der Priesterbank der Apsis befindet sich eine Ringkrypta.

6 Apsismosaik: Die Verklärung Christi
Das Apsismosaik bezieht sich auf eine Begebenheit, die im Markusevangelium 9,2–9 erzählt wird: Auf dem Gipfel des Berges Tabor wurde Christus im Beisein der Apostel Petrus, Johannes und Jakobus von einem überirdischen Licht überstrahlt (»verklärt«), Mose und Elija erschienen und sprachen mit ihm. Der Evangelist kündigt zugleich das bevorstehende Leiden Christi an.

Die Darstellungsweise ist äußerst ungewöhnlich: Christus wird durch ein großes, edelsteinbesetztes Kreuz wiedergegeben, in dessen Zentrum sein Antlitz zu sehen ist. Die drei Jünger sind durch Schafe symbolisiert.

7 Baumaterial
Sant'Apollinare ist aus Backsteinen erbaut.

Die 24 prächtigen Säulen wurden nicht, wie sonst üblich, antiken Bauten »entnommen«, sondern eigens in Konstantinopel hergestellt.

8 Der Heilige Apollinaris
Der namensgebende Heilige war der Legende zufolge ein Anhänger des Apostels Petrus. Dieser soll ihn zur Mission nach Ravenna geschickt haben, wo Apollinaris mehrere Menschen heilte. Dies zog den Hass der Heiden auf sich, die den Heiligen mehrfach folterten und in die Verbannung schickten. Apollinaris wurde schließlich von einer wütenden Volksmenge erschlagen.

Rimini Orientierung

1 Tempio Malatestiano
2 Sant' Agostino
3 Palazzo dell' Arenga und Palazzo dell' Podesta
4 Palazzo Gambalunga
5 Chiesa del Suffragio
6 Ponte di Tiberio

Essen

① Acero Rosso
② Da Oberdan il Cosaro
③ La Sangiovese
④ Osteria de Börg

Übernachten

① Grand Hotel
② Jana
③ Villa Lalla

die zweite und erwürgte die dritte, um anschließend seine langjährige Geliebte zu heiraten.

Die Vermarktung der Strände begann 1848, als ein cleverer Geschäftsmann hier die erste öffentliche Badeanstalt gründete. Nach dem Zweiten Weltkrieg setzte dann der große Andrang ein.

Berühmtester Sohn der Stadt ist der Filmregisseur **Federico Fellini** (1920–1993), der Rimini über alles liebte und jeden Sommer hier verbrachte. Sein Grab befindet sich auf dem Friedhof im Ortsteil Rivabella.

Sehenswertes in Rimini

Zwei Gesichter einer Stadt

Rimini besteht aus zwei ungleichen Teilen: der landeinwärts gelegenen Altstadt und dem modernen Seebad, das sich mit Vororten fast 20 km die Küste entlangzieht. Hauptattraktion sind tagsüber die endlos langen Sandstrände, unterteilt in durchnummerierte Badeanstalten, nachts verlagert sich die Szene an die Uferpromenade – angeblich ist Riminis **Nachtleben**, zumindest während der Hochsaison, das heißeste in Europa. Busse bewältigen den Transport der Feriengäste zwischen dem historischen Zentrum, den Stränden und Vororten wie Rivabella, Torre Pedrera und Miramare. Ein Bus fährt sogar bis Riccione.

Altstadt

Von Riminis kurzer Phase als freie Stadtrepublik kündet noch der 1204 aus Backsteinen erbaute Palazzo dell'Arengo, der mit dem nebenstehenden Palazzo del Podestá aus dem 14. Jh. und dem Palazzo Comunale, erbaut im 16. Jh., die Piazza Cavour beherrscht. Auch die Familie Malatesta hinterließ ihre Spuren. Ihr berühmtester Spross **Sigismondo** – über den der Kulturhistoriker Jacob Burckhardt schrieb: »Frevelmut, Gottlosigkeit, kriegerisches Talent und höhere Bildung sind niemals so in einem Menschen vereinigt gewesen« –, ließ im 15. Jh. das mächtige Castello an der Piazza Malatesta erbauen, in dem heute ein Völkerkundemuseum seinen Sitz hat.

Castello Sigismondo ►

✶ Tempio Malatestiano ►

Das interessanteste Bauwerk in Rimini ist der Tempio Malatestiano, ursprünglich eine schlichte, gotische Bettelordenskirche aus dem 13. Jh., die sich Sigismondo 1447–1460 im Frührenaissancestil zu einem Grabmal für sich und seine vierte Ehefrau Isotta umbauen ließ. Den unvollendeten Außenbau, der die Formen eines **römischen Triumphbogens** zitiert, entwarf der Florentiner Architekt Leon Battista Alberti. Im Innern faszinieren der herrliche plastische Schmuck, das Fresko von Piero della Francesca, auf dem der Bauherr Sigismondo Malatesta vor dem hl. Sigismund kniend dargestellt ist, sowie in einer der Kapellen das gemalte Kruzifix aus der Schule Giottos.

Ponte di Tiberio

Der breite Corso Augusto verbindet die beiden markantesten römischen Bauwerke Riminis: Im Westen spannt sich der fünfbogige Ponte di Tiberio über die Marecchia ins Fischerviertel Borgo San Giuliano. Die Brücke wurde unter Tiberius vollendet (20 n. Chr.). Im Osten steht der 27 v. Chr. erbaute und damit **älteste Triumphbogen Italiens**, der einst den Endpunkt der Via Flaminia von Rom und das südliche Eingangstor ins römische Ariminum bildete.

Arco di Augusto ►

Sommer, Sonne, Strand und Meer und nicht weit entfernt zahlreiche Kunstschätze, kurz: ein Ferienparadies.

RIMINI ERLEBEN

AUSKUNFT

Piazzale Fellini 3, 47900 Rimini
Tel. 0 54 70 45 87, Fax 0 54 15 42 90
www.riminiturismo.it

NACHTSCHWÄRMER

Der Viale Vespucci ist in Rimini die erste Adresse für Nightlife. Hier liegen u. a. die Diskotheken Embassy/Penelope (Nr. 33) und IO Street Club (Nr. 77). Speziell für Nachtschwärmer wurde sogar eine extra Buslinie (Nr. 11) eingerichtet. Die Diskotheken sind meist von Mittwoch oder Donnerstag bis Sonntag geöffnet, so richtig los geht es erst ab 24.00 Uhr.

Prince
Via Trebaci 49
Disko mit nachgebautem tropischem Strand oberhalb von Riccione.

Pascia
Via Sardegna 30, Riccione Alta
www.pasciariccione.it
Eine Disko der Superlative.

ESSEN

► Fein & teuer

① *Acero Rosso*
Viale Tiberio 11, Rimini
Tel. 0 54 15 35 77, Fax 0 54 15 54 61
Fischspezialitäten vom Feinsten haben den Michelinstern eingetragen.

► Erschwinglich

② *Da Oberdan il Corsaro*
Via Destra del Porto, Rimini
Tel. 0 54 12 78 02; Mo. geschl.
Ein typisches Fischrestaurant.

① *Osteria de Börg*
Via Forzieri 12, Rimini
Tel. 0 54 15 60 74, Mo. geschl.
Bodenständige Küche mit frischen Pastagerichten.

Baedeker-Empfehlung

► Erschwinglich

③ *La Sangiovese*
Piazza Balacchi 14, Santarcangelo di Romagna (rund 10 km nordwestlich)
Tel. 05 41 62 07 10
Osteria, Weinhandlung und Spezialitätenladen. Federico Fellini, der aus Rimini gebürtige Starregisseur, zeichnete das eigenwillige Firmenschild.

ÜBERNACHTEN

► Luxus

① *Grand Hotel Rimini*
Parco Federico Fellini
47900 Rimini
Tel. 0 54 15 60 00, Fax 0 54 15 68 66
www.grandhotelrimini.com
Ein Traditionshotel, das 1908 hinter der Strandpromenade erbaut wurde. Mit einem parkähnlichen Garten und pompöser Jugendstilarchitektur. Viele berühmte Gäste, darunter natürlich auch Federico Fellini

► Erschwinglich

② *Jana*
Viale Giusti 13, 47900 Rimini
Tel. 05 41 39 06 30, Fax 05 41 39 15 90
www.hoteljana.com
Ganzjährig geöffnetes, renoviertes Hotel, 200 m vom Strand entfernt, Zimmer funktional eingerichtet und mit Klimaanlage.

► Günstig

③ *Hotel Villa Lalla*
Viale Vittorio Vento 22, Rimini
Tel. 0 54 15 51 55, Fax 0 54 12 35 70
www.villalalla.com
Charmantes Hotel in einer restaurierten Villa in einer typischen Gartenstraße von Rimini.

Umgebung von Rimini

Vergnügungsparks

In der Umgebung von Rimini sorgen einige Vergnügungsparks für die Unterhaltung der Badegäste. So kann man bei Viserba, 8 km nordwestlich von Rimini an der SS 16, in »Italia in Miniatura« über 200 Sehenswürdigkeiten Italiens bestaunen, allerdings im Maßstab 1:25 oder 1:50. In Rivazzurra, ebenfalls an der SS 16, gibt es einen weiteren Vergnügungspark, in dem u. a. der Grand Canyon oder das Schloss des Zauberers Merlin nachgebaut wurden.

Riccione

Riccione (32 000 Einw.), 8 km südöstlich von Rimini, hat sich ebenfalls als Urlaubsort einen Namen gemacht, ist allerdings etwas eleganter als Rimini, vermutlich weil es hier auch **Thermalquellen** gibt. Gleich hinter dem Strand liegt das viel besuchte Delfinarium, im Hinterland lockt der Wasservergnügungspark Aquafan.

Misano Adriatico, Cattolica

4 km hinter Riccione passiert man zuerst das kleine Thermal- und Seebad Misano Adriatico, bevor man Cattolica (16 000 Einw.) erreicht, das über eine große Fischfangflotte verfügt und wie Rimini bereits um die Mitte des 19. Jh.s als Badeort entdeckt wurde. Es ist nur durch denn Fluss Tavollo von Gabbice Mare getrennt, einem weiteren Badestädtchen (►Marken). Seit Sommer 2000 ist Cattolicas **Parco delle Navi** eröffnet, ein noch im Aufbau befindlicher, mit modernsten Mitteln eingerichteter Themenpark über die Entstehung der Erde. Das Gebäude entstand 1932 als Erholungsstätte für Kinder nach Plänen von Clemente Busiri Vici.

! *Baedeker* TIPP

Wo Cagliostro starb

In der Renaissancefestung San Leo starb 1795 nach siebenjähriger Kerkerhaft Cagliostro, der Abenteurer und Alchemist, dessen Leben u. a. Goethe (»Der Großkophta«) und Schiller (»Der Geisterseher«) literarisch verarbeiteten.

Cesenatico

Das ehemalige Fischerdorf Cesenatico (20 000 Einw.; 20 km nordwestlich von Rimini) wurde im 14. Jh. als Hafen der landeinwärts gelegenen Stadt Cesena ausgebaut, heute ist es ein großes Seebad. Mitten durch den Ort verläuft ein **Kanal**, den Cesare Borgia 1502 nach Plänen Leonardo da Vincis anlegen ließ. Heute ankern hier alte Fischerboote mit bunten Segeln, die das Museo Galleggiante della Marineria (Schiffsmuseum) bilden.

Cesena ► Cesena gehörte im 15. Jh. ebenfalls zum Einflussbereich der Malatesta. In ihrem Auftrag entstanden Mitte des 15. Jh.s die **Biblioteca Malastiana**, eine der besterhaltenen Bibliotheken der Renaissance (Piazza Bufalini), die Kathedrale San Giovanni Battista sowie die über der Stadt thronende Rocca.

Cervia-Milano Marittima

Folgt man der Adriaküste nach Norden, erreicht man 8 km nordwestlich von Cesenatico Cervia-Milano Marittima (25 500 Einw.). Cervia ist ein bekannter **Bade- und Thermalkurort**, der sich sein

Stadtbild aus dem 18. Jh. erhalten hat. Jahrhundertelang war es ein Salz-Zentrum. Im Naturreservat Riserva Naturale delle Saline wird die einstige Salzgewinnung sowie die kleine, noch heute betriebene Salina Camillone vorgeführt. Jenseits des Kanalhafens schließt sich Milano Marittima an, das, hübsch an einem Pinienwald gelegen, ebenfalls einen Badestrand und Thermalbäder vorweisen kann.

★★ San Leo

Abwechslung bietet ein Ausflug ins bergige Hinterland, der sich mit einem Besuch von San Marino (►dort) kombinieren lässt. Man verlässt Rimini auf der SS 258 und fährt im breiten Tal der Marecchia aufwärts. Nach 16 km sieht man links oberhalb der Straße die hoch gelegene, von einer **Malatestaburg** gekrönte Ortschaft Verucchio (6000 Einw.), weiter talaufwärts erreicht man das Dörfchen Villa Nuova, wo man links in ein Seitental abbiegt. Nach 9 km taucht plötzlich auf einem hohen, steilen Felsen das Burgstädtchen San Leo auf (3000 Einw.). Seine kühne Lage und die herrlichen Ausblicke sind schon allein einen Ausflug wert. Besichtigen kann man die Festung aus dem 15. Jh. mit kleinem Museum, den romanisch-gotischen Dom und die Kirche delle Pieve.

★★ Riviera · Ligurien

G/H 5–9

Region: Liguria • Liguria

Provinzen: Genova, Savona, Imperia, La Spezia

Einst lockten die milden Winter eine gut betuchte Klientel an die Riviera, heute strömen die Besucher im sonnenreichen Sommer in die Region. Trotz der teilweise dichten, unschönen Bebauung und der touristischen Beanspruchung haben sich die alten Orte entlang der ligurischen Küste eine überraschend gelassene, ursprüngliche Atmosphäre bewahrt.

Küste und Berge

Die italienische Riviera, die sich im 19. Jh. zu einem der wichtigsten europäischen Urlaubsziele entwickelte, ist der Küstensaum, der bogenförmig den Golf von Genua umfasst. Östlich erstreckt sich die Riviera di Levante mit den ►Cinque Terre, westlich die Riviera di Ponente, deren Westteil zwischen Alassio und der französischen Grenze wegen der dort betriebenen Blumenzucht auch »Riviera dei Fiori« genannt wird.

Den Reiz der Landschaft prägt das unmittelbare Nebeneinander von **Küste und grünem Bergland**; oft stürzen die Berge der Ligurischen Alpen bzw. des Apennins steil zum Meer hin ab, die Küstenebenen sind schmal. Das schützende Gebirge und die Öffnung nach Süden befördern ganzjährig ein überaus mildes, sonnenreiches Klima, in dem mediterrane und subtropische Pflanzen gedeihen. In den noblen Kurorten pflanzte man in der zweiten Hälfte des 19. Jh.s Dattel-

palmen aus Nordafrika, die mittlerweile zum Symbol der Riviera geworden sind. Der Olivenbaum ist seit jeher heimisch, und das ligurische Öl gehört zu den besten überhaupt. Neben Genua, der großen alten Hafenstadt, können Camogli, Sestri Levante, Chiavari und San Remo mit hübschen Ortsbildern aufwarten; historisch besonders interessant sind Finale, Noli, Albenga, Taggia und Ventimiglia.
Ein anderes Gesicht zeigt das bergige, **waldreiche Hinterland** mit seinen abgelegenen alten Dörfern, die praktisch keine Beziehung zur Küste haben und seit vielen Jahrzehnten unter Entvölkerung leiden. Hier erstreckt sich die Alta Via dei Monti Liguri, die über 400 km langen Fernwanderroute von Ventimiglia bis Ceparana bei La Spezia.

Im Folgenden werden die Reiseziele an der Riviera anhand einer Fahrt von Genua nach Ventimiglia (ca. 170 km) bzw. nach La Spezia (ca. 120 km) mit Hinweisen auf lohnende Abstecher beschrieben.

✶ Riviera di Ponente

Genua Man verlässt die Innenstadt von ►Genua nach Westen durch schier endlose Industrievororte, passiert Hafenanlagen und den im Meer aufgeschütteten Flughafen C. Colombo; rechts auf der Höhe thront die Wallfahrtskirche Madonna del Gazzo aus dem 19. Jh.

Pegli ► Erste Station ist das 1926 eingemeindete Pegli, im 19. Jh. ein exklusiver Aufenthaltsort, wovon schöne Parkanlagen, Villen und die Strandpromenade zeugen. Die Villa Durazzo-Pallavicini, in der das regionale Archäologische Museum untergebracht ist, besitzt einen romantischen, 1837 bis 1846 von dem Genueser Bühnenbildner Michele Canzio angelegten **Park** mit Seen, Wasserfällen, Grotten, Pagoden und Tempelchen; die Führer sind in historische Gewänder gekleidet. Die benachbarte Villa Centurione-Doria birgt ein sehenswertes **Schifffahrtsmuseum** mit einem Ghirlandaio zugeschriebenen Porträt von Kolumbus, einem Mittelmeerhandbuch (Portolan) von 1551 und einer Genuavedute von Cristoforo Grassi.

Voltri In Voltri, dem westlichsten Vorort von Genua, lohnt die imposante Villa Duchessa di Galliera mit ihrem großen »Gebirgspark« einen Besuch, an dessen oberem Rand die Kirche Madonna delle Grazie aus dem 13. Jh. eine schöne Sicht bietet.

Acquasanta ► Wenn es die Zeit zulässt, sollte man einen Abstecher hinauf nach Acquasanta machen (6 km), einem winzigen Ausflugs- und Kurort mit Schwefelquellen, einer alten Papierfabrik mit Museum und der berühmten, im 17. Jh. erbauten **Wallfahrtskirche** N. S. dell'Acquasanta. Wer sich nach diesem Programm hungrig fühlt, kann in einem der guten, bodenständigen Restaurants speisen.

Arenzano Schmuckstück von Arenzano, einem reizvoll am Monte Beigua gelegenen Ferienort, ist die mächtige, auf das 16. Jh. zurückgehende Villa Pallavicini-Negrotto-Cambiaso im Stadtpark.

RIVIERA · LIGURIEN ERLEBEN

AUSKUNFT

APT »In Liguria«
Piazza Matteotti, 16121 Genova
Tel. 01 08 68 74 52
www.turismoinliguria.it
www.rivieraligure.it
www.inforiviera.it
www.rivieradeifiori.com

ESSEN

► Fein & Teuer

L'Arco Antico
Piazza Lavagnola 26 r, Savona
Tel. 0 19 82 09 38
Kleines, vornehmes Fischrestaurant, das es mit seiner fantasievollen Küche zu einem Michelinstern gebracht hat. Reservierung ratsam.

► Erschwinglich

Il Tempo Ritrovato
Via Vittorio Emanuele 144
Bordighera, Tel. 01 84 26 12 07
Kleine Osteria im Zentrum, fantastische hausgemachte Pasta und Klassiker aus der Region wie Kaninchen alla ligure oder Zicklein mit Bohnen.

► Preiswert

I Matetti
Viale Hanbury 132, Alassio
Tel. 01 82 64 66 80
Sympathische Trattoria mit vorzüglicher Küche, das täglich wechselnde Menü richtet sich ganz nach den Jahreszeiten..

Sutta Cà
Via Ernesto Rolando Ricci 10
Albenga, Tel. 0 18 25 31 98
Mitten im Gewirr der kleinen Gassen und Plätze in der Altstadt liegt diese relativ neue Osteria, die sich ganz auf die traditionelle Küche Liguriens spezialisiert hat.

ÜBERNACHTEN

► Luxus

Punta Est
Via Aurelia 1
17024 Finale Ligure
Tel. und Fax 0 19 60 06 11
www.puntaest.com
Herrliche Adelsvilla aus dem 18. Jh. direkt am Meer und umgeben von einem Park mit Palmen, Pinien und Olivenbäumen. Bildhübsche Zimmer, Swimmingpool.

► Komfortabel

Sole Mare
Lungomare Cristoforo Colombo 15
17031 Albenga
Tel. 0 18 25 18 17, Fax 01 82 54 52 12
www.hotelsolemare.it
Sympathischer Familienbetrieb direkt an der Strandpromenade, schlichte geräumige Zimmer, nettes Restaurant. Außerhalb der Saison sind die Zimmer sehr günstig zu haben.

Piccolo Lido
Lungomare Argentina 2
18012 Bordighera
Tel. 01 84 26 12 97, Fax 01 84 26 23 16
www.hotelpiccololido.it
Bequemes Hotel am Anfang der Strandpromenade gelegen, die Räume sind in schönen Pastelltönen gehalten und haben alles, was für angenehmen Aufenthalt nötig ist.

► Günstig

San Nazario
Via Montanaro 3
17019 Varazze
Tel. 01 99 67 55, Fax 01 99 67 55
www.hotelsannazario.it
Freundliches Hotel garni nahe beim Zentrum, das in den letzten Jahren vollständig renoviert wurde und nun modernen Komfort zu bieten hat.

Varazze Im beliebten Urlaubsort Varazze trennt die SS 1 den schmalen Sandstrand vom Ort. Sehenswert sind die Kirchen S. Ambrogio von 1553/1666, u. a. mit Polyptychon von G. Barbagelata und einem romanisch-gotischen Backsteinturm (14. Jh.), sowie S. Domenico mit einem Polyptychon von 1452 mit Bildnis des Jacopo da Voragine, dessen sterbliche Überreste hier aufbewahrt werden.

✶ Monte Beigua Von Varazze führt eine schöne Fahrt hinauf auf den Monte Beigua (1287 m, Naturpark) mit interessanter Vegetation und einer grandiosen Aussicht zum Monte Rosa in den Alpen bis nach Elba und Korsika.

Celle Ligure Celle Ligure, Heimat der bekannten Olmo-Rennräder, zeigt noch die typische Anlage der ligurischen Fischerorte; sonst ist es mit Sandstrand und Hotels ein moderner Ferienort. Nördlich der Bahnlinie steht die Kirche S. Michele Archangelo mit einem besonders hübschen Vorplatz und einem Polyptychon von Perin del Vaga (1515).

Albisola Marina Für seine traditionsreiche **Keramikproduktion** ist Albisola Marina bekannt; selbst die Strandpromenade ist mit Keramik gepflastert. An der stimmungsvollen Piazza della Concordia steht die gleichnamige Pfarrkirche mit einem Majolikaaltarbild von 1576. Sehr sehenswert ist die Villa Faraggiana aus dem 17. Jh. mit Keramik und Möbeln des englischen Kunsttischlers H. Peters. Stolz des nahen Albisola Superiore ist die prunkvolle Villa Gavotti, die sich der letzte Genueser Doge, Francesco Maria della Rovere, aus einem Bau des 15. Jh.s herrichten ließ. In der Villa Trucco gibt es im Museo Manlio Trucco Keramik und zeitgenössische Kunst zu sehen.

Sassello ► In eine nahezu andere Welt führt der Ausflug nach Sassello, 24 km nördlich von Albisola. Dort wurde seit dem 15. Jh. Eisenerz aus Elba verarbeitet, heute ist der Ort für seine **Dolci** bekannt. Das Museo Perrando hütet archäologische Funde und Keramik.

Savona Savona (67 000 Einw.), Hauptort der gleichnamigen Provinz, ist die zweitwichtigste Hafen- und Industriestadt Liguriens. Hässliche Außenbezirke umgeben den sehenswerten Kern; am Hafen breitet sich das **mittelalterliche Zentrum** aus, umringt von Vierteln aus dem späten 19. und frühen 20. Jh., deren prächtige Boulevards und großzügige Bauten aus Historismus und Jugendstil das Auge beeindrucken.

Auf dem Corso Mazzini gelangt man in die Stadt und quert den Corso Italia, Hauptachse der Stadterweiterung im 19. Jh. Rechts die Fortezza Priamar, die 1542–1544 von Genua errichtete Zwingburg, die heute das Archäologische Museum, das Museo S. Pertini (zeitgenössische Kunst) und die Pinacoteca Civica mit einer hervorragenden Sammlung ligurischer Gemälde und Savoneser Keramiken beherbergt. Vorbei an der Markthalle geht es dann zum alten Hafen mit dem hohen Torre Brandale und dem **Torre Leon Pancaldo**, den ein Genueser Wappen ziert. Von hier führt die kolonnadengesäumte Via

Paleocapa weiter zur Kirche S. Giovanni Battista, die Werke Savoneser Maler des 17. / 18. Jh.s. birgt. Interessante Dokumente moderner Architektur sind der Bahnhof und die Provinzverwaltung, 1960 bzw. 1964 nach Plänen Pier Luigi Nervis erbaut, sowie der Palazzo della Giustizia von L. Ricci, 1981.
Lohnend ist der Ausflug zum **Santuario N. S. della Misericordia**, einem 6 km nordwestlich gelegenen Wallfahrtskomplex der Spätrenaissance mit prächtiger, um 1540 erbauter Basilika und Gasthaus.

Am alten Hafen von Savona beginnt die Altstadt.

Noli, ein atmosphärereicher, hübscher Badeort (3000 Einw.), kann mit einem besonders schönen mittelalterlichen Stadtbild aufwarten; von einst 72 **Geschlechtertürmen** sind noch acht erhalten. Herausragend ist S. Paragorio am südlichen Stadtrand, eine der bedeutendsten romanischen Kirchen Liguriens, erbaut Ende 11. Jh. Die Altstadt wird von der Strandpromenade durch den Palazzo della Repubblica mit dem 33 m hohen Torre Comunale und der Porta di Piazza abgeschlossen. Von den Ruinen der Burg Monte Ursino aus dem 13. Jh. bietet sich ein herrlicher Blick. Ein historisches Spektakel ist die Regata dei Rioni am zweiten Septembersonntag.

★ **Finale Ligure**

Unter den Felswänden des **Capo Noli** und des **Malpasso** führt die Via Aurelia nach Finale Ligure (12 600 Einw.), das aus drei Stadtvierteln besteht. Zentrum am Meer ist Finalmarina mit seinem schönen alten Stadtbild, gepflegtem Sandstrand und Promenade; in ihrer Mitte öffnet sich die Piazza Vittorio Emanuele II mit dem Ehrenbogen für Margarethe von Spanien. Sehenswert ist die reich ausgestattete, barocke **Basilika S. Giovanni Battista**, erbaut 1619–1762.
Östlich schließt sich der Stadtteil Finalpia an, markiert durch die barocke Abteikirche S. Maria di Pia mit romanisch-gotischem Turm und Rokokofassade. Von hier sollte man zum Altipiano delle Manie hinauffahren und den herrlichen Blick auf die Küste genießen, am besten von der Veranda eines der netten Lokale.
Etwa 2 km landeinwärts liegt der mittelalterliche Stadtteil Finalborgo mit seinem gut erhaltenem Mauerring. Gleich hinter der Porta Reale befindet sich die Basilika S. Biagio von 1634 bis 1659 mit spätgotischem Turm und einem Triptychon, das dem mysteriösen Pancalino zugeschrieben wird. Im ehemaligen Kloster S. Caterina zeigt das Ci-

vico Museo del Finale archäologische Funde der Gegend. Sehr schön ist der Gang von Finalborgo hinauf nach Perti, vorbei an den Ruinen des Castel Gavone, dessen **Torre Diamante** eines der bemerkenswertesten Zeugnisse ligurischer Militärarchitektur darstellt. Von der spätromanischen Kirche führt dann ein Weg durch Olivenhaine zur Kapelle N. S. di Loreto, um 1490 nach dem Vorbild der Portinarikapelle von S. Eustorgio in Mailand errichtet.

Pietra Ligure

Jenseits des Capo di Caprazoppa dehnt sich der Sandstrand bis Ceriale aus. Eine mittelalterliche Burg überragt den sehr beliebten Badeort Pietra Ligure mit seiner palmenbestandenen Strandpromenade. Sehenswert ist an der zentralen Piazza XX Settembre die Kirche S. Nicolò di Bari mit Fresken von 1860, einem Renaissancechorgestühl und einigen guten Gemälden, außerdem der Palazzo der Grafen Leale Franchelli aus dem 18. Jh.

Loano ►

Gut frequentiert wird das 4 km südlich liegende Loano mit hübscher Altstadt, dem Torre Orologio von 1774 und dem Palazzo Comunale, das 1578 für **Andrea Doria** erbaut wurde. Oberhalb befindet sich ein Karmeliterkloster, in dem die Familie des Admirals bis 1793 beigesetzt wurde. Über das 6 km westlich gelegene mittelalterliche Städtchen Toirano am Varatella und weiter auf der Straße nach Bardineto erreicht man in eindrucksvoller Felslandschaft die Grotta di Bàsura, eine großartige **Tropfsteinhöhle** mit altsteinzeitlichen Funden.

Höhlen von Toirano ►

★ **Albenga**

In der größten Küstenebene Liguriens liegt Albenga (22 000 Einw.), ein Muss für kulturhistorisch Interessierte. Der Grundriss der mittelalterlichen Stadt geht auf römische Zeiten zurück. Markantes Zentrum der noch von Mauern umgebenen Altstadt sind drei Backstein-

Blick über Alassio am östlichen Ende der Blumenriviera

türme: Kathedralturm, Torre del Comune und Torre del Municipio. Die **Kathedrale S. Michele** wurde im 5. Jh. begründet, der heutige Bau ist im Wesentlichen romanisch-gotisch, das Sprenggiebelportal barock. Im Innern findet man ein Tafelbild des Pancalino und die monumentale Orgel, 1840 von den Brüdern Serassi aus Bergamo gebaut. Durch den benachbarten Palazzo Vecchio betritt man das um 420 n. Chr. erbaute **Baptisterium**, das bedeutendste Werk frühchristlicher Architektur in Ligurien; ein herrliches byzantinisches Mosaik vom Ende des 5. Jh.s schmückt die Hauptnische. Hinter der Kathedrale liegt die hübsche Piazzetta dei Leoni, benannt nach den drei Renaissancesteinlöwen. Sehenswert sind auch das Museo Diocesano im angrenzenden Bischofspalast und das Museo Navale Romano an der Piazza S. Michele mit Weinamphoren aus dem 1. Jh. v. Chr. Von der Altstadt führt der schattige Viale Martiri della Libertà durch die Stadtviertel des 19. Jh.s zum Strand.

Alassio

Auch wenn die Highsociety sich nicht mehr hier sehen lässt, ist Alassio (11 500 Einw.) mit seiner stimmungsvollen Altstadt immer noch ein sehr beliebter Ferienort. Den langen, feinsandigen Strand begleitet die **Passeggiata Italia**, die Flaniermeile mit einer langen Mole. In der Via Dante ist der berühmte »muretto« zu finden, das Mäuerchen mit den Fliesen, auf denen sich berühmte Gäste verewigt haben. Einen Blick wert ist die Kirche S. Ambrogio, 1455 bis 1507 erbaut, mit spätgotischem Turm und Schieferportal von 1511. Auf der Passeggiata Cadorna kann man zum Capo S. Croce spazieren; von der 586 m hoch gelegenen Wallfahrtskirche Madonna della Guardia hat man einen großartigen Blick.

★ ◄ Cervo

Das nahe, steil am Berg ansteigende Cervo (1200 Einw.) besitzt eines der ungewöhnlichsten und schönsten Stadtbilder der Riviera. Von der Burg am oberen Ortsrand geht es hinunter zur prächtig ausgestalteten Kirche S. Giovanni Battista, erbaut 1686–1722, einem ausgezeichneten Beispiel für ligurischen Barock. Auf dem Kirchplatz finden Juli/August Kammermusikkonzerte mit renommierten Künstlern statt

Imperia

Die Provinzhauptstadt Imperia (40 500 Einw.) besteht aus zwei sehr unterschiedlichen Teilen – **Oneglia** östlich und **Porto Maurizio** westlich des Impero. Am Industrie- und Hafenort Oneglia ist wenig bemerkenswert; nach einem Gang zur Piazza De Amicis, durch die Laubengänge am Hafen zur Kirche S. Giovanni und zurück zur Piazza Dante sollte man sich dort in der Pasticceria Piccardo gütlich tun. Sehr interessant ist das Olivenmuseum der Firma Carli in der Via Garessio 11.

Porto Maurizio ist auf ein 50 m hohes Vorgebirge gebaut und besitzt eine äußerst sehenswerte **mittelalterliche Altstadt** mit der stattlichen klassizistischen Kathedrale S. Maurizio von 1781 bis 1832; gegenüber laden das Schifffahrtsmuseum und die Gemäldegalerie mit Werken ligurischer Meister zu einem Besuch ein. An Kaffee und dolci tut man sich am besten auf dem Weg hinunter zur Marina im ehrwürdigen Caffè Vittoria an der Via Aurelia gütlich.

N.S. delle Grazie ► Ein Ausflug zur 9 km außerhalb gelegenen **Wallfahrtskirche** N. S. delle Grazie lohnt sich doppelt: einmal wegen der wertvoll ausgestatteten Kirche von 1450, zum anderen wegen des vorzüglichen Restaurants gegenüber.

★ **Taggia** Arma di Taggia ist ein gesichtsloser Badeor, doch mit schönem Strand. 3 km landeinwärts liegt das mittelalterliche Taggia, eine der schönsten Städte Liguriens; stattliche Palazzi zeugen vom alten Reichtum, man achte besonders auf die Portale. Die große Sehenswürdigkeit ist der Konvent S. Domenico vor der Stadt; seine Kirche birgt die größte Gemäldesammlung der ligurisch-nizzardischen Schule.

Von Taggia ist die Weiterfahrt ins grüne, bergige Hinterland über Badalucco nach Molini di Triora und zum hoch gelegenen **Triora** sehr zu empfehlen (25 km).

Verzichtet man auf den Abstecher, so gelangt man 2 km hinter Arma di Taggia nach Bussana, das nach dem Erdbeben 1887 als Ersatz für das zerstörte, am Berg liegende **Bussana Vecchia** erbaut wurde. Dort ließen sich Anfang der 60er-Jahre **Kunsthandwerker und Hippies** nieder, die das Dorf nach und nach bewohnbar machten. Heute steht die mehr oder weniger geschmacklose Ausrichtung auf den Tourismus in schrillem Gegensatz zu den sichtbaren Resten der Katastrophe wie der Ruine der Kirche Sacro Cuore.

! *Baedeker* TIPP

Whale watching

Im Ligurischen Meer tummeln sich in den Sommermonaten rund 4000 Wale und rund 25 000 Delfine. Mit etwas Glück kann man sie bei einer Whale-Watching-Tour beobachten. Schiffe starten u. a. von Borgo Marina bei Imperia und vom Porto Antico, direkt beim Aquarium in Genua. Info unter www.whalewatch.it, Tel. 01 83 76 93 64 (Imperia), und www.battellierigenova.it, Tel. 01 02 65 712 (Genua). Man kann auch Volontär auf einem Schiff werden, Info unter www.tethys.org, Tel. 02 58 31 48 89.

★ **San Remo** Seit rund 150 Jahren ist San Remo (56 000 Einw.) der renommierteste Urlaubsort an der Riviera. Das Flair der Belle Epoque und der 60er-Jahre verblasst zwar, prägt aber immer noch die Atmosphäre; die berühmte **Spielbank**, in dem auch das nicht minder bekannte Schlagerfestival stattfindet, der große Jachthafen und elegante Hotels lassen auf gehobenes Publikum schließen. Daneben gibt es aber auch den von »normalen« Menschen frequentierten Urlaubsort, eine freundliche ligurische Stadt, die nicht nur vom Fremdenverkehr, sondern auch vom Blumenhandel lebt.

Altstadt ► Chaotisches Verkehrszentrum ist die Piazza Eroi Sanremesi zwischen Alt- und Neustadt. Erstere, »La Pigna« genannt, zieht sich mit ihrem Gewirr enger, von **Strebebögen überspannter Gassen** und vom Zahn der Zeit angenagter Häuser den Hügel hinauf. Von den Giardini Regina Elena und – noch weiter oben – der Wallfahrtskirche Madonna della Costa hat man einen herrlichen Blick. An der Piazza Eroi Sanremesi beginnt der untere Teil der Altstadt mit der romanisch-gotischen Kathedrale S. Siro aus dem 13. Jh., deren nördliches Seitenportal mit einem Osterlammrelief vom Vorgängerbau stammt.

◄ Neustadt

Zwischen Piazza Eroi Sanremesi und Altem Hafen dehnt sich die in der zweiten Hälfte des 19. Jahrhunderts angelegte Neustadt aus. Ihre Hauptachse ist der von eleganten Geschäften gesäumte Corso Matteotti. In westlicher Richtung führt er am 1904 bis 1906 erbauten Casino Municipale zur **russisch-orthodoxen Kirche** S. Basilio von 1910. Jenseits schließt sich die mit Palmen bestandene, prunkvolle Promenade Corso Imperatrice an. Am Alten Hafen trotzt das im Jahr 755 von Genua errichtete Forte S. Tecla der Zeit. Mit eindrucksvollem, manieristisch-barockem Bauschmuck ist der Palazzo Borea d'Olmo am Corso Matteotti verziert; hier ist das Archäologische Museum untergebracht. Von hier geht es weiter über den Corso Garibaldi zum ehemaligen Blumenmarkt an der Kirche S. Maria degli Angeli, das neue Marktgebäude liegt im Armea-Tal bei Arma di Taggia. Der moderne Jachthafen im Osten von San Remo kann über 800 Boote aufnehmen.

Schmucke Häuserfronten in San Remos Altstadt

Nördlich davon, am Corso Cavalotti Nr. 112, steht die prächtige, 1874 in maurischem Stil erbaute Villa, die der schwedische Wissenschaftler **Alfred Nobel** in seinen letzten Jahren (1891–1896) bewohnte; zu sehen sind u. a. Labor und Bibliothek.

Durch San Remos Hinterland nach Bordighera

Die folgende rund 100 km lange Schleife führt durch das Hinterland nach Bordighera. Man fährt von San Remo in nordöstlicher Richtung nach S. Romolo; von hier geht es etwa 2 Stunden zu Fuß auf den **Monte Bignone** (1299 m), der eine atemberaubende Aussicht über Korsika, Südfrankreich bis hin zu den Seealpen bietet.

Weiter geht es über Perinaldo, ein heiteres altes Städtchen und Heimat der bedeutenden Astronomenfamilie Cassini, nach Apricale, einem wegen der steil geschachtelten Lage und der modernen Wandmalereien berühmten mittelalterlichen Dorf. Ein ebenso spektakuläres Bild bietet Baiardo. Durch dichte Wälder führt der Weg hinauf zum Monte Ceppo (1627 m), zum Pass Colla Langan (1127 m) und wieder Richtung Meer nach Pigna, dem vierten dieser pittoresken Orte; dort ist die Kirche S. Michele aus dem 13./14. Jh. besuchenswert, die eine wertvolle, nordfranzösische Fensterrose und ein grandioses **Polyptychon von Canavesio** aus dem Jahr 1500 aufzuweisen hat. Im Nervia-Tal fährt man dann über Isolabona nach Dolceaqua, eines der hübschesten und typischsten Städtchen der Riviera di Ponente – bekannt für den Rotwein Rossese di Dolceaqua und sein Olivenöl. Hier throntе einst die Stammburg der Doria. Die Fahrt endet in Bordighera oder Ventimiglia.

✶ **Bordighera**

Das bekannte Seebad Bordighera besitzt eine kleine, malerische Altstadt über dem Kap S. Ampelio. Hübsches Zentrum ist die Piazza del Popolo mit der Pfarrkirche S. Maria Maddalena von 1617, in der sich eine Marmorgruppe von Filippo Parodi befindet. Westlich des Kaps dehnt sich die ab 1860 angelegte Gartenstadt aus. Am Meer verläuft die Strandpromenade Lungomare Argentina, Hauptverkehrsader ist die Via Vittorio Emanuele II, an der die Kirche Immacolata steht. Sie wurde 1883 von **Charles Garnier** erbaut, dem Architekten der Pariser Oper, der 20 Jahre in Bordighera lebte und dort u. a. die Villa Etelinda, Via Romana 38, und das Rathaus entwarf. Interessant ist das der Geschichte und Archäologie Liguriens gewidmete Museo Bicknell, Via Regina Margherita. Bei der Kapelle S. Ampelio, erbaut im 11./12. Jh., soll einst die Einsiedelei des Heiligen gelegen haben.

? WUSSTEN SIE SCHON ...?

- »Vater« der Blumenbranche an der Riviera war der Heidelberger Gärtner Ludwig Winter, geboren 1846. Nachdem er fünf Jahre lang in den Hanbury-Gärten in Mortola gearbeitet hatte, legte er 1873 in Bordighera die ersten Blumenfelder an und verkaufte die frischen Schnittblumen nach München. Die Einheimischen fanden Winters Geschäftsidee brillant und übernahen sie. Seinen botanischen Garten kann man in Ospedaletti besichtigen.

Ventimiglia (25 300 Einw.) wird durch die breite Mündung des Roia geteilt: östlich die Neustadt mit dem Rathaus und den Giardini Pubblici und westlich die Altstadt, die sich an einem Vorgebirge hinaufzieht. Eines der bedeutendsten romanischen Bauwerke Liguriens ist die Kathedrale S. Maria Assunta aus dem 11. Jh., die auf eine karolingische Kirche des 9./10. Jh.s zurückgeht. Die von Palästen gesäumte Via Garibaldi führt hinauf zur Kirche S. Michele, deren Krypta aus dem 9./10. Jh. stammt. Ein Gang hinauf zum Castel d'Appio wird durch den schönen Blick belohnt, außerdem gibt es dort ein gutes Hotelrestaurant. Am östlichen Stadtrand sind die Ruinen der römischen Stadt **Albintimilium** zu finden.

✶ Giardini Hanbury ►

Für Freunde subtropischer Pflanzen und **historischer Gartenanlagen** lohnt sich der Ausflug zu den Botanischen Gärten in Mortola, 9 km westlich von Ventimiglia, die 1867 von Sir Thomas Hanbury und dem deutschen Gärtner Ludwig Winter angelegt wurden.

✶ Balzi Rossi ►

1 km weiter westlich an der französischen Grenze liegen die Balzi Rossi, die rund 240 000 bis 10 000 Jahre alten »Roten Höhlen«, einer der wichtigsten Fundorte prähistorischer Kultur in Europa; hier entdeckte man äußerst üppige, weiblichen Figurinen.

✶ Riviera di Levante

Genuas östliche Vororte

Man verlässt ►Genua nach Osten auf der Fortsetzung der Soprelevata, dem Corso Italia. Anders als die westlichen Vororte sind die östlichen durch Parks und Villen geprägt. Man passiert den Vergnügungspark Lido d'Albaro und den pittoresken alten Fischerhafen Boccadasse; in Quarto dei Mille erinnert ein Denkmal an die **»Unternehmung der 1000«**, den Aufbruch Garibaldis nach Sizilien. Quinto al Mare wird vom Fort auf dem Monte Moro überragt, das eine hervorragende Aussicht bietet (Zufahrt von Sturla über Apparizione).

◄ Nervi

Nervi konnte sich mit seinen prächtigen Parks und Villen sein Flair als ältester Winterkurort der östlichen Riviera bewahren. Östlich des Viale delle Palme liegt der große Stadtpark, der aus den Gärten der Villen Gropallo, Serra und Grimaldi entstand. In der **Villa Serra** ist ein Museum mit Werken ligurischer und italienischer Maler des 19. und 20. Jh.s untergebracht. Auch in der **Villa Grimaldi** sind Werke dieser Zeit ausgetellt. Am Ostrand von Nervi erwartet das Museo di Villa Luxoro mit Keramik, Interieur und Spitzen die Besucher.

◄ Recco

Der nahe Badeort Recco (10 100 Einw.) hat kaum Sehenswertes, gilt jedoch als kleine gastronomische Metropole der ligurischen Küche und ist auch Heimat der allgegenwärtigen **Focaccia**, die hier mit Käse gemacht wird.

✶ Camogli

Weit ins Meer hinaus ragt der Monte di Portofino. Am Fuß seines westlichen Steilhangs liegt das alte Fischerstädtchen Camogli, das für seine Hafenfront mit den hoch aufragenden, in schönen Farben bemalten Häusern berühmt ist. Dem Hafen vorgelagert ist ein kleines Kap mit der Kirche S. Maria Assunta aus dem 12. Jh. (Fassade 1826) und dem Castello Dragone, ebenfalls 12. Jh., das heute ein sehenswertes Aquarium birgt. Am zweiten Maisonntag findet das Patronatsfest S. Rocco mit der Sagra del Pesce statt, bei der in einer riesigen Pfanne Fische zentnerweise frittiert werden. An die große Vergangenheit als **Seefahrerstadt** erinnert das Museo Marinaro G. B. Ferrari.

◄ Ausflüge

Von Camogli zieht sich ein etwas anstrengender, aber sehr schöner Fußweg in etwa 1,5 Stunden über San Rocco zur Punta Chiappa (Markierung: zwei rote Punkte). Ein zweiter Ausflug führt mit dem Schiff über Punta Chiappa nach San Fruttuoso.

✶ Monte di Portofino

Das Vorgebirge von Portofino ist Naturschutzgebiet, denn es weist eine reiche Fauna und Flora auf, von deren Arten einige nur hier vorkommen. Hohe Felswände bilden die Küste; im Osten bestehen sie aus Kalkstein, im Süden aus so genanntem Puddingstein. Herrliche Wanderungen ermöglicht ein Netz markierter Wege, wobei die **Abtei S. Fruttuoso** das wichtigste Ziel ist. In den Touristeninformationen der Orte am Monte di Portofino sind Wegbeschreibungen zu bekommen. Von April bis September fahren die Boote je nach Wetterlage in ½ bis 1-stündigem Abstand, in der übrigen Zeit seltener.

★ **San Fruttuoso** In einer engen, idyllischen Bucht der Südküste versteckt sich die Abtei San Fruttuoso mit ihrem winzigen Fischerdorf. Als 711 die Asche des spanischen Bischofs und **Märtyrers Fructuosus** hierher gebracht wurde, gründete man ein Kloster. Nach dessen Zerstörung 984 bauten die Benediktiner ein neues Gotteshaus, das sich zu einem der bedeutendsten Klöster in Ligurien entwickelte. 1275 kam es an die Familie der Doria; damals wurde das Abtshaus erbaut, das die Schauseite darstellt und das Museo del Monte enthält. Kirche und Kreuzgang gehen z. T. auf das 10. Jh. zurück; S. Fruttuoso und seine Mitmärtyrer sind auf dem Altarbild dargestellt. Der mächtige Wehrturm östlich der Abtei wurde 1550 vom berühmten Genueser Admiral und Politiker Andrea Doria erbaut. In der Saison ist der kleine Ort meist überlaufen.

Rapallo Rapallo, einst exklusiver Badeort im obersten Winkel des Golfo del Tigullio, schrieb durch den 1922 hier geschlossenen Friedensvertrag zwischen Deutschland und Russland Weltgeschichte. Auch wenn er heute ein »normaler« Urlaubsort ist (27 300 Einw.), gefällt seine Atmosphäre an der von Hotels, Cafés und Jugendstilpalazzi gesäumten Uferpromenade, die im Osten von der Burg, im Westen von Badeanstalten und der Mündung des Boate begrenzt wird. In der Altstadt steht an der belebten Piazza Cavour die Kollegiatskirche SS. Gervasio e Protasio, erbaut 17.–19. Jh., mit einem schiefen Glockenturm von 1753; im Geschäft Gandolfi sind **Klöppelspitzen** zu erwerben, die in Rapallo eine lange Tradition haben, wie das Museum in der Villa Tigullio im Stadtpark zeigt. Der Corso Italia führt zur Piazza delle Nazione mit Stadtmuseum, Rathaus und dem Turm der »Comune Rapallese« von 1459, dem Wahrzeichen der freien Gemeinde.

Eine von steilen Hängen überragte Bucht, ein kleines Fischerdorf und eine alte Abtei, das ist San Fruttuoso.

Eine Seilbahn führt von Rapallo hinauf auf den Bergkamm mit der prunkvollen Wallfahrtskirche Madonna di Montallegro (11 km) von 1559. Am 2. Juli wird das Patronatsfest mit Feuerwerk gefeiert. ★ ◄ Madonna di Montallegro

★ **Santa Margherita Ligure**

Von Rapallo führt die Küstenstraße zum hübschen Urlaubsort Santa Margherita Ligure (3 km), das durch einen Bergrücken in zwei Viertel geteilt wird. Im Nordteil liegt die Piazza Vittorio Veneto, von der aus die Kirche S. Margherita und der Corso Matteotti, die palmenbestandene Hauptachse, zu erreichen sind. In der prachtvollen Villa Durazzo Centurione auf dem Hügel S. Giacomo di Corte, erbaut ab 1560, finden Konzerte statt; vom Park mit exotischer Vegetation hat man einen schönen Blick über Stadt und Golf. Am Weg hinab zum großen Jachthafen lohnt ein Blick in das Kirchlein **S. Erasmo** aus dem 18. Jh. mit Votivgaben der Seeleute. Von der Mole an der Piazza Martiri della Libertà fahren Schiffe nach Rapallo, Portofino, S. Fruttuoso und Camogli sowie zu den Orten der ►Cinque Terre ab.

★ **Portofino**

Das für seinen malerischen Hafen berühmte Portofino liegt an der Südostspitze des Monte di Portofino. Steil ansteigende Hänge mit Olivenbäumen, Pinien und Zypressen bilden die Kulisse für die geschwungene Häuserzeile, den zentralen Platz und die dahinter liegende Kirche. Seit langem ist es jedoch als touristisches »Mussziel« – auch für **Kreuzfahrtschiffe und Jachten** – in der Saison völlig überlaufen; die Küstenstraße ist meist verstopft, das Parkhaus verlangt saftige Preise. Wer zu dieser Zeit trotzdem kommen will, sollte das Wochenende meiden, die Morgenstunden nutzen oder das Schiff nehmen. Die Preise orientieren sich an der betuchten Klientel. Legendär und immer noch erste Adresse an der ganzen Riviera ist das Hotel Splendido.

Auf dem zum Meer hin steil abfallenden schmalen Landrücken südlich des Orts steht die Kirche S. Giorgio von 1154. Sehr schön ist der Spaziergang zur Punta di Capo, vorbei an dem von einem Park umgebenen Castello di S. Giorgio, in dem **Sir Montague Yeats Brown**, britischer Konsul in Genua und »Entdecker« des Ortes, 1870 residierte. Heute beherbergt es ein Museum mit Schiefergegenständen und -reliefs aus dem 16. Jh.

Familiär gibt sich der Ferienort Zoagli mit seinem kleinem Kiesstrand unter der beherrschenden Eisenbahnbrücke. Berühmt sind seine handgewebten Samt- und Damaststoffe. Kunstfreunde entdecken in der Pfarrkirche S. Martino ein Gemälde von Teramo Piaggio (ca. 1490–1570), der in Zoagli geboren wurde. ◄ Zoagli

Chiavari

Chiavari (28 500 Einw.) ist trotz seiner wenig begeisternden Küstenpartie einen Besuch wert, denn das angenehme Städtchen besitzt einen hübschen mittelalterlichen Stadtkern mit **kilometerlangen Arkaden**. Gleich beim Bahnhof öffnet sich die grüne Piazza N. S. dell'Orto mit der Kathedrale von 1613, deren gewaltige Säulenvorhalle 1907 fertig gestellt wurde. Am Rathaus vorbei gelangt man nun zur Piazza

Mazzini, auf der vormittags Markt abgehalten wird; hier dominiert der mächtige Justizpalast, der 1886 an der Stelle der Zitadelle von 1404 errichtet wurde – lediglich ein Turm des Vorgängerbaus von 1537 ist noch erhalten. Weiter geht es auf der Via Martiri della Liberazione mit ihren Arkadengängen, wo sich, wenige Schritte nördlich **S. Giovanni Battista**, eine im 17. Jh. umgestaltete romanische Kirche mit Gemälden ligurischer Meister, befindet; an der Piazza Fenice erfreut der Palazzo dei Portici Neri aus dem 15. Jh. das Auge. Etwas weiter östlich steht der Palazzo Rocca, erbaut im 17./18. Jh., mit bemerkenswertem Archäologischen Museum und hervorragender Gemäldesammlung.

Lavagna ► Ein mittelalterliches Stadtbild besitzt auch Lavagna (13 400 Einw.), bekannt für seine **Schieferverarbeitung** (lavagna = Schiefer) und den Jachthafen – mit 1600 Liegeplätzen einer der größten in Europa.

Ausflug ins Hinterland ► Durch eine beeindruckende Landschaft, vorbei an herrlicher Architektur führt diese 100 km Fast-Rundfahrt ins Hinterland; wer sich dafür mehr als einen Tag Zeit nehmen will, kann in Varese Ligure Station machen. Von Lavagna fährt man nach S. Salvatore di Cogorno mit der **Basilica dei Fieschi**, einer der bedeutendsten romanisch-gotischen Kirchenbauten Liguriens, 1245–1252 von lombardischen Baumeistern zusammen mit dem Palazzo Gritti-Tassorello schräg gegenüber errichtet. Hinter Carasco folgt man dem Sturla-Tal nach Norden bis Borzonasca. Rund 3 km entfernt liegt die im 7. Jh. von Bobbio aus gegründete **Abtei Borzone**. Der erhaltene Bau entstand bis 1244, sehenswert ist ein Tabernakel mit Schieferrelief von 1513. Man kehrt nach Borgonovo zurück und fährt – mit herrlichem Küstenpanorama zwischen dem Monte di Portofino und Sestri Levante – hinauf zum Passo di Bocco, dann rechts über Cassego mit seinem kleinen volkskundlichen Museum und Scurtabò nach Varese Ligure. Der dortige Borgo Rotondo wurde im 14. Jh. von den Fieschi angelegt, daran schließt der Borgo Nuovo aus dem 16. Jh. an. Nicht versäumen sollte man zum Cento-Croci-Pass auf 1055 m Höhe hinaufzufahren. Von Varese geht es zurück zur Küste über S. Pietro Vara, den Velva-Pass (Abstecher zur Wallfahrtskirche Madonna della Guardia) und Castiglione Chiavarese nach Sestri Levante.

* Sestri Levante

Eine besonders angenehme Atmosphäre zeichnet Sestri Levante (20 400 Einw.) aus, das reizvoll auf einer Halbinsel zwischen zwei Buchten liegt. Im Norden, entlang dem Strand Baia delle Favole, führt die Via Vittorio Veneto zur Piazza Matteotti mit der **Barockkirche S. Maria di Nazareth**, erbaut 1604–1616. Nach Westen steigt die »Isola« an, ein Vorgebirge mit schönem Park, dem Grandhotel dei Castelli, der um 1151 errichteten Kirche S. Nicolò und, am höchsten Punkt, dem Turm, wo Marconi 1934 mit UKW-Funk experimentierte. Südlich der Piazza Matteotti öffnet sich die zauberhafte Baia del Silenzio, nach Nordosten geht die »Hauptstraße« Via XXV. Aprile ab. Einen Besuch lohnt die Galleria Rizzi mit Interieur sowie bedeutenden italienischen und flämischen Gemälden des 16.–18. Jh.s.

Besonders idyllisch liegt Sestri Levante zwischen zwei Buchten auf einer Halbinsel.

Ganz in der Nähe von Sestri Levante befindet sich einer der schönsten Küstenabschnitte Liguriens, die ►Cinque Terre. Von Bracco führt eine Straße hinunter zum kleinen Badeort Moneglia, der am Kirchplatz von S. Croce mit großartiger **schwarz-weiß-roter Pflasterung** und der gotischen Kirche S. Giorgio besticht. ◄ Moneglia

Auch Levanto ist ein guter Standort für den Besuch der Cinque Terre und außerdem ein beliebter Badeort. Die romanische Kirche S. Andrea, begonnen 1232 und 1463 erweitert, gehört mit ihrer grünweiß inkrustierten Fassade und dem im 19. Jh. erneuerten prächtigen Radfenster zu den schönsten Liguriens. Im ehemaligen Oratorium nebenan ist das Museo Permanente della Cultura Materiale eingerichtet, das Leben und Arbeit der Bauern, Handwerker und Seeleute dokumentiert. ◄ Levanto

Cinque Terre

►dort

La Spezia

La Spezia (101 400 Einw.) entstand in der heutigen Form erst ab 1860 als Flottenstützpunkt des Königreichs Sardinien und des neuen Königreichs Italien. Touristisch bietet sie wenig Interessantes. Künstlerisch herausragend ist allerdings die um 1500 von Andrea della Robbia geschaffene Terrakotta **»Krönung Mariens«** in S. Maria Assunta. Am Corso Cavour liegt das Museo Archeologico Lunense, das für die Stelen der Lunigiana berühmt ist; außerdem sind Funde aus der Römerstadt Luni ausgestellt. Nördlich der S. Maria Assunta, an der Via del Prione Nr. 234, ist die zweite große Sehenswürdigkeit Spezias zu finden, das Museo Amedeo Lia mit Kunst des 13. bis 18. Jh.s, darunter Werke von **Tintoretto und Tizian**. Weiter bergauf führt der Weg zur Burg S. Giorgio, wo ein archäologisches Museum untergebracht ist. Die runde Kathedrale an der Piazza Europa erbaute 1976 Adalberto Libera. Am Hafen verläuft die palmenbestandene Passeggiata Morin, von der man einen Blick auf den Golf und die Apuanischen Alpen mit den weiß schimmernden Marmorbrüchen von Carrara (►Versilia) hat.

★★ ◄ Museo Amedeo Lia

★ Portovenere Auch Portovenere (4600 Einw.) ist ein »Mussziel« in Ligurien. Da es in der Saison unangenehme Parkprobleme gibt, ist die reizvolle Bootsfahrt von den Cinque Terre hierher ratsam. Der Ort, in römischen Zeiten »portus veneris« genannt, wurde ab 1113 als genuesische Hafenfestung ausgebaut. Vorbei an der bunten Hafenfront gelangt man durch das Stadttor in die Via Cappellini und weiter zum **wellenumtosten Kap** mit der Kirche S. Pietro, die 1256–1277 am Platz eines römischen Tempels und einer Kirche aus dem 6. Jh. errichtet wurde. Von der Via Cappellini geht es hinauf zur Pfarrkirche S. Lorenzo, deren Bauzeit sich von Romanik bis Renaissance erstreckt. »Krönender Abschluss« ist die Festung, deren mächtige Außenmauern erst im 17. Jh. errichtet wurden. Von hier genießt man ein herrliches Panorama. Die Insel Palmaria jenseits der nur 150 m breiten Meerenge ist ein beliebtes Ausflugsziel.

? WUSSTEN SIE SCHON ...?

- Schon die Liebesgöttin Venus war von der Schönheit des Küstenstreifens begeistert. Nach ihr ist der Ort Portovenere (Hafen der Venus) benannt.

San Terenzo, Lerici Die Ostseite des Golfo dei Poeti zog im 19. Jh. **Lord Byron, Mary und Percy B. Shelley** an, Letzterer ertrank hier 1822; heute sind S. Terenzo und Lerici (13 600 Einw.) dank des Sandstrands frequentierte Urlaubsorte. In S. Terenzo ist in der Villa Magni ein kleines Shelleymuseum eingerichtet, das schon bald in die Burg verlegt werden soll, die bereits ein paläontologisches Museum mit computersimulierten Dinos beherbergt. Lerici wird vom mächtigen Castello beherrscht, das von den Pisanern erbaut und von Genua ab 1256 erweitert wurde. An der Via Cavour steht die Pfarrkirche S. Francesco von 1632 bis 1636 mit prächtigem Inneren. Eine Stichstraße führt an Badebuchten entlang zu den malerischen Fischerdörfern Fiascherino und Tellaro.

Sarzana Im Prinzip markiert der Magra die Grenze zur Toskana, was – von Montemarcello kommend – der Blick über seine Mündung auf die Apuanischen Alpen und die Küstenebene der Versilia sinnfällig macht. Zu Ligurien gehört aber noch Sarzana (19 800 Einw.), das zwar schon 963 erwähnt, aber erst im 13. Jh. Stadt und Bischofssitz wurde. Von der einstigen Größe des freundlichen Städtchens zeugen die **Zitadelle**, die in der heutigen Form 1488–1492 von Lorenzo dem Prächtigen erstellt wurde, Teile der Stadtmauer und die gotische Kathedrale mit barocker Holzdecke und Rokokostuck; berühmte Stücke der Ausstattung sind das Kruzifix von Meister Guglielmo von 1138, das früheste datierte Tafelbild Italiens. Dominiert wird Sarzana von der mächtigen Festung Sarzanello. 7 km südöstlich befand sich einstmals die Stadt Luni, die im Jahr 177 v. Chr. an der Küste gegründet wurde. Als sich das Meer im Mittelalter zurückzog und Sümpfe hinterließ, gab man sie auf und verlegte den Bischofssitz 1204 nach Sarzana. Ausgrabungen und ein Museum lassen die einstige Pracht erahnen.

★★ Rom · Roma

M 14/15

Region: Latium • Lazio
Höhe: 11–139 m ü. d. M.
Provinz: Roma
Einwohnerzahl: 2 810 500

Wohin man auch die Schritte lenkt, in Rom stößt man unwillkürlich auf weltberühmte Denkmäler aus Antike, Mittelalter, Renaissance und Barock. Das wundert nicht, schließlich war Rom anderthalb Jahrtausende Schauplatz bedeutender geschichtlicher Ereignisse und kultureller Mittelpunkt Europas – für Katholiken ist es das bis heute geblieben.

Ausführlich beschrieben im Baedeker Allianz Reiseführer »Rom«

Schon im Altertum wurde Rom als »ewige Stadt« (lat. Roma aeterna) bezeichnet. Über eine Million Menschen lebten hier in der Blütezeit des römischen Kaisertums Anfang des 2. Jh.s n. Chr. – damit war Rom die erste Weltstadt im heutigen Sinne. In der Spätantike entwickelte sie sich zum Zentrum der **römisch-katholischen Kirche**. Nach dem Niedergang des römischen Imperiums betrug die Einwohnerzahl kaum noch 25 000, erst im 15. Jh., nach der Rückkehr der Päpste aus Avignon, stieg sie langsam wieder an. Als Rom zur Hauptstadt Italiens wurde, zählte man ca. 220 000 Einwohner. Nach dem Ersten Weltkrieg, besonders aber nach dem Zweiten Weltkrieg, setzte eine starke Bevölkerungszunahme ein. Rechnet man die vielen nicht registrierten Einwohner hinzu, leben im Großraum Rom heute rund 4 Mio. Menschen.

Stadt der sieben Hügel

Keimzelle des antiken Roms sind die legendären sieben Hügel Kapitol, Quirinal, Viminal, Esquilin, Palatin, Aventin und Caelius. Zwischen ihnen und dem Fluss erstreckt sich der antike **Campus Martius** (Marsfeld), wo sich bis in die Neuzeit die eigentliche Stadt ausbreitete. Der Pincio nördlich des Quirinal und die Höhen des rechten Tiber-Ufers, der Vatikanhügel und der Gianicolo, kamen erst in späterer Zeit hinzu. Die unter Kaiser Aurelian (270–275 n. Chr.) begonnene, 19 km lange Aurelianische Stadtmauer wurde erst in der Einigungszeit überschritten. Heute reicht das Stadtgebiet mit einer Fläche von knapp 1508 km² im Osten bis zu den Albaner Bergen, im Westen bis nach Ostia zum Meer und im Süden und Norden bis weit in die römische Ebene.

Mode, Filme, Industrie

Rom ist ein wichtiger Verkehrsknotenpunkt, Banken- und Handelsplatz, ferner ein internationales Zentrum der Mode und des nationalen Filmschaffens (Cinecittà). Die v. a. im Süden und Osten der Stadt angesiedelte Industrie umfasst in erster Linie die Branchen Elektroindustrie, grafisches Gewerbe, chemische Industrie, Telefonbau, Textilien und Nahrungsmittel. Bestimmend für das Wirtschaftsleben ist aber Roms Rolle als Regierungs-, Verwaltungs- und Beamtenstadt. Größter Arbeitgeber der Stadt ist das Dienstleistungsgewerbe.

Rom *Orientierung*

Essen
1. Il Convivio-Troiani
2. Quinzi & Gabrieli
3. Checco er Carettiere
4. Vecchia Roma
5. Papok
6. Hostaria Vincenzo
7. Campana
8. Al Bric

Übernachten
1. Hassler Villa Medici
2. De Russie
3. Regina Hotel Baglioni
4. Columbia
5. Europa
6. Parlamento
7. Nardizzi Americana
8. Teti

U

© Baedeker

ROM ERLEBEN

AUSKUNFT

Via Parigi 11, 00185 Roma
Tel. 06 48 89 91, Fax 0 64 81 93 16
www.roma-online.de
www.romaturismo.it

VERKEHR

Rom hat zwei U-Bahnstrecken, sechs Straßenbahnlinien und unzählige Busse. Zwischen Mitternacht und 5.30 Uhr verkehren mit einem Kauz gekennzeichnete Nchtbusse. Einen Übersichtsplan erhält man am ATAC-Schalter Piazza dei Cinquecento, Stazione Termini.

EINKAUFEN

Viele Antiquitäten hat es in den Straßen hinter der Piazza Navona oder in der Via dei Coronari. (Teure) Mode wird v. a. in den Straßen bei der Spanischen Treppe, so in der Via Condotti verkauft, günstiger ist es an der Via del Corso oder in der Via Frattina. Secondhand gibt es in der Via del Governo Vecchio. Einen besonders schönen Markt findet man auf dem Campa de' Fiori.

ESSEN

► Fein & Teuer

① ***Il Convivio-Troiani***
Vicolo dei Soldati 31, Roma
Tel. 0 66 86 94 32; nur abends, So. geschl. In einer der kleinen Gassen in der Nähe des Nationalmuseums liegt dieses schicke Gourmetrestaurant von schlichter Eleganz, das ein Michelin-Stern ziert. Unbedingt reservieren.

② ***Quinzi & Gabrieli***
Via delle Coppelle 6, Roma
Tel. 0 66 87 93 89; nur abends
Sehr beliebtes Feinschmeckerlokal mit hervorragender Fischküche. Der Laden ist immer voll, daher reservieren.

► Erschwinglich

③ ***Checco er Carettiere***
Via Benedetta 10, Roma
Tel. 0 65 81 70 18
Eine typische Trattoria im malerischen Viertel Trastevere, gepflegt rustikales Ambiente, römische Spezialitäten.

④ ***Vecchia Roma***
Via della Tribuna di Campitelli 18
Tel. 0 66 86 46 04; Mi. geschl.
Unweit des Kapitols befindet sich das bekannte Restaurant mit seinen vornehmen Gasträumen. In der Küche werden römische Spezialitäten und Fischgerichte zubereitet.

⑤ ***Papok***
Salita del Grillo 6/b, Roma
Tel. 0 669 92 21 83; Mo. geschl.
Gediegen-rustikales Ambiente, klassische Küche. Hier geht es recht vornehm zu.

Baedeker-Empfehlung

⑦ ***Campana***
Vicolo della Campana 1
Roma
Tel. 0 66 86 78 20; Mo. geschl.
In der traditionsreichen Trattoria, die immer gut besucht ist, sitzt man an dicht gedrängten Tischen und genießt traditionelle römische Küche.

► Preiswert

⑥ ***Hostaria da Vincenzo***
Via Castelfidardo 6, Roma
Tel. 06 48 45 96; So. geschl.
Gemütliches Lokal, das bei den umliegenden Büros sehr beliebt ist. Kein Wunder, bei der vorzüglichen Küche und den moderaten Preisen.

⑧ ***Al Bric***
Via del Pellegrino 51
Roma
Tel. 0 66 87 95 33
Uriges Lokal mit moderner Küche und einem atemberaubenden Weinangebot.

ÜBERNACHTEN

► Luxus

① ***Hassler Villa Medici***
Piazza Trinità dei Monti 6
00187 Roma
Tel. 06 69 93 40
Fax 0 66 78 99 91
www.hotelhasslerroma.com
Direkt an der Spanischen Treppe steht dieses märchenhafte Luxushotel, das seine Gäste mit außergewöhnlichem Komfort verwöhnt. Besonders schön ist das Dachgartenrestaurant mit dem grandiosen Blick über die Stadt.

② ***De Russie***
Via del Babuino 9, 00187 Roma
Tel. 06 32 88 81
Fax 06 32 88 88 88
cwww.hotelderussie.it
Legendäres Luxushotel zwischen Piazza del Popolo und Spanischer Treppe gelegen, gediegene Eleganz und moderner Komfort bestimmen das Interieur, prachtvoller Terrassengarten, hervorragende Gastronomie.

③ ***Regina Hotel Baglioni***
Via Vittorio Veneto 72
00187 Roma
Tel. 06 42 11 11
Fax 42 01 21 30
www.baglionihotels.com
In einem schmucken Jugendstilgebäude ist dieses traditionsreiche Luxushotel im Art-deco-Stil untergebracht. Ansprechendes Restaurant mit feiner internationaler Gourmetküche.

► Komfortabel

④ ***Columbia***
Via del Viminale 15, 00184 Roma
Tel. 0 64 88 35 09, Fax 0 64 74 02 09
www.hotelcolumbia.com
Nette, gemütliche Zimmer in einem jüngst renovierten Hotel in der Nähe des Bahnhofs Termini. Das Frühstück wird auf der tollen Dachgartenterrasse eingenommen.

⑤ ***Europa***
Via Varese 26, 00185 Roma
Tel. 0 64 46 20 96
Fax 0 64 46 74 06
www.hoteleuroparoma.com
Hübsches, modernes Hotel unweit des Bahnhofs mit geräumigen und ansprechenden Zimmern, toll ausgestattete Bäder.

⑥ ***Parlamento***
Via delle Convertite 5, 00187 Roma
Tel. und Fax 06 69 92 10 00
www.hotelparlamento.it
In einem historischen Gebäude im Regierungsviertel befindet sich dieses kleine familiär geführte Etagenhotel im 3. und 4. Stock, einfache und zweckmäßige Zimmer.

► Günstig

⑦ ***Nardizzi Americana***
Via Firenze 38, 00184 Rom
Tel. 0 64 88 00 35, Fax 0 64 88 03 68
www.hotelnardizzi.it
Das gepflegte Hotel garni mit seinen netten Zimmern liegt günstig im historischen Zentrum und bietet guten Komfort zu fairen Preisen.

⑧ ***Teti***
Via Principe Amedeo 76
00185 Rom, Tel. und Fax
06 49 90 40 88, www.hotelteti.it
Kleines Hotel nahe Stazione Termini, moderne Einrichtung, ordentliche Zimmer.

Geschichte und Kunst

10. Jh. v. Chr.	Erste Besiedlung des Palatins
753 v. Chr.	Mythologisches Datum der Gründung Roms
509 v. Chr.	Rom wird Republik.
44 v. Chr.	Caesar wird ermordet, später Beginn der Kaiserzeit
476 n. Chr.	Odoaker ermordet den letzten weströmischen Kaiser.
727–755	Die Könige Luitprand und Pippin treten eroberte Gebiete an die Kirche ab. Beginn des Kirchenstaats.
1309	Clemens V. verlegt seinen Sitz nach Avignon. Zur Zeit des Schisma leben rund 20 000 Menschen in Rom.
1417	Mit der Rückkehr von Papst Gregor XI. entwickelt sich Rom zur Metropole der Kunst und des Humanismus.
1506	Unter Julius II. wird der Grundstein zum Neubau des Petersdoms gelegt.
17. Jh.	Rom wird zum Zentrum der Barockkunst.
1870	Gründung des Staates Italien. Rom wird Hauptstadt.
1943	Nach der Kapitulation besetzen die Deutschen Rom.
2005	Der Deutsche Joseph Kardinal Ratzinger wird Papst Benedikt XVI.

Altertum

Das Jahr 753 v. Chr. galt den Römern als das mythologische Datum der Gründung durch **Romulus und Remus**. Die belegte römische Frühgeschichte beginnt jedoch bereits im 10 Jh. v. Chr. mit der Besiedlung des Palatins. Nach der Vertreibung der etruskischen Könige 509 v. Chr. und der Errichtung der Republik betrieben die Römer eine systematische Expansionspolitik. Es entstanden bedeutende Tempel und Profanbauten wie der Saturntempel und die Servianische Stadtmauer. Im Jahre 312 v. Chr. wurden die erste Wasserleitung und die erste gepflasterte Landstraße (Via Appia) angelegt. Innenpolitische Probleme entluden sich in Bürgerkriegen und Sklavenaufständen, die erst mit dem Beginn der Kaiserzeit ein vorläufiges Ende fanden. Die Friedensherrschaft von **Kaiser Augustus** (27 v. Chr.–14 n. Chr.) brachte einen regelrechten Bauboom – es entstand u. a. das Augustusforum –, sodass Rom als die schönste und größte Stadt der Welt galt. Ein großer Teil der über eine Million Einwohner lebte in mehrstöckigen Mietsblöcken. Nach der großen Feuersbrunst unter Kaiser Nero entstanden neue Bauten wie die Kaiserforen und das Wahrzeichen der Stadt, das flavische Amphitheater (Kolosseum). **»Panem et circenses«**, kostenlose Lebensmittelverteilungen und blutrünstige Spiele befriedeten das Volk. Während des »glücklichen Zeitalters« der Adoptivkaiser von Nerva über Trajan bis Marc Aurel (96–180 n. Chr.) erreichte das Reich seine größte Ausdehnung. Die ständige Bedrohung der Reichsgrenzen stärkte die Rolle der Armee, die immer öfter Kaiser aus ihren eigenen Reihen hervorbrachte. Erst mit der Neuordnung des Imperiums unter Kaiser Diokletian (284–305 n. Chr.) endete die unruhige Zeit der **Soldatenkaiser**. Mit der Unterstützung der einflussreichen Christen gelang es schließlich **Konstantin** (306–337 n. Chr.), sich als Alleinherrscher durchzusetzen. Durch die Verlegung des Zentrums der Macht nach Byzanz verlor Rom immer mehr die Hauptstadtfunktion. Schließlich ging das Weströmische Kaiserreich mit dem Sturz des letzten Kaisers Romulus Augustulus im Jahr 476 durch Odoaker unter.

Aufstieg des Christentums im Mittelalter

Trotz des jahrhundertelangen germanisch-byzantinischen Machtkampfes um das Erbe Roms gelang es dem römischen Bischof, seine Vormachtstellung in der Stadt zu sichern. Bereits im Jahr 381 erklärte Theodosius das **Christentum zur Staatsreligion**. Bald zählte Rom 25 Pfarrkirchen (Titoli) und vier mosaikglänzende Patriarchalbasiliken, die direkt dem Papst unterstanden: San Giovanni in Laterano, San Pietro in Vaticano, San Paolo fuori le Mura und Santa Maria Maggiore. Diese vier gehören mit Santa Croce in Gerusalemme, San Lorenzo fuori le Mura und San Sebastiano zu den **sieben Pilgerkirchen Roms**. Die weltliche Macht der Päpste und ihre Herrschaft über Rom entwickelte sich im 8. Jh., nachdem durch Schenkungen des Langobardenkönigs Luitprand 727 und des Frankenkönigs Pippin 755 der Grund zum Kirchenstaat gelegt worden war. Leo III. (795–816) krönte am Weihnachtsfest des Jahres 800 Karl den Großen zum Kaiser und stellte damit das weltliche Kaiserreich wieder her, das nun ein Jahrtausend lang wenigstens den Namen des Römischen Reiches noch aufrechterhielt. Einen tiefen Niedergang brachte das Exil der Päpste in Avignon zwischen 1309 und 1377, während Cola di Rienzo 1347 den vergeblichen Versuch unternahm, eine Republik nach altrömischem Muster zu errichten.

Päpste sorgen für Glanz

Nach dem Ende des Abendländischen Schismas 1417 erlebte die Stadt einen neuen Aufschwung. Die vom Humanismus und der Renaissance geprägten Päpste und Adelsfamilien taten sich zunehmend als Bauherrn und Mäzene hervor. Doch erst die Renaissancepäpste Julius II. (1503–1513) und Leo X. (1513–1521) machten die Stadt zum **Zentrum der Hochrenaissance**. Von hier aus bestimmten Bramante (1444–1514), Michelangelo (1474– 1564) und Raffael (1483–1520) das ganze 16. Jh. (ital. Cinquecento) auf künstlerischem Gebiet. 1506 begann der Neubau der Peterskirche.

Von der Besetzung und Plünderung durch die Truppen Karls V. im Jahre 1527, dem so genannten Sacco di Roma, erholte sich die Stadt nur langsam, doch schließlich wurde Rom unter den Päpsten der **Gegenreformation** im Stil des Barocks zum Zentrum eines triumphierenden Christentums ausgestaltet. Die Architekten dieser Periode, vor allem Gian Lorenzo Bernini (1598– 1680), sein Gegenspieler Francesco Borromini (1599–1667) sowie Carlo Maderno (1556–1629) und Carlo Rainaldi (1611–1691) schufen jene großartigen Kirchen

Highlights Rom

Kapitol
Am »Haupt der Welt« begegnen sich Antike und Renaissance.
► Seite 601

Forum Romanum
Das Herz des antiken Roms schlägt auf dem Forum Romanum.
► Seite 602

Kolosseum
Brot und Spiele und viel Blut lockten einst die Massen ins Kolosseum. Heute fasziniert die gewaltige Ruine jährlich Tausende von Besuchern.
► Seite 609

Spanische Treppe
Die barocke Treppe im Zentrum Roms ist *der* Treffpunkt der Stadt.
► Seite 618

Pantheon
Allen Göttern ist der mächtige Rundbau geweiht.
► Seite 619

Trevibrunnen
Wer eine Münze über die linke Schulter wirft, kehrt eines Tages nach Rom zurück.
► Seite 620

Petersdom, Vatikanische Museen
Religiöses Zentrum der Katholiken, architektonisches Meisterwerk und Stätte hochkarätiger Kunstwerke: Der Vatikan ist ein Ort der Superlative.
► Seite 629

Katakomben
Tief unter der Stadt begegnet man den Anfängen des Christentums.
► Seite 642

und Paläste, die den architektonischen Charakter der Altstadt noch heute bestimmen. In der Malerei gilt **Caravaggio** (um 1573–1610) als der genialste Meister des Frühbarock. Als Vertreter der entgegengesetzten Richtung sind vor allem der Bolognese Annibale Carracci (1560–1609) und seine Schüler Guido Reni (1575–1642), Domenichino (1581– 1641), Guercino (1591–1666) zu nennen. Typisch für die sich entfaltende barocke Illusionsmalerei sind die monumentalen Deckenfresken der Kirchen S. Ignazio und Il Gesù.

Das dritte Rom

Im 18. und 19. Jh. wurde Rom Ziel von Künstlern und Kunstbegeisterten aller Nationen. Nach der Proklamation zur **Hauptstadt des Königreichs Italien** im Jahre 1871 begann die Epoche der Landeshauptstadt und Königsresidenz, das Dritte Rom (Terza Roma). Es entstanden neue repräsentative Bauten (Banca d'Italia, Finanzministerium, Justizpalast, Nationaldenkmal am Kapitol). Nach dem Marsch auf Rom übernahm Benito Mussolini die Macht. Im Jahr 1929 wurden die Lateranverträge zwischen dem Heiligen Stuhl und dem italienischen Staat geschlossen, die dem Papst den Vatikan und einige exterritoriale Gebiete sowie knapp 2 Mrd. Lire zubilligten. Während des Faschismus wurde anlässlich der für 1942 geplanten Weltausstellung das monumentale Viertel EUR errichtet und die Via dei Fori Imperiali als Paradestraße durch das antike Zentrum geschlagen. Nach der Verhaftung Mussolinis und der Kapitulation Italiens im Zweiten Weltkrieg wurde Rom 1943 von deutschen Truppen besetzt und zahlreiche Juden deportiert. Am 2. Juni 1946 entschieden sich die Italiener in einem knappen Volksentscheid für die **Republik**. Im März 1957 wurden hier die Römischen Verträge zur Gründung von EWG und der Euratom unterzeichnet. Unter dem weltoffenen Johannes XXIII. wurde das Zweite Vatikanische Konzil (1962–1965) zur Reform der katholischen Kirche einberufen. Mit Johannes Paul II. bestieg 1978 erstmals nach 453 Jahren ein Nichtitaliener wieder den Papststuhl, 2005 folgte ihm der Deutsche Joseph Kardinal Ratzinger unter dem Namen **Benedikt XVI**.

Piazza Venezia

Zwischen dem antiken und historischen Stadtzentrum liegt mit der Piazza Venezia einer der Verkehrsknoten von Rom: Von ihr führt die Via del Corso zur Piazza del Popolo, die Via dei Fori Imperiali quer durch die Kaiserforen zum Kolosseum und die Via del Plebescito in Richtung Vatikan. Über die Piazza in Aracoeli gelangt man zum Kapitol und auf der Via Battista zum Quirinalshügel.

Palazzo Venezia

Im Auftrag des venezianischen Kardinals Pietro Barbò, des späteren Papst Paul II., 1451 begonnen, bildet der Palazzo Venezia das erste Beispiel einer **profanen Renaissancearchitektur** in Rom. Während Zinnenbewehrung und wehrhaftes Untergeschoss mit kleinen Fenstern noch deutlich an Festungsarchitektur erinnern, stehen die marmornen Fensterkreuze des Piano nobile bereits im Zeichen der Frührenaissance. Von 1926 bis 1943 war der Palazzo Venezia Amtssitz von Mussolini, der vom Balkon herab seine Ansprachen hielt. Der Palazzo beherbergt heute mittelalterliche Skulpturen, Renaissancemalerei, Kunstgewerbe sowie Wechselausstellungen.

◄ Monumento Nazionale a Vittorio Emanuele II.

Das monumentale Nationaldenkmal für Viktor Emanuel II. wurde nach Plänen Giuseppe Sacconi begonnen und 1911 eingeweiht. Die abgeriegelte große Freitreppe führt zum **Altar des Vaterlandes** mit dem Grab des Unbekannten Soldaten und zum Reiterstandbild des bereits 1878 verstorbenen ersten konstitutionellen Monarchen Italiens. Die Römer nennen das Monument wenig ehrfurchtsvoll »Gebiss« oder »Schreibmaschine«. Im Unterbau informiert das Museo Centrale del Risorgimento über die Geschichte der italienischen Einigungsbewegung.

★★ Campidoglio · Kapitol

Vom Nationaldenkmal etwas verdeckt, erhebt sich das Kapitol, der historisch bedeutendste der sieben Hügel des antiken Rom: Im Altertum lag hier das politische und religiöse Zentrum – der »Nabel der Welt«. Die Stelle eines ehemaligen Juno-Moneta-Tempels nimmt heute die Basilika S. Maria in Aracoeli ein (ital. zum Himmelsaltar), die man über eine steile Freitreppe erreicht. Sie hütet in der ersten

! Baedeker TIPP

Gepflegte Pause

Seit ihrer Renovierung warten die Kapitolinischen Museen mit einem wunderschönen Terrassencafé auf – einer Seltenheit in einem römischen Museum. Es befindet sich im Palazzo Caffarelli.

Seitenkapelle rechts, der Capella Bufalini, das Hauptwerk des Renaissancemalers **Bernardino Pinturicchio**: »Szenen aus dem Leben des hl. Bernardin« (1485/1486).

Bewacht von dem Monumentalstatuen der Götterbrüder Castor und Pollux führt eine Freitreppe zum Kapitolsplatz, der nach Plänen Michelangelos zu einem der schönsten der Renaissance umgebaut wurde. Das 1538 im Zentrum aufgestellte bronzene **Reiterstandbild Marc Aurels** ist eine Kopie, das Original befindet sich in den Kapitolinischen Museen.

★ **Piazza del Campidoglio**

Den Senatorenpalast an der Stirnseite des Platzes wurde im 16. Jh. auf den Resten des antiken Tabulariums, des Saatsarchivs, erbaut. Es ist heute Amtssitz von Bürgermeister und Stadtrat. Zu Füßen der Doppelfreitreppe lagern die beiden antiken Statuen der Flüsse Nil und Tiber. Im Zentrum der Rampe steht ein Brunnen mit der Göttin Minerva.

★ Musei Capitolini ►

Flankiert wird der Platz von den Kapitolinischen Museen. Höhepunkt der Skulpturensammlung im 1650 begonnenen Palazzo Nuovo ist eine römische Kopie der berühmten **Aphrodite von Knidos** des Praxiteles. Im Innenhof des im 16. Jh. erbauten Palazzo dei Conservatori ruhen die marmornen Fragmente der 12 m hohen Sitzstatue von Kaiser Konstantin. Beachtenswert ist im ersten Stock in der Sala dei Trionfi di Mario der »Dornauszieher« (Spinario) und in der Sala della Lupa die berühmte **»Kapitolinische Wölfin«**. Romulus und Remus wurden dem etruskischen Bronzeoriginal des 6./5. Jh. v. Chr. allerdings erst im 15. Jh. untergeschoben. Die Pinacoteca Capitolina im zweiten Stock präsentiert Gemälde von Tizian, Tintoretto, Caravaggio, Lorenzo Lotto und Veronese.

Museo Nuovo ►

Der hinter dem Konservatorenpalast gelegene Palazzo Caffarelli beherbergt das Museo Nuovo mit griechischen Skulpturen des 5. Jh.s v. Chr., Sarkophagen, Urnen und weiteren archäologischen Stücken.

Das alte Rom

★★ **Foro Romano**

Öffnungszeiten: tgl. 9.00 bis 2 Std. vor Sonnenuntergang

Einen ersten Überblick über das Forum Romanum gewinnt man am besten von der Via del Campidoglio. In einer Senke zwischen Kapitol, Palatin, Quirinal und Viminal liegen die Ruinen der antiken Prunkbauten. Die Cloaca Maxima, im 6. Jh. v. Chr. angelegt, entwässerte die einst sumpfige Senke zum Tiber hin. Als Ort für **Versammlungen, Marktplatz und Gerichtsbarkeit** entstanden die ersten Bauten. Cäsar begann die Erweiterung des Platzes; Kaiser Augustus führte die Pläne fort, und unter seinen Nachfolgern wurden neue Prachtbauten errichtet. Als Zentrum der römischen Welt glänzte das Forum Romanum in Marmor und vergoldeten Erzen. Aber bereits im 6. Jh. begann der allmähliche Verfall. Während der Renaissance

wurden die kostbaren Materialien geraubt, um damit Paläste und Kirchen zu schmücken. Bis ins 18. Jh. hüteten römische Hirten ihre Tiere auf dem nunmehr Campo Vaccino, **Kuhweide** genannten Forum. In dieser Zeit begann man mit systematischen Ausgrabungen, die unter zehn bis fünfzehn Meter tiefen Schuttschichten die antiken Ruinen wieder zu Tage brachten.
Man betritt das Areal heute vom Konstantinsbogen aus, bei der Via di S. Gregorio oder wie in der folgenden Beschreibung über die Via dei Fori Imperiali.

Basilica Aemilia

Die Zensoren Marcus Aemilius Lepidus und Marcus Fulvius Nobilior errichteten die Basilika Aemilia 179 v. Chr. zur Entlastung des Handels auf dem Forum. Sie wurde vermutlich Anfang des 5. Jh.s bei der Eroberung Roms durch Alarich zerstört. Gegenüber erhebt sich die Kurie, das von König Tullius Hostilius gebaute Sitzungsgebäude der Senatoren. Ihre heutige Form verdankt sie Kaiser Diokletian (303 n. Chr.). Während die Bronzetüren im 17. Jh. in die Lateransbasilika versetzt wurden, gehen der **Marmorfußboden** in Opus sectile, die seitlichen Stufenreihen für die Senatoren sowie das Podium an der Stirnseite noch auf das frühe 4. Jh. zurück. Die beiden nur aus Erhaltungsgründen hier aufgestellten Reliefblöcke (Anaglypha Traiani) ge-

◄ Curia

Die Bauten der römischen Kaiserzeit im Forum Romanum zeugen von einer der glanzvollsten Epochen der Weltgeschichte.

Antikes Rom Orientierung

1 Vesta-Tempel
2 Castor- und Pollux-Tempel
3 Cäsar-Tempel
4 Saturn-Tempel
5 Vespasian-Tempel
6 Tempel des Antoninus Pius und der Faustina

ben einen Eindruck über das einstige Aussehen des Forums. Bei dem schwarzen Stein zwischen Rostra und Kurie handelt es sich um den »Lapis Niger«, den man 1899 wiederentdeckte. Er zeigte einst die Lage der unterirdischen Räumlichkeiten an, die man als **Romulusgrab** verehrte.

◄ Lapis Niger

Arco di Settimio

Im Jahr 203 n. Chr. errichteten die Kaisersöhne Caracalla und Gaeta anlässlich des 10. Amtsjubiläums ihres Vaters **Septimius Severus** den gewaltigen Arco di Settimo. Die Inschriften der Attika feiern die kaiserlichen Siege über Parther, Araber und Assyrer. Später ermordete Caracalla seinen Bruder und tilgte den Namen.

◄ Rostra

Neben dem Bogen erstreckt sich die mit Schiffsschnäbeln (lat. rostra) erbeuteter Schiffe geschmückte Rostra, die augusteische **Rednerbühne**. Vor ihr erhebt sich die korinthische Phokassäule, 608 n. Chr. zur Erinnerung an den oströmischen Kaiser Phokas errichtet. Er hatte Papst Bonifazius IV. das Pantheon zur Umwandlung in eine Kirche überlassen.

Tempio di Caesare

Der Tempel für den vergöttlichten Julius Cäsar bildet die zweite Schmalseite des Platzes. Nach der Ermordung von Cäsar in den Iden des März 44 v. Chr. wurde hier sein Leichnam verbrannt, Marcus Antonius eröffnete hier sein Testament. Octavian ließ den Tempel 29 v. Chr. mit einer zweiten Rednerbühne errichten.

◄ Tempio di Castore e Polluce

Der 484 v. Chr. den Stadtpatronen Castor und Pollux geweihte Podiumstempel daneben gilt mit seinen **drei korinthischen Säulen** aus griechischem Marmor als eines der Wahrzeichen von Rom. Beim Bau des Podiums wurde erstmals Gussmauerwerk verwendet.

Basilica Iulia

Als Entsprechung zur Basilica Aemilia nimmt die Basilica Iulia die zweite Langseite des Forums ein. 169 v. Chr. errichtet, wurde die Gerichtsbasilika unter Cäsar erneuert; damals vertrieben sich die Römer auf den Stufen die Zeit mit Brettspielen, deren Spielfelder noch heute deutlich erkennbar sind.

Tempio di Saturno

Jenseits der Basilika verweisen acht ionische Granitsäulen auf den bereits um 498 v. Chr. errichteten Saturntempel, in dem zur Zeit der Republik der römische **Staatsschatz** aufbewahrt wurde. Das im 1. Jh. v. Chr. erbaute Reichsarchiv, das Tabularium, bildet den Übergang vom Forum zum Kapitol. Die Reste unterhalb des Gebäudes gehörten zum Porticus Deorum Consentium, in dem die Statuen der zwölf Hauptgötter standen, zum Tempel des Vespasian und zum Concordiatempel, 367 v. Chr. als Symbol der Eintracht zwischen Patriziern und Plebejern errichtet und Anfang des 1. Jh. n. Chr. von Tiberius erneuert.

◄ Tabularium

Tempio di Antonino e Faustina

Rechts vom Forumsausgang zur Via dei Fori Imperiali thront der mächtige Tempel für Antoninus Pius und Faustina. Nach dem Tod der Kaiserin Faustina 141 n. Chr. erbaut, diente er ab 161 n. Chr.

auch zur Verehrung des vergöttlichten Antoninus Pius. Im 11. Jh. in die Kirche San Lorenzo in Miranda verwandelt, gilt er mit seinen 17 m hohen Säulen und dem umlaufenden Greifenfries als der besterhaltene Tempel auf dem Forum.

Tempio di Vesta Atrium Vestae ►

Im einzigen **Rundtempel** auf dem Forum brannte das von den Vestalinnen bewahrte Heilige Feuer. Am 1. März, dem römischen Neujahrstag, wurde in den Wohnhäusern das Feuer gelöscht und an der Flamme im Vestatempel neu entzündet. Im angrenzenden **Haus der Vestalinnen** lebten die Priesterinnen abgeschirmt von der Umwelt. Sie wurden im Alter von sechs bis zehn Jahren aus den vornehmsten Familien der Stadt vom Pontifex Maximus erwählt und taten in der Regel 30 Jahre Dienst.

! *Baedeker* TIPP

Etwas Ruhe

Wer nach dem Besuch des Forum Romanum Abstand und Entspannung sucht, findet diese in den Gärten auf dem hoch gelegenen Palatin.

Basilica di Massenzio ►

Vom imposantesten Hallenbau der Antike zeugen die mächtigen Bögen der Maxentiusbasilika. Von Maxentius 306 n. Chr. begonnen und nach dessen Tod 330 von Konstantin vollendet, diente sie der Rechtsprechung und dem Geschäftsverkehr. Im 7. Jh. ihrer Bronzedachziegel beraubt, beschleunigte ein Erdbeben im 9. Jh. den Verfall. In der Westapsis thronte die **Monumentalstatue von Konstantin**, deren Reste im Hof des Konservatorenpalastes zu sehen sind.

Arco di Tito ►

Vor dem Forumsausgang in Richtung Kolosseum feiert der Titusbogen die Erfolge des Kaisers im Judäischen Krieg. Der Feldherr Titus, Sohn des Vespasian, eroberte 70 n. Chr. Jerusalem und zerstörte den Tempel. Die beiden Reliefbilder im Durchgang zeigen ihn im Triumphzug, bei dem auch der siebenarmige Leuchter aus dem Tempelschatz, die Menorah, als Beute mitgeführt wurde.

✶✶ Palatino

Direkt beim Titusbogen steigt man hinauf zum Palatin. Nach der Gründungslegende spülte der Tiber an seinem Hang die Zwillinge Romulus und Remus an. Hier beginnt mit Gründung der sog. Roma quadrata 753 v. Chr. die historische Zeit der Stadt, auch wenn eine einfache Besiedlung bereits für das 10. Jh. v. Chr. nachgewiesen werden konnte. Augustus wurde auf dem Palatin geboren und errichtete dort seinen Kaiserpalast, das Palatium. Die folgenden Kaiser vergrößerten und verschönten seine Anlagen, die seit dem 4. Jh. jedoch verfielen.

Orti Farnesiani

Auch Kardinal Alessandro Farnese, der spätere Papst Paul III, ließ hier Gärten anlegen. In seinem Auftrag schuf Mitte des 16. Jh.s der Architekt Vignola die »Orti Farnesiani«, deren Terrassen, Wasserbecken, Blumenbeete und Pavillons den Palast von **Kaiser Tiberius** bedecken. Im forumsabgewandten Teil zeugen im Haus der Livia

Casa di Livia ►

Wandmalereien mit mythologischen Szenen und illusionistischen Landschaften von der einstigen Pracht der kaiserlichen Bauten. Einem Bleirohr mit der Aufschrift »Livia Augusta« verdankt man die Zuschreibung des Hauses an die Gattin Kaiser Augustus'.

Die Palastruinen im Zentrum des Hügels gehen auf die Zeit des Flavierkaisers **Domitian** zurück. Den weitläufigen Peristylhof begrenzt südlich ein Triclinium (Speisesaal) mit Fußbodenheizung; im Norden liegt in der Mitte die Aula Regia (Thronsaal), flankiert von einer Basilika zur Rechtsprechung und einem Lararium zur Verehrung der Hausgötter. Aus dem 1. Jh. n. Chr. stammen auch die monumentalen Überreste des mehrgeschossigen Domus Augustana, dem Wohnpalast des Kaisers, und eine Stadion des Domitian genannte Gartenanlage. ◄ Domus Flavia

Hier öffnet sich ein schöner Blick auf die spärlichen Reste des Circus Maximus in der Senke zwischen Palatin und Aventin. Bis zu 150 000 Zuschauer verfolgten in der größten **Pferderennbahn** Roms die Rennen zwischen den Vierergespannen. Der Legende nach fand hier der Raub der Sabinerinnen statt. ◄ Circus Maximus

Via dei Fori Imperiali

Das Wachstum der spätrepublikanischen und kaiserlichen Stadt machte die Errichtung neuer öffentlicher Bauten erforderlich. Cäsar begann mit der Anlage eines neuen Forums, das Augustus, Nerva, Vespasian und Trajan fortsetzten. Seit 1925 gräbt man die Gebäude aus, doch erst in den letzten Jahren wurde die Arbeit im großen Stil vorangetrieben. Ziel ist es, in naher Zukunft einen zusammenhängenden archäologischen **Ausgrabungspark** im Zentrum der Stadt zu schaffen.

In der mehrgeschossigen Markthalle auf dem Trajansforum pulsierte einst das Handelsleben.

Foro di Cesare

Zu Füßen des Kapitolshügels ließ Julius Cäsar zwischen 54 und 48 v. Chr. ein neues Forum anlegen. Erhalten sind die Säulenhalle zur Kapitolsseite und der Unterbau des Tempels für Venus Genetrix, der mythischen Mutter der Julier.

★ Foro di Traiano ►

Die mächtig aufragende **Trajanssäule** am Anfang der Via dei Fori Imperiali gehört zum jüngsten und zugleich größten Kaiserforum, angelegt zwischen 107 und 118 n. Chr. vom Apollodoros aus Damaskus. Man betritt es über einen Treppenabgang bei der Säule oder durch die Trajansmärkte. In der Antike gelangte man durch einen monumentalen Triumphbogen auf einen freien, von Säulenhallen flankierten Platz. Gegenüber erhob sich die Basilica Ulpia, die der Rechtsprechung diente und deren zahlreiche wieder aufgerichtete Säulen noch heute eine Vorstellung von der 130 x 125 m großen Halle geben. Dahinter steht auf einem Sockel mit der **goldenen Aschenurne** des Kaisers die 38 m hohe Trajanssäule aus einzelnen Trommeln parischen Marmors. Das 200 m lange Reliefband zeigt Szenen aus den Feldzügen, die Trajan in den Jahren 101–102 und 105–106 gegen die Daker führte. In der Antike flankierten zwei Bibliotheken die Säule, auf der Spitze stand ein Standbild des Kaisers, das im Mittelalter verloren ging und durch eine Statue des Apostels Petrus ersetzt wurde. Markthallen schlossen an das Forum an.

Colonna di Traiano ►

? WUSSTEN SIE SCHON ...?

- Die heilige Franziska ist sowohl Patronin der Frauen und der Stadt Rom. Papst Pius V. sprach sie 1608 heilig, Papst Pius XI. ernannte sie zudem 1925 zur Schutzheiligen der Autofahrer.

Foro di Augusto ►

Vor dem Eingang zum Trajansforum lag das Augustusforum mit dem Tempel für den rächenden Kriegsgott Mars Ultor. Augustus hatte den Tempel, von dem noch drei Säulen aufrecht stehen, nach dem Sieg über die Partei der **Cäsarenmörder** 42 v. Chr. bei Philippi gelobt. Eine Brandmauer schützte das dahinter liegende Wohnviertel. Um 1200 errichteten die Rhodosritter hier ihre Paläste.

Foro di Nerva ►

In der Verlängerung von Trajans- und Augustusforum legt sich das Forum von Nerva als Verbindungselement zwischen das Forum Romanum und die Unterstadt. Zwei prächtige korinthische Säulen und Stücke eines Gebälkfrieses erinnern an den einstigen Glanz.

Foro di Vespasiano ►

Das Forum des Vespasian, auch Friedensforum genannt, ließ der Kaiser nach der Eroberung von Jerusalem 70 n. Chr. beginnen.

Santi Cosma e Damiano

Zwischen der Via dei Fori Imperiali und dem Forum Romanum liegt die Kirche Santi Cosma e Damiano aus dem 6. Jh. Am Triumphbogen und in der Apsis sind **Mosaiken** aus der Entstehungszeit zu sehen, die zu den schönsten von Rom zählen. In einem Nebenraum beim Eingang der Kirche kann man eine große neapolitanische Krippe aus dem 18. Jh. bewundern. Die Kirche **Santa Francesca Romana** zwischen der Maxentiusbasilika und dem Kolosseum ist der Hl. Franziska geweiht. Sie besticht durch einen schönen Glockenturm aus dem 13. Jh.

✶ ✶ Colosseo

Das Kolosseum ist eines der berühmtesten Bauwerke der Welt und Wahrzeichen der Stadt. Kaiser Vespasian ließ ab 72 n. Chr. an Stelle der berühmten Domus Aurea von Kaiser Nero sein **»Flavisches Amphitheater«** erbauen. Bei ovalem Grundriss maß die Längsachse 188 m, die Querachse 156 m, die Höhe betrug 57 m. Während die Fassade im typisch römischen Travertin ausgeführt wurde, verwendete man innen Tuff und Ziegel, die allerdings prächtig mit Carraramarmor verkleidet waren. Der original erhaltene nordöstliche Teil zeigt nach außen vier Stockwerke. Aus der Wand ragende Travertinblöcke trugen Holzmasten, von denen aus Sonnensegel über die Zuschauerränge gespannt waren. Das Volk betrat über nummerierte Tore die Zuschauerränge, dem Kaiser waren die beiden Eingänge in der Querachse, den Gladiatoren die beiden in der Hauptachse vorbehalten. Etwa 50 000 Zuschauer konnten den Spielen beiwohnen. Die untersten Ränge waren dem Kaiser, den Senatoren und Priestern vorbehalten. Die **Arena**, 76 x 46 m groß, hatte ausgedehnte Unterbauten für Tierkäfige, Lager und mechanische Hebevorrichtungen.
Das Kolosseum wurde 80 n. Chr. mit 100-tägigen Spielen eingeweiht; dabei sollen 5000 Tiere und Hunderte Gladiatoren getötet worden sein. Im Mittelalter stürzten Teile des Bauwerks bei Erdbeben ein; dann war es Festung römischer Adliger und Steinbruch. Papst Benedikt XIV. weihte das Kolosseum zur christlichen Stätte. Das Bronzekreuz nächst der Arena wurde 1926 aufgestellt.

✶ **Domus Aurea**

Über die Viale Domus Aurea gelangt man zum ehemaligen Palast des Kaisers Nero, dem Domus Aurea (aureatus = vergoldet), den er nach dem **Brand Roms** 64 n. Chr. bauen ließ. In der Eingangshalle empfing seine über 30 m hohe Kolossalstatue den Eintretenden. Die Speisesäle besaßen getäfelte Decken aus beweglichen Elfenbeinplatten, um Blütenblätter herabregnen zu lassen. Als Nero einzog, soll er gesagt haben: »Jetzt fange ich an, wie ein Mensch zu wohnen.« Nach mehr als 20-jährigen Restaurierungen sind zahlreiche der bisher 150 bekannten Räume zu besichtigen.

✶ **Arco di Costantino**

Der Konstantinsbogen direkt neben dem Kolosseum gilt als der besterhaltene und größte **Triumphbogen** Roms. Lange Zeit glaubte man, er sei für Konstantin anlässlich seines Sieges über Maxentius im Jahr 312 erbaut worden, mittlerweile vermutet man in dem Bauwerk einen Vorgängerbau aus der Zeit Hadrians.

✶ **Terme di Caracalla**

Von Kaiser Septimius Severus 206 begonnen und von seinem Sohn und Nachfolger Caracalla vollendet, dienten die monumentalen Caracallathermen nicht allein dem Bad – der Begriff **»Freizeitpark«** trifft die antike Nutzung gut. Auf einer Fläche von 109 000 m² konnten sich 1500 Personen in beheizten Räumen entspannen, Gymnastik und andere Sportarten betreiben, in Gärten wandeln, Vorträgen

COLOSSEO

★★ **Das größte je gebaute Amphitheater ist so gut erhalten, dass es eindrucksvoll die ursprüngliche Form veranschaulicht, doch zugleich so beschädigt, dass es auch die Leiden seiner Geschichte zeigt: Brände, Erdbeben, Vernachlässigung der Wettkampfstätte durch die Christen, Umbau in eine Festung, Verwendung als Steinbruch für römische Paläste und eine Gefährdung durch Abgase des ständigen Autoverkehrs.**

Öffnungszeiten:
Mo. bis Sa. 9.00–17.30, So. 9.00–13.00 Uhr; im Sommer länger

1 Fassade

Die aus 100 000 m³ Travertin und 300 t Eisen gefertigte viergeschossige Fassade war 50 m hoch. Außen treten aus den Mauern Halbsäulen hervor, die im ersten Geschoss der dorischen, im zweiten der ionischen und im dritten der korinthischen Ordnung nachgebildet sind. Das vierte Geschoss hat rechteckige Fenster.

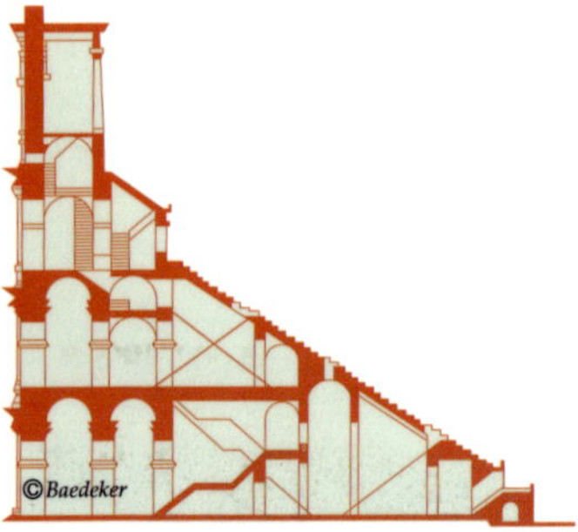

Schnitt durch den Tribünenbau

2 Arkaden

Durch die 80 Arkaden im Erdgeschoss gelangt man in ein ausgeklügeltes System von Treppen und Gängen, das die Menschenmassen leitete. Die Ziffern über den Eingängen entsprachen denen auf den ausgegebenen Eintrittskarten.

3 Cavea

Der Bau besteht aus zwei gegenüberliegenden Halbkreisen mit fünf Sitzrängen (insgesamt 57 m hoch). Die Platzwahl in der sogenannten Cavea war nicht frei oder hing vom Preis ab - denn der Eintritt war frei -, sondern von der Zugehörigkeit zu einer sozialen Schicht. So war der erste Rang aus breiten Stufen, auf denen Sitze befestigt waren, dem kaiserlichen Hof und Senatoren vorbehalten, auf dem zweiten Rang mit acht marmornen Stufen nahmen vornehme Familien Platz, im dritten und vierten Rang mit Holz-Sitzstufen saß das gemeine Volk.

4 Oval

Im Zentrum des Gebäudes befindet sich die eigentliche Arena, das innere ausgehobene Oval. Hier fanden die Gladiatorenkämpfe, Hetzjagden und Theateraufführungen statt. In seinen Achsen misst es 86 m und 54 m. Die ovale Form der Arena ermöglichte es, dass eine große Zahl an Zuschauern mehrere gleichzeitig stattfindende Kämpfe anschauen kann.

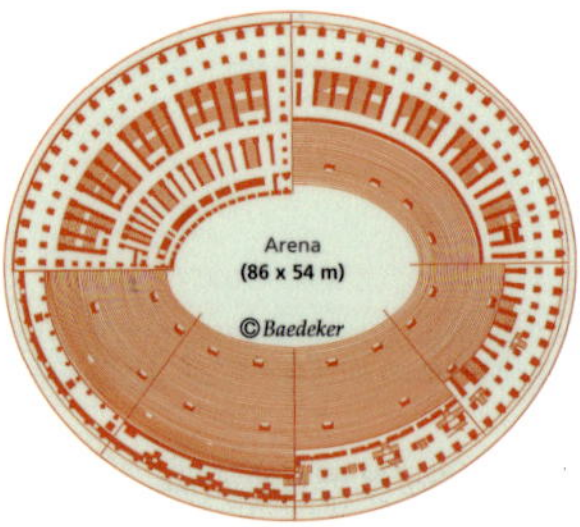

Grundriss des Amphitheaters

5 Innenausstattung

Der größte Teil der Innenausstattung ist nicht mehr erhalten. Doch sieht man den Aufbau der unter dem Oval liegenden Räume durch die Zerstörung recht gut. Von Holzbrettern abgedeckt waren hier die für die Spiele notwendigen Ausrüstungen, Maschinen, Tierkäfige und Gladiatorenräume untergebracht. Wahrscheinlich beförderten Lastenaufzüge Tiere, Gladiatoren und Kulissen in die Arena.

6 Velaria

Der Zuschauerraum konnte mit Sonnensegeln überdacht werden, so dass die Hitze dem Vergnügen nichts anhaben konnte. Die Stäbe hierfür waren auf dem obersten Stockwerk.

An die Kirche angebaut war der Lateranpalast, **Wohn- und Amtssitz der Päpste** von Konstantin bis zum Jahr 1309, als Clemens V. ins Exil nach Avignon zog. Den heutigen Palast ließ Papst Sixtus V. 1586 komplett neu errichten; er ist Sitz der römischen Bistumsverwaltung.

Lateranpalast

In einem Gebäude aus dem 16. Jh. gegenüber dem Palast befindet sich die Scala Santa, die Heilige Treppe, deren 28 heute holzverkleideten Marmorstufen der Überlieferung zufolge aus dem **Palast des Pilatus** in Jerusalem stammen. In Gedenken an das Leiden Christi steigen die Gläubigen die Heilige Treppe auf Knien hinauf zur Kapelle Sancta Sanctorum.

Scala Santa

Die Kirche Santa Croce in Gerusalemme wurde unter Kaiser Konstantin errichtet, um die von seiner Mutter, der hl. Helena, aus dem Heiligen Land mitgebrachten Reliquien der Passion Christi aufzunehmen. Ihr spätbarockes Aussehen erhielt sie im 18. Jh. durch Domenico Gregorini. Sie zählt zu den **sieben Pilgerkirchen** Roms.

Santa Croce in Gerusalemme

Um die Stazione Termini

S. Pietro in Vincoli ist eine der ältesten Kirchen Roms. Um 413 begonnen, war sie zunächst Petrus und Paulus geweiht. Als Papst Leo der Große die Ketten, mit denen Petrus in den Mamertinischen Kerkern angekettet gewesen sein soll, geschenkt bekam, wurde die Kirche Petrus alleine geweiht. Die Ketten sind seither im Reliquar unter dem Hochaltar aufbewahrt. Herausragend ist das von **Michelangelo** gestaltete Grabmal für Papst Julius II. mit der kraftvollen Statue des Moses, der soeben die Gesetzestafeln mit den Zehn Geboten erhalten hat und nun mit ansehen muss, wie das Volk das Goldene Kalb anbetet. Im linken Seitenschiff befindet sich das Grabmal für den deutschen Kardinal Nicolaus Cusanus von Andrea Bregno.

* **San Pietro in Vincoli**

Auf dem höchsten Punkt des Esquilin thront die auf das 5. Jh. zurückgehende Santa Maria Maggiore, eine weitere Patriarchalbasilika. Ihr Kampanile von 1377 ist mit 75 m der höchste Roms. Die Hauptfassade mit Loggia schuf Ferdinando Fuga Mitte des 18. Jh.s und verdeckte damit den Blick auf Mosaiken des 13. Jh.s.
Der dreischiffige, von leicht verklärtem Licht durchflutete Innenraum wirkt äußerst feierlich. Aus der Mitte des 12. Jh.s stammt der herrliche Kosmatenfußboden; Giuliano da Sangallo schuf im 15. Jh. im Auftrag von Papst Alexander VI. Borgia die Kassettendecke, zu deren Vergoldung das erste Gold aus Amerika verwendet wurde. An den Langhauswänden und am Triumphbogen glänzen frisch restaurierte Mosaiken aus dem 5. Jh. mit Szenen des Alten und Neuen Testaments. Das **Apsismosaik** mit der Verherrlichung Mariens gilt als ein Höhepunkt der römischen Mosaikkunst. Unter dem Hauptaltar von Ferdinando Fuga zeigt die Confessio mit dem knienden Papst Pius IX. Reliquien der **Krippe von Bethlehem**. Rechts neben dem

** **Santa Maria Maggiore**

Die meisterhaft geschnitzte Holzdecke in Santa Maria Maggiore entwarf Giuliano da Sangallo.

Hauptaltar ist unter einer schlichten Grabplatte der bedeutendste Barockbaumeister Gian Lorenzo Bernini begraben. Die Cappella Sistina im rechten Querhausarm mit manieristischen Fresken aus dem späten 16. Jh. birgt die Grabmäler Sixtus V. sowie seines Vorgängers Pius V. Die Cappella Paolina im linken Querhausarm wurde von Papst Paul V. Borghese Anfang des 17. Jh.s gestiftet und zeigt über dem Altar das hoch verehrte Gnadenbild der Madonna »Salus Populi Romani«. In unmittelbarer Nähe liegt etwas verborgen die Kirche Santa Prassede, die um 820 zu Ehren der hl. Praxedis erbaut wurde. Die Mosaiken zeigen das **himmlische Jerusalem** sowie Christus mit Petrus, Paulus und den Schwestern Praexedis und Pudenziana. Die Bildwerke entstanden unter Papst Paschalis I. im 9. Jh. und zählen zu den schönsten in Rom.

✶ Santa Prassede ▶

Stazione Termini

Der römische Hauptbahnhof Stazione Centrale Roma-Termini mit seiner weit geschwungenen Vorhalle wurde 1950 vollendet und war für den modernen Bahnhofsbau Epoche machend. Unter dem Gebäude schneiden sich die beiden Metrolinien A und B. Auf der Piazza dei Cinquecento vor der Bahnhofseingangshalle befindet sich der Busbahnhof der städtischen Linien.

Terme di Diocleziano

Ein paar Schritte weiter befinden sich die um 300 erbauten Thermen des Diokletian, die mit einer Seitenlänge von 350 m nicht weniger großartig waren als die wesentlich berühmteren Caracallathermen. Im Auftrag von Papst Pius IV. richtete Michelangelo das Gebäude als

Kartäuserkloster ein und begann 1563 das große Tepidarium (Laubad) in die Kirche Santa Maria degli Angeli zu verwandeln. Die große Apsis der Umfassungsmauer bildet jetzt die 1885–1915 mit einem Najadenbrunnen verzierte Piazza della Repubblica.

✶✶ Museo Nazionale Romano im Palazzo Massimo alle Terme

An der Piazza dei Cinquecento erhebt sich der Ende des 19. Jh.s in Stilformen des 16. Jh.s errichtete Palazzo Massimo alle Terme. Er ist eines der zwei Domizile des Römischen Nationalmuseums, das außerordentliche Kunstwerke der Antike verwahrt – das zweite ist der ► Palazzo Altemps. Im Untergeschoss des Palazzo Massimo ist die reiche numismatische Abteilung angesiedelt, das Erdgeschoss zeigt Exponate der römischen Republik und der frühen Kaiserzeit, darunter die Bildnisstatue des Augustus von der Via Labicana und die Statue der verwundeten Niobe, ein griechisches Original von 440 v. Chr. Im ersten Stock verdient unter den Kunstwerken der späteren Kaiserzeit der »Diskuswerfer des Myron« besondere Aufmerksamkeit. Als eines der wenigen Originale aus hellenistischer Zeit gilt das »Mädchen von Anzio«. Glanzpunkt des Museums ist die **Freskenabteilung** im zweiten Stock, die in nachgebauten Räumen die Dekoration römischer Landvillen zeigt. Gartenlandschaften, Scheinarchitektur und Schlafzimmerszenen aus Frauengemächern geben einen Einblick in das Gestaltungskönnen des 1. Jh.s v. Chr. bis in die Zeit der Spätantike.

Santa Maria della Vittoria

Die Kirche Santa Maria della Vittoria wurde 1608–1620 von Carlo Maderno im Auftrag von Kardinal Scipione Borghese errichtet und war zunächst dem hl. Paulus geweiht. Nachdem Kaiser Ferdinand II. im Dreißigjährigen Krieg in der Schlacht am Weißen Berg bei Prag dank des Beistandes Mariens siegreich geblieben war, wurde ein wundertätiges Marienbild in die Kirche gebracht und diese in Santa Maria della Vittoria umgeweiht. Berühmt ist die vierte Seitenkapelle mit der ekstatischen »Verzückung der hl. Theresa«, ein Hauptwerk des Hochbarock, das Bernini 1647 schuf.

San Lorenzo fuori le Mura

Von Kaiser Konstantin gegründet, ist San Lorenzo fuori le Mura eine der sieben **Pilgerkirchen** Roms. Im 6. und 13. Jh. wurde das konstantinsche Aussehen völlig verändert, der Zweite Weltkrieg brachte starke Beschädigungen. Erhalten blieben der Fußboden im Langhaus und im Chor, entstanden im 12./13. Jh., der Baldachin über dem Hochaltar von 1148 und die Mosaiken des Triumphbogens aus dem 6. Jh. Einen Besuch lohnt auch der malerische romanische Kreuzgang.

Quirinal und Villa Borghese

Piazza del Quirinale

Das Zentrum der Piazza del Quirinale beherrscht der berühmte Dioskurenbrunnen mit dem ägyptischen Obelisken, der einst zusammen mit demjenigen hinter Santa Maria Maggiore den Eingang des

Augustusmausoleums flankierte. Die monumentalen Marmorfiguren der Rossebändiger (Dioskuren) stammen aus der römischen Kaiserzeit. Papst Gregor XIII. ließ hier 1574 den **Palazzo del Quirinale** als Sommerresidenz der Päpste erbauen. Seit 1946 ist er Sitz des italienischen Staatspräsidenten. Ein Juwel unter den kleinen Kirchen Roms ist die von **Bernini** 1658–1671 geschaffene Kirche Sant'Andrea al Quirinale mit ovalem Grundriss, der durch acht Seitenkapellen erweitert wird. Von 1870 bis 1946 diente Sant'Andrea al Quirinale als Hofkapelle des Königshauses.

Sant'Andrea al Quirinale ►

Palazzo Barberini

Für den baufreudigen Papst Urban VIII. Barberini begann Carlo Maderno 1626 den Palazzo Barberini, der schließlich von den beiden Kontrahenten Borromini und Bernini im Jahre 1633 vollendet wurde. Die Mitte des Palastes bildet der zwei Stockwerke hohe Salon mit dem illusionistischen Deckengemälde »Triumph der göttlichen Vorsehung« von Pietro da Cortona, eine Verherrlichung des Papstes und der gesamten Familie Barberini. Der Palazzo beherbergt die Galleria Nazionale d'Arte Antica mit Gemälden des 13.–16. Jh.s; berühmt sind die Gemälde »Narziss« und »Judith enthauptet Holofernes« von Caravaggio, Hans Holbeins Porträt Heinrichs VIII. und die **»Fornarina«** Raffaels, das Bildnis einer jungen Bäckerin, für das wahrscheinlich seine Geliebte Modell stand.

Galleria Nazionale d'Arte Antica ►

Der Giardino del Lago im Stadtpark Villa Borghese lädt zum Bootfahren ein.

◄ Fontana del Tritone

Einziger Schmuck der Piazza Barberini ist der Tritonenbrunnen, ein Meisterwerk Berninis für Urban VIII., auf dessen Wappen drei Bienen vier Delfine halten.

Via Veneto

◄ Santa Maria della Concezione

An der Piazza Barberini beginnt die berühmte Via Veneto. Gleich im unteren Teil bieten die **Totenkapellen** der Kapuzinerkirche Santa Maria della Concezione ein etwas makabres Schauspiel. Begleitet von der Inschrift »Wir waren, was ihr seid. Wir sind, was ihr werdet«, findet man hier die Gebeine der verstorbenen Brüder säuberlich zu dekorativen Mustern an Wänden und Decken zusammengefügt. In der Kirche oben verdienen Guido Renis Altargemälde »Kampf des Erzengels Michael mit dem Satan« und Domenichinos Altarbild »Franziskus und der Engel« Beachtung.
Die Via Veneto ist vor allem durch Fellinis Film »La dolce vita« zum Inbegriff **römischer Schickeria** geworden. Im Café de Paris nahmen Liz Taylor, Richard Burton, Marcello Mastroianni und Anita Ekberg ihren Cappuccino. Doch die Stars sind gegangen und mit ihnen ein Teil des Flairs. Nun sollen das Doney und Harry's Bar gemeinsam mit luxuriösen Modegeschäften und Edelherbergen wie Excelsior und Eden die Besucherströme in die Via Veneto locken.

Villa Borghese

Kardinal Scipio Borghese gab im 17. Jh. den Auftrag, den Park der Villa Borghese als Landschaftsgarten anzulegen. In der weitläufigen Anlage sind zwischen Kastanien, Steineichen und Schirmpinien zahlreiche Zierbauten, Brunnen und Denkmäler zu sehen. Zur Villa zählen aber auch die Galleria Borghese, der Zoologische Garten und die Galopprennbahn.

* *
◄ Museo e Galleria Borghese

Das Casino Borghese, erbaut 1613–1615 beherbergt heute die Antiken- und Gemäldesammlung des Kardinals. Das Museum besticht vor allem durch seine einzigartige **Skulpturensammlung:** Antonio Canova verdanken wir die bezaubernde »Ruhende Venus« von 1805. Vorbild für die auf einem Diwan hingestreckte Göttin war wahrscheinlich das Porträt der Fürstin Paolina Borghese, Schwester Napoleons. Vom großen Barockkünstler Gian Lorenzo Bernini findet man den jugendlichen »David« aus den Jahren 1623 bis 1624, der beim Ausholen mit der Schleuder dargestellt ist und Berninis eigene Gesichtszüge trägt, sowie »Apoll und Daphne«. In der Gemäldegalerie sammeln sich die Besucher vor Raffaels »Grablegung«. Bei Caravaggios »Knaben mit dem Fruchtkorb« glaubt man ein frühes Selbstporträt des Künstlers zu erkennen. Berühmt ist auch seine wirklichkeitsgetreue Darstellung des »Hl. Hieronymus beim Schreiben«. Die »Madonna dei Palafrenieri«, 1605–1606 ebenfalls von Caravaggio gemalt, entstand als Altargemälde für die Bruderschaft der Palafrenieri.

Öffnungszeiten: Di. bis So., 9.00–19.00 Uhr, Voranmeldung unbedingt erforderlich: Tel. 06 32 81 0, Gruppen Tel. 06 32 65 13 29 .

Galleria Nazionale d'Arte Moderna

Als **größte Sammlung moderner Kunst** in Italien gilt die Galleria Nazionale d'Arte Moderna an der Viale delle Belle Arti. Ihr Bestand umfasst Werke aus der Zeit des Neoklassizismus bis in die Gegenwart. Beachtenswert sind die Gemälde der Macchiaioli, einer Gruppe von Freilichtmalern aus der Toskana, Plastiken von Marino Marini und Giacomo Manzù sowie Werke des Malers Giorgio de Chirico. Neben den Italienern findet man vor allem Degas, Cézanne, Monet, Mondrian und van Gogh.

✶✶ **Museo Nazionale Etrusco di Villa Giulia**

Papst Julius III. ließ 1551–1553 vom Architekten Vignola die Villa Giulia erbauen. Seit 1889 beherbergt sie die etruskischen Sammlungen, das größte **Etruskermuseum** Italiens. Viele »Errungenschaften« der Römer sind in Wirklichkeit den Etruskern zu verdanken. Selbst das römische Wappentier, die Wölfin, ist ein etruskisches Bronzewerk. Gezeigt werden Keramik etruskischer Herkunft oder griechische Importware, Urnen, Bronzespiegel, Terrakotten und Bronzestatuetten. Berühmt ist der »Terrakottasarkophag der liegenden Eheleute«, entstanden 530 v. Chr. in Cerveteri, der mit großer Liebe zum Detail das verstorbene Paar beim rituellen Opfermahl auf einer Kline darstellt.

✶✶ **Piazza di Spagna**

Scalinata della Trinità dei Monti ►

Von der Piazza di Spagna führt die wohl bekannteste Treppe Roms, die **Spanische Treppe**, hinauf zur 1482 vom französischen König gestifteten Kirche Santissima Trinità dei Monti. Sie wurde von Francesco de Sanctis 1723–1726 geschaffen und verdankt ihren Namen der nahen Spanischen Gesandtschaft beim Heiligen Stuhl. Der Barcacciabrunnen zu ihren Füßen wurde von Pietro Bernini, dem Vater des großen Gian Lorenzo, in Form eines Lastkahns gestaltet und erinnert an ein gewaltiges Tiberhochwasser Ende des 16. Jh.s.

Die **Via dei Condotti** bietet nicht nur den besten Blick auf die Spanische Treppe, sondern auch in die teuersten Auslagen der Stadt. Zwischen weltbekannten Schmuckgeschäften und edlen Modeboutiquen lockt das berühmte **Antico Caffè Greco**, in dem schon Goethe, Schopenhauer, Stendhal oder Wagner ihren Kaffee tranken. In den samtenen Sesseln kann man bei einem sündhaft teuren Cappuccino vom Glanz vergangener Tage träumen.

Rechts und links der Via del Corso

✶ **Galleria Doria Pamphili**

Die Via del Corso verbindet als eine der Hauptachsen der Stadt die Piazza Venezia und die Piazza del Popolo. An den fast autofreien Samstagnachmittagen und Sonntagen verwandelt sie sich zur **Einkaufs- und Flaniermeile**. Hier befndet sich der Palazzo Doria, einer der größten römischen Stadtpaläste. Er beherbergt die Galleria Doria Pamphili, deren Bestände im Wesentlichen auf die Gemäldesammlungen dieser beiden Familien zurückgehen. Velázquez' berühmtes Gemälde von Papst Innozenz X. Pamphili gilt als das Hauptwerk der Sammlung, die auch Bilder Tizians, Raffaels, Tintorettos, Correggios, Caravaggios und Claude Lorrains umfasst.

Santa Maria sopra Minerva

Die gotische Dominikanerkirche Santa Maria sopra Minerva wurde, wie ihr Name besagt, über den Resten eines Minervaheiligtums erbaut. Sie birgt eine skandalträchtige Skulptur Michelangelos, der sich nach Meinung seiner Zeitgenossen bei der Gestaltung des **Christus mit dem Kreuz** allzu sehr am Vorbild heidnischer Heroen orientiert hatte, weshalb man später schamhaft ein Lendentuch hinzufügte. Die Grabkapelle von Kardinal Oliviero Carafa zeigt Fresken des Renaissancemalers Filippino Lippi von 1489. Im Hauptaltar ruhen die Gebeine der hl. Katharina von Siena (1347–1380), die die Päpste dazu bewog, von Avignon nach Rom zurückzukehren; links vom Chor ist der Maler und Mönch Fra Angelico (1387–1455) beigesetzt.

✶✶ Pantheon

Als besterhaltenes Bauwerk der römischen Antike begeistert an der Piazza della Rotonda das Pantheon. Marcus Agrippa, der Schwiegersohn von Kaiser Augustus, hatte es 27 v. Chr. für die **sieben planetarischen Götter** erbauen lassen. Das heutige Aussehen geht auf Kaiser Hadrian (120–125 n. Chr.) zurück. Den nach Erlöschen des antiken Kultes geschlossenen Bau überließ der oströmische Kaiser Phokas Papst Bonifaz IV., der ihn 609 n. Chr. zur Kirche Sancta Maria ad Martyres weihte, vom Volk Santa Maria Rotonda genannt.

Das Pantheon ist das besterhaltene Bauwerk der Antike in Rom.

Die Vorhalle tragen 16 antike Granitsäulen, den Eingang bilden zwei mächtige antike Bronzetürflügel. Der gewaltige Kuppelraum der Rotunde, der nur von oben durch die runde Öffnung Licht erhält, gilt als eine der höchsten Leistungen römischer Baukunst. Die überwältigende Wirkung des Innenraums beruht auf der vollendeten Harmonie seiner mächtigen Ausmaße: Die Gesamthöhe (43,30 m) entspricht dem Durchmesser, die Höhe der halbkugelförmigen Kuppelrundung entspricht der Höhe der senkrecht aufsteigenden Wand. Von der einstigen Ausschmückung sowie den Kultstatuen der planetarischen Götter blieb nichts erhalten. Heute sind in der rechten Hauptnische das Grabmal des ersten italienischen Königs Vittorio Emanuele II. († 1878) und gegenüber das von König Umberto I. zu sehen. Rechts neben Umberto das Grabmal des 1520 verstorbenen großen Renaissancekünstlers **Raffael**. Das eintretende Regenwasser fließt durch Bodenöffnungen ab.

Sant'Ignazio

Über die Via del Seminario gelangt man zur Piazza di Sant'Ignazio mit der gleichnamigen Barockkirche. Sie wurde 1626–1650 in Anlehnung an Il Gesú zu Ehren des 1622 heilig gesprochenen Gründers des Jesuitenordens, **Ignatius von Loyola**, vom Ordensbruder Orazio Grassi erbaut. Andrea Pozzo schuf in der Wölbung des Hauptschiffes sowie in der »Kuppel« ein illusionistisches Meisterwerk, dessen Wirkung sich am besten entfaltet, wenn man sich genau in der Mitte des Mittelschiffes bewegt.

Piazza di Pietra ►

In unmittelbarer Nachbarschaft erstreckt sich auch die Piazza di Pietra mit den elf korinthischen Säulen des **Hadrianstempels**, heute Sitz der römischen Industrie- und Handelskammer.

Piazza Colonna

Die Piazza Colonna wird beherrscht von der hohen **Marc-Aurel-Säule**, auf der Kaiser Marc Aurel 176 n. Chr. seine Kämpfe gegen die Markomannen und andere germanische Stämme festhalten ließ. Die heutige Bekrönung mit dem Apostel Paulus geht auf Papst Sixtus V. zurück. Die Nordseite des Platzes nimmt der Palazzo Chigi ein, Sitz des italienischen Ministerpräsidenten.

Piazza di Montecitorio ►

Wenige Schritte weiter steht man auf der Piazza di Montecitorio, in deren Mitte ein ägyptischer Obelisk aus dem 6. Jh. v. Chr. prangt, der in Rom den Zeiger einer Sonnenuhr bildete. Der Palazzo Montecitorio wurde 1650 von **Bernini** im Auftrag von Papst Innocenz X. Pamphili begonnen und 1694 von Carlo Fontana fertig gestellt. Seit 1871 tagt hier das italienische Parlament.

**** Fontana di Trevi**

Inmitten der kleinen Piazza di Trevi liegt Roms bekanntester Brunnen, die Fontana di Trevi. Papst Clemens XII. gab Nicolò Salvi den Auftrag zum Brunnenbau, der 1732–1751 sein Meisterwerk schuf. Der Brunnen, an die Rückseite des Palazzo Poli angebaut, zeigt Oceanus, den Herrscher über das Wasser, mit zwei Rossen, das eine wild, das andere friedlich, umringt von Tritonen und Muscheln. Bekannt wurde di Fontana di Trevi durch Fellinis Film **»La dolce vita«** – Anita Ekberg badete im Brunnen – und durch den Brauch des Münzwurfs: Eine über die linke Schulter ins Brunnenbecken geworfene Münze sichert die glückliche Wiederkehr nach Rom. Das ansehnliche Sümmchen, das auf diese Weise in die städtischen Kassen fließt, wird für wohltätige Zwecke verwendet.

! *Baedeker* TIPP

Heiß auf Eis ...

... sind die Römer ebenso wie die Touristen. Bis zu 500 Kilo Eiscreme gehen jeden Tag an der Antica Gelateria Pasticceria Giolitti, Via degli Uffici del Vicario 40, über die Theke.

*** Mausoleo di Augusto**

Im Zentrum der Piazza Augusto Imperatore liegt das Mausoleum von Kaiser Augustus. Der erste römische Imperator ließ 28 v. Chr. einen riesigen, 44 m hohen Bau als Grabmal für sich und seine Familie errichten. Die Tatenberichte des Augustus, die **»Res Gestae«**, Bronzetafeln, die neben dem Eingangstor angebracht waren, sind heute in den Sockel der angrenzenden Ara Pacis Augustae eingemeißelt. Der Friedensaltar des Augustus wurde anlässlich seiner Rückkehr aus Spanien und Gallien 13–9 v. Chr. errichtet. Zahlreiche mythologische Darstellungen sowie ein Prozessionszug der Senatoren und der kaiserlichen Familie zieren die Reliefplatten.

Der Meeresgott Oceanus herrscht über die Fontana di Trevi, Roms bekanntesten Brunnen.

Innerhalb der Porta del Popolo, dem nördlichen Eingangstor ins antike Rom, liegt die **Piazza del Popolo**. Der einzige klassizistische Platz Roms wurde 1809–1820 von Valadier gestaltet. Im 16. Jh. war er bereits unter Sixtus V. erweitert worden, der den ägyptischen Obelisken aufstellen ließ. Den Beginn der Via del Corso flankieren die 1662 begonnenen **Zwillingskirchen** Santa Maria dei Miracoli und Santa Maria in Monte Santo. Das autofreie Treiben lässt sich gut von den beiden traditionsreichen Straßencafés Rosati und Canova aus verfolgen oder man genießt den Blick vom **Pincio**, einem Park, der 1809–1814 auf dem gleichnamigen Hügel als Park angelegt wurde.

✶ ◄ Santa Maria del Popolo

Neben der Porta del Popolo steht die Augustinerkirche Santa Maria del Popolo, 1472–1477 erbaut und um 1505–1509 von Bramante mit einem neuen Chor versehen. Die Gemälde »Bekehrung des hl. Paulus« und »Kreuzigung des hl. Petrus« in der Kapelle links vom Chor sind zwei Meisterwerke von **Caravaggio**.

Rechts und links des Corso Vittorio Emanuele II

✶ **Il Gesù**

Den Anstoß zum Bau der Kirche Il Gesù (1568–1575) gab Ignatius von Loyola, der 1540 die Gesellschaft Jesu gegründet hatte. Kardinal Alessandro Farnese, der spätere Papst Paul III., dessen Wappenlilie man an der Kirche häufig begegnet, beauftragte den Architekten Vignola mit Planung und Ausführung. Il Gesù ist die Hauptkirche der Jesuiten und Vorbild für alle weiteren Jesuitenkirchen. Charakteristisch ist das hohe einschiffige Langhaus mit zu Kapellen umgewandelten Seitenschiffen. Im linken Querschiff steht der um 1700 ausgeführte Altar des hl. Ignatius, darunter ruht in einem Sarkophag aus Goldbronze der Leichnam des **Ignatius von Loyola** (1491–1556).

◄ Largo di Torre Argentina

Wenige Schritte weiter liegen tief unter dem heutigen Straßenniveau des Platzes Largo di Torre Argentina die Überreste von vier republikanischen Tempeln aus dem 3. Jh. v. Chr., die im Unterschied zu den antiken Bauten auf dem Forum Romanum viel ihres ursprünglichen Aussehens bewahren konnten. Den Schildkrötenbrunnen auf der nahe gelegenen Piazza Mattei schuf der Florentiner Bildhauer Taddeo Landini 1584 nach Zeichnungen von Giacomo della Porta. Den Namen verdankt der Brunnen den steinernen Schildkröten, die sich im 17. Jh. zu den vier Jünglingen gesellten.

◄ Fontana delle Tartarughe

Sant'Andrea della Valle

Die Kuppelkirche Sant'Andrea della Valle mit ihrer zweigeschossigen Travertinfassade und dem prunkvollen Innenraum wurde 1591 von Francesco Grimaldi und Giacomo della Porta begonnen, Carlo Maderno vollendete sie 1625. Meisterhafte Fresken von Domenichino (1624–1628) schmücken das Gewölbe der Apsis und die Kuppel. Berühmt wurden die Fresken durch den ersten Akt von Puccinis Oper »Tosca«.

Palazzo Massimo alle Colonne ►

Baldassare Peruzzi schuf 1532–1536 den schräg gegenüberliegenden Palazzo Massimo alle Colonne. Die Krümmung der Fassade, die den alten Straßenverlauf nachzeichnet, und die eigenwilligen Fensterrahmungen machen den Palast zu einem Musterbeispiel manieristischer Architektur.

✶✶ **Piazza Navona**

Einer der beliebtesten Treffpunkte der Römer und Anziehungspunkt vieler Besucher bis spät in die Nacht hinein ist die Piazza Navona. Die lang gestreckte Form des Platzes folgt den antiken Begrenzungen des darunter liegenden **Stadion des Domitian** (1. Jh.). Drei Brunnen schmücken den Platz – allerdings können Fontana del Moro (Mohrenbrunnen) und Fontana del Nettuno (Neptunbrunnen), beide 1575/1576 von Giacomo della Porta errichtet, der zentralen Fontana dei Fiumi nicht das Wasser reichen. Bernini komponierte die bewegte Wasserlandschaft im Auftrag von Papst Innozenz X. für das heilige Jahr 1650. Aus einem großen Becken wachsen Felsen empor, die einen Obelisken tragen. Auf den vier Ecken sitzen Männergestalten, Personifikationen von Nil, Ganges, Donau und Rio de la Plata, die wiederum für die vier damals bekannten Erdteile Afrika, Asien, Europa und Amerika stehen.

Obst und Gemüse aus dem Umland auf dem Campo dei Fiori

Über den entsetzten Augen des Rio de la Plata erhebt sich die architektonisch bewegte Fassade der von Berninis Widersacher **Borromini** errichteten Kirche **Sant'Agnese in Agone**; an diese schließt der Palazzo Pamphili an, ebenfalls nach Plänen von Borromini im 17. Jh. erbaut. In unmittelbarer Nähe liegt die Kirche Santa Maria dell'Anima, die Gemeindekirche der deutschen Katholiken in Rom, in der Papst Hadrian VI. (1522–1523) aus Utrecht begraben ist, der letzte nichtitalienische Papst vor Johannes Paul II.

✶ **Palazzo Altemps/ Museo Nazionale Romano**

Zusammen mit dem Palazzo Massimo alle Terme bildet der Palazzo Altemps das Museo Nazionale Romano. Die 33 Säle aus dem 15./16. Jh. mit ihren teils noch original erhaltenen Decken oder Fresken hüten Meisterwerke der Antike. Glanzstück ist die weltberühmte

Sammlung Ludovisi mit der Athena Parthenos, einem nachdenklichen Ares, den Statuen von Orest und Elektra, dem sog. Ludovischen Thron sowie den dramatischen Skulpturen »Gallierpaar, das Selbstmord begeht« und »Sterbende Gallier«.

Palazzo Madama

Der Anfang des 16. Jh.s für Giulio de'Medici, den späteren Papst Clemens VII., erbaute Palazzo Madama am Corso del Rinascimento verdankt seinen Namen Margherita, einer Tochter von Karl V., die mit Alessandro de'Medici verheiratet war und einige Monate hier gewohnt hatte. Seit 1871 ist der Palast Sitz des italienischen Senats.

★ ◄ San Luigi dei Francesi

Noch in der Kardinalszeit Giulio de'Medicis begonnen, wurde die Kirche San Luigi dei Francesi erst 1589 vollendet. Die Nationalkirche der Franzosen ist **Ludwig dem Heiligen**, König von Frankreich, geweiht. Die monumentale Renaissancefassade schuf vermutlich Giacomo della Porta. Von Caravaggio stammen die Gemälde mit den drei Stationen aus dem Leben des hl. Matthäus.

Palazzo della Cancelleria

Den Grundstock für den Palazzo della Cancelleria bildeten Spielschulden. Raffaele Riario, der Neffe von Papst Sixtus IV., nahm dem Neffen des späteren Papstes Innozenz VIII. beim Würfelspiel 60 000 Scudi ab und begann damit 1483 den Bau des Palastes, wozu auch Travertinsteine des Kolosseums verwendet wurden. Als Architekten dieses **aufwändigsten Palastes seit der Antike** und Hauptwerks der Frührenaissance werden Andrea Bregno und Bramante genannt. Kardinal Riario konnte sich allerdings nicht lange daran erfreuen, denn als man seine Beteiligung an einer Verschwörung gegen Leo X. entdeckte, wurde der Palast konfisziert und ist seitdem Sitz der Apostolischen Kanzlei mit der Sacra Rota, dem päpstlichen Ehegericht.

★ ◄ Campo dei Fiori

Wohl nirgends im Zentrum ist Rom so typisch wie am Campo dei Fiori hinter dem Palazzo della Cancelleria. Jeden Morgen werden hier die Stände aufgebaut, an denen bis Mittag frische Kräuter, Gemüse und Obst, Fisch und Fleisch zu haben sind. An dunklere Zeiten, als der Platz Hinrichtungsstätte der Inquisition war, erinnert das Denkmal für den Dominikanermönch **Giordano Bruno**. Er wurde im heiligen Jahr 1600 am 17. Februar verbrannt.

Über der von zwei Brunnen aus antiken Badewannen der Caracallathermen geschmückten nahe gelegenen **Piazza Farnese** erhebt sich der Palazzo Farnese, heute Sitz der französischen Botschaft. Der Palast wurde 1514 für Kardinal Alessandro Farnese, den späteren Papst Paul III., von Antonio da Sangallo d. J. begonnen und 1546 von **Michelangelo** fertig gestellt. Mit seinen einfachen und majestätischen Linien gilt er als Inbegriff des römischen Palastbaus im 16. Jh.

Palazzo Spada

Der Palazzo Spada wurde 1540–1550 von Caravaggio im Auftrag des Kardinals Girolamo Capo di Ferro errichtet und ging später in den Besitz des Kardinals Spada über. Heute ist er Sitz des italienischen Staatsrats und der Galleria Spada, die Gemälde der bischöflichen Sammlung zeigt. Berühmt ist der Palazzo für seine 1635 von Borromini geschaffene **»perspektivische Kolonnade«**, mit der er zwei Höfe verband. Um den geringen Abstand zu kaschieren, schuf er ein kassettiertes Tonnengewölbe mit zwei Säulenreihen, die nach hinten extrem kleiner werden und damit Tiefe vortäuschen. Die Statuette eines Kriegers am Ende der Kolonnade erscheint kolossal, obwohl sie nur 80 cm groß ist.

Chiesa Nuova Die Kirche Chiesa Nuova am Corso Vittorio Emanuele II. wurde um 1600 für die vom hl. Filippo Neri gegründete Gemeinschaft der Oratorianer erbaut. Das Oratorium links neben der Kirche stellt eines der Hauptwerke von **Borromini** dar (1637–1650). Der Name der »Oratorianer« wie auch der Oratorium genannten religiösen Musikdramen geht auf die geistlichen Übungen und musikalischen Aufführungen zurück.

Sehenswertes im Südwesten

Teatro di Marcello Das 17–13 v. Chr. von Kaiser Augustus erbaute Marcellustheater ist nach dessen früh verstorbenem Neffen benannt. Die äußere Rundung des Zuschauerraums, der bis zu 14 000 Personen fasste, hatte drei Bogengeschosse, von denen das dritte im Mittelalter abgetragen wurde, als man den Bau in eine Festung und Wohngebäude umwandelte. Die drei Säulen rechts vor dem Marcellustheater sind die Reste eines Tempels für Apollo Sosianus. Die angrenzende Kirche San Nicola in Carcere wurde in einen **antiken Tempel** hineingebaut, dessen Überreste noch deutlich zu erkennen sind.

San Nicola in Carcere ►

✶ Piazza della Bocca della Verità ►

Auf der nahe gelegenen Piazza della Bocca della Verità befand sich in alter Zeit der Rindermarkt; von dem aus die Tierabfälle bequem über die Cloaca Maxima, den Abfluss des altrömischen Kanalisationssystems, in den Tiber gespült werden konnten. Der Platz bietet einen **wunderbaren Rundblick** über Bauwerke des antiken und christlichen Roms: die Kirche Santa Maria in Cosmedin mit ihrer Vorhalle und zierlichem Kampanile, den Janus-Bogen, dahinter die würdige Kirche San Giorgio in Velabro mit dem Arco degli Argentari, dem Bogen der Händler und Geldwechsler aus dem 2. Jh. n. Chr., die Kirche San Giovanni Decollato, die Casa dei Crescenzi, das Haus der mächtigsten Familie Roms im Frühen Mittelalter, und zwei Tempel aus dem 2. Jh. v. Chr., der Rundtempel der Vesta und der rechteckige Podiumstempel des Portunus, häufig fälschlich als Fortuna-Tempel bezeichnet, sowie der Barockbrunnen der zwei Tritonen.

✶ **Santa Maria in Cosmedin** Die Kirche Santa Maria in Cosmedin wurde im 6. Jh. auf den Resten einer **flavischen Säulenhalle** errichtet, von der noch die Marmorsäulen an der Eingangswand stammen. Das Innere birgt einen wunderbaren Kosmatenfußboden, kunstvolle Marmorschranken der Schola cantorum mit seitlichen Kanzeln und Osterleuchtern sowie einen Altar aus einer antiken Granitwanne. Ein Gang der Krypta führt zu Christengräbern und Fundamenten eines heidnischen Tempels.

In der Vorhalle befindet sich an der Wand eine große Steinmaske, die »**Bocca della Verità**«, der Mund der Wahrheit. Eigentlich ein Schachtdeckel der Cloaca Maxima mit dem Antlitz einer Flussgottheit, glaubte man im Mittelalter, dass man beim Schwören die rechte Hand in diesen Mund legen musste – Meineidige würden von überirdischen Kräften festgehalten. In Zweifelsfällen soll bisweilen ein Beamter mit scharfer Klinge hinter der Maske gelauert haben, um dem »Gottesurteil« auf die Sprünge zu helfen.

Bocca della Verità

Unmittelbar neben dem Ponte Palatino steht im Tiber noch ein Pfeiler der alten Pons Aemilius. Mit ihrem Bau begann man 179 v. Chr. in Holz, 142 v. Chr. wurde sie als erste römische Steinbrücke eingeweiht. Die ständigen Überschwemmungsschäden besserte man ab 1598 nicht mehr aus. Über die Tiber-Niederung erhebt sich der Monte Aventino, auf dem in der Antike die einfachen Leute wohnten. Ein ganz anderes Bild bietet sich heute: gepflegte Gärten hinter dichten Hecken, prunkvolle Palazzi und ruhige Klosteranlagen. Oberhalb des Lungotevere Aventino liegt die beliebte **Hochzeitskirche Santa Sabina**, die 423–435 von Petrus von Illyrien erbaut wurde. 1222 schenkte Papst Honorius III. die Kirche den Dominikanern, die hier 1215 ihren Orden gegründet hatten. Das Mittelportal in der Vorhalle birgt die älteste holzgeschnitzte Türe der christlichen Kunst. Unbekannte Künstler schufen um 432 aus afrikanischem Zedernholz die ehemals 28, heute noch 18 Tafeln mit Szenen aus dem Alten und Neuen Testament. Die ausdrucksstarke Kreuzigung ist eine der ältesten bekannten Darstellungen dieses Themas. Der schlichte Innenraum bewahrt von allen Basiliken am ehesten das frühchristliche Aussehen.

◄ Aventin

✶

◄ Santa Sabina

Priorato di Malta

Roms bekanntestes Schlüsselloch öffnet sich am Eingang zur Villa des Malteserpriorats, dem Sitz des Großmeisters – schaut man hindurch, erblickt man durch eine Allee die Kuppel der Peterskirche.

Rund um die Piramide di Caio Cestio

Die **Aurelianische Stadtmauer** wurde ab 272 unter Kaiser Aurelian gebaut und ist auch heute noch auf weiten Abschnitten sehr gut erhalten. Neben der Porta San Paolo, der antiken Porta Ostiensis, steht die Pyramide des Cestius, erbaut um 12 v. Chr. als Grabmal für Gaius Cestius Epulonius, Volkstribun und Mitglied des für die religiösen Festbankette verantwortlichen Siebenerrates.

Auf der Höhe der Pyramide, aber innerhalb der Aurelianischen Stadtmauer, erstreckt sich der Friedhof der Nichtkatholiken. **Goethes einziger Sohn August** (1789–1830) ruht hier ebenso wie der Architekt Gottfried Semper (1803–1879) und die englischen Dichter Shelley (1792–1822) und Keats (1795–1821). In der Antike befand sich in diesem Bereich der Flusshafen. Die Amphoren, die beim Entladen

◄ Cimitero degli Stranieri acattolico

◄ Monte Testaccio

Vor der Porta San Paolo ragt die Cestus-Pyramide in den Himmel.

zerbrachen, warf man auf einen Haufen, sodass im Lauf der Zeit ein 35 m hoher Scherbenhügel entstand, der Monte Testaccio. Noch vor Jahren ein sehr einfaches Viertel, haben sich besonders um das ehemalige Schlachthofviertel immer mehr Kneipen und Jazzlokale niedergelassen und Testaccio zu einem **Szeneviertel** werden lassen.

★ San Paolo fuori le Mura

Außerhalb der Aurelianischen Stadtmauer liegt die Kirche San Paolo fuori le Mura (»außerhalb der Mauern«), eine der vier Patriarchalbasiliken (Basilicae maiores) Roms. Kaiser Konstantin ließ sie im Jahre 324 als Gedächtniskapelle über dem **Grab des Apostels Paulus** errichten, der um 67 n. Chr. mit dem Schwert enthauptet und vor den Mauern Roms beigesetzt worden war. Bereits 386 wurde die Kirche in eine mehrschiffige Basilika umgebaut und war bis zum Neubau von S. Peter die größte Kirche der Welt. Nach einem Brand im Juli 1823 baute man sie nach dem alten Plan wieder auf.

Über einen von gedeckten Säulenhallen umschlossenen Vorhof betritt man den großartigen, fünfschiffigen Innenraum. Gleich an der Innenseite der heiligen Pforte im rechten Seitenschiff hängt noch die durch den Brand beschädigte Kirchentür, die 1070 in Konstantinopel gegossen worden ist und unlängst restauriert wurde. Achtzig Granitsäulen trennen die Kirchenschiffe, die Porträtmedaillons aller 265 Päpste von Petrus bis Johannes Paul II. zeugen von der ungebrochenen Kontinuität der Kirche. Am Triumphbogen ist Christus umgeben von den Evangelistensymbolen sowie die Heiligen Petrus und Paulus dargestellt, das beim Brand erheblich beschädigte, zwischenzeitlich restaurierte Apsismosaik zeigt zu Füßen des thronenden Christus klein und unscheinbar den Auftraggeber Papst Honorius

III. Das gotische Ziborium über dem Papstaltar wurde 1285 von Arnolfo di Cambio gestaltet, der hohe romanische Osterleuchter stammt noch aus dem 12. Jh. und geht auf Nicolò di Angelo und Pietro Vassalletti zurück.

★ ◄ Kreuzgang

Der Kreuzgang wurde im 13. Jh. von Mosaikkünstlern der Familie Vassalletti geschaffen und ist ein Juwel der Kosmatenkunst. Der **Wechsel der Säulenformen** – Säulen mit kannellierten oder glatten Schäften, seilartig gedrehte Säulen – und die bunten Steinmuster machen ihn zum schönsten von ganz Rom.

Trastevere, Gianicolo und Engelsburg

Isola Tiberina

Die zwischen Kapitolinischem Hügel und dem Stadtteil Trastevere im Fluss gelegene Insel erreicht man von der linken Tiber-Seite über den Pons Fabricio, die älteste noch bestehende Römerbrücke aus dem Jahr 62 v. Chr.. Auf ihr befand sich in der Antike ein Heiligtum für den Gott Äskulap. Der Legende nach holte man während einer großen Epidemie auf Geheiß der Sibyllinischen Bücher eine Schlange als Abgesandte des Gottes aus Epidauros nach Rom. Sie entwich vom Schiff und schwamm zur Tiber Insel, wo man daraufhin einen **Tempel für Äskulap** erbaute. Die Kirche San Bartolomeo aus dem 10. Jh., die im 17. Jh. ihr heutiges Aussehen erhielt, steht wahrscheinlich an dieser Stelle.

Trastevere

Die Ponte Cestio führt zum rechten Tiber-Ufer ins malerische Stadtviertel Trastevere. Unter Augustus noch eine Villenvorstadt, wurde es durch die Aurelianische Stadtmauer im 3. Jh. ins Stadtgebiet einbezogen und später zum Viertel der freigelassenen Sklaven und Freudenmädchen. Im 19. und 20. Jh. lebten hier vornehmlich Arbeiter. Um 1970 begann man mit der »Sanierung« von Trastevere, das heute das Viertel mit der höchsten **Kneipen- und Restaurantdichte** Roms ist. Besonders am Abend entfaltet sich eine stimmungsvolle Atmosphäre entlang der Viale Trastevere und den an die Piazza Santa Maria in Trastevere angrenzenden Gassen, wo man zwischen einfachen Trattorien und Spitzenlokalen wählen kann.

Santa Cecilia in Trastevere

Santa Cecilia in Trastevere markiert der Legende nach den Ort des Hauses der hl. Cecilia, die ca. 230 n. Chr. als Märtyrerin starb. Für die **Schutzpatronin der Musik** wurde erstmals um 500 eine Kirche errichtet. Der Hochaltar trägt ein schönes Tabernakel von 1283, die Apsismosaiken wurden unter Papst Paschalis I. im 9. Jh. geschaffen, die Grabkapelle der Heiligen befindet sich in der Krypta.

◄ Santa Maria in Trastevere

Auch um Santa Maria in Trastevere aus dem 3. Jh. rankt sich eine Legende. Hier soll sich eine Ölquelle befunden haben, die schon 38 v. Chr. auf die Geburt des Messias hinwies. Im Auftrag von Papst Innozenz II. (1130–1143), der aus Trastevere stammte, wurde die Kirche erneuert. Die antiken Säulen des Mittelschiffs und die teils vergoldete Holzdecke (1617) von Domenichino verdienen besondere

Aus dem Grabmal für Kaiser Hadrian wurde das stärkste Festungswerk der Tibermetropole, die Engelsburg.

Aufmerksamkeit. Ein Meisterwerk der mittelalterlichen Kunst sind die Mosaiken der Apsis. In der Halbkuppel (um 1140) sind über einem Lämmerfries Christus, Maria und Heilige zu sehen, darunter Marienszenen aus dem späten 13. Jh. von Pietro Cavallini.

★ Villa Farnesina

Jenseits der Porta Settimiana wartet mit der Villa Farnesina an der Via della Lungara ein Kleinod der Kunstgeschichte auf Besucher. Der Sieneser Bankier der Kurie Agostino Chigi hatte sich von Baldassare Peruzzi 1509–1511 inmitten eines großartigen Parks eine Renaissancevilla bauen lassen, in die er Künstler, Fürsten, Kardinäle, ja sogar den Papst zu rauschenden Festen, Lesungen, Diskussionen, vor allem aber zu **großen Gastmählern** lud. Um seine Gäste zu ehren, ließ Chigi deren Wappen auf die goldenen Teller prägen und nach dem Mahl das Geschirr kurzerhand in den angrenzenden Tiber werfen – Chigi wäre ein schlechter Bankier gewesen, hätte er nicht zuvor auf dem Grund Netze aufspannen lassen.
Von 1580 bis 1731 war die Villa im Besitz der Familie Farnese. Die Ausschmückung übernahmen berühmte Künstler wie Raffael, Giulio Romano, Sebastiano del Piombo, Peruzzi und Sodoma. In der **Sala di Galatea** schuf Raffael 1511 das Gemälde »Triumph der Nymphe Galathea«. Die Fresken des Deckengewölbes stammen vom Architekten Peruzzi und verherrlichen in Sternbildern und mythologischen Szenen die Geburtsstunde des Auftraggebers Chigi. In der Loggia der Psyche malte Raffael mit seinen Schülern Romano und Penni die Liebesgeschichte von Amor und Psyche. Ein Hauptwerk Sodomas von 1511–1512 schmückt das Schlafzimmer des Bankiers: »Die Hochzeit Alexanders des Großen mit Roxana«.

An den Ausläufern des Gianicolo, wo einst der Apostel Petrus den Kreuzestod erlitten haben soll, entstand im 15. Jh. die Kirche San Pietro in Montorio. Im angrenzenden Klosterhof schuf Bramante (1502) den Tempietto, einen berühmten runden Säulentempel. **Gianicolo San Pietro in Montorio**

Bei der nahen Acqua Paola, einem von Papst Paul V. 1612 angelegten Prachtbrunnen, beginnen die Anlagen der Passeggiata del Gianicolo, die sich auf der Höhe des Hügels hinziehen. Die Piazzale Garibaldi zieren die Denkmäler für den populären italienischen Freiheitskämpfer und seine erste Gattin Anita. Die Kanone ist noch in Gebrauch: Mit ihr wird um 12.00 Uhr ein Schuss abgefeuert. Die Piazza bietet einen fantastischen Ausblick auf Rom, die Campagna und die umliegenden Berge. ◄ Passeggiata del Gianicolo ✶ ✶ ◄ Ausblick

✶ **Castel Sant'Angelo**

Über die Engelsbrücke gelangt man zur Engelsburg, mit deren Bau Hadrian 136 n. Chr. begann und die früher als einziger Übergang zum Vatikan führte. Die kolossalen Engelstatuen nach Entwürfen Berninis kamen 1668 dazu. Ursprünglich plante Hadrian die gewaltige, einst marmorverkleidete Burg als Mausoleum für sich und seine Nachfolger. Tatsächlich ruhen in den Grabkammern die römischen Kaiser bis Caracalla († 217). Mit dem Bau der Aurelianischen Stadtmauer wurde das Hadriansmausoleum in die Befestigung einbezogen und dank seiner strategischen Lage zur **stärksten Festung Roms** ausgebaut. In bedrohlichen Situationen konnte sich der Papst durch einen 800 m langen und wieder zugänglichen Tunnel (Passetto) aus dem Vatikan in die Engelsburg flüchten. Papst Clemens VII. rettete sich 1527 so vor den Landsknechten von Kaiser Karl V., Papst Pius VII. floh vor den Truppen Napoleons hierher. Zeitweise wurden auch die päpstliche Schatzkammer und das Geheimarchiv hier in Sicherheit gebracht. 1870–1901 diente die Engelsburg als Kaserne und Gefängnis, dann wurde sie restauriert und als Museum eingerichtet.

Von den Papstgemächern verdienen vor allem der mit Grotesken ausgemalte **Apollinische Saal** von Papst Paul III. und der feierliche Paolinische Saal mit prachtvollen Fresken von Perin del Vaga Beachtung. Außerdem befindet sich hier eine Waffensammlung, Modelle zur Baugeschichte, Möbel sowie Bilder und Skulpturen.

Einen spektakulären Blick über Rom genießt man von der obersten Terrasse, wo eine Bronzestatue des **Erzengels Michael** von 1753 steht. Sie erinnert an eine Vision von Papst Gregor dem Großen im Jahr 590, der auf dem Hadriansmausoleum den Erzengel Michael gesehen hatte, wie er sein Schwert in die Scheide zurücksteckte und damit das Ende einer Pestepidemie anzeigte.

✶ ✶ Città del Vaticano • Vatikanstadt

Die Vatikanstadt, italienisch Stato della Città del Vaticano (SCV), liegt am rechten Ufer des Tibers und umfasst das als Ersatz für den 1870 bei der Einigung Italiens aufgehobenen Kirchenstaat geschaffene souveräne Staatsgebiet des Papstes innerhalb der Stadt Rom.

STATO DELLA CITTÀ DEL VATICANO

Die Existenz des Vatikans geht auf eine der berühmtesten Täuschungen in der europäischen Geschichte zurück: Die Konstantinische Schenkung, die beweisen sollte, dass der Papst vom römischen Kaiser Konstantin die Stadt Rom sowie die Westhälfte des Imperiums geschenkt bekommen habe, erwies sich später als Fälschung.

Die Urkunde, die päpstliche Schriftgelehrte erst zwischen 750 und 760 n. Chr. angefertigt hatten, erfüllte ihren Zweck jedoch bestens, und noch 1850 umfasste der Kirchenstaat große Teile Mittelitaliens mit Latium, Umbrien, Marken und Romagna.

Heute kann man den weitgehend von seinen mittelalterlichen Mauern umgebenen Stato della Città del Vaticano, den **Kirchenstaat**, leicht von der Kuppel der Peterskirche überschauen. Mit 44 ha ist er nicht größer als ein mittlerer Bauernhof.

Geschichte

Abgesehen von kurzen Unterbrechungen befindet er sich seit rund 2000 Jahren auf dem am rechten Tiberufer gelegenen Monte Vaticano in Rom. Der Überlieferung nach war hier der **Apostel Petrus**, der erste Bischof Roms, nach seinem Märtyrertod beerdigt worden, und hier entstand im 4. Jh. unter dem bereits erwähnten Kaiser Konstantin dem Großen ein erster Kirchenbau und eine Papstresidenz, aus denen sich über Jahrhunderte der Kirchenstaat entwickelte. Sein Ende kam im Jahr 1870. Zehn Jahre zuvor war das **Königreich Italien** proklamiert worden. Da der Vatikan sich jedoch vehement weigerte, dem neuen unabhängigen italienischen Staat beizutreten, durchbrachen am 20. September 1870 Truppen der italienischen Einigungsbewegung die Porta Pia, eroberten die Stadt und machten Rom zur Hauptstadt des vereinigten Königreichs Italien. Erst Benito Mussolini gelang es 1929 durch die so genannten **Lateranverträge**, zwischen dem Heiligen Stuhl und dem italienischen Staat Frieden zu schließen.

Hierarchie

Der Vatikan ist ein **absolutistischer Staat**. Sein auf Lebenszeit gewähltes Staatsoberhaupt, der Papst, ist der alleinige Inhaber der gesetzgebenden, der ausführenden und der Rechtsgewalt, die er mit Hilfe einer Kommission von fünf Kardinälen, einem ernannten Gouverneur und einem Rat ausübt. Derzeit amtiert Papst

Seit fast 500 Jahren im Einsatz: die hundert Mann starke Päpstliche Schweizergarde, eine Einrichtung zwischen Mittelalter und Moderne

Benedikt XVI., der 2005 zum 265. Papst gewählt wurde. Das alleinige Wahlrecht besitzen seit 1049 die Kardinäle, und zwar nur die, die zum Zeitpunkt der Wahl noch nicht achtzig Jahre alt sind. **Amtssprachen** sind Latein und Italienisch.

Status Quo

Der Kirchenstaat zählt rund 1000 Einwohner, von denen nur die Hälfte Staatsbürger und von diesen wiederum lediglich etwa 25 Frauen sind. Hinzu kommen an die 3000 Angestellte. Damit ist der Vatikan zwar der kleinste Staat der Welt, er ist aber auch das Zentrum und die **Regierung der katholischen Kirche**, der rund eine Milliarde Menschen aus allen Kontinenten angehören, d.h. ein Sechstel der Erdbevölkerung. Als geistige Weltmacht unterhält er zu rund 170 der etwa 200 Staaten diplomatische Beziehungen.

An staatlichen Attributen hat er außerdem eine weiß-gelbe Flagge, ein Wappen mit den Schlüsseln Petri und der Tiara, ein Autokennzeichen mit der Aufschrift SCV (von manchen spöttisch als »Se Cristo Vedesse ... = Wenn Christus das sehen würde ...« übersetzt) und ein Militärkorps, die **Schweizergarde**. Die 100, in Paradeuniformen des 16. Jh.s gekleideten Svizzeri sind für den Schutz des Papstes und seines Palastes verantwortlich. Der Stadtstaat betreibt außerdem ein eigenes **Telefonnetz** und **Postamt** und hat ein eigenes **Bankwesen**, darunter die Handelsbank L'Instituto per le Opere di Religione. Darüber hinaus besitzt der Vatikan einen Bahnhof, eine eigene Müllabfuhr und eine Druckerei. Er produziert selbst keinerlei Güter, auch alle Dienstleistungen sowie die Energieversorgung werden importiert. Er unterhält aber einen eigenen **Radiosender** (Radio Vaticano) und zwei offizielle **Presseorgane**, Acta Apostolicae Sedis und die weltweit vertriebene Tageszeitung Osservatore Romano (Auflage ca. 70 000 Exemplare).

Der Stadtstaat, der keiner Steuerpflicht unterliegt, lebt von Spenden, vom Münzen- und Briefmarkenverkauf, von den Einnahmen aus Handels- und Gewerbemonopolen sowie von allerlei Industriebeteiligungen. Auch der **Tourismus** spielt eine wichtige Rolle, da die Peterskirche und die Vatikanischen Museen mit ihren berühmten Kunstwerken Besucher aus aller Welt anziehen.

Weitere interessante Details erfährt man in Klaus Brills »Beim Papst im Zimmer brennt noch Licht. Recherchen im Vatikan« (Picus Lesereisen) oder auch direkt im Internet unter www.vatican.va.

Am 11. Februar 1929 schloss Mussolini mit dem Heiligen Stuhl den **Lateranvertrag**, in dem der italienische Staat die Souveränität des Papstes und die Vatikanstadt als sein ausschließliches Hoheitsgebiet anerkennt. Zur Vatikanstadt gehören der Petersplatz, die Peterskirche, der Vatikan und die päpstlichen Gärten, die zum größten Teil von der vatikanischen Mauer eingefasst sind. Zum kleinsten Staat der Welt – 0,44 km² Fläche und ca. 750 Einwohner – zählen außerdem die Patriarchalsbasiliken Santa Maria Maggiore, S. Paolo fuori le Mura und S. Giovanni in Laterano sowie die päpstlichen Verwaltungsgebäude und die Sommerresidenz in Castel Gandolfo. Der Vatikan besitzt eine eigene Münzhoheit (1 Vatikan. Lira = 1 ital. Lira), eine eigene Post, eigene Zeitschriften und Zeitungen (v. a. »Osservatore Romano«), eine Rundfunkstation (Radio Vaticana), einen Bahnhof und Hubschrauberlandeplatz, einen Fuhrpark mit dem Kennzeichen SCV und eine eigene Staatsflagge (gelb-weiß mit den Schlüsseln Petri und der Tiara). Der Papst ist Inhaber der gesetzgebenden, vollziehenden und richterlichen Gewalt. In auswärtigen Angelegenheiten wird er vom Kardinalstaatssekretär vertreten.

Schweizergarde ► Die **päpstliche Leibgarde** besteht aus der 100 Mann starken Schweizergarde, die Anfang des 16. Jh.s von Papst Julius II. ins Leben gerufen wurde. Ihre Mitglieder sind katholische, zwischen 19 und 25 Jahre alte Bürger der Schweiz; die Dienstzeit variiert zwischen 2 und 20 Jahren. Sie tragen die traditionelle Renaissanceuniform der Medicipäpste oder die dunkelblaue Manöveruniform.

Vatikanstadt *Città del Vaticano*

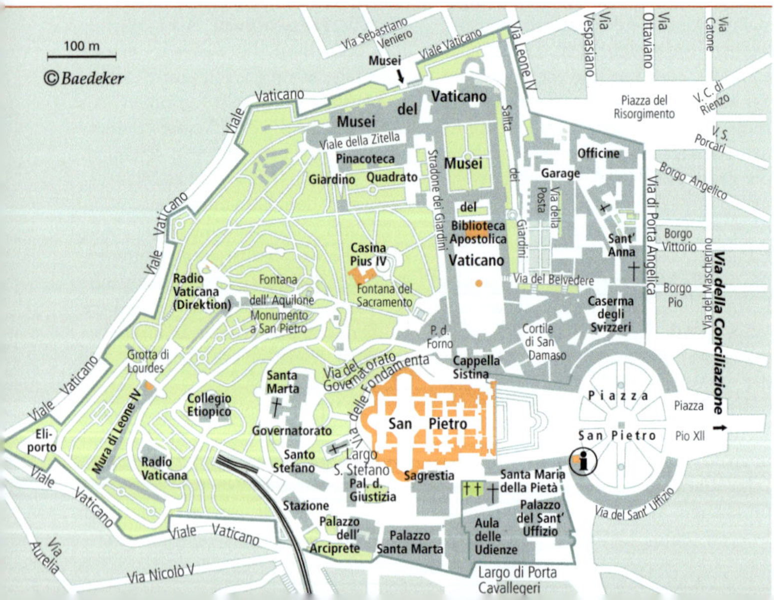

Stanzen des Raffael, die u. a. von Michelangelo ausgemalte Sixtinische Kapelle, das ehemalige Gartenhaus Belvedere, die Vatikanische Bibliothek mit ihren wertvollen Schriften, die Vatikanischen Sammlungen und eine Gemäldegalerie. Im Ganzen macht das etwa 1400 Säle, Kapellen oder einfache Zimmer, die zum Teil der Öffentlichkeit zugänglich sind.

Peterskirche *Orientierung*

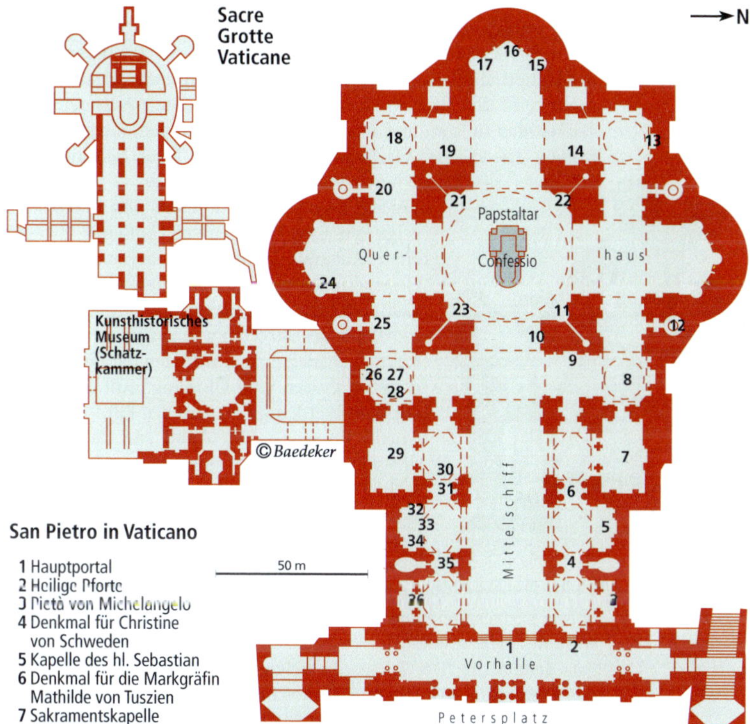

San Pietro in Vaticano

1 Hauptportal
2 Heilige Pforte
3 Pietà von Michelangelo
4 Denkmal für Christine von Schweden
5 Kapelle des hl. Sebastian
6 Denkmal für die Markgräfin Mathilde von Tuszien
7 Sakramentskapelle
8 Gregorianische Kapelle
9 Altar des hl. Hieronymus
10 Sitzstatue des hl. Petrus
11 Statue des hl. Andreas
12 Aufgang zur Grotte
13 Altar des Erzengels Michael
14 Altar des hl. Petrus, die Tabitha vom Tode erweckend
15 Grabmal Papst Urbans VIII.
16 Cathedra Petri (von Bernini)
17 Grabmal Papst Pauls III.
18 Kapelle der Madonna della Colonna
19 Altar des hl. Petrus, einen Lahmen heilend
20 Grabmal Papst Alexanders VII.
21 Statue der hl. Veronika
22 Statue der hl. Helena
23 Eingang zu den Sacre Grotte Vaticane
24 Altar der Kreuzigung des hl. Petrus
25 Grabmal Papst Pius' VIII.
26 Altar Papst Gregors des Großen
27 Klementinische Kapelle
28 Grabmal für Papst Pius VII.
29 Chorkapelle
30 Grabmal Papst Innozenz' VIII.
31 Grabmal Papst Pius' X.
32 Gedenkrelief für Papst Johannes XXIII.
33 Capella della Presentazione
34 Gedenkstatue für Papst Benedikt XV.
35 Denkmal für Maria Sobieska und Stuart-Denkmal
36 Baptisterium (Taufkapelle)
37 Sakristei
38 Sakristei der Kanoniker

✶✶ Musei Vaticani

Öffnungszeiten: Winter 8.45–13.45, Sommer bis 16.45 Uhr, letzter So. im Monat freier Eintritt

Die Vatikanischen Museen gehören zu den bedeutendsten Kunstsammlungen der Welt. Vom Eingang in der Viale Vaticano gelangt man in die Vorhalle. Der Rundgang durch die Museen verläuft im Einbahnstraßensystem, wobei man die Wahl zwischen vier unterschiedlich langen, mit verschiedenen Farben markierten Strecken hat.

✶✶ Museo Pio Clementino, Museo Chiaramonti, Braccio Nuovo ►

Die Vatikanischen Museen besitzen die umfangreichste antike Skulpturensammlung der Welt, deren Sammlungsbeginn in die Renaissance zurückreicht. Sie vergrößerte sich enorm unter den Päpsten Clemens XIV. (1769–1774) und Pius VI. (1775–1799), deren Namen der Hauptteil der Sammlung trägt. Pius VII. fügte das Museo Chiaramonti und den Braccio Nuovo hinzu. Die meisten Ausstellungsstücke wurden in Rom und seiner Umgebung gefunden, meist römische Kopien griechischer Originale oder römische Neuschöpfungen. Im Folgenden sind einige herausragende Stücke genannt.

Laokoon und seine Söhne im Kampf mit zwei Schlangen

Braccio Nuovo: Der **Augustus von Prima Porta** zeigt den um 19 v. Chr. geschaffenen Prototyp einer Kaiserstatue mit klar herausgearbeiteten Gesichtszügen und Reliefschmuck des Panzers.

Gabinetto dell'Apoxyomenos: Die römische Marmorkopie des Athleten von Lysipp (4. Jh. v. Chr.) stellt einen siegreichen Athleten dar, der sich mit dem Schabeisen vom Öl reinigt, mit dem er sich vor dem Wettkampf eingerieben hat.

Cortile Ottagono: Der **Apoll von Belvedere** ist die römische Kopie eines Originals aus dem 4. Jh. v. Chr., das Leochares zugeschrieben wird. Winckelmann erhob sie zu einer Symbolfigur der Antike. Die **Laokoongruppe** ist die wohl berühmteste Skulpturengruppe der Antike (1. Jh. v. Chr.). Sie zeigt den trojanischen Priester Laokoon und seine beiden Söhne im verzweifelten Kampf gegen zwei Schlangen – ein Hauptwerk des Hellenismus.

Sala delle Muse: Der Torso von Belvedere ist laut Inschrift ein Werk des Apollonius aus Athen (1. Jh. v. Chr.). Wegen seiner genauen anatomischen Darstellung diente er Michelangelo als Vorbild für seine Männergestalten an der Sixtinischen Decke.

Sala Rotonda: Inmitten der Mosaikböden aus den Thermen von Orticoli beeindruckt die riesige Porphyrschale von 13 m Umfang. Die Zeusbüste aus Orticoli entstand nach einem Original des Briaxides (4. Jh. v. Chr.); eine Bacchusfigur zeigt den Liebling des Kaisers Hadrian, Antinoos, der tragisch im Nil ertrank.

Museo Gregoriano Egizio

Das von Papst Gregor XVI. 1839 gegründete Museum Gregoriani Egizio zeigt in zehn Sälen ägyptische Kunstwerke, die zwar in Rom und Umgebung gefunden wurden, zumeist aber Beutestücke der Kaiserzeit waren. Das Museum Gregoriano Etrusco, ebenfalls von Gregor gegründet, gibt einen guten Einblick in das alltägliche Leben und in die Vorstellungen vom Tod in der **Kunst und Kultur der Etrusker**.

✶✶ Stanze di Raffaello

Die Wohnräume (ital. Stanze) des Papstes gestalteten Raffael, sein Lehrer Perugino und seine Schüler von 1507 bis 1520 zunächst im Auftrag von Papst Julius II., später von Leo X. Die Sala di Constantino wurde erst nach Raffaels Tod freskiert. Anhand seiner Vorlagen schufen Francesco Penni und Giulio Romano die Fresken mit Stationen aus dem Leben von Kaiser Konstantin. In der Stanza d'Eliodoro, die das wunderbare Eingreifen Gottes zum Schutz des Papsttums, der Religion, der Apostel und der Kirche zeigt, beeindruckt die »Befreiung Petri«, die erste Nachtszene Raffaels. Die Fresken der Stanza della Segnatura mit den Darstellungen der Poesie, Theologie, Philosophie und Gerechtigkeit gelten als der Höhepunkt der Hochrenaissancemalerei. In der **»Schule von Athen«** treffen sich die berühmtesten Philosophen der griechischen Antike: Aristoteles und Plato im Zentrum, der grün gewandete Sokrates, Pythagoras, dessen Harmonielehre auf einer Schiefertafel aufgezeichnet ist, Euklid mit einem Zirkel in der Hand, der bekrönte Geograf Ptolemaios sowie der bärtige Astronom Zoroaster mit einem Himmelsglobus. Auf den Stufen lagert Diogenes und auf einen Marmorblock gelehnt Heraklit. Raffael hat sich hier als Zweiter von außen rechts selbst verewigt. In der Stanza dell'Incendio di Borgo zeigt der »Brand des Borgo«, wie Papst Leo IV. durch das Schlagen des Kreuzzeichens 847 einen Brand im Wohnviertel von St. Peter löscht.

◄ Kapelle Nikolaus V.

Durch das Vorzimmer rechts neben dem Konstantinsaal gelangt man in die Kapelle Nikolaus V., die **Fra Angelico** ca. 1447–1550 mit Fresken aus dem Leben der hl. Laurentius und Stephanus ausmalte.

◄ Appartamento Borgia

Unter Pinturicchios Leitung wurden 1492–1495 sechs von Papst Alexander VI. Borgia bewohnte Säle mit Wandgemälden geschmückt. Sie beherbergen Teile der Sammlung moderner religiöser Kunst, in der alle Richtungen des 20. Jh.s vertreten sind. Der größere Teil befindet sich in den Räumen unter der Sixtinischen Kapelle.

✶✶ Cappella Sistina

Die erst kürzlich vollständig restaurierte **Sixtinische Kapelle** wurde im Auftrag von Papst Sixtus IV. (1474–1481) als päpstliche Hauskapelle erbaut. Hier findet das Konklave zur **Papstwahl** statt. Den Kamin, in dem die Stimmzettel verbrannt werden, wird man vergeblich suchen: Er wird nur anlässlich einer Papstwahl aufgestellt.

Ihren Ruhm verdankt die Kapelle den herausragenden Fresken von Michelangelo an Decke und Altarwand. Die Fresken an den 40 m langen Seitenwänden stammen noch aus der Entstehungszeit unter Papst Sixtus IV. Künstler wie Botticelli, Ghirlandaio, Perugino, Pinturicchio, Rosselli und Signorelli schufen den Moses- und Christusfreskenzyklus, der Szenen des Alten Testaments dem Neuen Testament gegenüberstellt. Im Auftrag von Julius II. begann Michelangelo 1508 mit der Neugestaltung der Decke, die sich bis 1512 hinzog. Eingebunden in eine großartige Scheinarchitektur und umgeben von plastisch hervortretenden Sybillen und Propheten erzählt Michelangelo in leuchtenden Farben Szenen aus der **Schöpfungsgeschichte** und dem Sündenfall. Weltbekannt ist der Fingerzeig, mit dem ein energischer Gott Adam den Atem des Lebens einhaucht. 1534, Michelangelo war inzwischen fast 60 Jahre alt, holte ihn Paul III. noch einmal in die Sixtinische Kapelle, um die großflächige Altarwand neu zu gestalten. Mit dem **»Jüngsten Gericht«** schuf Michelangelo eine der bewegendsten und dramatischsten Darstellungen dieses Themas. Im Zentrum der fast 400 Figuren thront Christus als Weltenrichter, umgeben von Maria und Heiligen. Vor einem blauen Lapislazulihimmel fahren links die Seligen zum Himmel auf, rechts ziehen Teufel die Verdammten zur Hölle. Doch weniger die körperlichen Qualen der Verdammten stehen im Vordergrund als vielmehr ihr Erschrecken und ihre inneren Qualen. Der nachfolgende Papst Paul IV. sah das anders. Er ließ das »Babel der Nackten« mit Hosen und Schleiern bedecken, die bei der kürzlich erfolgten Restaurierung zum Teil wieder entfernt worden sind.

Die Cappella Sistina ist die prachtvolle Hauskapelle des Papstes.

★ Biblioteca Apostolica Vaticana

Die Vatikanische Bibliothek, um 1450 von Nikolaus V. gegründet, besitzt über 800 000 Bücher, 60 000 Manuskripte, 7000 Wiegendrucke und mehr als 800 000 Drucke. Im von Domenico Fontana gestalteten Salone Sistino kann man in den Vitrinen Bibelcodices, illustrierte Evangelien, kostbare Pergamente und alte Papyri bewundern.

★★ Pinacoteca

Die Vatikanische Pinakothek wurde von Pius VI. im 18. Jh. gegründet und schon wenig später durch Napoleon wertvoller Gemälde beraubt. Dennoch geben die 16 Säle anhand herausragender Bildwerke einen guten Überblick über die Entwicklung der religiösen Malerei vom Mittelalter bis heute. Herausragend ist das um 1300 entstandene **»Stefaneschi-Triptychon«** von Giotto, das ehemals am Hochaltar von Alt-Sankt-Peter stand. Die Florentiner Schule des 15. Jh.s ist vertreten durch Fra Angelico, Filippo Lippi und Benozzo Gozzoli. Vom Lehrer Raffaels, Perugino, hängt die »Madonna mit Heiligen«. Ein eigener Saal ist Raffaels Bildern gewidmet, darunter der »Madonna von Foligno«, gemalt um 1512, und der berühmten »Verklärung Christi« von 1520. Die Gobelins mit Szenen aus der

Apostelgeschichte, geschaffen nach Kartons Raffaels, schmückten früher während der Osterwoche die Sixtinische Kapelle. Von Leonardo da Vinci stammt das unvollendete Bildnis des hl. Hieronymus (um 1480). Scharfe Hell-Dunkel-Kontraste und eine kräftige Farbgebung unterstreichen die Dramatik in der »Grablegung« Caravaggios aus der Zeit um 1604.

Weitere Sehenswürdigkeiten in Rom

Esposizione Universale di Roma (EUR)

Für die 1942 geplante Weltausstellung ließ Mussolini ab 1938 unter der Leitung von Marcello Piacentini im Süden der Stadt auf 420 ha ein **gigantisches Ausstellungsgelände** errichten. In bewusster Anlehnung an die kaiserzeitlichen Bauten ließ er zwischen breit angelegten Straßen und großzügigen Plätzen monumentale Gebäude errichten, die die Macht und Größe des Faschismus demonstrieren sollten. Nachdem die Weltausstellung wegen des Zweiten Weltkriegs nicht stattgefunden hatte, wurde das Gelände in der Nachkriegszeit vollendet. Heute ist es ein modernes Stadtviertel mit vielen Grünflächen und wichtiges Verwaltungs- und Wirtschaftszentrum. Kern der Anlage ist der von La Padula, Guerrini und Romano entworfene Palazzo Civiltà del Lavoro, das wegen seiner Rundbogenarkaden, die an das Kolosseum anknüpfen, auch **Colosseo quadrato** genannt wird. De Chirico hat ihn in vielen seiner Bilder festgehalten. Der kuppelbekrönte Kongresspalast stammt von Adalberto Libera. Die Sportstätten wie der eindrucksvolle Rundbau des Palazzo dello Sport von Marcello Piacentini und Pier Luigi Nervi entstanden anlässlich der XVII. Olympischen Sommerspiele 1960. Heute finden hier neben Sportveranstaltungen auch Rock- und Popkonzerte statt.

Museo della Civiltà Romana

EUR kann sich außerdem eines der interessantesten Museen zur römischen Stadtgeschichte rühmen. Das weitläufige Museum für Römische Kultur veranschaulicht die Entstehung und Bedeutung des römischen Imperiums sowie die baulichen Veränderungen in der Stadt. Glanzstücke sind das von Italo Gismondi 1937 begonnene und 1970 fertig gestellte **Modell der Stadt Rom** zur Zeit Konstantins des Großen und die Gipsabgüsse der Reliefs der Trajansäule, die Napoleon III. 1861 herstellen ließ.

★ Via Appia

Eine der berühmtesten Ausfallstraßen des antiken Roms ist die Via Appia Antica, deren erste Meilen in einen archäologischen Park umgewandelt werden sollen. Die **»Königin der Straßen«** wurde um 312 v. Chr. vom Censor Appius Claudius Caecus angelegt und führte über Terracina zunächst bis nach Capua. Anfang des 2. Jh.s v. Chr. wurde sie dann über Benevent bis nach Brindisi verlängert. Charakteristisch sind entlang des teilweise erhaltenen antiken Straßenpflasters die Grabmäler reicher Römer, die Begräbnisstätten der frühen Christen und die Bogenreihen von Wasserleitungen wie der Aqua Marcia oder der Aqua Claudia.

Spaziergang auf der Via Appia Antica

Zwischen der Porta San Sebastiano und den Katakomben des hl. Kallixtus liegt die kleine Kirche Domine quo vadis. Nach der Legende soll Petrus auf der Flucht vor dem Märtyrertod hier Christus begegnet sein, der ihm auf die Frage »Domine quo vadis?« (»Herr, wohin gehst du?«) mit »Venio iterum crucifigi« (»Ich komme, mich nochmals kreuzigen zu lassen«) antwortete. Petrus kehrte daraufhin beschämt nach Rom zurück und nahm den Kreuzigungstod auf sich. Die Kirche besitzt eine Nachbildung der Fußspur Christi.

Katakomben

Die Katakomben waren die gesetzlich anerkannten, »Coemeteriae« genannten **Begräbnisstätten der Christen** und genossen bis zum Anfang des 9. Jh.s zusammen mit den Märtyrergräbern allgemeine Verehrung. Dann verfielen die Grabstätten, und sogar der alte Name ging verloren. Die jetzige Bezeichnung geht auf eine Grabstätte bei San Sebastiano zurück, die »ad catacumbas« (»in der Senke liegend«) genannt wurde. Sie dienten lediglich als Begräbnisstätte und zu Totenmessen und nicht, wie oft in Monumentalfilmen dargestellt, als Zufluchtsstätte der Christen. Die Anlage ist sehr einfach: schmale Gänge, in deren Wänden mehrere Längsnischen zur Aufnahme der Leichen eingelassen waren. Die Ausschmückung, mit Malereien und wenigen Skulpturen, lehnt sich im Stil an die zeitgenössische heidnische Kunst an. Es überwiegen **symbolische Motive**: das Opferlamm, der Fisch, bei dem das griechische Wort »Ichthys« die griechischen Anfangsbuchstaben von »Jesus Christus Gottes Sohn Heiland« darstellte. Eindrucksvoll sind ferner frühe Bilder des Abendmahls und der Jungfrau Maria. Die älteren Inschriften nennen lediglich den Namen des Verstorbenen.

✶ Catacombe di San Callisto

Die Katakomben des hl. Kallixtus an der Via Appia Antica erstrecken sich unter einer grünen Oase der Ruhe. Über **Zypressenalleen** erreicht man den Eingang zu dem mehrstöckigen, höchst weitläufigen Katakombensystem. Während der geführten Rundgänge besucht man u. a. die Grablegen zahlreicher Päpste des 3. Jh.s und das Grab der hl. Cäcilie.

San Sebastiano ad Catacumbas

Direkt an der **Via Appia Antica** liegt mit der Kirche San Sebastiano eine der sieben Pilgerkirchen Roms. Der Überlieferung nach sollen hier zeitweilig die Gebeine von Petrus und Paulus aufbewahrt worden sein. Bereits Mitte des 3. Jh.s befand sich hier ein christlicher Versammlungsraum, der unter Konstantin mit einer Basilika überbaut wurde. Im 8. Jh. wurde die Kirche dem unter Diokletian zu Tode gemarterten christlichen Soldaten Sebastian geweiht und rund 900 Jahre später im barocken Stil neu errichtet. Hinter der Apsis führt eine Treppe hinab zur sog. Platonia, der Gruft des Märtyrers Quirinus; links davon liegt die Zelle Domus Petri mit Wandmalereien aus dem 4. Jh. Während des Neubaus entdeckte man unter der Kirche neben drei heidnischen Grabstätten und christlichen Katakomben auch einen **Versammlungsraum** (Triclia) für Gedächtnisfeiern, an dessen Wänden sich Inschriften mit Anrufungen der Apostel Petrus und Paulus befinden.

Fosse Ardeatine

Im März 1944 wurden als Vergeltung für einen Bombenanschlag auf deutsche Soldaten 335 italienische Geiseln in den Ardeatinischen Höhlen erschossen. Ein Mausoleum mit einer eindrucksvollen Skulptur gedenkt dieses Massakers.

Catacombe di Domitilla

Die Domitillakatakomben an der Via delle Sette Chiese sind die größten der zahlreichen Katakomben entlang der römischen Ausfallstraßen. In diesen unterirdischen Grablegen wurden neben christlichen auch heidnische Römer bestattet. Domitilla, eine entfernte Nachfahrin Kaiser Vespasians, die sich zum christlichen Glauben bekehrt hatte, gewährte auch Glaubensgefährten die Bestattung in der Familiengruft.

Circo di Massenzio

Direkt neben der Via Appia Antica erstreckt sich der im Jahre 311 erbaute Zirkus des Maxentius. Sein guter Erhaltungszustand im Vergleich zum Zirkus Maximus vermittelt einen anschaulichen Eindruck vom Aussehen antiker Pferderennbahnen.

◄ Tomba di Cecilia Metella

Als bekannteste Ruine der römischen Campagna ragt das Grabmal der Caecilia Metella heraus. Der Rundbau war ursprünglich mit Travertinplatten verkleidet. Im 13. Jh. wurde er als Burg der Familie Caetani mit Zinnen versehen. Jenseits des Grabmals tritt an vielen Stellen noch das antike Pflaster der Via Appia hervor. Neben zahlreichen Resten unterschiedlichster **Grabmonumente** erkennt man die Bögen der römischen Wasserleitungen Aqua Marcia und Aqua Claudia.

Foro Italico

Das Foro Italico, auch Campo della Farnesina genannt, ist das römische Sportzentrum. Baubeginn war bereits kurz vor dem Zweiten Weltkrieg, die Anlagen wurden jedoch zum größten Teil erst zu den XVII. Olympischen Sommerspielen 1960 fertig gestellt, so das Schwimmstadion, das Marmorstadion, das von 60 heroischen Athletenstatuen aus Carrara-Marmor geschmückt ist, und das **Olympiastadion**, wo 1990 das Finale der Fußballweltmeisterschaft ausgetragen wurde.

Salerno

O 19

Region: Kampanien • Campania **Provinz:** Salerno
Höhe: Meereshöhe **Einwohnerzahl:** 143 000

Salerno, unter dem Normannen Robert Guiscard einst Hauptstadt, ist heute nach Neapel das bedeutendste Industrie- und Handelszentrum Kampaniens. Geschichte schrieb die Stadt am 8. September 1943, als hier die Alliierten landeten. Im Krieg stark zerstört, ist Salerno heute mehr für seine Küche denn für sein Stadtbild bekannt.

Sehenswertes in Salerno

Vom Hafen in die Innenstadt

Man lernt die Stadt am besten vom Hafen aus kennen, der in erster Linie dem Nahverkehr dient. Hier starten Fähren nach Capri, Amalfi und Positano. Entlang des Ufers verläuft der von stattlichen modernen Gebäuden gesäumte Lungomare Trieste und parallel dazu die Via Roma, die zusammen mit ihrer Fortsetzung Corso Giuseppe Garibaldi den Hauptstraßenzug der Stadt bildet. Etwa in der Mitte der Via Roma steht der **Palazzo di Provincia**. Von hier gelangt man nörd-

Salerno Orientierung

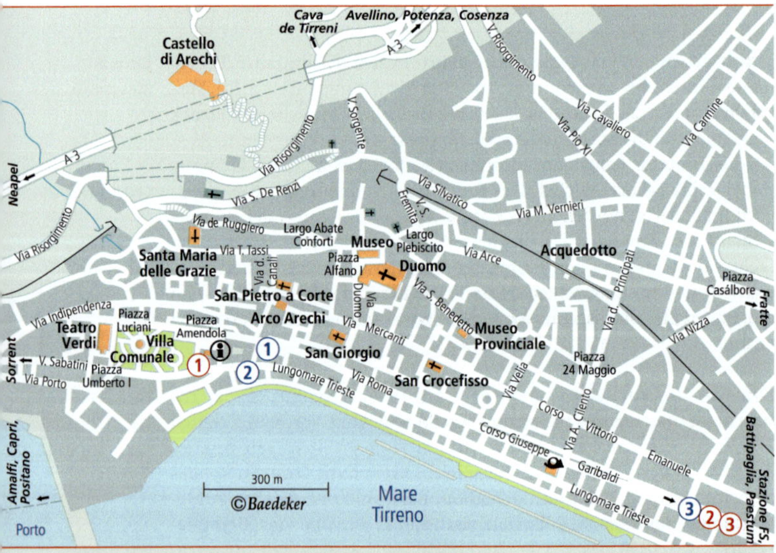

Übernachten
① Jolly Hotel
② Fiorenza
③ Plaza

Essen
① Santa Lucia
② Brace
③ Simposium

Glanzstücke des Doms sind die Mosaikkanzeln aus dem 12. Jahrhundert.

★ Dom

lich durch die Via del Duomo, auf der man nach etwa 100 m die hübsche Via Mercanti kreuzt, zum Dom S. Matteo. Er ist die Hauptsehenswürdigkeit von Salerno. Das Gotteshaus mit seinem hohen Kampanile wurde um 1080 unter **Robert Guiscard** im arabisch-normannischen Stil erbaut, die Fassade stammt aus dem 19. Jh. Durch das im 11. Jh. errichtete romanische Löwenportal betritt man einen weiten Vorhof, dessen Rundbogenarkaden von 28 antiken Säulen aus Paestum getragen werden. Das Mittelportal mit einer 1099 in Konstantinopel gegossenen Bronzetüre führt in den Innenraum. Im Mittelschiff des Domes sieht man über der Eingangstür ein großes **Mosaikbrustbild des hl. Matthäus**, eine Arbeit aus normannischer Zeit; Beachtung verdienen ferner zwei reich mit Mosaiken verzierte Ambone (Lesepulte) und der Osterleuchter aus dem 12./13. Jh. In der Kapelle rechts vom Hochaltar befindet sich das Grab des 1085 in Salerno im Exil gestorbenen **Papstes Gregor VII.**, Gegenspieler Heinrichs IV., der wegen des Gangs nach Canossa in die Annalen einging (Reggio nell'Emilia ► Parma, Umgebung). In der barocken Krypta sind die Gebeine des **Evangelisten Matthäus** aufbewahrt. Das Dommuseum zeigt eine Sammlung von Elfenbeindiptychen aus dem 12. und 13. Jh., Altarbilder und Mosaiken.

Museo del Duomo

Castello di Arechi

Vom Dom gelangt man in einem rund 45-minütigen Fußmarsch zum wuchtigen langobardischen Castello di Arechi hinauf. Es beherbergt ein kleines **stadtgeschichtliches Museum**. Unten im Ort sind die romanische Crocifisso-Kirche und die Kirche S. Gregorio aus dem 11./12. Jh. an der Via dei Mercanti einen Besuch wert. Letztere birgt das Museo della Scuola Medica, das die Geschichte der medizinischen Hochschule dokumentiert. Der Acquedotto, erbaut im 8. und 11. Jh., sicherte die Wasserversorgung.

SALERNO ERLEBEN

AUSKUNFT

Via Velia 15, 84125 Salerno
Tel. 0 89 23 04 11, Fax 0 89 25 18 44
www.salernocity.com
www.aziendaturismo.sa.it

ESSEN

► Fein & Teuer

① ***Santa Lucia***
Via Roma 182 (Ecke Via Porta di Mare), Tel. 0 89 22 56 96; Mo. geschl.
Seit zwei Generationen eine Institution. Die schmackhafte Fischküche schätzen auch viele Stammgäste aus der Welt des Theaters. Über dem Restaurant die gleichnamige Pension.

► Erschwinglich

② ***Brace***
Lungomare Trieste 13, Salerno
Tel. 0 89 22 51 59
Tolle Antipasti, fantastische Spaghetti und leckere Pizza in der Nähe des Hafens.

③ ***Simposium***
Corso Garibaldi 29, Salerno
Tel. 0 89 23 37 38
Ein Restaurant mit ausgefallener Speisekarte. Neben vielerei hausgemachter Pasta wird hier viel Wild und Straußenfleisch zubereitet.

ÜBERNACHTEN

► Komfortabel

① ***Jolly Hotel***
Lungomare Trieste 1
84100 Salerno
Tel. 0 89 22 52 22, Fax 0 89 23 75 71
www.jollyhotels.it
Zeitgemäßes Hotel mit allem modernem Komfort, zentrale Lage, nettes Restaurant, bewachter Parkplatz.

② ***Fiorenza***
Via Trento 145, Località Mercatello
84131 Salerno
Tel. und Fax 0 89 33 88 00
www.hotelfiorenza.it
Nur 100 m vom Meer entferntes Hotel, das in den letzten Jahren umfassend modernisiert wurde. Funktionelle Zimmer, gut ausgestattete Bäder.

► Günstig

③ ***Plaza***
Piazza Ferrovia o Vittorio Veneto
84123 Salerno
Tel. 0 89 22 44 77, Fax 0 89 23 73 11
www.plazasalerno.it
Nettes Stadthotel in einem Palazzo aus dem 19. Jh. gegenüber vom Bahnhof. Schlicht eingerichtete Zimmer.

Umgebung von Salerno

Amalfitana ►dort

Golf von Salerno Unmittelbar südlich der Stadt erstreckt sich entlang des Golfs von Salerno die riesige Piana del Sele, die fruchtbare Ebene des Flusses Sele, an deren Ende ►Paestum liegt. In Agrópoli (60 km südlich) beginnt der Cilento, eine höchst abwechslungsreiche Küsten- und Berglandschaft, die sich über die Bucht von Palinuro bis zum Golf von Policastro im Süden erstreckt und im Norden durch die Flüsse

✶ Cilento ►

Calore und Tanagro begrenzt wird. Ein großer Teil steht unter Naturschutz, darunter der **Parco Nazionale del Cilento e Vallo di Diano**, der zum UNESCO-Welterbe der Menschheit zählt. Vor allem im Juli und August sind die Küstenorte mit ihren langen Sandstränden ein Ferienziel ersten Ranges. Das gilt besonders für das schön auf einem Hügel gelegene Castellabate, für Acciaroli, wo sich Ernest Hemingway 1953 für drei Monate einquartierte, sowie für Palinuro, Policastro und Sapri. **Torri saraceni** säumen die Küste, sanfte Hügelketten durchziehen das Gebiet, landeinwärts wird es bergiger, im Monte Centaurino, Monte Cervati und Monte Mòtola erreicht der Cilento 1433, 1898 und 1700 m Höhe.

! *Baedeker* TIPP

Wenn in Kampanien die rote Sonne ...

... im Meer versinkt, bietet sich in Marina di Camerota die Gelegenheit, mit Fischern aufs Meer hinauszufahren und einen ganz normalen Fischfang mitzuerleben. »Pescaturismo« nennt sich die Verbindung aus traditionellem Fischfang und sanftem Tourismus (Infos: www.pescaturismo.de, www.cilento-aktiv.info).

Velia

Neben ► Pompeji und ► Paestum lohnen auch die weitläufigen Ausgrabungen der am Meer gelegenen griechisch-römischen Stadt Elea/Velia beim Badeort Marina di Ascea (35 km südlich von Agrópoli) einen Besuch. Sie wurde im 6. Jh. v. Chr. von den Phokäern, ionischen Flüchtlingen, nach ihrer Vertreibung aus Alalia (Korsika) gegründet. Um 540–460 blühte hier die **Eleatische Schule** unter den Philosophen Xenophanes, Parmenides und Zenon. In der sog. Unterstadt befinden sich Reste des Hafenviertels, ein Stück Stadtmauer, das Hafentor Porta Marina sowie spätantike Gräber. Hangaufwärts passiert man Reste der Thermen aus dem 3./4. Jh. n. Chr. Auf der antiken Fahrstraße gelangt man zur **Porta Rosa**, einem Bogentor aus dem 4. Jh. v. Chr., vermutlich einst ein Viadukt für einen Fahrweg.
Oberhalb der Stadt befand sich die Akropolis. Bei Ausgrabungen wurden Fundamente eines Tempels aus dem 5. Jh. v. Chr. entdeckt, dessen Reste die Standfläche des mittelalterlichen Wehrturms und der kleinen Burg bilden. Eine kleine Kapelle im Osten der Akropolis dient als vorläufiges archäologisches Museum.

★ ◄ Golfo di Policastro

Weiter geht es zum 2,5 km entfernten Ferienort Palinuro sowie dem gleichnamigen Kap. Der Abschnitt zwischen Marina di Camerota, über Scario und Sapri bis nach Maratea entlang des weiten Golfs von Policastro gehört zu den **schönsten Küstenabschnitten** der Region.

Im Binnenland des Cilento

★ ◄ Grotta di Pertosa

Das Binnenland des Cilento ist eines der ältesten besiedelten Gebiete Italiens, davon zeugen verschiedene Grotten, von denen zwei gut erschlossen sind. So lohnt ein Abstecher über das Städtchen Auletta, 50 km östlich von Salerno, zur Grotta di Pertosa, einem 2250 m langen **Tropfsteinhöhlensystem**. Die Höhlen waren seit dem Ende der Jungsteinzeit 5000 v. Chr. bewohnt. Das gilt auch für die bei Controne gelegenen Grotten von Castelcività, ein fast 5000 m langes Labyrinth (von Salerno aus auf der A 3, Ausfahrt Campagna).

★ Certosa di San Lorenzo

Bei Padula, rund 100 km südöstlich von Salerno, befindet sich die 1308 gegründete, 1866 profanierte Certosa di San Lorenzo, eine der größten Klosteranlagen Süditaliens. Der Bau nach dem Vorbild des Escorial bei Madrid im Stil des Barock zog sich bis ins 19. Jh. hin. Beachtenswert sind die prachtvoll ausgestattete Kirche und der zweigeschossige Kreuzgang. Ein weiterer Glanzpunkt ist die große **Freitreppe von Vanvitelli**. Seit Ende der 60er-Jahre ist die Kartause ein Kulturzentrum. Im angeschlossenen Museo Archeologico di Lucania Occidentale werden Funde aus den Nekropolen von Sala Consilina und aus anderen Gräbern der Umgebung ausgestellt.

Teggiano ►

Von hier lohnt ein Abstecher nach Teggiano, eine kleine, auf einem Felsplateau gelegene Stadt, die ihr mittelalterliches Stadtbild bewahrt hat.

Benevento

►Caserta

★★ San Gimignano

H 14

Region: Toskana • Toscana
Höhe: 324 m ü. d. M.
Provinz: Siena
Einwohnerzahl: 7000

Der erbitterten Feindseligkeit rivalisierender Familien verdankt die Menschheit eine der romantischsten »Skylines« der Welt: Die Geschlechtertürme San Gimignanos, einst als trutzige Wehrtürme erbaut, sind seit 1990 UNESCO-Weltkulturerbe. Ihre Schönheit lässt sich auch an den Besucherströmen erkennen – rund 8 Mio. Menschen kommen jährlich in den kleinen Ort.

Stadt der 72 Türme

San Gimignano, wo sich die Frankenstraße und die Straße von Pisa nach Siena kreuzten, entwickelte sich im Mittelalter zu einer wohlhabenden freien Kommune. Ihre Blüte hatte sie um die Mitte des 13. Jh.s, einer Zeit, in der auch die insgesamt **72 Geschlechtertürme** entstanden, von denen noch 15 das Stadtbild prägen. Anlass dazu waren die Konflikte und das Prestigedenken zwischen den guelfischen Ardinghelli und den ghibellinischen Salvucci. 1353, nach der Pest, geriet es definitiv unter florentinische Herrschaft. Durch die Verlegung der Straßen in die Flusstäler verlor San Gimignano seine Bedeutung, und aus Geldmangel wurde danach nicht mehr gebaut. Im weiten Umkreis ist die Stadt von Weinbergen umgeben, die den vorzüglichen weißen Vernaccia di San Gimignano liefern, seit dem 13. Jh. ist die Produktion von hochwertigem Safran dokumentiert.

! *Baedeker* TIPP

Längst kein Geheimtipp mehr ...

... sondern eine Institution ist Sergio Dondolis Gelateria di Piazza, die rund 100 Sorten Eis anbietet, darunter allein fünf Schokovariationen.

Sehenswertes in San Gimignano

Piazza della Cisterna

Mittelpunkt der Stadt ist die stimmungsvolle, von Geschlechtertürmen und Bürgerhäusern des 13. und 14. Jh.s umgebene Piazza della Cisterna mit dem großen Brunnen von 1273. Nördlich schließt die Piazza del Duomo mit dem Palazzo del Popolo, den vermutlich Arnolfo di Cambio 1288–1323 als Palazzo Nuovo del Podestà erbaute; die 1311 vollendete 54 m hohe **Torre Grossa**, »dicke Turm«, markierte die offiziell festgelegte maximale Höhe für Wohntürme. In der Sala di Dante ist Lippo Memmis großes Fresko »Maestà« von 1317 beachtenswert, das sich an das Gemälde von Simone Martini im Sieneser Ratssaal anlehnt. Die umfangreiche Stadtgalerie besitzt hervorragende sienesische und florentinische Werke des 13. bis 15. Jh.s, darunter von Marcovaldo, Gozzoli, Pinturicchio und Filippino Lippi.

✶

◄ Palazzo del Popolo

✶

»Duomo«

An der Piazza del Duomo steht die Collegiata S. Maria Assunta, fälschlich Duomo genannt, denn San Gimignano war nie Bischofssitz. Der dreischiffige romanische Bau von 1148 mit einer breiten Freitreppe von 1362 wurde von Giuliano da Maiano um Querschiff und Seitenkapellen erweitert; die Fassade blieb unverkleidet. Im Innern entzücken die zahlreichen **Fresken**: Die Innenfassade zeigt ein »Jüngstes Gericht« von Taddeo di Bartolo von 1393, darunter befinden sich das 1465 entstandene »Martyrium des hl. Sebastian« von Benozzo Gozzoli sowie zwei Holzstatuen der »Verkündigung« von Iacopo della Quercia, geschaffen um 1421. Die Fresken im linken Seitenschiff, 1367 von Bartolo di Fredi geschaffen, stellen Szenen aus dem Alten Testament dar, die im rechten Seitenschiff solche aus dem Neuen Testament, die heute Lippi und Federico Memmi zugeschrieben werden. Am Ende des rechten Seitenschiffs liegt die **Cappella di S. Fina**, ein hervorragendes Renaissancewerk von Giuliano und Bene-

Die Geschlechtertürme von San Gimignano gehören zum Weltkulturerbe.

detto da Maiano. Der Marmoraltar von B. da Maiano trägt den Sarkophag, der bis 1738 die Gebeine der hl. Fina – der Stadtheiligen – enthielt. In den Seitenarkaden zeigen Fresken von Domenico Ghirlandaio aus dem Jahr 1475 Leben und Tod der hl. Fina. Über dem Hauptaltar befindet sich ein Ziborium von B. da Maiano.

Museo d'Arte Sacra

Das Museum für religiöse Kunst links des Doms zeigt Gemälde und Skulpturen des 14./15. Jh.s sowie sakrales Kunsthandwerk. Im selben Gebäude ist ein kleines Etruskermuseum untergebracht.

Palazzo del Podestà ►

Rocca ►

Gegenüber dem Dom erhebt sich der Palazzo del Podestà. Die ihn überragende 51 m hohe Torre Rognosa zeigt die Höhe an, die Privattürme vor der Errichtung des Palazzo del Popolo und des dicken Turms nicht überschreiten durften. Hier beginnt die Via S. Matteo mit den **Türmen der Familie Salvucci** aus dem 13. Jh.; eine zweite Attraktion sind die Weinhandlungen Casa del Caffè und Da Gustavo. Von der Collegiata führt ein steiler Weg hinauf zur Burg, 1353 angelegt und 1555 geschleift, die einen großartigen Blick auf die Türme der Stadt und das Umland freigibt.

San Gimignano *Orientierung*

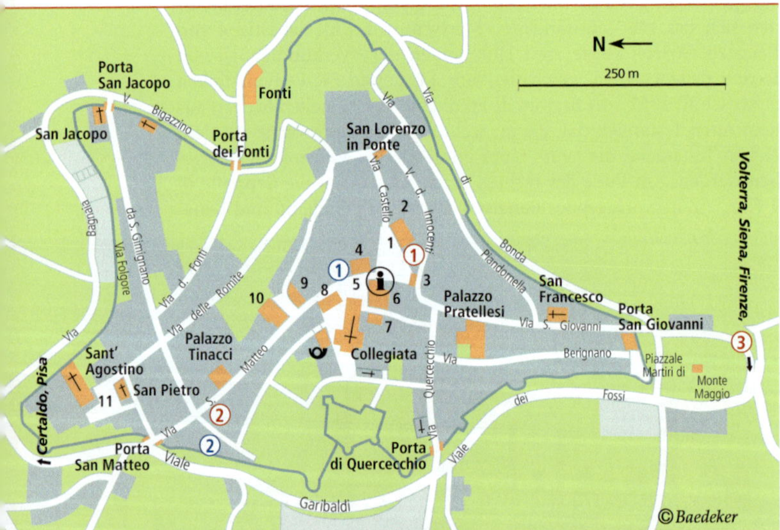

1 Piazza della Cisterna
2 Palazzo Tortoli
3 Arco dei Becci
4 Palazzo del Podestà
5 Piazza del Duomo
6 Palazzo del Popolo
7 Museo d'Arte Sacra, Museo Etrusco
8 Torri Salvucci
9 Palazzo Cancelleria
10 Palazzo Pesciolini
11 Piazza Sant' Agostino

Essen
① Dorando
② Osteria delle Catene

Übernachten
① La Cisterna
② L'Antico Pozzo
③ Podere Il Caggiolino

Am nordwestlichen Stadtrand steht die 1280–1298 erbaute Kirche S. Agostino. Sie birgt in der Cappella di S. Bartolo einen Marmoraltar von B. da Maiano sowie in der Chorkapelle einen 1464 bzw. 1465 datierten **Freskenzyklus** von Benozzo Gozzoli, der in 17 Bildern das Leben des Kirchenlehrers Augustinus schildert.

★ **S. Agostino**

SAN GIMIGNANO ERLEBEN

AUSKUNFT

Piazza del Duomo 1, San Gimignano
Tel. 05 77 94 00 08
Fax 05 77 94 09 03
www.sangimignano.com

PARKEN

Versuchen Sie erst gar nicht, innerhalb der Stadtmauern zu parken, das ist selbst für Hotelgäste keineswegs selbstverständlich (bei der Reservierung fragen). Selbst auf den Parkplätzen außerhalb der Stadt, entlang der Mauern, wird es schnell eng. Der größte liegt unterhalb der Porta San Giovanni.

VERANSTALTUNG

Fiera delle Messi
heißt das Fest am dritten Juni-Wochenende. Selbstredend mit Umzug und Wettkämpfen.

SAMMELTICKET

Es gibt ein Sammelticket für die wichtigsten Museen, darunter Museo Civico, Torre Grossa und Cappella di Santa Fina. Tickets und Auskunft bei der Touristeninformation (s. o.).

ESSEN

► Fein & Teuer

① ***Dorando***
Vicolo dell'Oro 2, San Gimignano
Tel. 05 77 94 18 62
Rustikales Restaurant unweit vom Dom mit kreativ-traditioneller Küche. Ein Muss: Panna cotta mit Erdbeercreme.

► Preiswert

② ***Osteria delle Catene***
Via Mainardi 18, San Gimignano
Tel. 05 77 94 19 66
Schöner Speisesaal mit altem Gewölbe und schmackhafter Regionalküche. Der Schmorbraten in Chianti sucht seinesgleichen.

ÜBERNACHTEN

► Komfortabel

① ***La Cisterna***
Piazza della Cisterna 24
San Gimignano
Tel. 05 77 94 03 28, Fax 05 77 94 20 80
www.hotelcisterna.it
Florentinischer Stil prägt die hübschen Zimmer des Hauses, ein Stadtpalast des 14. Jh.s. Vom Speisesaal schweift der Blick über das Elsa-Tal.

② ***L'Antico Pozzo***
Via San Matteo 87, San Gimignano
Tel. 05 77 94 20 14
Fax 05 77 94 21 17
www.anticopozzo.com
Hotel in einem geschmackvoll restaurierten mittelalterlichen Palast mit Patio mitten in San Gimignano.

► Günstig

③ ***Podere Il Caggiolino***
Loc. Picchena, Castel San Gimignano
Tel. und Fax 05 77 95 31 00
www.caggiolino.com
Eine erfreuliche und preisgünstige Alternative zu den Stadthotels im 11 km entfernten San Gimignano. Reichhaltiges Frühstück.

★ San Marino

G 8

Republik San Marino
Höhe: 640 m ü. d. M.

Fläche: 61 km²
Einwohnerzahl: 25 500 (Land); 4300 (Stadt)

San Marino ist die kleinste und älteste Republik der Welt. Es besteht aus der gleichnamigen, Ende des 19. Jh.s restaurierten Hauptstadt und acht umliegenden Dörfern. Seine idyllische Lage an den Hängen des burgenbekrönten Monte Titano bietet ideale Bedingungen für einen eindrucksstarken Besuch. Freunde und Bekannte freuen sich über Postkarten mit den seltenen Briefmarken.

Leben nach alter Verfassung

Der Legende nach wurde San Marino im 4. Jh. von verfolgten Christen aus Dalmatien, darunter auch einem Steinmetz namens **Marinus**, gegründet. Seit 1263 gilt die im Wesentlichen unveränderte Verfassung, die gesetzgebende Gewalt liegt bei den 60 Mitgliedern des Großen Rats, die ausübende Gewalt bei den zehn Mitgliedern des Congresso di Stato und den beiden Capitani Reggenti, die am 1. April und 1. Oktober jeweils auf sechs Monate gewählt und mit einer prunkvollen Zeremonie in ihr Amt eingeführt werden. Haupteinnahmequellen sind der Verkauf eigener **Briefmarken**, Münzen, Kunsthandwerk, etwas Landwirtschaft sowie der Fremdenverkehr mit vor allem im Sommer vielen Tagesbesuchern. Von Rimini erreicht man San Marino auf der SS 72 und weiter auf einer kurvigen steilen Straße. Eine gute Alternative ist die Fahrt mit der **Seilbahn** (Funivia) aus der Unterstadt Borgo Maggiore.

Palazzo del Governo

Sehenswertes in San Marino

Man betritt die von einem Mauerring umschlossene Altstadt am besten durch die Porta San Francesco aus dem 15. Jh. Beherrschender Bau ist die 1361 von den Maestri comacini erbaute Kirche San Francesco, die heute die **Pinakothek** mit Gemälden des 13. bis 18. Jh.s beherbergt. Nordwestlich der Kirche erinnert ein Gedenkstein daran, dass San Marino 1849 Garibaldi und über 2000 seiner Anhänger Zuflucht bot.
Die Piazza della Libertà, der Hauptplatz der Stadt mit einer Freiheitsstatue von Stefano Galletti, liegt etwas oberhalb. Hier steht der 1894 im neugotischen Stil errichtete Palazzo del Governo, auch Pubblico genannt. Folgt man nun der Contrada del Pianello, gelangt man zum sog. Canton, wo sich rechter Hand die Endstation der Funivia befindet. Links hinunter geht es zur Cava dei Balestrieri, dem Festplatz,

auf dem **sanmarinesische Armbrustschützen** während der Hochsaison ihr Können vorführen. In der neoklassizistischen Basilica di San Marino (1836) werden die Gebeine des hl. Marinus aufbewahrt. Rechts neben der Basilika die Kapelle San Pietro, die nach der Legende die Felsenbetten des hl. Marinus und seines Gefährten San Leo enthält. Der Treppenweg Salita alla Rocca führt zu den alten Festungen hinauf, die auf den **drei Gipfeln des Monte Titano** thronen und durch einen Wehrgang verbunden sind: Die Rocca Guaita wurde im 11. Jh. erbaut, die Rocca Cesta, auch Fratta genannt, im 13. Jh.; die Rocca Montale aus dem 13. Jh. wurde 1935 rekonstruiert. ★ ◄ Rocche

SAN MARINO ERLEBEN

AUSKUNFT

Contrada Omagnano 20
47890 Repubblica di San Marino
Tel. (0 03 78) 05 49 88 29 14
Fax 05 49 88 29 75
www.visitsanmarino.com

ESSEN

► Fein & Teuer

Righi la Taverna
Piazza della Libertà 10, San Marino
Tel. 05 49 99 11 96
Klassisches auf hohem Niveau wird in dem eleganten Restaurant neben dem Regierungspalast zubereitet. Ungezwungener gibt sich das Bistro im Untergeschoss.

► Erschwinglich

Cesare
Salita alla Rocca 7, San Marino
Tel. 05 49 99 23 55
Schick und ganz modern durchgestyltes Restaurant im gleichnamigen Hotel. Vorzügliche, regional orientierte Küche zu moderaten Preisen.

La Fratta
Via Salita alla Rocca 14, San Marino
Tel. 05 49 99 15 94
Traditionelles Lokal, zu dessen Spezialitäten Pilz- und Trüffelgerichte gehören, herrliche Panoramaterrasse.

ÜBERNACHTEN

► Luxus

Grand Hotel San Marino
Viale Antonio Onofri 31
47890 San Marino
Tel. 05 49 99 24 00, Fax 05 49 99 29 51
www.grandhotel.sm
Elegantes Hotel mit sehr komfortabel eingerichteten Zimmern und wunderschönen Suiten, von denen man einen unvergleichlichen Ausblick genießt. Auch günstigere Zimmer sind hier zu haben.

► Komfortabel

Titano
Contrada del Collegio 21
47890 San Marino
Tel. 05 49 99 10 06, Fax 05 49 99 13 75
Traditionsreiches Hotel mit Charme mitten in der Altstadt, im Sommer lockt das Restaurant mit seiner herrlichen Panoramaterrasse.

► Günstig

Quercia Antica
Via Cela Bella
47890 San Marino
Tel. 05 49 99 12 57, Fax 05 49 99 00 44
www.querciantica.com
Alteingesessener Familienbetrieb am Rande des historischen Zentrums, rustikale Zimmer, gemütliches Restaurant im Landhausstil.

★★ Sardinien · Sardegna

N–S 6–9

Region: Sardinien • Sardegna
Fläche: 24 090 km²
Einwohnerzahl: 1 666 000
Provinz: Cagliari, Nuoro, Oristano, Sassari
Höhe: Meereshöhe bis 1834 m ü. d. M.

Viele kleine Urlaubsorte mit herrlichen Badebuchten und ein raues Hinterland mit alten sardischen Dörfern und Städten locken jedes Jahr Hunderttausende auf die Mittelmeerinsel. Dabei war die Insel bis in die 60er-Jahre touristisch unbedeutend. Der Distanz zum Festland ist es zu verdanken, dass die Sarden viel von ihrer Volkskunst, ihrem Handwerk und vor allem ihre Sprache bewahrt haben.

Ausführlich beschrieben im »Baedeker Allianz Reiseführer Sardinien«

Das Sardische ist kein Dialekt des Italienischen, sondern ein romanischer Sprachzweig, der noch eine große Nähe zum Lateinischen bewahrt hat. Wer das Ursprüngliche, Unverfälschte sucht, der kann sich von der herben Schönheit einsamer Landstriche im Hinterland mit seinen zahlreichen prähistorischen Zeugnissen faszinieren lassen.

Gigantengräber und Nuraghen ►

Die beeindruckendsten Reste der langen Besiedlungsgeschichte der Insel sind die sagenumwobenen **Giganten- bzw. Steinkreisgräber** aus der Zeit um 3000 v. Chr. und die Nuraghen, Rundtürme aus grob behauenen Felsblöcken ohne Mörtel, die bis zu 20 m hoch sind. Sie dienten vermutlich als Festungen, Wachtürme und Grabstätten und stammen aus der Zeit zwischen 1800 und 300 v. Chr. Heute gibt es von ihnen noch ca. 7000 auf Sardinien.

Zahlreiche Buchten und herrliche Sandstrände schmücken die Costa del Sud.

Wirtschaft

Ähnlich wie Süditalien kämpft Sardinien mit Problemen der wirtschaftlichen Rückständigkeit. Die größten Hoffnungen setzt man auf den **Tourismus** und auf den Aufbau eines Netzes von mittleren und kleineren Industriebetrieben. Allen Bemühungen zum Trotz hat die Region Sardinien bis heute eines der niedrigsten Pro-Kopf-Einkommen Italiens. Bis in die 60er-Jahre war die Landwirtschaft der wichtigste Erwerbszweig der Insel, der rund die Hälfte der Bevölkerung beschäftigte – heute leben davon gerade noch 14 % der Erwerbstätigen. In den fruchtbaren Ebenen und den trockengelegten Sumpfgebieten wird vor allem Getreide, Gemüse und Tabak angebaut, im Hügelland und in den Bergen dominiert neben dem Anbau von Wein, Oliven und Mandeln die **Weidewirtschaft**: Mehrere Millionen Schafe, Ziegen und Rinder grasen auf den kargen Böden Sardiniens und bilden die Lebensgrundlage für die immer noch entbehrungsreich lebenden Hirten. Im Gebiet der Gallura liegt der wirtschaftliche Schwerpunkt bei der Korkgewinnung aus der Rinde der Korkeiche.

Im Gegensatz zum Bergbau und zur petrochemischen Industrie, die seit Jahrzehnten in der Krise stecken, konnte die Bauindustrie dank der touristischen Entwicklung einen Aufschwung verzeichnen. Die Besucher brachten auch eine Aufwertung der **kunsthandwerklichen Produkte** mit sich, besonders der Handweberei und Korbflechterei.

Geschichte

1800 v. Chr	Beginn der Nuraghenkultur
238 v. Chr.	Römer nehmen die Insel ein.
6. Jh. n. Chr.	Sardinien kommt als Provinz zum Byzantinischen Reich.
ab 900	Bildung der vier Judicate Torres, Gallura, Arborea und Cagliari
1297	Der Papst belehnt Jakob II. von Aragon mit dem Königreich Sardinien.
1479	Heirat Ferdinands II. mit Isabella von Kastilien – Sardinien wird Teil des spanischen Königreiches.
1713–1847	Sardinien fällt an das Haus Österreich, kurz darauf an Savoyen und später an Piemont.
1948	Die Republik Italien räumt Sardinien den Status einer freien Republik ein.

Von den ersten Bewohnern der Insel zeugen noch heute zahlreiche prähistorische Siedlungsreste, darunter vor allem die sog. Gigantengräber und die Nuraghen. Seit dem 9. Jh. v. Chr. siedelten die **Phönizier** und später die Karthager an der Küste Sardiniens. Die Römer annektierten die Insel im Jahre 238 v. Chr., später stand sie vom 6. bis 8. Jh. unter dem Einfluss des Byzantinischen Reiches. Nach der Loslösung bildeten sich im 9. Jh. die vier Herrschaftsbezirke Torres, Gallura, Arborea und Cagliari, die von den so genannten Iudices, adligen Richtern, regiert wurden und bis ins 13. Jh. bestanden.

SARDINIEN ERLEBEN

AUSKUNFT

Piazza Matteotti 9, 09100 Cagliari
Tel. 05 49 88 29 14, Fax 05 49 88 25 75
www.regione.sardegna.it
www.sardinien.de
www.sardegnaturismo.it

ANREISE

Man kann von verschiedenen Häfen Italiens und anderer Mittelmeerländer mit Fährschiffen nach Sardinien übersetzen. Von Deutschland aus ist der nächstgelegene Fährhafen Genua, die Überfahrt ist allerdings auch die teuerste. Regelmäßig verkehrende Schiffslinien nach Sardinien bestehen auch von Civitavecchia, Livorno und Neapel. Im Sommer werden die Flughäfen von Cagliari und Olbia von München, Frankfurt, Genf und Zürich ohne Zwischenlandung angeflogen, im Winter bestehen tägliche Verbindungen mit Rom, Mailand und anderen italienischen Städten.

ESSEN

► Fein & Teuer

Gallura
Corso Umberto 145, Olbia
Tel. 0 78 92 46 48
Sardische Küche auf höchstem Niveau wird in diesem gemütlichen Gorurmetrestaurant serviert. Genießen Sie die besten Antipasti weit und breit und danach Miesmuscheln in Safran, Linguine mit Meeresfrüchten oder Kaninchen mit Kapern und Safran.

La Mola
Località Piccolo Pevero,
Porto Cervo
Tel. 0 78 99 23 13
Hübsches Restaurant mit viel maritimem Flair. In der Küche werden vorzügliche Fischspezialitäten zubereitet.

Liberty
Piazza Nazario Sauro 3, Sassari
Tel. 0 79 23 63 61; Mo. geschl.
Sehr schickes Fischrestaurant in einem schönen Jugendstilhaus im Zentrum der Stadt.

Su Barchile
Via Mannu 5, Orosei
Tel. 0 78 49 88 79
In dem hübschen Kellerrestaurant werden feine sardische Fisch- und Fleischgerichte serviert, im Sommer auch auf der netten Terrasse.

Il Faro
Via Bellini 25, Oristano
Tel. 0 78 37 00 02; So. geschl.
Klassisches, vornehmes Restaurant mit leicht nostalgischem Ambiente. In der Küche werden traditionelle sardische Gerichte ebenso sorgfältig wie fantasievoll zubereitet.

► Erschwinglich

Baedeker-Empfehlung

Li Lioni
Loc. Li Lioni, Porto Torres
Tel. 0 79 50 22 86
An der Straße in Richtung Sassari liegt dieses schöne Landhaus mitten im Grünen, das für authentische sardische Küche bekannt ist.

Il Pavone
Piazza Sulis 3/4, Alghero
Tel. 0 79 97 95 84
Originell eingerichtetes Restaurant, das bei den Einheimischen dank seiner hervorragenden mediterranen Küche und der netten Atmosphäre sehr beliebt ist.

► Preiswert

Da Gesuino
Via Torres 17, Sassari
Tel. 0 79 27 33 92
Gemütliche Trattoria (mit Pizzeria) auf zwei Stockwerken, typische Gerichte aus der Region wie Fusilli mit Eselsragout oder Gnocchi sardi.

Sa Musciara
Via Nuoro 25, Portoscuso
Tel. 07 81 50 70 99
In Portoscuso hat Tunfischfang eine lange Tradition. Kein Wunder also, dass Patron Alberto Gaj in seinem Restaurant unzählige Gerichte rund um den begehrten Fisch anbietet. Unbedingt probieren müssen Sie den berühmten Tunfischrogen.

ÜBERNACHTEN

► Luxus

Cervo
Piazzetta Cervo
07020 Porto Cervo
Tel. 07 89 93 11 11
Fax 07 89 93 16 13
www.sheraton.com
Hotel der Spitzenklasse mit schönem Innenhof und Blick auf den alten Hafen. Zwei hervorragende Restaurants, stilvolle Zimmer, Garten mit Swimmingpool, Hallenbad, Sauna, Tennis, vielfältige Wellnessangebote.

Su Gologone
08025 Oliena, Località Su Gologone
Tel. 07 84 28 75 12, Fax 07 84 28 76 68
www.sugologone.it
Etwa 8 km nordöstlich von Oliena liegt dieses charmante Landhotel in typisch sardischer Bauweise vor einem beeindruckenden Gebirgsmassiv des Supramonte, schöne Zimmer mit Aussicht, hervorragendes Restaurant, großer Garten mit Schwimmbad, Sauna und Fitnessraum, Tennis.

► Komfortabel

Martini
Via D'Annunzio
07026 Olbia
Tel. 0 78 92 60 66
Fax 0 78 92 64 18
Das neue Hotel befindet sich in einem modernen Einkaufszentrum am römischen Hafen. Vornehme Einrichtung und elegante Zimmer, schöne Sonnenterrasse.

Baedeker-Empfehlung

Leonardo Da Vinci
Via Roma 79
07100 Sassari
Tel. 0 79 28 07 44
Fax 07 92 85 72 33
www.leonardodavincihotel.it
Elegantes, großzügiges Hotel im Zentrum mit modernem Komfort und schönen Zimmern. Eigene Garage.

► Günstig

Agriturismo Depalmas Pietro
Località Preddu Nieddu Ovest
07040 Stintino
Tel. 0 79 52 31 29
Wer vom Urlaub auf dem Bauernhof träumt, ist in diesem sympathischen Familienbetrieb mitten auf der Halbinsel Stintino bestens aufgehoben.

Sa Pischedda
Via Roma 8, 08013 Bosa
Tel. 07 85 37 30 65
Fax 07 85 37 20 00
www.hotelsapischedda.it
In einem herrschaftlichen Gebäude befindet sich das Hotel mit netten Zimmern und gutem Fischrestaurant.

Pisa und Genua, im 11. Jh. zur Abwehr der Araber herbeigerufen, dehnten im 12. und 13. Jh. ihre Herrschaftsansprüche auf die Mittelmeerinsel aus. Als Lehen des Papstes wurde Sardinien im Jahre 1297 an die Krone Aragons vergeben. Unter der Herrschaft Spaniens, die bis zum Beginn des 18. Jh.s dauerte, verarmte das Land immer mehr. Durch den Frieden von Utrecht, der den Spanischen Erbfolgekrieg beendete, kam Sardinien 1713 zu Österreich, das die Insel 1718 im Tausch gegen Sizilien an die Herzöge von Savoyen abtrat. Das **sardisch-piemontesische Königreich** Sardinien bestand bis zur Einigung Italiens 1861. Seit 1948 ist die Insel Autonome Region der Republik Italien wie Sizilien, Trentino-Südtirol, Friaul-Julisch Venetien und das Aostatal.

Nordküste von Olbia nach Westen

Die Nordküste, zu der im Folgenden auch die Gegend nördlich von Olbia gezählt wird, ist unter Urlaubern die beliebteste Region. Wer hat noch nicht von der **Costa Smeralda** gehört, der »Smaragdküste«, die einst das Refugium der Highsociety war? Doch die Nordküste hat noch weit mehr zu bieten als nur ein kleines Strandparadies – es gibt viele hübsche Ortschaften mit alten, verwinkelten Stadtkernen, die über eine gute touristische Infrastruktur verfügen, und wildromantische Landschaften mit bizarren Granitfelsen und dunkler Macchia im Hinterland.

Olbia

Olbia (36 600 Einw.) passieren die meisten Urlauber nur als Durchgangsstation, denn die moderne Stadt ist mit Flug- und Fährhafen ein wichtiger Verkehrsknoten. Promenieren kann man am Corso Umberto mit seinen Geschäften, Bars und Restaurants. Ein langer Straßen- und Eisenbahndamm verbindet die Stadt mit der kleinen Isola Bianca, wo die von Civitavecchia kommenden Schiffe anlegen.

✶✶ Costa Smeralda

Nur 15 km nördlich von Olbia beginnnt die traumhafte Costa Smeralda, die »Smaragdküste«, berühmt für ihre herrlich feinsandigen Badestrände, ihr türkisfarben leuchtendes Meer und ihre bizarren Granitfelsen. Der stark zerklüftete Küstenabschnitt erstreckt sich längs einer großen Halbinsel. Zu Beginn der 60er-Jahre schuf hier **Prinz Aga Khan** eines der exklusivsten Feriengebiete des Mittelmeers mit mondänen, oft nur vom Meer aus zugänglichen Ferienvillen im Stil der traditionellen Inselarchitektur. Mittlerweile gibt es hier aber auch Ferienwohnungen und Hotels zu erschwinglichen Preisen. Schmale Stichstraßen führen von der SS 125, die etwas landeinwärts verläuft, hinunter zu den kleinen Badeorten.

✶ Porto Cervo ►

Am nördlichen Ende der Costa Smeralda liegt in einer schmalen Bucht Porto Cervo mit einem der größten und luxuriösesten Jachthäfen des Mittelmeers. Die kleine, einer Nuraghe nachempfundene Kirche Stella Maris hütet die berühmte **Mater dolorosa** von El Greco. Etwa 3 km nordwestlich von Porto Cervo öffnet sich die Bucht

Riesige, durch Wind und Wetter stark verwitterte Granitformationen, darunter der berühmte Bär, faszinieren an der Capo d'Orso, ca. 5 km östlich von Palau.

Liscia di Vacca. Fährt man hier 5 km weiter, gelangt man in das Dorf Baia Sardinia, einen der begehrtesten Ferienplätze der Insel mit einem 200 m langen Sandstrand.

◄ Arzachena, Gigantengräber

Das 20 km entfernte Arzachena, ursprünglich ein Hirtendorf, ist heute »Hauptstadt« der Costa Smeralda. In der Umgebung gibt es einige interessante frühgeschichtliche Zeugnisse zu besichtigen, darunter die an der Straße nach Luogosanto gelegene Nekropole Li Muri. Sie ist ein typisches Beispiel für die **Steinkreisgräber**, die die Kultur von Arzachena kennzeichnen. 500 m weiter thront auf einer Anhöhe das eindrucksvolle Gigantengrab von Li Lolghi, ein kollektives Grabmal aus nuraghischer Zeit um 1500 v. Chr. Aus dieser Zeit stammt auch das ebenso sehenswerte Gigantengrab von Coddu'Ecchju, ebenfalls von der Straße nach Luogosanto aus zu erreichen.

Palau

✶

◄ La Maddalena

Vom Fischerhafen und kleinen Ferienort Palau setzen täglich Schiffe zu der herb-schönen Insel La Maddalena über. Sie ist mit rund 20 km die größte Insel des Archipels. Der am Meer gelegene, gleichnamige Hauptort besitzt eine hübsche Altstadt. Wer die Eindrücke dieser von kargen Granitfelsen und kleinen Buchten geprägten Küste intensivieren will, der sollte die Insel auf der 7 km langen Panoramastraße umfahren. Sie führt über einen Damm auf die Nachbarinsel Caprera, die im Gegensatz zu La Maddalena bewaldet ist und im Süden schöne Sand- und Kiesstrände besitzt. Caprera ist eng mit dem italienischen Freiheitskämpfer und Politiker **Garibaldi** verbunden, der von 1856 bis 1882 mit Unterbrechungen auf der »Ziegeninsel« lebte. Im Olivenhain hinter seinem Wohnhaus, das als Gedenkstätte eingerichtet wurde und als bekanntestes Museum Sardiniens gilt, liegt der Nationalheld begraben.

✶

◄ Caprera

Santa Teresa di Gallura

Folgt man der Festlandküste 25 km weiter nach Westen, trifft man auf den bekannten Badeort Santa Teresa di Gallura. Mehrmals täglich pendeln von hier aus Fähren nach Korsika. Ein Damm führt 5 km westlich von Santa Teresa zur herrlichen bizarren Felslandschaft des Capo Testa. Auf der kleinen Halbinsel, die von strahlend weißen, wild übereinander getürmten **Granitfelsen** und schönen Sandstränden geprägt ist, entstanden auch Hotels und Restaurants.

✶ Capo Testa ▸

Castelsardo

Den Reiz des Küstenabschnitts, der ca. 70 km von Santa Teresa bis Castelsardo verläuft, machen die schönen Ausblicke aufs Meer, die versteckten Buchten und kleinen Feriensiedlungen in der Macchia- und Felsenlandschaft aus. Das hübsche alte Hafenstädtchen Castelsardo (5000 Einw.) ruht auf einem hohen Felsmassiv, das weit in den Golfo dell'Asinara hineinragt. Trotz der zahlreichen Kunsthandwerksläden hat es seinen ursprünglichen Charme nicht verloren. Der steile Aufstieg zum Kastell auf der Spitze des Felsens wird mit einer schönen Fernsicht belohnt. Überall in der verwinkelten Altstadt sieht man Frauen vor den Häusern sitzen und **Körbe flechten** – Castelsardo ist das traditionelle Zentrum der sardischen Korbflechterei. Die Pfarrkirche bewahrt eine schöne Madonna aus dem 15. Jh., ein Hauptwerk der spanisch-sardischen Malschule.

Abstecher nach Tempio Pausania

Einen guten Eindruck von dem von Macchia und rauen Felslandschaften geprägten Hinterland gewinnt man auf der Fahrt zu dem Ferien- und Kurort Tempio Pausania (13 700 Einw.), Hauptstadt der

Fischerboote im Hafen von Castelsardo

Gallura. Er liegt 55 km südöstlich auf einem Mittelgebirgsmassiv, umgeben von Weinbergen, Eichen- und Kastanienwäldern. Die Korkindustrie spielt eine wichtige Rolle in der regionalen Wirtschaft.

Porto Torres

Die Hafenstadt Porto Torres (35 km von Castelsardo) ist stark industriell geprägt, beheimatet aber dennoch eines der bedeutendsten Baudenkmäler Sardiniens: die Ende des 11. Jh.s von pisanischen Baumeistern errichtete **Basilika San Gavino**. Das seitliche Doppelportal ist ein schönes Beispiel für die katalanische Gotik des 15. Jh.s, in der Krypta befinden sich mehrere römische Sarkophage. Die Reste einer römischen Kolonie kann man westlich des Bahnhofs besichtigen. Östlich von Porto Torres führen Stichstraßen von der SS 200 zu Feriensiedlungen und einem kilometerlangen Sandstrand.

! Baedeker TIPP

Freie Sicht

Sehr zu empfehlen ist ein Ausflug zum 16 km südöstlich von Tempio Pausania aufragenden Monte Limbara, dessen schlanke Granitspitzen das Panorama bestimmen.

◄ Stintino

30 km weiter die Küste entlang gruppieren sich um eine hübsche kleine Hafenbucht die bunten Häuser des Fischerdorfes und Fremdenverkehrsorts Stintino (1200 Einw.), das wegen seiner langen weißen Sandstrände beliebt ist. Von hier gelangt man zur **Punta del Falcone**, dem nordwestlichen Kap von Sardinien mit zwei schönen Aussichtspunkten. Nördlich davor liegen die kleine Isola Piana und die buchtenreiche Isola Asinara, die nicht betreten werden darf.

Sassari

Sassari, 20 km südöstlich von Porto Torres, ist eine moderne und zugleich historisch geprägte Stadt – mit Universität, Museen, Kirchen und schönen Palazzi, die die netten kleinen Plätze in der verwinkelten Altstadt einrahmen. Die Hauptstadt der gleichnamigen Provinz und zweitgrößte Stadt auf Sardinien (120 000 Einw.) existierte als kleine Ortschaft schon im 12. Jh. Im 13. Jh. wuchs sie als **Handelszentrum** zwischen Genua und Festlanditalien zu einer bedeutenden Stadt heran und ist bis heute ein wichtiges Handels- und Verwaltungszentrum.

◄ Feste

Zwei bekannte Feste werden hier gefeiert: Die »Cavalcata Sarda« genannten Reiterwettspiele mit Trachtenumzug am vorletzten Maisonntag und die »Festa dei Candelieri«, eine Prozession der Zünfte mit 5 m hohen, dekorierten Holzkerzen, am 14. August.

✶ **Corso Vittorio Emanuele II**

Quer durch die reizvolle Altstadt führt die Promeniermeile Sassaris, der Corso Vittorio Emanuele II, der bereits im 13. Jh. existierte. Hier stößt man auf die **Barockkirche Sant'Andrea** von 1648 und das 1829 errichtete, klassizistische Teatro Civico. Zu beiden Seiten des Corso lohnen sich Abstecher ins Gassengewirr der Altstadt. Die Umgebung

◄ Dom San Nicola

des Doms bildet den ältesten Teil von Sassari. Der mächtige Sakralbau wurde im Wesentlichen im 15. Jh. im Stil der **katalanischen Gotik** erbaut. Um 1700 erhielt er seine Barockfassade und eine Ausstattung im Stil spanischer Barockkirchen. Ältester Bauteil ist der Kampanile aus dem 13. Jh., der im 18. Jh. aufgestockt wurde. Dem Dom angeschlossen ist ein Dommuseum. Hinter dem Gotteshaus an der

Palazzo Ducale ►

Piazza del Comune steht der Palazzo Ducale aus dem 18. Jh., der heute zum Teil als Rathaus dient.

Piazza d'Italia ►

Folgt man dem Corso Vittorio Emanuele II. in südöstlicher Richtung, trifft man auf die Piazza Castello, wo der vorwiegend im 19. Jh. entstandene Teil der Innenstadt beginnt. Auf die Piazza Castello folgt die weitläufige Piazza d'Italia, seit 1872 der neue Mittelpunkt der Stadt mit dem Denkmal Vittorio Emanueles II. und dem Palazzo della Provincia von 1880, der zu besichtigen ist.

★ Museo Archeologico ►

Von der Piazza d'Italia führt die baumbestandene Via Roma zum sehenswerten archäologischen Museum mit einer Sammlung vornehmlich sardischer Gemälde des 14. bis 19. Jh.s, vor allem aber mit hervorragend präsentierten Beständen zur Archäologie und Volkskunde von Sardinien.

Am westlichen Altstadtrand befindet sich an der weiten Piazza Santa Maria die 1106 gegründete Kirche Santa Maria di Betlem. Während die Fassade noch die romanische Gestaltung aus der Pisaner Zeit bewahrt hat, wurde das Innere im gotischen Stil erneuert. An der nördlichen Peripherie des Zentrums sieht man die hübsche **Fonte Rosello** mit barockem Brunnenhaus von 1605.

Umgebung von Sassari

Mit seinen Granithäusern besitzt das auf einer Anhöhe gelegene Osilo (6000 Einw.) noch das **typische Erscheinungsbild** eines sardischen Dorfes. Von der Burgruine der Malaspina, die eindrucksvoll über dem Ort aufragt, sowie von der nahen Cappella di Bonaria bietet sich eine schöne Aussicht.

Nuraghe Santu Antine gehört zu den kegelförmigen Wohntürmen, die ab 1800 v. Chr. hier gebaut wurden.

In herrlicher Landschaft steht die Abteikirche **Santissima Trinità di Saccargia**, die mit ihrem schwarzweiß gestreiften Mauerwerk, dem hohen Kampanile und den Fresken aus dem 13. Jh. ein besonders anmutiger Kirchenbau der pisanischen Romanik ist. Man erreicht sie von Sassari kommend zunächst auf der SS 131, dann zweigt man auf die SS 597 Richtung Codrongiano ab.

Fährt man auf der SS 131 weiter ins Landesinnere und biegt dann Richtung Bonnanaro ab, kann man mehrere, nahe beieinander gelegene Sehenswürdigkeiten besuchen. Bei Bonnanaro erreicht man die Abzweigung zu der reich ornamentierten Kirche San Pietro di Sorres aus pisanischer Zeit. Wenige Kilometer weiter liegt **Torralba**, wo man sich im Museo della Valle dei Nuraghi auf den Besuch des 3 km weiter südlich gelegenen, beeindruckenden Nuraghenkomplexes Santu Antine vorbereiten kann. Folgt man der SS 131 weiter und biegt Richtung Bonorva ab, lohnt es sich, durch das kleine, sehr malerische Dorf Rebeccu zu schlendern, das sich zu einem beliebten Ferienort entwickelt hat. In der Nähe befindet sich die bedeutende Nekropole Sant'Andrea Priu, eine Reihe von Höhlengräbern aus der Jungstein- und Kupferzeit.

* ◄ Nuraghe Santu Antine

◄ Nekropole Sant'Andrea Priu

Die Ostküste von Olbia nach Süden

Zwischen Olbia und Siniscola

Die ersten Ferien- und Badeorte mit schönen Stränden, die man 55 km östlich von Olbia erreicht, sind San Teodoro und Budoni. Sehr malerisch ist das an einen Hügel gebaute Posada mit seiner hübschen Altstadt. Etwas weiter die Küste entlang erfreuen sich der Badeort La Caletta, der auch einen kleinen Sporthafen besitzt, und der Ferienort Santa Lucia großer Beliebtheit.

◄ Siniscola, Monte Albo

Siniscola (55 km von Olbia) dient als Ausgangspunkt für Badeurlauber wie für Ausflüge in die **waldreiche Bergwelt** des Monte Albo. Eine Panoramastraße am Kamm des Monte Albo führt nach Bitti.

Orosei

Die einstige Bedeutung des 3 km von der Küste entfernten, am rechten Ufer des Cedrino gelegenen Städtchens Orosei (5000 Einw.) als Hauptort der **Baronia di Orosei** spiegelt sich heute noch in den mittelalterlichen und barocken Bauten und den hübschen Plätzen wider. Der Küstenabschnitt ist durch steile Felsen bestimmt, die mit kleinen, hübschen Badebuchten abwechseln.

◄ Abstecher nach Nuoro

Etwa 40 km landeinwärts liegt inmitten einer beinahe schon alpinen Berglandschaft am Hang des Monte Ortobene die Provinzhauptstadt Nuoro (35 800 Einw.). Am letzten Sonntag im August feiert man hier das viel besuchte Erlöserfest, Sagra del Redentore, zu dem sich Trachtengruppen aus allen Teilen Sardiniens in der Stadt treffen. Nuoro ist die Heimat der italienischen Schriftstellerin Grazia Deledda (1871–1936), die 1926 den Nobelpreis für Literatur erhielt. Ihr Geburtshaus in der nach ihr benannten Straße wurde als Gedenkmuseum eingerichtet. Das liebevoll gestaltete **»Museo della vita e delle tradizioni populari sardi«** verdient als interessanteste und umfangreichste volkskundliche Sammlung Sardiniens unbedingt einen Besuch. Eine herrliche Aussicht auf die Umgebung von Nuoro genießt man vom 955 m hohen Gipfel des Monte Ortobene östlich der Stadt.

* ◄ Abstecher nach Oliena und Supramonte

An den Fuß des lang gezogenen Kalksteinmassivs des Supramonte schmiegt sich das Städtchen Oliena (8 km südöstlich von Nuoro), von dem aus man zu dem kleinen, aber sehr schönen Massiv des Supramonte von Dorgali gelangt, wo die Quelle Su Gologone einer natürlichen Spalte des Kalkgesteins entspringt.

Abstecher nach Orgosolo ►

Das 23 km südlich von Nuoro gelegene Orgosolo ist bekannt für die Murales genannten **Wandbilder**, die seit den 1970er-Jahren zahlreiche Mauern und Hauswände des Ortes schmücken. Sie wurden von den Bewohnern gemalt, die damit ihre politischen und sozialen Forderungen zum Ausdruck brachten. Am nördlichen Ortsausgang gibt es sogar ein Wandbild, das den ehemaligen deutschen Bundeskanzler Helmut Schmidt zeigt.

Von Nuoro empfiehlt sich ein Abstecher über das Dorf Mamoiada nach Fonni (5000 Einw.), dem höchstgelegenen Ort der Insel, der wegen seiner angenehmen Lage am Nordhang des Gennargentu-Massivs als Ferienort, Wintersportort und Ausgangspunkt für Bergwanderungen beliebt ist. Zu Fuß oder mit der Seilbahn kann man von Fonni aus den **Bruncu Spina** erklimmen. Für den Aufstieg zur wenige Meter höheren **Punta la Marmora** (1834 m ü. d. M.) eignet sich auch der weiter südlich, inmitten herrlicher Kastanienwälder am steilen Hang gelegene Ort Desulo.

! **Baedeker TIPP**

Sardisch essen

In herrlicher Aussichtslage am Supramonte liegt einsam im Grün die Cooperative Enis. Das aus einer Arbeitsloseninitiative hervorgegangene Lokal ist für seine exzellente, günstige Küche bekannt (Tel. 07 84 28 83 63, www.coopenis.it).

✶ Abstecher nach Fonni, Gennargentu-Massiv ►

Dorgali

Dorgali (7900 Einw.), ein 23 km südlich von Orosei am Hang des Monte Bardia gelegenes Städtchen mit berühmter Kunsthandwerks- und Weintradition, besitzt ein hübsches Ortsbild mit Gebäuden aus dunklem Basalt. Einen Besuch lohnt das **Museo Civico Archeologico** mit zahlreichen Funden aus der Frühgeschichte Sardiniens.

Cala Gonone ►

Eine kurvenreiche Panoramastraße führt von Dorgali zur Küste (8 km), die man beim Badeort Cala Gonone erreicht. Versteckt zwischen den felsigen Partien liegen kleine, zum Teil nur vom Meer aus erreichbare Sandbuchten und tief eingeschnittene, bewaldete Schluchten. Eine Besonderheit dieses reizvollen Küstenabschnitts sind die **Tropfsteinhöhlen**, vor allem die Grotta del Bue Marino und die Grotta Ispinigoli, die man auch im Rahmen einer Führung besichtigen kann. Ausflugsboote bieten täglich Trips zu den herrlichen Stränden und zur Grotta del Bue Marina an. Sehenswert ist ferner das nordwestlich von Dorgali gelegene Nuraghendorf Serra Orrios.

✶ Grotta del Bue Marino, Grotta Ispinigoli ►

✶ Gola su Gorruppu ►

Die herrliche Schlucht su Gorruppu kann man auf einer anderthalbstündigen Wanderung durchqueren. Die 200 m hohen, senkrecht aufsteigenden Felswände lassen teilweise einen nur wenige Meter breiten Durchgang offen. Von Dorgali folgt man der Straße bis zur Kirche Nostra Signora del Buon Cammino, von wo eine Schotterpiste bis zur Brücke Ponte Barva führt, wo der Fußweg beginnt.

Santa Maria Navarrese

Erst 55 km südlich von Dorgali gibt es wieder eine Möglichkeit, ans Meer zu kommen: bei dem freundlichen Dorf Santa Maria Navarrese. Ein Abstecher lohnt nach **Arbatax**, einem kleinen Hafenort, der etwa 8 km weiter im Süden hinter der Stadt Tortoli liegt. Geprägt

Weingärten am Supramonte bei Dorgali

von seinem Fährhafen, ist er für Touristen zwar unattraktiv, berühmt sind aber die roten **Porphyrfelsen**, die man vom Hafen aus gut sehen kann. Von Arbatax geht es weiter Richtung Tortoli durch die südöstliche Ogliastra. In Bari Sardo, 10 km südlich von Tortoli, bietet sich ein weiter Blick auf das Massiv des Gennargentu. In vielen Windungen schlängelt sich die Straße durch raues, unberührtes Bergland.

◀ Villaputzu bis Villasimius

Zahlreich sind die Urlaubsorte im Süden der Ostküste nicht – erst Villaputzu (rund 75 km südlich von Tortoli) kann wieder mit einigen Sandstränden aufwarten. Etwa 30 km weiter südlich beginnt die touristisch kaum erschlossene **Costa Rei** mit endlosen Stränden, die zum Einzugsgebiet des Ferienortes Villasimius gehört.

Cagliari

Die Hauptstadt Sardiniens zieht vergleichsweise wenig Touristen an – zwar gibt es eine noch mittelalterlich geprägte Altstadt mit Sehenswürdigkeiten, guten Geschäften, zahlreichen Cafés und Restaurants, doch die Urlauber kommen nun mal nicht nach Sardinien, um eine moderne Großstadt (234 000 Einw.) zu sehen. Die von den Phöniziern gegründete und von den Römern Karalis genannte Stadt lehnt sich mit ihrem ältesten Teil, dem Castello (sardisch su Casteddu) an eine steile Anhöhe, zu deren Füßen sich die neuen Stadtteile und Vorstädte ausbreiten. Zum Flanieren geeignet sind vor allem das **Hafenviertel Marina** und die **Altstadt su Casteddu**. Seit jeher ist die durch ihre Lage an der Mündung des Flusses Mannu begünstigte Stadt der wichtigste Hafen Sardiniens. Die ökologisch wertvollen, aber schon stark bedrohten Strandseen, Lagunen und Salinen im Westen und Osten sind bereits in die ständig wachsende Stadt integriert. Bademöglichkeiten gibt es im Osten der Stadt bei Poetto.

Hafen Der Hafen von Cagliari ist Güterumschlagplatz, Passagier- und Fährhafen. Im Osten schließt sich ein kleiner Jachthafen an. Parallel zum Hafenkai verläuft die breite Via Roma – der »Corso« von Cagliari. Ein beliebter Treffpunkt sind die Cafés unter den Arkaden der Palazzi aus dem 19. Jh.; am Nordwestende der Via Roma liegen der Bahnhof und der neugotische Palazzo Comunale (Rathaus). Die meisten Trattorien und Restaurants findet man im verwinkelten Marina-Viertel, das sich zwischen Via Roma und Via Manno erstreckt. Die Kirche **Sant'Agostino** in der Via Baylle ist die einzige Renaissancekirche Sardiniens (um 1580).

Via Roma ►

Marina-Viertel ►

Cagliari Orientierung

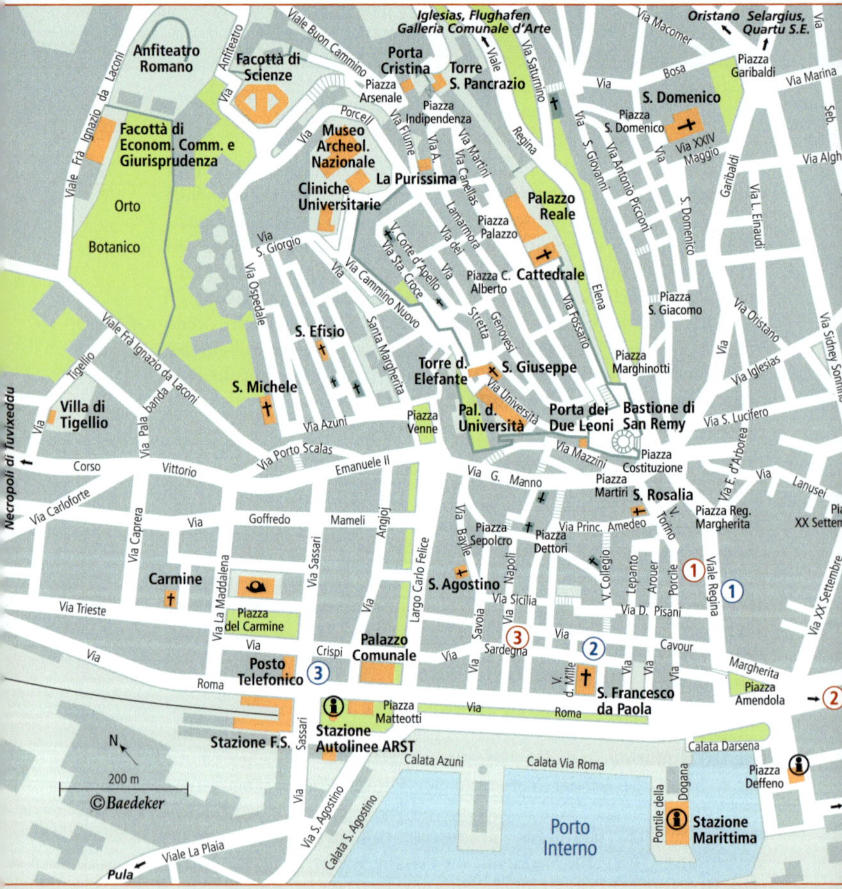

Übernachten
① Regina Margherita ② Panorama ③ Italia

Essen
① Dal Corsaro ② Antica Hostaria ③ Flora

Vom Rathaus an der Via Roma führt der baumbestandene, in den 1860er-Jahren angelegte Largo Carlo Felice leicht bergan zur Piazza Yenne, in die der belebte Corso Vittorio Emanuele mündet. An der Via Tigello, einer Seitenstraße des Corso Vittorio Emanuele, befinden sich die Reste von **drei römischen Häusern** der Kaiserzeit. Von der Piazza Yenne verläuft die Geschäftsstraße Via G. Manno zur etwas tiefer gelegenen Piazza della Costituzione. Von dem Platz gehen mehrere Straßen aus, darunter die Via Garibaldi, an der etwas abseits die Kirche San Domenico mit ihrem hübschen Kreuzgang steht.

Largo Carlo Felice

◄ Piazza della Costituzione

CAGLIARI ERLEBEN

AUSKUNFT

Piazza Matteotti 9
09100 Cagliari
Tel. 0 70 66 92 55, Fax 0 70 66 32 07
www.comune.cagliari.it

ESSEN

► **Fein & Teuer**

① ***Dal Corsaro***
Viale Regina Margherita 28, Cagliari
Tel. 0 70 66 43 18
Renommiertes Restaurant im Stadtzentrum, angenehm-elegante Atmosphäre, traditionelle Küche mit modernen Einflüssen.

► **Erschwinglich**

② ***Antica Hostaria***
Via Cavour 60, Cagliari
Tel. 0 70 66 58 70; So. geschl.
Typisches, alteingesessenes Lokal in der Altstadt, das für klassische italienische Küche und herzliche Atmosphäre bekannt ist.

► **Preiswert**

③ ***Flora***
Via Sassari 43/45, Cagliari
Tel. 0 70 66 47 35; So. geschl.
Gediegenes Restaurant voller schöner Antiquitäten, im Sommer wird auf der Terrasse im Innenhof serviert.

ÜBERNACHTEN

► **Luxus**

① ***Regina Margherita***
Viale Regina Margherita 44
09124 Cagliari
Tel. 0 70 67 03 42, Fax 0 70 66 83 25
www.hotelreginamargherita.com
Im Herzen der Stadt befindet sich dieses attraktive Hotel, das klassisch-vornehme Zimmer mit allem modernen Komfort anzubieten hat.

► **Komfortabel**

② ***Panorama***
Viale Diaz 231
09126 Cagliari
Tel. 0 70 30 76 91
Fax 0 70 30 54 13
www.hotelpanorama.it
Etwas außerhalb der Stadt, dafür ganz im Grünen liegt dieses moderne Hotel in der Nähe des Stadions Sant'Elia. Schöne Zimmer mit guter technischer Ausstattung. Restaurant, Swimmingpool, Garage.

► **Günstig**

③ ***Italia***
Via Sardegna 31
09124 Cagliari
Tel. 0 70 66 04 10, Fax 0 70 65 02 40
Das sympathische Hotel in der Nähe des Hafens bietet zeitgemäßen Komfort zu fairen Preisen.

Industrie- und Fährhafen in Cagliari

An der Piazza della Costituzione beginnt die prächtige Promenadenstraße **Viale Regina Elena**, die sich unter dem schroffen Ostabhang des Castello-Hügels nach Norden zieht, andererseits die steile **Marmortreppe** hinauf zur Bastione di San Remy, die zu Beginn des 20. Jh.s über den z. T. erhaltenen mittelalterlichen Bastionen entstand. Am Ende des großzügigen Treppenaufgangs erreicht man eine schöne Aussichtsterrasse, die den Blick auf den Hafen, den Golfo degli Angeli und weite Teile des dicht bebauten Cagliari freigibt. Oberhalb erhebt sich die Bastione Santa Caterina. Hier beginnt die Via dell'Università, die zur Università und zum wuchtigen Torre dell'Elefante von 1307 führt, einem bemerkenswerten Zeugnis **mittelalterlicher sardischer Architektur**. Hinter den ehemaligen Befestigungsanlagen erstreckt sich das Altstadtviertel Castello. Von der St.-Remy-Bastion gelangt man durch den alten Torre dell'Aquila in die enge Via Lamarmora, die Hauptstraße der Altstadt, die durch steile Gässchen und dunkle Gewölbegänge mit mehreren Parallelstraßen verbunden ist. Etwa auf halber Höhe weitet sich die Straße zur terrassenartig angelegten Piazza Palazzo, die von der Fassade des Doms und mehreren Palästen umrahmt wird.

Castello ►

Cattedrale Santa Maria

Die im 13. Jh. errichtete Bischofskirche wurde im Laufe der Zeit mehrfach umgebaut. Aus den Anfängen stammen der Kampanile und die Portale der Seitenschiffe, der Rest der Fassade ist neoromanisch. Im barockisierten Inneren befindet sich ein Hauptwerk der pisanischen Plastik des 12. Jh.s – die **marmorne Kanzel von Guglielmo**. Die Löwen des Kanzelfußes stehen am Choraufgang, die anderen zwei Teile der Doppelkanzel sind auf beiden Seiten des Haupteingangs postiert.

★ **Cittadella dei Musei**

Am Dom vorbei weiter nach Norden stößt man auf einen modernen Museumskomplex, in den Reste der ehemaligen spanischen Zitadelle miteinbezogen wurden. Hier befinden sich das Museo Archeologico Nazionale, ein Wachsfigurenkabinett, das Museo Siamese S. Cardu, das eine reichhaltige Sammlung orientalischer Waffen und Gebrauchsgegenstände aus China und Thailand zeigt, und die Pinacoteca Nazionale. Letztere zeigt **Werke sardischer und katalanischer Maler des 14. und 17. Jh.s** sowie Gemälde der »Schule von Stampace«, der sardischen Renaissance. Das Archäologische Museum hütet Funde aus vornuraghischen, nuraghischen, phönizisch-punischen und römischen Grabungsstätten.

Museo Archeologico Nazionale ►

Ganz in der Nähe befindet sich die Städtische Kunstgalerie, wo Arbeiten der wichtigsten sardischen Künstler gezeigt werden.

Galleria Communale d'Arte

Hinter der Citadella dei Musei verläuft der Viale Buon Cammino, von dem ein Weg hinab zum Amphitheater führt, das im 2. Jh. n. Chr. in elliptischer Form angelegt wurde. Noch gut erhalten sind die in den Felsen gehauenen Gänge, der Tiergraben und der Zuschauerraum mit ca. 20 000 Sitzplätzen. Heute wird das Areal häufig als **Freilichttheater** genutzt. Südwestlich des Amphitheaters erstreckt sich der Botanische Garten mit heimischen und exotischen Pflanzen.

★ Amphitheater

◄ Orto Botanico

Östlich der Innenstadt, an der Piazza San Cosimo, steht die **frühchristliche Kirche** San Saturno, der älteste Sakralbau Sardiniens. Das im 5./6. Jh. errichtete und im 11./12. Jh. erweiterte Gotteshaus ist dem hl. Saturnus geweiht. Er stammte aus Cagliari und wird heute als Schutzpatron der Stadt verehrt. Den weiten **kubischen Zentralbau** krönt als Kuppel eine Halbkugel aus dem 5. Jh.

San Saturno

Weiter südlich, an der Viale Bonaria, befindet sich der Klosterkomplex Bonaria mit einer mächtigen Basilika und der Wallfahrtskirche Santuario di Bonario. Dort wird das als wundertätig verehrte Bild der **»Madonna di Bonario«** aufbewahrt.

◄ Santuario di Bonario

Das Dorf Uta, nordwestlich von Cagliari unweit der Straße nach Iglesias gelegen, verdient wegen seiner romanischen Kirche S. Maria (1135–1145), der schönsten Landkirche Sardiniens, einen Besuch. Fährt man die SS 131 Richtung Norden, erreicht man 5 km südwestlich von Monastir, einem am Abhang vulkanischer Hügel gelegenen Dorf, den Ort San Sperate, den der sardische Künstler **Pinuccio Sciola** mit seinen vielfältigen Aktivitäten in eine Art Freilichtmuseum moderner Kunst verwandelte. Als Freund und Anhänger der mexikanischen Muralisten hatte Sciola die Kunstform der Murales in den 70er-Jahren nach Sardinien gebracht, wo bald in vielen Dörfern diese Protestbilder an den Hauswänden prangten.

Umgebung von Cagliari

◄ San Sperate

Die Südküste

Lohnend ist eine Fahrt von Cagliari entlang der Südostküste. Zunächst führt der Weg zum Aussichtsberg Monte Sant'Elia, vorbei am Feuchtgebiet Stagna di Molentargius, wo man **Flamingos** erspähen kann. Von dort geht es weiter zum viel besuchten Badestrand Poetto, der sich 8 km am Golfo di Quartu hinzieht. An der Straße zum aussichtsreichen Cap Carbonara liegen alte Wachtürme und Nuraghen.

Poetto

◄ Capo Carbonara

In der entgegengesetzten Richtung findet man 20 km von Cagliari bei dem Dorf Sarroch eine schöne Nuraghe. 7 km weiter, beim Urlaubsort Pula, zweigt die Straße zu den 4 km südlich auf einer schmalen Halbinsel gelegenen Resten der phönizischen, später römischen Stadt Nora ab. Zu sehen sind ein Forum, ein Theater, Thermen, Tempelreste, Grundmauern von **Villen und Bodenmosaike**.

★ ◄ Nora

Teulada Die Straße verlässt nach einiger Zeit die Küste und zieht landeinwärts weiter, erklimmt hinter Pula eine Passhöhe und erreicht schließlich nach 14 km das hübsch gelegene Städtchen Teulada, den Hauptort des Sulcis, wie man den südlichen Teil des Iglesiente nennt.

Die Westküste

Der südliche Teil der Westküste hat bis auf die vorgelagerten Inseln Sant'Antioco und San Pietro sowie die Stadt Iglesias wenig für Urlauber zu bieten. Im Norden sind Oristano und die Ausgrabungsstätte Tharros sowie die Städte Bosa und Alghero einen Besuch wert.

*** Isola di Sant'Antioco** Im Ferienstädtchen Sant'Antioco (12 400 Einw.) auf der gleichnamigen Insel kann man zu beiden Seiten des Kastells eine gut erhaltene phönizische Nekropole aus dem 5.–3. Jh. v. Chr. besichtigen. Nordwestlich der Stadt liegt das stark touristisch geprägte Fischerdorf Calasetta. Einsamer ist es am Capo Sperone, der Südspitze der Insel.

Portoscuso und Portovesme ►

Zurück auf dem Festland fährt man von San Giovanni Suergiu weiter zum 4 km nordwestlich von Carbonia gelegenen Tafelberg Monte Sirai, wo man die Grundmauern einer großen phönizisch-punischen Festung ausgegraben hat. Etwas weiter zweigt eine Straße zu den Hafenorten **Portoscuso** und Portovesme ab. Von Letzterem setzen die Fähren zur Isola di San Pietro über.

Iglesias Etwa 13 km hinter der Abzweigung nach Portoscuso und Portovesme trifft man auf die freundliche Stadt Iglesias (30 000 Einw.), deren reizvoller Kern teilweise noch von mittelalterlichen Mauern umgeben ist. Die Stadt ist Sitz einer Bergbauschule mit angeschlossenem Museum. Im Herzen der Altstadt sind an der Piazza Municipio die

Sonnenanbeter finden paradiesische Sandstrände an der Westküste der Insel vor.

wichtigsten Bauwerke versammelt: die Bischofskirche **Santa Chiara** mit romanisch-gotischer Fassade aus dem 13. Jh., der Bischofspalast aus dem 18. Jh. und der Palazzo Comunale aus dem 19. Jh.

Über eine sehr kurvenreiche Straße geht es von Iglesias über 80 km zum bewaldeten Küstengebiet der Costa Verde, das wegen der schönen **Sanddünenstrände** als Ferienregion erschlossen wurde. 54 km ins Landesinnere führt der Weg nach Sanluri (8600 Einw.). Die Kleinstadt am Ostrand der Campidano-Ebene besitzt die einzige gut erhaltene Festung der Insel: ein Castello aus dem 14. Jh., heute ein sehenswertes Museum zum Risorgimento. Von Sanluri ist es nicht weit zur bedeutendsten Nuraghenfestung Sardiniens, Su Nuraxi. Man fährt 24 km zu dem nordöstlich gelegenen Dorf Barumini, in dessen Nähe sich die archäologische Stätte befindet. Die große Anlage besteht aus einer rautenförmigen Bastion mit einem zentralen Turm und vier großen Ecktürmen sowie den Resten einer Siedlung mit knapp 400 Häusern.

◄ Sanluri

★★ ◄ Abstecher nach Su Nuraxi

WUSSTEN SIE SCHON ...?

- Als Sardinien 1409 in der Schlacht von Sanluri den Spaniern unterlag, rächte sich eine Frau des Ortes auf recht ungewöhnliche Weise: Sie lockte den Sieger Martin II. in ihr Bett und liebte ihn zu Tode.

Sardara

In Sardara, 9 km nördlich von Sanluri. kann man unter der kleinen Kirche Santa Anastasia ein unterirdisches **nuraghisches Brunnenheiligtum** aus dem 10. Jh. v. Chr. besichtigen. Etwa 3 km außerhalb des Ortes sprudeln die 50 ° und 68 °C warmen **Heilquellen** von Sardara, die schon seit römischer Zeit zu Heilzwecken dienten und heute in einer modernen Kuranstalt genutzt werden.

Oristano

Oristano (32 300 Einw.) ist die kleinste der vier Provinzhauptstädte Sardiniens und auch heute noch sehr ländlich geprägt. Von den mittelalterlichen Befestigungsanlagen sind einige Türme erhalten, die die kleine, ruhige Altstadt einrahmen. Sehenswert sind der im 13. Jh. begonnene, später mehrfach umgestaltete Dom und das Museum, das Fundstücke von der antiken Stadt Tharros zeigt. An Markttagen sieht man in Oristano noch vielfach schöne Trachten.

Eine viel besuchte Attraktion in Oristano ist die Sartiglia, ein auf das 16. Jh. zurückgehendes Pferdeturnier, das alljährlich am Faschingssonntag und am Faschingsdienstag stattfindet.

Der große touristische Anziehungspunkt sind die bedeutenden Ruinen der antiken Stadt Tharros, etwa 20 km westlich von Oristano auf der Halbinsel Sinis. Punier gründeten sie einst, und auch in römischer Zeit war sie noch besiedelt. Auf der Fahrt dorthin kommt man an den Strandseen Stagno di Cabras und Stagno di Mistras vorbei, die zu den größten Feuchtgebieten Sardiniens zählen und Brutplätze für viele **seltene Vogelarten** sind.

★★ ◄ Tharros

Macomer

Auf dem Weg Richtung Sassari trifft man zwischen Macomer und Sassari entlang der SS 131 auf zahlreiche, zum Teil bestens erhaltene

Den von den Phöniziern geründeten Hafen Tharros nutzten auch die Römer

Nuraghen. Ein eindrucksvolles Beispiel für diese frühe Wehrarchitektur ist die 3 km südlich von Torralba, an der Provinzstraße nach Bono gelegene Nuraghe Santu Antine, deren Mittelturm ursprünglich eine Höhe von 20 m erreichte.

Nuraghe Santu Antine ▶

Bosa Besonders idyllisch ist das alte Hafenstädtchen Bosa (8900 Einw.), das, nur 2 km von Meer und Strand entfernt, ins grüne Tal des Flusses Temo gebettet ist. Kleine **bunte Fischerboote** säumen die palmenbestandene Uferpromenade. Die Gassen der hübschen Altstadt ziehen sich steil einen Hang hinauf zu einem im 12. bis 14. Jh. erbauten Kastell. In Bosa Marina an der Mündung des Temo ins Meer trifft man viele Strandurlauber.

✶ **Alghero** Sehr zu empfehlen ist der Besuch des Städtchens und Seebades Alghero (41 000 Einw.), dessen Bewohner noch einen **katalanischen Dialekt** sprechen. Seine wundervolle Lage auf einer kleinen Landzunge (45 km von Bosa entfernt) und die gut erhaltene, von einer mächtigen Befestigung geschützte Altstadt machen Alghero zu etwas Besonderem. Sehenswert sind im Gassengewirr der Altstadt die gotische Kathedrale (1562–1579) mit einem Portal im aragonesischen Stil, die Kirche San Francesco mit ihrem romanischen Kreuzgang und die spanischen Bastionen. Im Süden der Altstadt kann man im Mare Nostrum das einzige Aquarium Sardiniens besuchen. Viele kommen auch wegen der zahlreichen Souvenir- und Schmuckläden sowie der exklusiven Boutiquen hierher. Lange Sandstrände und viele Unterkünfte für Urlauber gibt es im Norden und Süden Algheros.

✶ Capo Caccia ▶

Grotta di Nettuno ▶

Die schroffen Kalksteinfelsen von Capo Caccia ragen rund 25 km westlich von Alghero ins Meer. An der Westseite des Kaps, das die weite Bucht von Porto Conte abschließt, öffnet sich die Grotta di Nettuno (Neptungrotte), eine der schönsten **Tropfsteinhöhlen** Sardiniens. Empfehlenswert ist eine Fahrt mit einem Ausflugsboot von Alghero aus.

★★ Siena

J 12

Region: Toskana • Toscana
Höhe: 322 m ü. d. M.
Provinz: Siena
Einwohnerzahl: 64 000

Seit dem Mittelalter liegen Florenz und Siena in Konkurrenz, was künstlerisch gesehen beide Städte zu Höchstleistungen trieb. Erfreulich ist dies nicht zuletzt für Urlauber, die zwei hochkarätige Kunststädte quasi »in einem Aufwasch« besuchen können. Ob Siena tatsächlich die schönere ist, entscheidet man am besten vor Ort.

Schönste Stadt der Toskana

In Siena, das seit 1995 zum UNESCO-Weltkulturerbe gehört, gibt es keine Stadtviertel, sondern **Stadtdrittel** (Terzi). Ihre Hauptachsen treffen im Croce del Travaglia bei der Piazza del Campo zusammen: im Süden das Terzo di Città mit der Via di Città und dem Dombezirk auf dem höchsten Punkt der Stadt, im Norden das Terzo di Camollia mit der Via Banchi di Sopra mit schmucken Palästen, im Osten das Terzo di S. Martino mit der geschäftigen Via Banchi di Sotto.

Stadtrepublik

Das römische Saena Julia war ursprünglich eine unbedeutende Militärkolonie, wurde im 4. Jh. Bischofssitz und erhielt in fränkischer Zeit eigene Grafen. 1137 bemächtigte es sich der Silberminen von Montieri und entwickelte sich durch Handel und Bankgeschäfte zu einer der mächtigsten mittelalterlichen **Stadtrepubliken**. Die Regierung lag in den Händen des ghibellinischen, also kaisertreuen Adels. Dies brachte Siena in scharfen Gegensatz zum papsttreuen, guelfischen Florenz, mit dem es lange um die Vorherrschaft kämpfte. Im 14. Jh. raffte die Pest über 60% der Einwohner dahin – ein Schlag, von dem sich die Stadt nicht mehr erholte. Anfang des 15. Jh.s war ihre Glanzzeit vorbei. 1559 fiel Siena an Herzog Cosimo I de' Medici. Dies besiegelte das Ende der freien Stadtrepublik und machte Cosimo zum Großherzog der Toskana.

Ihren Höhepunkt hatte die sienesische Kunst im 13. und 14. Jh. Der Dom und zahlreiche Paläste sind herrliche Zeugnisse gotischer Architektur. Die Ziegelerde der Umgebung bedingte die Bevorzugung des Backsteinbaus. Die **Sieneser Malerei,** vertreten durch Duccio, Simone Martini, Ambrogio und Pietro Lorenzetti, übertraf mit ihrem anmutigen Stil zunächst die von Florenz. Jacopo della Quercia (1374–1438) ist ein Mitbegründer der Renaissanceskulptur.

Das Herz von Siena schlägt auf der Piazza del Campo zu Füßen des Palazzo Publico

Sehenswertes in Siena

★★ **Piazza del Campo**

Herz der Stadt ist die Piazza del Campo, der halbrunde, wie eine halbierte Schüssel geformte Vorplatz der mächtigen Front des Palazzo Pubblico, in seiner Geschlossenheit eine der schönsten städtebaulichen Raumschöpfungen. Die marmorne **Fonte Gaia** an der Nordseite ist eine Nachbildung von Jacopo della Quercias Meisterwerk von 1419, dessen Original im Palazzo Pubblico steht.

★ **Palazzo Pubblico**

Der Palazzo Pubblico, ein großartiger gotischer Bau aus Travertin und Backstein, wurde 1297–1310 errichtet; das oberste Geschoss der niedrigeren Flügel kam erst 1680 hinzu. An der Seite ragt der 1338–1348 erbaute, insgesamt 102 m hohe Torre del Mangia auf. An der Turmbasis steht die 1352 nach der großen Pest in Form einer Loggia erbaute Capella di Piazza, die später um einen Renaissanceaufbau ergänzt wurde. Die Räume des Palazzo Pubblico sind mit Fresken der Sieneser Schule geschmückt, die einen Einblick in die Anschauungen der Bürger des 14. und 15. Jh.s gewähren. Zu den bewegendsten Beispielen zählen in der Sala della Pace die 1337–1339 geschaffenen Fresken **»Das gute und das schlechte Regiment«** von Ambrogio Lorenzetti, der sich bei der Gestaltung vielsagend am Stadtbild von Siena orientierte. In der Sala del Mappamondo findet man zwei Fresken von Simone Martini, entstanden um 1315 bzw. 1330. Im ersten und zweiten Stock zeigt das Museo Civico Zeichnungen, Gemälde und Dokumente zur Stadtgeschichte; im dritten Stock eine Loggia mit Originalskulpturen der Fonte Gaia.

Loggia della Mercanzia ►

Von der Nordwestseite des Campo führen Treppen hinauf zur Loggia della Mercanzia, dem alten Handelsgericht von 1428–1444. Am nahen Croce del Travaglio, dem »Kreuz der Arbeit«, treffen die drei Haupt-, **Einkaufs- und Flanierstraßen** der Stadt zusammen.

★ Palazzo Piccolomini ►

Im Osten stößt der Palazzo Piccolomini, einer der schönsten Renaissancepaläste der Stadt, an die Piazza del Campo. Er wurde ab 1469 für Nanni Piccolomini, Vater von Papst Pius III., erbaut. Heute ist er Sitz des Staatsarchivs, das u. a. Handschriften von **Dante** und der hl. Katharina von Siena sowie die Sammlung der »tavole di biccherna« enthält, Holztäfelchen mit Verwaltungsdaten seit dem 13. Jh.

★ **Baptisterium S. Giovanni**

Von der Piazza del Campo führt die Via dei Pellegrini am 1504–1509 für den Stadtherrn Pandolfo Petrucci erbauten Palazzo del Magnifico vorbei zum Dombezirk. An der kleinen Piazza S. Giovanni sieht man den hohen Domchor, der seit dem 14. Jh. über das Baptisterium S. Giovanni ragt. Seine schöne Fassade blieb leider unvollendet; innen birgt die Taufkirche Fresken von 1450 und einen 1417–1430 von Jacopo della Quercia gefertigten **Taufbrunnen**, für den Donatello und Lorenzo Ghiberti Bronzereliefs lieferten.

★★ **Dom**

Vom Baptisterium geht man hinauf zum Domplatz auf dem höchsten Punkt der Stadt. Zunächst befindet man sich auf dem Platz, der einmal das Langhaus eines neuen Doms hätte werden sollen. Die 1339 beschlossene **Erweiterung**, die den Dom zum größten gotischen Bau Italiens gemacht hätte, musste wegen Baufehlern und infolge der Pest 1348 aufgegeben werden. Der jetzige Dom S. Maria Assunta ist einer der eindrucksvollsten gotischen Sakralbauten Italiens. Er wurde Mitte des 12. Jh.s begonnen und 1264 mit der Vierungskuppel beendet; den Chor verlängerte man um 1317 über dem Baptisterium. Der untere Teil der Fassade in **rotem, schwarzem und weißem Marmor** wurde 1284–1298 von Giovanni Pisano errichtet, der obere 1376–1380. Den reichen Skulpturenschmuck hat man 1869 großenteils erneuert, die Mosaike wurden erst 1877 eingesetzt. Der Glockenturm aus der zweiten Hälfte des 13. Jh.s wirkt mit der helldunklen Inkrustierung und der von unten nach oben zunehmenden Zahl der Arkaden sehr elegant.

Gotisches Meisterwerk: der Sieneser Dom

Das Innere des Doms macht mit seinen gleichmäßigen Lagen von schwarzem und weißem Marmor einen fremdartigen Eindruck. Einzigartig ist der **Marmorfußboden** mit seinen 56 in Graffito- und Intarsientechnik ausgeführten Bildern mit Szenen von der Vorzeit bis zum Kreuzestod Christi; von 1369 bis 1547 arbeiteten über 40 Künstler daran. Zum Schutz ist er leider meist mit einer Abdeckung versehen, die an Festtagen sowie von Ende August bis Anfang Oktober entfernt wird. Im Mittelschiff befinden sich am Kranzgesims 172 Papstbüsten aus Terrakotta sowie 36 Medaillons mit Porträts römischer Kaiser aus dem 15. / 16. Jh. Ein hervorragendes Kunstwerk ist die **Kanzel aus weißem Marmor** mit schönen Reliefszenen aus dem Neuen Testament, 1266–1268 geschaffen von Nicola Pisano. Der große Hauptaltar ist ein Werk von Baldassare Perruzzi (1532). Beachtlich ist auch das spätgotische Chorgestühl. Im linken Querschiff sollte man die Kapelle Johannes' des Täufers mit Fresken von Pinturicchio (1482) anschauen, das Portal von Marrina und eine Bronzestatue Johannes' des Täufers von Donatello (1457). Im rechten Querschiff liegt die Cappella Chigi, die nach Entwürfen Berninis 1659–1662 barock ausgestaltet wurde.

SIENA ERLEBEN

AUSKUNFT

Piazza del Campo 56, Siena
Tel. 05 77 28 05 51, Fax 05 77 27 06 76
www.sienaturismo.it
www.sienaweb.it

VERKEHR

Siena ist bis auf wenige Gassen für den privaten Verkehr gesperrt – was allerdings keineswegs bedeutet, dass in der Stadt keine Autos fahren! Busse kommen an der Piazza San Domenico an, Autofahrer sollten den Hinweisschildern folgen und ihren Wagen auf einen der Parkplätze oder eine der Parkgaragen entlang der Stadtmauern bringen. Der Bahnhof liegt unterhalb des Altstadtkerns, etwa 2 km vom Zentrum entfernt.

NICHT VERSÄUMEN!

Palio di Siena

Nach 90 Sekunden ist alles vorbei – länger brauchen Ross und Reiter nicht, um drei Mal um die Piazza del Campo zu preschen. Wer das Spektakel am 2. Juli oder 16. August von einem Tribünenplatz aus sehen will, sollte lange zuvor reservieren: Tel. 0 57 74 22 09, www.paliodisiena.com.

EINKAUFEN

In der Via di Città und der Via dei Banchi di Sopra findet man die meisten und teuersten Einkaufsadressen, u. a. die Drogheria Manganelli (Via di Città 71–73), wo seit 1879 Kuchen nach alten Rezepten, insbesondere das Panforte (Sieneser Früchtebrot) hergestellt wird. Was die Café- und Pasticcerien-Szene angeht, ist Siena beherrscht von der »Nannini-Dynastie«. Deshalb gehört zu jedem Siena-Aufenthalt der Besuch mindestens einer ihrer Bars oder Cafés. Wahre Zuckerbäckerwunder findet man in der Nannini-Institution Conca d'Oro (Via Banchi di Sopra 24). Für den Weineinkauf empfiehlt sich die Enoteca Italiana an der Piazza Matteotti 30 oder die Enoteca im Forte di Santa Barbara.
Schöne Accessoires, insbesondere von Alessi, gibt es bei Ditta Muzzi Sergio, Via dei Termini 97.

SAMMELTICKET

Siena bietet ein Sammelticket (biglietto cumulativo) für 2 Tage sowie ein teureres und umfangreicheres für 7 Tage an (Touristeninformation).

ESSEN

► Fein und teuer

③ ***Antica Botteganova***
Via Chiantigiana 29, Siena
Tel. 05 77 28 42 30
Das Restaurant im Norden der Stadt – außerhalb der alten Mauern – wurde für seine hervorragende Küche mit einem Michelinstern ausgezeichnet.

► Erschwinglich

② ***Antica Osteria da Divo***
Via Franciosa 25, Siena
Tel. 0 57 77 28 43 81
Das Ristorante in Domnähe besticht durch seine zauberhaften Gewölberäume und eine feine toskanische Küche. Täglich geöffnet.

④ ***Osteria Castelvecchio***
Via Castelvecchio 65, Siena
Tel. 0 57 74 95 86
Rustikales Restaurant in den gewölbten Kellern eines alten Palasts. Die täglich wechselnde Karte kommt handgeschrieben auf den Tisch. Unbedingt zu empfehlen: das Degustationsmenü.

▶ **Preiswert**

① ***Trattoria Papei***
Piazza del Mercato 6, Siena
Tel. 05 77 28 08 94
Regionale Küche zu anständigen Preisen – und mitten im Zentrum!

ÜBERNACHTEN

▶ **Komfortabel bis Luxus**

② ***Santa Caterina***
Via E. S. Piccolomini 7, Siena
Tel. 05 77 22 11 05, Fax 05 77 27 10 87
www.hscsiena.it
Gediegenes Hotel am Rand der Altstadt (15 Min. bis zum Campo) mit stilvoll eingerichteten Zimmern und üppigem Frühstücksbuffet. Zimmer zur Gartenseite verlangen!

① ***Palazzo Ravizza***
Pian dei Mantellini 34, Siena
Tel. 05 77 28 04 62, Fax 05 77 22 15 97
www.palazzoravizza.it
Seit 1924 gibt es dieses Hotel in einem alten Stadtpalast in Siena. Die Zimmer mit hohen Holz- oder Stuckdecken verströmen altmodischen Charme.

▶ **Komfortabel**

③ ***Hotel Duomo***
Via di Stalloreggi 38, Siena
Tel. 05 77 28 90 88, Fax 0 57 74 30 43
www.hotelduomo.it
Sehr angenehmes Drei-Sterne-Hotel in der Nähe des Doms.

▶ **Günstig**

④ ***Locanda Garibaldi***
Via G. Duprè 18, Siena
Tel. 05 77 28 42 04
Preisgünstiges Hotel in absolut zentraler Lage direkt hinter dem Campo. Vorbestellen, da nur wenige Zimmer!

Auf der Piazza del Campo wird's nachts erst richtig lebendig.

Siena Orientierung

Essen

① Trattoria Papei
② Antica Osteria da Divo
③ Antica Botteganova
④ Castelvecchio

Übernachten

① Palazzo Ravizza
② Santa Caterina
③ Hotel Duomo
④ Locanda Garibaldi

★ **Libreria Piccolomini**

Vom linken Seitenschiff gelangt man in die berühmte **Dombibliothek**, eine der schönsten und besterhaltenen Schöpfungen der Renaissance. Sie wurde ab 1492 im Auftrag des Kardinals Francesco Piccolomini, dem späteren Papst Pius III., zu Ehren seines Verwandten Enea Silvio Piccolomini, bekannter als Papst Pius II., erbaut und 1502–1509 von Pinturicchio und seinen Schülern mit farbenfrohen Szenen aus dem Leben des Geehrten freskiert. Die Wand vor der Libreria ist ein Meisterwerk dekorativer Plastik von Lorenzo di Mariano.

★ **Museo dell' Opera Metropolitana**

Im Seitenschiff des einst geplanten Doms zeigt das Dommuseum die berühmte **»Maestà«** Duccio di Buoninsegnas (1308–1311) und die »Geburt der Jungfrau« von Pietro Lorenzetti aus dem Jahr 1342.
Der Erzbischöfliche Palast, 1718–1723 an der Nordflanke des Doms erbaut, ist ein frühes Beispiel historisierender Architektur. Direkt gegenüber steht das Spedale di S. Maria della Scala. Den nach Anmeldung zugänglichen Pilgersaal schmückte D. di Bartolo 1440–1443 mit Fresken, die Nonnen bei der Krankenpflege zeigen. Im linken Flügel hat das Archäologische Nationalmuseum seinen Sitz.

★★ **Pinacoteca Nazionale**

Südöstlich des Doms ist im Palazzo Buonsignori, einem Backsteinbau aus dem frühen 15. Jh., die Pinacoteca Nazionale untergebracht, die einen ausgezeichneten Überblick über die **Sieneser Malerei** des 12. bis 16. Jh.s bietet. Vertreten sind vor allem Guido da Siena, Duccio di Buoninsegna, Ambrogio und Pietro Lorenzetti, Simone Martini, Giovanni di Paolo, Pinturicchio und der aus der Lombardei stammende G. A. Bazzi, genannt Sodoma.

Via di Città

An der Via di Città unterhalb des Doms liegen der Palazzo Piccolo delle Papesse, um 1460 für Caterina Piccolomini, die Schwester Pius' II. erbaut, und der um 1320 entstandene Palazzo Chigi-Saracini, Sitz der Accademia Musicale Chigiana. Eine Attraktion anderer Art ist die Drogheria Manganelli (Nr. 71/73), ein schöner Feinkostladen von 1879.

Casa di S. Caterina

In der Via S. Caterina steht das Geburtshaus der hl. Katharina von Siena (1347–1380) mit einem Oratorium, das drei Jahre nach ihrer Heiligsprechung 1464 errichtet wurde. Die Mystikerin, 25. Kind des Färbers Benincasa, bewog 1377 Papst Gregor XI., aus seinem Exil in Avignon nach Rom zurückzukehren.

S. Domenico

Im Westen Sienas ragt burgartig die Kirche S. Domenico auf, ein Backsteinbau mit zinnenbekröntem Kampanile. Die Kapelle am Eingang rechts birgt das wohl einzige wirklichkeitsgetreue Bildnis der **hl. Katharina**, ein von Andrea Vanni um 1380 gemaltes Fresko. Von der rechten Langhauswand geht die Kapelle Katharinas ab, die Sodoma um 1526 freskierte. Ein Marmortabernakel von 1466 bewahrt den Kopf der Heiligen. Den Hauptaltar zieren ein Ziborium und zwei Leuchterengel Benedetto da Maianos, entstanden um 1475.

Fortezza di S. Barbara Von S. Domenico gelangt man durch den Viale dei Mille zum 1560 von Herzog Cosimo I. de' Medici erbauten Forte di S. Barbara mit einem Freilichttheater. In der Enoteca Italiana kann man bei einem Imbiss auf der Terrasse die Weinlandschaften Italiens erschmecken.

Umgebung von Siena

Crete Südöstlich von Siena breiten sich die Crete aus, eine bizarr-zerfurchte, von Erosion geprägte **Hügellandschaft**. Man sieht sie gut auf einer Fahrt nach Asciano (25 km), einem hübschen Städtchen mit sehenswertem Etruskermuseum. Von hier geht es 10 km weiter zur imposanten Abbazia Monte Oliveto Maggiore, die 1313 von dem Sieneser Rechtsgelehrten Bernardo Tolomei gegründet wurde und Keimzelle des Olivetanerordens ist, einer Benediktinerkongregation. Die Anlage entstand 1387–1514; die **Terrakottaskulpturen** über dem Tor stammen von Luca della Robbia, im Kreuzgang beeindruckt der Freskenzyklus »Leben des hl. Benedikt«, 1497 von Luca Signorelli begonnen und ab 1505 von Sodoma vollendet.

✶ Monte Oliveto Maggiore ►

Monteriggioni Am Weg von Siena nach San Gimignano ist nach ca. 10 km auf dem Berg ein kleiner Ort mit gewaltiger Befestigung zu sehen. Es handelt sich um den kleinen Weiler Monteriggioni, der mit zwei hervorragenden Restaurants lockt. Weitere 10 km nordwestlich liegt Colle Val d'Elsa (17 500 Einw.); die mittelalterliche Oberstadt Colle Alta schmückt ein barocker Dom, in der Nachbarschaft findet man das Archäologische Museum, den Palazzo dei Priori mit Stadtmuseum sowie das Turmhaus, in dem **Arnolfo di Cambio** geboren wurde, der erste Architekt des Doms zu Florenz.

Colle Val d'Elsa ►

Chianti ►Florenz, Umgebung

★★ Sizilien · Sicilia

T–W 14–21

Region: Sizilien • Sicilia
Fläche: 25 708 km²
Einwohnerzahl: 5,1 Mio.
Höhe: Meereshöhe bis 3340 m ü. d. M.

Provinzen: Agrigent, Caltanissetta, Catania, Enna, Messina, Palermo, Ragusa, Syrakus und Trapani

Verkehrschaos und stille Strände, Mafia und zutiefst herzliche Menschen, einfache Dörfer und prunkvolle Städte: Auf Sizilien scheinen sich die Gegensätze zu vermählen. Araber, Griechen, Spanier hinterließen hier großartige Monumente, die es zu entdecken lohnt.

Sizilien, die größte Insel des Mittelmeers, liegt nur wenige Kilometer südwestlich der italienischen Halbinsel und 140 km von Nordafrika entfernt. Seit 1946 ist sie autonome Region mit der Hauptstadt Paler-

SIZILIEN ERLEBEN

AUSKUNFT

Via Notarbartolo 9, 90141 Palermo
Tel. 09 16 96 80 33, Fax 09 16 96 81 23
www.regione.sicilia.it/turismo
www.sicilia-online.it, www.sicilyweb.com, www.tuttitalia.com

ANREISE

Von Villa San Giovanni und Reggio di Calabria überqueren regelmäßig Fährschiffe der italienischen Staatsbahnen und von Privatanbietern die Straße von Messina, die Meerenge zwischen Kalabrien und der Insel. Die bedeutendsten Flughäfen sind Catania und Palermo; in den Hauptreisezeiten werden sie von Chartermaschinen direkt angeflogen. Alitalia fliegt auch regelmäßig von Rom und Mailand nach Catania, Palermo und Trapani.

Ausführlich beschrieben im Baedeker Allianz Reiseführer »Sizilien«

mo. In der Antike nannte man die von drei Meeren umspülte Insel Trinacria, »die drei Vorgebirge«, das dazugehörige Symbol war ein von Schlangen, Flügeln und drei abgewinkelten Beinen umrahmter Mädchenkopf. Geologisch die Fortsetzung der Apenninhalbinsel, prägen Hügel und Berge die Landschaft. Sie gehören zu den **drei Gebirgszügen** Peloritani, Nebrodi und Madonie. Im Inselinnern stößt man auf bis 1000 m ansteigendes Hügelland, das von zahlreichen Tälern durchschnitten ist und gegen Süden in Stufen abfällt. Die Ostseite Siziliens ist stark vulkanisch, der **Ätna**, das Wahrzeichen Siziliens, ist mit 3369 m der höchste Gipfel Siziliens und der größte Vulkan Europas. Zur Insel gehören 37 kleinere Inseln. Die bewohnbaren sind allesamt beliebte Ferienziele.

Wirtschaft

Von den rund 5,1 Mio. Einwohnern sind knapp 1,2 Mio. als regulär beschäftigt registriert. Obwohl auf der fruchtbaren Insel seit der Antike die **Landwirtschaft** die wichtigste Rolle spielt und drei Viertel der Insel bebaut werden, sind nur 11% der Bevölkerung in diesem Bereich beschäftigt. In diesem Umstand spiegelt sich das seit der Antike bestehende Feudalsystem wider, mit einigen wenigen großen Latifundien und einem Heer an armen Landarbeitern. Noch heute verfügen 2% der Betriebe über 50% des Agrarlandes. Hauptsächlich werden Weizen und Zitrusfrüchte angebaut.
Industrie hat sich vor allem in Palermo und Catania entwickelt, Schwerpunkte sind Maschinen- und Schiffbau sowie Petrochemie. Nicht unerheblich ist der Anteil der Fischerei, rund 20% der gesamten Ausbeute Italiens kommt aus den Gewässern rings um Sizilien. An Bodenschätzen ist die Insel nicht reich, es gibt Erdöl und Erdgas u. a. in der Region von Ragusa, daneben wird um Trapani Salz gewonnen. Zugenommen hat in jüngerer Zeit der Dienstleistungssektor, vor allem dank des Aufschwungs im Fremdenverkehr. Schöne Landschaften, Strände sowie großartige Denkmäler machen Sizilien zu einem begehrten Reiseziel.

Inselrundfahrt (ca. 1100 km)

Die Rundfahrt beginnt in Messina und führt entgegen dem Uhrzeigersinn nach Palermo und weiter. Da das Straßennetz auf Sizilien gut ausgebaut ist, lässt es sich auf der Insel angenehm fahren. Eine besondere Herausforderung sind allerdings die verkehrsreichen Innenstädte.

Messina Orientierung

Übernachten
① Grand Hotel Liberty
② Royal Palace Hotel
③ Europa Palace Hotel

Essen
① Piero
② Casa Savoia
③ Le Due Sorelle

MESSINA ERLEBEN

AUSKUNFT

AAST
Piazza Cairoli 45, 98100 Messina
Tel. 09 02 93 52 92, Fax 0 90 69 47 80
www.azienturismomessina.it

EINKAUFEN

Messinas wichtigste Einkaufsmeile ist der Viale San Martino zwischen Piazza Cairoli und Viale Europa; hier und in den Nebengassen bekommt man alles vom Designer-Modell bis zum Schnäppchen.

VERANSTALTUNGEN

Umzug der Riesen Mata und Grifone am 14. August; Vara-Prozession am 15. August zu Ehren der hl. Maria.

ESSEN

► Fein & Teuer

① *Da Piero*
Via Ghibellina 121, Messina
Tel. 0 90 71 83 65; So. geschl.
In diesem eleganten Restaurant werden im klassischen Ambiente feine sizilianischeGerichte serviert.

► Erschwinglich

② *Casa Savoia*
Via XXVII. Luglio 38, Messina
Tel. und Fax 09 02 93 48 65
Nur 50 m vom Piazza Cairoli entfernt, kreative, lokale Spezialitäten, Fisch.

③ *Le Due Sorelle*
Piazza del Municipio 4, Messina
Tel. 09 04 47 20; Sa. mittag und So. geschl. Kleines Gourmetlokal mit großer Weinauswahl.

ÜBERNACHTEN

► Luxus

① *Grand Hotel Liberty*
Via I. Settembre 15, Messina
Tel. 09 06 40 94 36, Fax 09 06 40 93 40
www.framonhotels.it
Im Herzen Messinas liegt das elegante Hotel, das allen Komfort bietet.

② *Royal Palace Hotel*
Via Cannizzaro 224, Messina
Tel. 0 90 65 03, Fax 09 02 92 10 75
www.framonhotels.it. Eine der ersten Adressen Messinas, in Bahnhofsnähe, mit hoteleigenem Restaurant.

► Komfortabel

③ *Europa Palace Hotel*
SS 114, km 5,470, Località Pistunina
Tel. 0 90 62 16 01, Fax 0 90 62 17 68
www.bestwestern.it
Modernes Hotel mit gutem Komfort, freundlich eingerichtete Zimmer.

Messina

Messina (262 000 Einw.) liegt 3 km vom italienischen Festland entfernt an der Nordostspitze der Insel. Seit ihrer Gründung 730 v. Chr. durch Griechen wurde die Stadt häufig zerstört, zuletzt bei einem furchtbaren Erdbeben im Jahr 1908, bei dem 60 000 Menschen ums Leben kamen, und 1943 durch alliierte Luftangriffe. Sehenswert sind der stadthistorisch bedeutsame Domplatz sowie die etwas südlich gelegene Piazza Cairoli, Verkehrsmittelpunkt und Ausgangspunkt des Viale San Martino, an dem Kaufhäuser, Boutiquen und Cafés liegen.

★ ◄ Piazza del Duomo

Historisches Zentrum der Stadt ist die Piazza del Duomo mit dem reich geschmückten **Orionbrunnen**, einem Werk des Michelangelo-

Schülers Giovanni Angelo Montorsoli. Mit dem Dombau war bereits 1160 unter dem Normannen Roger II. begonnen worden. 1919/1920 baute man das Gotteshaus unter Verwendung der alten Architekturteile wieder auf, die Apsismosaiken sind ebenso wie die Apostelaltäre der Seitenschiffe Rekonstruktionen. Im Kampanile befindet sich eine der größten astronomischen Uhren der Welt.

✶✶ SS Annunziata dei Catalani ►

Die etwas südöstlich vom Dom gelegene Kirche Santissima Annunziata dei Catalani aus der 2. Hälfte des 12. Jh.s überstand als einzige das Erdbeben 1908.

✶ Museo Regionale ►

Nun führt der Weg am schönen Stadtpark Villa Mazzini und am Neptunbrunnen vorbei zur Via della Libertà, an der das Regionalmuseum liegt. Ausgestellt sind archäologische Funde und Kunstwerke, die den Katastrophen des 20. Jh.s entgangen sind. Zu den Hauptsehenswürdigkeiten gehören das »Polyptychon des hl. Gregorius«, ein Hauptwerk Antonello da Messinas von 1479, sowie »Die Anbetung der Hirten« und »Die Auferweckung des Lazarus« von **Caravaggio**.

Weiter entlang der Nordküste

Tindari ►

Über Milazzo und hinter Falcone geht es in Serpentinen nach Tindari, das für seine Zona Archeologica mit sehenswerten Resten der antiken Stadt **Tyndaris** wie auch für seine neuzeitliche Wallfahrtskirche der Schwarzen Madonna bekannt ist. Zunehmender Beliebtheit erfreut sich auch das Mare secco, ein weit ins Meer hinausreichender schöner Sandstrand unterhalb von Tindari. Nächste Station ist das hoch gelegene **Patti** (12 000 Einw.), bei dem eine spätrömische Villa freigelegt wurde.

Dahinter passiert man einige Badeorte, darunter Sant'Agata di Militello, von wo man einen Abstecher zur **Portella della Miraglia** in den Monti Nebrodi unternehmen kann. Die Küstenstraße führt weiter nach Santo Stefano di Camastra, eines der Zentren der traditionellen Keramikproduktion.

> ! *Baedeker* TIPP
>
> **Moderne Kunst**
>
> Castel di Tusa, 8 km westlich von S. Stefano, ist ein kleiner Badeort. 1991 gründete Antonio Presti hier das Land-Art-Freilichtmuseum Fiume d'Arte. Zu der Anlage gehört auch ein von Künstlern gestaltetes Hotel. Atelier sul mare, Via Cesare Battisti 4, www.ateliersulmare.it.

Cefalù

Die kleine Hafenstadt (14 000 Einw.) Cefalù mit ihrer malerischen Altstadt und dem berühmten Normannendom drängt sich zwischen Meer und dem rund 270 m hohen Rocca di Cefalù. Im Westen erstreckt sich ein kilometerlanger Sandstrand, im Hinterland beginnen die Berge der Madonie – so wundert es nicht, dass der Ort Touristen in Scharen anlockt.

✶✶ Cattedrale ►

Der Corso Ruggero, die Hauptachse der Altstadt, führt direkt zur Kathedrale. Sie entstand ab 1131 im Auftrag Rogers II. als **Grablege der Normannen-Dynastie**. Allerdings war der Bau bei seinem Tod 1154 noch unvollendet, der König fand sein Grab in Palermo. Dennoch gehört der Bau zu den schönsten normannischen Bauten Siziliens. Im Innern begeistern der offene Dachstuhl mit reich bemalten Bal-

Auf einem schmalen Streifen zwischen Meer und Fels drängt sich die Altstadt von Cefalù.

ken sowie die Säulenkapitelle im sizilianisch-normannischen Stil. Die herrlichen Mosaiken sind Werke byzantinischer Künstler aus der Mitte des 12. Jh.s. Es dominiert ein segnender Christus als Weltherrscher (Pantokrator), darunter sieht man Maria zwischen den Erzengeln und Petrus und Paulus zwischen den vier Evangelisten und weiteren Aposteln.

◄ Museo Mandralisca

Nicht weit entfernt liegt das kleine Museo Mandralisca, das griechische Vasen, Münzen und eine Muschelsammlung hütet. Höhepunkt ist das bekannte »Porträt eines Unbekannten« von Antonello da Messina, entstanden 1470.

Himera

Bei Buonfornello führt die Straße unter der Autobahn Catania-Palermo hindurch. Hier liegt die **Ausgrabungsstätte** der westlichsten Griechenstadt Himera (Imera), die 409 v. Chr. von Karthagern zerstört wurde. Ihre Reste sind im Stadtmuseum der 16 km entfernten Thermal- und Industriestadt Termini Imerese (27 000 Einw.) ausgestellt. Die seit der Antike geschätzten **Thermen** befinden sich in der Unterstadt. Ein Abstecher führt zu dem 10 km südlich gelegenen Bergstädtchen Caccamo mit seinem mittelalterlichen Kastell.

◄ Bagheria

Die Straße führt nun vorbei an einigen Badeorten nach Bagheria (48 000 Einw.), heute ein Vorort von Palermo, wo sich der palermitanische Adel im 17. und 18. Jh. standesgemäße Villen errichten ließ, darunter 1715 die Villa Palagonia, deren Mauern und Portale laut Goethe mit »phantastisch aberwitzigen« Steinskulpturen bevölkert werden.

◄ Solunto

Nur wenige Kilometer sind es nun bis zur Ausgrabungsstätte Solunto (Solunt) mit den Überresten der im 8./7. Jh. v. Chr. punischen und ab dem 3. Jh. römischen Stadt, die auf einem Felssporn oberhalb des Kap Zafferano liegt. Zu sehen sind der wiederaufgerichtete Teil des Peristyls eines Gymnasiums, ferner die Reste eines Theaters.

✶ Palermo

Palermo (730 000 Einw.) ist der kulturelle, wirtschaftliche und politische Mittelpunkt Siziliens, eine **Stadt der Superlative** und der Kontraste mit reichen Zeugnissen einer wechselvollen Kultur. Der mystische Glanz byzantinischer Mosaiken, arabische Kuppeln, normannische Königs- und deutsche Kaisergräber in der Kathedrale, barocke Kirchen und Paläste auf der einen Seite, das niedrigste Pro-Kopf-Einkommen, die höchste Arbeitslosigkeit ganz Italiens, gesichtslose Wohnblockgürtel rings um die Stadt, Elendsviertel und Ruinen mitten in der Altstadt auf der anderen Seite; der »Liebestunnel« hier und das Heiligtum der heiligen Rosalie dort, die Stille der Museen und die Betriebsamkeit von Markt und Hafen, die großartigen Konturen am Rand der Conca d'Oro, der Goldenen Muschel, und der überschwappende Verkehr in den Straßen der Stadt ... Für den ausländischen Besucher bietet Palermo die Begegnung mit einer Welt, die in Jahrtausenden aus der Mischung unterschiedlicher geschichtlicher und kultureller Kräfte entstanden ist, voller Widersprüche, voller Faszination – und das, obwohl jedem Besucher zu raten ist, sich nicht zu sorglos dem Staunen hinzugeben, sondern zugleich auf sein Hab und Gut zu achten.

Geschichte Das von den **Phöniziern** im 7. Jh. v. Chr. gegründete, von den Griechen Panormos (Allhafen) genannte Palermo war Hauptstützpunkt der Karthager auf Sizilien, bis es 254 v. Chr. von den Römern erobert wurde. Nach dem Niedergang des Römischen Reiches beherrschten im 5. Jh. Vandalen, dann Ostgoten die von Griechen, Karthagern und Römern bewohnte Stadt, die schließlich 535 der oströmische Feldherr Belisar für Byzanz in Besitz nahm. Die große Zeit Palermos begann 831, als die **Sarazenen** die Stadt einnahmen. Reiseberichte stellen sie ihrer zahlreichen Moscheen und Paläste wie ihrer Bewässerungsanlagen wegen Städten wie Bagdad und Córdoba gleich, die Einwohnerzahl stieg auf 300 000. Den Sarazenen folgten 1072 die Normannen, 1194 die Staufer und 1266 die französischen Anjou, deren Herrschaft durch den Volksaufstand von 1282, die **»Sizilianische Vesper«**, beendet wurde. Palermo kam mit ganz Sizilien an die Könige von Aragón, die die Insel mit Vizekönigen verwalteten. Schließlich verlor es seine Rolle als Hauptstadt des Königreiches beider Sizilien an Neapel. Im 18. Jh. folgten noch die Bourbonen, bis Garibaldi mit seinem »Zug der Tausend« im Mai 1860 Palermo einnahm und der Anschluss an Italien folgte.

Quattro Canti Ausgangspunkt für die Stadtbesichtigung ist der 1609 angelegte Platz Quattro Canti (vier Ecken), auch Piazza Vigliena genannt. Hier kreuzen sich die beiden Hauptstraßenachsen Via Maqueda und Via Vittorio Emanuele, die vom Hafen zum Normannenpalast führt. An der südlichen Ecke der Quattro Canti steht die Barockkirche San Giuseppe dei Teatini, erbaut 1612–1645.

★ **Kathedrale**

Durch die Via Vittorio Emanuele gelangt man zur Kathedrale, mit deren Bau 1185 begonnen wurde. Aus dieser Zeit stammen noch ihre drei Apsiden, die im normannisch-sizilischen Stil durch verschränkte Rundbögen gegliedert sind. Die dem Platz zugewandte Schauseite mit der Vorhalle stammt aus dem 15. Jh., die Kuppel folgte 300 Jahre später, als man den Innenraum im klassizistischen Sinn umgestaltete. Hauptsehenswürdigkeit sind die sechs Königs- und Kaisergräber: unter tempelförmigen Baldachinen stehen die majestätischen Porphyrsarkophage für **Kaiser Friedrich II.** († 1250; links) und seinen Vater Heinrich VI. († 1197; rechts); dahinter links das Grabmal für König Roger II. († 1154), rechts das für seine Tochter, Kaiserin Konstanze; in den Wandnischen stehen die Grabmäler Wilhelms I. († 1339) und der Konstanze von Aragón. Ein silberner Schrein hütet die Reliquie der hl. Rosalie, der Schutzheiligen der Stadt und Patronin Siziliens. Besuchenswert sind auch die Krypta sowie der reiche Domschatz.

◄ Königs- und Kaisergräber

Palazzo dei Normanni

Durch den kleinen Park Villa Bonanno gelangt man zum **Normannenpalast**, seit dem 9. Jh. das politische Machtzentrum der Insel, noch heute tagt hier das sizilianische Regionalparlament. Die Araber errichteten ihn als Palast ihrer Emire; ihnen folgten die normannischen Herrscher und der Staufer Friedrich II., unter dem die Residenz ihren höchsten Glanz entfaltete. Nach einer Phase des Niedergangs bauten die spanischen Vizekönige den Palast ab 1555 um.

In der Cappella Palatina wird Christus als Weltenherrscher dargestellt.

Palermo Orientierung

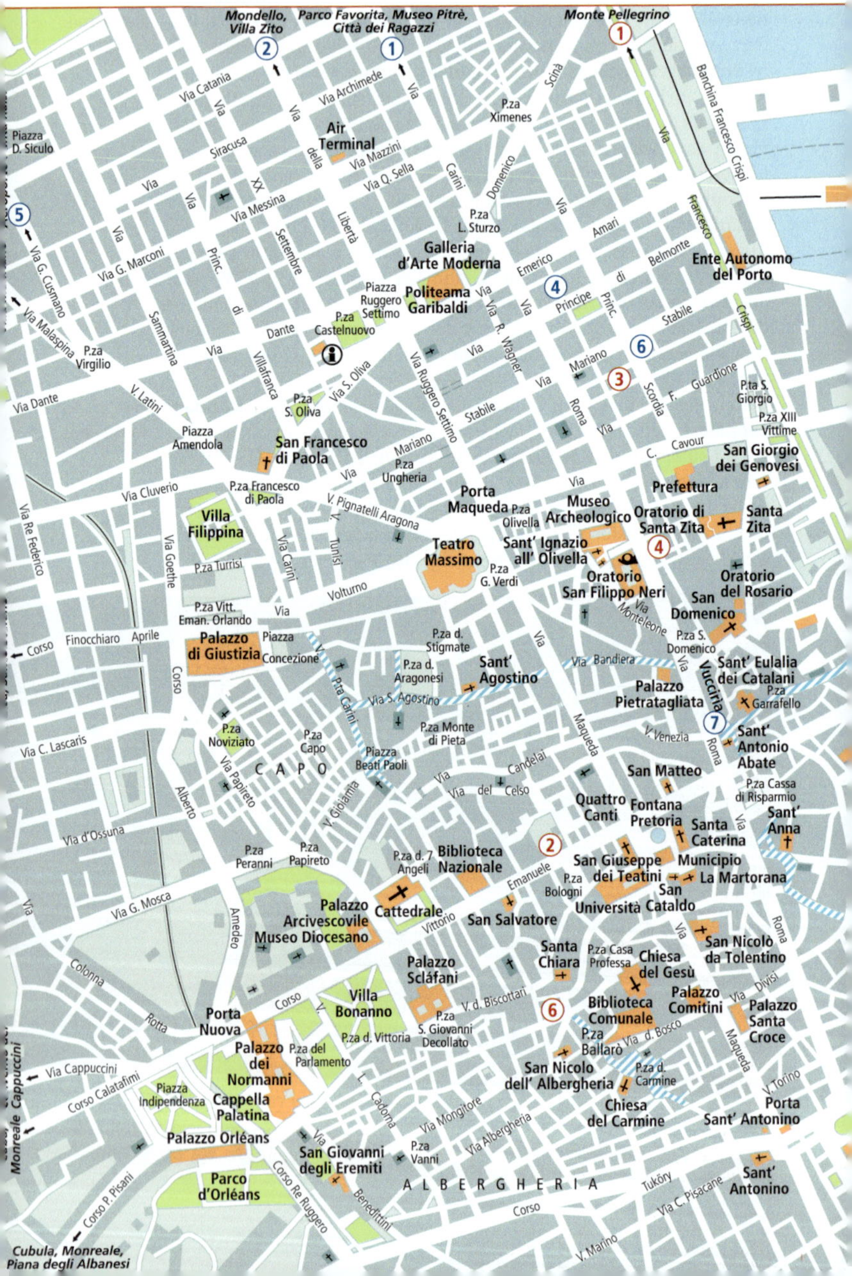

Übernachten

1. Grand Hotel Villa Igiea
2. Centrale Palace Hotel
3. Mediterraneo
4. Hotel Posta
5. Hotel Sausele
6. Hotel Cortese

Essen

1. La Scuderia
2. Charleston Terrazze
3. Antica Focacceria San Francesco
4. Gigi Mangia
5. Delfino
6. Mensa del Popolo
7. Shanghai

PALERMO ERLEBEN

AUSKUNFT

AAPIT
Piazza Castelnuovo 34
90141 Palermo
Tel. 09 16 05 83 51, Fax 09 18 63 38
www.palermotourism.com

VERANSTALTUNGEN

Ganz Palermo wird zum Spektakel, wenn vom 9. bis 15. Juli »U Festinu«, das Fest der Stadtpatronin Santa Rosalia, mit prachtvollen Umzügen, Platzkonzerten und einem fulminanten Feuerwerk gefeiert wird.

AUSGEHEN

Die Stadt hat sich ein lebendiges Nachtleben zugelegt. »In«-Adressen sind das Kulturzentrum Lo Spasimo (Via Spasimo), die Discoteca Kandinsky mit ihrem Palmenhof (Discesa Tonnara 4) und das Gassengeviert um das Museo Archeologico. Ein weiteres Kulturzentrum sind die Cantieri Culturali alla Zisa (Via Paolo Gili 4).

SIGHTSEEING

Die Hauptsehenswürdigkeiten sind am besten zu Fuß zu erreichen, nur so erlebt man die Atmosphäre der Metropole. Für Museen und Monumente gibt es bis 2 Tage gültige Sammeltickets.

EINKAUFEN

Die Via della Libertà ist eine der mondänsten Einkaufsmeilen Italiens mit Showrooms fast aller Toplabels. Farbenprächtige Lebensmittelmärkte durchziehen die Gassen der Altstadt von Palermo. Der bekannteste Markt ist der in der Vuccirìa. Frischer Fisch, Obst, Gemüse und Fleisch werden auch auf dem Ballarò lautstark angepriesen. Am ursprünglichsten ist der Markt im Capo-Viertel rund um die Piazza dei Beati Paoli, wo man sich an Garküchen mit Milzbrötchen, gebackenen Kichererbsen, Fladen oder knusprig ausgebackenen Arancine (Reisbällchen) stärken kann.

ESSEN

► Fein & Teuer

① ***La Scuderia***
Viale del Fante 9
Tel. 0 91 52 03 23; So. geschl.
Hervorragende Meeresküche im Belle-Époque-Ambiente, eines der schönsten Restaurants der Stadt.

Mondello* • ② *Charleston Terrazze
Viale Regina Elena
Tel. 0 91 45 01 71; Mo. geschl.
Feine Küche, edler Rahmen in einer ehemaligen Badeanstalt.

► Erschwinglich

③ ***Antica Focacceria San Francesco***
Via A. Paternostro 58
Tel. (0 91) 32 03 64
Traditionsreiches Lokal im Erdgeschoss des Palazzo Cattolica, schmackhafte, »a meusa« zubereitete Speisen

④ ***Gigi Mangia***
Principe di Belmonte 104
Tel. 0 91 58 76 51; So. geschl.
Kleines Restaurant; im Sommer sitzt man draußen; große Weinauswahl. In der benachbarten Salumeria Mangia gibt es eine breite Palette regionaler Spezialitäten und Weine.

Sferracavallo* • ⑤ *Delfino
Via Torretta 80
Tel. 0 91 53 02 82; Mo. geschl.
Berühmtes Restaurant, 12 km nordwestlich von Palermo, hervorragende Fischküche in eher schlichtem Ambiente.

► **Preiswert**

⑥ ***Mensa del Popolo***
Via Mariano Stabile 58
Tel. 0 91 32 59 43
Auch bei Einheimischen beliebte Pizzeria und Trattoria in einer Seitenstraße der Via Roma.

⑦ ***Shanghai***
Vicolo dei Mezzani 34
Tel. 0 91 58 97 02; So. geschl.
Einfache sizilianische Küche mit Blick auf den Vuccirìa-Markt.

ÜBERNACHTEN

► **Luxus**

① ***Grand Hotel Villa Igiea***
Salita Belmonte 43
Tel. 0 91 54 37 44, Fax 0 91 54 76 54
www.cormorano.net
Luxushotel in einer Jugendstilvilla auf einer Felsterrasse mit Blick auf die Bucht von Palermo.

② ***Centrale Palace Hotel***
Via Vittorio Emanuele 327
Tel. 0 91 33 66 66, Fax 0 91 33 48 81
www.centralepalacehotel.it
Im historischen Zentrum, komfortable Zimmer.

► **Komfortabel**

③ ***Mediterraneo***
Via R. Pilo 43
Tel. 0 91 58 11 33, Fax 0 91 58 69 74
www.abmedpa.com
Zwischen Teatro Massimo und Archäologischem Museum in einer Seitenstraße, große, etwas düstere Zimmer.

④ ***Hotel Posta***
Via A. Gagini 77
Tel. 0 91 58 73 38, Fax 0 91 58 73 47
www.hotelpostapalermo.it
Angenehmes Familienhotel, modern und zweckmäßig eingerichtet, recht ruhig.

► **Günstig**

⑤ ***Hotel Sausele***
Via Vincenzo Errante 12
Tel. 09 16 16 13 08, Fax 09 16 16 75 25
www.hotelsausele.it
Recht ordentliches Haus in Bahnhofsnähe bzw. in einer Seitenstraße der Via Oreto, unter schweizerisch-sizilianischer Leitung.

⑥ ***Cortese***
Via Scarparelli 16
Tel. und Fax 0 91 33 17 22
www.hotelcortese.net
Einfaches Quartier in der Altstadt beim Ballarò-Markt.

Der Dom ist ein Fixpunkt im Gewirr der Gassen und Straßen.

Wer eine stille Oase im ansonsten wuseligen Palermo sucht, ist im Innenhof des Archäologischen Museums gut aufgehoben.

Man betritt den Komplex vom Corso Re Ruggero und gelangt zunächst in den von schönen Renaissancearkaden gesäumten Schlosshof Cortile Maqueda. Das Treppenhaus führt zum Herzstück des Palastes, der Cappella Palatina im ersten und zu den Appartamenti Reali im zweiten Obergeschoss.

✶✶ Cappella Palatina ▶

Die Hofkapelle wurde von Roger II. 1130 in Auftrag gegeben. Ungeachtet aller Veränderungen – u. a. stammt die Darstellung von Christus zwischen Petrus und Paulus an der Westwand von 1350 – ist die Harmonie des Innenraums erhalten geblieben, ein einzigartiges **Gesamtkunstwerk** aus der Verschmelzung von lateinischer Basilika, byzantinischem Kuppelbau und Mosaikschmuck sowie arabischer Stalaktitendecke. Die Mosaiken schildern Szenen aus dem Alten (Mittelschiff) und Neuen Testament (Seitenschiffe). Die Holzdecke des Mittelschiffs ist nach arabischer Art mit Stalaktiten gearbeitet, die mit zahllosen kleinen Szenen bemalt sind.

Unter den königlichen Privaträumen verdient die ganz mit Mosaiken verkleidete Sala di Ruggiero besondere Aufmerksamkeit.

Porta Nuova ▶

Im Norden schließt sich die 1535 als südlicher Abschluss der zum Hafen führenden Straße erbaute Porta Nuova an.

✶ **San Giovanni degli Eremiti**

Die ehemalige Klosteranlage San Giovanni degli Eremiti ist so recht ein Ort zum Verweilen. Von weitem locken die leuchtend roten maurischen Kuppeln. Seit dem 6. Jh. stand hier ein Benediktinerkloster, dann folgte eine arabische Moschee, von der noch eine fünfbogige Halle südlich der christlichen Kirche erhalten ist. Unter den Normannen erfolgte die Rechristianisierung, Roger II. ließ 1132 den kubischen, von **fünf Kuppeln** bekrönten Kirchenbau ausführen. Besonders stimmungsvoll ist der kleine Kreuzgang, dessen spitzbogige Arkaden auf schlanken Zwillingssäulen ruhen; im Hof die Reste einer arabischen Zisterne.

★ **Piazza Pretoria**

Ursprünglich für Florenz geschaffen wurde die monumentale Fontana Pretoria, die von der Via Maqueda aus über einige Stufen zugänglich ist. 1573 erwarb ihn die Stadt Palermo – allerdings stießen seine nackten Männer- und Frauengestalten lange auf Ablehnung.

★ ★ ◄ La Martorana

Gleich um die Ecke liegt die Piazza Bellini mit drei sehenswerten Kirchen, die barocke Chiesa Santa Caterina sowie La Martorana, auch Santa Maria dell'Ammiraglio genannt, die Georg von Antiochien, Großadmiral unter Roger II., 1143 gestiftet hat. Trotz vielfacher Veränderungen blieb das Kostbarste der Kirche erhalten, der um 1150 entstandene Zyklus von **Goldgrundmosaiken**, der älteste auf Sizilien. Im Vorraum des Narthex hat sich rechts der Stifter der Kirche abbilden lassen, links sieht man, wie Christus Roger II. zum König krönt.

★ ◄ San Cataldo

Unmittelbar neben der Martorana befindet sich die Kirche San Cataldo mit ihren roten Kuppeln über dem zierlichen Zinnenkranz. Sie wurde im 12. Jh. im arabisch-normannischen Stil errichtet und ist im Innern, bis auf die schön ornamentierten Intarsien des Fußbodens und die Kapitelle der vier antiken Säulen, völlig schmucklos

Teatro Massimo

Von dem Platz Quattro Canti gelangt man nordwestlich durch die Via Maqueda zu der an der Grenze von Alt- und Neustadt gelegenen verkehrsreichen Piazza Giuseppe Verdi. Hier steht das 1875–1897 errichtete Teatro Massimo, mit 3200 Plätzen eines der größten Italiens. 23 Jahre war es wegen Sicherheitsmängeln geschlossen, ein trauriges Symbol für mafiöse Misswirtschaft. Seine Wiedereröffnung im Jahr 1998 steht für die politische und kulturelle Auferstehung Palermos, die eng mit dem 1993 zum Bürgermeister gewählten **Leoluca Orlando** und einem wiedererwachten Bürgerengagement zusammenhängt.

◄ Galleria d'Arte Moderna

Weiter geht es zum Politeama Garibaldi, in dessen Obergeschoss die Galleria d'Arte Moderna mit Bildern italienischer Künstler aus dem 19. und 20. Jh. untergebracht ist

Hinter dem Politeama befindet sich das Puppenspieltheater **»Opera dei Pupi«**. Die Hauptfiguren des volkstümlichen Spiels werden in vielen Läden zum Kauf angeboten.

★★ **Museo Archeologico**

Ein ehemaliges Kloster aus dem 16. Jh. beherbergt mit dem Archäologischen Museum eine der bedeutendsten italienischen Antikensammlungen: Neben vorgeschichtlichen und etruskischen Fundstücken sind bedeutende Objekte aus dem klassischen Altertum ausgestellt, darunter die berühmten **Metopen der Tempel von Selinunt**. Zu sehen sind außerdem Löwenkopf-Wasserspeier aus Himera und griechische Bronzen, darunter Herakles, der einen Hirsch bezwingt, Teil eines 1805 in Pompeji ausgegrabenen Brunnens. Das Museum ist Mo. bis Fr. 9.00–13.45, Di. und Fr. 15.00–17.45, Sa., So. 9.00–12.45 Uhr geöffnet.

Piazza San Domenico

Über die Via Roma gelangt man zur Piazza San Domenico mit der gleichnamigen Kirche. Sie geht auf das 13. Jh. zurück, erhielt ihre endgültige Barockgestalt aber erst ab 1636. Im Innern liegen einige berühmte Sizilianer begraben.

Nur ein paar Schritte sind es von hier zum Oratorio del Rosario di Santa Zita, dem Andachtshaus einer Rosenkranz-Bruderschaft, das reich mit Stuckarbeiten Giacomo Serpottas und seiner Schule ausgestattet ist (17. Jh.). Auch das Oratorio del Rosario di San Domenico ist mit Stuck geschmückt; unter den Gemälden befindet sich eine Rosenkranzmadonna mit hl. Dominicus von **A. van Dyck** (1628).

✶ Vucciria

Etwas südlich verläuft mit der Vucciria die traditionsreichste Marktstraße der Stadt. Sie war lange eines der verrufensten Altstadtviertel Palermos, das ist zwar nicht mehr so, trotzdem empfiehlt es sich, im Gedränge auf Wertsachen zu achten.

Via Cala

Die am Bootshafen entlangführende Via Cala führt zur um 1500 erbauten Kirche Santa Maria della Catena, deren Name daran erinnert, dass früher der Hafen mit einer Kette (Catena) gesperrt war. Gleich dabei ist im **Marionettenmuseum** Via Butera 1 eine sehenswerte Sammlung sizilianischer Marionetten und fernöstlicher Figuren ausgestellt.

Museo delle Marionette ►

Südlich von Santa Maria della Catena, gegenüber vom tropisch anmutenden Garten Giardino Garibaldi, erhebt sich seit dem 14. Jh. der Palazzo Chiaramonte, gewöhnlich »Lo Steri« genannt. Einst diente er als **Residenz der Vizekönige**, als Sitz der Inquisition und als Gericht, heute ist er Teil der Architekturfakultät. Ganz in der Nähe liegt am Ostende der Via Alloro der Palazzo Abatellis von 1495 mit Zinnenturm und gotischem Portal. Er beherbergt die Galleria Regionale della Sicilia mit Werken des Mittelalters bis zur Neuzeit. Die Innenarchitektur schuf Carlo Scarpa in den 1950er-Jahren. Hier befinden sich das um 1440 entstandene Wandgemälde »Triumph des Todes«, ein von Francesco Laurana geschaffenes Idealporträt der Eleonora von Aragón und eine »Annunziata« Antonello da Messinas.

Palazzo Chiaramonte ►

✶ Palazzo Abatellis Galleria Regionale della Sicilia ►

Weitere Sehenswürdigkeiten

Der Stadtpark Villa Giulia sowie der unmittelbar anschließende Botanische Garten sind so recht Orte zum Verweilen.

Rund 1,5 km westlich der Porta Nuova liegt am Stadtrand der Convento dei Cappuccini (1621), ein Kapuzinerkloster, das durch seine **Katakomben** bekannt ist. Die unterirdischen Gänge wurden ab 1599 in den Tuffstein gehauen und bis 1881 für Beisetzungen verwendet. Rund 8000 mumifizierte, nach Geschlecht und Stand geordnete Leichen stehen, liegen oder hängen in den Gängen. Bis ins vorige Jahrhundert wurden viele Mumien von ihren Angehörigen noch regelmäßig frisch eingekleidet.

Villa Giulia, Convento dei Cappuccini ►

Etwa 500 m nördlich steht der **normannische Palast** La Zisa, ein 1154–1166 von Wilhelm I. und seinem Sohn Wilhelm II. nach arabischen Vorbildern errichtetes Lustschloss. Im Erdgeschoss erfreut ein

La Zisa ►

quadratischer, von einer Brunnenanlage durchzogener Gartensaal mit byzantinischen Mosaiken und hohem Stalaktitengewölbe die Sinne.

Umgebung von Palermo

✶ **Monte Pellegrino**

Das »schönste Vorgebirge der Welt« (Goethe) steigt im Norden Palermos, dicht am Meer an. Seit frühester Zeit haben hier Menschen gelebt, wie die Funde in der leider nicht zugänglichen Addaura-Grotte belegen.

◄ Mondello

Das einstige Fischerdorf Mondello liegt nur 12 km nördlich vom Zentrum Palermos in einer malerischen Bucht zwischen Monte Gallo und Monte Pellegrino. Anfang des 20. Jh.s war es von wohlhabenden Palermitanern »entdeckt« worden, in der Zwischenzeit hat es sich, auch dank seines langen Sandstrandes, zu einem **Seebad** mit Gärten, Villen und vielen Hotels gemausert.

Monreale

Das Städtchen Monreale (25 000 Einw.), 300 m hoch über der Conca d'Oro und nur 8 km von Palermo entfernt, entstand um das von Wilhelm II. im 12. Jh. gestiftete Benediktinerkloster. Die ehemalige Abteikirche mit ihrem Zyklus von Goldgrundmosaiken und ihrem Kreuzgang ist das bedeutendste **Denkmal der Normannenkunst** Siziliens und eines der Meisterwerke der europäischen Kunstgeschichte.

✶✶ ◄ Dom

Der prächtige, von zwei mächtigen Türmen flankierte Dom war 1185 weitgehend vollendet. Den stärksten Eindruck am Außenbau vermittelt die noch ursprüngliche Ostseite mit ihren drei Apsiden, den verschränkten Spitzbogen-Blendarkaden und ihrer kontrastreichen Dekoration aus hellem Kalktuff und schwarzer Lava.

Dom und Kreuzgang in Monreale verkörpern in Vollendung normannisch-arabische Baukunst.

DOM UND KREUZGANG MONREALE

★★ **Mit dem Bau von Monreale auf einer Anhöhe oberhalb von Palermo wollte Wilhelm II. vor allem seinen Machtanspruch gegenüber dem Papst demonstrieren. Von dem ursprünglichen Komplex sind nur der Dom und der Kreuzgang erhalten geblieben, eine »Schatzkammer« des Mittelalters.**

Öffnungszeiten:
Dom: tgl. 9.00 – 18.00 Uhr
Kreuzgang: Mo. bis Sa. 9.00 – 18.00, So. nur bis 13.30 Uhr

1 Ostfassade des Doms
Die Ostseite des Doms mit ihren drei Apsiden spiegeln die Lust und Leidenschaft der Baumeister wider, mit orientalisch anmutendem Dekor umzugehen: sich überschneidende spitzbogige Blendarkaden und Einlegearbeiten aus schwarzer Lava und gelblichem Stein des Monte Pellegrino.

2 Westfassade
Der linke der beiden Türme blieb unvollendet. Hinter dem schmiedeeisernen Tor aus dem 18. Jh. verstecken sich einst goldglänzende Bronzetüren von Bonanno Pisano von 1186. Auf 42 Bildfeldern werden biblische Szenen geschildert.

3 Im Innern
Kostbare Goldgrund-Mosaiken überziehen sämtliche Innenwände über 6000 m²!

4 Königliche Grablege
Links vom Sanktuarium stehen die Sarkophage der königlichen Familie, auf der gegenüberliegenden Seite die von Wilhelm I. und Wilhelm II.

5 Kreuzgang
Arabische Spitzbogen ruhen auf 228 Doppelsäulen. Sie sind glatt, mit Zickzackkanneluren oder Mosaikbändern geschmückt. In einer Ecke befindet sich ein im Quadrat angelegter Brunnen. Ein Wunderwerk der Romanik sind die Kapitelle mit ihren Szenen aus christlicher und islamischer Welt, eine bunte Mischung von Heiligem und Heidnischem.

6 Aufstieg
Schön ist der Blick in den quadratischen Kreuzgang vom Kirchendach.

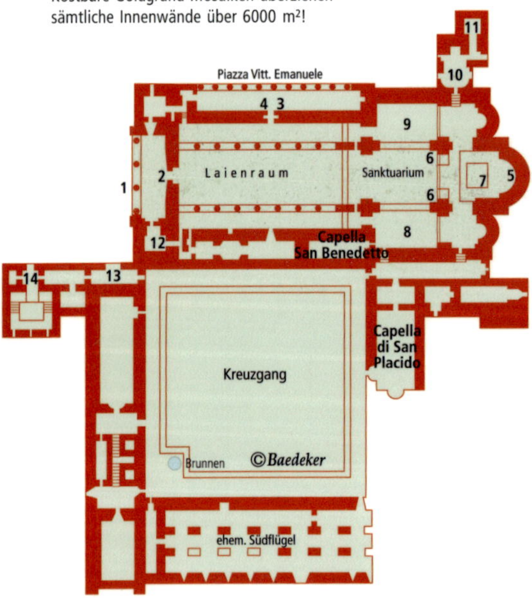

1 Dreibogiger Portikus (Ignazio Marabitti, 1770)
2 Westportal (Bonnano Pisano, 1186)
3 Portikus (Gian Domenico und Fazio Gagini 1547-1559)
4 Nordportal (Barisano da Trani, 1179)
5 Ostapsiden
6 Bischofs- und Königsthron
7 Hochaltar
8,9 Normannengräber
10 Capella del Crocifisso
11 Zugang zum Domschatz
12 Zugang zum Kirchendach
13 Eingang zum Kreuzgang
14 Eingang zum Belvedere

30 m

★★ ◄ Tempel

Der **dorische Bau** befindet sich unterhalb des antiken Stadtgebietes und wurde um 426 v. Chr. begonnen. Obwohl unvollendet – die 36 Säulen blieben ohne Kanneluren, und die Kapitelle sind nur roh ausgearbeitet –, ist er einer der besterhaltenen Tempel Siziliens.
Im Osten des Tempels erhebt sich der Monte Barbaro. Ein Fußweg (es besteht auch eine Busverbindung) führt zu dem 415 m hoch gelegenen, eine natürliche Mulde ausnutzenden **Theater** hinauf, das im 3./2. Jh. v. Chr. erbaut und um 100 v. Chr. von den Römern verändert wurde. Von den Zuschauersitzen bietet sich ein herrlicher Blick bis hin zum Monte Erice und bis Castellammare del Golfo, dem einstigen Hafen von Segesta.

Trapani

Die Hafen- und Handelsstadt Trapani (72 000 Einw.) liegt schön auf einer **sichelförmigen Landzunge** gegenüber den Ägadischen Inseln. Die verwinkelte Altstadt mit vielen barocken Palazzi und Kirchen nimmt die nach Westen vorspringende schmale Halbinsel ein, die beiden Hauptflanierstraßen sind der Corso Italia sowie der Corso Vittorio Emanuele. Architektonisch beeindrucken der im 16. Jh. erbaute Palazzo Giudecca in der gleichnamigen Straße, dessen Turm mit Diamantquaderung und Zinnenkranz auffällt. Auch die ehemalige Franziskanerkirche Santa Maria del Gesu ist aus dem 16. Jh., aus dem 17. Jh. stammen die Chiesa del Collegio und die Kathedrale San Lorenzo. Das bedeutendste Bauwerk von Trapani, das **Santuario dell'Annunziata**, befindet sich in der Via Conte A. Pepoli, im modernen Viertel, das sich fast bis zum Fuß des Monte Erice hinzieht. Die Marien-Wallfahrtskirche stammt bis auf ihre schon im 14. Jh. erbaute Fassade aus dem 18. Jh. Im Innern verdienen die Cappella dei Marinai und die hinter dem Hochaltar gelegene Cappella della Madonna Beachtung. Ihre hoch verehrte Marmorstatue der Madonna von Trapani wurde um 1350 von Nino Pisano oder seiner Schule gefertigt. Das angeschlossene ehemalige Karmeliterkloster ist heute Sitz des Museo Regionale Pepoli mit archäologischen Funden, Architekturfragmenten, Skulpturen, Gemälden und Kunsthandwerk.

> **! *Baedeker* TIPP**
>
> **Zwischen Trapani und Marsala**
>
> Wer sich für die Salzgewinnung interessiert, sollte die vor Mozia gelegene Saline »Ettore e Infersa« besuchen (www.salineettoreinfersa.com).

◄ Salinenfelder

Im Süden der Stadt breiten sich riesige Salinenfelder aus. Ein paar **Windmühlen** erinnern daran, dass seit dem 15. Jh. die Salzgewinnung durch Verdunstung der bedeutendste Wirtschaftszweig der Gegend war, heute ist die Produktion allerdings recht gering.

★★ **Erice**

Auf dem 750 m hohen Berg Erice, dem Mons Eryx des Altertums, liegt 15 km von Trapani entfernt das von den Phöniziern gegründete Bergstädtchen Erice, einer der hübschesten Orte Siziliens. In der Antike war er ein wichtiges **Heiligtum**, das wohl zuerst einer phönikischen »Göttin von Eryx«, der Astarte der Karthager, der Aphrodite der Griechen und schließlich der Venus der Römer geweiht war. Die Serpentinenstraße endet an der Porta Trapani, eines der drei normannischen Stadttore. Gleich links steht die Chiesa Matrice mit Kampanile, die 1341 aus Steinen antiker Bauten errichtet wurde. Auf der Via Vittorio Emanuele gelangt man zur Piazza Umberto I mit dem sehenswerten Museo A. Cordici, das mit archäologischen Funden und Skulpturen aufwartet. Das mittelalterliche Castello Pepoli steht im Südosten von Erice an der Stelle der antiken Akropolis. Rechts dahinter erhebt sich, am Platz des Aphroditetempels, das Castello di Venere, Venusschloss, aus dem 12./13. Jh.

*** Mozia** Mozia, das antike Motya, liegt auf einer kreisrunden, heute Santa Pantaleo genannten Insel unmittelbar vor der Westküste (vom bewachten Parkplatz, ca. 10 km vor Marsala, besteht eine regelmäßige Bootsverbindung). Im 8. Jh. v. Chr. blühte hier eine **punische Siedlung**, die im 4. Jh. v. Chr. von Syrakus zerstört wurde. Heute gehört sie der durch den Marsalahandel reich gewordenen Familie Whitaker. Neben den Überresten der antiken Stadt lohnt auch das kleine Museum mit Ausgrabungsfunden einen Besuch. Hauptsehenswürdigkeit ist eine überlebensgroße Marmorstatue eines jungen Mannes aus dem 5. Jh. v. Chr.

Marsala Die lebhafte Stadt Marsala verdankt den Karthagern ihre Gründung, den Arabern ihren Namen »Mars-al-Allah«, dem Engländer John Woodhouse ihren weltberühmten Marsalawein und Garibaldi ihren patriotischen Ruhm. 1860 begann hier der berühmte **Siegeszug der Tausend** gegen die bourbonischen Truppen. Luftangriffe brachten 1943 verheerende Schäden.

Mittelpunkt der Stadt ist die **Piazza della Repubblica**, wo sich der dem hl. Thomas von Canterbury geweihte Dom San Tomaso erhebt. Er wurde im 18. Jh. auf den Überresten einer normannischen Basilika errichtet und birgt einige Werke der Künstlerfamilie Gagini. In dem hinter der Kirche gelegenen Museo degli Arazzi sind acht flämische Bildteppiche aus dem 16. Jh. ausgestellt. Das Lilibeische Nationalmuseum, Museo Lilibeo, liegt an der Uferstraße unmittelbar am Kap Boeo. Unter den archäologischen Funden aus den antiken Städten Lilybaeum, Mozia und Umgebung befindet sich ein 35 m langes punisches Schiff aus dem 3. Jh. v. Chr., das im Meer bei Mozia gefunden und rekonstruiert wurde. Südlich des Museums steht die Kirche San Giovanni, die 1555 über einer frühchristlichen Kirche aus dem 5. Jh. erbaut wurde, aus der noch das Taufbecken stammt.

Marsala ► Der Marsala, ein kühl zu trinkender **Dessertwein**, wird aus weißen Catarratto-, Grillo- und Inzolia-Trauben bereitet. Die Weiterverarbeitung geschieht nach alten Traditionen, wobei den Naturweinen oft Sifone (süßer Wein und Weingeist) oder Cotto (eingekochter Most) zugesetzt wird. Die bekanntesten Firmen sind Florio, Vecchio Samperi, Mineo, Rallo und Spano. Man unterscheidet mehrere Qualitätsgrade, darunter Marsala Fine (viermonatige Lagerung in Steineichenfässern), Marsala Superiore (zwei Jahre Lagerung) und Marsala Vergine oder Soleras, den man erst nach fünf Jahren gewinnt. Die Kellereien, ital. Baglio, liegen zwischen Kap Boeo und Hafen und sind zur Besichtigung sowie zur Weinprobe für Besucher offen.

✶✶ Selinunt • Selinunte

Selinunt ist mit seinen acht griechischen Tempeln des 6. und 5. Jh.s v. Chr. und dem nahe gelegenen **Demeter-Heiligtum** eine der bedeutendsten antiken Stätten Siziliens. Es liegt zwischen zwei kleinen Flüssen, an deren Mündungen die längst verlandeten Häfen lagen. Restaurants, Badestrand und Übernachtungsmöglichkeiten befinden sich unmittelbar östlich vom archäologischen Gebiet im kleinen Ferien- und Fischerdorf Marinella.
Die Stadt Selinus wurde im 7. Jh. v. Chr. gegründet und war eines der großen Zentren von Magna Graecia, dem Teil Süditaliens, der von den Griechen kolonisiert war. 409 v. Chr. zerstörten die Karthager unter Hannibal die Stadt. Bis 1551 war Selinunt vergessen; erst im 19. Jh. setzten dann Ausgrabungen ein. Das gesamte Ausgrabungsgelände wurde zu einem **Parco Archeologico** zusammengefasst. Die Stadt selber ist fast völlig verschwunden, dagegen ragt nahe dem Eingang die östliche Tempelgruppe mit den Tempeln E, F und G empor. Im Norden liegt der Tempel G, heute ein riesiger Trümmerhaufen, mit dessen Bau um 520 v. Chr. begonnen worden war. Er war vermutlich Apollon geweiht. Der mittlere Tempel F ist wohl der älteste, er entstand um 530 v. Chr. Den südlichen, vermutlich Hera geweihten Tempel E baute man 465 v. Chr., Ende der 1950er-Jahre wurde er wiederaufgerichtet.

Schon die alten Griechen pflegten rund um Selinunt ihre Olivenbaumkultur.

★ Akropolis ► Die früher vollständig ummauerte Akropolis erstreckt sich auf einem Hügel westlich der Tempelgruppe. Sie wird von zwei sich rechtwinklig schneidenden Hauptstraßen durchzogen. Im südöstlichen Sektor befinden sich die Reste des kleinen Tempels A und das Fundament des Tempels O, gleich nördlich der Ost-West-Straße der winzige Tempel B, ohne Säulenkranz; nördlich daneben sieht man, auf der Höhe des Hügels, den um 550 v. Chr. erbauten Tempel C, mit 24 x 64 m den größten und ältesten der Akropolis, dessen 14 wiederaufgerichtete Säulen den Blick auf sich lenken. Nördlich daneben die Ruinen des etwas jüngeren Tempels D.
Folgt man von hier aus der Nord-Süd-Achse in nördlicher Richtung, gelangt man zwischen den Resten von Wohnquartieren zum Haupttor der Akropolis, vor dem wohl im 3. Jh. v. Chr. mächtige Befestigungsanlagen errichtet wurden. Im Westen der Akropolis lag auf dem Weg zur großen Nekropole von Manicalunga das Heiligtum der Demeter Malophoros, der Herrin von Fruchtbarkeit und Vergehen, Leben und Tod.

! *Baedeker* TIPP

Tausend gemeißelte Köpfe ...

... bevölkern die Mauern und Wege eines Olivenhains etwa 2 km östlich von der Kleinstadt Sciacca. Sie sind das Lebenswerk von Filippo Bentivegna, einem einsiedlerisch lebenden Bildhauer. Die Steine fand er hinter seinem Haus, welches ein kleines Museum wurde.

Ein möglicher Abstecher führt von hier über das 20 km nordöstlich gelegene Bergstädtchen Caltabellotta (6000 Einw.), dessen **Chiesa Madre** noch aus der Normannenzeit stammt.
Auf der Weiterfahrt in Richtung Agrigent zweigt 30 km hinter Sciacca eine Seitenstraße zum Ausgrabungsgebiet der antiken Stadt Eraclea Minoa ab. Sie war im 6. Jh. v. Chr. am Capo Bianco, auf einem hoch gelegenen Kalkplateau, gegründet und im 1. Jh. v. Chr. zerstört worden. Zu sehen sind Teile der Stadtmauer und ein Theater aus dem 3. Jh. v. Chr.; am Fuß des Felsens befindet sich einer der schönsten Sandstrände Siziliens.

★ Agrigent · Agrigento

Agrigent (55 000 Einw.) liegt auf einem Hügel mit Blick aufs Meer. Wegen ihrer großartigen Tempelruinen ist sie eine der sehenswertesten Städte Siziliens. Die **antiken Bauten** stehen in lebhaftem Kontrast zu den modernen Hochhäusern, die teils den Blick auf die hoch gelegene, malerische Altstadt verstellen.
Kolonisten aus Gela gründeten hier 581 v. Chr. die Stadt Akragas, die im 5. Jh. v. Chr. ihre Blütezeit erlebte, von der noch heute die Tempelbauten Zeugnis ablegen. Der griechische Dichter Pindar pries das auf 200 000 Einwohner angewachsene Akragas als »die schönste der sterblichen Städte«. Diese glanzvolle Epoche endete mit dem 409 v. Chr. beginnenden karthagischen Angriff, von dem sich Akragas nicht mehr erholte. Im 3. Jh. v. Chr. fiel die Stadt an die Römer, die

Agrigent Orientierung

Übernachten

1. Villa Athena
2. Colleverde Park
3. Concordia
4. Belvedere
5. Baglio della Luna
6. Kaos

Essen

1. Kalos
2. Forchetta
3. Kokalos
4. Leon d'Oro
5. Le Caprice

AGRIGENT ERLEBEN

AUSKUNFT

AAST
Piazza Aldo Moro, 92100 Agrigent
Tel. 0 92 22 04 54, Fax 0 92 22 02 46
www.agrigentoweb.it
www.apt.agrigento.it

VERANSTALTUNGEN

Mandelblütenfest (Anfang Februar), Fest des Stadtheiligen San Calogero (1. und 2. Sonntag im Juli), Pirandello-Feiern (August), Feste di Persefone, klassische Theateraufführungen im Tal der Tempel (Juli/August).

ESSEN

► Erschwinglich

① ***Kalos***
Piazza San Calogero, Agrigent
Tel. 0 92 22 63 89; So. geschl.
Am Rand der Altstadt, modernes Ambiente; v. a. Fischgerichte, gutes Angebot an regionalen Weißweinen.

② ***Forchetta***
Via San Francesco 11, Agrigent
Tel. 09 22 59 62 66
Sehr gute Hausmannskost und reichliche Fischauswahl; das Restaurant gehört zum Hotel Concordia.

③ ***Kokalos***
Via Cavaleri Magazzeni, Agrigent
Tel. und Fax 09 22 60 64 27/28
www.ristorante-kokalos.com
Restaurant und Pizzeria mit Blick auf das Tal der Tempel.

④ ***Leon d'Oro***
Viale Emporium 102
San Leone
Tel. 09 22 41 44 00; Mo. geschl.
Auch von Einheimischen geschätztes Restaurant, gute Antipasti und andere regionale Spezialitäten. Sehr schön die Terrasse mit Meerblick.

⑤ ***Le Caprice***
Via Cavaleri Magazzeni
Viccolo Kreta 2, San Leone
Tel. (09 22) 41 13 64
Gepflegte Pizzeria. Große und sehr gute Antipasti-Auswahl.

ÜBERNACHTEN

► Luxus

① ***Villa Athena***
Via Passeggiata Archeologica 33
Agrigent
Tel. 09 22 59 62 88, Fax 09 22 40 21 80
www.athenahotels.com
Villa in großem Park gegenüber dem Concordiatempel mit schönem Garten; oft ausgebucht.

⑤ ***Foresteria Baglio della Luna***
Contrada Maddalusa an der SS 640
Tel. 09 22 51 10 61, Fax 09 22 59 88 02
www.bagliodellaluna.com
Ehemaliger Landsitz auf einem Hügel, umgeben von Weinbergen und einem Garten. Besonders schön ist der Blick auf das abends angeleuchtete Tal der Tempel. Mit Top-Restaurant.

► Komfortabel

⑥ ***Hotel Kaos***
Villaggio Pirandello an der SS 640
Tel. 09 22 59 86 22, Fax 09 22 59 87 70
www.athenahotels.com
Südwestlich vom Valle dei Templi, großzügig angelegte, schöne Anlage mit großem Schwimmbad, Tennisplätzen etc.

② ***Colleverde Park***
Via dei Templi 48, Agrigent
Tel. 0 92 22 95 55, Fax 0 92 22 90 12
www.colleverdehotel.it
Auf einem Hügel oberhalb vom Valle dei Templi, einfach und zweckmäßig eingerichtet; vom Restaurant Blick in den Garten.

▶ **Günstig**

③ ***Hotel Concordia***
Via San Francesco 11, Agrigent
Tel. und Fax 09 22 59 62 66
Angenehmes kleines Hotel in der Altstadt unterhalb der Via Atenea; einfach möbliert, gepflegte Zimmer.

④ ***Belvedere***
Via San Vito 20, Agrigent
Tel. und Fax 0 92 22 00 51
In der Altstadt Agrigents, sehr gastfreundlich mit kleinem Garten; einige Zimmer mit Ausblick.

sie fortan Agrigentum nannten. In normannischer Zeit war Agrigent ein **wohlhabender Bischofssitz**; auch dank des Hafens in Porto Empedocle (17 000 Einw.), wo der Schriftsteller Luigi Pirandello im Ortsteil Caos zur Welt kam (1867–1936). Ein kleines Museum erinnert dort an den Autor des Lustspiels »Diener zweier Herrn«.

✶✶ **Valle dei Templi**

Das so genannte **Tal der Tempel** erstreckt sich auf einem Hügelrücken, westlich und östlich der Via dei Templi. Die folgende Beschreibung beginnt mit der östlichen Tempelgruppe.
Vorbei an der südlichen Stadtmauer, die sich mit der natürlichen Fels-»Befestigung« verbindet, reihen sich die Tempel, die wie alle Kultbauten in Akragas der dorischen Ordnung folgen. Das erste Heiligtum, Heraklestempel genannt, wurde um 500 v. Chr. erbaut. Acht seiner Säulen richtete man inmitten der eindrucksvollen Ruine wieder auf. Dem Spazierweg aufwärts folgend, passiert man die Villa Aurea in ihrem üppigen Garten mit Überresten von Nekropolen aus römischer und christlicher Zeit. Dann zieht der so genannte **Concordiatempel** den Blick auf sich. Erbaut um 425 v. Chr., zählt er zu den vollständigsten Tempeln der griechischen Welt. Die gute Erhaltung verdankt er der Tatsache, dass er im 6. Jh. in eine Kirche umgewandelt und erst im 18. Jh. restauriert wurde. Der höchstgelegene Tempel der Hera Lakinia (oder lateinisch der Juno Lacinia) hat fast dieselben Fundamentmaße wie der Concordiatempel. Er wurde Mitte des 5. Jh.s v. Chr. errichtet, 25 seiner Säulen stehen noch aufrecht.

Tempio di Giove Olimpico

Die zweite Tempelgruppe liegt westlich der Straße. Der Tempel des Olympischen Zeus ist heute eine ungeheure Trümmermasse von Steinblöcken und Säulentrommeln, die ein Erdbeben über eine Fläche von 6000 m² hingeworfen hat. Erbaut wurde er 480 v. Chr. als ein **Siegesmonument**, der den Tempel G von Selinunt übertreffen sollte, allerdings war er unvollendet, als die Karthager Akragas eroberten. Sein Fundament nimmt ein Rechteck von über 56 x 113 m ein. Die Säulen hatten eine (errechnete) Höhe von über 18 m und einen unteren Durchmesser von 4 m. Goethe hat 1787 bei seiner italienischen Reise notiert: »Von der Cannelirung der Säule kann dies einen Begriff geben, daß ich, darin stehend, dieselbe als eine kleine Nische ausfüllte, mit beiden Schultern anstoßend. Zweiundzwanzig Männer, im Kreise nebeneinander gestellt, würden ungefähr die Peri-

Der Concordia-Tempel in Agrigent wurde im 6. Jh. zur christlichen Kirche geweiht.

pherie einer solchen Säule bilden.« Zwischen den Säulen standen vollplastische, 7,65 m hohe Atlanten. Westlich des Olympieions erstreckt sich das Heiligtum der chthonischen Gottheiten, Santuario delle Divinita Ctonie, aus dem 6. und 5. Jh. Zu ihm gehört der so genannte **Dioskurentempel**, Tempio di Castore e Polluce, dessen wiederaufgerichtete Nordwestecke mit ihren vier Säulen und einem Stück Gebälk und Giebel zu einem Wahrzeichen Agrigents geworden ist. Ganz in der Nähe stand der um 430 v. Chr. errichtete Vulkantempel, von dem Fundamentreste und zwei Säulen erhalten sind.

Santuario delle Divinita Ctonie ▶

★★ Museo Archeologico Regionale

Das Archäologische Museum ist eines der modernsten Museen Siziliens. Gezeigt werden Funde, die von prähistorischer bis in die römische Zeit reichen, darunter **antike Sarkophage**, griechische und römische Vasen, Skulpturen, Architekturfragmente und archäologische Pläne der antiken Stadt Agrigent. Die klassische Zeit ist durch die Marmorstatue eines Epheben vertreten.

San Nicola ▶

Zisterzienser erbauten im 13. Jh. die benachbarte Kirche San Nicola; in einer Seitenkapelle befindet sich der so genannte **Phädrasarkophag** aus dem 2. Jh. n. Chr. mit Reliefdarstellungen aus der Sage um Phädra, der Gemahlin von Theseus, und ihrem Stiefsohn Hippolytos. Links hinter der Kirche stößt man auf eine Anlage, die im 1. Jh. v. Chr. als Versammlungsplatz angelegt und später zu einem kleinen Theater umgebaut wurde. Der Oratorium des Phalaris genannte Tempel am Rande stammt aus dem 2. Jh. n. Chr.

Oberstadt

Die verwinkelte Oberstadt mit ihren Gebäuden aus Mittelalter und Barock ist ebenfalls einen Besuch wert. Ausgangspunkt ist die Piazzale Aldo Moro, wo die schmucke Via Atenea, die Hauptgeschäftsstraße, beginnt. Anschauen sollte man sich die barocke Chiesa del Purgatorio und die Kirche Santo Spirito, die zu einem ehemaligen Zisterzienserkloster gehörte. Im Innern dominiert die um 1695 von Giacomo Serpotta geschaffene reiche Stuckdekoration. Rechts der Kirche finden sich Reste des Kreuzgangs, der Kapitelsaal und das Refektorium, das heute als Stadtbibliothek genutzt wird. Den **Dom** erbauten im 11. Jh. die Normannen auf der höchsten Stelle der antiken Akropolis über den Fundamenten eines Jupitertempels. Später wurde er mehrfach erweitert und barockisiert.

Weiterfahrt an der Südküste

Der Weg nach Syrakus führt nun über das Bergstädtchen Palma di Montechiaro (22 000 Einw.), das 1637 von dem Fürsten Carlo Tomasi di Lampedusa gegründet wurde, einem Vorfahren des Schriftstellers **Giuseppe Tomasi di Lampedusa** (1896–1957), dem Autor des Romans »Der Leopard«, den Visconti 1962 verfilmte. Die Hauptkirche S. Maria del Rosario entstand 1666 nach Plänen des Jesuitenarchitekten Angelo Italia.

Abstecher ins Landesinnere

◄ Enna

Agrigent ist ein guter Ausgangspunkt für einen Abstecher ins Landesinnere. Über Caltanissetta erreicht man das in der Mitte Siziliens, 930 m hoch in den Monti Erei gelegene Enna, den »Balkon Siziliens« (30 000 Einw.). Von der Stadt, einer der ältesten Siedlungen Siziliens überhaupt, ging 136 v. Chr. der große **Sklavenkrieg** aus. Der 1307 gegründete Dom erhielt sein heutiges Aussehen im 17. Jh.; der Kirchenschatz ist im benachbarten Museo Alessi ausgestellt. Die Via Roma endet am **Castello di Lombardia**, einem der größten sizilischen Kastelle, das aus byzantinischen, normannischen und staufischen Elementen besteht. Von den einst 20 Türmen sind sechs erhalten. Ein modernes Denkmal erinnert an Eunus, den Führer des bereits erwähnten Sklavenaufstands. Etwas weiter erhebt sich die Rocca di Cerere, auf der sich einst ein berühmtes Heiligtum der Korngöttin Ceres befand. Vom Kastell führte einst ein 1 km langer unterirdischer Gang hinab in die Stadt zum achteckigen Torre di Federico, der aus der Zeit Kaiser Friedrichs II. stammt.

Piazza Armerina

Nun geht es in Richtung Süden am See von Pergusa vorbei, wo dem antiken Mythos zufolge **Persephone** von Hades in die Unterwelt entführt wurde – die Oberwelt ziert heute als Autorennstrecke (9 km). Über reizvolle Gebirgsstraßen gelangt man zu dem auf drei Hügeln gelegenen Garnisonsstädtchen Piazza Armerina (25 000 Einw.).

★★ ◄ Villa Romana del Casale

Hauptsehenswürdigkeit ist die Villa Romana del Casale, 6 km außerhalb des Stadtzentrums, die man mit Hilfe der Wegweiser leicht findet. Die weitläufige römische Villa aus dem 3./4. Jh. n. Chr. ist ein perfektes Beispiel für einen **römischen Landsitz** der späten Kaiserzeit, wobei die Frage nach dem Bauherrn nicht eindeutig geklärt ist. Die Villa war noch bis ins 5. Jh. bewohnt, später verfiel sie. Obgleich die Gebäude nicht so gut erhalten sind, verfügen sie noch über unzählige schöne **Mosaiken**, die vom täglichen und höfischen Le-

! *Baedeker* TIPP

Palio dei Normanni

Im August lockt der Palio dei Normanni, ein beliebtes Volksfest zur Erinnerung an die Befreiung von der arabischen Herrschaft, viele Besucher nach Piazza Armenia

ben, aus der Mythologie und von der Jagd erzählen. Dazu kommen Motive, die mit dem römischen Brauch der Tierhetzen in der Arena zusammenhängen, so das Einfangen, Verladen und Transportieren der Tiere. Gerade in solchen Szenen liegt der Zusammenhang mit Mosaiken des römischen Nordafrika auf der Hand, und es gilt als sicher, dass hier Künstler aus dieser Region gearbeitet haben.
Der Komplex ist eingeschossig und überdacht, man schreitet über Laufstege und kann so die Fußbodenbilder gut von oben betrachten.

Caltagirone

Über Caltagirone, eine Hochburg der Keramik- und Terrakottaindustrie, geht es weiter zur Hafen- und Industriestadt Gela, einst eine der bedeutendsten griechischen Kolonien auf Sizilien. 1956 wurden hier Erdölquellen gefunden, und heute bestimmen Erdölraffinerien, Bohrtürme und Neubausiedlungen das Stadtbild. Anders **Ragusa** (65 000 Einw.), das auf einem Felsrücken, zwischen zwei tief eingeschnittenen Tälern liegt. Im Westen erstreckt sich die im 18. Jh. auf schachbrettförmigem Grundriss angelegte Oberstadt Ragusa Superiore mit Kathedrale und dem besuchenswerten Museo Archeologico Ibleo in der Via Natalelli. Im Osten schließt sich das tiefer gelegene Ragusa Ibla an mit **malerischen verwinkelten Gassen** und schönen Barockbauten. Man erreicht es u. a. über die 242-stufige Scala. An der Piazza del Duomo erhebt sich die Kirche San Giorgio, die im 18. Jh. nach Plänen von Rosario Gagliardi erbaut wurde. Sie ist eines seiner Hauptwerke und ein besonders schönes Beispiel der sizilischen Barockbaukunst. Das 24 km südlich gelegene ehemalige Fischerdorf Marina di Ragusa (3000 Einw.) hat sich zu einem **Seebad** mit Hotels, Pensionen und Unterhaltungsmöglichkeiten gewandelt.

242 Stufen trennen die Neustadt Ragusa Superiore von der Unterstadt Ragusa Ibla.

✶ Noto

Das alte, einst von den Sikulern gegründete Noto wurde nach dem Erdbeben 1693 aufgegeben und 16 km entfernt am heutigen Standort unter Beteiligung zahlreicher namhafter Baumeister, darunter Gagliardi, Sinatra, Labisi und Mazza, neu erbaut. Dank des als Baumaterial verwendeten **hellen Kalktuffs** aus der Umgebung wirkt die Stadt festlich und heiter. Es ist eine der schönsten sizilianischen Barockstädte und UNESCO-Weltkulturerbe (24 000 Einw.).
An dem die Stadt von Westen nach Osten als belebte Hauptstraße durchziehenden Corso Vittorio Emanuele liegen **drei monumentale Plätze**: An der Piazza Ercole, amtlich Piazza XVI Maggio, stehen die

barocke Kirche San Domenico (18. Jh.) und der Herkulesbrunnen; an der folgenden Piazza del Municipio befinden sich der Palazzo Ducezio (Rathaus), die Kirche Santissimo Salvatore und der Dom Santi Nicola di Mira e Corrado mit seiner prächtigen Barockfassade. Um den Rest ist es weniger gut bestellt: Im März 1996 stürzten die Seitenschiffe und die Kuppel ein. Der dritte Platz ist die Piazza Immacolata mit der Kirche der Immacolata (oder S. Francesco) und dem Kloster Santissimo Salvatore. Nahe dabei steht die Chiesa del Crocifisso, die eine Madonna von Laurana hütet. Nicht versäumen sollte man einen Bummel durch die Via Corrado Nicolaci, vorbei am Palazzo Villadorata mit seinen aufwendig skulptierten Balkonstützen.

> ! *Baedeker* TIPP
>
> **Paradies**
>
> Schnorchel- und Vogelparadies zugleich ist das Naturschutzgebiet von Vendicari südlich von Noto. Entlang ausgeschilderter Wege kann man Vögel beobachten, die Ruinen der antiken Stadt Eloro besichtigen oder durch fischreiche Gewässer zur nahen Isola di Vendicari schwimmen.

Auf der **Weiterfahrt** nach Syrakus lohnt ein Halt in der Barockstadt Palazzolo Acreide (9000 Einw.), die in den Monti Iblei liegt. Sie löste das antike Akrai ab, das man südwestlich der Stadt entdeckte. In der Zona Archeologica, die einst den nahen Hügel Acremonte einnahm, sind das spätgriechische Theater aus dem 3. Jh. v. Chr. mit 6000 Plätzen und die Überreste des Buleuterions (Ratssaal) zu sehen. **Wohnhöhlen und Gräber** aus byzantinischer Zeit sind in den antiken Steinbrüchen Intagliata und Intagliatella südlich des Theaters erhalten. Außerhalb des Grabungsbezirks befanden sich ein Aphroditetempel aus dem 6. Jh. v. Chr., Totentempel und eine hellenistische Nekropole.

Pantalica, die berühmte Nekropole der Sikuler mit rund 5000 Gräbern des 13. bis 8. Jh. v. Chr., liegt 35 km nordöstlich inmitten einer grandiosen Landschaft. Man fährt sie über Ferla an, dann führen gut angelegte und beschilderte Pfade zu den **Grabhöhlen**, die in frühchristlicher Zeit z. T. als Wohnstätten benutzt bzw. zu Kapellen umgewandelt wurden. Die Funde aus der Nekropole sind heute im Archäologischen Museum von Syrakus ausgestellt. ★ ◄ Necropoli di Pantalica

Ein schöner Wanderweg führt durch die Anapo-Schlucht; der Zugang liegt an der Straße nach Sortino und ist ausgeschildert.

★ Syrakus · Siracusa

Die geschäftige Handelsstadt Syrakus (120 000 Einw.) liegt an der Südostküste Siziliens. Auf der vorgelagerten und durch einen schmalen Kanal vom Festland getrennten Insel Ortigia breitet sich die Altstadt aus, die übrigen Stadtteile Acradina, Tyche, Neapoli und Epipolai auf dem Festland sind seit 480 v. Chr. bewohnt. Die Meeresbucht **Porto Grande** ist einer der besten und größten Naturhäfen Italiens. Landschaft und Kunstdenkmäler machen Syrakus zu einem der sehenswertesten Reiseziele der Insel.

In der Antike war die 734 v. Chr. von Korinther Kolonisten gegründete Stadt Syrakusa die größte und mächtigste Stadt der Insel, deren Umfang nach Strabo 180 Stadien (33 km) maß und die rund 500 000 Einwohner zählte. Im Ersten Punischen Krieg stand Syrakus auf Seiten der Römer, fiel aber dann von ihnen ab, um 212 v. Chr. wieder von ihnen eingenommen zu werden. Dabei starb der 287 v. Chr. in Syrakus geborene Mathematiker **Archimedes**.

Siracusa Orientierung

Übernachten
① Grand Hotel Ortigia
② Holiday Inn
③ Gran Bretagna
④ Casa Mia

Essen
① Don Camillo
② Minosse
③ Archimede
④ Jonico-'a Rutta é Cianli

Altstadt Ortigia

Über den Ponte Nuovo gelangt man auf die Insel Ortigia. Nach wenigen Schritten sieht man vor sich die Reste des um 570 v. Chr. erbauten **Apollotempels**. Er ist der älteste dorische Tempel Siziliens und war in nachantiker Zeit byzantinische Kirche, islamische Moschee, Normannenkirche und spanische Kaserne. Der Corso Matteotti führt zur Piazza Archimede mit ihren Palästen aus dem 14. und 15. Jh. und dem Artemisbrunnen in der Mitte.

★ ◄ Duomo

Nicht weit liegt die schöne Piazza del Duomo, die von eleganten Gebäuden aus dem 17. und 18. Jh. gesäumt wird. Der Dom wurde im 7. Jh. in den berühmten Athenatempel hineingebaut. Da dessen Säulen immer sichtbar waren, erhielt er den Namen **Santa Maria delle Colonne**. Das antike Bauwerk entstand nach dem Sieg über die Karthager bei Himera 480 v. Chr. und war in der antiken Welt weithin bekannt. Die heutige Freitreppe mit den Statuen der Apostel Petrus und Paulus sowie die bewegte Barockfassade entwarf A. Palma nach dem Erdbeben 1693. Im Innern verdienen ein normannisches Taufbecken, ein Antonello da Messina zugeschriebenes Gemälde des hl. Zosimo sowie Skulpturen der Gagini-Familie Beachtung.

Den Dom flankieren das Rathaus von 1633 und das erzbischöfliche Palais von 1618, gegenüber steht der Palazzo Beneventano del Bosco, erbaut 1788.

◄ Fonte Aretusa

Vom Domplatz geht es an der Kirche Santa Lucia alla Badia vorbei und durch die Via Picherali abwärts zur Arethusaquelle, dem gefassten, von Papyrusstauden umstandenen Teich einer Süßwasserquelle. Die **Nymphe** Arethusa floh vor dem griechischen Flussgott Alpheios, stürzte sich an der Ostküste der Peloponnes ins Meer und tauchte auf Ortygia im alten Syrakus wieder auf – so ein antiker Mythos, den auch Vergil überliefert hat.

Man trifft sich beim Abendbummel auf der Lungomare.

SYRAKUS ERLEBEN

AUSKUNFT

AAPIT
Via San Sebastiano 32, 96100 Syrakus
Tel. 09 31 48 12 00, Fax 09 31 67 80 03
www.apt-siracusa.it

EINKAUFEN

Schicke Boutiquen säumen den Corso Gelone in der Neustadt und den Corso Matteotti auf der Ortigia. Kleine Traditionsläden verstecken sich in den Altstadtgassen, darunter der Edeljuwelier Izzo in der Via Roma oder Keramikgeschäfte in der Via Cavour. Viele Werkstätten führen die Tradition der Papyrusherstellung fort.

ESSEN

► Fein & Teuer

① ***Don Camillo***
Via Maestranza 96, Syrakus
Tel. 0 93 16 71 33: So. geschl.
Die Nummer eins in Syrakus, in einem alten Palast, erstklassige Fischküche und große Weinauswahl.

③ ***Archimede***
Via Gemmelaro 8, Syrakus
Tel. 0 93 16 97 01
In einem ehemaligen Weinkeller; mehrfach ausgezeichnetes Restaurant mit feiner sizilianischer Küche.

► Erschwinglich

② ***Minosse***
Via Mirabella 6, Syrakus
Tel. und Fax 0 93 16 63 66
Sehr gutes Fischrestaurant.

④ ***Jonico-'a Rutta é Cianli***
Riviera Dionisio il Grande 194
Syrakus
Tel. 0 93 16 55 40
Traditionelle Küche in familiärer Atmosphäre.

ÜBERNACHTEN

► Luxus

① ***Grand Hotel Ortigia***
Viale Mazzini 1
96100 Syrakus
Tel. 09 31 46 46 00
Fax 09 31 46 46 11
www.grandhotelsr.it
Tophotel auf Ortigia in toller Lage am Hafen; Restaurant auf der Dachterrasse. Elegante, noble Einrichtung. Das Hotel verfügt über einen Privatstrand mit Shuttle-Service.

► Komfortabel

② ***Holiday Inn Hotel Syrakus***
Viale Teracati 30/32
96100 Syrakus
Tel. 09 31 44 04 40
Fax 0 93 16 71 15
Modernen Komfort in Zentrumsnähe bietet dieses freundliche Haus mit Restaurant, klimatisierten und gemütlich eingerichteten Zimmern. Hoteleigener Parkplatz.

③ ***Gran Bretagna***
Via Savoia 21
96100 Syrakus
Tel. und Fax 0 93 16 87 65
www.hotelgranbretagna.it
Im historischen Kern von Syrakus gelegen, nur ein paar Meter vom Meer entfernt. Stilvoll eingerichtet.

► Günstig

④ ***Casa Mia***
Corso Umberto I. 112
96100 Syrakus, Tel. 09 31 46 33 49
www.bbcasamia.it
Diese freundliche, kleine Familienpension befindet sich in der Altstadt von Syrakus, wenige Minuten vom Bahnhof entfernt. Die Zimmer sind ruhig und geräumig eingerichtet.

Im schönen Palazzo Bellomo ist die Galleria Regionale untergebracht. Zu den Exponaten gehören Kunstwerke aus Mittelalter und Renaissance, Hauptwerke der Gemäldesammlung sind die »Verkündigung« von Antonello da Messina und das »Begräbnis der hl. Lucia« von Caravaggio.

◄ Galleria Regionale

Die Spitze der Insel nimmt die um 1239 erbaute Stauferburg Castello Maniace ein, heute Militärgelände, zu dem der Zutritt verwehrt ist.

◄ Castello Maniace

Das Archäologische Museum Paolo Orsi, eines der bedeutendsten archäologischen Museen Italiens, befindet sich im Stadtteil Tyche im Park der Villa Landolina. Seine Sammlungen reichen von der Vor- und Frühgeschichte bis zur frühchristlichen byzantinischen Zeit, darunter befinden sich so berühmte Stücke wie der **Augustus-Kopf** von Centuripe und der Adelphia-Sarkophag aus den Katakomben von San Giovanni, verziert mit Reliefdarstellungen aus dem Alten und Neuen Testament. Auch die so genannte Venus Landolina mit einem Delfin zur Seite, eine im 2. Jh. n. Chr. geschaffene Kopie nach einem hellenistischen Werk, findet man hier. Im Garten der Villa befindet sich das Grab des hier verstorbenen deutschen Dichters **August Graf von Platen** (1796–1835). Gegenüber vom Museum ragt die 1994 geweihte monströse »Wallfahrtskirche der weinenden Madonna« in den Himmel.

★★ **Museo Archeologico**

Öffnungszeiten: Di. bis So. 9.00–14.00, Mi., Fr. auch 15.30–19.30

! *Baedeker* TIPP

Papyrus ...

... wächst in Europa nur auf Sizilien. Das neben dem Archäologischen Museum in Syrakus gelegene Papyrusmuseum unterrichtet mit originalem Material, Fotos und Filmen über die Verwendung des »Alleskönner-Grases«.

Im Stadtviertel nördlich des Viale Paolo Orsi und westlich des Viale Teracati, in dem einst Neapolis, die Neustadt lag, zieht der Parco Archeologico mit seinen antiken Anlagen die Besucher an. Einen schönen Überblick hat man von dem höher gelegenen Viale Rizzo. Links vom Viale Paradiso liegt der gewaltige, teils aus dem Felsen herausgearbeitete **Altar des Hieron II.**, auf dem jedes Jahr, laut dem Geschichtsschreiber Diodor, 450 Stiere geopfert und später von den Bürgern in einem Festmahl verspeist wurden.

★ **Parco Archeologico della Neapoli**

◄ Ara di Ierone II

Im griechischen Theater erlebte Aischylos' Tragödie **»Die Perser«** ihre sizilische Erstaufführung. Mit 138 m Durchmesser (zum Vergleich: in Athen sind es 100 m) und 61 Sitzreihen, auf denen rund 15 000 Zuschauer Platz hatten, ist es eines der größten Theater der griechischen Antike. Unter dem Zuschauerraum führten zwei Tunnel zur Orchestra. In Jahren mit gerader Zahl werden im Frühsommer griechische Dramatiker (in italienischer Sprache) aufgeführt. Oberhalb des Theaters gab es auf einer Terrasse einen Säulengang und in der Felswand dahinter ein den Musen geweihtes Nymphaeum; aus einer der Nischen strömt noch immer das Quellwasser und fließt durch antike Kanäle ab. Nach links kommt man zu einer in die Felsen eingetieften Gräberstraße mit Grabnischen aus byzantinischer Zeit.

★★

◄ Teatro Greco

◄ Via dei Sepolcri

★ ★ Latomia del Paradiso ►

Latomien sind **antike Steinbrüche**, die seit dem 6. Jh. v. Chr. von Zwangsarbeitern und Kriegsgefangenen ausgebeutet wurden. Einst waren sie nicht zum Himmel hin offen, sondern unterirdisch, Pfeiler stützten ihre Gewölbe. Der größte und berühmteste dieser Steinbrüche ist die Latomia del Paradiso, deren Zugang gegenüber dem Hieron-Altar liegt. Hier gibt es zwei Stollen, der eine ist 60 m lang, 5 bis 10 m breit und 23 m hoch und wird wegen seiner Akustik **»Ohr des Dionysios«** (Orecchio di Dionisio) genannt. Laut der Überlieferung konnte der Tyrann Dionysios vom einen Ende aus noch die leisesten Gespräche seiner Gefangenen belauschen. Der zweite Gang ist die Grotta dei Cordari, in der die Seiler jahrhundertelang ihr Handwerk betrieben.

Eingang in die Latomia del Paradiso

Auf der Via Paradiso geht es nun aufwärts zum römischen Amphitheater. Es wurde im 3. Jh. n. Chr. teilweise aus dem Felsen herausgehauen. Heute finden hier gelegentlich Konzerte statt.

Etwa 500 m nordöstlich vom Amphitheater liegt die kleine Kirche San Giovanni alle Catacombe, die auf frühchristliche Zeit zurückgeht. Eine Treppe führt hinab zur kreuzförmigen Krypta des hl. Marcian. Ursprünglich vermutlich ein römisches Hypogäum, erhielt der Raum im 3. oder 5. Jh. seine heutige Form. Hier beginnen die Katakomben von San Giovanni, eine ausgedehnte, **labyrinthisch angelegte, unterirdische Nekropole** des 4. bis 6. Jh.s, an deren Kreuzungspunkten gelegentlich runde Plätze angelegt sind. An einem dieser Plätze fand man den Adelphia-Sarkophag.

Latomia dei Cappuccini

Von den Katakomben gelangt man durch die Via Augusto von Platen und anschließend durch die Via Bassa Acradina am Cimitero di Vigna Cassi vorbei zur Latomia dei Cappuccini, einem weiten malerisch bewachsenen Steinbruch mit **bizarren Felsgebilden**. Die üppige Vegetation mildert allerdings kaum die Erinnerung daran, dass 414 v. Chr. hier rund 7000 gefangene Athener nach ihrer Niederlage vegetierten und verdursteten.

★ **Fort Euryelos**

Epipolai, rund 8 km nordwestlich vom Stadtzentrum gelegen und heute so gut wie unbewohnt, war das größte Viertel der antiken Großstadt. Es wurde gegen 400 v. Chr. im Auftrag von **Dionysios** mit einem Kastell und einer langen Mauer befestigt. Hier soll bei der Belagerung durch die Römer 213/212 v. Chr. der Brennspiegel des Mathematikers Archimedes gestanden haben, um die Segel der feindlichen Flotte in Brand zu setzen.

★ Fonte Ciane ►

Lohnend ist auch eine Bootsfahrt vom Hafen auf dem Flüsschen Ciane aufwärts. Man sieht dabei zwei

Säulen des Olympieions, eines Zeustempels aus dem 6. Jh. v. Chr. Zwischen hohen Papyrusstauden hindurch geht es zur Quelle Kyane, auch Fonte Ciane oder Testa della Pisma genannt, in welche die gleichnamige Nymphe verwandelt wurde, weil sie sich Pluto, der die Proserpina zur Unterwelt hinabführte, entgegenwarf.

Catania

Schwarze Tochter des Ätna

Das quirlige bunte Catania, nach Palermo zweitgrößte Stadt Siziliens (400 000 Einw.), liegt in der Mitte der hier flachen Ostküste. Die uralte Griechenstadt wurde immer wieder von Naturkatastrophen heimgesucht, zuletzt zerstörte ein Lavastrom 1669 ihren Westteil, der Rest ging beim großen Erdbeben von 1693 zugrunde. Wie Phönix aus der Asche erfolgte dann im 18. Jh. der **großartige Wiederaufbau** – häufig aus dem etwas düster wirkenden Lavagestein – nach dem Motto »Melior de cinere surgo«, zu deutsch »Blühender stehe ich aus der Asche wieder auf«; dieses Motto wurde 1768 dem Triumphbogen im Westen der Stadt, der heutigen Porta Garibaldi, eingemeißelt. Es entstand eine Stadt mit axialen breiten Hauptstraßen, rechteckigen Platzanlagen und phantasievollen Barockbauten. Dies und einige Denkmäler aus Altertum und neuerer Zeit, ihre Lage in der fruchtbaren Ebene Piana di Catania, zwischen dem Vulkan Ätna, der fast immer als imposante Kulisse über der Stadt aufragt, und dem Meer sowie viele interessante Ausflugsziele in der näheren Umgebung, machen Catania auch für den Ferienreisenden interessant – trotz hässlicher Außenbezirke, hoher Kriminalitätsrate in einigen düsteren Ecken und dauerndem Verkehrschaos. Aus der Stadt stammte der Komponist **Vincenzo Bellini** (1801–1835), an den ein Museum und das 1890 mit der Oper »Norma« eingeweihte Teatro Bellini erinnern.

★ Piazza del Duomo

Die schnurgerade Via Etnea, mit ihren eleganten Läden und Restaurants die Prachtstraße der Stadt, mündet in die Piazza del Duomo. Der **Elefantenbrunnen** in der Mitte ist das Wahrzeichen der Stadt. Das Tier ist aus schwarzem Lavastein und trägt einen kleinen ägyptischen Obelisken. Der Domplatz wird von schönen Barockbauten gesäumt, darunter die Porta Uzeda von 1696, Sant'Agata von 1735 und der Municipio aus dem Jahr 1741, sämtlich Schöpfungen des Architekten Vaccarini.

◄ Duomo

Der Dom Sant'Agata entstand im 11. Jh. im Auftrag des Normannenkönigs Roger I. über den Fundamenten einer römischen Therme. Nach dem Erdbeben 1693 war eine völlige Erneuerung erforderlich. Vom Ursprungsbau sind noch der gesamte Ostteil, das Querschiff und die drei Apsiden, erhalten. Die Pläne für die schwingende Fassade lieferte Vaccarini 1736, wobei die sechs verwendeten Säulen von dem zerstörten Normannendom bzw. aus antiken Bauten stammen. Im Innern befindet sich am zweiten Pfeiler rechts das Grabmal Bellinis; Hauptsehenswürdigkeit ist die **Cappella di Sant'Agata** im rechten Querhausarm mit ihrem schönen schmiedeeisernen Gitter.

Catania Orientierung

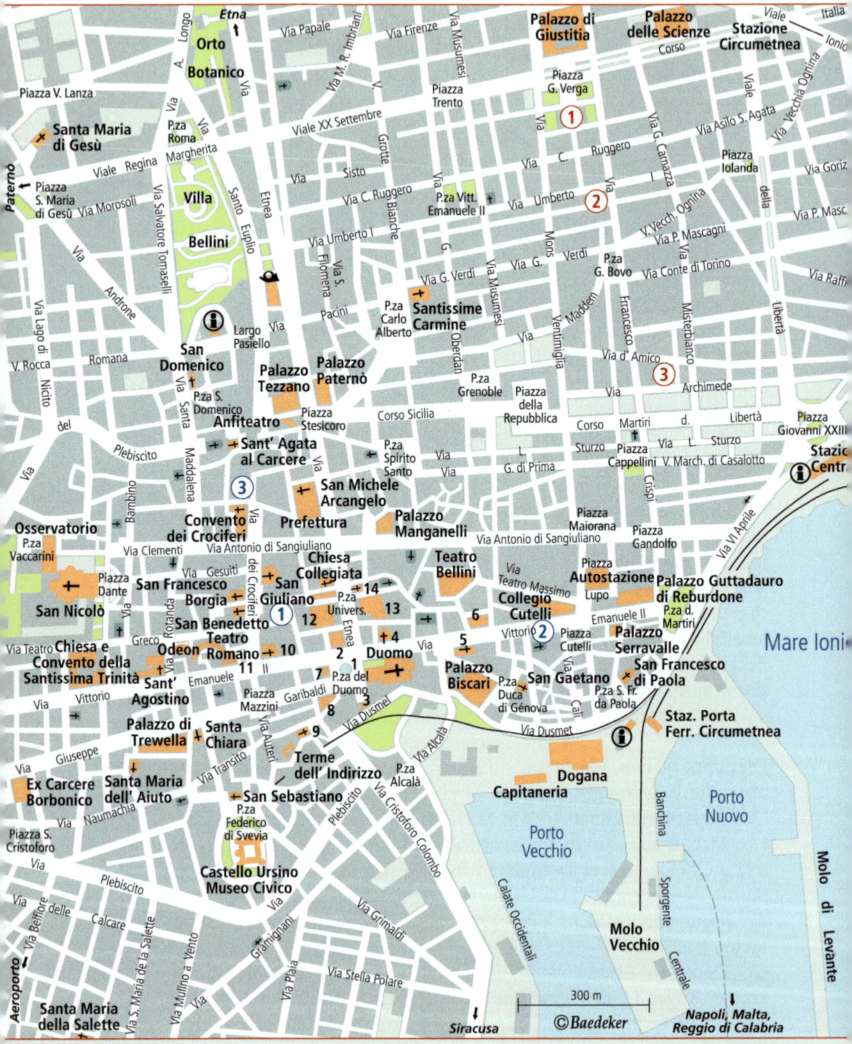

Übernachten

1. Excelsior Grand Hotel
2. Katane Palace
3. Residence Hotel La Ville

Essen

1. Osteria i Tre Bicchieri
2. Il Carato
3. Metró

1 Piazza del Duomo mit der Fontana dell' Elefante
2 Palazzo Municipio (Rathaus)
3 Porta Uzeda
4 Badia di Sant' Àgata
5 Chiesa di San Placido
6 Collegio Cutelli
7 Palazzo Zappalà
8 Palazzo Sanmartino Pardo
9 Chiesa e Convento di Santa Maria dell' Indirizzo
10 San Francesco d'Assisi all' Immacolata
11 Museo Belliniano
12 Università
13 Palazzo San Giuliano
14 Palazzo Gioieni d'Angiò

CATANIA ERLEBEN

AUSKUNFT

AAPT
Via Cimarosa 12, 95124 Catania
Tel. 09 57 30 62 22, Fax 09 57 31 64 07
www.apt.catania.it

VERANSTALTUNGEN

Grandiose Festa de Sant'Agata vom 2.–6. Februar. Die Heilige wird mit einer Kerzenprozession als Beschützerin vor Ätna-Ausbrüchen beschworen. Im August wird die Rückführung der Reliquien der hl. Agathe von Konstantinopel nach Catania gefeiert.

NACHTLEBEN

Die geschäftige Unistadt hat eine lebendige Club- und Musikszene. Tipps und Adressen im Gratis-Magazin »Lapis« (www.lapisnet.it). Ein beliebter Treff ist das Literatur-Cafè Tertulia (Via M. Rapisardi 1-3).

EINKAUFEN

Vor allem auf der Via Etnea präsentiert sich Catania als elegante Einkaufsstadt. Volksnah geht es Mo. bis Sa. vormittags auf den Märkten La Pescheria (beim Dom) und Fera o Luni (Piazza Stesicoro) zu.

ESSEN

► Fein & Teuer

① ***Osteria i Tre Bicchieri***
Via S. Giuseppe al Duomo 31
Catania
Tel. 09 57 15 35 40
nur abends, So. geschl.
Dieses stilvolle und edle Restaurant ist bekannt für seine kreative und innovative mediterrane Küche. Neben drei modern eingerichteten, klimatisierten Räumlichkeiten verfügt die Lokalität über eine Weinbar, die exzellente Weine bereithält. Eine Reservierung ist zu empfehlen.

► Erschwinglich

② ***Il Carato***
Via Vittorio Emanuele 81, Catania
Tel. 09 57 15 92 47
Als »Enoteca con Cucina« bietet dieses atmosphärische Restaurant eine umfangreiche Weinkarte und traditionelle Gerichte an.

③ ***Metrò***
Via Crociferi 76, Catania
Tel. 0 95 32 20 98; So. geschl.
In der schönsten Barockstraße, feine Fischgerichte und Dolci; auch Tische im Freien.

ÜBERNACHTEN

► Luxus

① ***Excelsior Grand Hotel***
Piazza G. Verga 39, Catania
Tel. 09 57 47 61 11, Fax 09 57 53 70 15
www.excelsiorcatania.it
Erstes Haus am Platz mit Lärmschutzfenstern. Bequem eingerichtete Zimmer, heller Speisesaal.

► Erschwinglich

② ***Katane Palace***
Via Finocchiaro Aprile 110, Catania
Tel. 09 57 47 07 02, Fax 09 57 47 01 72
www.katanepalace.it
Im Zentrum gelegen ist dieses prunkvoll und harmonisch eingerichtete Hotel ein guter Ausgangsort für eine Stadtbesichtigung zu Fuß. Hoteleigenes Restaurant mit fantasievollen Kreationen der einheimischen Küche.

③ ***Residence Hotel La Ville***
Via Monteverdi 15, 95131 Catania
Tel. 09 31 99 12 77, Fax 09 31 51 34 16
www.rhlaville.it
Nettes Hotel, zentral gelegen, komfortable, helle Zimmer, geschmackvolle Einrichtung, guter Service.

Das Leben der Stadtpatronin Catanias, die wiederholt die Stadt vor noch schlimmeren Katastrophen gerettet haben soll, ist das Hauptthema am reich geschnitzten Chorgestühl. Auch das Nonnenkloster Sant'Agata mit seiner achteckigen Kuppel und der prächtigen Fassade ist ein Hauptwerk Vaccarinis.

Kastell Ursino An der Piazza Federico di Svevia erhebt sich das strenge, schmucklose Kastell Ursino. Der Bau aus **Lavagestein** wurde um 1240 für Friedrich II. auf quadratischem Grundriss mit mächtigen Ecktürmen erbaut und erinnert an die Stauferkastelle in Syrakus und Augusta. Ursprünglich stand das Kastell unmittelbar am Hafen, doch der große, an seiner Westseite entlangfließende **Lavastrom** von 1669 schob

Museo Civico die Küstenlinie nach Osten vor. Es beherbergt das Stadtmuseum mit lokalen Funden, darunter hellenistischen und römischen Skulpturen, Porzellanwaren und Kunstwerken vom Mittelalter bis heute.

Piazza Mazzini ► Nördlich des Kastells folgt man der Via Auteri bis zur Piazza Mazzini, einer großen barocken Platzanlage, für deren rings umlaufenden

Teatro Romano ► Portikus 32 antike Säulen Verwendung fanden. Gleich dabei stößt man auf die Via Vittorio Emanuele und ist im Bereich der antiken Stadt. Am Südhang der einstigen Akropolis befindet sich Via Vittorio Emanuele 266 das römische Theater. Es wurde im 2. Jh. v. Chr. an der Stelle eines griechischen Vorgängerbaus errichtet und fasste 7000 Besucher. Westlich schließt das Odeon an, ein kleines Theater, ganz aus Lavagestein erbaut.

Museo Belliniano In dem Geburtshaus des Komponisten Bellini an der Ecke V. Vittorio Emanuele/V. Crociferi wurde ein kleines Museum eingerichtet. Von hier führt die Via Crociferi in Richtung Norden vorbei an prachtvollen Palazzi und Kirchen. Über die Via Gesuiti gelangt man zur Piazza Dante hinauf. Hier, an der Stelle der griechischen Akropolis, begannen Benediktiner 1702 mit dem Bau der Kirche **San Nicolo** und der dazugehörigen Klosteranlage, die zu den größten Europas gehört. Die Arbeiten an der Kirche zogen sich bis Ende des 18. Jh.s hin, die Fassade mit vorgesetzten mächtigen Säulenstümpfen blieb unvollendet.

Nun geht es weiter zur Via Etnea mit dem Bellini-Denkmal von 1882 und den Resten des einst 16 000 Zuschauer fassenden römischen

Anfiteatro ► Amphitheaters. Es wurde im 2. bis 3. Jh. am Nordosthang des Akropolis-Hügels angelegt und steht in seiner Größe dem Kolosseum in Rom nur wenig nach.

✶✶ Ätna · Etna

Berg der Berge Der Ätna ist der **größte und höchste Vulkan Europas**. Mit seinem Umfang von 140 km bedeckt er eine elliptische Fläche von annähernd 1400 km². Über einer schwach geneigten Hochfläche, die 2900 m erreicht, steigt der Gipfelkegel auf, dessen Höhe infolge der vulkanischen Tätigkeit wechselt; derzeit wird sie mit 3369 m angegeben.

Geben und Nehmen des Vulkans im Regionalpark um den Ätna: Einmal erkaltet, wächst und blüht es auf dem fruchtbaren Lavaboden.

WENN DIE ERDE BEBT

Das südliche Flair, die Zeugnisse der Antike und das schöne Wetter ziehen alljährlich Tausende von Touristen nach Sizilien. Zu den Anziehungspunkten gehört auch der Ätna, der Gigant unter den Vulkanen, er ist nicht nur der größte tätige Vulkan in Europa, sondern einer der größten der Welt.

Seine Ausbrüche haben zu allen Zeiten die Menschen in diesem Gebiet beunruhigt und bedroht. Sorgenvoll beobachtet man heute wie früher den **Berg der Berge**, den die Sizilianer, das italienische und das arabische Wort für Berg (Monte und Djebel) zusammenziehend, Mongibello nennen. Ebenso sorgsam werden die großen Ausbrüche registriert, seit die griechischen Dichter Pindar und Aischylos von einem solchen Ereignis um 478/474 v. Chr. berichtet haben. Bei einem der jüngsten Ausbrüche, im Jahr 1983, hat man erstmals versucht, die vulkanischen Kräfte durch **gezielte Sprengungen** abzuschwächen – allerdings ohne Erfolg. Die Gewalt der Natur war stärker.

Eine Fahrt in die Ätna-Region zeigt dem Besucher die **Spuren der Verwüstung**: ältere und neuere Lavaströme, die sich durchs Gelände ziehen. Und in Catania ist das Naturelement noch im Stadtgebiet selbst zu beobachten: erstarrte Lava beim Stauferkastell (»Castello Ursino«), das ursprünglich unmittelbar am Meer gestanden hat – beim gewaltigen Ausbruch von 1669 aber drang der Lavastrom bis zum Meer, floss am Kastell entlang, zerstörte außer zahlreichen Dörfern auch den Westteil von Catania und den Hafen. Seit dieser **Katastrophe**, der nicht weniger als 20 000 Menschen zum Opfer fielen, ist das Meer rund 500 m vom Kastell entfernt.

Auf der anderen Seite bringt die Verwitterung des vulkanischen Materials dem Land eine enorme **Fruchtbarkeit**, und daraus erklärt sich auch, dass die Menschen an diesem Land hängen und ihre Siedlungen im unteren Bereich der Ätnaflanken allen Launen und Unbilden der Natur zum

Trotz zäh behaupten. Der berühmte **Ätnawein** gedeiht ebenso wie Zitrusfrüchte, Oliven, Feigen und Obstbäume bis in eine Höhe von 1000 m. Wenigstens bis in diese Höhe kann man von einer **Kulturlandschaft** sprechen. Kastanien gibt es bis 1600 m. Die nächste Vegetationszone ist dann allerdings bescheideneren Pflanzen vorbehalten; Akazien, Ginster, Berberitze, Farne findet man in der Region zwischen 1500 und 2500 m, ehe dann die **vegetationslose Zone** beginnt.

Enorme Kräfte

Der Vulkanismus Süditaliens steht im direkten Zusammenhang mit der **Auffaltung des Apennins**, der Italien von Norden nach Süden durchläuft und zu dem auch der Vulkan Ätna gehört. Seit dem Altquartär hat sich der Ätna über tektonischen Bruchlinien aufgebaut, die von den Liparischen Inseln entlang der Ostküste Siziliens südwestwärts verlaufen, und gewaltige Lava- und Tuffsteinmassen aufgetürmt. Daher erfolgen die **neueren Ausbrüche** meist an den Flanken aus Spalten und Nebenkratern, von denen zur Zeit etwa 300 bekannt sind. Gegenwärtig ist er 3369 m hoch, seine Basis hat einen Durchmesser von etwa 35 km, und er überdeckt eine Fläche von rund 1400 km².

Mit der Tektonik hängt auch das häufige Auftreten von **Erdbeben** zusammen, die wie die Vulkanausbrüche vom Altertum an bis in jüngste Zeit die Menschen heimgesucht und zahllose Opfer gefordert haben. Ein besonders schweres hat im 6. Jh. die antiken Tempel von Selinunt, im Südwesten der Insel, zum Einsturz gebracht. Die meisten Beben allerdings ereigneten sich im Bereich der tektonischen Bruchzone südlich des Ätna, das folgenreichste verwüstete im Jahre 1693 den gesamten Südosten.

Neues Leben aus den Ruinen

Nun hatte auch dieses verheerende Geschehen seine **positiven Folgen** – auf andere Weise als die Vulkanausbrüche des Ätna. Die Zerstörungen des Erdbebens von 1693 waren nämlich der Anlass für einen neuen Wiederaufbau. Dieser hat – denn »neues Leben blüht aus den Ruinen« – dem gesamten Südosten Siziliens ein neues Gesicht gegeben, das des **Barock**. So entstand, in anderer Weise als in den landwirtschaftlich geprägten

Naturschauspiel von bedrohlicher Faszination: die talwärts fließenden Magmaströme des Ätna. In der Dämmerung wirken sie am gewaltigsten.

unteren Regionen am Ätna, auch hier eine Kulturlandschaft. Dabei verband sich die Notwendigkeit, neue Behausungen zu schaffen, mit dem barocken Repräsentationsbedürfnis. Auch sollte man dabei höchst praktische politische Erwägungen der Grundherren nicht übersehen: Für eine dörfliche oder städtische Siedlung von wenigstens 80 Familien erhielt der adlige Besitzer eine Stimme im **Baronalparlament**!

Schon 1607, also lange vor dem genannten Erdbeben, hatte der spanische Vizekönig Marcantonio Colonna eine neue Stadt in der heutigen Provinz Ragusa gegründet und sie nach seiner Tochter benannt: **Vittoria**. Barocker Vorliebe für regelmäßige Anlagen folgend, ist diese gegründete, nicht gewachsene Stadt in einem Schachbrettmuster angelegt.

Nach 1693 baute man zerstörte Städte in der Regel am alten Platz wieder auf, von Caltagirone und Niscemi im Westen bis Augusta und Syrakus an der Ostküste, von Palagonia und Acireale im Norden bis Ispica, Módica und Scicli im Süden, dazu in großem Stil auch Catania. In manchen Fällen war die Zerstörung so groß, dass man es vorzog, die Stadt an einen anderen Platz zu verlegen, etwa bei Ávola, Francofonte, Giarratana, Grammichele und nicht zuletzt Noto. Dabei wirkte sich immer wieder die Liebe zur Geometrie aus – man wählte gern **regelmäßige Muster** für das Straßennetz. Für Ávola und Grammichele wurde ein kunstvoller Sechseck-Grundriss bevorzugt.

Ein Sonderfall ist Ragusa. Hier baute man nicht nur die zerstörte alte Stadt Ragusa Ibla wieder auf mit ihrem geländebedingt unregelmäßigen Gassengewirr, aus dem Rosario Gagliardis großartige Kirche San Giorgio herausragt; daneben entstand zudem auf höherem Terrain die Neustadt Ragusa Superiore mit einem Schachbrett-Straßensystem (wie schon vorher in Vittoria).

All dies trug – neben der Errichtung von zahllosen Kirchen und Palästen überall in Sizilien – dazu bei, dass das **Barockzeitalter** das architektonische Gesicht Siziliens ganz erheblich verändert hat. Zu den Relikten aus der Antike und dem Mittelalter trat nun im 18. Jh. das Barock als dritte große Epoche der Kunst-, speziell der Architekturgeschichte der Insel.

Parco Naturale dell'Etna

Der mineralhaltige Boden ist äußerst fruchtbar, verschiedene Vegetationszonen liegen ringartig um den Bergkegel. 1981 wurde das Gebiet zu einem Naturpark erklärt. Die menschlichen Siedlungen sind weit hinauf vorgedrungen. Reste eines antiken Gebäudes haben sich in 2917 m Höhe erhalten, die **Torre del Filosofo**. Die heutigen Siedlungen sind ungeachtet der Gefahren erstaunlich weit vorgeschoben – im Westen und Norden bis auf 15 km vom Hauptkrater.

Ausbrüche

Immer wieder hat der Ätna seine Umgebung mit Eruptionen gefährdet, die Geschichtsschreibung erwähnt rund 140 gewaltige Ausbrüche, darunter in neuerer Zeit 1669 (Zerstörung von Catania), 1893 (Entstehung der Silvestri-Krater), 1911 (Entstehung des Nordostkraters). 1989 entstanden zwei neue Krater, 1992 kam der Lavastrom erst kurz vor Zafferana Etnea zum Stehen. Zum letzten Mal spuckte der Ätna 2001 Lava und zerstörte dabei die Seilbahn zum Krater.

Ätna-Rundfahrt

Ferrovia Circumetnea ►

Am bequemsten lernt man die Landschaft rings um den Berg bei einer Fahrt mit der Circumetnea kennen. In rund dreieinhalb Stunden werden 110 km zurückgelegt. Ausgangspunkt der Schmalspurbahn ist der Bahnhof F. C. E. in Catania. Die Strecke endet in Giarre, von wo aus man die Rückfahrt nach Catania mit normalem Zug oder Bus antritt. Der Ätna lässt sich auch mit dem Auto umfahren, die Straßen verlaufen fast parallel zur Bahnlinie.

Auf den Vulkan ►

Eine **Besteigung des Ätna** gehört zu den stärksten Eindrücken einer Sizilienreise; sie ist relativ einfach, setzt allerdings voraus, dass man selbst im Sommer warme und wetterfeste Kleidung bei sich hat.

Etna-Süd ►

Die Südroute auf den Ätna führt von Catania auf der Strada Etnea nach Gravina (8 km), vorbei an der Ausbruchsspalte von 1381 und am Lavastrom von 1669 nach Nicolosi. Die gut ausgebaute Straße führt vorbei an der Abzweigung zum Grande Albergo Etna (1715 m), der gute Wintersportmöglichkeiten bietet, bis zum Rifugio Sapienza, einem Schutzhaus des Alpenvereins in 1935 m Höhe. Mittlerweile wird das Plateau von Restaurants und Souvenirbuden beherrscht. Wer nicht höher hinaufmöchte, besichtigt hier die **Crateri Silvestri**, um 1892 entstandene Vulkankrater. Für die anderen geht es in – leider recht teuren – Geländebussen bei gutem Wetter zum Piano del Lago mit dem 1971 verschütteten Observatorium und zuletzt – sofern der Vulkan es erlaubt – bis zum Turm des Philosophen (2918 m) in der Nähe des Hauptkraters.

Etna-Nord ►

Linguaglossa ist der Ausgangspunkt für eine Ätna-Befahrung von der Nordseite aus. Hier beginnt die 20 km lange **Panoramastraße** Mareneve nach Piano Provenzana, das im Sommer Ausgangspunkt für Gipfelbesteigungen, im Winter Skigebiet ist. Die Autostraße führt weiter nach Zafferana Etnea.

Weiterfahrt

Auf dem Streckenabschnitt zwischen Catania und Messina berührt die SS 114 zunächst die **Riviera dei Ciclopi** mit Urlaubsorten wie Aci Castello (15 000 Einw.), Aci Trezza (12 000 Einw.) und Acireale

(50 000 Einw.), dessen Thermen schon die Römer nutzten. Weiter geht es über Giarre und Fiumefreddo zum Kap Schiso mit den Ruinen von Naxos, der ältesten griechischen Kolonie auf Sizilien, und nach Giardini (10 000 Einw.), dem Badeort und Bahnhof des beliebten Ferienortes Taormina. Im Archäologischen Park sind noch Reste der 734 v. Chr. von Kolonisten aus Euböa gegründeten Stadt zu sehen.

Das Teatro Greco in Taormina

Taormina

Taormina (11 000 Einw.), 396 v. Chr. von Karthagern als »Tauromenion« gegründet, liegt an der Ostküste Siziliens über dem Ionischen Meer auf einer Felsenterrasse mit Blick auf den meist schneebedeckten Ätnagipfel. Lage, üppige Vegetation und mildes Klima sowie ein Stadtbild, in dem sich Urbanität und Historie mischen, haben Taormina schon im 19. Jh. zum beliebtesten Ferienort Siziliens werden lassen. Ein Hauch davon hat sich ungeachtet des Massentourismus bis heute erhalten. Man gelangt zur Stadt über die serpentinenreiche Via Pirandello, die an der Porta Messina endet. Hier beginnt die von Souvenirshops, Boutiquen und Bars gesäumte Hauptstraße, der Corso Umberto, der sich quer durch die Stadt zieht, am Dom vorbeiführt und an der **Porta Catania** endet. Auf der Piazza Vittorio Emanuele, dem antiken Forum, erhebt sich rechts der Palazzo Corvaia mit seiner strengen, zinnenbekrönten Fassade und Zwillingsfenstern. In den 1410 erbauten Gebäude ist ein Turm aus arabischer Zeit verbaut. Heute finden hier Kulturveranstaltungen statt. Links neben dem Palast steht die Chiesa Santa Caterina aus dem 17. Jh., hinter der Reste eines kleinen Odeons aus römischer Zeit zu sehen sind sowie die Marmorstufen vom Unterbau eines griechischen Tempels.

◄ Piazza Vittorio Emanuele

Die Via del Teatro Greco endet bei Taorminas berühmtester Sehenswürdigkeit: dem **Griechischen Theater**. Es wurde im 3. Jh. v. Chr. angelegt, hundert Jahre später in römischer Zeit jedoch von Grund auf neu erbaut. Der Blick von den oberen Sitzreihen durch die nur noch teilweise erhaltene Bühnenrückwand in die Landschaft und hinüber zum Ätna ist tausendfach beschrieben und gemalt, zehntausendfach fotografiert und trotzdem unbeschreiblich schön.

★ ◄ Teatro Greco

Auf dem von schönen alten Häusern gesäumten Corso Umberto gelangt man zur Piazza IX. Aprile mit Aussichtsterrasse. Rechts oberhalb einer Treppengasse erscheint der Palazzo Ciampoli von 1412, gleich darauf passiert man das Rathaus. Gegenüber weitet sich die Straße zum Domplatz mit dem **Dom San Nicola**, erbaut vom

◄ Duomo

Taormina liegt an einem Steilhang des Monte Tauro.

13.–15. Jh. Das unverputzte Äußere mit seinen Zinnen gehört in die Ursprungszeit, das barocke Hauptportal wurde 1636 eingefügt und korrespondiert mit dem Barockbrunnen in der Mitte des Platzes. Im Innern des Doms sind zahlreiche Werke aus dem 15. und 16. Jh. zu sehen, darunter die »Heimsuchung Mariä« von Antonio Giuffre.

Nördlich vom Domplatz sieht man am Hang die **gotische Badia Vecchia** aus dem 14. Jh., südlich das prächtige ehemalige Dominikanerkloster mit schönem Kreuzgang, in dem mittlerweile das Hotel San Domenico Palace untergebracht ist. Etwas unterhalb führt die Via Roma zum Stadtgarten. Weiter geht es auf der Via Bagnoli Croce zum Belvedere, von dem man auf der Via Luigi Pirandello, unterhalb vom Griechischen Theater, wieder zur Porta Messina gelangt.

Ein schöner Ausflug beginnt bei der **Badia Vecchia**, wo ein gewundener Weg 2 km bergauf zu der etwas abseits gelegenen Kapelle Madonna della Rocca führt. Von dort kann man in wenigen Minuten zum Castello di Taormina auf dem Monte Tauro hinaufsteigen.

Lohnend ist die Weiterfahrt (3 km) in das kleine Bergdorf **Castelmola**, das von seinen Aussichtsterrassen, besonders aber von der Burgruine, eine weite Rundsicht bietet. Im Frühjahr und Sommer hängt man am besten einen Ausflug in die 14 km entfernte **Alcantara-Schlucht** (Gola dell'Allcantara) an, eine wildromantische Landschaft mit fantastischen Felsgebilden, die man zu Fuß durchwaten kann.

Messina ►dort

Inseln vor Sizilien

★ Liparische Inseln Isole Eolie

Die Liparischen Inseln, auch Äolische Inseln genannt, liegen vor der Nordküste Siziliens. Hier lebte der griechischen Mythologie zufolge **Äolos**, der Gott der Winde. Sie sind vulkanischen Ursprungs, wie der noch tätige Stromboli-Vulkan anschaulich zeigt, und locken mit ihren malerisch zerklüfteten Küsten, kleinen Badebuchten, Bergen und kristallklarem Wasser Naturliebhaber, Wanderer und Unterwassersportler an. Der sich aus 4000 m Tiefe erhebende Archipel besteht aus den **sieben Hauptinseln** Lipari, Vulcano, Alicudi, Salina, Filicudi, Stromboli und Panarea, auf denen insgesamt etwa 16 000 Menschen leben. Panarea, die kleinste Insel, zählt auf 3,4 km² 270 Einwohner, Lipari ist mit 37,6 km² und 11 000 Einwohnern das Zentrum der Inselgruppe. Die Bevölkerung lebt von der Landwirtschaft, insbesondere von Weinen wie dem Malvasia di Lipari, Oliven, Kapern und Mandeln, der Gewinnung von Bimsstein, der Fischerei und zunehmend vom Fremdenverkehr.

◄ Lipari

Meistbesuchte Insel ist Lipari, deren gleichnamiger Burgberg nördlich und südlich von den Buchten Marina Lunga und Marina Corta eingefasst wird. Hier stand eine **antike Akropolis**, die von einer mittelalterlichen Burg und einer im 16. Jh. erbauten Festung abgelöst wurde. Heute beherbergt sie ein besuchenswertes Archäologisches Museum. Die Schönheit der Insel erfährt man bei einer Bootsfahrt oder einer Inselrundfahrt. Canneto ist das Zentrum der Bimssteingewinnung. Den schönsten Ausblick hat man vom Belvedere di Quattrocchi.

Vulcano

Vulcano galt als Lieblingssitz von Äolos, dem Herrn der Winde. Heute ist sie ein beliebter Ferien- und Thermalort (500 Einw.). Der letzte Vulkanausbruch auf Vulcano wurde 1889/1890 verzeichnet, **Schwefeldämpfe** und Schwefelausblühungen sowie heiße Schlammbäder erinnern aber daran, dass der Vulkan keinesfalls erloschen ist. Lohnend ist ein Aufstieg zum 390 m hohen Gran Cratere.

✶ ✶ ◄ Stromboli

Stromboli (650 Einw.) besitzt den einzigen noch aktiven Vulkan des Archipels, die letzten größeren Ausbrüche ereigneten sich 1930 und 1971. Kleinere Eruptionen erfolgen mehrmals stündlich und sind bei Dunkelheit am eindrucksvollsten. Führungen auf den Krater beginnen deshalb in der Regel erst am Nachmittag, man sollte deshalb eine Übernachtung einplanen. Rucksacktouristen nächtigen gerne oben auf dem Berg, was allerdings nicht ganz ungefährlich ist. Die Ostseite der Insel weist eine üppige Vegetation auf.

◄ Salina

Salina (2200 Einw.), die zweitgrößte der Liparischen Inseln, besteht aus sechs erloschenen Vulkanen, von denen zwei, der Monte Fossa delle Felci und der Monte dei Porri, ihr typisches Profil bewahrt haben. Dank der **Wasservorkommen** ist Salina besonders fruchtbar.

Geologisch zu den Liparischen Inseln gehört auch Ustica (1200 Einw.), ein Paradies für Taucher, das nördlich von Palermo liegt.

Ägadische Inseln
Isole Egadi

Die bereits in der Vorgeschichte besiedelten Ägadischen Inseln liegen vor der Westküste Siziliens, gegenüber von Trapani. Touristen trifft man hier vorwiegend im August beim Wandern, Tauchen oder Besichtigen vorgeschichtlicher Höhlen. Größte Insel ist das 6 km von der Küste entfernte Favignana mit 19 km², das im Monte S. Caterina 302 m Höhe erreicht. Der Hauptort Favignana (3500 Einw.) liegt in einer tiefen Bucht, überragt vom Castello Florio. Hauptsehenswürdigkeit der Insel Levanzo ist die **Grotta del Genovese** mit steinzeitlichen Ritzzeichnungen. Marettimo (800 Einw.) steigt in seinem gebirgige Inneren auf 686 m an, die Küste ist reich an Buchten und Grotten, die man am besten mit dem Schiff entdeckt.

Pantelleria Die Insel Pantelleria (83 km²; 10 000 Einw.) ist vulkanischen Ursprungs und liegt näher bei Tunesien (84 km) denn bei Sizilien (102 km). Man erreicht sie von Trapani aus. Beherrscht wird sie von der 836 m hohen Montagna Grande, deren erloschenen Krater zahlreiche Nebenkrater umgeben. Vulkanischen Ursprungs sind auch die **Fumarolen und Thermalquellen**. Den Hauptort Pantelleria (5000 Einw.) überragt das mittelalterliche Castello Barbacane; Zeugen der Geschichte sind die **Sesi**, niedrige Gräbertürme bei der jungsteinzeitlichen befestigten Siedlung von Mursia. Auf dem fruchtbaren Boden werden Trauben, aus denen der bekannte Moscato di Pantelleria gewonnen wird, sowie Feigen, Kapern und Gemüse angebaut.

Pelagische Inseln Isole Pelagie Die recht einsamen Pelagischen Inseln, bestehend aus Lampedusa (20 km²; 5000 Einw.), Linosa (5,4 km²; 500 Einw.) und dem unbewohnten Lampione (180 m breit, 200 m lang), sind die **südlichste Inselgruppe** Italiens, 200 bzw. 160 km von der Südwestküste Siziliens und nur 110 km von Tunis entfernt. Man erreicht sie mit dem Schiff von Porto Empedocle und mit dem Flugzeug von Trapani. Die Küste ist felsig mit vielen Schluchten und Grotten, die Vegetation spärlich. Ruhesuchende und Unterwassersportler kommen auf ihre Kosten.

✶ Spoleto

K 15

Region: Umbrien • Umbria
Provinz: Perugia
Höhe: 305–453 m ü. d. M.
Einwohnerzahl: 37 700

Wo der Tessino aus einem engen Tal des umbrischen Apennins in das Valle Umbra tritt, dort liegt in waldreicher Umgebung Spoleto, das mit seiner historischen Altstadt samt Dom und vielen weiteren Kunstschätzen zum Pflichtprogramm für Umbrienbesucher gehört. Wer bei der Stadtbesichtigung hungrig wird, kann sich an den Trüffel- und Schweinefleisch-Spezialitäten aufs Angenehmste laben.

Geschichte Von der Stadt der Umbrer zeugen noch Reste der mächtigen Mauer. 241 v. Chr. wurde die römische Kolonie Spoletium gegründet, die 90 v. Chr. das Bürgerrecht bekam. Die Langobarden machten sie 571 zur Hauptstadt ihres Herzogtums. Die **papsttreue Stadt** wurde 1155 vom späteren Kaiser Friedrich I. erobert, ab 1198 war sie wieder in päpstlichem Besitz, den Kardinal Albornoz mit dem Bau der Festung im 14. Jh. festigte; hier residierten die päpstlichen Statthalter Umbriens.

Sehenswertes in Spoleto

Teatro Romano

Besonders beeindruckend zeigt sich die Stadt, wenn man sie von Süden erreicht. Von der Piazza della Libertà am unteren Rand der Oberstadt kann man in das römische Theater aus dem 1. Jh. v. Chr. sehen, das etwa 3000 Zuschauern Platz bot und heute für das »Festival dei Due Mondi« genutzt wird. Von dort aus ist das Archäologische Museum im ehemaligen Kloster S. Agata zugänglich.

S. Ansano, Arco di Druso, Piazza del Mercato

Durch eine steile Gasse steigt man bergan in die Altstadt zur Kirche S. Ansano, die im 12. Jh. am Platz eines römischen Tempels errichtet wurde, von dem man noch Reste in der Krypta erkennen kann. Der **Drususbogen**, 23 n. Chr., für Drusus und Germanicus erbaut, war der Eingang zum römischen Forum, der heutigen Piazza del Mercato. Links neben dem barocken Brunnen geht die schmale **Via del Palazzo dei Duchi** ab, in deren mittelalterlichen Werkstatt- und Verkaufsräumen (botteghe) umbrische Delikatessen, Mode und Kunsthandwerk angeboten werden.
In der Via Fontesecca erreicht man rechter Hand die Rückfront des **Palazzo Comunale** aus dem 13. Jh., von dem nur der Turm erhalten ist; er wurde nach dem Erdbeben 1703 neu errichtet und beherbergt die städtische Kunstsammlung; schräg gegenüber sieht man die Reste eines kleinen römischen Tempels aus dem 1. Jh. Nördlich des Palazzo Comunale versteckt sich im Hof des Erzbischöflichen Palastes die romanische Kirche **S. Eufemia** aus dem 12. Jh., deren gestaffelter Apsidenchor vom Domplatz aus zu sehen ist; besonders schön sind der Marmorhauptaltar und die für Umbrien einzigartigen **Emporen** über den Seitenschiffen.

! *Baedeker* TIPP

Festival dei Due Mondi

Seit 1958 findet in Spoleto von Ende Juni bis Mitte Juli dieses hochkarätige Festival statt, das Theater- und Musikbegeisterte aus aller Welt anlockt. Kritische Stimmen rügen jedoch, dass die Veranstaltung eher an eine gut betuchte Kulturschickeria gerichtet ist. Informationen unter www.spoletofestival.it.

✶ Duomo S. Maria Assunta

Vom Erzbischöflichen Palast führt eine breite Treppe hinunter zu dem lang gestreckten Platz, der die herrliche Domfassade begrenzt und der Zentrum des Festivals ist. Der Dom wurde anstelle der 1155 von Friedrich Barbarossa zerstörten Bischofskirche ab 1175 neu erbaut und 1491–1504 um die Vorhalle mit ihren Außenkanzeln ergänzt; der Kampanile aus dem 12. Jh. erhielt sein Glockengeschoss 1512–1515. Über der großen, von Evangelistensymbolen umgebenen Fensterrose sieht man ein **byzantinisch beeinflusstes Mosaik** von 1207, das Christus als Pantokrator zwischen Maria und Johannes zeigt. Durch ein großartiges romanisches Portal betritt man das 1638 barock umgestaltete Innere; erhalten blieben der Marmorfußboden und die herrlichen Marienfresken in der Chorapsis von Filippo Lippi, der vor ihrer Vollendung 1469 in Spoleto starb; sein Grab befin-

SPOLETO ERLEBEN

AUSKUNFT

Piazza della Libertà 7, 06049 Spoleto
Tel. 07 43 23 89 20, Fax 07 43 23 89 41
www.spoletoonline.com
www.spoletofestival.il

ESSEN

► Erschwinglich

Apollinare
Via Sant'Agata 14, Spoleto
Tel. 07 43 22 32 56; Di. geschl.
Hochherrschaftliches Ambiente mitten im historischen Zentrum. Fantastische Gerichte aus der Region und tolle Weine.

Il Tartufo
Piazza Garibaldi 24, Spoleto
Tel. 0 74 34 02 36; Mo. geschl.
Der Name ist Programm: in dem netten, alteingesessenen Lokal dreht sich alles um Trüffel – und das zu moderaten Preisen.

Il Capanno
Località Torrecola 6, Spoleto
Tel. 0 74 35 41 19
Behagliches, sehr gemütliches Lokal auf einer Anhöhe vor der Stadt. Große Auswahl an Fleischgerichten, aber auch gute Pasta, im Winter auch Wildgerichte und natürlich Trüffeln.

ÜBERNACHTEN

► Luxus

Villa Milani
Località Colle Attivoli 4, Spoleto
Tel. 07 43 22 50 56, Fax 0 74 34 98 24
www.villamilani.com
Malerische Villa aus dem Jahr 1880 in ruhiger Panoramalage auf einem Hügel vor den Toren der Stadt, elegante Räumlichkeiten und sehr stillvolle Zimmer, prachtvoller Garten mit Schwimmbad. Restaurant nur für Hausgäste.

► Komfortabel

Palazzo Dragoni
Via Duomo 13, Spoleto
Tel. 07 43 22 22 20, Fax 07 43 22 22 25
www.palazzodragoni.it
Bildhübsche und elegante Zimmer mit Blick auf den Dom bietet dieser herrliche Palazzo aus dem 16. Jh., der viel historisches Flair versprüht.

► Günstig

Europa
Viale Trento e Trieste 201, Spoleto
Tel. 0 74 34 69 49, Fax 07 43 22 16 54
Kleines sympathisches Hotel in der Nähe des Bahnhofs. Einfache, zweckmäßige Zimmer, schöne Frühstücksterrasse.

det sich im rechten Querschiff. Anschauen sollte man sich in der ersten Kapelle links das umbrische gemalte Kruzifix des Meisters Albertus Sotius von 1187 und in der Cappella Eroli gegenüber die »Thronende Muttergottes«, die Pinturicchio 1497 schuf.

Rocca Die Via Saffi führt hinauf zur Piazza Campello und von dort weiter zur mächtigen Festung. Der päpstliche Feldherr Albornoz ließ sie von Gattopone 1359–1370 erbauen; bis zur Mitte des 18. Jh.s diente sie als Sitz des päpstlichen Gouverneurs, von 1817 bis 1983 als Gefängnis.

★ **Ponte delle Torri**

Das Bauwerk ist so atemberaubend wie der Blick von ihm: Zwischen dem Festungshügel und dem Monteluco überspannt der Ponte delle Torri die Tessino-Schlucht. Der 76 m hohe und 230 m lange **Aquädukt** entstand im 13. oder 14. Jh. und ist möglicherweise ein Werk des Festungsbaumeisters Gattapone aus Gubbio.

In der Unterstadt von Spoleto birgt die ehemalige Bettelordenskirche S. Domenico ein Fresko, das den Triumph des Thomas von Aquin zeigt. Die kleine Kirche SS Giovanni e Paolo von 1174 hütet Fresken von Albertus Sotius. An der Piazza Garibaldi erhielt sich die Kirche S. Gregorio Maggiore, die von 1079–1146 erbaut wurde.

◂ S. Salvatore S. Ponziano

Jenseits des Tessino liegen S. Ponziano, im 11. Jh. über dem Grab des Stadtpatrons Pontianus errichtet, und S. Salvatore, ein ungewöhnlicher frühchristlicher Bau aus dem 4./5. Jh., an dem antike Teile und syrische Einflüsse erkennbar sind. Beide Kirchen wurden umgebaut.

★ ◂ S. Pietro fuori le Mura

Wie der Name besagt, liegt die im 12. Jh. erbaute Kirche S. Pietro fuori le Mura außerhalb der Stadtmauern. Der Bau geht auf die älteste Bischofskirche von Spoleto aus dem Jahr 417 zurück. Der Spaziergang dorthin lohnt wegen der außergewöhnlichen romanischen Fassadenreliefs, ein Juwel der **umbrischen Romanik**.

★ ◂ Monteluco

Eine kurvenreiche Straße führt von hier weiter auf den Monteluco, den man zu Fuß vom Ponte delle Torri in etwa 1½ Std. erreicht. 1218 gründete der **hl. Franziskus** auf dem Berg den Eremo delle Grazie, der heute als Hotel dient. Von der Terrasse bietet sich ein unvergleichliches Panorama.

Einer der frühesten Kirchenbauten in Spoleto ist S. Pietro fuori le Mura.

Von Spoleto nach Ascoli Piceno

✶ Landschaften

Sehr lohnend ist die ca. 125 km lange Fahrt von Spoleto nach Ascoli Piceno. Nachdem man die bewaldeten Berge östlich von Spoleto hinter sich gelassen hat, führt sie durch das obere Nera-Tal in die raue, abgelegene Bergwelt des umbrisch-märkischen Apennins. Die Valnerina, wirtschaftlich recht strukturschwach, ist eine romantische Flusslandschaft mit alten Dörfen, Burgen und Abteien und überdies als **Trüffelparadies** berühmt. Am letzten Februarwochenende findet in Norcia die berühmte Messe der Schwarzen Trüffel und der typischen Produkte der Valnerina statt. Die Monti Sibillini, ein karges, kahles Karstgebirge mit eingesprengten Hochflächen, ragen mit dem Monte Vettore hoch auf und sind für Wanderer, Paraglider und Skifahrer ein interessantes Revier.

Wer würde da nicht zugreifen!

Von Spoleto führt die kurvenreiche SS 395 nach Piedipaterno. Das südlich gelegene Dorf S. Anatolia di Narco ist Sitz der Firma Urbani, einer der weltweit größten Vermarkter von **Trüffeln** und Trüffelprodukten. Bei Triponzo (Drei Brücken) verlässt man das Nera-Tal und fährt das schöne **Corno-Tal** hinauf, das sich zur Gola di Biselli verengt, einer eindrucksvollen Schlucht. Folgt man

Cascia ►

bei Serravalle der SS 320 nach Süden, erreicht man Cascia (3200 Einw.), einen trotz seiner Abgeschiedenheit frequentierten Wallfahrtsort; er huldigt der hl. Rita, die im 15. Jh. hier lebte und in der monumentalen Wallfahrtskirche bestattet ist.

Norcia

Das von Bergen eingefasste Städtchen Norcia (4700 Einw.) ist unter Feinschmeckern für seine Würste, Schinken und schwarzen Trüffeln berühmt – nicht zufällig bezeichnet man in Italien einen Schweinemetzger als »norcino«, »norcinerie« sind Läden, die Leckeres aus Schweinefleisch verkaufen. In Norcia wurde 480 der **hl. Benedikt** (von Nursia) geboren, der mit seiner Losung »ora et labora« die Grundlage des abendländischen Klosterwesens schuf. Sein Standbild steht auf der Piazza S. Benedetto, ebenso ist er in der Fassade der Kirche S. Benedetto – neben seiner Schwester, der hl. Scholastika – zu sehen. Eine erste Kirche soll hier über dem elterlichen Wohnhaus entstanden sein; im heutigen gotischen Bau, der um 1389 erbaut wurde, ist das Fresko mit dem vor Benedikt knienden Gotenkönig Totila interessant, das F. Napoletani 1621 schuf. Rechts der Kirche steht die Loggia dei Merchanti mit alten Getreidemaßen; links am

Platz der Palazzo Comunale, über dessen offene Halle aus dem Mittelalter 1876 eine Loggia gesetzt wurde; gegenüber die Castellina, 1554–1563 von **Vignola** erbaut, mit dem Museum für sakrale Kunst. Die niedrige Bauweise, die in der Stadt auffällt, ist auf die Erdbebengefahr zurückzuführen. Anschauen sollte man sich die Stadtmauern aus dem 14. Jh., den Dom von 1560 und die Kirche S. Agostino.

Forca Canapine

Von Norcia nimmt man die steil ansteigende Straße zur Forca Canapine, der Passhöhe auf der Grenze zwischen Umbrien und den Marken mit herrlichem Blick auf den **Gran Sasso d'Italia** und die Monti Sibillini. Zuvor empfiehlt sich ein Abstecher zur Piano Grande vor dem Monte Vettore, eine einsame, aus einem Karstsee entstandene Hochfläche, als Schafweide und für den Anbau der begehrten Berglinsen genützt. Besonders schön ist das Bild im Juni / Juli, wenn Linsen und wilde Flora blühen. Das winzige Dorf Castelluccio ist Stützpunkt für Wanderer, Skifahrer und Paraglider. Von hier kann man in ca. 5 ½ Std. den 2476 m hohen Monte Vettore besteigen; kürzer ist der Weg von der Forca di Presta.

* ◄ Piano Grande Monte Vettore

Arquata del Tronto

Von der Forca Canapine geht es hinunter nach Arquata del Tronto, das nach seiner Burg benannt ist; in der Pfarrkirche befindet sich ein bemaltes Holzkreuz aus dem 13. Jh. Durch das teils schluchtartig verengte Tal führt eine Straße hinunter nach Acquasanta Terme, einem seit römischer Zeit bekannten Badeort mit warmen Schwefelquellen. Bald darauf weitet sich das Tal, und man erreicht Ascoli Piceno (►Marken).

Acquasanta Terme

Unteres Nera-Tal

►Terni

Sulmona

L 17

Region: Abruzzen • Abruzzo
Provinz: L'Aquila
Höhe: 403 m ü. d. M.
Einwohnerzahl: 25 000

Selten wurde der Liebreiz eines Ortes so gekonnt besungen, wie das der Dichter Ovid (43 v. Chr. bis 17 n. Chr.) für seine Heimatstadt Sulmona getan hat. Touristen erfahren in dem bukolisch-schön gelegenen Städtchen einiges über den berühmten Sohn – und bekommen den Aufenthalt zudem durch »Confetti« versüßt.

Sehenswertes in Sulmona

Duomo

Kommt man von Norden, begrüßt einen die Kathedrale San Panfilo, die trotz durchgängiger Bautätigkeit vom 11.–17. Jh. außen romanisch-gotische Formen zeigt. Das Innere wurde 1726 barockisiert. In der Krypta befindet sich ein byzantinisches Madonnenrelief.

SULMONA ERLEBEN

AUSKUNFT

Corso Ovidio 208, 67039 Sulmona
Tel. und Fax 0 86 45 32 76
www.comune.sulmona.aq.it
www.abruzzoturismo.it

VERANSTALTUNGEN

Am Karfreitag findet eine Prozession in schleifendem Schritt statt, und am Ostersonntag eilt die Muttergottes (d. h. ihre Statue) freudig über die Piazza Garibaldi ihrem auferstandenen Sohn entgegen.

ESSEN

▸ Erschwinglich

Clemente
Vico Quercia 5, Sulmona
Tel. 0 86 45 22 84; Do. geschl.
Reizendes Restaurant in den ehem. Stallungen des Palazzo Sarde de Letto. Unverfälschte Gerichte aus der Region; Spezialität: Schweinefilet mit gekochtem Most.

▸ Preiswert

Gino
Piazza Plebiscito 12, Sulmona
Tel. 0 86 45 22 89; nur mittags, So. geschl. In ihrer Trattoria zaubert Signora Lucia Bodenständiges wie Suppen aus Saubohnen und Platterbsen oder Pasta mit Kürbisblüten und Safran. Achtung, wer raucht oder mit dem Handy telefoniert, der zieht den Zorn der Chefin auf sich.

ÜBERNACHTEN

▸ Günstig

Hotel Santacroce
SS 17, Km 95,500
67039 Sulmona
Tel. und Fax 08 64 25 16 96
www.hotelsantacroce.com
Gepflegtes Hotel mit einem vorzüglichen Restaurant, ca. 3 km außerhalb des Stadtzentrums gelegen, schöner Garten mit Schwimmbad.

Der Aquädukt aus der Stauferzeit rahmt Sulmonas Marktplatz ein.

Am Stadtpark entlang gelangt man zum Corso Ovidio, der Hauptachse der Stadt. Weiter südlich liegen Palazzo und Kirche S. Maria Annunziata, die aus einem Hospital des 14. Jh.s hervorgingen. Die Barockkirche, nach mehreren Erdbeben ab 1710 neu errichtet, enthält ein Chorgestühl von 1579. Der Palast verfügt über eine herrliche **Gotik-Renaissance-Fassade** aus der Zeit von 1415–1522 und beherbergt das Museo Civico mit archäologischen Funden und mittelalterlicher Kunst.

✶ ◄ Palazzo dell'Annunziata, Museo Civico

Der Corso stößt auf die Piazza del Carmine und hier auf die **Fontana del Vecchio**, einen Renaissance-Brunnen von 1474. Er wird über den Aquädukt von 1256 gespeist, der einst die Stadt mit Wasser vom Fluss Gizio versorgte. Wenige Schritte weiter steht ein monumentales, ungewöhnlich tief gestaffeltes romanisches Portal, Rest der alten Kirche S. Francesco della Scarpa, die durch ein Erdbeben zerstört wurde. Durch die Bögen des Aquädukts geht man hinunter auf die weite Piazza Garibaldi, auf der vormittags Markt gehalten wird. Einen Besuch wert ist die Kirche S. Maria della Tomba an der Piazza del Plebiscito, die über einem **Jupiter-Tempel** erbaut sein soll und seit 1241 dokumentiert ist. Ihre Fassade entstand um 1400. Der Corso endet an der Porta Napoli, dem mächtigsten der zwölf Stadttore.

◄ Piazza del Carmine, Piazza Garibaldi

! *Baedeker* TIPP

Confetti aus Sulmona

Sulmona ist berühmt für seine »Confetti«, Zuckermandeln, die zu Blüten und Sträußen zusammengebunden werden. Seit dem 15. Jh. sind die Rezepte dokumentiert.

Sehr lohnend sind die 5 Std. Fußmarsch auf den 2061 m hohen Monte Morrone, von dem man fast über die ganzen Abruzzen blickt. (Informationen erhält man bei der IAT, Corso Ovidio 208).

✶ **Montagna del Morrone**

Tarent · Taranto

P 24

Region: Apulien • Puglia
Höhe: 15 m ü. d. M.
Provinz: Taranto
Einwohnerzahl: 232 300

In der Antike war das an der Südküste Apuliens gelegene Tarent berühmt für Luxus und leichte Lebensart, heute ist die Stadt von riesigen Stahlwerken, Zementfabriken und Raffinerien umgeben. Zu entdecken gibt es hier immer noch viel, wegen der starken Arbeitslosigkeit und der entsprechend hohen Kriminalitätsrate sollte man beim Besuch der Stadt allerdings vorsichtig sein.

Auswanderer aus Sparta gründeten 708 v. Chr. den Ort Taras, der sich bis zum 4. Jh. v. Chr. zur **reichsten und mächtigsten Stadt** der Magna Graecia mit ca. 300 000 Einwohnern entwickelte. In augusteischer Zeit hatte Tarentum noch eine überwiegend griechische Bevöl-

Spartanische Wurzeln

! *Baedeker* TIPP

Trauerprozessionen

Vom Gründonnerstagnachmittag bis Ostersonntagmorgen finden in der Altstadt und am Lungomare Vittorio Emanuele beeindruckend-eigenartige Trauerprozessionen statt, die sich unendlich langsam über viele Stunden hinweg vorwärtsbewegen.

kerung. Bis ins 10. Jh. zogen nacheinander Ostgoten, Langobarden, Byzantiner und Sarazenen ihre blutige Spur durch das Land. 803–842 war die Stadt sogar muslimisch. 967 eroberte der byzantinische Kaiser Nikephoros Phokas Tarent zurück und baute es auf der Felseninsel vor der Küste auf, 1063 verleibte Robert Guiscard die Stadt dem Normannenreich ein. Dann kamen die Staufer, die Anjou, Aragón, Spanier, Franzosen ... 1801–1815 war Tarent französischer Kriegshafen, danach erbaute man das Arsenale, das Tarent zur wichtigsten **italienischen Marinebasis** nach La Spezia machte und die Entwicklung der Neustadt initiierte.

Tarent ist dreigeteilt: Auf einer flachen Insel zwischen dem Mar Grande und dem weit ins Land reichenden Mar Piccolo mit dem Marinehafen erstreckt sich die Altstadt, östlich die Neustadt und nordwestlich der Borgo. 1943 wurde die Stadt durch alliierte Bomben schwer beschädigt.

Tarent *Orientierung*

Übernachten
① Europa
② Grand Hotel Delfino

Essen
① Il Caffè
② Gesù Cristo

Sehenswertes in Tarent und Umgebung

Città Nuova

✶ Nationalmuseum

Die einzige echte Sehenswürigkeit Tarents ist das seit 1887 bestehende Archäologische Nationalmuseum an der Piazza Garibaldi. Es gibt einen guten Überblick über die Kunst der Magna Graecia. Unter den Schätzen ragen der berühmte **»Goldschmuck** von Tarent« – filigranste Kunstwerke des 4. bis 1. Jh.s v. Chr. – und die zauberhaften kleinen Terrakottafiguren heraus, die die Kultur des antiken Tarent lebhaft vor Augen führen. Nördlich des Museums liegt am Mar Piccolo das Istituto Talassografico, das meereskundliche Institut, mit Museum.

Città Vecchia

Von der Neustadt gelangt man auf einer Drehbrücke über den Canale Navigabile, an dem man wie kaum sonst am Mittelmeer Ebbe und Flut beobachten kann, in die Altstadt mit ihren engen, dunklen Gassen, die vor dem gänzlichen Verfall steht. Im Kastell S. Angelo, das 1492/1577 erbaut wurde, residiert das Marinekommando. Die Via del Duomo – linker Hand das Geburtshaus des Opernkomponisten **Giovanni Paisiello** (1740–1816) – führt zum Dom S. Cataldo, der bis 1072 am Platz der antiken Akropolis errichtet und im 17./18. barock neu aufgebaut wurde. Besonders schön sind die Säulen mit antiken und frühmittelalterlichen Kapitellen, die Bodenmosaikreste und die

TARENT ERLEBEN

AUSKUNFT

Corso Umberto I. 113, 74100 Tarent
Tel. 09 94 53 23 92, Fax 09 94 52 04 17
www.comune.taranto.it
www.pugliaturismo.com

ESSEN

▶ Erschwinglich

① *Il Caffè*
Via d'Aquino 8, Tarent
Tel. 09 94 52 50 97
Gemütlicher Gourmettreff im Stadtzentrum, Fischgerichte und fantastische Pizza. Im Erdgeschoss geht's eher locker, im ersten Stock gediegen zu.

▶ Preiswert

② *Gesù Cristo*
Via Cesare Battisti 10, Tarent
Tel. 09 94 77 72 53; Mo. geschl.
Klassisches Fischrestaurant mit freundlich-familiarer Atmosphare. Als Spezialität gibt es rohe Frutti di Mare.

ÜBERNACHTEN

▶ Komfortabel

① *Europa*
Via Roma 2, 74100 Tarent
Tel. 09 94 52 59 94
Fax 09 94 52 59 94
www.hoteleuropaonline.it
Sehr große Zimmer, teils mit Blick auf das »Kleine Meer«, und modernen Komfort bietet das schöne Hotel in der Nähe des Nationalmuseums, Restaurant im Haus.

② *Grand Hotel Delfino*
Viale Virgilio 66, 74100 Tarent
Tel. 09 97 32 32 32
Fax 09 97 30 46 54
www.grandhoteldelfino.it
Großer Hotelkomplex an der Promenade, elegante Zimmer mit Aussicht, Restaurant mit Terrasse, Swimmingpool, bewachter Parkplatz.

grandios ausgestattete Kapelle des hl. Cataldo rechts neben dem Chor. Die Unterkirche ist mit byzantinischen Fresken geschmückt. Am Ende der Via Duomo steht S. Domenico Maggiore, errichtet im 11. Jh. und frühen 14. Jh. Den Rückweg nimmt man am besten über die am Mar Piccolo entlangführende Via Garibaldi.

Murge Tarantine

Die Küste östlich von Tarent ist flach und bietet meist kinderfreundliche, aus winzigen Muschelschalen-Bruchstücken bestehende Sandstrände, die durch felsige Vorsprünge unterbrochen werden. Kristallklares Wasser zieht im Sommer viele Urlauber an, die einige Villensiedlungen und unschöne Badeorte bevölkern.
Im Landesinnern liegen einige gute Ausflugsziele: Grottaglie, 20 km von Tarent, ist das Zentrum des apulischen Keramikhandwerks. Im 15 km entfernten Francavilla entdeckt man einen Dom aus dem Jahr 1743 und den Palazzo Imperiali, in Oria das **dreieckige Kastell** aus dem 13. Jh. mit der Kirche SS Crisante e Daria. Manduria, rund 21 km weiter, besitzt einen romanischen, in der Renaissance umgestalteten Dom, die Fonte Pliniano und am nördlichen Stadtrand Reste der messapischen Mauern, die vom 5. bis 3. Jh. v. Chr. errichtet wurden.

Terni

K 15

Region: Umbrien • Umbria
Höhe: 130 m ü. d. M.
Provinz: Terni
Einwohnerzahl: 108 400

Wie die Ränge eines gewaltigen Amphitheaters steigen die Berge um Terni an. Die Stadt selbst bietet nach den Bombenangriffen der Alliierten 1943 und 1944 allerdings nicht mehr viel Sehenswertes.

Allgemeines

Terni ist ein klassischer Industriestandort. Der Wasser- und Holzreichtum der Umgebung ließ schon früh eine Eisenindustrie entstehen, ab 1875 kamen Stahl-, Textil- und Chemiewerke hinzu, 1882 folgte bereits die **Regia Fabbrica d'Armi**, die Königliche Waffenfabrik, später der Grund für die Bombardierung. Heute befindet sich die Schwerindustrie, wie überall in Europa, in drastischem Rückgang.

Sehenswertes in Terni

Piazza Europa, Piazza della Repubblica

Hauptachse und Einkaufsstraße der Stadt ist der Corso Tacito, benannt nach dem hier geborenen römischen **Kaiser Tacitus**, der 275/276 regierte. Ternis Herz bilden die nahe beieinander liegenden Plätze Piazza della Repubblica mit dem Palazzo Comunale und Piazza Europa mit dem trutzigen Palazzo Spada, dem um 1600 entstandenen letzten Werk des Festungsbaumeisters Antonio da Sangallo. Wenige Schritte östlich ist in der hübschen, teils frühchristlichen Kirche

S. Salvatore ein Kreuzigungsfresko aus dem 16. Jh. erhalten; die angebaute Cappella Manassei zieren Fresken der sienesischen Schule aus dem 14. Jahrhundert.

Duomo und Umgebung

Eine hübsche alte Straße ist die Via Roma, die vom Palazzo Spada zur Torre di Barbarossa führt. Dort gelangt man zum Domplatz mit dem Palazzo Rosci aus dem 16. Jh. und der ursprünglich romanischen Cattedrale della Assunta, die man 1653 barock umgestaltete; vom alten Dom stammen noch Portal und Krypta. Prächtig ist der Orgelprospekt, den Luca Neri schuf. An den Dom stoßen die Reste des römischen Amphitheaters an. Die malerische Via XI Febbraio führt vom Dom zum Palazzo Fabrizi; hier zeigt die Pinacoteca Comunale umbrische Renaissancemalerei, darunter Werke von Benozzo Gozzoli, Niccolò di Liberatore gen. Alunno, Lo Spagna und Pier

★ ◄ Pinacoteca Comunale

TERNI ERLEBEN

AUSKUNFT

Via Cassian Bon 2/4, 05100 Terni
Tel. 07 44 42 30 47, Fax 07 44 42 72 59
www.comune.terni.it

ESSEN

► Erschwinglich

Villa Graziani
Villa Valle Papigno Est, Terni
Tel. 0 74 46 71 38; So. abends und Mo. geschl. In der Nähe der Wasserfälle von Marmore liegt diese vornehme Villa aus dem 16. Jh. Die feine regionale Küche schmeckt auf der hübschen Terrasse besonders gut.

► Preiswert

La Piazetta
Via Cavour 9, Terni, Tel. 0 74 45 81 88
Risotto mit Kürbisblüten und geräuchertem Ricotta, Ragout vom Lamm mit schwarzen Oliven und Feigentorte – in dem gepflegten Restaurant in der Altstadt wird hervorragend gekocht.

Il Melograno
Viale Bramante 4, Terni
Tel. 07 44 30 03 75
Etwas außerhalb des Zentrums mitten im Grünen liegt dieses elegant-gemütliche Restaurant. Auf der Karte finden sich Spezialitäten aus Umbrien und internationale Klassiker.

ÜBERNACHTEN

► Komfortabel

Michelangelo Palace
Viale della Stazione 63
05100 Terni
Tel. 07 44 20 27 11
Fax 0 74 42 02 72 00
www.michelangelohotelumbria.it
Neues Hotel gegenüber vom Bahnhof, elegante Atmosphäre und moderner Komfort. Restaurant, Schwimmbad, Sauna und eigene Garage.

► Günstig

Locanda di Colle dell'Oro
Strada di Palmetta 31
05100 Terni
Tel. 07 44 43 23 79
Fax 07 44 43 78 26
www.colledoro.it
Sympathisches Landhaus auf einem Hügel vor den Toren der Stadt, hübsche Gästezimmer mit Charme, toller Blick auf das Tal und die Stadt. Kleines Restaurant, Garten mit Swimmingpool.

? WUSSTEN SIE SCHON ...?

- Unter den bisweilen recht ausschweifend lebenden Kaisern Roms sticht Tacitus als Asket hervor. Der ehemalige General soll jeden Prunk verabscheut und nur wenig gegessen und getrunken haben. Als er Kaiser wurde, zählte er bereits 75 Jahre, erfreute sich aber bester Gesundheit. Sein plötzlicher Tot im zweiten Jahr seiner Herrschaft gibt bis heute Anlass zu allerlei Spekulationen ...

Matteo d'Amelia. Zu sehen ist auch das Oeuvre des aus Terni gebürtigen naiven Malers **Orneore Metelli** (1872–1938). **S. Francesco** im Norden der Altstadt wurde ab 1265 nach dem Vorbild von S. Francesco in Assisi erbaut; das Jüngste Gericht in der Cappella Paradisi freskierte um 1450 Bartolomeo di Tommaso aus Foligno, wobei ihm Motive aus der »Göttlichen Komödie« als Anregung dienten.

Umgebung von Terni

✶ **Cascata delle Marmore**

Ein schönes Naturschauspiel sind die Wasserfälle von Marmore, 7 km von Terni entfernt. Sie entstanden 271 v. Chr., als Konsul Manlius C. Dentatus einen Kanal bauen ließ, um den Velino in den Nera abzuleiten und so den Agro Reatino, das sumpfige Becken von Rieti, trockenzulegen. In herrlich grüner Berglandschaft stürzen die Wassermassen in drei Kaskaden 165 m in die Tiefe – allerdings nur dann, wenn sie nicht zur Stromerzeugung genützt werden.

✶ Lago di Piediluco ►

Etwa 4 km weiter auf der SS 79 erreicht man den idyllischen und bis auf die Sommerwochenenden sehr ruhigen **See von Piediluco**. An seinem Ufer liegt überragt von der Ruine einer Albornozburg der Ort Piediluco mit Seepromenade und Fischlokalen sowie der Kirche S. Francesco; am gegenüberliegenden Ufer befindet sich ein netter Picknickplatz mit dem berühmten Echo am Monte Caperno.

✶ Valnerina ►

Nordöstlich von Terni, markiert durch den Verlauf der SS 209, erstreckt sich das außerordentlich reizvolle **Tal des Nera** (Valnerina; Oberlauf ► Spoleto). Von Pappeln und Weiden gesäumt, plätschert der Fluss zwischen Wiesen und Äckern dahin, die Bergrücken zieren Olivenbäume und Steineichenwälder.

Arrone ►

Auf steilem Hügel über dem Tal sitzt das befestigte Städtchen Arrone, das im Mittelalter die Straße nach Rieti kontrollierte. Die Apsis der Kirche S. Maria Assunta schmückten Maler der spoletinischen Schule 1516 mit einer Marienkrönung aus; sehr schön ist die Terrakottagruppe der stillenden Madonna aus dem 16. Jh.

Ferentillo ►

Bei Ferentillo verengt sich das Tal zur Schlucht. Im Ortsteil Precetto sind in der Krypta von S. Stefano natürlich erhaltene Mumien mit teilweise grausigen Details zu besichtigen.

✶ S. Pietro in Valle ►

Einen Abstecher wert ist die 5 km hinter Ferentillo idyllisch gelegene Abtei S. Pietro in Valle, von Langobardenherzog **Faroald II.** um 720 gegründet und 996–1016 neu angelegt. Die Langhauswände der Kirche sind mit einem Freskenzyklus aus dem 12. Jh. geschmückt, der zu den bedeutendsten Italiens zählt; der Altar wurde 1930 aus langobardischen Chorschrankenreliefs des 8. Jh.s zusammengesetzt und zeigt neben dem Herzog Hildericus den Künstler Ursus. Im angegliederten Hotelrestaurant werden umbrische Köstlichkeiten serviert.

Narni, die »Stadt der hundert Türme«, zieht sich einen Felsen über dem Nera hinauf.

San Gemini, Carsulae

Im beschaulichen Kurstädtchen San Gemini, 12 km von Terni entfernt, bezog 1813 der berühmte Bildhauer **Antonio Canova** den Palazzo gegenüber der Kirche S. Francesco. Den Ortskern bilden der Palazzo del Capitano del Popolo aus dem 12. Jh., der Torre Esperia und das im 15. Jh. reich freskierte Oratorio S. Carlo. Die schönste Kirche ist die außerhalb liegende S. Nicolò, deren romanische Portalrahmung seit 1934 im New Yorker Metropolitan Museum ausgestellt ist. Die Kuranlagen San Gemini Fonte liegen 2 km nördlich, einen Kilometer weiter die Ruinen der Römerstadt Carsulae, einst wichtige Station an der alten Via Flaminia.

*** Narni**

Wie eine Festung thront das mittelalterliche Städtchen Narni (20 400 Einw.) 13 km südwestlich von Terni in einer Schleife des Nera. Nördlich der Stadt sind die mächtigen Reste der um 27 v. Chr. errichteten römischen Brücke **Ponte di Augusto** zu sehen, über die in 30 m Höhe die Via Flaminia verlief. Den Stadtrundgang beginnt man am besten an der lebhaften Piazza Garibaldi mit dem romanischen, 1047–1145 erbauten Dom S. Giovenale. Der beeindruckende Säulenportikus an der Hauptfassade ist eine Ergänzung aus dem Jahr 1497; die flachen Bögen der Langhausarkaden im Innern gelten als umbrische Besonderheit. In der frühchristlichen Cappella S. Giovenale, die im 15. Jh. mit alten Bauteilen an das nördliche Seitenschiff angeschlossen wurde, ist der hl. Juvenal seit 376 beigesetzt, das Grabmal des hl. Cassius kam 1680 hierher. Der gegenüberliegende Bischofspalast birgt in der Pinacoteca Civica Bildwerke des 15. bis 19. Jh.s, darunter eine Verkündigung von Benozzo Gozzoli und eine Marienkrönung von Domenico Ghirlandaio. Vom Bischofspalast führt der stimmungsvolle mittelalterliche Hauptstraßenzug zur Piazza dei

Priori mit dem Stadtbrunnen von 1303, wo die Arkadenhalle der Loggia dei Priori, ein Glockenturm aus dem 13. Jh. sowie der Palazzo del Podestà von der Zeit der freien **Stadtrepublik** künden. Wenig weiter steht die 1175 erbaute hübsche Kirche S. Maria Impensole mit außergewöhnlich schönen Portalen. Die Rocca, die Kardinal Albornoz 1378 erbauen ließ, ist nur bei Veranstaltungen zugänglich.

Amelia Weithin sichtbar von seinem Dom überragt wird das alte Städtchen Amelia (11 km nordwestlich von Terni), das in umbrischer Zeit eine gewaltige Stadtmauer umgab. Beeindruckende Reste sind an der Porta Romana zu sehen. Von ihr steigt man durch steile Gassen zum Dom hinauf, der 1640–1680 entstand, die Fassade und Fresken folgten im 19. Jh.; der Kampanile stammt noch vom romanischen Vorgänger (1050). Im Innern bemerkenswert sind eine »Thronende Madonna« von Taddeo Zuccari und die »Himmelfahrt Mariens«, die **Duccio di Buoninsegna** zugeschrieben wird (zu sehen am ersten Samstag im Monat, im Mai sowie am 15. August).

★ Tivoli

M 15

Region: Latium • Lazio
Provinz: Rom
Höhe: 225 m ü. d. M.
Einwohnerzahl: 53 000

Das kleine, in den Sabiner Bergen gelegene Städtchen Tivoli hat in den vergangenen 2000 Jahren so manchen berühmten Sommerfrischler gesehen: In der Kaiserzeit erholten sich hier Maecenas, Sallust, Kaiser Augustus und Kaiser Hadrian, in der Renaissance sicherte sich die reiche Familie d'Este das Terrain. Heute sind es Urlauber, die in Tivoli die sonnigen Seiten des Lebens genießen.

Sehenswertes in Tivoli

★★ Villa d'Este Die Villa d'Este gilt als die »Königin der Villen« und als eine der schönsten Renaissanceschöpfungen ihrer Art. Der Landsitz entstand ab dem Jahr 1550 auf dem Gelände eines Benediktinerklosters, die Pläne stammten von dem Architekten Pirro Ligorio. Auftraggeber war der reiche und vornehme Kardinal Ippolito d'Este, ein Mitglied der aus Ferrara stammenden Familie. Bis zum Beginn des Ersten Weltkriegs war er im Besitz des **Erzherzogs Franz Ferdinand von Österreich-Este**, der 1914 in Sarajevo ermordet wurde.

Vom Palast mit seinen freskengeschmückten Sälen gelangt man über Terrassen und Treppen in die auf steilen Terrassen angelegten Gärten mit ihren unzähligen Brunnen, Wasserspielen und Skulpturen. Besonders interessant sind der Viale delle Cento Fontane (Allee der 100 Brunnen) und die Fontana dell'Organo, deren Wasserspiele seit kurzem wieder eine Orgel erklingen lassen.

TIVOLI ERLEBEN

AUSKUNFT

Piazza Garibaldi, 00019 Tivoli
Tel. 07 74 31 12 49, Fax 07 74 33 12 94
www.aptprovroma.it

ANREISE

Man erreicht Tivoli aus Rom mit dem Zug ab Roma-Termini oder mit dem Bus von der Stazione Ponte Mammolo oder Rebibbia der U-Bahn-Linie B; Weiterfahrt mit Bussen zur Villa d'Este und zur Villa Adriana.

ESSEN

► Erschwinglich

Laghi dei Reali
Via Tiburtina Valeria, km 34,500
Tel. 07 74 41 84 61; Mo. geschl.
Vor den Toren der Stadt liegt dieses schöne Restaurant am Fluss. Leckere Fischgerichte und schmackhafte regionale Küche.

► Preiswert

Antiche terme di Diana
Via dei Sosii 6, Tivoli
Tel. 07 74 33 52 39
Die Gastronomie in Tivoli hat sich leider auf die vielen Touristen eingestellt. Eine Ausnahme ist dieses Restaurant mit üppiger bodenständiger Küche und moderaten Preisen.

ÜBERNACHTEN

► Luxus

Torre Sant' Angelo
Via Quintilio Varo, 00019 Tivoli
Tel. und Fax 07 74 33 25 33
www.hoteltorresangelo.it
Reizendes Hotel in einer alten Burg mit sehr eleganten Räumen, gediegenes Restaurant, märchenhafte Terrasse mit Swimmingpool und Blick auf Tivoli und das Tal.

► Komfortabel

Park Hotel Imperatore Adriano
Via Garibaldi 167
00010 Villanova di Guidonia
Tel. 07 74 32 48 44, Fax 07 74 32 48 52
www.imperatorecongressi.com
Etwa 6 km von Tivoli entfernt steht dieses attraktive Hotel, das stilvolle Zimmer zu einem vernünftigen Preis anbietet. Schönes Restaurant, Garten mit Swimmingpool, eigene Garage.

Sirene
Piazza Massimo, 00019 Tivoli
Tel. 07 74 33 06 05, Fax 07 74 33 06 08
Eine romantische Villa von 1865 beherbergt das einzige Hotel im Zentrum der Stadt, wunderschöne Zimmer mit herrlichem Blick.

Villa Gregoriana

Die Villa Gregoriana, benannt nach Papst Gregor XVI., liegt im Nordosten der Stadt, wo der wilde Anio (Aniene) einst über einen Felsabbruch der Sabiner Berge in eine tiefe Schlucht stürzte. Nach wiederholten Überschwemmungen wurde der Fluss im 19. Jh. in zwei Stollen umgeleitet. Im weitläufigen Park fallen die gebändigten Wassermassen indes immer noch eindrucksvoll in die Tiefe. Zur Anlage gehören weiter die **Grotta della Sirena und die Grotta dei Nettuno**, durch die einst der Hauptarm des Aniene verlief. Außerhalb der Villa liegen der kleine Rundtempel der Vesta und der Tempel der Sibylle (Tempio di Vesta e di Sibilla) aus dem 2. Jh. n. Chr.

★★ **Villa Adriana**

Rund 6 km außerhalb liegt die prachtvolle, zum Weltkulturerbe erhobene Villa des Hadrian, die in den letzten Lebensjahren des Kaisers (76–138) entstand. Auf dem gerade einmal 0,75 km² großen Gelände ließ der Herrscher in kleinem Maßstab Orte und Monumente nachbauen, die ihn auf seinen ausgedehnten Reisen durch das Römische Reich besonders beeindruckt hatten. Allerdings starb Hadrian bereits vier Jahre nach Fertigstellung des Landsitzes, der fortan als **kaiserliche Sommerresidenz** diente. Er verfiel, nachdem Konstantin im 4. Jh. nach Byzanz übergesiedelt war. Im Mittelalter bediente man sich der Hadrian-Villa als Steinbruch, doch schon in der Renaissance begannen die Ausgrabungen; erst 1870 aber, nachdem das Gelände in Staatsbesitz war, grub man die Anlage systematisch aus. Vor dem eigentlichen Rundgang sollte man sich beim Eingang unbedingt das Modell der einstigen Residenz ansehen, die vermutlich die größte ihrer Art in der Antike war.

Villa Adriana *Orientierung*

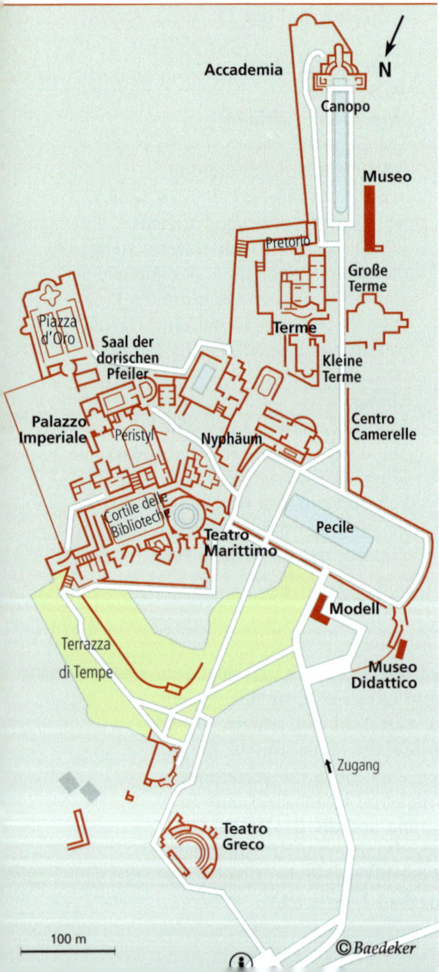

Am Ende einer Zypressenallee kommt man zunächst zum **Pecile**, einst ein Säulengang um ein in der Mitte gelegenes rechteckiges Wasserbecken, das an die Kolonnaden der Stoiker in Athen erinnerte.

Das vielleicht eigenwilligste Gebäude der Anlage ist das kreisrunde Teatro Marittimo, kein Theater, sondern eine kleine, auf einer künstlichen Insel gelegene **Wasservilla**, in die sich der Kaiser angeblich gerne zurückzog. Östlich folgt der Hof der Bibliotheken, Cortile delle Bibliotheche. An den Palazzo Imperiale, den Kaiserlichen Palast, schließt sich die Piazza d'Oro an. Dieser rechteckige Platz war von einer offenen Säulenhalle umgeben. Im Südwesten lagen die Kleinen und Großen Thermen, heute ein verwirrendes Labyrinth mit mächtigen Gewölben, die höchst anschaulich den hohen Stand römischer Wölbungskunst demonstrieren.

Südlich folgt nun das nach der ägyptischen Stadt Kanopos be-

Das Teatro Marittimo war eine kleine, in sich geschlossene Villa, eingefasst von einem runden Wasserbecken und einer Ringmauer.

nannte Canopo. Es erinnert an das **Serapisheiligtum** in Alexandria, ein über 240 m langes Wasserbecken, das von säulengetragenen Bögen umgeben war. Bergseits mündet es in den halbkreisförmigen Serapistempel. Reste des Skulpturenschmucks und andere Fundstücke sind in einem kleinen Museum ausgestellt. ◄ Canopo

Todi

K 14

Region: Umbrien • Umbria
Höhe: 400 m ü. d. M.
Provinz: Perugia
Einwohnerzahl: 16 800

Als 1991 ein amerikanischer Architekturprofessor Todi zur Stadt mit der weltweit höchsten Lebensqualität erklärte, wurde das in dem malerisch über dem Tiber-Tal gelegene Ort mit Freude, Stolz, aber auch mit Erstaunen aufgenommen. Ob der Fachmann aus den USA Recht hat oder nicht, das lässt sich am besten auf der Piazza del Popolo bei einem Eis oder einem Espresso diskutieren.

Sehenswertes in Todi

✶ **Piazza del Popolo**

Von »Angesicht zu Angesicht« stehen sich an der lang gestreckten Piazza del Popolo die Monumente geistlicher und weltlicher Macht gegenüber: der Dom und gleich drei Kommunalpaläste, Zeugnis der komplizierten mittelalterlichen Verfassung. Die schlichte, da nicht vollendete Fassade des zwischen dem 12. und 14. Jh. errichteten spätromanischen Doms S. Maria verkörpert hervorragend den um- ◄ Duomo S. Maria brischen Typus. Der obere Teil des **hölzernen Hauptportals** entstand 1513–1521, der untere ab 1639. Zu den Schätzen im Inneren zählen das »Jüngste Gericht« an der Eingangswand (1596), die Kapitelle, das Tafelkruzifix über dem Hauptaltar – ein Werk der umbrischen Schule aus dem 13. Jh. – und das Renaissancechorgestühl aus der Zeit um 1530.

✶ Kommunalpaläste ► Die Südseite des Platzes nimmt der 1293–1347 erbaute Palazzo dei Priori, Sitz der päpstlichen Statthalter, mit seinem trapezförmigen Turm ein; links davon der zinnengeschmückte Palazzo del Popolo, erbaut 1213–1233, sowie der Palazzo del Capitano (um 1290) mit seinen von gotischen Wimpergen überfangenen Fenstern, durch eine gemeinsame Freitreppe zu einem mächtigen Komplex verbunden. Hier sind das städtische Museum und die Pinakothek untergebracht, die eine »Marienkrönung« von Lo Spagna hütet.

TODI ERLEBEN

AUSKUNFT

Piazza Umberto I. 6, 06059 Todi
Tel. 07 58 94 33 95, Fax 07 58 94 24 06
www.todi.net, www.umbria200.it

VERANSTALTUNGEN

Am Karfreitag wird der »Pianto della Madonna« aufgeführt, Ende August findet das hochkarätige Todi-Festival statt (Musik, Theater, Film).

ESSEN

► Erschwinglich

Antica Hosteria De La Valle
Via Ciuffelli 19, Todi
Tel. 07 58 94 48 48, Mo. geschl.
Kleine rustikale Osteria mit gemütlicher Bar. Die täglich wechselnden Menus bieten fantasievolle Hausmannskost in vorzüglicher Qualität.

► Preiswert

Pane e Vino
Via Ciuffeli 33, Todi
Tel. 07 58 94 54 48; Mi. geschl.
Charmantes Lokal in der Altstadt, in dem die beste Kichererbsensuppe weit und breit zubereitet wird. Danach empfiehlt sich Lammkeule oder Schweinefilet mit Senf und Pflaumen.

ÜBERNACHTEN

► Luxus

Bramante
Via Orvietana 48, 06059 Todi
Tel. 07 58 94 83 82
Fax 07 58 94 80 74
www.hotelbramante.it
Hotel in einer ehemaligen Klosteranlage aus dem Mittelalter, ca. 1 km vor der Stadt in herrlicher Landschaft.

► Komfortabel

Fonte Cesia
Via Lorenzo Leoni 3, 06059 Todi
Tel. 07 58 94 37 37
Fax 07 58 94 46 77
www.fontecesia.it
Herrschaftliches Anwesen mitten im Zentrum der Stadt, moderner Komfort und hübsch eingerichtete Zimmer, Restaurant mit Panoramablick.

San Lorenzo Tre
Via San Lorenzo 3, 06059 Todi
Tel. und Fax 07 58 94 45 55
Wenige Schritte von der Piazza del Popolo liegt dieser traumhafte Palazzo mit seinen sechs einmalig schönen Zimmern voller Antiquitäten.

Östliche Altstadt

Vom Corso Cavour geht die Treppengasse Via del Vecchio Mercato ab, die zu einem hübschen Panoramaweg an der Ostseite der Altstadt führt. An der Piazza del Mercato Vecchio sind vier monumentale, in Travertinblöcke geschlagene Nischen aus dem 1. Jh. n. Chr. zu sehen, vermutlich Reste einer römischen Unterkonstruktion.

S. Fortunato

Vom Palazzo dei Priori führt die Via Mazzini mit schönen Geschäften zur Piazza Umberto I und der großen Franziskanerkirche, die dem heiligen Fortunato, Stadtpatron von Todi, geweiht ist. Die **Hallenkirche** – die für Italien ungewöhnliche Form ist Bischof Matteo d'Acquasparta zu verdanken, der die französische Gotik kannte – wurde in zwei Abschnitten 1292–1463 erbaut, wobei die Fassade unvollendet blieb; eingehende Betrachtung verdienen das schöne Mittelportal aus der Zeit um 1320 und in der vierten Kapelle rechts das Madonnenfresko von Masolino da Panicale von 1432 sowie das 1590 intarsierte Chorgestühl von A. Maffei. In der Krypta sind der hl. Fortunatus und **Jacopone da Todi** (um 1230 bis 1306) beigesetzt. Letzterer verfasste vermutlich mit Bonaventura den Passionshymnus »Stabat mater«. Westlich oberhalb liegt das Gelände mit den Resten der Burg, die Kardinal Albornoz ab 1373 bauen ließ.

★ S. Maria della Consolazione

S. Maria della Consolazione, 1508–1607 auf einer Terrasse südwestlich der Stadt erbaut, ist ein mächtiger **Zentralbau** über griechischem Kreuz mit drei polygonalen und einer halbrunden Apsis sowie hoher Tambourkuppel. Eine Reihe illustrer Baumeister, darunter Cola da Caprarola, Baldassare Peruzzi, Antonio da Sangallo d. J. und Galeazzo Alessi, arbeiteten hier. Das schlichte, ganz in Weiß gehaltene Innere ist mit Apostelstatuen aus der Schule von Ippolito Scalza aus dem 16. Jh. geschmückt.

★ Treviso

D 14

Region: Venetien • Veneto
Höhe: 15 m ü. d. M.
Provinz: Treviso
Einwohnerzahl: 82 000

Eigentlich hätte Bekleidungshersteller Benetton einen Fisch als Signet wählen können, denn in Treviso, wo die Firma ihren Sitz hat, dreht sich alles um Wasser und Fische – und natürlich um Kleidung, denn in den hübschen Boutiquen unter den Laubengängen werden bei weitem nicht nur Polohemden verkauft.

Sehenswertes in Treviso

Mauern und Kanäle

Ein Mauerring aus dem frühen 16. Jh. und Kanäle, die auch die Innenstadt durchziehen, umschließen Treviso mit seinen stimmungsvollen Plätzen und den schönen, teils mit Fresken verzierten Palazzi.

Piazza dei Signori Den Mittelpunkt der recht kleinen Altstadt bildet die Piazza dei Signori, die von **Palästen mit offenen Arkaden** umgeben ist. Der kunstgeschichtlich interessanteste Palast ist der 1210 erbaute Palazzo dei Trecento, einst Sitz des Großen Rats der Stadt. Der Palazzo del Podestà wird von der Torre del Comune überragt. Im Palazzo Pretorio, einem Renaissancepalast, hat die Präfektur ihren Sitz. Die rückwärtigen Fassaden gehen auf die kleine Piazza Monte di Pietà mit dem ehemaligen, 1494 gegründeten Pfandhaus hinaus; im Innern ist die reich geschmückte Cappella dei Rettori sehenswert. Etwas unterhalb liegt die Piazza San Vito mit den beiden Kapellen Santa Lucia und San Vito; Erstere wurde von Tommaso da Modena im 14. Jh. mit schönen Fresken ausgemalt. Nicht weit hinter dem Palazzo dei Tre-

TREVISO ERLEBEN

AUSKUNFT

Piazza Monte di Pietà 8
31100 Treviso
Tel. 04 22 54 76 32, Fax 04 22 41 90 92
www.comune.treviso.it
www.turismo.provincia.treviso.it

ESSEN

► Erschwinglich

All'Antica Torre
Via Inferiore 55, Treviso
Tel. 04 22 58 36 94; Do. geschl.
Hervorragende Fischgerichte und lokale Spezialitäten in einem Turm aus dem 13. Jh., der mit alten Gemälden und Antiquitäten dekoriert ist. Tolle Weinauswahl.

► Preiswert

All'Oca Bianca
Vicolo Torre 7, Treviso
Tel. 04 22 54 18 50; Mi. geschl.
Alte traditionelle Trattoria mit einer Auswahl bodenständiger Gerichte.

Toni del Spin
Via Inferiore 7, Treviso
Tel. 04 22 54 38 29; So. geschl.
Beliebte, gut besuchte Trattoria im Zentrum. Wer die Atmosphäre und das vorzügliches Essen genießen möchte, muss früh kommen.

ÜBERNACHTEN

► Komfortabel

Cà del Galletto
Via Santa Bona Vecchia 30
31100 Treviso
Tel. 04 22 43 25 50
Fax 04 22 43 25 10
www.hotelcadelgalletto.it
Zeitgemäßes Hotel außerhalb des Zentrums, hübsche und sehr wohnliche Zimmer, ansprechender Wellnessbereich, Restaurant im Haus.

Il Foccolare
Piazza Ancillotto 10
31100 Treviso
Tel. 04 22 25 66 01
Fax 04 22 54 08 71
www.albergoilfocolare.it
Sympathisches Hotel bei der Piazza dei Signori, hübsche, schlicht gehaltene Zimmer.

► Günstig

Al Giardino
Via Sant'Antonino 300/a
31100 Treviso, Tel. und Fax
04 22 40 64 06, www.hotelgiardino.it
Kleines, familiengeführtes Hotel vor den Toren der Stadt, gemütliche Zimmer, schöner Garten.

cento befindet sich auf der kleinen Flussinsel im Botteniga der **Fischmarkt**, Pescheria, einer der schönsten Plätze der Stadt.

Von der Piazza dei Signori führt die von stattlichen Häusern gesäumte Via Calmaggiore zum Domplatz, wo im 15./16. Jh. der Dom San Pietro mit seinen sieben Kuppeln an der Stelle einer romanischen Kirche errichtet wurde. Seine Fassade ist neoklassizistisch, die Krypta romanisch. Im Innern findet man eine »Verkündigung«, die **Tizian** 1517 schuf, die Fresken in der Capella dell'Annunziata sind von Pordenone. Die Cappella del Sacramento schmücken Skulpturen von Pietro und Tullio Lombardo sowie von L. Bregno. ★ ◄ Dom

Links neben dem Dom steht das im 11./12. Jh. erbaute romanische Baptisterium mit schönen Fresken aus dem 13. Jh.

! *Baedeker* TIPP

Treviser Köstlichkeiten

Den kleinen Hunger stillt man am besten mit Panini alla porchetta, mit zartem Spanferkel belegten Brötchen, zu denen ein Glas Prosecco mundet. Darf es etwas mehr sein, so empfiehlt sich ein Risotto al radicchio rosso. Der leckere Radicchio wird rund um die Stadt angebaut.

Museum Luigi Bailo

Vom Dom gelangt man über die Via Canova und Via Cavour zum sehenswerten Museum Luigi Bailo mit einer archäologischen Abteilung und einer Sammlung venezianischer Malerei.

San Nicolò

Die Dominikanerkirche San Nicolò, ein paar Schritte südwestlich, ist ein romanisch-gotischer Backsteinbau aus dem 13./14. Jh. Die Fresken an den Rundpfeilern schuf Tommaso da Modena im 14. Jh., von ihm stammen auch die Porträts berühmter Dominikaner im Kapitelsaal des ehemaligen Klosters. Die bedeutenden Treviser Persönlichkeiten in der Kapelle Onigo malte **Lorenzo Lotto** rund zweihundert Jahre später.

San Francesco

In der Kirche San Francesco in der Viale San Antonio da Padova befindet sich die letzte Ruhestätte eines Sohnes und einer Tochter des Dichters Dante. Die Fresken in der ersten Kapelle links schuf Tommaso da Modena. Ein paar Schritte weiter liegte die 1518 erbaute Porta San Tommaso, bei der die nördliche Wallpromenade beginnt; von dort bietet sich eine schöne Aussicht auf die Alpen.

Umgebung von Treviso

Prosecco-Region

Zwischen Conegliano, Valdobbiadene und Vittorio Veneto erstreckt sich im Norden von Treviso die Weinbauregion des Prosecco. Eine ausgeschilderte Weinstraße führt durch sanfte, mit Reben bewachsene Hügel und Orte wie San Pietro di Feletto und Farra di Soligo, in denen man das perlende Getränk probieren und kaufen kann.

Vittorio Veneto

Die lang gestreckte Stadt Vittorio Veneto liegt am Fuße der Voralpen, 37 km südlich von Belluno. Hier fand im November 1918 die

Schlussoffensive der Italiener statt, die mit dem Sieg über die Österreicher endete. Eine Dokumentation darüber ist im Museo della Battaglia zu sehen. Im nördlichen Ortsteil Serravalle locken der Dom mit einem Altarbild von Tizian aus dem Jahr 1547 sowie die Kirchen San Lorenzo und San Giovanni, beide Mitte des 15. Jh. erbaut.

**** Villa Barbaro**

29 km nordwestlich von Treviso steht in Maser die berühmte Villa Barbaro, die **Andrea Palladio** 1560 für die Brüder Barbaro erbaute. Sie gehört zusammen mit der runden Kapelle (Tempietto) zu seinen Hauptwerken. Die mit **symbolträchtigen Fresken** von Paolo Veronese (1528– 1588) geschmückten Räume sind im Sommer Di., Sa., So. und Fei. 15.00–18.00 Uhr, im Winter Sa., So. und Fei. 14.30–17.00 Uhr geöffnet. Palladio entwarf auch den Tempietto an der Ortsdurchfahrtsstraße.

Palladios Tempietto in Maser

Nur 7 km weiter erreicht man den hoch gelegenen kleinen Ort **Asolo**, wo um 1500 die Exkönigin von Zypern, Caterina Cornaro, und später der englische Dichter Robert Browning sowie die Schauspielerin Eleonora Duse lebten. Den Dom mit seiner eleganten Vorhalle aus dem 15. Jh. schmückt eine »Erscheinung der Jungfrau«, die Lorenzo Lotto 1506 schuf.

Im nördlich gelegenen **Possagno** kam 1757 der Bildhauer Antonio Canova zur Welt († 1822), ein Hauptvertreter des italienischen Klassizismus. Sein Geburtshaus kann man besichtigen, ebenso eine Gipsoteca mit Modellen und Temperabildern des Meisters.

In **Fanzolo**, ca. 6 km nordöstlich des ebenfalls sehenswerten Castelfranco, steht die Palladiovilla Emo, die der Architekt um 1565 erbaute. Die Wandbilder im Innern malte Gianbattista Zelotti.

*** Portogruaro**

An der Straße von Venedig nach Triest liegt Portogruaro (25 000 Einw.), das im 11. Jh. als Hafen am Fluss Lemene entstand, der sich durch die hübsche Altstadt windet. Schattige Laubengänge und schöne Palazzi aus Spätgotik und Renaissance säumen die Hauptstraße. Beachtenswert sind der spätgotische Palazzo Comunale aus dem 14. Jh. und das Museo Nazionale Concordiese in der Via Seminario 26, das Fundstücke aus römischer Zeit und aus frühchristlichen Gräbern ausstellt. Sie stammen aus der 2 km flussabwärts gelegenen Römerstadt **Concordia Sagittaria**, in der noch die Reste frühchristlicher Kirchen und ein romanisch-byzantinisches Baptisterium zu sehen sind.

Trient · Trento

C 12

Region: Trentino-Alto Adige • Trentino-Südtirol
Höhe: 194 m ü. d. M.
Provinz: Trento
Einwohnerzahl: 103 700

Im südlichen Zipfel Südtirols liegt Trient, das erst 1919 nach langem Sehnen als sogenannte »Terre irredente« zu Italien kam. Die Architektur erzählt anschaulich von der Zeit davor, als die Stadt zum Deutschen Reich, später dann zu Österreich-Ungarn gehörte.

Die Stadt der Fürstbischöfe

Aufgrund ihrer beherrschenden Lage an der Brennerstraße mit günstigen Verbindungen ins Val Sugana, dem einstigen Haupthandelsweg nach Venedig, und zum Gardasee, entwickelte sich das **Tridentinum** der Römer rasch zu einer bedeutenden Stadt. Von 1027 an spielte es eine wichtige Rolle als reichsunmittelbares Fürstbistum (bis 1803) und Grenzmark des Deutschen Reiches. Über Jahrhunderte sorgte es dafür, dass sich die Republik Venedig nicht weiter als bis Rovereto nach Westen ausdehnte. Von hier ging die gewaltige Bewegung der Gegenreformation aus, als auf dem **Tridentiner Konzil** (1545–1563) die Erneuerung der katholischen Kirche beschlossen wurde. Für die standesgemäße Unterkunft der hier in mehreren Sitzungsperioden zusammengekommenen Kardinäle wurde die Stadt im großen Stile umgebaut.

Sehenswertes in Trient

✶ Dom

Mittelpunkt der Stadt ist die schöne Piazza del Duomo mit dem Neptunbrunnen von 1768. Der Dom San Vigilio, Haupttagungsstätte des Tridentiner Konzils, ist trotz langen Bauzeit vom Ende des 12. bis 16. Jh. in einheitlich romanischem Stil gehalten. Die Schauseite weist nach Norden. Die **Fensterrose** am zum Domplatz gewandten Querschiff schufen die Maestri comacini, die Fresken im Innern entstanden im 14. Jh. Unter dem Dom sind Reste von Vorgängerbauten seit dem 6. Jh. freigelegt worden, hier befinden sich auch die Gräber der wichtigsten Trienter Bischöfe. Bei einem Gang um die Kirche kann man das eindrucksvolle Ensemble verschlungener Doppelsäulen im Apsisbereich bewundern. An der Ostseite des Platzes befindet sich der lang gestreckte Palazzo Pretorio mit Diözesanmuseum, in dem der Domschatz und **flämische Wandteppiche** von Peter van Aelst zu sehen sind.

Santa Maria Maggiore

Über die Via Cavour gelangt man an der Torre della Tromba vorbei zur Kirche Santa Maria Maggiore, einem 1523 geweihten **Renaissancebau**. Im Chor sind eine prächtige Orgelbrüstung von 1534 und ein Gemälde von 1563 beachtenswert, auf dem Mitglieder des Tridentiner Konzils dargestellt sind.

Via Belenzani ✶ Am Domplatz beginnt die Via Belenzani, die schönste Straße der Stadt. Sie wird von stattlichen, mit Fassadenmalereien versehenen Palästen aus dem 15. und 16. Jh. gesäumt.

Castello del Buonconsiglio ► ✶ Das stattlichste Gebäude am Ort ist das Castello del Buonconsiglio, ehemals **Residenz der Fürstbischöfe**, heute Sitz des Kunstmuseums der Provinz Trient und des Museo del Risorgimento. Im Norden

TRIENT ERLEBEN

AUSKUNFT

Via Manci 2, 38100 Trient
Tel. 04 61 98 38 80, Fax 04 61 98 45 08
www.apt.trento.it

ESSEN

► Fein & Teuer

① ***Scrigno del Duomo***
Piazza Duomo 29, Trient
Tel. 04 61 22 00 30; Mo. geschl.
Ausgezeichnete Gourmetküche wird in dem eleganten Restaurant zubereitet, das sich in einem bezaubernden Palazzo aus dem 17. Jh. befindet.

► Erschwinglich

② ***Osteria Il capello***
Piazzetta Bruno Lunelli 5, Trient
Tel. 04 61 23 58 50; Mo. geschl.
Hübsches Restaurant im Landhausstil mit einer kleinen, wohlüberlegten Auswahl an lokalen Spezialitäten.

► Preiswert

③ ***Antica Trattoria Due Mori***
Via San Marco 11, Trient
Tel. 04 61 98 42 51; Mo. geschl.
Wenige Schritte vom Castello del Buon Consiglio entfernt liegt dieses leicht rustikale Traditionslokal, das klassische Küche anbietet.

④ ***Cantinota***
Via San Marco 22, Trient
Tel. 04 61 23 85 27
Gemütliches Restaurant im Zentrum, bekannt für bodenständige, regionale Küche.

ÜBERNACHTEN

► Komfortabel

① ***Boscolo Grand Hotel***
Via Alfieri 1/3, 38100 Trient
Tel. 04 61 27 10 00
Fax 04 61 27 10 01
www.boscolohotels.com
Großes, modernes Hotel unweit der Altstadt, elegante Zimmer mit allem Komfort, sehr gediegenes Restaurant.

② ***Buonconsiglio***
Via Romagnosi 16/18, 38100 Trient
Tel. 04 61 27 28 88
Fax 04 61 27 28 89
www.hotelbuonconsiglio.it
Schick durchgestyltes Hotel in der Nähe des Bahnhofs, geräumige Zimmer mit hervorragender Ausstattung.

③ ***America***
Via Torre Verde 50, 38100 Trient
Tel. 04 61 98 30 10
Fax 04 61 23 06 03
www.hotelamerica.it
Vornehmer, alteingesessener Familienbetrieb in der Nähe des »Castello del Buonconsiglio« und des Doms.

► Günstig

④ ***San Giorgio della Scala***
Via Brescia 133, 38100 Trient
Tel. 04 61 23 88 48
Fax 04 61 23 88 08
www.garnisangiorgio.it
Kleines Haus außerhalb von Trient, modernes Ambiente, geschmackvoll eingerichtete Zimmer.

Trento *Orientierung*

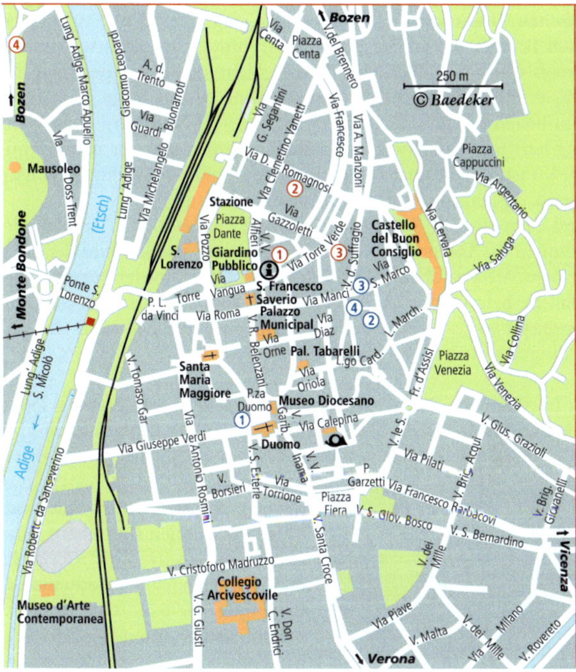

Übernachten
1. Boscolo Grand Hotel
2. Buonconsiglio
3. America
4. San Giorgio della Scala

Essen
1. Scrigno del Duomo
2. Osteria Il Capello
3. Antica Trattoria Duo Mori
4. Cantinota

steht der älteste Teil, das im 13. Jh. errichtete Castelvecchio, das wohl 1535 um den Palazzo Magno erweitert wurde, einen prächtigen Renaissancebau mit Arkadenhöfen und Fresken von Romanino und Dosso Dossi. Zu den Hauptattraktionen des Kunstmuseums gehört der vor 1407 geschaffene **Freskenzyklus** mit Monatsbildern in der Torre dell'Aquila sowie der Blick auf Trient von der venezianischen Loggia; außerdem werden archäologische und ethnologische Sammlungen, alte Möbel und Skulpturen ausgestellt. Im Museo del Risorgimento wird an die 1916 von den Österreichern hingerichteten Irredentisten Cesare Battisti, Chiesa und Filzi erinnert, die für den Anschluss des Trentino an Italien kämpften.

Umgebung von Trient

Der 2091 m hohe Monte Bondone ist ein beliebtes Wander- und Radfahr- sowie im Winter Ski- und Langlaufrevier. Von Trient erreicht man das auf 571 m gelegene Dorf Sardagna bequem mit der Seilbahn. ★ **Monte Bondone**

Reizvoll ist auch das im Osten der Stadt gelegene Pergine am Eingang ins Val Sugana mit den beiden großen **Badeseen** Lago di Caldonazzo ◂ Val Sugana

★ Castel Beseno ► und Lago di Levico, oberhalb dessen der Kurort Levico Terme liegt. Zwischen Trient und Rovereto erhebt sich über dem Etschtal das Castel Beseno, die größte Burg des Trentino. Roveretos verwinkelte Altstadt (25 km südlich von Trient), zieht sich einen Berghang hinauf, auf dem ein mächtiges Kastell thront, das heute ein Militärmuseum beherbergt und daran erinnert, dass die Stadt im Ersten Weltkrieg hart umkämpft war. Interessant ist außerdem das dem Trentiner Künstler Fortunato Depero (1892–1960) gewidmete Museo Depero, das einzige **Futurismus-Museum** Italiens.

Campana dei Caduti ► Rund 3 km südlich der Altstadt erinnert die gewaltige Campana dei Caduti an die Toten aller Kriege. Weitere 2 km südlich steht der weithin sichtbare Rundbau Ossario di Castel Dante, in dem über 20 000 Gefallene beigesetzt sind. Auf dem Weg zum Ossario stößt man auf »Piste dei Donosauri« ► Hinweisschilder zur Piste dei Donosauri mit über 200 Mio. Jahre alten Spuren des Urzeitgetiers.

★★ **Brenta-Gruppe**

Nordwestlich von Trient erhebt sich das in der Cima Brenta 3150 m hohe Brenta-Massiv, der westlichste Bergstock der **Dolomiten** mit tief eingeschnittenen Tälern, bizarr geformten Felstürmen, einsam liegenden Seen und wilden Bergtürmen. Am westlichen Fuß liegt, umgeben von den **Gletschern** Adamello, Presanella und Cevedale, der Wintersportort **Madonna di Campiglio**, Heimatort des italienischen Skistars Alberto Tomba und Pendant zu dem ganz im Osten der ► Dolomiten gelegenen Cortina d'Ampezzo. Auch hier erschließt ein Netz von Bahnen die umliegenden Berge, die im Sommer Wander- und Golffreunde anziehen.

Wintersportler heben ab im Brenta-Massiv.

Landschaftlich reizvoll sind das Val di Genova im Adamello-Massiv sowie das Val Rendena zwischen Adamello und Brenta. In Pinzolo schmückt ein 20 m langer Totentanz von 1539 die Friedhofskirche. Weitere schöne Ziele sind die Seen Massenza und Toblino, Letzterer besitzt mit seinem romantischen gleichnamigen Schloss aus dem 16. Jh. eine zusätzliche Attraktion.

Vom Sommer- und Wintersportort Andalo führt eine Kabinenbahn auf den 2125 m hohen Monte Paganella. Ein besonderes Juwel ist auch der Lago di Tovel.

★ Triest · Trieste

D 17

Region: Friaul-Julisch Venetien • Friuli-Venezia Giulia
Höhe: 54 m ü. d. M.
Provinz: Trieste
Einwohnerzahl: 220 000

Schon ein Blick auf die Landkarte genügt um zu verstehen, dass Triest keine gewöhnliche italienische Hafenstadt sein kann. In unmittelbarer Nachbarschaft zu Slowenien und Kroatien gelegen und politisch über 500 Jahre mit der k.u.k.-Monarchie verbunden, entwickelten Kunst und Kultur hier ein eigenständiges Profil, das sich bis heute zu entdecken lohnt.

Hafen der k.u.k.-Monarchie

Das einstige Tergeste der Römer gehörte von 1382 bis 1919 zu Österreich. In dieser Zeit entwickelte sich die Stadt, seit 1719 Freihafen und großer **Rivale Venedigs**, zum wichtigsten Hafen der k.u.k.-Monarchie an der Adria. Nach dem Ersten Weltkrieg wurde Triest Italien zugesprochen und zu einem Zentrum des Schiffbaus. 1945 fiel es in die Hand von Titopartisanen und wurde zum Streitobjekt zwischen Italien und Jugoslawien. 1947 wurde die Stadt Freistaat und erst 1954, nach dem Verlust ihres Hinterlandes, wieder italienisch. Anfang des 20. Jh.s lebten hier zahlreiche Künstler, darunter der Romanautor Italo Svevo und der Ire und Wahltriester **James Joyce**.

Sehenswertes in Triest

Canal Grande

Einer der bekanntesten Plätze ist der malerische Canal Grande, in dem heute nur noch kleinere Boote liegen. Er wird von dem klassizistischen Palazzo Carciotti, der mächtigen, 1849 errichteten Kirche Sant'Antonio Taumaturgo und der ebenfalls im 19. Jh. erbauten serbisch-orthodoxen Kirche San Spiridone gesäumt.

◄ Piazza dell'Unità d'Italia

Nicht weit entfernt liegt die zum Meer hin geöffnete Piazza dell'Unità d'Italia – angeblich der **größte Platz Italiens**. Drei Paläste im Stil des 19. Jh.s rahmen ihn ein: der mächtige Palast des Lloyd Triestino, Sitz der als Österreichischer Lloyd gegründeten Schifffahrtsgesellschaft, der Palazzo del Governo mit Jugendstilfassade und der Palazzo del Municipio.

◄ Teatro Romano

Folgt man nun der Via del Teatro Romano, erreicht man das Römische Theater, das erst 1938 freigelegt wurde. Anfang des 2. Jh.s n. Chr. war es direkt am Meer erbaut worden. Weiter geht es nun zum **San-Giusto-Hügel** hinauf. Auf halbem Weg stehen rechts die kleine romanische Kirche San Silvestro und ihr gegenüber der Barockbau Santa Maria Maggiore dei Gesuiti, dessen Fassade an die der Laterankirche in Rom errinnert. Im Osten der Kirche folgt an der Piazza Barbacan der Arco di Riccardo, ein Torbogen aus dem 1. Jh. v. Chr. Von hier aus sind es nur ein paar Schritte zum Civico Museo di Storia ed Arte ed Orto Lapidario in der Via Cattedrale 15. Das

◄ Museo di Storia ed Arte

Museum besitzt Funde aus dem Altertum und Mittelalter. Im Orto Lapidario befindet sich das um 1830 errichtete Grabmal des deutschen Altertumsforschers **Johann Joachim Winckelmann**. Er wurde 1717 in Stendal geboren und fiel 1768 in Triest einem Raubmord zum Opfer. Mit seiner 1764 veröffentlichten »Geschichte der Kunst des Alterthums« begründete er die wissenschaftlichen Archäologie.

✶ **Cattedrale di San Giusto**

Am Ende der Via Cattedrale erreicht man die gleichnamige Piazza, wo einst das antike Tergeste lag. Heute steht hier eine venezianische Säule von 1560; dahinter sieht man die Reste einer römischen Gerichtshalle (Basilika) und des sog. **Tempio Capitolino** aus dem 1. Jh. Die Cattedrale di San Giusto steht an der Stelle eines augusteischen Tempels. Ihr heutiger Bau entstand im 14. Jh., als man zwei romanische Gotteshäuser zu der fünfschiffigen Kirche verband. Am Portal und im Erdgeschoss des Glockenturms sind noch antike Fragmente erhalten. Im Innern sind Mosaiken aus dem 12. und 13. Jh. sowie Fresken aus dem 11. Jh. zu sehen.

TRIEST ERLEBEN

AUSKUNFT

Piazza Unità d'Italia, 34121 Triest
Tel. 04 03 47 83 12, Fax 04 03 47 83 20
www.triestetourism.it

ESSEN

► Erschwinglich

① *Buffet da Mario*
Via Torrebianca 41, Triest
Tel. 0 40 63 93 24
Nicht nur Triestiner, sondern auch ligurische Spezialitäten sind auf der Karte zu finden.

③ *Antipastoteca di Mare*
Via della Fornace 1, Triest
Tel. 0 40 30 96 06; Mo. geschl.
Hier gibt es nur Vorspeisen aus Istrien und Triest, doch die sind so reichhaltig, dass sie ein Menü ersetzen.

► Preiswert

② *All'Antica Ghiacceretta*
Via dei Fornelli 2, Triest
Tel. 0 40 30 56 14
Einfache Trattoria im Arbeiterviertel Cavana mit bodenständiger Küche.

ÜBERNACHTEN

► Luxus

① *Grand Hotel Duchi d'Aosta*
Piazza della Unità d'Italia
34121 Triest
Tel. 04 07 60 00 11
Fax 04 07 36 60 92
www.grandhotelduchidaosta.com
Das Traditionshotel ist die vornehmste Adresse am Ort, mit einem ebenso legendären Restaurant.

Baedeker-Empfehlung

► Komfortabel

② *Villa Gruber*
Via Duino 61
34013 Duino
Tel. und Fax 0 40 20 81 15
www.alladamabianca.com
Für Liebhaber individueller Unterkünfte ist diese zauberhafte, sehr persönlich geführte Pension eine gute Empfehlung. Sie liegt direkt am Hafen von Duino (15 km nordwestlich von Triest) in einem hübschen Garten.

Trieste Orientierung

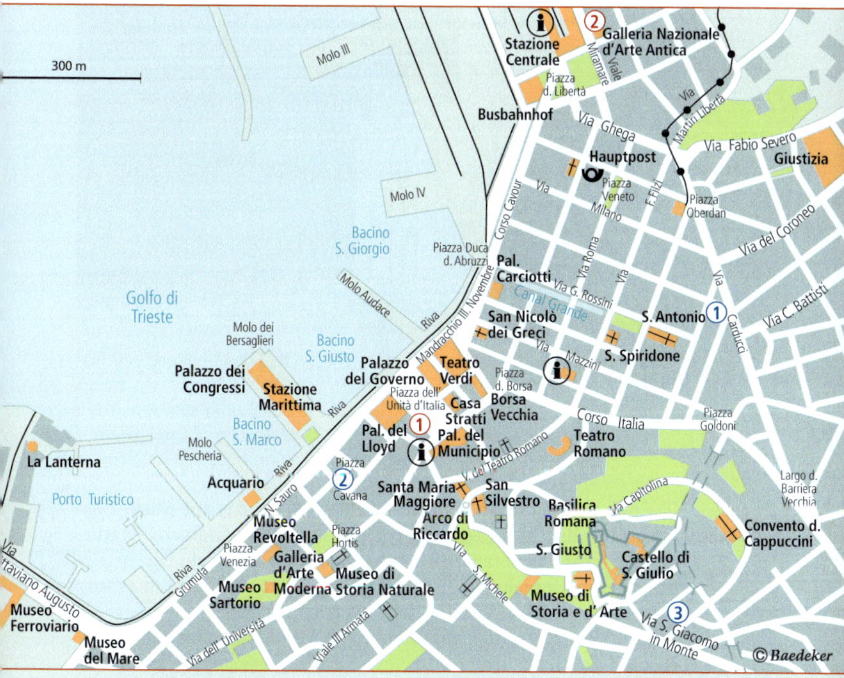

Essen

① Buffet da Mario
② All' Antica Ghiacceretta
③ Antipastoteca di Mare

Übernachten

① Duchi d'Aosta
② Villa Gruber

★ Castello di San Giusto

Das Kastell auf dem Gipfel des San-Giusto-Hügels wurde im 15. und 16. Jh. erbaut. Hier befindet sich ein sehenswertes Museum mit Waffen, Möbeln, Gemälden und Wandteppichen.

Zurück im Hafen lohnt sich ein Spaziergang zum Molo Pescheria, wo in einem Jugendstilgebäude der Fischmarkt stattfindet. Hier ist auch das Acquario Marino (Aquarium) untergebracht. Etwas weiter südöstlich öffnet sich die Piazza Venezia, an der das Museo Revoltella mit Werken italienischer Künstler vom 19. und 20. Jh. liegt.

Umgebung von Triest

Villa Opicina

Von der Piazza Oberdan führt eine Zahnradbahn zu dem 348 m hoch gelegenen Villenvorort Opicina, wo ein rund 5 km langer Weg zu den Aussichtspunkten Villa Opicina und Vedetta d'Italia führt.

★

◄ Grotta Gigante

Von Ersterer ist es nicht weit zur Grotta Gigante, einer der größten Tropfsteinhöhlen der Welt, zu der man auch mit dem Bus gelangt.

Das Castello di Miramare wurde für den Bruder des österreichischen Kaisers Franz Joseph gebaut.

Riviera Triestina (ca. 30 km)

★ Castello di Miramare ▶

Über die Küstenstraße erreicht man nach 8 km das auf einem Felsvorsprung über dem Meer sich erhebende Schloss Miramare. Es wurde 1855– 1860 für Erzherzog Maximilian von Österreich, den Bruder Kaiser Franz Josephs, und seine Frau Charlotte von Sachsen erbaut. Allerdings hat der Bauherr sein **Märchenschloss** nicht lange bewohnt. 1864 ließ er sich zum Kaiser von Mexiko ernennen und wurde dort drei Jahre später von Aufständischen erschossen. Beeindruckend ist im Innern die prachtvolle Bibliothek, in der der Erzherzog viel Zeit verbrachte. Sehr schön ist auch ein Spaziergang durch den terrassenförmig angelegten Park mit vielen exotischen Bäumen, darunter einige aus Mexiko.

Duino

Nach etwa 7 km folgt nun der kleine Bade- und Hafenort Duino (8000 Einw.). In der Nähe einer alten Siedlung liegt malerisch die Ruine des Castel Vecchio, am stärksten zieht das **Neue Schloss**, das 1916 zerstört und später wieder aufgebaut wurde, die Blicke auf sich: ein zinnenbekrönter Bau mit einem Turm aus der Römerzeit. Bis zum Beginn des Ersten Weltkriegs gehörte es den Fürsten von Thurn und Taxis. 1911 und 1912 lebte hier **Rainer Maria Rilke** als Gast der Fürstin und verfasste die bekannten »Duineser Elegien«.

San Giovanni al Timavo ▶

Hinter Duino gelangt man zum Dorf San Giovanni al Timavo mit seiner im 15. Jh. erbauten Kirche San Giovanni in Tuba, in der noch Reste des Mosaikfußbodens der alten Basilika aus dem 5./6. Jh. vorhanden sind. Schließlich folgt Monfalcone (30 000 Einw.), eine Hafen- und Industriestadt an den Ausläufern des Karstes. Von dieser erreicht man auf der SS 305 in Richtung Gradisca den riesigen Soldatenfriedhof von Redipuglia mit den Überresten von 100 000 Gefallenen aus dem Ersten Weltkrieg.

★ Turin · Torino

E 5

Region: Piemont • Piemonte
Höhe: 230 m ü. d. M.
Provinz: Torino
Einwohnerzahl: 961 000

Wer von Italien überrascht werden will, sollte nach Turin fahren. Die Hauptstadt des Piemont hat sich in jüngster Zeit ungeheuer herausgeputzt und ist viel mehr als Fiat und Juventus, mehr als Industrie, Verkehrsinfarkt und Nebel.

Grandezza und Eleganz

Rational mit rechtwinkligem Straßennetz angelegt, wie es die römische Gründung vorzeichnete, präsentiert sich die ehemalige **Residenzstadt** des Königreichs Savoyen als barocke Schönheit mit Palästen von zurückhaltender Grandezza, großzügigen Alleen, Arkaden mit noblen Geschäften und erholsamen Parks; das Ganze umgeben von der grandiosen Kulisse der Cottischen und Grajischen Alpen sowie den Colli Torinesi. Zum Flair Turins, Stadt der Bücher und Verlage, tragen besonders auch die traditionsreichen Kaffeehäuser bei, an denen sich schon Nietzsche 1888 erfreute. 2006 werden in Turin und Piemont die Olympischen Winterspiele ausgetragen.

Mit Fiat kam der Wohlstand

Taurasia, der Hauptort der keltisch-ligurischen Tauriner, wurde 28 v. Chr. zur römischen Kolonie Augusta Taurinorum. Nach der Frankenzeit Sitz eines Markgrafen und ab 1204 freie Kommune, bemächtigten sich die Savoyer 1280 der Stadt, deren Aufstieg 1418 begann. Im Spanischen Erbfolgekrieg wurde Turin 1706 von den Franzosen belagert, jedoch von Prinz Eugen von Savoyen und Fürst Leopold von Anhalt-Dessau befreit. Seit 1720 Hauptstadt des Königreichs Sardinien-Piemont, wurde es nach der französischen Okkupation 1798–1814 Mittelpunkt der italienischen Einheitsbestrebungen und 1861 für vier Jahre Hauptstadt des Königreichs Italien. 1899 gründete Giovanni Agnelli die »Fabbrica Italiana Automobile Torino«, kurz: **Fiat**, Lancia kam 1909 dazu. Im Zweiten Weltkrieg fielen rund 40% der Gebäude Bombenangriffen zum Opfer. In der Nachkriegszeit boomte die Autoindustrie, riesige Produktionsstätten entstanden, die Einwohnerzahl schnellte in die Höhe; ebenso drastisch ist heute der Abbau von Arbeitsplätzen. Fabrikgebäude werden vielfach stillgelegt und zu kulturellen Einrichtungen umgewandelt. Seit 1997 stehen die Residenzen des Königshauses Savoyen auf der UNESCO-Liste des Weltkulturerbes – ein Grund mehr sie sich anzuschauen.

? WUSSTEN SIE SCHON ...?

- In Turin werden drei Viertel aller italienischen Autos produziert. Kein Wunder, dass auch der Reifenhersteller Pirelli hier seinen Sitz hat. In zweijährigem Turnus findet im April der Internationale Automobilsalon statt. Wer Autos nichts abgewinnen kann, wird vielleicht an der Buchmesse »Salone del Libro« im Mai seine Freude haben.

Mole Antonelliana, das Wahrzeichen Turins

Sehenswertes in Turin

Herz der Stadt ist die Piazza Castello, wo die alten Insignien der weltlichen und geistlichen Macht versammelt sind und sich in den Arkaden alte Cafés wie das Mulassano finden. Die Mitte des Platzes nimmt der **Palazzo Madama** ein, drei Seiten Mittelalter – das auf den Resten der römischen Porta Pretoria im 13. Jh. errichtete und im 15. Jh. erweiterte Kastell – und eine Seite Piemonteser Barock, die stattliche Westfassade von Filippo Juvarra (1721), der auch die prächtige Doppeltreppe im Vestibül entwarf. Der Palast beherbergt das wohlausgestattete Städtische Museum für alte Kunst, das unter anderem mit reich ausgestatteten Prunkräumen aufwartet.

Links vor der Piazzetta Reale ragt **S. Lorenzo** auf, ein 1634 begonnener und von Guarini 1666–1680 fertig gestellter Barockbau von schwerer Pracht mit kühner Konstruktion der Kuppel.

Den nördlichen Abschluss des Platzes bildet der 1646–1658 errichtete **Palazzo Reale**, der zunächst Residenz des Königs von Savoyen, später dann des Königs von Italien war. Seine Innenräume wie das **Appartamento di Madama Felicità** begeistern durch unerhörte Pracht. Im rechten Seitenflügel ist die Königliche Waffenkammer untergebracht, eine der bedeutendsten Sammlungen Europas. Die Königlichen Gärten hinter dem Palast entwarf der große französische Gartenarchitekt Le Nôtre; sie grenzen an das Archäologische Museum, das Funde von der Vor- und Frühgeschichte bis zur römischen Spätzeit besitzt.

Museo di Antichità ►

Cattedrale

Die 1491–1498 erbaute Kathedrale S. Giovanni Battista an der Westseite des Schlosses ist das einzige Zeugnis der Renaissance in Turin; der Glockenturm wurde 1720 vollendet. Die eigenartige **»Pagode«** gehört zur Cappella della Sacra Sindone, einem 1668–1694 von Guarino Guarini errichteten, ganz mit schwarzem Marmor ausgekleideten Rundbau, der die eigentliche Attraktion der Kathedrale beherbergt, das berühmte Grabtuch Christi (Sacra Síndone). In dem 4,36 x 1,10 m großen Leintuch soll der Leichnam Christi eingehüllt gewesen sein; wissenschaftliche Untersuchungen ergaben interessante, ja verblüffende Befunde. Die Datierung ins 13./14. Jh. brachte keine sichere Klärung.

✶ **Turiner Grabtuch**

Bummel durch die Innenstadt

In der Via XX. Settembre haben sich Reste eines römischen Theaters aus dem 1. Jh. n. Chr. erhalten, dahinter befindet sich die Porta Palatina, das nördliche Stadttor. Auf der Piazza Repubblica hält man jeden Tag ab 4.00 Uhr Markt ab; in den Gassen drumherum kommt samstags der Flohmarkt Balôn dazu, am zweiten Sonntag jeden Monats der **Grand Balôn**, ein gehobener Antiquitätenmarkt.

Turin Orientierung

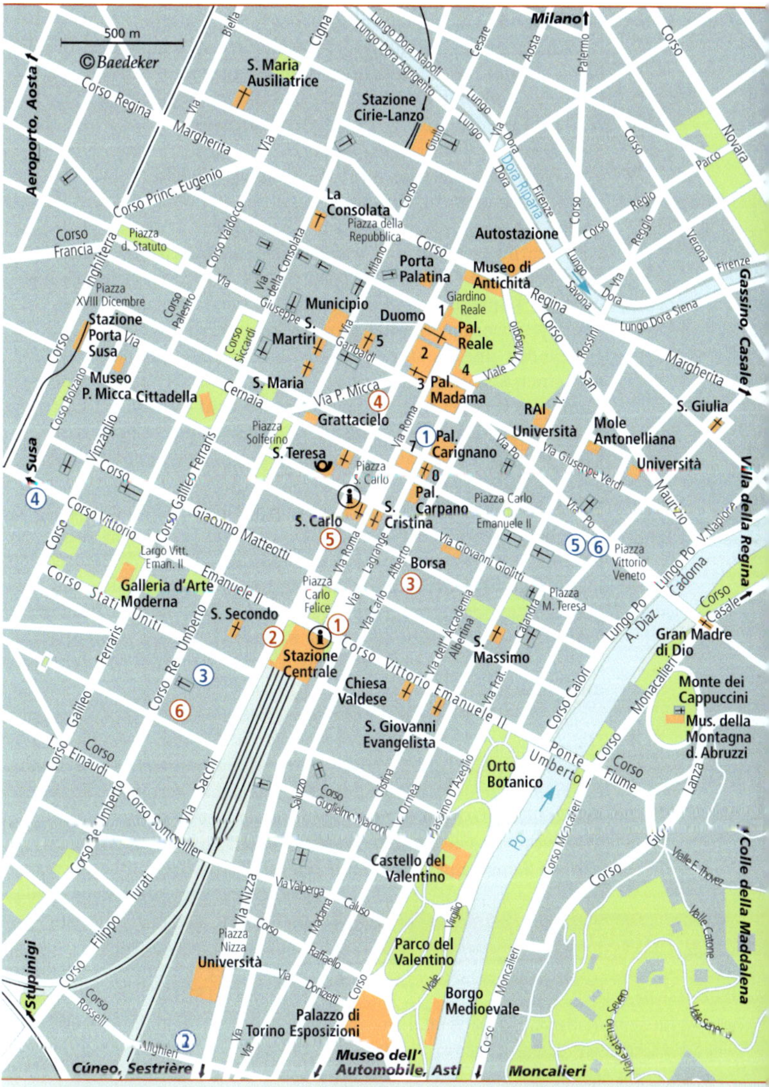

1 Teatro Romano
2 Palazzo Chiablese
3 San Lorenzo
4 Prefettura
5 Corpus Domini
6 Palazzo dell' Accademia delle Sciences (Museo Egizio, Galleria Sabauda)

Essen
① Del Cambio
② La Barrique
③ Taverna delle Rose
④ Antiche Sere
⑤ Spada Reale
⑥ Porto di Savona

Übernachten
① Starhotel Majestic
② Turin Palace Hotel
③ Victoria
④ Liberty
⑤ Napoleon
⑥ Montevecchi

Hauptverkehrsstraße ist die von der Piazza Castello zum Hauptbahnhof führende Via Roma, eine elegante Einkaufsstraße, die 1931–1934 bis zur Piazza S. Carlo in barocker Manier ausgebaut wurde, der südliche Teil mit seinen einheitlichen modernen Steinfassaden und Kolonnaden entstand 1933 bis 1937. Gleich rechts steht die 1934 erbaute Torre Littoria, ein 87 m hohes Geschäftshaus.

✶ **Galleria Subalpina, Palazzo Carignano**

✶ Museo Nazionale del Risorgimento ►

Von der Piazza Castello führt die herrliche Galleria Subalpina – an der sich übrigens das berühmte Caffè Baratti befindet – zum **Palazzo Carignano**, dem schönsten Barockbau Turins. Er wurde 1679–1684 von Guarini errichtet und war Sitz des sardischen und italienischen Parlaments; am 14. März 1861 wurde hier das Königreich Italien ausgerufen. Konsequenterweise beherbergt der Palast das Museo Nazionale del Risorgimento Italiano, das bedeutendste seiner Art, mit Gegenständen und Dokumenten aus der Zeit der Einigungsbewegung und einer Abteilung zur Resistenza. Im renommierten Ristorante del Cambio gegenüber pflegte Camillo Benso Graf Cavour, ein führender Kopf der Einheitsbestrebungen, zu speisen. Im 1884 gegründeten Caffè Pepino versorgt man sich mit dem berühmten **»pinguino«**.

Accademia delle Scienze

✶✶ Museo Egizio ►

Ein weiterer barocker Prachtbau ist der westlich anschließende Palazzo dell'Accademia delle Scienze, ab 1679 von Guarini als Adelsgymnasium errichtet und 1783 der Akademie der Wissenschaften überlassen. Er beherbergt das neben den Museen in Kairo und London bedeutendste Ägyptische Museum der Welt, das u. a. **Königsstatuen** des Neuen Reichs (darunter Ramses II.), einen Königspapyrus und zwei Grabkammern aus Theben sowie Tier- und Menschenmumien besitzt.

✶✶ **Galleria Sabauda**

Die zweite große Sehenswürdigkeit ist die Galleria Sabauda mit der Gemäldesammlung des Hauses Savoyen. Sie umfasst Werke weltberühmter italienischer Künstler wie Mantegna, Veronese, Tintoretto, Fra Angelico und Lorenzo di Credi sowie niederländische Werke Jan van Eycks, Rogier van der Weydens und Rembrandts. Ein Saal enthält die Sammlung Gualino mit Bildern Botticellis und Veroneses.

Östlich schließt die Kirche **S. Filippo Neri** an, die ab 1675 erbaut und 1715–1730 von Juvarra erneuert wurde; der korinthische Pronaos entstand 1835. Der Hauptaltar zeigt ein Gemälde von Carlo Maratta.

Nach so viel Kunst ist ein Gang durch die **Galleria S. Federico** an der Via S. Teresa angezeigt; hier ist auch das Cinema Lux zu finden, ein herrlicher Kinopalast in reinem Art déco.

! *Baedeker* TIPP

Großartige Kaffeehäuser

Turin ist für seine Kaffeehäuser berühmt. Hier zwei der wichtigsten: Baratti & Milano, Piazza Castello 27, mit der üppigen Spezialität »Cioccolata calda con panna«, heiße Schokolade mit Sahne; und Caffè San Carlo, das Wohnzimmer Turins, Piazza San Carlo 165, in dem einst politische Debatten geführt wurden.

TURIN ERLEBEN

AUSKUNFT

Piazza Solferino, 10121 Turin
Tel. 0 11 53 51 81, Fax 0 11 53 00 70
www.turismotorino.org

EINKAUFEN

Die Turiner Spezialität gianduiotti (Nugat) gibt es u. a. in der Konditorei Baratti & Milano auf der Piazza Castello. Riesiger Markt auf der Piazza della Repubblica/Porto Palazzo Mo. bis Fr. vorm. und Sa. bis 17.00 Uhr. Flohmarkt auf der Via Borga Dora Sa. nachm. und Antiquitätenmarkt El Gran Balon jeden 2. So. im Monat.

ESSEN

► Fein & Teuer

① ***Del Cambio***
Piazza Carignano 2, Turin
Tel. 0 11 54 37 60
Historisches Flair strahlt dieses schöne Restaurant aus, das gehobene traditionelle Küche zu bieten hat.

② ***La Barrique***
Corso Dante 53, Turin
Tel. 0 11 65 79 00; So. geschl.
Elegantes Restaurant im Zentrum, das für seine Gourmetküche mit einem Michelin-Stern ausgezeichnet wurde.

► Erschwinglich

③ ***Taverna delle Rose***
Via Massena 24, Turin
Tel. 0 11 53 83 45; So. geschl.
Romantisch angehauchtes Lokal, das für seine vorzügliche Küche aus dem Piemont bekannt ist.

④ ***Antiche Sere***
Via Cenischia 9, Turin
Tel. 01 13 85 43 47; nur abends, So. geschl. Die Trattoria liegt südlich der Piazza Rivoli; täglich wechselnde piemontesische Gerichte.

► Preiswert

⑤ ***Spada Reale***
Via Principe Amedeo 53, Turin
Tel. 01 18 17 13 63; So. geschl.
Beliebtes Lokal in der Nähe der Piazza Veneto. Großes abwechslungsreiches Speisenangebot und erlesene Weine.

⑥ ***Porto di Savona***
Piazza Vittorio Veneto 2, Turin
Tel. 01 18 17 35 00
In dem gemütlichen Restaurant wird klassisch piemontesisch gekocht.

ÜBERNACHTEN

► Luxus

① ***Starhotel Majestic***
Corso Vittorio Emanuele II. 54
10123 Turin
Tel. 0 11 53 91 53
Fax 0 11 53 49 63
www.starhotels.it
Großes, elegantes Hotel in zentraler Lage mit allem Komfort. Im gediegenen Restaurant speisen Sie unter einem Kuppeldach aus Glas.

② ***Turin Palace Hotel***
Via Sacchi 8, 10128 Turin
Tel. 01 15 62 55 11
Fax 01 15 61 21 87
www.thi.it
Traditionsreiches Hotel von 1872, gediegen-elegantes Ambiente, schöne Zimmer mit modernem Komfort.

③ ***Victoria***
Via Nino Costa 4
10123 Turin
Tel. 01 15 61 19 09
Fax 01 15 61 18 06
www.hotelvictoria-torino.com
Zentrale Lage in der Nähe der Piazza San Carlo in einer ruhigen Seitenstraße. Stilvoll eingerichtete Zimmer und ein gemütlicher Salon.

► **Komfortabel**

④ ***Liberty***
Via Pietro Micca 15, Turin
Tel. 01 15 62 88 01
Fax 01 15 62 81 63
In der Nähe der Piazza Castello gelegenes, familiär geführtes Haus im Jugendstil.

⑤ ***Napoleon***
Via XX. Settembre 5, Turin
Tel. 01 15 61 32 23, Fax 0 11 54 08 20
www.hotelnapoleontorino.it
Schönes Hotel in einem historischen Gebäude aus dem 19. Jh., stilvolle Einrichtung, eigener Parkplatz.

► **Günstig**

⑥ ***Montevecchio***
Via Montevecchio 13
Turin
Tel. 01 15 62 00 23, Fax 01 15 62 30 47
www.hotelmontevecchio.com
Schlicht, sauber und freundlich. Moderne funktionelle Zimmer in der Nähe der Stazione Porta Nuova.

✶ **Piazza S. Carlo**

Als Turins **schönster Platz** gilt die ganz von Arkaden umgebene Piazza S. Carlo mit dem Reiterstandbild des Herzogs Emanuele Filiberto von 1838. Trotz der Symmetrie und Gleichförmigkeit, die sich in den beiden Kirchen S. Cristina (östlich, 1637) und S. Carlo (1619) zeigt, gefällt die Lebendigkeit der 1638 entworfenen Anlage.

Santuario della Consolata

Eine Wallfahrtskirche in der Weststadt ist das Santuario della Consolata nahe der Piazza Repubblica, wo eine Marienikone aus dem 4. Jh., die »Panagia Odigitria«, verehrt wird. Der lombardische Kampanile stammt vom Vorgängerbau, den Guarino Guarini 1678 umbaute und Filippo Juvarra 1729 erweiterte. In der Kapelle links des Hauptaltars schuf Letzterer die Statuen der österreichischen Kaiserin **Maria Theresia** und der savoyischen Königin Maria Adelaide, in der zum Kreuzgang führenden Galerie hängen unzählige Votivtafeln.

✶ **Via Garibaldi**

Die Via Garibaldi, einst Teil des römischen Decumanus, gehört mit Umgebung zu den feinen Vierteln. Hier stehen der Palazzo di Città, das 1659–1665 von Francesco Lanfranchi erbaute Rathaus, und gegenüber die prunkvolle Kirche Santi Martiri von 1577. Weiter geht es durch die verkehrsreiche Via P. Micca zur Piazza Solferino mit dem mächtigen Art-déco-Brunnen der Vier Jahreszeiten, dem Reitermonument für Ferdinando Duca di Genova und dem Teatro Alfieri. An der Via Cernaia stand bis 1857 eine Zitadelle, in deren erhaltenem Torbau das Nationale Artilleriemuseum eingerichtet ist.

✶ Galleria Civica d'Arte Moderna e Contemporanea ►

Nicht weit entfernt zeigt die Galleria Civica d'Arte Moderna e Contemporanea eine der bedeutendsten Sammlungen **moderner und zeitgenössischer Kunst** Italiens, darunter Werke von Modigliani, De Chirico, Renoir, Utrillo, Paul Klee, Max Ernst und Chagall.

✶ **Mole Antonelliana**

Östlich der Piazza Castello ragt das Wahrzeichen Turins auf: die mächtige, 167 m hohe Mole Antonelliana, ein in jeder Hinsicht einzigartiges Bauwerk. Die reiche jüdische Gemeinde beauftragte 1863

Alessandro Antonelli mit dem Bau der Synagoge; was der kühne Experimentator (► Novara) jedoch errichtete, war nicht nach ihrem Geschmack, und so wurde der Bau 1869 an die Stadt verkauft. Die ließ einen Turm aufsetzen, der 1953 bei einem Sturm einstürzte und seitdem durch eine **luftige Eisenkonstruktion** ersetzt ist. Man findet hier das Museo Nazionale del Cinema, das auf sechs Stockwerken die Geschichte des Kinos zelebriert.

✶ ◄ Museo Nazionale del Cinema

Von der Piazza Castello führt die 1673 angelegte, arkadengesäumte Prachtstraße Via Po weiter zur Piazza Vittorio Veneto, die sich zur Kirche Gran Madre di Dio und den Colli Torinesi hin öffnet. Am Ufer erstrecken sich die Murazzi von 1830, in deren Räumen sich Klubs und Diskotheken eingemietet haben; an Sommerabenden ist hier dementsprechend viel los. Wer es beschaulicher mag: Von hier kann man auch eine Bootsfahrt auf dem Po unternehmen.

✶ **Parco del Valentino**

Südlich des Ponte Umberto I erstreckt sich der große Parco del Valentino mit dem 1729 gegründeten Botanischen Garten – sicher eine der reizvollsten Parkanlagen Italiens. Sein Zentrum bildet das 1620–1660 für Maria Cristina von Frankreich, Gattin von Vittorio Amedeo I, erbaute **Castello del Valentino**, das viele Jahre Mittelpunkt des Turiner Gesellschaftslebens war. Das Reiterdenkmal im Südteil des Parks zeigt Herzog Amadeus von Aosta, 1870–1873 König von Spanien. Alfredo d'Andrade, der viele historische Gebäude restaurierte, legte für die Esposizione Generale Italiana 1884 den Borgo Medioevale an, dessen Vorbilder er in Piemont und im Aostatal fand. Am Südende des Parco del Valentino steht der 1938–1950 erbaute Palazzo Torino Esposizioni.

Villenviertel

In den Villenvierteln der Colli Torinesi wohnt die bessere Gesellschaft Turins. Auf dem Monte dei Cappuccini, den man zu Fuß über Treppen oder mit dem Pkw erklimmen kann, locken ein 1583 gegründete Kapuzinerkloster, die Kirche Santa Maria del Monte sowie das sehenswerte alpine Museum »Duca degli Abruzzi«.

Museo dell'Automobile

Natürlich besitzt die Autostadt Turin auch ein großes **Automuseum.** An der Ausfallstraße nach Süden, dem Corso dell'Unità d'Italia 40, sind im Museo dell'Automobile Carlo Biscaretti di Ruffia Fahrzeuge aus allen Epochen der Automobilgeschichte zu bewundern. Westlich in der Via Nizza erstreckt sich der sog. Lingotto, der »Barren«, ein 1914–1916 erbautes und 1983 stillgelegtes Fiat-Werk, das durch seine Teststrecke auf dem Dach berühmt wurde. Le Corbusier bezeichnete das 500 m lange, sehr beeindruckende Gebäude als »Kriegsschiff mit Brücken, Schornsteinen, Höfen, Landungsstegen, Überführungen«. Renzo Piano baute das **Industriedenkmal** zu einem Kultur- und Handelszentrum mit Hotel und eigener Bahnstation um; heute finden hier Messen, Ausstellungen, Kongresse statt, darunter der Turiner Autosalon. Einer ausgezeichneten Akustik kann sich der mit Kirschholz ausgekleidete Konzertsaal rühmen.

✶ ◄ Lingotto

Umgebung von Turin

✶ **Basilica di Superga**

Den zweithöchsten Gipfel der Colli Torinesi krönt die Basilica di Superga, ein weithin sichtbarer grandioser Zentralbau mit hoher Kuppel zwischen zwei Glockentürmen, zu dem man mit einer Zahnradbahn gelangt. Das Hauptwerk des Barockbaumeisters **Filippo Juvarra** wurde 1717–1731 zum Gedächtnis an den Sieg des Prinzen Eugen über die Franzosen 1706 errichtet und diente zeitweise als Grabkirche des savoyischen Königshauses. Von der Terrasse bietet sich bei klarem Wetter eine unvergessliche Aussicht auf die Alpen mit Monviso im Westen, Montblanc im Nordwesten, Matterhorn und Monte Rosa im Norden. Hinter der Basilika bezeichnet ein Gedenkstein die Stelle, wo im Mai 1949 das Flugzeug mit der Mannschaft des AC Turin zerschellte.

✶ ✶ Aussicht ►

Faro della Vittoria ►

Von der Superga kann man 11 km südlich zum Colle della Maddalena weiterfahren, dem höchsten Gipfel der Colli Torinesi. Der Faro della Vittoria, eine riesige fackeltragende Bronzestatue der Siegesgöttin, ist ein kurioses Denkmal. Im **Parco della Rimembranza** nebenan kann man rund 15 000 Pflanzenarten entdecken.

Moncalieri ►

Ein schöner Ausflug führt mit dem Schiff nach Moncalieri am Fuß der Colli Torinesi, überragt vom großen Schloss der Savoyer. An der Piazza Vittorio Emanuele II. steht die Kirche S. Maria della Scala, 1330 im Stil der lombardischen Gotik erbaut.

✶ Castello di Stupinigi ►

Lohnend ist auch ein Fahrt zum Jagdschloss Stupinigi, das für Vittorio Amedeo II. 1729–1733 nach Plänen Filippo Juvarras und Benedetto Alfieris in reinem **Rokoko** errichtet wurde. Hier befindet sich das äußerst sehenswerte Kunst- und Möbelmuseum, das Museo d'Arte e dell'Ammobiliamento.

Weithin sichtbar thront die Basilica di Superga auf den Colli Torinesi.

Rivoli

Die Burg in Rivoli (53 200 Einw.) war einst Lieblingssitz des Hauses Savoyen. Mehrmals – 1562, 1670 und zuletzt 1703 bis 1713 – sollte sie zu einem **piemontesischen Versailles** ausgebaut werden, doch aus Geldmangel wurde es nur zu einem Drittel fertig. Hier ist ein Museum für moderne Kunst untergebracht.

Venaria Reale

Die kleine Stadt Venarìa Reale vor den Toren Turins ist nach dem Jagdschloss benannt, das Vittorio Emanuele II. ab 1858 erbauen ließ und in das er sich mit seiner Geliebten Rosa Vercellana, der »Bella Rosin«, zurückzog. Nordwestlich schließt sich die Mandria an, das königliche Gestüt; der Wald, der sich weit bis Fiano erstreckt, ist eines der Überbleibsel der ursprünglichen Vegetation der Po-Ebene.

Von Turin über Sestriere zum Montgenèvre

Pinerolo

Vorbei am Schloss Stupinigi führt die SS 23 nach Pinerolo, eine von den Franzosen im 16./17. Jh. befestigte Stadtanlage, die wegen ihres milden Klimas oft **»Nizza des Piemont«** genannt wird. Im Zentrum liegt die Piazza Vittorio Veneto mit dem Ricovero dei Catecumeni von 1740 und dem Museo dell'Arma di Cavalleria. Ganz in der Nähe erhebt sich der gotische Dom S. Donato aus dem 11./15. Jh. Weiter westlich bei der Casa del Vicario führt die Via Principi d'Acaia hinauf in die Altstadt, vorbei an der Casa del Senato mit dem Stadtmuseum. Bei der Kirche ganz oben handelt es sich um S. Maurizio, die hier 1470 erbaut wurde, der Kampanile stammt von 1336.

Torre Pellice

Ein reizvoller Abstecher führt 17 km südwestlich ins Val Pellice nach Torre Pellice, dem Hauptsitz der bedeutendsten protestantischen Gemeinschaft Italiens: Hier im Pellice-Tal sowie im unteren Chisone-Tal leben etwa 30 000 **Waldenser**, die teils noch französisch sprechen. Während sie in Frankreich praktisch ausgerottet wurden, konnten sich die in den piemontesischen Tälern ansässigen Glaubensgenossen trotz vieler Verfolgungen behaupten; sie schlossen sich 1532 der Reformation an und erlangten erst 1848 volle Glaubensfreiheit. Ihre Geschichte und Kultur wird im Museo Storico Valdese vor Augen geführt; einen Blick lohnt auch die schlichte Kirche von 1844.

Val Chisone

Die SS 23 zum Montgenèvre verläuft von Pinerolo im Tal des Chisone, das zunächst noch von Industrie sowie Grafit- und Talkumabbau geprägt ist. Bei Meano führt die Straße durch eine Schlucht. Das Dorf Fenestrelle besitzt als Grenzort gigantische **Festungsanlagen**, die im 17. Jh. von Frankreich erbaut und im 18. Jh. von Savoyen erweitert wurden.

✶ ◄ Forte di Fenestrelle

Sestriere

Sestriere, einer der bedeutenden Wintersportplätze Europas, wurde bereits in den 30er-Jahren von Giovanni Agnelli angelegt. Zusammen mit dem französischen Montgenèvre bildet die Via Lattea einen **Skizirkus** mit über 400 km Abfahrten. Hinter Sestriere geht es hinab

Cesana Torinese ► ins Tal der Dora Riparia nach Cesana Torinese, einem gewachsenen Dorf und Ferienort mit romanischer Kirche. Hinter Claviere (Clavières) erreicht man die italienisch-französische Grenze und schließlich

Col de Montgenèvre ► den Col de Montgenèvre, einst ein wichtiger Alpenpass, der als kürzeste Verbindung zwischen dem Po-Tal und Südfrankreich von Hannibal und Cäsar, im Mittelalter von Friedrich Barbarossa überschritten wurde. Die erste französische Stadt ist Briançon.

Von Turin über Susa nach Bardonecchia

S. Antonio di Ranverso

Der Weg nach Bardonecchia fährt zunächst nach Rivoli und weiter Richtung Avigliano. Rechts liegt die 1188 erbaute Abbazia di S. Antonio di Ranverso, die ein Polyptychon von Defendente Ferrari und Fresken von Giacomo Jaquerio birgt. Avigliano hat eine hübsche, hoch gelegene Altstadt, gekrönt von der romanisch-gotischen Kirche S. Pietro aus dem 11./14. Jh. Zwischen zwei Moränenseen hindurch

★★ Sacra di S. Michele ► fährt man hinauf zur atemberaubend gelegenen Abtei Sacra di S. Michele auf dem 962 m hohen Monte Pirchiriano; 998 gegründet, entstand der Komplex, der den Felsen einnimmt, bis Ende des 14. Jh.s.

Valle di Susa

Das von der Dora Riparia durchflossene **Valle di Susa** ist eines der wichtigsten Alpentäler; Eisenbahn, Autobahn und zwei weitere Straßen verbinden Turin über den Mont Cenis, die Tunnel von Fréjus und den Mont Genèvre mit Frankreich. Namengebender Hauptort ist das von hohen Bergen eingerahmte Susa (6700 Einw.). Man betritt die **malerische Altstadt** durch das römische Stadttor; links erhebt sich die 1020 begonenen Kathedrale S. Giusto. Über ihr throNT die Burg der arduinischen Markgrafen, die heute als Stadtmuseum dient. Am Westrand der Altstadt steht ein 13,5 m hoher marmorner Ehrenbogen, den der Präfekt Cottius 8. v. Chr für Augustus errichten ließ.

Einmalige Lage: Sacra di S. Michele

In Susa teilt sich der Weg; links geht es zum Col de Montgenèvre, geradeaus zum Mont Cenis auf der 1803–1810 unter Napoleon angelegten Straße. Seit 1947 verläuft die italienisch-französische Grenze über den Passo del Paradiso; dahinter passiert man den herrlich gelegenen Lac du Mont Cenis, bevor man den Col du Mont Cenis überschreitet, der früher die Grenze markierte.

Östlich der napoleonischen Trasse verlief einst die alte Passstraße, die Persönlichkeiten wie Karl den Großen und Heinrich IV. auf seinem Weg nach Canossa sah. Entsprechend bedeutend war auch die Abtei in Novalesa, 726 unter Abt Eldradus gegründet, dessen kostbarer Reliqienschrein in der Pfarrkirche S. Stefano aufbewahrt wird. Sie hatte im 9. Jh. ihre große Zeit und ist seit 1971 wieder mit Benediktinern besetzt. Unter den isoliert stehenden Kapellen ist besonders die Cappella di S. Eldrado sehenswert.

Exilles

Hinter Susa zwängt sich die Straße nach Bardonecchia Susa durch eine von der Dora Riparia gebildete Schlucht. Der rätselhafte **»Mann mit der eisernen Maske«** war einer der Gefangenen in der mächtigen Festung von Exilles, deren heutige Bauten aus dem 17. bis 19. Jh. stammen. Die im 12. Jh. errichtete Pfarrkirche S. Pietro Apostolo im malerischen Dorf besitzt ein schönes Portal und ein geschnitztes Altarretabel von 1612. Oulx und Sauze d'Oulx sind frequentierte Wintersportorte. Im alten Ortsteil von Oulx lohnt die Kirche Assunta mit ihrem geschnitzten Altar von 1670 einen Besuch.

◄ Oulx, Sauze d'Oulx

Am Ende des Bardonecchia-Tals liegt der gleichnamige Ort (3000 Einw.), der sowohl als Winter- wie als Sommerferienort beliebt ist; im Borgo Vecchio mit seinen Bauernhäusern sind das Museo Civico und nebenan die Kirche S. Ippolito interessant, die ein geschnitztes Chorgestühl aus dem 15. Jh. und ein schönes Marmortaufbecken von 1573 besitzt. Zwei Tunnel führen zum französischen Modane, darunter die 1861–1870 als **erster Alpentunnel** erbaute Galleria del Fréjus.

◄ Bardonecchia

★ Udine

C 16

Region: Friaul-Julisch Venetien • Friuli-Venezia Giulia
Höhe: 114 m ü. d. M.
Provinz: Udine
Einwohnerzahl: 95 000

Udine gilt als »venezianischste« unter den Städten Friauls. In der schmucken und wohlhabenden Universitätsstadt herrscht eine heitere und gelassene Atmosphäre. Für Touristen eignet sich die Stadt sehr gut als Ausgangspunkt für reizvolle Ausflüge. Darüber hinaus lässt es sich hier prächtig einkaufen und speisen.

Geschichte

Seit dem 13. Jh. war Udine Residenzstadt des Patriarchen von ► Aquileja. Die Rivalitäten mit dem nahegelegenen Cividale nutzte Venedig, um 1420 das Friaul samt Udine zu erobern. Bis zum Einmarsch Napoleons 1797 blieb die die Region venezianisch, nach einer kurzen österreichischen Phase wurde es 1815 Teil des Königreichs Lombardo-Venetien. 1866 kam es an Italien. Der überwiegend von Slowenen besiedelte östliche Teil wurde 1947 an Jugoslawien (heute Slowenien) abgetreten.

Sehenswertes in Udine

✶ Piazza della Libertà

Zentrum der Stadt ist die am Fuße des Burgbergs gelegene Piazza della Libertà, die von bedeutenden Gebäuden umgeben ist. Der einstige Kommunalpalast Loggia del Lionello mit offener Bogenhalle, Skulpturen und farbigem Steinboden wurde 1448–1456 nach dem Vorbild des Dogenpalasts in Venedig errichtet. Gegenüber steht etwas erhöht die Loggia di San Giovanni von 1553: Auf schlanken Säulen ruhende Bogen umschließen einen **Triumphbogen**, der den Eingang zur Capella di San Giovanni bildet, die heute als Gedächtnisstätte für Gefallene dient. Der benachbarte Uhrturm mit den beiden glockenschlagenden Mohren erinnert ebenfalls an das venezianische Vorbild. Die Platzmitte schmücken die überlebensgroßen Figuren von Herkules und Cacus sowie zwei Monumentalsäulen: Die rechte trägt den geflügelten Markuslöwen, die linke die Statue der Justitia. Der Brunnen an der südlichen Schmalseite ist von 1542; das gegenüberstehende Friedensdenkmal gab Napoleon nach dem Friedensschluss von Campoformido 1797 in Auftrag. Damals kam Venedig an Österreich.

Castello

Durch den Arco Bollani steigt man den Burghügel hinauf zum 1511 errichteten Castello, in dem bis 1797 die venezianischen Statthalter residierten. Im **Ehrensaal**, der mit Fresken des Raffaelschülers Giovanni da Udine geschmückt ist, versammelte sich früher das Parlament des Landes Friaul. Heute sind hier die Galleria d'Arte Antica,

UDINE ERLEBEN

AUSKUNFT

Piazza 1 Maggio 7, 33100 Udine
Tel. 04 32 29 59 72, Fax 04 32 50 47 43
www.udine-turismo.it

ESSEN

► Erschwinglich

La di Moret
Viale Tricesimo 276, Udine
Tel. 04 32 54 50 96; Mo. geschl.
Hier gibt es zu vollendeten Risotti, Wild- und Fischgerichten eine auch preislich überzeugende Weinkarte.

► Preiswert

Al Vecchio Stallo
Via Viola 7, Udine
Tel. 0 43 22 12 96
Gemütliche Trattoria in alter Poststation. Deftige, friaulische Speisen.

ÜBERNACHTEN

► Komfortabel

Ambassador Palace
Via Carducci 46, 33100 Udine
Tel. 04 32 50 37 77
Fax 04 32 50 37 11
www.ambassadorpalacehotel.it
Das schicke Hotel garni im Herzen Udines bietet seinen Gästen modernen Komfort und eine elegante Ausstattung.

Friuli
Viale Ledra 24, 33100 Udine
Tel. 04 32 23 43 51
Fax 04 32 23 46 06
www.hotelfriuli.udine.it
Modernes Haus im Westen des Stadtzentrums, helle und gemütliche Zimmer, Restaurant.

das Museo Archeologico und andere Sammlungen untergebracht. Das Kunstmuseum besitzt Gemälde von Carpaccio, Tiepolo, Bicci di Lorenzo, Ghirlandaio und Caravaggio.

Auf der Rückseite des Burgbergs liegt die weite Piazza 1 Maggio, an der die Wallfahrtskirche Santa Maria delle Grazie von 1730 steht. Im nahe gelegenen **Palazzo Arcivescovile** aus dem 16. Jh. sind im Treppenhaus, in der Galleria und in der Sala Rossa schöne Fresken von **Giovanni Battista Tiepolo** (1696 bis 1790) zu sehen, dem berühmten Sohn der Stadt.

> **! *Baedeker* TIPP**
>
> **Einen ereignisreichen Tag ...**
>
> ... beschließt man am besten in der Spezeria Pei Sani (= Apotheke für Gesunde; Via Poscolle 13), einer kleinen Udineser Stehbar, in der die hervorragenden Weine aus der Umgebung gekostet und gekauft werden können

Dom

Südwestlich von hier erhebt sich an der Piazza del Duomo der Dom Santa Maria Annunziata, ein um 1240 begonnener gotischer Bau. Der Glockenturm über dem achteckigen Baptisterium folgte 1450 nach Plänen des Mailänder Baumeisters Cristoforo. Die Altarbilder »Heilige Dreifaltigkeit« und »Die Heiligen Hermagoras und Fortunatus« sind von Tiepolo, der auch die Ausmalung der Cappella del Sacramento übernahm. Rechts vom Dom steht das kleine Oratorio della Purità, dessen Decke eine »Himmelfahrt Mariens« schmückt, auch sie von Tiepolo.

Über die ladengesäumte Via Mercatovecchio erreicht man nun die Piazza Matteotti, den **alten Marktplatz** von Udine. Dort befindet sich die Kirche San Giacomo aus dem 16. Jh., den Brunnen davor schuf der Raffaelschüler Giovanni da Udine. Empfehlenswert ist ein Besuch des Museums für moderne Kunst am Piazzale Paolo Diacono mit einer Sammlung italienischer Malerei des 20. Jh.s., darunter Arbeiten von Morandi und De Chirico.

Umgebung von Udine

Spilimbergo

Im Mittelalter gehörte das 30 km von Udine entfernte Spilimbergo (11 000 Einw.) als Lehen dem Ritter von Spengenberg. Der bemalte Palazzo Dipinto, erbaut im 14. bis 16. Jh., war ursprünglich Teil einer Burganlage. Sehenswert ist auch der mit Fresken geschmückte Dom aus dem 13./14. Jh.; die Holzverkleidung der Orgel bemalte Pordenone 1525. Das Städtchen ist für seine Mosaikschule bekannt.

Villa Manin

In Passariano, 30 km südwestlich von Udine, liegt die prächtige Villa Manin, die im 17. und 18. Jh. von der einflussreichen Familie Manin erbaut wurde. Hier residierte der letzte venezianische Doge, Ludovico Manin, und hier wurde 1797 der **Frieden von Campoformio** unterzeichnet, der das Ende der Republik Venedig besiegelte. Im Hauptgebäude finden regelmäßig Wechselausstellungen statt. Von hier geht

Pordenone ► es weiter nach Pordenone (50 000 Einw.), das 54 km südwestlich von Udine als Flusshafen am Noncello entstand. Seit dem 10. Jh. gehörte es zu Österreich, ab 1508 zu Venedig. Aus dieser Zeit hat es seinen schönen Stadtkern erhalten. Im romanisch-gotischen Dom San Marco sowie in der Pinacoteca Civica sind Bilder von Giovanni Antonio de'Sacchis (1484 bis 1539), genannt Il Pordenone, zu sehen, dem berühmtesten Sohn der Stadt. Beachtenswert ist der Palazzo del Comune (13.–16. Jh.).

✶ Cividale del Friuli

Cividale del Friuli (16 km östlich von Udine), einst Hauptstadt von Friaul (11 000 Einw.) erlebte ihre Blüte von 569 bis 774 unter den Langobarden. Wahrzeichen der Stadt ist der **Ponte del Diavolo**, der in rund 20 m Höhe den Natisone überspannt. Der Dom Santa Maria Assunta wurde um 1500 von Piero und Tullio Lombardi im Stil der Frührenaissance neu errichtet. Im rechten Seitenschiff befindet sich das besuchenswerte Museo Cristiano mit Werken aus der Zeit der Langobarden, darunter Überresten eines achteckigen Taufbeckens des Calixtus, des ersten Patriarchen von Aquileja, und dem Ratchisaltar, beide aus dem 8. Jh. Im benachbarten Palazzo Pretorio, der im 16. Jh. nach Plänen Andrea Palladios erbaut wurde, befindet sich das Archäologische Museum mit wertvollen Grabbeigaben.

✶ Tempietto Longobardo ► Der Tempietto Longobardo, wie das kleine Oratorium des Klosters Santa Maria della Valle genannt wird, thront auf einem Felsen über dem Natisone und ist eines der wenigen Bauwerke aus langobardischer Zeit. Ursprünglich stand der im 8. oder Anfang 9. Jh. erbaute Tempietto vermutlich frei. Heute betritt man ihn durch einen im 16. Jh. angefügten Nebenraum. Hauptsehenswürdigkeit ist die großartige **Stuckausstattung**. Im Zentrum stehen sechs große weibliche Figuren, die vermutlich Jungfrauen und Märtyrerinnen darstellen; das Chorgestühl stammt aus dem 15. Jh., die Fresken aus dem 14./15. Jh. sind Nachempfindungen der früheren Dekoration.

Cormons

Südlich von Cividale fährt man nun durch das DOC-Weinbaugebiet Collio, wo einige der besten Weißweine Italiens reifen, Hauptort ist Cormons (12 km westlich von Görz). Weinliebhabern empfiehlt sich ein Abstecher auf der Weinstraße des Collio, die in Görz endet und an der einige der großen Weingüter liegen.

Görz, Gorizia

Die Provinzhauptstadt Görz, ital. Gorizia (38 000 Einw.) ist seit dem Friedensvertrag von 1947 eine **geteilte Stadt** und besteht aus dem um den Burgberg gelegenen italienischen Gorizia mit slowenischen und deutschsprachigen Minderheiten und der jenseits der Bahn sich anschließenden slowenischen Neustadt Nova Gorica. Hauptsehenswürdigkeit ist der dreifach ummauerte Burgberg mit dem mittelalterlichen Castello. Auf dem Weg hinauf kommt man am Museo di Storia e d'Arte vorbei, in dem archäologische und kunsthandwerkliche Gegenstände, altes Handwerksgerät und Dokumente zur Stadtgeschichte und des östlichen Friaul gezeigt werden. Die Geschichte des

Ersten Weltkriegs behandelt das Museo della Grande Guerra. Am Fuß des Hügels liegt an der Piazza della Vittoria die im 17. Jh. erbaute Jesuitenkirche Sant'Ignazio; auf der Via Rastello gelangt man südlich zum 1927 umgebauten Dom. Stattlich prangt der um 1740 erbaute Palazzo Attems auf der Piazza Amicis.

Etwa 3,5 km nördlich erinnert das Ossario für 60 000 italienische Gefallene an die Isonzo-Schlachten des Ersten Weltkriegs. Umkämpft war auch die Gegend um den Monte San Michele, woran alte Kampfstellungen und ein kleines Kriegsmuseum erinnern. ◄ Monte San Michele

Tolmezzo

Ganz im Norden Friauls liegt Tolmezzo am Kreuzungspunkt verschiedener, von Norden kommender Straßen. Die Hauptstadt Karniens gehörte im Mittelalter zum Besitz der Patriarchen von Aquileia. Mittelpunkt der ansehnlichen Altstadt mit Laubengängen und hübschen Plätzen ist die Piazza XX. Settembre. Die Pfarrkirche schmückt ein Bilderzyklus des Barockmalers Nicola Grassi. Das besuchenswerte volkskundliche Museo Carnico delle Arti Populari an der Piazza Garibaldi stellt das Volksleben in den südlichen karnischen Bergen vor. Es ist im Palazzo Campeis untergebracht, in dessen Atrium ein Fresko davon erzählt, wie die Städte dieser Region einst aussahen.

! *Baedeker* TIPP

Schinkenfest

S. Daniele del Friuli, die berühmte Schinkenstadt, liegt 27 km nordwestlich von Udine. Alljährlich findet hier am letzten Augustwochenende die Sarga di Prosciutto statt, das Schinkenfest, zu dem die Hersteller ihre Räumlichkeiten zu Führungen öffnen.

★ Karnische Alpen

Die Karnischen Alpen erheben sich im Nordwesten des Friaul. Mit ihren Almen, Wäldern, Kletterwänden und Bergorten sind sie ein schönes und auf italienischer Seite noch weitgehend unberührtes Reiseziel. Höchster Gipfel ist der **Monte Coglians** bei Forni Avoltri (2780 m). Zuglio, nördlich von Tolmezzo in Richtung Plöcken-Pass, war als Julium Canicum der äußerste römische Vorposten. In Arta Terme gibt es – wie der Name verrät – Thermalanlagen. Im benachbarten Fielis steht die älteste Kirche Karniens, die Pieve di San Pietro in Carnia, erbaut im 8. Jh. und im 14./15. Jh. erneuert.

Folgt man dem Tagliamento, erreicht man Socchieve, dessen Kirche S. Martino mit Fresken von Gianfrancesco da Tolmezzo geschmückt ist. Über Ampezzo kommt man nach Forni di Sopra, ein Wintersportgebiet (Varmost), und in das schön gelegene Sauris, dessen Schinken dem von San Daniele in nichts nachsteht.

Bei der Weiterfahrt in Richtung Süden passiert man das Städtchen Venzone (650 Einw.), das trotz der Schäden bei einem Erdbeben 1976 wegen seines von einer mittelalterlichen Wehrmauer eingerahmten Stadtzentrums im venezianischen Renaissancestil zum **italienischen Nationalmonument** erklärt wurde. Hübsch ist auch die Nachbarstadt Gemona di Friuli mit ihrem großartigen Dom aus dem 14. Jh. und einem Palazzo Comunale aus der Renaissance. ◄ Venzone

★★ Venedig · Venezia

E 14

Region: Venetien • Veneto
Höhe: 1 m ü. d. M.

Provinz: Venezia
Einwohnerzahl: 67 000 (Insel-Venedig); 294 000 (Großgemeinde)

Venedig ist durch Erzählungen und Filme, Fotos, Gemälde, Anekdoten so etwas wie ein Star unter den Städten der Welt. Alles scheint zig mal fotografiert und beschrieben – und dennoch vermag die Lagunenstadt immer noch zu überraschen. Am meisten dadurch, dass sie trotz all der Touristenmassen tatsächlich so wunderschön und eigen ist, wie man sie sich vorstellt.

Glanz und Gefährdung

Die über 1000 Jahre alte Lagunenstadt Venedig, »Perle der Adria«, liegt in der Lagune von Venedig, wo sie mehrfach durchbrochene sandige Nehrungen (Lidi) vor dem Wüten des Adriatischen Meers schützen. Sie ist Hauptstadt der Region Venetien und der Provinz Venedig.

Das über Jahrhunderte gewachsene Stadtbild von Venedig, 1987 von der UNESCO zum Weltkulturerbe erklärt, ist einzigartig und hat Generationen von Künstlern, Malern und Dichtern inspiriert. Rund 160 Kirchen und zahlreiche Paläste spiegeln die einstige Bedeutung der »Serenissima Repubblica di Venezia«, der »Durchlauchtigsten Republik Venetien«, als **Seemacht, Handelsstadt und Kunstmetropole** wider und bilden heute ein in sich geschlossenes Architekturmuseum. Die internationale Biennale für zeitgenössische Kunst, Musik- und Filmfestspiele, Opernhäuser, darunter das jüngst wiedereröffnete Teatro La Fenice, und Theater sorgen dafür, dass die Kette kultureller Höchstleistungen nicht abreißt.

Gebaut ist die Stadt auf **118 kleinen Inseln**, die durch schmale Kanäle, Canale oder Rio genannt, voneinander getrennt sind und durch rund 400 Brücken zusammengehalten werden. Die kleinen Straßen und Gassen werden Calle oder Salizza genannt, mit der Piazza ist grundsätzlich die Piazza San Marco gemeint, alle anderen Plätze in

! *Baedeker* TIPP

Venedigs Festkalender

Der berühmte Karneval beginnt zwölf Tage vor Aschermittwoch. Krönender Abschluss ist ein Feuerwerk auf der Lagune von San Marco. Spektakulär ist auch die Regata Storica am ersten Septemberwochenende. Weltberühmt sind die Biennale und die Filmfestspiele.

Venedig heißen entweder Campo oder Campiello. Zum Mythos der Stadt gehört auch ihre Bedrohung (► Baedeker Special S. 780). Die Häuser stehen auf Pfählen, die Jahr für Jahr ein wenig tiefer in den schlammigen Untergrund sinken. Die Abgase zerfressen das Mauerwerk der Gebäude. Eine noch größere Gefährdung stellen die in den vergangenen Jahrzehnten beschleunigte Landsenkung und die häufigen Überschwemmungen dar.

Geschichte

5. Jh.	Festland-Veneter flüchten in die Lagune.
829	Die Gebeine des hl. Markus werden nach Venedig überführt.
1204	Nach der Eroberung von Byzanz erringt Venedig die Herrschaft über das Mittelmeer.
1381	Beginn der Expansion auf dem Festland
1453	Die Türken erobern Konstantinopel zurück. Beginn der Konkurrenz im Mittelmeer.
1797	Venedig ergibt sich Napoleon und wird Teil des Lombardo-Venezianischen Königreichs.
1866	Die Stadt schließt sich dem neuen Königreich Italien an.

Zwischen Abendland und Byzanz

Das Gebiet von Venedig wurde im Altertum von illyrischen Venetern besiedelt. 451 flüchteten die Bewohner der Küste vor heranrückenden Germanen auf die Laguneninseln und schlossen sich 697 unter einem Dogen (von lat. dux = Führer) zum Venetischen Seebund zusammen. 811 wurde Rivus Altus (Rialto), das heutige Venedig, Sitz der Regierung. Seit 829, dem Jahr der Überführung der Gebeine des **Evangelisten Markus** aus Alexandria nach Venedig, ist dieser Heilige der Schutzpatron der Republik, die seither auch sein Symbol, den Löwen, im Wappen führt. Der junge Staat erlebte im Mittelalter einen enormen Aufschwung dank seiner **Mittlerstellung** zwischen Abendland und Byzanz. Die Venezianer besetzten die Ostküste der Adria und eroberten 1204 Konstantinopel. Im künstlerischen Bereich hingegen stand Venedig unter dem Einfluss von Byzanz. Nach dem Seesieg bei Chioggia über die große Rivalin Genua 1380 beherrschte Venedig das ganze östliche Mittelmeer und dehnte seine Eroberungen auf dem italienischen Festland, der Terra ferma, von Friaul bis Bergamo aus.
Der langsame Niedergang Venedigs begann im 15. Jh. mit dem Vordringen der Türken (1453 Eroberung Konstantinopels), der Entdeckung Amerikas und neuer Seewege nach Indien, dem Rückgang des Levantehandels sowie dem Aufstieg von Spanien, Holland und England. Zunächst verlor die Serenissima alle Kolonien. 1796 machte Napoleon der Selbstständigkeit Venedigs ein Ende und übergab es ein Jahr später an Österreich. Seit dem Wiener Kongress war dann schließlich es Teil des österreichischen Lombardo-Venezianischen Königreichs. Dem neuen Königreich Italien schloss sich Venedig 1866 an.

VENEDIG ERLEBEN

AUSKUNFT

Castello 5050, 30122 Venezia
Tel. 04 15 29 87 11, Fax 04 15 23 03 99
www.turismovenezia.it
www.veneto.to

VERKEHR

Die autofreie Innenstadt ist über eine Straßenbrücke, den Ponte della Libertà, mit dem Festland verbunden. Parkplätze gibt es am Eingang der Stadt (Isola del Tronchetto und Piazzale Roma), auf dem Festland nahe der Straßenbrücke in den Parkhäusern von San Giuliano und Fusina sowie in Punta Sabbioni, Treporti, Mestre oder Marghera. Von allen verkehren Boote in die Stadt, von den entfernter gelegenen Parkplätzen auch Eisenbahn oder Busse.
Die wichtigsten Verkehrsmittel in Venedig sind die Linienboote.

VERANSTALTUNGEN

6. Februar: Regata delle Befane, ein Volkslauf am Lido. Februar/März: Karneval. 25. April: Festa di San Marco mit Gondelregatta auf dem Canal Grande. Sonntag nach Christi Himmelfahrt: Festa della Sensa, bei der die Vermählung des Dogen mit dem Meer gefeiert wird.

BIENNALE D'ARTE DI VENEZIA

Wenn Sie sich für zeitgenössische Kunst interessieren, sollten Sie Ihre Venedigreise zwischen Juni und Oktober einplanen. Alle 2 Jahre, zu den ungeraden Jahreszahlen, verwandelt sich die Lagunenstadt in einen »Kunstraum (www.labiennale.org).

VENICECARD

Venicecard (ab 21,50 €; www.venicecard.it) für 1, 3 oder 7 Tage. Sie gewährt Fahrten mit öffentlichen Verkehrsmitteln, Eintritte in staatliche Museen und in die wichtigsten Kirchen).

EINKAUFEN

Venedig gehört zu den Städten, in denen der Souvenirhandel schon beinahe bedrohliche Ausmaße annimmt, aber es gibt auch exquisite Modeboutiquen, Antiquitätengeschäfte und originelle Delikatessenläden mit Spezialitäten aus ganz Italien. Haupteinkaufszone sind die Mercerie, die wörtlich übrigens so viel wie Kurzwaren bedeuten, zwischen Piazza San Marco, Accademia und Rialtobrücke sowie Calle Largo XXII. Marzo, die westlich an den Markusplatz grenzt.

ESSEN

► Fein & teuer

④ ***Caffè Florian***
Piazza San Marco, Venedig
Tel. 04 15 20 56 41
www.caffeflorian.com
Auf dem Markusplatz gibt es acht Kaffeehäuser, darunter die beiden ältesten und berühmtesten, das Caffè Quadri und – diesem gegenüber – das Caffè Florian. Sollte man auf einen Kaffee oder einen Snack (sehr teuer) mal besucht haben.

Baedeker-Empfehlung

► Erschwinglich

② ***Trattoria da Ignazio***
San Polo, Calle Saoneri 2749
Tel. 04 15 23 48 52
Das typisch venezianische Riso e Bisi schmeckt hier so gut wie die in der eigenen Tinte gegarten Tintenfischringe. Regionale und internationale Gerichte zum erträglichen Preis.

① ***Trattoria alla Madonna***
San Polo, Calle della Madonna 594
Tel. 04 15 22 38 24; Mi. geschl.
Sehr gut besuchtes, alteingesessenes, v.a. auf Fisch spezialisiertes Lokal, 2 Minuten von der Rialtobrücke entfernt (Marktseite).

③ ***Ostaria a la Campana***
San Marco, Calle dei Fabbri 4720
Tel. 04 15 28 51 70
Drei Minuten vom Ponte Rialto entfernt. Einfache Einrichtung, netter Service, Pizza und vielerlei Meeresfrüchte. So. Ruhetag.

ÜBERNACHTEN

► Luxus

① ***Danieli***
Riva degli Schiavoni 4196
30100 Venedig
Tel. 04 15 22 64 80, Fax 04 15 20 02 08
www.danieli.hotelinvenice.com
Eines der berühmtesten Hotels der Welt im Palazzo des Dogen Enrico Dandolo aus dem 14. Jh., edelste Ausstattung, perfekter Service und das gleich beim Markusplatz. Wer in dem viel gepriesenen Panoramarestaurant speist, genießt einen unvergesslichen Blick über die Lagune nach San Giorgio Maggiore und zum Lido.

► Komfortabel

② ***Flora***
San Marco 2283/a, Via XXII Marzo
Tel. 04 15 20 58 44, Fax 04 15 22 82 17
www.hotelflora.it – Das Herz des als Familienbetrieb geführten, sehr beliebten Hotels ist der romantische begrünte Innenhof. Zeitig reservieren!

④ ***Villa Cipro***
Via Zara 2, Venedig-Lido
Tel. 041 73 15 38, Fax 04 15 26 37 67
www.hotelvillacipro.com
Ruhig und doch nah an der Stadt liegt dieses bezaubernde Hotel in einer alten Villa mit Garten, das 2001 komplett renoviert wurde.

Baedeker-Empfehlung

► Günstig

③ ***Serenissima***
San Marco, Calle Goldoni 4486
30100 Venedig
Tel. 04 15 20 00 11, Fax 04 15 22 32 92
www.hotelserenissima.it
Das persönlich geführte Hotel liegt ideal zwischen Rialtobrücke und Markusplatz. An den Wänden moderne Kunst: Der Vater des heutigen Besitzers war ein leidenschaftlicher Sammler.

Venedig Orientierung

1 Ponte dei Sospiri
2 S. Apollonia
3 Torre dell'Orologio
4 Museo Correr
5 Museo Archeologico
6 Campanile
7 Biblioteca Marciana La Zecca

Essen

① Alla Madonna
② Da Ignazio
③ Ostaria a la Campagna
④ Caffè Florian

Übernachten

① Danieli
② Flora
③ Serenissima
④ Villa Cipro

Highlights Venedig

Canal Grande
Die schönste »Straße« der Welt, gesäumt von Palazzi der Renaissance und des Barock
▸ Seite 778

Ca' d'Oro
Venedigs berühmtestes Privatgebäude: das goldene Haus
▸ Seite 779

Gallerie dell'Accademia
Hier findet man eine grandiose Sammlung venezianischer Malerei.
▸ Seite 782

Basilica di San Marco
Kirche der Dogen, monumentale Architektur und prachtvolle Mosaikkunst
▸ Seite 784

Palazzo Ducale
Das »Schloss« des Dogen besticht durch seine filigrane Architektur. Unter dem Dach befanden sich die »Bleikammern«.
▸ Seite 785

Murano
»Schmucke« Insel mit langer Glasbläsertradition
▸ Seite 793

✶✶ Canal Grande

»Schönste Straße der Welt«

Der Canal Grande, die Hauptverkehrsader Venedigs, zieht sich in Form eines großen »S« vom Hauptbahnhof bis zum Markusplatz. Er ist knapp 5 lang, zwischen 30 und 70 m breit und maximal 5 m tief; nur drei Brücken überspannen die »schönste Straße der Welt«. Seine Ufer werden gesäumt von prächtigen Palazzi des 13. bis 18. Jh.s, die vom Reichtum und Glanz des alten Venedig erzählen und von den Einwohnern schlicht »Casa« oder »Ca'« genannt werden. Unsere Erläuterungen beziehen sich auf markante Gebäude, die man bei der Fahrt mit den Vaporetti 1 oder 82 von der Piazzale Roma Richtung Markusplatz zu sehen bekommt.

Fondaco dei Turchi

Einer der ältesten Paläste Venedigs ist der im 13. Jh. auf dem rechten Ufer im **byzantinisch-venezianischen Mischstil** erbaute Palazzo Fondaco dei Turchi, heute Sitz des Naturgeschichtlichen Museums.

✶✶ Palazzo Vendramin-Calergi ▸

Auf der anderen Uferseite sieht man einen der schönsten Frührenaissancepaläste Venedigs. In dem 1509 von den Architekten Mauro Codussi und Tullio Lombardo fertig gestellten Palazzo starb Richard Wagner am 13. Februar 1883. Heute birgt das das städtische Casino.

✶ **Ca' Pesaro**

Kurz darauf, auf der rechten Kanalseite, erstrahlt die Fassade des glanzvollen Barockpalastes Ca' Pesaro. Die Pläne stammen von Baldassare Longhena, Antonio Gaspari beendete ihn 1710. Er beherbergt die Galleria d'Arte Moderna und das Museo d'Arte Orientale. Der benachbarte Barockpalazzo Corner della Regina wurde 1724 von Domenico Rossi erbaut.

Obgleich die einstige Fassadenvergoldung heute fehlt, ist das »Goldene Haus«, 1422–1440 vom Architekten Marco Raverti am linken Ufer erbaut, der schönste spätgotische Palast Venedigs. Besonders verschwenderisch ist der Formenreichtum des **Maßwerks** in den beiden Loggien der Obergeschosse. Das Innere bietet einen lebendigen Eindruck von der Wohnkultur venezianischer Patrizier im ausgehenden Mittelalter. Der Palast beherbergt die **Galleria Franchetti** mit Skulpturen, Bronzen sowie Bildern von Tizian, Tintoretto, Mantegna, Signorelli, van Dyck und anderen Künstlern.

★★ **Ca' d'Oro (Abb. S. 782)**

Die feinen, auf schlanken Säulen ruhenden Marmorbögen am gleichen Ufer gehören zu einem der ältesten Bauten am Canal Grande: dem Ca' da Mostro. Die beiden Untergeschosse sind aus dem 13., die Aufstockung erfolgte im 17. Jh.; hier wurde Alvise da Mosto (1432 bis 1488) geboren, der die Kapverden entdeckte.

◄ Ca' da Mosto

Auf der rechten Uferseite steht der Palazzo dei Camerlenghi, ein Frührenaissancebau, in dem Finanzen verwaltet und Schuldner eingesperrt wurden. Er dient heute als Gerichtsgebäude.

◄ Palazzo dei Camerlenghi

Venedigs bekannteste Brücke, die Rialtobrücke, erbaute 1588–1592 Antonio da Ponte. Der überdachte, 48 m weit gespannte Marmorbogen führt als zweizeilige Ladenstraße mit Leder-, Schmuck- und Souvenirgeschäften über den Canal Grande. Auf der Westseite schließt sich der Obst-, Gemüse- und Fischmarkt an, der größte Markt der Lagunenstadt. Gleich hinter der Brücke sieht man links den **Palazzo Dolfin Manin**, 1532–1560 nach Plänen von **Sansovino** erbaut. Hier residierte der letzte Doge 1789–1797. Heute beherbergt das Gebäude die Banca d'Italia. In den auf der gleichen Seite folgenden Palazzi Loredan und Farsetti ist das Rathaus untergebracht. Die Erdgeschosse sind noch aus dem 13. Jh., die oberen Stockwerke wurden im 16. und 19. Jh. umgestaltet.

★ **Ponte di Rialto**

! *Baedeker* TIPP

Tatort Venedig

Die amerikanische Autorin Donna Leon wurde durch ihre Venedig-Krimis berühmt. Ihre Hauptperson ist der sensible Commissario Brunetti, der mit seiner Familie in Venedig lebt.

Links an der Einmündung des Rio di San Luca folgt nun der 1575 nach Plänen von Michele Sanmicheli vollendete wuchtige Palazzo Grimani, der mit seiner rhythmisch durchgegliederten Fassade als ein markantes Beispiel für den Palastbau der Hochrenaissance gilt.

★ ◄ Palazzo Grimani

Kurz vor der letzten Schleife des Kanals, Volta genannt, liegen linker Hand mehrere Paläste, die alle der Familie Mocenigo gehörten. Der erste stammt aus dem 17. Jh., der lang gestreckte Doppelpalast aus dem 18. Jh. – in seinen Räumen lebte 1818/1819 **Lord Byron** –, der abschließende Palazzo ist der älteste Teil aus dem 16. Jh. Es schließt sich der Palazzo Contarini delle Figure an, entstanden 1504–1546.

◄ Palazzi Mocenigo

Der schmucke Palast schräg gegenüber den Mocenigopalazzi an der Einmündung des Rio di Ca' Foscari ist ein Beispiel für den manieristischen Palastbau in Venedig aus den Jahren 1582–1590.

◄ Palazzo Balbi

Das ständig bewegte Wasser frisst sich durch alle Mauern und Wände hindurch.

GEHT VENEDIG UNTER?

Aus urbaner Sicht steht der über tausend Jahre alten Königin der Meere das Wasser bis zum Hals. Immer mehr Einwohner kehren ihrer Stadt den Rücken, deren Untergrund in die Lagune sinkt, während der Meeresspiegel steigt.

Venedigs Stadtbild entstand im frühen Mittelalter und hat sich fast unverändert erhalten. Dramatisch verändert hat sich allerdings die **Einwohnerzahl**. Lebten 1951 noch rund 174 000 Menschen in der Lagunenstadt, sind es heute nur noch 64 000, manche Quellen sprechen von 60 000. Davon sind 33% im Rentenalter.

Die Stadt verliert Bewohner

Jedes Jahre verlassen etwa 2000 Venetiani den Stadtkern. Gründe für diesen Exodus gibt es viele, zum Beispiel **hohe Mieten** und **Massentourismus**. Letzterer hat mit über 13 Mio. Besuchern im Jahr enorme Auswirkungen auf die städtische Infrastruktur. Lebensmittelgeschäfte, Schulen und Kindergärten werden von Souvenirläden, Restaurants und Hotels verdrängt. Die Preise in Cafés, Bars und Restaurants sind viel höher als üblich. Um Ausflüge aufs Festland zu unternehmen, braucht man ein Auto, dessen Unterstellung vor der Inselstadt viel Geld verschlingt. In der Innenstadt ist der **Arbeitsmarkt sehr begrenzt**, durch die Abwanderung gingen viele Arbeitsplätze verloren, inzwischen fahren rund 25 000 Pendler jeden Tag nach Mestre oder ins Umland zur Arbeit.

Die Stadt versinkt

Venedigs Gebäude stehen auf Lärchenpfählen, die unter diesem Gewicht Jahr für Jahr ein wenig tiefer in den **schlammigen Lagunenuntergrund sinken**. Das war auch in vergangenen Jahrhunderten der Fall. Die Veneziander reagierten darauf, indem sie einen Fußboden auf den nächsten bauten. Die Situation verschärfte sich allerdings drastisch, als man nach 1930 verstärkt Grundwasser für die aufstrebende Industrie auf dem Festland entnahm und die drei Einfahrten in die Lagune auf 12 m Tiefe vergrößerte. In Folge sank der Untergrund seit 1908 um 12 cm – mehr als in den zwei Jahrhunderten zuvor. Ende der 1970er-Jahre wurde schließlich die Grundwasserentnahme gestoppt. Die Lage entspannte sich etwas.

Hochwasser

Im gleichen Zeitraum stieg auch der Meeresspiegel um 12 cm. Kritisch wird es bei einem Pegelstand von

Weil der Markusplatz recht niedrig liegt, ist er bei Hochwasser besonders betroffen. Tauben mögen offensichtlich auch keine nassen Füße ...

80 cm über Normalnull, da bekommt man in der Vorhalle der Markusbasilika (mit nur 63 cm) nasse Füße. Zwischen 1923 und 1932 gab es alle paar Jahre ein Hochwasser (acqua alta) von mehr als 110 cm über normal, 1943 bis 1952 war es jährlich eines, 1993 bis 2002 stieg die Zahl auf mehr als fünf jährlich. Seit der Flutkatastrophe 1966 mit einer Pegelhöhe von 194 cm überstieg das Acqua alta über 220 Mal die Ein-Meter-Marke. Auch tiefe Ebben sind schädlich. Zu wenig frisches Meerwasser führt in der Lagune zu **Sauerstoffmangel**, der Muschelzucht und Fischfang akut bedroht. Außerdem beginnen die Lärchenstämme, auf denen Venedigs Bauten ruhen, im Kontakt mit Sauerstoff zu faulen.

Umweltverschmutzung

Derzeit werden die Mole von San Marco aufgestockt, die Piazzetta entsprechend angehoben und alle Fundamente erneuert. Kritiker wenden ein, dass damit nur Symptome bekämpft werden, denn die giftige Industrie von Marghera arbeitet weiter und die Abwässer der Anrainer nagen ungebremst an den Pfählen der Gebäude. Sie sind zusammen mit der Luftverschmutzung vermutlich dafür verantwortlich, dass die Provinz eine um 50% höhere Krebsrate als der Weltdurchschnitt aufweist.

Neues in der Lagune

Es gibt viel zu tun in Venedig. Von Seiten der Stadtplanung sind etliche Projekte in Arbeit, alle mit dem Ziel, Venedig für die hier Lebenden attraktiver zu machen. So sollen erschwingliche **Wohnungen** auf der Insel Giudecca junge Einheimische und Kleinunternehmer zum Bleiben oder gar zur Rückkehr in die Altstadt veranlassen. Auf **San Giuliano**, wo jahrzehntelang Giftmüll abgelagert wurde, entstehen ein Naturpark sowie ein Technologie- und Wissenschaftspark. 70 ha des Parco San Giuliano wurden bereits Ende 2003 eingeweiht.

Unterseebahn

Zur selben Zeit beschloss die Stadtregierung den Bau einer 8 km langen U-Bahn. Die **Sublagunare** soll in 9 Minuten vom Flughafen, über die Insel Murano bis zum Arsenale führen, das Kerngebiet der Stadt also unberührt lassen, jedoch den täglich 25 000 Pendlern, 30 000 Touristen und 20 000 Studenten die An- und Abreise erleichtern. 2010 sollen die Arbeiten an der ca. 150 Mio. € teuren Bahn abgeschlossen sein. Umweltschützer warnen allerdings, dass der Bau des Unterseetunnels den instabilen Untergrund der Lagunenstadt in Mitleidenschaft ziehen würde. Die Gefahr, dass Venedig versinkt, ist also keinesfalls gebannt.

Der Ca' d'Oro besitzt die schönste Fassade am Canal Grande.

★ **Ca' Foscari**

Zwischen der Ca' Foscari und dem anschließenden Palazzo Giustinian fließt der Rio di Ca' Foscari. Die beiden Häuser bilden zusammen einen **großen Palastkomplex**. Der Doge Francesco Foscari ließ sich das Gebäude ab 1452 zu einem prächtigen gotischen Palazzo umbauen, der inzwischen die Universität beherbergt.

★ Palazzo Grassi ▶

Zu den jüngsten Palästen am Canal Grande gehört der zwischen Barock und Klassizismus vermittelnde Palazzo Grassi, der Mitte des 18. Jh.s nach Plänen von Giorgio Massari am linken Ufer erbaut wurde – derselbe Baumeister zeichnete auch für die Ca' Rezzonico verantwortlich. Heute finden hier Wechselausstellungen statt.

★ Ca' Rezzonico ▶

Auf der gegenüberliegenden Kanalseite sieht man die Ca' Rezzonico, 1649 von Venedigs Barockbaumeister Baldassare Longhena begonnen und erst 1745 von Massari vollendet. Die prunkvollen Festsäle beherbergen – thematisch passend – das **Museo del Settecento Veneziano**, das einen Überblick über das Leben in Venedig zur Zeit des Rokoko gibt mit Gemälden von Guardi, Canaletto, Tiepolo und Longhi.

★★ **Gallerie dell'Accademia**

Kurz hinter der Akademiebrücke, dem Ponte dell'Academia, passiert man rechter Hand die berühmte Gallerie dell'Accademia. Sie besitzt die bedeutendste und umfassendste Sammlung **venezianischer Malerei des 14. bis 18. Jh.s**, darunter Giovanni Bellinis »Sacra Conversazione«, Andrea Mantegnas »Heiliger Georg«, Hans Memlings »Bildnis eines jungen Mannes«, Giorgiones »Das Gewitter«, Lorenzo Lottos »Bildnis eines jungen Edelmanns«, Veroneses wandfüllendes »Gastmahl im Hause des Zöllners Levi«, Tintorettos »Wunder des hl. Markus« und Tizians unvollendete »Pietà«. Das Museum ist geöffnet: Mo. 8.15–14.00 Uhr, Di. bis So. 8.15 Uhr–19.15 Uhr.

Den 1749 begonnenen und unvollendet gebliebenen Palazzo Venier dei Leoni auf der rechten Uferseite erwarb 1951 die New Yorker Kunstkennerin **Peggy Guggenheim**, die ihn später der Stadt Venedig vermachte. Ihre hier untergebrachte Sammlung moderner Kunst, in der von Kandinsky über Klee, Léger und Picasso bis zu Rothko und Pollock die bekanntesten Vertreter der verschiedenen Strömungen des 20. Jh.s vertreten sind, gehört zu den großartigsten Museen Venedigs. Das Haus ist tgl. außer Di. 10.00–18.00 Uhr geöffnet.

★★ **Guggenheim Collection**

Gegenüber des Palazzo Venier dei Leoni liegt der ab 1537 von Sansovino erbaute Palazzo Corner, einer der prächtigsten Renaissancepaläste in Venedig, auch Ca' Grande genannt.

◂ Palazzo Corner Ca' Grande

1487 entstand auf der anderen Seite der Palazzo Dario, einer der ersten Renaissancepaläste in Venedig. Auffallend ist die schöne Dekoration aus polychromem Marmor. Der heute bedenklich schief stehende Palazzo wird Pietro Lombardo zugeschrieben.

◂ Palazzo Dario

Die weithin sichtbare **Kuppel** kurz vor der Mündung des Canal Grande in den Bacino di San Marco gehört zur Barockkirche Santa Maria della Salute. Sie wurde 1631–1681 zur Erinnerung an die Pest von 1630 nach Plänen Baldassare Longhenas erbaut. Im Inneren befinden sich herrliche Altarbilder aus verschiedenen säkularisierten Kirchen der Stadt, darunter Werke von Tizian und Tintoretto.

★ **Santa Maria della Salute**

★★ Piazza San Marco

Die von den Venezianern meist nur »la Piazza« genannte Piazza San Marco ist einer der schönsten Plätze der Welt. Die Kolonnadenbauten der Alten und Neuen Prokuratien, ehemals Verwaltungsgebäude, fassen den **atmosphärereichen Platz** mit seinen Tauben, dem atmosphärereichen Schattenspiel auf den schimmernden Fassaden, dem Flair der historischen Cafés Florian, Quadri und Lavena und den feinen Boutiquen wie ein feines Spitzentuch ein. Die Procuratie Vecchie an der Nordseite entstanden zwischen 1480 und 1517, die Procuratie Nuove an der Südseite wurden 1584 von Vincenzo Scamozzi begonnen und bis 1610 von Baldassare Longhena vollendet. Das Verbindungsglied dazwischen bildet die 1810 erbaute Ala Napoleonica, in dem das der Stadtgeschichte gewidmete **Museo Correr** untergebracht ist. Hier findet man auch eine hochkarätige Gemäldesammlung, darunter Werke des venezianischen Malers Giovanni Bellini.

★ ◂ Museo Correr

Am Übergang von der Piazza in die Piazzetta ragt der im 12. Jh. erstmals vollendete Kampanile in den Himmel, der 1902 in sich zusammenstürzte. Verletzt wurde damals niemand, die nach Plänen Sansovinos errichtete barocke Marmorhalle, **Logetta** genannt, wurde aber unter dem Schutt begraben. Heute fährt man mit dem Fahrstuhl sekundenschnell auf die Plattform des rekonstruierten Turmes, die einen hinreißenden Blick auf Stadt, Land und Meer freigibt.

◂ Campanile di San Marco

Die Piazzetta, der »Empfangssalon« der Stadt, wird zum Ufer hin von zwei aus dem Orient stammenden Granitsäulen mit den Figuren

◂ Piazzetta di San Marco

des hl. Theodor und des **geflügelten Markuslöwen** eingegrenzt. Der Platz zwischen den Säulen diente einst als Richtstätte, Venezianer wählen deshalb lieber den Weg seitlich der Säulen.

Biblioteca Marciana ► Die Fassade der Markusbibliothek, Hauptwerk des Architekten und Bildhausers Sansovino, gilt als eine der vollkommensten Schöpfungen der Renaissance. In den Schauräumen kann man sich nach Voranmeldung kostbare Handschriften anschauen, Treppenhaus, Vestibül und großer Saal sind frei zugänglich. Die eigentliche Bibliothek ist in der ehemaligen Münze, der »Zecca«, untergebracht, die ebenfalls Sansovino entwarf. Ungefähr in der Mitte der Libreria befindet sich der Eingang zum Archäologischen Museum mit griechischen und römischen Exponaten.

Torre dell' Orologio ► Unter dem 1499 fertiggestellten Uhrturm am anderen Ende des Platzes mit dem sternenübersäten blauen Mosaikfeld und dem Markuslöwen führt ein Gang zur Mercerie, der wichtigsten Einkaufsmeile von Venedig mit ihren verführerischen Boutiquen.

* Mercerie ►

** **Basilica di San Marco**

Als Grabeskirche des Evangelisten Markus, Staatskirche und Kirche des Dogen kommt der Basilica di San Marco eine herausragende Bedeutung zu. Als im Jahre 828/829 die aus Alexandrien entführten Gebeine des Evangelisten nach Venedig überführt wurden, entstand ein erstes Gotteshaus an dieser Stelle. Unter dem Dogen Domenico Contarini (1043–1070) wurde mit dem Bau der heutigen (dritten) Basilika begonnen. Sie entstand nach byzantinischem Vorbild als **Zentralbau mit fünf Kuppeln** über dem Grundriss eines griechischen Kreuzes. So bestimmen romanische und byzantinische Elemente sowie – durch spätere bauliche Änderungen – auch gotische Stilmerkmale ihr Äußeres. Der figürliche Schmuck in der oberen Fassadenzone ist im Wesentlichen eine Zutat des 14. Jh.s.

Goldmosaiken von S. Marco

Fünf von wertvollen Spoliensäulen gesäumte Portale führen in die Vorhalle. Die Lunettenmosaiken der Seitenportale, schildern die Überführung der **Markusreliquien** nach Venedig, beginnend rechts außen mit der Entführung des Leichnams aus Alexandrien, dessen Verehrung und der Ankunft in Venedig. Die Arbeiten stammen aus dem 17. und 18. Jh. mit Ausnahme der linken Portallunette, die im 13. Jh. entstand und den Markusdom vor seiner Gotisierung zeigt. Geöffnet ist die Basilica von Oktober bis März tägl. 9.45–16.45 Uhr; von April bis September tägl. 9.45–17.00 Uhr, Museum, Pala d'Oro und Tesoro sind sonntags und an Feiertagen

Sehenswertes im Stadtviertel Castello

Riva degli Schiavoni

Vom Palazzo Ducale geht es über die Ponte della Paglia (Strohbrücke) auf der belebten Riva degli Schiavoni in Richtung Osten. Dabei passiert man den Palazzo Dandolo, heute Hotel Danieli, ein Nobelhotel, in dem u. a. Charles Dickens, Marcel Proust und George Sand abstiegen. Ganz in der Nähe der Uferpromenade, die man hinter der Einmündung des Rio del Vin verlässt, liegt die Kirche San Zaccaria, die in ihrer heutigen Form 1460–1500 entstand und den Übergang von der Gotik zur Renaissance widerspiegelt. Im Innern birgt sie am zweiten Altar links **Giovanni Bellinis** Gemälde »Thronende Madonna« von 1505.

◂ San Zaccaria

✶ Scuola di San Giorgio degli Schiavoni

Die 1451 für Kaufleute aus Dalmatien erbaute Scuola degli Schiavoni liegt nordöstlich von San Zaccaria, am Ostufer des Rio dei Greci. Im Innern stattete der Renaissancemaler Vittore Carpaccio das Bruderschaftsgebäude 1502–1508 mit einem herrlichen Bilderzyklus aus. Weiter geht es zum östlichsten Zipfel Venedigs, zu den Giardini Garibaldi, Giardini Pubblici und dem Parco delle Rimembranze – Grünanlagen, die gewöhnlich weniger besucht sind. In Jahren mit ungerader Jahreszahl findet hier von Mitte Juni bis November die **Biennale** Internationale d'Arte statt, eine der wichtigsten europäischen Kunstausstellungen.

◂ Giardini

Die riesige, 1108 in Betrieb genommene Werft der Seerepublik Venedig befindet sich heute im Besitz der italienischen Kriegsmarine und ist in der Regel nicht zugänglich. Den Haupteingang (1460) zieren vier antike Löwenskulpturen aus Griechenland. Schiffsmodelle, Navigationsinstrumente sowie eindrucksvolle Beutestücke sind im Museo storico navale am Riva S. Biagio ausgestellt.

◂ Arsenale

Querini-Stampalia

Nordwestlich von San Zaccaria kommt man zum schönen, im 16. Jh. erbauten Renaissancepalast Querini-Stampalia, dessen Garten und Erdgeschoss Carlo Scarpa (1906–1978)in den 70er-Jahren neu gestaltete. Im ersten Stock ist die umfangreiche Bibliothek, im zweiten Stock die **Pinacoteca Querini-Stampalia** untergebracht, eine Gemäldesammlung mit Bildern venezianischer Maler aus dem 14. bis 18. Jh. Nur wenige Meter weiter nördlich, jenseits des schmalen Kanals, steht man vor der Kirche Santa Maria Formosa, die einige sehenswerte Altarbilder besitzt, darunter eine »hl. Barbara« von Palma Vecchio. Der weite Campo di Santa Maria Formosa wird von schönen Palästen der Gotik und Renaissance gefasst.

◂ S. Maria Formosa

✶ Santi Giovanni e Paolo San Zanipolo

Die im 14./15. Jh. errichtete ehem. Dominikanerkirche Santi Giovanni e Paolo wird von Venezianern »San Zanipolo« genannt. Besondere Aufmerksamkeit verdienen das Mittelportal Bartolomeo Bons von 1461 und die Dogen- und Feldherren-Grabmale im Innern, darunter das Grab für den Dogen Pietro Mocenigo, 1481 von Pietro Lombardo geschaffen, sowie das triumphbogenartige Wandgrab für den Dogen Andrea Vendramin, das Tullio Lombardo um 1492 fertigte. Die neun Bildfelder mit Szenen aus dem Leben eines Dominikanermönchs am zweiten Seitenaltar rechts sind von Giovanni Bellini.

✶ Monumento di Colleoni ► Rechts neben der Kirche zieht das **Reiterstandbild** des aus Bergamo stammenden Söldnerführers Bartolomeo Colleoni († 1475) die Blicke auf sich, das Andrea del Verrocchio 1488 modellierte. An die Kirche schließt sich links die Scuola Grande di San Marco an, in der sich heute das Ospedale Civile befindet.

✶ Santa Maria dei Miracoli ► Unweit westlich vom Campo Santi Giovanni e Paolo steht die Kirche Santa Maria dei Miracoli, ein außen und innen mit Marmor verkleideter Frührenaissancebau Pietro und Tullio Lombardos aus den Jahren 1481–1489. Die Kirche wurde zur Verehrung eines wundertätigen Marienbildes errichtet. San Salvatore ► Ein interessanter Kirchenbau der venezianischen Renaissance ist auch die 1506–1534 von Giorgio Spavento, Tullio und Pietro Lombardo entworfene Chiesa San Salvatore in der Nähe der Rialtobrücke. Hinter der barocken Fassade aus dem 17. Jh. verbirgt sich eine große **Kreuzkuppelkirche** mit einer qualitätvollen Ausstattung, darunter dem 1554–1556 von Sansovino konzipierten Grabmal des Dogen Venier.

Sehenswertes im Stadtteil S. Polo

✶✶ **I Frari**

Fährt man von der Station Accademia mit dem Vaporetto nördlich zur Station San Tomà, gelangt man zu der ehemaligen Franziskanerkirche I Frari (oder Santa Maria Gloriosa dei Frari), einer spätgotischen Backsteinbasilika, erbaut 1340–1450, mit hohem Glockenturm, nach der Markuskirche die größte und schönste Kirche Venedigs und – wie Santi Giovanni e Paolo – die Begräbnisstätte berühmter Venezianer.

Die große Bettelordenskirche birgt eine Vielzahl bedeutender Kunstwerke. So stehen sich in den beiden Seitenschiffen die Grabmäler Tizians und Canovas gegenüber. Zwei Joche weiter sieht man im rechten Seitenschiff die schöne Spätrenaissanceskulptur des hl. Hieronymus von Alessandro Vittoria und gegenüber Tizians berühmte **»Pesaro-Madonna«** aus den Jahren 1519–1526. Hinter der mächtigen Chorschranke, ein Werk von Bartolomeo Bon und Pietro Lombardo, fällt der Blick zuerst auf Tizians epochales Frühwerk, die 1516–1518 entstandene »Mariä Himmelfahrt« am Hochaltar. An den Seitenwänden des Chores beachte man die beiden monumentalen Grabmäler für die Dogen Francesco Foscari und Nicolò Tron. Der Florentiner Bildhauer Donatello schuf die Holzplastik Johannes' des Täufers in der Kapelle rechts neben dem Chor. Bellinis »Thronende Madonna mit Heiligen« von 1488 findet sich in der Grabkapelle der Familie Pesaro.

Campo S. Rocco

Hinter dem hoch aufragenden Chor der Frarikirche erstreckt sich der Campo San Rocco mit der gleichnamigen Kirche. Ihr Chor stammt von einem Vorgängerbau, der im 18. Jh. entstandene Neubau ist vor allem wegen zweier großformatiger Wandbilder Tintorettos sehenswert. Der Renaissancebau an seiner Südwestseite, die Scuola di San Rocco, entstand 1524–1560 nach Plänen von Bartolomeo Bon, Scarpagnino führte die Arbeiten zu Ende. Die 1489 gegründete Bruderschaft (= ital. Scuola) widmete sich der Krankenpflege. Tintoretto, selbst Mitglied der Scuola, übernahm die Ausmalung der Räumlichkeiten. Zwischen 1564 und 1581 entstand so einer der umfangreichsten **biblischen Zyklen** der italienischen Malerei.

✶ ✶ ◄ Scuola di San Rocco

Den Saal im Erdgeschoss schmücken acht großformatige Bilder des Meisters mit Szenen aus dem Leben Marias. Die Wände des Hauptsaals im oberen Stockwerk behandeln weitere Themen aus dem Neuen Testament mit Szenen aus dem Leben Jesu, die Deckengemälde widmen sich Geschichten aus dem Alten Testament. In der anschließenden Sala dell'Albergo schildert Tintoretto die Passionsgeschichte, und an der Decke verherrlicht er den Schutzpatron der Seuchenkranken, den hl. Rochus.

Südliche Lagune

Im Süden Venedigs, durch den Canale della Giudecca vom Stadtteil Dorsoduro getrennt, liegt die lang gestreckte, vom Tourismus weniger geprägte Insel La Giudecca mit der Kirche Il Redentore, deren Kuppel weithin sichtbar ist. Sie wurde 1577–1592 nach Plänen **Andrea Palladios** erbaut. Im Inneren sind die Marmorreliefs von Giuseppe Mazza und Bronzestatuen von Girolamo Campagna am Hochaltar beachtenswert.

Isola della Giudecca

Östlich folgt die kleine Insel San Giorgio Maggiore, auf der sich die gleichnamige Benediktinerklosterkirche befndet, ein 1565 von Palladio begonnener, 1610 vollendeter Kuppelbau. Berühmt sind zwei Spätwerke Tintorettos im Chor, »Mannaregen« und »Abendmahl«, sowie die Bronze auf dem Hauptaltar.

✶ ◄ San Giorgio Maggiore

Auf der Insel S. Giorgio Maggiore wurde einst Salz gewonnen, später Wein angebaut, schließlich ließen sich die Benediktiner dort nieder.

Lido di Venezia Der knapp 12 km lange und bis zu 4 km breite Lido ist ein schmaler, flacher Sandstreifen, der die venezianische Lagune vom Meer trennt (u. a. mit der Pkw-Fähre ab Venedig-Trochetto aus zu erreichen). Nachdem im 19. Jh. Schriftsteller die Insel entdeckt hatten, entwickelte sie sich in den 50er- und 60er-Jahren zum prominentesten Strand Italiens mit Hotels, Pensionen und Sommerhäusern. Vom Schiffsanlegeplatz Santa Maria Elisabetta führt der von schönen **Jugendstilvillen und Gärten** gesäumte Gran Viale Santa Maria Elisabetta quer über die Nehrung zum Piazzale Bucintoro, hinter dem sich der lange Strand ausbreitet. Rechter Hand beginnt die Promenadenstraße Lungomare Guglielmo Marconi mit dem berühmten Strandabschnitt zwischen dem Hotel Des Bains und dem Palazzo del Cinema. In der Luxusherberge stieg die Hauptfigur aus Thomas Manns Novelle **»Der Tod in Venedig«** ab, und auch Viscontis nicht weniger berühmte Verfilmung wurde hier gedreht. Cineasten kennen den Lido vor allem als Stätte des Internationalen Filmfestivals, das 1932 ins Leben gerufen wurde. Fünf Jahre nach der Gründung der Festspiele weihte man dem Kulturereignis mit dem Palazzo del Cinema einen eigenen Tempel. Bis dahin hatte man das Festival im benachbarten Grand Hotel Excelsior, einem orientalisch anmutenden Prachtbau aus der zweiten Hälfte des 19. Jh.s, abgehalten. Ganz im Süden des Lido liegt das kleine Dorf Alberoni sowie das von Kanälen umgebene Malamocco, der ehemalige Hafen von Venedig.

✶ Chioggia Etwa 40 km südlich von Venedig, am Südende der Lagune, liegt die Inselstadt Chioggia (54 000 Einw.), ehemals Zentrum der venezianischen **Salzproduktion**, 1379 durch die Genuesen zerstört und jetzt ein bedeutender Fischereihafen, den man vom Lido mit dem Schiff erreicht. Das Stadtbild mit seinen Kanälen und den alten, teilweise vom Verfall bedrohten Palästen ist dem Venedigs ähnlich. Am Corso del Popolo, der Hauptstraße von Chioggia, stehen die von Baldassar Longhena erneuerte Kathedrale aus dem 14. Jh., die kleine gotische Kirche San Martino von 1392 und ein gotischer Getreidespeicher. Eine 800 m lange Brücke verbindet die Altstadt von Chioggia mit dem viel besuchten Seebad Sottomarina. Rund 20 km südöstlich erreicht man die bereits im Po-Delta gelegene Insel Alba.

Nördliche Lagune

Anfahrt Die Inseln in der nördlichen Lagune erreicht man mit mehreren Schiffslinien ab den Fondamente Nuove an der Nordseite der Stadt.

San Michele Direkt vor der Nordküste Venedigs liegt die Friedhofsinsel San Michele, auf der Sergej Diaghilew, **Igor Strawinski** und Ezra Pound ihre letzte Ruhe gefunden haben. Die Renaissancekirche San Michele entstand 1478 nach Plänen von Mauro Coducci, 1530 wurde ihr die sechseckige Cappella Emiliana angefügt. Aus Platzgründen werden Venedigs Tote heute auf dem Festland begraben.

Murano ist seit Ende des 13. Jh.s – als die Manufakturen aus Brandschutzgründen hierher verlegt wurden – Hauptsitz der venezianischen Glasindustrie. Die Fornace genannten **Glasbläsereien** sind zum großen Teil zu besichtigen. Von der Schiffsstation Colonna sind es nur wenige Minuten zur Kirche San Pietro Martire, in deren rechtem Seitenschiff sich ein 1488 entstandenes Werk des venezianischen Frührenaissancemalers Giovanni Bellini befindet. Jenseits des Hauptkanals steht der spätromanische Backsteindom Santi Maria e Donato aus dem 12. Jh. mit Säulen aus griechischem Marmor, einem eindrucksvollen romanischen Mosaikfußboden und einem Apsismosaik aus der Erbauungszeit der Kirche. Wer sich für die Glasbläserkunst interessiert, sollte das Museo d'Arte Vetrario im Palazzo Giustinian besuchen.

✶ **Murano**

✶ ◀ Santi Maria e Donato

In der Santa Maria Assunta trennt eine Ikonostasis den Altarraum ab.

Die freundliche Fischerinsel **Burano** ist die Wiege der venezianischen Spitzenindustrie. Wer sich für die Geschichte dieser Kunst interessiert, sollte der Galleria del Merletto Antico in der Via Galuppi 215 einen Besuch abstatten. Über die komplizierte Luftstichtechnik, **Punto in Aria**, informiert zudem die Scuola dei Merletti am Hauptplatz Piazza Galuppi.

Einen Ausflug wert ist auch die 8 km weiter gelegene Laguneninsel Torcello, einst ein bedeutendes Handelszentrum und Bischofssitz, woran die in venezianisch-byzantinischem Stil erbaute Kathedrale **Santa Maria Assunta** erinnert. Größter Schatz sind ihr Lettner mit byzantinischen Reliefs und die herrlichen Mosaiken, beides Arbeiten aus dem 11. bis 13. Jh. Nebenan erhebt sich die Kirche Santa Fosca, ein Rundbau mit beachtenswerten Marmorsäulen im Innern; das benachbarte Museo dell'Estuario zeigt archäologische Funde von Torcello, Malerei, Plastik und Kunsthandwerk.

✶ **Torcello**

✶✶ ◀ Mosaiken

Adriaküste zwischen Venedig und Triest

Die Landschaft zwischen Venedig und Triest erinnert mit ihren vielen Flussmündungen, Kanälen, weit ins Landesinnere eindringenden Lagunen, flachen grünen Wiesen und endlosen Feldern an Holland. Hier liegen zahlreiche **berühmte Badeorte**, und die Gegend ist stark vom Tourismus geprägt.

Lido di Jesolo

Im Landstädtchen Jesolo erinnern drei Klöster und rund 40 Kirchen daran, dass die Stadt einst wohlhabend war, jedoch zu Gunsten Vene-

! Baedeker TIPP

Mit dem Burchiello ...

... nach Padua. Die reizvolle Landschaft entlang des Brenta-Kanals und einige der am Ufer gelegenen Villen erkundet man am besten mit dem Ausflugsboot. Tagesfahrten werden von Mai bis September angeboten, zurück fährt man mit dem Linienbus.

digs aufgegeben wurde. Das nahe gelegene Erclea Mare ist ein Badeort aus der Retorte, mit seinen kilometerlangen Sandstränden jedoch sehr familienfreundlich.

Über den modernen Ortsteil Porto Santa Margherita gelangt man in das Ferien- und Fischereistädtchen **Caorle** (12 000 Einw.) im Mündungsdelta der Livenza. Es besitzt noch einen alten Ortskern mit einer romanischen Kathedrale und freistehendem Glockenturm. Ausflugsboote erkunden die unter Naturschutz stehende Lagunenlandschaft im Hinterland.

Bibione, Lignano ►

Schließlich folgt noch Bibione, auch dies ein beliebter Familienbadeort mit kilometerlangem breitem Sandstrand. Der nur durch den Fluss Tagliamento getrennte Nachbarbadeort Lignano zählt zu den größten Badestädten der Adria und gehört bereits zur Region Friaul-Julisch Venetien (►Aquileja).

✶✶ Verona

E 11/12

Region: Venetien • Veneto
Provinz: Verona
Höhe: 59 m ü. d. M.
Einwohnerzahl: 255 000

Weltberühmt wurde Verona durch das romantische Liebespaar Romeo und Julia, das Shakespeare ersann. Der englische Dichter war niemals in der kunstsinnigen Stadt. Käme er heute, wäre er von den Festspielen in der römischen Arena und der jährlichen Weinmesse vermutlich so begeistert, dass er seiner Liebestragödie sicherlich einen versöhnlicheren Schluss gäbe.

Dreifach gesichert

Das von den Römern gegründete Verona war auf Grund seiner strategisch wichtigen Lage seit jeher durch Mauern befestigt. Noch heute erinnern Reste dreier **Festungsringe** an römische, venezianische und österreichische Zeiten. Besonderen Verdienst kommt dabei Michele Sanmicheli (1484–1559) zu, der seit 1530 die Stadtmauer mit Bastionen anlegte und dabei die Festungsbauten zu verschönern versuchte.

Die sehr alte Stadt Verona erlangte ab 89 v. Chr. unter den Römern große Bedeutung – davon zeugen bis heute das Amphitheater und andere Baudenkmäler. Im 6. Jh. machte der Ostgotenkönig Theoderich († 526), der **»Dietrich von Bern«** (Bern = Verona) der deutschen Heldensage, die Stadt neben Pavia und Ravenna zum Königssitz. Später herrschte hier Pippin (777–810), der zweite Sohn Karls des Großen, als König des fränkischen Unterkönigreichs Italien. Im Mittelalter wählten die deutschen Kaiser die Stadt am Ende der Brenner-

Der prachtvolle Ponte Scaligero erinnert an die Skaliger, die über ein Jahrhundert in Verona das Sagen hatten.

straße als Stützpunkt ihrer Herrschaft über Oberitalien. Im Jahre 1164 gründete Verona mit anderen Städten den Veroneser Bund, ein Militärbündnis, das sich 1167 zum Lombardenbund erweiterte. Von 1260 bis 1387 regierten die skrupellosen, aber auch kunstfördernden **della Scala** (ital. Scaligeri = Skaliger), und Verona erlebte den Höhepunkt seiner Macht. Danach fiel die Stadt an die Mailänder Visconti, 1405 an die Republik Venedig, 1797 an Österreich, bis es 1866 ins Königreich Italien eingegliedert wurde.

Sehenswertes in Verona

Piazza Bra

Man beginnt die Besichtigungstour am besten an der Piazza Bra, die mit der Arena in ihrem Zentrum einer der meistbesuchten Plätze der Stadt ist.

**** Arena**

Das Amphitheater, ein riesiges Oval, wurde im 1. Jh. n. Chr. errichtet. Mit seinen 44 Stufenreihen bietet es 22 000 Zuschauern Platz und ist nach dem Kolosseum in Rom und der Arena in Capua das drittgrößte derartige Bauwerk für **Gladiatoren- und Tierkämpfe**. Ursprünglich wurden die zweigeschossigen Arkadenreihen von einer weiteren, dreigeschossigen Außenmauer aus rotem Veroneser Marmor umgeben, doch von dieser Prunkfassade sind nur vier Arkaden an der Nordseite erhalten. Ein Erdbeben zerstörte sie teilweise im 12. und 13. Jh., anschließend wurde es als Steinbruch gebraucht. In venezianischer Zeit richteten sich Handwerker und Prostituierte in den Arkaden im Erdgeschoss ein.

Verona Orientierung

Übernachten
1. Due Torri Baglioni
2. Cavour
3. Novo Hotel Rossi

Essen
1. Il Desco
2. Re Teodorico
3. Maffei
4. Carroarmato

★ **San Fermo Maggiore**

Die Kirche S. Fermo Maggiore im Osten der Stadt entstand im 11. und 12. Jh. über einem Vorgängerbau des 6. Jh.s. An ihrer Chorseite kann man schön erkennen, dass sie aus **zwei Kirchen** besteht: Über den romanischen Rundbögen ragen die Spitzbögen des gotischen Baus empor. Die Arkaden der romanischen Unterkirche sind freskengeschmückt. Die gotische Oberkirche mit ihrem herrlichen Kielgewölbe aus der Zeit um 1350 birgt ebenfalls sehenswerte Fresken, Grabmäler sowie eine Kanzel Antonio da Mestres von 1496. Beachtenswert ist auch das Grabmal des Nicolò Rangoni di Brenzone links vom Eingang. Die Auferstehungsszene um den Sarkophag schuf Nanni di Bartolo, Pisanello malte den illusionistischen Wandteppich im Hintergrund.

★★ **Piazza dell'Erbe**

Den Mittelpunkt der Altstadt bildet die lang gestreckte Piazza dell'Erbe, einer der malerischsten Plätze Italiens. Knapp 4 m unterhalb des heutigen Straßenniveaus liegt das Pflaster des einstigen römischen Forums. Vom **Capitello**, dem baldachinbekrönten Podest in der Mitte, wurden seit dem 16. Jh. Entscheidungen und Gerichtsbeschlüsse verkündet. Den Platz säumen schöne Palazzi, darunter die Casa dei Mercanti mit Biforienfenstern, die Case dei Mazzanti mit Resten von Fassadenfresken aus dem 16. Jh., der barocke Palazzo Maffei, in dessen Nähe sich die Torre del Gardello mit der ältesten Stadtuhr Veronas von 1370 erhebt, und schließlich der Arco della Costa, durch den man auf die Piazza dei Signori gelangt.

★★ **Piazza dei Signori**

Die Piazza dei Signori, das weltliche Machtzentrum, bildet den »Salon« der Stadt. Das Dantedenkmal von 1865 erinnert daran, dass die Skaliger 1301 den aus Florenz vertriebenen Poeten an ihrem Hof willkommen hießen. Rechter Hand erhebt sich der 1194 erbaute Palazzo del Comune, der von der Torre dei Lamberti überragt wird. Der düster wirkende Palazzo dei Tribunali war seit 1365 Residenz der Skaliger, das Renaissanceportal schuf Sanmicheli 1530. Eine weitere ehemalige Skaligerresidenz erhebt sich im Osten des Platzes, der zinnenbekrönte Palazzo del Governo. Die heutigen Arkaden wurden 1419 in die Fassade gebrochen, Sanmicheli fügte das repräsentative Portal an. Von **Giotto** und Altichiero wurde der Palast mit Fresken ausgestattet, die teilweise noch erhalten sind.

★ ◄ Loggia del Consiglio

An der Nordseite der Piazza dei Signori steht die zweigeschossige Loggia del Consiglio, einer der schönsten Bauten der Frührenaissance im venezianischen Stil, Fra Giocondo zugeschrieben. Gleich neben der Loggia befindet sich in einem um 1500 entstandenen Renaissancebau das älteste Café der Stadt, das Caffè Dante.

★ **Gräber der Scaligeri**

Der Durchgang zwischen dem Palazzo del Governo und dem Palazzo dei Tribunali führt zu der kleinen dreischiffigen Kirche S. Maria Antica aus dem 12. Jh., der einstigen Hauskirche der Skaliger. Auf dem angrenzenden Friedhof befinden sich gotische Grabmäler der Sippe, die sog. Arche Scaligere, der **Sarkophag Cangrandes I.** († 1329) ist

VERONA ERLEBEN

AUSKUNFT

Piazza Bra oder Hauptbahnhof
37121 Verona
Tel. 04 58 06 86 80 oder
Tel. 04 58 00 08 61, Fax 04 58 00 36 38
www.verona-apt.net

VERANSTALTUNGEN

Alljährlich findet hier die Vinitaly statt, die größte Weinmesse Italiens. Opernliebhaber pilgern nach Verona wegen der Sommerfestspiele, die jedes Jahr im Juli und August in der römischen Arena stattfinden.

ESSEN

► Fein & Teuer

① *Il Desco*
Via Dietro San Sebastiano 7, Verona
Tel. 0 45 59 53 58
In diesem Restaurant der Spitzenklasse führt Elia Rizzo Regie. Wundervoll sind seine mit Sardellen und Ricotta gefüllten Knoblauch-Tortelli sowie die Scampi mit Spargel. Der Weinkeller des Lokals sucht seinesgleichen. Reservierung angeraten.

③ *Maffei*
Piazza Erbe 38, Verona
Tel. 04 58 01 00 15, Fax 04 58 00 51 24
In diesem vornehmen und komfortablen Restaurant, mitten im historischen Herzen von Verona, werden leichte und innovative Menüs serviert. Das Lokal umfaßt zudem eine gemütliche Weinstube.

► Erschwinglich

② *Re Teodorico*
Piazzale Castel San Pietro 1, Verona
Tel. 04 58 34 99 90
Mi. und So. abends geschl.
Sehr hübsch sitzt man im »König Theoderich«, von dessen Terrasse man einen wunderschönen Blick auf die Altstadt und die Etsch genießen kann. Die Fisch- und Fleischgerichte sind mit viel Raffinesse zubereitet.

④ *Carro Armato*
Vialo Gatto 2a, Verona
Tel. 04 58 03 01 75; Mo. geschl.
Eine der typischen Wein- und Vesperstuben, die neben dem kalten Buffet auch deftige Hauptspeisen anbietet. Hier wird es mittags und abends eng.

ÜBERNACHTEN

► Luxus

① *Due Torri Baglioni*
Piazza Sant'Anastasia 4
37121 Verona
Tel. 0 45 59 50 44
Fax 04 58 00 41 30
www.baglionihotels.com
Das Nobelhotel liegt in der Altstadt nahe der Arena. Im hoteleigenen Restaurant »L'Aquila« kann man fürstlich speisen.

► Komfortabel

③ *Novo Hotel Rossi*
Via delle Coste 2
37138 Verona
Tel. 0 45 56 90 22, Fax 0 45 57 82 97
www.novohotelrossi.it
Freundliches Haus in der Nähe des EC-Bahnhofs Porta Nuova. Der Service ist sehr zuvorkommend.

► Günstig

② *Cavour*
Vicolo Chiodo 4
37121 Verona
Tel. 0 45 59 01 66, Fax 0 45 59 05 08
Kleine und recht gemütliche Adresse im Herzen der Altstadt. Hier stimmt noch das Preis-Leistungs-Verhältnis und man ist bequem zu Fuß bei den wichtigsten Sehenswürdigkeiten.

über dem Portal eingelassen. Zwei Hunde spielen auf den Herrschernamen (Cangrande = großer Hund) an. Das Original der Reiterstatue befindet sich im Castelvecchio.

Casa di Giulietta

Im Innenhof des Hauses Via Cappello 21, gleich bei der Piazza dei Signori, soll sich der Beginn der tragischen Liebesgeschichte von **Romeo und Julia** abgespielt haben, die Shakespeare nach Verona verlegt hatte. Der wenig möblierte Palazzo aus dem 13. Jh. kann besichtigt werden. Weniger Aufmerksamkeit wird den verbauten Resten des nahen Palazzo Montecchi gezollt, der Familie des Romeo in der Via Arche Scaligere 2–4.

*** Sant'Anastasia**

Durch schmale Gassen gelangt man von der Piazza dei Signori zur Kirche Sant'Anastasia, einem mächtigen gotischen Backsteinbau, der die Altstadthäuser um die kleine, gleichnamige Piazza überragt. Die beiden Weihwasserbecken im Inneren werden von buckligen Figuren, den »due gobbi« getragen. Die Seitenkapellen sind reich ausgestattet, vor allem die südlichste Kapelle, die Altichieri um 1390 mit einem grandiosen Votivfresko ausschmückte. Die Cappella Pellegrini links daneben birgt das Grabmal des Tommaso Pelegrini aus derselben Zeit. Altichieri freskierte auch das Grabmal der Familie Bevilacqua gegenüber, die 24 Terrakottareliefs mit Szenen aus dem Neuen Testament schuf Michele da Firenze 1435. Im Hauptchor steht das prunkvolle, 1429 geschaffene Grabmal des Condottiere Cortesia Serego. Zum kostbarsten Fresko gelangt man durch einen Eingang im nördlichen Querschiff: **Pisanello** malte den »Aufbruch des hl. Georg zum Kampf mit dem Drachen« um 1435.

? WUSSTEN SIE SCHON ...?

- ... dass die Opernfestspiele ein Geburtstagsgeschenk post mortem für Guiseppe Verdi sind? 1913 wurden sie erstmals anlässlich des 100. Geburtstags des Komponisten in der Arena veranstaltet.

*** Dom**

Über die Via Duomo gelangt man zum Dom Santa Maria Matricolare, erbaut im 12. und 15. Jh. Von außen gibt sich der Bau als romanische Basilika, deren Schmuck auf das Hauptportal mit **doppelgeschossigen Baldachinvorbau** – ein Werk des Steinmetzmeisters Nicolò – konzentriert ist. Das dreischiffige Innere ist gotisch. Zu den kostbarsten Schätzen zählen Tizians »Himmelfahrt Mariens« im nördlichen Seitenschiff, das gotische Grabmal der hl. Agatha im südlichen Seitenschiff und Sanmichelis halbrunde Marmorschranken vor der mit illusionistischen Fresken ausgemalten Chorapsis.

Corso Cavour

Die lange gerade Straße, die von der Piazza dell'Erbe zum Castelvecchio führt, entspricht dem römischen **Decumanus maximus**. Der Corso Porta Borsari endet in der Porta dei Borsari, einem römischen Stadttor, seine Verlängerung ist der von stattlichen Palästen gesäumte Corso Cavour. Besonders schön sind der Palazzo Bevilacqua (Nr. 19) und der Palazzo Canossa (Nr. 44), zwei Werke Sanmichelis. Kurz bevor man das Castelvecchio erreicht, sieht man rechts einen 1932 aus Trümmern wieder aufgebauten römischen Triumphbogen des 1. Jh.

* **Castelvecchio**

Das 1357 von **Cangrande II.** errichtete Castelvecchio am Etsch-Ufer besteht aus Festungsbau und Wohnpalast mit einem hohen Wehrturm dazwischen, durch den man zum Ponte Scaligero gelangt.
Hier befindet sich das Civico Museo d'Arte mit wertvollen Arbeiten Veroneser Künstler des 12.–18. Jh.s, darunter einer »Madonna im Rosengarten« von 1425, einer »Madonna mit der Wachtel« von Pisanello sowie Werken Bellinis, Veroneses, Tintorettos und Tiepolos. Auf einem Sockel zwischen Wehr- Wohnbau thront eine der bedeutendsten Skulpturen der Kunstgeschichte: die vieldeutig lächelnde **Reiterstatue des Cangrande della Scala** aus dem 14. Jahrhundert.

** **San Zeno Maggiore**

Die Basilika San Zeno Maggiore mit ihrem schlanken romanischen Glockenturm und dem zinnenbekrönten Wehrturm ist eine der schönsten romanischen Kirchen Norditaliens. Der heutige Bau entstand im 12. Jh. über dem Grab des Stadtpatrons. An der Westfassade erfreuen eine große Fensterrose und das vom Steinmetzmeister Nicolò geschaffenen Portal Auge und Geist. Der heilige Zeno ist im Tympanon dabei zu beobachten, wie er den Bürgern der freien Stadtkommune das Banner überreicht. Ein auf zwei Löwen ruhender Baldachinvorbau schützt die herrlichen Bronzetüren (linker Flügel 11. Jh.; rechter Flügel 12. Jh.), auf denen alt- und neutestamentliche Szenen dargestellt sind.

Die romanische Kirche S. Zeno Maggiore

Das Innere wirkt durch Größe und Schmucklosigkeit. Eine um 1260 geschaffene Balustrade mit den Statuen von Christus und den Aposteln trennt das Langhaus vom Chor. Hier steht das berühmte dreiteilige Altarbild mit der thronenden Muttergottes, das **Andrea Mantegna** 1456–1459 schuf. Darunter befindet sich die Krypta, deren Gewölbe auf 48 Säulen mit kunstvoll gearbeiteten Kapitellen ruht.

* **Teatro Romano**

Jenseits der Brücke Ponte della Pietra steigen am Hang unter dem Castel San Pietro die Zuschauerränge des ehemaligen römischen Theaters aus der Zeit des Augustus auf. Hochwasser und Erdrutsche haben es stark in Mitleidenschaft gezogen, daher sind nur noch die

Sitzreihen und wenige Reste der einstmals prunkvollen, statuengeschmückten Frontmauer am Etsch-Ufer erhalten. Heute finden hier zwischen Juli und September Konzerte, Ballett- und Theateraufführungen statt. Oberhalb der Ränge erheben sich die Kirche Santi Siro e Libera aus dem 10. Jh. und das **spätmittelalterliche Kloster San Girolamo** mit einem archäologischen Museum.

◄ Castel S. Pietro

Eine Treppe links neben dem Theater führt auf den Hügel San Pietro, auf dem bereits in römischer Zeit eine **Zitadelle** stand, in der Theoderich und später der Frankenkönig Pippin residiert haben sollen. Das Kastell erbauten die Österreicher 1854.

* San Giorgio

Gegenüber dem Dombezirk erhebt sich die Marmor verkleidete, reich ausgestattete Renaissancekirche San Giorgio, deren Hochaltar ein »Martyrium des hl. Georg« Veroneses schmückt. Die Porta San Giorgio geht wie die Kirche selbst auf Entwürfe des Stadtbaumeisters Sanmicheli zurück.

* ◄ Santa Maria in Organo

Das gilt auch für die unvollendete Fassade der flussabwärts gelegenen Kirche Santa Maria in Organo, die im 7. Jh. Teil eines Benediktinerklosters war und um 1480 im Renaissancestil umgebaut wurde. In der dreischiffigen Kirche sieht man Gemälde und Fresken fast aller namhaften Renaissancemaler der Stadt, darunter von Nicolò Giolfino, der die Cappella della Croce im rechten Querarm ausmalte. Im Chor schuf Fra Giovanni da Verona 1499 das Gestühl, die Wandverkleidungen der Sakristei entstanden 1504, die Fresken sind von Morone. Durch die Porta Organa gelangt man zum Palazzo Giusti mit seinem **paradiesartigen Renaissancegarten**, in dem man die Zeit ein Weilchen stillstehen lassen kann.

* ◄ Giardino Giusti

Im Palazzo Pompei (1530; Sanmicheli), nahe der Brücke Ponte Navi, gibt es im Naturkundemuseum eine der artenreichsten Fossiliensammlungen Europas zu sehen.

* ◄ Museo Civico di Storia Naturale

Umgebung von Verona

Monti Lessini

Zwischen der Carega-Gruppe im Norden (auch Kleine Dolomiten genannt) und Verona erheben sich die zwischen 1200 und 1800 m hohen Lessinischen Alpen. In ihren südlichen Ausläufern liegt das Weinanbaugebiet Valpolicella, dessen Zentren in den Tälern um Fumane, Marano und Negrar liegen. Die bekanntesten Weine sind der einfache **Valpolicella**, der wuchtige trockene Amarone, der süße Recioto sowie der leichte, frisch-fruchtige weiße **Soave**. In der schönen Hügellandschaft stehen einige Villen aus dem 17. und 18. Jh.

◄ Valpolicella

* Soave

Einen Besuch wert ist das hübsche mittelalterliche Städtchen Soave 22 km östlich von Verona, das mit einer vollständig erhaltenen Mauer mit 24 Türmen und einer prächtigen Skaligerburg aufwartet.

◄ Bolca

◄ Molina

Bolca ist durch sein Museum, in dem die Überreste einer über 50 Mio. Jahre alten versteinerten Tropenlagune ausgestellt sind, ein Mekka der Fossiliensammler. Beim Dorf Molina, 30 km nördlich von

Verona, in dessen Naturpark Wasserfälle von Felsen herabstürzen, informiert das Museo Botanico della Lessinia über die Pflanzenarten der Region. Um Sant'Ambrogio di Valpolicella und Volargne, nahe der Etsch, wird der berühmte Rosso di Verona abgebaut, jener berühmte rote Marmor, der beim Bau des Amphitheaters in Verona und anderer Paläste und Kirchen in Venetien Verwendung fand.

Rosso di Verona ►

★ Versilia

H 10

Region: Toskana • Toscana **Provinz:** Massa Carrara und Lucca

Jede Menge Strand bietet die Küste der Versilia an der Grenze zu Ligurien. Die Badeorte haben hier eine lange Tradition: In Viareggio wurden 1827 die ersten Schmimmbäder eröffnet – mondäne Treffpunkte der eleganten Welt. Heute reiht sich über 30 km hinweg ein Badeort an den nächsten.

Toskanische Riviera

Als Toskanische Riviera im engeren Sinn gilt der Teil zwischen Cinquale südlich von Massa bis Torre del Lago; im Folgenden werden Carrara und Massa einbezogen (Küste zwischen Viareggio und Livorno ►Pisa).

Sehenswerte Orte an der Versilia

★ Alpi Apuane

Zum Greifen nah erscheinen die Apuanischen Alpen, die mit ihren bis weit in den Frühling verschneiten Gipfeln die Küste begleiten und ihr ein besonderes Flair verleihen. Trotz ihrer geringen Höhe tragen sie ihren Namen zu Recht, denn das Karstgebirge beeindruckt mit schroffen Felswänden und absolut **alpinen Szenarien**. Einen Badeurlaub sollte man daher unbedingt mit Touren im Parco Naturale delle Alpi Apuane verbinden. Informationen erhält man im Besucherzentrum Pro Loco, Seravezza, Via C. del Greco 11.

★ Carrara

Carrara (66 700 Einw.), unmittelbar an der Grenze zu Ligurien gelegen, ist mit der italienischen Kunst- und Architekturgeschichte unlösbar verbunden. Hier werden die kristallinen Kalke der Apuanischen Alpen seit über 2000 Jahren als **Marmor** in riesigen Steinbrüchen abgebaut; sie reichen bis in 1000 m Höhe und bilden mit ihrem strahlenden Weiß den beeindruckenden Hintergrund der Stadt. Das kostbare Material prägt auch das Stadtbild, so die pisanisch gestaltete Marmorfassade des romanisch-gotischen Doms, der zwischen dem 11. und 14. Jh. erbaut wurde. Innen sind die skulptierten Kapitelle beachtenswert, die polychrome Marmorkanzel von 1544, eine marmorne »Verkündigung« und ein Tafelkreuz, beide aus dem 14. Jh.; vor dem Dom steht die skurrile **Fontana del Gigante** von Baccio Bandinelli, der Andrea Doria als Neptun auf zwei Delfine stellte.

Im Palazzo Cybo Malaspina in der Stadtmitte stellt die Kunstakademie einen römischen Altar aus, der im Steinbruch Fantiscritti gefunden wurde und auf dem sich Künstler von Giambologna bis Canova verewigt haben. Südwestlich außerhalb der Stadt informiert ein Museum über die Marmorgewinnung seit der Antike und seine künstlerische und technische Verwendung bis zur Gegenwart. ◄ Museo Civico del Marmo

Sehr lohnend ist ein Besuch der Marmorbrüche in den Tälern von Colonnata, Fantiscritti und Ravaccione. Der seit römischer Zeit hier gebrochene Marmor erlangte besonders durch **Michelangelo** Weltruhm. Im kleinen Freilichtmuseum von Walter Danesi in Fantiscritti sind Gerätschaften zum Abbau des Marmors ausgestellt (Anfahrt: Carrara, Miseglia, von dort aus ist die Weiterfahrt beschildert). Sehenswert sind auch die Brüche bei Piastre, wo der wertvolle »statuario« ansteht, die reinweiße, begehrteste Spielart. ✶ Marmorbrüche

Auch das 7 km südöstlich von Carrara liegende Massa (66 800 Einw.) besitzt bedeutende Marmorbrüche. Im Badeort Marina di Massa kann man einen angenehmen Tag am Strand verbringen oder am ◄ Massa

VERSILIA ERLEBEN

AUSKUNFT

Piazza Mazzini 22, 55049 Viareggio
Tel. 0 58 44 88 81, Fax 0 58 44 74 06
www.versilia.turismo.toscana.it

ESSEN

► Fein & Teuer

Ninan
Via Lorenzo Bartolini 3, Carrara
Tel. 0 58 57 47 41
Klassisches Gourmetrestaurant mit vornehmen Ambiente und ausgefallenen Gerichten.

► Erschwinglich

Osteria del Borgo
Via Beatrice 17, Massa
Tel. 05 85 81 06 80
Vorzügliche Gerichte aus der Region, mit kleiner Enoteca im Keller

La Darsena
Via Virgilio 150, Viareggio
Tel. 05 84 39 27 85
In der Küche wird Traditionelles von der toskanischen Küste zubereitet.

► Preiswert

La Giudea
Via Barsanti 4, Pietrasanta
Tel. 0 58 47 15 14
Kleine ursprüngliche Trattoria serviert Gerichte aus der Toskana und von der ligurischen Küste.

ÜBERNACHTEN

► Luxus

Albergo Pietrasanta
Via Garibaldi 35, 55045 Pietrasanta
Tel. 05 84 79 37 26, Fax 05 84 79 37 28
www.albergopietrasanta.com
Prachtvoller Palazzo aus dem 17. Jh. mitten im Zentrum.

► Komfortabel

Matilde
Via Tagliamento 4
54037 Marina di Massa
Tel. 05 85 24 14 41, Fax 05 85 24 04 88
www.hotelmatilde.it
Ruhiges Hotel, gemütliche Zimmer, schöner Garten, Restaurant nur für Hausgäste.

Lungomare di Ponente das Aquarium besichtigen. Das mittelalterliche Massa Vecchia liegt am Fuß der Malaspinaburg, das neuere Massa Nuova gründete im 16. Jh. Graf Cybo Malaspina. An der hübschen Piazza Aranci steht der prachtvolle Palazzo Ducale, der 1665 und 1701 seine barocken Formen erhielt. Der Dom SS Pietro e Francesco am oberen Ende der Via Dante, bis 1389 erbaut, erhielt seine Fassade erst 1936; anschauen sollte man sich hier die Reste eines **Freskos von Pinturicchio** und ein Triptychon von Castelletto. Von der Rocca aus dem 15./16. Jh. bietet sich eine schöne Aussicht.

Forte dei Marmi

Das elegante, diskrete Forte dei Marmi (9000 Einw.), 5 km südlich von Massa, hat sich – seitdem die Familie Agnelli eine Villa erwarb – zum exklusivsten Seebad der Versilia entwickelt. Man legt hier seine Wege per Fahrrad zurück. Kern der Ansiedlung ist die kleine, 1782–1788 erbaute Fortezza, die heutige Post. Vom Marmorhafen ist noch der **lange Steg** erhalten, von dem man einen herrlichen Blick auf das Bergpanorama hat. Seit Anfang des 20. Jh.s sah der Ort illustre Gäste wie d'Annunzio und seine Muse Eleonora Duse, Thomas Mann und Aldous Huxley. Im September findet ein Satirefestival statt.

Pietrasanta

Pietrasanta (24 700 Einw.) 13 km südöstlich von Massa, ist Hauptort der Versilia und seit Jahrhunderten Sitz renommierter **Bildhauerwerkstätten** und Bronzegießereien, mit denen bedeutende Künstler wie einst Henry Moore und Joan Mirò zusammenarbeiten. Hier überrascht die faszinierende Atmosphäre, in der Meer und Strand nur am Rand wichtig sind. Miittelpunkt des um 1250 gegründeten Orts ist der lang gestreckte Domplatz, um den sich alte Bau-

Direkt hinter der Küste von Viareggio ragen die Apuanischen Alpen auf.

werke reihen. Hinter der Porta di Pisa sieht man die Reste der Rocca Arrighina von 1487, dann folgt der 1256 begonnene Dom S. Martino mit dem unvollendet gebliebenen Backsteinkampanile, dem Wahrzeichen der Stadt; im reich ausgestatteten Inneren begeistert das marmorne Chorgestühl. Im Baptisterium aus dem 17. Jh. sind zwei schöne Taufbecken zu sehen. Weiter oben ist im Palazzo Moroni ein archäologisches Museum untergebracht; einen Besuch verdient auch die im 14. Jh. erbaute Kirche S. Agostino, in der sich ein Modellmuseum, Museo del Bozzetto, befindet. »Mir gefällt Pietrasanta«, schrieb **Giosuè Carducci** (1835– 1907), Literaturnobelpreisträger von 1906, dessen Geburtshaus als Museum eingerichtet ist.

Viareggio

Unter den Badeorten der Versilia ist Viareggio (57 800 Einw.) der eleganteste, »städtischste«, geprägt von wunderbaren Villen, Hotels und Cafés, die nach dem Brand 1917, der die Holzgebäude zerstörte, bis 1930 im italienischen Jugendstil und Art déco entstanden. Berühmt ist der Karneval im Februar/März, bei dem Tausende von Maskierten und Wagen mit skurrilen, bunten Figuren auf der breiten Küstenpromenade entlangziehen.
Der Kanal Burlamacca mit seinen Hafenanlagen ist heute wie in historischen Zeiten Bezugspunkt der Stadt; hier steht die Torre Matilde von 1544, das einzige alte Bauwerk. Nördlich schließt sich die ab 1824 entstandene Siedlung an. Am Beginn der 3 km langen Strandpromenade liegt der Parco d'Azeglio; auf der anschließenden Piazza Shelley erinnert eine Büste an den englischen Schriftsteller, der 1822 vor Livorno bei einem Schiffbruch ums Leben kam. Im Palazzo Paolina, 1820 für Napoleons Schwester **Pauline Buonaparte** erbaut, ist ein archäologisches Museum eingerichtet. Vom Viale Manin an, überbieten sich die Gebäude gegenseitig an Schönheit, so etwa das Supercinema von 1920, Magazzini Duilio 48, das Châlet Martini, das den Brand 1917 überstand, das grandiose Gran Caffè Margherita, die Hotels Plaza, Grand Hôtel Royal, Excelsior und Principe del Piemonte mit Badeanstalt von 1939. Der Park Pineta del Ponente ist ein Rest des ursprünglichen Pinienwaldes. Reizvoll ist ein Spaziergang auf der Mole, die 600 m weit ins Meer reicht.

! *Baedeker* TIPP

Werkstattbesuch

Zu den Abwechslungen eines Badeurlaubs an der Versilia gehört ein Besuch in einer Bildhauerwerkstatt oder einer Bronzegießerei in Pietrasanta. Zu besichtigen sind u. a. Rossi Pio & Figli sowie Cervietti & C., Via S. Agostino.

◄ Lago Massaciuccoli

Den Eindruck eines Voralpensees macht der Lago Massaciuccoli, 6 km südlich von Viareggio, der zum Naturpark Migliarino-S. Rossore-Massaciuccoli (► Pisa) gehört. In einer öffentlich zugänglichen Villa am See hat **Giacomo Puccini** (1858–1924) lange Zeit gelebt und hier ist er zusammen mit seiner Frau beigesetzt worden. Im Freilichttheater findet im Sommer das Puccinifestival statt.

★ Vicenza

D 13

Region: Venetien • Veneto
Höhe: 40 m ü. d. M.
Provinz: Vicenza
Einwohnerzahl: 110 000

Seinen Ruhm verdankt Vicenza dem großen Architekten Andrea Palladio (1508–1580), der hier mit seinen Villen Architekturgeschichte schrieb und dessen Bauten zum Weltkulturerbe zählen. Abseits der architektonischen Höhepunkte wartet die Stadt mit hervorragenden Goldschmiedewerkstätten und einer leckeren Spezialität auf, dem »Baccalà« genannten Stockfisch.

Von Venetern gegründet

Die von Venetern gegründete Stadt Vicetia (Vicentia) wurde 49 n. Chr. römisches Municipium – der heutige Corso Palladio verläuft auf dem einst römischen Decumanus Maximus. Im frühen Mittelalter war es Sitz eines langobardischen Herzogs, dann eines fränkischen Grafen, später ein Teil der Mark Verona. Im 12. Jh. übernahmen die Bischöfe die Herrschaft, doch trat Vicenza im Kampf gegen Kaiser Friedrich I. Barbarossa als **freie Kommune** auf. Nach mehrfachem Besitzerwechsel im 14. Jh. unterstellte sich die Stadt im Jahr 1404 schließlich der Republik Venedig, unter deren Herrschaft Vicenza seine Blütezeit erlebte.

Basilica Palladiana auf der Piazza dei Signori

Sehenswertes in Vicenza

★★ Piazza dei Signori

Die prachtvolle, lang gestreckte Piazza dei Signori ist schon seit römischer Zeit das Zentrum des öffentlichen und privaten Lebens. Hier steht die von der mittelalterlichen Torre di Piazza überragte **Basilica Palladiana**, das 1549–1614 erbaute Hauptwerk Palladios, das dem Architekten seinen künstlerischen Durchbruch brachte. Der ursprünglich gotische Bau diente als Versammlungssaal des Großen Rats. Aus einem Wettbewerb zu seiner Verschönerung ging Palladio als Gewinner hervor, indem er den Kernbau mit einem zweigeschossigen Säulenportikus aus Marmor ummantelte. Mittels der verschieden großen Rechtecköffnungen neben den Bögen werden die unterschiedlichen Achsenbreiten ausgeglichen. Palladio schlug auch den Namen Basilica vor, was in der Antike die Bezeichnung für den Versammlungs- und Gerichtsort war. Im oberen Geschoss liegt ein tonnengewölbter Saal, in dem Wechselausstellungen stattfinden. Vor der westlichen Seite der Basilica erinnert ein Standbild an Palladio.

Der Basilica gegenüber steht der Palazzo del Monte di Pietà, das einstige Pfandhaus aus dem 15. Jh.; seine Gebäude umrahmen die barocke Fassade der Kirche San Vicenzo. An der Nordseite der Piazza folgt die Loggia del Capitanio, der 1571 von Palladio begonnene Sitz des **venezianischen Statthalters**. Die beiden Säulen im Osten des Platzes tragen die Statue des Erlösers und den Markuslöwen.

Loggia del Capitanio

Der im 15. Jh. auf den Grundmauern dreier Vorgängerkirchen erbaute gotische Dom besitzt eine zweifarbige Fassade aus weißem und rotem Marmor. Im Innern birgt er in der 5. Kapelle rechts einen schönen Flügelaltar Lorenzo Venezianos aus dem Jahr 1356.

Dom

Vom Domplatz gelangt man über den Contrà Pigafetta zur Piazza dell'Erbe, von wo aus man einen Abstecher durch das unlängst renovierte Stadtviertel Rione Barche unternehmen kann, durch das der Retrone fließt, der einst bis zur Adria schiffbar war.

Der schnurgerade, von Palästen gesäumte Corso Andrea Palladio mündet in die Piazza Castello, deren Turm zu einer Skaligerburg ge-

◄ Corso Andrea Palladio

Vicenza Orientierung

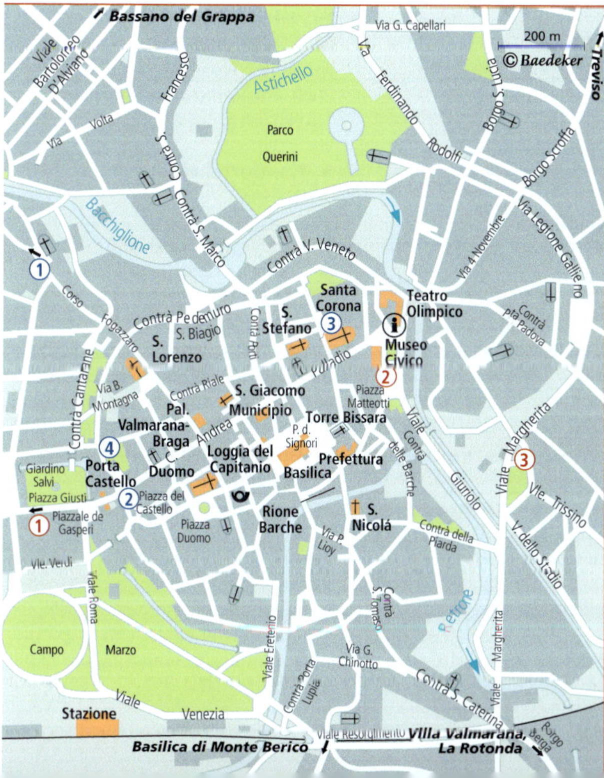

Essen

① Storione
② Antico Ristorante Agli Schioppi
③ Al Pestello
④ Ponte delle Bele

Übernachten

① Jolly Hotel Tiepolo
② Giardini
③ Continental

hörte. Links an der Schmalseite des Platzes liegt der **Palazzo Porto-Breganze**, 1600 nach Palladios Entwurf von Vincenzo Scamozzi ausgeführt, der die für Palladios Spätwerke typischen Kolossalsäulen besitzt.

Pläne Scamozzis wiederum liegen dem schönen Palazzo del Comune zugrunde, der zwischen 1592–1662 am Corso Palladio 98 erbaut wurde. Das Gebäude hieß einst Palazzo Trissino, benannt nach der Familie des Grafen Ginagiorgo Trissino, der Palladio maßgeblich förderte. Ein weiterer wichtiger Bau am Corso ist der gotische Palazzo Da Schio (Nr. 147), auch **»Cà d'Oro«** genannt, der im 15. Jh. nach

VICENZA ERLEBEN

AUSKUNFT

Via Fermi 134, 36100 Vicenza
Tel. 04 44 96 43 80, Fax 04 44 94 47 79
www.vicenza.org
www.veneto.to

ESSEN

► Fein & Teuer

① ***Storione***
Via Pasubio 62/64, Vicenza
Tel. 04 44 56 65 06
Edle Fischspezialitäten werden hier je nach Marktangebot serviert.

► Erschwinglich

② ***Antico Ristorante Agli Schioppi***
Contrà Piazza del Castello 26, Vicenza
Tel. 04 44 54 37 01
Stadtbekanntes Traditionslokal mit elegant-rustikalem Ambiente.

► Preiswert

③ ***Al Pestello***
Contrà Santo Stefano 3, Vicenza
Tel. 04 44 32 37 21
Wer die echte Küche Vicenzas kennen lernen möchte, ist in diesem kleinen Lokal genau richtig.

④ ***Ponte delle Belle***
Contrà Ponte delle Bele 5, Vicenza
Tel. 04 44 32 06 47; So. geschl.
Gemütliches Gasthaus, spezialisiert auf deftige Südtiroler Schmankerl.

ÜBERNACHTEN

► Luxus

① ***Jolly Hotel Tiepolo***
Viale S. Lazzaro 110
36100 Vicenza
Tel. 04 44 95 40 11
Fax 04 44 96 61 11
www.jollyhotels.com
Moderner Hotelbau aus dem Jahr 2000 mit Komfort auf höchstem Niveau, elegante Zimmer.

► Komfortabel

② ***Giardini***
Viale Giuriolo 10
36100 Vicenza
Tel. 04 44 32 64 58
Fax 04 44 32 64 58
www.hotelgiardini.com
Das kleine, renovierte Hotel bietet modern eingerichtete Zimmer mit gutem Komfort.

► Günstig

③ ***Continental***
Via G.G. Trissino, 89
36100 Vicenza
Tel. 04 44 50 54 76
Fax 04 44 51 33 19
www.continental-hotel.it
Geschmackvoll eingerichtete, geräumige Zimmer in einem netten Hotel mit Altstadtnähe.

venezianischem Vorbild errichtet wurde und dessen Gesimse und Kapitelle mit Blattgold verkleidet sind. Am nordöstlichen Ende des Corso Andrea Palladio lohnt die Pinacoteca Civica einen Besuch. Sie ist im 1551–1557 errichteten Palazzo Chiericati untergebracht, einem der Hauptwerke Palladios. Zu sehen sind venetische Malerei vom Mittelalter bis zum Manierismus sowie einige Holländer.

◄ Pinacoteca Civica

★★ **Teatro Olimpico**

Gegenüber dem Museum liegt das 1580 aus Holz und Stuck errichtete Teatro Olimpico, vermutlich der **erste überdachte Theaterraum** in Europa, einer der schönsten Bauten Palladios und zugleich sein letzter. Der großartige Zuschauerraum steigt stufenweise in einem Halboval an, die Bühnenkulisse, entworfen von Palladios Schüler Scamozzi, täuscht mit ihren drei Toren Tiefe vor. Sie hat sich seit der Einweihung 1583 mit dem »Ödipus« von Sophokles nicht verändert.

Santa Corona

Die gotische Kirche Santa Corona aus dem 13. Jh. hütet eine kostbare Reliquie: ein Stück aus der Dornenkrone Christi. Das Altarbild »Taufe Christi« am 5. Altar links schuf Giovanni Bellini, die »Anbetung der Könige« am 3. Altar rechts ist ein Werk Paolo Veroneses aus dem Jahr 1573. Von hier ist es nicht weit zur Kirche Santo Stefano, erbaut im 18. Jh. und an römischen Vorbildern orientiert. Hier entdeckt man Malereien von Tiepolo am Tabernakel des Hauptaltars und im linken Querschiff eine »Thronende Madonna« von Palma il Vecchio.

◄ Santo Stefano

! *Baedeker* TIPP

Schachspektakel

Alle zwei Jahre im September findet auf dem Schachbrett auf der Piazza Castello in Marostica eine Schachpartie mit lebenden Figuren statt – sogar die Pferde auf dem »Brett« sind echt.

Palladio-Villen beim Corso Palladio

Der vom Corso Andrea Palladio rechtwinklig abzweigende Contrà Ponti ist ebenfalls von prächtigen gotisch-venezianischen und Renaissancepalazzi gesäumt. Den unvollendeten Palazzo Barbaran da Porto, Hausnummer 11, entwarf Palladio, ebenso den nahe gelegenen Palazzo Thiene, Hausnummer 6. Ein weiteres Gebäude des Meisters ist der Palazzo Valmarana-Braga am Corso A. Fogazzaro Nr. 16. Etwas weiter nördlich folgt die um 1300 erbaute Kirche S. Lorenzo mit einem Fresko des Malers Bartolomeo Montagna.

Umgebung von Vicenza

Basilica di Monte Berico

Auf einem Hügel am südlichen Stadtrand erkennt man schon von weitem die Wallfahrtskirche Basilica di Monte Berico, zu der ein 2 km langer, von Kapellen gesäumter Bogengang, der Portici di Monte Berico hinaufführt. Die Kirche wurde nach dem Vorbild der Rotonda 1668 von dem Bolognesen C. Borella ausgeführt. Die Kapelle rechts vom Hochaltar schmückt eine »Beweinung Christi« von Bartolomeo Montagna; im Refektorium ist das berühmte »Gastmahl des hl. Gregorius Magnus« von **Veronese** zu bewundern.

Die gedeckte Holzbrücke Ponte Vecchio ist Wahrzeichen von Bassano del Grappa.

★★ Villa Valmarana ai Nani

Von der Zufahrtsstraße zur Basilika zweigt eine Straße zur Villa Valmarana ai Nani ab. Die Zwergstatuen (nani) auf der Gartenmauer erinnern daran, dass hier die zwergwüchsige Tochter des einstigen Besitzers gelebt haben soll, die nur von Kleinwüchsigen umgeben war. Haupt- und Gästehaus malten Giovanni Battista Tiepolo und seinem Sohn Giandomenico 1757 mit Fresken aus, die u. a. Szenen aus dem Karnevalstreiben von Venedig zeigen. Die Villa ist geöffnet von Di. bis So. 10.00–12.00 und 15.00–18.00 Uhr.

★★ La Rotonda

Nur ein paar Schritte sind es von hier zur Villa Rotonda, Palladios bekanntester Villa, auch Villa Capra bzw. Villa Valmarana genannt. Der Entwurf wurde 1550 von Palladio begonnen und 1606 von Scamozzi vollendet: ein Kuppelbau auf **quadratischem Grundriss**, dessen vier Fassaden vier identische Säulentympana und Treppenaufgänge aufweisen. Die Innenräume sind nur Mi., 10.00–12.00 und 15.00–18.00 zu besichtigen, der Garten Di. bis So. 15.00–18.00 Uhr.

★ Bassano del Grappa

Das malerische Städtchen Bassano de Grappa (40 000 Einw.) liegt 35 km von Vicenza am Südfuß der Alpen. Sein Wahrzeichen ist der **Ponte Vecchio**, die alte gedeckte Holzbrücke über die Brenta, deren aktuelle Gestalt auf einen Entwurf Palladios zurückgeht. Seit ihrem Wiederaufbau durch italienische Gebirgsjäger 1948 heißt sie auch Ponte degli Alpini. Bekannt ist Bassano für seine Keramikerzeugnisse und seinen Grappa, nach dem es allerdings nicht benannt ist, Namenspate ist vielmehr der Monte Grappa. Über beide Themen informieren Museen. Im Jahr 1779 richtete Bortolo Nardini am östlichen Zugang zur Brücke eine erste Distilleria ein. Heute wetteifern mit Nardini noch Baggio und die Poli um die Gunst der Grappaliebhaber. Hinter der Destillerie Poli, unweit der Brücke, befindet sich das kleine **Grappamuseum**. Alles über die Keramikherstellung erfährt man im Museo della Ceramica im Palazzo Sturm.

Mittelpunkt der hübschen Altstadt ist die Piazza Garibaldi mit dem Ezzelinoturm aus dem 13. Jh. Hier steht auch die romanisch-gotische Kirche San Francesco, die ein Kreuz von Guariento aus dem 14. Jh. hütet. Von der Piazza della Libertà führt ein Weg zur Ruine des Castello Superiore und zum Dom hinauf, wo zwei Altarbilder Leandro Bassanos zu sehen sind.

Monte Grappa

Eine schöne Straße führt Richtung Norden auf den Gipfel des 1775 hohen Monte Grappa (35 km nördlich). Der Santuario erinnert daran, dass der Berg 1917/1918 Schauplatz heftiger Kämpfe war.

Marostica

Ein weiterer Abstecher führt ins nahe gelegene Marostica (7 km westlich von Bassano), einem sehenswerten kleinen Städtchen am Fuße des Monte Pausolino, mit zwei Burgen und einer zinnengekrönten Wehrmauer aus Skaligerzeit.

Asolo

►Treviso

★ Viterbo

L 14

Region: Latium • Lazio
Provinz: Viterbo
Höhe: 327 m ü. d. M.
Einwohnerzahl: 58 300

Das ländlich gelegene Viterbo war im Mittelalter zeitweise bedeutender als das nur 80 km entfernte Rom – zwischen 1257 und 1281 diente es sogar als Papstresidenz. Heute präsentiert sich das von einer langen Stadtmauer umgebene Viterbo als stimmungsvoller Ort mit vielen Brunnen und »profferli«, außen an der Hauswand gelegenen Treppen.

Sehenswertes in Viterbo

Prächtige Paläste und Plätze

Weltlicher Mittelpunkt der Stadt ist die von prächtigen Palästen umgebene **Piazza del Plebiscito** mit dem Palazzo dei Priori (um 1460, Rathaus), dem Palazzo del Podestà (1264/18. Jh.) und der Präfektur von 1771; der 44 m hohe Turm entstand 1487. Vom Hof des Rathauses hat man eine schöne Sicht auf den Westteil der Stadt. Durch die Via di S. Lorenzo gelangt man südlich zur Piazza della Morte, dem einstigen Richtplatz, mit der Fontana a Fuso, und weiter – am Palazzo Farnese vorbei – zur Piazza S. Lorenzo, dem geistlichen Zentrum der Stadt mit der romanischen Kathedrale S. Lorenzo aus dem 12. Jh. (Fassade 1570, nach Zerstörungen 1944 restauriert) und dem eindrucksvollen **Papstpalast** (1255–1267), dessen schöne gotische Loggia schon im 14. Jh. Ruine war. Im Palast residierten acht Päpste, vier wurden hier gewählt. Heute beherbergt er das Museo di Arte Sacra, das Malerei des 17./18. Jh.s und Skulpturen zeigt.

★★ ◄ Piazza S. Lorenzo

VITERBO ERLEBEN

AUSKUNFT

Piazza San Carluccio 5, 01100 Viterbo
Tel. 07 61 30 47 95, Fax 07 61 22 09 57
www.comune.viterbo.it

ESSEN

► Erschwinglich

① ***Enoteca La Torre***
Via della Torre 5, Viterbo
Tel. 07 61 22 64 67; So. und Mo. mittags geschl. Schickes Restaurant mit Vinothek.

► Preiswert

② ***Il Grottino***
Via della Cava 7, Viterbo
Tel. 07 61 29 00 88
Bodenständige Küche aus Latium und hervorragende Pizzen.

③ ***Richiastro***
Via della Marrocca 16, Viterbo
Tel. 07 61 22 80 09; So. abends und Mi. geschl. Rustikales Restaurant mit traditionellen Gerichte aus der Region.

ÜBERNACHTEN

► Komfortabel

① ***Nibbio***
Piazzale Gramsci 31, 01100 Viterbo
Tel. 07 61 32 65 14, Fax 07 61 32 18 08
www.hotelnibbio.it
Attraktives Hotel in einer Villa aus dem 19. Jh.

② ***Mini Palace Hotel***
Via Santa Maria della Grotticella 2
01100 Viterbo
Tel. 07 61 30 97 42, Fax 07 61 34 47 15
www.minipalacehotel.com
Jüngst renoviertes Haus aus den 70er–Jahren nahe der Porta Romana.

► Günstig

③ ***Tuscia***
Via Cairoli 41, 01100 Viterbo
Tel. 07 61 34 44 00, Fax 07 61 34 59 76
www.tusciahotel.com
Einfaches, zweckmäßiges Hotel innerhalb der Stadtmauern.

★ S. Pellegrino ►

Südöstlich der Piazza della Morte liegt das malerische alte Stadtviertel San Pellegrino, einst das Handwerkerviertel. Man steigt am besten die Via S. Pellegrino zur gleichnamigen Piazza und dem Palazzo degli Alessandri aus dem 13. Jh. hinunter. An der Via S. Pellegrino Nr. 60 liegt das sehr sehenswerte Museo della Macchina di S. Rosa.

Spaziergang durch die Oststadt

Ein zweiter Spaziergang führt von der Piazza del Plebiscito in die Oststadt. Man gelangt durch die Via Cavour zur Piazza Fontana Grande mit der phänomenal schönen **Fontana Grande**, einem Brunnen, den Bertoldo und Pietro di Giovanni 1206 begannen und der 1424 umgebaut wurde. Weiter geht es zur barocken Porta Romana, einem der sieben Tore der Stadtmauer. Links des Tors steht die Kirche S. Sisto, ein ursprünglich lombardischer Bau des 9. Jh.s der nach Teilzerstörung 1944 rekonstruiert wurde. Bemerkenswert sind der deutlich erhöhte Altarraum und die ungewöhnlichen Kapitelle. Außen an der Stadtmauer entlang nach Norden geht es zum Kloster S. Maria della Verità aus dem 12. Jh.; in ihrer Cappella Mazzatosta sind Fresken von Lorenzo da Viterbo von 1469 zu sehen, im Konvent

befindet sich das Museo Civico mit etruskischer Archäologie, Münzen, Keramik und Gemälden.
Nun geht es durch die Porta Verità und die Via Mazzini – vorbei an S. Giovanni in Zoccoli (11. Jh.) mit einem Polyptychon des Balletta (1441) – zur Kirche S. Rosa, die 1632 zerstört und im 19. Jh. rekonstruiert wurde. Hier ruht die Mumie der **hl. Rosa**, die Stadtheilige, die von 1233 bis 1252 lebte. Zu ihren Ehren wird alljährlich am 3. September die »macchina di S. Rosa«, ein mehrere Tonnen schwerer Turm aus Pappmaché mit einem Heiligenbild, von 90 Männern von S. Sisto nach Viterbo getragen.
Weiter führt der Weg zur Piazza Verdi mit der Zisterzienserkirche S. Marco von 1198, dem Palazzo Santoro, der heute Bibliotheken beherbergt, und dem neoklassizistischen Teatro dell'Unione.
Beim Rückweg zur Piazza del Plebiscito durch den Corso d'Italia kommt man am 1818 gegründeten **Caffè Schenardi** vorbei, einst eines der schönsten Kaffeehäuser Italiens, heute McDonald's.

Viterbo *Orientierung*

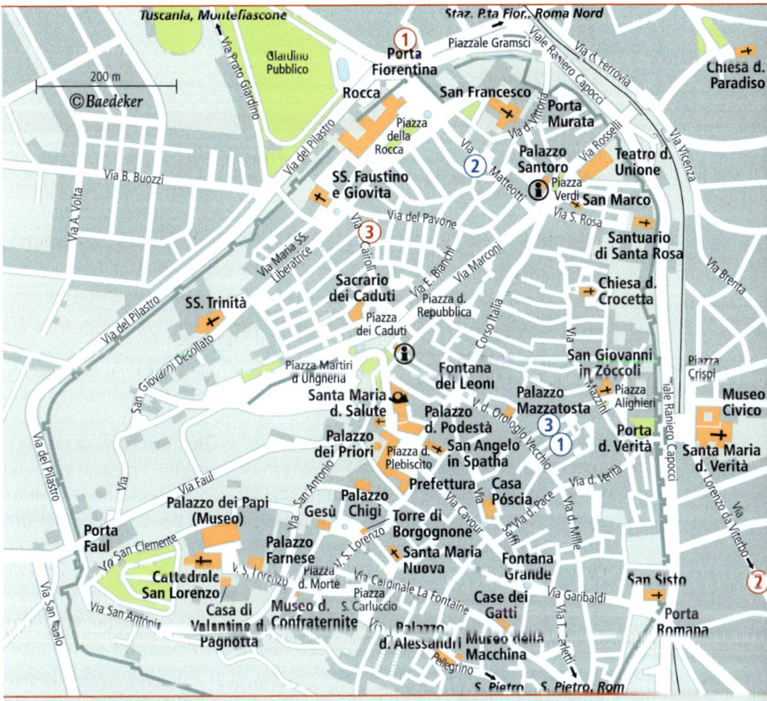

Übernachten
1. Nibbio
2. Mini Palace Hotel
3. Tuscia

Essen
1. Enoteca La Torre
2. Il Grottino
3. Richiastro

! Baedeker TIPP

Blumenmeer

»San Pellegrino in Fiore«: Jedes Jahr Ende April/ Anfang Mai quillt das historische Zentrum Viterbos vor Blumen über. Das Fest des Heiligen bietet zudem einen guten Grund für einen großen Freiluft-Flohmarkt.

Nordstadt Die Nordstadt erkundet man am besten von der Piazza della Rocca, die ein Brunnen Vignolas ziert. Die Burg, die dem Platz ihren Namen gab, ließ der päpstliche Feldherr Albornoz 1354 errichten, später wurde sie mehrfach erweitert und restauriert und ist heute Sitz des Museo Archeologico Nazionale. Besuchen sollte man auch die gotische Kirche S. Francesco mit ihren Grabmälern, so auch dem von Papst Clemens IV. († 1268) und Papst Hadrian V. († 1276). Außerhalb der Porta Fiorentina von 1768 erstreckt sich der schöne Giardino Pubblico.

Bagni di Viterbo Ca. 5 km westlich von Viterbo ist das kleine Thermalbad Bagni di Viterbo zu finden, 1 km weiter gelangt man zur **Schwefelquelle Bullicame**, »Sprudel«, ein durch Gasblasen in Wallung gehaltener blauer Teich, in dem man baden kann. Das lies sich einst auch Dante gefallen – er erwähnt die Quelle im »Inferno« der »Göttlichen Komödie«.

✶ Volterra

J 11

Region: Toskana • Toscana
Provinz: Pisa
Höhe: 531 m ü. d. M.
Einwohnerzahl: 12 400

Hoch über dem Tal der Cecina thront das mittelalterliche Volterra, eines der wichtigsten Alabaster-Zentren der Welt. Das hochkarätige Archäologische Museum des Ortes birgt zahllose etruskische Urnen, deren sanfter Schimmer bereits vor vielen Jahrhunderten die Menschen begeisterte.

Jahrhunderte des Wohlstands Im Altertum war Volterra durch seine Eisenerzvorkommen recht wohlhabend und gehörte unter dem Namen Velathri zu den zwölf etruskischen Bundesstädten. Ab dem 3. Jh. v. Chr. machten es die Römer zum Municipium, im Mittelalter stieg es zum Freistaat auf, der 1361 von Florenz, dessen Tuchindustrie den hier gewonnenen Alaun benötigte, unterworfen und 1530 dauerhaft Teil des Großherzogtums Toskana wurde.

Sehenswertes in Volterra

✶ Piazza dei Priori Mittelpunkt ist die ernste, würdige Piazza dei Priori mit dem gleichnamigen 1208–1254 erbauten Palazzo, dem **ältesten toskanischen Kommunalpalast**, Vorbild für den Florentiner Palazzo Vecchio. Sein Ratssaal ist mit Fresken aus dem 19. Jh. geschmückt. Gegenüber steht

Volterra Orientierung

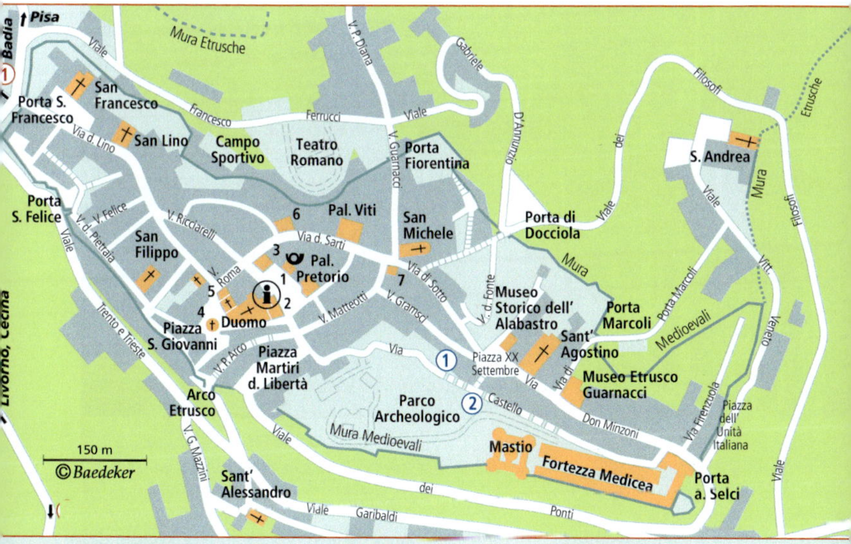

1 Piazza dei Priori
2 Palazzo dei Priori
3 Bischofspalast
4 Battistero
5 Museo Diocesano d'Arte Sacra
6 Museo Civico Pinacoteca
7 Casa-Torre Toscano

Essen

① Ombra della Sera
② Trattoria del Sacco Fiorentino

Übernachten

① Villa Nenceni

der Palazzo Pretorio (13. Jh.), dessen Turm nach der schweinchenartigen Alabasterfigur am Gesims »Torre del Porcellino« genannt wird.

★ Duomo S. Maria Assunta

Westlich hinter dem Rathaus erhebt sich der 1120 geweihte, 1254 im Pisaner Stil und noch einmal im 14. Jh. erweiterte Dom. Im Chor schuf Mino da Fiesole 1471 das marmorne Ziborium. Die ungewöhnlich große, bemalte »Kreuzesabnahme« stammt aus der Zeit um 1250, die Kanzel setzte man aus Fragmenten des 12./13. Jh.s zusammen. Benozzo Gozzoli schuf das Fresko der Heiligen Drei Könige in der Cappella dell'Addolorata.

◂ Museo Diocesano d'Arte Sacra

Vor dem Dom steht das achteckige Baptisterium S. Giovanni von 1283 mit einem Taufbecken Andrea Sansovinos. Der Bischofspalast, ein wenig links vom Dom, hütet das Diözesanmuseum mit liturgischem Gerät, Messgewändern und einem Bronzekruzifix von Giambologna aus dem 16. Jh.

Arco Etrusco

Südlich des Doms öffnet sich im antiken Mauerring der Arco Etrusco, dessen Pfosten und Köpfe an der Außenseite ins 4./3. Jh. v. Chr.,

Wer ins Herz von Volterra vordringen will, muss erst mal hochlaufen; hier auf der Via Porta all'Arco vom etruskischen Stadttor aus.

der Bogen ins 1. Jh. datiert werden. Im Zweiten Weltkrieg konnte das Tor vor der Sprengung durch deutsche Truppen bewahrt werden.

✶ Museo Civico ▶

An der Kreuzung Via Roma/Via Ricciarelli ist die Casa-Torre Buonparenti zu sehen, ein **Wohnturm** aus dem 13. Jh. In der Via dei Sarti findet man neben weiteren Wohntürmen den Palazzo Minucci-Solaini, in dem die Städtische Gemäldesammlung untergebracht ist. Sie hütet Werke Ghirlandaios, Signorellis und die berühmte »Kreuzesabnahme« Rosso Fiorentinos von 1521, ein Hauptwerk des Florentiner Manierismus.

Zitadelle

Den Ostteil der Stadt dominiert die mächtige Medicifestung, einst eine der gewaltigsten Renaissancezitadellen, heute eine Strafanstalt. Die Rocca Vecchia im Osten wurde 1343 errichtet, die Rocca Nuova 1472–1475 unter Lorenzo de' Medici. Der mittlere Rundturm der Neuen Burg wird »Maschio« (»Männchen«) genannt, der Turm der Alten Burg heißt »Femmina« (»Weibchen«). Vor der Festung liegt der schöne Archäologische Park, in dem 1926 Reste der antiken Akropolis freigelegt wurden.

Parco Archeologico

✶ **Museo Etrusco Guarnacci**

In der Via Don Minzoni zeigt das Museo Etrusco Guarnacci – eines der bedeutendsten Etruskermuseen – die reichen Funde aus der Stadt und ihrer Umgebung. Unter den mehr als 600 meist aus Alabaster gefertigten Graburnen des 6. bis 1. Jh. v. Chr., die auf dem Deckel die Gestalt des Toten zeigen, ist die **»Urna degli Sposi«** mit ihren überaus realistischen Porträts besonders bemerkenswert. Sehr eigenartig ist die von d'Annunzio »Ombra della Sera« (Abendschatten) genannte Statuette, vermutlich eine Votivfigur aus dem 3. Jh. v. Chr.

◄ Teatro Romano
Mura Etrusche

Die Ausgrabungen findet man unterhalb der Stadtmauer, wo man auf das römische Theater aus dem 1. Jh. n. Chr. und die Thermen aus dem 4. Jh. stößt. Weiter im Nordwesten sind Reste des einst 7 km langen etruskischen Mauerrings zu sehen.

★ ◄ Balze

Unmittelbar nordwestlich der Stadt befinden sich die sog. »Balze«, Steilhänge mit eindrucksvollen Schluchten, entstanden durch fortschreitende Erosion. Ihr fielen schon etruskische Nekropolen, Teile der antiken Mauer sowie eine mittelalterliche Kirche zum Opfer.

Umgebung von Volterra

Saline di Volterra

Von Volterra geht es hinunter nach Saline di Volterra, dessen **Bergwerke**, bekannt seit dem 9. Jh., die Toskana mit Salz versorgen. Fährt man südlich weiter in das erzreiche, kahle Hügelland der Colline Metallifere gelangt man zum Städtchen Pomarance (6800 Einw.), das ein geothermisches Kraftwerk besitzt. Das Phänomen der »soffioni«, heißer Dampfquellen, deren Wasser reich an Borsäure und anderen Verbindungen ist, zog ab dem Ende des 18. Jh.s die Entwicklung einer chemischen Industrie und später den Bau von Kraftwerken nach sich. Ihr Zentrum ist Larderello, benannt nach **François de Larderel**, der 1818 mit der industriellen Herstellung von Borsäure begann; dicke glänzende Rohrleitungen und hohe Kühltürme bestimmen die Landschaft. Das Museo della Geotermia informiert über die Geologie und die Techniken ihrer Nutzung.

◄ Larderello

VOLTERRA ERLEBEN

AUSKUNFT

Piazza dei Priori 20, 56048 Volterra
Tel. 0 58 88 72 57
www.volterratur.it

VERANSTALTUNG

Volterra Medievale A. D. 1398
Mittelalterliches Stadtfest. Vom 3. bis 4. Sonntag im August wird die Altstadt von Volterra in das Jahr 1398 zurückversetzt.

ESSEN

► Erschwinglich

① ***Ombra della Sera***
Via Gramsci 70, Volterra
Tel. 0 58 88 66 63
Seit mehr als 25 Jahren gibt es das kleine, stilvolle Restaurant. Zwei von vielen Spezialitäten des Hauses: Zuppa alla Volterrana und Ravioli alla Maremma.

② ***Trattoria del Sacco Fiorentino***
Piazza XX. Settembre 18
Tel. 0 58 88 85 37
Elegantes Restaurant und rustikale Enoteca. Raffinierte Saisonküche und umfangreiches Weinangebot.

ÜBERNACHTEN

► Komfortabel

② ***Villa Nencini***
Borgo Santo Stefano 55,
56048 Volterra
Tel. 0 58 88 83 86, Fax 0 58 88 06 01
www.villanencini.it, 14 Z.
Gegenüber der Porta San Francesco, mit Garten und Pool.

REGISTER

a

n

o

V

W

Z

VERZEICHNIS DER KARTEN & GRAFISCHEN DARSTELLUNGEN

BILDNACHWEIS

Abend: S. 10, 146 (unten links), 149 (unten rechts), 363, 401, 588
AKG: S. 79, 82, 84, 189
Associated Press: S. 466, 481
Borowski: S. 317
CMA: S. 162
dpa Picture Alliance: S. 81, 365, 434, 780, 781, 781 (unten rechts), 788
Fotoagentur Lade: S. 305
Fotodesign Thomas Haltner: S. 377
Freyer: S. 13, 591, 619, 621, 625, 628, 638
Galenschowski: S. 322
Galikowski: S. 447
Hackenberg: S. 449 (unten links)
Hartmann, Herb: S. 12/13, 389
HB-Verlag Hamburg: S. 5, 8/9 (unten), 16 (oben), 43, 57, 74, 102, 171, 210, 239, 308, 320, 345, 351, 358, 453, 494, 523, 570, 571 (unten rechts), 614, 739, 784, 791, 795, 800, 806, 816
HB-Verlag/Bernhardt: S. 64, 99, 333, 752
HB-Verlag/Eid: S. 18, 32, 270, 343, 581, 585
HB-Verlag/Fabig: S. 15 (oben), 44, 56, 458, 496, 645, vordere Umschlaginnenseite
HB-Verlag/Feldhoff/Martin: S. 685, 691, 692, 697 (rechts), 701, 706, 711, 720
HB-Verlag/Hauser: S. 14, 122, 660, 665, 668, 670
HB-Verlag/Gaasterland: Buchrücken
HB-Verlag/Kiedrowski S. 3, 7, 16 (Mitte), 129 (oben), 140 (oben, Mitte), 163, 206, 219, 231, 285, 526, 756, 772, 810
HB-Verlag/Krewitt: S. 16 (unten), 139 (oben), 247, 433
HB-Verlag/Mosler: S. 15 (Mitte), 139 (unten), 279, 415, 433
HB-Verlag/Nagy: S. 11, 73, 132/133, 146 (oben), 398, 611 (unten links), 616, 622, 626, 635 (3 x), 642
HB-Verlag/Sasse: S. 6 (unten), 148 (oben), 194, 195, 201, 227
HB-Verlag/Scala, I-Antella (Firenze), Lizenzgeber S. Francesco, Assisi: S. 213
HB-Verlag/Spitta: S. 62, 78, 132, 140 (unten links), 145 (oben links, rechts), 156, 243, 272, 325, 379, 463, 525, 567, 571 (oben rechts), 730
HB-Verlag/Widmann: S. 4, 17, 86/87, 135 (unten), 142 (Mitte), 143 (oben rechts, unten links), 209, 313 (oben), 314, 323, 475, 548, 675, 677
Hicker: S. 341, 402, 804
Huber (Bildagentur): S. 196, 571 (oben links), 572, 611 (unten rechts), 775, 786
IFA: S. 107, 136 (unten), 143 (oben links), 148 (Mitte), 253, 255, 292, 392, 395, 422, 436, 500, 553, 556, 657, 672, 764
Interfoto: S. 611 (oben links/re.)
Janicke: S. 673
Kierig: S. 251, 252
Kirchgessner: S. 138, 142 (oben), 397
laif: S. 368, 373
laif/Celentano: S. 455, 787 (oben links, unten links)
laif/Harscher: 313 (unten rechts)
laif/Klein: S. 787 (oben rechts)
Mauritius/Mitterer: S. 121
Mauritius/Rossbach: S. 311
Otto: S. 631
pa/akg-images/Poklekowski: S. 313 (unten links)
Picture Press: S. 1
Photo SCALA, Florenz: S. 69, 145 (rechts), 448, 449 (oben links, oben rechts, unten links), 450
Reincke: S. 782
Schapowalow: S. 296
Schapowalow/Atlantide: S. 371
Schapowalow/Thiele: S. 136 (oben), 662
Schleicher: S. 8 (oben), 15 (unten), 23, 27, 28, 30, 59, 60, 63, 66, 70, 72, 87, 98, 118, 124, 145 (unten links), 146 (unten rechts), 148, 149 (unten links), 150/151, 151, 153, 159, 166, 167, 168, 178, 183, 185, 187, 190, 192, 197, 199 (oben, unten), 222, 228, 233, 259, 266, 282, 335, 354, 384, 391, 413, 431, 451, 460, 470, 476, 479, 482, 483, 484, 491, 492, 495, 498, 508, 531, 535, 538, 545, 560, 603, 607, 640, 649, 652, 687, 695, 697 (3 x links), 708, 714, 719, 723, 724, 732, 743, 748, 758, 766
Simeone: S. 793
Stadler: S. 331, 654, 659
Tappeiner: S. 291
Thomas: S. 410, 465, 574, 729
Wagner: S. 104
Wandmacher (Archiv Wais & Partner): S. 6 (oben), 469
Wirth: S. 264
Wirths PR: S. 180
WMF: S. 143 (unten rechts), 522
Wurth (Baedeker-Archiv): S. 133, 140 (unten rechts), 817
ZEFA: S. 139 (Mitte), 275, 302, 445, 582,

Titelbild: Bildagentur Huber / Ripani

IMPRESSUM

Ausstattung: 350 Abbildungen, 90 Karten und grafische Darstellungen, eine große Reisekarte
Text: Dr. Bernhard Abend und Anja Schliebitz mit Beiträgen von Dr. Evamarie Blattner, Barbara Branscheid, Marlies Burget, Astrid Feltes-Peter, Helmut Linde, Andreas März, Caterina Mesina und Nikolaus Groß, Michael Marsch, Thomas Migge, Dr. Eva Missler, Dr. Madeleine Reincke, Reinhard Strüber, Moritz Wullen und Andrea Wurth
Bearbeitung: Verlagsbüro Wais & Partner (Angelika Brunke, Eva Schürg, Isabelle D. Oster, Kirsten Erler), Peter Amann und Anja Schliebitz
Kartografie: Christoph Gallus, Hohberg; Franz Huber, München; Franz Kaiser, Sindelfingen; MAIRDUMONT/Falk Verlag, Ostfildern (Reisekarte)
3D-Illustrationen: jangled nerves, Stuttgart
Gestalterisches Konzept: independent Medien-Design, München (Kathrin Schemel)

Sprachführer in Zusammenarbeit mit Ernst Klett Sprachen GmbH, Stuttgart,Redaktion PONS Wörterbücher

Chefredaktion:
Rainer Eisenschmid,
Baedeker Ostfildern

14. Auflage 2008

Urheberschaft:
Karl Baedeker Verlag, Ostfildern
Nutzungsrecht:
MAIRDUMONT GmbH & Co. KG; Ostfildern

Anzeigenvermarktung:
MAIRDUMONT MEDIA
Tel. 0049 711 4502 333
Fax 0049 711 4502 1012
media@mairdumont.com
http://media.mairdumont.com

Printed in China
Gedruckt auf 100% chlorfrei gebleichtem Papier

BAEDEKER VERLAGSPROGRAMM

- Ägypten
- Algarve
- Amsterdam
- Andalusien
- Athen
- Australien
- Bali
- Baltikum
- Barcelona
- Belgien
- Berlin
- Bodensee
- Brasilien
- Bretagne
- Brüssel
- Budapest
- Bulgarien
- Burgund
- Chicago • Große Seen
- China
- Costa Blanca
- Costa Brava
- Dänemark
- Deutsche Nordseeküste
- Deutschland
- Djerba • Südtunesien
- Dominikanische Republik
- Dresden
- Elba
- Elsass • Vogesen
- Finnland
- Florenz
- Florida
- Franken
- Frankfurt am Main
- Frankreich
- Fuerteventura
- Gardasee
- Gomera
- Gran Canaria
- Griechenland
- Griechische Inseln
- Großbritannien
- Hamburg
- Harz
- Hongkong
- Indien
- Irland
- Island
- Istanbul
- Istrien • Kvarner Bucht
- Italien
- Italien • Norden
- Italien • Süden
- Italienische Adria
- Italienische Riviera
- Japan
- Jordanien
- Kalifornien
- Kanada • Osten
- Kanada • Westen
- Kanalinseln
- Kenia
- Köln
- Kopenhagen
- Korfu • Ionische Inseln
- Korsika
- Kos
- Kreta
- Kroatische Adriaküste • Dalmatien
- Kuba
- La Palma
- Lanzarote
- Lissabon
- Loire
- Lombardei • Mailand • Oberitalienische Seen
- London
- Madeira
- Madrid
- Malaysia
- Malediven

- Mallorca
- Malta • Gozo • Comino
- Marokko
- Mecklenburg-Vorpommern
- Menorca
- Mexiko
- Moskau
- München
- Namibia
- Nepal
- Neuseeland
- New York
- Niederlande
- Norwegen
- Oberbayern
- Österreich
- Paris
- Peking
- Piemont
- Polen
- Portugal
- Prag
- Provence • Côte d'Azur
- Rhodos
- Rom
- Rügen • Hiddensee
- Sachsen
- Salzburger Land
- St. Petersburg
- Sardinien
- Schottland
- Schwäbische Alb
- Schwarzwald
- Schweden
- Schweiz
- Sizilien
- Skandinavien
- Slowenien
- Spanien
- Sri Lanka
- Stuttgart
- Südafrika
- Südengland
- Südtirol • Dolomiten
- Sylt
- Syrien
- Teneriffa
- Tessin
- Thailand
- Toskana
- Tschechien
- Tunesien
- Türkei
- Türkische Mittelmeerküste
- Umbrien
- Ungarn
- Usedom
- USA
- USA • Nordosten
- USA • Südwesten
- Venedig
- Vietnam
- Washington DC • Capital Region
- Weimar
- Wien
- Zypern

LIEBE LESERINNEN, LIEBE LESER,

ein herzliches Dankeschön, dass Sie sich für einen Baedeker Allianz Reiseführer entschieden haben. Er wird Sie zuverlässig auf Ihrer Reise begleiten und Sie nicht im Stich lassen.
Natürlich beschreibt er die wichtigen Sehenswürdigkeiten, aber er empfiehlt auch schöne Strände, dazu Hotels für den großen und kleinen Geldbeutel, gibt Tipps für Restaurants, Shopping und für vieles mehr, was eine Reise zum Erlebnis macht. Dafür haben die Autoren und Redakteure Sorge getragen. Sie sind für Sie regelmäßig nach Italien gereist und haben all ihre Erkenntnisse in diesen Reiseführer gepackt.

Trotzdem: Die Erfahrung zeigt, dass Fehler und Änderungen nach Drucklegung, für die der Verlag keine Haftung übernehmen kann, nicht ausgeschlossen werden können. Für Kritik, Berichtigungen und Verbesserungsvorschläge sind wir Ihnen außerordentlich dankbar. Schreiben Sie uns, mailen Sie uns oder rufen Sie an:

▶ **Verlag Karl Baedeker GmbH**
Redaktion
Postfach 3162
D-73751 Ostfildern
Tel. (0711) 4502-262, Fax -343
E-Mail: info@baedeker.com

Besuchen Sie uns auch im Internet unter www. baedeker.com. Hier finden Sie jeden Monat den aktuellen Reisetipp der Redaktion und das gesamte Verlagsprogramm. Hier können Sie auch lesen, wer Karl Baedeker war und wie er seinen ersten Reiseführer geschrieben hat. Mit seinen über 175 Jahren ist der Karl Baedeker Verlag der älteste Reiseführer-Verlag der Welt.

www.baedeker.com

ZU GEWINNEN: STADTREISE NACH LONDON

Unter allen Einsendungen verlost der Verlag am Jahresende – unter Ausschluss des Rechtswegs – eine Städtekurzreise für zwei Personen nach London.
Freuen Sie sich auf ein spannendes Wochenende in London. Natürlich ist ein Baedeker Allianz Reiseführer London auch dabei!